本项目由深圳市宣传文化事业发展专项基金资助

景海峰 主编

儒学的历史叙述与当代重构

RUXUE DE LISHI XUSHU YU
DANGDAI CHONGGOU

人民出版社

目　录

附　录

前　　言

　　当代的儒学研究是在不同的学科背景下进行的。有义理之儒，近于哲学；有文史之儒，重在文献考据；有辞章之儒，致力艺文；也许还有经世之儒，以政法、工商为左纛。在林林总总的眼界和方式中，文献总是最基础的，材料是硬道理，所以"做"儒学，首先就是从历史上存留下来的文字、图像、遗迹等实存物入手，已经存在的记录和构成了可叙述性的历史片段，便成为儒学话语展开的前提。在现代性的学术研究中，历史材料的真实性和历史意识的"前在"状态是保证叙事有效性的砝码，所以历史学的研究方式在当代的学林中便获得了天然的优位，对于传统的儒学资源来说，更是如此。在很长的一段时间内，我们的儒学研究实际上就是儒学史的研究，当时的一种最简单也是最普遍的理解是，儒学已经成为历史，所以研究儒学就只是研究它的历史。在当代新儒家出现、新儒学兴起并为学界所关注之前，这似乎已是常识，因为所有的儒学叙事都几乎是以历史学的形式呈现出来的，大家对儒学的理解也主要是通过历史教科书的渠道而得到灌注和滋养。儒学史的现代书写，在意识形态化的儒家体系土崩瓦解之后便自然展开了，作为已经"离场"的陈迹和被描述的历史对象，儒学发展的历程就成为了一部编年史，从可以考论的先秦时代一直延续到晚清。

　　但历史学的研究所呈现出来的面貌并不像它自诩的科学宗旨那样清晰和确定，在现代的学术研究中，对儒学历史的叙述充满了各种简约化的阐释因素，所选取编排的材料，也经过了有意识的挑拣，按照对象化的所谓"客观"要求，进行了各式各样的现代解释。实际上，中国现代文化的价值取向对于儒学的角色判定和功能说明，是带有强烈的解构性和颠覆性的，社会环境中到处弥漫的政治色彩和无休止的批判活动，又使得这一编年式的叙述工作也相当的支离破碎和极其的不稳定。在种种科学方法和理论假定的前提下，历史材料的挖掘、清理、勾连和解读，以及基于现代思想观念的究元决疑，让儒学发展的叙事过程充满了已解释的内容和未解释的内容的混杂，同时既定事实和假定事实也堆

1

积在一起，加之各种解释系统的内容叠加和相互的融合，就使得儒学的历史叙述始终是处在一种模糊和漂移的状态。

从现实的情况来看，历史学研究所追求的客观性存在着"蔽于一曲而暗于大理"（《荀子·解蔽》）的危险，往往因偏执于所谓的真实性而自以为是、囿于一孔之见，其自持的确定性反倒可能会陷入到凝固化、拘泥乃至荒谬之中。历史不是板结的色块与图画，而是人的丰富精神活动的连续性累积，对于历史的理解需要当代人的"精神的当下或在场"（伽达默尔语），通过对文本等历史传承物的解读和体味，每个生命个体与过去的历史情景之具体性有所契合，以通贯于人类命运共同体之大流中。历史绝不是各种事件的简单堆积，对于历史的解释更不是僵固的、表象的描述，而是需要不断地返回到浅近的传承物的背后去，用自身的切己感知去理解和挖掘个中的意义，以获得真实的历史存在感。所以，深刻的历史研究不应只是陈述事件，对已经存在的文本做白描式的展示，而应该解读其附属的意义，在有限的文字记述和浅显易识的表象背后，捕捉和领悟到人类精神活动的内涵与真谛。这样的历史理解，不仅仅是以所谓的"客观性"为标示，也需要避免陷入僵固的简单确定性之中，其目标是重在不断的意义发掘活动和创造性的叙事过程，以启迪我们当下的精神生活。换言之，诠释学叙事的历史画卷应该是灵动的、活泼泼的，并且与我们的现实生活有一种内在的嵌入感，以保持精神上的自由往来。

按照诠释学的理解，历史不仅是可叙述的，而且也是不断重构的过程，并没有一个既定的、凝固的历史。伽达默尔（H.-G.Gadamer）说："真正的历史对象根本就不是对象，而是自己和他者的统一体，或一种关系，在这种关系中同时存在着历史的实在以及历史理解的实在。一种名副其实的诠释学必须在理解本身中显示历史的实在性。因此我就把所需要的这样一种东西称之为'效果历史'。"① 亦即历史是在理解中建构的，也是在理解中呈现的，而作为一种思想体系的儒家，它的历史更应该是如此。可诠释的儒学史，其得以显现和准确把握的基本中介，即是历代儒者所留存下来的著作，通过对这些文字的阅读、体悟、理解和阐释，我们和古代人的心灵便发生了交会和碰撞，在不断的视域融合机理下，加入到"效果历史"之生成的无尽环节当中去。正像诠释学家特雷西（D.Tracy）所说的："经典性文本透过其效应史向外延伸，最终被另一时代的另

---

① 伽达默尔：《真理与方法》上卷，洪汉鼎译，上海译文出版社 1999 年版，第 384—385 页。

一解释者所接受。解释者则不断向前拓展，不断穿越对经典文本的前在理解和既定期待。文本和解释者相互作用，解释者和文本之间的相互作用无从避免。"①这样，所谓儒学的历史就这样呈现出来了，我们所说的儒学发展也只有在此意义上才是成立的。从经典诠释来解读儒学的历程，它就不限于编年史，而可能是情景化的、模拟化的，亦即超越了事件本身的处境，从而有可能获得更大的普遍性。

　　受哲学诠释学之"效果历史"观念的影响，当代的儒学研究已逐渐摆脱机械历史观的羁绊，而更加注重于儒学的活性与当下性，对历代儒者所存留之文本的阅读也早已超离了历史文献学的心态，不只把它们看作是过去的遗产和僵死的材料，而是可以叩问、可与交谈的心灵之友，通过与文本之间的对话，来寻求人类精神持续绵延的意义，体悟和印证我们当下的实存感受。儒学研究的这一诠释学转向，使得儒学不再局限于历史学的眼界和框架中，而更多地包含了叙事与重构的意味，儒学研究也就不再仅仅是儒学史的研究了。

　　继 2015 年 1 月的"经典、经学与儒家思想的现代诠释"国际学术研讨会之后，深圳大学国学研究所又在当年的 11 月主办了"儒学的历史叙述与当代重构"国际学术研讨会。这两个会议在内容上有一定的延续性，所讨论的问题也有相当的衔接感，在探讨儒家经典诠释学的基础上，进一步考虑到儒学的当代重建问题。出席本次学术研讨会的代表有来自海内外的学者近百人，约有 80篇论文提交给会议。大会围绕着"儒学的历史叙述与当代重构"这一主题，就以下的问题展开了热烈讨论：(1) 儒学发展史上的相关问题；(2) 有关经学史的思潮、人物、专题等研究；(3) 儒家思想的现代研究方式及其学术史写作；(4) 儒学在当代的发展与可能走向；(5) 新时代世界格局转变过程中的儒家文明；(6) 儒家传统价值与现代都市生活之间的关系。在代表们的共同努力下，对这些议题所展开的讨论取得了丰硕的成果。在此，我们把会议的论文挑选出来一部分，略加修订，并且重新依照会议主题进行编排，交由人民出版社正式出版。

景海峰

2016 年暑期于深圳湾畔

---

① 特雷西：《诠释学·宗教·希望——多元性与含混性》，冯川译，上海三联书店 1998 年版，第 27 页。

道统思想在儒学发展史上的地位

蔡方鹿

一、道统思想提出的理论针对性

道统思想是儒学的基本理论之一，在儒家思想中占有重要的地位。儒家道统思想可溯源于尧、舜、文王、周公等。文王仁政和周公之礼是后世儒家所追述的道统之源，被视为对尧舜王道之治的继承。道统思想的直接思想源头是孔孟仁义之道。《大学》、《中庸》、《易传》等典籍中的有关论述被认为是对孔子之道的丰富，而儒家道统思想的正式提出是在唐代。儒家道统思想之所以提出，具有鲜明的理论针对性，即是对隋唐佛教思想的盛行，宗教冲击人文而动摇了儒家思想的正统地位的回应。

佛教自汉代从印度传入中国后，对中华文化产生了深远影响，并在其流传发展的过程中，与中国固有的文化相适应，逐渐演变成中国式的佛教，遂成为中国文化的重要组成部分。而居中国文化主导地位的儒学，对外来佛教文化，既批判排斥其与己不合的教旨教义，又以开放的精神，汲取和借鉴佛教文化的长处，从而丰富了儒学的思想体系，同时也深深影响了佛教文化。儒、佛的相互排斥、影响与调和，对中国文化的发展具有重要意义。探讨其相互关系，是客观地认识中国文化所不可缺少的内容。

尽管佛教在中国的流传过程中，具有调和、适应儒学的倾向，但佛教作为出世主义的外来宗教，与入世主义的世俗儒家文化之间存在着基本的分歧。这些差异和矛盾引起了儒学对佛教的排斥与批判，有时这种批判是相当严厉的。

儒、佛之间的差异和矛盾是客观存在的，这主要是由于儒佛两家对人生社会的看法根本不同所引起。儒家以成圣作为人生追求的目标，重视社会人生，讲个人对家庭、社会应尽的责任和义务。以夫妇、父子、兄弟、君臣、朋

1

友等人伦关系原则来规范人们的行为。而佛教在人生观上则认为，人生是苦海，并认为这种痛苦的根源在于人的自身，生老病死是苦，有欲望而求之不得是苦，要摆脱痛苦，只有出世、出家，通过修习，进入涅槃境界，以得到解脱。由此，儒家以重人事、重现实，与佛教的重解脱、重来世形成鲜明的对照。显然，佛教思想的盛行，势必会冲击儒家伦理观念，危及儒家的理想社会结构，这引起了唐宋儒家学者对佛教的排斥与批判。

李翱（772—841）指出："佛法之流染于中国也，六百余年矣。始于汉，侵淫于魏晋宋之间，而澜漫于梁，萧氏遵奉之，以及于兹。盖后，汉氏无辨而排之者，遂使夷狄之术行于中华，故吉凶之礼谬乱，其不尽为戎礼也无几矣。"① 批判佛教传入中国后数百年间，以其夷狄之术乱中华礼仪，使得戎礼流行。

刘禹锡（772—842）对佛教的评价表明，唐中叶时佛教影响很大。他说："佛法在九州间，随其方而化中夏之人。"② 佛法在九州传播，产生了很大影响，其风足以化中夏之人。"儒以中道御群生，罕言性命，故世衰而寝息；佛以大悲救诸苦，广启因业，故劫浊而益尊。"③ 儒学讲中道以管理众生，罕言心性天命之学，使得儒门冷淡萧条；而佛教则以大慈大悲普度众生，解救苦难，使得在劫浊之世而佛教益尊。这不仅表现出儒佛两家理论的差异，而且也表明当时儒学衰息而佛教益尊的情势。可见佛教盛行对儒学的冲击之大。

柳宗元（773—819）既推崇尧、舜、孔子之道，又不排斥先秦诸子和佛教。他说："浮图诚有不可斥者，往往与《易》、《论语》合。"④ 认为佛、儒有相合之处而不可一概排斥。柳宗元看到佛教盛行于世，其徒众多。其言曰："达摩乾乾，传佛语心。……告今天子，尚书既复，大行乃谥，光于南土，其法再起，厥徒万亿。"⑤ 从中可见，自佛教传入中国后，经唐代统治者宣扬，大行于天下，乃至"厥徒万亿"，在民间广泛流传。

韩愈（768—824）在佛教盛行、儒门冷淡的形势下提出了儒家道统论。他指出，圣人之道不传，使得佛老思想乘虚而入，并流行于天下，以致不讲

---

① 李翱：《去佛斋》，《李文公集》卷四，文渊阁四库全书本。
② 刘禹锡：《唐故衡岳大师湘潭唐兴寺俨公碑》，《刘宾客文集》卷四，文渊阁四库全书本。
③ 刘禹锡：《袁州萍乡县杨岐山故广禅师碑》，《刘宾客文集》卷四，文渊阁四库全书本。
④ 柳宗元：《送僧浩初序》，《柳河东集》卷二十五，文渊阁四库全书本。
⑤ 柳宗元：《曹溪第六祖赐谥大鉴禅师碑》，《柳河东集》卷六，文渊阁四库全书本。

仁义道德，其弊甚于杨朱、墨子。他说："于是时也，而唱释老于其间，鼓天下之众而从之。呜呼！其亦不仁甚矣！释老之害过于杨墨。韩愈之贤不及孟子，孟子不能救之于未亡之前，而韩愈乃欲全之于已坏之后。呜呼！其亦不量其力且见其身之危，莫之救以死也。虽然，使其道由愈而粗传，虽灭死万万无恨！"①这实际上已把自己列入圣人之道传授的系列，决心使圣人之道经自己的努力得以流传下来，即使冒生命危险也万死无恨。这表明韩愈以身殉道的决心。

隋唐时期，佛教宗派传道，有所谓历代相传、灯灯不灭的法统（法指佛法，法统指僧人学习佛法过程中建立起来的师徒传承关系）或祖师相传的祖统（意为祖师相承的统绪）。法统与祖统，或以法立名，或以人立名，名称虽异，实质则同。为了与佛教相抗衡，韩愈便以道统说反对法统说或祖统说，把发端于先秦的儒家圣人之道相传授受之说弘扬开来。这为后来的宋明理学家所继承和发展。

韩愈的道统说的提出应是受到了其师梁肃（753—793）一定的影响。梁肃早归佛门，以天台宗湛然为师，曾述天台宗法统之传授。又师事独孤及，成为古文运动先驱。其作古文，尚古朴，为韩愈所师法。贞元八年（792），梁肃协助陆贽主试，推举韩愈登进士第。韩愈辟佛学，当受到了佛教法统说传授形式之启发，而提出相应的道统说加以抗衡。

虽然道统思想的源头在先秦、孔孟及汉代儒家思想里已经提到，但未成系统，没有明确提出，其理论针对性也不明显。至唐代儒学发展停滞，佛老冲击儒学，动摇了其在思想文化领域的主导地位，而旧儒学墨守师说，严守家法，"疏不破注"，拘于训诂，限于名物与词赋，已经僵化，不能与佛教精致的思辨哲学相抗衡。韩愈等唐代儒家学者及后来宋初孙复、石介等儒家学者力转此风，面对佛老思想的挑战和儒家伦理扫地而造成的人无廉耻、纲常失序及社会动荡的局面，以弘扬儒家圣人之道为己任，对抗佛教宗派传道的法统，明确提出了儒家圣人之道传授的系统，并详尽论述道统之道的内涵。韩愈著《原道》一文，标志着道统论的正式提出。这在儒学道统思想发展史上具有重要的学术价值和时代意义。

道统论的提出，具有深厚的思想基础和历史渊源，并非所谓韩愈等人为

---

① 韩愈：《与孟简尚书书》，《五百家注昌黎文集》卷十八，文渊阁四库全书本。

地编造。早在先秦时期，儒家代表人物就十分重视仁义之道的弘扬与传衍，历叙圣人相传共守之道。经秦火之后，汉儒仍重视仁义之道的传授和确立，董仲舒、扬雄莫不如此。至隋代王通，以及唐代的柳冕等，均重视儒家圣人之道的传授，认为儒家圣人之道与佛老思想此消则彼长，形成对立。柳冕并积极提倡文章本于教化，视尧、舜、周、孔为文学的正统，下传孟、荀、董仲舒，建立以道统为主的文学观。柳冕的思想为韩愈所继承，韩愈强调为文志在古道，指出："读书著文，歌颂尧舜之道。"① 把文作为载道的工具，文章为传道而作。虽然韩愈没有说过"文以载道"四个字，但"文以载道"却是他的思想所指，他说："盖学所以为道，文所以为理耳。"② 后来周敦颐明确提出"文所以载道"③的文字，便是对韩愈思想的继承。从以上可见，韩愈道统论的提出，经历了一个长期的思想酝酿的历史过程，并非一朝一夕主观的臆说，或人为的编造。

　　韩愈指出，儒家圣人之道的传授由来已久，这区别于佛教、道教的所谓道。他说："斯吾所谓道也，非向所谓老与佛之道也。尧以是传之舜，舜以是传之禹，禹以是传之汤，汤以是传之文、武、周公，文、武、周公传之孔子，孔子传之孟轲，轲之死，不得其传焉。荀与扬也，择焉而不精，语焉而不详。由周公而上，上而为君，故其事行；由周公而下，下而为臣，故其说长。"④ 韩愈以弘扬儒家圣人之道为己任，明确提出了儒家圣人之道的传授系统。认为自孟子以后，尧、舜、禹、汤、文、武、周公、孔、孟一脉相承的儒家圣人之道失传。荀子和扬雄，由于"择焉而不精，语焉而不详"，未能完全担当传道的重任。于是"汉兴且百年，尚未知修明先王之道。其后始除'挟书之律'，稍求亡书，招学士，经虽少得，尚皆残缺，十亡二三。故学士多老死，新者不见全经，不能尽知先王之事，各以所见为守，分离乖隔，不合不公，二帝三王群圣人之道于是大坏。后之学者无所寻逐，以至于今泯泯也"⑤。韩愈分析了儒家圣人之道失传的原因，秦灭先王之法，焚书坑儒，使天下大乱。其后汉代虽解除挟书之律，寻求佚经，但经典已残缺，汉儒又不能全面地掌握先王之道，而

① 韩愈：《上宰相书》，《五百家注昌黎文集》卷十六，文渊阁四库全书本。
② 韩愈：《送陈彤秀才书》，《五百家注昌黎文集》卷二十，文渊阁四库全书本。
③ 周敦颐：《通书·文辞第二十八》，《周敦颐全书》卷三，江西教育出版社1993年版，第152页。
④ 韩愈：《原道》，《五百家注昌黎文集》卷十一，文渊阁四库全书本。
⑤ 韩愈：《与孟简尚书书》，《五百家注昌黎文集》卷十八，文渊阁四库全书本。

是各守师法、家法，使得圣人之道大坏，至今学者泯泯不可寻求。

韩愈所谓道统即道的传授系统，道统与道的关系，道统是形式，道是内容，道统为道的传授而设，无道则无所谓道统。那么，韩愈道统之道是什么呢？他对道统之道的内涵作了如下规定：《原道》说，"博爱之谓仁，行而宜之之谓义，由是而之焉之谓道，足乎己无待于外之谓德。仁与义为定名，道与德为虚位"。指出道由仁义构成，德是自得其道。道与德都是比较抽象的概念，故称之为"虚位"。而仁义则是儒家特有的道德，所以称为"定名"。这说明道不能脱离仁义而存在，否则就不是儒家之道，而成为佛老之道了。对此，韩愈强调："凡吾所谓道德云者，合仁与义言之也，天下之公言也；老子之所谓道德云者，去仁与义言之也，一人之私言也。"① 指出是否讲仁义，是区别儒家之道与道家老子之道的界限。以仁义为道，这是儒家道统之道最本质的特征。自孔子提出仁礼之道，孟子把仁、义连用，提出仁义之道以来，仁义便成为儒家之道最核心、最基本的内涵。尽管在道统发展史上，道的内涵不断丰富，有阴阳、中庸、心、性、理、气、良知等多种含义，但仁义作为道的内涵，却是儒学各家各派所共有，舍仁义而论道，便不是儒家圣人之道，这是思想史上的一个基本事实。韩愈为对抗佛老之道而提出的道统之道，是一种伦理型的道论，目的是为了突出儒家的仁义思想，以抗衡佛老不讲儒家伦理、去仁义的佛老之道。这一思想为理学家所继承，成为理学的思想渊源之一。

二、宋明时期提出道统思想的主要人物和观点

韩愈的道统论，上承孔孟，下启程朱，开宋代理学道统论之先河，在道统思想发展史上，是承前启后、不可或缺的中间环节。舍此则儒家圣人之道的传授系统便不完整。尽管程朱等理学家未能充分肯定韩愈在传授儒家圣人之道过程中的重要作用和地位（也不完全抹煞），但不可否认程朱的道统思想受到了韩愈思想的深刻影响。对此，程朱也有承认。理学的道统论在韩愈道统思想的基础上，又有了大的发展。从内容上看，韩愈道统之道的内涵是仁义，理学道统之道其基本的内容亦是仁义，不过在仁义的基础上又增加了天理、中庸等内容，把儒家伦理学与哲学本体论结合起来，这是对韩愈伦理型道统论的发

---

① 韩愈：《原道》，《五百家注昌黎文集》卷十一，文渊阁四库全书本。

展，使之成为哲理与伦理相结合的道统论。从形式上看，韩愈提出的道的传授系统说亦为理学家所吸取，尤其是宋代理学先驱孙复、石介完全继承了韩愈的道统论，不仅以尧、舜、禹、汤、文、武、周公、孔、孟一脉相承，传圣人之道，而且把荀子、扬雄、王通、韩愈也作为道统的传人，这是对韩愈道统论的直接吸取。

尽管唐代韩愈提出了儒家道统论，以对抗佛教对儒学的冲击。但由于儒家受佛教的冲击太盛，其被动局面不可一日而改变。以至于到宋初欧阳修（1007—1072）时，佛教的影响仍然很大，面对儒家学者的批评，其势愈坚。反佛人士欧阳修指出："佛法为中国患千余岁，世之卓然不惑而有力者，莫不欲去之。已尝去矣，而复大集。攻之暂破而愈坚，扑之未灭而愈炽。遂至于无可奈何。"① 从欧阳修所言可见宋初佛教势力犹盛，虽经人们反佛，但欲去而不能，欲破而愈坚，欲灭而愈炽。

面对唐及宋初佛教盛行冲击儒学的局面，不仅程朱派理学家继韩愈之后提出道统说以回应佛教，而且程朱以外的理学家，以及其他儒学学者均提出或认同儒家道统而展开对佛教的批判。从道统论产生和发展演变的鼎盛时期看众多流派和人物都在讲道统，而形成一股潮流，可见道统并不是主观臆断的，而是客观存在的当时的学者普遍认同的人所共讲之道。

孙复（992—1057）宣扬儒学道统。他说："吾之所为道者，尧、舜、禹、汤、文、武、周公、孔子之道也，孟轲、荀卿、扬雄、王通、韩愈之道也。"② 孙复推崇道统中的人物，并大力表彰董仲舒，充分肯定他在传圣人之道中的功绩，而将其列入道的传授系列之中，这是孙复不同于韩愈及程朱等理学家的地方。孙复说："孔子而下，称大儒者曰孟轲、荀卿、扬雄，至于董仲舒则忽而不举，何哉？仲舒对策，推明孔子，抑黜百家，诸不在六艺之科者，皆绝其道，勿使并进。斯可谓尽心于圣人之道者也。暴秦之后，圣道晦而复明者，仲舒之力。"③ 盛赞董仲舒在和汉武帝的对策中，提出抑黜百家、推明孔子的建议，使得儒家圣人之道在遭到秦火的厄运后，能够晦而复明。并指出，虽然汉唐以文名世者多受到杨、墨、佛、老虚无报应之说的干扰和影响，但也有"始

---

① 欧阳修：《本论中》，《文忠集》卷十七，文渊阁四库全书本。

② 孙复：《孙明复小集》，《信道堂记》，文渊阁四库全书本。

③ 《宋元学案·泰山学案》，《睢阳子集补·董仲舒》。

终仁义，不叛不杂者，惟董仲舒、扬雄、王通、韩愈而已"①。孙复不仅推崇韩愈，而且肯定董仲舒、扬雄、王通等"始终仁义，不叛不杂"，能够坚守儒道，不受佛老异端的影响。孙复对汉唐诸儒的肯定，特别是他推重汉儒董仲舒，体现了他道统说的特点。孙复分析了圣人之道在当时鲜为人知的原因。他说："复窃尝观于今之士人，能尽知舜、禹、文、武、周公、孔子之道者，鲜矣。何哉？国家踵隋唐之制，专以辞赋取人，故天下之士皆奔走致力于声病对偶之间，探索圣贤之阃奥者百无一二。"②孙复深刻地指出，宋初开国以来，国家仍然沿袭隋唐专以辞赋取士的旧制，结果造成重文词、轻经义的学风，使得天下之士不去探寻圣人之道的奥秘，而去"致力于声病对偶之间"，追求文章辞藻表面的华丽。孙复一反此学风，倡导"文者，道之用也；道者，教之本也"③的思想，主张文以载道，文道结合，以道为本，以文为用，文、道相比，以道为主；并以道为教化之本，将道贯彻到科举、学校教育中去，提倡以仁义礼乐为内容的教化之学，倡导新的学风。

石介（1005—1045）提倡儒家道统。他说："道始于伏羲而成终于孔子。……伏羲氏、神农氏、黄帝氏、少昊氏、颛顼氏、高辛氏、唐尧氏、虞舜氏、禹、汤、文、武、周公、孔子者，十有四圣人，孔子为圣人之至。孟轲氏、荀况氏、扬雄氏、王通氏、韩愈氏五贤人，吏部为贤人而卓。不知更几千万亿年复有孔子？不知更几千百数年复有吏部？"④与韩愈的道统相比，石介在尧之前加上了六位传说中的圣人，在孟子之后，正式加进了荀子、扬雄、王通、韩愈四位贤人，并把韩愈（吏部）列为贤人之卓越者，地位在孟子之上，表现出对韩愈建立道统论的尊崇。韩愈在论道统时，提到过扬雄为"圣人之徒"，并把荀子列为孟子与扬雄之间的人物。但是在其正式论道统的宣言书《原道》里，则认为圣人之道至孟子死，而不得其传，未把荀子、扬雄正式列为道统的传人，也没有提王通。而孙复、石介均把这三人正式作为圣人之道的传人，这便是对韩愈道统的发挥。石介把佛、老及以杨亿为代表的西昆体浮艳华丽之文合称三怪，予以拒斥，从而体现了其提倡道统论的理论针对性。他对佛、老二怪的评价是："彼其灭君臣之道，绝父子之亲，弃道德，悖礼乐，

① 孙复：《答张洞书》，《孙明复小集》，文渊阁四库全书本。
② 孙复：《寄范天章书一》，《孙明复小集》，文渊阁四库全书本。
③ 孙复：《答张洞书》，《孙明复小集》，文渊阁四库全书本。
④ 石介：《尊韩》，《徂徕石先生文集》卷七，中华书局1984年版，第79页。

裂五常，迁四民之常居，毁中国之衣冠，去祖宗而祀夷狄，汗漫不经之教行，妖诞幻惑之说满，则反不知其为怪，既不能禳除之，又崇奉焉。……释、老之为怪也，千有余年矣，中国蠹坏亦千有余年矣。不知更千余年，释、老之为怪也如何？中国之蠹坏也如何？尧、舜、禹、汤、文、武、周公、孔子不生。吁！"① 石介感叹佛老为怪流行千余年，流风所至，人们习以为常，反不以为怪。表明佛老确实在当时对社会生活影响很大，得到了人们的"崇奉"。但石介鲜明地指出佛老与以儒学为代表的中国传统文化的种种格格不入之处，不仅在三纲五常、伦理道德、生活习俗方面与民族传统文化不符，而且在祭祀祖先这一涉及全民信仰的敏感的问题上，佛老也企图以祀夷狄来取代民间对祖宗的崇拜。这是提倡孝道而尊崇祖宗的儒家文化所难以接受的，故遭到石介的批评。石介以尧、舜、禹、汤、文、武、周公、孔子等作为佛、老的对立面，这表明他提出圣人一脉相传的道统论是与批佛、老紧密联系的。

石介在提倡圣人之道，批佛老的同时，亦斥杨亿华丽之文。他说："孔子，大圣人也。手取唐、虞、禹、汤、文王、武王、周公之道，定以为经，垂于万世。夫尧、舜、禹、汤、文王、武王、周、孔之道，万世常行不可易之道也。佛、老以妖妄怪诞之教坏乱之，杨亿以淫巧浮伪之言破碎之，吾以攻乎坏乱破碎我圣人之道者，吾非攻佛、老与杨亿也。吾学圣人之道，有攻我圣人之道者，吾不可不反攻彼也。"② 指出杨亿与佛、老均是坏乱破粹圣人之道的怪说。"今杨亿穷妍极态，缀风月，弄花草，淫巧侈丽，浮华纂组，刊镂圣人之经，破碎圣人之言，离析圣人之意，蠹伤圣人之道，使天下不为《书》之《典》、《谟》、《禹贡》、《洪范》，《诗》之《雅》、《颂》，《春秋》之经，《易》之《繇》、《爻》、《十翼》，而为杨亿之穷妍极态，缀风月，弄花草，淫巧侈丽，浮华纂组。其为怪大矣！"③ 石介以圣人之道作为文章的标准和支配文学的灵魂。他认为圣人之道载于《书》、《诗》、《春秋》、《易》等儒家经典之中，经典为圣人所作，表达了圣人之意。而杨亿的浮华文风则不为古文，不立古道，追求诗文外表的华丽，"缀风月，弄花草，淫巧侈丽"，败坏了圣人之道。在文道关系上，石介主张："读书不取其语辞，直以根本乎圣人之道；为文不尚其浮华，

---

① 石介：《怪说上》，《徂徕石先生文集》卷五，中华书局1984年版，第61页。

② 石介：《怪说下》，《徂徕石先生文集》卷五，中华书局1984年版，第63页。

③ 石介：《怪说中》，《徂徕石先生文集》卷五，中华书局1984年版，第62页。

直以宗树乎圣人之教。"① 认为文章是表达圣人之道的工具，因此读书不必取其文辞，作文也不须追求浮华，而是通过读书、作文来求道、传道，把圣人之道弘扬开来。由此出发，石介批评了西昆体所代表的浮华文风，成为宋初复兴古文和古道运动中的重要一员。这是对"文以载道"思想的发挥。

张载（1020—1077）是程朱派以外讲道统的理学家。在道统论上，张载以发扬周孔之道为己任，为往圣继绝学，倡道于千年不传之后，企图恢复儒家圣人之道的宗传次第。他指出圣人之道的复明，自有其复明之理，所以应将其弘扬开来。张载本人提出了完整的道统论，成为北宋时期理学道统论的重要组成部分。这与周敦颐本人未直接论及道统，而在南宋时被朱熹、张栻宣扬为道统的传人有所不同。张载的道统思想吸取了《易传》提供的以伏羲、神农、黄帝、尧、舜一脉相传的"五帝"系统的资料，并加以发挥和延伸，贯道于圣人传授之中，形成道统。他说："作者七人，伏羲也，神农也，黄帝也，尧也，舜也，禹也，汤也。所谓作者，上世未有作而作之者也。伏羲始服牛乘马者也，神农始教民稼穑者也，黄帝始正名百物者也，尧始推位者也，舜始封禅者也，尧以德，禹以功，故别数之。汤始革命者也。若谓武王为作，则已是述汤事也。若以伊尹为作，则当数周公，恐不肯以人臣谓之作。若孔子自数为作，则自古以来实未有如孔子者，然孔子已是言'述而不作'也。"② 在上述所列伏羲、神农、黄帝、尧、舜、禹、汤、武王、伊尹、周公、孔子等儒家圣人相传的系列中，张载把前七人作为作者，把武王以下作为述者。所谓作者，指发前人所未发，创造出人类社会所未有的文明；所谓述者，指在前圣的基础上，继承并发扬光大之。不论作与述，均一脉相传，形成文明发展的统绪。张载把道贯穿到这个系列之中，并具体论述了这个道在圣人及各个方面的表现。他说："伏羲、神农、黄帝、尧、舜、禹、汤，制法兴王之道，非有述于人者也。……'稽众舍己'，尧也；'与人为善'，舜也；'闻善言则拜'，禹也；'用人惟己，改过不吝'，汤也；'不闻亦式，不谏亦入'，文王也；皆虚其心以为天下也。……舜之孝，汤武之武，虽顺逆不同，其为不幸均矣。明庶物，察人伦，然后能精义致用，性其仁而行。汤放桀有惭德而不敢赦，执中之难也如

① 石介：《代郓州通判李屯田荐士建中表》，《徂徕石先生文集》卷二十，中华书局 1984 年版，第 241 页。

② 张载：《张子语录中》，《张载集》，中华书局 1978 年版，第 319 页。

是；天下有道而已，在人在己不见其间也，立贤无方也如是。"① 指出圣人之道通过圣人的舍己查众、与人为善、从善如流、改过不吝、虚心以为天下的行为表现出来，所以要在明庶物，察人伦之中贯彻圣人之道，并掌握"执中"的原则，把道与人伦与中联系起来。

面对儒学式微、佛老盛行、圣人之道不传的局面，张载倡道于千年不明之后。他说："今倡此道不知如何，自来元不曾有人说着，如扬雄、王通又皆不见，韩愈又只尚闲言词。今则此道亦有与闻者，其已乎？其有遇乎？"② 鉴于圣人之道不明不传，"世学不明千五百年"③，"千五百年无孔子，尽因通变老优游"④，张载以弘扬圣人之道为己任，自述自己的抱负是："为天地立志，为生民立道，为去圣继绝学，为万世开太平。"⑤ 这也是他提倡道统的指导思想和宗旨。目的是为了继承往圣不传之绝学，以道作为万民安身立命的依据，并把道承传发扬，开出太平盛世。他说："为政不法三代者，终苟道也。"⑥ 主张政治治理要效法于三代，也就是以三代流行的圣人之道来治国，否则便是"苟道"，未能按道的原则行事。张载以三代为法，以继承绝学自命。他说："某唱此绝学，亦辄欲成一次第。"⑦ 其传道圣人的次第如前所述，包括：伏羲、神农、黄帝、尧、舜、禹、汤、武王、伊尹、周公、孔子等，认为孔孟之后，其道不传，汉唐诸儒未及于圣人之心，皆未得道。这开了程朱道统排斥汉唐诸儒的先河，从这里也可看出张载对汉唐经学未能认同。以此可见，在当时以继承不传之圣人之道为己任者，不仅以二程为代表，而且稍前的张载已早于二程在积极倡导恢复并发扬光大圣人之道，以上接孔孟，形成一脉相传的传道次第，以回应佛老对儒学的冲击和挑战。

程颢（1032—1085）、程颐（1033—1107）以天理论道，创天理论哲学体系，开辟了宋明理学发展的道路。其天理史观与其道统论有着密切的联系。二程倡导的天理之理也就是道统之道，对道统思想的发展产生了深远影响。二程

① 张载：《正蒙·作者》，《张载集》，中华书局 1978 年版，第 37—38 页。

② 张载：《经学理窟·自道》，《张载集》，中华书局 1978 年版，第 291 页。

③ 张载：《张子语录中》，《张载集》，中华书局 1978 年版，第 323 页。

④ 张载：《杂诗·圣心》，《张载集》，中华书局 1978 年版，第 368 页。

⑤ 张载：《张子语录中》，《张载集》，中华书局 1978 年版，第 320 页。

⑥ 脱脱：《张载传》，《宋史》卷四百二十七，中华书局 1977 年版，第 12723 页。

⑦ 张载：《张子语录下》，《张载集》，中华书局 1978 年版，第 329 页。

以继孟子之后，得不传之绝学而自居。从内容上看，二程确立的道统论，对道的理解，比韩愈更为深刻、抽象，其道不仅是道统传授的内容，而且成为与理等同的宇宙本体；从形式上讲，二程确立的道统论，是由包括"二帝"、"三王"在内的尧、舜、禹、汤、文、武、周公、孔、孟，甚至包括伯夷、柳下惠、伊尹等儒家圣贤一脉相传，形成传道的统绪，这个统绪在孟子以后中绝，"孟轲死，圣人之学不传"①，而由二程兄弟超越汉唐，直接圣人之道于孟子，并通过心传，将儒家圣人之道接续下来。由此可见，二程确立的道统论是从内容到形式对孔孟之道及其道的传承说的继承和发展。程颢认为，"倡道在孔子，圣人以为己任"②。圣人以倡道为己任，而二程兄弟则"以身任道"，以弘扬圣人之道为己任，他们不顾天下的"骇笑"和怀疑，孜孜于倡道、明道，其目的就是为了把理学道统论推广开来。程颢逝世时，公卿大夫以"明道"号之。程颐为其墓刻石曰：

> 周公没，圣人之道不行；孟轲死，圣人之学不传。道不行，百世无善治；学不传，千载无真儒。无善治，士犹得以明夫善治之道，以淑诸人，以传诸后；无真儒，天下贸贸焉莫知所之，人欲肆而天理灭矣。先生生千四百年之后，得不传之学于遗经，志将以斯道觉斯民。天不慭遗，哲人早世。乡人士大夫相与议曰：道之不明也久矣。先生出，倡圣学以示人，辨异端，辟邪说，开历古之沉迷，圣人之道得先生而后明，为功大矣。于是帝师采众议而为之称，以表其墓。学者之于道，知所向，然后见斯人之为功，知所至，然后见斯名之称情。山可夷，谷可湮，明道之名亘万世而长存。③

这是一篇关于二程确立理学道统论的代表性文章，充分体现了二程在道统中的重要地位。在程颐看来，"周公没，圣人之道不行；孟轲死，圣人之学不传"。这是因为，在周公以上，圣人本身就是帝王，圣人居帝王之位，所以能够把圣人之道推行开来；而周公以下，圣人有德无位，故圣人之道在周公之后不行于世。虽然圣人之道不行之于政事，但其道仍在士阶层中流传。可是到

---

① 程颢、程颐：《明道先生墓表》，《河南程氏文集》卷十一，《二程集》，中华书局1981年版，第640页。
② 程颢、程颐：《河南程氏遗书》卷十一，《二程集》，中华书局1981年版，第132页。
③ 程颢、程颐：《明道先生墓表》，《河南程氏文集》卷十一，《二程集》，中华书局1981年版，第640页。

了孟子之后，圣人之道不仅未能行之于世，而且也失传了。程颐认为，道不行不传的危害性甚大，而道能否推行的关键则系于程颢一身，当然也包括程颐他自己。正因为千载以来无自家兄弟这样的真儒，才使圣人之道在孟子之后失传达一千四百年之久。这自然把韩愈排除在道统之外，甚至在道统中亦没有周敦颐的地位。而正是由于出了二程兄弟这样的传道真儒，圣人之道得以复明于天下。这不仅体现了二程传圣人之道的博大抱负和坚定信念，同时也表明，理学道统论的确立，非二程莫属，这是其他人，包括朱熹在内都不能替代的。要之，新儒学的道统论经二程之手，始得以确立，而由朱熹发展完善，集其大成。这正是二程确立道统论，对儒学道统思想产生重要影响的表现。

朱熹（1130—1200）继承二程，在二程道统论的基础上，又提出一系列观点和命题，从而丰富和完善了二程确立的道统思想体系，使理学的道统思想更趋成熟，并对后世产生了深远的影响。道统论始由二程而确立，但二程本人在道统中的地位则由后世朱熹所肯定。

面对二程所传之道未能得到广泛认同，而士人以其所闻与道相异的情况，朱熹起而继承二程学说，充分肯定二程在道统中的重要地位。朱熹在引述程颐为程颢所作《墓表》之后，指出程氏"以兴起斯文为己任。辨异端，辟邪说，使圣人之道焕然复明于世。盖自孟子之后，一人而已。然学者于道不知所向，则孰知斯人之为功？不知所至，则孰知斯名之称情也哉？"[1] 认为圣人之道经程氏兄弟之手，得以复明于世，因而是在孟子之后，一人而已。对程颢及其弟程颐予以高度评价。朱熹在肯定二程的前提下，也推崇周敦颐。他说："惟先生（周敦颐）道学渊懿，得传于天，上继孔颜，下启程氏，使当世学者得见圣贤千载之上，如闻其声，如睹其容。授受服行，措诸事业，传诸永久，而不失其正。其功烈之盛，盖自孟氏以来未始有也。"[2] 把周敦颐抬高为道学的创始人，其学得传于天，上继孔颜圣贤之道，下启二程兄弟，认为其传道之功为孟子以来所仅有。经朱熹的推崇，周敦颐在道统中的地位得以确立。

朱熹对《古文尚书·大禹谟》中"人心惟危，道心惟微，惟精惟一，允执厥中"十六个字详加阐发，以发明圣人传心之旨，把传心与传道结合起来。

---

[1]　朱熹：《尽心章句下》，《孟子集注》卷十四，《四书章句集注》，中华书局1983年版，第377页。

[2]　朱熹：《奉安濂溪先生祠文》，《朱熹集》卷八十六，四川教育出版社1996年版，第4428页。

他说："心者，人之知觉，主于身而应事物者也。指其生于形气之私者而言，则谓之人心；指其发于义理之公者而言，则谓之道心。人心易动而难反，故危而不安；义理难明而易昧，故微而不显。惟能省察于二者公私之间，以致其精，而不使其有毫玅之杂；持守于道心微妙之本，以致其一，而不使其有顷刻之离，则其日用之间，思虑动作自无过不及之差，而信能执其中矣。尧之告舜，但曰'允执厥中'，而舜之命禹，又推其本末而详言之。"[①]指出尧舜相传以"允执厥中"，舜亦以"允执厥中"传之于禹。"中"即是儒家圣人传道的原则。然而舜在授禹以"允执厥中"的同时，又推其本末而详言之，把"允执厥中"扩大为"人心惟危，道心惟微，惟精惟一，允执厥中"这十六字传心诀。十六字的前十二字是为了说明"允执厥中"这四个字的，并把"执中"与省察人心、持守道心结合起来。朱熹认为，圣人之所以相传以"中"，强调"执中"的原则，是因为生于形气之私的人心"危而不安"，而发于义理之公的道心又"微而不显"，要精察人心，去其私欲之杂；谨守道心，致其义理之一本，就须"执中"，无过不及。这是朱熹对"十六字传心诀"的阐发，并将此称之为圣人相传之"密旨"，或相传之"心法"。这为理学家所看重，被称之为"十六字心传"，经朱熹阐发而流行于世，并在道统史上产生了重要影响。

朱熹在肯定二程，推崇周敦颐，阐发"十六字心传"和"孔门传授心法"的基础上，首创"道统"二字，把道、统连用，并推广道的传授统绪，将道统上溯至伏羲、神农、黄帝等中华文明的发祥者，经尧舜、孔孟等的相传授受，至汉唐中绝，而由北宋周敦颐、二程续千年不传之绪，将圣人之道弘扬开来。朱熹又继二程之后，努力奠定理学道统论的体系和范围，逐步形成了正式而完善的道的传授系列及道的传人。后经黄榦及《宋史·道学传》的确认，将朱熹本人包括进去，从而使儒学道统论得以完全确立，并得到学术界的认同。

道统思想源远流长，历经发展演变，至二程得以确立，并趋于成熟。但"道统"之名实由朱熹所首创，二字连用也始自朱熹。也就是说，道统的思想内涵古已有之，到朱熹时集其大成；而"道统"的外在名称，其发明权却在朱熹。由此可见朱熹对道统论所作出的贡献。

据美国陈荣捷教授考证，"道统"这一概念出自于南宋李元纲在公元1172年所作《圣门事业图》之第一图《传道正统》，此图由尧、舜、禹、汤、文、

---

① 朱熹：《尚书·大禹谟》，《朱熹集》卷六十五，四川教育出版社 1996 年版，第 3436 页。

武、周公、孔子，经颜、曾、思、孟而至二程。虽然李元纲的《传道正统》提出了道统的概念，但其"道"与"统"二字未曾连用，还没有配合成一个名词。至朱熹于淳熙十六年（1189）序《中庸章句》，将道统连词，首次采用"道统"①。认为朱熹在他所作的《中庸章句·序》里首次将道统连用，提出了"道统"这个名词。然而在此前十年，朱熹已于淳熙六年（1179）在《知南康榜文》中，将道、统二字连用。其言云："濂溪先生虞部周公心传道统，为世先觉。"②不仅把道、统二字连用，而且明白提出道统论的特质——"心传"，可谓深得道统之旨。其后两年，朱熹又于淳熙八年（1181）拜濂溪先生书堂时，亦将道、统二字连用，朱熹指出："惟先生承天畀、系道统，所以建端垂绪，启佑于我后之人者。"③认为周敦颐继天承绪，系道统之传，以启后人。从这些方面可见，在道统思想发展史上，朱熹第一次把"道统"这一名词概念与"道统"所指的实际内涵结合了起来。

如上所述，朱熹继承二程、推崇周敦颐，阐发"十六字心传"，将其与《中庸》的传授心法相结合；首创"道统"二字，推广道的传授统绪，从而完善了二程确立的道统思想体系。陆九渊（1139—1193）是在程朱派之外讲道统的理学家。他以心论道统，提出心学道统观。既借鉴了以往的道统论，又对二程的道统论加以改造，以上接孟子而自得其道而自居，认为道乃人心所固有，道即心，道充塞宇宙，通万世，圣人之道与普通人之道无异，只要心不蔽于物欲，就可把心中固有之道发扬光大。他说："周道之衰，文貌日胜，良心正理，日就芜没。……故正理在人心，乃所谓固有。……自周衰此道不行，孟子没此道不明。今天下士皆溺于科举之习，观其言，往往称道《诗》、《书》、《论》、《孟》，综其实，特借以为科举之文耳。谁实为真知其道者？口诵孔孟之言，身蹈杨墨之行者，盖其高者也。其下则往往为杨墨之罪人，尚何言哉？孟子没此道不传，斯言不可忽也。"④认为道乃人心所固有，而孟子之后人却不能明，是因为人陷溺其心，溺于科举，流于"异端"。而朱学由于其性质使然，不以心

---

① 参见陈荣捷：《西方对朱熹的研究》，《中国哲学》第五辑，生活·读书·新知三联书店 1981 年版，第 208 页；以及陈荣捷：《朱子之创新》，《朱子学新论》，生活·读书·新知三联书店 1991 年版，第 21—22 页。

② 朱熹：《知南康榜文·又牒》，《朱熹集》卷九十九，四川教育出版社 1996 年版，第 5055 页。

③ 朱熹：《书濂溪光风霁月亭》，《朱熹集》卷八十四，四川教育出版社 1996 年版，第 4363 页。

④ 陆九渊：《与李宰（二）》，《陆九渊集》卷十一，中华书局 1980 年版，第 150 页。

为最高原则，尽管提倡"心传"，但其道仅贯穿于心中，却不能与心等同，故"见道不明"，不能使学者"真知其道"。所以陆九渊主张以接续圣人之心来超越一千五百余年，直承圣人之道。他说："学者之不能知至久矣！非其志其识能度越千有五百余年间名世之士，则《诗》、《书》、《易》、《春秋》、《论语》、《孟子》、《中庸》、《大学》之篇正为陆沉，真柳子厚所谓独遗好事者藻绘，以矜世取誉而已。尧、舜、禹、汤、文、武、周公、孔子、孟子之心，将谁使属之。"① 这里所谓的"度越千有五百余年"，正好是从孟子到陆九渊的时代之年限，而"名世之士"便是陆氏自指，这已把韩愈，甚至把周敦颐、二程、朱熹等道学人物排除在外。陆九渊指出，如果没有其志、识超越一千五百年，直接尧舜孔孟之心的"名世之士"出现，那么不论是《诗》、《书》、《易》、《春秋》等"六经"，还是《论语》、《孟子》、《中庸》、《大学》等"四书"，都不过是"陆沉"之物。也就是说，经典与圣人之心相比，不过是吾心之注脚。学须知本，其本即是圣人之心，也即圣人之道。知其本，掌握了圣人之心，经典则不必详说之。

陆九渊倡导心学，以心论道统，不仅表现在他接续圣人之心上，而且从道的传授形式上讲，他以继孟子之后道统第一人而自居，自称上接孟子而自得其道，把韩愈、周敦颐、二程、朱熹等完全排除在道统之外。这体现了他道统论的特点。从思想渊源上讲，陆九渊自述其学由孟子而来。当回答学生詹阜民所问"先生之学亦有所受乎？"的问题时，陆九渊说："因读《孟子》而自得之于心也。"② 所谓"自得"，指通过读《孟子》书，自得其道，自家体贴出心学要旨来。读《孟子》与"自得之于心"相比，自得于心更为重要。

从继承孟子自得其道出发，陆九渊提出了自己独具特色的道的传授统绪说。这个道的传授系统由伏羲开其先，经尧、舜、皋陶、文王、箕子、武王等，到孔子、颜子、曾子、子思、孟子，一脉相传，而孟子后，则失其传，汉唐诸儒未能接续圣人之道，汉病于"经"，溺于训诂；唐病于"文"，沦于声律，致使佛老"异端"乘虚而入，与儒学形成鼎足并立之势，而唐代的韩愈、宋代的二程尽管力排二氏，讲道益详，然而却未能承圣人之传，只有自己出，直接孔孟之心，把孟子之后失传的圣人之道接续下来。关于道的传授统绪，陆

① 陆九渊：《与侄孙浚》，《陆九渊集》卷十四，中华书局1980年版，第190页。
② 陆九渊：《年谱》，《陆九渊集》卷三十六，中华书局1980年版，第498页。

九渊说：

> 自羲皇以来至于夫子，盖所谓有道之世，虽中更衰乱，而圣明代兴。①

> 古先圣贤，无不由学。伏羲尚矣，犹以天地万物为师，俯仰远近，观取备矣，于是始作八卦。夫子生于晚周，……《中庸》称之，亦曰："祖述尧舜，宪章文武。"尧舜相继以临天下，而皋陶矢谟其间曰："朕言惠可底行。"武王缵太王、王季、文王之绪以有天下，未及下车，访于箕子，俾陈《洪范》。……卒之传夫子之道者，乃在曾子。……自曾子传之子思，子思传之孟子，乃得其传者，外此则不可以言道。②

> 尧舜文王孔子四圣人，圣之盛者也。二典之形容尧舜，《诗》、《书》之形容文王，《论语》、《中庸》之形容孔子，辞各不同。……夫子之门，惟颜、曾得其传。……然颜、曾之道固与圣人同也。③

> 孟子者，圣学之所由传也。④

> 孟氏没，吾道不得其传。而老氏之学始于周末，盛于汉，迨晋而衰矣。老氏衰而佛氏之学出焉。佛氏始于梁达磨，盛于唐，至今而衰矣。有大贤者出，吾道其兴矣夫！⑤

> 窃不自揆，区区之学，自谓孟子之后至是而始一明也。⑥

以上可以看出陆九渊建构的道的传授统绪的基本内容。与韩愈的道统论相比，颇有相似之处，然而亦有区别。其相同处在于，韩、陆两人都以弘扬儒家圣人之道为己任，明确提出了圣人之道的传授系统；都认为自孟子以后，尧舜文武孔孟一脉相承的儒家圣人之道失传；并都认为自己接续了这个失传的圣人之道，韩愈讲"使其道由愈而粗传"⑦，陆九渊讲"自谓孟子之后至是而始一明"，均把自己视为为往圣继绝学，将圣人之道发扬光大的人物；而且两人都认为孟子以后的儒学人物如荀子、扬雄等未能修明先王之道，这是圣人之道失

---

① 陆九渊：《取二三策而已矣》，《陆九渊集》卷三十二，中华书局 1980 年版，第 380 页。

② 陆九渊：《与李省干（二）》，《陆九渊集》卷一，中华书局 1980 年版，第 14—15 页。

③ 陆九渊：《杂说》，《陆九渊集》卷二十二，中华书局 1980 年版，第 271 页。

④ 陆九渊：《智者术之原论》，《陆九渊集》卷三十，中华书局 1980 年版，第 350 页。

⑤ 陆九渊：《语录下》，《陆九渊集》卷三十五，中华书局 1980 年版，第 473 页。

⑥ 陆九渊：《与路彦彬》，《陆九渊集》卷十，中华书局 1980 年版，第 134 页。

⑦ 韩愈：《与孟简尚书书》，《五百家注昌黎文集》卷十八，文渊阁四库全书本。

传的原因。韩愈讲"孔子传之孟轲,轲之死,不得其传焉。荀与扬也,择焉而不精,语焉而不详"①。陆九渊赞同韩愈的观点,指出:"退之言:'轲死不得其传。荀与扬,择焉而不精,语焉而不详。'何其说得如此端的。"② 在这些方面,两人表达了同样的意思。这说明儒家道统论尽管有不同的流派和观点,但亦具有共同的本质和前后继承的关系,而不论当事人是否承认它。

吴澄(1249—1333)建构完整的道统体系,提出道统十四圣之说。他说:

> 夫天生亿兆人,而人类之中有圣人者,卓冠乎众,天命之以司亿兆人之命。一元混辟,几百千年而有包牺氏、神农氏、黄帝氏,是为三皇。纂其绪者,少昊氏也、颛顼氏也、高辛是也,而尧、舜焉,而禹、汤焉,而文、武焉。此十有二圣南面为君者也;北面为臣,则有周公焉,此十有三圣达而在上者也;穷而在下,则有孔子焉。此十有四圣,或以其道而为天下之主,或以其道而为天子之宰,或以其道而为万世帝王之师。德天德,心天心,而生天民之命者,位不同而道一也。体其道之全,俾世享安靖和平之福,而民得以生其生者,儒道也。……三皇于十有四圣为最初,孔子于十有四圣为最后,儒学之祀其最后者,尊其集群圣之成也。③

吴澄系统论述了早期圣人之道的传授统绪,他以伏羲、神农、黄帝、少昊、颛顼氏、高辛、尧、舜、禹、汤、文、武、周公、孔子为十四圣,十四圣相传以道,形成道统。其或以道为天子,或以道为辅宰,或以道为帝王之师,吴澄认为,十四圣的地位或有不同,但他们相传的圣人之道则是同一的。他以伏羲、神农、黄帝等三皇为道统十四圣的奠基者,以孔子为道统十四圣的集大成者,从而构成早期较为完整的道的传授系统。

吴澄认为,孟子之后,道统失传,吴澄把继千年不传之学的功劳归之二程,又提出道统十贤,作为北宋以来圣人之道的传人。不仅在朱熹之后,肯定朱熹对于发挥二程道统的历史功绩,而且表彰元代许衡继承朱熹、恢复程朱道统的历史作用。他说:"孟子殁而传者无其人,夫子之道泯矣,历千数百年之久,河南二程子出,而孟子之传乃续。同时邵子,卫人也;司马公,陕人也,皆迁洛中。张子,秦人也,亦以邵程之在洛而时造焉。……又思程子之学,其

---

① 韩愈:《原道》,《五百家注昌黎文集》卷十一,文渊阁四库全书本。

② 陆九渊:《语录上》,《陆九渊集》卷三十四,中华书局 1980 年版,第 410 页。

③ 吴澄:《抚州重修三皇庙记》,《吴文正集》卷三十八,文渊阁四库全书本。

原肇于营道之周，而其流衍于婺源之朱、广汉之张、东莱之吕。至覃怀许文正公尊信四书小学书以教，而国朝士大夫始知有朱子之学。帝制以十贤从祀孔子庙，后学跃然有所兴起。"①吴澄推出十贤说，基本上把宋以来传儒家圣人之道的重要人物包括在内，不仅有与二程同时的邵雍、司马光、张载等重要理学家，有受到朱熹推崇的周敦颐，而且有号称南宋"东南三贤"的朱熹、张栻、吕祖谦，以及元代大儒许衡。这些人物不仅在道统发展史上占有重要地位，而且亦是理学思潮发展过程中创学派的著名人物。如周敦颐创濂学，二程创洛学，张载创关学，朱熹创闽学，邵雍创象数学，或称百源学，司马光创涑水学，张栻集湖湘学之成，吕祖谦创婺学，许衡创鲁斋学。由于他们在道统史及理学史上占有重要地位，所以得到了吴澄的大力表彰，并为元统治者所接受，以十贤从祀孔子庙，从而使道统论为社会所公认。不仅道统十贤得到了统治者及社会的承认，而且后人亦把吴澄列为道统的传人。

吴澄不仅提出道统十四圣之说和十贤说，建构完整的道统体系，而且把心学与道统相结合，以心论道统，扩大心学的内涵，从而把道统包容在心学之内，表现出他折中朱陆的倾向。他说："以心而学，非特陆子为然，尧、舜、禹、汤、文、武、周、孔、颜、曾、思、孟，以逮邵、周、张、程诸子，盖莫不然。故独指陆子之学为本心之学者，非知圣人之道者也。圣人之道，应接酬酢，千变万化，无一而非本心之发见。"②实际上吴澄所谓的心，是指圣人之道，道是本心的发见，不可外心而求道，道在心的范围内，道统亦即在心学的范围内。从广义的"以心而学"的心学概念出发，吴澄不同意把心学仅限于陆学，心学既包括陆学，同时也包括从尧舜、孔孟到邵周张程等众多道统人物。吴澄所列举的这些心学人物，与程朱道统中的传人完全相同，可见吴澄提出的心学史与朱熹提出的道统史相互契合，这又是吴澄对朱熹思想的吸取和改造。就吴澄反对把心学仅归结为陆学，认为心学包括了所有传儒家圣人之道的学说而言，其所谓心学，已超出了陆氏心学的范围；但就他认为圣人之道是本心的发见，把道视为本心所固有而论，这又是对陆氏心学的继承。

王阳明（1472—1529）提出"良知即是道"③的思想，把圣人之道的内涵

---

① 吴澄：《十贤祠堂记》，《吴文正集》卷四十一，文渊阁四库全书本。

② 吴澄：《仙城本心楼记》，《吴文正集》卷四十八，文渊阁四库全书本。

③ 王阳明：《传习录中·答陆原静书》，《王阳明全集》卷二，上海古籍出版社1992年版，第69页。

确定为良知，具有鲜明的时代性。这是对程朱道统论的发展。王阳明并把圣人相传授受之学称之为"心学"，把"十六字传心诀"视之为"心学之源"①。提出"致良知之外无学矣"②，以"致良知"说取代程朱道统论，从而把圣人相传的道统说改造为心学，完成了道统心学化的过程。这为现代新儒学之新心学一系所继承，并以之作为"源头活水"，而吸取甚多。

除上以外，明清时期，道统论继续流传，并产生了重要影响。这一时期，朱学与阳明学之争，理学道统论的流弊亦对思想界产生了影响，并反映到对道统思想的评价上。孙奇逢的道统思想和费密对理学道统论的批评，反映了时代变迁对道统思想的影响，也与整个时代社会转型、思想发展的实际紧密相联。

明清时期，由于道统思想的重要影响，出现对儒家道统传承脉络整理的风气，如周汝登（1547—1629）著《圣学宗传》，过庭训（？—1629）著《圣学嫡派》，魏裔介（1616—1686）著《圣学知统录》和《圣学知统翼录》，范鄗鼎（1626—1705）著《理学备考》，熊赐履（1635—1709）著《学统》，万斯同（1638—1702）著《儒林宗派》等。

孙奇逢（1585—1675）则著《理学宗传》，对道统传承脉络加以整理，从中阐发自己的道统思想。该书融合程朱道统与心学道统，体现了孙奇逢兼采朱王，一并推崇程朱陆王，融合理学两大家的特点。

费密（1625—1701）提出帝王统道的"道脉谱论"，以代替儒生统道的理学道统论；并提出"舍经无所谓圣人之道"③的思想，主张不受宋儒说经的束缚，从汉唐诸儒对儒家经典的注疏中求得圣门本旨。由此尊崇汉儒，重视训诂注疏，开清朝汉学之风气，给后来的汉学复兴以重要影响。

三、道统思想促进了儒学的发展

道统思想作为儒学的重要组成部分，它的形成、发展与演变促进了儒学的发展。道统的发展既然是以儒学为主导，那么道统与儒学之间就有着密切的联系。作为儒学基本理论构成的道统思想，其发展演变也促进并体现了儒学的

---

① 王阳明：《象山文集序》，《王阳明全集》卷七，上海古籍出版社 1992 年版，第 245 页。
② 王阳明：《书魏师孟卷》，《王阳明全集》卷八，上海古籍出版社 1992 年版，第 280 页。
③ 费密：《道脉谱论》，《弘道书》卷上，怡兰堂丛书 1920 年刊本。

发展。

儒学道统由孔子开其先，孔子提出仁道，这成为道统之道的基本内涵，并奠定了儒学发展的基础；孔子推崇尧舜文王周公等上古圣人，为道统的传承疏理了初步的统绪。孟子继承孔子仁道，提出仁义之道，把仁的观念发展为仁政说与王道论；又提出儒家完整的心性论，这对宋明儒及现代新儒家之道统论产生重要影响，而且由此促进了儒学的发展。在儒学道统内部，不同的发展时期，或同一发展时期由于对道的内涵及道的传授谱系有不同的认识，所以分为不同的道统流派，比如韩愈有韩愈的道统观，张载有张载的道统论，程朱有程朱的道统观，陆王有陆王的道统观，等等。不同的道统流派，在共同认同于孔孟仁义之道的前提下，又相互区别，它们之间存在着继承、批判、排斥、吸取的关系，儒学道统也由此经历了发展演变的过程。比如程朱以超越时代的心传说和以天理论道扬弃韩愈道统论，使儒学道统论由单纯伦理型发展到哲理与伦理结合型；陆王又以心学道统和"致良知"说扬弃程朱道统论，使儒学道统向心学转化；现代新儒家又以由内圣开新外王和三统说扬弃宋明儒传统的道统论，使道统论与现代文化接轨，体现了现代新儒家道统论的时代意义。由此可见，道统的演变不仅促进了自身的发展，而且促进了儒学不断向前发展，这正是道统与儒学密切联系的表现。需要指出，不同道统流派之间的相互扬弃，其中包含着批判、排斥的因素，同时具有继承、吸取的关系，不应把排斥的因素过分夸大，而应更多地看到批判地继承、批判地吸取的一面。由此，儒学道统内部不同的道统流派共同构成了整个儒学的道统论；整个儒学的道统论又体现在各个不同的道统流派之中，通过各个时期、各个不同道统流派的发展演变而展示自身，从而促进了儒学的发展。

道统思想作为儒学的基本理论构成，其发展演变不仅促进了儒学的发展。在经学上，孔子创立儒学，整理"六经"，后世儒家根据这些经典，逐步形成了经学。至汉武帝采纳董仲舒的建议，"罢黜百家，独尊儒术"，立五经博士，经学大盛，遂成为中国帝制时代文化的正统。然而经学发展到唐代，已经僵化，仍沿袭汉代经学的章句注疏之学和笃守师说之家法，如此束缚了人们的思想和创造力，显然不能与盛行于唐代的佛教精致的思辨哲学相抗衡，因而动摇了儒家文化的主导地位。朱熹继承二程，以"四书"及"四书"义理之学取代"六经"而作为经学的主体，通过集注"四书"，以义理解释儒家经典，从中发明圣人之道，为建构和完善道统思想体系作论证。其以"四书"学发明道统，不仅集当时道统论之大成，而且把经学理学化，发展了传统经学，从而实现了中国经学的一大变革，为经学乃至中国文化的历史发展作出了贡献。

在心性论上，内圣心性之学是道统讨论的一个重要问题，其超越时代的心传说和以心学论道统都涉及心性论哲学。在这方面对儒学的发展影响较大。孔子最早提出"为仁由己"的命题，孟子加以发展，提出"心之官则思"和"仁，人心也"的思想，以心性言仁，把心、性联系起来，提出尽心知性知天的思想，并首倡性善论，其心性之学对后世儒家乃至佛教心性论影响很大。荀子进一步阐发了心的认知功能，指出："心居中虚以治五官，夫是之谓天君。"（《荀子·天论》）与孟子主张相对，荀子首倡性恶论，认为人性天生为恶，圣人"化性而起伪"，明礼义以教化之，用法治刑罚治理之，使人性合于善。儒学心性论自先秦时期形成以来，对传入中国的佛教产生重要的影响，佛教也大讲"尽心知性"及"穷理尽性"。后来佛教发展了儒家心性论，主要是以本体论心性，其哲学思辨性明显高于先秦儒学心性论，但却抛弃了儒学心性论中的伦理道德内涵，这遭到宋明儒的抨击。

理学心性论与道统论密切联系，讲超越汉唐的心传说，以心学论道统。它批判地吸取了佛教的心性本体论，批评地吸收了道家、玄学的"万物以自然为性"[①]的自然人性论，以儒家心性伦理为本位，建立起富于时代特征的宋明新儒学心性论哲学体系，发展了儒家哲学的主体思维和主体哲学。

此外，在内圣而外王方面，历代儒学道统论都讲内修圣人之德，外施王者之政。至现代新儒家强调以内圣、道统为本，以外王、学统及政统为用，认为只有挺立了人的道德主体性，才能由本原派生作用，由内圣通外王，由心性之学开出现代科学和民主政治。这是对修齐治平之道及传统儒家政治文化的发展。

质言之，道统思想在历史发展过程中，以"四书"及"四书"义理之学取代"六经"及"六经"训诂之学在中国经学发展史上的主导地位，即以义理取代训诂注疏；以心性伦理与心性哲理相结合取代佛教心性说，以道统取代法统；以内圣而外王取代霸道政治和以智力把持天下，在这些方面促进了儒学的发展。

---

① 王弼注：《老子》第二十九章，中华书局1980年版，第77页。

四、道统思想的流弊

道统思想的流弊主要体现在复古的历史观、排他的正统思想即排他性、重道轻文、内圣重于外王等方面。

其一，关于复古的历史观。道统思想以三代为"至治盛世"，主张复三代，认为愈古而治愈盛，这与发展的历史观形成对照，而不利于社会的进一步发展，但对保持好的传统比较有利。

其二，关于排他性的流弊和排他的正统思想。虽然应对道统的排他性作全面、辩证的理解，但道统思想中存在的为争正统，即接续孔孟之正传的排他性是显而易见的。这种排他性认为只有自己掌握了真理，而其他学派却未能得道，这具有不利于学术正常发展的一面，尤其是朱陆后学各立门户，相互排斥，论辩纷纷，发展了其流弊。对此，我们既要认真加以清理和批判其流弊，同时亦要辩证地分析，不因其具有排他性的流弊就全盘否定它。过去由于受"左"的思想的干扰以及受全盘否定中国传统文化思想的影响，把道统思想与封建专制主义正统画等号，而予以全盘否定；又过分夸大道统流派中存在的排他性的一面，把道统视为妄自尊大的独断理论，而加以批判排斥。这些都不利于对道统思想作全面的理解。而思想史的事实是，道统之中没有三代以后历代帝王的地位，而以士为道的承担者，强调从道不从君，仁义之道高于君主之位，反对君主个人专制独裁，主张以道对君权加以一定的限制，这是道统思想的一个基本出发点，因而具有对抗君权的意义。因此，把道统思想等同于封建专制主义正统，视之为维护专制统治的工具，是缺乏根据的。

此外，道统各流派在提出自己的理论体系，以接续圣人之道时，为了强调己派理论的正确性，有时往往存在着排斥其他理论的一面。对其排他性的一面，应作全面、客观、辩证的了解，而不宜过分夸大。首先，各道统流派为了发展道统思想，提出新的理论，确有对与己不符的思想和旧理论加以排斥的一面，比如韩愈排斥佛老、杨墨；程朱超越汉唐旧儒学，排斥韩愈；陆九渊直接孟子，排除朱熹；等等。但在一定意义上可以说，这种排他性对于理论的创新、思想的发展是完全必要的，不如此则新思想无法产生，旧理论将阻碍社会的进一步发展，中国文化也将失去创新性和活力。

其次，道统各流派对其他思想理论的排斥不是绝对的。也就是说，在批判排斥的同时也有所吸取；或者说，既有排斥，又有肯定，并非水火不相容。比如儒学道统既排斥佛教，又吸取佛教的思辨哲学以丰富自身的理论；程朱既把韩愈排斥在道统之外，又肯定其"文以载道"的思想和"轲之死，不得其传"的说法，对其《原道》一文倍加赞赏；陆九渊既抛开周敦颐、程朱，以自己直接孟子，又继承程朱之天理，只不过以心即理，而并未否定天理；王阳明既以"致良知"说取代朱熹之道统论，又对朱熹表示了足够的尊敬，只不过企图以心学的面貌重塑晚年之朱子。这些方面都说明道统的排他性是相对的，并不是完全抹杀与己不合的其他学派。即使宋明儒道统论主张超越汉唐，直承孔孟，那也是为了以义理心性之学取代汉唐考据之学和传统的笺注经学，这代表了学术发展的趋势。即便如此，宋明儒也肯定了汉儒董仲舒的思想，表彰其正义、明道而不计较功利的价值观。

另外，我们在看到道统各流派所具有的排他性流弊的时候，不应因其流弊而全盘否定道统思想。因为道统思想在一定意义上已体现为以儒学为主导的中国文化发展的大传统，道统论的发展在一定程度上反映了儒学及中国文化的发展。从这个意义上讲，否定了道统也就等于否定了儒学及中国文化。须知没有抽象的、脱离具体道统论的孤立的道统。普遍的、一般的道统即中国文化的大传统存在于特殊的、个别的道统和各文化派别之中，通过具体的具有排他性的各道统流派的思想表现出来；同时，在具有排他性的各道统流派、各文化派别中体现、贯穿着中华大道即中国文化的大传统。所以，不应因为道统思想具有排他性的流弊就全盘否定它。

其三，关于重道轻文的流弊。在文、道关系和文学方面，儒家道统思想具有重道轻文的流弊，集中体现了道统对文学的影响。"文以载道"的思想与儒学道统论有着密切的联系。韩愈作为文学家又作为思想家，在提出道统论的同时，又倡古文运动，提出了"文以载道"的文学主张，强调为文志在古道，指出"读文著书，歌颂尧舜之道"①。把文作为载道的工具，文章为传道而作。认为文不过是载道的工具，忽视了文章的文学性。进而，程颐提出"作文害道"的思想，认为，道为本、文为末，如果专意于作文，则玩物丧志，有害于道。这一思想对文学的影响甚大，产生了一定的流弊。

儒学道统关于"文所以载道"思想的实质，是以体现儒家仁义道德的道

①　韩愈：《上宰相书》，《五百家注昌黎文集》卷十六，文渊阁四库全书本。

来作为支配文学的灵魂和精神。这促使历代作家注重作品的思想性，发挥其教育功能，从而对文学产生了积极的影响，儒学之道在中国文学史上本身具有重要的地位，是形成、体现中华民族精神的客观内容。但重道轻文的观念把文学当作传达儒家伦理道德的工具，忽视文学发展的客观规律，使文学在一定程度上失去了自己的本性和独立发展的领域。受"文以载道"思想的影响，文学作品充满大量的理的说教，枯燥乏味，过分强调文学的教育功能和认识功能，忽视以至隐没了文学的审美功能和娱乐功能，使文学的生活源泉逐渐枯竭。因此应扬弃儒学道统的文学观，批判其流弊，恢复文学的自性，使文学在自己的领域开掘前进。但也不能因此而走向唯美主义和"为艺术而艺术"的另一个极端，把文学与现实人生的思想道德完全脱离开。须知离开了思想内容的文学作品是难以打动人心的，也很难产生长久的影响力。所以，道与文、思想与艺术、善与美、伦理与自然的结合，而不是互相脱节，无疑是应该提倡的。

关于内圣重于外王，相对忽视外王事功的流弊。虽说道统思想主张把内圣与外王相结合，但二者相比，以内圣为本，以外王为内圣的表现，故对于外王事功相对忽视。其结果是重视内心的自我修养以成圣的工夫，忽视造福于社会的事功修为，即使有外王的倾向，也以道德践履和贯彻内圣的伦理原则为主，以致使现代科学和民主政治难以在内圣心性之学中开出，表现出道统思想的局限性。

与此相关，道统思想重视理想人格的实现和道德修养，轻视物质利益的满足。道统的崇尚圣贤的理想人格观以追求成圣为最高理想，强调"超凡入圣"，人人做得圣人，这虽然提高了"愚夫愚妇"的人格地位，但却对物质利益相对忽视，轻视对民众物质利益的满足，而对发展生产力较为不利。因而其理想人格缺乏客观的基础，过于理想化，而难以实现；重视道德理性和主体的价值，忽视自然属性和客观事物。道统思想以仁义之道为根基，强调主体思维能动性的发挥，因而重视道德理性和主体的价值，而对于人的自然属性和客观外界事物则相对忽视，结果产生伦理束缚，有压抑人性的倾向，并忽视改造客观自然的实践。

以上道统思想的流弊是客观存在的，也是其落后性保守性的表现，反映了与现代文化的时代差距。因此，应以现代化和现代社会发展的客观需要为取向，加强中外文化的交流和沟通，吸收西方文化的优长，克服道统思想的流弊，使中西方文化相兼互补；同时，摒弃中外文化中的糟粕，使儒家道统思想在扬弃传统的过程中走向现代并不断创新发展。

五、道统思想对中国文化产生了深远影响

道统思想的发展在一定程度上体现为中国文化的发展，形成了鲜明的中国文化特色，对历史和现代社会产生了广泛、深刻的影响，因而道统思想在儒学发展史上占有重要的地位，系统整理、深入研究道统思想亦具有重要的文化意义。任何有生命力的文化，必须在认同自身的同时，适应新的时代和环境，才能发展，否则必然没落。道统思想要在当代中国新文化建设中发挥应有的作用，首先必须要批判自我，改造过时的思想成分，克服其流弊；然后才能推陈出新，以其深厚的中华民族文化传统，为现实所用，并在保持和弘扬优秀文化传统的基础上，跟上时代发展的步伐而走向现代。

通过对道统思想作深入系统的研究，可增进人们对道统思想的全面了解和认识，避免片面地把道统思想与封建专制主义正统相提并论，同时避免因其流弊就全盘否定道统思想的作法。

道统思想不仅影响了中国文化的哲学、政治、伦理、经学、史学、人格观、价值观、教育、文学等各个领域，而且贯通古今，对现代社会也产生了深刻影响。孙中山先生继承儒学道统，在革命斗争中大力提倡"天下为公"的精神，并以此阐发民权主义，认为"提倡人民的权利，便是公天下的道理"，以"公天下"反对"家天下"，主张"天下为公"，人人权利平等。民国十一年在广西桂林，孙中山回答第三国际代表马林提问"先生革命之基础为何？"时说："中国有一个道统，尧、舜、禹、汤、文、武、周公、孔子相继不绝。我的思想基础，就是这个道统，我的革命就是继承这个正统思想来发扬光大。"[1] 表明孙中山受到了道统思想的影响，以继承发扬道统为己任。

受道统思想的影响，现代新儒家以接续中国文化道统、复兴儒学为己任，力图以儒家学说为主体来吸收、融合、会通西学，以谋求中国实现现代化。现代新儒家代表人物中讲道统的大致有熊十力、冯友兰、钱穆、牟宗三、唐君毅等。熊十力认为道统乃中国学术思想的中心，此一中心思想即由孔子集尧舜以来之大成，并随时代发展而演进。冯友兰以道统为居社会主导支配地位的哲学，认为这个道统是发展的，他既接着孔孟程朱讲，又发展孔子之道，以超越

---

[1] 转引自陈立夫：《中国文化何以能救世界人类?》，《天府新论》1994 年第 4 期。

的中国哲学精神作为道统哲学发展的主线，追求"极高明而道中庸"的最高境界。钱穆认为朱熹继承二程而确立新儒学的道统论，这是他对中国学术思想的发展所作出的贡献；后来钱穆又以整个中国历史文化的大传统为道统。牟宗三坚持以儒家道统为正宗来疏通中国文化生命，他提出道统、学统、正统三统之说，企图通过提出一个安定人生建立制度的思想系统，来作为人们安身立命的根本和社会生活的指导思想，把时代民主政治、现代科学精神与中国文化基本的道德宗教结合起来，从而贯通中西，发展中国文化。唐君毅肯定在中国文化史上有一道的传授系统，这种人所共喻之道，形成了延续数千年的道统。他宣称应对中华道统文化重加研究考察，以对中国历史文化加以哲学上的说明与论证，从而弘扬道统文化，以回应西方学术文化的冲击。

此外，道统思想中所包含的中道和谐观念也产生了深远影响。受此影响，形成了中道和谐的民族精神。与执中、中道密切相关，在方法论上，儒学道统以中庸为道，强调不偏不倚，无过不及。孔子以中庸为最高美德；孟子讲"执中"；《易传》以中为正，以中为道；《中庸》明确提出"时中"说，把中庸与中和联系起来；朱熹把中和作为其心性哲学的重要内容。中庸之道作为道统论和道统传授的重要内容，亦具有重要的方法论意义，它强调两端取其中，"过犹不及"，不偏之谓中，偏则事不平；不偏则公，不偏私则事无不平，人无不和。中道和谐精神成为人们普遍遵循的思想方法论原则，弘扬此种精神，有利于维护和实现天下和谐。受道统之执中、中道思想影响而形成的中道和谐精神，体现了中华民族精神的特色，这对于实现社会的稳定与发展，构建和谐社会，具有重要的现实意义。同时中国的和平崛起，构建和谐世界也体现了其所蕴含的中华民族历史文化的深厚底蕴，因而具有重要的现实借鉴意义。

道统思想所强调的民族文化的主体精神也产生了重要影响。受道统思想之内圣心性之学、超越时代的心传说等理论的影响，传统价值观念重视内在精神的价值，具有强烈而鲜明的主体意识。这对中华民族主体精神的形成和塑造产生了重要影响。历史一再证明，无法守住自己的民族之魂，丧失了主体性的民族或国家只会被列强同化直至消失。世界上还没有一个抛弃了自己的民族文化而能够生存和发展的国家。相反，坚持自己民族文化的以色列，国灭而复兴。只有挺立民族文化的主体性，珍惜和发扬自己民族的优秀文化传统，才能够自立于世界民族之林。

在文化交流和吸取外来文化优长，实现现代化的过程中，存在着文化交流的主体问题。即以本民族的文化为主体来融合、吸收其他文化，并在文化交流中起着主导的作用，这须结合时代发展的社会实践来进行。中华民族在悠悠五千年历史发展的长河中创造出来的灿烂文化应视为中外文化交流中的主体，而具有强烈而鲜明的主体意识的儒学道统思想则是中华民族文化传统的重要体现，它对中国文化的形成、发展和演变产生了深远的影响，在中国文化发展史上占有重要的地位。

像中国这样一个人口众多、历史悠久的文明大国，如果要抛弃她几千年的文化传统，投向"蓝色文明"，全部引进西方文化，那只能造成一种趋附在帝国主义面前的殖民地文化，而失去中华民族的主体性和特性。只有珍惜和发扬自己民族的优秀文化，以本民族的文化为主体参与文化交流，才能够吸取外来文化的优长以丰富发展自身，并对世界文明的发展作出自己的新贡献。因此，系统深入地整理研究儒学道统思想，揭示其所具有的重视主体能动性的发挥、强烈而鲜明的主体意识的基本特征，有利于挺立民族文化的主体性，弘扬中华民族文化。

在多元文化交流并存的新时代，我们应该认真思考我们的民族魂、我们的主体精神和主体意识。从这个角度讲，继承和创造性地发扬儒学道统之主体意识，具有重要意义。由伏羲、神农、黄帝，尧、舜、禹、汤，文、武、周公一脉相承而来的中华道统由孔子集大成，后经过颜子、曾子、子思、孟子的传承，再到荀子、董仲舒、扬雄、王通、韩愈、张载、程、朱、陆、王等，以及现代新儒家的相传授受，这未曾断绝的道统应结合时代发展和现代化的需要而批判继承和发展创新。

受儒学道统思想影响而形成的民族文化的主体精神，既是民族、国家的主体意识，又是以斯文斯道为主体的文化主体意识。其中所蕴含的中华民族精神具有促进社会发展和实现现代化的内在动力和源泉，而不可缺失。以此面对外来文化及西学的挑战，坚持从民族文化的根源处挺立主体意识，以此来融合、吸收外来文化，发挥主体意识的能动性，使中国文化在吸取外来文化的优长，排除其不适合部分的过程中得到发展。并结合时代发展和现代化的需要，将民族性与时代性有机结合起来。

以上各个方面体现了道统思想对中国文化所产生的深远影响。其影响至今犹存，表现出道统思想长久的生命力，值得人们认真地整理和研究，发掘其内在价值，挺立民族文化的主体性，以弘扬中华民族优秀文化传统；同时认识其流弊，去其保守、过时的成分，不断创新发展中国文化。

需要指出，知人论世，并根据历史上道统思想提出时的文献来客观研究当时的道统思想应是研究工作的基本要求。同时，也应重视利用后来出土的文献来补充和丰富历史上存在的道统思想。但也应看到，新近出土的文献长期未被发现，表明它在历史上就没有产生什么影响，以新近出土的文献为根据来否定历史上客观存在、影响深远的道统论，这在指导思想和研究方法上存在一定的人为主观的因素。所以在研究包括道统思想在内的儒学史时，应辩证地看待出土文献，既要看到它的价值和思想史上的意义，也不能过分夸大，毕竟它长期未曾出土，在历史上的影响就很有限。更应看到历代思想家主要根据当时的时代、社会发展的客观要求而提出来的包括道统论等在内的新思想，而其所依据的文献（包括"四书"等各种文献）应是第二位的，时代发展的需要则是第一位的。所以对文献的地位和价值不应看得过重，不论什么文献，与社会发展的实践和社会发展的客观要求相比，都是第二性的；何况是那些在当时的时代就未出现的文献。不能因此而否定历史上客观存在、影响深远（包括流传影响东亚各国）的道统论。历史事实是，儒学的道统论产生了客观的重要影响，对社会发展具有重要意义。这是现代的人们无论对道统论持何观点都无法否定的，更不是提出一个所谓的新思想所能取代的。

应全面客观地把握和评价各个历史时期的文献和思想理论，不应片面地以先秦的某些思想和文献轻易否定宋明等后期的思想，同样也不能以宋明等后期的思想来否定先秦的思想。而应看到思想发展的连续性，包括继承性和创新性。中国思想文化是随时代变迁而不断发展的，不可能仅停留在先秦等某一阶段，两千多年来中国社会和中华文化不再向前发展了。一种思想理论和时代思潮之所以产生和出现，都有它产生和存在的理由、时代价值和历史必然性，不应轻易地以某些文献来否定。即使是孔孟的思想、儒家的六经（虽然具有原典的地位）也不能完全否定后世思想家根据其所处时代社会发展的客观要求而提出的新思想。应客观全面地评价这些新思想，既指出其必然性，同时也指出其流弊。特别是不能用那些在当时一定的历史时期就不存在（未被发现，或早期短暂出现而后长期淹没）的文献来否定在当时新的历史时期，思想家根据社会发展的客观要求所提出的新思想。

（作者简介：蔡方鹿　四川师范大学中国哲学与文化研究所）

试论先秦儒家的"天人合一"思想

张新民

　　"天人合一"作为一种颇有东方经验形态特征的重要义理命题，乃是产生于春秋大变革时代的重要思想学说。① 各家各派都托命于形上之天道，以创立自己成一家之言的理论学说②，遂形成了与希腊、印度不同的轴心时代的重大哲学突破③，体现了由"王官之学"到"诸子之学"认知上的巨大革命性转型，

---

① "天人合一"思想虽主要产生于中国，但也见诸同时的古代印度。而中国与印度之思想后来互有交涉固不必论，即中国之思想亦远播朝鲜日本，可说东方凡有代表的国家，虽表述的方式未必尽同，然均有与"天人合一"相关之学说，而以中国之思想言说最具典范意义。故特以"东方经验形态"概括言之，以见其影响或涵盖地域之广大。参见季羡林：《天人合一新解》，《传统文化与现代化》1993 年创刊号；《关于"天人合一"思想的再思考》，《中国文化》1994 年 9 期。

② 蔡尚思的《天人合一论即各家的托天伦》一文，曾明确指出"天人合一"论不是儒家或孔子一人之说，先秦诸子亦多有不同的"天人合一"观，目的则为托天以创立自己的学说，其言甚是。然蔡氏又认为所谓"托天"乃是"假托天命"者，甚至批评孔子"托天"之目的乃是要提高自己的地位，看不到外在的天也可内在于人的生命中，成为即内在即超越的实存主体的真实体验，以及由此而产生的无限敬畏感或神圣感，包括天命下贯而为人生自觉的责任，则不免失之偏激。参见蔡尚思：《天人合一论即各家的托天伦》，《中国文化》1993 年第 8 期。

③ "轴心时代"一词，乃借用雅斯贝尔（K.Jaspers）的说法，时间主要指公元前 500 年左右的长程历史，世界各大文明系统的基本格局，都因内部自我的突破而得以重新塑造。兹说今已成为海内外学术界的共识，详见雅斯贝尔斯：《历史的起源与目标》，华夏出版社 1989 年版，第 30—35 页。又刘家和认为，"轴心期文明的一个重要特点，就是人类精神的觉醒，而孔子提出的'仁'，正是人类精神觉醒的具体的一个重要标志"。故文中所谓的"哲学突破"，显然也可看成是人类精神觉醒的一种哲理描述，内涵深刻的人性体验和社会观察的批判反省精神。而孔子面对周文疲惫的历史性困局，将"仁"作为人的本质规定，视为社会政治秩序扎根的基础，从而发展出一套系统的学说，开辟了中国文化的成德发展方向，显然正是"哲学突破"的一大关键。参见刘家和：《论中国古代轴心时期的文明与原始传统的关系》，《中国文化》1993 年第 8 期；余英时：《古代知识阶层的兴起与发展》，见雅斯：《中国知识阶层史论》，台湾联经出版事业公司 1980 年版。

出现了与既往传统迥然不同的新境界，产生了中国思想文化史空前的学术思想发展高峰，贞定了华夏民族数千年一以贯之的致思发展方向，代表了中国人长期生存发展及经验积累所达成的历史性集体共识①，不能不是"中国文化思想之归宿处"，当然也可以说是"中国文化对人类的最大贡献"②。

传统中国之"天人合一"思想，其义旨内涵宏大渊深，历来论者甚多，我们暂无从全面周纳评骘。③ 鉴于中国数千年文化的主流无疑是儒家，其影响广涉国家典章礼乐制度及公私社会生活的各个方面，不仅形成了源远流长的精神传统，同时更是民族集体安身立命的重要思想资源，如果能对其原初整全的经验加以认真审视，同时也以涵盖中西古今的宽广比较视野来检讨全球生态问题，必然有裨于我们更好地把握一国民族精神气质的特点，加深了解古典文明在自然生态问题上的认识和智慧，开拓人与自然和谐相处、共生共荣的认知路径，丰富现代生态哲学的营养资源和精神内涵。故不妨以先秦儒家思想视域为观察分析的出发点，重点讨论"天人合一"及"天、地、人三才"说在生态学层面上的价值和意义。

一、"天人合一"说的两个解释学向度

从形上本体的根源深处看，"天人合一"说的根本义理内涵，即强调"人"与"天"的本来一体，二者均为宇宙活泼创造力量"生物"、"成物"的必然结果，背后均有一隐蔽的共同的形上本体，即通常所谓"天命"、"天道"、"天德"、"天意"，可以内化于人性的深层结构之中。如孔子所言"天生德于予"④，

---

① 天人相分的思想，在中国历史上也时有出现，但始终未成为主流。至于晚近西学东渐后产生的人定胜天思想，近年来已引起学界的深刻反思，但不在本文的讨论范围之内。因关涉全文立论主旨，故特附此说明。

② 钱穆：《中国文化对人类未来可有之的贡献》，原载台湾《联合报》1990年9月26日，又见《中国文化》1991年4期。按：由于钱穆此文乃其晚年最后之"澈悟"，遂引起学术界很大反响，包括前引季羡林、蔡尚思之文，均可视为对钱氏之说的回应。

③ 20世纪以来学界有关"天人合一"说的具体研究动态及讨论情况，可参见刘笑敢：《天人合一：学术、学说和信仰——再论中国哲学之身份及研究取向的不同》，《中国哲学与文化》2012年第10辑。

④ 程树德撰，程俊英等校点：《论语·述而》，《论语集释》第二册，中华书局1990年版，第484页。

《中庸》:"天命之谓性,率性之谓道",《郭店楚简》:"性自命出,命自天降"①,西哲汤因比亦宣称自己相信:"处于人类精神的意识之下的渊底的终极层,实际上与横亘整个宇宙底流的'终极之存在'正相吻合"②。可见本体论意义上的"天人合一"说中的"天",即超越即内在,即内在即超越,作为一种本源性的形上创造力量,固然能够成为心性体悟极为重要的"纯粹经验",但也可以通过发用流行构成具象化的"天",即我们今天仍在沿用的"天文"、"天象"、"天色"、"天气"等③,大体接近现代所谓的自然界,如孔子所说"天何言哉,四时行焉,百物生焉"④。"上天之载,无声无臭"⑤,形上无言即本体即整体的"天",不仅催生了具体的形下的可知可感的现象世界,构成了人类社会活动不可或缺的"事实经验",而且也可以通过人类多种多样的实践活动,建构出一套与之有关的客观知识系统。当然,也就有了人置身于其中的现象学意义上的"天""人"关系,有了另一层不同于本体论的现象学的"天人合一"说。

但是,从根本上说,形上与形下两个世界是不可分的。如同一物之所以为一物的理是不可变的,而一物作为一物则不能不有所变化一样,形上与形下共同合成的完整世界,相互之间同样也构成了"不变"与"变"的微妙关系。因此,所谓两个世界实际只是一个世界,现象世界本身即内含形上的本体意义。但尽管如此却不妨碍我们的分层认知或解读,可以容纳多种多样的观察理解模式,即使"天人合一"之说也不例外。更重要的是,就"天"与"人"的关系问题而言,科学的认知固然重要,人文学(哲学、宗教等)的解释也不能

---

① 荆门市博物馆编:《郭店楚墓竹简·性自命出》第2、3简,文物出版社1998年版,第59、179页。

② 《展望二十一世纪:汤因比与池田大作对话录》,苟春生等译,国际文化出版公司1985年版,第20页。按汤因比所说的"终极的精神之存在",池田大作认为即"等于佛法所谓宇宙的森罗万象之根的大生命——宇宙生命"。而"所谓第九识'根本净识'就是每个生命的本源实体,同时也和宇宙生命融为一体"。可见形上本体的"天人合一"之说,即使佛教也持类似看法。因不在本文讨论范围,故可暂不置论。

③ 《周易·系辞上》:"在天成象,在地成形,变化见矣",即在对形上天道展开为形下天地的现象学说明。见黄侃校点:《黄侃手批白文十三经》,上海古籍出版社1983年版,第38页。

④ 程树德撰,程俊英等校点:《论语·阳货》,《论语集释》第四册,中华书局1990年版,第1227页。

⑤ 黄侃校点:《诗经·大雅·文王》,《黄侃手批白文十三经》,上海古籍出版社1983年版,第108页。

忽视。人类的一切活动都不能离开宇宙的空间场域或大化流行的时间过程，人与自然的关系广涉从物质到精神多方面的复杂问题，形上终极的追问自古迄今都是人类无可逃遁的宿命。人作为身心合一的存在究竟在形上、形下两个层面与自然有什么联系，本体论的解释是否适合"天""人"关系，人与自然合理的现象学存在方式究竟应该是什么样态，显然都是我们必须深入思考和认真回答的重大问题。

因此，分析中国古代的"天人合一"论，当主要从两大层面入手。

一是形上本体意义上的"天人合一"，即人在人性形上根源的深处本来就与"天道"、"天德"合一。从"天道"的视域出发，则可说"天"作为形上本体乃是有生命力的，是可以展开为现象界的存有而显现出生命的样态的；依"天德"为观察依据，又可说形上本体的"天"即是人及其他万物存在的价值来源，无论何种生命形态的存在都是有价值和有尊严的。而人的使命便是参与或促进"天"的创生机制，尊重和维护一切生命存在应有的价值或尊严。[1] 譬如孔子一生便怀有极为强烈的"天命"责任感[2]，"天命"就内化在他的生命之中[3]：一方面表现为圣贤听从天命召唤特有的深刻的忧患意识，是他不知疲厌地积极救世淑人的深层精神动力和思想资源；另一方面则化现为哲人透悟道体后必有的乐天知命的旷达，他和颜回共同书写的"孔颜乐处"故事早已成为激励国人坦然应对艰难困苦的永恒精神资源。孔子的天命观是有宗教性、神圣

---

[1] 宋儒张载便强调："大学当先知天德，知天德则知圣人，知鬼神。"（张载：《正蒙·乾称篇十七》，见林乐昌：《正蒙合校集释》下册，中华书局 2012 年版，第 916—921 页）

[2] 《论语·季氏》："君子有三畏：畏天命，畏大人，是圣人之言。"《孟子·万章上》："昔者，尧荐舜于天而天受之，暴之于民而民受之，故曰：'天不言，以行与事示之而已矣。'"可见不仅"天"乃终极性的形上本体，即"天命"亦具有宗教式的神圣性，能够化现为具体的"行"与"事"，显示生命庄严的责任感。至于《论语》反复出现之"畏"字，当训为"敬"或"敬重"，不能训为"惧"或"畏惧"，历来释者虽多，多未得确诂。参见廖名春：《孔子真精神：〈论语〉疑难问题解读》，孔学堂书局 2014 年版，第 105—120 页。

[3] 徐复观曾指出："天命对孔子是有血有肉的存在，实际是'性'的有血有肉的存在。……性与天道的融合，是一个内在的人格世界的完成，即是人的完成。"又据韦政通考证，先秦传世典籍出现次数最多的观念，依序排列主要有"道"、"人"、"天命"、"仁"、"心性"等，可证"天命"一词的确具有中心位置，而不能不内化为孔子等哲人的真实生命感受。（徐复观：《中国人性论史·先秦篇》，生活·读书·新知三联书店 2001 年版，第 80 页；韦政通：《中国的智慧》，牧童出版社 1975 年版，第 158 页）

性的特征的,"获罪于天,无所祷也"一语决非一时偶然之兴叹①,而是化身为道——与形上本体合二为一——后他对人间乖戾行为反思性的总结。站在天能合人——天道下贯或内化于人性——的角度,我们当然可以说天即是人,"一切的天命尽是人生的天人合一观"②。依据人当合天——人应"下学上达"透悟人性天道——的立场,则又不能不说,"人即是天,一切人生尽是天命的天人合一观"③。这是偏向形上关怀的解读,从中不难窥见先秦"天人合一"论实则蕴藏着丰富的神圣人文主义的色彩④,表现出突出的哲学或宗教的价值向度,乃是传统儒家不证自明的生命信仰,不妨称为本体论的生态哲学思想。

再是从形下现象学的存有世界看,"天人合一"作为学理性的重要命题,则不能不关注人与现象界的"天"的具体关系。而关注人与现象界的"天"的关系,实即关注人与自然如何相处的具体方法。如果稍作比较,则可说与道家轻视人文而重视自然不同,儒家是人文与自然两边同时兼顾;但却反对人对自然的征服或宰制,强调人与自然应有的和谐与统一,因而较少以征服或战胜自然为基本取向,发展一套庞大的科学知识系统⑤,而是凭借人与自然和谐相处的生命关怀,高度赞扬人是能够代表天地精神的道德主体。他们一方面强调"唯天为大"⑥,表现出对自然的敬畏与尊重;另一方面又以为人应该"与天地合

---

① 程树德撰,程俊英等校点:《论语·八佾》,《论语集释》第一册,中华书局1990年版,第181页。参见张新民:《生命成长与境界自由:〈论语〉释读之一》,《孔子研究》1998年第4期。

② "一切的天命尽是人生的天人合一观"乃是蔡尚思之说,其目的在于纠正钱穆"一切人生尽是天命的天人合一观"之说。笔者虽不赞同蔡氏完全缺乏超越眼光的解读,但仍认为兹二说不但不对立,反而正好可以互补,遂借用其语言形式,释义则大相径庭。参见蔡尚思:《天人合一论即各家的托天伦》,《中国文化》1993年第8期。

③ 钱穆:《中国文化对人类未来可有之的贡献》,原载台湾《联合报》1990年9月26日;又见《中国文化》1991年4期。

④ "神圣人文主义"乃杜维明首先提出来的看法,但现在已发生了世俗人文主义的祛魅化转向。参见杜维明:《新儒家人文主义的生态转向:对中国和世界的启发》,《中国哲学史》2002年第2期。

⑤ 例如古代中国与宇宙自然关系最为密契的天文学,本质上也只是一种星占学(judicial astrology)。而所谓"天文家"实即星占学家,乃上古巫觋之遗裔。而巫觋则专掌勾通天地人神之职,类似西方神职人员。但即使如此也不能断然否定传统生态学内部的知识性,只能说人文性的取向胜过知识性的取向。详见江晓原:《古天文考:古代中国天文之性质与功能》,《中国文化》1991年第4期。

⑥ 程树德撰,程俊英等校点:《论语·泰伯》,《论语集释》第二册,中华书局1990年版,第549页。

其德"①，高扬了人的道德主体精神。可见"天人合一"说既"开辟了内在的人格世界，以开启人类无限融合及向上之机"②，又点化了外在的自然世界，以扩大生命实践活动不可或缺的时空场域，不能不说是以人与自然和谐一体——完善自我人格的同时也必须完善人人均身处其中的世界——的方式，回答了如何处理"天人之际"的根本性问题。道德的涵融性必然会将自然世界纳入人文关怀的范围，人文世界与自然世界的和谐统一从古至今都是人类的价值向往，即使现实世界出现了"天人相分"的异化现象，理想的境界依然是返归"天人合一"的本体世界。这是偏向形下关怀的解读，但未必就没有下学上达的价值诉求。从中亦可了解古代"天人合一"说蕴藏着丰富的道德、伦理内涵，具有明显的道德人文主义的取向，反映了传统儒家对自然的基本价值态度，即无论主观的人格世界（内）还是客观的自然世界（外），均无不统一或涵摄在道德世界的完整理境之中，并赋予其颇有生命创造韵味的互通互贯的价值与意义，似可称为伦理化的生态哲学思想。

二、德配天地的"三才"说

形上本体意义上的"天人合一"，作为一种原初的本真的生命存在状态，决定了我们与同一形上本体涵盖下的其他生命存在，始终都有着不可切断的真实联系，因而我们越能实现自己可与天道相联相通的人性真实，就越能与周围现象界的存有亲和密契而非疏离隔绝。于是，人与自然和谐相处意义上的"天人合一"当然便有充分的理据得以宣告成立。只是有必要强调的是，如同形上、形下乃是一个而非两个世界一样，本体论的生态学与伦理化的生态学，作为有体有用的一套理论思想，必然也具有不可分割的完整性方法论结构。试以《周易·乾卦》"元、亨、利、贞"之说为例③，所谓"元"实即形上本体，当然也可称为"乾元"或"天道"，有类于宋儒所乐道的"无极"展开后的"太极"，代表一切存在与价值的根源，具有无限的创造性活力，能够展开为依体起用的创造性发展过程；显然也可视为生命存在的源头活水，决定了一切分殊

---

① 黄侃校点：《周易·乾卦·文言传》，《黄侃手批白文十三经》，上海古籍出版社 1983 年版，第 3 页。

② 徐复观：《中国人性论史·先秦篇》，生活·读书·新知三联书店 2001 年版，第 61 页。

③ 黄侃校点：《周易·乾卦》，《黄侃手批白文十三经》，上海古籍出版社 1983 年版，第 1 页。

的存在原初本源上固有的一致性，形成了"一"与"多"互摄互融的存在论关系。

因此，严格地说，人类社会一切有体有用的创造性活动，不但不能脱离或乖违本体，成为无生命活力的无体有用之学，反而必须依托或配合本体，成就有生命活力的有体有用之学。无论依体起用或由用见体，本质上都是天地精神在人身上的落实，如孟子所说："君子所过者化，所存者神，上下与天地同流。"① "上下与天地同流"当然就是我们一再提到的"天人合一"而非"天人相克"，必然就能"亨"、能"利"、能"贞"，无往而不适，无处而不顺。

"天人合一"的精神转化为人类的社会实践活动，就必须随时返归形上的道体本源，寻找创造的活力与价值的依据，以严格的批判精神匡正人类的发展方向。故孔子修《春秋》，即依此批判精神，从形上、形下双重视野出发，每大书"元年春王正月"。《春秋》用晦笔法所揭示的"元年"，固然暗指"君之始年"②，但也隐喻人类社会的发展，根本就不能脱离形上本体的价值源头，必须依托生生不已的自然秩序，与自然秩序创化不已的生命节律合一，才能步入充满活泼创造劲气的文明大道。诚如王阳明所说："君即位之一年，必书元年。元者，始也，无始则无以为终。故书元年者，正始也。大哉乾元，天之始也。至哉坤元，地之始也。成位乎其中，则有人元焉。"③ 具见"元年春王正月"之"元"，也可理解为"元、亨、利、贞"之"元"，即历代儒家所乐道的"天道"或"乾元"，乃是一切创造性力量和价值活动的总源头。值得注意的是，"乾元"一旦展开发用，由形上本体世界转入形下现象世界，二者相即而不相离，则现象界的一切"生物"、"成物"活动，当然也需要"坤元"的"作美"或"配合"——动静有常，刚柔相摩——才能形成"一阴一阳谓之道"的创造伟力，产生万千分殊的充满生命活力的现象世界。④ 而人在天地之中，乃是最有主体性精神的存在，同样充满了创造性的活力，当然可迳称为"人元"，

---

① 朱熹著，陈立校点：《孟子·尽心上》，《四书章句集注》第二册，辽宁教育出版社1998年版，第381页。

② 黄侃校点：《春秋公羊经传》"隐公元年春王正月"，《黄侃手批白文十三经》"疏一"，上海古籍出版社1983年版，第1页。

③ 王阳明：《五经臆说十三条》，《王阳明全集》下册卷二十六"续编一"，上海古籍出版社1992年版，第976—977页。

④ 阴阳互动，遂使天地宇宙间充满创造活力，设若无阴阳，便根本谈不上造化，斯乃传统中国大、小传统一致的共识。文献可供发明者甚多，恕不一一具引。

构成了极为重要的天、地、人三才，均为现实世界不可或缺的创造因素。而"人元"之所以亦称为"元"，更重要的原因则其能则天法地，将天地精神转为自己的德性生命行为，做到"继之者善也，成之者性也，仁者见之谓之仁，智者见之谓之智"①。可见本体论的"天人合一"也为道德论的"天人合一"提供了依据，于是人的道德行为遂有了更为深广的宇宙论的凭借，如康德的千古名言"位我上者灿烂的星空，道德律令在我心中"所昭示。所以人一方面要知天、尊天、奉天，另一方面则要知地、法地、祀地②，即"立天之道曰阴与阳，立地之道曰柔与刚，立人之道曰仁与义，兼三才而两之，故《易》六画而成卦，分阴分阳，迭用刚柔，故《易》六位而成章"③。足证儒家观察人在宇宙中的地位，就形上本体发论，主张的是"天人合一"说，从形下的现象立言，则强调"三才"论。但无论"天人合一"论或"三才"说，从具有高度主体性的人，特别是居于权力核心而又肩负天下责任的"王"的角度看，均不能不做好正心诚意的修身工夫——既必须在心性的本源上与形上道体合辙契应，以确保思考决策出发点的正确，又应该在行为的实践上也与天地宇宙的创化过程和谐一致，以争取目的实现不脱离"善"的轨道，这样才能说是在人道方面作出了"仁"与"义"的表率，成为人间政治及道德秩序的正面权源运作力量。

人类社会的"仁"与"义"行为，固然是以人性为基本依托的美好德行，但在更深的层次上也源自形上的天道本体，与天的"阴"与"阳"，地的"柔"与"刚"呼吸相应，乃是天地生生大德落实于人生或社会的具体表现。这说明伦理学的"天人合一"仍必须以宇宙论的"天人合一"为学理奠基，人间秩序与天道秩序一体不二，人文秩序根本就不能脱离自然秩序而凭空发展。生命的终极尽管以回归无限超越的道体的创造为究竟，但世俗世间伦理责任的恪职尽

---

① 黄侃校点：《周易·系辞上》，《黄侃手批白文十三经》"疏一"，上海古籍出版社 1983 年版，第 39—40 页。

② 程尹川尝有言云："释氏本心，圣人本天"，可见儒家传统对"天"的重视。但先秦儒不仅重视"事天"，同时也强调"法地"。而从天、地、人三才的视域出发，则除了天道观或天道形态的建构外，亦将人的德配天地的主体活动作了前所未有的提高，因而不能不有心性论方面的立说，但也突出了天道的客观性的反馈或制约。故阳明对《春秋》"元年春王正月"的解读，不仅符合经文的本义，而且也契应孔孟心性形态的立场，并非个人的妄意发挥。参见程颐：《二程集》，中华书局 2004 年版，第 274 页。

③ 黄侃校点：《周易·浣卦传》，《黄侃手批白文十三经》"疏一"，上海古籍出版社 1983 年版，第 50 页。

守仍为一基本的前提。"维天之命，于穆不已"①，庄严超越的天命的切身性召唤，能够内化为深刻的道德动机意识，适可见仁德为本的行为即是"天命"外显的行为，"天人合一"乃是人的本源性存在方式。《春秋》大书"元年春王正月"，乃是希望人类社会时刻留心"居元体正"的德性生命实践工夫，积极地顺应天地自然节律及与之相应的身心性命之理，从而真正做到德配天地，善始善终，实现健康合理、可久可大的长期发展。而依据天道人心外显出来的"天命"、"民意"向背，积极开展各种有针对性的社会批判工作，显然也是儒家为防范权力滥用而长期坚持的正义事业，形成了源远流长的以"道"抗"势"的政治学传统。"天人合一"作为一种以"人"合"天"的思想资源，当然也提供了仁人志士行道天下的精神动力。

三、生生不已的天道观

中国文化长期以伦理的方式看待天道自然，以为仁德的扩充本质上就是天道的实现。从根本上讲，人对外部天地宇宙的了解必然有裨于对自我内部人性的了解，对自我内部人性的了解显然也有裨于对天地宇宙的了解，因而"天人合一"本质上也是内与外的合一，形上与形下的合一，必须将生命完全开通，参与宇宙无穷无尽的创化活动，才能做到真正意义上的"天人合一"。这一思想当然表现出很深的哲学智慧，但形上本体或天道本属不可说的范畴，所以孔子才罕言性与天道②。然而"子在川上曰：'逝者如斯夫，不舍昼夜'③，却是深悟道体之语，反映了孔子对天道"生物"、"成物"所形成自然现象界，一旦展开即永远变动不居的看法，内含对无言的宇宙生命大流生生不已之仁的肯定。正如《大易》"既济"之后便是"未济"一样，宇宙大化亦有似奔驰不已的川流，永远都处于不息不殆的运动过程之中，同时也透显出不变的生生之道的伟大和庄严。

孔子"逝者如斯夫"的慨叹，明确地告诉我们，在生生不已的天道无所

① 黄侃校点：《诗经·周颂·维天之命》，《黄侃手批白文十三经》，上海古籍出版社 1983 年版，第 131 页。

② 《论语·公冶长》："夫子之文章可得而闻也，夫子之言性与天道不可得而闻也。"见程树德撰，程俊英等校点：《论语集释》第一册，中华书局 1990 年版，第 318 页。

③ 程树德撰，程俊英等校点：《论语·子罕》，《论语集释》第二册，中华书局 1990 年版，第 610 页。

不在的创造力量的涵盖下，可说一切存有都在变化着的活动之中，离开了变化着的活动便难有什么存有。现象界的所有事物都难以切断与天道好生之德的联系，即使人的伦理社会生活也难有例外。因而从发生学意义上的"天人合一"的基本立场看，一切存有在根源深处都是相通合一的宇宙本体创生精神发用流行的结果，它当然也与人的生命存在活动有着本质或本体的一致性，显示了生命创造伟力的一刻不滞缓，自然秩序运作消息的丝毫不停留。孔子对生命与宇宙大化流行的无限感慨，乃是"下学上达"开启超越层面信息的点化性示范，所以与其说是对事物既逝必然不能再返的悲叹，不如说是对健动不已、生物不测的宇宙秩序精神的礼赞。

变动不居的世界，在真正的儒家学者看来，从来都是一个"生生不已"的世界，即《大易》所谓"天地之大德曰生"、"生生之谓易"①，不仅自身就是一个有机生命的活体，而且充满了"生物"、"成物"的创造性活力。即使是人的创造性活力，本质上也植于天地，不能从天地剥离出来，退堕为无生气的存有。也就是说，人并非如西哲海德格尔所说，是被偶然地"抛"到世上的②，在天地宇宙中根本就孤立无援。相反地，人是天地创造性地流行发用过程之中必有的结果，人的创造性目的本质上即是宇宙目的。一方面人在究极根源处本来就与天地一体，人的创造精神即是天地精神落实于自我生命中而有所展开的表现③；另一方面天地"生物"、"成物"固然不能不转化为现象界千殊万

---

① 黄侃校点：《周易·系辞下》，《黄侃手批白文十三经》，上海古籍出版社1983年版，第45页。有意思的是《庄子》也屡言"造化"或"造物"，而"造化"、"造物"均不过是"造化者"、"造物者"的功能，后两者均决非西方严格意义上的位格化的"上帝"，而只能是中国文化具有形上本体意义的"天道"或"道"。这反映了"道"有"生物"、"成物"的功能，即老子所说"道生一，一生二，二生三，三生万物"，乃是儒道两家的共识，共同代表了轴心时代哲学突破之后，共同树立起来的革命性学术新典范。

② 海德格尔：《存在与时间》，陈嘉映等译，生活·读书·新知三联书店1997年版，第283—319页；另参见海德格尔：《存在与时间导论》，陈嘉映等译，《海德格尔选集》上册，生活·读书·新知三联书店1996年版，第27—75页。

③ 冯友兰将人生境界从低到高划分为四层：自然境界、功利境界、道德境界、天地境界，并强调"超乎社会整体之上，还有一个更大的整体，即宇宙"。而人则"不仅是社会的一员，同时还是宇宙的一员。他是社会组织的公民，同时还是孟子所说的'天民'。有这种觉解，他就为宇宙的利益而做各种事。"可证人的精神可与天地精神互贯相通，即在晚近亦为不少学者所坚持。唯冯氏乃是从境界论角度立论，故未能在实证论方面再开新说，故有必要进一步发挥，以弥补其遗憾。参见冯友兰：《中国哲学简史》，北京大学出版社2010年版，第272—273页。

别的生命形态，但无不是相互依赖和可以彼此感通的存有。因而如同人的位格即禀有天地精神，必有其存在的意义与尊严一样，作为天地大化一体流行发用必然产生的现象，无论任何生命形式——包括低级的生命形式和高级的生命形式——亦都不能不有存在的价值与意义，当然也就同具发育生长的宗教性生命尊严，一旦受到摧残就会令人难安不忍。[1] 万物不仅在天地"生物""成物"的逻辑必然性上是一体的，而且在现实的生长发育的经验上也是有共同性的和可以感通的。这就是卡西尔所说的"基本的不可磨灭的生命一体化（solidarity of life）"的致思取向[2]，或可概括为"生命一体观"；但由于经历了轴心时代哲学突破的洗礼，早就褪去了他所说的早期巫术的神秘色彩[3]，高度突出了人的独一无二的主体性地位，表现出明显的神圣人文主义的价值取向，显示了高度的依"性"（人性）而起的"情"（性情）"理"（性理）互渗互透并合为一体的关爱与尊重自然的精神。

因此，从先秦儒家的视域看，一方面不能不歌颂"大哉乾元，万物资始，乃统天"，"至哉坤元，万物资生，乃顺承天"，充满了对天地精神的敬畏与感激；另一方面也必须高度赞扬人的"终日乾乾，反复道也"，"德合无疆，含弘光大"，即强调人应该效法垂范示象的天地精神，做到"天行健，君子以自强不息"，"地势坤，君子以厚德载物"[4]，浩浩然与天地精神同流。而无论"乾元"

---

① 《孟子·公孙丑》："人皆有不忍人之心……今人乍见孺子将入于井，皆有怵惕恻隐之心……由是观之，无恻隐之心，非人也；无羞恶之心，非人也；无辞让之心，非人也；无是非之心，非人也。恻隐之心，仁之端也；羞恶之心，义之端也；辞让之心，礼之端也；是非之心，智之端也……凡有四端于我者，知皆扩而充之矣，若火之始然，泉之始达。苟能充之，足以保四海；苟不充之，不足以事父母。""不忍"之心，即是天然情感自动自然地涌出，而无丝毫的人为造作，不仅足以弥漫人间，而且能够与天地感通。

② 恩斯特·卡西尔：《人论》，甘阳译，上海人民出版社 1985 年版，第 106、105 页。

③ 比较孔子与商人眼中的"天"即可知道，孔子的"天"尽管仍有超越性与神圣性，但已与商人拥有生杀威权的位格化的"天"大相径庭。证诸甲骨卜辞及《尚书》、《诗经》等文献可知，"天"与"帝"的观念已在孔子之前广泛流行，其中之"天"与"帝"一样，均可说是既神圣又神秘，实与人格化之神并无太大差异，宗教性的特征极为突出，孔子的"天"虽神圣却不神秘，天已转化为"天道"或"天命"，道德化的特征已占据了主导性的地位。"天"在孔子那里已有了方向性的扭转，具有了新的形态和新的意义，但又与后来完全祛魅的理性化的"天"大有区别，不妨以"半位格化"迳称之。

④ 黄侃校点：《周易》"乾"、"坤"两卦，《黄侃手批白文十三经》，上海古籍出版社 1983 年版，第 1、3 页。

或"坤元",都以主次分明、彼此互补的方式,构成了一个有体有用的生命架构,适足以上下交感互通,显示出和合创生的巨大力量。至于人在其中,则不仅与天地有着微妙的对应契合的存在关系,而且也蕴藏着同样的可为一切事物提供价值与意义的生命创造活力。譬如孔子的"仁"固然主要指"爱人"①,但也涵摄了人生应有的其他各种美好德行,表现为"活"的实践性道德动力,当然就可以层层向外拓展投射,将自然界纳入人道主义的视域之中,化为与自己一体共存的关爱对象。而天在他的眼中尽管不乏超越的色彩,但同时也是人人都可知可感的亲密伙伴。宋儒以"生生"之说发挥仁学大义,正是沿续了早期儒家天人互通感应的创造性思想言说,代表了一种有体有用之学源远流长的发展,显示了深入体证天道人性必有的前后一贯的致思传统。它显然与西方哲学的逻各斯传统大异其趣,也可说是各有殊胜。

四、内外合一的生命观

孟子继承孔子精神而于心性之学多有所得,遂特别强调"尽其心者知其性也,知其性则知天矣。存其心,养其性,所以事天也。夭寿不贰,修身以俟之,所以立命也"②。他所揭示的尽心知性知天的修行实践路径,正是孔子"下学上达"方法的进一步细化或深化,依然以"人"可以合"天"为本体论依据。只是依孟子,不仅"性"与"天"不二,即"心"与"性"亦不二。或者更直截地说,"心"、"性"、"天"一体而不二。而"心"的活动最能代表人的主体自觉③,故"尽心"的生命实践活动尤应置于第一义的地位。这足证"人道"与"天道"可以合一,形下(外)形上(内)也完全能够打通。当然,反过来也可说"人道"与"天道"本来统一,因而"心"、"性"、"天"三位一体,合为一完整的本体论存在结构,当然就能够化为人的实存生命经验感受,为人

---

① 《论语·颜渊》:"樊迟问仁,子曰:'爱人。'"见程树德撰,程俊英等校点:《论语集释》第三册,中华书局 1990 年版,第 873 页。

② 朱熹著,陈立校点:《孟子·尽心上》,《四书章句集注》第三册,辽宁教育出版社 1998 年版,第 377 页,标点略有改动。

③ 按文中凡言可代表人的主体性,而又能契接"性"与"天道"之"心",均指"本心"或"道心",而与"习心"或"人心"大有区别。"本心"或"道心"方能体物而不遗,乃是人的直觉智慧的直接开显。

的心灵直觉活动所觉知或体认，化为热爱人生、赞美自然的灵性生命话语表达，展现为人与自然和谐相处的具体实践活动。在这一意义脉络下，孟子又有意拈出"万物皆备于我"为说，强调"反身而诚，乐莫大焉，强恕而行，求仁莫近焉"①，以见人性不仅本来即与"天"互通合一，而且具足一切内外合一之众理，决非苍茫宇宙中孤荒偶然的存在，更无现代人切断与自然的联系后所感受到的异化、疏离的问题。只要化除私欲，廓然大公，立乎其大者，而小者根本不能夺②，则"天人合一"真实之境必然现前，万物亦无不为我备。而人生所肩负的一切创化发展的使命，均有了人性和宇宙论的深层根源的原型扎根，不但是"天命"所在、义不容辞的人生责任，同时也是浩浩大化流行与生命合一之后必有的神圣召唤。可见儒家的生态观既是道德论的，更是宇宙论的。宇宙论的生态观是道德论的生态观的存在前提，道德论的生态观则是宇宙论的生态观的延伸展开。

先秦儒道两家，都重视"天人合一"思想，但稍加比较，又略有区别。简单地概括，则可说道家更强调"道法自然"，以为妙合道体的唯一方法，就是放弃一切人为或人工的做法，让"自然"自然而然生存和发展。自然而非其他任何非自然的做法才是万物存在的最佳状态，自然无为法而非人文有为法才是解决人类问题的终极出路。反观儒家的自然观，则内含明显的人文主义向度，但仍以尊重自然为基本前提，承认自然的存在具有神圣性，或可称为人文主义的自然神圣观。也就是说，先秦儒家的自然观明显具有强烈的人文向度，与之相应，他们的人文观当然也有突出的自然向度，或许可以"自然的人化"或"人的自然化"来加以概括。当然，无论自然观还是人文观，都可以"天人合一"——自然秩序与人文秩序高度和谐统一——的基本价值诉求来加以提炼或总结。人一方面必须以人文来点化自然，希望臻至"人文化成"天下的理想世界；另一方面又有必要以自然来点缀人文，不能不"善假于物"而生存发展③。自然的无为法固然为第一义，但未必就不能与第二义的人文有为法，相互合为更加刚健有力的活泼创造力量，整合为秩序化的生命统一整体。意义世

① 朱熹著，陈立校点：《孟子·尽心上》，《四书章句集注》第二册，辽宁教育出版社1998年版，第379页。

② 《孟子·告子》："先立乎其大者，则其小者不能夺也，此为大人而已矣。"

③ 《荀子·劝学》："君子生非异也，善假于物也。"见王天海：《荀子校释》上册，上海古籍出版社2005年版，第8页。

界的建构离不开自然，但也不能缺少人文；自然的生态观与人文的生态观，二者都是人的安身立命必须依赖的生存要素。

形上天道的高度统一性与现象世界纷纭复杂的多样性，作为一"始条理、终条理"的秩序结构①，或具体转为"君子之为善也，有与始，有与终也；君子之为德也，有与始，无与终也"的下学上达的主体性价值自觉②，其实也内化于人的灵性生命的难以言说的深层世界之中，不仅是每一个体生命内在价值感与秩序感不断涌出的活泉，同时也是人类群体建构外部社会秩序必须凭借的本体依据。因此，自然与人文都自有其正面的自明的价值，人间事务与天地宇宙并非暌隔悬绝，只是由于人的放纵堕落或麻木冷漠，才有可能出现对天道人性秩序结构疏离歧出的问题。无论个人的安身立命还是人类的福祉前途，均必须以自然与人文高度融洽的一体化秩序结构为归宿，即使人伦日用的世俗平常生活，也一样可以助成人类文化成德践形的历史发展大方向，从而透显出终极性的道体与现实人生合为一的庄严信息，以意义与价值的方式点化人的存在的世界。人的意义与价值就在人的存在本身，但人的存在却不能脱离天地所提供的场域。所以人的成就固然不能不以道德为进路，但也有必要再层层向上翻传，融入天地宇宙大化流行的生命结构之中，即前文所云"一切的人生尽是天命的天人合一观"，最终则又反馈现实的人生社会，以出世之心开展入世之事业，不断为人类发展开出可以实现的理想境域。不能不说"一切的天命尽是人生的天人合一观"，方可说是步入了"与天地合其德，与日月合其明，与四时合其序，与鬼神合其吉凶，先天而天弗违，后天而奉天时。天且弗违，而况于人乎，况于鬼神乎"的实存生命胜境③。可见儒家的道德论本质上即是道德形上学，最终仍以步入"天人合一"之境，形上与形下浃然合为一体，表现出宏大的宇宙论思想言说气势④，方可称为透悟了生命存在的真实究竟，找到了自我进德修业的真实动因。

---

① 《孟子·万章下》："始条理者，智之事；终条理者，圣之事。"

② 荆门市博物馆编：《郭店楚墓竹简·五行》第18简，第32、150页。按《五行》第4—15简云："善，人道也；德，天道也。"

③ 黄侃校点：《周易·乾卦·文言传》，《黄侃手批白文十三经》，上海古籍出版社1983年版，第3页。

④ 儒家包括"天人合一"在内的思想言说，除植根于心性论外，更有一宇宙论的拓展，至汉儒而达至高峰，尤以董仲舒为最突出。因不在本文讨论范围，故暂无从详述。

五、"参赞化育"的生态学义蕴

严格地说，无论本体论的"天人合一"论，还是现象学的天、地、人三才说，最终都以人与自然固有的会通交涉，构成了极为重要的"生命一体观"，说明先秦儒家的生态思想，乃是一种生生的、动态的、生命的生态哲学，而大大有别于西方机械的、静态的生态哲学观。生生即是天地"和实生物"①，生息不已、成物无穷的过程。以天地为表征的生生不已的大自然，本来就是与人合为一体的命运共同体，不仅自然生态变迁过程的吉凶必然关系人的生存发展活动的吉凶，而且人的生存发展状态的好坏也会影响自然生态演化状态的好坏。人类的生存发展活动始终是自然生态变迁不可忽视的一个重要变量因素，人与自然的交往无论任何时候都不能出现裂痕。一旦人天密契一体的关系遭到人为的切断，宇宙创生机制受到非自然因素的干扰，那就不仅意味着人类自我创造生命的枯萎，而且标志着宇宙体用一源、活泼生机的窒息。因此，人作为天地间最有灵性和主体自觉精神的存在②，当然就不能不脚踏实地地主动进德修业，本着与天地宇宙合一的至诚本体精神，立定自强不息、刚健有力的人生态度，积极参与天地宇宙大化流行的创造活动，如孔子所说"人能弘道，非道弘人"③，不仅实现自己的生命价值，而且体现宇宙的创造精神。

以与天地宇宙合一的至诚本体精神积极参与一切人间社会的创造活动，即《中庸》所谓"天命之谓性，率性之为道，修道之为教"④。存在之理就在存在之中，当然也在人性之中。民间所谓"伤天害理"云云，便既是对破坏天道创造生机的负面行为的批评，也是对违背人及万物生存发展之理的有害举措的谴责，不能不说其是对生命价值的一种积极肯定。更直截地说，神圣庄严

---

① 《国语·郑语十六》："和实生物，同则不继。以他平他谓之和，故能丰长而物归之；若以同裨同，尽乃弃矣。"强调的便是一种多元和谐共生的思想，可视为生生哲学的另一形式的表述。

② 《孝经·圣治章》："天地之性，人为贵。"见黄侃校点：《黄侃手批白文十三经》，上海古籍出版社1983年版，第3页。

③ 程树德撰，程俊英等校点：《论语·卫灵公》，《论语集释》第四册，中华书局1990年版，第1116页。

④ 朱熹著，陈立校点：《中庸》，《四书章句集注》第一册，辽宁教育出版社1998年版，第17页。

的天命不仅本来就内在于天赋人性之中，而且更应该转化为积极有为的"率性""修道"社会实践活动。"天人合一"即意味着在创生不已的最深层的形上根源之处，人与自然有着同样的运动变化和生存发展的秩序节律。自然世界不是纯粹异在的知识对象，而是人性实践不可或缺的重要场域。道德形上学不能没有向上提升的宇宙论的进路，否则便难有"天人合一"真实生命存在状况的豁然开显。诚如《中庸》所说："唯天下至诚，为能尽其性，能尽其性，则能尽人之性，能尽人之性，则能尽物之性，能尽物之性，则可以赞天地之化育，可以赞天地之化育，则可以与天地参矣。"①

人作为最有主体自觉精神的存在"可以与天地参"，乃是中国文化最豪迈的生态哲学宣言。就万物的生成发展——现象界不断"生物""成物"——的整个过程而言："天"（乾元）能"资始"，明显有提供能量的放射的功能，偏重动力因；"地"（坤元）可以"资生"，更多地具有吸收能量的内敛的作用，主要为形式因；"人"（人元）能"参赞化育"，即既效法"天"，又模仿"地"，依据"一阴一阳谓之道"的创造原理，促成"天""地""生物"、"成物"活动的顺利实现，不妨称为助成因。或者换一种说法："天共（供）时，地共（供）材，民共（供）力"②，"天""地""人"三者互为补充条件，共同构成了遍及一切存有的"生物""成物"的宇宙目的论，显示了天道、地道、人道合为一体的创造力量，形成了生态秩序结构不可或缺的三才之道。其中最具突出统摄地位的"天"，即"天人合一"意义上的涵盖一切存有的"资始"动力因，无论直接或间接，尽管是万物生长最重要的能量来源，但在"生物""成物"的过程中，却始终遵循"乾道变化，各正性命，保合太和，乃利贞"③的多元和谐共同原则。也就是说，动力因尽管是普遍的，形式因则不能不是特殊的。动力因与形式因合为一体"生物""成物"，作为内涵于万物生命内部的抽象的"生"之理，决定了任何一物都有生存、运动、发展的普遍性。但抽象之理一旦落实为具像的个体生命形态，其具体如何生存、运动、发展，则又不能不是特殊性的。因而"乾道变化"作为动力因尽管是普遍的，但每一物的生长发育与形式因结合后，必然又是特殊的，前者可说是"一"，后者则当为"多"。

---

① 朱熹著，陈立校点：《中庸》，《四书章句集注》第一册，辽宁教育出版社1998年版，第133页。

② 马承源主编：《上海博物馆藏战国竹竹书·三德》第五册第一简，上海古籍出版社2005年版。

③ 黄侃校点：《周易·乾卦》，《黄侃手批白文十三经》，上海古籍出版社1983年版，第1页。

"一"与"多"的辩证关系，决定了现象世界的每一物，都在即本体即整体的"乾道变化"的统一创生力量的涵盖下，按照自己固有的"天性"活泼自由地生长，既各安其位，又无不自得，并形成了复杂万千、多种多样的生命形态。它们相互之间由"和谐"而"和合"而"和生"，最终则以每一物都生长发育的方式，构成了充满活泼生机的总体性的宇宙大和谐——"保合太和"，显示了"一""多"相补共生生命秩序韵律的美妙。而人透过"天地交而万物通"的观察或体认，必然能够"财（裁）成天地之道，辅相天地之宜"①——不仅上探形上天道绝对统一的创生妙理，同时下穷万物生长发育的微妙差异，主动承担"裁成"、"辅相"的人生伦理责任，自觉参与天地化育万物的时节秩序工作。

"裁成"、"辅相"显示了人是天地间最能自觉生命创造价值的存在，揭示了中国文化一贯坚持的"参赞化育"的生态哲学基本立场。不仅人与自然，甚至物与物之间，在中国人看来，都具有不可分割的独立存在价值，都能做到"并育而不相害"②，都是"保合大和"不可或缺的命运共同体，因而都不是可以任意宰制的被动性工具，而只能是生命创造力量自我实现的主动目的。但天地无心，人可以代其立心；天地无言，人能够代其立言。一切人文的创造活动本质上即是天地大化精神的具体显现，守护自己生命的创造力量即是守护宇宙生命的创化精神。因为人能做到过者化、存者神，上下与天地同流，所以创造的神圣性决定了人的"参赞化育"活动即是与天地精神合一的活动，而"参赞化育"的场域则是天、地、人、神共在的场域。一切存在的意义都必须归结为生命与生命创造，人的自我的实现便是天地宇宙的自我实现，即使天地宇宙的创化力量也不是"他者"的异在力量，人的生命创造能力与天地宇宙的生命化育能力本质上是一体的。

由此可见，先秦儒家的生态哲学观既不是"环境保护主义"，也不是"自然保护主义"，更非"人类中心论"或"非人类中心论"，而是一种人与自然（天地万物）互为联系的生命创造生态观，或可概括为"和实生物"的生命主义生态观。"和实生物"的生命主义生态观强调宇宙是有生命的，一切存在也

① 以上均见黄侃校点：《周易·泰卦》，《黄侃手批白文十三经》，上海古籍出版社 1983 年版，第 9 页。

② 朱熹著，陈立校点：《中庸》，《四书章句集注》第一册，辽宁教育出版社 1998 年版，第 138 页。

是有生命的，生命的活动必然是相互依赖的活动，也是需要多种条件相互配合的创造性的活动。而人则是能自觉此生命创造活动，主动为天地立心，为天地代言，"参赞天地化育"，构成天、地、人三才之道，乃至能以"人"合"天"的灵性生命存在。这一"和实生物"的生命创造生态观，当然要保护环境，但又超越于保护环境，当然保护自然，但又超越于保护自然，是在"人类中心论"与"非人类中心论"之间走一中道，即以"万物并育而不相害"的方式美化环境，增进自然固有的生生不已的创造活力，在谋取人类福祉的同时，也尊重一切生命存在的价值，维护一切生命存在的利益，透过万物多元平衡及其共荣共生，促进宇宙整体秩序的全面和谐。

毫无疑问，今天人类面临的生态危机问题是极为严重的，而追本溯源，则可说都是"因为在机械文明、商业文明之下发展科技文化而造成的一个结果"①。而机械文明、商业文明支配下的生态观，总是容易将自然看成是无生命的、干瘪的、死寂的，因而也是可以任意宰制、征服或无限索取、盘剥的，与之相应的则是人的精神的失落、生命的异化、价值的解体，即人也化为机械运行的工具，受到机械的控制而不能自拔。

与西方主流思想视自然为无生命的客观存在不同，中国文化始终将自然看成是有内在生命意义和价值的存在②，从而建立起一套"和实生物"的生态哲学思想，恰好能从根源上对治西方的机械文明四处扩张所造成的各种生态灾难和人生病相，从而更好地建立起尊重自然、爱护生命、关怀宇宙的价值哲学思想，并以"天人合一"的方式实现"万物并育而不相害"的整体性宇宙秩序大和谐。

中国人至迟轴心时代开始，便已深刻地意识到"参赞化育"乃是人类应该肩负的天命下贯的伦理责任，表现出极为惊人的精神自觉与哲学智慧。而增进或激活天地宇宙间一切生命存在生长发育的创造性力量，不仅不乏"天人合一"的形上本体论依据，而且更具有天道、地道、人道三位一体所提供的正当

① 成中英：《中国文化八性的开拓与创新》，见张新民主编：《萤火集》，巴蜀书社2013年版，第1—16页。

② 中国文化将宇宙人生都看成是不可以抽象的数字穷尽的有机的生命存在，完全缺乏西方意义上的机械论思想，乃是东西方多数学人的共识，而以英人李约瑟揭橥最力。参见刘述先：《理一分殊》，上海文艺出版社2000年版，第3—4页。

性与合法性，显然也是人类历史上最重要、最深刻的生态哲学思想。因此，面对全球化时代生态危机可能导致万物生存家园毁灭的严重局面，中国的生态哲学思想必能从理论与实践两个方面对人类社会作出重大贡献。

（作者简介：张新民　贵州大学中国文化书院）

中国早期"神明"观演变脉络探源

翟奎凤

"神明"一词长期以来在中医学界讨论较多,大家围绕《黄帝内经》"心主神明"的观点展开了很多讨论。由于出土文献《郭店楚简》中《太一生水篇》论及的"神明"与传统的"神明"观念有一定出入,这些年来人文学界对古代的神明观念展开了一些探索。这些探索工作多从甲骨文、金文中"神"、"明"的本义来思考,对传世经典文本文献中的"神明"观念缺乏严密的系统性分析。本文基于先秦和西汉时期的主要经典对中国早期神明观演变的脉络作刻画勾勒。

一、从"明神"到"神明"

在传统先秦经典文献中,"神明"一词较早出现于《尚书·君陈篇》:"至治馨香,感于神明。黍稷非馨,明德惟馨尔"。这样来看,"神明"一词似在西周早期就已经出现,但是《君陈篇》一般认为是属于晚起的古文《尚书》,而且即使在古文《尚书》中,"神明"也仅出现一次。因此很难以《君陈篇》来确定"神明"一词出现的时代。

《左传》、《国语》开始多次出现"神明",其中《左传》三次具体语境如下:

> 师旷侍于晋侯,晋侯曰:"卫人出其君,不亦甚乎?"对曰:"或者其君实甚。良君将赏善而刑淫,养民如子,盖之如天,容之如地,民奉其君,爱之如父母,仰之如日月,敬之如神明,畏之如雷霆,其可出乎?"(襄公十四年,前559年)

> 郑子产献捷于晋,戎服将事,晋人问陈之罪,对曰:"昔虞阏父为周陶正,以服事我先王。我先王赖其利器用也,与其神明之后也……"(襄

公二十五年，前548年）

> 及子产适晋，赵景子问焉，曰："伯有犹能为鬼乎？"子产曰："能。
> 人生始化曰魄，既生魄，阳曰魂，用物精多，则魂魄强，是以有精爽，
> 至于神明。"（昭公七年，前535年）

"神明"在《国语》中出现两次，均在《楚语上》"白公子张劝谏楚灵王"：

> 昔殷武丁能耸其德，至于神明，以入于河，自河徂亳，于是乎三年，
> 默以思道……若武丁之神明也，其圣之睿广也，其智之不疚也，犹自谓
> 未乂，故三年默以思道。

楚灵王在位时间约在公元前541年至前529年，与《左传》所载"至于神明"（前535）、"神明之后"（前548）基本在同一时间段。"至于神明"，是说具有了神明的境界和功能。伯有因为"用物精多"、"魂魄强"而有"精爽"、"神明"，武丁因为德性修养高而"至于神明"，"神明"象征着超人的能力与境界。"敬之如神明"是说百姓对待好的君主像对待神明一样恭敬，潜在地还是把神明看作外在于人的、高于人的存在。"神明之后"以神明指大舜，表现了对圣王的崇敬。从"敬之如神明"到"至于神明"也反映了神明与人开始有了内在关联，特别是通过德性可以通达神明，这是春秋晚期的重要思想跃动。

《左传》、《国语》表明至少在春秋晚期，"神明"一词即已开始出现，此后"神明"一词在《礼记》中出现14次，《墨子》、《孝经》、《楚辞》各2次，《管子》8次，《易传》4次，《庄子》、《荀子》各7次，《韩非子》4次，应该说在战国时期"神明"一词已经普遍使用。比较有意思的是，与"神明"非常相似的另一词"明神"则出现得相当早。《诗经·大雅·云汉》中说"敬恭明神，宜无悔怒"，这首诗发生在西周末宣王时（天下大旱，周宣王祭神祈雨，宣王在位约在前827年至前782年）。《左传》出现"明神"8次，《国语》7次，远远高于"神明"一词出现的频率。"明神"在《国语》中第一次出现在周宣王时："三十二年春（前796），宣王伐鲁，立孝公，诸侯从是而不睦。宣王欲得国子之能导训诸侯者，樊穆仲曰：'鲁侯孝。'王曰：'何以知之？'对曰：'肃恭明神而敬事耆老，赋事行刑，必问于遗训而咨于故实，不干所问，不犯所咨。'王曰：'然则能训治其民矣。'乃命鲁孝公于夷宫。"（《国语·周语上》）这里"肃恭明神"应该说即是《诗经》"敬恭明神"的意思，而且两者时间一致，都与宣王有关，可以推断"明神"一词在西周后期的周宣王时已经流行。

"宜无悔怒"，郑玄笺："肃事明神如是，明神宜不恨怒于我，我何由当遭此旱也。"[①] 可见，此时的"明神"是有着强烈情感意志的人格神。

"明神"在《左传》中第一次出现于庄公三十二年（前662）：

> 秋七月，有神降于莘。惠王问诸内史过曰："是何故也？"对曰："国之将兴，明神降之，监其德也。将亡，神又降之，观其恶也。故有得神以兴，亦有以亡。虞、夏、商、周皆有之。"王曰："若之何？"对曰："以其物享焉。其至之日，亦其物也。"王从之。内史过往，闻虢请命，反曰："虢必亡矣，虐而听于神。"

神居莘六月，虢公使祝应、宗区、史嚚享焉。神赐之土田。史嚚曰："虢其亡乎。吾闻之，国将兴，听于民；将亡，听于神。神，聪明正直而壹者也，依人而行。虢多凉德，其何土之能得？"

这一事件，《国语·周语上》中也有详细记载：

> 十五年（公元前662年），有神降于莘，王问于内史过，曰："是何故？固有之乎？"对曰："有之。国之将兴，其君齐明、衷正、精洁、惠和，其德足以昭其馨香，其惠足以同其民人。神飨而民听，民神无怨，故明神降之，观其政德而均布福焉。国之将亡，其君贪冒、辟邪、淫佚、荒怠、粗秽、暴虐；其政腥臊，馨香不登；其刑矫诬，百姓携贰。明神不蠲而民有远志，民神怨痛，无所依怀，故神亦往焉，观其苛慝而降之祸。是以或见神以兴，亦或以亡。昔夏之兴也，融降于崇山；其亡也，回禄信于聆隧。商之兴也，梼杌次于丕山，其亡也，夷羊在牧。周之兴也，鸑鷟鸣于岐山；其衰也，杜伯射王于鄗。是皆明神之志者也。"

从这两则材料来看，"明神"可省略为"神"，明是神的修饰语，形容神的"聪明正直"，神有情感意志，但不会胡作非为，扰乱世间，神是纯粹的善，非常明智，世间的善善恶恶，神都看得一清二楚，而且能够根据善恶报以相应的福祸。降下来的神是什么样子呢？从上述材料来看，真正的神可以说是没有形象的，但有意志，降下来的神往往是一些稀奇古怪的具体现象或超乎人们想象的一些事物，而这些神奇的现象、事物或事件只是神的意志的体现。这让我们想起汉人的天人感应思想，上天、神会根据国君的善恶、政治清明与否，或降以符瑞，或予以灾难，予以奖惩。显然，汉人的这一思想渊源有自，与上面《左

[①] 毛亨传，郑玄笺，孔颖达疏：《毛诗注疏》（四），商务印书馆1936年版，第1620页。

传》、《国语》中的思想可谓一脉相承。

关于"降神",《国语·楚语下》"观射父对楚昭王论绝地天通"也有一段精彩论述:

> 古者民神不杂。民之精爽不携贰者,而又能齐肃衷正,其智能上下比义,其圣能光远宣朗,其明能光照之,其聪能听彻之,如是则明神降之,在男曰觋,在女曰巫。是使制神之处位次主,而为之牲器时服,而后使先圣之后之有光烈,而能知山川之号、高祖之主、宗庙之事、昭穆之世、齐敬之勤、礼节之宜、威仪之则、容貌之崇、忠信之质、禋絜之服而敬恭明神者,以为之祝。

与周惠王时"有神降于莘"不同的是,这里的"明神"可以降临到人神上。"明神"降在巫觋是有条件的,即要求其"智能上下比义,其圣能光远宣朗,其明能光照之,其聪能听彻之",有"智"、"圣"、"明"、"聪"四德,这意味着"明神"也有此四德,有这种同构相应性,"明神"才会将在巫觋。楚昭王在位时间是公元前515年至前489年,已经在春秋晚期。进入战国时代,"明神"一词已经很少出现。

《左传》中出现的"明神"一词大部分都是关于盟会的:

> 有渝此盟,明神殛之……有渝此盟,以相及也,明神先君,是纠是殛"。(僖公二十八年,前632年)

> 勤以抚之,宽以待之,坚疆以御之,明神以要之。(成公九年,前582年)

> 有渝此盟,明神殛之。(成公十二年,前579年)

> 要盟无质,神弗临也,所临唯信,信者言之瑞也,善之主也,是故临之。明神不蠲要盟,背之可也。(襄公九年,前564年)

> 明神殛之。(襄公十一年,前562年)

> 心以制之,玉帛以奉之,言以结之,明神以要之。(哀公十二年,前483年)

从这些材料来看,"明神"也可以简略为"神",其情感意志性比较浓厚,同时明神也是唯德是从。"明神"一词的使用基本上活跃在西周末到春秋末这段时间。春秋后期"神明"一词开始出现,战国以后,"明神"一词很少再出现,而"神明"一词则开始普遍流行于诸子百家的典籍中。在一定程度上可以说,"神明"一词取代了"明神",上述典籍中的"明神"若置换成"神明",其意义并无大的变化。① 《晏子春秋·内篇卷上第一》之《景公欲使楚巫致五帝以明德晏子谏》："公，明神之主，帝王之君也。公即位有七年矣，事未大济者，明神未至也"，"然后为帝王之君，明神之主"，"明神"，有的版本就作"神明"。这从一个侧面也反映了"明神"与"神明"的相似性或可互换性，也可能在春秋后期存在一个"明神"与"神明"发生混用的情况。但"明神"与"神明"仔细推敲起来，其意义还是有着重要差别。"明神"的情感意志性比较强，甚至有着较强的个体性或人格性，"明"是可以省略的修饰语；而在"神明"一词中，"明"的重要性凸显，不再可有可无，"神明"的情感意志性或个体性要弱于"明神"，强调的是一种普遍化的超乎人们想象的境界，在"至于神明"一词中我们明显能感到这种意味和变化。

二、从"交于神明"到通达天地神明之德

如果说"神明"一词在《左传》、《国语》中还只是偶尔出现，那么在《礼记》一书则达14次之多，这也当是早期儒家经典使用"神明"一词最多的文献②。这14次神明大多数都是谈与神明交感的问题，如《郊特牲第十一》说：

> "笾豆之荐，水土之品也，不敢用常亵味而贵多品，所以交于神明之
> 义也，非食味之道也"、"宗庙之器，可用也而不可便其利也，所以交于神
> 明者，不可以同于所安乐之义也"、"丹漆雕几之美，素车之乘，尊其朴
> 也，贵其质而已矣。所以交于神明者，不可同于所安亵之甚也"。

祭祀的过程是与神明交感，祭祀的物品与器具都要以简单、素朴为尚。《祭义第二十四》说：

> 子曰："济济者，容也远也；漆漆者，容也自反也。容以远，若容以
> 自反也，夫何神明之及交，夫何济济漆漆之有乎？……君子致其济济漆

---

① 参见吴与则：《晏子春秋集释》，中华书局1962年版，第52页。

② 关于《礼记》的成书年代，可以参考王锷：《〈礼记〉成书考》，中华书局2007年版。作者认为：《哀公问》等十四篇是春秋末期至战国前期的文献，《奔丧》等十九篇是战国中期的文献，《深衣》等七篇是战国中晚期的文献，《文王世子》等三篇是战国晚期整理成的文献，《檀弓》等三篇是战国晚期的文献。《礼记》由西汉《礼》今文学博士戴圣编纂，编纂时间在西汉宣帝甘露三年（前51）至成帝阳朔四年（前21）以前的三十年中。

漆，夫何慌惚之有乎？""孝子将祭，虑事不可以不豫；比时具物，不可以
不备；虚中以治之。宫室既修，墙屋既设，百物既备，夫妇齐戒沐浴，盛
服奉承而进之，洞洞乎，属属乎，如弗胜，如将失之，其孝敬之心至也
与！……于是谕其志意，以其恍惚以与神明交，庶或飨之。"

孝子祭亲，不能太"济济漆漆"（庄重矜持），态度要诚恳亲切，好像看到父母
在向自己走来，要快速前迎，在自然放松诚敬的状态下，这样恍惚之间就能与
父母的在天之灵发生交感。这里两次用到"恍惚"一词，表现出与神明交感的
特殊精神状态。《祭统第二五》说：

> 是故君子之斋也，专致其精明之德也。故散斋七日以定之，致斋三
> 日以齐之。定之之谓斋，斋者精明之至也，然后可以交于神明也。

这样斋戒实际上也是一种精神修炼，"致精明之德"，内心纯洁定静，就可以
"交于神明"。这种与神明的交感，一方面是身心与整个存在的恍惚交感，
另一方面会见到已故亲人无比的亲切仿佛就在自己眼前。《祭义篇》说："齐
之日：思其居处，思其笑语，思其志意，思其所乐，思其所嗜。齐三日，
乃见其所为齐者"，《郊特牲篇》也说："故君子三日齐，必见其所祭者"。
这种神明既有整体性也有个体性，整体性表现在心中非常诚敬、没有杂念，
精明之德就会出现，恍惚间进入一种神秘的境界；个体性表现于在一心思念
父母的诚心下，父母的在天之灵及生前的形象会栩栩如生地展现在面前。从
"精明之德"到"与神明交"，斋戒与祭祀的过程很大程度是一种精神修炼的
议程。

　　"交于神明"中的神明虽然关联着父母在天之灵这一个体特殊性，但潜在
地有泛化的趋势。我们看到，在《礼记》中也同时出现了普遍化的"天地之
神明"，《哀公问篇》孔子对哀公论婚礼的重要性，"孔子遂言曰：'内以治宗
庙之礼，足以配天地之神明；出以治直言之礼，足以立上下之敬。物耻足以
振之，国耻足以兴之。为政先礼。礼，其政之本与！'"《大戴礼记》也有类
似的《哀公问于孔子篇》，孔子对哀公论礼的重要性，说："丘闻之也：民之
所由生，礼为大。非礼无以节事天地之神明也，非礼无以辨君臣上下长幼之
位也，非礼无以别男女父子兄弟之亲、昏姻、疏数之交也。"《哀公问于孔子》
与《礼记·哀公问》全文基本相同，个别字句段落略有出入，如"非礼无以节
事天地之神明也"句，《礼记·哀公问》作"非礼无以节事天地之神也"，无
"明"字。这一点前人也有注意到，汪中、汪喜孙据《礼记·哀公问》删"明"

字。① 笔者不认同二汪的观点。《礼记·哀公问》"足以配天地之神明"句，完整地见于《大戴礼记·哀公问于孔子》，显然，"非礼无以节事天地之神明"与"足以配天地之神明"在意义上是对等的，由此可以推断小戴"非礼无以节事天地之神"是脱漏了一个"明"字，大戴作"神明"是正确的，不应该根据小戴来删大戴之"明"。"天地之神明"一词，《礼记·表记篇》也有出现，"子言之：'昔三代明王皆事天地之神明，无非卜筮之用，不敢以其私，亵事上帝'"。《礼记·乐记篇》也说："礼乐偩天地之情，达神明之德，降兴上下之神，而凝是精粗之体，领父子君臣之节"，这里潜在地也是把"天地"与"神明"对举。

天地与神明的关联，是先秦神明观的重要变化，意味着"神明"脱离了具体性，成为天地整体变化之道的功能属性乃至主宰，神明成了"天地精神"②、"天地的心"③。关于"天地"与"神明"的对应关联在《管子》中也两次出现："黄帝得六相而天地治，神明至"，"诚畅于天地，通于神明，见奸伪也"。《易传·系辞》中也说："子曰：'乾坤其易之门邪？乾，阳物也；坤，阴物也；阴阳合德，而刚柔有体，以体天地之撰，以通神明之德'"，"庖牺氏之王天下也，仰观象于天，俯观法于地，观鸟兽之文，与地之宜，近取诸身，远取诸物，于是始作八卦，以通神明之德，以类万物之情。"《孝经》说："天地明察，神明彰矣。……宗庙致敬，鬼神著矣。孝悌之至，通于神明，光于四海，无所不通。"《庄子》说："古之人其备乎！配神明，醇天地，育万物，和天下，泽及百姓，明于本数，系于末度，六通四辟，小大精粗，其运无乎不在"，"芴漠无形，变化无常，死与生与！天地并与！神明往与！芒乎何之？忽乎何适？"《荀子》说："注错习俗，所以化性也；并一而不二，所以成积也。习俗移志，安久移质。并一而不二，则通于神明，参于天地矣"，"今使涂之人伏术为学，专心一志，思索孰察，加日县久，积善而不息，则通于神明，参于天地矣。故圣人者，人之所积而致矣"。《淮南子》说："夫天地之道，至纮以大，尚犹节其章光，爱其神明，人之耳目曷能久熏劳而不息乎？精神何能久驰骋而不既乎？"《黄帝内经》说："阴阳者，天地之道也，万物之纲纪，变化之

---

① 转引自黄怀信主撰，孔德立、周海生参撰：《大戴礼记汇校集注》，三秦出版社 2005 年版，第 72 页。

② 《庄子·天下篇》有"独与天地精神往来"一语。

③ 西汉董仲舒《春秋繁露·郊语第六十五》有"天地神明之心"一语："天地神明之心，与人事成败之真，固莫之能见也，唯圣人能见之"。

父母，生杀之本始，神明之府也，治病必求于本"，"清阳上天，浊阴归地，是故天地之动静，神明为之纲纪，故能以生长收藏，终而复始"。可见，应该从春秋末到整个战国时期，以及西汉早期，"天地"与"神明"的关联是一种普遍性的思想观念。从《淮南子》"天地之道，……爱其神明"来看，"神明"于天地类似人的精神。《内经》"天地之动静，神明为之纲纪"，神明成了天地动静变化的主宰。从以上经典论述来看，天地其实是意味着存在的整体，神明是"天地之心"，是存在整体之德，《易传·说卦传》所说"神也者妙万物而为言者也"是对这种神与神明之义的很好揭示。这里我们不应该把神与明分开来对应天、地，从这些材料引申出"神为天"、"明为地"的看法是不恰当的。我们也看到，在上述神明与天地关联出现的文献中，"达神明之德"、"通于神明"、"通神明之德"、"通于神明，参于天地"等语句也反复出现，"神明之德"也表明"神明"是一个整体性存在，而通达神明之德，可以有积善修德、仰观俯察两种方式（即德与智）。

三、神明与道、德、心

在战国时期，一些典籍中的语句虽然没有用"天地神明"一词，但其所表述的神明也显然是指一种普遍化了的本体之德，如《管子》说"神明之德，正静其极也"（《九守篇》）。虚静与神明之德内在关联的建立是道家、法家修身的重要特色，《韩非子》说："空窍者，神明之户牖也"（《喻老篇》），《淮南子》说："夫静漠者，神明之宅也；虚无者，道之所居也"（《精神训篇》）。虚静是道的重要属性，这样看来，神明与道很类似。就《淮南子》而言，道与神明基本上是对等的，并无高低前后上下之实质分别，如说："所谓道者，体圆而法方，背阴而抱阳，左柔而右刚，履幽而戴明。变化无常，得一之原，以应无方，是谓神明"（《兵略训篇》），"天设日月，列星辰，调阴阳，张四时，日以暴之，夜以息之，风以干之，雨露以濡之。其生物也，莫见其所养而物长；其杀物也，莫见其所丧而物亡。此之谓神明"（《泰族训篇》）。在《淮南子》中甚至还出现神明高于道德的论述，如《原道训篇》也说："夫喜怒者，道之邪也；忧悲者，德之失也；好憎者，心之过也；嗜欲者，性之累也。人大怒破阴，大喜坠阳，薄气发喑，惊怖为狂。忧悲多恚，病乃成积；好憎繁多，祸乃相随。故心不忧乐，德之至也；通而不变，静之至也；嗜欲不载，虚之至也；无所好憎，平之至也；不与物散，粹之至也。能此五者，则通于神明；通于神明者，得其内者也。"（《原道训篇》），从这段话来看，神明高于道德。这种观点在《本经训篇》中有更明确表述："是故知神明然后知道德之不足为也，知道德然后知仁义之不足行也。知仁义然后知礼乐之不足修也。今背其本而求其末，释其要而索之于详，未可与言至也。"（《本经训篇》）《鹖冠子》①也说："气由神生，道由神成"，神比道与气更根本。

但是在战国、西汉时期，也有一些思想家主张道德高于、先于神明。出土文献《黄帝四经》说："道者，神明之原也。"（《经法·名理第九》）②《鬼谷子》说："故道者，神明之源，一其化端，是以德养五气，心能得一，乃有其术"（《盛神法五龙篇》）③，《老子河上公注》说："道散则为神明，流为日月，分为五行也"（《反朴篇》），"道唯窈冥无形，其中有精实，神明相薄，阴阳交会也"（《虚心篇》）。关于道德高于、先于、大于神明，《老子指归》说得更明确："天地所由，物类所以，道为之元，德为之始，神明为宗，太和为祖"④，又说："一者，道之子，神明之母，太和之宗，天地之祖。于神为无，于道为有，于神为大，于道为小"⑤，"夫天人之生也，形因于气，气因于和，和因于神明，神明因于道德，道德因于自然，万物以存。自然者，无物所使之名也，即道。自然一变而生神，神通而成和，和散而成气，气结而成形"⑥。这样，《老子指归》的宇宙生成论秩序可以概括为：道（德）、一、神明、太和、天地（气、形）。该书也明确说"二即神明也"，"三即太和也"。与我们通常以"二"为阴阳不同的是，《老子指归》中"阴阳"在序列上要低于"天地"："太上之象，莫高乎道德，其次莫大乎神明，其次莫大乎太和，其次莫崇乎天地，其次

①　关于《鹖冠子》一书的年代和真伪问题学界有争议，熊铁基认为"马王堆出土帛书和郭店竹简中的一些古佚书是最有力的证明，它们之中有许多和《冠子》一样的思想和语言，证明它早于贾谊、早于汉代"[熊铁基：《论〈鹖冠子〉的"道法"思想——兼论道法、黄老及其他》，《华中师范大学学报》（人文社会科学版）2001年第1期]。

②　陈鼓应：《黄帝四经今注今译》，商务印书馆2007年版，第176页。

③　许富宏：《鬼谷子集校集注》，中华书局2008年版，第198页。许富宏认为《鬼谷子》一书应是战国中期的作品，具体考证见许富宏：《〈鬼谷子〉真伪及其文学价值》，西北师范大学2004年博士论文。

④　严遵：《上德不德篇》，《老子指归》卷一，中华书局1994年版，第3页。

⑤　严遵：《得一篇》，《老子指归》卷一，中华书局1994年版，第9页。

⑥　严遵：《道生一篇》，《老子指归》卷一，中华书局1994年版，第17页。

莫着乎阴阳，其次莫明乎大圣。"关于道德、神明、太和之间的关系，《老子指归》还说："道德至灵而神明宾，神明是道德之外用，故称宾。神明至无而太和臣。太和是神明用之捋成，故称臣"，认为神明是道德的外用功能展现。

以神明指人心、人的精神，较早见于《庄子·齐物论》"劳神明为一，而不知其同也，谓之朝三"，同时《庄子》中有多处"神"是指人的精神，以神明、神指人心、人的精神大概最早始于《庄子》。《楚辞·远游》"保神明之清澄兮，精气入而粗秽除"，这里的"神明"也是指心神。《荀子》说："心者，形之君也，而神明之主也，出令而无所受令"，《黄帝内经》说："心者，君主之官也，神明出焉"。表面上看，《荀子》与《黄帝内经》这两句话很相似，但实际上区别很大。"心"在先秦既指物质性器官"心"，也指人的意识、精神，在《荀子》中显然主要是指人的意识精神，此心能主宰形体，心在"虚一而静"的状态下，其"神明"莫测的灵妙功能就会展现。而《黄帝内经》说："心者，君主之官也，神明出焉。肺者，相傅之官，治节出焉。肝者，将军之官，谋虑出焉。胆者，中正之官，决断出焉。膻中者，臣使之官，喜乐出焉。脾胃者，仓廪之官，五味出焉。大肠者，传道之官，变化出焉。小肠者，受盛之官，化物出焉。肾者，作强之官，伎巧出焉。三焦者，决渎之官，水道出焉。膀胱者，州都之官，津液藏焉，气化则能出矣。"显然，这里的心主要就是指有形的心脏。过去中医学界很多学者把《黄帝内经》"心者，君主之官也，神明出焉"这句话概括为"心主神明"，并由此引发了是"心主神明"还是"脑主神明"的大论战。其实，"心主神明"大致可以概括荀子所说的心与神明的关系。而比较准确地概括《黄帝内经》的观点应该是"心出神明"，强调的是心脏对人的精神活动的影响，捍卫传统中医这一观点的学者多从"心主血脉"来论证心脏对精神活动的影响。①

四、神明是整体的一

郭静云在《"神明"考》一文中认为，"神气降于天，明形出于地，'神'和'明'相接，成为天地交感的媒介，万物由此而化生。日久天长便结晶出

---

① 《灵枢》说："心者，五脏六腑之大主，精神之所舍也"。《灵枢》说："心藏脉，脉舍神"、"血者，神气也"、"血脉和利，精神乃居"。

'神明'的哲学概念"，"在先秦许多文献中，'神明'一词仅表示一种自然造化的过程，并不是作为某种祭祀对象而存在，也不表示神祇和鬼神的意义。但在西汉以降的造神运动中，'神明'一词逐渐被赋予神圣、神仙的意义，并以此观念广泛解释先秦典籍，以至于后人对先秦时期'神明'一词的本义暧昧不明"①。这种观点值得商榷。笔者认为"神明一词当源自"明神"，就早期传世经典文献如《左传》、《国语》中的神明来看，神明最初的含义恰恰是有神祇、鬼神、神圣的意味。《礼记》中的神明也多是祭祀对象意义上出现的，而所谓作为"自然造化过程"的"神化"意义上的神明实际上是后起的，这种意义的获得可以"天地神明"、"神明之德"等词语的大量出现为标志，这种神明观充分体现在《管子》、《易传》、《庄子》、《淮南子》、《老子指归》等经典中。

对此，郑开也强调说："先秦典籍中的'神'更多指的是'鬼神'，《周易》'阴阳不测之谓神'、'神也者，妙万物而为言者也'的说法乃是经过了理性（人文理性）洗礼的结果，也就是说用'神'表述'自然界中微妙的变化'意味着化宗教（鬼神）为哲学（神妙）的理性抽绎。"②

郭店楚简《太一生水篇》中的神明引起学界的很大兴趣。③一些学者从神和明两字的字义起源来分析神明，如郭静云所说"神气降于天，明形出于地"，贾晋华认为"神明合称应指此气象之神和天体之神两类，其后延伸泛指一切神祇，再引申指道之神妙作用、人之精神境界等。在《太一生水》中，风雨雷电之神和日月星辰之明相互辅助，参合阴阳之气，形成春夏秋冬的气候交替，寒热湿燥的天气变化，日月岁的时间循环，起主导作用的是天文现象及其神祇，体现了中国古代农业社会对四时天象气候的关注"④。王博以为是指日月，即以

---

① 郭静云：《"神明"考》，见《中国儒学》，商务印书馆 2007 年版。

② 郑开：《道家形而上学研究》，宗教文化出版社 2003 年版，第 124 页。

③ "太一生水，水反（辅）太一，是以成天；天反（辅）太一，是以成地。天地复相（辅），是以成神明，神明复相（辅）也，是以成阴阳；阴阳复相（辅）也，是以成仓（沧）然（热）；仓（沧）然（热）复相（辅）也，是以成湿澡（燥）；湿澡（燥）复相（辅）也，成（岁）而止。古（故）（岁）者，湿澡（燥）之所生也。湿澡（燥）者，仓（沧）然（热）之所生也。仓（沧）然（热）者，四时者，阴阳之所生也。阴阳者，神明之所生也。神明者，天地之所生也。天地者，大一之所生也。"其宇宙生成论可以简单概括为：太一、水、天地、神明、阴阳、仓热、燥湿、岁。在这种模式中，神明后于天地，比《老子指归》中神明的位序还要靠后，当然二者的范畴、内涵也不可完全对等。

④ 贾晋华：《神明释义》，《深圳大学学报》（人文社会科学版）2014 年第 3 期。

日为明，以月为神，并引东汉荀爽注《说卦传》"幽赞于神明而生蓍"云："神者在天，明者在地。神以夜光，明以昼照"为之证①。笔者认为，把神明分析为天、地，这种破碎神明的做法在先秦经典的神明论述中找不到根据。总体上来看，在先秦传世文献中，神明是一个整体。

神明当由明神转化而来，在不少语境下，二者的互换不会对语义造成大的影响，如俗语中常说的"举头三尺有神明"，若说成"举头三尺有明神"，并无大碍。就"明神"一词而言，明是修饰神的，表示神能明察一切世间善恶并予以相应奖惩。"神明"，一方面可以理解为明是神的后缀修饰语；另一方面也可以理解为神是修饰明的，就是说这种明不是普通的视觉可见的日月光明或一般火的光明，这一点《淮南子》有明确论述：

> 罔两问于景② 曰："昭昭者，神明也?"③ 景曰："非也。"罔两曰："子何以知之?"景曰："扶桑受谢，日照宇宙。昭昭之光，辉烛四海。阖户塞牖，则无由入矣。若神明，四通并流，无所不及，上际于天，下蟠于地，化育万物而不可为象，俯仰之间而抚四海之外。昭昭何足以明之!"（《道应训》）

显然，昭昭只是感官可见的光明，不具有时空的普遍永恒性，而神明是普遍永恒的，具有形上性，昭昭光明是形下的。笔者认为，从根本上来说，"神明"一词中的神、明两字有着密切的一体性，其核心词是神，"神明"可简写为"神"，但不可简化为"明"，明不具有独立性，明是对神的属性的说明。"神"自然会有"明"，但明不一定"神"。对此，古人也多有强调，林云铭《庄子因》："'神'者，明之藏。'明'者，神之发。言道术之极也。"明者神之散，神者明之藏，是明由神之所致也。褚伯秀：体神用明。对于《太一生水》中的神明，笔者比较认同许抗生、刘钊的观点，许抗生说："按照《管子·内业》的说法，精即为神，精气就是神气，所谓'神明'也可理解为无形莫测的精气（神）和精气显现出来的作用及现象（明）"④，刘钊认为："神明应是指天地间

---

① 参见王博：《美国达慕思大学郭店"老子"国际学术讨论会纪要》，《道家文化研究》第17辑，生活·读书·新知三联书店1999年版，第1页。

② 高注："罔两，水之精物也。景，日月水光晷也。"

③ 高注："罔两恍惚之物，见景光明，以为神也。"

④ 许抗生：《初读太一生水》，《道家文化研究》第17辑，生活·读书·新知三联书店1999年版，第312页。

的精神。"①

神明分开来说，先秦也有论述，如《管子》："世人之所职者精也，去欲则宣，宣则静矣，静则精，精则独立矣。独则明，明则神矣。神者至贵也，故馆不辟除，则贵人不舍焉，故曰不洁则神不处"（《心术上》）。这里"宣、静、精、独、明、神"六者有着递进关系，由明入神，也说明神比明更深入根本，神与明并不是并列关系，而是递进关系。《易传》说："神而明之，存乎其人；默而成之，不言而信，存乎德行"（《系辞上》），显然，这里"神"与"明"也不是并列关系，神与明有着密切的内在关联，同时神明之境对人的显现依赖于人的主体德性。《庄子》说："古之所谓道术者，果恶乎在？曰：'无乎不在。'曰：'神何由降？明何由出？'圣有所生，王有所成，皆原于一"（《天下篇》），一些学者据此说"神由天降，明由地出"，以"神为天、明为地"。这实际上把神与明作了形下解读，这是不准确的。其实，庄子原文有明确回答："皆原于一"。管子一物能化谓之神。

以上我们对中国早期典籍（从先秦到西汉）里神明观演变的脉络作了初步梳理，大致可以得出以下看法："神明"与"明神"有着历史的交替承接性，早期的"神明"一词，其内涵基本上接近于"明神"，有着一定的情感意志性或具体性、人格性，而进入战国时期，神明逐步淡化其具体情感意志性，成为存在的整体统一性甚至主宰性所在，成为宇宙的心、天地的精神。在战国后期，神明获得了一种心神的意义，这一点在后来《黄帝内经》得到进一步展现。在道德与神明前后高低的认识上，各家主张并不一致，但大体上我们看到，他们都把神明看作是一个整体，没有把"神"与"明"分开来进行各自解释，神明也不是具体的自然物象，神明于经验世界而言有超越性、神圣性、灵妙性，乃至是存在的整体性、统一性、主宰性所在。

（作者简介：翟奎凤　山东大学儒学高等研究院）

---

① 　刘钊：《郭店楚简校释》，福建人民出版社 2005 年版，第 44 页。

中国学术的开端

——《舜典》命官与官师合一的时代

张京华

　　《书经》之首《尧典》、《舜典》二篇，事迹蝉联，今古文皆同，古者合称《帝典》。虞舜历试二年，见于《尧典》。此后摄位二十八年，事迹有巡守、划十二州、作五刑、罚四罪等。尧帝崩后，正式即天子之位，在位五十年，最终南巡守，死于苍梧之野而葬于江南九疑，皆载《舜典》一篇。《虞书》中原有《汩作》、《九共》、《槀饫》，各篇已佚，内容不详。唯有《舜典》总括舜帝一生在位八十年的治绩。其中最为特殊者，则为命官二十有二人。就目前文献所知，舜帝命官一事实为有虞氏一朝最主要的史事。

　　清代及民国学者追溯中国学术的起源，有"诸子出于王官说"。"出于"字意与"起原"相近。诸子起源于王官，群经则本身即为王官之学。"诸子"与"群经"相对，"王官"则与士君子之"私家言"相对。

　　章学诚在论述王官学时，指出它有一种混一而不分的性质，即官师合一、政学合一、政道合一、知行合一、道技合一。（以人言为官师、为知行，以事言为政学、为政道、为道技）

　　章学诚说："治教无二，官师合一，岂有空言以存其私说哉？""以吏为师，则亦道器合一，而官师治教，未尝分歧为二。"（《原道中》）"道寓于器，官师合一，学士所肄，非国家之典章，即有司之故事。"（《原道下》）"治教未分，官师合一。"（《原学中》）认为在王官的状态下，政治家就是学问家，学问家也就是政治家。既然混一而不分，因此本无法作出任何分析，但就其大体而言，主要是政治与学术二者合一不二，政治则要求具有学术的基础，学术则要求具有政治的实效，由此而产生一种双向的整体的提升。

　　"官师合一"这一性质完全符合孔子所说"学优则仕"的理想以及后世

"设科举士"的原则，也与哲学义理上对于"道器不离"、"有无同一"思维模式的描述完全吻合。既具有理想的楷模意义，也具有原初状态的历史真实性。

上古未有专门的义理之学，《文史通义》开篇即称："六经皆史也。古人不著书，古人未尝离事而言理。"（《易教上》）其后又说："治教无二，官师合一，岂有空言以存其私说哉？"（《原道中》）在官师合一的历史背景之下，也可以说，政治同时就是学术，学术同时就是政治。可以认为，这是中国古代学术起源的一个高端形态，也是中国古代政治起源的一个高端形态，是中国上古文明的重要特质。

"诸子出于王官说"源于《汉书·艺文志》。《汉志》有"出于"、"起于"之陈述。分论诸子九流十家等等"出于"古者某官，又总论九流十家"起于"诸侯力征。

清末1906年，章太炎刊发《诸子学说略》，推阐《汉志》、章学诚之论。至民初1917年，胡适刊发驳议，原题《论九流出于王官说之谬》，后题《诸子不出于王官论》。全文要点有四：第一，刘歆以前论诸子学派者皆无此说；第二，九流无出于王官之理；第三，《汉志》所分九流乃汉儒陋说；第四，章太炎发挥诸子出于王官之说不能成立。

文章否定《汉志》，而认同《淮南子·要略》，认为诸子起源于时势。迄今将近百年，学者论述先秦诸子，大多沿用其学而略作修正。但胡适此论的基础实为对《汉志》的误读，即之间"出于"，不见"起于"，此文实为学术研究中的一例败笔，因此亦可谓胡适之说本属不攻自破。（由"出于"、"起于"处，即可见古代史官之一种严谨的书体书例，《汉书》本身即是官学，而官学的关键乃在于文字背后所内在的制度与体例）

关于"出于"、"起于"问题的提示，已见缪凤林《评胡氏诸子不出于王官论》、沈文倬《略论宗周王官之学》、黄丽丽《试论〈汉书·艺文志〉"诸子出于王官"说》、刘巍《"诸子不出于王官论"的建立、影响与意义——胡适"但开风气不为师"的范式创新一例》，及张京华《近百年学者误读古代文明举隅》等。

是后张京华又论及《汉志》七略中，"兵家者，蓋出古司馬之職，王官之武備也。……數術者，皆明堂羲和史蔔之職也。……方技者，皆生生之具，王官之一守也"，即兵家、数术、方技出于上古官守，与诸子九流十家全同。① 章学诚强调"王官之学"，主张"《六经》皆先王之政典"，并且将王官之学具体对应于《周礼》三百六十官，这是对《汉志》的一大推进。

民国初，刘师培勾绘中国心理学史、伦理学史、论理学史、社会学史、宗教学史、政法学史、计学史、兵学史、教育学史、理科学史、哲理学史、术数学史、文字学史、工艺学史、法律学史、文章学史，撰成《周末学术史》一书。其书服膺章学诚"官学"之说，但仍将学术史的起源断限在周末。

此后推阐其说最力者为沈文倬。

沈文倬《略论宗周王官之学》论述"教"与"学"的关系指出："官学教、学的内容是根据官责首明职掌的原则，确定每个官所担负的事务及其履行之法。凡官总有任免交接，接任者应该接受前任者处理所担任事务的整套做法，加上自己多年履行时所得的经验，通过口耳相传，一一告诉后继者，做到不遗不漏。"② 按"教"与"学"之师生关系，同时亦即父子关系，亦即君臣关系，二者同为一项事业中不可分割的两个方面，此即章学诚"官师合一"之实情。

沈文倬由此论定："这种百官在任职实践中长期积累起来的经验，经过不断修订，不断条理化，汇集起来，即成宗周官学。"继而由《国语·楚语》观射父一节论证祝官、宗官，由《荀子·王制·序官》一节论证十三个周官，又论及《周官经》(《周礼》)天官、夏官、春官、地官，指出："残存三百四十五官，基本上取诸于两周实制。"③ 但章学诚极力强调"王官之学"，主张"《六经》皆先王之政典"，却将王官之学的重点仅仅放在《周礼》三百六十官上，因而有很大的局限性。

柳诒徵认为王官不止于周代，亦有虞夏之官，其言曰："诸子之学发源甚远，非专出于周代之官……按《七略》原文，正未专指《周官》。如羲和、理

① 参见张京华：《汉书艺文志考镜源流义解》，《版本目录学研究》第一辑，国家图书馆出版社2009年版。

② 沈文倬：《宗周礼乐文明考论》增补本，浙江大学出版社2006年版，第119页。

③ 沈文倬：《附识：传信传疑与疑古辨伪》，《宗周礼乐文明考论》增补本，浙江大学出版社2006年版，第168页，以《考工记》是记，非冬官，故不论。又《略论宗周王官之学》(上)(中)，原刊《学术集林》卷10、卷12，1997年版。后收入《菿闇文存——宗周礼乐文明与中国文化考论》，商务印书馆2006年6月版，及《宗周礼乐文明考论》增补本，浙江大学出版社2006年版，所据仍为《学术集林》，可知下篇确未刊出。

官、农稷之官之类，皆虞夏之官。"① 柳诒徵的见解，标识着中国学术起源研究与唐虞古史研究的一个重要的方向。

而五帝三王制度相承，王官自然不止于西周一代。孔子删修《六经》，群经也不止于《六经》之数。上古有四岳、八伯（见《尚书大传》），有物官，即五行及社稷之官（见《左传·昭公二十九年》）。黄帝氏以云纪，故为云师而云名；炎帝氏以火纪，故为火师而火名；共工氏以水纪，故为水师而水名；大皞氏以龙纪，故为龙师而龙名。少皞纪于鸟，为鸟师而鸟名。（见《左传·昭公十七年》）六官之外，社稷有诸侯，山川有群神，亦为天子王官。"山川之神足以纲纪天下，其守为神，社稷为公侯，皆属于王者。"（《史记·孔子世家》）凡此均为上古文明中与学术起源关系密切的制度设施。但以数千年文献流传之艰难，今人所见仍以《舜典》命官的记载最为系统。

一、舜帝命官

根据《舜典》所载，舜帝新任和沿用的官职，有四岳、十有二牧、命九官、新命六官、二十有二人诸说，加上《舜典》中提及的其他官职殳斨、伯与、朱虎、熊罴，总计为二十九官。

（1）四岳：

《舜典》载：舜帝"觐四岳、群牧"，又载舜帝"询于四岳"，又载"舜曰：'咨，四岳！'"四岳为尧帝时已有的官职，至舜帝时仍然沿用。

《尧典》载尧帝曰："咨，四岳！"孔安国传："四岳，即上羲和之四子，分掌四岳之诸侯。"

《尧典》又载："乃命羲和……分命羲仲……申命羲叔……分命和仲……申命和叔。"二叔二仲即羲和四子。

（2）十有二牧：

《舜典》载：舜帝曰："咨，十有二牧！"十有二牧，即十有二州之牧。

《舜典》又载："肇十有二州。"孔安国传："十有二州，谓冀、兖、青、徐、荆、扬、豫、梁、雍、并、幽、营也。"

---

① 柳诒徵：《论近人讲诸子之学者之失》，《柳诒徵史学论文续集》，上海古籍出版 1991 年版，第 520—521 页。原刊 1921 年 11 月《史地学报》创刊号，重刊 1931 年《学衡》第 73 期。

《白虎通义》卷三："《尚书》曰'咨，十有二牧'何？知尧时十有二州也。"

孙诒让《周礼正义》引黄以周云："凡一州必有一伯，故唐虞分十二州，《书》称之曰'十有二牧'。夏分九州，《左传》称之曰九牧。周亦分九州，《左传》称之曰九伯。"

江永《礼书纲目》："牧，养民之官。十二牧，十二州之牧也。"

（3）命九官：

《舜典》载舜帝命官："伯禹作司空"、"弃，汝后稷"、"契，汝作司徒"、"皋陶，汝作士"、"垂，汝共工"、"益，汝作朕虞"、"伯夷，汝作秩宗"、"夔，命汝典乐"、"龙，命汝作纳言"，共计九官。

（4）新命六官：

九官中有新命六官。

《舜典》孔安国传："禹、垂、益、伯夷、夔、龙六人新命有职。"认为这六官是舜帝新命，则弃、契、皋陶三人为尧帝已有的官职，舜帝时沿用。

（5）沿用七官：

除了二十二人以外，《舜典》中提及的官职有七人，即弃、契、皋陶三人及另外四人。

《舜典》孔颖达疏："其稷（当云弃）、契、皋陶、殳斨、伯与、朱虎、熊罴七人仍旧，故不须敕命之。"

（6）二十有二人：

《舜典》载：舜帝曰："咨！汝二十有二人，钦哉！惟时亮天功。"孔安国传："禹、垂、益、伯夷、夔、龙六人新命有职，四岳、十二牧凡二十二人，特敕命之。各敬其职，惟是乃能信立天下之功。"孔颖达疏："据上文'询于四岳'、'咨，十有二牧'，及新命六官等，适满二十二人。"又《尧典》孔颖达疏："《舜典》传称禹、益六人新命有职，与四岳、十二牧，凡为二十二人。"是以四岳、十二牧和新命六官合计为二十二人。

"二十有二人"加上沿用七官，合计为二十九官。

1	羲和	四岳、羲和四子
2	羲仲	
3	羲叔	
4	和仲	

5	冀	
6	兖	
7	青	
8	徐	
9	荆	
10	杨	十二州、十二牧
11	豫	
12	梁	
13	雍	
14	并	
15	幽	
16	营	
17	伯禹	
18	垂	
19	益	新命六官
20	伯夷	
21	夔	
22	龙	
23	弃	
24	契	
25	皋陶	
26	殳斨	沿用七官
27	伯与	
28	朱虎	
29	熊黑	

二、舜帝王官的职守

（1）四岳、羲和四子：执掌天文历法、天地四时。

《尧典》："乃命羲和，钦若昊天，历象日月星辰，敬授人时。……汝羲暨和。期三百有六旬有六日,以闰月定四时成岁。"

（2）十二牧:掌养民。

《舜典》:"咨,十有二牧!食哉惟时,柔远能迩,惇德允元,而难任人,蛮夷率服。"

（3）伯禹:作司空,掌平水土。

《舜典》:"伯禹作司空。""禹,汝平水土,惟时懋哉!"

（4）弃:作后稷,掌种植百谷。

《舜典》:"弃,黎民阻饥,汝后稷,播时百谷。"

（5）契:作司徒,布五教。

《舜典》:"契,百姓不亲,五品不逊,汝作司徒,敬敷五教,在宽。"

（6）皋陶:作士,掌五刑。

《舜典》:"皋陶,蛮夷猾夏,寇贼奸宄,汝作士,五刑有服,五服三就,五流有宅,五宅三居,惟明克允。"

（7）垂:作共工,掌百工。

《舜典》:"畴若予工?""垂,汝共工。"

（8）益:作朕虞,掌山泽。

《舜典》:"畴若予上下草木鸟兽?""益,汝作朕虞。"

孔颖达疏:"即《周礼》山虞、泽虞之官,各掌其教,知上谓山、下谓泽也。"

（9）伯夷:作秩宗,主郊庙之官,掌天地人之礼。

《舜典》:"有能典朕三礼?""伯夷,汝作秩宗,夙夜惟寅,直哉惟清。"

（10）夔:作典乐,掌教胄子。

《舜典》:"夔,命汝典乐,教胄子,直而温,宽而栗,刚而无虐,简而无傲,诗言志,歌永言,声依永,律和声,八音克谐,无相夺伦,神人以和。""予击石拊石,百兽率舞。"

（11）龙:作纳言,出纳王命。

《舜典》:"龙,朕堲谗说殄行,震惊朕师,命汝作纳言,夙夜出纳朕命惟允。"

殳斨、伯与、朱虎、熊罴四人,官名、执掌不详。

孔安国传:"殳斨、伯与,二臣名。朱虎、熊罴,二臣名。垂、益所让四人皆在元凯之中。"孔颖达疏:"文十八年《左传》八元之内有伯虎、仲熊,即此朱虎、熊罴是也。虎、熊在元凯之内，明叕、斨、伯与亦在其内。"《左传·文公十八年》："高辛氏有才子八人，伯奋、仲堪、叔献、季仲、伯虎、仲熊、叔豹、季狸，忠肃共懿，宣慈惠和，天下之民谓之八元。"

以上十一项陈述，文字均有一定体例。前者言人名，后者言官名。此外的文字，或出于舜帝之口，或出于臣下之口，均为概述王官的职守。其中，士和典乐的职守规定尤其详备。故而这十一项规定，即相当于后世的《官典》、《职官志》。

"平水土，惟时懋哉"，即为司空的职守。

"黎民阻饥，播时百谷"，即为后稷的职守。

"百姓不亲，五品不逊，敬敷五教，在宽"，即为司徒的职守。

此下如"教胄子，直而温，宽而栗，刚而无虐，简而无傲，诗言志，歌永言，声依永，律和声，八音克谐，无相夺伦，神人以和"，即为舜帝授命典乐的职守，而"击石拊石，百兽率舞"，亦即乐夔自述其职责所在。

人名	官名	官职
羲和	天官、地官、四岳	钦若昊天，历象日月星辰，敬授人时……期三百有六旬有六日，以闰月定四时成岁。
？	十二牧	食哉惟时，柔远能迩，惇德允元，而难任人，蛮夷率服。
伯禹	司空	平水土，惟时懋哉。
弃	后稷	黎民阻饥，播时百谷。
契	司徒	百姓不亲，五品不逊，敬敷五教，在宽。
皋陶	士	蛮夷猾夏，寇贼奸宄，五刑有服，五服三就，五流有宅，五宅三居，惟明克允。
垂	共工	百工。
益	虞	上下草木鸟兽。
伯夷	秩宗	典三礼，夙夜惟寅，直哉惟清。
夔	典乐	教胄子，直而温，宽而栗，刚而无虐，简而无傲，诗言志，歌永言，声依永，律和声，八音克谐，无相夺伦，神人以和。击石拊石，百兽率舞。
龙	纳言	谗说殄行，震惊朕师，夙夜出纳朕命惟允。

三、舜帝王官的学术性质

天文学是上古学术起源中最早创立的学术体系，古文"道术"、"道德"的"道"字，本义即指天道，后世道家的兴起，也以上古天文学为知识背景。《汉志》云："阴阳家者流，盖出于羲和之官。""数术者，皆明堂羲和、史卜之职也。"其学术流衍，见于各史《天官书》、《天文志》。

"惟时懋哉"的"时"字，通假为"实"，孔颖达疏："实有成功"。"播时百谷"的"时"字，通假为"是"，孔安国传："布种是百谷以济之"。而"食哉惟时"的"时"字，则读为本字。古文"时"意为"四时"，即春夏秋冬的节令运转，故十二牧的职守仍需天文历法知识。孔安国云："所重在于民食，惟当敬授民时。"

平水土的水利事业，需要专门的学术知识，代有专书，如《水经》、《禹贡》之类。其学术流衍，见于各史《河渠书》、《沟洫志》。

种植百谷的农业技术，需要专门的学术知识，代有专书，较早如《吕氏春秋》中《上农》、《任地》、《辨土》、《审时》四篇。其学术流衍，见于各史《食货志》。

义、慈、友、恭、孝，称为"五品"。"教父以义，教母以慈，教兄以友，教弟以恭，教子以孝，是为五教。"司徒执掌近于伦理学，而后世之儒家与司徒关系尤为密切。《汉志》云："儒家者流，盖出于司徒之官，助人君顺阳阳明教化者也。"

士官又称理官、大理，而刑法必须具备确定性与稳定性，故有成文法颁布。五刑系统，学术流衍，见于各史《刑法志》。

百工技艺尤为具体。《舜典》云："协时月正日，同律度量衡。"律度量衡亦为百工职守。学术流衍，各有专书，如《考工记》之类。

山虞、泽虞，其知识系统为古代动植物学，学术传承见《月令》、《夏小正》、《山海经》等。

三礼，孔安国传："天地人之礼"，孔颖达疏："掌天神、人鬼、地祇之礼"。学术流衍，见于各史《郊祀志》、《礼志》。

典乐以诗、乐教胄子，兼有诗学、音乐、教育性质，亦为专门之学，古代音乐之六律、六吕尤其为专门之业。"诗言志"为后世《诗经》的一大原则。

古文"诗"作，"诗"即"言志"二字之合文，"诗"、"言"、"志"三字音同、形同、义同，"诗言志"一语既为文字学定义，又为王官职守之定则。由此即可知《舜典》与《诗经》诸作品之间具有内在关联，即可以确立我国诗学乃至文学的核心理念，亦可推知我国诗学、文学发生之早，亦可揭示我国经学与文学之关系，即经学为体，文学为用。① 纳言亦有专门学术背景，如《国语·周语》所载："天子听政，使公卿至于列士献诗，瞽献曲，史献书，师箴，瞍赋，矇诵，百工谏，庶人传语，近臣尽规，亲戚补察，瞽、史教诲，耆、艾修之，而后王斟酌焉。"

由此可知，舜帝王官具有如下特点：

其一，有虞氏一朝的王官，主要都是技艺官。在技艺之中寓含着抽象原则的"道"，而不是独立出一种学术研究机构。关于"技兼于道"的论述，后来在《庄子》一书中有充分的发挥。

其二，这些官职都有技艺支撑，有丰厚的学术积累，体现为"世官世畴"的传承形式，因而与专门的学校体制有很大不同。

其三，这些官职所执掌的学术，都有极高的专业程度，如天文学、百工、刑法、音乐尤其如此。

（作者简介：张京华　湖南科技学院国学研究所）

---

① 参见张京华：《说"诗"》，《孔子学刊》第 6 辑，青岛出版社 2015 年版。

谁之"思"？何种"位"？

——儒学"思不出其位"之中的"政治"与"心性"向度

陈立胜

"思不出其位"，语出《论语·宪问》：子曰："不在其位，不谋其政。"曾子曰："君子思不出其位。"《周易·艮卦》象辞亦有类似的说法："兼山，艮。君子以思不出其位。"艮为山，艮卦为山上山下，即所谓"兼山"，山为止，则艮卦之义即是"止而又止"。思不出位，意即是"各止其所"。因象辞相传为孔子所作，故《宪问》"曾子曰"被认为是曾子引夫子语，清儒毛奇龄甚至认为"思不出位"一语或是孔子之前已有之古语。①

无论"思不出其位"是出自曾子、孔子抑或是孔子之前，谁也无法否认它是中国思想史长河之中一个不可忽视的命题，它也掀起了不少的浪花。本文拟追踪溯源，根据它所容身的不同脉络，阐述其思想内涵，以期从一侧面理解儒家之政治与心性之关联。

一、先秦"位"之五义

"位"之本义即是士人在朝廷之中所立之位置。《说文》曰："列中庭之左右谓之位"，段玉裁注曰：

> 庭当作廷。字之误也。又部，曰廷、朝中也。《释宫》曰：中庭之左

---

① "'思不出位'，系艮卦象词，世疑象词多'以'字，或古原有此语，而夫子引以作象词。曾子又引以证'不在其位'之语，故不署'象曰'、'子曰'二字，亦未可知。"（曾子：《论语稽求篇》卷六，《景印文渊阁四库全书》第 210 册，台湾商务印书馆 1986 年版，第 193—194 页）。不过钱穆并不认同西河此说："本章又见《易·艮卦》之象辞，疑象辞后出，非曾子引象辞。"（钱穆：《论语新解》，生活·读书·新知三联书店 2002 年版，第 376 页）

右谓之位。郭（璞）云：群臣之列位也。《周语》注亦曰：中廷之左右曰位。按：中廷犹言廷中。古者朝不屋，无堂阶，故谓之朝廷。朝士掌外朝之位，左九棘；孤、卿大夫位焉。右九棘，公、侯、伯、子、男位焉。面三槐，三公位焉。司士掌治朝之位。王南向，三公北面东上，孤东面北上，卿大夫西面北上。王族故虎士在路门之右，南面东上。大仆、大右、大仆从者在路门之左，南面西上。虽有北面、南面之臣，皆以左右约举之。《左传》云：有位于朝是也。引伸之，凡人所处皆曰"位"。① 宋文人叶梦得云："古者，天子三朝：外朝、内朝、燕朝。外朝在王宫库门外，有非常之事，以询万民于宫中。内朝在路门外，燕朝在路门内。盖内朝以见群臣，或谓之路朝；燕朝以听政，犹今之奏事，或谓之燕寝。②

显然，"位"即是入朝之士立于外朝、内朝、燕朝之不同位置，这个位置同时亦是参政、议政的位置。不用说，这个"位"乃是与权力、身份、地位密不可分的。这种在朝廷之中不同的排列位置，自是由爵位或阶位而决定的。

"位"的意识是非常重要的。《易·系辞上》云："天尊地卑，乾坤定矣；卑高以陈，贵贱位矣。""位"实出于"天道"，这可以说是先秦思想家的共同信念。③ "失位"、"越位"、"出位"，乃是极其严重的政治事件，在史书中是要大书特书的。《左传》中就有不少"失位"的记载：

> 十一月，公及楚公子婴齐、蔡侯、许男、秦右大夫说、宋华元、陈公孙宁、卫孙良夫、郑公子去疾及齐国之大夫盟于蜀。……蔡侯、许男不书，乘楚车也，谓之失位。君子曰："位其不可不慎也乎！蔡、许之君，一失其位，不得列于诸侯，况其下乎！《诗》曰："不解于位，民之攸墍。"其是之谓矣。（《左传·成公二年》）

---

① 许慎撰，段玉裁注：《说文解字注》八篇上，上海古籍出版社 1981 年版，第 371 页。
② 叶梦得撰，宇文绍奕考异，侯忠义点校：《石林燕语》卷二，中华书局 1984 年版，第 19 页。
③ "天尊地卑，神明之位也；春夏先，秋冬后，四时之序也；万物化作，萌区有状，盛衰之杀，变化之流也。夫天地至神，而有尊卑先后之序，而况人道乎！宗庙尚亲，朝廷尚尊，乡党尚齿，行事尚贤，大道之序也。"（《庄子·天道》）《公孙龙子·名实论》有云（感谢张永义教授向我指出了这一条目）："天地与其所产焉，物也。物以物其所物而不过焉，实也。实以实其所实而不旷焉，位也。出其所位非位，位其所位焉，正也。""物"各当其材谓之"实"，各当其用，而不旷废谓之"位"。显然，"位"不限于人伦之位，天地万物皆有其"位"，该篇结语"古之明王审其名实"云云，说明公孙龙的名实说跟孔子的正名思想还是一致的，也具有伦理政治的色彩。

三月，葬蔡平公。蔡大子朱失位，位在卑。大夫送葬者归，见昭子。昭子问蔡故，以告。昭子叹曰："蔡其亡乎！若不亡，是君也必不终。《诗》曰：'不解于位，民之攸塈。'今蔡侯始即位，而适卑，身将从之。"（《左传·昭公二十一年》）

蔡侯、许男不书其名，只因两人身为一国之君，不乘己车，却乘楚王之车，列于楚王左右，是为"失位"。而蔡国大子蔡朱在国君葬礼上，不立于适子之位，反而以长幼为齿，而立于庶兄之下。这个站错位的事件，被昭子视为丧国或君位不保之凶兆。《吕氏春秋·慎势》云："诸侯失位则天下乱，大夫无等则朝廷乱，妻妾不分则家室乱，嫡孽无别则宗族乱。""位"之重要，由此略见一斑。

在讲究身份与秩序的礼法社会中，每一个人都有其相应的位置，每一个位置都有相应的德性要求（角色期待），这是伦常。作为爵位、阶位的"位"逐渐泛化为身份与地位的"位"。郭店楚简已出现"六位"的观念。《六德》篇（又称《六位》篇）云：

生民（斯必有夫妇、父子、君臣，此）六位也。有率人者，有从人者；有使人者，有事人（者；有）教者，有学者，此六职也。既有夫六位也，以任此（六职）也。六职既分，以裕六德。六德者此。何谓六德？圣、智也，仁、义也，忠、信也。

《成之闻之》云：

"天登大常，以理人伦，制为君臣之义，作为夫子之亲，分为夫妇之辨。是故小人乱天常以逆大道，君子治人伦以顺天德。"①（该篇以"君子慎六位，以祀天常"结尾）

有学者认为这些篇目很可能出自子思子之手，但今《中庸》的"五达道"（君臣也，父子也，夫妇也，昆弟也，朋友之交也）显然跟六位、六德（夫智、妇信、父圣、子仁、君义、臣忠）属于两个不同的系统。无论如何，六位、六德、六职表明儒者对人的伦常存在的认识：人是一"天伦"与"人伦"的存有，在天伦与人伦的不同的"位"，当具备相应的"德"，发挥相应的作用（"职"）。另外，"六德"中的"仁义忠信"四德值得重视，《六韬》有人君"六守"说，"一曰仁，二曰义，三曰忠，四曰信，五曰勇，六曰谋"，"仁义忠信"

---

① 李零：《郭店楚简读记》，北京大学出版社 2002 年版，第 130、122 页。

73

是前四守，《庄子》外篇（《天运》、《刻意》）两种六德的条目（"孝悌、仁义、忠信、贞廉"，"仁义、忠信、恭俭、推让"）中都有"仁义忠信"。当孟子明确区分出"天爵"与"人爵"，并将"仁义忠信"列为天爵的内涵①，进而提出"正位"的观念，当与这种思想氛围有关。

"正位"的观念自然是与世俗所言的爵位、阶位之"位"相对而言的。在孟子看来，公卿大夫之类的爵位、阶位，是"人爵"，是后天的、外在的、有对待的；"天爵"则是"自然之贵"（"良贵"），是人人固有的先天之贵（"人人有贵于己者"），"君子所以异于人者，以其存心也，君子以仁存心，以礼存心。"（《孟子·离娄下》）性是天性，命是天命，位是天位，爵是天爵，职是天职，分是天分。"天爵"才是君子当立、当关切之"位"，是求则得之的"正位"。这个"正位"是无条件的。得志与否、进退出处皆不失此"正位"，是谓"君子"、"大丈夫"。② 人爵之位与天爵之位，畛域分明，各有自己的"游戏规则"，子思对缪公掷地有声的那段话即是例证："以位，我臣也，何敢与君友也？以德，则子事我者也，奚可以与我友？"（《孟子·万章下》）"正位"观念的提出在儒家思想史中是一个重大贡献，它明确了儒者之自身定位。"儒有忠信以为甲胄，礼义以为干橹。戴仁而行，抱义而处，虽有暴政，不更其所，其自立有如此者。"（《礼记·儒行》）

由列于朝廷之"位"（阶位、爵位），到处身行道的"正位"，体现儒者自足自立、独立不改、中立不倚的豪迈之气（《礼记·儒行》有"儒有上不臣天子，下不事诸侯"之语）。"身"无论何处，处贵处贱、有位无位（此"位"即位之本义、即朝廷之"位"），总是要占一"地位"（此"位"乃泛化之位，"居其所谓之位"），只要守"正位"，"由仁义行"，就能"无入而不自得"，此即是《中庸》素位而行的观念："君子素其位而行，不愿乎其外。素富贵行乎富贵，素贫贱行乎贫贱，素夷狄行乎夷狄，素患难行乎患难，君子无入而不自得焉。""素"字，孔颖达训为"向"，意为平素、一贯；朱子训为"见在"，即今语"现在"。"素其位"的"位"字都是泛化意义上的"位"，但因"素"之训

---

① 孟子曰："有天爵者，有人爵者。仁义忠信，乐善不倦，此天爵也；公卿大夫，此人爵也。古之人修其天爵，而人爵从之。今之人修其天爵，以要人爵，既得人爵而弃其天爵，则惑之甚者也。"（《孟子·告子上》）

② "居天下之广居，立天下之正位，行天下之大道，得志与民由之，不得志独行其道。富贵不能淫，贫贱不能移，威武不能屈，此之谓大丈夫。"（《孟子·滕文公下》）

有别，故"位"之含义亦有微妙之区别。依孔颖达，素其位就是平素所处之地位，"位"之日常意味较浓；依朱子，位乃现在之位，当下的意味较重，贫贱、富贵、死生、祸福，凡人之处境均可称为"位"，可称"素位"、"时位"。

这样，我们可区分出"位"之诸义如下：(1) 狭义上的"位"，即"中廷之左右"意义上的朝中之"位"，可称"朝列之位"；与此相关，(2) 爵位，爵有其"阶"与"职"，是为"阶位"、"职位"；(3) 泛化的天伦、人伦之"位"，不妨称为"伦常之位"；(4) "居其所"之"位"、"地位"，这是一种生存论意义上的"位"，是"素位"、"时位"，其实际的内涵即是"境遇"、"处境"；(5) "正位"。在前四"位"中，"位"的外延不断扩展，"正位"则是在任何上述四种"位"上都应持守与践履的德性。换言之，无论身处"何位"，君子都要立于"正位"。

二、"思不出位"：一个儒家政治哲学的命题？

作为身份地位的爵位之"爵"，本义为礼器(《说文》："爵，礼器也，象爵之形，中有鬯酒)，故有身份与等级的象征意涵；但"爵"之为盛酒、酌酒之器，亦有"量"义，"量其职，尽其才"，故此外在的"阶位"当与内在的德性之"品位"、能力相对应方为"名副其实"，是为"德位一致"原则。此种"德必称位"观念乃先秦诸子的共识。

嗟尔君子，无恒安处。靖共尔位，正直是与。《诗经·小雅·小明》

无旷庶官，天工人其代之。(《尚书·皋陶谟》)

建官惟贤，位事惟能。(《尚书·武城》)

君子在野，小人在位。民弃不保，天降之咎。(《尚书·大禹谟》)

不胜其任而处其位，非此位之人也。不胜其爵而处其禄，非此禄之举。(《墨子·亲士》)

大德必得其位，必得其禄，必得其名，必得其寿。(《中庸》)

贤者在位，能者在职。(《孟子·公孙丑上》)

尊贤使能，俊杰在位。(《孟子·公孙丑上》)

是以惟仁者宜在高位，不仁而在高位，是播其恶于众也。(《孟子·离娄上》)

德厚而位卑者谓之过，德薄而位尊者谓之失。(《管子·立政》)

　　儒者在本朝则美政，在下位则美俗。(《荀子·儒效》)

　　量能而授官，使贤不肖皆得其位，能不能皆得其官，任使各当其才，万物得其宜，事变得其应。(《荀子·儒效》)

　　德必称位，位必称禄，禄必称用。(《荀子·富国》)

　　君不君，则臣不臣。父不父，则子不子。上失其位，则下踰其节。上下不和，令乃不行。(《管子·形势》)

这些条目中，"位"均与德性、能力、职责相联系(所谓能力越大，责任越大)，或从正面立论，阐述在位者必为仁德君子、能尽职尽责；或从负面立论，强调如德不称位则必导致不良政治后果。"古之学者为己"，孔子将士人以外在的阶位之追求扭转为对内在的德性与品位的关切①，《里仁》篇云："不患无位，患所以立"，古"立"、"位"通，立即位也，所以立，即所以位，人当"立于礼"，当"志于道，据于德，依于仁、游于艺"。这是一种"足乎己而无求于外"的处身态度。②

　　对于政治意义上的"位"(朝列之位、爵位、阶位)，儒家强调的是"责任意识"、"能力意识"、"权界意识"，德称其位、德位一致，安位而不越位，守位而不渎位(尸位素餐)，"居上位而不骄，在下位而不忧"(《周易》)，此种种说法均此之谓也。与"时"相关联，则要求有"权变意识"，可以仕则仕，可以止则止，可以久则久，可以速则速，既不恋位，也不失位。

　　在这种今之所谓政治哲学的领域内，"思不出位"的意义主要体现在安位自守，而不越职侵官(《礼记·曲礼下》："在官言官，在府言府，在库言库，在朝言朝")。汉唐大儒对《宪问》篇思不出位的理解均扣在"权界意识"上面。"不在其位，不谋其政"，在《论语》中出现两次(《泰伯》、《宪问》)，古人云言之重复，其中必有不容已者，故于重复处，当悉心玩味。孔安国注《泰伯》篇不在其位一章云"欲各专一于其职"，注《宪问》则云："不越其职"。何晏《论语义疏》释曰："诚人各专己职，不得滥谋图他人之政也。君子思虑

---

① 《泰伯》："三年学，不至于谷，不易得也。"《公冶长》："子使漆雕开仕，对曰：'吾斯之未能信。'"《宪问》："子曰：'邦有道，谷；邦无道，谷，耻也。'"《卫灵公》："子曰：'君子谋道不谋食。耕也，馁在其中矣；学也，禄在其中矣。君子忧道不忧贫也。'""事君，敬其事而后其食。"

② 参见《礼记·儒行》，哀公命席，孔子侍，曰："儒有席上之珍以待聘，夙夜强学以待问，怀忠信以待举，力行以待取，其自立有如此者。"

当己分内，不得出己之外，而思他人事。思于分外，徒劳不可得。"故后来的经学家对"思不出位"的理解亦多着眼于"不在其位，不谋其政"这一语境。如邢昺注曰："此章戒人之僭滥侵官也。言若不在此位，则不得谋议此位之政事也。曾子遂曰：君子思谋，当不出己位。言思虑所及，不越其职。"刘宝楠《论语正义》则直接将《泰伯》与《宪问》相并而注："'谋'谓为之论议也。下篇曾子曰：'君子思不出其位。'《孟子·离娄》云：'位卑而言高，罪也。'《礼·中庸》云：'君子素其位而行，不愿乎其外。'又云：'在上位，不陵下；在下位，不援上。'并与此文义相发。"

这种对"思不出位"所作的角色伦理、政治伦理原则的解读，在中国思想史中影响深远。如朱子《论语精义》之《宪问》篇思不出位章集范（祖禹）、杨（时）两家之说曰：

> 不在其位，不谋其政，亦夫子所常言也，弟子各以其所闻记之。君子思不出其位，此艮之象也。物各止其所，而天下之理得矣。故君子思不出其位，而君臣上下大小皆得其职也。
>
> 思出其位而谋其政，则失其分守，而侵官乱政，将无所不至矣。[①]

《泰伯》篇不在其位章集范说曰：

> 自天子至于士皆有位，在其位则谋其政者，职也。天子不可以治三公之职，三公不可以为卿大夫之事，卿大夫不可以侵士之官。故坐而论道，谓之三公；作而行之，谓之士大夫；至于抱关击柝，无不各敬其事，如此，则天下之理得矣。[②]

朱子还进一步完备范祖禹的说法：

> 夫子之言，无上下之异，但为不在此位，则不谋此政耳。范氏为人君言，故自上而下，然其意终不备。更当自下而推，如士不可侵大夫之职，以至于天子不可过于天道，乃为备耳。然不止此，又当知左右前后彼此之间，各有分守，皆不可以相踰，乃为大备，而尽得圣人之意。[③]

---

① 朱熹撰，朱杰人等主编：《论语精义》卷七（下），《朱子全书》第7册，上海古籍出版社、安徽教育出版社2002年版，第498页。

② 朱熹撰，朱杰人等主编：《论语精义》卷四（下），《朱子全书》第7册，上海古籍出版社、安徽教育出版社2002年版，第303页。

③ 朱熹撰，朱杰人等主编：《论语或问》卷八，《朱子全书》第6册，上海古籍出版社、安徽教育出版社2002年版，第765页。

又如有明一代大政治家张居正在解"思不出位"时，亦明确指出：

> 位是职位。这一句是《易经》中间《艮卦》的象辞。曾子尝称述之说道：凡人之居位，虽有大小尊卑之不同，莫不各有当尽之职。若舍其本职而出位妄想，则在己为旷职，而于人为侵官矣。君子则身之所居在是，心之所思亦在是。凡夙夜之所图虑者，惟求以尽其本分所当为之事，如居乎仓库之位，则思以审会计，明出纳，以尽乎理财之职。如居乎军旅之任，则思以勤训练，饬军令，以尽乎诘戎之职。初未尝越位而有所思也。如是，则众职毕举，而庶务咸理矣。①

江陵毁书院、禁讲学原因复杂，他对"思不出位"的理解可视为其理论根据之一。现代学者解《论语》思不出位亦不出此矩矱。如钱穆说："位指政治上之职位言。从政当各专己职，越职出位而思，徒劳无补，并滋纷乱。"②

礼法社会中的"朝列之位"、"爵位"、"伦常之位"、"时位"均是饱含象征力量（symbolic power）的"意义空间"，故是一"异质的空间"（heterogeneous space）。这个"空间"因"时"而不断转换，故又表现出"异质的时间"（heterogeneous time）性质，可以说这是礼仪充满的时空。在不同的"空间"与"时间"点上，乃有相应的威仪、表情、举止要求，这可以称为"位感"、"位之意识"，立于"正位"即表现在这一随时、随地的"位感"之中。对这一礼仪时空的体认、感受与反应（"位感"）乃是儒家修身学的重要议题。《论语·乡党》所记孔子在"乡党"、在"宗庙朝廷"，朝与"上大夫"、"下大夫"言，"君召使摈"，"入公门"，"升堂"、"出堂"，"入太庙"，表现出不同的言行举止与表情；在不同的季节、不同的场合着衣、进食均有考究。孔子就像是礼仪时空之中的一个舞者，举止言行表现出一种充实而广大的姿态之美，这是一种身体礼仪美学的展示。③"思"与"位"（场所、时位）乃是修身场域之中一相互牵引的对子，"思"不限于内心的想法，由衷而发的表情、语言行为、举

---

① 张居正：《四书集注阐微直解》卷十，《四库未收书辑刊·贰辑》第 12 册，北京出版社 1997 年影印版，第 396 页。

② 钱穆：《论语新解》，生活·读书·新知三联书店 2002 年版，第 376 页。

③ 对《乡党》篇孔子礼仪身体展演之阐发，可参见黄俊杰：《东亚儒家思想传统中的四种"身体"：类型与议题》，《东亚儒学：经典与诠释的辩证》，台湾大学出版中心 2007 年版，第 187—218 页；彭国翔：《作为身心修炼的礼仪实践——以〈论语·乡党〉篇为例的考察》，《台湾东亚文明研究学刊》2009 年第 1 期。

止都属于"思"之范畴，孔子说君子有九思："视思明，听思聪，色思温，貌思恭，言思忠，事思敬，疑思问，忿思难，见得思义。"（《论语·季氏》）视听言动、颜色、举止都要根据"时位"的变化而变化，不能失去"正位"。孟子本人不与右师言同样体现了此种敏锐的"位感"：

> 公行子有子之丧。右师往吊，入门，有进而与右师言者，有就右师之位而与右师言者。孟子不与右师言，右师不悦，曰："诸君子皆与骥言，孟子独不与骥言，是简骥也。"孟子闻之，曰："礼，朝廷不历位而相与言，不踰阶而相揖也。我欲行礼，子教以我为简，不亦异乎？"（《孟子·离娄下》）

三、到底何种"位"？

无论是政治伦理上守位、安位还是身体礼仪上的位感、位意识，思不出"位"的"位"字都带有强烈的宗法制度、礼乐文明下身份认同的意味，此"位"在根本上是制度化的、礼仪化的位。这也是常人对"思不出位"的理解。如《辞海》、"汉典网"都把"思不出位"解释为"考虑事情不超过自己的职权范围"。换言之，"思不出位"乃是要对治政治权能的"僭越意识"。①

然而，到了宋明理学尤其是心学一系，对"位"的理解发生了"位移"，即逐渐内移为一种"心性之位"。"思不出位"变成了一种修身的法门，而且是心灵修炼的法门。

从修身学讲"思不出位"，对治的侧重点不再是政治上的越权，而是道德安顿上的越界。如吕东莱云："盖君子思不出其位，一出其位，而唯务点检他人之得失利害，则于本位必不子细。何者？心无二用故也。盖君子所以思不出其位，非固不敢出位，乃不暇也。"② 东莱的理解扣紧在儒家修身学的自我关涉（self-regarding）上面，"出位"就成了"责人"（点检他人之得失利害），这不

---

① 朱子的说法最为明确："此各有分限。田野之人，不得谋朝廷之政。身在此间，只得守此。如县尉，岂可谋他主簿事？才不守分限，便是犯他疆界。"（朱熹撰，朱杰人等主编：《朱子语类》卷三十三，《朱子全书》第15册，上海古籍出版社、安徽教育出版社2002年版，第1309—1310页）

② 吕祖谦：《丽泽论说集录》卷八，《吕祖谦全集》第2册，浙江古籍出版社2008年版，第225页。

仅违背了夫子"躬自厚而薄责于人"的要求，而且于本位（自身）必有疏忽处，"不暇出位"则说明自我关涉的修身工夫之紧迫性。明儒唐伯元对此有进一步发挥：

> 物有本末而身其本也。致知而不以修身为本，此致知所以遗格物也，其去《大学》远矣。身在是而位亦在是，凡思而出位者，不素位而愿外，不正己而求人，皆邪思也；以其求止，远矣。至哉孟子之言，曰"行有不得者，皆反求诸己，"又曰"殀寿不贰，修身以俟之，"皆思不出位之说，皆止之说也。不获其身，不见其人，未易言也。能虑能得以后气象，故缓理会，且自顾知止入定何如耳。由反己而修身，由修己而忘己，则庶几矣。①

唐伯元将"位"理解为人之随时、随地所处之位，"思"不能扣紧自家身位，而越界"愿外"、"求人"，则都是"邪思"。这种"自反"意识最终是要返于内心精神生活，它将自己的内心世界成为反省的对象，对自己的精神品质进行全方位的反省。

清李光地将"思不出位"跟切问近思联系在一起，进一步突出"思不出位"之于修身的切己性：

> "思不出其位，'切问而近思'，思在近处方得力。"问："稼书先生所思自不外驰，何以不圆？"曰："正坐不能近。草木即在天下之中，岂非耳目前事？他不能见，却思到别处去。愈思愈远矣。即如人问'自天子以至于庶人，壹是皆以修身为本'，庶人如何有新民之责？朱子曰：'异日为士大夫，岂无新民之责？'某意不必如此说。庶人自有家，'刑于寡妻，至于兄弟'，训子以义方，即外而和睦邻里，皆新民也。人以为近处容易明白，不知舍近而求远，断无明白之日。远处不明白，却要就近处思想。譬如天地神，高深幽微，无论见得未必是，即是了亦难信。惟就自己身上体贴，合着的便是，合不着的便不是。万物皆备于我，天地神不可通之理，都要从人身上体贴方亲切。"②

"思不出位"变成一种心灵修炼的法门则始于程门。王苹面对"学者常患

---

① 唐伯元著，朱鸿林点校：《答钱侍御》，《醉经楼集》卷五，台湾"中研院"史语所2010年版，第179页。

② 李光地著，陈祖武点校：《榕村语录》卷二十三卷，中华书局1995年版，第415页。

思虑纷扰，何以处之"的提问，给出了以下的建议：

> 人心本无思虑，多是记忆既往与未来事。且如在坐，只是有疑欲问，毕竟何所思虑？事未尝累人心，人心自累于事，不肯放耳。康节诗"既往尽归闲指点，未来都俟别枝梧。"故"君子思不出其位"。①

自从明道《定性书》将圣人之心描述为物来顺应、廓然大公之明镜心之后，"当下意识"便成了儒学心灵修炼的一个基本内涵。刘蕺山更是以"四路把截"描述此心之风光：

> 此心绝无凑泊处。从前是过往，向后是未来，逐外是人分，搜里是鬼窟，四路把截，就其中间不容发处，恰是此心真凑泊处。此处理会得分明，则大本达道，皆从此出。②

这种四路把截、安于当下的灵性修炼可谓宗教心灵生活之共法，圣人用心若镜，不将不迎，应而不藏，故能胜物而不伤，本出自《庄子》。《金刚经》亦云"应无所住而生其心"，一相不住，一物不着，方是清净自性。耶稣也说过旨趣相近的话："所以不要为明天忧虑，因为明天自有明天的忧虑。一天的难处一天当就够了。"（《马太福音》6：34）③

---

① 王苹撰：《震泽记善录》，《王著作集》卷八，《景印四库全书》第 1136 册，第 104 页。谢良佐对此有更精练之描述："事之未来，不须预忧；事之方至，不须忙迫；事之过去，不须追悔。终之以一毫不立，唯觉而已。"（朱杰人等主编：《上蔡语录》卷下，《朱子全书外编》第 3 册，华东师范大学出版社 2010 年版，第 36 页）无论是王信伯（王苹，字信伯）抑或是谢良佐，其思想均有心学色彩。东发学派创立者黄震云象山心学"遥出于上蔡"，全祖望则说"兼出于信伯"，"盖程门已有此一种矣"。王阳明从弟子黄勉之处得到王信伯遗书，盛赞信伯"就其所到，已甚高明特远"，"极有独得之见，非余儒所及，惜其零落既久，后学莫有传者。"（王阳明：《与黄勉之》，《王阳明全集》卷二十一，上海古籍出版社 1992 年版，第 825 页）

② 吴光主编：《学言》，《刘宗周全集》第 2 册，浙江古籍出版社 2007 年版，第 370 页。

③ 对"当下意识"的关注可谓是中西修身哲学的共法，帕斯卡尔甚至认为人类痛苦之源就在于人之心灵生活纠缠于"过去"与"未来"之中，而导致"当下意识"之遮蔽："我们从来都没有掌握住现在。我们期待着未来，好像是来得太慢了，好像要加快它那进程似的；不然，我们便回想着过去，好拦阻它别走得太快：我们是那么轻率，以至于我们只是在并不属于我们的那些时间里面徘徊，而根本就想不到那唯一是属于我们所有的时间；我们又是那么虚妄，以至于我们梦想着那种已经化为乌有的时间，而不假思索地错过了那唯一存在的时间。这乃是由于现在通常总是在刺痛着我们。我们把它从我们的心目之前遮蔽起来，因为它使我们痛苦；假如它使我们愉悦的话，我们就要遗憾于看到它消逝了。我们努力在用未来去顶住它，而且还想把我们无能为力的事物安排到我们并没有任何把握可以到达的时间里

在理学的修身工夫论中，对治心灵不安其位而陷入憧憧往来乃是一普遍的课题①，况且又要面对儒家圣经中君子九思、夫子忘食忘寝以思一类让人困惑的文字，"思而无思"之"思不出其位"说便应运而生：

（1）其在于人为未发之中，是中也，所谓思之位也，存乎情发之中，而不与情俱发者也，俱发则出其位矣。常止其位而思以通之，思有万变而位未尝出。时止则止，时行则行，常知也；动亦定，静亦定，常定也。常止而定，是天下之至静而非杳也，是亦天下之至动而非赜也。故吾未尝无作止语嘿往来进退，而未尝有所谓作止语嘿往来进退者，以挠乎其微而摇乎其精，如是而作止，如是而语默，如是而往来进退，是静为之主也，非吾主乎静也。②

（2）艮之大象，复以"思不出其位"发之，其旨尤微。艮之为卦，上下皆山，故有兼山之象。六子者，乾坤之用，雷风水火与泽皆有往来之义，惟艮两山并峙，不相往来，止之象也。艮非无心，同于木石。心

去。……假使每个人都检查自己的思想，那他就会发现它们完全是被过去和未来所占据的。我们几乎根本就不想到现在；而且假如我们想到的话，那也不过是要借取它的光亮以便安排未来而已。现在永远也不是我们的目的：过去和现在都是我们的手段，唯有未来才是我们的目的。因而我们永远也没有在生活着，我们只是在希望生活着；并且既然我们永远都在准备着能够幸福，所以我们永远都不幸福也就是不可避免的了。"（帕斯卡尔：《思想录》，何兆武译，商务印书馆1985年版，第82—83页）西方修身哲学之中"当下意识"操练之传统，可参见 Pierre Hadot：*Philosophy as a Way of Life*：*Spiritual Exercises from Socrates to Foucault*，pp.82—85。笔者对中西哲学关注当下时间意识有一比较研究，参见陈立胜：《"怒观"、"治怒"与两种"不动心"——儒学与斯多亚学派修身学的一个比较研究》，《哲学门》第1册第15卷，北京大学出版社2014年版，第229—230页。

① 笔者曾撰《"独知"如何成为一个修身学范畴》，对此有较详细之考察。

② 罗洪先撰，钟彩钧主编，朱湘钰点校：《主静堂记》，《罗洪先集补编》卷四，台湾"中研院"中国文哲研究所2009年版，第48页。"位"字毕竟是空间意味甚浓，以未发之中训"位"，理解不当，会将"中"字方所化，胶柱鼓瑟，弊端丛生。基于此考量，湛甘泉对弟子辈以"未发之中"训"位"颇多批评，并强调说，"思不出位"是"中思"："吾所谓中思，中思则心中正矣。以为位是心之中正，则中正有所矣。中正无所，随处而在。"其《格物通》云："艮为山，重艮上下皆山，故有兼山之象。君子观此，求艮止之道，不越于思焉而已尔，思无邪而后能止，出位之思，邪思，即不止矣。位者，所处之时、之地、之事也，所思或非其时，非其地，非其事，是出位也。或滞于时，滞于地，滞于事，亦出位也。必无在而无不在，勿助勿忘，然后能中思，是之谓思不出位。夫思者心之本体也，思不出位，则吾心之本体正，而天理见矣。夫思者，圣功之本也，可不慎乎！"

之官以思为职,所谓天职也。位为所居之位,不出其位,犹云"止其所"也。不出位之思,谓之无思之思,如北辰之居其所,摄持万化而未尝动也;如日月之贞明,万物毕照而常止也。思不根于心,则为憧憧,物交而引,便是废天职。《洪范》五事,貌言视听皆本于思,"思曰睿,睿作圣",故曰:"思者,圣功之本。"思不可以有无言,着于无谓之沉空,着于有谓之逐物。无思而无不思、何思何虑,常寂而感,千圣学脉也。①

(3)问:"闲思杂虑实多,不能禁绝,奈何?"曰:"思虑原是心之生机,原是不息,如何禁得?《易》所谓何思何虑者,非真不思不虑,只是时时在一致上便是。如周公思兼三王,夜以继日。夫子终日不食,终夜不寝以思,亦何尝禁绝?但所思者皆眼前应感实事,只是求复此天理,是思而未尝思,虑而未尝虑也,此'君子思不出其位'也。"②

(4)心之官则思。此人心无息之体也。人心无不思而妙于无思,思得其职也,故谓之"思不出其位"。位者,人心之本体,天理是也。君子心有常运,随其日用动静,莫非天理之本,然欲指其纤毫渗溢而不可得也。此即《艮》卦《象辞》之意。圣门思诚之学,固所雅言,故曾子发明简要之旨以示训,非必得之《易象》也。……思不出位,宇宙皆吾分内。问:"人有出位之思否?"曰:孟子曰:"思则得之,不思则不得也。"出位,非思也,念也。炯然有觉者思之体,倏然无根者,念之动。非礼

---

① 王龙溪对"思不出位"观念曾反复阐述,如《书见罗卷兼赠思默记》:思默曰:"康节'思虑未起,鬼神莫知',与吾儒'何思何虑'之义,何所当也?"予曰:"'思虑未起',乃邵子先天心法,即吾儒'何思何虑'之旨,非对已起而言也。思是心之职,不思便是失职。虑,思之审也。未起云者,终日思虑而未尝有所思虑,非不思不虑也。《易》大象曰'君子思不出其位',不出位之思,即未起之思虑,所谓止其所也。有起有出,即为妄,鬼神便可测识,非先天之学也。人心一点灵机,变动周流,为道屡迁而常体不易。譬之日月之明,往来无停机,而未尝有所动也。知思虑未起,则知未发之中矣。此千古圣人经纶之实学,了此便是达天德。"又如《凝道堂记》对《周易》"君子以正位凝命"之阐发:"圣人南面而听天下,正其所居之位,所以凝聚天命也。凝之一字,圣学之基。……夫万物皆备于我,反身而诚,则乐诚斯凝矣。凝目睛,始能善万物之色;凝耳韵,始能善万物之声,天聪明也。良知者,离明之体,天聪明之尽。致良知则天命在我,宛然无思无为,不出其位,而万善皆归焉。所谓凝命也。故君子不重则不威,厚重威严,正位居体,凝学之固也。"再如《水西经舍会语》:"君子思不出其位,出其位便是闲思妄想。'心之官则思',出其位便是废心职。学者须信得位之所在,始有用力处。"

② 查铎撰:《会语》,《毅斋查先生阐道集》卷四,《四库未收书辑刊》第7辑第16册,第480页。

勿视、听、言、动。居处恭，执事敬，与人忠。君子思不出其位也。程子曰："心要在腔子里。"①

第一条出自阳明弟子罗念庵，"位"即是"未发之中"，在心灵生活之中，此"未发之中"始终成为主宰，保持在位状态，情、思万变而不离其"中"，就是"思不出位"。念庵子尚有"至静而无思者，思之位也"说②，此是"未发之中"之为"位"的另一说法。显然，"思不出位"变成了罗念庵本人收摄保聚的归寂功法。第二条出自王龙溪，龙溪将"思"称为心之"天职"，"思不出位"即是不出此天职，"出位"便是废天职。废天职之"职"跟以往将思不出位解释为不越出"职位"之"职"旨趣迥异：一者是心之"职"，一者是政治之"职"。而"无思之思"、"终日思虑而未尝有所思虑"的说法，更是以往"思不出位"的解释之中所罕见者。对"思"之这一"无"之性质的强调无疑染上了几分二氏之色彩，所谓终日吃饭不挂一粒，终日着衣不挂一丝。深受佛道两家影响的苏东坡即说过："孔子曰：'思无邪。'凡有思皆邪也。而无思则土木也。孰能使有思而非邪，无思而非土木乎？盖必有无思之思焉。"③ 在心学一系，杨慈湖最喜发此种"无"之趣味。"学者须信得位之所在，始有用力处"，"位"实即"良知"，思不出位变成了一种心灵修炼的工夫指点语、变成了致良知的代名词。第三条系龙溪高足查毅斋所言，二氏讲无思甚易，其教本即是空、无之教，儒者讲"无思"则必须面对自家圣经之中夜以继日以思、废寝忘食以思的圣人形象，毅斋辩解说圣人夜以继日、废寝忘食所思者皆眼前应感实事，故亦是当下之思，是"思而未尝思"。前一"思"字是当下之思，一如明镜之当下照物；后一"思"（未尝"思"）字，即是思前顾后、拖泥带水之思，是着意之思，"未尝思"一如明镜之照物，物过而不留。于是"思不出位"同样成了心灵安于当下而不出其本位的功法。"位"的含义进一步滑转，"位"成了"心之本体"，第四条刘蕺山的说法就很斩截：位就是心之本体，"位"被"定位"在

---

① 吴光主编：《论语学案》，《刘宗周全集》第1册，浙江古籍出版社2007年版，第472—473页。在解《周易》"君子以思不出其位"，蕺山同样指出："点出思字，才见止所之地最灵处，此人心之官也。心不旷官，思不出位，思而未尝思也。思而未尝思，所以止而未尝止也。"（同上书，第180页）

② 徐儒宗编校整理：《垂虹岩说静》，《罗洪先集》，凤凰出版社2007年版，第700页。

③ 苏东坡著，毛德福等主编：《续养生论》，《苏东坡全集》卷九十一，北京燕山出版社1999年版，第5115页。

"心"上，"心之官"是"思"，思是"心官"之职能。心不旷官、心不失职，说到底是不出其心之本位、本职，这与传统所说的"位非其人为空官"意义上的"无旷庶官"（《尚书·皋陶漠》）意味自是不同。蕺山还把"思"跟"念"严加分别，思是本位之思，念则是无根之念。"思而未尝思"，前一思字即是本位之思，后一思字实即无根之念。"思而未尝思"，是心不滞于物，被物所迁，即成"无根"；"止而未尝止"，是形不碍于物，形碍于物，止即成"死止"。

要之，四路把截、关注当下乃理学家心灵修炼生活之中的一项基本内容，受这种心灵修炼的先行、先见指引，"思"成为"无思之思"，"位"成了"心之本位"，"思不出位"成了心灵修炼的功法。

四、究竟"谁"之思？

"谁"之思？问题提得有点突兀。无论《论语》还是《周易》，讲得很明白均是君子之思，"思不出其位"是对君子提的要求。依先秦与汉唐儒的解读，"思不出位"自是对有位君子提出的一句政治口号，而解释的聚焦则在"位"之理解上面，"思不出位"，是从负面（negative）告诫在位君子不能越俎代庖，从正面（positive）说则是要守位、尽职。"思"是有身份的人之思，其"思"要跟其"身份"（"位"）相称，孟子讲，位卑而言高，罪也。就此而论，"思"与"言"都要因着思者、言者的身份受到限制。这种限制是职业管理与修身礼仪上的限制，跟今日所说的言论自由、思想自由原不搭界。然而，脱离语境的"口号"总会滋生弊端。在个人层面"思不出位"往往成了不思进取的同义词①，在政治层面，"思不出位"滑转成莫谈国事②，甚至成为当权者规约"政治不轨者"的意识形态③。

---

① 李泽厚先生也认为曾参的话"太保守"，参见李泽厚：《论语今读》，生活·读书·新知三联书店 2004 年版，第 398 页。

② 明儒郝敬曾有以下议论："世俗好扳援，乡里人好议论朝政得失，此通病也。冒侵陵之嫌，踰为下之分，非居易行素之道。君子安常，思不出位，时事臧否，耳可得闻，口不可得言。事上行己之道当然耳。"见郝敬撰：《论语详解》卷八，《续修四库全书·一五三·经部·四书类》，上海古籍出版社，第 213 页。

③ 清末端方撰《学生不准妄干国政暨抗改本堂规条》：孔子曰："不在其位，不谋其政。"又曰："君子思不出其位。""位者，本分之位也。恪守学规，专精学业，此学生之本分也。果具爱国之心，存报国之志，但当厚自期待，发愤用功，俟将来学业有成，出为世用，以图自强，

谁感受到"思不出位"成为他思想自由的限制，"谁之思"才成为一个问题。宋儒安定门人徐节孝就提出了这个问题：

> 《艮》言思不出其位，正以戒在位者也。言岂特见于事者，各有所止而不可出，虽心思之运，亦不可出矣。若夫学者，则无所不思，无所不言，以其无责可以行其志也。若云思不出其位，是自弃于浅陋之学也。①

这种说法很新颖，"无位"（"体制外"）的学者不应像在位者（社会当权者）那样受制于权力阶层之中的某个"位"而只作技术性的运思（倘若不是"部门利益"的运思的话），学者的使命在于无所不思（思想自由而无限制）、无所不言（言论自由而无忌惮）。这听起来有点像独立之精神、自由之思想的知识分子的味道，不过，徐节孝并非有意游离于体制之外，他因耳聋而无法应宋神宗之召。更为重要的是，他不只是从批判的一面介入社会，他以博学（上通天文、下通地理）而"知道"闻名②，这个"道"即是"有体、有用、有文"之道、"明体达用"之道：

> 古之所谓学者，非浮文之谓也。其所以蓄积而养之者，凡皆为道也，是非特为己也，将以致之于吾君，又将以措之于吾民也。吾君从之耶，是为无过之君也；吾民从之耶，是为无罪之民也。有是道者，必有是心，古之君子皆然。后之学者其孰能与于斯乎？盖史氏所载，世有其人，其详可得闻乎？如令董仲舒之得君，黄宪之居官任使，斯亦斯人之徒欤？论者谓任昉过董生，沈麟之比黄宪，则二子亦其人也。诸生以谓如何？③

孰不敬之重之？乃近来士习浮嚣，或腾为谬说，妄行干预国政，或纠众出头，抗改本堂规条，此等躁妄生事之徒，断不能有所成就，现于各学堂管理通则内，列有学堂禁令一章，如有犯此者，各学堂应即照章惩儆，不可稍涉姑容，致滋流弊。"（见《大清光绪新法令》）端方的话现在听起来也颇有耳熟之感。

① 徐积撰：《语录》，《节孝集》卷三十一，《景印文渊阁四库全书·集部·别集类》第1101册，第965页。

② 苏东坡称他是"真得道者"，推荐他的地方官员则称其"究知物情，推见天变，通政之体，识兵之机，练习古今，而智足以知当世取舍，慨然有尊主庇民之心"（徐积撰：《知楚州塞公奏乞改官》，《节孝集》卷三十二，《景印文渊阁四库全书·集部·别集类》，第975页）。"节孝喜论天下事，更通天下事：平日默处一室，几若与世相忘。至其论天下事，则衮衮不倦。有客自广东奉使归见先生，语边事。先生因论二广山川险易，堡塞疏密，番禺枪手利害，口诵手画，若数一二。使者叹曰：'不出户而知天下者，徐公是也。'"（徐积撰：《名臣言行录》，《节孝集》卷三十二，第984页）

③ 徐积撰：《策问》，《节孝集》卷二十九，《景印文渊阁四库全书·集部·别集类》，第936页。

这是可以致之于君、措之于民、君民从之则无过的"道"，显然这是平天下之道。一位平日默坐一室的楚州（今江苏淮安）残疾布衣，纵论天下，指点江山，确实折射出有宋一朝"位卑未敢忘忧国"、"以天下为己任"的士风。范仲淹云："儒者报国，以言为先。""谁之思"之意识背后是话语权（"言"）的自觉。①

当然，在理学家中，好发出位之言、行出位之行莫过于泰州学派。②比徐节孝更加有名、地位更加卑微的江苏人王艮29岁做了一个惊天动地的梦③，后来便在自家大门上打出传道的广告："道贯伏羲、神农、黄帝、尧、舜、禹、汤、文、武、周公、孔子，不论老幼、贵贱、贤愚，有志愿学者，传之！"并依古礼制，着深衣、戴五常冠、执笏板、乘蒲轮车，曰："言尧之言，行尧之行，而不服尧之服可乎？"王艮38岁时闻王阳明良知之学于豫章，遂买舟往。至，则以诗为贽④，由中甬据上坐，二人见面的对话如下：

> （艮）曰："昨来时，梦拜先生于此亭。"
>
> 公曰："真人无梦。"
>
> 曰："孔子何由梦见周公？"
>
> 曰："此是他真处。"
>
> 纵言及天下事，公曰："君子思不出其位。"

---

① 王瑞来：《宋代士大夫主流精神论——以范仲淹为中心的考察》，《宋史研究论丛》第六辑，河北大学出版社2005年版。

② 徐节孝，楚州（今之淮安）人。其师胡安定，泰州人。安定经义、治事之学跟后来的泰州学派有很多相似之处，可称为宋之泰州学派。王艮在安定书院的讲话中特意点出安定泰州乡贤的身份。参见王艮著，陈祝生主编：《王心斋全集》卷一，江苏教育出版社2001年版，第28页。

③ 一夕，梦天坠，万人奔号，先生独奋臂托天起，又见日月列宿失次，手自整布如故，万人欢舞拜谢。醒则汗溢如雨，顿觉心体洞彻，而万物一体、宇宙在我之念益切，因题其壁曰："正德六年间，居仁三月半"。

④ 王艮拜师之途，《年谱》描述颇为传奇，先是父亲（守庵公）不允，王艮跪在榻前至半夜，继母在旁说情，方肯。登舟，夜梦阳明（后亲见阳明，竟发现阳明模样宛如梦中一样），舟行江中，又遇江寇，王艮以礼相待，悉听取其所有，江寇大受感动，空手而去。舟至鄱阳湖，遭风阻，不得行，王艮"祷之"，风遂起。王艮穿着"奇装异服"进入豫章城，观者环绕市道。他手持"海滨生"名片，被看门者拒之门外。当场赋诗两首，传入阳明。诗中有云"归仁不惮三千里；立志惟希一等人。"终获见阳明，遂有所引对话。参见王艮著，陈祝生主编：《年谱》，《王心斋全集》卷三，江苏教育出版社2001年版，第69—70页。

曰:"某草莽匹夫,而尧舜君民之心,未尝一日忘。"

公曰:"舜居深山,与鹿豕木石游居终身,忻然乐而忘天下。"

曰:"当时有尧在上。"

一草莽匹夫,此是典型的无位者①,以"天地位、万物育"作为自己的志向,以至尧舜之世为"家常事",做梦都要整顿乾坤,此是典型的"出位之思"。王艮亦很自觉,他认为学者就应该不被时位所限制,"学也者,所以学为师也,学为长也,学为君也"。这跟徐节孝对"学"的理解是高度一致的。"我命虽在天,造命却由我","大人造命","不袭时位","出必为帝者师,处必为天下万世师"②,这些豪情壮语很难让人想象是出自一位灶丁之口。"出不为帝者师,失其本矣;处不为天下万世师,遗其末矣。进不失本,退不遗末,'止至善'之道也。"③

《周易·系辞》云:"君子之道,或出或处。"出处、进退本是儒者在世的两种基本方式④,《说文》"出",进也;"处",止也,退也。出处即进退,进即是"进位"、"有位","退"即是"退位"、"无位"。依王艮,君子有位就要成为帝王师,无位则应成为万世师。⑤换言之,无论是"进"抑或是"退",心系淑世之道都是士人永恒的情怀。《论语·宪问》:"邦无道,谷,耻也。"《孟

---

① 王艮乃灶籍,是灶丁(明代将从事制盐业者专门编为一类户籍即灶籍,加以管理,列入灶籍者称为灶丁、灶夫,灶丁身份子孙相继,世代相袭,不能轻易改动,政府严加管控),灶丁属于苦力,社会地位低下。

② "大人者,正己而物正者也,故立吾身以为天下国家之本,则位育,有不袭时位者。""孔子之不遇于春秋之君,亦命也。而周流天下,明道以淑斯人,不谓命也。若'天民'则听命矣。故曰'大人造命'。""经世之业,莫先于讲学以兴起人才。古人立天地,育万物,不袭时位者也。"(分别见王艮著,陈祝生主编:《王心斋全集》卷一,江苏教育出版社2001年版,第4、9页)

③ 王艮著,陈祝生主编:《王心斋全集》卷一,江苏教育出版社2001年版,第13页。

④ 孔子:"用之则行,舍之则藏。"(《论语·述而》)"天下有道则见,无道则隐。"(《论语·泰伯》)"邦有道,则仕;邦无道,可卷而怀之。"(《论语·卫灵公》)"知进退存亡而不失其正者,其唯圣人乎!"(《易·乾·文言》)孟子:"古之人得志,泽加于民;不得志,修身见于世。穷则独善其身,达则兼济天下。(《孟子·尽心上》)"得志,与民由之;不得志,独行其道。"(《孟子·滕文公下》)

⑤ 万世师的观念出自北宋五子之一的邵雍:"人谓仲尼惜乎无土,吾独以为不然。匹夫以百亩为土,大夫以百里为土,诸侯以四境为土,天子以四海为土,仲尼以万世为土。若然,则孟子言自生民以来未有如夫子,斯亦未为之过矣。"其《伊川击壤集》之《首尾吟》云:"庖羲可作三才主,孔子当为万世师。"见郭彧整理:《邵雍集》,中华书局2010年版,第23页。

子·万章上》云："位卑而言高，罪也。立乎人之本朝而道不行，耻也。"立乎朝，则属于有位，道不行，肉食者自应有愧，《礼记·杂记》有"五耻"说："君子有五耻：居其位，无其言，君子耻之；有其言，无其行，君之耻之；既得之而又失之，君子耻之；地有余而民不足，君子耻之；众寡均而倍焉，君子耻之。"要之，"耻"实质上是"在位者"对缺乏与其"位"相称的政治德行的一种负面感受，是基于在位君子对自己职分的认同而在实际中又未尽此职分产生的，也就是说这是一种职业的耻感，跟不在其位不谋其政思想紧密相关。不在位者，自不会有此耻感，反而往往产生"肉食者鄙"一类的道德优越感，此是人之常情，自古及今，概莫能外。王艮属于名副其实的贩夫走卒之列，据说还贩过私盐，位不可谓不卑，更未一日立乎本朝，但"先生每论世道，便谓自家有愧"①。这是一种在世而道不行的耻感，不同于上述职业的耻感。世道浇暮，君子在世，就有耻感，这种耻感乃与世界一体不可分的存在感受、一种存在论的觉情（ontological feeling）绾结在一起，在根本上乃是一种存在的耻感。士人（君子、仁者）在世，就有在世的使命，"夫仁者以天地万物为一体，一物不获其所，即已之不获其所也"。这个一体不容已的使命不会因"位"之隐、退而有所改变。② 这种存在的耻感乃是基于君子对人生在世的天职的强烈认同（故有一体不容已之切身感受）而产生的。

然而，位卑言高之举，总会招致世人不解：

> 门人问："先生云'出则为帝者师'，然则天下无为人臣者矣。"先生曰："不然。学也者，所以学为师也，学为长也，学为君也。帝者尊信吾道，而吾道传于帝，是为帝者师也；吾道传于公卿大夫，是为公卿大夫师也。不待其尊信，而衔玉以求售，则为人役，是在我者不能自为之主宰矣，其道何由而得行哉？道既不行，虽出，徒出也。若为禄仕，则'乘田''委吏'，'牛羊茁壮'，'会计当'，尽其职而已矣，道在其中，而非所以行道也。不为禄仕，则莫之为矣。故吾人必须讲明此学，实有诸己，

---

① 王艮著，陈祝生主编：《王心斋全集》卷一，江苏教育出版社 2001 年版，第 13 页。
② "'隐居以求其志'，求'万物一体'之志也。"见王艮著，陈祝生主编：《王心斋全集》卷一，江苏教育出版社 2001 年版，第 15 页。王艮说儒家之"隐"乃若隐若现之隐，孔子谓："二三子以我为隐乎？"此"隐"字对"见"字说。孔子在当时虽不仕，而"无行不与二三子"，是修身讲学以"见"于世，未尝一日"隐"也。"隐"则如丈人、沮、溺之徒，绝人避世，而与鸟兽同群是已。（同上书，第 7 页）

'大本''达道'，洞然无疑。有此把柄在手，随时随处无入而非行道矣。有王者作，必来取法，是为王者师也。使天下明此学，则天下治矣。是故出不为帝者师，是漫然苟出，反累其身，则失其本矣；处不为天下万世师，是独善其身，而不讲明此学，是遗其末矣。皆小乘也。"

或曰："出必为帝者师，处必为天下万世师，毋乃好为人师欤？"先生曰："学不足以为人师，皆苟道也。故必修身为本，然后师道立而善人多。如身在一家，必修身立本，以为一家之法，是为一家之师矣。身在一国，必修身立本，以为一国之法，是为一国之师矣。身在天下，必修身立本，以为天下之法，是为天下之师矣。故出必为帝者师，言必尊信吾尊身立本之学，足以起人君之敬信，来王者之取法，夫然后道可传亦可行矣。庶几乎！己自配得天地万物，而非牵以相从者也。斯出不遗本矣。处必为天下万世师，言必与吾人讲明修身立本之学，使为法于天下，可传于后世，夫然后立必俱立，达必俱达。庶几乎！修身见世，而非独善其身者也。斯处不遗末矣。孔孟之学，正如此。故其出也，以道殉身，而不以身殉道。其处也，学不厌而教不倦。本末一贯，合内外之道也。夫是谓明德亲民止至善也。"①

面对天下无为人臣者之质疑（前一条），王艮一方面表明学者的使命就是学以为师、为长、为君，这是儒之"学"的旨趣所在；另一方面，他亦强调儒学有来学而无往教这一尊师重道传统，"不待其尊信而炫玉以求售，则为人役"，显然王艮对自己的位置还是很清醒的。有官员赠诗王艮："海滨有高儒，人品伊傅匹。"王艮读之，笑谓门人曰："伊、傅之事我不能，伊、傅之学我不由。"门人不解，问曰："何谓也？"先生曰："伊、傅得君，可谓奇遇，如其不遇，终身独善而已，孔子则不然也。"无缘得君行道（"伊、傅之事我不能"），绝不意味就此退隐山林（"伊、傅之学我不由"）。② 面对好为人师之质疑（后一条），王艮再次掷出不失本（"出必为帝者师"）、不遗末（"处必为万世师"）这一金句。

王艮之族弟王栋颇善发明乃师不袭时位之学，对《大学》"自天子以至于庶人，壹是皆以修身为本"，王栋引申说："格物止至善之学，人人共为、共

---

① 王艮著，陈祝生主编：《王心斋全集》卷一，江苏教育出版社 2001 年版，第 20—21 页。
② 王艮著，陈祝生主编：《年谱》，《王心斋全集》卷三，江苏教育出版社 2001 年版，第 75 页，另参卷一第 5 页。

成，原无人品限隔。今曰古者十五入大学而惟夫天子之元子、众子以至公卿大夫元士之适子入之，而非适子者则皆限于分而不得与，凡民惟俊秀入之，而非俊秀者则皆限于资而不得闻，是诚可疑。"① 依照古训，大学本是有位者子弟（且是长子）与极少数青年才俊所学，换言之，通过严格的资格认证才能读大学。王栋明确断言，大学没有门槛，它不是只针对"有职位者"，而是针对孟子所谓的"天民"。面对世人对王艮出位之思、出位之言的质疑与指责，王栋辩护说：

> 天生烝民，作之君，作之师。自古帝王君天下，皆师天下也。后世人主不知修身慎德为生民立极，而君师之职离矣。孔子悯天下之不治，皆缘天下之无师，故遂毅然自任，无位而擅帝王师教之大权，与制作《春秋》同一不得已之志，况不俟时位，随人接引，则橺柄在手，而在在能成，此其所以贤尧舜而集大成者。……吾先师所以不得不自任也，而岂其得已哉！

> "出则必为帝者师"，言人不可轻出，必君相信之，果有尊师共道之意，方可言出，否则，恐有辱身之悔，非止至善之道也；"处则必为天下万世师"，言当以兴起斯文为己任，讲学明道以淑斯人。若息交绝游，徒为无用之隐，非大人不袭时位之学也。②

跟乃师一样，王栋亦念念不忘"将乾坤世界重新熔铸一番"③，王艮有王道政治之蓝图（见其《王道论》），王栋亦有自己的政治方案：

> 或曰：使子为政，亦能熔铸乎？曰："熔铸天下必君相同德同心，方可整顿，此孔孟所以不得行其志者也。若使得宰一邑，而熔铸一邑，理亦有之，但恐监司者挚（掣）其手足，与迁转之速，则不能耳。然终是田制之偏，赋役之重，刑统滥于罚赎，学校弊于文辞，凡此皆关大政，熔铸夫岂易言？然大人之学不袭时位，吾将以兴起斯文为己任，使师道立而善人多，朝廷正而天下治，此吾所以熔铸天下之一大炉冶，而非时位所能限也。"④

黄宗羲称泰州学派多能"赤手以搏龙蛇"，罗近溪曾有一无名弟子自幼就

---

① 王栋撰：《一庵王先生遗集》卷一，《四库存目丛书》第10册，齐鲁书社，第58页。

② 王栋撰：《一庵王先生遗集》卷一，《四库存目丛书》第10册，齐鲁书社，第62—63页。

③ 王栋撰：《一庵王先生遗集》卷一，《四库存目丛书》第10册，齐鲁书社，第65页。

④ 王栋撰：《一庵王先生遗集》卷一，《四库存目丛书》第10册，齐鲁书社，第65—66页。

做梦想将世界整顿一番，后屡受挫折，灰心丧气，向乃师倾诉说："今觉心中空自错乱，果大梦也，然卒难摆脱尔。"罗子答曰："此岂是梦？象山谓'宇宙内事，皆吾职分内事。'但整顿有大小，恐君所思，只图其小而未及其大尔。"弟子不解，曰："匹夫之力，莫制三人，某今困顿儒冠，即些小整顿，无分也，况望其大耶？"罗子曰："大小不在于事而在于机，其机在我，则小可大；其机在人，则虽大亦小也。请君试思，世间功德，有大于学术者乎？机括方便，有捷于己之务学者乎？……我愿子欲整顿世界，请自今日之学术始；欲整顿学术，请自己身之精神始。"①

自从徐节孝提出学者的使命之后，以淑世为使命的学者或对"思"者的身份特别敏感，"思不出位"只对有位者而言，无位者不受此限，或对"思"之性质特别留心："思不出位"的"思"不是"学思"之思，王船山说：思不出位之"思"字乃"思所欲为之事，所欲尽之理，便要见之于行。如视之时便思明，听之时便思聪，祭便思敬，丧便思哀，不分念又思别事，则是'不思其位'。不可作'学思'之思解。若方学而思，则尽古今，穷天人，周民物，无不可思，非此之谓也。"②

对"谁"之"思"的敏锐意识，反映了"无位者"、"位卑者"不安其位、心系天下的情怀。本来"以惟仁者，宜在高位"乃儒家政治愿景，夫子"雍也可以使南面"更是彰显出儒者对"高位"的期待③，从"高位"期待的落空到

---

① 罗汝芳著，方祖猷等编校整理：《罗汝芳集》，凤凰出版社 2007 年版，第 67 页。

② 王夫之：《四书笺解》卷四，《船山全书》第 6 册，岳麓书社 1991 年版，第 242—243 页。船山对"思不出位"章理解有变化，早年所著《读四书大全》支持朱子《四书集注》的解读，"思"只跟职位联系在一起，并斥黄勉斋"当食则思食，当寝则思寝"说为"早已鹘突"、"直不成义理"："使人终日之间言行举止，截分千百段，立之疆界，则无论气脉闲断，不成规模，且待事至而后思，则思之力亦不给矣。""位"只能理解为职位，即便是解为"地位"、"时位"（如张南轩），"地"亦自有分地者而言，"时"亦自时有所任而言。又说："位"字一定是"以职言而后显"，徒为深妙（如将位解释为心之位），则不陷入释氏"住行坐卧"之说者鲜矣。参见王夫之：《读四书大全》卷六，《船山全书》第 6 册，岳麓书社 1991 年版，第 807—808 页。

③ "南面"，有谓天子及诸侯者，有谓卿大夫者。《说苑·修文篇》明确说："当孔子之时，上无明天子也，故言'雍也可使南面'。南面者，天子也。"朱子亦说："南面者，人君听治之位。"刘宝楠《论语正义》更是说："举位则德自见，盖德必称其位，而后为能居其位。故夫天子、诸侯、卿大夫、士位之差，即德之差。其德能为天子而为天子，则舜、禹之由登庸而进也。其德能为天子、诸侯而仅为卿大夫，或仅为士，则孔孟之不得位以行其道也。"

"高位"想象成为禁忌，"彼可取而代之"只是"世路英雄"在风云际会、改朝换代之际的一时豪言，圣王合体则成了儒家政治的千年乡愁。孟、荀时代，儒者尚有匹夫得天下的憧憬与"得势"与"不得势"的感慨："匹夫而有天下，德必若舜禹，而又有天子荐之者，故仲尼不有天下。"（《孟子·万章上》）"圣人之不得埶者也，仲尼子弓是也；……圣人之得埶者，舜禹是也。"（《荀子·非十二子》）汉时，儒者（如董仲舒再传弟子眭弘）仍有劝谏国君（汉昭帝）"求索贤人，禅以帝位"之举，其后，可谓每况愈下。"春秋时皇帝该孔子做，战国时皇帝该孟子做，秦以后皇帝该程朱做，明末皇帝该吕子做"①，成为"狂怪丧心之论"，"自秦以来，凡为帝王者，皆贼也"，这番暗室中的窃窃私语②，折射出对"高位"无望的儒者的"怨恨"与"无奈"。得君行道，已是可遇而不可求，觉民行道便成了儒者整顿乾坤的在手"欛柄"。

"思不出位"作为一种职业管理的原则，"学者"当然不会反对，但这一原则只对在位者有效，不能把这一原则泛化为一种意识形态，成为限制"学者"运思与行道的尚方宝剑。究竟"谁"之思，问题意识在这里。

这一问题意识一直由近世贯穿到当今。康有为《论语注》（卷十四）对"思不出位"章阐述说：

> 位者，职守之名，各有权限，不能出权限之外，故政如农功，日夜思之，思其始而究其终，责任所在，务以尽职。则所思者宜以不越职为宜。如兵官专司兵事，农官专司农事，不得及它，乃能致精也。若士人无位，则天地之大，万物之夥，皆宜穷极其理。故好学深思，无所不思，思用其极。程子曰：能思所以然是天下第一等学人。盖学人与有位正相反也，学者慎勿误会。

李泽厚在批评曾子"君子思不出其位"说法"太保守"时，特别援引康有为的上述话语，并引申说：

> "思不出位"本来自《易经》，但在那里又是别的意思，并非规范、要求。康注有意思，颇符合现代民主精神，难怪他要改孔子"天下有道则庶民不议"为"天下有道则庶民议"，即人均有议政之权利，这当然完

---

① 参见曾静：《知新录》，引自《大义觉迷录》卷二。

② 唐甄著，吴泽民编校：《潜书·室语》（增订二版），中华书局1963年版，第196页。唐之这番话乃是在冬夜与妻妾私饮之"室语"。

全不同于曾子。因此"不谋其政",不过是不应干预专家的专业知识领域而已。①

杨树达在注疏《论语》"不在其位,不谋其政"章时,引郑国商人弦高退师事,并强调说:"不在其位,不谋其政,经也;弦高佯为郑吏以犒秦,权也。国家存亡在呼吸之顷,如弦高以不在位而不谋,则悖矣。此又古人行事深合辩证法者也。"② 王文采复又引曹刿论战事,并发挥说:"古人虽思不出位,然祀与戎,国之大事,匹夫有责,亦不拘泥。"③ 确实,中国思想中的"位"字一直与"时"、"势"联系在一起,时势造英雄,该出位时就出位。但理学家的"出位"与其说是关乎国家之大事,不如说是关乎天下之大事,他们念兹在兹的是熔铸天下的"大道"。从徐节孝直至李泽厚对"究竟'谁'之思"所反映出的淑世情怀,跟杨树达、王文采所列举的思不出位的"例外"事件所反映的价值取向,虽有重叠,但精神旨趣上差异甚大。

五、政治或心性 vs. 即政治即心性

"思不出位"究竟是一政治命题抑或是心性命题?"位"究竟是"职位"还是"心位"?从义理演进的角度看,儒家对思不出位的理解,是由一个从(政治)职位上的不越权到(伦常)职位上的不越界,再到(心性)职位上的不越出当下之过程。无疑,对"思"与"位"的理解有一个由外向内逐渐内敛化的过程。

"朝列之位"→"爵位"→"伦常之位"(人伦之位/天伦之位)的观念反映了儒家对人伦关系的重视。梁漱溟说中国社会是伦理本位的社会,中国政治是伦理本位的政治(伦理政治)。伦常就是以伦理的名分来组织社会,人总是在一伦常关系中存在。人处在不同的关系之中,人的"位"就不同。有一些"位"是有门槛要求的,是受资格限制的,如"朝列之位",一人一位,只有合资格的人才能站在其位,站错位在政治上、在道德上都是严重的错误,社会中只有少数人才有"爵位",只有一个人才有"君位"、"王位"。但"伦常之

---

① 李泽厚:《论语今读》,生活·读书·新知三联书店 2004 年版,第 398 页。

② 杨树达:《论语疏证》,江西人民出版社 2007 年版,第 131 页。

③ 王文采:《周易经象义证》,九州出版社 2012 年版,第 452 页。

位"则是普遍性的，每一个人都在伦常之中占有自己的位置，这个位置不设门槛①，人生在世，他总有在伦常之位之中存在，这个位是"无所逃于天地之间"的"位"，是构成人之为人的"位"，是构成性的（constitutive）"位"；无之，则人不成其为人，在这些"位"上欠缺，人生总是有欠缺。② 这个伦常的"位"说到底是人生而拥有的情义之位。无论身处何种境地（"时位"），这个基于情义的伦常之位都不能"失位"，对这个"位"要有敏锐的意识与真切的感受。"位的意识"、"位感"不是一套抽象的知识，而是嵌入身心之中的一种"体知"、一套"诚于中形于外"的身体礼仪与行动。显然，这就是《孟子》所说的"正位"。正位的观念无非是伦常之位所内蕴的德性、价值之表达。"正位"是人之本己、本真的身份，是"天爵"、"天职"、"天性"、"天分"，从自家的生命之中体现、实现此天爵、天职，即是成己之历程。这些天爵、天职、天性、天分在理学家那里被统摄为天理、性理，而"性"与"理"均是一功能性概念（functional concept），即在一"关系"之中发挥作用的功能性概念。父之"性"、父之"理"并不只是要描述某个人在某个方面的性质，更是要说明某个为"父"的人应该尽何种职责，他在天道（自然）秩序之中、在伦常之中占有何种"位置"。理学家往往以天道性命之学命名这套义理系统，而基于性天相通的天道（自然）—人道（社会）—心性（精神）三位一体则是其基本架构。在治世层面，这套天道性命之学即有"全体大用"（体—用—文）之说（此所谓"外王"学）；在治心层面，这套天道性命之学则集中于成圣、希天、复性之工夫论说（此所谓"内圣"学）。全体大用的外王学以三代王道政治理念提升现实政治的品位，重建政治宪纲，成圣、希天、复性的内圣学则以寻孔颜之

---

① 倘若说有门槛，那也只是自然的门槛。这个自然的门槛，可分为先天与后天两种："后天"，如因为早夭，则无缘成为父的身份；"先天"，如因为无弟，则无缘成为兄之身份，再如因为降生为男，故只能拥有子、夫、父而不能拥有女、妻、母的身份。反之亦然。一个人的身心只要得到恰当的发育与成长，他/她就会在自己的人生之旅中拥有自己的完整伦常。而无论在任何情况下，只要他/她出生为人，他/她就拥有父母，就拥有子、女的身份，这是天伦。

② 在此"位"上，固然可以说是要担任某一社会角色、获得某一身份，但这个角色与身份不同于一般意义上的角色与身份，比如说，我进电影院就获得了观众的角色、身份，上公共汽车就获得了乘客的角色身份，我不会因为没有进过电影院、没有坐过公共汽车，因而没有拥有观众、乘客的角色、身份，而感到人生有缺憾。这些角色、身份是临时性的、可有可无的，对人之为人并不起到构成性作用。伦常之位的缺失则对人生有本质性影响，一个在伦常中完全无位的人，实际上并非名副其实的人。

乐的为己之学扭转汉唐儒学之注疏辞章取向，彰显出儒学超越性的宗教情怀。这就意味着"心性之位"与"人道之位"（伦常之位）并非"非此即彼"的两个选项。儒学一方面将伦常之位所内蕴的职责称为"天职"（天爵），另一方面又将"心之官则思"的"思"称为"天职"，在尽人道之位（伦常之位）的"天职"之外，并不存在一个寡头的心性的天职、思之天职，成己即是成人、成物。将心性与政治对置两个互不兼容的选项，一度是宋明理学批评佛老二氏的撒手利器。此亦从一侧面说明以单向度的心性儒学刻画宋明理学进而批评宋明儒学之不妥。

在宋明理学之中，心学一系对"思不出位"的理解，通常将位视为心位，这种将本来富含社会、政治意味的"位"字收摄为内心的心位，表面看来会带来社会与政治向度的弱化，其实不然。心学一系心外无物、心外无事、心外无理，实将天下物、事、理都纳入心的关怀范围，用象山话说，"宇宙中理，皆吾性分中理；宇宙内事，皆吾职分内事"，这种"匹夫匹妇不与尧舜之泽，若己推而纳诸沟中之心"，乃是人性政治（仁政）所不可或缺者。（1）它为儒者关心社会、参与政治提供了沛然莫之能御的精神动力。（2）它为在位者、为政者超越个人利益、部门利益提供了以天下为公的情怀。（3）它为理想政治提供了一个先天的标准，有不忍人之心斯有不忍人之政，衡量一个政治是否是基于人性的政治，最终的标准只能是不忍人之心。由不忍人之心而生的不忍人之政的理念即便一时无法成为现实，但它一直是身处权力之争、利益交换的政治现实之中的人们依然没有丧失对人性政治（仁政）的想象的精神根源。（4）心性健康者方能安分守职，方能思不出位，越位侵权都已经是心性败落的象征。（5）当现实政治日趋平庸、低下乃至危险之际，只有心性健康且强大者才能不为时位所限制，而有所担当。反过来说，政治参与、社会实践既是磨炼心性又是实现心性的必由之路。在利益、权力面前，守位而不越权妄动，此正是在职业上的"思不出位"之中磨炼自家的"不动心"，在资源分配、司法审判之中，能做到不偏不倚，此正是磨炼自家的是非之心，在救世、淑世的行动之中，此正是成就自己的恻隐心、万物一体之心。心学一系政学合一、仕学合一思想就说明了这一点。① 心性的品位与政治的品位原是同位的。这也就不难理解心学

---

① 兹举王阳明《传习录》两个条目，可略窥此仕学合一、政学合一之意味：有一属官，因久听讲先生之学，曰，"此学甚好。只是簿书讼狱繁难，不得为学。"先生闻之，曰，"我何尝教

一系经世、救世的情怀分外鲜明,同样也不难理解真正给出顶层政治设计蓝图的学者(如黄宗羲、康有为)往往拥有浓厚的心学背景。

无心性的政治,是霸政,是无根的政治;无政治的心性,是空心,是冷漠的心性。一言以蔽之,政治无心性则盲,心性无政治则空。

(作者简介:陈立胜　中山大学哲学系)

尔离了簿书讼狱,悬空去讲学? 尔既有官司之事,便从官司的事上为学,才是真格物。如问一词讼,不可因其应对无状,起个怒心。不可因他言语圆转,生个喜心。不可恶其嘱托,加意治之。不可因其请求,屈意从之。不可因自己事务烦冗,随意苟且断之。不可因旁之谮毁罗织,随人意思处之。这许多意思皆私。只尔自知。须精细省察克治。惟恐此心有一毫偏倚,枉人是非,这便是格物致知。簿书讼狱之间,无非实学。若离了事物为学,却是着空。"(陈荣捷:《王阳明传习录详注集评》,台湾学生书局 2006 年版,第 297 页)又:郡守南大吉以座主称门生。然性豪旷,不拘小节。先生与论学有悟。乃告先生曰,"大吉临政多过。先生何无一言?"先生曰:"何过?"先生历数其事。先生曰,"吾言之矣。"大吉曰,"何?"曰,"吾不言,何以知之?"曰:"良知。"先生曰,"良知非我常言而何?"大吉笑谢而去。居数日,复自数过加密。且曰,"与其过后悔改,曷若预言不犯为佳?"先生曰:"人言不如自悔之真。"大吉笑谢而去。居数日,复自数过益密。且曰,"身过可勉(免)。心过奈何?"先生曰,"昔镜未开,可得藏垢。今镜明矣。一尘之落,自难住脚。此正入圣之机也。勉之。"(陈荣捷:《王阳明传习录详注集评》,台湾学生书局 2006 年版,第 416 页),另外,王阳明本人出于"天地万物一体之仁,虽欲已之而自有所不容已"之情,冒天下之非诋推陷,栖栖遑遑,以救世、觉世为己任,鞠躬尽瘁,毙而后已"。但他本人并未因此而丧失清醒的理性,这表现在他对"思不出位"的理解上面。他反复告诫弟子致良知就是根据自己的处境、能力,而不能好高骛远,否则就是"出位"。"君子素其位而行。'思不出其位'。凡谋其力之所不及,而强其知之所不能者,皆不得为致良知。而'凡劳其筋骨,饿其体肤。空乏其身,行拂乱其所为。动心忍性,以增益其所不能'者,皆所以致其良知也。"(陈荣捷:《王阳明传习录详注集评》,台湾学生书局 2006 年版,第 242—243 页)门人董克刚撰有长笺巨册之八策,准备上书皇帝,阳明以八策皆"老生常谈",不仅不会被采纳,反而会有"指谪非訾者",并告诫说:"《易》曰'君子以不出其位',若克刚斯举,乃所谓'思出其位'矣。"(王阳明:《复董克刚》,《王阳明全集》卷二十一,上海古籍出版社 1992 年版,第 825—827 页)对明代士大夫经世活动之阐述,参见赵园:《经世·任事》,见《制度·言论·心态》,北京大学出版社 2006 年版,第 3—78 页。

"民可使由之不可使知之"哲学义诠

——兼论孔子的道德理想主义

王兴国

　　自《论语》流行以来，对于《泰伯》篇的"民可使由之，不可使知之"章的诠解就存在歧义，越两千年以来一直如是。及至近现代，愈发众说纷纭，莫衷一是，犹如一团乱麻，使人无所适从。1993年冬季湖北荆门郭店一号墓出土了一批被命名为"郭店墓竹简"或"郭店楚简"的战国中期偏晚的文献，集中了儒道两家的一些文献，并有新的发现，于1997年公诸于世。尤其是在其中的儒家文献中有《尊德义》一篇，其中提出"民可使道之，而不可使智之。民可道也，而不可强也"的观点，与上述《泰伯》篇的"民可使由"章比较接近与相似，似乎使问题变得明了起来，并有彻底澄清的希望。然而事实却反是，一旦进入不同的诠释者的诠释之中便展现出各自不同的诠释缴向，如此一来，问题不仅依然存在，而且变得复杂起来了，究竟是"花明"抑或"柳暗"，也仍然只能是仁智互见了。对于孔子的一句话（从哲学上讲，可以视之为一个命题），为何见解如此纷呈而歧义呢？固然是理解者或诠释者去孔子日益遥远，孔子说出此言的语境消失于历史的地平线之下，后人不复还原，只能从各自所处的时代与各自所持着的儒学"前见"以及当下的"诠释情景"出发，自作自说地加以解释与发挥了。如此以往，除了在陈说之上复呈新说，问题只能被掩埋得越来越深，却终不得解。那么，是否可以去伪存真，在歧义百出的诠释之间寻求视域的融合，达到既可以"道并行而不相悖"而又"百虑一致，殊途同归"的理论的可能呢？这是本文所追求的目标与效果。不仅如此，本文拟对孔子的道德理想主义作出论述，以见"民可使由之，不可使知之"之究竟真实之义。

　　面对古今群言淆乱、歧义无穷的诠释局面，如何探得丽珠，使孔子之言

"民可使由之，不可使知之"之真实义复明于世，本文以为必须遵循两个基本的原则与前提：其一，不能偏离孔子的思想整体去理解与诠释孔子之任何支言或任何命题。其二，要在理论上实现视域的融合，并使"道并行而不相悖"而又返本归一，在诠释进路上唯有作哲学义解始能一见功效。在这一诠释进路上，本文将遵行"一本万殊"、"理一分殊"而"执一统众"的原则，尝试化解诸多解释间的歧义，使各种合理的"分殊"之解释得到统一而回归至理之"一本"（或"理一"），并在"一本"（或"理一"）与"万殊"的同体共存中实现同一。如此才能既可以保证与维护孔子"民可使由之，不可使知之"之教的真精神不被历史所摒弃与遗忘，又可以保证与维持孔子这一思想面向未来的永无止境与不可胜数的诠释之分殊的开放性与统一性。

回顾古往今来对于此章的各种诠释，可以看出其中有两条基本的分界线。其一，古代与近现代之分：古代的诠解主要是在讨论与寻求"民可使由之不可使知之"的确切义涵，而近现代则主要在争论"民可使由之不可使知之"是否是统治者的愚民主义思想。其二，真实与虚伪之分：凡是主张愚民说者必伪，而主张非愚民说者，则可能真。理由在于近现代对于这一思想是否是愚民主义思想之争，乃是缘于近代之西学东渐以及"（自由）民主政治"与"（君主）专制政治"的问题意识与区分，呼吁反孔毁儒，提倡"革命"或"阶级斗争"而进行"阶级分析"而起，更有终身烙下以"文化大革命"为最的政治运动之情结臆想绝症，视孔子与儒学为天下公敌而执持孔子这一思想以及其他思想为愚民主义者。事实上，孔子时代没有"（自由）民主政治"与"（君主）专制政治"的问题意识与区分，因此孔子"民可使由之不可使知之"的思想与"（自由）民主政治"或"（君主）专制政治"均拉扯不上关系，与"革命"或"阶级斗争"也挂搭不上去。孔子有伟大的政治抱负与思想，但并不是要实施所谓的"统治阶级"对"被统治阶级"的暴政专制与压迫，而是推崇与向往"仁政"之"王道"政治，使人民殷实富裕，安居乐业，敬业爱群，富有教养，道德高尚，成为有文化的人，而不是无知的愚民。因此，"民可使由之不可使知之"是否为愚民主义思想的问题是一个地道的伪问题，坚持认为孔子这一思想是愚民主义思想的观点只不过是强加于孔子的莫须有的罪名而已。去除这一伪问题与伪罪名，才能"还原"孔子的真实思想。因此，今天重新审视与理解这一问题，必须打破与跳出愚民主义之争。对非愚民主张的诠解进行考察，则不难发现，存在诸多歧义与缴向各异的具体理解与看法，其中不乏有价值的观点，诸如王者设教（教化）说、"日用而不能知"（认知）说、为政说、自由—知之说等等，虽然它们各自之间均无法互相认可与统一，但它们皆有可能是孔子的真实思想之义，却又无法确证。

本文的诠释策略是从哲学上去理解和把握孔子的这一思想。具体而言，就是从孔子思想出发，在这一命题上设想一种符合孔子思想的基本意义的思想，尽管这也只是众多诠释中的一种诠释，并且也只可能是孔子这一命题的一种可能的思想，但是这一思想却是孔子这一命题的诸多可能思想中的基本的思想，并且是可以收摄与统一这一命题的其他可能的思想，那么在理论上就必须承认，这是孔子这一命题的本真思想。这也就是中国传统哲学所谓的"一本万殊"、或"理一分殊"的思想智慧的贯彻与表现。在这一理论框架中来看，除了这一命题的本真思想是"理一"或"一本"之外，其他可能的思想都是"万殊"或"分殊"的思想，诸如上文提及的王者设教（教化）说、"日用而不能知"（认知）说、为政说、自由—知之说等等，而本文所认为的"理一"说或"一本"说，是根据人在社会上为人处世、安身立命的常理常道常情常识而论。这一立论在理论上具有以下基本特征：

第一，它区分了人与群兽的本质区别。

第二，它保证了人的日常生活为健康有序的正常生活。

第三，它显示孔子知行合一而首在重行的思想特征。

第四，它显示"不可使知之"的"知"的复杂意蕴与不同缴向，表现出孔子所持的"知之为知之，不知为不知，是知也"的一贯精神。这其中涉及两个方面：其一，凸显了人在认知上的不同可能的缴向，揭示出认识过程中的从"生知"到"学知"以及"不学不知"的多种具体相状。其二，开显出人在道德修养工夫上从"有志于学"（立志），经过"而立"与"不惑"到"知命"，最后达到"从心所欲而不越矩"的渐进境界。

第五，它可以融摄和统一其他诸种可能成立的有关这一思想的诠释。

由上所论，本文所谓的这一"理一"说或"一本"具体可以表述为：

对于人（或人们或人民）来说，可以使他（或他们）遵行常道（仁道）而行，不可以使他（或他们都）一定能明白常道（仁道）以及遵行常道（仁道）而行的奥妙。

总之，不同时代对于孔子这一思想的理解与诠表可以呈现出百花齐放、万壑争雄的多元多样之"殊"胜格局与面相，但是"万殊"不悖"一本"，亦不离"一本","万殊"之变不离其宗,最终仍然犹如百川归海一般,必然要收归于孔学的"一本"(或"理一")。这是我们知秉要而执大本,把握孔子儒学真精神的不二之道。

　　当然,有必要强调,了解孔子的道德理想主义情怀与立场,有助于深化对"民可使由之,不可使知之"的思想本真之义的理解与把握。

(作者简介:王兴国　深圳大学国学研究所)

孟子的"天赋权利"思想

——以"天爵"、"良贵"和"民意"为视点

王中江

儒家同"人权"的关系这一话题引起的讨论表明，儒家并非先天同"人权"格格不入。[①] 正像儒家是一个变化着的思想学说和体系那样，"人权"也是一个变化着的概念，试图"完全"用现代"人权"标准去衡量儒家，既不合理也不切实际。但在儒家的思想和学说中，确实能够发现我们称之为"人权"的某种东西，更准确地说是有关"自然权利"或"天赋权利"的思想。[②] 早期儒家已经不同程度地为我们提供了重要的思想资源和视域，在这一方面，孟子

---

① 有关儒家与人权这一问题的讨论，参见唐纳德·J·蒙罗（即孟旦，Donald J.Munru）：《早期中国"人"的观念》，庄国雄、陶黎明译，上海古籍出版社 1994 年版；狄百瑞（Wm. T. de Bary）编：《亚洲价值与人权》（Asian Values and Human Rights），Havard University Press，1998；国际儒学联合会编：《儒家人论国际学术研讨会论文专集》，《国际儒学研究》第六辑，中国社会科学出版社 1999 年版；陈明主编：《思想篇》，《原道》第七辑，贵州人民出版社 2002 年版；陈启智、张树骅主编：《儒家传统与人权·民主思想》，齐鲁书社 2004 年版；等等。

② 有关世界人权"宣言"和"公约"，请参见王德禄、蒋世和编：《人权宣言》，求实出版社 1989 年版。有关"人权"、"自然权利"和"天赋权利"的一般讨论，请参见列奥·施特劳斯：《自然权利与历史》，彭刚译，生活·读书·新知三联书店 2003 年版；大沼保昭：《人权、国家与文明：从普遍主义的人权观到文明兼容的人权观》，王志安译，生活·读书·新知三联书店 2003 年版；约翰·菲尼斯：《自然法与自然权利》，董娇娇、杨奕等译，中国政法大学出版社 2005 年版。"天赋权利"或"自然权利"，一般是作为英文 natural rights 的译语来使用的，而它的意义和内容在西方世界中无疑是一个不断展开和扩展的过程。从最抽象的意义上说，它是指人生而具有的权利。至于它的具体内容，因历史时期的不同其解释和说明也不同。有关孟子的"天赋权利"思想，如果把它放在欧洲早期的人权思想中来看，也许有更多的可比性。

是颇有代表性的。下面我们就以孟子的"天爵"、"民贵"和"民意"等观念为中心,具体考察一下他所展现的"自然权利"或"天赋权利"的思想及其特征。

一、"秉彝"和"天爵":"人性"平等论

(一)儒家与"等级"和"差别"意识

儒家有一些东西容易被看成是主张等级、不平等和差别待遇的。例如,儒家有明显的精英主义色彩,这主要表现在它围绕"士"和"贤人"而展开的精英文化和政治理性中。儒家从不忌讳人在智力和智慧上的差别,一般将之简化为"智"—"愚"、"贤"—"不肖"之二分,孔子有"惟上智与下愚不移"和"生而知之"与"学而知之"的说法;儒家认为人有不同的社会分工,《左传·襄公九年》记载的"君子劳心,小人劳力,先王之制也"这种"劳心"、"劳力"之二分①,又被孟子以"治人"与"治于人"、"食人"和"食于人"的两种职能划分并作为"天下之通义"加以强调。儒家承认人享有不同的社会地位,也有贵贱和贫富之别;儒家常以"孝"和"亲"来界定"仁",使其仁爱思想表现出远近、亲疏甚至是等差之别;儒家在人格上区分君子与小人或大人与小人;儒家还有所谓"男尊女卑"、"刑不上大夫,礼不下庶人"的性别歧视和等级意识,这又是在儒家的"礼"和"名分"观念中被合理化的。

以上这些,乍看起来,容易让人产生这样一种看法,即儒家同人的"平等"观念和价值是不兼容的。我们没有必要在所有的方面都为儒家辩护,如儒家的"男尊女卑"的性别歧视。事实上,男女性别歧视程度不同地存在于不同地域的传统社会中。除此之外,在看似儒家不平等的主张中,有的是人类社会所不可避免的,如人在智力和能力上的差别,并由于这种差别,人在社会中获得的社会地位、待遇和利益自然也不相同。儒家的愚—智、贤—不肖、尊贵—卑贱意识,主要也是与此联系在一起的。一般来说,儒家以为没有人天生就有尊贵或卑贱的身份观念,也不认为人天生就有"君子"和"小人"之别。在儒家看来,人的"后天"的实际德行和道德境界是不相同的,有的人有德行,有的人缺乏德行。正是基于此,儒家区分君子与小人。人的德行不同,他的社会

---

① 《国语·鲁语下》亦记载说:"君子劳心,小人劳力,先王之训也。"

地位相应的也不同，就像他的能力不同而有不同的职位那样。在这方面，孟子和荀子都有清楚的说法。如孟子说的"贤者在位，能者在职"（《孟子·公孙丑上》）、"尊贤使能，俊杰在位，则天下之士皆悦而愿立其朝矣"（同上）和"唯仁者宜在高位"（《孟子·离娄上》）等是如此；荀子说的"我欲贱而贵，愚而智，贫而富，可乎？曰：其唯学乎"（《荀子·儒效》）、"论德而定次，量能而授官，皆使人载其事而各得其所宜"（《荀子·君道》）和"无德不贵，无能不官，无功不赏"（《荀子·王制》）等也是如此。儒家合情合理地设想了愚者事奉智者、不肖者事奉贤者、卑者事奉贵者、小人事奉君子的逻辑而不是相反，用孟子的话说是："天下有道，小德役大德，小贤役大贤。"（《孟子·离娄上》）用荀子的话说是："贱事贵，不肖事贤。"（《荀子·仲尼》）整体上，儒家没有因"出身"不同而划分尊卑、贵贱的等级意识和身份意识。儒家的华夷之辨，主要是用文明与野蛮的标准来划分和处理中心国家与边缘国家的关系。因此，看上去似乎是不平等的儒家的一些观念，严格来说，它们同现代社会所说的人的"平等"并没有根本上的矛盾。现代社会的平等观，也不认为人的智力和能力都是一样的，或者试图使之都一样，它只是主张所有的人都有享受平等教育的权利；现代的平等观也不要求所有人的社会地位和待遇都是一样的，它只是主张人要有公平的机会，人人都有自由选择职业和从事工作的权利并从中获得报酬。至于一个人实际上能够获得什么机会，能够从事什么职业和获得多少所得，这又是很不相同的。即使是高调的平等观，也无法使人都获得完全一样的机会和待遇。当代正义论者罗尔斯提出的"没有人应得他在自然天赋的分配中所占有的优势"这一主张，是相当激进的平等观。这种把人的先天智力及由此而来的收入差别纳入到分配领域中重新分配，真正实践起来几乎是不可能的。最多只能像他所说的那样，对处于不利社会地位的人给予一定补偿，以构成社会的整体合作。[①] 儒家给人留下的"不平等"印象，主要是有关人在社会中获得的实际"结果"上的"差异"。现代的"平等观"，哪怕是平均主义的平等观，都不能完全消除这种差异。只是，儒家使用的"智—愚"、"贤—不肖"、"君子—小人"、"贵—贱"和"劳心—劳力"等二分法，对世俗化的现代人来说是太刺眼了。

---

① 参见罗尔斯：《正义论》，何怀宏、何包钢等译，中国社会科学出版社 1988 年版。可以操作的是对因先天或后天因素而造成的"残疾人"给予社会救济。

（二）"人性"和"人格"平等

真正讲来，儒家是主张"平等"的，它拥有一种"人生而平等"的观念和价值。这是基于"人"具有共同的先天"本性"的"平等论"，孟旦称之为"人格平等"，并认为它不同于西方的"价值平等"。①但如果说"人格"是一种价值理想，那么人格平等同时也是价值平等。在孟子那里，我们一再被告知，"人"先天具有"仁义礼智"四种善良的道德本性，对于圣人和普通人来说，这都是完全一样的。孟子引用《诗》和孔子的话，并论述说这"四种"善良的德性是"天"赋予给人的"德常"（"秉彝"）。告子坚持认为，人的自然欲望（"食色"）是人的本性，这种本性没有善或不善。对此，孟子辩驳说："乃若其情，则可以为善矣，乃所谓善也。若夫为不善，非才之罪也。恻隐之心，人皆有之；羞恶之心，人皆有之；恭敬之心，人皆有之；是非之心，人皆有之。恻隐之心，仁也；羞恶之心，义也；恭敬之心，礼也；是非之心，智也。仁义礼智，非由外铄我也，我固有之也，弗思耳矣。故曰：'求则得之，舍则失之。'或相倍蓰而无算者，不能尽其才者也。《诗》曰：'天生蒸民，有物有则。民之秉彝，好是懿德。'孔子曰：'为此诗者，其知道乎！故有物有则；民之秉彝也，故好是懿德。'"（《孟子·告子上》）

在这里，孟子告诉我们的意思主要有：第一，人可以为"善"的"才"是从人的真实情况而论的，这种"才"（能力）不是少数人的特权，而是所有的人都拥有的特质（"人皆有之"）。第二，"人"的为善能力具体表现为人的四种"善良之心"（"四端"），这是没有差别地分配给"人"的本性和相同的"心"，孟子也称之为"理"和"义"。他说："至于心，独无所同然乎？心之所同然者何也？谓理也，义也。圣人先得我心之所同然耳。故理义之悦我心，犹刍豢之悦我口。"（《孟子·告子上》）第三，人的先天善良本性和能力来源于"天"，是"天"不偏不倚地赋予给所有的人的，是人所禀的"常"。孟子称这是"天"赐予给人的最高的"爵位"，它相对于人在人间社会中获得的无常的官职："有天爵者，有人爵者。仁义忠信，乐善不倦，此天爵也；公卿大夫，此人爵也。"第四，来源于"天"的人的善性一旦获得，对于人来说它就是"固有"的东西，不是"人为地"从外面渗透到我身上的。第五，人的先天道德本性，要通

---

① 在这一点上，孟旦（Donald J. Munro）有较多的讨论。参见孟旦：《早期中国"人"的概念》，庄国雄、陶黎明译，上海古籍出版社 1994 年版。

过后天的道德自觉和操守来保持，否则就会失去。

从彼此相联的这些方面看，孟子完全肯定人在先天道德能力上的平等，肯定人的善良本性没有高低之分。这样的人性"平等论"称得上是人的天赋和"本质上"的平等。前面我们谈到，儒家的"君子"（或"大人"）与"小人"或者"圣人"与"众人"之别，都不是"天生的"结果。儒家没有柏拉图那种"人"天生由金、银、铜、铁等不同材料造成的等级观念，也没有亚里士多德那种人天生被分为"自由人"和"奴隶"的做法，更没有印度"四种姓"的思想。《左传》有"非我族类，其心必异"这种以"种族"论"人心差异"的意识，是非常罕见的。在世界不同的文明中，以"人种"高低之分和尽量抬高自己种族的说法五花八门，如印第安人想象上帝烧制的白人和黑人分别欠火和过火，只要他们被烧制得恰到好处；以色列的犹太教相信只有以色列人才是上帝的"选民"。近代民族主义之下而生成的"种族主义"（如所谓"高贵的亚里安人种"）和种族歧视，更是令人惊讶。但在儒家的人性论中[①]，"人类"天生有高下之分的观念是不存在的或者说是非常稀薄的，受儒家"人性善"影响而被中国化的佛教，其特性之一是普遍坚持"人人都有佛性"这一前提。

（三）人格"自我实现"的平等

潜在不等于显在，可能不等于现实，本质不等于表现。按照孟子的天赋人性"平等论"，先天的善良本性并不必然就"现实化"为后天的道德人格实践，人要在现实社会中实现和保持"人格平等"，就依赖于人后天的"自我成就"和"自我证成"上，而这对所有的人也是开放和平等的。一般来说，在神圣与世俗、道德与功利、理想与现实之间，难免存在着紧张甚至是冲突。但儒家被认为是最能调和神圣与凡俗、理想与现实关系的学派，它相信即凡俗即可达到神圣，立足于现实即可实现超越。孟子承认在实际生活中不同的价值是有冲突的，如义与利、天爵与人爵等，人们在不同的价值之间有不同的选择方式。但他坚持认为道德价值是人的最高价值，成就自己的人格是人生的最佳选择。《孟子·尽心上》说："广土众民，君子欲之，所乐不存焉；中天下而立，定四海之民，君子乐之，所性不存焉。君子所性，虽大行不加焉，虽穷居

---

① 后汉以后儒家中也有"性三品"等不同的人性论，这也许包括了"人"先天不平等的意识。有关这一点，参见池田知久：《性三品说的形成与发展》，见王中江主编：《新哲学》第六辑，大象出版社 2006 年版。

不损焉，分定故也。君子所性，仁义礼智根于心，其生色也睟然，见于面，盎于背，施于四体，四体不言而喻。"上面谈到，人格的自我实现，对于每个人来说都是"可能的"。现实化的尧、舜、禹等"圣人"人格，作为"人伦之至者"即完善的人，都是后天实践的结果。从先天能够成圣的能力即"才"来说，普通的大众同他们没有任何不同（"圣人，与我同类者"）。这体现了儒家理想人格和自我实现的"世俗化"和"大众化"特点。"圣人"既理想又神圣，但并不神秘。为了让人们相信人人都能够"成圣"，孟子用一个形象的例子说明"能不能"与"为不为"的不同，这是一个有名的类比：一个人要他折枝而他不折，这是他愿不愿意做的问题；但如果让他把泰山背到北海，这是他有没有能力做的问题。在儒家那里，不管"圣人"多么伟大和神圣，对于大众来说他们都不是可望不可即的。

问题是，天生都有"平等"道德禀赋和道德能力的"人"，为什么会有"大小"与"小人"之分呢？孟子的弟子公都子请教孟子说："钧是人也，或为大人，或为小人，何也？"孟子回答说："从其大体为大人，从其小体为小人。"公都子又进一步问："钧是人也，或从其大体，或从其小体，何也？"孟子进一步回答说："耳目之官不思，而蔽于物。物交物，则引之而已矣。心之官则思，思则得之，不思则不得也。此天之所与我者。先立乎其大者，则其小者不能夺也。此为大人而已。"人能不能在现实中实现人格平等，最终取决于他是否充分发挥了"心"的反思作用，而不是他的社会地位。孟子的"思"当然不是知识性的"思考"和"思虑"，它是指人的"道德自觉"、"道德意志"和"道德操守"。"先立乎其大"，就是说一个人要先确立作为人的根本的"道德意志"。孟子一直坚持说，人只要充分发挥他自己的"道德之心"（"尽心"），他就能够成就同他人平等的道德人格："尽其心者，知其性也。知其性，则知天矣。存其心，养其性，所以事天也。夭寿不贰，修身以俟之，所以立命也。"（《孟子·尽心上》)

不管孟子的"平等"是人先天善良本性上的平等，还是人后天在道德上"自我实现"的平等，它们都是人在"道德主体"和"道德人格"上的平等，这可以称之为人的"天赋权利"。它与近代欧洲像洛克的"人天生都是自由、平等和独立的"、卢梭的"人生而自由"和美国《独立宣言》的"人生而平等"等说法表达的"天赋权利"思想，并不是不兼容的。儒家的这种思想，与人的"机会平等"和法律面前"人人平等"不仅不矛盾，而且还能够为它们提供

"人道"的基础，怎么可以为同是"一类"的"道德人"在法律和社会上设置差别和不平等的待遇呢？

二、"良贵"和"几希"：人类的"尊严"

（一）人的"类"意识和人的"尊严"

与儒家"天人合一"相对应的是儒家的"天人相分"。"天人相分"所意味的不仅是"荀子式"的人对他的"自然性"的加工和改造，而且还意味着"人物之辨"和"人禽之别"，这是儒家将人同物、人同动物区分开的"人类意识"，是以"人为万物之灵"和"人为天下贵"表现出来的"人类高贵"和"优越"的意识。① 如果说这是"人类中心主义"的话，那它不是人类征服万物及自然的中心主义，而是人类在万物中能以"道德"彰显自己的道德中心主义。郭店竹简《五行》篇说："循草木之性，则有生焉，而无好恶。循禽兽之性，则有好恶焉，而无礼义焉。循人之性，则巍然知其好仁义也。"这样的说法表明，"人类"作为"类"的共同特质是他的道德理性———"仁义"，它迥然有别于只有生命而无好恶的草木和只有好恶而没有仁义的禽兽。荀子的"人类"概念，综合地拥有了其他物的性质而又能与其他物区分开的本质也是在于他的道德性（"义"）："水火有气而无生，草木有生而无知，禽兽有知而无义，人有气有生有知，亦且有义，故最为天下贵也。"（《荀子·王制》）

儒家将人与万物区别开以突出"人"的"类"本性的"人类意识"，既是对"人"之所以为"人类"的一种自我确认，也是为"人类"赋予的一种使命。楚国的隐士嘲讽孔子自找苦吃，从事一种在他们看来是徒劳的行为，孔子的回答同时就包含了这两个层面：一是人作为人不能混同于鸟兽；二是人有自己必须担当的"天职"和"使命"："鸟兽不可与同群，吾非斯人之徒与而谁与？"（《论语·微子》）在儒家那里，人的类本质和崇高使命这两个方面共同构成了作为"人的尊严"的儒家第二种意义上的"人权"观念，它也是孟子"天赋人权"思想的基本内涵之一。孟子谈到事物的多样性所说的"物之不齐，物之情也"（《孟子·滕文公下》），我们首先需要从事物不同的"类"上去理解。每一种或每一类事物都有它之所以为这一种或这一类事物的本性，这就使事物

---

① 郭店简中的《语丛一》说："夫天生百物，人为贵。"

具有了各不相同的多种多样性("不齐")。但同一种类的事物则是相同的,孟子称之为"类似性"。

孟子关心的是人类的"类本性"。他反问说,既然同类事物是"类似的",为什么要怀疑"人类"的"类似性";既然承认人具有相同的感性,为什么不承认人还具有共同的理性和德性。他推论说:"故凡同类者,举相似也,何独至于人而疑之?圣人,与我同类者。故龙子曰:'不知足者为屦,我知其不为蒉也。'屦之相似,天下之足同也。口之于味,有同耆也;易牙先得我口之所耆者也。如使口之于味也,其性与人殊,若犬马之与我不同类也,则天下何耆皆从易牙之于味也?至于味,天下期于易牙,是天下之口相似也。惟耳亦然。至于声,天下期于师旷,是天下之耳相似也。惟目亦然。至于子都,天下莫不知其姣也。不知子都之姣者,无目者也。故曰,口之于味也,有同耆焉;耳之于声也,有同听焉;目之于色也,有同美焉。……心之所同然者何也?谓理也,义也。"(《孟子·告子上》)

也许是为了告诫人们不要麻痹大意,孟子提醒说人与禽兽的区别就那么一点点,用他的说法就是"几希"(《孟子·离娄上》)。[①] 虽然是"几希",但却非常实质,它是人之所以为人的本质,也是人之所以"尊贵"和具有"尊严"的根据,一般称之为"人禽之辨"。如果说人人都具有善良的本性和具有完成自我人格的"道德能力"使人成为"平等"的话,那么人有别于其他事物和禽兽的"德性"这种"类本质",又使人成为万物之中的尊贵者和崇高者,孟子说这是人的"良贵"。"良贵"可以解释为"尊贵"和"高贵":"欲贵者,人之同心也。人人有贵于己者,弗思耳矣。人之所贵者,非良贵也。赵孟之所贵,赵孟能贱之。《诗》云:'既醉以酒,既饱以德。'言饱乎仁义也,所以不愿人之膏粱之味也;今闻广誉施于身,所以不愿人之文绣也。"(《孟子·告子上》)"人"的尊严和道德价值上的尊贵,不同于随着时空变化而变化的世俗生活标准中的"良贵",它是恒常性的"尊贵"。

(二)人的"羞耻感"和"自尊"

将天赋的"仁义"之德性确定为人人都具有的最可贵的东西,这不仅意

[①] 如孟子说:"人之所以异于禽兽者几希;庶民去之,君子存之。'舜明于庶物,察于人伦,由仁义行,非行仁义也。'(《孟子·离娄下》)孟子还说到人与野蛮人的差别也是很小的:"舜居深山之中,与木石居,与鹿豕游,其所以异于深山之野人者几希。"(《孟子·尽心上》)

味着人天生都是最高价值的拥有者，人天生都是尊贵的和有尊严的，而且也意味着人应该保持他的尊严和体面，应该以他的"高贵性"而生活。孟子说，人天生都有羞耻之心①，这使他都有受到他人尊重的强烈愿望："一箪食，一豆羹，得之则生，弗得则死，嘑尔而与之，行道之人弗受；蹴尔而与之，乞人不屑也。"（《孟子·告子上》）从孟子的"士"的人格来说，"士"参与政治事务（"仕"）是合乎"义"的，他参与政治事务的目的也是追求"道"和"义"，因此"士"理应受到君王的尊重。如果他得不到君王的尊重，他就要拒绝"仕"。孟子理直气壮地声明，"士"不能屈从于君王的权势，他的"道义性"要求他维护他的尊严。从权利和义务的关系说，如果人受到他人的尊重是他的权利，那么反过来说尊重他人就是他的义务，譬如尊重他人的名誉。不尊重他人或有意损害他人的名誉，就要受到道德上的谴责。相对于希望受到他人尊重的意识来说，孟子的人的尊严思想更注重的是人的"自重"和"自尊"，这同儒家强调"自我修身"和"自我完善"是一致的。孟子告诉我们说，没有人不是因为"自侮"而受到他人侮辱的，放大到家庭和国家都是如此："有孺子歌曰：'沧浪之水清兮，可以濯我缨；沧浪之水浊兮，可以濯我足。'孔子曰：'小子听之：清斯濯缨；浊斯濯足矣。自取之也。'夫人必自侮，然后人侮之；家必自毁，而后人毁之；国必自伐，而后人伐之。《太甲》曰：'天作孽，犹可违；自作孽，不可活。'此之谓也。"（《孟子·离娄上》）反过来说，人要有"耻辱"的意识，如果没有耻辱感，他就没有尊严可言："耻之于人大矣，为机变之巧者，无所用耻焉。不耻不若人，何若人有？"（《孟子·尽心上》）

　　孟子区别"义与利"、"大体与小体"、"生与义"很严格，但他并非不近人情地要求人们始终只能必选其一。道理非常简单，如果两者能够并行和同时兼顾，何乐而不为呢？就像鱼和熊掌那样。他说："人之于身也，兼所爱。兼所爱，则兼所养也。无尺寸之肤不爱焉，则无尺寸之肤不养也。"（《孟子·告子上》）又说："生亦我所欲也，义亦我所欲也。"（《孟子·告子上》）但问题是，在两者不能兼顾的情况下，一个人如何作出合理的选择。孟子给出的答案是，要毫不犹豫地选择"道义"，因为只有这样他才能保持人的尊严和高贵性："二者不可得兼，舍生而取义者也。生亦我所欲，所欲有甚于生者，故不为苟

---

① 有关"耻"，孟子曾说过：'耻之于人大矣，为机变之巧者，无所用耻焉。不耻不若人，何若人有？'（《孟子·尽心上》）

得也；死亦我所恶，所恶有甚于死者，故患有所不辟也。如使人之所欲莫甚于生，则凡可以得生者，何不用也？使人之所恶莫甚于死者，则凡可以辟患者，何不为也？由是则生而有不用也，由是则可以辟患而有不为也，是故所欲有甚于生者，所恶有甚于死者。非独贤者有是心也，人皆有之，贤者能勿丧耳。"（《孟子·告子上》）但在实际生活中，人们也许放弃了道义而选择利益，孟子说这是"因小失大"，是"不知类"。他的以下辨析清晰而有力，有令人不能不接受他的道理之感：

> 体有贵贱，有小大。无以小害大，无以贱害贵。养其小者为小人，养其大者为大人。今有场师，舍其梧槚，养其樲棘，则为贱场师焉。养其一指而失其肩背，而不知也，则为狼疾人也。饮食之人，则人贱之矣，为养其小以失大也。（《孟子·告子上》）

> 今有无名之指屈而不信，非疾痛害事也，如有能信之者，则不远秦楚之路，为指之不若人也。指不若人，则知恶之；心不若人，则不知恶，此之谓不知类也。（《孟子·告子上》）

> 拱把之桐梓，人苟欲生之，皆知所以养之者。至于身，而不知所以养之者，岂爱身不若桐梓哉？弗思甚也。（《孟子·告子上》）

孟子所说的"失大"、"不知类"和"弗思"，都是指人丧失了人之所以为人的本质，丧失人的尊严和高贵性。孔子昭示的"三军可夺帅也，匹夫不可夺志"（《论语·子罕篇》）、"志士仁人，无求生以害仁，有杀身以成仁"（《论语·卫灵公》）的人格尊严之所以受到人们的推崇，孟子塑造的"富贵不能淫，贫贱不能移，威武不能屈"的"大丈夫"（《孟子·滕文公下》）人格和"浩然之气"精神境界之所以被人们传颂，皆是因为人类在心灵深处都有保持尊严和高贵的强烈意识。在孟子看来，这种意识和自觉，不仅促使人在人间要做一个堂堂正正的人，而且还促使他面对苍天也是无愧的："仰不愧于天，俯不怍于人。"（《孟子·尽心上》）

三、"民贵"及"天意"："民权"和"反抗权"

作为儒家德治论一个基本论题的"民本论"，以《尚书·五子之歌》所说的"民为邦本，本固邦宁"为典型。《夏书》佚文"后非众无与守邦"和《礼记·大学》所说的"得众则得国，失众则失国"，共同表达了君王赢得了"民众"就可以得到国家的紧密对应关系。① 在民与邦的这种关系中，让人有"民"是工具、政治和国家是目标的感觉。这也是"民本"与"民主"容易产生冲突的地方。② 但在儒家的政治理性中，还存在着以"民"为目的、以政治和国家为手段的"民意论"和"民贵论"，它同"民本论"有所区别。按照"民贵论"，政治和国家本身都不是目的，它们是为了"人民"而被建立起来的；政治和国家是否正当、合法，也取决于它们是否能够合乎"民心"和"民意"。这样的政治理性恰恰合乎儒家的"天下为公"和"天下者天下之天下"的"公天下"思想，而同"溥天之下，莫非王土；率土之滨，莫非王臣"和"富有天下，贵为天子"的"私天下"意识有紧张关系。

（一）"民"是目的和"天民一意"

就孟子的政治理性而言，作为政治和国家根本的"民"和作为政治和国家的目的"民"这两个方面是同时并存的，也许在他看来这两者不是对立的。《孟子·离娄上》载："桀、纣之失天下也，失其民也，失其民者，失其心也。得天下有道：得其民，斯得天下矣。得其民有道：得其心，斯得民矣。得其心有道：所欲与之聚之，所恶勿施尔也。"孟子劝说齐宣王与庶民共同享受愉快的乐趣，共同追求勇敢、美色和货财，是从"国家"和"天下"出发去设想对待"民"的方式，而不是从"民"出发去设想国家和天下。但在"民"、"社稷"和"君"三者的关系中，孟子以"人民"为"尊贵者"或最高的价值，将国家和君王放在从属的位置上。以"民"为立邦的根本和相对于"邦"和"君"来说，"民"是首要的，这两者确实是有差别的。结合孟子的"民意论"，"民"的崇高性和目的性更容易看出来。问题的关键在于，孟子的"民意"不只是"民"的意愿，它同时也是"天"的意愿。这不是说"民意"来源于"天意"，而是说"天意"来自于"民意"。这种思想首先出现在《尚书》中，以"惟天地万物父母，惟人万物之灵。……民之所欲，天必从之"（《尚书·周书·泰誓上》）和"天视自我民视，天听自我民听"（《尚书·周书·泰誓下》）

---

① "民"对于统治的重要性，既有"得民心者得天下，失民心者失天下"的说法，还有借助于水与舟的关系来说明"民"与"君主"的关系。《荀子·王制》引用说："传曰：'君者、舟也，庶人者、水也；水则载舟，水则覆舟。'"

② 李明辉先生立足于"民本"，认为儒家确实有"人民是政治主体"、"人君之位要得到人民之同意"等思想。这是将"民本"与"民贵"和"民意"合在一起说的。参见李明辉：《儒家传统与人权》，见陈明主编：《原道》第七辑，贵州人民出版社 2002 年版。

的说法为典型。① 在这种"民意论"中，"民意"被赋予了一种神圣性。既然"天意"来自"民意"，或者"天"的意志来自民的意志，那么作为"天之子"的"天子"，在获得"天"的任命的时候，同时就要接受来自"民意"的"天意"。孟子接受并扩大了这种意义上的"民意论"。习惯上人们说，天子把天下转移给别人，或者贤明的天子将天下禅让给新的贤明者，但在孟子看来，天子是"无权"转移天下的，哪怕是"禅让"权力。不管是授与给贤人还是授与给子孙，授与天下的只能是"天"本身："天与贤，则与贤；天与子，则与子。"（《孟子·万章上》）"天"授与天下，当然不是"谆谆然命之"，而是"以行与事示之"。② 照孟子的"天民一意"逻辑，"天"授与"天子"以天下，实际上是"民"授与天下给天子。换言之，天子的权力来源于天和民。既然如此，天子就义不容辞地要按照天意和民意来行事③，使权力服务于天和民。这种意义上的"民意论"，也可以说是"民权论"。

（二）人的"生命权"

在人民的权利构成中，"生命权"是最基本的权利。如果人的生命都得不到保护，遑论其他。人权论者将人权划分为立足于人自身的"人身权"和基于法律之上的政治、经济和社会等"公民权"，孟子也许没有这样的明确划分，但他关注人的生命权和生存权是无疑的。如果说生存权同人的经济和社会权利是不可分开的，那么孟子同时也要求人的经济和社会权利，如生活保障和教育权。从人是目的出发，孟子认为统治者为了获得天下即便杀害一位无辜者也是不能允许的："行一不义，杀一不辜，而得天下，皆不为也。"（《孟子·公孙丑上》）在这一点上，荀子显然是接受了他的论敌孟子的看法："行一不义，杀一无辜，而得天下，仁者不为也"（《荀子·王霸》）立足于"兼爱"和"互利"，墨子以"非攻"为旗帜的"反战"言行引人注目。孟子激烈抨击墨子没有在父母之爱与他人之爱两者之间加以分别，但孟子没有批评墨子的"非攻论"，事实上，孟子也是一位非常具有道德勇气的"反战论者"。孟子不仅批评说春秋时期的战争都是非正义的（"春秋无义战"），而且更严厉地谴责他的时代各国

---

① 《尚书·皋陶谟》亦说："天聪明自我民聪明，天明畏自我民威"。即使这是一篇伪尚古文《尚书》，但他的思想与《泰誓》的思想是一致的。

② 参见《孟子·万章上》。

③ 如在选择贤人和惩治问题上，孟子主张广泛听取国人的呼声，再进一步考虑后作出决定。参见《孟子·梁惠王下》。

为了扩张版图而发动的征服和掠夺战争。他描述了这样一幅残酷的战争场面："争地以战，杀人盈野；争城以战，杀人盈城。"（《孟子·离娄上》）在孟子看来，为了土地和城郭而杀害不计其数的生命，这就等于是饮食人民的血肉，无疑是犯下了不可饶恕的死罪。征服者总是鼓励和奖赏那些英勇善战者，然而孟子则认为要用"上刑"严厉地惩罚他们。

《孟子》中记载了一位和平主义者宋牼（即宋荣子）的反战事迹。宋听说秦国和楚国都正在策划一场针对另一方的战争，他要先到楚国试图说服楚王停止下来，显然这是一项非常困难的任务。他和孟子相遇于途中，当孟子得知他要以"不利"这一道理来说服楚王时，孟子指出楚秦两国恰恰都是出于"利"而备战的，用"不利"是说服不了他们的①，他立即建议宋要用仁义来说服他们。"仁义"是孟子一贯奉持的最高价值，他用"王道"反对霸道也是基于这种价值。对孟子来说，争夺"利"是一切祸害之源，更是战争的根源，而战争使人的生命遭受涂炭。为了增加土地，梁惠王不顾他的人民的安全和生命，甚至还驱使他所心爱的子弟奔赴战场，孟子评论说："'不仁哉梁惠王也！仁者以其所爱及其所不爱，不仁者以其所不爱及其所爱。'公孙丑问曰：'何谓也？''梁惠王以土地之故，糜烂其民而战之，大败，将复之，恐不能胜，故驱其所爱子弟以殉之，是之谓以其所不爱及其所爱也。'"（《孟子·尽心上》）

战争从来就是以巨大的破坏和对生命的残杀为特征的，孟子之所以不遗余力地谴责战争，也主要基于战争对人民生命的大量剥夺。武王征服邪恶的纣王是受到儒家称赏的，孟子也主张奉行王道的人有权利讨伐残暴的统治者，以便将受苦的人民解放出来，人民都会唯恐不及地欢迎"王者之师"的到来。让孟子感到困惑的是，既然"仁者无敌"，何以武王讨伐纣王还要付出那么大的生命代价（血流成河），这引起了他对《尚书》记载真实性的怀疑："尽信《书》，则不如无《书》。吾于《武成》，取二三策而已矣。仁人无敌于天下，以至仁伐至不仁，而何其血之流杵也？"（《孟子·尽心下》）孟子的想法是，奉行王道的仁者，具有春风化雨般的无限感化力，他不仅在治理国家和天下时不需要诉诸暴力，就是在讨伐邪恶的暴君时，也会因暴君失道而得不到（"得道者多助，失道者寡助"）支持而会迅速瓦解。孟子的反战思想反映的是他对人的生命的尊重。

---

① 有关他们相遇和交流的具体情况，参见《孟子·告子上》。

（三）人的"经济权"

在"生命权"同人的具体生存和生命延续相联系时，它体现为人的生存权和繁衍权，更具体地说体现为人的经济权和社会权。为了生存和繁衍，人们需要基本的物质生活条件，特别是食物和居住。儒家将血缘性的亲情关系延伸到非血缘的君与民之间而提出的君为"民之父母"说法，主要不是要君王获得对人民的支配权（如果有权利的话，那也是扮演作为监护人的"保民"、"爱民"角色），而是要君王充分承担起对人民的义务和责任，保证人民能够过上稳定的生活。孟子提出的"仁政"构想，就是为了让人民过上一种有保障的生活而做的一种制度上的安排，这方面还有他理想化的"井田制"。人们可能会马上想到孟子的"义利之辨"和"生死之辨"。孟子不以利益作为个人的最高价值取向，在义和利不可兼顾的情况下，他坚持说只能选择"正义"；为了崇高的"正义"，为了人的道德和人格尊严，孟子还教导人们说要放弃生命，不能苟且偷生。① 但这与孟子主张保证人们的基本生活条件、保证人民的生存权，不是一个层面上的问题，就像孟子批评任人问难他的弟子屋庐子提出的问题不在一个层面上那样。②

孟子要求统治者保证人民有"恒产"，就是要保证人民的"生存"和"生命"。君王不能保证人民的基本生存条件，就会造成人民的越轨和违法，如果反过来又对其实施惩罚，在孟子看来，这都是"欺骗人民"的行为："若民，则无恒产，因无恒心。苟无恒心，放辟邪侈，无不为已。及陷于罪，然后从而刑之，是罔民也。焉有仁人在位，罔民而可为也！是故，明君制民之产，必使仰足以事父母，俯足以畜妻子；乐岁终身饱，凶年免于死亡。"（《孟子·梁惠王上》）依照孟子的逻辑，君王作为人民的监护人而不能保证人民获得基本的生活条件，使人民贫困饥饿甚至失去了生命，他无异于是杀害人民的凶手："狗彘食人食而不知检，涂有饿莩而不知发；人死，则曰：'非我也，岁也。'是何异于刺人而杀之，曰：'非我也，兵也！'王无罪岁，斯天下之民至焉。"（《孟子·梁惠王上》）这肯定是让所有君王都深感不安的一个推论，如果

---

① 《孟子·告子上》说："生亦我所欲也，义亦我所欲也；二者不可得兼，舍生而取义者也。生亦我所欲，所欲有甚于生者，故不为苟得也；死亦我所恶，所恶有甚于死者，故患有所不辟也。"

② 参见《孟子·告子下》。

君王缺乏承担政治责任的勇气[1]，他也许会为自己辩护说他并不希望他的人民遭殃。但是孟子坚持认为，那只不过是说明杀人的方式不一样罢了，君主难辞其咎。[2]

（四）"恶政"与"反抗权"

在儒家看来，君王作为政治责任的主体要敢于承担政治责任，这样的思想和意识在《尚书》中就看得很清楚。儒家的"德治"所要求的道德行为的主体，主要是相对统治者而言的。如果君王不能承担起对人民的责任和义务，人民就有权抛弃他："孟子谓齐宣王曰：'王之臣，有托其妻子于其友，而之楚游者；比其反也，则冻馁其妻子。则如之何？'王曰：'弃之。'曰：'士师不能治士，则如之何？'王曰：'已之。'曰：'四境之内不治，则如之何？'王顾左右而言他。"（《孟子·梁惠王下》岂止是抛弃，如果君王虐待和残暴他的人民，丧失了民心和民意，人民还有权利"反抗"他。这应该是朱元璋推行《孟子节文》的主要原因。政治哲学对已有的政治秩序一般持有两种相反的立场，一是以保持和延续既存秩序为目标；一是以改变和颠覆既存秩序为目标。后者往往将"反抗权"和"革命"行为合理化。儒家的君臣名分论或者大义名分论，主张的是第一种立场，但儒家同时还包含着激进革命的立场。西汉时期，辕固生和黄生在文帝面前围绕"放伐"和"弑杀"有一个争论，这一争论就反映了儒家对既存秩序的两种不同立场。最后，文帝从既存秩序考虑，大概要求回避"放伐论"。[3] 然而，在孟子看来，对于邪恶的君王人民有权"放伐"，这不是"弑杀"，而是合乎的正义的"诛讨"："齐宣王问曰：'汤放桀，武王伐纣，有诸？'孟子对曰：'于传有之。'曰：'臣弑其君可乎？'曰：'贼仁者谓

---

① 君王勇于承担政治责任的自信在《尚书》中可以看到的说法是："万方有罪，在予一人；予一人有罪，无以万方。"（《尚书·汤诰》）"百姓有过，在予一人。"（《尚书·泰誓下》）

② 参见《孟子·梁惠王上》。

③ 《史记·儒林列传》记载说："清河王太傅辕固生者，齐人也。以治诗，孝景时为博士。与黄生争论景帝前。黄生曰：'汤武非受命，乃弑也。'辕固生曰：'不然。夫桀纣虐乱，天下之心皆归汤武，汤武与天下之心而诛桀纣，桀纣之民不为之使而归汤武，汤武不得已而立，非受命为何？'黄生曰：'冠虽敝，必加于首；履虽新，必关于足。何者，上下之分也。今桀纣虽失道，然君上也；汤武虽圣，臣下也。夫主有失行，臣下不能正言匡过以尊天子，反因过而诛之，代立践南面，非弑而何也？'辕固生曰：'必若所云，是高帝代秦即天子之位，非邪？'于是景帝曰：'食肉不食马肝，不为不知味；言学者无言汤武受命，不为愚。'遂罢。是后学者莫敢明受命放杀者。"

之贼，贼义者谓之残；残贼之人，谓之一夫。闻诛一夫纣矣。未闻弑君也。'"（《孟子·梁惠王下》）孟子走得更远，一国人民不仅可以"讨伐"他本国的君王，其他国家如果有邪恶的君主，另一国的人民也有权利去讨伐他，这也许是在国际社会中公然主持"干涉主义"的先声。① 可以说，在孟子的革命思想甚至是"干涉主义"中，包含着人民有"反抗权"和人民有权自主作出政治选择的前提。

（作者简介：王中江　北京大学哲学系）

---

① 当然，孟子为这种"干涉"加了限制。参见《孟子·公孙丑下》。"沈同以其私问曰：'燕可伐与？'孟子曰：'可。子哙不得与人燕，子之不得受燕于子哙。有仕于此，而子悦之，不告于王，而私与之吾子之禄爵；夫士也，亦无王命而私受之于子，则可乎？何以异于是！'齐人伐燕。或问曰：'劝其伐燕，有诸？'曰：'未也。'沈同问：'燕可伐与？'吾应之曰：'可。'彼然而伐之也。彼如曰：'孰可以伐之？'则将应之曰：'为天吏则可以伐之。'今有杀人者，或问之曰：'人可杀与？'则将应之曰：'可。'彼如曰：'孰可以杀之？'则将应之曰：'为士师则可以杀之。'今以燕伐燕，何为劝之哉！"（《孟子·公孙丑下》）

孟子的精神修炼

匡 钊

孟子遵循孔子以来的儒家传统，最终将具备一定潜能的人心设立为引导我们达到本真的生存之理想境界的主宰者，而他所关注的使人自身主体化的技术，则因此也完全局限于精神修炼领域。孟子因专注于人心而放弃了较早的儒家在此"为己之学"问题域中开辟的另外两条与经典学习和礼乐训练有关的修身进路，从思想史的角度来看不能不说是一个很大的遗憾，并因为文献缺失等原因而对儒家的历史形象产生了很大的影响。不过一旦我们将他的思考置于更为广阔的背景中，孟子对人心的探索和对精神修炼工夫的发掘，则使早期儒家在这方面的思想变得真正丰满与完整。

孟子曾用一系列术语来指称精神修炼工夫，如所谓"存心"："君子所以异于人者，以其存心也"（《孟子·离娄下》）；"求放心"："学问之道无他，求其放心而已"（《孟子·告子上》）；"养心"："养心莫善于寡欲"（《孟子·尽心下》）。通过这些修身活动，孟子认为我们最终应该达到"不动心"的精神状态，而这种理想的状态的达成，不但与"思"和"气"这样的实践中的动力性因素有关，甚至还会有一定的外"形"上的表现——这就引出了"浩然之气"和"践形"两个问题。

我们已经知道，孟子认为人自身具有引导自己达到本真生存的潜能，如果能够健康地发展这种"四端"或者"良知"，我们一定可以获得德性或者理想的人格品质，以实现自身价值之所在。在谈论相应的修养过程时，孟子所运用的一系列术语，如"存心"、"求放心"和"养心"，所要表达的都是一个意思，通过这些工夫，他所要把握住的，都是有良知之心，或者说心之良知，也就是具有"四端"的"良心"："虽存乎人者，岂无仁义之心哉？其所以放其良心者，亦犹斧斤之于木也，旦旦而伐之，可以为美乎？"（《孟子·告子上》）孟子所谓"存心"、"求放心"所要"存"、要"求"的都是这种"良心"，此"良心"也正是他所欲"养"的目标。这样的"良心"也就是孟子所称的未受到污染的"赤子之心",据此他要求我们"不失其赤子之心"(《孟子·离娄下》)。所有这些说法的意思都是要我们克服自身的无能与意志薄弱,经由种种存养的方法,通过涵养、提升、扩大心中原有之"四端"来达成德性,达到人自身应有的主体地位。对此孟子曾引孔子言语加以强调:"故苟得其养,无物不长;苟失其养,无物不消。孔子曰:'操则存,舍则亡;出入无时,莫知其乡。'惟心之谓与?"(《孟子·告子上》)

孟子思想中"赤子"的意象,未必与来自老子的影响无关,而他在对于修养方式的讨论中涉及"气"的一些思考,则很可能受到稷下道家的影响——如孟子所谓"存夜气"的问题,便与《黄帝四经》中的有关说法明显存在前后联系。虽然大家的目标不同,但在先秦哲学的语境中儒道两家共享一些工夫论层面的东西或为不争的事实,这一点特别表现在与"气"有关的话题上面。早有论者有见于此,并认为:"孟子的心气论……除了孟子本人创造性地发挥外,还与此前和同时代人的思想成果有关。特别是《管子》中《内业》、《心术》上下和《白心》四篇中丰富的气论和心论思想,同孟子养气、养心的思想有很多相通之处。"[①] 这种一致性留待稍后再专门讨论,而如果孟子关于精神修炼的一系列术语所要表述的内容最终可归结到"养心"二字,那么下面我们的考察便可首先从"养心"的角度入手。

对于"养心",孟子首先明确将其与"寡欲"联系起来:"养心莫善于寡欲。其为人也寡欲,虽有不存焉者寡矣;其为人也多欲,虽有存焉者寡矣。"(《孟子·尽心下》)对于不能为善的问题,孟子认为对于德性的无知可以克服,而对在拥有相关知识的情况下故意作恶的情况未加考虑,同时实际上并不承认我们会因为意志薄弱而存在能够并且愿意但无法做到的情况,如他与梁惠王的对话中便以比喻的方式亮明自己的观点:

> 曰:"不为者与不能者之形何以异?"曰:"挟太山以超北海,语人曰'我不能',是诚不能也。为长者折枝,语人曰'我不能',是不为也,非不能也。故王之不王,非挟太山以超北海之类也;王之不王,是折枝之类也。"(《孟子·梁惠王上》)

---

① 白奚:《稷下学研究——中国古代的思想自由与百家争鸣》,生活·读书·新知三联书店1998年版,第161页。

　　孟子的意思是，追求德性，完全在人的能力范围之内，只要主观上愿意，就不存在其他的障碍。于是不能为善的一个很重要的因素，便在于梁惠王的"寡人之疾"。孟子要梁惠王推恩，所要解决的是梁惠王的欲望和社会治理之间的矛盾，而对于人欲与人自身的德性追求之间的矛盾，孟子则拈出"寡欲"二字。单看"寡欲"的字面，这个观点似乎又和道家或者墨家有关，但在儒家系统内部，对于"欲"的看法远比前两者更为正面，饮食男女都是人伦题中应有之义，因此孟子讲"寡欲"只怕和道家或墨家相去甚远，在思想上也未必受其影响，至于此话题的相关性大约只停留在字面上。孟子对于"寡欲"的看法，仍然与他对于"大小体"的分辨有关，饮食之类的欲望所养的只是口腹"小体"，这方面内容本来也是必要的，但在与心之"大体"相比的情况下，则我们不应因为满足只能养"小体"的欲望而威胁到"大体"的修炼："体有贵贱，有小大。无以小害大，无以贱害贵。养其小者为小人，养其大者为大人。贱而小者，口腹也；贵而大者，心志也。"（《孟子·告子上》）如此可见，"寡欲"的理由不是因为人欲本身不好，而是当对于欲望的追求威胁到对于人心的养护的时候它才是负面的，也正是因此才须对其加以限制。至于为什么过分追求人欲会危及到人心，回答这个问题大概仍然可以从儒家一贯"天人有分"的根本看法入手。孔子早已明确区分"可求"的和"不可求"的，前者为取决于人自身的道德价值与理想人格，而后者则为因涉及外部因素而不取决于人自己的那些富贵寿夭之类，而人欲的内容之所以不应该受到过分的重视，便是由于其本属后一范畴——欲望能否得到满足与客观状况有关。这个分别，在其后学中继续存在，如郭店简书《成之闻之》所谓："君子之求诸己也深，不求诸其本而攻诸其末，弗得矣。"这里的"本"所指应该就是那些取决于自己的东西，而"末"的意思当然相反。孟子也对这种分别有极为清醒的认识，这便是如前所提到的他对于"求在我者"和"求在外者"的分辨，而人欲便属于"求无益于得"的那些内容，因此根本不应该对其过分重视。上述分别，大概同样也与孟子所谓义利之辨有关，义的内容无疑是"求在我者"，而利所代表的，也恰是那些不取决于人自身且对于人格养成和其价值实现并无直接益处的外在之物。从这个角度讲，它当然应是"不为"、"不欲"的对象，如孟子所言："无为其所不为，无欲其所不欲，如此而已矣。"（《孟子·尽心上》）认为"欲"和"利"不应被作为追求的目标，在《吕氏春秋·必己》也有类似的儒家思路上的说法："君子必在己者，不必在人者也。""欲"、"利"既然不值得追求，那么这些内容自然与正面的存养之道无关；相反，在精神修炼活动中，对于这些内容反而应通过负面的工夫加以制约。

为了进一步说明这一点，我们可参照《孟子·尽心下》中一段著名的文字："孟子曰：'口之于味也，目之于色也，耳之于声也，鼻之于臭也，四肢之于安佚也，性也，有命焉，君子不谓性也。仁之于父子也，义之于君臣也，礼之于宾主也，智之于贤者也，圣人之于天道也，命也，有性焉，君子不谓命也。'"这段话的意思历来便被多加阐释，特别是其中"性"字的意思，更能见出孟子之前儒者便已经开始的对于其意义的重大改造，使之由与生俱来的生命禀赋转化为对于人之所是的一个理论回答。理解这段文字的关键，便在于领会到"性"字包含上述两层意思，而其中"命"字，则只有一层意思："'命'字之指涉，正与'天'字相近。"① 上述内容正如劳思光所言："取前一'性'字之意义，则其指涉即在形躯之各种官能；取后一'性'字之意义，则其指涉即在于人之价值意识，即孟子所谓'四端'所显现者。而'命'字在意义上则为'命定'之意，所指涉者则包括经验界之一切条件系列。"② "性"字的前一层意思，也就是孟子欲其"寡"的·"欲"，而其后一层意思，则是道德价值之"求在我者"。这种分辨，程朱便已经体会到，就前者朱熹"集注"云："程子曰：'五者之欲，性也。然有分，不能皆如其愿，则是命也。不可谓我性之所有，而求必得之也。'愚按：不能皆如其愿，不止为贫贱。盖虽富贵之极，亦有品节限制，则是亦有命也。"就后者朱熹又说："程子曰：'仁义礼智天道，在人则赋于命者，所禀有厚薄清浊，然而性善可学而尽，故不谓之命也。'……愚按：所禀者厚而清，则其仁之于父子也至，义之于君臣也尽，礼之于宾主也恭，智之于贤否也哲，圣人之于天道也，无不吻合而纯亦不已焉。薄而浊，则反是，是皆所谓命也。愚闻之师曰：'此二条者，皆性之所有而命于天者也。然世之人，以前五者为性，虽有不得，而必欲求之；以后五者为命，一有不至，则不复致力，故孟子各就其重处言之，以伸此而抑彼也。'"总括的看法，朱熹在《朱子语类》卷六十一还有言云："君子不谓性命一章，只要人遏人欲，长天理。前一节，人以为性我所有，须要必得；后一节，人以为命则在天，多委之而不修。所以孟子到人说性处，却曰'有命'；人说命处，却曰

① 劳思光：《新编中国哲学史》卷一，广西师范大学出版社 2005 年版，第 147 页。
② 劳思光：《新编中国哲学史》卷一，广西师范大学出版社 2005 年版，第 147 页。

'有性'。"可见这段话由来便颇可认为是对由"寡欲"而"养心"的一个深入说明，但这些说法中"命"字的意思，却在某些当代解释者那里出现偏差。如有论者以为："'口之于味'章之两'命'字，实即将人之所禀于天之'命'区分为两类：一为人自然生命之情欲本能；一为人之先天的伦理道德规定。"① 这里的"命"作为人自身上不取决于我们的注定之限制，正与生命本身的天赋官能同类，但却不应有"先天的伦理道德"之意味。之所以得出后一层的理解，大约一方面与孟子原文中提及的"天道"及来自朱熹注释中的"天理"这样的说法有关，但从根本而言，大约仍然不免受到当代新儒家"道德形上学"的假设影响，总试图将问题归结到某个先天本体上面去。论者据此认为："《孟子》分'命'为两类，则其两性字，亦分性之内容为两大类。孟子既言仁义礼智为先天固有之性，又言'形色天性也'，亦可为其证。"② 这种主张，也是既不精确也不正确的。仁义礼智作为人性的内容，乃是精心培育的结果，而"形色天性"之"性"，则纯是人的自然生命。至于人性问题作为对于人之所是的回答，正是通过将后面意义上的"性"转变为前面意义上的"性"，最终支持人性的东西，并不是先天的本体或者"天理"之类，而就是此在的生存本身——孟子在谈论人改变自己、赋予自身价值的那些潜能的时候，所谓"我固有之"、"天之所予我者"等言论，完全都是在强调人的生存活动的先行性而非在试图设立什么"本体"之类的东西。对孟子原文的解释中出现的"天理"观念，我们大可如上述角度看待，至于孟子自己举出来的"圣人"和与之相对的"天道"观念，则更为复杂一些。后一个观念我们前面在论及孔子与孔孟之间儒者思想的时候都已经对其有所言及，在孟子处，"天道"的意思未必发生变化，仍然一方面作为政治理想，另一方面作为对于历史现实中运作规律的总括。在上述后一层意思上，这个观念是否能够必然实现早已面对严重的困难，孔子便是从这种角度对时代和自己的政治抱负多有感叹，即便是单纯作为政治理想的"天道"，也已经超出了个人所能把握的范围。在这种背景下，孟子实际上很清楚理想中的历史规律"天道"之实现与否，并不是单纯取决于我们自己努力的"求在我者"，但孟子作为儒者，归根结底未曾放弃儒家在政治层面的

---

① 李景林：《教养的本原——哲学突破期的儒家心性论》，辽宁人民出版社1998年版，第221页。

② 李景林：《教养的本原——哲学突破期的儒家心性论》，辽宁人民出版社1998年版，第222页。

理想和我们为此所应付出的主观努力，因此他在这里大概是遵循较早儒者的说法，仍然坚持认为"圣人之于天道也，命也"。附加在这个单纯的对于历史政治理想的陈述后面的那句"有性焉，君子不谓命也"，却很容易在解释上成为混淆视听的源头。对于这最后一句关乎"圣人"与"天道"的言语的解释关键在于，孟子这里所谓的"命"，如其在整个一段话中的用法一样，不但不是正面的观念，其作为对于个人命运或人间公共事务的限制反而应是被否定和拒绝的负面观念。在天人有分的背景中，这里所谓"命"乃是属于天的范畴，本来是人力所不能及的对象。对于孟子所谈论的天或者命，我们很容易受到作为政治理想的"天道"观念的暗示，而不假思索地将其作为正面的、积极的"善"的观念来看待，但实际上这些不取决于我们的内容并不应该具有上述正面的价值，从一切价值均取决于人自己的角度来看，天与命即便不是"恶"的，至少也是价值无涉的。对于看待问题的这个角度，已经有学者从类似角度出发认为在《孟子》中，与人有分的天既不必然保证人性之善，甚至天自身也都不必定是善的。① 孟子对于这样的天与命多有抱怨，如他在去齐时感叹"天未欲平治天下"（《孟子·公孙丑下》），便表达了这样的心情。② 也就是说，在孟子这里，除了表征着政治理想的天道之外，命与天这样的术语在很多情况下带有明确的否定含义，这层意思也如他自己如下语言所谓："舜、禹、益相去久远，其子之贤不肖，皆天也，非人之所能为也。莫之为而为者，天也；莫之致而至者，命也。"（《孟子·万章上》）这样的天与命，本是无益于人之道德价值的"求在外者"，但孟子如孔子一样认为，即便现实政治运作的具体成败超出我们的掌控，但这种状况却并不意味着解除了我们自己所应肩负的公共责任，从这个角度讲，如果将此公共责任视作人对于自身责任的推广，则其无疑也是"性"的一种延伸，而此种关乎群治意义上"性"则是对于局限着人们政治生活的"命"的一种根本扬弃——正所谓"有性焉"，"不谓命"。孟子在《公孙丑上》和《离娄上》中两次引《诗》"永言配命，自求多福"，便都是要人尽自己的努力做到应尽之义务，而客观效果如何，实际上是难以确切加以把握的。用孟子

① 参见 Franklin Perkins，*Reproaching Heaven：The Problem of Evil in Mengzi*，*Dao：A Journal of Comparative Philosophy*，June 2006，Vol. V，No. 2，pp. 293—312。

② 参见 Irene Bloom，*Practicality and Spirituality in the Mencius*，*Confucian Spirituality*，Volume One，Edited by Tu Weiming and Mary Evelyn Tucker，The Crossroad Publishing Company，Press，2003。

自己的话讲，上述这层意思便是："爱人不亲反其仁，治人不治反其智，礼人不答反其敬。行有不得者，皆反求诸己，其身正而天下归之。"（《孟子·离娄上》）在个人的行动涉及他人的时候，是否能获致"亲"、"治"、"答"并不必然，但这却绝不意味着我们自己便无须"仁"、"智"、"敬"，政治理想的最终达成在孟子看来仍然要从"反求诸己"开始推而广之，但最后是否真能达到"天下归之"的理想却是未定之数——最后这句豪言，大约只能视为孟子出于自己对于理想政治的信念而对于大家的勉励，却非对某种未来的笃定预见。儒家将政治问题作为伦理问题推论的思路的根本困难在于从个体到群体之间理论和实践上的跳跃，这种困难在孟子这里仍然以更为复杂的方式存在。我们已经知道上述困难的一个来源是德的观念的含混性，现在我们可以进一步说明，儒家之所以将政治视为个人道德之延长，另一个原因就是混淆了"人""我"之间的差别。笼统而言，道德学说或者伦理价值之所以有效，本来一定是因为其具有超乎个人之上的公共性，但这绝对不意味着便可由这些伦理道德内容取代或覆盖独立的政治问题。在天人有分的背景中，孔子区分了取决于人的和不取决于人的东西，前者"可求"而后者"不可求"。这种说法虽然正确但并不精确，从群体意义上的人对于公共事务普遍肩负责任的意义上看，政治问题同样也可被理解为"可求"的属于人这一边的事务。相比之下，对于上述天人之间的分别，孟子所谓"求在我"和"求在外"的表述更为精确——严格来讲，取决于"人"自己的伦理价值乃是取决于"我"自己，孔子所谓"可求"，归根结底乃是"求在我者"；但就政治问题而言，却不能将其由取决于群体意义上的"人"缩小范围至"我"，说政治问题取决于我自己从逻辑上讲便是完全不成立的，从这个角度讲，政治问题乃属于"求在外者"。孟子表现出对于"人""我"之别的敏感，是否便是由于有见于上述内容难以断定，但他必定对于儒家传统对道德问题的思考中存在的困难有某种了解。孟子的疑虑大概集中在群体政治责任的客观实现性方面，即便政治问题在人群层面从逻辑上讲属于"可求"的内容，从现实运作的角度讲其结果也未必尽如人意，这与取决于个人的"求在我"的那些伦理价值完全不同，后者必定是"求则得之"的。这或许就是为什么孟子虽然出于价值层面的考虑而总劝有关的君主施行仁政，但却从来没有对他们如此施政的结果有肯定的预测，而他在感叹"天未欲平治天下"的时候也已经放弃认定"天道"会按照某种规律必然实现。虽然政治问题并不属于严格的"求在我者"，但这种状况不意味着解除了每一个人都应承担起来的对于公共事务的责任，且后一种责任在孟子看来仍然是源自我们改变自己以达到本真的生存的努力——从这个角度讲，孟子没有完全避免儒家的传统缺陷。基于以上种种了解，我们现在可将问题的焦点对准与天道相关的圣人形象，而后者恰也同样具有双重意义。就"圣人之于天道"这句话而言，其中出现的"圣人"的意思，本来应是带有意识形态色彩的古之圣王意义上"圣人"，而这种圣人的权能乃是卡里斯玛式的，对于其他人而言不能学、不能致，其存在完全是出于人所不知的神秘因素。相对于此，孟子所希望强调的恰是道德德性意义上的圣人，后者则是可以通过修养活动而可学而致的，此种意义上圣人，也就是孟子在《万章下》中称道的那些"圣之清者"、"圣之任者"、"圣之和者"与"圣之时者"——这些形象便都是脱离了意识形态背景、单纯道德意义上的圣人。如果说卡里斯玛式的圣人与天道之间存在一种强制性的直接关系——圣人和现实中的理想政治环境是注定神秘地结合在一起的（"圣人之于天道也，命也"），那么伦理德性意义上的圣人与天道之间只存在某种不确定的间接关系——圣人代表了我们通过改变自己所欲达到的理想人格境界，而孟子虽然放弃历史规律的必然实现性，但他仍然相信，这种个体化的伦理活动推广开去应该对本来"求在外"的群治问题有所帮助（"有性焉，君子不谓命也"）。孟子对于"圣"作为德目所可能包含的潜在困难最终还是有所觉察，这里孟子还延续之前儒者"仁义礼智圣"五行并举的传统，并试图对其加以新的解释——这种解释过于复杂而呈现在上文中的内容大部分出于我们的重构，那么到了他思考"四端"之心的时候，便大概是出于对讨论中的明晰性的考虑而将其省略掉了。

类似上述孟子在儒家天人有分的背景中对于"求在我者"和"求在外者"的看法，希腊化时期的重要哲学学派斯多葛派也对于依赖于我们的东西和不依赖于我们的东西作出过区分①，并且一方面认为这种分别乃是基于价值判断和事物自身的区分①，另一方面也认为"只有德性才是因其自身而值得选择的"②。将他们的思路与孟子的思路稍加比较，更能从其他角度来加深我们对于孟子和

---

① 参见 *The Cambridge Companion to Foucault*，edited by Gary Gutting，Cambridge University Press，1994.5.Arnold I. Davidson，*Ethics as Ascetics：Foucault，the History of Ethics，and Ancient Thought*，Cambridge University Press，1994。

② Martha C. Nussbaum，*The Therapy of Desire：Theory and Practice in Hellenistic Ethics*，Princeton University Press，1994，p.359.

儒家传统的某些了解。在孟子看来，人的欲望的可实现性并不取决于我们自己，这种"求在外"的内容属于应受到控制的对象，我们不应该因为过分追求这些东西而损害到那些真正的"求在我者"——孟子以"寡欲"、"养心"不外就表达了上面这些意思。与此类似，斯多葛主义者也主张人只应当追求那些取决于我们自己的伦理价值，他们认为，"人类的一切苦恼来自于寻求获得或保有可能或会丧失或不能取得的东西，也来自于试图避免常常是不可避免的灾祸。那么，哲学的任务就是教育众人，使他们只寻求可获得的善，并仅试着避免能避免的恶。之所以某些善可获得或恶能避免，是因为其必然完全依赖于人的自由；而满足这些条件的唯一事物乃是道德上的善与恶。仅它们依赖于我们；其他一切都不依赖于我们"①。对于上述分别，罗马斯多葛主义者爱比克泰德（Epictetus）的论断更为明确，他的思考"基于传统的斯多葛派在依赖于我们的事物和不依赖于我们的事物之间作出的区分：'依赖于我们的乃是价值判断、行为取向、好恶（desires and aversions），以及——一言以蔽之——取决于我们的所有事情。不依赖于我们的乃是肉体、财富、光荣、政治上的高位，以及——一言以蔽之——不取决于我们自身的所有事情。'（Epictetus, Manual, 5.）依赖于我们的乃是我们自身灵魂的行为，因为我们能够自由地对其加以选择。不依赖于我们的乃是依赖于自然与命运的普遍进程的那些事情"②。稍后的马可·奥勒留在其《沉思录》中回应了爱比克泰德所提出的上述三个基本主题（价值判断、行为取向、好恶），并进一步强调作为一种精神修炼的哲学就在这些依赖于我们的事情向度上展开。③观察斯多葛派的论点，我们会在对哲学活动定位的大的相似性下面发现一个非常不同于上述我们对于儒家的了解之处：斯多葛派哲学家乃将人欲（desires）作为取决于我们的事情。从人的欲望或者好恶源自心灵的角度讲，在不考虑这些内容的客观实现性的情况下，将其视为取决于我们的事务完全正确——我们当然可以训练、培养自己某一方面的意欲而主动克制其他方面的意欲。前面对于孟子"寡欲"主张的考察，完全是

---

① Pierre Hadot, *Philosophy as a Way of Life-Spiritual Exercises from Socrates to Foucault*, translated by Michael chase, Blackwell Publishers Ltd., 1995, p.83.

② Pierre Hadot, *Philosophy as a Way of Life-Spiritual Exercises from Socrates to Foucault*, translated by Michael chase, Blackwell Publishers Ltd., 1995, p.192.

③ 参见 Pierre Hadot, *Philosophy as a Way of Life-Spiritual Exercises from Socrates to Foucault*, translated by Michael chase, Blackwell Publishers Ltd., 1995, pp.195—202。

从其外在实现性的角度入手而没有考虑到人心对于欲望的主观控制，这里参考斯多葛派的思考，我们同样可以认为孟子以"寡欲""养心"的说法，并不排除上述斯多葛式的对于精神修炼的思考。也就是说，无论从欲望的外在实现性上讲，还是从心灵对于由此生发出来的意欲的主观控制的角度讲，孟子以"寡欲"来达到"养心"之目标的工夫论思考，都是可理解的。

对于"养心"的目标，在孟子看来大约不外就是让"良心"袒露，既不受外来因素也不受内在欲望的威胁，对于这样的精神状态，孟子称之为"不动心"。在《孟子·公孙丑上》中记录了一段孟子与公孙丑之间就"不动心"问题而展开的重要对话，且这段话历来被认为是孟子言修身工夫时的关键所在。孟子在对话里揭示了除了"寡欲""养心"之外最为重要的一套"知言养气"的修养技术。这套工夫论是孟子全部精神修炼技术中最重要的部分，而此话题从字面上首先与孔子"不知言，无以知人也"（《论语·尧曰》）的言说有关，其次也与稷下道家和郭店简书中的思想多有相通之处。就前者而言，孔子所谓"知言"基本上是比较朴素的"听其言，观其行"的意思，但孟子显然不是在这层意思上使用这个观念；就后者而言，我们已经知道，"抟气"对于老子和黄老学家是非常重要的修炼工夫，而孔孟之间的儒者也已经将气视为与道德德性的获得密切相关的动力性因素，孟子在自己的思考中，对上述内容加以创造性的发展。孟子与公孙丑之间这段著名的关于"知言养气"的对话很长，不但广为人们所熟悉，也曾受到反复的讨论，这里或许没有必要详细列举现有解释观点①，仅出原文并结合朱熹的经典理解而将其分层次梳理如下：

> 公孙丑问曰："夫子加齐之卿相，得行道焉，虽由此霸王不异矣。如此，则动心否乎？"孟子曰："否。我四十不动心。"曰："若是，则夫子过孟贲远矣。"曰："是不难，告子先我不动心。"曰："不动心有道乎？"曰："有。北宫黝之养勇也，不肤挠，不目逃，思以一豪挫于人，若挞之于市朝。不受于褐宽博，亦不受于万乘之君。视刺万乘之君，若刺褐夫。无严诸侯。恶声至，必反之。孟施舍之所养勇也，曰：'视不胜犹胜也。量敌而后进，虑胜而后会，是畏三军者也。舍岂能为必胜哉？能无惧而已矣。'……孟施舍之守气，又不如曾子之守约也。"曰："敢问夫子之不动心，与告子之不动心，可得闻与？""告子曰：'不得于言，勿求于

① 详细的研究状况仍可参考黄俊杰《中国孟学诠释史论》中的有关部分。

心；不得于心，勿求于气。'不得于心，勿求于气，可；不得于言，勿求于心，不可。夫志，气之帅也；气，体之充也。夫志至焉，气次焉。故曰：'持其志，无暴其气。'""既曰'志至焉，气次焉'，又曰'持其志无暴其气'者，何也？"曰："志壹则动气，气壹则动志也。今夫蹶者趋者，是气也，而反动其心。""敢问夫子恶乎长？"曰："我知言，我善养吾浩然之气。""敢问何谓浩然之气？"曰："难言也。其为气也，至大至刚，以直养而无害，则塞于天地之闲。其为气也，配义与道；无是，馁也。我故曰，告子未尝知义，以其外之也。必有事焉而勿正，心勿忘，勿助长也……""何谓知言？"曰："诐辞知其所蔽，淫辞知其所陷，邪辞知其所离，遁辞知其所穷。生于其心，害于其政；发于其政，害于其事。圣人复起，必从吾言矣。"（《孟子·公孙丑上》）

对话首先从公孙丑的问题开始，孟子告诉他，"不动心""不难"，甚至"告子先我不动心"。于是公孙丑继续询问"不动心"之道，孟子先举北宫黝、孟施舍的例子，说明第一个层次上通过"养勇"所能达到的"不动心"。在这个层次上，孟施舍因"守约"而强于北宫黝。这层意思如朱熹所谓："黝务敌人，舍专守己。……论其所守，则舍比于黝，为得其要也。"也就是说，针对外在目标的"养勇"之训练，从境界上讲不如以自身为目标的精神修炼。但孟施舍的修炼方式的"守气"，在孟子看来大约又近似于"强把住不动"，而比起曾子的修炼来仍然不如："孟施舍之守气，又不如曾子之守约也。"对此朱熹注云："孟施舍……所守乃一身之气，又不如曾子之反身循理，所守尤得其要也。孟子之不动心，其原盖出于此。"对话至此，可以推测孟子是将"守气"或"守约"作为达到"不动心"的要件，但他尚未说明孟施舍式的"守气"与儒家或曾子式的"守约"差异何在，也未说明这些修养方式与"不动心"的关系如何。

于此便进入对话的第二个层次，公孙丑问孟子的"不动心"与告子"不动心"之间的差异何在。"告子曰：'不得于言，勿求于心；不得于心，勿求于气。'不得于心，勿求于气，可；不得于言，勿求于心，不可。夫志，气之帅也；气，体之充也。夫志至焉，气次焉。故曰：'持其志，无暴其气。'"我们已经知道，从告子的各种观点来看，他所代表的大体是较早儒者的某些过时观点，而在此意义上，他同样可能认为"气"的修养与某些德性的获得密切相关。告子的大体意思是，从修养层次的角度在言、心、气之间建立了一个递进的关系，这个过程中言是最基本的，而气出现在修养的最终层次上，心的地位则居于此两者之间。"言"字应做何解，须从后面孟子"知言"的说法中探求，"知"与"思"相关，"知言"的重点恐怕在于"思"而"知"，所谓"得于言"，乃是"思"这种精神修炼工夫的后果。"心"字所指，在此则应是孟子其他地方所讲的"才"，也就是人心具备的某些潜能。至于"气"的意思，其在先秦文献中以往的用法可能覆盖了从自然界的空气、人的气息与生命力、精细的质料到精神活动的多个领域，而此处告子所谈论的"气"，无疑是关乎精神状态，早有论者有见于此："孟子所言'气'，乃在人的物质实存性一端所显现的人的内在精神状态或精神力量。它既不同于西方哲学那种与形式原则相分离的质料概念，亦不同于宋儒表现人的个性才质差异的'气性'、'气质'概念。"① 孟子同意告子关于心与气关系的看法，但不同意他关于言与心之间关系的看法。黄老道家主张气在精神活动中居于核心地位，在他们看来，"气"就是"精气"，而心则为"精舍"（《管子·内业》）。有论者指出："精气（'鬼神'）超乎心思之上。心如房室，扫除嗜欲，腾出空位给精气，心的主君作用自然发挥。但孟子则不然，他讲'志至气次'，以心使气，却为道家所忌。《老子》五十五章曰：'心使气曰强，物状则老，谓之不道，不道早已。'《老子》认为柔弱生之徒，坚强死之徒，而柔弱一定可以胜刚强。只有虚心以纳气，不能将心志来役使气。孟子与道家的区别在于他们对心和气在人体的定位不同。"② 孟子与道家的确对于"气"与"心"的定位不同，但在"知言养气"的理论结构中，孟子与黄老道家观点差异的焦点却不在于主张哪一个更根本、谁能役使谁，而在于在心气关系中对两者的理解不同。黄老道家视气为普遍精神，与"道"接近，而孟子视气为个人精神活动中的某种动力性因素，如果考虑到他与早先儒者的前后继承关系，则此气即是与道德德性的获取密切相关的工夫层面的东西；黄老道家视心为某个接纳精气的场所，而孟子在此则视心为实现德性的潜能。在孟子的意义上，类似于道家的认为气对于心而言居更高层次的优势地位的看法，当然并不成立，只是从修养次第的角度讲，无论告子还是孟子均同意，对于心灵道德潜能的某些发掘，应优先于获取道德德性所经由的气之

---

① 李景林：《教养的本原——哲学突破期的儒家心性论》，辽宁人民出版社1998年版，第279页。

② 杜正胜：《形体、精气与魂魄：中国传统对"人"认识的形成》，见黄应贵主编：《人观、意义与社会》，台湾"中央研究院"民族学研究所1993年版，第45页。

修炼。这也就是"先立乎其大者"的意思，即对于"四端"之心的确认，优先于任何一种实现德性的工夫，而任何工夫，反之均是对于"四端"的扩充："凡有四端于我者，知皆扩而充之矣，若火之始然，泉之始达。"（《孟子·公孙丑上》）从这个角度讲，在告子和孟子看来，心之潜能优先于气之涵养。

如果孟子与告子都同意"不得于心，勿求于气"，则他们对于"不动心"之道的看法的差异，完全在于对言与心关系的不同理解。劳思光曾解释上述差别如下："'不得于心，勿求于气，可'，盖心志未能得理，徒恃意气以为矜持，是沽勇之流，非儒者所许。""'不得于言，勿求于心，不可'，盖讲论有不得理或不得正者，正须求之于心志，以心正言，方是人文化成之精神。"① 这是从得"理"与否的角度处理问题，难免带有宋儒的影子，而在我们看来，无须设定"理"的存在，仅从对"四端"的确认应优先于任何修养工夫的角度，已经完全可以说明问题。关键在于，不但"气"是工夫论方面的题目，孟子所谓"言"，如其与"思"相关所暗示的那样，仍然是在工夫论的意义上被言及。在孔孟之间的儒者看来，"思"或"知言"与理智德性的养成有关，告子认为这种工夫，或者说思考优先于人心之潜能，也就是说在他看来，心灵所能把握的内容一定都是已经通过思辨言说呈现出来的内容。这种对于"言"的看法，更接近纯粹的对于客观事物的认知，不但完全没有考虑到"思"之中可能包含的"情"的因素，且如果继续发展，大约也会呈现出类似与西方式的认识论的理论构造。但孟子对此持不同看法，他一方面如同亚里士多德一样，同意没有实践智慧是不可能发展出道德德性，如所谓"心之官则思，思则得之，不思则不得也"；另一方面，则充分考虑到心之"四端"所包含的"情"的因素，并且继承先前儒者的观点，仍然认为此种可表现为"情"的心灵潜能，乃是人性成长的真正起点。也就是说，孟子认为人心之潜能对于"言"所标识的成就理智德性的工夫具有优先地位，无论得言与否，首先还是要"求心"——确认"四端"之心的基础性地位。如果缺少对于"四端"与"良知"这些人心本来潜能的体会，缺少对于"情"的基本感觉，思知的工夫毫无意义。

了解上述这种告子与孟子间立场的根本差异，也就能了解他们两人两种"不动心"的差异何在。对于告子而言，他虽然先于孟子达到"不动心"，但他取得这一效果的过程实际上是强制性的，可能如康德一般取决于对于思辨性

---

① 劳思光：《新编中国哲学史》卷一，广西师范大学出版社2005年版，第127页。

道德规则的先行理论言说，这就像孟子前面所批评的"养勇"与"守气"一样，都是根据某些外在的标准来训练自己，达到"不动心"的状态。于是便会产生进一步的问题，如果我们希望追问这些外在标准的来源，那么就不得不引入类似于道家之"道"这样的超越性观念，而一旦出现这样的观念，整个思考问题的路径便可能偏离了孔子所开辟的那种反求诸己的内向转向了——这可能接近于荀子与汉儒的思路，但绝对与孟子的思想相左。更为重要的是，出于这种思路来把握人的价值，通过某种超越性观念来确定德性的合法性，表明了一种"不自由"的哲学，如果我们仅仅通过"得言"、"养勇"与"守气"这些外在的东西来训练自己获得自身价值，那么这种价值就不是自由的，而不自由的道德同样是完全没有意义的。正是在这个层面上，曾子式的"守约"作为自省的结果乃是出于充分的知识的自觉，具有远远超出前面所举出的北宫黝、孟施舍的例子的理论意义。孟子所主张的"不动心"，就是曾子式的，这可谓是"自由"的"不动心"。儒家先前所强调的"贵心"之论在孟子这里通过其对于"四端"和"良知"的把握又更深入了一层，而同样的思考上的深入也出现在工夫论的层面。如果说以往儒家已经对于通过精神修炼等修身活动来改变自己、使自己成为本真之应是的活动有相当明确的认识，那么这种活动本身的合法性，或者说所能获得的德性与人格品质的合法性问题则尚未发生，如孔子，以及孟子之前的儒者均未正面提出各种修身教化的依据是什么的问题。但孟子则对此有极大的敏感，并以"四端"之心加以总的回答，且将此答案扩展到对精神修炼工夫的思考之中，即心之潜能既是德性合法性的根源，同时推广来说也是获得德性的修身技术的合法性根源，"四端"之心既是"思"而"知言"，也是"养气"的优先条件，而同时也只有从这个方向出发，才能获得优良的德性品质并达到真正的道德自由。此前几乎所有研究者都已经注意到孟子明确认为伦理价值和修身工夫必须是自由的、"自我立法"的才是有意义的，如冯友兰解释后文所谓"浩然之气"："浩然之气的主要内容是不动心，……不动心也有二种情况，一种是强制其心使它不动。另一种是心自然而然地不动。"[1] 在如何使心不动的修炼技术上，如果告子与前人均属"强制其心使它不动"，那么只有孟子发现，"不动心"的真正意义在于"心自然而然地不动"，或者说"自由地"不动。

---

[1]　冯友兰：《中国哲学史新编》第二册，人民出版社 1983 年版，第 93 页。

为了说明上述自由的精神修炼工夫，孟子随后进一步解释自己的观点：
"志壹则动气，气壹则动志也。今夫蹶者趋者，是气也，而反动其心。"孟子
此处所谓"志"，仍然也就是"心"，"'志'与'心'为一事"①，而他上述言论
的要点在于"壹"这个观念，朱熹认为此"壹"也就是"专一"："孟子言志
之所向专一，则气固从之；然气之所在专一，则志亦反为之动。"这个论断大
体不错，而此处出现的"壹"或"专一"的观念，无疑是对《五行》中所谓
"能一"的思想的继承，在某些意义上，可能也与稷下黄老学文献，如《管子》
"四篇"与新出土文献《凡物流形》中"能一"的说法未必完全无关。"壹"指
的是"一于心"、"全心"或"独心"的状态，也就意味着人专注于内心、摆脱
了各种困扰而关注自己。这实际上也就是"不动心"的状态，而如果我们能达
到此种内心状态，当然也就达到了在不同情况下表现出的各种精神面貌的统
一，相反，如果我们所有的精神面貌或者气质表露已经达到某种高度统一、相
互结合的状态，同样也意味着心灵的"专一"——"反动其心"的意思不是说
心受到气的影响，而是从上述后一个角度继续对心之"壹"加以说明。基于这
种对于"壹"的了解，孟子继续向我们揭示了达到此种心灵自由而专一状态的
路径："我知言，我善养吾浩然之气。"

对于"何谓浩然之气"，孟子本人也认为是一个难以说明的问题。他首先
对这种"浩然之气"加以笼统说明："其为气也，至大至刚，以直养而无害，
则塞于天地之间。其为气也，配义与道；无是，馁也。"朱熹对于孟子上述言
语解释说："知言者，尽心知性，于凡天下之言，无不有以究极其理，而识其
是非得失之所以然也。浩然，盛大流行之貌。气，即所谓体之充者。本自浩
然，失养故馁，惟孟子为善养之以复其初也。……告子之学，与此正相反。其
不动心，殆亦冥然无觉，悍然不顾而已尔。"特别就"配义与道"而言，朱熹
以为："配者，合而有助之意。义者，人心之裁制。道者，天理之自然。"他的
这些说法，在我们看来有不少成问题的地方，比如反复引入"理"或者"天
理"来说明问题便是多余和不必要的。孟子所谓"知言"，重点在于揭示此活
动的精神修炼意义，谈不上新老新儒家意义上的"究极其理"，同时，朱熹所
谓"复其初"的说法也不恰当，孟子的意思不是要人返回到某种原始的"善"
的状态，而是要我们从"其初"之时的"四端"与"良知"出发，通过一系列

① 劳思光：《新编中国哲学史》卷一，广西师范大学出版社 2005 年版，第 127 页。

的修养活动，自己引导自己达成理想人格的最终目标。至于理想人格所展现的精神面貌，孟子便称之为"浩然之气"，这个词所表达的内容，一方面与工夫论层面的"气"有关；而另一方面不外就是对"壹"于心之后，人的某种综合性的精神品质之整体说明，这样的精神状态在孟子看来，"是集义所生者，非义袭而取之也。行有不慊于心，则馁矣。我故曰，告子未尝知义，以其外之也"。这里孟子最后以"集义"的说法点明从"知言"到"养气"的工夫次第，而自己与告子的差别，也仍然以告子"义外"的看为根本分野。

告子"义外"的说法，本来意味着他仅从外在的行为层面把握某些伦理品质化的德性，但孟子这里发挥了告子的原意，认为"义外"归根结底也意味着对外在道德规范的强制性有所依赖，而"得于言"对于进一步的修身活动而言具有绝对优先的地位。在这个意义上，孟子认为告子既"不知义"也不真正"知言"，他不理解对于道德修养和伦理价值而言必不可少的内在的合法性根源和自由的意义，也不理解作为精神修炼工夫的"思"与"知"一定要在"四端"之心的基础上方能开展出去。"集义"的说法所表明的，实际上就是通过"思"而"知言"的工夫论层面上的内容，笼统而言也就是致良知，是让人内心的"四端"得到健康的发展。这也就是孟子后面讲述的寓言所要表达的意思："必有事焉而勿正，心勿忘，勿助长也。无若宋人然：宋人有闵其苗之不长而揠之者，芒芒然归。谓其人曰：'今日病矣，予助苗长矣。'其子趋而往视之，苗则槁矣。天下之不助苗长者寡矣。以为无益而舍之者，不耘苗者也；助之长者，揠苗者也。非徒无益，而又害之。"孟子通过这个故事告诉我们，既不能放弃、忘记对于"四端"或者"良知"的培养——这不外就是《告子上》中"牛山之木"章中所谓的"放其良心"；同时，对于良心的培养也不能通过不自由的、外在的强制性手段来达到目的——此处所谓"义袭而取之"，也就是说人不能比照某种外在的"义"或"言"的标准来改变自己、塑造理想人格，并最终达到"浩然之气"的精神面貌。此中所包含的道理，孟子在其他地方也有出于同样理路的表述："舜明于庶物，察于人伦，由仁义行，非行仁义也。"（《孟子·离娄下》）这里所谓"由仁义行，非行仁义"的意思，不外也是说我们自由、自主地展现出德性，而并不是依据某种现成的德性之标准来强制规范自己的行为。

"浩然之气"的说法，与孟子在"牛山之木"比喻后提及的"夜气"的概念也有明显的关联。孟子谈到所谓"存夜气"："其日夜之所息，平旦之气，其好恶与人相近也者几希，则其旦昼之所为，有梏亡之矣。梏之反复，则其夜气不足以存；夜气不足以存，则其违禽兽不远矣。人见其禽兽也，而以为未尝有才焉者，是岂人之情也哉？"（《孟子·告子上》）以往郭沫若已经注意到孟子在论及"知言养气"时所谓的"浩然之气"可能与稷下道家所提倡的修养理论有关系[1]，而张岱年曾专论此关联："《内业》有'浩然和平，以为气渊'，这'浩然'二字同于孟子所谓'浩然之气'的'浩然'。《内业》又云：'抟气如神，万物备存'，意与孟子所讲'万物皆备于我'相仿佛。"[2] 此处孟子所言及的"夜气"，同样也出现在为郭、张二老所未及研究的马王堆新出土文献《黄帝四经》中，其中《十大经·观》有言："是（故）嬴阴布德，（重阳长，昼气开）民功者，所以食之也；宿阳修刑，童（重）阴长，夜气闭地绳（孕）者，（所）以继之也。"这一状况，或许印证了孟子在涉及气的内心修养工夫方面的确在一定程度上受到了稷下道家的影响。

至于孟子所谓"存夜气"，无疑是一种精神修炼工夫，而"夜气"二字的所指，则与未受"好恶"污染的心灵本然状态有关。朱熹《集注》中在解释这段话的时候，便是从"良心"的角度来对文本加以说明："良心者，本然之善心，即所谓仁义之心也。好恶与人相近，言得人心之所同然也。言人之良心虽已放失，然其日夜之间，亦必有所生长。故平旦未与物接，其气清明之际，良心犹必有发见者。但其发见至微，而旦昼所为之不善，又已随而梏亡之。昼之所为，既有以害其夜之所息，又不能胜其昼之所为，是以展转相害。至于夜气之生，日以浸薄，而不足以存其仁义之良心，则平旦之气亦不能清，而所好恶遂与人远矣。"朱熹本处的解释，无疑是比较接近孟子本意的。所谓"良心"，也就是"本心"，徐复观便以后者论"夜气"："孟子又在《告子》上的'牛山之木尝美矣'一章中提出'平旦之气'、'夜气'，以为此是人的善端最易显露的时候，也是当一个人的生理处于完全休息状态，欲望因尚未与物相接而未被引起的时候；此时的心，也是摆脱了欲望的裹胁而成为心的直接独立的活动，这才真正是心自己的活动；这在孟子便谓之'本心'。"[3] "良心"与"本心"，也

[1] 如郭沫若在《宋钘尹文遗著考》（见郭沫若：《青铜时代》，《郭沫若全集·历史编》第一卷，人民出版社1982年版）和《稷下黄老学派的批判》（见郭沫若：《十批判书》，人民出版社1954年版）中均持如此看法。

[2] 张岱年：《管子书中的哲学范畴》，《管子学刊》1991年第3期。

[3] 徐复观：《中国人性论史》，华东师范大学出版社2005年版，第106页。

就是"四端"之心，乃是人道德活动发动的原点、未受到外界影响的内心状态，如此"存夜气"不外也就是通过一定的修养工夫而使"良知"袒露，通过"存夜气"，人便能保有作为具体的道德行为和伦理价值的根本源泉的"良心"。

与孟子相比，《十大经》中的"夜气"则并无这样深刻的内涵。前引《十大经》原文，其意思大体而言是从阴阳二气的角度来说明自然与人事的变化，讲的是在黄老学中占有非常重要地位的"阴阳刑德相互依存转化的道理"，陈鼓应曾释全文如下："阴气满盛时阳气便开始萌生，所以此时长养之德开始布散；阳气逐渐积累，昼气发动，成就事功，人类因此而得到饮食养育。阳气积久时阴气便开始萌动，所以此时肃杀之刑开始酝酿；阴气开始逐渐积累，夜气闭合，孕育生机，人类因此而得到后继繁衍。"① 陈鼓应并未对"夜气"的术语加以专门的解释，但从上下文推断，其所指应是质料意义上的天地之气、自然之气，大约也就是"阴气"聚集的结果，这种"夜气"孕育生机，并最终会转化、生成新的生命。在比喻的意义上，孟子所言"夜气"之生发出现实的伦理道德，由善之"端"成长为善的品质与行为，正如《十大经》中的"夜气"孕育生命一样——虽然孟子所谓之"夜气"从意义上要比《十大经》中的"夜气"复杂，但它们之间的确存在相互关联的语义线索。

对于上述这些术语上的关联，有论者认为："孟、管两家何以存在着如此之多的相通相似之处呢？……我们既不能视之为偶合，也不能简单地说成是一家对另一家的'学舌'或'剽窃'，……相通相似之处表明两家关心的问题存在着某种一致性，遵循着相同的逻辑规律。两家一个是探讨道德修养，一个是探讨身心修养，在'心'这个交汇点上取得了共识，……两家探讨的是同一运动过程，……他们各自从自己的角度独立地揭示了该运动过程的内在规律。"② 这个判断，或许对儒家与黄老学之间的相互影响估计略有不足，虽然他们之间对于"气"的看法差异很大，但从《五行》、《学》、《庸》和《孟子》文本来看，他们对于心灵与相应的修养工夫的看法之间，肯定存在一定程度的相互影响——从他们"贵心"的判断与将"气"作为精神修炼中的重要因素都可见这一点。

---

① 陈鼓应注译：《黄帝四经今注今译——马王堆汉墓出土帛书》，商务印书馆2007年版，第218页。

② 白奚：《稷下学研究——中国古代的思想自由与百家争鸣》，生活·读书·新知三联书店1998年版，第183页。

"浩然之气"除了作为一种精神面貌的象征，"气"字本身所指的内容，同样包含工夫论的含义，在此意义上，"养浩然之气"与"存夜气"一样均也可被视为精神修炼技术。从孟子前面有关言、心、气的观点来看，他是从作为德性与工夫的合法性根源的人心潜能出发，一方面提倡"得言"，或者说与"思"、"知"有关的修身技术，另一方面则提倡"得气"或"养气"的修身技术。在此意义上，孟子"知言养气"的说法，可被视为"知言""集义"的精神修炼技术与"养气"的精神修炼技术两者的平行开展。在郭店简书中，对于上述两者修身技术有明确的运用上的区分，大体认为前者关乎理智德性而后者关乎道德德性。不过因为孟子并未从上述角度出发对德目加以划分，虽然在他的思想中两类精神修炼工夫的分野仍然存在，如"养浩然之气"、"存夜气"的说法，与"知言"、"反身而诚"和"心之官则思"的说法之间所形成的对照，但是这两类工夫与不同类型的德性之间的关系却付之阙如。就此点而言，不能不说是孟子思想中除了未顾及经典学术与礼乐训练之修身途径之外的另一个遗憾。另外需要说明的是，虽然《孟子》中对于与"气"和"思"有关的两种修身进路均有涉及，但孟子本人似乎更强调与"气"有关的工夫，并有专门的讨论，而对与理智活动有关的工夫较少特别地言及——未对"智"之端加以独立的研究，而是笼统将其置于另外三种道德德性之中。在获得理智德性的诸工夫中间，在孟子之前的儒者眼中，恰恰是"诚"而非"思"才是其中最为关键的内容——此点在《中庸》与《大学》中表现得尤为明显。这种意思，孔子早有言及，所谓："知之为知之，不知为不知，是知也。"（《论语·为政》）"知"与"思"相贯通，属同一层面或类型的事情，而孔子上述言语的意思不外是说，如欲达到真知，实际上还是要着落在"不自欺"的态度上，也就是说，任何理智活动的意义，最终都需要一个"诚"字来做保障。孟子对于这个思想传统从他对"反身而诚"的强调来说，应该同样十分了解。仅有"诚"的工夫，在理智德性与道德德性并立的视野中显然并不完整。有些自相矛盾的是，孟子虽然对于上述两种德性的划分缺少清晰的见解，却显然在工夫论的层面上对于"诚"的不完整性有较深的体会，因此孟子专门论与"气"的涵养有关的工夫，在无意中补足了早期儒家精神修炼领域内对于获得伦理德性的核心工夫的思考。

"知言养气"的精神修炼工夫，最终服务于理想人格的塑造以及专一的、有德性的精神状态的养成，这在早期儒家与孟子的逻辑里，完全是一个关乎人的价值的实践问题。但这层意思早在朱熹处便受到曲解:"朱子通过对孟子'知言养气'说的诠释,基本上把孟子学中的德性问题转化为知识问题。"[①] 对于我们而言,最为重要的则是通过上述分析,将以人为认识对象而展开知识探求,通过对于人如何成为其所应是的过程的揭示,转化为对于人自身的生存论的 (existential) 回答。至于朱熹的思路则完全与孟子继承自孔子的先秦儒家主流思想相左,反而与近代西方哲学有相通之处——这大概是因为朱熹的问题意识难免受到西来的佛学影响,而这也就是为什么当代新儒家总不放弃为道德问题寻找形而上基础的原因——实质上他们只要在某种程度上深化朱熹的思路便一定会展现出如此的理论趣味。

在考虑孟子对于"养心"和成就人性的种种说明时,这个问题还与他所谓的"践形"问题有关。孟子曰:"形色,天性也;惟圣人,然后可以践形。"(《孟子·尽心上》)他的主张便已经明确将作为代表了人格修养之理想境界的圣人与"践形"的观念联系起来,而后者显然是一个涉及身体层面的观念。这种"践形"的说法,在孟子这里应该单纯从一种自内而外的角度来理解,这便是表现了孟子所谓君子"睟面盎背"的"气象":"君子所性,仁义礼智根于心。其生色也,睟然见于面,盎于背,施于四体。"(《孟子·尽心上》)这不外是主张,个人的精神面貌肯定会在外形外貌上有所表现,拥有较为高尚人格的君子大约在外形上也有过于普通人的非凡之处。

正如《管子·内业》看来,具有大智慧的理想精神状态不但与"耳目"有关,也与"四肢"有关:"安心在中,耳目聪明,四枝坚固",其所谓"全心"也同样会在"形容"和"肤色"上有所表现,而所"抟"之气也依旧包括气息在内。后面这些内容就不仅仅属于精神修炼的范围了,而更与以往老子对于人的形体的关注相关。从这一角度看,《管子》"四篇"仍然遵循了老子在过程和目标方面同样的身心并重的修养主张,《管子·内业》"修心而正形",所要表达的就是这种对于"心"的精神修炼和对于与之平行的"形"的调整养护并重的态度。

在以往的思想传统中,已经存在一个漫长的对于身心关系的思考传统。主流的看法,除了老子与道家之外,对身体问题的思考总是从属于对于心灵的思考。如前所见,春秋时代人们对于身心问题已经有所关注,大体上认为心灵

---

① 黄俊杰:《中国孟学诠释史论》,社会科学文献出版社 2004 年版,第 221 页。

对于身体居于支配的地位。孔子继承这一传统，虽然强调涉及身体训练的礼乐等修身活动，但他对这些活动的定位，最终是使之服从于对于人的内在人格的养成的。只有老子对于长生久视之道有专门的关注，并在精神修炼之外专门探讨以身体为最终目标的修炼活动。在孔子后学中间，他们一方面继承了更早的心为身之主的春秋以来的传统，另一方面发展了孔子所开辟的内向转向，在对于人之所是的探索中，仍然是将身体问题置于心灵问题的大框架之下来考虑的。这种状况对于孟子而言也是如此："严格来说，孟子没有独立的'养气'、'践形'工夫，孟子说的'养气'、'践形'其实是心性修养所得的附产物。"[①]这里有必要再次强调的是，以往学者对这种儒家式的身心观的考虑中，往往错误地将气作为一个具有某种骑墙性质的观念而独立于身心两者，并总设想存在一种东方式的"形—气—心"三元论："如果我们将儒家身体观放在传统的工夫论或医家、武术家的理论架构来看，笛卡尔式的身心二元反而是独特的，孟子的形—气—心一体论才是正常当理之谈。"[②]这种假设在我们看来是完全没有必要的，从气观念的用法上看，气要么可被视为构成身体的质料，要么可被视为普遍精神或者个人的某一方面的精神面貌，像"气，体之充也"这样论断，从上述不同角度均可得到解释，同时却也无须另外设定一种独立于心灵或者身体的"气"。从逻辑上看，此种三元论的思路仍然是出于近代西方式的认识论或者形而上学的预设，而比照其二元论理论结构建立起来的东西，但是实际上这种东西对于中国哲学的解释完全是多余的。二元论的思路是否适用于中国哲学或尚有讨论余地，但这绝不意味着中国哲学中存在某种三元论之类的结构。我们认为，解决身心问题的关键在于转换基本的理论立场，也就是完全放弃以形而上学与认识论为基础的哲学讨论模式，将问题还原到此在的生存中，本实践问题而从修身或者说主体化的角度来考虑哲学的意义，这意味着将理论问题作为实践问题的一个推论，而非相反。本研究便希望能通过上述思路而探索理解中国哲学之实践性格与理论疲弱的更具解释力度的新角度，这里借助对于孟子"践形"观念的探讨，我们希望能再次申明这一点。

至此我们完成了对于孟子在早期儒家"为己之学"问题域中地位的一些

---

① 杨儒宾：《儒家身体观》，台湾"中央研究院"中国文哲研究所筹备处 1999 年版，第 11 页注 1。

② 杨儒宾：《儒家身体观》，台湾"中央研究院"中国文哲研究所筹备处 1999 年版，第 4 页。

最为重要的思考的探查，孟子完全从人心中自由的价值意识出发确定人的本真之应是，而他的思考在我们看来正是一种真正的基于生存论的基础存在论分析——虽然这绝对不意味着孟子已经完全达到了 20 世纪某些哲学家的思想深度，但从其上述思路来看，孟子的思想的确达到了先秦哲学的最高峰。在结束本节之前，让我们回到一个熟悉而同时也相当棘手的问题上。《孟子·尽心上》开篇有一段非常重要的话，常被视为孟子对于哲学层面上的"天人合一"的一个论说：

> 孟子曰："尽其心者，知其性也。知其性，则知天矣。存其心，养其性，所以事天也。夭寿不贰，修身以俟之，所以立命也。"

在早期儒家主张"天人有分"的意义上，天已经被我们排除在"为己之学"问题域的外面，那么在孟子这里，天又是如何回到这一问题域当中的呢？孟子又是在什么意义上要求我们"知天"、"事天"呢？欲理解孟子的意思，我们可能需要"上下求索"。

向上回溯，郭店简书《物由望生》中明言："知天所为，知人所为，然后知道。知道然后知命。"这里"知天"与"知人"相对，和而言之，仍然表达了来自孔子的那种对于天人之分，或者说取决于我们和不取决于我们的东西有明确觉察的意思。一同出土的简书《尊德义》中也有类似"知人所以知命"的说法，其中所谓"知人"与"知命"要表达的意思，大约还是希望强调，在天人有分的背景中，人既应该知道何为"可求"的、取决于自己的东西——"知人"，也应该知道何为"不可求"的、不取决于自己的东西——"知命"，而如果对于前者有所了解，便不会对后者有所挂怀。同样的意思也出现在《中庸》中："故君子，不可以不修身。思修身，不可以不事亲。思事亲，不可以不知人。思知人，不可以不知天。"这里"知人"、"知天"都是被视为修身的条件，而这些言语所要表达的应仍是对于取决于自己的东西和不取决于自己的东西之间差异的领会。探后言之，荀子也明确表述过继承自孔子的对于"可求"与"不可求"的伟大分判，所谓"君子敬其在己者，而不慕其在天者"（《荀子·天论篇》）。他也以与孔子"知天命"般同样的冷静洞识断言道："唯圣人为不求知天。"（《荀子·天论篇》）这个"不求知天"恰恰与《物由望生》与《中庸》里的"知天"意思一样，都是在表明明天这种外在于人的客观限制，无论其如何运转都不会影响人专注于自身的道德完善的主张，因此专注于自身德性价值的完善的人，根本无须试图通过了解天的秘密而开展自身的伦理选择。孟子所谓"知天"的意思，应该也是处于同样的语义线索中。孟子不外仍是用这个词表达了与孔子所谓"知天命"、郭店简书和荀子讲"不求知天"相同的意思：知天人有分，且无论在个人还是人群的层面，我们都无须关注那些无益于人的自身道德完善的不可抗力；至于"事天"的意思就是，即使人间存在着人力所不能及的东西，也并不意味着就此便解除了人自身面对自己和他人时所应承担的责任、所应尽的努力——仁义乃是并行的，特别在涉及大的历史尺度和公共事务之时，更需要我们有孔子般"知其不可为而为"的勇气，"尽人事，听天命"、"正其义不谋其利，明其道不计其功"——这才是我们与天这超乎人力控制之外的客观限制打交道的应有心态。劳思光判断："以人力所不能决定者归于'天'，是《诗》、《书》中隐含之思想。日后在孟子学说中有一大进展，遂成为明确理论。"[①] 此种判断与孟子"知天"、"事天"的教导正相契合，而孟子的意思与早期儒家完全一致，都是在主张人将自身从天的控制下彻底解放出来之后，只有人自己才能为自己内在的人生价值担负起责任。这种责任可能包含社会责任的意味，但无论如何对于外在的那些根本上不受人力所控制的东西——无论个人利益还是社会责任的现实效果——则都是无须挂怀的。

孟子"知天"、"事天"的言论，还是在"天人有分"的前提下，强调我们应通过精神修炼之途径而达成理想人性，是希望在取决于人自己的修身与不取决于自己的命运之间划出一条明确的界限。孟子最终希望告诉我们，无论个人的命运之寿夭如何，都不应该对于修身的努力有所影响，从主观上无论如何都应该努力使自己获得理想的人格品质以实现本真的生存，而这便是所谓的"立命"了。从上述角度来说，孟子言论显然与"天人合一"之类的解说毫无关系，他所强调的不外是人对于自身价值的不可推卸的责任，敢于担当这种责任的人，其改变自己的实践活动也就是所谓"事天"，而其中并没有将天或与天建立某种神秘联系作为个人修养目标的意思在内。这也就意味着，当年钱穆对于中国文化中"天人合一"因素的辨识，或许可能符合董仲舒之流汉儒的见解，但绝对与早期儒家对于修身与人性的基本立场毫无共同之处。

（作者简介：匡钊 《中国社会科学》杂志社）

---

① 劳思光：《新编中国哲学史》卷一，广西师范大学出版社 2005 年版，第 69 页。

诚于己、推诸人、达于天

——《四书》中的"恕"、"诚"、"仁"关系新探

余树苹

"恕"在孔子的伦理思想中有着非常特殊的地位,它与"忠"并列,被认为是孔子"一以贯之"之道:

> 子曰:"参乎!吾道一以贯之。"曾子曰:"唯。"子出。门人问曰:"何谓也?"曾子曰:"夫子之道,忠恕而已矣。"(《论语·里仁》)

此语虽出自曾子之口,却有非凡的影响力,后人也大多认可"忠恕"为夫子一贯之道的看法。至于忠恕何为体何为用,如二程和朱子的观点;或忠恕之后是否有别的思想境界如仁等作支撑,则各家看法不同。但忠恕在孔子思想中的重要性似可就此确立。另一特殊之点在于,《论语》中孔子对多数重要概念模糊不表,却对"恕"作出非常明确的界定:

> 子贡问曰:"有一言而可以终身行之者乎?"子曰:"其恕乎!己所不欲,勿施于人。"(《论语·卫灵公》)

而"己所不欲,勿施于人"这一"恕"的行为,更在1993年召开的世界宗教议会大会所制定的《走向全球伦理宣言》中,被视为"金规则"①,进而成为当代重要的道德行为原则,并被赋予诸多解读。纵观中国哲学中"恕"概念的研究可以发现,学者们多数"忠恕"并讲,重点研究"恕"与"忠"的关系,并依此展开讨论。以伦理学的角度来看,"忠"的使用有更特定的范围,一般发生在下级对待上级的"效忠",或朋友之间的态度与方式——忠诚。"恕"则有更广泛的适用性,是所有人我关系中都可能用到的态度和方式,有

---

① 参见孔汉思、库舍尔编:《全球伦理——世界宗教宣言》,何光沪译,四川人民出版社1997年版,第55页。

更普遍的伦理意义。本文尝试离"忠"谈"恕"，回到《四书》中探寻、建立"恕"与"诚"、"仁"的理论及实践关系，探索"恕"所体现的人我关系处理模式及在"恕"何以可能的过程中，"诚"这一概念的理论贡献和实践意义，并理清二者与其终极依归"仁"的关系。这种努力既是回归古人的原义，亦是为现代的道德原则寻找依据。

一、推己及人之谓恕

首先，"恕"体现的是一种处理人我关系的态度，且是人我关系的完美解决方式。

恕之字义易明。《说文·心部》的解释为："恕，仁也，从心如声"。如此可见，恕首先是一种"随心而动"的行为。现代对"恕"的字义主要有两种解释：（1）用自己的心推想别人的心；（2）不计较（别人的）过错。①这两种含义体现了在不同的人我关系层次中，对人我关系的不同应对方式。第一种含义的"恕"，更多强调的是在人我矛盾的未发状态中，提前考虑到各种可能性，以自己为参照物，以己心为出发点，尽可能为对方作周全的考虑，从而给予对方周到细心的照顾，并且避免矛盾的产生。第二种含义的"恕"，指向的是在已体现出来的差异中，或是在矛盾的已发状态、在不愉快已然发生之后的原谅、宽容和重新接纳，一般指"宽容"或"宽恕"。就这两种含义而言，第二种在现代使用得更多。人皆有犯错的可能，为人的过错寻找其不得已的原因，从而宽恕其行为。如明代哲学家吕坤在《呻吟语》中罗列宽恕原因之种种："恕人有六：或彼识见有不到处；或彼听闻有未真处；或彼力量有不及处；或彼心事有所苦处；或彼精神有所忽处；或彼微意有所在处。"站在对方的立场，理解对方与自己的差异，这是"宽容"；不计较已犯的错误，并对已有裂痕甚或濒临破裂的人我关系进行修补，这是"宽恕"。我们可以看到，其实"恕"的第二种含义是第一种含义的延展。孔子弟子季羔（高柴）即是"恕"者之代表。《孔子家语·致思》中讲到"季羔为卫之士师，刖人之足"，而"刖者"在季羔有难

---

① 还有另外一种解释是"客套话，请对方不要计较，如恕不招待，恕难从命"。现代的白话文已经较少使用这一用法，所以不作为主要解释。参见《现代汉语词典》，商务印书馆1993年版，第1070页。

出逃时，竟热心相助，即是因为季羔为政时"思仁恕则树德"。《孔子家语·弟子行》也有记录，孔子曰："柴于亲丧，则难能也，启蛰不杀，则顺人道，方长不折，则恕仁也。"对犯错者的同情，"方长不折"，这都是同情心或同理心的作用，即"用自己的心推想别人的心"。而这一含义更接近于《论语》中孔子对"恕"的定义："己所不欲，勿施于人"。

"己所不欲，勿施于人"，行为的根据在"己"，其具体的操作即是"推己及人"——古人便是在此意义上理解"恕"的。如皇侃认可并引用王弼的注解："恕者，反情以同物者也。"① 所谓的"反情"，即是反己之情，以同物之情或理。邢昺疏："恕，谓忖己度物也。"贾谊在《新书·道术》："以己量人谓之恕。"也即是说，"恕"的前提是对"己"的认知，对自己的喜好、欲求，特别是希望别人怎么对待自己等作设身处地的考虑，按自己的喜好、希望与欲求去对待别人。《中庸》提到"忠恕违道不远。施诸己而不愿，亦勿施于人"，子贡也有相似的表达："我不欲人之加诸我也，吾亦欲无加诸人"（《论语·公冶长》），以及为人们所熟知的"老吾老，以及人之老；幼吾幼，以及人之幼"（《孟子·梁惠王上》），其实都是"恕"的推己要求之体现。在《孔子家语》和《荀子·法行篇》都出现"三恕"这一概念，表达的也是一样的道理：

> 孔子曰："君子有三恕：有君不能事，有臣而求其使，非恕也；有亲不能报，有子而求其孝，非恕也；有兄不能敬，有弟而求其听令，非恕也。士明于此三恕，则可以端身矣。"

此处文意，与《论语》中的"己所不欲，勿施于人"相补充，可概括为：己所不能（为），勿（要）求于人。你自己做不到的，也不能要求别人做到。《大学》中有类似的表达："是故君子有诸己而后求诸人，无诸己而后非诸人。所藏乎身不恕，而能喻诸人者，未之有也。"不论是"不欲"还是"不能"，都是从自己之意愿、能力出发，推论他人的意愿和能力，是一种由"己"外推的行为方式。

毫无疑问，同样是"推己及人"，"恕"所要求的"己所不欲，勿施于人"，比起"忠"所致力的"己欲立而立人，己欲达而达人"，在当代具有更大的吸引力，且被视为"世界诸宗教在伦理方面现在已有的最低限度的共同之处"②。

---

① 程树德撰，程俊英等校点：《论语集释》，中华书局 1990 年版，第 265 页。

② 孔汉思、库舍尔编：《全球伦理——世界宗教宣言》，何光沪译，四川人民出版社 1997 年版，第 6 页。

笔者认为，在矛盾的未发状态预见其可能性并将其扼杀于萌芽中，这不是一个最低标准，而是对人提出了非常高的要求，因为预见（未出现者）毕竟比看见（已发生者）要困难得多，这需要人具有极高的敏感度。这种敏感的来源，恰恰是自己。由己及人的"恕"是高尚的道德要求，它之所以为古人今人所共同重视，是因为其中体现着对自己的深刻认知、对他人的尊重，这种尊重的表现就是——我把你当成自己来对待。由此可见在"推己及人"的过程中，有一些很重要的预设。首先，以"己"为标准待人包含着最大的善意；其次，自己与他人之间有着共通之处，可以共情，能达成共识，甚至有共同的道德要求。倪梁康教授指出："对'忠'、'恕'思想或'己所不欲，勿施于人'律令的认可实际上包含着一个隐含的或被默认的前提，那就是人所具有的同情心，或者用道德中性的概念来表述即人的同感能力。"① 然而我们如何判断这是最大的善意？如何知道人们真的具备这种"同感能力"？又如何避免因"由己及人"而可能导致的将一己之意愿强加给别人的问题？正如吕坤在《呻吟语》中提醒我们的："好色者恕人之淫，好货者恕人之贪，好饮者恕人之醉，好安逸者恕人之惰慢，未尝不以己度人，未尝不视人犹己，而道之贼也。故行恕者不可以不审也。"因此我们面临的问题是，"推己及人"如何体现出最大的"善"，如何不至于变成妇人之仁，不变成无原则的包容宽宥？其实问题的焦点在于，这个被拿来外推的"己"是个怎样的"己"，如果"己"能做到无可质疑，那么外推也就顺理成章。研究"四书"可以发现，哲人讲"恕"的同时，隐含着"诚"，用"诚"来约束"己"，将"恕"与"诚"互相补充着进行，问题便可迎刃而解。

二、由天及己之谓诚

"诚"字有很丰富的现代含义，如虔诚、真诚、忠诚、诚信、诚实和坦诚。每一个含义有不同的指向：虔诚是毋欺天，真诚是态度上的毋自欺和毋欺

---

① 倪梁康：《"全球伦理"的基础——儒家文化传统问题与"金规则"》，《江苏社会科学》2002年第1期。倪老师讨论的重点是否认"己所不欲，勿施于人"的道德基础地位，认为更为基础的应是以"孟子"的恻隐之心为表现的道德心理。笔者不讨论这一"金规则"是自然美德还是人为美德，只是为这一规则作可行性认证。（既然需要认证，也表明笔者认同倪老师的观点，将"己所不欲，勿施于人"当作人为美德，只是不作为讨论的重点。）

人，忠诚与诚信是守诺言、行动上的毋欺人，诚实和坦诚是言辞与真实相符、言语上的毋欺人。这些含义有细微的差别：或对人或对事，以及不同的表现方式。它们的共同点在于，都体现了对"己"的要求，这一要求大概可以用四个字总结：真实不欺。

就"诚"字而言，"真实不欺"是古典的含义，是古代哲人的行事准则，在《论语》中多有体现——即使《论语》中并不用"诚"字来表示这一意义。

《论语》中"诚"字只出现过两次，都是"确实是"的意思，而现代意义上的"诚"，在《论语》中多用"信"字代替。① 然而就"诚"的核心要义"真实不欺"而言，孔子有很多表现。如《论语·阳货》所记录："孺悲欲见孔子，孔子辞以疾。将命者出户，取瑟而歌。使之闻之。"孔子不愿见孺悲，因此声称生病不见客，这是古人的平常做法。然而孔子却在不见客之后又弹琴发声，故意让来访者听见。清焦袁熹《此木轩四书说》中说：

> 辞以疾是古人之通辞，不得谓之不诚。以疾为辞，其人自当会意，然又有真疾者，孔子于孺悲正欲使知其非疾，故取瑟而歌，正见圣人之诚处。

袁熹此处纳入"诚"字来作解释，而且说"不得谓之不诚"，说明在此之前已有认为孔子此种行为"不诚"的诠释。袁注认为，孔子恰是害怕来访者不明白其真实意图而特意作出违背"人之常情"的行为，可谓是用心良苦，是用特殊方式体现的"真实不欺"。《论语》中也有很直白的事例，最让人印象深刻的恐怕要数是否厚葬颜回的问题。颜回是孔子非常喜爱的弟子，却不幸短命。门人意欲违背礼数将其厚葬，遭到孔子的强烈反对。无奈弟子们最后仍然厚葬颜回，孔子由此感慨道："回也视予犹父也，予不得视犹子也。非我也，夫二三子也。"（《论语·先进》）另一例子是关于孔子自己的身后问题：

> 子疾病，子路使门人为臣。病间，曰："久矣哉！由之行诈也，无臣而为有臣。吾谁欺？欺天乎？且予与其死于臣之手也，无宁死于二三子之手乎？且予纵不得大葬，予死于道路乎？"（《论语·子罕》）

"为臣"，大概等同于现代的"治丧委员会"。以孔子的身份，并未到可以大葬、需要专门人员治丧的程度，所以孔子病愈之后十分生气。可见孔子为

---

① 关于《论语》中孔子的"诚"问题，参见余树苹：《"不诚"之"诚"——由理雅各对孔子的质疑所引起的"诚"问题讨论》，《广东社会科学》2012 年第 2 期。

人行事，一则循礼，二则务必遵照内心的要求，做到"真实不欺"，不欺己不欺人，更重要的是不欺天，非常符合"诚"的基本要求。然而，真实不欺的"己"，是否可以成为"推己及人"的己呢？恐怕还未到火候。

将"诚"的含义推到极致的，当属《中庸》。"诚"是《中庸》的核心范畴，最有概括性的应是此句："诚者，天之道也。诚之者，人之道也。诚者，不勉而中不思而得：从容中道，圣人也。诚之者，择善而固执之者也。"在这一表述中，"诚"超越上文所列举的种种现代含义，也远超出最基本的"真实不欺"，表达了三层含义：第一，"诚"本身，是天之道，这是极高的地位，也即今人所讲的本体论意义上的"诚"；第二，"诚之者"，即之诚者。追求"诚"是人之道，人生活的原则与意义，应以天道为标准并尽量与天道相契合；第三，如何达到"诚"——"择善而固执"。这里提供了方法论，即达至"诚"的方法：确立善并且坚守善。当然，这里的"善"指的是无可质疑、不可违背的天之道。孔子"真实不欺"的"诚"，其表达方式确实可以归为"择善固执"，但是这种"善"只是孔子自己认可的善，因此可能得不到他人或其弟子的理解，他将此善外推时，会受到阻力甚至反对，在"推己"时没有足够的说服力和合法性。但是，当《中庸》将"诚"与天道连接时，符合天道的行为自然成为人人都应该遵守的行为，具有不容置疑的权威性。至此，上文的问题在此得到解决：以"己"为标准待人为什么意味着最大的善？人己之间怎样才能有共同的道德要求？"同感能力"从何而来？因为这种"善"体现的是天之道，这是人所能追求的最高的善；只要以"天之道"为标准并以之为善且为之执着时，我们才可能将"己"作为人人所共有的标准，"己所不欲，勿施于人"或"己欲立而立人，己欲达而达人"，所有这些以"己"为出发点的美好愿望才得以成立。也即是说，只有将"诚"作为前提时，"恕"才能成为真正有效的道德律令。

《中庸》对于"诚"之"己"与"人"、"物"的关系，有进一步的解说。"诚者自成也，而道自道也。""诚者，非自成己而已也，所以成物也。成己仁也，成物知也。"此处表述"诚"的目的有二，一为自成，二为成物（或人）。"诚"是如何做到"成己"并"成物"的呢？

> 诚者，物之终始。不诚无物。是故君子诚之为贵。唯天下至诚为能尽其性。能尽其性，则能尽人之性。能尽人之性，则能尽物之性。能尽物之性，则可以赞天地之化育。可以赞天地之化育，则可以与天地参矣。

"至诚"，即达到天之道，穷尽天之性，穷尽天之性，自然可以理解人之性，可以理解人之性，自然也就可以通了物之性。由人到物尚且如此，由"己"到人当然更不在话下。因此，只要能做到"诚"，即是完善了"己"，即是有了理解他人的前提，也有了"推己及人"的合法性和说服力。正如《孟子·尽心上》所说，"万物皆备于我矣。反身而诚，乐莫大焉。强恕而行，求仁莫近焉。"

如上文所言，"恕"之行为根据是"己"，具体表现为"推己及人"。由"四书"中"诚"概念的发展可以发现，"诚"与"恕"在"推己及人"这一点上达成一致，但是用力上更注重对"己"的要求。由此可见，"诚"、"恕"若能结合，则为"恕"达到"仁"提供了有效的前提和理想模式。

三、成己成物是为"仁"

事实上，在思考"恕"和"诚"的问题时，二者的关系虽然隐而不显，但在前辈学者中已有讨论，他们在不自觉中将"恕"与"诚"联系起来，且将二者最终的依归确定为"仁"。

牟宗三先生将"仁"视为"全德"。① 唐君毅先生则指出，《中庸》将"诚"提升为能"统一切德行"，而其所以能如此之原因，在于"由一切德行，无论如何相差别，然要必纯一无间杂而后成，亦要必继续不已而后成。此求纯一无间杂，求继续不已，即诚之之道"②。如果将二者的观点结合起来，既然"仁"是全德，而"诚"又统一切德，也即以"诚"统"仁"。这里的"统"并非统领之意，而是将"诚"视为"仁"的前提。唐君毅先生对"诚"的看法，与徐复观先生不谋而合。徐先生在解释孟子的"反身而诚，乐莫大焉"时指出，孟子之"诚"，"乃仁心之全体呈现，而无一毫私念杂入其中的意思"。"孟子之所谓诚，实以仁为内容。"③ "诚是仁的全体呈现；人在其仁的全体呈现时，始能完成其天命之性，而与天合德。"④ 如此，徐氏将"诚"从唐氏的"纯一无间杂"即"无一毫私念杂入其中"，进一步推进至"仁的全体呈现"，从而也说明

① 参见牟宗三：《心体与性体》，上海古籍出版社 1999 年版，第 211 页。
② 唐君毅：《中国哲学原论·原性篇》，中国社会科学出版社 2005 年版，第 39 页。
③ 徐复观：《中国人性论史·先秦篇》，生活·读书·新知三联书店 2001 年版，第 131 页。
④ 徐复观：《中国人性论史·先秦篇》，生活·读书·新知三联书店 2001 年版，第 132 页。

了"诚"能"统一切德行"的原因——只有将仁全体呈现时，才能与天合德，从而统一切德。自此，"诚"与"仁"的关系已经明确。在"恕"与"诚"的问题上，唐君毅先生又指出，"故人即已有强恕之心，仍有诚不诚之问题在。此自诚之性，必须表现于时时之择善，而固执之，以去一切间杂之不善"①。这里不仅指出"强恕"之是否可行也有赖于"诚"，也反复说明"诚"的重点在于"纯一无间杂"。牟宗三先生将孔子的一贯，视为在德性生命上的"践仁以知天"，"以忠恕说一贯，即是以仁道说一贯。"②冯友兰先生认为，"为仁之方"在于能近取譬，夫子一贯之道为忠恕，亦即谓孔子一贯之道为仁也。将孔子一贯之道理解为"仁"，已经是一致的观点，只是如何实行的问题。

由此可见，第二代新儒家的几位代表人物对本文诸概念的理解，其思路是一致的。合并上文一二节所论，"恕"、"诚"、"仁"的关系并非单线性的，而是互相达成、互相体现。"恕"得以依己外推，其重要依据在于"诚"，"恕"与"诚"有着共同的成己成物的追求，而"诚"更是连通天道，从而得以尽人之性且尽物之性的关键所在，由己外推便有了合理性。而"恕"即是"为仁"，孔子一贯之道即仁道；"为仁"又须"用诚"，取"诚"之纯一无间杂。徐复观先生指出，"就仁自身而言，它只是一个人的自觉地精神状态。……一方面是对自己人格的建立及知识的追求，发出无限的要求。另一方面，是对他人毫无条件地感到有应尽的无限的责任。……仁的自觉地精神状态，即是要求成己而同时即是成物的精神状态。"③这种"成己而同时即是成物的精神状态"，不仅符合"恕"，也与"诚"同一旨归。徐先生又认为，"孔子所说的仁，乃内在于每一个人的生命之内，所以仁的自觉，是非常现成的"④。"孔子实际是以仁为人生而即有，先天所有的人性，而仁的特质又是不断地突破生理的限制，作无限的超越，超越自己生理欲望的限制。从先天所有而又无限超越的地方来讲，则以仁为内容的人性，实同于传统所说的天道、天命。"⑤这种对孔子之"仁"的理解，与《中庸》中对"诚"的阐述几乎是一致的。由此可见，在徐复观先生这里，恕、诚与仁是可以会通的。牟宗三先生也提到，"仁是由自己之觉悟

① 唐君毅：《中国哲学原论·原性篇》，中国社会科学出版社2005年版，第41页。
② 牟宗三：《心体与性体》，上海古籍出版社1999年版，第230页。
③ 徐复观：《中国人性论史·先秦篇》，生活·读书·新知三联书店2001年版，第81页。
④ 徐复观：《中国人性论史·先秦篇》，生活·读书·新知三联书店2001年版，第86页。
⑤ 徐复观：《中国人性论史·先秦篇》，生活·读书·新知三联书店2001年版，第88页。

（慎独）而超越其形躯之私而呈现。此是精神领域、价值之源之开辟。仁心呈露，承仁心而行，谓之仁道。念兹在兹而不放失，谓之德性生命之精进。离开仁心仁道，无有足以一贯之者"①。所谓"自己"之觉悟，牟先生注为"慎独"，在此我们也可与重在修"己"之"诚"等同。"一贯"是仁心仁道的一贯，而"仁"之功夫则在恕（与忠），恕之功夫则在"诚"。由此可见，"诚—恕—仁"不论在"四书"中还是在前辈学者的解读中，都是一条一贯的线索。这条线索虽然并没有被鲜明地提出，但却深藏于对各个概念的理解之中，等待挖掘。

四、一点讨论

现代学者对"己所不欲，勿施于人"有所质疑，如以赵汀阳先生为代表，提出了三点评论：该版本无法适用于当今的价值多元主义时代，无力处理价值与文化的冲突问题；"己所不欲，勿施于人"表达的是公正的理念；"己所不欲，勿施于人"忽视他人的观点，体现的是一种否定他者精神和思想的主体性暴力和霸权。② 赵汀阳先生主张用"人所不欲，勿施于人"来代替。杨树森先生也持类似观点，认为"人所不欲，勿施于人"适合作为道德准则，而"己所不欲，勿施于人"则是主观唯心主义世界观在个人道德行为准则上的一种表现。③

而笔者的观点刚好相反：恰恰不能用"人所不欲，勿施于人"来代替"己所不欲，勿施于人"，有以下三点来进行说明。

首先，由上文的分析，"恕—诚—仁"的进路，我们已经发现以"主观唯心主义"来评价"己所不欲，勿施于人"，从古典意义上看，并没有充分体会古人的用意与用心。古人以"己"为出发点外推，并不是以一己之意强加于人，更不仅是一种善意的表达，也不仅仅是对人与人之间能"共情"的认可，其中包含着更高的境界追求。第二代新儒家学者对此理解得非常透彻，不过前提是，他们都在学理上认可"仁"，将"仁"作为孔子及儒家的崇高追求。牟宗三先生认为，在孔子处，"仁是全德，是真实生命，以感通为性，以润物为

① 牟宗三：《心体与性体》，上海古籍出版社1999年版，第229页。

② 参见赵汀阳：《每个人的政治》，社会科学文献出版社2010年版，第54页。

③ 参见杨树森：《"己所不欲，勿施于人"道德准则的历史局限性》，《云南师范大学》（哲学社会科学学报）1996年第3期。

用；它超越乎礼乐（典章制度、全部人文世界）而又内在于礼乐；在仁之润通中，一一皆实。体现仁之最境界是'钦思、文明、安安'，是天人不隔，是圆融无碍。孔子讲仁是敞开了每一人光明其自己之门，是使每一人精进其德性生命为可能，是决定了人之精神生命之基本方向，是开辟了理想、价值之源。是谓理想之'直、方、大'①。因此，以"诚"为保证的"己"与"仁"之间，原本就圆融无碍；"己"与"人"之间，更不存在主观不主观的问题。孔子说过，"为仁由己"，这样的"己"是与"仁"一体的"己"，如果用弗洛伊德的人格三层次理论来看，这样的"己"可能比"超我"更加超越，当然也就不存在自私与强加于人的问题。

其次，如果古人的用意形上而超越，对今人而言难以实现，仅就现代的角度来看，"人所不欲，勿施于人"是否就比"己所不欲，勿施于人"更加合理？也不见得。"恕"之"推己及人"，强调的是换位思考。"己所不欲，勿施于人"与"人所不欲，勿施于人"一样，都是换位思考，区别只是在于，先思考"己"，还是先思考"人"。思考"己"会更加直接，而思考"人"，其实里面也已经有"己"的影子，是以"己"之头脑在思考"人"，因此有更多猜测、臆想的成分。如此一来，"人"之所欲到底是什么？"己"思考出来的和"人"真实的想法是否一致，反而多出了一层问题。再者，"人"之喜好是否就可以作为是非善恶的标准？与"己"之标准比较，是否就更有合理性与普适性？因此，"人所不欲，勿施于人"，看似对"人"的尊重，其实从操作上看更困难，而且最终会陷入同样的困境。当然，"诚—恕—仁"的进路是理想状态，也是超然于实践的形上学讨论，但也并非一无可取。在"推己及人"的过程中，如果能做到"诚"的一般性要求，即"真实不欺"和"择善固执"，那么即使不以合于天道的"仁"为最终依归，毕竟也是一个人可能设想的最好行为，也是对他人所能达到的最好结果。

最后，我们要回到"恕"上来看。历代解释者都以"推己及人"释"恕"，并不符合"恕"的完整意思。反观《论语》，孔子并没有明确的"推己及人"的说法，在《论语》中涉及"己"、"人"关系的，主要是以下三句，一即本文所讨论的"恕"："己所不欲，勿施于人"；二是一般认为对"忠"的界定："己欲立而立人，己欲达而达人"；三是"能近取譬，可为仁之方也矣"，

---

① 牟宗三：《心体与性体》，上海古籍出版社 1999 年版，第 211 页。

注疏者多认为这里所讲的"近",即是"自己",从自身出发去观照他人和万物,这是为仁的方法之一。由以上可见,"推己及人"确实是孔子对"己"、"人"关系的基本观点,但"推己及人"并不只是代表"恕",即我们所认为的消极面,还包括了"忠"——"己欲立而立人,己欲达而达人"的积极面。二者的区别,不仅在于"不欲"与"欲",更在于"不施"与"施"。"己所不欲,勿施于人"中,"己"之合理性给我们带来更多理论难题,成为我们讨论的焦点,但"勿施于人"实则更具有普适性的伦理意义。以现代的角度,从后果上看,"勿施"比"施"的结果更加不显明。极端一点,如徐向东先生在《自我、他人与道德》一书中提到,卡拉蒂安人有吃亡父遗体的习俗,爱斯基摩人提倡共妻、杀婴、弃老……① 毫无疑问,这些风俗是不能够"施"于其他民族身上的。但如果大家提倡的是"勿施",则能相安无事。"恕"主要不在行动,而在心理上之共情。对"不欲"的体会,是一种心理状态,因其"勿施",所以未见诸行为。而"勿施"的优点在于,它的结果是不作为,顶多是令对方错失可能的机会,但不会产生更加糟糕的后果——即使没有好处,至少没有坏处。当然,这是退一万步来讲"恕"了,与"恕"的古典用意差别甚远。

(作者简介:余树苹　深圳大学文学院哲学系)

---

① 参见徐向东:《自我、他人与道德》,商务印书馆2009年版,第47—48页。

荀子论"争"

——从政治哲学的视角看

东方朔

本文所欲讨论的主题是荀子对"争"（争夺）的认识，内容包括争（争夺）的根源、对象、类型、结果等等，并试图将此倌合在荀子政治哲学的范围内来加以了解。

一

米斯纳（M.Missner）在其一本名为《霍布斯》的书中一开始便这样写道："为什么我们不能和平共处？为什么到处都是争斗、厮杀和死亡？为什么千百年来人类不断地在发动战争、彼此残害呢？"① 这大概就是霍布斯在思考"自然状态"时为我们所呈现的问题意识：每个人为了保全自己而无休止地进行争夺乃至杀戮……霍布斯的描述是否准确，人或各有所见，然而，此一问题意识所包含的丰富的想象力和创造性，却成就了霍布斯对政治哲学的独特思考：有什么方法、采取何种措施才能一劳永逸地实现由"争夺"到"秩序"的过渡？

而身处战国中后期的荀子，在目睹了各诸侯国之间扑面而来的种种邪恶后，也从根源上生发出几乎相同的问题意识：人生而有欲，欲而不得则不能无求，求而无度量分界则争，争则乱，乱则穷……我们不必去质疑荀子所设想的此一历史场景是否真实，这是无关紧要的；重要的是，无论是霍布斯还是荀子，皆不约而同地注意到"争"或"争夺"此一概念，并且以之作为自己政治哲学思考的前提和基础，这已足于让我们为之感到好奇了。

---

① 马歇尔·米斯纳：《霍布斯》，于涛译，中华书局 2014 年版，第 1 页。

不过，平情地说，"争"此一概念在荀子的思想中又似乎并不是一个特别引人注目的概念，学者也未曾为文专门措意于此一概念的检讨。据统计，《荀子》一书，言及"争"此一概念共有 59 见；此外，言及"争子"、"争友"各 1 见；言及"争臣" 3 见；言及"争夺"共 7 见。相比于荀子言礼、言义等概念均超过 300 见而言，荀子言"争"此一概念显得真不算多。不过，荀子对"争"的论述却精到而富有特色，且涉及自然与社会领域，用陈来的话来说，荀子思想的基本的问题意识正源于他所着力讨论的"争"的根源和息争止乱的条件①，因而相应地，我们期望通过对"争"的分析，能有助于更好地理解荀子政治哲学的逻辑起点及其制度设计的理论意图。

当然，讨论争或争夺，按其题中应有之义，自然也要讨论"止争"的手段与方法，但对此一部分的详细论述我们将在别处作单独的处理，此处只点到为止。

不过，假如要将"争"纳入到荀子政治哲学的范围中来了解，那么，我们便得首先要了解其政治哲学的逻辑起点，此一逻辑起点事实上同时亦可理解为"争"的根源问题，盖荀子政治哲学的全部内容大概可以概括为如何实现从"争"到"让"或者从"偏险悖乱"到"正理平治"的过渡问题。此处，"偏险悖乱"我们可以把它了解为现象或结果的描述词，而所以会造成此现象或结果，其原因则来自于"争"。然而问题在于，在荀子，此作为偏险悖乱之原因的"争"本身又是主观欲望的多和客观物品的寡所造成的结果，故而荀子政治哲学的逻辑起点，严格地说，是"欲"与"物"之间的紧张，此即荀子所说的"欲多而物寡"（《荀子·富国》）的问题②，也因此，"欲多而物寡"的问题即是"争"的根源问题。

"欲多"与"物寡"之间的矛盾乃是荀子为建构其"正理平治"之理想社会所设定的理论前提，此一理论前提也是荀子所认为的"争"的根源问题。不过，如何理解"欲多而物寡"，尤其是"物寡"之"物"究竟包含何种内容即

---

① 陈来：《情性与礼义：荀子政治哲学的人性公理》，《中国社会科学辑刊》2009 年第 6 期，陈先生此文对荀子政治哲学的架构有卓越精到的分析。

② Henry Rosemont, Jr.（罗思文）教授 认为，在荀子那里，政治国家的基本问题即源于"欲多而物寡"（desires are many，things are few），"State and Society in the Xunzi：A Philosophical Commentary", in *Virtue, Nature, and Moral Agency in the Xunzi*, ed by T.C.Kline Ⅲ and Philip J. Ivanhoe, Indianapolis/Cambridge：Hackett Publishing Company, Inc.2000, p.2.

直接涉及荀子论"争"的对象问题。"欲多"可理解为荀子所认定的人性论事实，此一事实主要包括了两个方面，一是人生而有的、无待而自然的欲望，所谓"凡人有所一同：饥而欲食，寒而欲暖，劳而欲息，好利而恶害，是人之所生而有也，是无待而然者也，是禹桀之所同也"（《荀子·荣辱》），等等；另一是此一欲望所具有无法满足的特征，所谓"人之情，食欲有刍豢，衣欲有文绣，行欲有舆马，又欲夫余财蓄积之富也，然而穷年累世不知不足，是人之情也"（《荀子·荣辱》），等等。"物寡"则可理解为荀子所认知的"物品"的稀少，此处"物寡"之"物"也应理解为两个方面①，一是满足人之欲望的物质性产品，如刍豢、文绣、舆马、余财等等；另一是满足人之欲望的社会性产品，如爵位、官职、功名、权力等等。换言之，在荀子那里，由"欲多而物寡"而来的"争"，其对象当包含物质性产品和社会性产品两个方面。在荀子看来，无论是物质性的产品还是社会性的产品，都是人所欲求的，但相对于人的无穷的欲望而言，又皆是有限的和稀缺的。

由以上分析我们看到，荀子所谓的"欲多"强调的是人的主观欲望的无法满足的特征，所谓的"物寡"指陈的是客观物品的有限和稀缺。如是，即在"欲多"与"物寡"之间形成了矛盾，而依荀子，若"从人之欲，则势不能容，物不能赡也"（《荀子·荣辱》），而"争"则自有其必矣。此处，"从"谓顺也，纵也；"容"谓允许，"赡"谓满足；而"势"与"物"对，但如何了解"势"与"物"则颇可讲求。盖如前面所说，"物"指的是"物品"，而"物品"又可分为物质性产品和社会性产品，若将此处的"物"了解为物质性产品或统而言之了解为物质性和社会性产品的"物品"，那么，与之相对的"势"字又当如何理解？有关"势"字之解释，王先谦、梁启雄、王天海本皆无注，北大本谓"势"为"形势"②，意思可理解，但似乎失之笼统；J.Knoblock 则将"势"翻译为"result"，大意为"结果"，较为中性，但指涉亦不明确③，盖无论是"形势"还是"结果"皆是对某种状态的描述，但具体是哪一种具实义的状态似乎仍待

---

①　此处似乎需要稍作说明，那就是在尚未进入礼义文明的纯粹自然状态之中，"物寡"之"物"更多地表现为满足生命生存之需要的物质性产品。

②　北京大学《荀子》注释组：《荀子新注》，中华书局 1979 年版，第 48 页。

③　J.Knoblock 则将此句翻译成"the result would be impossible to endure"，参见 J.Knoblock，*Xunzi：A Translation and Study of the complete works*，Vol 1.Stanford：Stanford University Press 1988，p.195.

指陈出来。

案，荀子此说原文的脉络为"夫贵为天子，富有天下，是人情之所同欲也；然则从人之欲，则执不能容，物不能赡也。"依荀子，作为人情之所同欲的是"贵为天子"和"富有天下"，此处，"天子"喻言位尊，"天下"泛指物广，故而，"贵"和"富"当泛指为两种不同的稀缺物品，可分别对应于前面所说的社会性产品和物质性产品，然后接"从人之欲"云云。因而，其后面的"执不能容"之"执"所指涉的当是"贵"这一社会性产品，而"物不能赡"之"物"所指陈的当是"富"这一物质性产品。① 此一理解亦可从荀子接下来的叙述所证明，荀子在说完此一段后云："故先王案为之制礼义以分之，使有贵贱之等，长幼之差，知愚能不能之分，皆使人载其事，而各得其宜，然后使谷禄多少厚薄之称，是夫群居和一之道也。"此处，荀子所说的"贵贱长幼"、"智愚能不能"等所表达的实际上是一种名位系统，亦即依其所得之"名"与"位"而获得相应的酬报，其重心在名位上，而不是在酬报上。虽然此处有"谷禄厚薄"之说，容易让人联想到是一种物质性的产品，但实质上此类说法乃是在"德必称位，位必称禄，禄必称用"（《荀子·富国》）的意义上，政治体系依据一个人的社会贡献和品德修行所作的相对应的回报和褒奖。在荀子这种"名位—禄用"的分配系统中，一方面通过其特有的政治体制设计的差等和限制功能，解决了"势齐不一"、"众齐不使"的困境；另一方面也实现了高低上下相兼临，进而臻致"群居和一"之社会的目的。故而，荀子此处所说的"势"应当指的是与"物"此一物质性产品相对应的"名位"，诸如爵位、官职、功名、权力等社会性产品。或许是据于类似的认识，李涤生将此句解释为"然而顺从人的欲望，则势位不能容纳，物资不能供给。"② 李氏此处以"势位"释"势"，当为端的。

盖如所言，依荀子，"争"的根源在于"欲多"与"物寡"之间的矛盾，而"争"的对象则包含物质性产品和社会性产品。此处，"争"既是"欲"与"物"之间"欲"的无度量分界之发展的逻辑结果，同时也是"乱"和"穷"的原因。因此，"争"作为一个中介词，兼有原因和结果的双重含义。换言之，

---

① 揆之于《荀子》一书的文本，荀子亦有将"富"与"财"、"贵"与"执"对言的例句，如《性恶》篇谓"富而不愿财，贵而不愿执"的说法可资例证。

② 李涤生：《荀子集释》，台湾学生书局 1979 年版，第 71 页。陈来即将"势"与"分"一起了解为政治学概念，极为准确。

在荀子，作为结果的"争"，预设了其政治哲学思想赖于建立的前提和出发点；而作为原因的"争"则直接导向了其如何实现"去乱止争"的政治设计和制度安排。又，按《礼论》篇的说法，"人生而有欲，欲而不得，则不能无求。求而无度量分界，则不能不争；争则乱，乱则穷。先王恶其乱也，故制礼义以分之，以养人之欲，给人之求。使欲必不穷于物，物必不屈于欲。两者相持而长，是礼之所起也。"我们曾言，就礼义文理世界尚未出现之前的纯粹"自然状态"而言，"'欲—求—争'是原始的自然状态的主要结构"（陈来语），由人之"欲"发而为"求"、为"争"的对象多表现为物质性的产品，"求"是"欲"的自然属性，"欲"是"情"之应，"情"是"性"之质，有生命即有欲望，有欲望即自然会发而为"求"，故云："以所欲为可得而求之，情之所必不免也。"（《正名》）① 但"欲"之"求"具有无法满足的特征，而自然世界所提供的物品又有限，故若无度量分界即必然发展为"争"，而"争"的结果即为"乱"、为"穷"。

此处我们所当注意，荀子对"纯粹自然状态"下因人的自然欲望的无限度的发展所造成的结果（谓"争、乱、穷"或"偏险悖乱"）看得很清，亦引为深深的担忧。依荀子，在有关人类行为的图景中，真正决定人的行动的力量源于人的原始欲望（"人生而有欲，欲而不得，则不能无求"），人为了满足自己的欲望，必然会采取"争夺"等强暴的手段，但在荀子看来，这种因欲而"争"的现象所表现出来的是一种类似"丛林法则式"的争夺逻辑，若顺此逻辑尝试废除政治和教化，立于一旁而观天下民人相处之情形，其结果将会是一幅"强者害弱而夺之，众者暴寡而哗之，天下悖乱而相亡，不待顷矣"（《荀子·性恶》）的恐怖图景。唯其如此，依荀子，此则"必将有师法之化，礼义之道，然后出于辞让，合于文理，而归于治。"（《荀子·性恶》）② 如果我们结合前引《礼论》篇的说法，那么，在荀子的这种叙述脉络中，实际上蕴含着师法和礼义的"化"与"导"，具有使"欲"与"物"达致平衡、相互长养的作用；同时，师法和礼义的"化""导"也具有使"争"（争夺）转化为"让"（辞

---

① 荀子亦云："夫薄愿厚，恶愿美，狭愿广，贫愿富，贱愿贵。苟无之中者，必求于外。"（《性恶》）欲望未得到满足，必然向外寻求。

② 荀子类似的说法有不同的表述，凝聚地说，可用"礼义法度"言之；散开地说，又有"立君上之埶以临之，明礼义以化之，起法正以治之，重刑罚以禁之，使天下皆出于治，合于善也。"（《性恶》）等等。

让）的功能，而此时之"让"已经不仅仅只是简单的"止争"的手段或事态，而包含着升华后的确定的价值蕴涵和人格生成。故荀子云："夫好利而欲得者，此人之情性也。假之有弟兄资财而分者，且顺情性，好利而欲得，若是，则兄弟相拂夺矣；且化礼义之文理，若是，则让乎国人矣。故顺情性则弟兄争矣，化礼义则让乎国人矣。"又云："今人之性，饥而欲饱，寒而欲暖，劳而欲休，此人之情性也。今人见长而不敢先食者，将有所让也；劳而不敢求息者，将有所代也。夫子之让乎父，弟之让乎兄，子之代乎父，弟之代乎兄，此二行者，皆反于性而悖于情也；然而孝子之道，礼义之文理也。"（《荀子·性恶》）

二

不过，翻检《荀子》一书，荀子对"争"的根源的理解，固然总体上可以归之于"欲多而物寡"的矛盾，但对具体引发的"争"却有各种不同的说法，如因"欲"而"争"、因"群而无分"而"争"或因"势位齐"而"争"等等，此处则涉及荀子论"争"的类型问题。因"欲"而"争"的相关说法除前引的《礼论》篇外，《性恶》篇亦云：

> 今人之性，生而有好利焉，顺是，故争夺生而辞让亡焉；生而有疾恶焉，顺是，故残贼生而忠信亡焉；生而有耳目之欲，有好声色焉，顺是，故淫乱生而礼义文理亡焉。然则从人之性，顺人之情，必出于争夺，合于犯分乱理，而归于暴。

此外，《富国》篇亦云：

> 欲恶同物，欲多而物寡，寡则必争矣。

以上两段大体可以归结为因"欲"而"争"的类型。此处，"好利"、"疾恶"、"耳目声色"等皆谓人所具有的"天之就"的欲望，此欲望如无有限制，则将有争夺、犯分乱理而归于暴的结果。荀子在这里似乎没有将作为"欲"之对象的稀缺之"物品"凸显出来加以说明，但由好利而致争夺的逻辑，毋宁说已经蕴含了物品稀缺的意思，盖若物品丰厚足于让人随心所欲，则争夺自无由产生。①

---

① 此种说法乃依顺荀子的逻辑而来，盖在《性恶》篇荀子即谓"富而不愿财，贵而不愿埶，苟有之中者，必不及于外"。至于这种说法是否经得起检验和追问，那是另一回事。

以上由"欲"而"争"的情况大体可以归在自然状态下来理解，其间的逻辑推演关系表现为人之有欲而求而争，结果为乱和穷。[①] 但《荀子》一书，尤其在《王制》和《富国》两篇中，对"争"的论述似乎另有理绪，亦即与前一种偏重在自然状态下来理解"争"不同，后一种则偏重在人类社会的实存状况下来理解"争"；与此相应，"争"的内容和对象也由原先的较为单纯的物质性产品，发展或扩大为除此之外的更多的社会性产品，尤其表现为由荀子所言的"分"所指向的伦常、社会地位、才能、社会上的分工分业、政治上的分职等领域当分而无分的内容。换言之，荀子论"争"所表现的两种情况或类型有其共同之处，此即"争"皆由欲之求无度量分界而来；但也有其不同之处，此即后者将"争"之对象由原来的纯粹自然状态中所偏重的物质性产品的争夺，扩展为人类群体社会生活中对势位、等级、职业、荣誉等社会性产品的争夺。前一种"争"是具有总体意义的根源性的争，后一种"争"则具体引申出荀子政治哲学的主体和主题。如《王制》篇云：

> 分均则不偏，势齐则不壹，众齐则不使。有天有地，而上下有差；明王始立，而处国有制。夫两贵之不能相事，两贱之不能相使，是天数也。
> 势位齐，而欲恶同，物不能澹则必争；争则必乱，乱则穷矣。

此处，"分"谓贵贱职分；"偏"，王念孙主"读为遍。言分既均则所求于民者亦均，而物不足于给之，故不遍也"。王氏注意到后面"物不能澹"一句，故出此解，但于郐、高亨不与，而主"偏"为"辨也"。《说文》谓"辨，治也"，故王天海亦云："不偏，当读为不辨。不辨，即不治也。"[②] 如是，依荀子，若人人分位平等，无贵贱之别，则国家就不可以治理。官吏势位没有差等，意志行动就不能一致；众人身份没有差等，就谁也不能役使谁。有天有地，就有上下之差，这是自然现象；同样，两贵不能相互侍奉，两贱不能相互役使，这是自然的道理，荀子称之为"天数"。假如人人地位相等，人人好逸恶劳，其结果必致物品不足而致相互争夺。

[①] 此处所谓"大体可以归在自然状态下来理解"云云，或容易引人异议，盖辞让、忠信、礼义文理等等皆非自然状态中所有。不过，论者是将上述说法了解为争夺、残疾、淫乱的映衬词或对反词，以用来呈现人性之欲顺其发展所可能有的结果，故云大体可以归在自然状态下来理解。

[②] 王天海：《荀子校释》，上海古籍出版社 2005 年版，第 348 页；又见李涤生：《荀子集释》，台湾学生书局 1979 年版，第 166 页。

　　从荀子的论述角度看，此段由"分均"、"势齐"、"众齐"起笔引出"争"，如前所云，此处的"分"和"势"显属政治学的概念，因而其论"争"之重点落在人类社会的存在状况上说当属无疑①，而与纯粹"自然状态"下论"争"的情况似有不同；但荀子的论述主题则明确指向"差等的制度安排"的正当性问题，而要了解此一点，我们只需回到荀子所处社会的思想背景中去，当可得其为何如此立论的缘由。盖在荀子时代，墨子的"兼爱"、许行的"贤者与民并耕而食，饔飧而治"的观念所表达的"平等主义"，正是荀子所欲批判的主张。②依荀子，差等的政治设计和制度安排符合自然之理（"天数"），关键是这种设计和安排如何体现公平和公正。而墨子之流的问题恰恰在于他们要逆"天数"而为，借"视人之国若视其国，视人之家若视其家，视人之身若视其身"（《墨子·兼爱中》）以图实现"止争去乱"的目的，而正是在这一点上，荀子认为，墨子强将自然的不平等而为平等，其结果不但不能实现平等，而且必将导致"争乱穷"，此即或为荀子所言"埶位齐，而欲恶同，物不能澹则必争；争则必乱，乱则穷矣"的实义和原因所在。③

　　由"分均"、"势齐"、"众齐"引出的"争"自然预设了"欲多物寡"的概念，但若问何以"分均"、"势位齐"会导致物寡而致争夺呢？理解此一问题的关键在于，一方面荀子预认了人性好利恶害、好逸恶劳的特点；另一方面在此一前提下，若人人地位平等，谁也不能督促谁、约束谁，那么，人们就会丧失努力工作和生产的动力，其结果便会导致人们对有限物品的争夺。此外，荀子还从"人能群"此一人所以优于禽兽的特点进之来论述"争"的原因，依荀子，人力不若牛，走不若马，而可以牛马为用，其原因正在于人能群而牛马不能群，但荀子又进而认为：

　　　　故人生不能无群，群而无分则争，争则乱，乱则离，离则弱，弱则

────────────

① 参见陈来：《情性与礼义：荀子政治哲学的人性公理》，《中国社会科学辑刊》2009 年第 6 期。

② 依德效骞，"儒家政治理论的基本要素是人类的不平等……然而，荀子却是赋予这种不平等以彻底的理论根据的第一人"。见 Homer H. Dubs, *Hsüntze: the Moulder of Ancient Confucianism*, London: Arthur Probsthain 1927, p.246.

③ 荀子在《天论》篇谓"墨子有见于齐，而无见于畸……有齐而无畸，则政令不施"。既无政令规则，人便张其欲而有争乱矣。故梁启超先生谓，墨子兼爱、尚同以绝对的平等为至道，不知物之不齐，物之情也。儒家之"亲亲之杀，尊贤之等"，有杀有等，乃适惬其平，故"墨家仅见人类平等之一面，而忘却其实有差等之一面为事实上不能抹杀也"。参见梁启超：《先秦政治思想史》，上海世纪出版集团 2014 年版，第 127 页。

　　不能胜物。(《荀子·王制》)

在《富国》篇中，荀子也有大致相同的说法，谓"人之生不能无群，群而无分则争，争则乱，乱则穷矣"。在荀子看来，人是社会群体性的动物，人不能离群而孤立地生活，群体的合作才能使个人以牛马为用。然而，人生虽不能无群，但"'群'并非必然意味着秩序"①，若群而无分，则必致相互争夺而酿成祸乱。此处的"分"既是指前面所说的道德伦常、地位才能、职业分工等等的分别，同时更指向这种分别背后所体现的大小相称、德能相宜的精神和"称数"(《荀子·富国》)的原则。换言之，依荀子，"去乱止争"的最好方式是，既然确认了上下有差的"天数"，那么，在政治设计和制度安排上，就要顺此"天数"，以得其"称数"，亦即"皆使人载其事而各得其宜"(《荀子·荣辱》)。如"农以力尽田，贾以察尽财，百工以巧尽械器，士大夫以上至于公侯，莫不以仁厚知能尽官职"(《荀子·荣辱》)。果如是，则社会至平和一，"争"既无由起，"乱"和"穷"也自然得其消弭。今若人群而无分，即人人地位齐一，上下无有兼临，如是，则政令不施，规则虚置，人便不免张扬其原始的自然欲望，呈其纯粹私的自然法则无序地向上争夺而为离、为乱、为弱。由此可见，荀子从"群而无分"论"争"，与前面所说的由"分均"、"势齐"、"众齐"论"争"，实际上蕴含了大致相同的理论逻辑，二者皆体现出荀子对人性的预认及其表现于社会政治生活中若无分别而必争的特点。对此，荀子还有更详细的说明，荀子云：

　　　　离居不相待则穷，群居而无分则争；穷者患也，争者祸也，救患除祸，则莫若明分使群矣。强胁弱也，知惧愚也，民下违上，少陵长，不以德为政：如是，则老弱有失养之忧，而壮者有分争之祸矣。事业所恶也，功利所好也，职业无分：如是，则人有树事之患，而有争功之祸矣。男女之合，夫妇之分，婚姻娉内，送逆无礼：如是，则人有失合之忧，而有争色之祸矣。故知者为之分也。(《荀子·富国》)

脱离社会而不相互依赖，则难逃生活穷困；但与众人共营社会却没有上下的分别就不免于争夺。对于此种"因无分而争"的情形，陈大齐先生解释道："人是恶劳而好利的，所以倘然'职业无分'，则人人皆将怠懒，不肯自食其力，

---

①　参见东方朔：《合理性之寻求——荀子思想研究论集》，台湾大学出版中心2013年版，第40页。

而妄想坐享他人之成，于是便要酿成侵夺剥削等祸乱。人是好色的，若没有婚姻制度以分定夫妇，则必有抢夺美色的祸乱发生。一切争夺祸乱起于没有分别……所以要防止祸乱，分别是一个重要的步骤。有了分别，何以能防止祸乱？则因为分别以后，才能称能宜，能称能宜，才能和一。能和一，自不会有争夺祸乱发生了。"① 总体而言，在荀子那里，"去乱止争"的方法源于礼义，但礼义在去除争乱方面的作用，在很大程度上又表现为"分"，故荀子常以先王"制礼义以分之"（参见《礼论》、《王制》、《荣辱》诸篇）以为去乱止争之药石，盖良有其故也。

不过，对"群而无分则争"这一现象，在理论上我们至多只能把它了解为荀子论"争"在类型上的划分，但却不能将之视作"争"的根源的理解，对此陈来有非常精确的分析，其云："表面上，'无分则争'，与'欲同则争'都是同一类的论证话语，都属于论述'必争'而对'争'进行的根源性论证，其实两者有所不同。人的欲望是不可改变的，而分的建立与否是依赖于人的。因此，与其说无分则争，不如说分是息争的条件，分不仅是息争的条件，也是群居的根本条件……而分的提出则是关于'息争'的条件。在这个意义上，'无分则争'、'有分则无争'所表达的'群居'的社会学定理，是属于论究'息争'的条件，不是关于争的起源的认知。"②

三

以上我们分析了荀子论"争"的两种类型：因"欲"而"争"和"势位齐"、"群而无分"而"争"及其不同的表现，这两种"争"类型的划分所依据的理由源于一者为纯粹的"自然状态"的"争"，一者为进入人类的政治生活后而有的"争"。但坦率地说，这种划分却并不十分严格，如因"欲"而"争"当然指陈和预设了"欲多而物寡"的矛盾，且因此一矛盾导致了"争"。但"势位齐"而"争"或"群而无分"而"争"，表面上"争"之所起，起于"无分"，但"无分"所以会起"争"，则依然与"欲"和"物"之间的紧张相关，所不同的是，后一种类型之"争"表现得更为曲折，并且"争"的范围也更为

---

① 陈大齐：《荀子学说》，台湾中华文化出版事业社 1956 年版，第 148 页。
② 参见陈来：《情性与礼义：荀子政治哲学的人性公理》，《中国社会科学辑刊》2009 年第 6 期。

广大罢了。因而论者将前一种"争"了解为具有总体意义的根源性的"争"，正有见于此。

然而，由"欲"与"物"之间的矛盾说"争"，不论此"物"包含何种内容，人们多只认此"物"为"寡"，而重心则放在"欲"与"争"上，且言"争"又将"乱和穷"相关联，故学者亦常常将此间逻辑简化为：有"欲"则有"争"，有"争"则有"乱"和"穷"。如是，则在"欲"与"争乱穷"之间似乎无形中建立了一一对应的关系。对此，我们要问，在荀子那里，有欲或"欲多"就一定会导致"争乱穷"吗？

如欲理解此中关系，我们当然得先了解荀子对"欲"的认识，以及"欲"与"争"和"乱穷"的关系，等等。如前所言，荀子认为，人生而有欲，"饥而欲食"、"食欲有刍豢"等乃人人之所同，故云"欲不待可得，所受乎天也"。又云"虽为守门，欲不可去"（《荀子·正名》）。那么，这种天之就且无法满足的欲望是否必然会导致"争乱穷"？若然如此，从政治的最终目的看（所谓实现"正理平治"的社会或者"群居和一"的社会），这种欲望的正当性似乎就无法获得辩护，盖若"欲"必导致"争乱穷"，为政治之最终目的计，其逻辑结论当是去欲或灭欲；但"欲"既然是"所受乎天"的，那么，其正当性在很大程度上似乎就已经获得了证明，亦即"欲"不可去，更不可灭。在这两种看似矛盾的主张面前，理论的一贯性使得我们有必要重新检查荀子的相关论说。前面我们说过，"欲"与"物"之间的紧张是"争"产生的原因，但"争"本身又是"乱和穷"的原因，这是分析地说。事实上，考虑到荀子常常将"争乱穷"三者连言，我们也的确可以在某种意义上把"争乱穷"当作一个整体来看。但如果我们把"争乱穷"当作一个整体来看，那么，"欲"与"争乱穷"之间它们是性质上相同还是相异的两类？若是相异的两类，那么，"欲"又如何与"争乱穷"建立起逻辑上的内在关系？

简单地说，在荀子那里，所受乎天的"欲"虽具有"不可去"的性质，但此"欲"之发与"争乱穷"之间并没有必然的逻辑关系，其间的原因可以从三个方面来理解。首先，从荀子的言说逻辑上看，人生而有欲，欲而不得则不能无求，而"求而无度量分界则争"，如是，在"欲"与"争乱穷"之间，荀子还点出了一个"求"字。更为重要的是，依荀子，若求而"有度量分界"，则似乎不存在"争乱穷"，"争乱穷"来源于"欲"之求无度量分界，也因此，我们可以说，在"欲"与"争乱穷"之间并没有必然的逻辑推演关系。其次，依荀子，"有欲无欲，异类也，生死也，非治乱也。欲之多寡，异类也，情之数也，非治乱也"（《正名》）。此一原因在于让我们明白，欲之有无、欲之多寡，与"争乱穷"之间是两种不同类的东西，不可一顿扯在一起。此处，"生死也"，王念孙谓当作"性之具也"，与下文"情之数也"以成对文。但冢田虎不与，谓"凡人生则有欲，死则无欲，是有欲无欲，乃生死之异，而非治乱之事也"。意即欲之有无，如生之与死，本为异类，非关治乱；同样，欲之多寡，亦因类而异，如人禽异类，人则多欲，禽则寡欲，与治乱无关。① 最后，依荀子，"欲不待可得，所受乎天也；求者从所可，所受乎心也……故欲过之而动不及，心止之也。心之所可中理，则欲虽多，奚伤于治？欲不及而动过之，心使之也。心之所可失理，则欲虽寡，奚止于乱？故治乱在于心之所可，亡于情之所欲"（《荀子·正名》）。此一原因说明，人天生有欲，但欲之求却不一定必然会导致"争乱穷"，此处的关键在"心"，盖欲之求如能从"心之所可中理"，则欲虽多，何害于治道？反之，若欲之求从"心之所可失理"，则欲虽寡，何助于乱世？就此而言，"争乱穷"之去还是得，关键在于心之判断是合理还是不合理，而不在于欲望之多还是寡，易言之，"争乱穷"的关键在心不在欲。②

　　行文至此，我们又看到，在荀子那里，"欲多而物寡"的矛盾似乎并不必然导致"争乱穷"的结果，其间原因在于"心"在其中充当了一个关键性的角色。但"心"何以能够承担"止争、去乱、免穷"的功能？此即在荀子，心能为欲之求提供度量分界，故求而可无争。依荀子，心是"形之君也，而神明之主也"（《荀子·解蔽》），心之思虑能对情欲衡定可否，作出抉择，或依荀子，则在"心之所可中理"。何谓"中理"？谓心合于道也，故云"心不可以不知道"（《荀子·解蔽》），盖"道者，古今之正权也"（《荀子·正名》）、思想言行之究竟标准也。然而，从政治哲学的脉络上看，此"正权"、"标准"之实质内容为何？此即"道也者，治之经理也"（《荀子·正名》）。而荀子又谓："礼义之谓治，非礼义之谓乱也"（《荀子·不苟》），如是，则作为治之经理的道，其实质内容便是礼义。由此可见，荀子虽谓止争、去乱、免穷在"心之所可"，然而，"心"之功能和角色似乎依然是形式义的而非实质义的，是中介因而非

① 参见李涤生：《荀子集释》，台湾学生书局 1979 年版，第 528 页。
② 陈来认为，荀子虽主性恶，但人同时也有天赋的理性，即心，故人的欲望情性并不能独立无阻地对人的行为发生作用，主体对于行为是通过"欲"与"心"的双行机制发生作用的。

究竟因。换言之，止争、去乱、免穷之实质义和究竟因则在礼义，心只是借由其认知功能把握礼义，从而使欲之求转"争"为"让"，合于文理而归于治。

基本上，荀子论"争"，反思性地着眼于"欲多而物寡"此一根源性的矛盾，由此注目于人类社会"群而无分则争"、"势位齐"则争的特殊情况，并以"明分使群"此一礼义的作用以为"止争、去乱、免穷"之法尺，所论融全周到，理气条贯。陈来认为，孟、荀虽然皆注目于人性问题，但孟子明显着眼于修身取向，而荀子的问题意识主要不是道德修身，而是着眼于国家、政府和权威的必要性，表现出浓厚的政治哲学的意味。我们甚至不妨说，比照于先秦儒家有关政治的观点和主张，荀子的论说虽仍不脱实践哲学（practical philosophy）之轨范，然而，其致思之方式表现出更为明显的政治哲学和社会哲学的意味，似可断言。

（作者简介：东方朔　复旦大学哲学系）

荀学历史命运的再思考

吕文郁

关于荀子及其学说的历史命运问题是笔者一直比较关注的一个课题。这是因为：在中国古代思想史和学术史上，对最有影响的思想家和学者争议最多、分歧最大者，莫过于荀子。随着时代的变迁，其历史地位及其学说的命运起伏跌宕最为剧烈者，也莫过于荀子。

孟子和荀子在中国儒学发展史上可谓双峰并峙。孟子在"百家争鸣"的大潮中高举孔学的旗帜与诸子百家进行论战，为弘扬和捍卫孔学的道统而奔走呼号，使儒学成为那个时代的显学，孟子功不可没。而荀子则在"百家合流"的历史趋势下以海纳百川的胸怀，批判地吸收了百家的精华，推陈出新，不仅集儒家之大成，而且集百家之大成，把先秦原始儒学推向了一个崭新的发展高峰。孟子学说和荀子学说是先秦原始儒学两个不同发展阶段的产物。孟子的主要贡献在于扩大了原始儒学的影响，维护了儒家的道统；而荀子则创造性地发展了先秦原始儒学，并把儒家的经典传播于后世。民国学者王德箴曾说过："儒家之学至于荀卿而光大。六艺之术，至荀卿而尊极。荀卿之学，虽牢笼万态，而以隆礼为第一要义。其言曰：'其数则始乎诵经，终乎读礼；其义则始乎为士，终乎为圣人。'又曰：'礼者，法之大分，类之纲纪也。故学至乎礼而止矣。'"① 这是非常中肯的评价。孟荀两人是孔子之后对原始儒学的发展有重大贡献的两颗巨星，他们在中国儒学史、思想史和文化发展史上的地位各有千秋，从一定意义上讲，荀子对先秦原始儒学的发展和贡献甚至超过了孟子。后世种种扬孟抑荀的论调不足为训。

---

① 王德箴：《先秦学术思想史》，1935 年版，出版者不详，第 103 页。

一

两汉是中国儒学发生重大变革的历史转折期。中国的原始儒学在汉代蜕变为经学。荀子在传播儒家经典方面可谓功勋卓著，清人汪中说："荀卿之学，出于孔氏，而尤有功于诸经。"又说："盖自七十子之徒既殁，汉诸儒未兴，中更战国、暴秦之乱，六艺之传赖以不绝者，荀卿也。周公作之，孔子述之，荀卿传之，其揆一也。"① 汪中在其所著《述学·荀卿子通论》中曾详尽地历数荀子为传播先秦儒家典籍作出的重大贡献。梁启超曾说："汉代经师，不问为今文家古文家，皆出荀卿。二千年间，宗派屡变，一皆盘旋荀学肘下。"② 梁启超的说法大致不错，但并不十分准确。荀子的时代尚无经学的今古文之争，汉代一些虽然属于今文经但学派色彩并不突出的典籍，如齐、鲁、韩三家《诗》、齐《论》和鲁《论》等的传授的确与荀子有关，实际上荀子着力传播的主要是古文经。梁启超是晚清排荀派的中坚，他是站在排荀的立场上这样讲的，由此更足以证明荀子在经学昌盛的汉代原本应有何等深厚的根基。但荀子在汉代的影响主要在民间。官方对荀子及其学说是持排斥态度的。纵观两汉的历史，荀学在汉代并没有享受到应有的尊重。有的学者却不顾史实，说什么"到了汉代，荀子的威望越来越高"。并进而说："有的论著认为，汉代的学者一直把荀子与孟子并列，是'荀孟并尊'的时代。其实，当时的思想家们对荀子的尊奉大大超过了孟子。"③ 虽然作者是站在尊荀、扬荀的立场上这样讲的，但他的说法却是与汉代的实际情况大相径庭的。为了使广大读者能够客观、清楚地认识荀子及其学说在汉代的实际遭遇，我仅列举如下史实：

其一，西汉初年，《孟子》曾一度立于学官。而《荀子》却不曾有过这样的待遇。曾为《孟子》一书作注的赵岐在《孟子题辞》中说：

> 汉兴除秦虐禁，开延道德，孝文皇帝欲广游学之路，《论语》、《孝经》、《孟子》、《尔雅》皆置博士。后罢传记博士，独立《五经》而已。讫今诸经通义，得引《孟子》以明事，谓之博文。④

---

① 汪中：《述学》，辽宁教育出版社 2000 年版，第 77—78 页。

② 梁启超：《清代学术概论》第二十五，《梁启超史学论著四种》，岳麓书社 1998 年版，第 82 页。

③ 郭志坤：《浅说荀子及其荀学的沉浮》，《学术月刊》1994 年第 3 期，第 44—45 页。

④ 严可均编纂：《全上古三代秦汉三国六朝文·全后汉文》，中华书局 1965 年版。

关于《孟子》在西汉初年立于学官一事，因不见于《史记》、《汉书》的记载，后世很多学者对赵岐的说法颇有怀疑。事实上西汉之初《孟子》一书置博士，立于学官是不容置疑的。王国维在《汉魏博士考》中指出：

> 《史记·秦始皇本纪》："始皇置酒咸阳宫，博士七十人前为寿。"……其中盖不尽经术之士。而《秦始皇本纪》云："使博士为《仙真人》诗。"又有占梦博士，殆诸子、诗赋、术数、方伎，皆立博士，非徒六艺而已。①

汉承秦制，西汉初年的博士官设置因袭秦朝旧制。故王国维针对《汉官仪》"文帝博士七十余人"的记载指出："案此汉初之制，未置五经博士前事也。员数与秦略同，亦不尽用通经之士……盖犹袭秦时诸子百家各立博士之制。"②《孟子》作为诸子之书，当时又称传记，或称传说，故称《孟子》博士为"传记博士"。刘歆在《移让太常博士书》中说：

> 汉兴，去圣帝明王遐远，仲尼之道又绝，法度无所因袭。时独有一叔孙通略定礼仪，天下唯有《易》卜，未有它书。至孝惠之世，乃除挟书之律……天下众书往往颇出，皆诸子传说，犹广立于学官，为置博士。
>
> （《汉书·楚元王传》）

赵岐是东汉末期研究《孟子》的专家，他治学态度非常严谨，所说必有根据。刘歆《移让太常博士书》中的话应当说是赵岐之说的有力佐证。

其二，汉代见于著录的研究和注释《孟子》的著作共有 8 种。这些著作是：刘向的《孟子注》，扬雄的《孟子注》，程曾的《孟子章句》，刘熙的《孟子注》，刘陶的《复孟轲》，郑玄的《孟子注》，赵岐的《孟子章句》，高诱的《孟子章句》。③ 两相比较，《荀子》一书的境况则非常可怜：除了刘向受命为皇家图书馆整理图书时对《荀子》一书进行整理、剔除重复，编成定本④ 外，两汉四百余年间属于研究、注释《荀子》的著作竟然一部都没有。汉以后的魏晋南北朝时期，研究和注释《孟子》的著作仍时有著录，然而研究或注释《荀

---

① 王国维：《汉魏博士考》，《观堂集林》第一册，中华书局 1959 年版，第 175 页。
② 王国维：《汉魏博士考》，《观堂集林》第一册，中华书局 1959 年版，第 176 页。
③ 两汉研究和注释《孟子》的著作虽多，但由于种种原因，流传至今的却只有赵岐的《孟子章句》。
④ 刘向《孙卿书书录》："所校雠中孙卿书凡三百二十二篇，以相校除复重二百九十篇，定著三十二篇，皆以定杀青简，书可缮写。"

子》之书却依然付诸阙如。

我过去在很长一段时间里曾经为荀子在汉代的遭遇而感到困惑：我觉得难以理解的是，对发展原始儒学和传播儒家经典建立如此丰功伟绩的荀子，何以在汉代及其后相当长的历史时期内备受冷落？后来我仔细地研究了汉代的经学史和思想史，特别是研究了汉代今文学家的代表人物、向汉武帝提出"天人三策"的董仲舒，才恍然大悟，对这一问题有了全新的认识。

董仲舒是先秦原始儒学向两汉经学转变的关键人物。他吸收了先秦时代阴阳家、道家的某些学说，对先秦原始儒学进行了彻头彻尾的改造，创立了一套"君权神授"、"天人感应"、"阴阳灾变"、"三纲五纪"等一系列理论。董仲舒在他的《天人三策》的第一策中说：

> 臣谨案《春秋》之中，视前世已行之事，以观天人相与之际，甚可畏也。国家将有失道之败，而天乃先出灾害以谴告之，不知自省，又出怪异以警惧之，尚不知变，而伤败乃至。以此见天心之仁爱人君而欲止其乱也。（《汉书·董仲舒传》）

董仲舒在《天人三策》的第三策中又说：

> 孔子作《春秋》，上揆之天道，下质诸人情，参之于古，考之于今。故《春秋》之所讥，灾害之所加也；《春秋》之所恶，怪异之所施也。书邦家之过，兼灾异之变；以此见人之所为，其美恶之极，乃与天地流通而往来相应，此亦言天之一端也。古者修教训之官，务以德善化民，民已大化之后，天下常亡一人之狱矣。今世废而不修，亡以化民，民以故弃行谊而死财利，是以犯法而罪多，一岁之狱以万千数。以此见古之不可不用也，故《春秋》变古则讥之。（《汉书·董仲舒传》）

细心的读者自然能够看出：所谓"天人相与之际"、"天乃先出灾害以谴告之"、"又出怪异以警惧之"、"以此见天心之仁爱人君而欲止其乱也"等等，本与孔子的《春秋》没有任何关系，全部是董仲舒强行塞进《春秋》中的东西。董仲舒就是用这种偷天换日的手法来贩卖自己的私货，然后又打着《春秋》的幌子来欺世盗名。董仲舒把先秦原始儒学神学化、庸俗化，使之变成维护一统王朝政治统治的御用工具。董仲舒对原始儒学的篡改和修正完全是为了迎合西汉统治者的政治需要，通过这样的改造、修正，把经学变成为当时一统王朝服务的思想武库。董仲舒对原始儒学的篡改和修正，表明他已经完全背叛了原始儒学，是原始儒学的罪人。董仲舒的思想从根本上来说是与荀子思想完全对立的。特别是董仲舒"君权神授"、"天人感应"思想是与荀子天人相分的思想格格不入的。荀子主张"天行有常，不为尧存，不为桀亡"（《荀子·天论》），这是董仲舒"天人感应"说无法逾越的"天堑"。清人汪中在《荀卿子通论》中详尽地列举了荀子传播儒家经典的功绩，却唯独没有提及荀子传《春秋公羊传》，这清楚地表明了荀子对《春秋公羊传》的态度。更何况董仲舒所传播的公羊学是经过他改造、歪曲、塞进了自己私货的公羊学，与原本的公羊学已大异旨趣。董仲舒作为公羊学家和汉代今文学家的代表人物，他不可能接受荀子学说中最核心的内容，即天人相分的学说。董仲舒的思想和荀子的思想是根本对立的。汉武帝之后，董仲舒的思想和理论被奉为官方的正统学说，成为居于统治地位的官方意识形态。这样，荀子的思想很自然就被置于官方学说对立面，这是荀子的思想学说自汉以后长期被打入冷宫、备受责难和非议的根本原因。

我曾注意到刘向在《孙卿新书叙录》中说过的一句话："江都相董仲舒亦大儒，作书美孙卿。"刘向并没有告诉我们董仲舒是怎样"美孙卿"的，也没有提供他这样说的文献依据。我对刘向的这一说法很是怀疑。我仔细查阅了《汉书·董仲舒传》中的《天人三策》①及董仲舒的《春秋繁露》一书，其中没有一字提及荀卿。诚然，现存的《春秋繁露》一书并非董氏书之全本，而是后人汇集董仲舒著作编辑而成的。如果董仲舒的确曾"美孙卿"，那么他对荀卿的仰慕和敬重之情在自己著作的字里行间必然经常流露，何以在现存的董氏著作中没有留下一点蛛丝马迹？郭志坤先生在他的文章中曾引用董仲舒《春秋繁露·深察名号》里的如下言论："性有善端，动之爱父母，善于禽兽，则谓之善。此孟子之善。循三纲五纪，通八端之理，忠信而博爱，敦厚而好礼，乃可谓善。此圣人之善也。"然后武断地说："这里的圣人，就是指荀子。"②上述所谓"三纲五纪"，"八端之理"，"忠信而博爱"，"敦厚而好礼"等等，除"忠信"二字外，其余在《荀子》书中皆不见踪影，而他却十分肯定地认为董仲舒文中指的就是荀子，不知郭先生何所据而云焉？"圣人"一词在董仲舒著作中出现的频率非常高，差不多每一篇都有"圣人"字样出现，仅郭先生引用的《春秋

---

① 学界曾有人认为《天人三策》是班固杜撰，并非董仲舒之作，对此我们暂且不论。

② 郭志坤：《浅说荀子及其荀学的命运沉浮》，《学术月刊》1994年第3期，第45页。郭先生在文章中注明出处为《春秋深察》，经仔细查阅，才知道郭先生的引文出自董仲舒的《春秋繁露·深察名号》。

繁露·深察名号》篇中"圣人"一词就出现 13 次，全书出现不下百次。《春秋繁露》一书中出现的这些"圣人"没有一处可以确指为荀子。由此可见，郭先生的说法是毫无根据的。

二

李唐王朝建立后，中国文化史上出现了所谓三教鼎立的局面。唐朝初年唐太宗曾命颜师古、孔颖达等分别主持编纂《五经定本》和《五经正义》，为唐代的科举考试提供了范本和官方解释。唐朝也曾有几个皇帝如武则天、唐宪宗等崇尚佛教，他们在位时使佛教几度在声势上超越道教。但在李唐王朝事实上长期居于主导地位的仍是道教。这是因为唐朝皇族李氏发迹于西北部，有鲜卑族血统。① 唐高祖李渊打天下时为了提高自己入主中原的底气，表明李氏是真正的炎黄裔胄，编造了梦见老子的谎言，他的幕僚们便"顺杆爬"，说李渊梦见的老子李耳正是他的祖先。于是便大造舆论，说李渊是老子的后裔。这样入主中原便名正言顺了。道教兴起后老子被尊为道教始祖，故李唐王朝建立后便大兴道教，尊道教为国教，声称道教是"万教之祖"，并大兴土木，到处建造老子庙。唐朝皇帝给老子加封了许许多多的封号。唐初追封老子为"玄元皇帝"，唐高宗时加封老子为"太上玄元皇帝"（《旧唐书·高宗本纪下》），到了唐玄宗时，更是接二连三地为老子添加封新的封号。天宝二年（743）"正月丙辰，追尊玄元皇帝为大圣祖玄元皇帝"（《旧唐书·玄宗本纪下》），天宝八年（749）"加上玄元皇帝号曰圣祖大道玄元皇帝"（《新唐书·玄宗皇帝本纪下》），五年之后，即天宝十三年（754）又"加上玄元皇帝号曰大圣祖高上大道金阙玄元天皇大帝"（《新唐书·玄宗皇帝本纪下》）。可见，加在老子头上的桂冠简直是无以复加了。相比之下，孔子在唐代的封号就相当可怜了。唐高祖于武德七年（624）追封孔子为"先师"，唐太宗于贞观二年（628）追封孔子为"先圣"，贞观十一年（637）又追封孔子为"宣父"，唐高宗乾封元年（666）追封孔子为"太师"，武则天天授元年（690）封孔子为"隆道公"，唐玄宗开元二十七年（739）加封孔子为"文宣王"。无论是"先师"、"先圣"、"宣父"、

---

① 刘盼遂先生在《李唐为蕃姓考》一书中曾考证，唐朝皇族李氏出自拓跋族。王桐龄先生则大力支持这种说法，并提出了不少赞同此说的新证据，见王桐龄：《杨隋李唐先世系统考》。

"太师"，还是"隆道公"、"文宣王"，这些头衔和老子头上的那一项项桂冠相比，那简直相差得太悬殊了。而在唐朝修建的许多老子庙中，孔子则成为老子的侍从，与道家的列子、庄子并列。儒家学派鼻祖孔子的境况尚且如此，至于孟子和荀子的地位那就更是可想而知了。马积高先生在曾指出：

> 反映在唐代的祀典上是：学校虽常祀孔子为先圣（曾两度以周公为先圣、孔子为先师，但为时均不久），然配享者在贞观时除颜回外，为左丘明、卜子夏、公羊高、穀梁赤、伏胜、高堂生、毛苌、孔安国、刘向、郑众、杜子春、马融、卢植、郑玄、服虔、何休、王肃、王弼、杜预、范宁、贾逵等二十二人（《旧唐书·礼仪志》无贾逵。为二十一人，其他书均有），都是旧籍所载传经的经师。开元时方增孔门十哲（即孔门"四科"中颜回等十人）、曾参及其他著名弟子（即所谓"七十子"），孟子及荀子皆不与。①

可见，先秦时代为弘扬和发展原始儒学立下汗马功劳的孟子和荀子到了唐朝反倒不如两汉和魏晋时期的经学家们地位高，在孔庙和祭祀典礼上连"配享"的资格都没有。所以荀子及其著作在初唐和盛唐很少有人问津就不足为奇了。

　　荀子及其学说的历史命运直到中唐时代才出现了重大转机。当时有两位重要的历史人物对荀学的这种变化发挥了关键的作用，这两位历史人物就是杨倞和韩愈。

　　杨倞与韩愈是同时代人，他是历史上第一个为《荀子》一书作注的人。他在《荀卿子注序》中说：

> 倞以末官之暇，颇窥篇籍，窃感炎黄之风未洽于圣代，谓荀、孟有功于时政，尤所耽慕。而《孟子》有赵氏《章句》，汉氏亦尝立博士，传习不绝，故今之君子多好其书。独《荀子》未有注解，亦复编简烂脱，传写谬误，虽好事者时亦览之，至于文义不通，屡掩卷焉。夫理晓则惬心，文舛则忤意，未知者谓异端不览，览者以脱误不终，所以荀氏之书千载而未光焉。辄用申抒鄙思，敷寻义理，其所徵据则博求诸书。但以古今字殊，齐、楚言异，事资参考，不得不广，或取偏傍相近、声类相通，或字少增加、文重刊削，或求之古字，或徵诸方言。加以孤陋寡传，愚昧多蔽，穿凿之责于何可逃。曾未足粗明先贤之旨，适增其芜秽耳。

---

① 马积高：《荀学源流》，上海古籍出版社 2000 年版，第 229 页。

盖以自备省览，非敢传之将来。以文字繁多，故分旧十二卷三十二篇为二十卷，又改《孙卿新书》为《荀卿子》，其篇第亦颇有移易，使以类相从云。

西汉刘向对《荀子》的整理主要是删除重复，编成《孙卿新书》定本。从西汉后期的刘向至中唐的杨倞，时隔八百余年，因"编简烂脱，传写谬误"，《荀子》一书已无法卒读。杨倞是刘向之后第一个对《荀子》一书进行整理、校刊的人，也是《荀子》问世以来最早为之作注的学者，使《荀子》一书终于成为一部一般读者都可以读得懂的诸子之书。杨倞在荀学史上可谓第一个吃螃蟹者，他对荀学的开创之功光耀千古，无人匹敌。

韩愈作为中唐时代的文坛领袖和以儒家道统继承者自居的重要人物，他对荀学的发展可谓功过参半。他的功劳在于：在道教和佛教声势极盛的中唐时代韩愈敢于"觚排异端，攘斥佛老"（《进学解》），为弘扬儒学而奔走呼号，大力表彰孟、荀，其诚可感，其勇可嘉。韩愈说：

> 昔者孟轲好辩，孔道以明，辙环天下。卒老于行；荀卿守正，大论是弘，逃谗于楚，废死兰陵。是二儒者，吐辞为经，举足为法，绝类离伦，优入圣域，其遇于世何如哉？（《进学解》）

韩愈的此等言论，在当时有如空谷足音，惊世骇俗。尤其对孟、荀"吐辞为经，举足为法，绝类离伦，优入圣域"这样的评价，对于扭转当时的世风，提高孟、荀的地位，扩大孟、荀的影响，有非同寻常的重大的社会影响。表明韩愈在当时敢于冒天下之大不韪，敢于顶着巨大的政治压力为儒学鸣不平，这需要何等的勇气和胆略！

问题在于，韩愈对孟轲和荀况的思想学说及其对先秦原始儒学贡献的评价上存在某些偏见。韩愈在他的另一篇文章《读荀》中说：

> 吾始读孟轲书，然后知孔子之道尊，圣人之道易行，王易王，霸易霸也。以为孔子之徒没，尊圣人者，孟氏而已。晚得扬雄书，益尊信孟氏。因雄书而孟氏益尊，则雄者，亦圣人之徒欤！……及得荀氏书，于是又知有荀氏者也。考其辞，时若不醇粹，要其归，与孔子异者鲜矣。抑犹在轲雄之间乎？……予欲削荀氏之不合者，附于圣人之籍，亦孔子之志欤！孟氏，醇乎醇者也；荀与雄，大醇而小疵。

此即韩愈的所谓"大醇小疵"说。在这里，我们不妨对韩愈的"大醇小疵"说略加剖析：第一，韩愈把荀况完全排斥于儒家道统的传承序列之外。他认为

"孔子之徒没，尊圣人者，孟氏而已"，认为孟子是"醇乎醇者也"，而荀氏与扬雄都因"大醇而小疵"不配传承儒家道统。韩愈对儒家道统的传承作过如下的评论：

> 尧以是传之舜，舜以是传之禹，禹以是传之汤，汤以是传之文武周公，文武周公传之孔子，孔子传之孟轲，轲之死不得其传焉。荀与扬也，择焉而不精，语焉而不详。（《原道》）

韩愈还说：

> 自孔子没，群弟子莫不有书，独孟轲氏之传得其宗，故吾少而乐观焉……故求观圣人之道，必自孟子始。（《送王秀才序》）

首先需要指出的是，中国古代并不存在从尧开始一以贯之的所谓"圣人之道"或"先王之道"。这种所谓的"圣人之道"或"先王之道"的始作俑者是孟轲。韩愈在《原道》中所论述的道统是根据孟子"五百年必有王者兴"、"由尧舜至于汤五百有余岁"（《孟子·尽心》）的两段议论拼凑出来的。如果韩愈所说的道统是指儒家的道统，那么这一道统在孔子之前并不存在。孔子之后，孟轲和荀况都是儒家道统传承中不可或缺的重要人物。韩愈只承认孟轲是儒家道统的传承者，而把荀况排除在儒家道统的传承序列之外，是毫无道理的，也是极不公正的。韩愈对先秦原始儒学的理解过于偏狭，对儒学在新的历史条件下的理论建设并无实质性的贡献。他虽然承认孟轲和荀况都是"吐辞为经，举足为法，绝类离伦，优入圣域"大儒，但却又说"轲之死不得其传焉"，这种说法前后矛盾，不能自圆其说。实质上韩愈是以孟轲之后儒家道统的唯一传承者自居的，这其实是不自量力。韩愈在文学方面的贡献确实是大家公认的，但他对儒学的理论贡献却乏善可陈。苏轼称颂韩愈"文起八代之衰，道济天下之溺"，有些言过其实。

第二，韩愈认为孟轲是"醇乎醇者也"，而荀况则是"大醇小疵"，褒孟而贬荀的倾向十分明显。这等于为荀子定了性。也就是说，他为孟荀划分了档次，判定了高下，认为孟氏高于或优于荀氏。令人不解的是，韩愈在这里并没有明确指出他这样判断的主要理由和依据是什么。只是说："考其辞，时若不醇粹，要其归，与孔子异者鲜矣。"至于荀氏究竟有什么样的"小疵"，这些"小疵"都表现在哪里，他的言论究竟有哪些与孔子"不合"，韩愈都没有具体说明。这样凭空的判断实在难以令人信服。众所周知，孟轲和荀况是中国儒学史上处于两个不同时代的重要儒家代表人物。孟轲在战国中期"杨朱墨翟之言遍天下"的逆境中，能够高举儒家大旗，勇敢地捍卫孔子创立的儒家学说，坚定地维护儒家道统，并且在新的历史条件下丰富了儒学的内涵，成为战国中期儒家学派的杰出代表。而荀子在战国晚期由"百家争鸣"逐渐向"百家合流"过渡的新形势下，融汇诸子百家，推陈出新，在特定的历史条件下把儒学推向了崭新的发展阶段，为先秦原始儒学的发展和创新作出了卓越的贡献。特别在传承儒家经典方面，荀况更是功勋卓著。民国时期国学大师刘师培也说："子夏、荀卿者，集六经学术之大成者也。"① 荀况对儒家学说的贡献及其在儒学发展史上的地位，绝不在孟轲之下。韩愈的"大醇小疵"说是他对荀子学说的偏见，他的说法是不能成立的。

第三，韩愈把荀子和扬雄并列，称"荀与雄，大醇而小疵"，这样的批评更是不伦不类。荀子是先秦儒学大师，是中国原始儒学最后一位重要的代表人物。而扬雄不过是汉代的文学家。论文学创作，他的赋可与司马相如相媲美。他虽然也模仿《论语》写过《法言》，模仿《周易》写过《太玄》，但他对儒学自身的贡献实在是没有什么可以称道的。从儒学发展史的角度看，荀子和扬雄无论怎样衡量，都不是一个量级上的人物。韩愈有意让荀子与扬雄比肩，这在客观上是贬低了荀子，抬高了扬雄。而抬高扬雄的用意则是为了标榜韩愈自己。汉代的扬雄与唐代的韩愈在文学发展史上确有某些相似之处。韩愈是公认的唐宋古文运动的统帅，在散文创作方面堪称"绝类离伦"，但他的哲学思辨能力比和他同一时代的柳宗元、刘禹锡逊色得多。他的《原道》、《原性》、《原人》、《原鬼》等论说文在思想方面显得极为肤浅、平庸，在理论上无所建树。难怪宋人苏辙批评他说："愈之学，朝夕从事于仁义礼智刑名度数之间，自形而上者，愈所不知也。《原道》之作，遂指道德为虚位，而斥佛老与杨墨同习，岂为知道？"（《昌黎先生集·原道》注引）苏辙的议论，可谓击中了韩愈的软肋。

由于韩愈是中唐的文坛领袖，也是唐宋古文运动的主帅。他文名显赫，又位居"唐宋八大家"之首，因此他的"大醇小疵"说对后世有着极为深远的影响。可以说，韩愈既是荀学的功臣，又是荀学的罪人。

在"唐宋八大家"中最为服膺韩愈的就是北宋的苏轼。苏轼称颂韩愈为"近世豪杰之士"②，表彰他"匹夫而为百世师，一言而为天下法"，"文起八代

---

① 刘师培：《经学教科书》第六课，见《刘申叔遗书》，江苏古籍出版社1997年版，第2076页。
② 苏轼：《韩愈优于扬雄》，《苏轼文集》，岳麓书社2000年版，第194页。

之衰，道济天下之溺；忠犯人主之怒，勇夺三军之帅"①。这种溢美之词实在是言过其实。苏轼对荀况的批评和指责亦最为严厉。他说：

> 昔者常怪李斯事荀卿，既而焚灭其书，大变古先圣王之法，于其师之道，不啻若寇仇。及今读荀卿之书，然后知李斯之所以事秦者皆出于荀卿，而不足怪也。荀卿者，喜为异说而不让，敢为高论而不顾者也。其言愚人之所惊，小人之所喜也。子思、孟轲，世之所谓贤人君子也。荀卿独曰："乱天下者，子思、孟轲也。"天下之人，如此其众也；仁人义士，如此其多也，荀卿独曰："人性恶。桀、纣，性也；尧、舜，伪也，"由是观之，意其为人必也刚愎不逊，而自许太过。彼李斯者，又特甚者耳……焚烧夫子之六经，烹灭三代之诸侯，破坏周公之井田，此亦发必有所恃者矣。彼见其师历诋天下之贤人，以自是其愚，以为古先圣王皆无足法者。不知荀卿特以快一时之论，而荀卿亦不知其祸之至于此也。②

苏轼因李斯是荀况的学生而对荀况进行无端指责，其中多有不实之辞。所谓"烹灭三代之诸侯，破坏周公之井田"云云，便是如此。三代之诸侯，原非李斯所烹灭，即或是李斯所烹灭，是其功也，而非其罪也。至于井田之破坏，乃是历史发展的必然，更与李斯毫不相干。所谓"喜为异说而不让，敢为高论而不顾"，"意其为人必也刚愎不逊，而自许太过"云云，很明显是在含沙射影地攻击其政敌王安石。苏轼对荀况的批判和责难无疑是肇端于韩愈而又变本加厉。

有的学者认为韩愈是宋代理学家的先驱，我并不赞同这种说法，但韩愈对宋代理学家们有深远的影响是不可否认的。绝大多数理学家们都不喜欢荀子，且对荀子及其学说大加挞伐。其理由可能千差万别，但最主要的无非是两条：一是荀况主张人性恶，二是荀况主张天人相分。这也许这就是韩愈所说的"小疵"吧，但这两条恰恰都触犯了理学家们的大忌。所以理学家们把荀况视为异类乃至"寇仇"，也就不足为奇了。也正是在这样的历史背景下，扬孟抑荀发展到极致，《孟子》终于升格为"经"，而《荀子》却被再次被打入冷宫，这也许是韩愈所始料不及的。

---

① 苏轼：《潮州韩文公庙碑》，《苏轼文集》，岳麓书社 2000 年版，第 1273 页。

② 苏轼：《荀卿论》，《苏轼文集》（一），中华书局 1986 年版，第 100—101 页。

三

在清代的学术史上曾存在过汉学和宋学的斗争。这是因为宋明理学曾长期居于统治地位。以戴震为代表的考据学家奋起批判理学，抨击理学家"以理杀人"，提倡汉学，著名的乾嘉学派以绝对的优势压倒了宋学。这为荀学的在清代的复兴扫清了障碍。没有汉学的崛起和宋学的衰落，就不可能出现荀学的繁荣。

在清代荀学复兴运动中特别特别值得一提的重要人物是汪中。汪中字容甫，江都人。他出身贫苦，有奇才。不仅学识渊博，精于考据，还擅长骈文。著有《江都汪氏丛书》，其中以《述学》最为有名。他的《荀卿子通论》和《荀子年表》都在《述学》一书中。汪中可谓清代复兴荀学的旗手。他的《荀卿子通论》第一次以无可辩驳的事实证明了荀子对弘扬儒学，特别是传播儒家经典的重大贡献，这就为荀子地位的确立奠定了最稳固的基础。汪中此论在学界产生极大影响，为推动清代荀学的复兴发挥了重要作用。所以梁启超说："乾隆间汪容甫著《荀卿子通论》、《荀子年表》，于是荀子书复活，渐成为清代的显学。"[1]

由于荀学呈现出空前繁荣的局面，乾嘉以降，研究和注释《荀子》的著作纷纷涌现。如卢文弨、谢墉的《荀子笺释》，顾广圻的《荀子校》、《荀子异同》，刘台拱的《荀子补注》，陈奂的《荀子异同》，郝懿行的《荀子补注》，陈昌奇的《荀子正误》，王念孙的《荀子杂志》，俞樾的《荀子平议》，王先谦的《荀子集解》等等。这些著作无疑是清代荀学复兴的重要成果和标识。一些学者通过整理、注释《荀子》，为荀学大作翻案文章。如郝懿行在其《荀子补注》书末附有《与王引之伯申侍郎论荀卿书》，对韩愈的荀子"大醇小疵"论提出批评，认为荀子不是"大醇小疵"，而是"醇而又醇"，从而把一千年前韩愈为荀学定的调子全盘推翻。此外，还有一些学者，如戴震、凌廷堪、焦循、张惠言等等，他们没有满足于对《荀子》一书的整理、校刊和注释，也没有停留在对荀学一般问题的研究探讨上，而是把研究的重点放在了对荀子思想精髓的深入阐发方面，并取得了令人瞩目的研究成果，这就进一步把荀学的研究引向深入。

---

[1] 梁启超：《中国近三百年学术史》第十四章，中华书局1936年版，第228页。

清代一些著名学者对荀学表现出异乎寻常的热情。汪中给自己的儿子取名"喜孙"，亦名"喜荀"，因荀子又称孙卿，足见他对荀学情有独钟。晚清著名学者李慈铭把自己的书斋署名为"荀学斋"，以示他对荀学的热衷。另一位晚清著名学者、经学大师孙诒让有笔名曰"荀漾"。顾颉刚先生解释说："《太炎集》中署名'荀漾'者，即孙诒让也。以荀子亦名孙子，诒让二字反切为漾，仲容与太炎来往书札皆用此姓名。"①

在荀子研究的热潮出现之后不久，晚清的学术界又出现过一股短暂的排荀思潮。梁启超称这一思潮这为"排荀运动"。② 这种思潮的起因，与晚清今文学派的崛起及"戊戌变法"运动的酝酿有一定联系。当时排荀的主要代表人物就是大名鼎鼎的梁启超、谭嗣同，还有夏曾佑和宋恕等。③ 他们对荀子及其学说发动了一场凌厉的攻势，因而颇为引人注目。但这种攻势不久便因"戊戌变法"的失败而销声匿迹。梁启超后来曾这样追忆当年发动排荀的动机："清儒所做的汉学自命为'荀学'，我们要把当时垄断学界的汉学打倒，便用'擒贼擒王'的手段去打倒他们的老祖宗——荀子。到底打倒没有呢？且不管。"④ 其实彼时想打倒荀子谈何容易！复兴后的荀学毕竟已根深蒂固，更何况当时的尊荀阵营与排荀阵营相比更加壮观：俞樾、李慈铭、孙诒让、王先谦、叶德辉、章太炎等等，他们皆非等闲之辈！总之，晚清的排荀思潮并没有动摇荀学的根基。

不难看出，晚清那些尊荀的人都是古文学家，而那些排荀者，都是清一色的今文学家。这一现象绝非偶然。联系到西汉荀子遭到董仲舒所代表的今文学家的排斥，我们便会对前面谈到的荀子及其学说在两汉的遭遇有更深层次的理解。

（作者简介：吕文郁　吉林大学古籍研究所）

---

① 顾颉刚：《孙诒让之著作环境》，《顾颉刚书话》，浙江人民出版社 1998 年版，第 243 页。

② 参见梁启超：《清代学术概论》，上海古籍出版社 2005 年版。

③ 朱维铮：《晚清汉学："排荀"与"尊荀"》，见王元化主编：《学术集林》卷四，上海远东出版社 1995 年版。

④ 梁启超：《亡友夏惠卿先生》，见夏晓虹编：《梁启超文选》上，中国广播电视出版社 1992 年版，第 74 页。

荀子伦理思想的历史向度：
前后、百年和古今

邓小虎

"心者，形之君也，而神明之主也，出令而无所受令"是"心"的本来状态。如果"心"并不会偏离其本来状态，或者在一般情况下不会失去其"君"和"主"的地位，那么我们大概不需要"仁义"乃至"诚"。不过，荀子的确认为，"心"很容易就会失去其主宰地位。所以荀子一方面说，"人无师无法，则其心正其口腹也"，指出人如果没有师长和法则的引导，其"心"就只会顺从口腹之欲，"亦呥呥而嚼，乡乡而饱已矣"（《荀子·荣辱》）。换言之，"人无师无法"，"心"就会被形体所驱使，其"形之君"、"神明之主"的地位就变得只是虚设，而并无实质的主宰地位。另一方面，荀子也说"人之生固小人，无师无法则唯利之见耳"（《荀子·荣辱》）。荀子曾指出："小人役于物"（《荀子·修身》），那么"人之生固小人"就意味人生来就有倾向"以己为物役"。这里我们需要强调，"人之生固小人"和"心者，形之君也，而神明之主也"这种"心"的本来状态并无矛盾。这是因为"心"作为"君"和"主"可以有形式地位和实质地位的区分。"形之君"、"神明之主"这种形式地位是不会改变的，但"心"是否能有实质的"君"和"主"的主宰地位，则正正视乎人是否遵从师法礼义、是否努力于道德修养以成为君子。①

---

① 圣人在出生时也是小人，但其时并未有师法礼义，然则圣人又如何摆脱小人的状态，最终成为圣人？荀子的答案是"积思虑，习伪故"。《荀子·性恶》所说的"圣人积思虑、习伪故，以生礼义而起法度"，既可理解为圣人生成"礼义法度"的过程，也可以理解为圣人通过思虑积伪来进行道德修养，最终成就圣人的过程。所以严格而言，"师法"代表的是一种超越当下情欲、以心的思虑来指导性情的状态。相关讨论，可以参见邓小虎：《性伪的多重结构》，《荀子的为己之学——从性恶到养心以诚》，北京大学出版社 2015 年版。

一、心之所可

　　为了进一步解释"心"作为虚设的"君"、"主"和实质的主宰之间的区分，我们需要检视《荀子》中"可"这个概念。荀子曾指出："欲不待可得，所受乎天也；求者从所可，所受乎心也"（《荀子·正名》）。"欲不待可得"表示"欲"之有无并不视乎其是否"可得"；①"所可"指的正是"心之所可"，也是求取情欲满足者所遵从的指引。在这一段引文之后，荀子亦曾说："以所欲为可得而求之，情之所必不免也。以为可而道之，知所必出也。"（《荀子·正名》）这一段引文清楚地说明了，不但"欲"之有无，甚至对于"所欲"的求取，都是自然而有，并且无法避免的。也就是说，欲望的出现，以及对于欲望目标的渴求，都是自然性情不可避免的表现。不过，"知"可以判断这些欲求是否"可"，并可以引导应该如何求取。这里所说的"知"，其实就是"心"的功能。因为荀子曾说"心有征知……五官簿之而不知"（《荀子·正名》），即五官只能收集相对应的讯息如形色、声音、味道、香臭等，却不能"知"，而"知"是"心"的能力。另一方面，在"以为可而道之，知所必出也"之后，荀子描述了"欲"可以"进尽"或"节求"等情况，并总结"道"就是或"近尽"或"节求"的标准。而荀子亦曾自问自答："人何以知道？曰：心。"（《荀子·解蔽》）结合这两则引文，我们亦可看出"知"正是出自于"心"，而"以为可"亦即"心之所可"。"求者从所可，所受乎心也"以及"以为可而道之，知所必出也"，都表明"可"是"心"必然有的一种功能；然而这两则引文都没有指出，"心之所可"必然能成功主导情欲。相反，荀子指出"心之所可"有"中理"或"失理"的情况。②荀子亦曾说："人伦并处，同求而异道，同欲而异知，生也。皆有可也，知愚同；所可异也，知愚分。"（《荀子·富国》）荀子认为人虽然有共同的追求，却采取了不同的方法，所以他指出无论智者愚者都有"可"，但"所可"的差异，却表现了智愚的区分。"皆有可也"印证了我们以上所说的，"可"是"心"的必然表现，即人人皆有"心之所可"。

---

① 关于这一点，郭嵩焘解释得甚为清楚："人生而有欲，不待其可得而后欲之，此根于性者也。"（王天海：《荀子校释》，上海古籍出版社2005年版，第921页）

② 《荀子·正名》提到"心之所可中理，则欲虽多，奚伤于治？"和"心之所可失理，则欲虽寡，奚止于乱？"。

可是，"心之所可"是否能发挥其指导"情之所欲"的功能，却不必然。根据这一系列的文本证据，我们有理由相信，"心之所可"展示的只是"心"对于"情之所欲"位阶、名目上的主导。"心之所可"是否能真正主导情欲、是否能成功地"道欲"，就决定了"心"是否有实质的主宰地位，也决定了"心"是否能实现其"真实"状态。

《性恶》篇曾提到"从人之性，顺人之情"，并多次提到如果"顺是"生来而有的种种情欲，就会导致"争夺"、"犯分乱理"并"归于暴"。由此可见，"性"、"情"、"欲"都可"从"可"顺"，并且"从"、"顺"自然情欲，必然会导致争乱等"恶"的局面。① "从"、"顺"自然"性情"和"情欲"，其实是一种怎样的情况呢？我们认为，这应该就是《荣辱》篇所说的"其心正其口腹"。即，"心"被自然情欲主导，"心之所可"盲目认可"情之所欲"。这样，既然"情"的运作模式是"以所欲为可得而求之"，被情欲所主导的"心"，即一如"口腹"的心，就会认可并追求当下所欲，而不仔细思虑当下所欲是否真正应该追求并获得满足。荀子指出，人应该超越当下所欲，以一生整体乃至"道"这个标准，来衡量指导欲望的求取。所以荀子亦曾说："离道而内自择，是犹以两易一也，奚得！其累百年之欲，易一时之嫌，然且为之，不明其数也。"（《荀子·正名》）他认为，舍弃"道"这个标准，自以为是，往往就会为了一时的满足而放弃更长远的好处。"累百年之欲"与其说是一生欲望的简单累积，不如说是一生情欲的合理安放，因为如果没有合理有序的安排，一生的情欲是不可能顺利配合并最终得到满足的。所以荀子在提及"礼"的"养欲"功能时，强调"君子既得其养，又好其别"，并指出"故人一之于礼义，则两得之矣；一之于情性，则两丧之矣"（《荀子·礼论》）。可是，"心之所可"所应该依从的"道"，以及其实质内容"仁义"和其实践"礼义"，到底又是怎样一种标准呢？这种标准的内容是什么，又是如何指导人判断情欲是否应该以及应该如何得到满足呢？

---

① "从人之性"，王先谦认为"从"应当理解为"纵"；锺泰已经指出，王说不确，"从"当读如字。相关注释，见王天海：《荀子校释》，上海古籍出版社2005年版，第936页。

二、取舍的标准

荀子曾指出"欲恶取舍"的权衡标准：

> 欲恶取舍之权：见其可欲也，则必前后虑其可恶也者；见其可利也，则必前后虑其可害也者；而兼权之，孰计之，然后定其欲恶取舍。如是则常不失陷矣。凡人之患，偏伤之也。见其可欲也，则不虑其可恶也者；见其可利也，则不顾其可害也者。是以动则必陷，为则必辱，是偏伤之患也。（《荀子·不苟》）

荀子认为，正确的权衡方法是对于前后的欲恶、利害进行全面的评核，这样才能作出"不失陷"的决定。荀子这里所说的"兼权"，其实涉及了三个面向：前后、欲恶、利害。"欲恶"也就是"好恶"[1]，是人对于各种事物喜欢或者不喜欢的表现，其中有许多是天生自然的欲恶，譬如"饥而欲食，寒而欲暖，劳而欲息"（《荀子·非相》）[2]，但也有通过道德修养而有的"好"，譬如"君子好以道德"（《荀子·尧问》）、"君子既得其养，又好其别"。[3] 至于"利害"，则不是情感欲望的表现，而是"欲恶"、"好恶"的对象，所以荀子也说"好利恶害"（《荀子·荣辱》）、"好利而恶害"。[4]"利害"其实就是指有利或不利的事物和情况，并且往往指对于自己有利或不利的事物和情况。"利害"作为"欲恶"的对象，它和"欲恶"最主要的不同，就在于它是一种有意识或者无意识的判断评价。[5] 荀子似乎认为什么是"利害"相当明显，所以既没有特别深入讨论"利害"，也没有明确提出"利害"的标准。对于我们当下的讨论来说，只需要厘清"利害"和"欲恶"属于两个不同层面的考量。"欲恶"、"利害"涉及的是人自身的状况，"前后"则属于时间范畴，为的是规定"欲恶"、"利害"适用的范围。"前后"固然可以指在当前的或事前的状况，以及之后的、事后的

---

① 譬如《荀子·荣辱》说"好荣恶辱"，《荀子·君道》则说"欲荣而恶辱"。

② 《荀子·性恶》则说"今人之性，饥而欲饱，寒而欲煖，劳而欲休，此人之情性也"。

③ 《荀子·礼论》。全句是："君子既得其养，又好其别。曷谓别？曰：贵贱有等，长幼有差，贫富轻重皆有称者也。"

④ 凡二见，分别于《荀子·荣辱》和《荀子·非相》。

⑤ "欲恶"，特别是"好恶"，当然也可能是评价的结果——因为某样事物是好的，所以欲之、好之。但"欲恶"并不必然涉及评价，并且往往不涉及评价，反而是情性的自然反应，譬如上文所说的"饥而欲食"。

状况。但更重要的是，"前后"指向一种跨时域的考量，即"欲恶"、"利害"不应该只涉及一时一地，而应该同时涵盖伸展延续的生命。上文提到"心"及其"知"通过"心之所可"来"道欲"。我们认为，《不苟》篇这里所说的"欲恶取舍之权"就是"心之所可"所应该依据的标准。

"情之所欲"的发生及其求取，都是自然而然的，其中并不涉及思虑。因此就情欲本身而言，其仅仅是自然发生的现象而并不包含价值判断。欲望的对象是否应该又应该如何求取，这些都并不和"情之所欲"直接关涉。然而"情之所欲"却又能驱使"心"，使"心"对自然性情"从"之、"顺"之，使"心正其口腹也"，沦为盲目顺从欲望的奴仆。"心正其口腹也"，则虽有名目上的"心之所可"，并且"心"抑或会思考如何满足"情之所欲"，但"心"已非实质上的"形之君"、"神明之主"。"心"在这种状态下，其运作模式，大概就如荀子所描述的，是"见其可欲也，则不虑其可恶也者；见其可利也，则不顾其可害也者"。也就是为了"一时之嫌"，置"百年之欲"于不顾。"心"要摆脱对自然性情盲目的从顺，就必然需要确立真正的、实质的"心之所可"，通过对"情之所欲"的思虑、衡量、取舍、导引，来体现"心"对于自然性情的掌控，实现真实意义上的"形之君"、"神明之主"。换言之，"心"要成就"形之君"、"神明之主"，其"所可"、其思虑，就不能等同于"情之所欲"，而必须超越之，以超然于"情之所欲"的标准来思虑、衡量、取舍、导引性情。

这种超越于"情之所欲"的标准，其初始表现就是"百年之欲"和"前后"。我们说"初始"，是因为"道"及"仁义"、"礼义"才是最终的标准。然而"百年之欲"和"前后"又确实是超越于"情之所欲"的标准，这是因为这两者都涉及了跨时域的整全自我。"百年之欲"不应该理解为百年间欲望的简单相加累积，而应该理解为一生情欲的合理安放。如果只是简单地相加累积，那么这些欲望只应该称之为众多的欲望，因为其假设恰恰是：这些欲望彼此之间不需要也没有秩序、关联、从属。然而恰恰因为这些欲望彼此之间没有秩序、关联、从属，则其只能是一堆意义不明的欲望，其各自的满足在当时或许能带来快感，但却无助于建立任何整体的样态、图像或秩序。我们恰恰可以想象，这些欲望很可能互相矛盾、彼此冲突，只呈现为混乱、割裂、无序、失落。如果一堆跨时域的欲望能被称为"百年之欲"，则其必然需要有基本的理序和关联，以使得其能共同成就"百年"。其中一个基本的理序，就是这些欲望都有共同的主人，是属于同一个主体的欲望；并且这些欲望应该能够彼此关联，共同构成"百年"这个伸展延续的一生——若不然，它们在什么意义下可以共同称之为"百年之欲"？笔者认为，《不苟》篇所说的"前后"其实就类同于《正名》篇所提的"百年之欲"，两者都要求超越一时一地的欲恶利害，从一个跨时域的整体来衡量取舍行为举止。上引《不苟》篇的一段文字，强调要避免"偏伤之患"，要"兼权"、"孰计"以定取舍。"偏伤"，就是偏于一时一地的所欲、有利而带来的伤害。"兼权"、"孰计"，就是在当下所欲、有利之外，要同时顾及其可能有的所恶、有害，从"前后"或"百年"这个整体的向度来思虑取舍。

孟子曾提及有人"养其一指而失其肩背"，他称这种人为"狼疾人"；并且指出，人们之所以轻贱只顾吃喝的"饮食之人"，就是因为他们"为其养小以失大也"，如果"饮食之人"没有过失，则口腹的满足并不仅仅为了"尺寸之肤"（《孟子·告子上》）。孟子这里所说的，其实和荀子相当接近。他们同样认为，如果"口腹"、"饮食"只是为了一时一地的满足，必然有所缺失；孟子称之为"养小以失大"，荀子称之为"偏伤"。荀子亦曾指出："故人苟生之为见，若者必死；苟利之为见，若者必害；苟怠惰偷懦之为安，若者必危；苟情说之为乐，若者必灭。故人一之于礼义，则两得之矣；一之于情性，则两丧之矣。"（《荀子·礼论》）所谓"两得之"，就是《礼论》上文所说的"既得其养，又好其别"。"养"指"养人之欲"，"别"，则指各种价值伦理的区分，即"辨"、"分"和"礼"。所谓"两得之"，就指不但能满足自然情欲，也能实现价值伦理秩序。并且人之所以能满足自然情欲，恰恰是通过"礼义"这种价值伦理秩序，所以荀子也说："孰知夫礼义文理之所以养情也。"（《荀子·礼论》）《礼论》所说的"两得之"，其实也就是《正名》篇所指出的"从道而出，犹以一易两也，奚丧！"我们之前提到的"累百年之欲，易一时之嫌"，则被荀子称为"是犹以两易一也"。为了"一时之嫌"，却放弃了"养""百年之欲"，也放弃了能使人"群居和一"的价值伦理秩序，所以荀子称之为"不明其数"。

三、古今之正权

"礼义"是"道"的实践，遵从"道"能使人"以一易两"，而"礼义"则能使人"两得之"。然而"道"及其实践"礼义"，何以能使人"两得之"？我们已经提到，对于欲恶利害的正确衡量取舍之方，是"兼权"和"孰计"。

荀子恰恰认为，"道"是"古今之正权"（《荀子·正名》），只要以"道"为"衡"就不会有所蔽塞，所以荀子也提到圣人"兼陈万物而中县衡焉，是故众异不得相蔽以乱其伦也"（《荀子·解蔽》）。荀子曾提到"凡万物异则莫不相为蔽，此心术之公患也"（《荀子·解蔽》）。他认为蔽塞之人就是因为仅仅关注某一个面向并为其所蔽，不及其他相异的面向，从而无法对事物有整全的理解和分析。譬如墨子、宋子、慎子、申子、惠子、庄子等所代表的家派，虽然对于事物的某一个面向如用、欲、法、势、辞、天等有深刻了解，却因为不及其他各个面向而不能通达大道。这些家派所通晓的某一个面向都只是"道之一隅"，但是"夫道者体常而尽变，一隅不足以举之"（《荀子·解蔽》）。荀子认为"孔子仁知且不蔽"（《荀子·解蔽》），其所倡导的儒家学说自然也没有蔽塞之祸。荀子之所以如此认为，就是因为他相信"仁义"就是"道"的实质内容。而"仁义"及其实践"礼义"，恰是由"知通统类"的圣人所生成；圣人所"明知"的"统类"，也就是"道"的表彰，亦是能为"道贯"的"理"。换言之，荀子相信圣人通晓"道"，即是掌握了"道"这种兼容并包、无偏伤、无蔽塞的标准，将之应用于人事，即能全面了解人类处境，了解"仁义"所指，并制定出能促进人类幸福、使人"两得之"的"礼义法度"。①

其实从"心"用以"知道"的"虚壹而静"，我们也能进一步了解"道"这种兼容并包、无偏伤、无蔽塞的标准。"虚"是指"不以所已臧害所将受"，"壹"是"同时兼知之"、"不以夫一害此一"，静是"不以梦剧乱知"（《荀子·解蔽》）。这三者论及的分别是"知"的接受收藏、安顿整合和发挥运用这三方面，其共同原则是既要容纳不同的知识、立场、活动，又要维系统一且有效运行的知性思虑。能做到"虚壹而静"这种"大清明"的状态，即能"万物莫形而不见，莫见而不论，莫论而失位"（《荀子·解蔽》）。即《解蔽》下文所说，"心"能如平整的"槃水"般全面反映万物，就能明晓该如何取舍抉择、有何行为举止，故"物莫之倾，则足以定是非决嫌疑矣"。荀子相信只要能无偏颇、无蔽塞地呈现所有信息考虑，则自然能得出正确的抉择取舍。所以荀子也认为，只要将涉及的欲恶利害全面呈现，虑及"前后"、"兼权之，孰计之"，

---

① 我们一方面说"仁义"是"道"的实质内容，另一方面却又说将"道"应用于人事。读者或会疑惑其间是否有不一致之处。这里我们略做厘清：在《荀子》文本中，"道"绝大多数情况下都指"先王之道"这种"人道"，"仁义"就是"人道"的实质内容。可是，"道"作为绝对概念，却是超越于"人道"，所以我们又可以说将"道"应用于人事。

就能"常不失陷"。这种想法，其实相当接近西方当代伦理学中，某些学者所倡议的全面信息（fully informed）下的选择。① 当然，相关的看法，在西方当代伦理学中有很多热烈而细致的论争。我们所关注的始终是荀子，所以对于相关论争就不一一转述分析了。简言之，"道"及"礼义"之所以能使人"两得之"，就因为其不偏于一隅，而是从整体全面的角度衡量事物，从而一方面能在一生中合理地满足情欲，另一方面又能成就这种合理满足所必需的价值伦理秩序。实际上，满足自然情欲和价值伦理秩序是一体之两面，因为自然情欲固然只能在一种价值伦理秩序中得到合理满足，而价值伦理秩序的核心内容也就恰恰是对于自然情欲的安放。所以"两得之"的反面就正是"两丧之"。

"仁义"作为"道"的实质内容，其代表的恰恰是"道"兼容并包、不偏伤、不蔽塞的特质，即"仁义"能使人全面了解自身处境，并指导人从整体思虑一己生命的追求，从而有所取舍抉择。荀子曾说，"仁义德行，常安之术也，然而未必不危也；污僈突盗，常危之术也，然而未必不安也。故君子道其常，而小人道其怪"（《荀子·荣辱》）。"仁义"使人"常不失陷"，却不能保证人一生完全不会遇上危害，因为其着眼的是"常安"，即一生整体而言的、往往而有的安荣幸福。"仁义"保证的，是"在我者"的德行修养，却不能保证外在的节遇时命。这些德行修养，恰恰是基于不偏伤、不蔽塞的考量，为人类所制定的生活行为准则。这些行为准则荀子既称之为"常安之术"，也称之为"长虑顾后"。"长虑顾后"涉及稳定性和持续性的考量。这些稳定性和持续性的考量，在个人而言，就是为了成就一生整体的安荣幸福，而对群体而言，就是为了保障长期的稳定繁荣，也即荀子所说的"将为天下生民之属长虑顾后而保万世也"（《荀子·荣辱》）。"先王之道，仁义之统"能有这些功效，就是因为其承继了"道"兼容并包、不偏伤、不蔽塞的特质。这些特质的另一种表现，就是"道者体常而尽变"。即，这些特质一方面保障了"道"或"心"不偏于一隅，而是从整体出发、全面考量，从而能维系一个统一贯通的体系，此为"体常"；另一方面这些特质又能保障"道"或"心"不会墨守成规，而是能根据一贯之理，变化以应时局，或针对各种变化作出应对，此为"尽变"。

（作者简介：邓小虎　香港大学中文学院）

---

① 论述这种看法的其中一部代表作，是 Michael Smith, *The Moral Problem*, Oxford: Blackwell, 1994。

儒家系统的宇宙论及其变迁

——董仲舒、张载、戴震之比较研究

冯达文

孔子、孟子的原创儒学，是从亲亲之情、不忍之心引申出来的，这一点学界多有共识。及在后来的发展中，儒家学者力图引入道家的宇宙论为孔孟建立的价值信念提供存在论的依据，其确当性则众说纷纭。拙著《道家哲学略述——回归自然的理论建构与价值追求》之第五章《道家与儒学》，对董仲舒的做法，有过若干的检讨并多予正面的肯定。本文无意就儒学引入宇宙论是否切适再作评论，而仅就从董仲舒到张载再到戴震引入宇宙论证成儒学价值信念所取的方式的差别，从一个侧面来看思想史的变化历程。

一、董仲舒：从因顺阴阳之化证得仁义之道

儒学引入宇宙论，并非董仲舒始创。《中庸》"天命之谓性"说，就已经把人—主体的心性，往上挂搭于"天命"，力图从"天命"的下贯，求得心性所认取的价值信念的正当性。只是，《中庸》并没有就"天命"是怎样的作进一步的开展。到《易传·系辞上》，宇宙论得到了稍为完整的表述："易有太极，是生两仪，两仪生四象，四象生八卦，八卦定吉凶，吉凶生大业。"《易传》的这一说法，尽管与筮法有关，但筮法所依托的，正是宇宙论，而且秦汉时期，人们也多以宇宙论释译。及《易传》的如下一些提法："一阴一阳之谓道，继之者善也，成之者性也"（《易传·系辞上》）；"有天地然后有万物，有万物然后有男女，有男女然后有夫妇，有夫妇然后有父子，有父子然后有君臣，有君臣然后有上下，有上下然后礼义有所措"（《易传·序卦》）等等，即从宇宙论来讲成德论。

《易传》讲"太极"、"阴阳"、"四时",未及"五行"。"四时"是指的宇宙生化的时间节律,"五行"所及为方位、方向,乃为生化的空间节律。不讲"五行",宇宙论仍是不完整的。降及董仲舒,充分吸纳包括《吕氏春秋》、《淮南子》等一批被称为"黄老思潮"的思想成果入儒学,儒学的宇宙论才得以走向完备。

董子于其所著《春秋繁露·五行相生》篇中称:

天地之气,合而为一,分为阴阳,判为四时,列为五行。

这里,董子就把宇宙的生化完整地表述为由天地之气而阴阳而四时而五行的过程。气或元气,无疑被视为天地宇宙最原初的生命力,阴阳则是原初生命力发动呈现的两种不同趋向。

由阴阳的不同趋向带出四时:

阴与阳,相反之物也,故或出或入,或左或右。春俱南,秋俱北,夏交于前,冬交于后,并行而不同路,交会而各代理;此其文与。①

这是说,春夏秋冬四时,是由阴阳之气的不同运化状况带出的。

阴阳的运化不但带出四时,而且亦兼及方位:

天之道终而复始,故北方者,天之所终始也,阴阳之所合别也。冬至之后,阴俛而西入,阳仰而东出,出入之处,常相反也;多少调和之适,常相顺也。有多而无溢,有少而无绝。春夏、阳多而阴少;秋冬、阳少而阴多。多少无常,未尝不分而相散也。以出入相损益,以多少相溉济也……春秋之中,阴阳之气俱相并也,中春以生,中秋以杀。由此见之,天之所起其气积,天之所废其气随。故至春,少阳东出就木,与之俱生;至夏,太阳南出就火,与之俱暖。此非各就其类,而与之相起与?少阳就木,太阳就火,火木相称,各就其正,此非正其伦与?至于秋时,少阴兴而不得以秋从金,从金而伤火功。虽不得以从金,亦以秋出于东方,俛其处而适其事,以成岁功,此非权与?阴之行,固常居虚,而不得居实。至于冬而止空虚,太阳乃得北就其类,而与水起寒。是故天之道,有伦、有经、有权。②

董子这里所说,"天之道,终而复始",依苏舆义证,近于《南淮子·天文

---

① 苏舆:《天道无二》,《春秋繁露义证》,中华书局1992年版,第345页。
② 苏舆:《阴阳始终》,《春秋繁露义证》,中华书局1992年版,第339—340页。

训》所述："昼者阳之分，夜者阴之分，是以阳气胜则日修而夜短，阴气胜则日短而夜修。帝张四维，运之以斗，月徙一辰，复反其所。正月指寅，十二月指丑，一岁而匝，终而复始。"《淮南子·诠言训》又称："阳气起于东北，尽于西南；阴气起于西南，尽于东北。阴阳之始，皆调适相似。"董子这里所说阴阳出入与春夏秋冬四时的关联，是即有得于黄老道家。及所说四时与五行的关联，董子有进一步解释：

> 天有五行，木火土金水是也。木生火，火生土，土生金，金生水。水为冬，金为秋，土为季夏，火为夏，木为春。春主生，夏主长，季夏主养，秋主收，冬主藏。[1]

> 五行之随，各如其序；五行之官，各致其能。是故木居东方而主春气，火居南方而主夏气，金居西方而主秋气，水居北方而主冬气。是故木主生而金主杀，火主暑而水主寒。使人必以其序，官人必比其能，天之数也。土居中央，谓之天润。土者，天之股肱也，其德茂美，不可名一时之事，故五行而四时者，土兼之也。[2]

董子确认，木、火、土、金、水五行是各居东、南、中、西、北各方，且主理春、夏、季夏、秋、冬五时的。"五行"所代表的"五方"观念的引入，显然比《易传》更贴近大自然变化的节律与农业文明的经验直观。

依宇宙论，天地万物因顺着阴阳、四时、五行（五方）的秩序而生生化化；阴阳、四时、五行变迁的节律便使万物形成不同的品类；同类的事物，由于有相同的性质、功用，可以相互通感；异类的事物，则因性质、功用的不同，而产生互制。这种情况，早在《管子》诸篇即已有论述。《吕氏春秋·有始览·应同》称："类固相召，气同则合，声比则应。鼓宫而宫动，鼓角而角动。平地注水，水流湿；均薪施火，火就燥。山云草莽，水云鱼鳞，旱云烟火，雨云水波，无不皆类其所生以示人。"董子既取宇宙论之阴阳、四时、五行为说，必也认同这种"类"观念。他甚至专撰《同类相动》一文，以便发挥《应同》篇的见解。他称：

> 今平地注水，去燥就湿；均薪施火，去湿就燥。百物去其所与异，而从其所与同。故气同则会，声比则应，其验皦然也。试调琴瑟而错之，

---

① 苏舆：《五行对》，《春秋繁露义证》，中华书局1992年版，第315页。

② 苏舆：《五行之义》，《春秋繁露义证》，中华书局1992年版，第322—323页。

鼓其宫，则他宫应之，鼓其商，则他商应之，五音比而自鸣，非有神，其数然也。美事召美类，恶事召恶类，类之相应而起也。①

董子于此也强调同类事物的相感相动性，并力图赋予这种同类相感相动性以经验的实证意义。

那么，从这样一种宇宙论，如何引申与证成儒家的价值论呢？

董子首先是把人的身体构成与天地阴阳四时五行联结起来予以介说的。这种联结，董子又称"为人者天"、"人副天数"。他称道：

> 为生不能为人，为人者天也。人之人本于天，天亦人之曾祖父也。此人之所以乃上类天也。②

> 天地之符，阴阳之副，常设于身，身犹天也，数与之相参，故命与之相连也。天以终岁之数，成人之身，故小节三百六十六，副日数也；大节十二分，副月数也；内有五藏，副五行数也；外有四肢，副四时数也；乍视乍瞑，副昼夜也；乍刚乍柔，副冬夏也。……于其可数也，副数；不可数者，副类。皆当同而副天，一也。③

董子如此论说"人副天数"，未免显得简单。但《淮南子·精神训》也有相似说法。④可见，以为天地阴阳与人体构成有对应的关系，为秦汉人共识。

董子与《淮南子》不同之处在于，董子进而把人体构成与天地阴阳的关联引申为儒家追求的"治道"。他写道：

> 天之道，春暖以生，夏暑以养，秋清以杀，冬寒以藏。暖暑清寒，异气而同功，皆天之所以成岁也。圣人副天之所行以为政，故以庆副暖而当春，以赏副暑而当夏，以罚副清而当秋，以刑副寒而当冬。庆赏罚刑，毕事而同功，皆王者之所以成德也。庆赏罚刑与春夏秋冬，以类相应也，如合符。⑤

董子这里即从阴阳四时变迁的"天之道"，开出庆赏罚刑的"人之政"。

① 苏舆：《同类相动》，《春秋繁露义证》，中华书局1992年版，第358—360页。
② 苏舆：《为人者天》，《春秋繁露义证》，中华书局1992年版，第318页。
③ 苏舆：《人副天数》，《春秋繁露义证》，中华书局1992年版，第356—357页。
④ 该篇写道："夫精神者，所受于天也，而形体者，所禀于地也。故曰：'一生二，二生三，三生万物。万物背阴而抱阳，冲气以为和。'……故头之圆也象天，足之方也象地。天有四时五行九解三百六十六日，人亦有四支五藏九窍三百六十六节。天有风雨寒暑，人亦有取与喜怒。故胆为云，肺为气，肝为风，肾为雨，脾为雷，以与天地参也，而心为之主。……"
⑤ 苏舆：《四时之副》，《春秋繁露义证》，中华书局1992年版，第353页。

阴阳四时的"天道"变迁是重阳轻刑，重春夏乃至秋之"三时"而轻"冬"之一时的，故为政之道便亦应重赏轻刑。董子说：

> 阴阳二物，终岁各一出。一其出，远近同度而不同意。阳之出也，常悬于前而任事；阴之出也，常悬于后而守空处。此见天之亲阳而疏阴，任德而不任刑也。①

董子于此，即从阴阳四时的变迁，证成儒家治国的基本原则。

进而，董子更从阴阳四时五行的运化，确立国家政治运作的具体施设与仁义礼智信的五大德目。他在《五行相生》一文中写道：

> 东方者木，农之本。司农尚仁。进经术之士，道之以帝王之路，将顺其美，匡救其恶。执规而生，至温润下，知地形肥饶美恶，立事生则，因地之宜，召公是也。……

> 南方者火也，本朝。司马尚智。进贤圣之士，上知天文，其形兆未见，其萌芽未生，昭然独见存亡之机，得失之要，治乱之源，豫禁未然之前，执矩而长，至忠厚仁，辅翼其君，周公是也。……

> 中央者土，君官也。司营尚信。卑身贱体，夙兴夜寐，称述往古，以厉主意，明见成败，微谏纳善，防灭其恶，绝源塞隙，执绳而制四方，至忠厚信，以事其君，据义割恩，太公是也。……

> 西方者金，大理司徒也。司徒尚义。臣死君而众人死父。亲有尊卑，位有上下，各死其事，事不踰矩，执权而伐。兵不苟克，取不苟得，义而后行，至廉而威，质直刚毅，子胥是也。……

> 北方者水，执法司寇也。司寇尚礼。君臣有位，长幼有序，朝廷有爵，乡党以齿，升降揖让，般伏拜谒，折旋中矩，……据法听讼，无有所阿，孔子是也。……②

董子这里也把国家政治的施设与运作，与五方挂搭起来了。但他所说的"东方者木"主"经术之士"，"南方者火"主"进贤圣之士"等与自然世界的空间方位似无太多关联。及"西方者金"重"亲有尊卑，位有上下"，其实属"礼"；"北方者水"讲"君臣有位，长幼有序"，也还是"礼"。显见二方所应取的施设也不太清晰。

---

① 苏舆：《基义》，《春秋繁露义证》，中华书局1992年版，第351页。
② 苏舆：《五行相生》，《春秋繁露义证》，中华书局1992年版，第362—364页。

但是，最重要的是，董子把孔子孟子所倡导的仁、智、信、义、礼等价值信念与天地宇宙的生化联系起来了。儒家原先从心理情感引申出来的价值信念，就此获得了存在论的完备的证明。

董仲舒引入宇宙论为孔孟始创的价值信念提供存在论的支撑，应该如何评说呢？

要知道，在道家——黄老思潮的宇宙论系统中，人的价值追求是被安置在万物之外之上的终极本源那里的。作为终极本源的"道"得以以"无"、"无名"、"虚空"介说，正表现了价值追求的绝对超越性。为了证入这种价值，修习功夫必须取"归根复命"、"复性之初"为通途。通过这种功夫证成超越的价值追求后，往下审视散殊的天地万物，它们之间各各的差别再也没有意义。由之而有"齐万物"、"万物一体"的观念。这或许就是道家式的"治道"。这种"治道"透显有一种"平等"意识。

然而，董仲舒虽然引入宇宙论，却不像道家那样讲"无"，讲"虚空"，不追求"归根复命"、"复性之初"。他显然是把价值的实现放在依天地宇宙变迁的节律付出人的努力的当下中。此即如同《中庸》所说在"赞天地之化育"中体认人的价值，亦如同《易传·系辞上》所说"一阴一阳之谓道，继之者善也，成之者性也"，在承接（继之）阴阳变迁的"道"的当下体证善的价值与成就人的本性。秦汉至隋唐时期儒学的宇宙论，无疑都持守着这样一种价值论。

这样一种把价值追求置入于依宇宙变迁的节律去行事去证成的思想路数，似乎有把"事实"与"价值"、"是"与"应当"混为一谈之嫌疑，故多受批评。①

---

① 劳思光称："儒学心性论之基源问题，原为：'德性如何可能？'故必须深究所谓'善'之本义——亦即'德性价值'之本义。而此一问题即与描述任何'存有'之问题，不同类属。盖无论取经验意义或形上意义，'存有'问题总与价值问题本性不同"；"'应该'或'不应该'之问题，本身另有一领域，此领域必成立于一直觉基础上。因必有自觉之活动，方有如理或不如理之问题，离开自觉，专就'存有'讲，则无所谓'应该'或'不应该'说，因无论'有'或'无'，皆一'实然问题'，非'应然问题'。"（劳思光：《新编中国哲学史》卷二，广西师范大学出版社 2005 年版，第 29 页）劳氏此即强调"存有"与"价值"、"实然"与"应然"之不相属连。牟宗三则称："董仲舒是宇宙论中心，就是把道德基于宇宙论，要先建立宇宙论然后才能讲道德，这是不行的，这在儒家是不赞成的，中庸、易传都不是这条路。"（牟宗三：《中国哲学十九讲》，台湾学生书局 1983 年版，第 76 页）牟先生于此更意谓不能把道德挂搭于宇宙论，甚至认为这种做法有违儒家的道德形上学，而无法为儒家所认同。只有像《中庸》、《易传》那样，从道德形上学开出宇宙论，才是儒家所坚执的。

然而，我们看董子的论说：

> 仁之美者在于天。天，仁也。天覆育万物，既化而生之，有养而成之。事功无已，终而复始，凡举归之以奉人。察于天之意，无穷极之仁也。人之受命于天也，取仁于天地而仁也。①

> 天德施，地德化，人德义。天气上，地气下，人气在其间。春生夏长，百物以兴；秋杀冬收，百物以藏。故莫精于气，莫富于地，莫神于天。天地之精所以生物者，莫贵于人。人受命乎天也，故超然有以倚。物疢疾莫能为仁义，唯人独能为仁义；物疢疾莫能偶天地，唯人独能偶天地。②

董子这里显然是说，人是天地宇宙创生的最优秀的族类，天地宇宙把人这一族类造就得最有灵性、最富活力，这显示了天地宇宙"无穷极之仁"，人对天地宇宙岂能不怀敬仰、敬畏与感恩之情？

又且，天地宇宙不仅把人创造为最优秀的族类，还通过春生、夏长、秋收、冬藏的变迁，年复一年地生养百物供人们享用，使族类得以繁衍，这更体现着天地宇宙"无穷极之仁"，人对天地宇宙岂能不敬仰、敬畏与感恩？

显然，从天地宇宙作为"事实"证取仁义礼智之为"价值"，不是一个如何"认知"的问题，而是人的生存处境与生命体验的问题。凭借生命体验，人的生成长养才得以与天地宇宙——大自然变迁紧密关联起来，人由这种关联而证成的价值才获得一种信实性意义。董子对儒学的发展，无疑功不可没。

当然，从儒学往后推进的角度审视，董子也不是没有他的问题与不足。这主要见诸以下两点：

其一是，讲求天地宇宙变迁的节律、秩序，必得承认上下先后的层级区分。所以，董子不取道家那种"万物一体"的"平等"理念，而更认可层级区分的正当性。他称道：

> 凡物必有合。合必有上，必有下，必有左，必有右，必有前，必有后，必有表，必有里，……阴者阳之合，妻者夫之合，子者父之合，臣者君之合。物莫无合，而合各有阴阳。阳兼于阴，阴兼于阳，夫兼于妻，

---

① 苏舆：《王道通三》，《春秋繁露义证》，中华书局1992年版，第329页。
② 苏舆：《人副天数》，《春秋繁露义证》，中华书局1992年版，第354页。

妻兼于夫，父兼于子，子兼于父，君兼于臣，臣兼于君，君臣、父子、夫妇之义，皆取诸阴阳之道。①

董子于此即以自然世界中阴阳区分的存在状况，来说明人间社会层层区分的合理性。这一说法，于后来多被诟病。

其二是，董子从天地宇宙的变迁证成仁义礼智诸种价值，固可以使价值信实化，但又不免会把天地宇宙——自然世界目的化与灵性化。这也不同于道家。道家把价值追求设置于天地宇宙之外之上，天地万物是被"客观"看待的。董子既把天地宇宙——自然世界目的化、灵性化，难免要带出谶纬神学。谶纬神学在作为民间信仰的情况下，固可以为日常杂乱的生活建构秩序，为日常平庸的生活提供意义，但是一旦被换入政治操作，便会蜕变为争权夺利的工具。西东汉政权的更替，南北朝各代的兴衰，无不暴露谶纬神学作为争夺手段所带来的困窘。

由是，入宋以后，就有以张载为代表的儒家学者对宇宙论与儒家价值意识的关联作出的一种新的理解与论说。

二、张载：从以天体身证成一体之仁

张载是从批评佛、老，开始其宇宙论建构的。他于《正蒙·太和篇》称：

知虚空即气，则有无、隐显、神化、性命通一无二，顾聚散、出入、形不形，能推本所从来，则深于《易》者也。若谓虚能生气，则虚无穷，气有限，体用殊绝，入老氏"有生于无"自然之论，不识所谓有无混一之常；若谓万象为太虚中所见之物，则物与虚不相资，形自形，性自性，形性、天人不相待而有，陷于浮屠以山河大地为见病之说。②

张子指出，老氏讲"有生于无"，佛家把"万象"归于"虚"，都是不对的。他以"虚空即气"说，确认存在世界的真实性。张子继续称：

太和所谓道，中涵浮沉、升降、动静、相感之性，是生絪缊、相荡、胜负、屈伸之始。其来也几微易简，其究也广大坚固。起知于易者乾乎！效法于简者坤乎！散殊而可象为气，清通而不可象为神。不如野马、絪

---

① 苏舆：《基义》，《春秋繁露义证》，中华书局1992年版，第350页。

② 张载：《正蒙·太和篇》，《张载集》，中华书局1978年版，第8页。

缊，不足谓之太和。①

气块然太虚，升降飞扬，未尝止息，《易》所谓"细缊"，庄生所谓"生物以息相吹"、"野马"者与！此虚实、动静之机，阴阳、刚柔之始。浮而上者阳之清，降而下者阴之浊，其感（遇）（通）聚（散）（结），为风雨，为雪霜，万品之流形，山川之融结，糟粕煨烬，无非教也。②

张子这些话语，都是对宇宙生化状态的描写。这些描写，与董子和汉唐儒者所述没有太多不同。

张子与汉唐儒者不同之处在以下两点：

一是，张子特别强调了宇宙生化过程的自然性。如张子于《正蒙·天道篇》即说：

"鼓万物而不与圣人同忧"，天之道也。圣人不可知也。无心之妙非有心所及也。

世人知道之自然，未始识自然之为体尔。

于《易说·系辞上》中又称：

老子言"天地不仁，以万物为刍狗"，此是也；"圣人不仁，以百姓为刍狗"，此则异矣。圣人岂有不仁，所患者不仁也。天地则何意于仁，鼓万物而已。圣人则仁尔，此其为能弘道也。

天不能皆生善人，正以天无意也。（鼓）万物而不与圣人同忧，圣人之于天下，法则无不善也。③

张子的这些话语，都明确指认天地宇宙的变迁过程是自然的，无意识与无目的性的。

二是，张子对宇宙生化过程的描述，仅涉及天地阴阳，未涉及四时五行。我们看他的《正蒙·动物篇》：

动物本诸天，以呼吸为聚散之渐；植物本诸地，以阴阳升降为聚散之渐。物之初生，气日至而滋息；物生既盈，气日反而游散。至之谓神，以其伸也；反之为鬼，以其归也。④

有息者根于天，不息者根于地。根于天者不滞于用，根于地者滞于

---

① 张载：《正蒙·太和篇》，《张载集》，中华书局 1978 年版，第 7 页。
② 张载：《正蒙·太和篇》，《张载集》，中华书局 1978 年版，第 8 页。
③ 张载：《横渠易说·系辞上》，《张载集》，中华书局 1978 年版，第 188—189 页。
④ 张载：《正蒙·动物篇》，《张载集》，中华书局 1978 年版，第 19 页。

方，此动植之分也。①

张子于此只以天地阴阳分"类"，不以四时五行之变迁节律论类分与类归。

按，宇宙的生化既然是自然的，即意谓着它不直接给出某种价值；对宇宙的变迁及其"类"的描述无涉于四时五行，又表明张子也无意于把价值与宇宙生化节律挂搭。

那么，价值从何而来，圣人依持什么建立起价值信念？

我们先看《正蒙·天道篇》：

> 天道四时行，百物生，无非至教；圣人之动，无非至德，夫何言哉！

> 天体物不遗，犹仁体事无不在也。"礼仪三百，威仪三千"，无一物而非仁也。"昊天曰明，及尔出王，昊天曰旦，及尔游衍"，无一物之不体也。②

这里，我们看到张子一方面仍然把价值的源头上诉于"天道四时行"，但另一方面却并不谈及"天道四时"如何"行"，更不涉及"天道四时行"的先后上下种种次序上的差别。张子是直接从"天道四时行"对"百物"均予同等的施生，即"天体物不遗"的无私性，而引伸（申）出"仁体事无不在"的大爱精神的。

我们再看《正蒙·诚明篇》：

> 天所以长久不已之道，乃所谓诚。仁人孝子所以事天诚身，不过不已于仁孝而已。故君子诚之为贵。

《正蒙·大心篇》又称：

> 大其心则能体天下之物，物有未体，则心为有外。世人之心，止於闻见之狭。圣人尽性，不以见闻桎其心，其视天下无一物非我，孟子谓尽心则知性知天以此。天大无外，故有外之心不足以合天心。见闻之知，乃物交而知，非德性所知；德性所知，不萌于见闻。

> 体物体身，道之本也。身能体道，其为人也大矣。道能物身故大，不能物身而累于身，则藐乎其卑矣。能以天体身，则能体物也不疑。③

---

① 张载：《正蒙·动物篇》，《张载集》，中华书局 1978 年版，第 19 页。

② 张载：《正蒙·天道篇》，《张载集》，中华书局 1978 年版，第 13 页。

③ 张载：《正蒙·大心篇》，《张载集》，中华书局 1978 年版，第 24—25 页。

张子这些话语同样也都把价值的生发安立于"以天体身"、"以心体物"之"体"当中。天地宇宙之生化是长久不已的,此是"天"(道)之"诚",效天法地,"故君子以诚之为贵";天地宇宙之生化对天下万物是均等的,故圣人"体物体身","其视天下无一物非我"。显然,在张子这里,价值之从出虽毋如于董子为得自于阴阳四时五行变迁节律的定然性,但其源头还是根自于对天地宇宙生化伟力的敬仰、敬畏、敬祈与感恩。

那么,张子"以天体身"、"以心体物"引伸(申)的价值有什么独特处呢?是"一体之仁"。

上引《大心篇》已表达了这一价值信念。其著名之《西铭》又称:

> 乾称父,坤称母;予兹藐焉,乃混然中处。故天地之塞,吾其体;天地之帅,吾其性。民,吾同胞;物,吾与也。大君者,吾父母宗子;其大臣,宗子之家相也。尊高年,所以长其长;慈孤弱,所以幼其幼;圣其合德,贤其秀也。凡天下疲癃、残疾、惸独、鳏寡,皆吾兄弟之颠连而无告者也。于时保之,子之翼也;乐且不忧,纯乎孝者也。违曰悖德,害仁曰贼,济恶者不才,其践形,惟肖者也。知化则善述其事,穷神则善继其志。不愧屋漏为无忝,存心养性为匪懈。……富贵福泽,将厚吾之生也;贫贱忧戚,庸玉汝于成也。存,吾顺事;没,吾宁也。[①]

张子这里倡导的"民胞物与"的观念,最好地表达了"一体之仁"的价值诉求。

这当中,"仁"毫无疑问是儒学脉络中最基本的价值信念,然而"一体"却不是传统儒学所本有。从孔子、孟子到董仲舒,都以"爱有差等"为说。那么,"一体"从何而来,又如何可能呢?

在这里,我们又不得不重新回溯到道家—黄老思潮。前面说过,"齐万物"、"万物一体"本是道家的主张。道家—黄老思潮建构以"无"为本的形上学,一方面就是为了把价值追求安立在舍弃与超越形下万物的终极层面上,另一方面从形上终极层面回落下来省察万物,便可以以万物为"一体"而平等对待之。

我们看张子。张子没有像道家那样的明确的形上形下区分。但他对"性"作了"天地之性"与"气质之性"的二分。关于"天地之性",他称道:

---

① 张载:《正蒙·乾称篇》,《张载集》,中华书局1978年版,第62—63页。

合虚与气，有性之名；[1]

气本之虚则湛（本）（一）无形，感而生则聚而有象。[2]

气之性本虚而神，则神与性乃气所固有。[3]

性通极于无，气其一物尔。[4]

天地以虚为德，至善者虚也。虚者天地之祖，天地从虚中来。[5]

张子这也是以"虚"以"无"指称"天地之性"。因为"天地之性"为"虚"为"无"，故复归"天地之性"便需讲求"无我"。张子称：

无我而后大，大成性而后合圣，圣位天德不可致知谓之神。故神也者，圣而不可知。[6]

能通天下之志者为能感人心，圣人同乎人而无我，故和平天下，莫盛于感人心。[7]

张子此所谓"无我"，亦即把"我"从万物中抽离出来，往上提升；"无我而后大"，此"大"即能"体天下之物"，"视天下无一物非我"。这就是"一体之仁"。

如何修习才能上达于"天地之性"而成就"一体之仁"呢？张子依其"天地之性"与"气质之性"的二重区分，对功夫也作了"德性所知"与"见闻之知"的二重区分。上引《大心篇》所述，张子是明确否认"见闻之知"即经验知识在"一体之仁"的境界追求上的意义的。因为经验知识乃"物交而知"，只关涉相互区别的具体事物。为是，只有抛离经验知识，通过"体认"，才可以把心境上提而成就"一体之仁"。张子对修习功夫上的这种二分，也隐含有形上形下二分的意义。

张子以"一体之仁"，消解了传统儒学"爱有差等"的层级观念，成就了儒学脉络中的最高境界。而这种境界的确立，其实就得益于道家—黄老思潮的形上形下二分的理论建构。

---

① 张载：《正蒙·太和》，《张载集》，中华书局 1978 年版，第 9 页。
② 张载：《正蒙·太和》，《张载集》，中华书局 1978 年版，第 10 页。
③ 张载：《正蒙·乾称篇》，《张载集》，中华书局 1978 年版，第 63 页。
④ 张载：《正蒙·乾称篇》，《张载集》，中华书局 1978 年版，第 64 页。
⑤ 张载：《张子语录》（下），《张载集》，中华书局 1978 年版，第 362 页。
⑥ 张载：《正蒙·神化篇》，《张载集》，中华书局 1978 年版，第 17 页。
⑦ 张载：《正蒙·至当篇》，《张载集》，中华书局 1978 年版，第 34 页。

及至程颐子与朱熹子，他们是极其赞赏张子"天地之性"与"气质之性"的二分的。进而他们从"理"的本体论的角度对这种区分作了提升。朱子把张子的"天地之性"改为"天命之性"，指出"天命之性"源出于形而上的"天理"，"气质之性"得自于形而下的"气禀"。由是，形上与形下、体与用、未发与已发、理与欲等等得以截然判分。形上、体、未发、理均被赋予先验绝对意义，形下、用、已发、欲等自身不具正当性。下来我们会看到戴震即从批判这种二分说而重构宇宙论的。

至于张载在境界上的"一体之仁"说，程子、朱子却另有一番说法。他们或者就辨识，张子其实并不讲求"一体之仁"，其《西铭》还是讲"理一分殊"、"爱有差等"；[①] 或者直认，"万物一体"、"一体之仁"说不可提倡。朱子于《仁说》一文中指认："泛言'同体'者，使人含糊昏缓，而无警切之功，其弊或至于认物为己者有之矣。"[②] 而所谓"含糊昏缓"至于"认物为己者"，即指其不作分别。这种不作分别的做法，在朱子看来，其实是"立意愈高，为说愈妙，而反之于身，愈无根本可据之地也"[③]。就是说，在现实处境中，人与人、人与物是有别的，讲"万物一体"，对万物"一视同仁"，"立意"虽高，却是无法施行的。因之，朱子不取"一体之仁"说，他更认可层级区分，而以"公"——公正为价值所赏。下来我们又会看到，戴震对层级区分有所认同，然而却是在经验知识的意义上给出的。

---

① 程颐于《答杨时论西铭书》中称："横渠立言，诚有过者，乃在《正蒙》。……《西铭》明理一而分殊"（程颢、程颐：《伊川先生文五》，《二程集》第二册，中华书局1981年版，第609页）；朱熹子说："《西铭》通体是一个'理一分殊'，一句是一个'理一分殊'，只先看'乾称父'三字。"（黎清德编，王星贤点校：《朱子语类》卷九十八，中华书局1986年版，第2522页）。按，这是程朱依自己的理路对张载"一体"说的解释。检阅张载《正蒙》，不仅从不取四时五行变迁节律论价值及层级区分，即便反复谈阴阳，也不取"尊"、"卑"、"贵"、"贱"之差等为说。张载在释《易传·系辞上》"天尊地卑，乾坤定矣；卑高以陈，贵贱位矣"一句称："不言高卑而曰卑高亦有义，高以下为基，亦是人先见卑处，然后见高也。"（张载：《张载集》，中华书局1978年版，第177页）张子于此对"卑高"的解释就不涉及"贵贱位"，而仅取老子"高以下为基"为言。

② 朱熹：《仁说》，《朱熹集》卷六十六，四川教育出版社1996年版，第3544页。

③ 朱熹：《又论仁说》，《朱熹集》卷三十二，四川教育出版社1996年版，第1397页。

三、戴震：从资于学问求取德性价值

来到戴震，儒学思想史已经历了从程朱理学到陆王心学的长久变迁。程朱理学与陆王心学均强调形上与形下、体与用、理与气、理与欲的二分，只是，究竟是以"理"为本还是以"心"为本，才形成在学派上的差异。但是，至明末清初，应合市民社会的需要，思想史的发展已经要求打破这种二分，给形下、事用、情感与欲望一种正当性的说明了。因为形下、事用、情感与欲望，在理学与心学那里，均被指认为"气"带出来的，因之，恢复与重构以"气"为本源的宇宙论，便构成清初儒学的中心话题。王夫之、黄宗羲、方以智等众多学者为此都作出了努力。但由于篇幅的关系，本文只关涉戴震。①

在《孟子字义疏证》中，戴震反复指出，程朱乃至陆王关于形上形下的区分，其实源自老庄释氏。他写道：

> 程子朱子谓气禀之外，天与之以理，非生知安行之圣人，未有不污坏其受于天之理者也，学而后此理渐明，复其初之所受。……陆子静王文成诸人，推本老庄释氏之所谓"真宰"、"真空"者，以为即全乎圣智仁义，即全乎理……此又一说也。程子朱子就老、庄、释氏所指者，转其说以言夫理，非援儒而入释，误以释氏之言杂入于儒耳；陆子静王文成诸人就老、庄、释氏所指者，即以理实之，是乃援儒以入于释者也。②

> 程朱乃离人而空论乎理，……不过从老庄释氏所谓真宰真空者之受形以后，昏昧于欲，而改变其说。特彼此真宰真空为我，形体为非我，此乃以气质为我，难言性为非我，则惟归之天与我而后可谓之我有，亦惟归之天与我而后可为完全自足之物，断之为善，惟使之截然别于我，而后虽天与我完全自足，可以咎我之坏之而待学以复之，以水之清喻性，以受污而浊喻性堕于形气中污坏，以澄之而清喻学。水静则能清，老庄

---

① 胡适曾称："这八百年来，中国思想史上出了三个极重要的人物，每人画出了一个新纪元。一个是朱子（1130—1200），一个是王阳明（1470—1528），一个是戴东原（1724—1777）。"（胡适：《戴东原的哲学》，安徽教育出版社1999年版，第139页）可见，单独拈出戴震讨论，也不是没有理由的。

② 戴震：《孟子字义疏证》卷上，《戴震全集》第一册，清华大学出版社1991年版，第166页。

释氏之主于无欲，主于寂静是也。因改其说为主敬，为存理，依然释氏教人认本来面目，教人常惺惺之法。[①]

戴子这是说，老庄释氏以"真宰"、"真空"为体，为"真我"，以形体为幻，为非我；宋儒以"理"为体，以形气（气质）为杂污，其理论构架与价值追求其实是相似的。只不过，宋儒以"理"取代"空"，又以"理"加之于"形气"才具自足性，才得成其为"我"，而与老庄释氏稍别。然认为修习的功夫和目的均以"复其初"、"认本来面目"，即摆脱形下，追求形上先验、绝对为旨，宋儒与老庄释氏却并无二致。

戴子借此批判，得以回落到气化流行的论域中。戴子称：

一阴一阳，流行不已，生生不息。主其流行言，则曰道；主其生生言，则曰德。道其实体也，德即于道见之者也。"天地之大德曰生"，天德不于此见乎？其流行，生生也，寻而求之，语大极于至钜，语小极乎至细，莫不各呈其条理；失条理而能生生者，未之有也。故举生生即赅条理，举条理即赅生生，信而可征曰德，微而可辨曰理，一也。[②]

又称：

盖气初生物，顺而融之以成质，莫不具有分理，得其分则有条理而不紊，是以谓之条理。以植物言，其理自根而达末，又别于干为枝，缀于枝成叶；根接土壤肥沃以通地气，叶受风日雨露以通天气；地气必上至乎叶，天气必下反诸根，上下相贯，荣而不瘁者，循之于其理也。以动物言，呼吸通天气，饮食通地气，皆循经脉散布，周溉一身，血气之所循，流转而不阻者，亦于其理也。理字之本训如是。[③]

戴子于此即以气化之流行论人与物之生成长养，而以"道"即指流行，称"理"为流行显示之条理。戴子此说近于张载。张载也称"由气化，有道之名"[④]。然进而从"生"说"性"，二人都甚为不同了。

上面说到，张子是把"性"作了二分，以为"天地之性"是纯善的。戴子不然，他写道：

性，言乎本天地之化，分而为品物者也。限于所分曰命；成其气类曰

---

① 戴震：《孟子字义疏证》，《戴震全集》第一册，清华大学出版社1991年版，第186—187页。
② 戴震：《孟子私淑录》卷上，《戴震全集》第一册，清华大学出版社1991年版，第40页。
③ 戴震：《孟子私淑录》卷上，《戴震全集》第一册，清华大学出版社1991年版，第41页。
④ 戴震：《正蒙·太和篇》，《张载集》，清华大学出版社1991年版，第9页。

性；各如其性以有形质，而秀发于心，征于貌、声、色曰才。①

是则戴震以气禀所生物类之不同特征论"性"。此"性"不是"德性"，而为"物性"。

及气禀生人，则以"血气心性"为之"性"。此"血气心性"亦为"自然"所得。戴子称：

> 人之血气心知本乎天者，性也。如血气资饮食以养，其化也，即为我之血气，非复所饮食之物矣；心知之资于问学，其自得之也即为我之心知。以血气言，昔者弱而今者强，是血气之得其养也；以心知言，昔者狭小而今也广大，昔者暗昧而今明察，是心知之得其养也。故人之血气心知，本乎天者之不齐，得养不得养，则至于大异。②

戴子这里把"血气心知"均指为"性"。"血气"为形体，故源于自然禀赋；"心知"为认知能力，亦为自然之赠予。是即可见戴子以"自然"论"性"。

"血气心知"既为自然禀赋，则其所需之滋养自当亦是必需的。由之，戴子又强调"欲"与"情"的正当性：

> 凡有血气心知，于是乎有欲，性之征于欲，声色臭味而爱畏分；既有欲矣，于是乎有情，性之征于情，喜怒哀乐而惨舒分；既有欲有情矣，于是乎有巧与智，性之征于巧智，美恶是非而好恶分。生养之道，存乎欲者也；感通之道，存乎情者也。二者，自然之符，天下之事举矣。③

戴子这里把"欲"、"情"、"巧"、"智"，均视为"性"的表征。此性及其种种表征，作为"自然之符"，自不具"价值"意义，但却是正当性。戴子以"实体实事"④指称气化流行及其所成人物之性状、欲求，无疑即是要回落到形下的与经验的层面上，凸显经验世界与经验生活的正当性。

那么，"价值"从何引出？戴子认为应该从"必然"引出。他写道：

---

① 戴震：《原善》卷上，《戴震全集》第一册，清华大学出版社 1991 年版，第 9 页。
② 戴震：《绪言》卷下，《戴震全集》第一册，清华大学出版社 1991 年版，第 111 页。
③ 戴震：《原善》卷上，《戴震全集》第一册，清华大学出版社 1991 年版，第 12 页。
④ 戴震称："阴阳五行，道之实体也；血气心知，性之实体也。"（戴震：《孟子字义疏证》卷中，《戴震全集》第一册，清华大学出版社 1991 年版，第 172 页）；"物者，指其实体实事之名；则者，称其纯粹中正之名。实体实事，罔非自然，而归于必然，天地、人物、事为之理得矣。"（戴震：《孟子字义疏证》卷上，《戴震全集》第一册，清华大学出版社 1991 年版，第 163 页）戴子于此均视经验世界与感性欲求为"实体实事"。

耳目百体之所欲，血气资之以养，所谓性之欲也，原于天地之化者也。是故在天为天道，在人，咸根于性而见于日用事为，为人道。仁义之心，原于天地之德者也，是故在人为性之德。斯二者，一也。由天道而语于无憾，是谓天德；由性之欲而语于无失，是谓性之德。性之欲，其自然之符也；性之德，其归于必然也。归于必然适全其自然，此之谓自然之极致。……自然者，散之普为日用事为；必然者，秉之以协于中，达于天下。①

戴子这里继续认肯"性之欲"作为"天地之化"的正当性，并由"性之欲"的正当性，进而揭明"日用事为"即日常感性生活的正当性。及作为价值追求的"仁义之心"，并不在"性之欲"之外给出，它是从"性之欲"得以"协于中"而"无憾"、"无失"中确立的。"性之欲"为"自然"，"性之德"为"必然"；讲求"必然"，即讲求"性之德"，恰恰是为了"全其自然"。就是说，价值追求绝不是通过拒绝"性之欲"才得以实现；恰恰相反，价值追求是在实现与完善"性之欲"当中而成就的。

价值追求作为"必然"是从"协于中"得以成就，那么，何谓"协于中"？又如何可以"协于中"呢？

戴子习用宋明儒学，以"理"总括儒家的价值信念。他称：

理也者，情之不爽失也，未有情不得而理得者也。凡有所施于人，反躬而静思之：人以此施于我，能受之乎？凡有所责于人，反躬而静思之：人以此责于我，能尽之乎？以我絜之人，则理明。天理云者，言乎自然之分理也。自然之分理，以我之情絜人之情，而无不得其平是也。②

又谓：

反躬而思其情，人岂异于我？盖方其静也，未感于物，其血气心知，湛然无有失，故曰"天之性"。及其感而动，则欲出于性。一人之欲，天下人之（所）同欲也，故曰"性之欲"。好恶既形，遂己之好恶，忘人之好恶，往往贼人以逞欲。反躬者，以人之逞其欲，思身受之之情也。情得其平，是为好恶之节，是为依乎天理。古人所谓天理，未有如后儒之所谓天理者矣。③

---

① 戴震：《原善》卷上，《戴震全集》第一册，清华大学出版社1991年版，第12—13页。

② 戴震：《孟子字义疏证》卷上，《戴震全集》第一册，清华大学出版社1991年版，第152页。

③ 戴震：《孟子字义疏证》，《戴震全集》第一册，清华大学出版社1991年版，第152页。

依此说，戴子所谓"协于中"者，即谓"以我之情絜人之情而无不得其平是也"。要注意的是，戴子这番话语，有似于孔子所说"己欲立而立人，己欲达而达人"，"己所不欲，勿施于人"。其实不然。孔子是从作为君子、作为有教养的"人"出发的，一个"人"如果不能做到"推己及人"便失去"人性"；戴震却更多的是从"人"之"欲"出发，反躬而求其"平"便不可免落在利欲关系的处置上。显然，戴子反对在个体情欲之外设置所谓"天理"，仅认取在个体情欲相互比较中求得公平为"理"。

及"理"的细目，戴震也称：

> 生生者，仁乎！生生而条理者，礼与义乎！何谓礼？条理之秩然有序，其著也；何谓义？条理之截然不可乱，其著也。得乎生生者谓之仁，得乎条理者谓之智。……是故生生者仁，条理者礼，断决者义，藏主者智，仁智中和曰圣人；圣合天，是谓无妄。无妄之于百物生生，至贵者仁。仁得则父子亲，礼得则亲疏上下之分尽，义得则百事正，藏于智则天地万物为量，归于无妄则圣人之事。[1]

以"生生"为"仁"，近似于董仲舒。但"生生"必有"条理"，"条理者礼"，依"条理"作断决为"义"，则"生生"之"仁"是放在由"条理"及其"断决"的亲疏上下的层级关系中被限定的。这就是说，戴子无意于张载的"一体之仁"。又，"协于中"之理，生生之仁和"生生而条理"之礼和义，这些属价值意识的东西，从何得以确定？我们知道，董子是诉诸对天地宇宙变迁节律的敬顺，张子则诉诸对"天体物不遗"的认取，他们都不取认知为入路。戴子不然。他特讲求"学"，讲求认知。他写道：

> 就人言之，有血气，则有心知；有心知，虽自圣人而下，明昧各殊，皆可学以牖其昧而进于明。[2]

> 仁义礼智非他，心之明之所止也，知之极其量也。知觉运动者，人物之生；知觉运动之所以异者，人物之殊其性。……性者，血气心知本乎阴阳五行，人物莫不区以别焉是也，而理义者，人之心知，有思辄通，能不惑乎所行也。……然人之心知，于人伦日用，随在而知恻隐，知羞恶，知恭敬辞让，知是非，端绪可举，此之谓性善。……此可以明仁义

---

① 戴震：《原善》卷上，《戴震全集》第一册，清华大学出版社1991年版，第4页。

② 戴震：《孟子字义疏证》卷上，《戴震全集》第一册，清华大学出版社1991年版，第170页。

礼智非他，不过怀生畏死，饮食男女，与夫感于物而动者之皆不可脱然无之，以归于静，归于一，而恃人之心知异于禽兽，能不惑乎所行，即为懿德耳。古贤圣所谓仁义礼智，不求于所谓欲之外，不离乎血气心知，而后儒以为别如有物凑泊附着以为性，由杂乎老、庄、释氏之言，终昧于六经、孔、孟之言故也。①

戴子这里更毫不遮蔽地把"性之欲"指为"怀生畏死，饮食男女"。从每个个人的"性之欲"出发；之所以能够建立起关切他人的公共道德，乃因为人不仅有"血气"，而且有"心知"。这"心知"不是在"欲"之外冒出来的，它就表现在如何以己之欲絜人之欲求得公平这样一种理性分判之中。人正是借这种理性分判成就仁义礼的种种价值。而这种理性分判是通过闻见的广博、学问的积累养成的。可见，"德性"是并不排斥认知的；恰恰相反，"德性资于学问"②。就是说，在戴子这里，价值信念是在认知的基础上给出的。

这样一来，我们无疑看到，戴子的基本理路是通过消解理与气、形上形下的二分，回到阴阳五行生化的一元论中；③然戴子不同于董子与张子之处在

---

① 戴震：《孟子字义疏证》卷上，《戴震全集》第一册，清华大学出版社 1991 年版，第 179—180 页。

② 戴震《孟子字义疏证》卷上写道："诚以人之形体与人之德性比而论之，形体始乎幼小，终乎长大；德性始乎蒙昧，终乎圣智。其形体之长大也，资于饮食之养，乃长日加益，非'复其初'；德性资于学问，进而圣智，非'复其初'明矣。"（戴震：《戴震全集》第一册，清华大学出版社 1991 年版，第 166—167 页）戴震于此即明确认定，"德性"成就于"知识"。余英时称："清代考证学，从思想史的观点说，尚有更深一层的含义，即儒学由'尊德性'的层次转入'道问学'的层次。这一转变，我们可以称它作为'儒家智识主义'（Confucian Intellectualism）的兴起。"（余英时：《论戴震与章学诚》，生活·读书·新知三联书店 2000 年版，第 20 页）又称："其实如果从学术史的观点来看，东原对学问与知识的态度正是儒家智识主义发展到高峰时代的典型产品。"（同上，第 23 页）余英时于此也认定戴震的知识主义倾向。

③ 按，戴震承接《易传》"形而上者谓之道，形而下者谓之器"说，也谈及形上形下二分，称："气化之与品物，则形而上下之分也。形乃品物之谓，非气化之谓。《易》又有之：'立天之道，曰阴与阳'。直举阴阳，不闻辨别所以阴阳二始可当道之称，岂圣人立言皆辞不备哉？一阴一阳，流行不已，夫是之谓道而已。"（戴震：《孟子私淑录》卷上，《戴震全集》第一册，清华大学出版社 1991 年版，第 34 页）戴震这番话明显是针对程朱以阴阳为形而上，以"所以阴阳"为形而上之道的二分说的。戴震以阴阳气化为形而上，以器物为形而下，并均以"实体实事"指称，又以为可以为"心知"把捉，依当今的判分，是即消解了先验设准，回落到经验世界层面上来了。

于，董子、张子对天地宇宙生化持敬仰敬畏之心，戴子却从阴阳五行生化之直下认肯"血气心知"，并从"血气心知"给出"性之欲"的正当性。戴子以"实体实事"指认这种正当性，明显地表现了对天地宇宙万物的经验性的认知取向。进而，在戴子从"性之欲"的平衡与协调论"理"，并把"理"置于"心知"的基础上，是又确认"理"作为价值观念不具超越意义，它也是经验的、相对的。

由是可见，戴子的宇宙论，明显地已经发生了一大转向：这是从信仰向认知理性的转向；在其以这一宇宙论确认"欲"的正当性时，实际上标识着这一转向开启了近代社会的俗世化过程。

要知道，在董子那里，借参与宇宙大化给出价值信仰，能够使一年四季平庸的劳作获得神圣意义；张子、朱子取老庄释氏的形上形下区分并对形上保持一种诚敬之心，有助于人们从充满欲望的俗世社会中摆脱出来，提升起来，变得尊贵。然而，在戴子借把"敬"比拟于老庄释氏之"静"而予以斥遂，人们对神圣、尊贵、崇高的追求便日渐淡化。及于当今，汹涌澎湃的俗世生活更把神圣、尊贵、崇高的一切事情化为嘲弄、挖苦的对象。社会历史的这样一种转向应该如何评说？也许只能付诸"众说纷纭"了吧！

（作者简介：冯达文　中山大学哲学系）

董仲舒"一气、感应、民主"的辩证思维

金周昌

董仲舒被视为大哲是一般性的共识，这是因为他的哲学影响了后代两千年。他建立的哲学体系很大程度上影响了整个亚洲，但却藏他自己的功，转给孔子，或为儒家哲学家的榜样。本文将揭示董仲舒有哪些功劳，以及他建立的哲学体系之所以能长时间支配亚洲的原因。

一、天地万物一气论

张岱年先生认为，过去中国圣贤所讲的"气论，实论"，用现在的话说就是唯物论。过去的中国传统哲学全部是唯物论这一认识，在当今社会里已成为一般性共识。

（一）物本论

董仲舒所讲的"气论"实际上是现在的"物本论"。以当时新出现的科学成果和哲学为依据，董仲舒取得了用科学的观点解剖世界的成果，即宇宙万物都将归为"气"的理论。这样的理论是非常新颖，是非常了不起的哲学理论，也是当时无论是谁都无法提出来的。

董仲舒说："阴阳之气，在上天，亦在人。"[1] 张岱年说过，过去"气"的概念，是现在的"物"的概念。"气"本身就是"物"的。这个物本身是阴阳等两种物质混在而成的。董仲舒的看法很清楚，天地是大物，个物只是小物而已。逻辑次序来说，天（大物）是先，个物是后而已。这个大物（天地）也是像小物（个物）其内部有不断地阴阳作用而存在着。其阴阳的作用不断地生成

---

[1] 董仲舒著，张世亮、钟肇鹏、周桂钿译注：《春秋繁露》，中华书局 2014 年版，第 641 页。

分化，其中出来无数的个物，这就是万物。因此个物与阴阳是不可分开的实质关系，可说把两个分开而讲，但实际上是分不开的一个整体性东西。这个宇宙是一个气而形成的整体，不管如何所有物都是用阴阳之气来形成的。他就是真正的唯物论者。

董仲舒说，"天地之间，有阴阳之气，常渐人者，若水常渐鱼也。所以异于水者，可见与不可见耳，其澹澹也。然则人之居天地之间，其犹鱼之离水，一也，其无间。"① 如此，董仲舒认为天地与人（个物）的关系是如水与小鱼一样，小鱼是离不开水的。小物（个物）虽然由于有限的条件而真正看不见大的，但是实际上这都以同样气来形成的一物而已。只不过其物质因素有差异而已。据此，他的思考的起点是物，不是天地等抽象的东西。他的论点是具体的，但他所说都是用逻辑办法来解释。因此，先提到天，然后才提到人，这就是逻辑上的次序。

董仲舒是典型的辩证唯物者。他以物（气）解释天地万物，包括人，彻底维持科学的态度而建立哲学体系。

（二）物生论

在充满战争的春秋战国时代，物质是最重要的。秦始皇的暴政和汉朝初期持续不断的战争使得人民生活在极度水深火热中。在当时，董仲舒关心的是科学，以及通过科学技术提高生产力。科学技术是保障生产力的唯一出口。他建立的哲学体系是以提高生产力为目的而提出的"物质生产论"。这里所说的物质的性质都是从阴阳论里得来的。阴阳的生成论，对于生产物质的时代紧迫性和形成哲学理念来说是不可或缺的。这也使辩证法能够形成为"扩张理论"，同时也是"关系理论"。

按董仲舒的基本说法，"人民"是"天地万物的根本"表现，是它迂回的表现。他说："天生民有大经，言性者不当异"②，如此我们人民连需要的六经，都是从天生得而来的。他想说的，就是人民也是法天而生产物质即生产物质是在天地里一种万物的生存的方式。又说，"人生于天，而取化于天"③。这个人也就是人民之称，即我们法天而生产及化育，这就是我们的义务。也就是说，

---

① 董仲舒著，张世亮、钟肇鹏、周桂钿译注：《春秋繁露》，中华书局2014年版，第650页。
② 董仲舒著，张世亮、钟肇鹏、周桂钿译注：《春秋繁露》，中华书局2014年版，第650页。
③ 董仲舒著，张世亮、钟肇鹏、周桂钿译注：《春秋繁露》，中华书局2014年版，第424页。

人也是天，必须为生产而存在。这警告我们不生产就是违背天然，同时违背自己的存在规律的。他说："人生于天而体天之节，故亦有大小厚薄之变，人之气"①，如此人民与天地皆为以物质来形成，并且这个物质里有阴阳的气（构成要素）而变化生产的。

董仲舒规定所有万物的根源是"天"，如此按逻辑上的程序来解读宇宙万物，不得不提"天道"。如此，在这样的逻辑次序上是将实质的关系种种颠翻的。他说，"天道之常，一阳一阴。"②如此物本身有阴阳之气及其作用（存在方式）。因此，又说"天之道，终而复始"③，如此不断地生产。这气（物），实在是阴阳之气（物），即这阴阳的作用，就是气（物）进化。董仲舒说，"阴与阳，相反之物也"④。如此阴阳是彼此相反，因此可以配合生产。又说，"独阴不生，独阳不生，阴阳与天地参然后生"⑤，如此物本身有阴阳之气（物质因素），但彼此不配合，就是无法生产的。所以这阴阳配合其作用来不停地生产物质，不然我们也无法生存的。这就是暗暗表示，"生产"是我们的生活的规律，同时是宇宙的规律。

董仲舒之前的儒家哲学家也这么想，也以物质的存在规律是"生产"。董仲舒继承儒家传统，并且其思想是针对时代精神而形成的。

（三）物化论

物质是不断分化的。物质如果不继续分化就会消亡，因此物质和分化是不可分离的。分化是物质的存在形式。张岱年先生认为，宇宙是物质的大化。

物质本身就在分化中存在着，即通过其物中内在的阴阳而不停地分化着。物里有阴阳，因此不可不分化，这是不可怀疑者。但董仲舒说其中有条件。他说："是故人言：既曰王者参天地矣，苟参天地，则是化矣，岂独天地之精哉？王者亦参而殽之，治则以正气殽天地之化，乱则以邪气殽天地之化，同者相益，异者相损之数也，无可疑者矣。"⑥如此，说个物（人民）不跟着大物（天）的生产规律时，自然消灭（损害）是理所当然。

---

① 董仲舒著，张世亮、钟肇鹏、周桂钿译注：《春秋繁露》，中华书局 2014 年版，第 272 页。
② 董仲舒著，张世亮、钟肇鹏、周桂钿译注：《春秋繁露》，中华书局 2014 年版，第 445 页。
③ 董仲舒著，张世亮、钟肇鹏、周桂钿译注：《春秋繁露》，中华书局 2014 年版，第 4 页。
④ 董仲舒著，张世亮、钟肇鹏、周桂钿译注：《春秋繁露》，中华书局 2014 年版，第 454 页。
⑤ 董仲舒著，张世亮、钟肇鹏、周桂钿译注：《春秋繁露》，中华书局 2014 年版，第 557 页。
⑥ 董仲舒著，张世亮、钟肇鹏、周桂钿译注：《春秋繁露》，中华书局 2014 年版，第 652 页。

董仲舒说:"天道施,地道化,人道义。"① 如此,地道随着天道(自然之道)而不断地分化(化育),同样地人民也是随着天地施化的生产之道才可以生存。即其生产之道,就是"义"。即"施、化、义"虽然皆是不同的方式,但都是一种的"生产之道"而已。他说这就是无可疑者。

二、感应论

感应是以有实物为前提的。董仲舒详细地将感应论解释成天和人的关系,但实质上是阴阳关系。因为通过阴阳的作用而其实体出现了。阴阳之间存在着感应关系。因为感应"气"开始流动,也因为这个"气"实体在世上出现。

(一)物感论

物和物之间存在相互吸引和相互排斥,因此物和物之间是相斥相生的。从内在方面来讲,是由于阴阳间的实质性的"感"而产生的。通过相互作用造就了物。回"应"之后,即可产"生"。"应"产生之前会发生相互吸引的现象,这是变成实物之前必须经历的过程。男子被女子吸引是很自然的现象,并不是人为作用而成的。对物体来说,相互吸引是存在于物体内的因素,这是自然而然形成的,而且物体之间会渐渐靠近彼此。这就是"感"。

董仲舒说:"天亦有喜怒之气、哀乐之心,与人相副。以类合之,天人一也。"如此,天地人等物与物之间都有感情,如果同类时互相间是能够感通的。又说:"夫喜怒哀乐之止动也,此天之所为人性命者。临其时而欲发,其应亦天应也,与暖清寒暑之至其时而欲发无异。"② 如此,我们的喜怒哀乐等感情与暖清寒暑等自然现象是相类似的,并且完全是配对的,甚至也有感通的。他的主要意思是物质之间是互相通气的,实在是通阴阳之气的。这气是一样的物质的,只有不同的样态而已。实在是一个气(物质)而已。因此,他说:"天将阴雨,人之病故为之先动,是阴相应而起也。天将欲阴雨,又使人欲睡卧者,阴气也。有忧,亦使人卧者,是阴相求也;有喜者,使人不欲卧者,是阳相索也。"③ 如此,大物(天)发起阴气,小物(人)也同时发起阴气,互相同一物

① 董仲舒著,张世亮、钟肇鹏、周桂钿译注:《春秋繁露》,中华书局 2014 年版,第 654 页。

② 董仲舒著,张世亮、钟肇鹏、周桂钿译注:《春秋繁露》,中华书局 2014 年版,第 641 页。

③ 董仲舒著,张世亮、钟肇鹏、周桂钿译注:《春秋繁露》,中华书局 2014 年版,第 480—481 页。

质（气）间是互相有"感"的。互相积极相求，互相积极相索，因为互相是同一个物质（气），所以是互感的。董仲舒更明确地说："百物去其所与异，而从其所与同。故气同则会，声比则应，其验皦然也。试调琴瑟而错之，鼓其宫则他宫应之，鼓其商而他商应之。五音比尔自鸣，非有神，其数然也。美事召美类，恶事召恶类，类之相应而起也，如马鸣则马应之，牛鸣则牛应之。"① 如此，同一个物质（气）是必定会感通，比如"马鸣则马应之，牛鸣则牛应之"。尤其同一个物之间，其感动更厉害，其感度更深。

据此，物质的阴阳之气有感情，对于与自己同样的个物，非常积极地求"感"，就是"互感"而通。因此，他说："阳益阳而阴益阴，阴阳之气因可以类相益损也。"② 又他更融通地说："天地之气，合而为一，分为阴阳，判为四时，列为五行。"③ 如此，所有的物质必定为一通，可分为阴阳，判位有四时，列为有五行。实在是一气（物质）而已。

（二）物应论

物具有被相互吸引的特点，但物被吸引并不是全部因为"应"。如果条件充足的话就会被"应"吸引。董仲舒提出的需要具备的条件是："物"和"应"要先成为同类。成为同类后并不全是"应"，这需要两者之间相互满足对方的条件才会被感应到。这个时候两者之间的生成就完成了。万物达到"生"之后不会停止发展，会继续向"成"演变。这就是生生，即向"生"持续演变的意思。

董仲舒说："百物去其所与异，而从其所与同。故气同则会，声比则应，其验皦然也。试调琴瑟而错之，鼓其宫则他宫应之，鼓其商而他商应之。五音比尔自鸣，非有神，其数然也。美事召美类，恶事召恶类，类之相应而起也，如马鸣则马应之，牛鸣则牛应之。"④ 如此，物质之间有感有应的，只是先感后应。因为所有事情是一个过程，之后有结果。虽然有一个过程，但不一定有结果。这里的"应"是一种结果。譬如，在一个过程中条件不合时，不可能有结果。董仲舒说，同样的类时，才可以够"通"的，比如阴与阴时，才可以交"通"，有关这方面，他还是有自己的想法。他说："天之常道，相反之物也，

---

① 董仲舒著，张世亮、钟肇鹏、周桂钿译注：《春秋繁露》，中华书局 2014 年版，第 480 页。
② 董仲舒著，张世亮、钟肇鹏、周桂钿译注：《春秋繁露》，中华书局 2014 年版，第 481 页。
③ 董仲舒著，张世亮、钟肇鹏、周桂钿译注：《春秋繁露》，中华书局 2014 年版，第 487 页。
④ 董仲舒著，张世亮、钟肇鹏、周桂钿译注：《春秋繁露》，中华书局 2014 年版，第 480 页。

不得两起，故谓之一。一而不二者，天之行也。阴与阳，相反之物也，故或出或入，或右或左。"① 如此，物质有相反的阴阳，它们虽然在一起，但不能一起出头，一个出头时，另外一个在等着。又说："天道大数，相反之物也，不得俱出，阴阳是也。春，出阳而入阴；秋，出阴而入阳；夏，右阳而左阴；冬，右阴而左阳。"② 如此，阴阳这两个不得俱出，比如一个阳出头时，一个阴入内，这就是天地万物等所有物质都有的同一的规律。因此，比如阴气与阴气之间，互相有"感"，但如果想得"应"的话，必定这阳气来出头。这就是"天道大数"。

据此，一个物质里有相反的阴阳小物质，这小物质有转作运用，即相反相成，终于对外是出面对方相反的物质而结"应"。天地万物等所有物质皆为如此一个过程而产生的。因此，有"应"才有"生产"的。

三、民主观

人是物，民是人的集合体。民对董仲舒来说是很重要的，但个人对董仲舒来说就不那么重要了。这是因为人很重要，但民就更重要。因此，董仲舒以民为中心来解说其他方面。因为民是很重要，所以天也是很重要。实质上，天对董仲舒来说是最后的概念。但逻辑上是先有天再有人。这就是逻辑上的先后。所以逻辑上民是从天中诞生的，这在逻辑上是正确的。但实质上近处的人民才重要的，远处的天不是重要的。这样的思想，就是儒家哲学的传统思想。

（一）先民观

董仲舒主张"儒术独尊"的理由在于人民是儒家哲学的本位概念。不将人单独作为本位概念是儒家的传统。在这个概念上道家和儒家持相同的看法，并对人有更大的兴趣。因此董仲舒将儒家当成传统思想，通过儒家思想建立了自己的哲学体系。而且他还建立了以天地人为同一本位的哲学体系。这里的人是民的意思。无论如何民都是第一位的，接着是地，再是天。实质上来讲这是很重要的次序，但逻辑上的次序是反过来的。对此，董仲舒是非常了解的。将

---

① 董仲舒著，张世亮、钟肇鹏、周桂钿译注：《春秋繁露》，中华书局 2014 年版，第 454 页。

② 董仲舒著，张世亮、钟肇鹏、周桂钿译注：《春秋繁露》，中华书局 2014 年版，第 449 页。

人当成实体是最基本的单位。譬如我死了之后会留下什么东西呢？尤其宇宙会留下什么东西呢？即使留下了什么东西对我来说又有什么用呢？这并不是否定宇宙之实体。但从实物的角度上来说有很多困难的地方。用逻辑思维来解释有局限。

董仲舒像过去的儒家哲学家一样，在"先民"观念的基础上建立了哲学体系。不管什么都是不如"先民"观念重要，"先民"是他的哲学体系中最骨干的观念。为了"先民"而成立"物质生产观念"。董仲舒建立的哲学体系皆为了人民而作，就是说以人民为本位的。他的"一气（物）""感应"观念也是为了"人民"而构想的。董仲舒说："性而瞑之未觉，天所为也。效天所为，为之起号，故谓之民。"① 如此，性是本身一块物，同时民也本身一块物，就是实在的一块物质。把它加以处理运用，这结果就是我们的文化现象。不可丢原来性质，如果变丢性质，就有灾殃。它当然是可以消灭的。因此"先民"是科学、制度、文化、社会、礼仪的先提条件。又说："是正名号者于天地，天地之所生，谓之性、情。性、情相与为一瞑。"② 如此，好像天地是同样的物质，性情也是同样的物质，实在是不可分离的实际的一块物质。仅以我们的观念可以分开，而能够分别讲而已。不管是愚蠢的或聪明的人，实在是一块的，我们的人民，虽然我们能分开而讲，实际上是不可分别的一块。不管如何，人民是一块的同质同生的。他强调我们人民是不可分离的实质，如果分离是自然灾殃，会自然消灭的。

董仲舒也很重视人民中的优秀圣人，"况生天地之间，法太祖先人之容貌，则其至德，取象众名尊贵，是以圣人为贵也"③。圣人是与天地的至德可比的人。又说："吾闻圣王所取，仪法天之大经，三起而成，四转而终，官制亦然者，此其仪与！"④ 如此，圣王是效法天地同行的人，就是人民中的领先人。他就是我们人民的代表者。由于他的到来我们人民是能够同位于天地人。如此，董仲舒重视不离开实际的关系，不违背逻辑性的矛盾。他说："气之清者为精，人之清者为贤。"⑤ 我们人民也是阴阳之物质及作用而产生的，其中圣贤是较为

① 董仲舒著，张世亮、钟肇鹏、周桂钿译注：《春秋繁露》，中华书局 2014 年版，第 378 页。
② 董仲舒著，张世亮、钟肇鹏、周桂钿译注：《春秋繁露》，中华书局 2014 年版，第 380 页。
③ 董仲舒著，张世亮、钟肇鹏、周桂钿译注：《春秋繁露》，中华书局 2014 年版，第 341 页。
④ 董仲舒著，张世亮、钟肇鹏、周桂钿译注：《春秋繁露》，中华书局 2014 年版，第 263 页。
⑤ 董仲舒著，张世亮、钟肇鹏、周桂钿译注：《春秋繁露》，中华书局 2014 年版，第 220 页。

清的物质，是人民中之一而已。

（二）民主观

在西方，人们行使公民权力的时候经常会使用"民主"这个词语。他们抓住了较为狭窄的概念，他们的这种想法依旧没有超脱"人"这个概念。在他们看来，天和人是不同等的。相反，在东方的传统之中，一直以来都是基于天和人同等思想来考虑问题的。这里所提到的人，不是指单独的个人，而是指整个人类。也就是说，人和天是同等，处于宇宙中的主人地位。但是，人在这个宇宙中不能随心所欲，仅是代替宇宙来管理罢了。在东方文化中，主人并不拥有随心所欲控制一切的权力，只是作为一名管理者，尽自己的义务罢了。这便是中国哲学的特点。管理者只能在法律的约束下行使自己的权力。不过，我们不能将法律看作是主人。在中国宋明时代，就曾一度陷入到这个错误之中，将法律当作主人。由于伦理和法律是没有实体的，一旦我们认为它们有实体的话，那么逻辑上我们就会犯类似非关联的错误。但董仲舒并没有犯这个错误。

董仲舒的基本观念是以民为主体的，因此按照他的思想来能用'民主'的观念。他说："天道施，地道化，人道义。圣人见端而知本，精之至也；得一而应万，类之治也。"[1] 如此，人民能管宇宙万物等所有的物质，因为所有我们看到的都是同样的阴阳及作用而形成之物质，并且我们人民参与天地物质之作用。因此其责任也似天地至大，我们需要与天地的智慧，尤其与天地同样的规律，不然不可有与天地同等的地位。我们必须以民主的立场来与天地万物和谐，不然不可达到与天地同等的地位。当然不可能一个圣人来管这个世界，也不可与天地和谐，甚至不能参与天地作用。我们不得不一起合心合作才可，遵守与天地的规律，同时也与天地同样的方式存在。因为天地人都以一物（一气）而形成，同时以阴阳之物质及规律而存在着。

董仲舒说："吾闻圣王所取，仪法天之大经，三起而成，四转而终，官制亦然者，此其仪与！"[2] 如此，我们所作的制度都是依法天之大经的，但这天有变，同时我们也有变，因此按照其变化而我们也需要改革。天地人都"一气"而形成，在宇宙内同样地类比之物质，必定同样地需要类比之规律来对应。领先的人民来负责其无比至大责任，这也是我们人民共同的责任。这样的民主意

---

[1] 董仲舒著，张世亮、钟肇鹏、周桂钿译注：《春秋繁露》，中华书局 2014 年版，第 654 页。

[2] 董仲舒著，张世亮、钟肇鹏、周桂钿译注：《春秋繁露》，中华书局 2014 年版，第 263 页。

识是与天志不差，当然是"人民主体"而改革世界，不是上天下施的。因此董仲舒说，这个"三起四转"是不可能"只一次"完成，天地人都是一个"活生生的"，而不是"固定的死板"。其意思，是这物质里内涵着"自由意识"而作，但必须按照'阴阳作用规律'即可。

董仲舒说："礼者，继天地，体阴阳，而慎主客，序尊卑、贵贱、大小之位，而差外内、远近、新故之级者也，以德多为象。"①如此，他说连我们所作的礼者，都按照阴阳的性质而作的。天地人是同样地类似存在，只不过其条件不同而已，因此必须按照其基本阴阳作用及性质来作，不然其礼者已经离开正常的轨道，当然会自己消灭、死亡的。必须分别主客、尊卑、贵贱、大小、内外、远近、新故等，才可以达成"天地人"的"意"。他强调逻辑上"天地人"可"分"，但实质上不可"分"。按照他的论法，内在上可分，但外在上不可分。这也是用阴阳来分别解释。这就是他的高明论法。

按照他的论法来说，我们所作的制度是随着时代要求而可变，不可能是固定的。但它必定按照天地人的"意"就"民意"来改革，不然也是离开正常轨道的。因此人民的"民意"，就是"天意"。因此之前儒家哲学家，强调领先有权者不踏实走正常轨道时，必须由"民意"来革变。天地人都必须不可违背"民意天意"的，不然会消亡。据此民意就是天意，并且人民的规范（礼者）也是同样一种天地人的规律，但不能说完全一致。如果不一致时必须听"民意"来修改其规范，因为这个宇宙是不固定的存在，是活生生的存在，但其内在是有阴阳物质的规律及作用的存在方式的。因此不可随便一两个人或一个集团来论断，因为有天眼、地眼、人眼来监督，也可说这个宇宙里是有"天主、地主、民主"的，其中在我们人民立场上以"民主"是我们的角度而讲的。这个宇宙是"天地人"互相"感应"而运作的，也可说这宇宙有三个主体，就是"天地人"都负责而运。《周易》说，天地厚德而存在，因此我们人民也是必须用"自强厚德"的态度来参与宇宙运用。我们必须有角色"民主"意识来参与承担宇宙"共同目的"的责任。

董仲舒将实际和逻辑及规律分开而建立了一套自己的哲学体系，我们称他为一位伟大的哲学家，当之无愧。逻辑是实在，不过是实质里包含着一种条理罢了。但它一旦脱离超越这个范畴，已经不再是实质的。因为它不配合实

---

① 董仲舒著，张世亮、钟肇鹏、周桂钿译注：《春秋繁露》，中华书局2014年版，第354页。

质。因此过去把这种哲学思想贬称为唯心主义哲学。董仲舒不陷入逻辑上的洞井，因为他肯定亲自看过当时人民残酷的生活，而不知不觉得"感"。对时代，他以一统思想回"应"。冯友兰所说的"普遍意识必须在特殊条件中"，以及张申府所说的"哲学是时代精神的理念"都是从过去历史经验中得到的结果。这都是鉴于过去历史而得到的无比重要的教训。

（作者简介：金周昌　韩国檀国大学哲学系）

"仁"的落实与"义"的调适

——以《说苑》为例

张丰乾

秦汉之际，随着政权更迭和政治制度的变化，思想界的格局和风格也明显发生了变化。如周桂钿先生所指出的：

> 先秦诸子，百家争鸣，有自由讨论、平等辩驳的风气。但是，他们固执己见，排斥异学，自是而相非，如冰炭不相容。而且各家还在不断分裂，春秋显学有儒、墨两家，"儒分为八，墨离为三"（《韩非子·显学）。他们所谓统一思想，就是让别人放弃一切学说，来信奉自己的学说。

> 汉代在政治统一之后，也着手统一思想。鉴于秦朝的偏颇，汉代思想家们认识到各种学说都有自己的优缺点，也都有各自的用处，不可一概否定、抛弃。①

而汉代的统治策略，则经历了由重黄老、纳百家言到独尊儒术、罢黜百家言的过程，亦如周先生所指出的：

> 在"独尊儒术"的影响下，许多知识分子就都成了儒生。他们把各种学说都带到儒学体系中来，附会到儒家思想上去。②

以西汉学术界巨擘刘向为例，他素有家学渊源，他的父亲刘德"修黄老术，有智略"。刘向本人勤勉博学，善属文辞，具有强烈的社会关怀，历经宣帝、元帝、成帝三朝，担任过谏大夫，屡次上书劝谏，至成帝时则编著多种著作为执政参考：

---

① 周桂钿：《秦汉思想史》，河北人民出版社 2000 年版，第 9 页。
② 周桂钿：《秦汉思想史》，河北人民出版社 2000 年版，第 10 页。

向睹俗弥奢淫，而赵、卫之属起微贱，逾礼制。向以为王教由内及外，自近者始。故采取《诗》、《书》所载贤妃贞妇，兴国显家可法则，及孽嬖乱亡者，序次为《列女传》，凡八篇，以戒天子。及采传记行事，著《新序》、《说苑》凡五十篇奏之。数上疏言得失，陈法戒。书数十上，以助观览，补遗阙。上虽不能尽用，然内嘉其言，常嗟叹之。（《汉书·楚元王传》）

其中《说苑》被誉为"兼综九流，牢笼百家"，[①] 这是强调其思想来源的多元性，但"君臣父子，无所逃于天地之间"，《说苑》之内容也是围绕政治伦理与亲属关系而展开的，有理论，亦有实例，对于"仁"和"义"的援引和评论，都是在具体的语境和社会关系及实践中进行的，编排颇有条理，论述皆有针对性，而学界的讨论似不够充分。笔者不揣浅陋，尝试做一些梳理和分析。

一、"一体之仁"与"一体之义"

（一）痛忧众生，仁昭义立

尧、舜、禹是古代君主的典范，依据《说苑》所载，他们尤其具有自觉关怀弱势群体的胸怀及自我反省的能力，对于民众的不幸感同身受，以至于只要有一个人被处罚或受饥寒，他都会"痛"、"忧"、自责：

河间献王曰："尧存心于天下，加志于穷民，痛万姓之罹罪，忧众生之不遂也。有一民饥，则曰'此我饥之也'；有一人寒，则曰'此我寒之也'；一民有罪，则曰'此我陷之也'。仁昭而义立，德博而化广，故不赏而民劝，不罚而民治，先恕而后教，是尧道也。"（《说苑·君道》，下引此书，只注篇名）

---

① 如陈静先生所指出的："《淮南子》所问世的汉代初年，正是中国思想从先秦的百家争鸣逐渐走向兼收并蓄之综合的时代。在那一时代问世的著作，都显露出思想综合的特征。这种特征，在传世文献如陆贾的《新语》和贾谊的《新书》中能看到，在新近的出土文献《经法》等书中也能看到，在蒙受'杂家'之名的《淮南子》里能够看到，在被颂为'纯儒'的董仲舒的《春秋繁露》中也能看到。总之，汉初思想正伴着政治上的大一统制度的建设，在走着一条融合的路。"（陈静：《自由与秩序的困惑——〈淮南子〉研究》，云南大学出版社2004年版，第153页）相比之下，《说苑》更像是资料汇编，编者的思想立场就体现在他所选编的材料以及编选的结构上。这也是"寓作于编"的一种形式。（参见王博：《说"寓作于编"》，《中国哲学史》2006年第1期）

尧帝之道被归结为仁爱彰显，正义确立，德行博大，教化普及，所以不用奖赏而民众很努力，不用惩罚而民众很安定，首先设身处地为民众着想，然后才推行教育。《新书·道术》亦云："以己量人谓之恕，反恕为荒。"可见，圣王不是高高在上，发号施令，而是有强烈的忧患意识，能够充分体恤百姓疾苦，有一人不得温饱，或者有一人犯罪都会认为是自己的过失。这种"一体之仁"与"一体之义"，可以看作是衡量统治者德行和能力的最高标准。

对于政治得失，特别是"失"的方面如何察觉和补救，不仅需要有"一体之仁"和"一体之义"的理念，还需要有专门的机构和人员来负责和落实：

> 周公践天子之位，布德施惠，远而逾明。十二牧，方三人，出举远方之民，有饥寒而不得衣食者，有狱讼而失职者，有贤才而不举者，以入告乎天子。天子于其君之朝也，摄而进之，曰："意朕之政教有不得者与？何其所临之民有饥寒不得衣食者，有狱讼而失职者，有贤才而不举者？"其君归也，乃召其国大夫，告用天子之言，百姓闻之，皆喜曰："此诚天子也！何居之深远而见我之明也！岂可欺哉！"故牧者所以辟四门，明四目，达四聪也，是以近者亲之，远者安之。诗曰："柔远能迩，以定我王"，此之谓矣。（《君道》）

仁义要彰显和落实于"天下"，要特别关照走投无路的民众，认识到民众的疾苦、官吏的失职、贤才的埋没，乃是因为自己的失职，越是偏远的地方，越需要布施恩德和实惠。这些论述，相比于《庄子·天道》所载"尧曰：'吾不敖无告，不废穷民，苦死者，嘉孺子而哀妇人'"，更加凸显出责任意识和自省精神；相比于《老子》所言"无弃人"，则更为具体可行。

（二）百姓有罪，在予一人

君主以解决天下人之疾苦为己任，甚至以有一人遭受贫苦及受到法律制裁而自我批评，这种责任意识和自省精神不是故作姿态，掩人耳目，而是痛彻心扉：

> 禹出见罪人，下车问而泣之。左右曰："夫罪人不顺道，故使然焉，君王何为痛之至于此也？"禹曰："尧舜之人，皆以尧舜之心为心；今寡人为君也，百姓各自以其心为心，是以痛之也。"《书》曰："百姓有罪，在予一人。"（《君道》）

> 武王克殷，召太公而问曰："将奈其士众何？"太公对曰："臣闻爱其人者，兼屋上之乌；憎其人者，恶其余胥。咸刘厥敌，靡使有余，何如？"

王曰："不可。"太公出，邵公入，王曰："为之奈何？"邵公对曰："有罪者杀之，无罪者活之，何如？"王曰："不可。"邵公出，周公入，王曰："为之奈何？"周公曰："使各居其宅，田其田，无变旧新，唯仁是亲，百姓有过，在予一人。"武王曰："广大乎平天下矣。"凡所以贵士君子者，以其仁而有德也。（《贵德》）

在尧舜时代，百姓和君王是同心的，社会秩序自然良好，而到了大禹时期，百姓各有诉求，各自看重自己的心志，故而争执增多，犯罪率也上升。但百姓获罪，是因为君主自己的过错，故而大禹感到自责和痛心。

社会地位和社会责任是相对应的，君主高高在上，实乃是担负了最大的责任，仅仅是处罚犯罪者，而保护无罪者还远远不够，更不要说严刑峻法，株连亲朋，使无辜者受害。《说苑》所记载的周公的执政理念是让民众居有其屋，耕有其田，不要区别新旧，自己乐意实践的德行只有仁爱，而百姓的过错，是因为君主自己的失误。对于战败一方的军士和民众，也要一视同仁。[1]君子虽然不一定有显赫的地位，但是受到尊重，也是因为他们仁慈而品行完善。《老子》有"故失道而后德，失德而后仁，失仁而后义，失义而后礼"的思想。"仁而有德"则是正面论述，说明品行不局限于仁爱、仁慈，而是兼备"仁"、"义"、"礼"等方面。

二、多方听谏，及时改过

明主有三惧。作为君主，高高在上，容易骄奢淫逸、恣意妄为。而《说苑》所推崇的"君道"，则是强调忧患意识和反省精神，具体内容为"三惧"：

明主者有三惧：一曰处尊位而恐不闻其过；二曰得意而恐骄；三曰闻天下之至言而恐不能行。何以识其然也？越王勾践与吴人战，大败之，兼有九夷，当是时也，南面而立，近臣三，远臣五，令群臣曰："闻吾过而不告者，其罪刑"。此处尊位而恐不闻其过者也。昔者晋文公与楚人战，大胜之，烧其军，火三日不灭，文公退而有忧色，侍者曰："君大胜楚，今有忧色，何也？"文公曰："吾闻能以战胜而安者，其唯圣人乎！若

---

[1] "天者，日月星辰之主也；地者，草木山川之主也；人者，夷狄禽兽之主也。主而暴之，不得其为主之道矣，是故圣人一视而同仁，笃近而举远。"（韩愈：《原人》）

夫诈胜之徒，未尝不危也，吾是以忧。"此得意而恐骄也。昔齐桓公得管仲、隰朋，辨其言，说其义，正月之朝，令具太牢进之先祖。桓公西面而立，管仲、隰朋东面而立，桓公赞曰："自吾得听二子之言，吾目加明，耳加聪，不敢独擅，愿荐之先祖。"此闻天下之至言而恐不能行者也。（《君道》）

身处尊位，往往好大喜功，沉湎于阿谀奉承，陶醉于歌功颂德，听不到批评的声音，这正是要恐惧的事情之一。越王勾践在大败吴国之后仍然下令群臣："知道了我的过失而不予报告，属于杀头的罪行。"（《韩非子·二柄》："杀戮之谓刑。"）晋文公则担心自己也属于靠欺诈取胜的人，故而在得意之时担心出现骄横。齐桓公说管仲和隰朋的建言献策使他的所见所闻能力得以提升，怕他们的建议不能被落实，故而用祭祀先祖的隆重形式来昭告天下。

君上有这样的自觉，对臣下也有相应的要求，未能补正上司的缺失，就要受到惩处，杀头可能过于严厉，但革职驱逐则是必要的：

高缭仕于晏子，三年，无故，晏子逐之。左右谏曰："高缭之事夫子三年，曾无以爵位，而逐之，其义可乎？"晏子曰："婴，氾陋之人也，四维之然后能直。今此子事吾三年，未尝弼吾过，是以逐之也。"（《臣术》）

广开言路，听取臣下的批评和规劝，并非只依赖于君主的自觉和臣下的主动，也有一系列的制度和措施来保障。正如周先生所论，中国古代"君道"之中，修身与听谏密不可分：听谏的原则包括应不论亲疏恩怨、明辨是非、采纳谏言、知错能改、防微杜渐、慎终如始等多个方面；听谏的方法与途径也有多种，包括设立敢谏之鼓、诽谤之术、告善之旌等设施，配置谏议大夫等官员。[①]《淮南子·主术训》记载，古代天子"听朝"，就是以"听谏"为主：

古者天子听朝，公卿正谏，博士诵诗，瞽箴师诵，庶人传语，史书其过，宰彻其膳。犹以为未足也，故尧置敢谏之鼓，舜立诽谤之木，汤有司直之人，武王立戒慎之鞀，过若豪氂，而既已备之也。夫圣人之于善也，无小而不举；其于过也，无小而不改。

不同身份的人，分别用不同的形式进谏，其中"箴"是专门用以谏言的文体，普通民众也可以表达意见，史官则要记下君主的过错，掌管膳食的官员可以裁撤天子的膳食。这些都还不够，还要有各种纳谏的途径，以求毫厘不差。举善

---

① 周桂钿：《试论"君道"中的修身与听谏》，《福建论坛》2001年第1期。

改过，细致入微，都符合仁义的标准。

三、利归于民，谕教不竭

（一）利归于民

任何社会制度或契约，如果没有道义基础，无论从条文上看如何公正，都只是一纸空文。而本着这种责任意识和自省精神去制定和执行制度或契约，自然会摒除私利，造福人民。换言之，不能好大喜功，而要做到"利归于民"，《说苑》记载：

> 河间献王曰："禹称：'民无食则我不能使也，功成而不利于人，则我不能劝也。'故疏河以导之，凿江通于九派，洒五湖而定东海，民亦劳矣，然而不怨苦者，利归于民也。"（《君道》）

《周易·乾·文言》云："利者，义之和也"；"利物足以和义"。真正的"利"，是和合于"义"，而不是违背于"义"的；真正的"义"，也是实现"利"的公平，而不是造成"利"的失衡。需要强调的是，"义"是君民双方的责任，而不是单方面的义务，如《说苑》所载君主役使百姓，先要保证他们不受饥饿，建立功业而对民众没有利益，就不会去鼓动。大江大河的治理，是很辛苦的事情，但民众劳而不怨，是因为劳作的成果为民众所享用，而不是只满足统治者的私欲。

河间献王刘德是汉景帝之子，有"修学好古，实事求是"的美誉，去世后被评价为"身端行治，温仁恭俭，笃敬爱下，明知深察，惠于鳏寡"。《说苑》所载，使我们对他的思想有更多了解。如周桂钿先生所指出的，董仲舒主张"正其道，不谋其利；修其理，不急其功"也是针对君主好大喜功、急功近利，"富者愈贪利而不肯为义，贫者日犯禁而不可得止"的情形而言的。[①] 二者之间，可谓前呼后应。

（二）待民如保赤子

依《说苑》所记，圣人对待百姓，就像父母对待幼儿一样，不仅使他们免于饥寒，还要引导他们、教育他们，唯恐他们不能长大成人。要求统治者对于民众要有"如保赤子"的胸怀和无微不至的关怀，这是儒家政治哲学的重要

---

① 参见周桂钿：《秦汉思想史》，河北人民出版社 2000 年版，第 144—151 页。

基点。"赤子"的任何意见，任何要求都是出自天性，出自本然，他"一无所有"，所以可以也只能和父母要求一切，而父母对于赤子的一切要求"责无旁贷"，在第一时间给予满足，否则便是不称职的父母。父母对于赤子的关爱和抚育是挚诚的、无条件的，油然而发的。这种情感的确是人类生生不息，家庭为人所眷恋的根源所在。在政治和社会的层面，"民之父母"与"如保赤子"当然都是一种比喻性的说法。但是，假如当政者从价值观念上认识到民众在无比强大的国家机器面前，其实和一无所有的赤子相去不远，那么就不会和民众斤斤计较，"举枉措诸直"，甚至以种种暴虐的手段对付手无寸铁的民众。所以"民之父母"的言行，可以使得统治者和最基层的民众产生稳定的亲切感，他对民众是亲切，而不仅仅是驱使，而百姓对他则是亲近，而不仅仅是顺从。①

"伟大的人民对于领袖都是无情的"，这大概是西方政治家对于"民意如流水"的感慨，但"一人一票"的选举制度之下，政客们又何尝不是以种种空头支票来诱惑选民呢？而中国古代，民众对于"视民如子"、德行美好、政绩卓越的政治家则不吝赞美，并以各种方式加以纪念：

> 圣人之于天下百姓也，其犹赤子乎！饥者则食之，寒者则衣之；将之养之，育之长之；惟恐其不至于大也。《诗》曰："蔽芾甘棠，勿剪勿伐，召伯所茇。"《传》曰："自陕以东者周公主之，自陕以西者召公主之。召公述职当桑蚕之时，不欲变民事，故不入邑中，舍于甘棠之下而听断焉，陕间之人皆得其所。是故后世思而歌诵之，善之，故言之；言之不足，故嗟叹之；嗟叹之不足，故歌咏之。"夫诗，思然后积，积然后满，满然后发，发由其道而致其位焉；百姓叹其美而致其敬，甘棠之不伐也，政教恶乎不行！孔子曰："吾于甘棠，见宗庙之敬也。"甚尊其人，必敬其位，顺安万物，古圣之道几哉！（《贵德》）

《说苑·贵德》所引述的诗句出自《诗经·国风·召南》，《小雅》和《大雅》之中也多有诗篇称颂"民之父母"。这意味着"民之父母"固然是百姓自发地对于"恺悌君子"或者"乐只君子"表示爱戴的称呼，但是把这些诗篇用来教育贵族后裔乃至继位的天子，则意味着最高统治者自觉而清楚地认识到国（邦）与家兴盛的根基在于给予民众最大程度的关爱——只有上升到"父母"的层面，才能说明这种关爱多么自然、多么深切、多么宽广、多么持久——更

---

① 张丰乾：《早期儒家与"民之父母"》，《现代哲学》2008 年第 1 期。

主要的是，这种关爱对于君子而言是愉快和悦的，并且能够落实于家庭伦理和国计民生之中，而不是浮泛的口号。①

（三）竭尽全力，劝喻教化

在处理不安定因素时，只依赖于暴力惩处和讨伐，是要受到非议的，大禹也不例外。关键是要竭尽全力，劝喻教化：

> 当舜之时，有苗氏不服。其所以不服者，大山在其南，殿山在其北，左洞庭之波，右彭蠡之川。因此险也，所以不服。禹欲伐之，舜不许，曰："谕教犹未竭也。"究谕教焉，而有苗氏请服。天下闻之，皆非禹之义，而归舜之德。（《君道》）

我们有理由推论，孔子的相关陈述：

> 丘也闻："有国有家者，不患寡而患不均，不患贫而患不安。"盖均无贫，和无寡，安无倾。夫如是，故远人不服，则修文德以来之。既来之，则安之。（《论语·季氏》）

是基于舜修文德以降服有苗氏族的历史经验。

四、君臣父子，转相为本

君臣、父子的关系是中国古代"家天下"的政治体制中的首要问题。如《论语·先进》所载：

> 齐景公问政于孔子。孔子对曰："君君，臣臣，父父，子子。"② 公曰："善哉！信如君不君，臣不臣，父不父，子不子，虽有粟，吾得而食诸？"

先哲对于君臣、父子关系的定位，在"三纲五常"之外，还有多种阐述。如《文子·上礼》："义者，所以和君臣父子兄弟夫妇人道之际也。"《庄子·人间世》中更强调其"无所逃"的属性：

> 仲尼曰："天下有大戒二：其一，命也；其一，义也。子之爱亲，命也，不可解于心；臣之事君，义也，无适而非君也，无所逃于天地之间。是之谓大戒。"是以夫事其亲者，不择地而安之，孝之至也；夫事其君者，

---

① 参见张丰乾：《"家""国"之间——"民之父母"说的社会基础与思想渊源》，《中山大学学报》2008 年 3 期。

② 朱熹注："此人道之大经，政事之根本也。"

不择事而安之，忠之盛也；自事其心者，哀乐不易施乎前，知其不可奈何而安之若命，德之至也。为人臣、子者，固有所不得已。行事之情而忘其身，何暇至于悦生而恶死！夫子其行可矣！

而《说苑》之中则提出了一种比较特别的伦理观念，即认为君臣父子的关系是"转相为本，如循环无端"：

> 天之所生，地之所养，莫贵乎人。人之道莫大乎父子之亲，君臣之义。父道圣，子道仁；君道义，臣道忠。贤父之于子也，慈惠以生之，教诲以成之，养其谊，藏其伪，时其节，慎其施。子年七岁以上，父为之择明师，选良友，勿使见恶，少渐之以善，使之早化。故贤子之事亲，发言陈辞，应对不悖乎耳，趣走进退，容貌不悖乎目，卑体贱身，不悖乎心。君子之事亲，以积德，子者，亲之本也，无所推而不从命，推而不从命者，惟害亲者也。故亲之所安，子皆供之。贤臣之事君也，受官之日，以主为父，以国为家，以士人为兄弟。故苟有可以安国家，利民人者，不避其难，不惮其劳，以成其义。故其君亦有助之，以遂其德。夫君臣之与百姓，转相为本，如循环无端。夫子亦云："人之行莫大于孝。"孝行成于内，而嘉号布于外，是谓建之于本，而荣华自茂矣。君以臣为本，臣以君为本，父以子为本，子以父为本，弃其本，荣华槁矣。（《建本》）

这里首先突出人是天地之所生养的物种中最为尊贵的，而人类社会的最高法则是父亲之间的亲情和君臣之间的道义。其中以"圣"和"仁"分别为父子之道，是把这两个最高的德目落实于伦常关系中。孔子曾说：

> 若圣与仁，则吾岂敢。抑为之不厌，诲人不倦，则可谓云尔已矣。（《论语·述而》）[1]

孔子虽然不敢以"圣和仁"自居，但是强调在实践方面未曾止息，在教育方面未曾懈怠。朱熹评论说：

> 此亦夫子之谦辞也。圣者，大而化之；仁，则心德之全而人道之备也。为之，谓为仁圣之道。诲人，亦谓以此教人也。（《论语集注》卷四）

《说苑·谈丛》之中，这句话被演变为"学问不倦，所以治己也；教诲不厌，

---

[1] 《尸子·劝学篇》云："学不倦，所以治己也；教不厌，所以治人也。"传世本《文子·上仁篇》云："学而不厌，所以治身也；教而不倦，所以治民也。"

所以治人也。"学问和教诲的宗旨和内容不正是"圣与仁"吗?《说苑·建本》把"圣"和"仁"分别对应于"父道"和"子道",具体阐述了贤能的父亲为子女的成长和教育所付出的操劳,并强调"父与子"的人伦关系作为基础,和社会上的君臣关系可以统一起来。

五、处义之难

不同的生活情形往往会对于如何践行伦理原则提出挑战,哪怕是父子皆有贤能之名,也难免举止失当。特别是父亲暴怒之时,做儿子的如何自处是需要考量的:

> 曾子芸瓜而误斩其根。曾晳怒,援大杖击之。曾子仆地,有顷,乃苏,蹶然而起,进曰:"曩者,参得罪于大人,大人用力教参,得无疾乎?"退屏鼓琴而歌,欲令曾晳听其歌声,令知其平也。孔子闻之,告门人曰:"参来,勿内也!"曾子自以无罪,使人谢孔子。孔子曰:"汝不闻瞽叟有子名曰舜?舜之事父也,索而使之,未尝不在侧;求而杀之,未尝可得,小棰则待,大棰则走,以逃暴怒也。今子委身以待暴怒,立体而不去,杀身以陷父不义,不孝孰是大乎?汝非天子之民邪?杀天子之民罪奚如?"以曾子之材,又居孔氏之门,有罪不自知,处义难乎!(《建本》)

对于父亲的暴力责罚,毫无怨言地承受,被打昏在地,仍然担心父亲有没有因为用力过度而生病,并鼓琴而歌,表示自己甘愿受罚,情绪已经平复。这似乎是"孝顺"的极致。但是,这种对暴怒的顺从,实乃是挖陷阱的行为——自己可能被打死打伤,而父亲则陷于杀天子之民的罪过,这是最大的不孝,"曾子受杖"由此成为反面教材。可见,处理父子关系,在情绪极端化的情形下需要有一方选择退避,而可行的方案则是出逃以全义,待到合适的时机再回来:

> 宋襄公兹父为桓公太子,桓公有后妻子曰公子目夷,公爱之,兹父为公爱之也,欲立之,请于公曰:"请使目夷立,臣为之相以佐之。"公曰:"何故也?"对曰:"臣之舅在卫,爱臣,若终立,则不可以往,绝迹于卫,是背母也。且臣自知不足以处目夷之上。"公不许,强以请公,公许之。将立公子目夷,目夷辞曰:"兄立而弟在下,是其义也。今弟立而兄在下,不义也。不义而使目夷为之,目夷将逃。"乃逃之卫,兹父从

之。三年，桓公有疾，使人召兹父："若不来，是使我以忧死也。"兹父乃反，公复立之，以为太子，然后目夷归也。(《立节》)

相比于伯夷叔齐之归隐（不肯食周粟），以及舜的"窃父而逃"（乐而忘天下），目夷之出逃与返国使得亲情之维系与政权的稳定得以两全。

相反，父子与君臣之间的关系在核心利益发生冲突时也会构成尖锐的矛盾，所谓"自古忠孝不能两全"，往往导致悲剧的发生：

楚有士申鸣者，在家而养其父，孝闻于楚国。王欲授之相，申鸣辞不受。其父曰："王欲相汝，汝何不受乎？"申鸣对曰："舍父之孝子而为王之忠臣，何也？"其父曰："使有禄于国，立义于庭，汝乐吾无忧矣。吾欲汝之相也。"申鸣曰："诺。"遂入朝，楚王因授之相。居三年，白公为乱，杀司马子期，申鸣将往死之，父止之，曰："弃父而死，其可乎？"申鸣曰："闻夫仕者身归于君，而禄归于亲。今既去子事君，得无死其难乎？"遂辞而往，因以兵围之。白公谓石乞曰："申鸣者，天下之勇士也，今以兵围我，吾为之奈何？"石乞曰："申鸣者，天下之孝子也，往劫其父以兵，申鸣闻之必来，因与之语。"白公曰："善。"则往取其父，持之以兵，告申鸣曰："子与吾，吾与子分楚国。子不与吾，子父则死矣。"申鸣流涕而应之曰："始吾父之孝子也，今吾君之忠臣也。吾闻之也，食其食者死其事，受其禄者毕其能。今吾已不得为父之孝子矣，乃君之忠臣也，吾何得以全身？"援枹鼓之，遂杀白公，其父亦死，王赏之金百斤，申鸣曰："食君之食，避君之难，非忠臣也。定君之国，杀臣之父，非孝子也。名不可两立，行不可两全也，如是而生，何面目立于天下。"遂自杀也。(《立节》)

在战乱或其他激烈的矛盾冲突之中，以父子之情相要挟，要求对方的骨干人物反戈一击，会使得当事人陷于两难，非常痛苦，任何选择都会造成道义上的困境。仅仅是在家尽孝，还是离家做忠臣的矛盾，还可以因为父亲的支持而化解；但父亲成为人质，自己背叛君主以解救父亲，这往往是不可原谅的行为，不原谅者有可能包括自己的亲人朋友，乃至自己。申鸣杀了绑架他父亲的白公，但他的父亲也被杀，他自己成为安定楚国的英雄，受到楚王重赏。但他自己认为父亲被杀，是因为自己没有尽孝，面对"名不可两立，行不可两全"的困境，选择了自杀。"申鸣困境"颇有典型意义，从中可以看出，"君臣之义"似乎优先于"父子之义"。

六、"仁"与"义"的冲突

"仁"包含了情感因素和亲情关系，而"义"则是社会伦理，二者有时会产生冲突。在日常的治国理政上，王霸之辩的实质就是"仁"与"义"何者优先的问题：

> 齐之所以不如鲁者，太公之贤不如伯禽，伯禽与太公俱受封，而各之国。三年，太公来朝，周公问曰："何治之疾也？"对曰："尊贤，先疏后亲，先义后仁也。此霸者之迹也。"周公曰："太公之泽及五世。"五年，伯禽来朝，周公问曰："何治之难？"对曰："亲亲，先内后外，先仁后义也。此王者之迹也。"周公曰："鲁之泽及十世。"故鲁有王迹者，仁厚也；齐有霸迹者，武政也。齐之所以不如鲁也，太公之贤不如伯禽也。
> （《政理》）

思想家们，特别是儒家学者，当然是主张仁政为本。但在统治者看来，理想的状态是"以霸王道杂之"，如果思想家们不能坚守价值立场，就会为霸道张目。秦汉思想史的一大特点就是思想家对于政治的关注和参与，以及帝王对于思想界的借重和干预均达到了空前的状态。①

《说苑》所阐发的政治哲学和它所记载的多种事例，使我们了解到政治伦理的复杂性，特别是在政治角色和血缘角色相冲突、利益得失和道德原则相冲突的情形下，当事人可能会有截然不同的选择，而外界对其行为的评价也有可能是两极。在充分消化传统资源的基础上，构建"中国政治哲学"或"中国正义论"的工作会比较扎实地推进。

（作者简介：张丰乾　中山大学哲学系）

---

① 参见周桂钿：《秦汉思想史》，河北人民出版社 2000 年版，第 12—15 页。

"孟轲敦素": 南朝孟学史的点睛之笔

杨海文

　　一般认为, 中国三大蒙学经典之一的《千字文》由南朝梁季的周兴嗣 (469—521) 编成。《千字文》亦即《梁书》卷49《文学列传上》周兴嗣本传记载的《次韵王羲之书千字》, 大约作于天监九年 (510) 以前。① 《刘宾客嘉话录》描述: "《千字文》, 梁周兴嗣编次, 而有王右军书者, 人皆不晓其始。梁武教诸王书, 令殷铁石于大王书中撮一千字不重者, 每字一片纸, 杂碎无叙。武帝召兴嗣, 谓曰: '卿有才思, 为我韵之。'兴嗣一夕编次进上, 鬓发皆白, 而赏锡甚厚。"②

　　梁武帝萧衍 (464—549) 为了教人练习书法, 命大臣从王羲之 (303—361, 一作321—379) 的作品里面挑出不重复的一千个字作为范本, 而且一纸拓一字, 千字拓千纸。因其杂碎无序, 梁武帝要求周兴嗣按照一定的韵律, 把它们连贯起来。周兴嗣才思敏捷, 仅用一个晚上就完成了任务: 全文250句, 四字一句, 四句一组, 两组一韵, 前后贯通, 互不重复。对于这一创作类型, 人们称作"次韵": "盖以此千字编集成文, 而比之于韵, 使读者谐于口也。"③ 敦煌遗书之中唯一的《千字文》足本 P.3108 题署: "敕员外散骑侍郎周兴嗣

---

① 参见姚思廉:《梁书》第3册, 中华书局1973年版, 第698页。

② 韦绚撰, 阳羡生校点:《刘宾客嘉话录》, 见上海古籍出版社编:《唐五代笔记小说大观》上册, 上海古籍出版社2000年版, 第807页。按, 唐兰定此条为伪作, 又云: "然伪增各条, 虽非韦氏原文, 以校今本《尚书故实》与《隋唐嘉话》颇有胜处⋯⋯"(唐兰:《〈刘宾客嘉话录〉的校辑与辨伪》,《文史》第4辑, 中华书局1965年版, 第99、95页) 类似表述又见李绰撰, 萧逸校点:《尚书故实》, 见上海古籍出版社编:《唐五代笔记小说大观》下册, 上海古籍出版社2000年版, 第1170页;《太平广记》卷207《书二》"僧智永"条, 见李昉等编:《太平广记》第5册, 中华书局1961年版, 第1587页。

③ 周兴嗣次韵, 汪啸尹纂辑, 谦益参注:《千字文释义》, 见周兴嗣、胡寅等编纂, 周艺点校:《千字文》, 岳麓书社1987年版, 第1页。

次韵。"① 比之于韵、编集成文的"次韵"，是人们从著作权角度对于周兴嗣与《千字文》关系的普遍认识。

《千字文》的创作技巧与文化影响，备受后人首肯：

> 王凤洲称为绝妙文章，政谓局于有限之字，而能条理贯穿，毫无舛错，如舞霓裳于寸木，抽长绪于乱丝，固自难展技耳。(《坚瓠五集》卷4"千字文"条)②

> 盖小学之书，自古有之。李斯以下，号为《三苍》，而《急就篇》最行于世。自南北朝以前，初学之童子无不习之。而《千字文》则起于齐梁之世，今所传"天地玄黄"者，又梁武帝命其臣周兴嗣取王羲之之遗字次韵成之，不独以文传，而又以其巧传。后之读者苦《三苍》之难，而便《千文》之易，于是至今为小学家恒用之书。(《亭林文集》卷2《吕氏千字文序》)③

沿着王世贞（凤洲，1526—1590）、顾炎武（1613—1682）的高度评价，我们试图重返周兴嗣"一夕编次"而又"鬓发皆白"的创作场景，以考量《千字文》所说"孟轲敦素"的具体含义及其在南朝孟学史上的重要意义。为行文方便，先过录《千字文》第169—172句："孟轲敦素，史鱼秉直。庶几中庸，劳谦谨敕。"④

一、古注：以"素"为"朴素"

《孟子》没有"孟轲敦素"的任何表述，周兴嗣为何会把"孟""轲""敦""素"四字连成"孟轲敦素"呢？因其毫无解释，周兴嗣的其他作品均不存世，这里选择两种长期藏于日本的古注予以说明：一是上野本《注千字文》，系弘安十年（1287）抄本，以下简称上野本；二是《纂图附音增广古注千字文》3卷，系元和三年（1617）刊本，以下简称纂图本。两书均有序文，

---

① 上海古籍出版社、法国国家图书馆编：《法藏敦煌西域文献》第21卷，上海古籍出版社2002年版，第321页下栏。

② 褚人获：《坚瓠集》上册，全国图书馆文献缩微复制中心2002年版，第431页上栏。

③ 顾炎武著，华忱之点校：《顾亭林诗文集》，中华书局1983年第2版，第37—38页。

④ 周兴嗣次韵，汪啸尹纂辑，谦益参注：《千字文释义》，见周兴嗣、胡寅等编纂，周艺点校：《千字文》，岳麓书社1987年版，第33页。

前者署名"邋李",后者署名"李邋";① 考诸藤原佐世（847—897）的《日本国见在书目录·小学家》（抄本），当作"李暹"。② 另外，这两篇序文的前半部分略同，后半部分迥异；考诸上野本序文的后半部分，可知李暹生活于 6 世纪的北朝。③ 换言之，周兴嗣次韵《千字文》数十年之后，即有注本问世。

先看上野本对"孟轲敦素"的注文：

> 孟轲者，齐人也，敦其朴素之行。著书七篇，号曰《孟子》。④

解"素"为"朴素"，是这段注文的核心。如何理解"敦其朴素之行"？《孟子》全书无"朴"字，"素"字凡三见：一处是说许行"冠素"（5·4⑤），另两处均是"不素餐兮"（13·32）。《孟子》书中"素"之"白色的（帽子）""白白地（吃饭）"二义，显然无法解释注文。

先秦两汉，"朴素"一词见于不少经典之中：

> 静而圣，动而王，无为也而尊，朴素而天下莫能与之争美。（《庄子·天道》)⑥

> 所谓天者，纯粹朴素，质直皓白，未始有与杂糅者也。所谓人者，偶（目差）智故，曲巧伪诈，所以俛仰于世人而与俗交者也。（《淮南子·原道训》)⑦

> 素，朴素也。已织则供用，不复加巧饰也。又物不加饰，皆自谓之

---

① 参见黑田彰、后藤昭雄、东野治之、三木雅博编著：《上野本注千字文注解》，和泉书院 1989 年版，第 7 页；域外汉籍珍本文库编纂出版委员会编：《域外汉籍珍本文库》第 3 辑经部第 9 册，西南师范大学出版社、人民出版社 2012 年版，第 5 页上栏。

② 参见藤原佐世：《日本国见在书目录》，《丛书集成新编》第一册，新文丰出版公司 1985 年版，第 374 页中栏。

③ 详细考证，参见杨海文：《日本藏北朝李暹"注〈千字文〉序"两种校订》，《西夏研究》2015 年第 2 期，第 28—32 页。另，《郡斋读书志》卷 11《道家类》"李暹注文子十二卷"条："李暹师事僧般若流支，盖元魏人也。"（晁公武撰，孙猛校证：《郡斋读书志校证》上册，上海古籍出版社 2011 年版，第 474 页）按，《域外汉籍珍本文库》收录《纂图附音增广古注千字文》，编者为之题署"周兴嗣次韵、李暹注"，"五代"之说当误。

④ 黑田彰、后藤昭雄、东野治之、三木雅博编著：《上野本注千字文注解》，和泉书院 1989 年版，第 29 页。

⑤ 此种序号注释，以杨伯峻《孟子译注》（中华书局 2010 年第 3 版）为据，下同。

⑥ 陈鼓应注译：《庄子今注今译》中册，中华书局 1983 年版，第 337 页。

⑦ 刘文典撰，冯逸、乔华点校：《淮南鸿烈集解》上册，中华书局 1989 年版，第 20 页。

素，此色然也。(《释名》卷4《释彩帛》)①

如果拿《庄子》、《淮南子》理解上野本注文，难免有过度诠释之嫌，这一道家化解读尤其与《千字文》说的"庶几中庸"难以契合。《释名》(作者为东汉著名学者刘熙)的训诂，有可能是上野本的依据。"朴素"有二义：一是与文饰相对应并相反的质朴，二是与奢侈相对应并相反的俭朴。《释名》更重质朴义，此义也更适合上野本注文。"已织则供用，不复加巧饰"，但人们偏偏不想如此"朴素"，所以《千字文》第49句有言"墨悲丝染"②，可见葆守质朴是极难之事；《孟子》说过"江汉以濯之，秋阳以暴之，皜皜乎不可尚已"(5·4)极言织成"朴素"的白布之难，可见历经磨砺而得的质朴难能可贵。由此观之，孟子"敦其朴素之行"值得赞美，上野本注文可以自圆其说。

再看纂图本卷下对"孟轲敦素"的注文：

> 孟子，名轲，为人敦厚朴素，人皆敬之。母三移，择其善邻，义教其成德；造十二幅大被，以招君子，听其善言。轲自少时，出门前戏，见东家杀猪，乃归家。母谓之曰："东家杀猪，讨将肉，与汝吃。"轲闻语，乃出去。母实戏之，然亦悔出此言，恐儿后长成，亦怪我言之不固，遂私自东家买肉，与轲吃。故其言不失信也。③

"为人敦厚朴素，人皆敬之"是这段注文的重点，注者为此讲了三个故事。"三移"、"私自东家买肉"讲孟母教子，众所周知；但"造十二幅大被"说的不是孟子之母，而是三国吴人孟宗(217—281)之母④，可见注者并不十

---

① 任继昉纂：《释名汇校》，齐鲁书社2006年版，第229页。

② 周兴嗣次韵，汪啸尹纂辑，谦益参注：《千字文释义》，见周兴嗣、胡寅等编纂，周艺点校：《千字文》，岳麓书社1987年版，第11页。

③ 域外汉籍珍本文库编纂出版委员会编：《域外汉籍珍本文库》第3辑经部第9册，第22页下栏。

④ 《三国志》卷48《吴书三·三嗣主传第三》引《吴录》："其母为作厚褥大被，或问其故，母曰：'小儿无德致客，学者多贫，故为广被，庶可得与气类接也。'"(陈寿撰，裴松之注，陈乃乾校点：《三国志》第5册，中华书局1982年第2版，第1169页)《北堂书钞》卷134《服饰部三·被二十七》"作十二幅"条引《列女传》："江夏孟宗母为作十二幅被，其邻父妇问之，母曰：'小儿无异操，惧朋类之不顾，故大其被，以招贫生，庶闻君子之言耳。'"(虞世南辑：《北堂书钞》，《续修四库全书》第1212册，上海古籍出版社1996—2003年版，第632页上栏)《太平御览》卷707《服用部九》"被"条引《列女后传》："江夏孟宗少游学，与同学共处。母为作十二幅被。其邻妇怅问之，母曰：'少儿无异操，惧明类之不顾。大其被以招贫生之卧，庶闻君子之言耳。'"(李昉：《太平御览》第3册，中华书局1960年版，第3152页下栏)

分熟悉孟子之事。比张冠李戴更发人深思的是文不对题：即使注者想拿它们佐证"朴素"，可其主角是母亲，而不是儿子；何况母亲教育儿子成长的这些故事，体现的是母性之慈爱、贤淑，并不是朴素之品行。

上野本、纂图本对"庶几中庸，劳谦谨敕"亦有注文：

> 言中庸，善人也。唯庶几于善，有劳谦之让，谨约身，深深自勒，诚日三省，不敢为非法也。（上野本）①

> 中庸，中常之道也。仲尼曰："君子之中庸，小人反中庸。"劳谦，勤劳行谦逊之道。《易》曰："劳谦，君子有终，吉。"敕者，正也。此言孟轲、史鱼二人，庶几为中庸劳谦之君子，能谨慎以自勒正也。孔子出行，游于道，逢乘马而来者。孔子令避车而行，颜渊问曰："只闻乘马避车，何得乘车避马？"子曰："吾行庶几谦退之行。"下问尊卑，皆然也。（纂图本卷下）②

从《千字文》的语脉看，"庶几中庸"是理解"孟轲敦素"的关键。上野本没有把孟子之"素"、史鱼之"直"直接与"中庸"联系起来，仅以"善人"的人格标准释读"中庸"之义。因而，它不太易让人们把孟子"敦其朴素之行"理解为：质朴既难以做到，却又难能可贵。纂图本把"中庸"理解为"中常之道"，认为孟子、史鱼接近"君子"人格，其义胜过上野本，并可一定程度地弥补上述文不对题之失。

上野本、纂图本长期流落海外，它们是否影响过本土的《千字文》传播呢？敦煌遗书有两种《千字文》注本——S.5471、P.3973v，均为残卷，缺失"孟轲敦素"、"庶几中庸"等的注文。日本学者小川环树认为敦煌注本亦是李暹注本之一；山崎诚认为上野本较好地保留了李暹注本原貌，纂图本是依照上野本增广而成。③ 敦煌遗书另有两种《六字千文》——S.5467、S.5961，尤其是后者《新合六字千文一卷》，有可能受过上野本、纂图本的影响。

---

① 黑田彰、后藤昭雄、东野治之、三木雅博编著：《上野本注千字文注解》，和泉书院1989年版，第30页。

② 域外汉籍珍本文库编纂出版委员会编：《域外汉籍珍本文库》第3辑经部第9册，第23页上栏。

③ 参见张娜丽：《敦煌本〈六字千文〉初探》析疑——兼述〈千字文〉注本问题》，《敦煌研究》2001年第3期。按，上野本与纂图本有何同异，以及上野本为何优于纂图本，这些问题值得进一步研究。

对于"孟轲敦素，史鱼秉直"，《新合六字千文》解说："（孟轲）性敦朴素，吏鱼如矢秉直。"① 周祖谟（1914—1995 年）的《敦煌唐本字书叙录》指出："此所称'新合六字千文'是就周兴嗣本原句在四字之外增加两个字，使原句意思稍稍显豁，学者易于理解，因此题为'新合六字'。这可能是乡里塾师所为，词句不免拙劣。"② 抄写者把"史鱼"写成"吏鱼"，不太可能源于作者之误。但是，假定作者的文化水准确实不高，《六字千文》的创作必然另有凭据。上野本注文"敦其朴素之行"，纂图本注文"为人敦厚朴素，人皆敬之"，《六字千文》也说孟子"性敦朴素"，均是以"素"为"朴素"。有论者认为：《六字千文》的新增二字绝大部分是据《千字文》注本增补的，《六字千文》是具有注释功能的《千字文》的简易注本。③ 由此或可推测：上野本、纂图本影响过《新合六字千文》的制作。

上野本、纂图本两种古注以"素"为"朴素"，是否合理地解释了"孟轲敦素"呢？一方面，从俭朴一义看，它与孟子的生平及思想存在相当的距离。孟子"后车数十乘，从者数百人，以传食于诸侯"（6·4），这绝非生活俭朴；他认为"君子不以天下俭其亲"（4·7），亦非无原则地提倡俭朴。假如人们把"孟轲敦素"理解为孟子主张俭朴的生活，则是对孟子极大的误解。另一方面，从质朴一义看，它与孟子文化精神较为契合，但《孟子》书中却缺乏足够直接的文献证据。问题随之而来：把"素"解释为"朴素"恰当吗？有没有更佳的释义呢？

二、回到"中庸"的脉络

《千字文》四句一组，其所表达的思想内涵亦相对完整。具体到"孟轲敦素……劳谦谨敕"这一组，"庶几中庸"有何作用呢？下面，我们立足于"中

---

① 中国社会科学院历史研究所、中国敦煌吐鲁番学会敦煌古文献编辑委员会、英国国家图书馆、伦敦大学亚非学院合编：《英藏敦煌文献（汉文佛经以外部分）》第 9 卷，四川人民出版社 1994 年版，第 249 页上栏。按，S.5961 图版之三的上半部分全为空白，"孟轲"二字恰在其间。

② 周祖谟：《周祖谟学术论著自选集》，北京师范学院出版社 1993 年版，第 424 页。

③ 参见张娜丽：《敦煌本〈六字千文〉初探》析疑——兼述〈千字文〉注本问题，《敦煌研究》2001 年第 3 期，第 104 页。

庸"的思想史脉络，尝试着解读"孟轲敦素"更佳的释义。

（一）"直"与君子之道

探寻"孟轲敦素"的含义，须对"史鱼秉直"有深入理解：

> 子曰："直哉史鱼！邦有道，如矢；邦无道，如矢。君子哉蘧伯玉！邦有道，则仕；邦无道，则可卷而怀之。"（《论语·卫灵公》15·7[①]）

> 正直者顺道而行，顺理而言，公平无私，不为安肆志，不为危欤行……昔者卫大夫史鱼病且死，谓其子曰："我数言蘧伯玉之贤而不能进，弥子瑕不肖而不能退。为人臣生不能进贤而退不肖，死不当治丧正堂，殡我于室足矣。"卫君问其故。其子以父言闻。君造然召蘧伯玉而贵之，而退弥子瑕，徙殡于正堂，成礼而后去。生以身谏，死以尸谏，可谓直矣。《诗》曰："静恭尔位，好是正直。"（《韩诗外传》卷7)[②]

孔子同时讲"直哉史鱼"、"君子哉蘧伯玉"，但"直"却难以与"君子"相提并论。《论语集注》卷8引杨氏（杨时，字中立，1053—1135)[③]："史鱼之直，未尽君子之道。若蘧伯玉，然后可免于乱世。若史鱼之如矢，则虽欲卷而怀之，有不可得也。"[④] 为什么史鱼生以身谏、死以尸谏，称不上君子之道；蘧伯玉既做官，又"卷而怀之"，却是君子之道呢？

这需要我们了解孔子是如何看仕进退隐的：

> 道不行，乘桴浮于海。（《论语·公冶长》5·7）

> 天下有道则见，无道则隐。邦有道，贫且贱焉，耻也；邦无道，富且贵焉，耻也。（《论语·泰伯》8·13）

> 所谓大臣者，以道事君，不可则止。（《论语·先进》11·24）

> 邦有道，谷；邦无道，谷，耻也。（《论语·宪问》14·1）

> 邦有道，危言危行；邦无道，危行言孙。（《论语·宪问》14·3）

> 隐居以求其志，行义以达其道。（《论语·季氏》16·11）

在孔子看来，邦有道，政治清明，得像蘧伯玉那样出来做官；邦无道，政治黑暗，得像蘧伯玉那样退隐山林——此乃儒家知识分子处理仕进退隐这一复杂问题最合宜的君子之道。史鱼有道之际"如矢"、无道之际亦"如矢"，虽然

---

① 此种序号注释，以杨伯峻《论语译注》（中华书局1980年第2版）为据，下同。
② 韩婴撰，许维遹校释：《韩诗外传集释》，中华书局1980年版，第264—265页。
③ 参见大槻信良：《朱子四书集注典据考》，台湾学生书局1976年版，第244页。
④ 朱熹：《四书章句集注》，中华书局1983年版，第163页。

值得肯定，却非尽善尽美。蘧伯玉有所为、有所不为，胜过史鱼执一而为。

经由蘧伯玉、史鱼这一比较，我们可以进入孔子的"中行"、"中道"视域：

> 子曰："不得中行而与之，必也狂狷乎！狂者进取，狷者有所不为也。"（《论语·子路》13·21）

> 孟子曰："孔子'不得中道而与之，必也狂狷乎！狂者进取，狷者有所不为也'。孔子岂不欲中道哉？不可必得，故思其次也。"（14·37）

何谓狂、狷？《论语集注》卷7云："狂者，志极高而行不掩。狷者，知未及而守有余。"①《孟子集注》卷14云："狂，有志者也；獧，有守者也。有志者能进于道，有守者不失其身。"②朱熹（1130—1200）此注影响极大，但人们常常认为：狂者进取心强，但实际能力不行，志大才疏；狷者没有那么高的志向，但老实本分，洁身自好，不同流合污。这一理解其实并未道尽中行（中道）、狂、狷三者的曲折与微妙。钱穆（1895—1990）的解释或许更为圆融："中行，行得其中。孟子所谓中道，即中行。退能不为，进能行道，兼有二者之长。后人舍狂狷而别求所谓中道，则误矣。""时中，即时时不失于中行，即时而狂时而狷，能不失于中道。故狂狷非过与不及，中行非在狂狷之间。"③史鱼只践行了狂者的一面，而蘧伯玉既能做到狂者的一面，又能做到狷者的一面，完整地实践了君子之道。

任昉（460—508）与周兴嗣同时代，其《为范尚书让吏部封侯第一表》曾说："臣素门凡流，轮翮无取，进谢中庸，退惭狂狷。"（《文选》卷38）④这里与"狂狷"相对的"中庸"，意即《论语》说的"中行"、《孟子》说的"中道"。《梁书》周兴嗣本传记载："任昉又爱其才，常言曰：'周兴嗣若无疾，旬日当至御史中丞。'"⑤由此或可假设：周兴嗣写下"孟轲敦素，史鱼秉直"之际，心头浮现过任昉"进谢中庸，退惭狂狷"的语句。

---

① 朱熹：《四书章句集注》，中华书局 1983 年版，第 147 页。
② 朱熹：《四书章句集注》，中华书局 1983 年版，第 375 页。按，"狷""獧"通用，为古籍所常见。
③ 钱穆：《论语新解》，生活·读书·新知三联书店 2002 年版，第 344、344—345 页。
④ 萧统编，李善注：《文选》第 4 册，上海古籍出版社 1986 年版，第 1734 页。
⑤ 姚思廉：《梁书》第 3 册，中华书局 1973 年版，第 698 页。

（二）中庸与"素其位而行"

《孟子》无"中庸"一词，《论语》仅出现一次："子曰：'中庸之为德也，其至矣乎！民鲜久矣。'"（《雍也》6·29）论中庸，《礼记·中庸》比《论》《孟》更集中，凡十见（粗体为引者所加）：

> 仲尼曰："**君子中庸**，小人反**中庸**。君子之**中庸**也，君子而时中；小人之**中庸**也，小人而无忌惮也。"（第2章）①

> 子曰："**中庸**其至矣乎！民鲜能久矣！"（第3章）②

> 子曰："……人皆曰予知，择乎**中庸**而不能期月守也。"（第7章）③

> 子曰："回之为人也，择乎**中庸**，得一善，则拳拳服膺而弗失之矣。"（第8章）④

> 子曰："天下国家可均也，爵禄可辞也，白刃可蹈也，**中庸**不可能也。"（第9章）⑤

> 子曰："……君子依乎**中庸**，遁世不见知而不悔，唯圣者能之。"（第11章）⑥

> 故君子尊德性而道问学，致广大而尽精微，极高明而道**中庸**。（第27章）⑦

《礼记》是《三礼》之一。隋唐之际，陆德明（约550—630）的《经典释文序录》曾概述《三礼》的流传："汉初，立高堂生《礼》博士，后又立大小戴、庆氏三家，王莽又立《周礼》。后汉，《三礼》皆立博士。今庆氏《曲台》久亡，大戴无传学者，唯郑注《周礼》、《仪礼》、《礼记》并列学官，而《丧服》一篇又别行于世。今《三礼》俱以郑为主。"⑧有论者指出："南朝皆重《礼》学，梁代尤甚。"⑨不独此，南朝的戴颙（377—441）、梁武帝萧衍

---

① 阮元校刻：《十三经注疏（附校勘记）》下册，中华书局1980年版，第1625页下栏。按，章数标识，据朱熹《中庸章句》（中华书局1983年版），下同。

② 阮元校刻：《十三经注疏（附校勘记）》下册，中华书局1980年版，第1625页下栏。

③ 阮元校刻：《十三经注疏（附校勘记）》下册，中华书局1980年版，第1626页上栏。

④ 阮元校刻：《十三经注疏（附校勘记）》下册，中华书局1980年版，第1626页中栏。

⑤ 阮元校刻：《十三经注疏（附校勘记）》下册，中华书局1980年版，第1626页中栏。

⑥ 阮元校刻：《十三经注疏（附校勘记）》下册，中华书局1980年版，第1626页下栏。

⑦ 阮元校刻：《十三经注疏（附校勘记）》下册，中华书局1980年版，第1633页下栏。

⑧ 吴承仕著，秦青点校：《经典释文序录疏证》，中华书局1984年版，第107页。

⑨ 钟肇鹏：《南北朝经学述评》，《孔子研究》1987年第3期，第65页。

等人注疏过《中庸》。① 假定《汉书·艺文志·六艺略》著录的"《中庸说》二篇"② 不是指《礼记·中庸》，南朝就首开《中庸》单篇研究之先河。《隋书·音乐志上》引沈约（441—513）之言："……《中庸》、《表记》、《防记》、《缁衣》，皆取《子思子》……"③ 加上任昉说过"进谢中庸，退惭狂狷"，可见南朝重《礼》学、重《中庸》、重中庸。这一文化背景为我们求取"孟轲敦素"更佳的释义提供了契机。

《中庸》有六个"素"字。最先出现的"素隐行怪，后世有述焉，吾弗为之矣"④，可以不予考虑。以下这段话最值得关注：

> 君子素其位而行，不愿乎其外。素富贵，行乎富贵；素贫贱，行乎贫贱；素夷狄，行乎夷狄；素患难，行乎患难；君子无入而不自得焉。（第14章）⑤

孔颖达（574—648）疏："素，乡也。"⑥《中庸章句》注："素，犹见在也。"⑦ 印光（1861—1940）的《与卫锦洲居士书》说："素者现在也，行者优

---

① 《南史·隐逸列传上》戴颙本传："乃述庄周大旨，著《逍遥论》、注《礼记·中庸》篇。"（李延寿：《南史》第 6 册，中华书局 1975 年版，第 1866 页）《梁书·武帝本纪下》罗列其著作，其中有《中庸讲疏》。（参见姚思廉：《梁书》第 1 册，中华书局 1973 年版，第 96 页）《隋书·经籍志一（经）》著录："《礼记中庸传》二卷。"注云："宋散骑常侍戴颙撰。"著录："《中庸讲疏》一卷。"注云："梁武帝撰。"著录："《私记制旨中庸义》五卷。"（魏征、令狐德棻：《隋书》第 4 册，中华书局 1973 年版，第 923 页）按，《隋志》所述三书，《经义考》卷 151 均云已佚。（参见朱彝尊撰，林庆彰、蒋秋华、杨晋龙、冯晓庭主编：《经义考新校》第 6 册，上海古籍出版社 2010 年版，第 2782 页）
② 参见班固撰，颜师古注：《汉书》第 6 册，中华书局 1962 年版，第 1709 页。按，颜师古注："今《礼记》有《中庸》一篇，亦非本礼经，盖此之流。"（同上书，第 1710 页）
③ 魏征、令狐德棻：《隋书》第 2 册，中华书局 1973 年版，第 288 页。
④ 参见阮元校刻：《十三经注疏（附校勘记）》下册，第 1626 页下栏。按，《中庸章句》亦作"素隐行怪"（朱熹：《四书章句集注》，中华书局 1983 年版，第 21 页），《汉书·艺文志》则作"索隐行怪"（班固撰，颜师古注：《汉书》第 6 册，中华书局 1962 年版，第 1780 页），有"素""索"之别。颜师古注："《礼记》载孔子之言。索隐，求索隐暗之事，而行怪迂之道，妄令后人有所祖述，非我本志。"（同上）据此，"索隐行怪"更切合《礼记·中庸》的本义，"素隐行怪"甚或传写之讹所致。
⑤ 阮元校刻：《十三经注疏（附校勘记）》下册，中华书局 1980 年版，第 1627 页中栏。
⑥ 阮元校刻：《十三经注疏（附校勘记）》下册，中华书局 1980 年版，第 1627 页下栏。
⑦ 朱熹：《四书章句集注》，中华书局 1983 年版，第 24 页。

237

游自得之意……"① 放眼人间，人们的地位、境遇千差万别；回顾一生，其位、其遇因时而异。《中庸》的"素—行"语法，实质即是敦促人们安于本位、恪尽职守：当下，我是怎样的角色，就唱好怎样的戏；现在，我是什么人，就过好什么生活。② 这一思想亦渊源有自。孔子多次说过："不在其位，不谋其政。"（《论语·泰伯》8·13、《宪问》14·26）曾子曰："君子思不出其位。"（《论语·宪问》14·26）《易经·艮卦》曰："君子以思不出其位。"③ 受此影响，孟子亦云："位卑而言高，罪也；立乎人之本朝，而道不行，耻也。"（10·5）

问题在于："素其位而行"如何与"中庸"挂上钩，并与"孟轲敦素"相勾连？儒家的中庸思想异常丰厚④，但究极而言，不外道、权二义：既得坚持理想与原则，又得通权达变。孟子的经权思想以此为基础，并由背反于经的激进权智、返归于经的温和权慧两部分构成：激进权智的实质在于以权抗礼，温和权慧的实质在于以权行礼；激进权智的使用范围极其有限，温和权慧的作用空间无边无际；激进权智只是醒目的标志，温和权慧却是普遍的风格。⑤

"史鱼秉直"典出《论语·卫灵公》第7章，"孟轲敦素，史鱼秉直"也是对该章"君子哉蘧伯玉"、"直哉史鱼"的模仿。从孟子经权观看，"直"偏重于激进权智，"素"偏重于温和权慧。"素"比"直"重要得多，因为伦理生活的主体是本位的生活，而不是越位的生活；它更多地要求人们安分守己，而不是杀身成仁。本位地践履伦理生活，是人之常情；负面而又极端地越位，形同禽兽。⑥ 但是，正面而又极端地越位，常被儒家肯定，甚至视作圣人的特权。另外，狂不等同于激进权智，狷不等同于温和权慧，而是狂者、狷者都能用这两种权变智慧。譬如，舜"不告而娶"（7·26）是激进权智中的狷，虞人"死

---

① 释印光著述，张育英校注：《印光法师文钞（修订版）》上册，宗教文化出版社2008年第2版，第34页。

② 成语"我行我素"，渊源于《礼记·中庸》这一"素—行"语法。

③ 阮元校刻：《十三经注疏（附校勘记）》上册，中华书局1980年版，第62页下栏—63页上栏。

④ 参见杨锋刚：《论孔子的"中庸"智慧》，《广西大学学报》（哲学社会科学版）2014年第6期，第43—48、58页。

⑤ 参见杨海文：《激进权智与温和权慧：孟子经权观新论》，《中山大学学报》（社会科学版）2011年第4期，第114—137页。

⑥ 《孟子字义疏证》卷下《才》："孟子不又云乎：'人见其禽兽也，而以为未尝有才焉，是岂人之情也哉？'情，犹素也，实也。"（戴震撰，汤志钧校点：《戴震集》，上海古籍出版社1980年版，第309页）

不敢往"（10·7，又见6·1）是温和权慧中的狂。身处富贵、贫贱、夷狄、患难之中，人们主之以温和权慧，辅之以激进权智，时而狂、时而狷，既锐意进取，又有所不为，方能"素其位而行"，并因"无入而不自得"，抵达"中行"、"中道"的境界。经由孟子经权观的烛照，可知"孟轲敦素"最易与"庶几中庸"承接起来。

相比之下，《论语·八佾》说的"素以为绚兮""绘事后素"（3·8），难以起到《中庸》这样的作用①。《千字文》第50句"诗赞羔羊"②，典出《诗经·羔羊》。《诗》云"素丝五紽""素丝五緎""素丝五總"③，素丝即白丝，同样不能完好地解释"孟轲敦素"。《羔羊》每章四句，《千字文》四句一组，这一同构现象倒是发人深省。

《中庸》究竟对《千字文》产生了哪些影响呢？其一，《中庸》说的"君子之中庸也，君子而时中"，框定了《千字文》对于"庶几中庸"的理解。其二，《论语》、《孟子》均只有三个"素"字，"孟轲敦素"之"素"主要与《中庸》有关。其三，《论语》无"敦"字，《孟子》说过"使虞敦匠事"（4·7）、"薄夫敦"（10·1、14·15）；"敦素"是动宾结构，更接近《中庸》说的"敦厚以崇礼"、"大德敦化"④。以上三点契合于南朝重《礼》学、重《中庸》、重中庸的文化背景，能够最大程度地纾解因相关史料极度匮缺所带来的解释学困难，并为我们找寻"孟轲敦素"更佳的释义提供了可行之途。

（三）"庶几"：近辞与贤人

对于"庶几中庸"的"庶几"，清代的《千字文释义》说是"近辞"⑤，意即差不多。据此解释《千字文》第169—171句：有人（大多数人）安于本位、恪尽职守（"敦素"），有人（少数人）仗义执言、直道而行（"秉直"），差不多就是中庸了。即使《中庸》说的"君子无入而不自得"已臻"中行"、"中道"

---

① 《论语》有三个"素"字。《八佾》之外，《乡党》说"素衣，麑裘"（10·6），更与"敦素"无关。

② 参见周兴嗣次韵，汪啸尹纂辑，谦益参注：《千字文释义》，见周兴嗣、胡寅等编纂，周艺点校：《千字文》，岳麓书社1987年版，第11页。

③ 参见阮元校刻：《十三经注疏（附校勘记）》上册，中华书局1980年版，第289页。

④ 参见阮元校刻：《十三经注疏（附校勘记）》下册，中华书局1980年版，第1633页下栏、1634页下栏。

⑤ 参见周兴嗣次韵，汪啸尹纂辑，谦益参注：《千字文释义》，见周兴嗣、胡寅等编纂，周艺点校：《千字文》，岳麓书社1987年版，第34页。

的境界，但理想与现实是两回事，实现理想人格需要经历漫长的过程，所以把"庶几"理解为"差不多"合乎常情。

"庶几"另有贤人一义，人们所知较少，值得拿来讨论。主要例句有：

颜氏之子，其殆庶几乎！有不善未尝不知，知之未尝复行也。（《易传·系辞下》）①

夫孔子之门，讲习五经，五经皆习，庶几之才也。（《论衡·别通》）②

自非知旧、邻比，庶几已下，欲请呼者，当辞以他故，勿往也。（嵇康《家诫》）③

又诸葛恪年少时，众人奇其英才，承言终败诸葛氏者元逊也。勤于长进，笃于物类，凡在庶几之流，无不造门。（《三国志·吴书七·张承传》）④

"劳谦谨敕"的"劳谦"典出《易经·谦卦》："九三：劳谦，君子有终，吉。象曰：劳谦君子，万民服也。"⑤《千字文》第230句为"嵇琴阮啸"⑥，是讲嵇康（224—263，一作223—262）、阮籍（210—263）。这表明周兴嗣有可能知道《易传·系辞下》《家诫》用"庶几"借指"贤人"的做法。另外，前文引过纂图本卷下说的"吾行庶几谦退之行"，其中的"庶几"实即贤人之意，当作近辞则不妥当。

如果选择"庶几"的"贤人"一义，《千字文》第169—172句就可理解为："孟子崇尚安于本位、恪尽职守，史鱼秉持仗义执言、直道而行。贤人从容于中道，该狂则狂，该狷则狷，优游自得，问心无愧，而且勤劳、谦逊、谨慎、自省。"这一解释不是为了排斥传统的"近辞"之说，而是希冀二说并存，让人们通过不同的尝试来求解"孟轲敦素"更佳的释义。

综上所述，"史鱼秉直"典出《论语·卫灵公》第7章，"劳谦"典出《易经·谦卦》，"孟轲敦素"与《中庸》第14章、"庶几中庸"与《中庸》第2章

① 阮元校刻：《十三经注疏（附校勘记）》上册，中华书局1980年版，第88页下栏。

② 黄晖：《论衡校释（附刘盼遂集解）》第二册，中华书局1990年版，第592页。

③ 严可均辑：《全三国文》卷51，《全上古三代秦汉三国六朝文（附索引）》第2册，中华书局1958年版，第1342页下栏。

④ 陈寿撰，裴松之注，陈乃乾校点：《三国志》第5册，中华书局1982年第2版，第1224页。

⑤ 阮元校刻：《十三经注疏（附校勘记）》上册，中华书局1980年版，第31页中栏。

⑥ 周兴嗣次韵，汪啸尹纂辑，谦益参注：《千字文释义》，见周兴嗣、胡寅等编纂，周艺点校：《千字文》，岳麓书社1987年版，第42页。

呈现强相关;"庶几中庸"是理解"孟轲敦素"的关键,《千字文》实则以《庸》释《孟》,这与当时重《礼》学、重《中庸》、重中庸的文化背景若合符节。

这里附带说明,唐末五代李瀚(生卒年不详)的《蒙求》第115句为"孟轲养素"(《全唐诗》卷881)①,渊源于《千字文》的"孟轲敦素";宋代胡寅(1098—1156)的《叙古千文》说"乐育英才,升堂入室。伋蹈前轨,轲禀绝识。标示中庸,攘距杨墨。王泽息传,独赖遗编",还说"猗欤我宋,尽美全懿。块圠难名,普率纯被。乔嵩孕秀,颜孟并辔。私淑诸人,追配洙泗"②,是在《孟子》升经、孟子升圣的新背景下对《千字文》的继承与发展。

三、"点睛之笔"何以成立?

东晋时期,儒将王导(276—339)写过一份上疏,其中说道:

> 人知士之所贵,由乎道存。则退而修其身,修其身以及其家,正家以及于乡,学于乡以登于朝。反本复始,各求诸己,敦素之业著,浮伪之道息,教使然也。故以之事君则忠,用之莅下则仁,即孟轲所谓"未有仁而遗其亲,义而后其君者也"。③

文中的"敦素"、"孟轲"字样,对周兴嗣写下"孟轲敦素"有过影响吗?这份上疏后来被沈约收入《宋书·礼志一》。周兴嗣做过史官。④他借助《宋书》或其他途径读到王导的上疏,绝非难事。这份上疏是我们目前勘查到的"孟轲敦素"一语最早的语源,可以视作《千字文》之所本。

王导的上疏也被房玄龄(579—648)等人编撰的《晋书》卷65本传收录,但文字稍异于《宋书》,如"敦素之业著,浮伪之道息"变成了"敦朴之业著,浮伪之竞息"⑤。《晋书》改"敦素"为"敦朴",背后积淀着深厚、悠久的思想

---

① 参见《全唐诗》第25册,中华书局1960年版,第9961页。按,嵇康的《忧愤诗》有云:"志在守朴,养素全真。"(见萧统编,李善注:《文选》卷23,《文选》第3册,上海古籍出版社1986年版,第1082页)

② 周兴嗣次韵,汪啸尹纂辑,谦益参注:《千字文释义》,见周兴嗣、胡寅等编纂,周艺点校:《千字文》,岳麓书社1987年版,第86—87、98—99页。

③ 沈约:《宋书》第二册,中华书局1974年版,第357页。

④ 《梁书·文学列传上》本传:"所撰《皇帝实录》、《皇德记》、《起居注》、《职仪》等百余卷,文集十卷。"(姚思廉:《梁书》第三册,第698页)按,这些作品均佚。

⑤ 参见房玄龄等:《晋书》第六册,中华书局1974年版,第1748页。

文化传统。杨明照（1909—2003）对《抱朴子外篇·君道》说的"不使敦朴散于雕伪"有个笺注，足见"敦朴"传统的轮廓：

> 《邓析子·转辞》："上古之民，质而敦朴。"《老子》第十五章："敦兮其若朴。"河上公注："敦者，质厚。朴者，形未分，内守精神，外无文采也。"《庄子·缮性》："德又下衰，及唐、虞，始为天下，与治化之流，（濞）淳散朴。"成《疏》："（唐、虞）设五典而纲纪五行，置百官而平章百姓，百姓因此而浇讹。……岂非毁淳素以作浇讹，散朴质以为华伪？"《史记·文帝纪》："上常衣绨衣，所幸慎夫人，令衣不得曳地，帏帐不得文绣，以示敦朴，为天下先。"①

以上所论，目的有二：一是检讨上野本、纂图本注文的合理性。"敦朴"是典型的道家思想②，并促使中国古代社会形成了尚俭朴、重质朴的风气。当然，一旦成为社会风气，"敦朴"无疑不再是纯粹的道家思想。《晋书》所载的王导上疏，表明它得到了儒家思想的熔铸。两种《千字文》古注释读"孟轲敦素"，亦受这一社会风气的濡染。它们把"素"解释为"朴素"，这种解释切合普罗大众的生活阅历与认知水平，均可视作合理性的体现。但是，说孟子质朴或俭朴、史鱼刚直差不多就是中庸，则与儒家中庸之义的距离甚远。换句话说，从"敦朴"的社会风气看，古注有其合理性；而从"中庸"的儒家思想看，古注的理论水准并不高。古注着眼于外在的社会风气，我们主张从内在的儒家经典入手。寻求"孟轲敦素"更佳的释义，不能泛泛而谈，必须入乎其内。

二是夯实《千字文》的儒家价值取向。王导的上疏是儒家本位的，饱含浓郁的孟学色彩。"敦素之业著，浮伪之道息"或"敦朴之业著，浮伪之竞息"，就与孟子说的"杨墨之道不息，孔子之道不著"（6·9）异曲同工。《宋书》所载的王导上疏究竟是不是《千字文》"孟轲敦素"之所本，这是一回事；周兴嗣的价值取向显而易见是儒家的，又是一回事。两者既可弱相关，亦可强相关。鉴于"孟轲敦素"的语源学史料相当缺乏，强相关更值得重视，东晋、南朝孟学史从王导到周兴嗣可谓承前启后、继往开来。

---

① 杨明照：《抱朴子外篇校笺》上册，中华书局1991年版，第187、189页。

② "敦朴"典出《老子》第15章的"敦兮其若朴"，又第19章说"见素抱朴"，第28章说"复归于朴""朴散则为器"，第32章说"'道'常无名、朴"，第37章说"镇之以无名之朴"，第57章说"我无欲，而民自朴"（参见陈鼓应：《老子注译及评介》，中华书局1984年版，第117、136、178、194、209、284页）

　　清代的《千字文释义》把《千字文》分成四章：第1句"天地玄黄"至第36句"赖及万方"为第一章，"此章言天地人之道，为《千字文》之发端"；第37句"盖此身发"至第102句"好爵自縻"为第二章，"此章言君子修身之道，惟修其五常，则不毁伤其身，因推类而举君臣、父子、兄弟、夫妇、朋友之伦，为五常所属；终则指仁、义、礼、智、信之五德，而勉人固守之也"；第103句"都邑华夏"至第162句"岩岫杳冥"为第三章，"此章言王天下者，其京都之大，宫阙之壮，典籍之盛，英才之众，土地之广如此"；第163句"治本于农"至第248句"愚蒙等诮"为第四章，"此章言君子穷而在下，惟尽其处身治家之道"①。《千字文释义》还认为：第163—176句"为一章之主"，亦即第四章的主脑，"以下十七节，或言处身，或言治家，皆推广此意"②。人生有经济性的一面，所以得"治本于农"③；又有伦理性的一面，所以得"庶几中庸"。周兴嗣时代，孟子尚为诸子；《千字文释义》之时，《孟子》早成圣经。但是，以儒治世是中国古代社会的基本特征，《千字文》的儒家价值取向是毋庸置疑的。

　　孟子之外，《千字文》不指名但道姓的另外三位思想家——墨子创立墨家，阮籍、嵇康推崇道家。《千字文》第38句为"四大五常"④，四大指地、水、火、风，属于佛教观念。《千字文》是蒙以养正之书，涉及的内容极其广泛。纂图本《注千字文序》就说："《千字文》要略，义括三才；包览百家，意存省约；上论天地，下次人伦；义及九州，泛论五岳；日月星辰之度，建首明王；三皇封禅之书，亦在其内；前汉后汉之事，次第俱论；秦始刻碑之勋，于斯辨释。"⑤因而，更准确地说，《千字文》是以儒家为价值取向的百科知识读物。

　　因其儒家价值取向，我们不难断定《千字文》是南朝重要的孟子学文献。《千字文》唯一提到的儒家就是孟子——不管它是何种缘由所致，这个事实耐人寻味。《千字文》对孟子既有"孟轲敦素"这一明说，也有不少暗指。例如，

①　参见周兴嗣次韵，汪啸尹纂辑，谦益参注：《千字文释义》，见周兴嗣、胡寅等编纂，周艺点校：《千字文》，岳麓书社1987年版，第9、21、32、46页。

②　参见周兴嗣次韵，汪啸尹纂辑，谦益参注：《千字文释义》，见周兴嗣、胡寅等编纂，周艺点校：《千字文》，岳麓书社1987年版，第34页。

③　参见周兴嗣次韵，汪啸尹纂辑，谦益参注：《千字文释义》，见周兴嗣、胡寅等编纂，周艺点校：《千字文》，岳麓书社1987年版，第33页。

④　参见周兴嗣次韵，汪啸尹纂辑，谦益参注：《千字文释义》，见周兴嗣、胡寅等编纂，周艺点校：《千字文》，岳麓书社1987年版，第9页。

⑤　域外汉籍珍本文库编纂出版委员会编：《域外汉籍珍本文库》第3辑经部第9册，第5页上栏。

第 93 句的"仁慈隐恻","隐恻"即是孟子十分重视甚至首创的"恻隐"(3·6、11·6);第 164、166、167 句的"务兹稼穑"、"我艺黍稷"、"税熟贡新",与孟子说的"后稷教民稼穑,树艺五谷;五谷熟而民人育"(5·4)十分相似;第243 句的"矩步引领","引领"典出孟子说的"如有不嗜杀人者,则天下之民皆引领而望之矣"(1·6)[①]。周兴嗣"年十三,游学京师,积十余载,遂博通记传,善属文"(《梁书》本传)[②],《孟子》显然也在博通之列,同时表明当时的知识分子把《孟子》当作辅助儒家经典的传记来读。

魏晋南北朝本是汉唐千年孟学史的有机组成部分,但因其没有产生汉、唐那样的大家、大作,历来不受重视,缺少有分量的研究成果。连带地,至今无人对"孟轲敦素"与南朝孟学史的相互关联做过系统研究。这一情形令人联想到《四库全书总目》未著录《千字文》等三大蒙学经典,而余嘉锡(1884—1955)曾说:"推《提要》之意,或者以其为世所通行,与《三字经》同鄙为俗书耶? 然此自是古今名作,不独非《百家姓》所能及,亦高出乎李翰《蒙求》之上。""周兴嗣之原作不著录,并不得附存其目……幸而彼时为人人所必读,不藉文渊阁著录与否以传,至今日而形势大异,已无人道及兴嗣之书。"[③]

推演余嘉锡所论,《千字文》的受众之多、流布之广、作用之巨,即使是在整部中国思想文化史上,可与之比肩的作品也是凤毛麟角[④]。大俗实则大雅,

---

① 参见周兴嗣次韵,汪啸尹纂辑,谦益参注:《千字文释义》,周兴嗣、胡寅等编纂,周艺点校:《千字文》,岳麓书社 1987 年版,第 19、33、44 页。

② 参见姚思廉:《梁书》第 3 册,中华书局 1973 年版,第 697 页。

③ 《四库提要辨证》卷 2《经部二·小学类二》"急就章四卷"条、《经部二·小学类存目一》"续千文一卷"条,余嘉锡:《四库提要辨证》上册,云南人民出版社 2004 年版,第 88、104 页。按,"李翰"或作"李瀚"。

④ "文革"时期,《千字文》被当作"大毒草"批判。但是,批判者也描述了《千字文》在中国历史上巨大而又深远的影响:"《千字文》虽然只有一千字,但却概括了自然、历史、伦理、教育整个封建社会上层建筑的意识形态,充斥着'克己复礼'、'天命论'、'三纲五常'、'英雄创造历史'以及'读书做官'、'修身养性'等反动观点,是一部浸透了孔孟之道的害人经。唐以后的历代反动统治阶级都把《千字文》作为启蒙课本,用以毒害人民,巩固其反动统治。《千字文》还被翻译成蒙、藏等少数民族文字和多种外文,其中一些字句甚至变成了口头语。不仅如此,历代不少书法家写过《千字文》,甚至官府的档案,大部头的书籍,商店的账簿等等,也常用《千字文》的字序来编号,某些地区的街道也有用《千字文》命名的。可见其流毒之广,影响之深。"(齐齐哈尔师范学院中文系编:《六本儒家反动"启蒙读物"批注》,1974 年印,第 36 页。按,"账簿",原文误作"账薄")

"壹夕属草，终古垂名"①绝非过誉之词。把《千字文》通俗易懂、家喻户晓这种大影响放到南朝思想文化史来看，其他任何作品都会相形见绌；放到南朝孟学史来看，更是如此。如果没有《千字文》，南朝孟学史确可存而不论，或者一笔带过；因为有了《千字文》，南朝孟学史得以披沙炼金，进而价值彰显。正是在此意义上，"孟轲敦素"是南朝孟学史的神来之笔、更是点睛之笔，《千字文》是整个中国孟学史的重量级作品；今天虽然"形势大异"，但我们首次专文论述"孟轲敦素"，合乎深化并拓展南朝孟学史研究的学术要求。

（作者简介：杨海文　《中山大学学报》编辑部）

---

① 《冷庐杂识续编》"重次千字文汇编跋"条："惟周兴嗣，夙号多闻。奉武帝敕，次《千字文》。广列伦物，富隶《索》《坟》。顿凋玄发，藉达赤心。壹夕属草，终古垂名。"（陆以湉撰，崔凡芝点校：《冷庐杂识》，中华书局 1984 年版，第 473 页）

文中子易学思想研究

李　强

以笔者管见所及，除李小成先生的《文中子〈易赞〉考论》①和《文中子〈续六经〉之〈易赞〉考论》②之外，罕有专文论及文中子的易学思想。且后者基本承袭前者，二者实可视为一篇。③其主要内容可以分为"考"与"论"两个层次：其一，考证文中子易学思想的渊源及《赞易》的篇目、卷数和体例；其二，参考历代易学注疏来论述神、时、三才、命等"问题"或"话题"。李先生的论文对研究文中子易学思想大有开拓之功，惜其将神、时、三才、命作为一个个孤立、封闭的问题来处理，无形中遮蔽了它们的复杂意蕴及它们之间的内在关联。有鉴于此，笔者将文中子易学思想中的天、命、性、神、数作为具有内在关联的观念来处理，并以探究"命"的含义为切入点，来考察它们的意蕴及关系。

一、解"命"

文中子指出学习《周易》必须先"知命"，否则会有"玩神"之弊。④关于命的含义，《中说》有两段比较集中的论述：

> 薛收曰："何为命也？"子曰："稽之于天，合之于人，谓其有定于此

---

① 李小成：《文中子〈易赞〉考论》，《唐都学刊》2011年第3期。

② 李小成：《文中子〈续六经〉之〈易赞〉考论》，《诸子学刊》2014年第1期。

③ 此两篇论文皆本于由其博士论文修订而成的专著《文中子考论》中的第七章第三节"《易赞》与《周易》"。参见李小成：《文中子考论》，上海古籍出版社2008年版，第197—214页。

④ 《立命篇》曰："《易》以穷理，知命而后及也。……不学《易》无以通理。……知命则申之以《易》，于是乎可与尽性。……骤而语《易》，则玩神。"见张沛：《中说校注》，中华书局2013年版，第232—233页。

246

而应于彼，吉凶曲折无所逃乎？非君子，孰能知而畏之乎？非圣人，孰能至之哉？"薛收曰："古人作元命，其能至乎？"子曰："至矣。"①（《问易篇》）

　　文中子曰："命之立也，其称人事乎？故君子畏之。无远近高深而不应也，无洪纤曲直而不当也，故归之于天。《易》曰：'乾道变化，各正性命。'"魏征曰："《书》云：'惠迪吉，从逆凶，惟影响。'《诗》云：'不戢不难，受福不那。彼交匪傲，万福来求。'其是之谓乎？"子曰："征，其能自取矣。"董常曰："自取者，其称人邪？"子曰："诚哉！惟人所召。"贾琼进曰："敢问'死生有命，富贵在天'，何谓也？"子曰："召之在前，命之在后，斯自取也，庸非命乎？噫！吾末如之何也已矣。"琼拜而出，谓程元曰："吾今而后知元命可作，多福可求矣。"程元曰："敬佩玉音，服之无斁。"②（《立命篇》）

将命解释为"稽之于天，合之于人，谓其有定于此而应于彼，吉凶曲折无所逃乎？"说明文中子认为命由天（命）与人（事）两个因素共同决定，二者之间具有因果关系。"命之立也，其称人事乎？故君子畏之。无远近高深而不应也，无洪纤曲直而不当也，故归之于天。"则说明文中子认为天命与人事之间的因果关系的运作方式是后者决定前者。他将人事之善恶与命运之富贵吉凶之间的因果关系的精准性、可靠性和必然性"归之于天"的作用。并进一步引《易》曰：'乾道变化，各正性命。'"来论证此一观点。结合上下文，乾道即是天道，性为人事之操行③，合而言之，"在天道的作用下，人事之操行决定命之富贵吉凶。"弟子贾琼对老师提出的这种新型命运观感到疑惑，因为当时流行的正是宣扬"死生有命，富贵在天"，主张人力无可奈何的自然命定思想。如文中子所批评的刘孝标的《辩命论》④就属于此。刘氏曰："命也者，自天之命也。定

① 张沛：《中说校注》，中华书局 2013 年版，第 139—140 页。
② 张沛：《中说校注》，中华书局 2013 年版，第 228—229 页。
③ 以操行释性，可以追溯至王充。唐长儒先生在分析才性四本论时指出："主同者以本质释性，以本质之表现在外者为才，这也就是较传统的说法；主异者以操行释性，以才能释才，也就是王充的说法……"（唐长儒：《魏晋才性论的政治意义》，《魏晋南北朝史论丛》，中华书局 2012 年版，第 288 页）
④ 《王道篇》曰："（文中子）见《辩命论》，曰：'人道废矣。'"见张沛：《中说校注》，中华书局 2013 年版，第 37 页。

于冥兆，终然不变。……咸得之于自然，不假道于才智。"① 刘氏认为人的死生、贵贱、贫富、祸福都是由天或自然决定的，是不可改变的，与人的行为的愚智善恶无涉。人对待命运应当"明其无可奈何，识其不由智力，逝而不召，来而不距，生而不喜，死而不戚。不充诎于富贵，不遑遑于所欲"②。文中子以"召之在前，命之在后，斯自取也"作答，指出虽然表面上命是由天决定的，但人事的善恶决定天的决定在先，所以实际上命是由人事决定的。命运的真相是"元命可作，多福可求"，而不是受不可知、不可逃、更不可控的外在的力量支配的。

二、释"天"

与自然命定思想否定天人感应不同，文中子继承了董仲舒（约前179—前96年）"天人相与"③的框架，同时还吸收了董仲舒对天的理解——天有广狭之分，广义的天包含天、地、人三者在自身内。④ 只是与董仲舒多从气的角度来理解天⑤ 不同，为了给自己提出的新型命运观提供根据，文中子更倾向于从理

---

① 萧统编，李善注：《文选》，上海古籍出版社2014年版，第2347—2350页。此种命运观应是远承王充，仲任在《命禄》曰："凡人遇偶及遭累害，皆由命也。……是故才高行厚，未必（可）保其必富贵；智寡德薄，未可信其必贫贱。或时才高行厚，命恶，废而不进；知寡德薄，命善，兴而超踰。故夫临事知愚，操行清浊，性与才也；仕宦贵贱，治产贫富，命与时也。命则不可勉，时则不可力，知者归之于天，故坦荡恬忽，……"（黄晖：《论衡校释（附刘盼遂集解）》，中华书局2011年版，第20页）

② 萧统编，李善注：《文选》，上海古籍出版社2014年版，第2360页。

③ 《述史篇》曰："子曰：'天人相与之际，甚可畏也，故君子备之。'"见张沛：《中说校注》，中华书局2013年版，第191页。

④ 《官制象天》曰："何谓天之端？曰：天有十端，十端而止矣。天为一端，地为一端，阴为一端，阳为一端，火为一端，金为一端，木为一端，水为一端，土为一端，人为一端，凡十端而毕，天之数也。"又，《天地阴阳》曰："天、地、阴、阳、木、火、土、金、水、九，与人而十者，天之数毕也。"见苏舆著，钟哲点校：《春秋繁露义证》，中华书局2012年版，第216—217、465页。

⑤ 如汤一介先生指出："到汉朝，董仲舒一派进一步把'气'道德化和人格化，致使'气'成为一种神秘的东西，甚至成为上帝的意志和力量的表现。董仲舒认为，'气'有刑和赏的能力；有善和恶的分别，有喜、怒、哀、乐种种感情，这样就使'气'虽存有物质的外观，而失去了物质的特性。"（汤一介：《魏晋南北朝时期的道教》，陕西师范大学出版社1988年版，第316页）

的方面来认识天，把天诠释为与气有关的理。《中说》曰：

> 子曰："气为上，形为下，识都其中，而三才备矣。气为鬼，其天乎？识为神，其人乎？吾得之理性焉。"薛收曰："敢问天神、人鬼何谓也？周公其达乎？"子曰："大哉，周公！远则冥诸心也，心者非他也，穷理者也，故悉本于天；推神于天，盖尊而远之也，故以祀礼接焉。近则求诸己也，己者非他也，尽性者也，卒归之人；推鬼于人，盖引而敬之也，故以禴礼接焉。古者观盥而不荐，思过半矣。"薛收曰："敢问地祇。"子曰："至哉！百物生焉，万类形焉；示之以民，斯其义也。形也者非他也，骨肉之谓也，故以祭礼接焉。"收曰："三者何先？"子曰："三才不相离也，措之事业则有主焉。圜丘尚祀，观神道也；方泽贵祭，察物类也；宗庙用禴，怀精气也。"收曰："敢问三才之蕴。"子曰："至哉乎问！夫天者，统元气焉，非止荡荡苍苍之谓也；地者，统元形焉，非止山川丘陵之谓也；人者，统元识焉，非止圆首方足之谓也。乾坤之蕴，汝思之乎？"于是收退而学《易》。[①]（《立命篇》）

文中子是在《易》（"乾坤之蕴"）的脉络下理解天的。用乾坤或三才来表征天，意为天是包括乾坤或三才在自身内的广义的天。在三才中与地、人并列的天是"统元气"之天，而不只是"荡荡苍苍"的自然形色之天。"元气"之元当取自《周易·乾卦·象辞》"大哉乾元，万物资始"和《周易·乾卦·文言》"元者，善之长也"，一方面强调天生生不息的创生作用，另一方面突出天至善的特质。

"心者非他也，穷理者也，故悉本于天"，作为心的认识对象的理皆源于天。天与理的关系可以有两种：其一，天的理，此天的理与地的理和人的理相对，是和人不相干的理；其二，天即理，由乾坤或三才所表征的宇宙万物所有的一切都存在于客观的法则性之中，并且这种法则性可以通过人的理性来认识。文中子所理解的天多指第二种，他云：

> "杜如晦若逢其明王，于万民其犹天乎？"董常、房玄龄、贾琼问曰："何谓也？"子曰："春生之，夏长之，秋成之，冬敛之；父得其为父，子得其为子，君得其为君，臣得其为臣；万类咸宜，百姓日用而不知者：杜氏之任，不谓其犹天乎？……"[②]（《王道篇》）

---

① 张沛：《中说校注》，中华书局 2013 年版，第 242—243 页。

② 张沛：《中说校注》，中华书局 2013 年版，第 24 页。

春、夏、秋、冬之季节更迭是自然之天的条理；君臣、父子等人伦秩序是人事之条理；"万类咸宜"是地的条理。但使春生、夏长、秋成、冬敛、父子、君臣、百姓等万类皆得其宜，则可称为"天即理"意义上的天的作用。天即理的天也可称为"天理"①。之所以拈出"天理"一词是为了标举文中子的天的特质。他与董仲舒皆持"天人相与"的思想，董氏的"天人相与"思想主要涉及两方面的内容：第一，人事与自然现象（灾害、怪异、祥瑞）之间存在着一种对应关系；第二，人事与命的吉凶祸福之间存在对应关系。②董氏多言前者而较少论述后者。文中子则强调后者，而罕言前者，甚至不时地对前者持批判态度。如他批评"以明灾异得幸"③的京房为"古之乱常人也"④，反对人事与自然现象之间的机械匹配。他强调人事对命的决定作用，如他说"贾谊夭，孝文崩，则汉祚可见矣"⑤，取人事而非灾异或祥瑞作为判断汉祚的依据。这种不同，正是源于文中子与董氏对天的不同理解，通过把天诠释为"天理"而非主宰神⑥，既克服了董氏"天人相与"思想中的不合理因素，

---

① 沟口雄三先生指出："'天理'这个词，早在《庄子》中就已出现，自汉经唐到北宋，作为天然的道理、天的条理、天的理法等意思而被使用，所以程明道说是自己'体贴出来'的似乎很可笑，但实际上他的真意是说，基于'天即理'这一定义的天理观念是自己的独创。……天即理是什么意思呢？它是指包括人在内的宇宙万物所有的一切都存在于客观的法则性之中。"（沟口雄三：《中国近世的思想世界》，《中国的思维世界》，刁榴、牟坚等译，生活·读书·新知三联书店2014年版，第305页）又，"所谓天即理，是指这样一种新的宇宙自然观：它认为宇宙自然的现象，包括人世间的万事万物，都处于某种法则性之中，并且这种法则性可以通过人的理性来认识。"（沟口雄三：《中国近世的思想世界》，《中国的思维世界》，刁榴、牟坚等译，生活·读书·新知三联书店2014年版，第338—339页）参考沟口雄三先生的观点，笔者以为文中子虽没有明确使用"天理"一词，但却已经有了"基于'天即理'这一定义的天理观念"，若仅把天理界定为"贯通于天地人三才，并且可以通过人的理性来认识的理的整体"，那么在此种含义下使用天理一词来描述文中子的天应当是可以的。

② 如董仲舒在第一次对策中说："今临政而愿治七十余岁矣，不如退而更化；更化则可善治，善治则灾害日去，福禄日来。《诗》云：'宜民宜人，受禄于天。'为政而宜于民者，固当受禄于天。夫仁谊礼知信五常之道，王者所当修饬也；故受天之佑，而享鬼神之灵，德施于方外，延及群生也。"（班固：《董仲舒传》，《汉书》，中华书局2013年版，第2505页）

③ 班固：《儒林传》，《汉书》，中华书局2013年版，第3601—3602页。

④ 张沛：《礼乐篇》，《中说校注》，中华书局2013年版，第160页。

⑤ 张沛：《述史篇》，《中说校注》，中华书局2013年版，第195页。

⑥ 中国的"天"被视为主宰神发生在殷周革命之后。如沟口雄三先生指出："殷代'天'字与'大'字通用，没有在天空的意义上运用的例子，主宰神用'帝'字，是司风雷等天上的现

如人事与自然现象的机械匹配，又使人（的理）与天（的理）之间建立了因果关系，人可以通过穷理尽性而实现天人合一，正所谓"人事修，天地之理得矣"①。

"推神于天"，把神的尊号加给天，所尊的并不是作为主宰神的天而是"神道"。《中说》曰："子赞《易》至《观卦》，曰：'可以尽神矣。'"②此当指《观卦·彖辞》曰："大观在上。顺而巽，中正以观天下。观盥而不荐，有孚颙若，下观而化也。观天之神道而四时不忒，圣人以神道设教而天下服矣。"意为：神是指一种神妙莫测的作用。③如王弼（226—249）将此段《彖辞》注为："统说观之为道，不以刑制使物，而以观感化物者也。神则无形者也。不见天之使四时，而四时不忒；不见圣人使百姓，而百姓自服也。"④所以，祀礼的真正意义并不是接天神，而是观神道。神道设教，一方面指神道是设立政教制度的根据，如程颐（1033—1107）曰："圣人见天道之神，体神道以设教"⑤；另一方面指政教的目的或效用是"通其变，使民不倦；神而化之，使民宜之"（《周易·系辞下》），如程颐曰："至神之道，莫可名言，唯圣人默契，体其妙用，设为政教，故天下之人涵泳其德而不知其功，鼓舞其化而莫测其用，自然仰观而戴服，故曰：'以神道设教而天下服矣'。"⑥

文中子申论："古者观盥而不荐，思过半矣"。马融（79—166）注曰："盥者，进爵灌地以降神也。此是祭祀盛时。及神降荐牲，其礼简略，不足观

象的上帝和司日月出没、地震等地上的现象的下帝。此'帝'同天的结合是以周克殷为契机的。在文化相异于殷族的周朝，摆脱了殷代的'帝'所具有的殷的祖宗神的要素，在被视为'帝'之所在的天中包含进更普遍的宇宙自然的主宰神的观念，通过'天'的观念即'天命'使革命以及自身的权力正统化（此点依据松丸道雄氏的示教）。"（沟口雄三：《中国近世的思想世界》，《中国的思维世界》，刁榴、牟坚等译，生活·读书·新知三联书店2014年版，第2页）

① 《魏相篇》曰："薛收问《易》。子曰：'天地之中非他也，人也。（故天地立而《易》行乎其中矣）'收退而叹曰：'乃今知人事修，天地之理得矣。'"（张沛：《中说校注》，中华书局2013年版，第223页）

② 张沛：《魏相篇》，《中说校注》，中华书局2013年版，第217页。

③ 又如《周易·说卦》曰："神也者，妙万物而为言者也。"

④ 王弼：《王弼集校释》，中华书局2009年版，第315页。

⑤ 程颐著，王孝鱼点校：《周易程氏传》，中华书局2013年版，第113页。

⑥ 程颐著，王孝鱼点校：《周易程氏传》，中华书局2013年版，第113页。

也。"① 祭祀所重的是如何"以灌礼降神，推人道以接天"②，依照天道定立人世的仪则。根本不存在一个作为主宰者的天神来接受人荐牲，所以"及神降荐牲，其礼简略，不足观也"。

经由以上对天和神的观念的分析，我们应可推论：神道就是具有神妙莫测的作用的天道，即是天理。所谓的天神或神道只是人的心识的一种方便设立（"识为神"），用以指示天道或天理所具有的神妙莫测的作用。所谓的"天将知之"③、"天实监尔"④、"天实为之"⑤和天神一样，只能从神道设教的角度来理解。天是与元气有关的天理。天理是贯通于天地人三才，并且可以通过人的理性来认识的理的整体。天理下贯于人即是五常之性⑥，人可经由尽我心中的五常之性来实现天理。尽性的最高境界就是以天理为根据而设立政教制度，参赞天地之化育。"命之立也，其称人事乎"、"元命可作，多福可求矣"等，皆是指人可以通过认识和实践天理来掌控自己的命运。

三、"司命"

按照修己与治人之别，命又可以分为个人小己之命和社会大群之命。这种划分可以回应文中子"元命可作，多福可求"的命运观必须直面的两类疑难。

第一类疑难为，文中子明判《易》的宗旨为"穷理"、"尽性"，他的门人中以董常几近"尽性"之极致⑦，可是却未得福命而早亡；文中子"家传七世

---

① 李道平著，潘雨廷点校：《周易集解纂疏》，中华书局 2013 年版，第 227 页。
② 李道平著，潘雨廷点校：《周易集解纂疏》，中华书局 2013 年版，第 228—229 页。
③ 《周公篇》曰："贾琼曰：'甚矣，天下之不知子也！'子曰：'尔愿知乎哉？姑修焉，天将知之，况人乎？'"（张沛：《中说校注》，中华书局 2013 年版，第 126 页）
④ 《王道篇》曰："贾琼习《书》，至《桓荣之命》，曰：'洋洋乎！光、明之业。天实监尔，能不以揖让终乎！'"（张沛：《中说校注》，中华书局 2013 年版，第 17 页）
⑤ 《周公篇》曰："董常歌《邶·柏舟》，子闻之曰：'天实为之，谓之何哉？'"（张沛：《中说校注》，中华书局 2013 年版，第 118 页）
⑥ 如《述史篇》曰："（薛收）问性，子曰：'五常之本也。'问道，子曰：'五常一也。'"（张沛：《中说校注》，中华书局 2013 年版，第 186 页）又《礼乐篇》曰："子曰：'仁义其教之本乎？先王以是继道德而兴礼乐者也。'"（张沛：《中说校注》，中华书局 2013 年版，第 164 页）都是文中子主张性与天道或天理相贯通的例子。
⑦ 《立命篇》曰："窦威曰：'大哉，《易》之尽性也！门人孰至焉？'子曰：'董常近之。'或问：'威与常也何如？'子曰：'不知。'"（张沛：《中说校注》，中华书局 2013 年版，第 241 页）

矣，皆有经济之道而位不逢"①。

对于此类疑难，若仅从个人小己之命的角度来理解，那么"元命可作，多福可求"的命运观无疑是有缺陷的，它无法解释现实中行善事得苦命、行恶事得福命的现象；若侧重于从制作社会大群之命的角度来理解，那么"元命可作，多福可求"的命运观则有着特别的意义和作用。事实上，深得文中子嘉许的董常就是侧重于从社会大群的角度来理解《赞易》中的命的含义。"董常曰：'夫子以《续诗》、《续书》为朝廷《礼论》、《乐论》为政化，《赞易》为司命，《元经》为赏罚，此夫子所以生也。'"② 很明显，为朝廷、为政化、为赏罚、为司命，都是就社会大群的角度立论。

从社会大群的角度来论司命，文中子特别强调制度对风俗和人性的巨大塑造力量。他认为在教化（使尽性）万民方面，封建制比郡县制更有优势：

> 子曰："郡县之政，其异列国之风乎？列国之风深以固，其人笃，曰：'我君不卒求我也。'其上下相安乎？及其变也，劳而散，其人盖伤君恩之薄也，而不敢怨。郡县之政悦以幸，其人慕，曰：'我君不卒抚我也。'其臣主屡迁乎？及其变也，苛而迫，其人盖怨吏心之酷也，而无所伤焉。虽有善政，未及行也。"魏征曰："敢问列国之风变伤而不怨，郡县之政变怨而不伤，何谓也？"子曰："伤而不怨，则不曰犹吾君也，吾得逃乎？何敢怨？怨而不伤，则不曰彼下矣，吾将贼之！又何伤？故曰三代之末，尚有仁义存焉；六代之季，仁义尽矣。何则？导人者非其路也。"③（《事君篇》）

他认为封建制下的民风更加淳美，人民的品德更加敦厚；六朝末期，仁义丧尽，是由于引导"民之情性"的郡县制不符合王道精神的缘故。

他还主张在政治领域，君臣可以共作天命：

> 子曰："《续书》之有命，邈矣！其有君臣经略当其地乎？其有成败于其间，天下悬之，不得已而临之乎？进退消息，不失其几乎？道甚大，物不废，高逝独往，中权契化，自作天命乎？"④（《问易篇》）

---

① 《礼乐篇》曰："薛公（道衡）曰：'乡人也。是其家传七世矣，皆有经济之道而位不逢。'"（张沛：《中说校注》，中华书局 2013 年版，第 162 页）

② 张沛：《魏相篇》，《中说校注》，中华书局 2013 年版，第 205 页。

③ 张沛：《中说校注》，中华书局 2013 年版，第 85—86 页。

④ 张沛：《中说校注》，中华书局 2013 年版，第 130 页。

"自作天命"是指建立能行王道的制度。文中子所理解的王道就是《周礼》，"子居家，不暂舍《周礼》。门人问子，子曰：'先师以王道极是也，如有用我，则执此以往。……'"① 又，"子曰：'《周礼》其敌于天命乎？《春秋》抗王而尊鲁，其以周之所存乎？《元经》抗帝而尊中国，其以天命之所归乎？'"② 所以"《赞易》为司命"中的"司命"，就是指建立以《周礼》为基础的符合王道标准的制度，而"《赞易》"则为"建立以《周礼》为基础的符合王道标准的制度"提供形而上的基础及合法性依据。

第二类疑难为：

> 子曰："治乱，运也，有乘之者，有革之者。穷达，时也，有行之者，有遇之者。吉凶，命也，有作之者，有偶之者。一来一往，各以数至，岂徒云哉？"③（《立命篇》）

似乎文中子认为运之治乱，时之穷达，命之吉凶虽有自作和偶遇之别，但皆有"定数"。遗憾的是《中说》里少有关于命与数之间关系的论述，这为我们索解文中子的易学思想带来了一定的困难。幸运的是文中子自述"吾闻礼于关生"④，其孙王福畤则明确指出此关生即是关朗，为王氏家族易学之源：

> 关朗，字子明，河东解人也。有经济大器，妙极占算，……（孝文）帝问《老》、《易》，朗既发明玄宗，实陈王道，……同州府君师之，受《春秋》及《易》，共隐临汾山。……府君曰："彦闻治乱损益，各以数至，苟推其运，百世可知。愿先生以筮一为决之，何如？"……朗曰："夫象生有定数，吉凶有前期，变而能通，故治乱有可易之理。"……府君曰："周公定鼎于郏、鄏，卜世三十，卜年八百，岂亦二端乎？"朗曰："……圣人知明王贤相不可必遇，圣谋睿策有时而弊，故考之典礼，稽之龟策，即人事以申天命，悬历数以示将来；或有已盛而更衰，或过算而不及，是故圣人之法所可贵也。向使明王继及，良佐踵武，则当亿万斯年，与天无极，岂止三十世八百年而已哉？过算余年者，非先王之功，即桓、文之力也。天意人事，岂徒然哉？"府君曰："龟策不出圣谋乎？"朗曰："圣谋定将来之基，龟策告未来之事，递相表里，安有异同？"府君曰："大哉人谟！"

---

① 张沛：《魏相篇》，《中说校注》，中华书局 2013 年版，第 208 页。

② 张沛：《魏相篇》，《中说校注》，中华书局 2013 年版，第 209 页。

③ 张沛：《中说校注》，中华书局 2013 年版，第 235 页。

④ 张沛：《魏相篇》，《中说校注》，中华书局 2013 年版，第 219 页。

朗曰:"人谋所以安天下也。……岂有周礼既行,历数不延乎八百;秦法既立,宗祧能逾乎二世?噫!天命人事,其同归乎!"……府君蹴然惊起,因书策而藏之,退而学《易》。盖王氏《易》道,宗于朗焉。①

细检此段文献所录关朗易学思想,发现与文中子的易学宗旨及解《易》原则实有相互发明之处。此中关朗主张类似于"《赞易》为司命"("实陈王道")的易学宗旨;坚持"元命可作,多福可求"("变而能通,故治乱有可易之理")的命运观;又保留了"一来一往,各以数至"("象生有定数")的观点;同时还对建立"先人事而后说卦"②的解《易》原则的原因作了解释,并提供了用此原则解《易》的实例。③

关朗认为,以治乱之运为例,"先人事而后说卦"的原因是"象生有定数,吉凶有前期,变而能通,故治乱有可易之理"。"象生有定数,吉凶有前期"是"一来一往,各以数至"的确诂,意为先有著草数目的变化,方得出一卦之象以预测人事之吉凶;"变而能通,故治乱有可易之理"则意为卦象虽然昭示着治乱的征兆,但改变之机实系于人事,人可循兴治废乱之理而得吉,亦可行起废悖治之理而得凶。所谓的"定数"只是基于人事而作的科学预测,其既因人事而起,亦可因人事而变。继此,他运用"先人事而后说卦"的原则对"周公定鼎之卜"做了解说。他将"人事"解释为典礼、圣谋及圣人之法,将龟(卜)策(数)解释为历数、天意、天命,认为二者互为表里。典礼决定历数,人事决定天命。④

综上,"《赞易》为司命"所司的命主要指社会大群之命。"先人事而后说

---

① 王福畤:《录关子明事》,(张沛:《中说校注·附录》,中华书局 2013 年版,第 275—280 页)此外,赵蕤注的《关氏易传》前有他为关朗作的传,与王福畤的《录关子明事》出入不大,参见关朗:《关氏易传》,《陆氏周易述(及其他四种)》,中华书局 1991 年版,第 1—3 页。

② 《魏相篇》曰:"子谓北山黄公善医,先寝食而后针药;汾阴侯生善筮,先人事而后说卦。"(张沛:《中说校注》,中华书局 2013 年版,第 211 页)

③ 此外,关朗同文中子一样,都认为天地人之间由一理("性命之理")贯通。如《统言易义》曰:"道不虚行,存乎其人。是故天道曰阴阳;地道曰柔刚;人道曰仁义;行之则三,变而通之则一。"又《理性义》曰:"'穷理尽性,以至于命',何谓也?曰:'性命之理:以天言之曰阴阳;以地言之曰柔刚;以人言之曰仁义,盖同乎一性也。'"(关朗:《关氏易传》,《陆氏周易述(及其他四种)》,中华书局 1991 年版,第 7、12 页)

④ 早在《左传》中就出现了决定人的命运的不是神而是礼的观念。如徐复观先生指出:"在过去,监察人的行为,以定人的祸福的是天命,是神;现在则不是神,不是天命,而是礼。《左传》由礼以推定人的吉凶祸福,说得几乎是其应如响。"(徐复观:《中国人性论史·先秦篇》,生活·读书·新知三联书店 2002 年版,第 43 页)

卦"及"命之立也，其称人事乎"中的"人事"主要指典礼。"元命可作，多福可求"的命运观偏向于指建立符合王道标准的制度为万民造福命。

中国传统的命运观主要有两种类型：一种是在汉代比较盛行，由《白虎通》和《论衡》所记述的，将命分为正命（或寿命）、遭命、随命三科；另一种是在六朝时期非常有影响的自然命定思想。① 有别于此二者，文中子提出"元命可作，多福可求"的命运观，指出命运的真相是：人"召之在前"，天"命之在后"，人事决定天命。为了给这种新型的命运观提供根据，他将传统的天观作了改造，不再将天看作主宰神或不可认识的必然性，而是将天视为与元气有关的天理。天理又是贯通于天地人三才，并且可以通过人的理性来认识的理的整体。人可以通过认识天理，尽自己心中的五常之性来决定自己的命运。

他将此种天观主要应用于政治社会领域，主张作为政治合法性的根据的天不再是主宰神，而是天理。君臣可以依据天理"自作天命"，建立以《周礼》为基础的符合王道标准的制度，为生民立福命。这既保留了将天作为政治合法性的依据的传统，又进一步将政治责任明确为君臣共同体。由此，在天人相与的框架下，天人的地位发生了翻转，人变成了主导者。

这种新型的天观与宋代的天观有很大的相似性。如程颢（1032—1085）或程颐认为"善则有福，淫则有祸"皆是自然之理或天理，并不是有个人格神在上面主宰。② 宋代的政治精英如石介（1005—1045）、王安石（1021—1086）、程颐、朱熹（1130—1200）等也多倾向于认为天人之间是理合，而非事应：洪水、地震等天灾和日食、彗星等异变，仅是天之常理的表现，而非天对具体的政治行为的遣告。同时，天理下贯于人而为人的五常之性，人对天理承担无限的道德责任，人应当通过修德来随顺天理，承担起人的政治责任。③

---

① 关于传统命运观在应对佛教影响时的自我调适及文中子的命运观的价值，可参见中嶋隆藏：《佛教的接受与传统命运观的改变》，《世界宗教研究》1996 年第 2 期。

② 《河南程氏遗书》曰："棣问：'福善祸淫如何？'曰：'此自然之理，善则有福，淫则有祸。'又问：'天道如何？'曰：'只是理，理便是天道也。且如说皇天震怒，终不是有人在上震怒？只是理如此。'"（程颢、程颐著，王孝鱼点校：《二程集》，中华书局 2004 年版，第 290 页）

③ 《河南程氏外书》曰："天人之理，自有相合。人事胜，则天不为灾；人事不胜，则天为灾。人事常随天理，天变非应人事。如祁寒暑雨，天之常理，然人气壮，则不为疾；气羸弱，则必有疾。非天固欲为害，人事德不胜也。如汉儒之学，皆牵合附会，不可信。"（程颢、程颐著，王孝鱼点校：《二程集》，中华书局 2004 年版，第 374 页）

综上，文中子的易学思想在命运观和天观之转化两个方面均有重要贡献，特别是将天诠释为贯通于天地人三才，并且可以通过人的理性来认识的理的整体。这与宋代的天观有很大的相似性。至于这种相似性是由于二者为了应对或解决类似问题而采取的相似立场或策略，还是由于前者对后者有直接影响，则有待学界进一步的探讨。

（作者简介：李强　中山大学哲学系）

如何理解中国哲学的思辨性

——从伊川、朱子之学说起

杨祖汉

一、以"思辨"来定义哲学性的思考

关于传统中国的儒、道、佛的思想是否为哲学的理论，或中国是否有哲学，所谓中国哲学是否有哲学性？这些问题常常被提起。本来中国传统三教的思想源远流长，对生命实践的问题的探讨，对宇宙人生有关问题的领会，及从种种实践体会中引发的生命智慧，是非常精深而独到的。虽然由于比较重视实践，对纯智的思辨、逻辑推理，没有很好的发展。但由此而认为中国没有哲学，当然是很偏颇的、不值一驳的误解。虽然此误解不值一驳，但所谓中国哲学的合法性问题，仍然是现在华文学界讨论的一个热点。[①] 对此我也想表达一些个人的浅见。

我近年借用康德所说的，对道德的理解需要"从通常的理性的理解，进到哲学的理解"[②]，来诠释程伊川与朱子的"格物致知"的理论内容及其用心所在。康德之意，是表示对于道德义务之意义，是一般人都能知道的，只是一般人之了解道德是从具体的事情上来了解，未能把在具体事情中的道德之理抽象出来而正视之。而如果对道德之理只是借具体的事情来了解，即停留在对道德

---

① 彭永捷主编：《重写哲学史与中国哲学学科范式创新》，河北大学出版社 2011 年版，书中收入多篇有关"中国哲学合法性"问题的讨论。

② 康德的《道德底形上学之基本原则》第一节名为"从道德之通常的理性知识转至哲学的知识"，第二节名为"从通俗的道德哲学转至道德底形上学"，（译名据牟宗三译注：《康德的道德哲学》，《牟宗三先生全集》第十五册，台湾联经出版社 2003 年版）康德这两节的标题，表示了有关道德的理性的知识，是需要层层升进的。

的通常的理性知识的话，则很容易因为感性欲望对道德律的反弹，而使原有的了解，弄成暧昧不明，于是产生了自欺的结果，最终会为了满足欲望，来从事道德行为。康德认为要破除此一自欺（康德名为"自然的辩证"①），必须从一般人都能理解的对道德之知，进至实践哲学之知。此所谓对道德的"实践哲学之知"，即是要把从具体中了解到的道德之知抽出来，对道德之理作一充分的了解。此中关于"一般的理性的了解"与"哲学的了解"的分别，见于康德所著的《逻辑学讲义》一书。康德在该书说：

> 要确定普通的知性使用何处终止和思辨的知性使用何处开始的界限，或者说，要确定普通的理性知识在何处成为哲学的界限，是有些困难的。
>
> 然而这里还是有一种相当可靠的区别特征，即：抽象普遍的知识是思辨的知识；具体普遍的知识是普通的知识。哲学知识是理性的思辨知识，它开始于普通的理性使用着手探索抽象普遍的知识的时候。②

据此，康德所谓的"普通的理性知识"是"具体普遍的知识"，而"哲学的知识"是"理性的思辨的知识"；而所谓"思辨的知识"是"抽象普遍的知识"。即是说，一般的理性（普通的知性使用）对普遍者的理解，是具体的了解，即并不能把普遍的理，从具体的事情中抽象出来；而理性的思辨的知识（思辨的知性使用）则是把普遍的理，从具体的事情上抽出来，而作理解。康德认为，一般的理性的理解与理性的思辨的理解，是有明显区分的，他认为很多民族只停留在一般的理性的理解（普通的知性使用），而没有进至哲学的层次，中国人也是如此。照此说，康德也认为中国是没有"哲学"的。③下文的论述可以说是对康德此意作一回应，回应分两点：一是中国哲学理论中也有将普遍者从具体的事情中抽象出来的做法，此可见中国也有合于康德所谓的以思辨来规定的哲学；二是中国哲学家有表面没有把普遍者从具体的事情中抽象出

---

① 参见牟宗三译注：《康德的道德哲学》，台湾联经出版社 2003 年版，第 32—34 页。

② 康德：《逻辑学讲义》，商务印书馆 1991 年版，第 17—18 页。

③ 康德认为，许多民族都只是"试图通过具体的形象，使概念成为可理解的。至今还有一些民族，如中国人和印第安人，这些民族虽然也讨论神、灵魂不灭等单纯来自理性的事物，但是却没有根据概念和规律来抽象地探究这些对象的本性。他们没有将具体的理性使用同抽象的理性使用分离开来"（康德：《逻辑学讲义》，商务印书馆 1991 年版，第 17—18 页）。按康德此一批评，等于认为中国没有产生哲学，故对康德此意，当然不能不回应。黑格尔在其《哲学史讲演录》（第一卷）提到孔子，认为在孔子的言论中，没有哲学的思辨性，《论语》只能作格言录来看，不能视为哲学作品。见解也近于康德。

来，而其实是即于具体的事情中对普遍者有非常清楚明白的体认，而此种即于具体中体会普遍者的做法，更能表现普遍者其实与具体的事情或活动不相离之义。而理解此即具体即普遍，或具体是不离普遍的具体，而普遍是即于具体的普遍，如此才能真正了解普遍者的活泼泼的意义，或才能了解体不离用或体用不二、体用圆融的意义。而这种即于具体而体证普遍者，当下体会体用不二、体用圆融的方式，比起从具体中抽象出普遍，以理解普遍者，是更高一层的理解。前者是分解的方式，后者是既圆融而又分解的方式，而这后一方面的义理或玄义，正是中国哲学的特色。此种即具体而证普遍，因为能对普遍者有清晰的理解，故并不是如康德所说的未将普遍者从具体中抽象出来之理解，即并非是普通的、具体普遍的知识。

二、伊川、朱子之分解

我认为程伊川与朱子对于"理"的探讨，便是要将对理的理解，从"具体的普遍的知识"转而进一步成为"抽象普遍的知识"，即表示了康德所谓的"思辨"的意义。伊川的许多言论，可以从这一角度来理解，如云：

> 一阴一阳之谓道，道非阴阳也，所以一阴一阳道也。如一阖一辟之谓变。（《二程全书·遗书三》）

《易传》的原意应该是说，在一阴一阳的变化中，就有生生不已的道在起作用，借一阴一阳的律动，就可以显示出道体的妙用。当然这种即阴阳而见道的体会，是很高明的，也是中国哲学的特色，此即上文所说的中国哲学的特性与玄义，此意下文再论。而在此处，可以用康德所说的"具体普遍的知识"与"抽象普遍的知识"的分别，来诠释伊川之意。伊川的原文很明显是要把道从具体的阴阳变化中抽象出来，说明道不是阴阳，而是阴阳的"所以然"。伊川非常强调道与阴阳是有然与所以然的分别，也即是有形下与形上的分别。故如依康德的规定，则伊川此一分解的表示，正是"哲学的"、"理性的思辨的知识"。伊川此意在下一条表示得更为明白：

> 离了阴阳更无道。所以阴阳者是道也，阴阳，气也。气是形而下者，道是形而上者。形而上者则是密也。（《二程全书·遗书十五》）

伊川认为，必须要掌握阴阳与道有然、所以然，及气与理的分别，才能真正掌握形而上的道的意义，故曰"形而上者则是密也"。通过了此分解的辨析，对于道之为奥秘的存在，便有进一步的了解。道当然是不容易了解的，而通过此分解的辨析，便可以对道的形上性格有较为清楚的认识。由此可见，伊川的分解的表示，是他认为对道能有真正了解的必需做法，而此一做法，便使对道的了解，如康德所说的从"普通的理性知识，成为哲学的"。故伊川这一种分解，是一般的知识与哲学的知识的界限所在。伊川在讨论"仁"时，严分性与情，是很有名的：

> 问仁。曰："此在诸公自思之，将圣贤所言仁处，类聚观之，体认出来。孟子曰：'恻隐之心，仁也。'后人遂以爱为仁。恻隐固是爱也。爱自是情，仁自是性，岂可专以爱为仁？孟子言恻隐为仁，盖为前已言'恻隐之心，仁之端也。'既曰仁之端，则不可便谓之仁。退之言'博爱之谓仁'，非也。仁者固博爱，然便以博爱为仁，则不可。"（《二程全书·遗书十八》）

伊川辨别"仁"是性，"爱"是情；性情的不同也如同理气的不同，"性"是形而上者，"情"则是形而下者。仁与爱，有形上、形下之别，故不可以以爱来规定仁。牟先生认为伊川这一分解，固然不算错，但由此分解，伊川把仁的心义、活动义去掉了，如此理解仁则是不恰当的。[①] 牟先生的批评当然有理据，但如果从上文康德所说的具体的普遍与抽象的普遍的不同来看伊川之语，则伊川正是不希望停在对仁的"一般的理解"，而要进到"哲学的理解"。伊川对于仁理解为性，为爱之所以然，这也明显是希望把在具体情感中表现仁的道理抽象出来，正视仁作为普遍的理、道德行为的根据或原则之义。若依此义来看伊川之分解的表示，正是从一般的知识进至哲学的知识之至为关键的一步。伊川又云：

> 仁义礼智信，于性上要有此五事，须要分别出。若仁则固一，一所以为仁。恻隐则属爱，乃情也，非性也。恕者入仁之门，而恕非仁也。因其恻隐之心知其有仁。（《二程全书·遗书第十五》，《伊川先生语一》）

> 仁之道，要之，只消道一公字。公只是仁之理。不可将公便唤做仁。公而以人体之，故为仁。只为公，则物我兼照。故仁所以能恕，所以能

---

① 牟先生对伊川之分解的批评，见牟宗三：《心体与性体（二）》，《牟宗三先生全集》第六册，台湾联合报系文化基金会 2003 年版，第 309—317 页。本文所引伊川的数段文献，亦参考牟先生此书所引。

爱。恕则仁之施，爱则仁之用也。（同上）

第一段文献说仁义礼智信都是性，须知性中有此五事，此表示仁义礼智信都是性的内容，此是将浑然之性给出了分解；后面又区分了恻隐与仁为不同的层次，仁是性，爱是情。而伊川所说"若仁则固一，一所以为仁"，似表示作为恻隐之爱之根据的仁是"一"，如性之为一性。性是一但内容则是有五德，如上文的分解。此处伊川认为仁是一，应有仁如性之为一之意，如果是这样理解，则所谓"固一"之仁便与仁义礼智信并列之仁不同。即此固一之仁是五德之根源，如性是具众理的。如果这样理解，则便是把仁区分为专言与偏言。伊川在另外的著述中便有专言之仁是包四者（仁义礼智），偏言之仁是指一种德的说法。① 这同于程明道所说的"义礼智信皆仁也"（《识仁篇》）之义。如此解则伊川在此处表示了作为本体的仁与仁义礼智信五德中的仁，是需要区分的。此可见伊川要把仁之为普遍之理的意义，抽出来理解之用心。当然此段所说的固一之仁，是否便是专言之仁，文意不太明朗。但即使此段没有此一对仁的分解，也可以据伊川的"专言"、"偏言"的说法来作"仁"之为普遍的德性的根源，与在德性行为上仁是某种德行的不同之区分。此段后半也是如同上半段，用仁性、爱情之为层次不同，区别仁与爱，又以恕是行仁之方，来区别仁与恕之不同，由此可证伊川对于仁之为理有很清楚的了解。此段有三步分解，第一步区分浑然的性理与仁义礼智作为性理的内容的不同；第二步区分作为本体的仁与仁义礼智信五德中的仁有层次上的不同；第三步区分仁与"恻隐之爱"、"恕"的不同。由此确可见伊川之精察。他要把在具体中的普遍之仁抽出来，而了解仁理本身之意义，此用意是非常明显的。第二段文献表示需以"公"来了解仁，此是以公的普遍性来契入仁的大公无私、物我兼照的特性。又从仁与恕、爱的分别，表示仁是所以能爱、能恕的根据。即恕与爱都是因为有仁理为根据，然后可能的事情。仁与恕、爱有体用之别。由此可见伊川这些重分解的言论，的确很符合康德上文所说的，哲学是"理性的思辨的知识"，而所谓思辨是"根据概念和规律来抽象地探究这些对象的本性"之义。从上面所说，伊川对性理与爱恕的区分，便是从具体活动中抽象出活动的根据。伊川分析性理的内容，又区分仁作为本体与作为德目之一的不同，这也可说是"根据概念和

---

① 伊川曰："四德之元，犹五常之仁。偏言则一事，专言则包四者。"（程颢、程颐著，王孝鱼点校：《二程集》，中华书局1981年版，第697页；又见《近思录》卷一）

规律来抽象地探究这些对象的本性"。

如果上说不误，则据康德对于哲学之为思辨的规定，伊川的分解说法，确符合康德此一规定，于是吾人可说伊川的思辨就是哲学性的思考。朱子则大抵循伊川此分解之路而发展，故有心、性、情三分，理气二分，未发是性、已发是情，心统性情，及于四端之发、知其必有仁义为根据等说。依康德，将普遍的理从具体的事上抽象出来，是思辨性的活动，这就是哲学的本质。而从实践上说，由于当人意识到道德的法则或义务是无条件的实践的事情时，就会引起感性欲望的反弹，而有所谓自然的辩证的现象产生，于是会造成道德行为的存心从纯粹转为不纯粹，即从按无条件的律令而行转为从有条件的律令而行，即为善同时希望得到利益，对于这种存心的滑转，必须从对道德的一般的理性的理解，转到哲学的理解，才可消解。即必须把在道德行为中所含的道德之理、义务的原则抽象出来了解，要明白道德之理是以无条件的律令给出来的，而这种无条件律令必须是人的意志之自我立法。此意志因为不能为了别的缘故而实践道德，而能给出道德律令又自愿去遵行，故必须是不受任何欲求、利害的计较所影响的自由意志。故道德之理或按照道德之理给出来的道德行为，其价值不依赖行为所产生的任何效果而成立，法则或道德行为本身就有绝对的价值，于是能自我立法给出普遍的道德法则而又能践行之的人的意志，本身就有绝对的价值。这些由道德意识而逐步分析出来的义理，就是道德法则本身具有的内容。对于这些内容人当然是知道的，但不通过仔细的分析，就不能清楚明白，故对道德法则、道德行动的主体或意志的意义，必须做哲学的思辨的工夫，才能把其中的内容充分展示出来。而康德认为，对于含在人的道德意识之中的道德之理做这种思辨的工夫，才可以消解或堵住因感性的反弹而来的自然的辩证。如果自然的辩证是普遍的生命现象，是人要求自己从事道德实践不能避免的，而消解此毛病必须用哲学的分析于实践上，即必须成立实践的哲学，则程伊川与朱子的分解，及由此分解而建构的种种理论，便有其必要。这并非思辨上，而为实践上的必要。这也可以说，以思辨为本质的哲学，对于道德实践而言，是必须要用的工夫。于是思辨与实践的关系可以从两个角度来说，人顺着思辨理性的要求而产生了种种理念，如上帝、自由、不朽或宇宙的整体等，这些都不是思辨理性所能知道的，故并非真正的知识，但通过道德实践的要求，便必须肯定自由意志及灵魂不灭，而由德福一致之为实践的必然对象，故上帝也必须存在，这是理性的实践要求对思辨理性的帮助。另一方面，道德的实践由于一定会遭遇到感性的反弹而产生自然的辩证，而克服此辩证，必须要把在实践中所肯定的道德之理的种种意义充分展示出来，以坚定所信，消解人的存心的滑转，这是哲学的思辨对道德实践的帮助。故理性的思辨与实践之两种使用，是互相补充、缺一不可的。顺着此意来看，则伊川与朱子便是由实践上的要求而引入哲学的思辨；于是，吾人可说，伊川、朱子的分解的表示，是一套"实践哲学"。也可以说，伊川、朱子由于面对了实践上的难题，而表现了哲学之为思辨的特性。

三、孔孟对"仁"的体会及指点"仁体"的方式

上文对伊川、朱子的思想型态作了一些强调，之所以要作此强调，是因为从牟宗三先生开始对于伊川、朱子的思想定调为儒家的"别子"，即认为伊川、朱子的思想不合于孔孟以来的儒学的正宗。我并非反对牟先生此一衡定，只是希望能作一些调整。从上面所说也可以看到伊川、朱子的重分解与从孔孟以来的儒学的义理的大传统，的确是很不一样的。这也可以说，伊川、朱子确是儒学的别派，只是我认为此"别"正表现了实践必须要加上哲学的思辨，才能使实践"以竟全功"之意。亦由于伊川、朱子此一别义，而给出了中国儒学从实践而往哲学的思辨发展的例子。此一发展，按康德的说法是理有必至的。故对于伊川、朱子之为"别"，我希望给出多一些的肯定。当然，若能证成此意，则伊川、朱子这一思想型态，虽非传统儒学的大宗，但亦很重要，为不可少的成德之教之一型态。

当然，吾人不是说，在儒学的传统中只有伊川、朱子才可以表现哲学的思辨，甚至认为只有伊川、朱子才称得上是哲学家。如果因为只有伊川、朱子的见解及其思考的方式才符合康德所谓的哲学的定义，于是只有他们是哲学家，则儒家式的哲学家数量就太少了。其实自孔孟以降，许多大儒都是有意识地要把普遍者或本体，从具体的存在中或活动中抽出来正视之，不止是儒家，道、释的思想家也有此用心，只是他们所用的方式及对普遍者的理解各有不同。即是说，儒道释的重要思想家都是要把"超越的本体"努力地显发出来，而把超越的本体显发出来就是所谓"见体"。当然在佛教不宜说本体，但所谓空性、法性、佛性或佛之本怀、佛法身、佛意，亦可以说是普遍者，甚至是体。此种见体的工夫，应该也合于康德所说的"把具体中的普遍抽出来而成为

抽象的普遍"之义，只是他们的分解方式十分特别。大略是上文所说的即具体而见普遍、既圆融又分解或即用见体、体用不二的方式。此方式虽然特别，但确是可以见体的工夫。本体是普遍的，而且不同于具体的经验现象，则既然可以见体，我们也可以说，这种做法也是把含在具体活动中的普遍者抽出来的工夫，若此说可通，则这也是一种哲学性的思辨，这是从实践上来体悟本体，这种体悟也是把普遍者从具体事情中抽象出来的哲学的工夫。如果这种即具体而见普遍、即用见体的工夫也可以是哲学性的思辨，则这种工夫当然也可以消解或堵住康德所说的因为实践而来的自然的辩证。依儒家，这是通过证悟本体让本体当下呈现于人的生命中，使人的生命活动的主体是相应于无条件律令而行的道德主体，即此时之心是"心即理"之心，这是透过体悟而当下承体起用，当下畅通真正的道德实践的源头。这种承体起用当下使生命成为纯粹的道德之理的流行，当然可以冲破感性欲望的限制。种种私心、习气、成见在本心（道德的本体，此本体成为主体）的呈现下，马上被冲破、消融，这是牟宗三先生所说的逆觉体证的工夫，而他认为自孔孟以来，到周濂溪、张横渠、程明道、胡五峰、象山、阳明、刘蕺山，都是以逆觉体证为工夫，肯定心即理而且理是即存有即活动的义理型态，而为儒学的正宗。此一源远流长而为儒学特别表现的成德之教的型态，如果说其中没有哲学的思辨成分，那是不可思议的，故吾人可说此一即用见体，由逆觉体证以使本体真实呈现，承体起用以开真正实践行动之源的做法，或义理型态是一种特别的哲学的思辨，同样具有康德所说的必须由对道德的一般了解，进到哲学的了解的含义。逆觉体证也可以说是从一般的了解进到哲学的了解。

此一即用见体以显本体的做法，在孔孟的言论中已有表现。孔孟之言往往表现了他们对于本体的体会，也可以看到他们要把在具体中的普遍抽出来体证的用心。只是孔孟常用即事明理的方式讲，其中的深意有时候被日用伦常的事情所掩盖，不容易看到。故对于《论语》的即事言理，及以启发指点的方式来讲学，来显发人的真生命（仁）的说法、方式，需要有明白的分析。《论语》上所说的"弟子入则孝，出则悌"、"居处恭、执事敬、与人忠"，宋儒程明道便认为此是彻上彻下语。即是说圣人是即事言理，在具体的事上可以证形而上的天理，而形而上的天理不能离开事情而另做寻觅。故孔子的教训，固然不能离开伦常日用来理解，但又不能被理解为只是说伦常日用。孔子对于仁，明显地将仁看作为道德行为的根本、价值的根源，及人的真正自我之义。故他说：

"人而不仁如礼何？人而不仁如乐何？"，"礼云，礼云玉帛云乎哉？"，"林放问礼之本。子曰：'大哉问'"，"仁远乎哉？我欲仁，斯仁至矣！""为仁由己，而由人乎哉？"孔子这些话明白表示了"仁"是真正的道德行为的根据，可以说是"本体"，而且此本体不只是德性行为或价值的本体，也是天地生化之本体。故孔子可以说："下学而上达，知我者其天乎！""下学"是就"践仁"说，而践仁的结果，是天可以知我，则践仁与天道在孔子的体会中，一定是可以相通的。故要真正了解孔子的论仁之义，必须对仁作为道德价值的本源与仁即是天道之义，有充分的了解。如果不了解此，要解明《论语》上关键性的说法，就很不容易了。

又孔子要学生理解仁的说法方式，也很特别。他所说的"于汝安乎"、"有能一日用其力于仁也乎，我未见力不足者"、"父为子隐，子为父隐，直在其中矣"都是启发、指点的话，讲解的人要具体说明孔子如何从当下的指点，以显发人的不安不忍的仁心，这是所谓当机指点。通过这一启发指点，人的仁心便会显发出来，而若仁心一旦显发出来，人对仁心、仁体便可以有一明白了解。这是以指点仁心，使其呈现来让人了解仁，这亦可说是"即用见体"的做法。即在仁心仁体呈现时，当下明白何谓仁。父子相隐这一段颇为后人所批评，以为儒学重亲情过于重法治，这诚然是可以检讨的影响，但孔子的原意，或他所着重的意思，需要先讲清楚。孔子本意是要人先反求诸心，看自己是否有真正爱父，或爱子之情。人如果反求诸己而体会到对父母或对儿女，有一股无论如何也不忍离弃的心情，那就是"仁"了。而有此仁心，就会表现出该如何就会如何做的道德行为，此即"直在其中矣"之意。人要作出正直的行为，先要有这价值的根源，即仁心的显发。故孔子此处所要表达的是通过父子相隐的不忍之情来指点人本有的仁心。这一指点确可以使人证悟到有一恒常不变的真情、真生命存在，这是生命的本体，也是一切德性行为的真正根源所在。从"直在其中矣"，可以看出孔子的意思是要人先显发出能够作出正直行为的根据，这是从如何有正直的行为的问题，作出深层的思考，不停留于行为外表的是否正直，而要问表现出正直的行为，其动机或存心应该是什么？有此不安不忍的仁心作为"体"，正直的行为当然就可以表现出来。如果没有此体，而只就外在行为来要求，则表面正直的行为，很可以是最不道德的行为。孔子之言是要启发指点生命的本体，从此处看，孔子之思考很有哲学性，并非只着眼于现实的伦常。

孟子道性善，言必称尧舜，他不满意告子生之谓性之说，而以人人皆有的不忍人之心为真正的人性，这是从人的具体的自然生命活动中洞见道德实践的根源。此一即心言性的见解，确表示了孟子从具体的人的生命活动中见到所以能实现道德行为的本源，而以之为人性，这种洞见非常深刻，也可以说是从具体的道德活动中，显发不可见的道德的本源或本体。故孟子言仁义内在，以道德性为人性，便是一"见体"的做法。能把本体显发出来，也应该就是从具体生活中把本体抽出来的哲学性的思辨。由于孟子所说的人性是道德实践的根据，是普遍的道德心或道德之理，故他所说的人性，也可以说是普遍的人性，此普遍的人性，其为普遍，并不限于人类，而具有绝对普遍性。因此，孟子可以说尽心就可以知性知天。由于天是代表绝对普遍的本体，而尽心可以知性知天，则此心性本体当然是绝对普遍的。故孟子从人皆有不忍人之心而洞见到的，是绝对普遍的本体，这当然表示了孟子作为一大哲学家的灵感与见识。

孟子论舜为天子，其父瞽叟杀人之事例可以与上述孔子父子相隐之言相参。孔子之言表现了似乎不直，而其实是真正的直，或直的本源、根据正在于此之意，其中有吊诡性的玄理。此意也可以用桃应问孟子的事情来做说明：假设舜的父亲瞽叟杀人，舜怎么办呢？孟子认为舜会背着他的父亲逃到人找不到的地方，在这个时候，他把放弃天子的位置一事，看作如同抛弃一双破鞋子一样，毫不在意。但你不要以为孟子主张舜只要顾着父子亲情，不需要理会国法。如果孟子是认为在亲情与国法相冲突时，一定要以亲情为优先，亲情压倒一切，就不会认为舜会放弃他天子的位置，而且也不会主张皋陶要依法处理。所以通过孔子以父子相隐所显发出的，固然是亲情，但也就是普遍的道理，可以说是普遍的道理在具体的伦常中，表现为亲情。而这种亲情并非是受感性影响，要求为了亲人而非徇私不可的血气之情；而是可以让担负各种道德义务的人，各尽其所当尽的、普遍性的要求。故此情是普遍的，说是普遍的理也可以，情与理在此处应该是一体的。故孟子所解释的瞽叟杀人的例子上可以表现了，舜尽子道，而不以子道害君道；而皋陶尽国法之当尽，不以舜为天子而徇私效忠，此表现了客观的臣道。臣子并不只从属于天子，而在国法中，有其客观的地位。如果从孟子的话可以阐明这些意思，则在孟子的对此一例子的讨论中，可以显示出他对普遍性的理是非常有了解的，由此也可以说孟子很富于思辨的精神，只是他的思辨性融入了具体实践之情境中，而没有独立充分表现。

故我觉得孔孟在这些例子上呈现了"普遍者"、本体的意义，如果对于这些言说有真实的感受，也可以恰当地了解理，而把其中的普遍意义逐步展示出来；不是如西方哲人所说，孔子的学说缺乏思辨性。

在不离具体生活而经过启发指点，使人有真实的对普遍者的感受时，也可以具体地领略了其中含有的普遍的意义，此也可以说是即具体即普遍。而且这一种体会普遍者的方式，似乎比在思辨、抽象推理中所了解的普遍之理更为真实。孔孟之后，儒学的发展好像也可以从这个角度来理解。用牟宗三先生的说法，儒家表现了生命的学问，而真理是以内容的真理的方式表现，而不是以外延的真理的方式表现，即是说真理是在真生命的呈现中而给出来。此真理不能离开真生命，有此强度的真生命，便有真理；如果生命的强度弱了，不能真诚，或真切，则此真理也就不能表现。此一说法，我认为是相应于孔孟即事言理，在具体生活中启发、指点，而让听的人当下逆觉其普遍的仁心，此一教法者。而在此中，并非只表现伦理亲情一方面的道理，而是给出了可以使人生种种价值都能彰显而不致互相冲突的基础或根据。有此根据或本体，天理、国法、人情，子道、君道、臣道，各种义务都可以调停妥当，而不会互相冲突，这可以说是实现了正义。

另外，在孟子书中，不只表现了孔子以启发指点的方式来显发仁体之义，对于本心、良知所含的道德之理的种种意义，或以道德性为人性中的内容，即能无条件地按道德法则而行的人格所具有的绝对价值，或从人能践德而看到人的尊严，这种种的由道德心而本具的意义，孟子多能明白地表达出来，故孟子有义利、人禽、王霸之三辨，这可以说孟子既能通过证体或见体的工夫而洞见人生命中的本体，又能将此本来含具于生命中之本体中之种种义理与原则充分地辨示出来，孟子书中这种表现，可以用康德所说的自由与道德法则相涵之意来说明。所谓自由与法则相涵，即从道德法则的开始，会要求人必须要有按照无条件律令而行的自由，如果从自由意志开始，则必须预设此自由意志具有的道德法则。或者可如此表示，要说自由必须要以道德法则为根据，而说道德法则就必须肯定自由。而这也可以说明了何以孟子既能洞见人的自由、自发以实践道德的本心善性，又能分析出道德法则所涵的种种义理，法则与自由二义在孟子的学说中是互相涵蕴的。

四、程明道的既圆融又分解

对于孔子即事明理，即用见体及用启发指点之言说，让人当下显现仁心，而以此作为对仁心的了解方式，宋儒是很能掌握的。此义可以用程明道的言说来证：

> "一阴一阳之谓道"，阴阳亦形而下者也，而曰道者，惟此语截得上下最分明，元来只此是道，要在人默而识之也。（《程氏遗书》卷十一）

此是即表示道不离器，只此存在界，人生活动便即是道；但又表示道不就是这存在界、这人生，道有其超越性，故曰要人默识之。而明道借一阴一阳之活动，指点道之活泼泼的意义。明道又说：

> "只心便是天，尽之便知性，知性便知天。当处便认取，更不可外求。"（《程氏遗书》卷二上）"言体天地之化，已剩一体字，只此便是天地之化，不可对此简别有天地。"（《程氏遗书》卷二上）

此段牟宗三先生认为明道表达了"圆顿化境之一本"义，言只此便是道。人如果当下有所觉悟，则不管处于何种境地，即在此当下之生命活动中，便是天地所以生化不已之道，不是以我的道德实践来符合天道。此处必有一对超越的本体之体认，并非是只就存在之现象说即是道，即不是"自然主义"的以现实存在、生活之欲求为道。此中形上、形下之区分仍是很清楚的，故曰"截得上下最分明"，此一"既圆融又分解"（牟宗三先生语）[1] 的方法，当下即是地将形上之道指点出来，使人对当前之生活有一对形上者的超越的体悟，这是非常特别的。虽是特别，其既圆融又分解之义，确是很明显的。此种证体、凸显超越者或普遍者之方式，很能显示中国传统哲学的精神与特色。当然，此当下从具体生活中看到道不离当下的活动，又与当下的具体可见的活动不同，是有一对道体的体悟在其中的。如果没有对道的体悟，则也不能把不同于现实具体、气化活动的道分别出来。可以说，由于即用见体才能真正体会不离于日用的道的妙用，能体会此就可以对不同于日用的道体本身有一清楚的把握。这便是既圆融又分解的意思，若不知道道与器是圆融在一起不可分的，便不能够体会道之

---

[1] 牟宗三：《心体与性体（二）》，《牟宗三先生全集》第六册，台湾联合报系文化基金会2003年版，第43—44页。

妙；而能够如此体会道之妙，即对道有真实的了解，于是就可以清楚区分道与器之不同。由以上的说明，可知明道此言之特别，他的说法确能把中国哲学的特性清楚表达出来。如果哲学思辨是将普遍者从具体的存在中分解出来，则孔子乃至程明道的这些言说，当然是"哲学性的思辨"，因为他们的讲法都能够把人的真实生命或道体恰当地表达出来。而且不特此也，此种说法表达了道不离开生活才能真实被了解，但道又不同于现实生活之意；从此一意义来看，便显得十分高深玄远了，虽然高深玄远，但乃是从日用实践中说上去的，故也不失其亲切。

五、老庄、王弼与郭象对道的体会

老子书主要是论道，对于道的不可说又不能不说之难题，老子有充分的体会。道是一切存在的根据，但又不同于一切有形的存在，故道不能用论说一切有形的存在之言说来说，但若不对道加以言说，便不能表达人对道的体会，从老子要努力言道，但又表示道不可说之意，可见老子对于道既不离一切存在（所谓和光同尘），但又不同于万物之意义，很有了解。这也表示了，老子有见于普遍性之道，又要把道重具体的存在中抽出来理解的哲学性思考。从这个角度来看，老子书具有哲学性或思辨性是无疑的。当然站在西方哲学的角度看，老子这种把道抽出来理解的言说，可能并不十分充分，或不十分清楚。[①] 但吾人要了解，老子要表达的是透过生命体验中而给出的智慧。即道不能够离开无为、自然或对生命的有为造作的感受来理解。通过对有为造作的生命毛病的感受，而要以无为自然来超越之，则此道并非首先从作为天地万物所以能存在的根据上说，而要从生活体验上说。由无为而体会道，此无为之道正是实现一切人生作为的根据，故此从无来了解的道，既是无为，又是妙有，有体也有用，道的作用也不能离开种种作为来表现。此如上文所说的即用见体或于具体见普遍之义，故老子书虽有通过分解来表达普遍性的道，但比较重视明体以成就生活之用，并不太重视纯智的思辨分析。

庄子将老子所言之道与无，集中在无心的"境界"或"心境"来表达，是很恰当的。而一般对庄子所谓"逍遥无待"义，即"自由自在"，亦有所

---

① 分析哲学家 A.Flew 在其哲学导论书中，对老子思想思辨性不丰富作了评论。

知，但对庄子将道收于无心的，与物一体而化之心境上之言说，便不易了解了。如云"有始也者，有未始有始也者，有未始有夫未始有始也者。有有也者，有无也者，有未始有无也者。有未始有夫未始有无也者。俄而有无矣，而未知有无之果孰有孰无也"（《齐物论》）。据此段，可知庄子认为，道即在这有、无存在而吾人不知孰为有、孰为无之"与物一体而化"之心境中表现。亦可说，道即无心，即在吾人当下可显之无心之主体上表现。庄子如此言道，虽然是用指点、描画的言说，而不是用分解以立义的方式说，但他要将自己所体会到的道的意义显发出来的用心是很明显的。虽然此一对道的显发，是要通过生活实践上的体会才能明白，但也可以说，庄子是要把普遍的道从生活体验中抽出来了解。此如上文所说程明道既圆融又截得上下最分明的表达方式，只要人通过被启发指点而对道有所体悟的话，他对于此普遍的、形而上的道之不同于日常具体的生活，或一切有形的存在，便会有清楚的了解。依此意，庄子原文中所表达的哲学性、思辨性，当然是很强的。即如果能够从庄子言说中，当下体会到道就在无为自然、逍遥无待的心境下体现，则便已达到把普遍者从具体的事情中抽出来理解的目的，而这也就是哲学思辨的目的。

在庄子《齐物论》中，通过对成心的分析，说明人的以我为是、以别人为非的想法，是根深蒂固难以化解的。所谓成心是以二分法为根据的，以同我者为是、不同我者为非，而且是非之外没有第三个可能。由于有此成心，故世人的是非争论永远不绝，而且这种我是彼非的争论，是不能调和的，因为没有我是彼非之外的第三种可能，故人非要把"异己者"打倒不可，这种争论根源，即成心，其实是一种虚幻的想法。按庄子及后来的郭象的见解，其实每一个人都是以己为是、以彼为非，了解此意，就可以相视以笑、莫逆于心。即体会到人人都是此亦一是非、彼亦一是非，而都以我为是、都以彼为非，则此是非之对偶性，就可以化解，于是就可以在彼我是分中看到平齐万物的齐物境界。此是在容许人各一是非的情况下，体会到一普遍的齐物境界，所谓不齐而齐。能有这种体会也可以让成心存在，但对成心可以一笑置之。故这种破成心的做法，也可以说是不破而破。这种心境，应该可以说是普遍的心境，人人都可以表现出来的，庄子以此为道而将其显发出来，也可以说是从具体的生活事物中把普遍者显出来。

故庄子所说的道，如牟宗三先生所说，是一种超越的、凌虚观照的心境或境界①，此种心境并不内在于人间的是非而追问究竟何者为是、何者为非，而是超越是非而见人人都是以己为是、以彼为非，于是对于是非便不需看重或执着，而如是道就可以呈现，这也可以说是境界型态的形而上学。既可以说是形而上学，则其中的哲学性便必须被承认。

老庄的玄谈，在王弼、郭象的注释中，有重大的发明，对于道之形上性格及如何体会道，有特别的说法。

如王弼解《易》"大衍之数五十，其用四十有九。"曰：

> 演天地之数，所赖者五十也。其用四十有九，则其一不用也。不用而用以之通，非数而数以之成，斯易之太极也。四十有九，数之极也。夫无不可以无明，必因于有，故常于有物之极，而必明其所由之宗也。
>
> （此段是韩康伯注解《易·系辞传》所引。）

此言道，即无，不能用无来表示，因用无来说道等于同语重复，而且无是不能表示的。故要说明无，不能不借有来显示，但有并不是道，故从有来显道，便需要从有之作用之极限处，见到有不是有形者所能提供的妙用在。从"有"的作用有其极限而必会穷尽，看到道不能是有形、有限者。譬如说，太阳虽然非常伟大，但也总有燃烧完的一天，故能维持天地不断生化的道，不能止于有形的太阳的力量。故道可以通过有的极限处而被体会，道从人体会到有之极限处，便可以有一清楚的了解。即"有"固然不是道，但道必须要借着"有"之极限而显出。这种做法不正是把普遍者凸显出来的哲学的思辨吗？对于此普遍者，王弼以"不用"、"非数"来表示，"不用而用以之通，非数而数以之成"这表示了非用与用、非数与数是体用的关系。王弼对于体用论，有非常清楚的表达。他也表示了"有"与"用"不能被忽略。要明道，必须要通过形下之有或有形的作用来体会，但可见的"有形"与"有用"并不是道，于有处或有形有用处须作一超越，方可见无形之道。而此意用于人生上，也很有道理。即表示人生伦常、日用事物，当然不可被忽略，但如果只着眼于伦常日用，并不能见道，也不能维持伦常日用的长久存在。如要见道，须于有形处或现实的日用伦常处，见其极限。此对有形者用心或用力，当然是重要的，但如果只着眼于现实人生，便体会不到此现实人生能够得以成就、得以维持的道，如果见不到此无形的道，现实人生也很难不出问题。故道虽不离现实人生，但只着眼于现

---

① 参见牟宗三：《庄子〈齐物论〉讲演录（一）》，台湾《鹅湖月刊》第 319 期（2002 年 1 月）。

实人生并不能证道，即虽必通过有，但有并非目的，此即得象忘言、得意忘象之旨。而此启发了人固然要重视人生，但必须由人生超越上去，而见道之义。而能体认此超越之道，便可成全一切之有。而道依王弼，是由道家义规定，故若能无心、无为，便可成就一切有价值者，而若有心、有为，则不能成全一切不同之有，所谓"越为之，越失之"，若只以"有"为心，"异类便不复具存矣"。故要去成就种种的有，必须具备不受"有"偏限的无为之妙用。此即"守母存子"、"崇本举末"之义，此中有玄理性、吊诡性。王弼的得意忘象论是其工夫论，也含体用论及本体论，王弼通过其工夫论显发不能言说的道的意义，他对于本体或普遍者的理解，当然是很深的。也可以说，在这些说法上，很可以见到王弼哲学性的思辨。

郭象注《庄》，则更有玄义；他用"寄言"之义，对《庄子》书中"尧让天下于许由"及"藐姑射之山有神人居焉"相关各段作出解释，而其解释往往与文章的表面意义相反。如云：

> 夫能令天下治，不治天下者也。故尧以不治治之，非治之而治者也。今许由方明既治则无所代之，而治实由尧，故有"子治"之言，宜忘言以寻其所况。（《庄子·逍遥游》"子治天下，天下既已治也"下注）

这是说明了尧是以无为或无心于天下来治天下的，而且越能无心于治天下，便越能治天下，故在尧的生活中，只看到种种治天下的行为，不能看到这种种治天下的行为所以能够达成的无不为的心境。这可以说是越能无就越能有，在有的充分成就处，就可以证明有无为之本在其中，而此无为之本由于就是成就种种的有或事物的根据，便不宜离开事事物物来了解此本，于是便只能于"为"中体会"无为"，也可以说是只有在"用"中，才可以体会本体。由于体用不离而难以见本体，故要借许由的无为来权示尧的无为之心境，暂时把无为与无不为、本与迹分开一下，但分解了之后，又要融回去，才能说明此无为之本就是成就种种事的根据，故又要把许由只是暂时的显本的方便的形象之意表达出来。故又云：

> 夫自任者对物，而顺物者与物无对，故尧无对于天下，而许由与稷契为匹矣。何以言其然邪？夫与物冥者，故群物之所不能离也。是以无心玄应唯感之从，汎乎若不系之舟，东西之非己也。故无行而不与百姓共者，亦无往不为天下之君矣。以此为君，若天之自高，实君之德也。若独兀然立乎高山之顶，非夫人之有情于自守，守一家之偏尚，何得专

> 此！此故俗中之一物，而为尧之外臣耳。（《庄子·逍遥游》"名者实之宾
> 也。吾将为宾乎？"下注）

由于尧是真正的无心者，故他能以百姓之心为心，所作所为都不是出于自己的主张，而是顺应万物随物而化，所以虽然忙得团团转，但完全不是出于自己的主张，这也是上文所说的，越能无为无心，变越能成事之意，此义当可说明何以无为却可以无不为之故。真正做到内心无为之人，会与物无间，即由于完全不会为自己营求，完全无心者，便会"与物冥"，与物冥即与物合一。如是便会顺外物之要求而回应之，物与我处在有感便应的状态下，所谓"无心玄应，唯感之从"。故真正无心无为的圣人，一定引发了非常丰富的行为事物，而只显示一个一无作为的以清高自持的高人形象的许由，其实只是偏执于一己的想法的人。由于其与物有对，便不会因自然感应而生起种种因应外在的人事物而生的事情，故其生命境界只能达到作为尧的臣子的层次，或只是一个专家而不是顺物而化的圣人。一般都认为庄子原意是赞美彻底无为的许由而贬抑尧，又向往吸风饮露的神人，而认为在世间当王的尧境界很低；但郭象则认为庄子是借许由的拱立山林，不以天下为念，来点明尧治天下，是以无为的心境出之。即庄子是借许由的无为，来阐发尧生命之"本"。把因为有无为之本便一定引发种种成就事物的作为的无心而顺化的境界，暂时分离其迹与本，然后把这借以显本的抽象的圣人形象打掉。而神人的吸风饮露，非人可想象，亦是借以说明圣人之心境。阐明圣人虽处庙堂之中，其心无异于在山林之中，其生命行为虽同于流俗，但其内心境界却是飘然物外，如神人之无所牵挂，这种境界不是凡俗人所能了解的。如云：

> 此皆寄言耳。夫神人，即今所谓圣人也。夫圣人虽在庙堂之上，然
> 其心无异于山林之中，世岂识之哉！徒见其戴黄屋，佩玉玺，便谓足以
> 缨绂其心矣；见其历山川，同民事，便谓足以憔悴其神矣；岂知至至者之
> 不亏哉？今言王德之人，而寄之此山，将明世所无由识，故乃托之于绝
> 垠之外，而推之于视听之表耳。（《庄子·逍遥游》"藐姑射之山有神人居
> 焉"下注）

郭象此处正式表达了寄言是把圣人的本从他的本迹不离中抽象出来的言说方式，但此寄言不只是作譬喻或寓言而已，而是其中有把圣人的心境、圣德与其日用的生活区分出来之意。把圣德寄托在远处的神人身上，便是一种把普遍的圣德与具体现实的存在区分开来的哲学的思辨，也可以说是哲学性的分解，只

是这种分解是借着譬喻或故事来表现。如果理解了此譬喻是把圣德从现实生活中抽离出来的分解，就可以真正了解此譬喻或寄言的意义。郭象所说的"今言王德之人，而寄之此山"便是把圣德寄托在远处的神人之意，这样便把圣人之德与圣人的具体生活分开来，分开了圣德与圣人的具体生活，才可以让人清楚了圣人其实是以无为的心境来治天下的。这种分解也可以说是既分解又圆融的理解方式。圣人的生活与他的圣德是一体而化，不能区分，借迹冥之论，将圣人之迹（冥化了的迹）加以分解，将其中之冥（本）抽出来，以免因迹冥圆融而使冥或本不能彰显，迹冥圆融是圣人的化境，此时冥就是迹，迹就是冥。圣人自然无为，但顺物而表现其应物之用，虽有种种作为，但内心完全不当一回事。郭象此一解释，将圣人的境界（本）与其顺物的表现（迹）区分出来，使人正视圣人之本，不要以为圣人只是世俗认为的忙于治天下，甚至是放不下事情的好权者。其实表面清高无为的人，才是"俗中之一物"。此一做法，确有玄义，亦即是将普遍者从具体中抽象出来。故郭象所谓的"寄言出意"，很明显是要把圣人的化境与圣人的具体生活区分出来，所谓"寄言"是把圣人生命已达到的理想人格通过远在天边的神人作为譬喻，说邈姑射之山的神人不食五谷、吸风饮露，借这个神话表达了圣人的生命境界不同于凡俗，这是一种把融合在现实生命活动中的圣人之高妙境界抽出来，然后说此邈远的神人其实就是百姓眼中、在忙碌生活中的尧。这种借不在世俗生活中的神人来譬喻圣人的无心于万物的境界，就是一种把与现实生活中不隔的圣人境界抽离出来，让人正确地认识之。郭象此一做法，很明显是意识到对于与现实生活不隔，或者只有能够就在现实生活中圆融地表现无心无为的人，才是真正的圣人，而要表达这种圣人的境界，必须要通过寄言的方式把圣人所以为圣人的境界，清楚地表示出来；但表示圣人境界之后，必须要把此境界与现实生活再融在一起，因为如果与现实生活隔开的，或不能融合于现实生活中的圣人境界，便不是真正与物冥，不能迹本圆融，故分解以显圣人境界只是暂时让人清楚明白圣人的真正内心的做法，但此一作法会造成冥与物、本与迹的分离，故又须把这种分离相打掉。郭象的庄子注便曲折地表达了这些意思，说明了不在人间生活的神人，其实只是尧的内心境界的寄托，借遥远而在彼处的神人来譬喻就在眼前的圣人之内心，如是，对圣人之所以为圣人的境界就有一真切的了解。这一方面要把与生活圆融在一起的圣境抽象出来，另外一方面又要想办法表示此圣境并非可以抽象出来了解的，一旦抽象出来就不能真正理解到圣人的圆融化境。可以说这是一种很特别的哲学的思辨。既通过思辨而把不离开具体现实的普遍的理或生命境界抽象出来，但又维持此理或生命境界与现实生活不离不隔的圆融的化境。郭象的庄子注所以一直被认为最能表达庄子的玄义，其故便在于此。郭象用寄言的方式以神人来譬喻圣人，譬喻完了之后，又把神人的形象打掉，认为如什么事都不做的许由其实境界与尧差很远，打掉了这个借以显示圣人境界的无为者的形象，才可以真正了解就在眼前与生活不隔的圣人。此中有把普遍者抽离的思辨，又要有把通过思辨而达现的普遍的理打掉，通过这一曲折的过程，才可以真实而具体地了解无为而无不为，治天下而无心的圣人境界。这种曲折的过程不能说不是哲学的思辨，也不能说不是清晰地把在具体生活中的圣人境界抽出来而让人明白了解，但又不只是分解的、抽象的思辨而已。这如同前文所说的，程明道所理解的"一阴一阳之谓道"所表现的既圆融又分解的做法或体悟，这可能可以说是中国式的哲学思辨。郭象此一做法，表现了深刻的玄义，也可以说表现了中国哲学的重大特色。

六、略说天台宗圆教的义理

郭象用"寄言出意"的表达方式，把道家式的圣人的化境凸显出来，这凸显圣人境界的做法也等于是把普遍者从具体中抽象出来。当然，抽象出来后，又要融回具体的生活，这样才算是真正无为的圣人。即无为的妙用必须在作为中表现，离开了作为，这无为的妙用就显不出来了。故要了解圣人的化境的妙义，需在圣人的作为中体会到这些作为是为而不为、作而不作。这也可以说，离开了"迹"、"作为"便不能体会圣人之妙。此义也可以说明何以中国哲学喜欢用即具体而证普遍，或体用不二的方式来讲道体的缘故。即是说，要真正了解道体的意义，必须要体悟在用中才显体，即在具体中才显普遍者的妙用之义。于是，迹固然需要有本作为根据，但本也必须于迹中显。如上文所表达的，圣人的无为就在治天下之为中而表现，如何表现呢？尧治天下是不为而为、不治而治，这种治与为，与一般的有所为而为之"为"，虽然不同，但也很难分辨。于是，吾人可说同是"为"，但可以是从无为发出来的"为"，也可以是从有为发出来的"为"。此中固然可以分辨，但并不因为有此分辨就把迹或为去掉了。没有了此为或迹，道是不能表现的，也可以说为与迹是客观的、中性的，而如何去表现为与迹，则有迷、悟的不同，这就是"除病不除法"之义。从此处，我们可以简单地说一下天台宗的圆教义。

由于本不离迹，故代表最高境界的佛的智慧，虽然是最高的，不容易达到的，但也必须表现在迹，亦即作为上，此所谓离迹就不能见本。但表现佛的智慧的迹，是怎么样的迹、作为呢？答曰：人生任何一种可能的作为，都可以是佛的智慧所表现的地方，何以如此？因为按佛的悲愿，一定希望所有众生都能成佛，那么人生的一切作为都应该可以是悟道的机缘，如果不是如此，佛的悲愿就不能达成。因为如果离开了众生，及世间种种可能的生活，另有所谓佛道，则不能保证众生可以成佛，若佛与众生相隔，佛所表现的生活，或迹是另外一套，则此套做法不会为众生所有，如是成佛便是远离人生的事情，这便不能保证世间的众生都可以成佛。于是，佛必须即于众生种种生命活动而表现佛道，或佛的智慧、佛法界，必即于九法界。佛必即于九法界众生而成佛，一切众生都是佛境界的呈现，这样才是佛的本怀的完全实现，于是在这种佛教的圆满理想的要求下，一切众生与佛是不相隔的，佛即众生，众生即佛。对于这种圆教义理，天台宗智者大师作了各方面的论述。如他的五时八教的判教说，便认为藏、通、别三教都可以表达佛道，只要明白佛说藏、通、别之意。譬如说当佛在最初成佛时，以顿的方式说华严经，这个是一个表达佛道的教法，但你必须要明白佛意，如果你不明白，你就会以为只有通过华严时的顿的方式才能表达佛的真意。其实并非如此。华严还是圆而兼别相；因为兼别相故一般众生难以企及，故为了使程度较差的众生明白，佛以"渐"的方式来说三法印、四圣谛、十二因缘、八正道等藏教的教义，这是为了使一般众生了解而给出的比较粗浅的教法，但也不能说这是粗浅的教法，所以就不能明道。如果知道佛的心意，也可以即于这种粗浅教法而明佛法。故如果以为藏教比较粗浅，并不足以代表全部的佛法或正宗的佛法，那又是不明白佛意了。但如果停留在藏教的说法中而不往前进，便不能接引比较高明的有智慧的众生，于是佛在方等时说大乘经典，以大小相对的方式，呵责、贬斥小乘，要小乘人更进一步，明白了佛是要人更进一步的心意，便不会认为这种大小相对、呵责、贬斥是佛的真正用意。这是一种权法，所谓方等对，必须明白佛借这种权法来表达真意的用心。然后是般若时，在此时佛的说法是带着大小乘的种种说法而加以融通淘汰，通过这一阶段，就可以会归到真正的佛的真正本怀。佛的本怀是希望一切众生都要成佛，于是通过这种发迹显本、开权显实的方式，就表达了佛所以在不同的时间，给出不同的教法是为了使处境不同的众生都能成佛，说明了人生的不同处境，其实都是佛境界呈现的场所，这如同上文所说的郭象的迹本论。或者是迹本论中，本不离迹，迹用即是道本之义的进一步强调。此即是说，佛的道本表现在迹上，于迹才能实现本，而且此能表现本的迹，是人生一切可能情况都在内，故不管是大乘、小乘，也不管是藏、通、别各教的那一教，都可以是最高境界的佛道的表现。于是圆教是在藏、通、别三教中都可以呈现的；法华、涅槃时，是将前面的四时（华严、鹿苑、方等、般若）畅通觉了而表现，并非是另有一圆教义在前述种种教义之外。由是，就可以推出，法性即无明、一念三千、佛性有恶等种种天台宗的教义。

天台宗以开权显时、发迹显本的方式，表达了佛意，所谓佛意是希望一切众生都能成佛的心愿，为了达成此心愿而展示了天台宗的种种说法。如此说不误，则天台宗的理论，正是把普遍者（此处所说普遍者即是"佛意"）用种种理论铺陈表达出来，此普遍者因为是要与众生为一体的，故也可以说佛与众生相融而分不出佛与众生，分不出佛境界与三千世间法，而天台宗的发迹显本，开权显时的说法或五时八教的判教法，便是把融于具体生活中的普遍的佛道或佛意，抽出来而正式了解之。当然这也是一种哲学思辨，而且这种哲学非常曲折、玄奥。

这种迹不离本，同一行为或迹，可以是佛道，也可以是非佛道的说法，也同于宋儒胡五峰"天理人欲，同体而异用，同行而异情"之说，故牟宗三先生认为胡五峰这一说法表达了"儒家式的圆教"。此义暂不详述。

上文从程伊川的重分解的言论，说明伊川之说合于康德所谓的"哲学"是把普遍的理从具体中抽象出来之义，而此即哲学的思辨。又从此一对哲学的定义说到传统的儒道释的重要说法，虽然不重概念的、逻辑的思辨，但也有非常强烈的要把普遍的道或本体显发出来的意识；而且他们的表达的方式，虽然很特别，也很能明白地把本体的意义阐发出来，又蕴含深刻的、曲折的玄理。依此也可说，传统儒道释的思想很有哲学性。即若显体亦可说是将普遍者从具体的事情中抽象出来看，则此见本体的工夫，便是哲学的思辨；虽然此思辨有点特别，是既圆融而又分解，而非只是分解。如果此说不误，则关于中国是否有哲学，中国哲学的合法性问题，就可以给出一个合理的答案。即既然儒道佛释三教都能显体或见体，则当然是哲学，而且是很有中国或东方特色的哲学。虽然中国哲学由于重实践，重即用见体，而不明显地将普遍之理与具体生活区别出来，但从以上所举的例子来看，不管是儒家还是道家、佛教，都有对于普遍者与特殊者的明白区分的。只是中国哲人区分此二者，往往作出了既圆融，又截得上下分明；既分解，又要打掉通过分解而显示出来的普遍之理或圣德，因为此抽象分解所表示的理或圣德，只是权相，必须打掉才可以真正了解至德必须与具体生活不隔，此种分解的方式是很特别的，可说既分解又保住其非分解的性格，其中颇有吊诡性的玄义。此很可见到中国哲学的特色。可见哲学一方面可以有东西共通的普遍的意义，也可以有东西方不同的特色。把普遍者从具体中抽出来理解，或体证，可以说是哲学的普遍共同的意义，如果没有此义，就不能算是哲学。而表达此普遍者或领会此普遍者之方式，则可以容许东西哲学家各有其不同。

（作者简介：杨祖汉　台湾"中央大学"文学院）

王安石政治哲学发微

梁 涛

一、北宋儒学的整体规划与引庄入儒——
王安石政治哲学的历史、思想背景

内圣外王一语沉寂数百年之后，在北宋重新受到人们的关注，不是偶然的，而是多种社会、学术因素综合作用的结果。首先是北宋儒学复兴整体规划在思想观念上的反映，是对新出现的、不同于汉唐经学的"新儒学"的概念化表达。赵宋王朝建立后，确立了重文抑武的基本国策，剥夺方镇的权力，收精兵由中央统一指挥，粮饷由中央负责供给，任用文臣代替飞扬跋扈的武人充任将帅，同时增设机构、官职，以便分化事权，使官吏相互牵制，结果造成机构臃肿、效率低下，财政上冗官冗费不胜负担，军事上在与辽与西夏的对抗中屡屡处于劣势，不得不割地赔款、输纳币帛，陷入积贫极弱的恶性循环之中。故北宋以文立国，虽经八十年升平世，但法久必弊，政久必腐，至仁宗时各种矛盾已充分暴露出来，迫切需要一场变革来扭转颓势。范仲淹在《答手诏条陈十事》中称：

> 我国家革五代之乱，富有四海，垂八十年，纲纪制度，日削月侵，官壅于下，民困于外，夷狄骄盛，寇盗横炽，不可不更张以救之。[①]

政治上"不可不更张以救之"，思想文化上同样面临种种危机与挑战。赵宋立国之后，沿袭了唐代儒、道、释三教并行的政策，积极扶持佛、道二教的同时，尤关注儒学的复兴，采取了一系列措施提高儒学的地位。北宋政府倡导、崇奉的儒学乃是汉唐以来的注疏之学，这种儒术恪守于章句训诂，拘束于名物

---

① 范仲淹著，李勇先、王蓉贵校点：《答手诏条陈十事》，《范仲淹全集》，四川大学出版社2002年版，第524页。

制度，存在着"穷理不深，讲道不切"的弊端，成为博取功名利禄的手段，显然已不能适应时代的需要了。与之相反，佛、道二教则由于相对超脱于政治之外而得到迅速发展，并分别从从缘起性空和天道自然的角度对宇宙人生作了形而上的理论阐发。佛教视现实人生为虚幻烦恼，不过是苦难轮回的一个阶段，道教则追求长生不死、变化飞升，视现实世界为获得自由幸福的羁绊，二者都主张在名教之外去寻找生命的最终归宿和精神寄托，这对积极入世、视生生之仁为宇宙人生本质的儒学形成极大的冲击和挑战。据宋释志磐《佛祖统纪》记载：

> 荆公王安石问文定张方平曰："孔子去世百年而生孟子，后绝无人，或有之而非醇儒。"方平曰："岂为无人，亦有过孟子者。"安石曰："何人？"方平曰："马祖、汾阳、雪峰、岩头、丹霞、云门。"安石意未解。方平曰："儒门淡薄，收拾不住，皆归释氏。"安石欣然叹服，后以语张商英，抚几赏之曰："至哉，此论也！"①

"收拾不住"说明此时官方倡导的儒术已在社会上失去了影响力，在佛、道的出世主义面前败下阵来。而一种学说一旦失去了打动人心的力量，只能靠政府的提倡维持表面风光，那就离真正的没落不远了。这样，作为对官方化儒术的反动，仁宗庆历时期一场声势浩大的儒学复兴运动在民间士人中不可遏制地出现了，儒者蜂拥而起，各立学统，力图突破章句注疏之学的束缚，回归孔孟，重新阐释儒家经典，从六经中寻找振衰救弊的思想方法。这一儒学复兴运动的主题有二：一是阐发道德性命之学，以解决人生的价值和意义的问题；二是复兴三代礼乐王政，以重建人间秩序和政治宪纲。某种程度上实际是回到了以孔子为代表的早期儒学仁、礼并重的整体规划——以仁确立人生意义、价值原则，以礼建构政治制度和人伦秩序。北宋儒学复兴的两大主题具有内在的联系，其中礼乐刑政、名教事业以天道性命为理论依据，而天道性命则以名教事业为落实处，故是天道性命与礼乐名教并重。但在历史的演进中，二者的结合则经历了一个过程。庆历时期的学者主要关注的是治道问题，对天道性命相对涉及较少，视为不急之务，在学术思想上，主要是一种经世之学。但到了神宗熙宁前后，道德性命却成为学者热议的话题，并通过诠释《论语》"性与天道"、《易传》"穷理尽性以至于命"、《中庸》"天命之谓性"等命题，构成儒学

---

① 志磐著，道法校注：《佛祖统纪校注》下册，上海古籍出版社 2012 年版，第 1091 页。

复兴的又一主题。其中新学、蜀学、关学、洛学等均表现出强烈的理论兴趣，而尤以王安石为代表的新学派开风气之先，所不同者只是各派对道德性命的具体理解而已。

王安石首倡道德性命之功，在宋代学者中已有共识。王安石之婿、曾拜尚书左丞的蔡卞称："宋兴，文物盛矣，然不知道德性命之理。安石奋乎百世之下，追尧舜三代，通乎昼夜阴阳所不能测而入于神。初著《杂说》数万言，世谓其言与孟轲相上下。于是天下之士始原道德之意，窥性命之端云。"① 南宋学者郭孝友亦称："熙（注：熙宁）丰（注：元丰）间，临川王文公又以经术自任，大训厥辞，而尤详于道德性命之说，士亦翕然宗之。"② 这都是肯定经过王安石的倡导，道德性命之说始成为士人热衷的话题。北宋儒家学者关注道德性命问题有其内在的原因，首先是从天道或道体的高度寻绎性命本真，以解决人生信仰和意义的问题。姜广辉先生指出："宋明时期的'问题意识'是解决人生焦虑或曰'内圣'问题。此一时期，儒者突破经典笺注之学，在'性与天道'的深层次的哲学问题上探讨人生的意义与价值的本原。"③《论语》有子贡"夫子之言性与天道，不可得而闻也"之语（见《公冶长》），似表示对于"性与天道"之类的问题，孔子与弟子尚未有深入讨论，而此时却成为学者们热议的话题。究其原因，就是要从儒学内部寻找资源以应对信仰危机，解决精神超越的问题。其次是推论天道、道体为自然、社会的统一性、普遍性原理，为政治宪纲寻找形上依据。这样，经过北宋儒者的不懈努力，终于突破了章句注疏之学的藩篱，打开了义理诠释的新方向，将天道性命与礼乐刑政融合在一起，一方面推阐天道性命以作为礼乐刑政的理论依据，另一方面又锐意于名教事业以作为天道性命之落实处，故是天道性命与礼乐名教并重，形成了不同于汉唐章句注疏之学的新儒学。

在北宋三教并行的文化政策下，庄学与道家（教）其他学说一样，也得到一定的重视和发展，太宗、真宗朝都有提倡《庄子》的举措。④ 但《庄子》受到士人的关注，言《庄》成为一时之风气，则是在北宋中期儒学复兴运动开

---

① 语见蔡卞：《王安石传》，此书已遗，引文见马端临：《经籍考·王氏杂说》，《文献通考》卷四十一，华东师范大学出版社，第960页。

② 谢旻等：《六一祠记》，《江西通志》卷一二六，《景印文渊阁四库全书》第517册，第402页。

③ 姜广辉：《中国经学思想史》卷一，中国社会科学出版社2003年版，第18页。

④ 参见方勇：《庄子学史》第二册，人民出版社2008年版，第6—7页。

始之后，而真正推动庄学发展的则是当时两位儒学复兴运动的代表人物——王安石和苏轼。此于文献有征，如宋人黄庭坚说："吾友几复，讳介，南昌黄氏。……方士大夫未知读《庄》《老》，时几复数为余言。……其后十年，王氏父子以经术师表一世，士非庄老不言。"① 据黄氏之说，在王安石父子以经术师表一世，并大力倡导老庄之前，士大夫中仅有少数人关注《庄子》。但经王氏父子大力倡导之后，便出现了士大夫"非庄老不言"的局面。今人郎擎霄也说："庄学得王、苏之提倡，故当时治《庄子》者已次第臻于极盛，而《庄子》之学遂如日之中天矣。"② 我们知道，北宋中期开始兴起的新儒学在对待佛老的问题上实际存在着两种不同的态度：一种是虽然也坚持儒家的基本立场，但对佛老则采取了开放、包容的态度，并自觉吸收、接纳佛老的思想以运用于新儒学的理论建构之中，一定程度上延续了隋唐代以来三教合一的思想方式。另一种则是严守儒家的价值立场，对佛老持批判、排斥的态度，其受佛老的影响主要表现在思维方式上或者是"隐形"的。在这二者之中，张载、二程等人无疑属于后者，而王安石、苏轼则为前者。王安石、苏轼对庄子的肯定和提倡，正可以从这一点去理解。因此，在北宋儒学的复兴运动中，庄学实际起到了推波助澜的作用，以庄学的宇宙意识和道体观念扩宽自身理论思路和思想视野，某种程度上也是北宋儒学复兴运动的内在要求。

王安石等人关注《庄子》不是偶然的，《庄子》不同于先秦诸子的一个突出特点，是其以宏阔的宇宙意识和超越精神，打破了自我中心，抛弃了个人成见，从道体的眼光来看待人世间的分歧和争执，视各家各派所见不过是主观给予外界的偏见，并非道体之全、宇宙之真。在《齐物论》中，庄子批评了当时争论不休的"儒墨之是非"，不过是"以是其所非而非其所是"，主张"欲是其所非而非其所是，则莫若以明"，也就是以破除了成见之后的虚静之心关照之。而《庄子》中的《天下》、《天道》等篇，则着力阐发了"天地之纯，古人之大体"，也就是大道或道体大全，以之针砭道术为天下裂的时代弊病，破除诸子百家的精神局限，同时兼取各家之长，表现出统合百家的宏大气魄。因此，当王安石等人希望通过吸收佛老以创新、发展儒学，并为此寻找理论依据时，把

---

① 黄庭坚著，刘琳、李勇先、王蓉贵校点：《黄几复墓志铭》，《黄庭坚全集·正集》卷三十一，四川大学出版社 2001 年版，第 835—836 页。

② 郎擎霄：《庄子学案》，商务印书馆 1934 年版，第 337 页。

目光投向《庄子》便是自然而然的了。正如卢国龙先生所说："从某种意义上说，得之于《庄子·天下篇》的道体大全观念，或许就是王安石作为一个理想主义政治家力主改革的思想根源。从庄子的逍遥一世到王安石的以天下为己任，差距似乎很大，但二者的背后都有一个道体大全作为精神支撑。"[①] 需要说明的是，王安石主要接受的是庄子后学黄老派的思想，《天下》、《天道》等篇均属于黄老派的作品，而黄老派与庄子的最大不同，便是一改其超然出世、消极无为为循理而动、积极进取。从这一点看，庄子后学黄老派的内圣外王理想与王安石的以天下为己任之间，差距似乎便没有那么大了。

王安石引庄入儒，对其作儒学化阐释，主要是因为在当时的士人阶层中儒学占有绝对的影响，不如此便无法消除其对庄子的排斥和反感。另一方面，也是为其融合儒道作理论铺垫。在王安石看来，儒家固然缺乏对道体的关注，但道家同样忽视了礼乐教化，二者存在着融合、借鉴的必要。在《老子》一文中，王安石对"道"做"本"、"末"的区分："道有本有末。本者，万物之所以生也；末者，万物之所以成也。本者出之自然，故不假乎人之力，而万物以生也；末者涉乎形器，故待人力而后万物以成也。""本"是天道自然，不需要人力的参与而生化，以自然而成为特征；"末"指人类以礼乐刑政等方式参与到自然的造化之中，使其具有人文化成的意味，因为涉乎形器，需要人力方可完成。"夫其不假人之力而万物以生，则是圣人可以无言也、无为也；至乎有待于人力而万物以成，则是圣人之所以不能无言也、无为也。"因此，道家的无言、无为只适用于天道自然之体，而不适用于礼乐刑政之末。"故昔圣人之在上，而以万物为己任者，必制四术焉。四术者，礼乐刑政是也，所以成万物者也。"但是，老子不明白这一点，"以为涉乎形器者，皆不足言也、不足为也，故抵去礼乐刑政，而唯道之称焉。是不察于理而务高之过矣"。[②] 故是明于天道而暗于人道。与此相反，汉唐儒学有一套礼乐刑政的治世理论，但缺乏对天道性命的思考，是详于人道而略于天道。道家在礼乐刑政人道方面的缺失，表明儒家仍有其不可替代的地位和作用。而对于儒家而言，同样也需要以道家之天道补其人道，将自然天道与礼乐刑政相结合，建构起不同于汉唐儒学的新儒学。

---

① 卢国龙：《宋儒微言》，华夏出版社 2001 年版，第 119 页。

② 以上引文均见王安石：《老子》，《临川先生文集》，中华书局 1959 年版，第 723—724 页。

二、天道性命与礼乐刑政——王安石的政治哲学建构

王安石引庄入儒，是以天道推论人道，从天道性命的角度对礼乐刑政作出论证和说明，将《庄子》的大道、道术与儒家的治世理论结合在一起，而王安石完成这一结合的理论根据，正是来自属于庄子后学黄老派的《庄子·天道》篇。在《九变而赏罚可言》一文中，王安石引用《天道》篇"先明天而道德次之"一段文字为据，展开铺陈、论述：

> 万物待是而后存者，天也；莫不由是而之焉者，道也；道之在我者，德也；以德爱者，仁也；爱而宜者，义也。仁有先后，义有上下，谓之分；先不擅后，下不侵上，谓之守。形者，物此者也；名者，命此者也。……因亲疏贵贱任之以其所宜为，此之谓因任。因任之以其所宜为矣，放而不察乎，则又将大弛，必原其情，必省其事，此之谓原省。原省明而后可以辨是非，是非明而后可以施赏罚。故庄周曰："先明天而道德次之，道德已明而仁义次之，仁义已明而分守次之，分守已明而形名次之，形名已明而因任次之，因任已明而原省次之，原省已明而是非次之，是非已明而赏罚次之。"是说虽微庄周，古之人孰不然？古之言道德所自出而不属之天者，未之有也。①

《天道》篇的这段文字意在通过区分"道之序"，"采儒墨之善"，"撮名法之要"，将仁义、形名、赏罚等纳入大道之中，建构起黄老派的政治纲领。王安石的立论则与此稍有不同，其目的是将道家的形上理论与儒家政治实践相结合，阐明天道以建立政治宪纲，建构儒家的政治哲学。王安石认为，《天道》篇所言实际揭示了政治运作的普遍原则，在儒家《六经》中可以找到根据，二者具有一种对应关系，如"尧者，圣人之盛也，孔子称之曰，'惟天惟大，惟尧则之'，此之谓明天；'聪明文思安安'，此之谓明道德；允恭克让，此之谓明仁义；次九族，列百姓，序万邦，此之谓明分守；修五礼，同律度量衡，以一天下，此之谓明形名"② 等等。因此，以《天道》篇的"九变而赏罚可言也"为纲，将道家的理论思维引入儒家的政治实践，以庄补儒，建构起儒家政治宪纲，克服

---

① 王安石：《九变而赏罚可言》，《临川先生文集》，中华书局 1959 年版，第 710 页。

② 王安石：《九变而赏罚可言》，《临川先生文集》，中华书局 1959 年版，第 710—711 页。

君主直申己意的弊端，便成为合理的选择。

在王安石看来，居于权力顶峰的君主究竟以什么为意志，是天命、天道，还是其个人的好恶之情，将最终决定国家的命运，是个需要穷根究底、认真对待的问题。汉代董仲舒曾提出"屈君而伸天"，试图在君主的个人意志之上建立起一个更高的人格神——天，认为"国家之失乃始萌芽，而天出灾害以谴告之；谴告之而不知变，乃见怪异以惊骇之；惊骇之尚不知畏恐，其殃咎乃至。以此见天意之仁，而不欲陷人也"①。以天为儒家价值的体现者，"仁之美者在于天，天，仁也。天覆育万物，既化而生之，有（又）养而成之……察于天之意，无穷极之仁也"②。试图以此神学化、伦理化的天规范君主的行为，限制其肆意妄为，建构起汉唐儒学的政治宪纲，在历史上曾产生过一定的积极影响。但由于其粗陋的天人感应的论证形式，逐渐遭到人们的怀疑和否定，由此走向了另一个极端，根本怀疑、否认天的神圣、超越性存在，认为不过为头顶上的自然现象而已。"仰而视之曰：'彼苍苍而大者何也？其去吾不知其几千万里，是岂能如我何哉？吾为吾之所为而已，安取彼？'"认为天与人事包括政治活动根本无关。于是君主不再相信个人之上还有更高的权威和法则，"遂弃道德，离仁义，略分守，慢形名，忽因任，而忘原省，直信（申）吾之是非，而加人以其赏罚"。凭一己之私意判定是否，施行赏罚，最终导致天下大乱。因此，如何恢复天的权威，重建儒家政治宪纲便成为急迫的理论课题。而在神学感应论和怀疑论已经难以为继的情况下，王安石把目光投向了《庄子》，取《天道》篇的大道概念为己所用，作为其理论的重要基石。与董仲舒神学意义的天有所不同，王安石的天是指"万物待是而后存者"，即万物赖以存在的形上依据，实际也就是道，故说"天与道合而为一"，"道者天也"。③ 道的另一层含义是"莫不由是而之焉者"，即万物所遵循的理则、法则，而掌握、认识了这一理则便是德，根据德去爱便是仁，爱而得其宜便是义，故我们也可以说王安石将天理则化了。由于天是"万物待是而后存者"，故理则也存在于万事万物之中，是人们包括君王所必须遵守、服从的。具体到政治实践中，君主必

---

① 董仲舒著，钟兆鹏主编：《春秋繁露校释》上册，河北人民出版社2005年版，第346页。按，此段文字原属《必仁且智》，钟兆鹏称"旧本有'其大略之类……而况受天谴也'一大段，与仁、智无关，乃《二端篇》之文，错简于此。今移入《二端篇》末"（同上书，第588页）。

② 董仲舒著，钟兆鹏主编：《春秋繁露校释》下册，河北人民出版社2005年版，第732页。

③ 容肇祖：《王安石老子注辑本》，中华书局1979年版，第23、45页。

须遵守、执行"九变而赏罚可言"的政治程序，将主观意志客观化，消解其因权力而产生的非理性冲动，将权力运作纳入理性轨道，以实现对君主权力的规范和制约。王安石钟情于《庄子》，正在于这一点，故认为庄子（实际为庄子后学黄老派）的"五变而形名可举，九变而赏罚可言"，"语道而非其序，安取道？""圣人亦不能废。"① 这样，通过引入庄子（实际是其后学）大道和天的概念，王安石重建儒家的政治宪纲，既可以坚定地主张"灾异皆天数，非关人事所得失所致"，又消除了人们对于"人君所畏惟天，若不畏天，何事不可为者"② 的担忧，对儒学理论作出重要发展。

在大道的九变之序中，天、道德为天道自然，属于本；仁义、分守、形名等，功能上类似于礼乐刑政，属于末。这样王安石便从本、末的角度，对道家的天道自然与儒家的礼乐刑政作了区分和说明，并试图将二者融为一体。一方面，儒家的礼乐刑政应以道家的天道自然为依据，需建立在理性原则的基础之上，符合"天下之正理"。另一方面，礼乐刑政又是"人力"的产物，需要符合人心人性，随人心人性的历史变化及时代特征而进行调整。只讲天道而不讲人为，则流于道家式的消极无为，"蔽于天而不知人"（《荀子·解蔽》）；只讲人为而不讲自然，则流于法家式的刻薄寡恩，"蔽于法而不知贤"（《荀子·解蔽》）。故在《礼论》篇中，王安石明确提出，"夫礼始于天而成于人，知天而不知人则野，知人而不知天则伪"。这里的"天"指天道，也指人之天性，由于天道性命贯通，二者实际是一致的。而"人"指人为制作。虽然礼出于人为制作，但必须符合天道、人性，否则便蜕化为法家之法，成为外在的强制和压迫。基于这种认识，王安石推阐性命之理，探讨人性善恶，并进而对礼乐刑政作出了论证和说明。

在人性问题上，王安石对于孔子以后的观点均持否定态度，而主张回到孔子的"性相近，习相远"，这可以说是王安石对于人性的基本态度。在对"性相近"的理解上，王安石早期曾一度接受了孟子的性善说，以性善理解"性相近"，③ 后又以太极言性，持自然人性论，这与其受《庄子》的影响，以

---

① 王安石：《九变而赏罚可言》，《临川先生文集》，中华书局1959年版，第711页。

② 脱脱：《宋史·富弼列传》第二十九册，中华书局1977年版，第10255页。

③ 今《临川文集》中收录有《性论》篇，该文原见《圣宋文选》，实际主张性善论。陈植锷认为，王安石的人性论经历了由早年的"性善论"向成熟时期的"性情一也"和"以习言性"的转变，并将《性论》看作前一阶段的作品，参见陈植锷：《北宋文化史述论》，中国社会科学出版社1992年版，第278—279页。

自然天道为本显然存在一定的联系。在《原性》一文中，王安石提出："夫太极者，五行之所由生，而五行非太极也。性者，五常之太极也，而五常不可以谓之性。"① 太极即道，太极不同于具体的五行，故不可以五行理解太极。同样道理，性作为太极，也不同于具体的仁义礼智信五常，亦不可以五常视之。这代表了王安石成熟时期的思想。在王安石看来，性与情不同，存在"未发"、"已发"，体用的区别。"喜、怒、哀、乐、好、恶、欲未发于外而存于心，性也；喜、怒、哀、乐、好、恶、欲发于外而见于行，情也。性者情之本，情者性之用。故吾曰性情一也。"人们所说的善恶只能是就情而言，而不能指性。"性情之相须，犹弓矢之相待而用，若夫善恶，则犹中与不中也。"② "喜、怒、爱、恶、欲而善，然后从而命之曰仁也、义也；喜、怒、爱、恶、欲而不善，然后从而命之曰不仁也、不义也。故曰，有情然后善恶形焉。然则善恶者，情之成名而已矣。"③ 所谓善恶只能存在于人的社会关系之中，是对于一定的社会伦理准则而言，情感的表达符合此准则便是善，不符合便是恶。因此，在王安石那里，仁、义是一个伦理性的概念，是对情感表达结果的判断和称谓，而不是心性中固有的内在品质。④ 它们只能说明情和习，而不能规定性。故对于孟子的性善说、荀子的性恶说，以及韩愈的性三品说，王安石均持否定的态度，认为其所讲都是情、习，而非性。"诸子之所言，皆吾所谓情也、习也，非性也。"相比较而言，扬雄的性恶混比较可取，但仍未摆脱以习言性的藩篱。"杨子之言为似矣，犹未出乎以习而言性也。"⑤ 他认为表达人性最为恰当、最有价值的，还是孔子的观点。"孔子曰：'性相近也，习相远也。'吾是以与孔子也。"⑥

与其他人性观点不同的是，孔子的"性相近"没有对人性作善恶的判断，

① 王安石：《原性》，《临川先生文集》，中华书局 1959 年版，第 726 页。
② 王安石：《性情》，《临川先生文集》，中华书局 1959 年版，第 715 页。
③ 王安石：《原性》，《临川先生文集》，中华书局 1959 年版，第 726 页。
④ 王安石某些表述似乎也承认性有善有恶，如，"盖君子养性之善，故情亦善；小人养性之恶，故情亦恶。"（王安石：《性情》，《临川先生文集》，中华书局 1959 年版，第 715 页）"道有君子有小人，德有吉有凶，则命有顺有逆，性有善有恶，固其理。"（王安石：《再答龚深父〈论语〉〈孟子〉书》，《临川先生文集》，中华书局 1959 年版，第 765 页）但这里的善恶应是指性中所具有的可能导致善恶的倾向或因素，与情之善恶有所不同。
⑤ 王安石：《原性》，《临川先生文集》，中华书局 1959 年版，第 726 页。
⑥ 王安石：《性说》，《临川先生文集》，中华书局 1959 年版，第 727 页。

只是指出其有相近或相同的本性，这为理解人性的丰富性、复杂性打开了一个独特的视角。人性本来就有多种表现，而最突出的莫过于情感和欲望，这些表现又往往是相近的，是人类所共有的。对于人性而言，重要的是相近和共有，至于善恶倒在其次，或者说可共存、共有的便是善，不可共存、共有的便是恶。将这一理念应用到政治中，便是执政者不可用预先设定的道德标准对民众做"穷天理，灭人欲"式的道德教化，而是应努力发现民众共有之本性，以立法的形式承认其合理性，列入国家政治宪纲，作为行政举措的重要内容。这，或许就是王安石从孔子"性相近"命题中获得的启示。的确，与北宋时期突出道德人性，严分天地、气质之性的理学家相比，王安石的思想更多地体现了对民众的物质利益、情感欲望的关注和肯定。如，"世俗之言曰，'养生非君子之事'，是未知先王建礼乐之意也。养生以为仁，保气以为义"①。这是明确肯定先王制作礼乐的目的就在于养生，并以养生和保气来理解仁、义，这不仅在北宋时期显得较为特殊，在整个思想史上都值得特别关注。正因为如此，王安石高度肯定杨朱"为己"的合理性，其人性论实际是从"为己"讲起的。"杨子之所执者为己，为己，学者之本也。墨子之所学者为人，为人，学者之末也。是以学者之事，必先为己，其为己有余，而天下之势可以为人矣，则不可以不为人。……由是言之，杨子之道，虽不足以为人，固知为己矣；墨子之志，虽在于为人，吾知其不能也。……故杨子近于儒，而墨子远于道，其异于圣人则同，而其得罪，则宜有间也。"②与孔子的为己之学不同的是，杨朱的为己不是就修身、成德而言，而是包含了对个体物质利益、生命权利的关注。王安石主张"为己，学者之本也"，正是着意于这一点。但是"杨子知为己之为务，而不能达于大禹之道也，则亦可谓惑矣"，杨朱没有由"为己"进一步达到"为人"，"失于仁义而不见天地之全"③，这是其不足和问题所在。而儒家则是在"尽己之性"的同时，又"尽人之性"，是为己、为人相统一，是全学，而非偏学。而这，恰恰是建立在"性相近"的基础之上的。

在王安石看来，每一个体都有其喜怒哀乐未发之性，包含潜在的情感、欲望等，代表了个体的感性存在。但个体之性还只是一己之私性，会受外物的

---

① 王安石：《礼乐论》，《临川先生文集》，中华书局 1959 年版，第 703 页。

② 王安石：《杨墨》，《临川先生文集》，中华书局 1959 年版，第 723 页。

③ 王安石：《杨墨》，《临川先生文集》，中华书局 1959 年版，第 723 页。

引诱而流于偏狭，甚至导致个体之间的冲突。但由于"性相近"，人与人之间的性是相近、相通的，可在个己之性的基础上归纳出彼此都可认可的共性，既肯定个己之性，又不侵害他人之性，使天下之人各遂其性。这可以说是王安石从"性相近"命题中引出的一个重要思想，已触及到近代政治哲学的主题，在思想史上具有非凡的意义。对于个己之性，王安石也称为"生"，而对由其进一步发展出的共性，王安石则称为"性"，此性也可称为"大中"之性。①"大"言其普遍也，"中"言其恰当也。根据古代"即性言性"的传统，生、性往往可互训，生也就是性。但在王安石这里，生、性则是有区别的。其在《礼乐论》一文称："生浑则蔽性，性浑则蔽生，犹志一则动气，气一则动志也。"生指个己之性，其不明则会遮蔽大中之性。同样的道理，不确立起大中之性，个己之性也无法真正实现。二者相依而相成，正如志、气可以互相影响一样。一般的人喜欢随情逐欲，向外追求，故往往面对的是"生"，而难以认识到普遍的"性"。只有少数的圣人能够通过反求诸己、推己及人，发现普遍之"大中"之性。"圣人内求，世人外求，内求者乐得其性，外求者乐得其欲，欲易发而性难知，此情性之所以正反也。"如果说"性本情用"是从本体、本源立论的话，那么"欲易发而性难知"则是从作用、表现而言。"性情一也"与"情性相反"在形式逻辑上似乎是矛盾的，但若换一个角度，二者又是统一的。前一命题从本体的角度肯定了性情的统一性，后一命题则从功夫、实践的角度提示人们，还需由情及性，由个己之"生"达至普遍之"性"。对此，王安石有详细的描述：

> 神生于性，性生于诚，诚生于心，心生于气，气生于形。形者，有生之本。故养生在于保形，充形在于育气，育气在于宁心，宁心在于致诚，致诚在于尽性，不尽性不足以养生。②

这段文字涉及"形"、"气"、"心"、"诚"、"性"、"神"等概念，是王安石思想

---

① 王安石常常使用"大中"的概念，如，"闻古有尧、舜也者，其道大中至正。"（王安石：《上张太博书二》，《临川先生文集》，中华书局1959年版，第810页）"伏维皇帝陛下，绍膺丕绪，懋建大中。"（王安石：《贺南郊礼毕表》，《临川先生文集》，中华书局1959年版，第1061页）

② 以上引文均见王安石：《礼乐论》，《临川先生文集》，中华书局1959年版，第702—703页。《礼论》、《礼乐论》等篇，李之亮认为皆荆公"元丰（注：神宗年号，1078—1085）初年居金陵时作"（王安石：《王荆公文集笺注》，中华书局1959年版，第1030、1033页），故代表了王安石变法政治实践时的思想。

中最为晦涩难懂，也是最值得关注的部分。以往研究者或有意回避，或语焉不详，鲜有探其旨者。其实，这段文字乃是从功夫、实践的角度阐明由"生"到"性"乃至于"神"的提升过程，是破解王安石政治哲学的关键所在。"形"是"生"之载体，有生则有形。由"形"生发出"气"，此气与形相连，故属于与人之生命力有关的血气、情气①，指情感、欲望而言。由"气"生发出"心"，也就是理智开始发挥作用，对由气而来的情感、欲望等作出选择、判断、取舍等。在"心"之上又有"诚"，此诚即《中庸》之诚，不仅指真诚、真实无妄的内心境况，还指推己及人的感通能力，所谓"唯天下至诚为能尽其性。能尽其性，则能尽人之性"（《礼记·中庸》）。王安石看重诚，将其置于心之上，其用意也在于此。"诚"之后才是"性"，此性乃大中之性，是普遍之性，其源于生而又不同于生。"性"之上又有"神"，此神乃"与道为一"、"同于大通"后所获得的神秘的感知、领悟能力。由于神的获得是在由生及性的提升之后，故王安石称"去情却欲，而神明生矣，修神致明，而物自成矣"②，"去情却欲"不是要完全否定情，不同于李翱的"灭情"③，而是要舍弃不符合大中之性的情，实际涉及的还是生和性的关系。在王安石看来，生与性是相依相成的，"生与性之相因循，（犹）志之与气相为表里也"。一方面"不养生不足以尽性也"，养生的目的是为了尽性——此"尽性"虽来自孟子，但不同于孟子的扩充四端之心，而是要达至大中之性。另一方面"不尽性不足以养生"，不确立起大中之性，不确立起社会的秩序、法度，则不能使天下人养其生。"先王知其然，是故体天下之性而为之礼，和天下之性而为之乐。"④先王体察天下之性，通过制礼作乐，以立法的形式将其确立下来，使天下之人得以"养生守性"。这是礼乐得以产生的原因所在，也是礼乐在人类社会中的价值和作用所在。

　　衣食所以养人之形气，礼乐所以养人之性也。礼反其所自始，乐反

---

① 参见梁涛：《"德气"与"浩然之气"》，《中国哲学史》2008 年 1 期。

② 王安石：《礼乐论》，《临川先生文集》，中华书局 1959 年版，第 703 页。

③ 李翱有"复性"说，认为"人之所以为圣人者，性也；人之所以惑其性者，情也。喜怒哀惧爱恶欲，七者皆情之所为也。情既昏，性斯匿矣。非性之过也，七者循环而交来，故性不能充也。""性者天之命也，圣人得之而不惑者也；情者性之动也，百姓溺之而不能知其本者也。"见李翱著，郝润华校点，胡大浚审定：《复性书》，《李翱集》，甘肃人民出版社 1992 年版，第 1—8 页。

④ 王安石：《礼乐论》，《临川先生文集》，中华书局 1959 年版，第 703 页。

其所自生，吾于礼乐见圣人所贵其生者至矣。

圣人之遗言曰："大礼与天地同节，大乐与天地同和。"盖言性也。大礼，性之中；大乐，性之和。

礼者，天下之中经；乐者，天下之中和。礼乐者，先王所以养人之神，正人气而归正性也。①

衣食是养人之形气，即个己的情感、欲望，礼乐则是"养人之性"，此性为大中之性，普遍之性，而"养性"的目的仍然是为了"贵其生"。只有圣人帮助我们确立了普遍的性，我们才能更好地满足生，这正是圣人制定的礼乐所具有的功能，因为其既符合天道，又合于人性，是"性之中"、"性之和"，所以能够"正人气而归正性"，规范个体的情感、欲望，使其达于普遍之性。这样圣人制定的礼乐便成为国家政治的基本原则，大纲大法，而刑政则是实现这一原则的法律制度、行政举措等。

由于王安石强调礼乐之"养生"、"贵生"，其论刑政更多将理财作为重要内容。"政事所以理财，理财乃所谓义也。一部《周礼》，理财居其半，周公岂为利哉？"②他在《上仁宗书》中指出，"盖因天下之力以生天下之财，取天下之财以供天下之费，自古治世未尝以不足为天下之公患也。"③在《马运判书》中则提出，"富其家者资之国，富其国者资之天下，欲富天下，则资之天地"④。"资之天地"即通过发展生产，向大自然索取财富。不过，政事的根本还不在于生财，更重要的是理财，即财富的分配。"盖聚天下之人，不可以无财；理天下之财，不可以无义。"⑤这里的"义"便是财富分配中应遵循的道义、正义。王安石接受了孟子"民之为道也，有恒产者有恒心，无恒产者无恒心"（《孟子·滕文公上》）和"明君制民之产"（《梁惠王上》）的思想，主张使民"得其常产"，"得其常产则福矣……使人失其常性，又失其常产，而继之以扰，则人不好德矣"。⑥但在井田（均田）废弃、土地可以自由买卖的情况下，土地兼并成为不可逆转的事实，结果只能是贫者益贫、富者益富，"富者

① 王安石：《礼乐论》，《临川先生文集》，中华书局1959年版，第703—704页。
② 王安石：《答曾公立书》，《临川先生文集》，中华书局1959年版，第773页。
③ 王安石：《上仁宗皇帝言事书》，《临川先生文集》，中华书局1959年版，第417页。
④ 王安石：《与马运判书》，《临川先生文集》，中华书局1959年版，第795页。
⑤ 王安石：《乞制置三司条例》，《临川先生文集》，中华书局1959年版，第745页。
⑥ 王安石：《洪范传》，《临川先生文集》，中华书局1959年版，第697页。

兼并百姓，乃至过于王公，贫者或不免转死沟壑"①。究其原因，就是因为"世人外求……外求者乐得其欲"，一般人只知生，不知性，故寻情逐欲，不知节制；而只有少数圣人可以通过内求，发现普遍的性，故"世之所重，圣人之所轻；世之所乐，圣人之所悲"②。历史上，《周易·谦》卦曾提出"君子以哀多益寡，称物平施（孔疏：称此物之多少，均平而施）"，《老子》更是宣称"损有余以补不足，天之道也"。在王安石看来，这些都是属于"圣人内求"的见道之言，故多次引用，表示赞叹和欣赏③，并作为变法实践的指导思想，主张以"义"重新分配财富，真正实现"先王建礼乐之意"。

> 夫以义理天下之财，则转输之劳逸，不可以不均；用度之多寡，不可以不通；货贿之有无，不可以不制；而轻重敛散之权，不可以无术。④

"不可以无术"指对"轻重（注：即'币重'、'币轻'，指货币价格的变化）敛散（注：聚集和发散，指国家对粮食物资的买进和卖出）之权"必须有所控制。王安石认识到，要想均转输、通用度、制货贿，就必须让国家掌控"轻重敛散之权"。北宋虽然建立起中央集权的政治制度，但由于采取了不抑兼并、相对宽松的经济政策，"出纳敛散之权，一切不归公上"⑤，国家经济命脉并不掌握在国君之手，而是被大官僚、大地主、大商人所控制，他们聚敛财富，造成贫富悬殊，加剧社会内部的对立。然而当时的"俗儒"却对这种兼并、聚敛熟视无睹，采取宽容、放任的态度。"俗儒不知变，兼并可无摧。利孔至百出，小人私阖开"⑥，结果是"有财而莫理，则阡陌闾巷之贱人，皆能私取予之势，擅万物之利，以与人主争黔首，而放其无穷之欲"⑦。要改变这一状况，就必须将"轻重敛散之权"收归国家，"人主擅操柄，如天持斗魁。赋予皆自我，兼并乃奸回。奸回法有诛，势亦无自来"⑧。只要国家重新掌握了"轻重敛散之

---

① 李焘：《续资治通鉴长编》第 17 册卷二百四十，中华书局 2004 年版，第 5830 页。

② 王安石：《礼乐论》，《临川先生文集》，中华书局 1959 年版，第 703 页。

③ 王安石：《易象论解》、《与孟逸秘校手书》，《临川先生文集》，中华书局 1959 年版，第 698、823 页。

④ 王安石：《乞制置三司条例》，《临川先生文集》，中华书局 1959 年版，第 745 页。

⑤ 李焘：《续资治通鉴长编》第 17 册卷二百三十一，中华书局 2004 年版，第 5623 页。

⑥ 王安石：《兼并》，《临川先生文集》，中华书局 1959 年版，第 114 页。

⑦ 王安石：《度支副使厅壁题名记》，《临川先生文集》，中华书局 1959 年版，第 861 页。

⑧ 王安石：《兼并》，《临川先生文集》，中华书局 1959 年版，第 114 页。

权"、"取予之势"，就叮"以政令均有无，使富不得侵贫，强不得凌弱"①，"哀多益寡"、"损有余补不足"，"均天下之财，使百姓无贫"② 了。

三、孔孟之道与孔荀之制——王安石
政治哲学的定位与评价

王安石通过吸收道家尤其是《庄子》中的大道、道术概念，并对其做本、末的区分，将道家的天道自然与儒家的政治伦理相结合，为儒家的政治宪纲寻找形上根据，建构起天道性命与礼乐刑政相贯通的新儒学体系。这一体系曾在北宋产生了广泛、深远的影响，随着北宋的灭亡以及理学的兴起，又遭到彻底的否定和批判。今天如何重新审视这一曾产生重大影响的儒学体系，对其作出合理的评价，检讨其所得和所失，仍是一个值得深入探讨的理论问题。从内容上看，荆公新学的突出特点是融合儒道，这样如何协调道家之体与儒家之用的关系便成为理解和评价其思想的关键。如有学者指出的，荆公新学的不足就在于没有将道家的自然理性与儒家的人文情怀有机地结合起来，自然理性被看作第一义的，人文情怀被作为第二义的，关于天道的解释不受人道人文、人心所向的制约，这就难免走向独断，成为政治强势的特权。③ 不过从王安石的思想来看，他还是试图贯通天道与人道，认为政治实践既要体察天道，符合天下之正理，又要考察人心人性，并上升为性命之理。只不过其所谓天道是自然天道，其性命是自然人性，人道则主要落实为礼乐刑政，这与程朱理学以仁义为中心所建构的天道性命之学自然有着根本差别。或许我们可以说，王安石将自然理性看作是第一义的，将道德仁义看作是第二义的，道德仁义甚至要服从理性的法则。在北宋儒学以仁确立人生意义、价值原则，以礼建构政治制度和人伦秩序的两大主题中，王安石明显偏向后者，其所建构的主要是一种政治儒学，是外王之学，而没有从仁学的角度建构起儒家的内圣之学或心性儒学。

从儒学内部的发展来看，孔子创立儒学重在仁与礼，仁指成己、爱人，主要属于道德的范畴；礼的核心是名分，代表人伦秩序，偏重于政治。仁与礼

---

① 李焘：《续资治通鉴长编》卷二百四十，中华书局 2004 年版，第 5830 页。

② 李焘：《续资治通鉴长编》卷二百二十三，中华书局 2004 年版，第 5434 页。

③ 参见卢国龙：《宋儒微言》，华夏出版社 2001 年版，第 24 页。

的关系如何，或者如何使二者得到统一，便成为儒学内部的一个基本问题，所谓内圣外王某种意义上实际也就是仁学与礼学的关系问题。从孔子的本意来看，他是想以仁成就礼，以礼落实仁，故一方面称"人而不仁，如礼何？人而不仁，如乐何？"（《论语·八佾》）另一方面又强调"克己复礼为仁。一日克己复礼，天下归仁焉"（《论语·颜渊》）。但不论是仁还是礼，都有自身的性质和特点，有自身的发展逻辑和理论建构。就人性论而言，由于仁代表一种自觉向上的道德力量，突出的是人的自主性、主体性，故由仁出发必然走向性善论，后孟子"道性善"，提出"仁，人心也"（《孟子·告子上》），以四端之心释仁，使夫子之旨"十字打开"，"更无隐遁"，可谓对孔子仁学的合乎逻辑发展，后世称为"孔孟之道"，确乎有因。与之相反，礼则代表了一种规则和秩序，其本质是对人的情感、欲望及需求的调适和节制，更多强调的是规范性、外在性，故以礼为本往往会走向自然人性论，甚至强调人性之恶，后竹简《性自命出》提出"礼作于情"，荀子主张"礼者，养也"，认为礼之作用是消弭纷争，"养人之欲，给人之求"（《荀子·礼论》），可谓是这一理路的必然发展，先秦儒学史上同样存在着"孔荀之制"。如果说孟子主要继承了孔子的仁学，发展出一套心性儒学的话，那么，荀子则发展了孔子的礼学，建构起一种制度儒学。前者偏重于道德，后者侧重于政治，二者虽互有联系，但却有不同的适用范围，遵循不同的原则，自然也有着不同的人性论建构。就形上学而言，以仁为中心，为仁学寻找形上根据，必然突出天的道德属性，以德（仁、诚、心等）为联系天人的纽带，《中庸》提出"诚者，天之道；诚之者，人之道"，一方面讲"天命之谓性"，另一方面又讲"能尽其性，则能尽人之性。能尽人之性，则能尽物之性"，乃至"赞天地之化育"，"与天地参"（《礼记·中庸》）。孟子提出"此天之所与我者"（《孟子·告子上》），同时主张"尽其心者，知其性也。知其性，则知天矣"（《孟子·尽心上》），走的均是这条路线。相反，突出礼的地位，为礼学寻找形上根据，往往会侧重天的自然属性，荀子讲"礼有三本"，认为"天地者，生之本也"，其天地主要指自然生长意，其学说也落在"天生人成"之上。从这一点看，王安石取道家之天道，"其道存乎虚无寂寞不可见之间"，又持自然人性论，虽然"始原道德之意，窥性命之端"，开一时之风气，但其所建构的主要是一种道家的形上学，其言天道性命带有浓厚的道家色彩，主要是为儒家的礼乐刑政提供了形上依据，作出了理论论证，而没有或无法为儒家的仁学奠定理论根基。所以王安石虽然在思想、情感上更倾向孟子，并一度接受性善论，但部分由于道家形上学的缘故，最终还是选择了自然人性论。在政治实践上，王安石重视的也是孟子善、法并重的有关论述，而不是其"以不忍人之心，行不忍人之政"（《孟子·公孙丑上》），过分强调性善作用的主张。表面上看，孟子和王安石都主张仁政不难，尧舜易法，但孟子强调的是"人皆有不忍人之心"，"以不忍人之心，行不忍人之政，治天下可运之掌上"（《公孙丑上》）。而王安石则是说明圣人之政、先王之法并非高不可及，而是根据常人的情性、需求制定的。"尧舜所为，至简而不烦，至要而不迂，至易而不难。但末世学者不能通知，常以为高不可及，不知圣人经世立法，以中人为制也。"[1] 孟子由于突出仁心、善性，认为"君仁莫不仁，君义莫不义，君正莫不正。一正君而国定矣"，故将"格君心之非"视为政治的关键和根本（《孟子·离娄上》）；而王安石则强调在君主之上有更高的天或天道，并将礼乐刑政的建构以及"九变而赏罚可言也"的权力运作作为政治的主要内容。就此而言，王安石虽然对荀子存在较多误解和批评[2]，而与孟子思想一度更为密切，但其所延续的仍主要是"孔荀之制"，而不是"孔孟之道"；选择的是孔荀的路线，而不是孔孟的路线。

当然，作为生活于北宋并受到佛老影响的思想家，王安石不是简单回归早期儒学，而是从形上本体或天道性命的高度对儒家基本问题作出论证。一方面由天而人，推天道以明人事，将天道的普遍原则贯彻到具体的人事之中；另一方面由人而天，从具体的人性中抽绎出普遍之性，安身崇德，以德配天，二者存在双向互动关系。不过由于王安石将道理理则化，认为"莫不由是而之焉者，道也"，认为道乃万物普遍遵循的理则、法则，故在思想上表现出重"理一"，以"理一"统摄"万殊"的倾向。在《致一论》中，王安石称：

> 万物莫不有至理焉，能精其理，则圣人也。精其理之道，在乎致其一而已。致其一，则天下之物可以不思而得也。《易》曰"一致而百虑"，言百虑之归乎一也。苟能致一以精天下之理，则可以入神矣。既入于神，则道之至也。夫如是，则无思无为寂然不动之时也。虽然，天下之事固

---

[1] 王称撰，孙言诚、崔国光点校：《东都事略·王安石传》第一册，齐鲁书社 2000 年版，第662 页。

[2] 王安石对荀子的批评或出于误解，或出于成见，如《荀卿》、《周公》两文（见王安石：《临川先生文集》，中华书局 1959 年版，第 721—722、677—678 页）。关于王安石与荀学的复杂关系，将有专文讨论，此处不展开。

有可思可为者，则岂可以不通其故哉？此圣人之所以又贵乎能致用者也。致用之效，始见乎安身，盖天下之物，莫亲乎吾之身，能利其用以安吾之身，则无所往而不济也。无所往而不济，则德其有不崇哉？故《易》曰"精义入神以致用，利用安身以崇德"，此道之序也。①

"至理"即最高的理，是万物遵循的普遍原理。掌握了这一"至理"，将其运用到具体的事物中，就可以执一御万，"不思而得也"。认识"至理"的方法在于"致其一"，这里的"致一"不仅仅指内心的专注、专一，更重要的是从万殊之理中认识最高的理，"百虑之归乎一"。一方面"至理"是最高的，体现在万物之中；另一方面，事物的理又是具体的，具有分殊的特点，故需要从分殊之理中体会、把握、认识最高的理。"圣人之学至于此，则其视天下之理，皆致乎一矣。天下之理皆致乎一，则莫能以惑其心也。"② 这样便进入"入神"的境地，是为道之极致。入神属于道之本，是形而上的，是"无思无为寂然不动"的，其目的则是要致用。致用属于道之末，是形而下的，是"可思可为"的，其表现则首先是要安身。王安石突出安身，主张"利其用以安吾之身"，表现出对个体感性生命及物质利益的关注，显示了鲜明的时代特色。不过王安石既谈"爱己"，也谈"爱人"，"爱己"、"为己"恰恰要通过"爱人"、"为人"来实现。如果说爱己主要体现在安身上，那么爱人便要崇德了，只有从个己之性中发现普遍的"大中之性"——实际也就是理，以此制礼作乐，完成制度建构，才可以"安身以崇德"矣。故在天道方面，王安石强调"致一"、"入神"，要求认识、掌握普遍的理，并将其运用到具体的人事中，"推天道以明人事"；而在具体的致用过程，则要求从人性、人事中发现普遍的理，"明人道以达天理"，呈现为双向互动的过程。王安石说：

> 语道之序，则先精义而后崇德，及喻人以修之之道，则先崇德而后精义。盖道之序则自精而至粗，学之之道则自粗而至精，此不易之理也。③

从"道之序"也就是理论上讲，应该是先明理而后致用，"先精义而后崇德"。但从"学之"（"修之"）也就是实践道的秩序上讲，则应在致用中以明理，"先

① 王安石：《致一论》，《临川先生文集》，中华书局 1959 年版，第 707 页。
② 王安石：《致一论》，《临川先生文集》，中华书局 1959 年版，第 708 页。
③ 王安石：《致一论》，《临川先生文集》，中华书局 1959 年版，第 708 页。

崇德而后精义"。前者是自抽象到具体，"自精而至粗"；后者是自具体到抽象，"自粗而至精"。这是对"精义"和"崇德"而言，若联系到"入神"和"安身"也是同样的道理，"夫不能精天下之义，则不能入神矣；不能入神，则天下之义亦不可得而精也。犹之人身之于崇德也，身不安则不能崇德矣；不能崇德，则身岂能安乎？凡此宜若一，而必两言之者，语其序而已也"①。如果将"精义入神"看作内圣，将"利用安身"理解为外王的话，那么在王安石这里，显然是存在着由内圣而外王——"精义入神以致用"，和由外王而内圣——"利用安身以崇德"两个向度。二者虽然也可以说是一个整体，但就"语其序"而言，又是有所不同的。一个是"道之序"，一个是"学之"即实践道的秩序。

王安石融合儒道，贯通天道性命与礼乐刑政，建构起儒家的政治宪纲，主要是解决了儒学的制度建构，也就是外王的问题。而没有对儒家的核心价值观，没有对仁义作出有效论证，没有建立起儒家的心性或内圣之学，没有确立起儒家的人生信仰。在其思想中天道自然与道德仁义依然存在着不一致的地方，二者关系如何仍需进一步探讨。特别是当其理论思考与变法实践相结合，不得不服从后者的需要时，更是增加了其思想的复杂性。例如，王安石倾心于《庄子》的"天地之纯，古人之大体"，也就是"道体大全"，试图打破个人成见，兼取各家之长，为其融合儒道包括各家提供理论基础，表现出开放、包容的宏大气魄。但在具体理解上，又将道理则化，提出"莫不由是之焉者，道也"，认为世间存在着最高的"至理"，以之为政治运作、是非善恶的终极标准，甚至主张"百虑之归乎一"，又表现出一元、独断的思想特点。毕竟，所谓"道体大全"只能是观念的产物，是一种价值原则，只能从"无"去理解，而一旦进入"有"，进入实践的层面，就必然要落实为可认知、可把握的理甚至是法，王安石正是走了这样一条由自然之道衍生出严苛之法的路线。再如，王安石钟情于《庄子·天道》篇中的"大道"及"道之序"观念，本意是要在君主的政治意志之上建立起某种更高的理性原则，通过"九变而赏罚可言也"的政治程序，将君主的主观意志客观化，将权力运作纳入理性轨道，实现对君主权力的规范和制约。但是当变法实践遇到反对势力时，王安石又不得不寄希望于君主的权力，毕竟能够认识、把握"大道"或"至理"的只能是现实中的君主，而既然政治运作的根据在于"至理"而不是其他，那么，君主一旦

---

① 王安石：《致一论》，《临川先生文集》，中华书局 1959 年版，第 708 页。

把握了这一最高"至理",便可"天变不足畏,祖宗不足法,人言不足恤"①,其权威反而被进一步强化,不可动摇。这样,王安石从规范、约束权力出发,又以强化、巩固权力终结,走入自我矛盾的怪圈。还有,王安石重视"己"或个体,强调"为己,学者之本也",表现出对个体感性欲望及物质利益的关注。如果说程朱标榜"存天理,灭人欲",还只能算是中世纪的思想家的话,那么,王安石的一只脚显然已经迈向了近代。他认为"先王之道德出于性命之理,而性命之理出于人心"②。这里的道德是广义的,包括了礼乐刑政在内的社会规范。道德或礼乐刑政的根据不仅在于天道,更重要的是要符合人道,符合人心人性。人心指百姓的情感愿望、物质需求等,而性命之理则是对其的进一步抽象和升华。在王安石看来,一般的百姓只知"生",不知"性";只知"为己",不知"为人",还需要王安石这样的圣人"为生民立命",为其确立人生的行为法则。虽然政治的目的在于仁民、安民、富民,但政治举措却不能以百姓的具体感受为依据,不能以眼前的利益为取舍,"民可由而不可知",只有从具体的"人心"中抽绎出更为普遍的"性命之理","任理而不任情",这样才可为礼乐刑政奠定人道的根基。在这一点上又暴露了王安石思想的局限和不足,他虽然强调为己,重视个人的感性生命和物质利益,但没有赋予个体应有的自由和权利,王安石的另一只脚还停留在古代。正因为如此,王安石强调政治运作固然要以仁民爱物为主要内容,但还需要符合天道、至理,"后学者专子子之仁,而忘古人之大体,故为人则失于兼爱,为己则失于无我,又岂知圣人之不失己,亦不失人欤?"③"古人之大体"也就是"大道"或"道体",在王安石那里往往也可理解为至理,如果知仁而不知理,难免流于妇人之仁,结果不仅"失己"而且"失人"。"天地之于万物,圣人之于百姓,有爱也,有所不爱也。爱者,仁也。不爱者,亦非不仁也。……天地之于万物,当春生夏长之时,如其有仁爱以及之;至秋冬万物凋落,非天地之不爱也,物理之常也。""圣人之于百姓,以仁义及天下,如其仁爱。及乎人事有终始之序,有死生之变,……此亦物理之常,非圣人之所固为也。此非前爱而后忍,盖理之适焉而。故曰:不

---

① "三不足"是司马光对王安石的影射,但学者认为其基本符合王安石的思想。参见邓广铭:《北宋政治改革家王安石》,生活·读书·新知三联书店 2007 年版,第 92—111 页。

② 王安石:《虔州学记》,《临川先生文集》,中华书局 1959 年版,第 859 页。

③ 容肇祖:《王安石老子注辑本》,中华书局 1979 年版,第 11 页。

仁乃仁之至。庄子曰:'至仁无亲,大仁不仁。'与此合矣。"① 仁与不仁不在于其表面形式,还要考虑人事的"终始之序"、"生死之变",以及"物理之常",只要是"理之适焉",表面的不仁、不爱实际也可以是仁和爱。"爱民者,以不爱爱之乃长。治国者,以不治治之乃长。惟其不爱而爱,不治而治,故曰'无为'。"② 据史载,新法推行后,"开封民避保甲,有截指断腕者,知府韩维言之,帝问安石,安石曰:'此固未可知,就令有之,亦不足怪。今士大夫睹新政,尚或纷然惊异,况于二十万户百姓,固有蠢愚为人所惑动者,岂应为此遂不敢一有所为邪?'帝曰:'民言合而听之则胜,亦不可不畏也'"③。民众为了规避保甲法,竟有"截指断腕者",连神宗都有所不忍,王安石却不为所动,斥之为蠢愚之人的个别行为。这实际已经不是"不爱而爱"的"无为"了,而是由"任理而不任情"走向了刚愎自用、一意孤行。这也就是为什么王安石的某些变法措施虽然从爱民、惠民出发,然而在具体的实践过程中却走向了扰民、害民的原因所在。

(作者简介:梁涛　中国人民大学国学院)

---

①　容肇祖:《王安石老子注辑本》,中华书局 1979 年版,第 9—10 页。

②　容肇祖:《王安石老子注辑本》,中华书局 1979 年版,第 18 页。

③　脱脱:《宋史·王安石传》第三十册,中华书局 1977 年版,第 10546 页。

朱熹"中和新说"与关学关系探微

刘学智

《中庸》最早提出"喜怒哀乐之未发，谓之中；发而皆中节，谓之和"的命题，这一命题在宋代理学中曾引起关于"未发"与"已发"与心之关系的热烈讨论，甚至延及明代。这场讨论最初虽然主要是在程、朱及与其友人、弟子之间展开的，但朱子在这一讨论中形成的所谓"中和新说"，则与关学学者有较大的关联。吕大临在与程颐论"中"的讨论中直接启发了程颐，而程颐又影响了朱熹，尤其是影响到他的"中和新说"的形成。此后，朱熹在阐发张载的"心统性情"说时，又进一步发挥了"心分体用"以及"未发为心体、已发为心用"的思想。本文拟对这一过程作简要分析，试从一个侧面揭示程朱理学与关学的内在关联。

一

关于吕大临与程颐关于论"中"的讨论，《河南程氏粹言·论道篇》记录了其起因：

> 吕大临曰："中者，道之所由出也。"子曰："非也。"大临曰："所谓道也，性也，中也，和也，名虽不同，混之则一欤？"子曰："中即道也。汝以道出于中，是道之于中也，又为一物矣。在天曰命，在人曰性，循性曰道，各有当也。大本言其体，达道言其用，乌得混而一之乎？"大临曰："中即性也。循性而行，无非道者。则由中而出，莫非道也。岂为性中又有中哉？"子曰："性道可以合一而言，中不可并性而一。中也者，状性与道之言也。犹称天圆地方，而不可谓方圆即天地。方圆不可谓之天地，则万物非出于方圆矣。中不可谓之性，则道非出于中矣。中之为义，自过与不及而立名，而指中为性可乎？性不可声容而论也，率性之谓道，

301

则无不中也。故称中所以形容之也。"①

吕大临提出了"中者，道之所由出"的观点，意在表明"中"是道所以产生的根源。又说："所谓道也，性也，中也，和也，名虽不同，混之则一欤？"吕大临这一说法的根据是《中庸》"率性之谓道"一章，他认为"所谓道也，性也"，"中即性也"，道即性，亦即"中"。故他说："所以言道之所由出也，与'率性之谓道'之义同。"（《与吕大临论中书》，《吕大临文集》）这样，道、性、中、和"名虽不同，混之则一"，都是在本体论意义上说的。二程则不赞成这种说法，谓此"非也"。程颐认为"中"仅是道的表现，二者不处于同一层次，"性道可以合一而言，中不可并性而一"。在他看来，"中也者，状性与道之言也"，即中只是道、性的形容词，是描述道、性的，故可以说"中即道"，但不能说"道出于中"，更不可"指中为性"，否则会误认"中"为本体，从而混淆性、道与中的体用关系。由于对"中"的地位的理解不同，在进一步说明《中庸》所说"喜怒哀乐之未发，谓之中；发而皆中节，谓之和。中也者，天下之大本也；和也者，天下之达道也"这句话时，就发生了对"心""未发"与"已发"关系的不同理解。

吕大临在《与吕大临论中书》中说：

> 喜怒哀乐之未发，则赤子之心。当其未发，此心至虚，无所偏倚，故谓之中。此心应万物之变，无往而非中矣……故大人不失其赤子之心，乃所谓"允执其中"也。大临始者有见于此，便指此心名为中，故前言"中者道之所由出"也。今细思之，乃命名未当尔。此心之状，可以言中，未可指此心名之曰中。所谓以中形道，此意也。（《吕大临文集》②）

吕大临认为，"赤子之心"是"喜怒哀乐之未发"的状态，心"未发"则"至虚"、"无所偏倚"，故为"中"；"中"是道体，故"以中为大本"；心之"未发"是指心之状态而言，此可言中，然心本身不可名为中。吕大临认为"中"是"喜怒哀乐之未发"时心的状态，并借用孟子之语称之为"赤子之心"，联系到《尚书·大禹谟》的"允执其中"，他进一步阐发了心、性、中、道为一的思想。而程颐则明显不赞同此说，他说：

> "喜怒哀乐之未发之谓中"。赤子之心，发而未远于中，若便谓之中，

---

① 程颢、程颐著，王孝鱼点校：《二程集》，中华书局 1981 年版，第 1182—1183 页。

② 此文所引《吕大临文集》，见曹树明点校：《蓝田吕氏集》，西北大学出版社 2015 年版。

是不识大本也。(《与吕大临论中书》,《吕大临文集》)

赤子之心已发,发而去道未远也。圣人之心如明镜,如止水。(《与吕大临论中书》,《吕大临文集》)

赤子之心可谓之和,不可谓之中。(《与吕大临论中书》,《吕大临文集》)

程颐认为,赤子之心只能说是已发而非指未发,其发而未远离"中",但不可说赤子之心为"中";赤子之心是"喜怒哀乐之已发",是"和",不可谓之中。"赤子之心"与"圣人之心"不同,"圣人之心"是守其本体的,故"如明镜,如止水"。若以"赤子之心"为"中"、为"未发",则是"不识大本"。这一批评是相当严厉的。吕大临在得知程颐的批评之后,说了一段语重心长的话,他说:

此义(即以赤子之心为未发、为中——引者),大临昔者既闻先生君子之教,反求诸己,若有所自得,参之前言往行,将无所不合。由是而之焉,似得其所安,以是自信不疑,拳拳服膺,不敢失坠。今承教,乃云已失大本,茫然不知所向。窃恐辞命不明,言不逮意,致高明或未深喻,辄露所见,求益左右。卒为赐教,指其迷谬,幸甚。(《与吕大临论中书》,《吕大临文集》)

吕大临表白自己的观点是过去闻先生(指张载)之教,加之自己反复思考,将其所"自得"再参考前言往行而形成的,故对此论一直"自信不疑,拳拳服膺"。今闻程颐师说此"已失大本",遂觉"茫然不知所向"。但他仍以对其师的恭敬之心,极谦恭地称自己"辞命不明,言不逮意",并谦虚地"求益左右"。不过他却仍以坚定的求真态度进一步阐发了自己的原则立场:

大临以赤子之心为未发,先生以赤子之心为已发。所谓大本之实,则先生与大临之言,未有异也。但解赤子之心一句不同尔。大临初谓赤子之心,止取纯一无伪,与圣人同。恐孟子之义亦然,更不曲折。一一较其同异,故指以为言,固未尝以已发不同处为大本也。先生谓凡言心者,皆指已发而言。然则未发之前,谓之无心可乎?① 窃谓未发之前,心体昭昭具在,已发乃心之用也。此所深疑未喻,又恐传言者失指,切望

---

① 此句,《吕大临文集》所记与《二程粹言》有异。《二程粹言·论道篇》作:"然则夫子以赤子之心为已发者,而未发之时,谓之无心可乎?"不过其大意相同。

指教。(《与吕大临论中书》,《吕大临文集》)

吕大临指出,他与程颐的不同之处在于,己"以赤子之心为未发",而伊川则"以赤子之心为已发",但从心之"大本之实"来说,都是或从体或从用讲心,二者无大异。然必须说明的是,"未发之前,心体昭昭具在,已发乃心之用也",由此大临进而反问:"先生谓凡言心者,皆指已发而言。然则未发之前,谓之无心可乎?"意思说,如果以赤子之心为"已发",那么"未发之前"的心难道"无心"吗?在这里,吕大临提出了一个非常尖锐且有价值的论点,即心有体用之别,未发为心体,已发为心用。也许受吕大临的启示,程颐本人的思想后来发生了转变,说:"心一也,有指体而言者,寂然不动是也。有指用而言者,感而遂通天下之故是也。"(《与吕大临论中书》,《吕大临文集》)显然,程颐后来事实上接受了吕大临的"心分体用"说,主张"未发"为心体,"已发"为心用。

程颐之后,杨时、胡宏十分重视关于心的未发与已发的讨论,只是二者多从工夫论的路向加以关注。杨时强调要体验"未发",当他谈及《中庸》的"喜怒哀乐未之未发谓之中,发而皆中节谓之和"时说:"学者当于喜怒哀乐未发之际以心体之,则中之义自见,执而勿失,无人欲之私焉,发必中节矣。"(《答学者其一》,《龟山集》卷二一)强调对于"未发"要"以心体之"。而胡宏则强调要在"已发"上用功,主张"心无不在,本天道变化,为世俗酬酢",心体活动没有一个限度,故在工夫上强调要"求放心"(《知言疑义》)。朱熹早年受到胡宏的影响,认为每个生命个体其心总不是寂然不动的,任何时候都是处于"已发"的状态,这样,"未发"就不是指一般的"心",而是指"性"。他说:"据其已发者,而指其未发者,则已发者人心,而凡未发者皆其性也。"(《答张钦夫》,《朱文公文集》卷三十)就是说,心是已发,而性是未发,此所表述的,是以性为体、以心为用的观点。这是朱熹于乾道二年(1166)37岁时在与张栻的讨论中确立起来的所谓"中和旧说"。显然此时朱子尚未注意到程颐在未发、已发与心之体用关系上的思想转变。

至乾道五年(己丑,1169)朱熹40岁时,他与蔡元定讲学论辩,言及未发、已发问题时"忽自疑",对其早年"旧说"发生怀疑并有了新的了悟,于是思想发生了重大转变。朱熹回顾了这一思想转变的历程,说:

> 余早年从延平李先生学,受《中庸》之书,求喜怒哀乐未发之旨未达,而先生没……闻张钦夫得衡山胡氏学,则往从而问焉。钦夫告予

以所闻，予亦未之省也。退而沈思，殆忘寝食。一日喟然叹曰："人自婴儿以至老死，虽其语默动静之不同，然其大体莫非己发，特其未发者为未尝发尔。"自此不复有疑，以为《中庸》之旨，果不外乎此矣……乾道己丑之春，为友人蔡季通言之，问辨之际，予忽自疑：斯理也，虽吾之所默识，然亦未有不可以告人者。今析之如此其纷纠而难明也，听之如此其冥迷而难喻也，意者乾坤易简之理，人心所同然者，殆不如是；而程子之言出其门人高弟子之手，亦不应一切谬误，以至于此。然则予之所自信者，其无乃反自误乎？则复取程子之书，虚心平气而徐读之，未及数行，冻解冰释，然后知性情之本然，圣贤之微旨，其平正明白乃如此。而前日读之不详，妄生穿穴，凡所辛苦而仅得之者，适足以自误而已。（《中和旧说序》，《朱文公文集》卷七五①）

朱熹说，自己先从其师李延平处读《中庸》，希望弄清喜怒哀乐未发之旨，但尚未达而其师先逝，后从张栻处知胡宏曾谈及此，便往学焉。但是自己还是没有认真省思，因程子有"凡言心者，皆指己发"的说法，于是对性为未发、心为已发的说法不再怀疑，以为此即是《中庸》本旨。后到乾道二年（己丑，1166），他在与蔡元定论辩之时，受蔡氏的启示，② 遂始怀疑原先的观点。于是再次取出程子之书平心静气地仔细阅读，终发现是自己原先理解有误，并对自己往日之误非常自责。朱熹又担心其说"为害之大"，遂"又窃自惧"，遂"亟以书报"张栻，张栻复信"深以为然"，表示认同。继之他给张栻复信，进一步阐发了自己的心得，这就是乾道五年（1169）寄给张栻的《已发未发说》，其中说：

《中庸》未发已发之义，前次认得此心流行之体，又因程子"凡言之者，皆指己发"之云，遂目心为已发，而以性为未发之中，自以为安矣。比观程子《文集》、《遗书》，见其所论多不符合，因再思之，乃知前日之

---

① 本文所引《朱文公文集》，参见朱熹撰，朱杰人等主编：《朱子全书》，上海古籍出版社、安徽教育出版社 2002 年版。

② 束景南：《朱子年谱长编》按："朱熹之悟中和新说，亦受蔡元定启发，《庆元党禁》：'熹尝讲《中庸》已发未发之旨，以为人自婴儿至老死，虽语默动静之不同，然大体莫非已发。'元定不以为是，独引程氏说，以为'敬而无失，便是喜怒哀乐未发谓之中'。后十年，熹再与元定辩论，始悟其说而释反之，由是益奇元定。'云后十年，乃非。"（束景南：《朱子年谱长编》，华东师范大学出版社 2001 年版，第 407 页）

说，虽于心性之实未始有差，而未发、已发命各未当，且于日用之际欠却本领一段工夫。盖所失者，不但文义之间而已……据此诸说，皆以思虑未萌、事物未至之时，为喜怒哀乐之未发。当此之时，即是心体流行，寂然不动之处。而天命之性，体段具焉。以其无过不及、不偏不倚，故谓之"中"。然已是就心体流行处见，故直谓之"性"则不可。吕博士论此大概得之。特以中是性，赤子之心即是未发，则大失之，故程子正之。（《朱文公文集》卷六七）

向来讲论思索，直以心为已发，而所论致知格物，亦以察识端倪为初下手处，以故缺却平日涵养一段功夫。……程子所谓"凡言心者，皆指已发而言"，此却指心体流行而言，非谓事物思虑之交也。然与《中庸》本文不合，故为以未当而复正之，固不可执其已改之言而尽疑论说之误，又不可遂以为当而不究其所指之殊也。（《朱文公文集》卷六七）

朱熹在信中表露了自己的心路历程，即最初对程子所说"心皆指已发"的观点，"自以为安"；当进而再读程子有关著作时，发现其所论前后多有不合，也与《中庸》"本文不合"。再加思考，发现往日之说"未发、已发命各未当"，由于原先多是从心之"已发"出发，故所论格物致知，多是从"察识端倪"的工夫为下手处，而"缺却平日涵养一段功夫"，即在工夫论上虽能注意在"已发"上用功，但却忽视"未发"时的涵养，有失于偏。他特别指出"吕博士论此大概得之"，即承认吕大临对此颇有心得，曾赞扬说："吕氏'未发之前，心体昭昭具在'说得亦好。"（《朱子语类》卷六二）当有人问及"吕与叔云：'未发之前，心体昭昭具在；已发乃心之用。'南轩辨昭昭为已发，恐太过否"的问题时，朱熹明确说："这辨得亦没意思。敬夫（张南轩）太聪明，看道理不仔细。伊川所谓'凡言心者，皆指已发而言'，吕氏只是辨此一句。"朱熹进而指出，程颐所说"凡言心者，皆指已发而言"，"此语固未当。心一也，有指体而言者，'寂然不动'是也；有指用而言者，'感而遂通'是也"（《朱子语类》卷二六）。他不仅肯定了吕大临的说法，而且明确将其思想概括为心一也，有指体而言者，有指用而言者。不过他亦如程子，认为大临"以中为性"、"赤子之心即是未发"是"大失之"。在他看来，"中"只是"所以状性之体段"，即表征心未发的状态，而其本身并非指性，所以程子才予以"正之"。从其心路历程看，朱子虽不赞成吕大临以中为性的观点，却肯定吕大临关于心有未发、已发的思想对程子的影响。他说："昭昭然者属性；未发理具，已发理应，则属心；动发则情……吕云：'未发时心体昭昭。'程云：'有指体而言者，有指用而言者。'"（《朱子语类》卷五）只是出于维护程子地位的需要，他强调在方法上不能抓住程子已改正的说法而怀疑其他所论，也不要抓住他改正处之"当"而忽略其具体之所指。

以未发为心体，已发为心用，这就是朱子的"己丑之悟"，史称"中和新说"。由于朱子接受了心有体有用的观点，由此确立了自己生平学问之大旨，此即"涵养须是敬，进学则在致知"（《已发未发说》，《朱文公文集》卷六七），于是乎其人生修养论有了全新的表述，即既讲主敬涵养，又讲格物致知。① 朱熹后来对心分体用之说不但有明确认识而且坚定持守，如说："只是这个心自有那未发时节，自有那已发时节。谓如此事未萌於思虑要做时，便须是中是体。及发于思了，如此做而得其当时，便是和是用，只管夹杂相滚。若以为截然有一时是未发时，一时是已发时，亦不成道理。"（《朱子语类》卷六二）即认为在心"思虑未萌"时，情未发，即为"心体"；思虑已萌时，情既发，此为"心用"。强调不能把心之未发、已发"截然"分开。

二

重要的是，朱熹在阐发张载的"心统性情"说时，进一步发挥了心有未发、已发的思想，一方面使心有体有用的思想更为明晰，另一方面也以此澄清了心性论中诸多概念之间的关系。

首先，朱子对张载的"心统性情"从"中和新说"的角度作了充分的肯定。朱熹说："横渠'心统性情'一句乃不易之论。孟子说心许多，皆未似此语端的。"（《朱子语类》卷一〇〇）又说："心统性情，二程却无一句似此切。"（《朱子语类》卷九八）并赞扬"心统性情，语最精密"（江永《近思录集注》卷一引）。他所以如此肯定和称赞"心统性情"的说法，在于他认为此说揭示了心有体有用的观点。他说：

> "心统性情。"性情皆因心而后见。心是体，发于外谓之用。孟子曰："仁，人心也。"又曰："恻隐之心。"性情上都下个"心"字。"仁人心也"，是说体；"恻隐之心"，是说用。必有体而后有用，可见"心统性情"之义。

---

① 参见陈来：《宋明理学》，辽宁教育出版社 1991 年版，第 172 页。

意思是说，"心统性情"一说，强调了心、性、情的统一，仁之性是心体，发之于外表现出的"恻隐"之情则是心之用，而"必有体而后有用"，这正是"心统性情"所揭示的深义。他进而在分析孟子所说"仁义之心"与"恻隐之心，羞恶之心"的关系时说，"仁义自是性"，"恻隐、羞恶自是情"，这二者皆由心统摄之，故他称赞说："盖性即心之理，情即性之用。今先说一个心，便教人识得个情性底总脑，教人知得个道理存着处。若先说性，却似性中别有一个心。横渠'心统性情'语极好。"（《朱子语类》卷五）

其次，朱子对张载"心统性情"从心之体用关系上作了进一步的解释与发挥。他在给弟子解释张载的"心统性情"时，很自觉地引程颐的"心一也，有指体而言者，有指用而言者"来说明，并强调"伊川此语，与横渠'心统性情'相似"。（《朱子语类》卷九五）《朱子语类》卷九八又谓：

> 先生取《近思录》，指横渠"心统性情"之语以示学者。力行问曰："心之未发，则属乎性；既发，则情也。"曰："是此意。"因再指伊川之言曰："心一也，有指体而言者，有指用而言者。"

> 问"心统性情"。曰："性者，理也。性是体，情是用。性情皆出于心，故心能统之。"

这里，朱子非常鲜明地以性体情用、性情皆统一于心的关系来解释张载的"心统性情"。在他看来，"心统性情"揭橥了心、性、情之间的体用关系。其"心统性情"含义有二：一是"心兼性情"。朱子说："心统性情，统，犹兼也。"（《朱子语类》，卷九八）"性、情字皆从'心'，所以说'心统性情'。心兼体用而言。性是心之理，情是心之用。"（《朱子语类》，卷五）即性是体，情是用，心则兼体用而言；二是"心主性情"，亦即心统摄、主宰性情。朱子说"性者，理也。性是体，情是用，性情皆出于心，故心能统之。统，如统兵之'统'，言有以主之也。"（《朱子语类》，卷九八）又说："性以理言，情乃发用处，心即管摄性情者也。"（《朱子语类》，卷五）"统，主宰之谓；性者，心之理；情者，心之用，心者，性情之主也。"（《近思录》）总之，朱子对心、性、情之间的体用、动静、未发已发等关系作了明白的表述。在他看来，性是体，情是用，性为"未发"，情为"已发"。由此，作为统摄性情的"心"也有体有用，亦即未发为性，指心体而言；心已发为情，指心用而言。

再次，朱子以"中和新说"释张载"心统性情"，其学术大旨有了全新的面貌，许多心性论概念之间的复杂、模糊关系也得到了明晰的说明。《朱子语类》卷五谓：

> 旧看五峰说，只将心对性说，一个情字都无下落。后来看横渠"心统性情"之说，乃知此话有大功，始寻得个"情"字着落，与孟子说一般。孟子言："恻隐之心，仁之端也。"仁，性也；恻隐，情也，此是情上见得心。又曰"仁义礼智根于心"，此是性上见得心。盖心便是包得那性情，性是体，情是用。

朱熹思想受到过胡宏的较大影响，他再看胡宏关于心性的说法，发现胡氏只是以"心"对"性"而言，未及"情"字。后来仔细体会张载"心统性情"之说，"乃知此话有大功"，即"情"有了"着落"，因为"心便是包得那性情，性是体，情是用"，心、性、情之间的关系一下子豁然开朗。故当有人"问性、情、心、仁"的关系时，朱熹脱口而出："横渠说得最好，言：'心统性情者也。'"（《朱子语类》卷五）为了更形象地说清楚性、情、心、仁之间的关系，朱熹又以张载的"心统性情"并结合未发、已发，辅之以生动的比喻来说明，他说："性是未动，情是已动，心包得已动未动。盖心之未动则为性，已动则为情，所谓'心统性情'也。欲是情发出来底。心如水，性犹水之静，情则水之流，欲则水之波澜，但波澜有好底，有不好底。"（《朱子语类》卷五）不过，他讲到心之体用时，还特别强调在方法上不能过分死板，二者也是相对而言的，他说："'心统性情'，故言心之体用，尝跨过两头未发、已发处说。仁之得名，只专在未发上。恻隐便是已发，却是相对言之。"（《朱子语类》卷五）

总之，可以看出，朱子对张载"心统性情"说的肯定和发挥，使之所主"中和新说"的立场更加坚定、观点更为鲜明。由此，他在工夫论上就"既涵养，又省察，无时不涵养省察"，其学术大旨更为明晰。

三

从朱子"中和旧说"至"中和新说"的转变过程来看，朱熹先是对程子的"凡言心者，皆指已发"之说深信不疑，且"自以为安矣"；后于乾道己丑（1169）之年，在与蔡元定论辩之时，受蔡氏的启示[①]，对先前"旧说"产生了

---

① 束景南："朱熹之悟中和新说，亦受蔡元定启发。"（束景南：《朱熹年谱长编》卷上，华东师范大学出版社 2001 年版，第 407 页）而蔡氏所启发者，旨在谓其程颐对此已有说。

怀疑。关于受蔡氏影响的情况，《庆元党禁》有一个记载："熹尝讲《中庸》已发未发之旨，以为人自婴儿至老死，虽语默动静之不同，然大体莫非已发。元定不以为是，独引程氏说，以为'敬而无失，便是喜怒哀乐未发谓之中'。后十年，熹再与元定辩论，始悟其说而悉反之，由是益奇元定。"不过，蔡氏乃告之其受程颐的启示，于是朱熹方再"虚心平气"地去读程子的《文集》、《遗书》，发现程子所说原已将心分体用而言，以未发为心之体。认为自己以往只讲"已发"，在工夫论上虽然能注意到在"已发"工夫上用功，却忽视未发时的涵养。由此他接受了程子的未发是心体、已发是心用的观点。但是，问题的关键在于，二程并不是一下子达到这一高度的，他曾与关学学者吕大临进行过论"中"的讨论，因受到吕大临"先生谓凡言心者，皆指已发而言。然则未发之前，谓之无心可乎"(《与吕大临论中书》，《吕大临文集》)疑问的启示，最终发生了这一思想的转变。这一点，朱熹是清楚的，如他所说"吕博士论此大概得之"。朱熹显然是在重温程颐著作时，方悟得"前日之说，虽于心性之实未始有差，而未发、已发命各未当"，从而完成了从"中和旧说"到"中和新说"的转变。此后，朱子在对张载"心统性情"说的阐发过程中，发现张载其实早已注意到性体而情用，心统摄性情这一点，从而更坚定了其心分体用的理论立场。可见，朱熹"中和新说"的形成，与关学学者的探讨有着密切而内在的思想关联。

(作者简介：刘学智　陕西师范大学哲学系)

论宗子制是宗法思想的核心

——以朱熹与田愚的宗法思想为中心

解光宇

朱熹（1130—1200）与田愚（1841—1922），一是中国古代著名的大儒，一是韩国近代的著名大儒。由于二者都注重礼以及宗法思想，并且田愚对朱子的《家礼》以及宗法思想更有所发挥，所以，将二者放到一起讨论，着重讨论他们的宗法思想。

朱子《家礼》是朱熹在礼学方面影响范围最广的著作，同时也是礼下庶人的标志。朱子在《家礼》中，虽没有专门章节论述宗法思想，但在整篇《家礼》中都体现了以宗法为主的思想。至于冠婚丧祭，莫不以宗法行其间。就是说，朱子《家礼》是以宗法理念为核心的，而其仪礼形式，也正是为贯彻和执行宗法制度服务的。每一个家庭和家族都应该按《家礼》的标准来执行，做到长幼有序、贵贱有等、各守名分，进而统御整个国家的社会秩序，使其全部纳入"天理"的轨道。

田愚，字子明，学者称艮斋先生。《艮斋礼说》是田愚以古代儒家礼学尤其是以朱子礼学为宗的礼学思想论集，既继承朱子礼学与宗法思想，又有发展创新。田愚更为注重宗法问题，《艮斋礼说》卷之一就专设"宗法"一节，集中体现了艮斋的宗法思想。艮斋认为，"非大宗无相后之义"是天地间亭亭当当、直上直下的正理。就是说，大宗必是始祖的嫡系子孙；世代相继承宗嗣。宗子是大宗的嫡长子。嫡长子以外的其余诸子是为小宗。小宗共奉大宗，大宗者尊之统也，以宗统配合政治上君统。故大宗的嫡长子继承制是宗法制度的核心，丝毫不可动摇。就是在许多特殊情况下，也要坚持以宗子为核心的嫡长子继承制。如"兄亡弟及"，但在重大仪礼上要尊重兄妻；婿拜见妇之父母时，若妇父非宗子，则先见宗子夫妇；庶子升嫡；长子冠于阼阶不问宗支；继十代宗孙无子，则亦当求之于同十代以下同宗支子可也；等等。同时，艮斋还强化了对尊者、长者孝忠思想以及忠君思想。可以说，艮斋的宗法思想"发前未发为多"，即在前人的基础上有所发展、有所创新。

一、朱子《家礼》中的宗法思想

儒家历来重视对礼的研究以及应用，因为礼可以规范人们的举止行为，维护社会秩序，使人们各安其位，以保证社会的平稳安定。儒家的礼在社会实践运用中有一个由贵族到平民、由少数到多数的转化过程，而这个转化过程的标志就是朱子《家礼》。

朱子的《家礼》不是那种传统意义上的"贵族之礼"，而是通用于整个社会的、更侧重于大众家庭的"庶民之礼"，朱子《家礼》能够普及平民，这是有历史原因的。因为唐五代以后，特别是唐代儒释道三教鼎立，佛教和道教得到长足发展。佛老思想不仅影响到上层意识形态，也影响到平民大众。如儒家最为重视的丧礼，受到佛教和道教的冲击甚多。因此，儒家不得不放弃"礼不下庶人"的古制，将原属上层社会的儒家礼仪世俗化、平民化，推广至民间。在此之前，司马光即著有《书仪》，为家礼的平民化开了先河。然而《书仪》对古礼的改造颇为有限，故难以深入大众。朱子的《家礼》较之《书仪》，文字简洁，节次分明，易于操作，改变了原来儒家《礼经》文义古奥、仪节繁缛的贵族面孔，成为当时一部最为简明适用的"庶民之礼"，故很快便在社会上广泛传播，以至宋元以降，《家礼》成为一般家庭和宗族的治家规范和婚丧嫁娶的行为准则。值得一提的是，此书在问世后不久，很快便传到东亚儒教文化圈的朝鲜半岛和日本，并产生了很大的影响。尤其是在朝鲜半岛，朱子《家礼》所产生的影响在许多方面还要超过中国，正如韩国学者卢仁淑所说：

> 《文公家礼》之流传，在中国所发生之影响，实未若韩国之深远。是书于韩国视若圣经，奉为圭臬（见稻叶岩吉《丽末鲜初家礼传来及其意义》）。韩国李朝之士大夫始终墨守此书，根据书中之仪礼，以为日常生活之规范。由于普受韩国朝野之重视，当时学术界关于家礼之研究亦风行一时，导致礼学派之形成与发展，遂成显学。[1]

---

[1]　卢仁淑：《朱子家礼与韩国之礼学》，人民文学出版社2000年版，第100页。

　　那么，朱子《家礼》实质是什么？元代学者黄瑞节在编辑《朱子成书》时指出："家礼以宗法为主。所谓非嫡长子不敢祭其父，皆是意也。至于冠昏丧祭，莫不以宗法行其间云。"① 可见，朱子的《家礼》是以宗法理念为核心的，而其仪礼形式，也正是为贯彻和执行宗法制度服务的。朱子站在理学家的立场，认为这种制度的建立乃"天理之自然"，因此，它在社会家庭间的运行是必然的。同时，也是每个家庭成员必须无条件服从和遵守的。以此来统一每个家庭和家族的操作和行为，就可以进而统御整个国家的社会秩序，使其全部纳入"天理"的轨道。

　　观朱子《家礼》全书，虽没有专门论述宗法的章节，但通篇都将宗子放在重要位置，如朱子《家礼》卷第一《通礼》"祠堂"中就有"主人谒于大门之内"，杨复注云："主人，谓宗子，主此堂之祭者"。同时，杨复在为《家礼》作注时，更加突出宗子的地位。如"凡祠堂所在之宅，宗子世守之，不得分析"；"非嫡长子不敢祭其父"；"初立祠堂，则计见田，每龛取其二十之一以为祭田，亲尽则以为墓田，后凡正位祔者，皆放此，宗子主之，以给祭用"；"凡升降，惟主人由阼阶，主妇及余人虽尊长亦由西阶"；"主人以下，盛服入门就位。主人北面于阼阶下，主妇北面于西阶下。主人有母，则特位于主妇之前。主人有诸父诸兄，则特位于主人之右少前，重行西上"；"心自称，非宗子不言孝"。② 在朱子《家礼》卷第二《冠礼》"冠"中，有"前期三日，主人告于祠堂"，杨复注曰："主人，谓冠者之祖父，自为继高祖之宗子者。若非宗子，则必继高祖之宗子主之，有故则命其次宗子"。"主人以下盛服就位，主人阼阶下，少东西向。子弟、亲戚、童仆在其后，重行西向北上"。"若非宗子之子，则其父立于主人之右，尊则少进，卑则少退"。③

　　在朱子《家礼》卷第三《昏礼》"纳采"中，有"主人具书"，杨复注曰："主人即主昏者。书用笺纸，如世俗之礼。若族人之子，则其父具书告于宗子。""纳采"中有"乃使子弟为使者如女氏，女氏主人出见使者"，杨复注

① 王燕均，王光照：《〈家礼〉点校说明》，见朱熹撰，朱杰人等主编：《朱子全书》，上海古籍出版社、安徽教育出版社 2002 年版，第 875 页。

② 朱熹撰，朱杰人等主编：《家礼》卷一，《朱子全书》，上海古籍出版社、安徽教育出版社 2002 年版，第 875 页。

③ 朱熹撰，朱杰人等主编：《家礼》卷第二，《朱子全书》，上海古籍出版社、安徽教育出版社 2002 年版，第 889 页。

曰："女氏，亦宗子为主人，盛服出见使者。非宗子之女，则其父位于主人之右，尊则少进，卑则少退。"在"亲迎"中，杨复注云："非宗子之女，则宗子告于祠堂，而其父醮于私室如仪。"在"妇见舅姑"中，杨复注云："若非宗子之子，而与宗子同居，则先行此礼于舅姑之私室；与宗子不同居，则如上仪"；"非宗子之子，而与宗子同居，则既受礼，诣其堂上拜之，如舅姑礼"。在"婿见妇之父母"中，杨复注云："妇父非宗子，即先见宗子夫妇，不用币如上仪，然后见妇之父母"，等等。①

朱子《家礼》中为什么如此重视"宗子"？这不仅是儒家传统的宗法礼制和宗族本身发展的要求，而且还有国家政治的需求。统治阶级希望建立宗法组织，强化对百姓的控制。如宋太祖以立法的手段，来纠正子孙别财异居的状况，从而恢复以宗子为核心、余子秉命于宗子的宗法组织与制度。宋太宗对宗法组织同样重视，他在出巡中常亲自接见宗族族长，以示关心。一批官僚士大夫热衷于宗法组织，如范仲淹创置范氏义庄，使范氏宗族组织在"天下之崩裂"与"流寇之祸乱"的动荡岁月，能够"绵延不绝、贵盛甲天下"，维护了范氏宗族的兴盛。欧阳修与苏洵分别编写《欧阳氏谱图》和《苏氏族谱》，开宗族修谱之先河。南宋时代，重建民间宗法组织，强化对百姓控制的思想更为流行。朱子顺应这种趋势，认为宗法制度下的家族家庭礼仪，对于人人各守名分和社会秩序稳定大有益处，正如他在《家礼·序》中所说：

> 凡礼有本有文。自其施于家者言之，则名分之守、爱敬之实者，其本也；冠婚丧祭仪章度数者，其文也。其本者有家日用之常礼，固不可以一日而不修；其文又皆所以纪纲人道之始终，虽其行之有时，施之有所，然非讲之素明，习之素熟，则其临事之际，亦无以合宜而应节，是亦不可以一日而不讲且习焉者也。……大抵谨名分、崇敬爱以为之本，至其施行之际，则又略浮文、务本实，以窃自附于孔子从先进之遗意。诚愿得与同志之士熟讲而勉行之，庶几古人所以修身齐家之道、谨终追远之心犹可以复见，而于国家所以崇化导民之意，亦或有小补云。②

---

① 朱熹撰，朱杰人等主编：《家礼》卷第三，《朱子全书》，上海古籍出版社、安徽教育出版社2002年版，第895页。

② 朱熹撰，朱杰人等主编：《家礼》序，《朱子全书》，上海古籍出版社、安徽教育出版社2002年版，第873页。

二、《艮斋礼说》中的宗法思想

田愚，籍贯韩国潭阳，诞生于韩国全州青石桥第。艮斋 7 岁入学，9 岁能吟诗，18 岁与洛中才子共习时文，20 岁读《退溪集》，21 岁师事任宪晦全斋先生。30 岁仿《近思录》，编成《五贤粹言》。35 岁论"性为心宰"，谨守朱子思想。36 岁之后，连年迁徙各处，专以讲学为务。68 岁，随着日置总监于韩国，乘桴入海岛。70 岁时，壁门悬一联云："万劫终归韩国土，一生命附孔门人。"82 岁以疾终。艮斋以继承发展和弘扬朱子学为己任，是韩国近代著名思想家、朝鲜末年性理学家。艮斋先生主要著述有：《艮斋私稿》、《秋潭别集》、《艮斋礼说》等，《艮斋先生全集》上、下，已由韩国保景文化社于 1984 年 7 月出版发行。

《艮斋礼说》是艮斋先生的门人阳斋权纯命先生根据艮斋先生的答问书札等有关内容汇编而成。"艮斋先生礼说凡例"中就明确指出：

先生继开之功多在性命大原，不遑于礼有成书。然随问而答者亦无虑数十万言而杂出文集。原续别七十编中有难。临时就考，且或有未及入印者，故谨引捃聚分类，立门为六卷，纲凡六十四，目五百七十。①

《艮斋礼说》共分六卷，其每卷为：卷之一：冠礼、婚礼、通礼；卷之二：通礼；卷之三：通礼、丧礼；卷之四：丧礼；卷之五：祭礼；卷之六：国礼。从分卷和每卷的内容来看，虽然和朱子《家礼》不一致，但其体例基本上是一致的。朱子《家礼》的五卷是：卷第一：通礼；卷第二：冠礼；卷第三：昏礼；卷第四：丧礼；卷第五：祭礼。比照可见，除《艮斋礼说》多一卷《国礼》外，其他体例是一致的。体例虽然大体一致，但内容上，艮斋有许多新的发展。

上面已论及朱子是非常注重宗法制度的，但是在《家礼》中没有专门章节给予论述。艮斋同朱子一样，不仅注重宗法制度，而且还有所发挥，弥补了朱子《家礼》中的不足。《艮斋礼说》卷之一就设"宗法"一栏，专门集中了艮斋的宗法思想。

儒家历来重视宗法制度，所谓非嫡长子不敢祭其父，就是说嫡长子继承制是宗法制度的核心。艮斋认为，非大宗无相后之义。艮斋说：

---

① 田愚：《艮斋礼说》凡例，《艮斋先生全集》，韩国保景文化社 1984 年版。

礼"非大宗无相后之义",此是天地之间亭亭当当、直上直下之正理。玩而味之,尤觉其义之精而仁之至也。后世此礼不行,故父子之伦大乱。父子乱则君臣夫妇如之何其正也。人家立后之变所闻所见,有不忍言者,今以必宗子始须立后立法。如继祢之宗无后,非兄弟之子无得取以为后。继祖之宗无得踰五寸,继曾祖之宗无得踰七寸,余者以是为差要之取最尊位以下子孙使奉其祀。……古者非大宗不敢立后,此圣人体人子之至情断以大义也。

非大宗无相后之义,此虽注疏说而其义则实天地间直上直下之正理。而后世帝王不以为意,人家亦鲜有行之者,岂易父移天是小事欤!①

大宗也就是世代嫡长子继承宗嗣,嫡长子继承制是天地间直上直下之正理。嫡长子继承制是宗法制度的基础,关系到君臣、夫妇之伦,也就是说不仅关系到家族的尊卑秩序,更涉及国家的治乱。如果不遵守嫡长子继承制,则是"易父移天"之大事,无论是帝王还是民众,都应给予高度重视。如果长子无后,则从兄弟之子中取以为后,并且继祖之宗无得踰五寸,继曾祖之宗无得踰七寸。如果长子亡,应是弟代之。即使是弟代之,但有关礼数还是要注意的。艮斋在"兄亡弟及称摄当否"中就指出:

礼经有"兄亡弟及"之文。兄死无后,则其弟代之。一如其兄之为,不可以摄言之。但兄妻在而欲立后,则其弟难于遽行主人之事也。此尤翁所论恐当,从之。②

即是说兄死无后,其弟可代之。但是在立后这件大事上,如果兄妻在,其弟难于遽行主人之事。虽然没有明确说由兄妻主持,但至少其弟不宜主持。在这里艮斋也是按照嫡长子继承制来解释兄死兄妻在时的有关立后问题,充分表明艮斋维护兄妻的地位,也就是维护嫡长子继承制,以防在特殊情况下对这种制度的损害。

不仅如此,在女婿拜见女方长辈时,也要贯彻嫡长子继承制的原则。在《艮斋礼说》卷之一《婚礼》中,有"婿见妇之宗子宗妇"一条说:

问家礼,婿见妇父母,妇父非宗子,则先见宗子夫妇。宗子固当见,而宗子之妻何以见之?答:宗子宗妇以君道处之,故婿亦见妻之宗子宗

---

① 田愚:《艮斋礼说》,《艮斋先生全集》,韩国保景文化社1984年版,第432页。

② 田愚:《艮斋礼说》,《艮斋先生全集》,韩国保景文化社1984年版,第433页。

妇欤。①

如果妻的父亲不是宗子，则应首先拜见宗子夫妇。

如此维护嫡长子继承制的还有：

> 长子冠于阼阶不问宗支皆然之喻恐得之。②

> 长子妻嫁无育，只有庶子几人者，择庶子之贤者以继宗祀，此是正理，故先贤多以升嫡为是矣。

> 问继祢之宗无子，则以兄弟之子为子。继祖之宗无子，则以从兄弟之子为子。推以至于继曾祖继高祖之宗，亦当以此例之，此恐为天理之至，人伦之正。……继十代宗孙无子，则亦当求之于同十代以下同宗支子可也。③

另外，艮斋还强化了对长者、尊者以及君的孝忠思想。对父母忠孝自不必言，但对待较特殊身份的长辈也要持以敬。在《艮斋礼说》卷之二《杂礼》中有一条"庶母谓小母"云：

> 语类五峰、南轩称妾母为小母，今翁君以小母丧去官。古人厚道可见也。④

在"族谱庶子下当书母某氏"一条云：

> 问庶子谱例不书其母，是为无母之子，窃涉未安。庶子名下注书母某氏某之女，未知如何？答：族谱庶子下书母某氏某之女，天理人情之所当出也。⑤

对父母长辈自要孝敬，对君自要忠。父有罪而被君诛，自不必言说。若父无罪被错杀，作为子同时又作为臣，该如何处置？艮斋在"臣无仇君之义"中说：

> 臣无仇君之义，故父虽无罪而见诛，只得含冤不仕而已。若如伍员复仇之为，则君与路人何别？⑥

即是说，父虽被君错杀，虽说杀父之仇不可不报，但杀父者又是君，臣

---

① 田愚：《艮斋礼说》，《艮斋先生全集》，韩国保景文化社 1984 年版，第 432 页。
② 田愚：《艮斋礼说》，《艮斋先生全集》，韩国保景文化社 1984 年版，第 429 页。
③ 田愚：《艮斋礼说》，《艮斋先生全集》，韩国保景文化社 1984 年版，第 434 页。
④ 田愚：《艮斋礼说》，《艮斋先生全集》，韩国保景文化社 1984 年版，第 450 页。
⑤ 田愚：《艮斋礼说》，《艮斋先生全集》，韩国保景文化社 1984 年版，第 452 页。
⑥ 田愚：《艮斋礼说》，《艮斋先生全集》，韩国保景文化社 1984 年版，第 448 页。

民对君也要忠。艮斋认为，遇到这样情况，只得含冤不仕而已，而不主张复仇。含冤不仕既表示对君的一种意见，又表示对父被冤死的遗憾与哀悼。这还是表明艮斋忠君与孝父思想是统一的。在二者中，君比父略重，同时也反映了艮斋关于国的利益大于家的利益的思想。

艮斋提倡忠君，但君应是正统之君，这种思想和嫡长子继承制是一致的。艮斋在"夷狄不许正统"一条里说：

> 方逊志正统论夷狄贼后篡逆三者，虽统一天下，不得以正统许之。此义至严不可违也。彼虽用华制，而秉史笔者但当书之，以微见其嘉之之意，不可遽将先王之正统以与之，此正所以存天下之大防以垂万世之至戒也。①

夷狄、贼、篡逆者三者即使得到统治权，此统治也不是正统。即使是在统治中用中华体制，也不能承认，秉史笔者也应如此书之，以警惕后世，防类似事件再次发生。

总之，《艮斋礼说》可谓博大精深，既对先秦及先秦以降的儒家礼学有深入的研究，又能结合韩国传统之礼加以发挥和创新。正如石农吴震泳先生在《艮斋礼说》跋中说：

> 先生生于道术分裂礼仪乱无之世，倡率匦域衿绅，讲明周孔之旨，身体力行，八十年之间尽其继开扶植之功，功莫京而德至盛也。夫性理精微广博，为天地人物之大原，礼之本固于是乎尽矣。然其仪文常变之，古今不一，世儒各以所见言之，必待如朱子之精切权度，裁合于周公之六经，乃免乎末之丧本变之害常矣。先生雅不欲苟然有为难不遑着有成书，平生论礼未尝毫有俯循世情，而直从圣训王法上见得天理人伦之本然出来，故发前未发为多。②

宗法思想是朱子《家礼》与《艮斋礼说》的核心，而嫡长子继承制又是宗法思想的核心。艮斋先生在这一问题上"发前未发为多"，即是在《家礼》的基础上有所充实和发展。如在《艮斋礼说》卷之一《宗法》中，就有十四条："非大宗无相后之义"、"伊川奉太中祀"、"栗谷后孙宗支之辩"、"嫁出母

---

①　田愚：《艮斋礼说》，《艮斋先生全集》，韩国保景文化社 1984 年版，第 449 页。

②　田愚：《艮斋礼说》，《艮斋先生全集》，韩国保景文化社 1984 年版，第 537 页。

之子移宗于叔父当否"、"兄亡弟及称摄当否"、"兄亡弟及者之子不敢称孝"、"伯兄早殁无嗣永无立后之道其弟殷及当否"、"为亡子立嗣不当以从侄为后"、"礼无二适国禁两娶"、"长子妻嫁无育庶子升嫡"、"妾子虽无父命当承嫡"、"十代宗孙无子则求之同十代以下"、"不祧位称玄孙之非"、"考妣二字正统以上之称"。除此集中论述之外，艮斋先生的宗法思想还散见于《艮斋礼说》各处以及其他论著中。

嫡长子继承制在现代韩国民间社会是否实行尚未作调查，但从韩国电视剧《新娘十八岁》中可看出，韩国民间还是很重视宗子、宗妇地位的。在中国的有关现行法律中，已不存在嫡长子继承制了，继承的范围非常广泛。如在《中华人民共和国继承法》第二章法定继承中的第九条至第十二条，强调"继承权男女平等"，并给出遗产的继承顺序。①

当代中国城市公民基本上按照《继承法》执行。但在中国农村，往往重男轻女，在继承遗产或分配财产方面，只有男孩继承或获得，女孩则无。为什么女孩的继承权被忽视呢？因为中国传统的说法"嫁出去的女儿泼出去的水"，女孩终究是人家的人，所以财产没有女孩的份。

由上可见，由于继承的宽泛，长子的地位已经淡化。虽然中国民间仍然提到"长兄如父、长嫂如娘"，这仅是传统意义上的或是形式上的。兄弟中谁享有地位实际上取决于其政治地位与经济地位，但政治地位又高于经济地位。同样，当代中国农村的祠堂管理上，也不是遵照宗子执掌祠堂的古代制度，而是在全宗族中选贤任能，不论辈分大小。

在现代社会中，儒家的礼是否有价值呢？我们知道，儒家礼的特征是长幼有序、尊卑有别、贵贱有等、各守本分，其实质是建构有序、安定、和谐的

---

① 《中华人民共和国继承法》规定：第九条继承权男女平等。第十条遗产按照下列顺序继承：第一顺序：配偶、子女、父母。第二顺序：兄弟姐妹、祖父母、外祖父母。继承开始后，由第一顺序继承人继承，第二顺序继承人不继承。没有第一顺序继承人继承的，由第二顺序继承人继承。本法所说的子女，包括婚生子女、非婚生子女、养子女和有抚养关系的继子女。本法所说的父母，包括生父母、养父母和有抚养关系的继父母。本法所说的兄弟姐妹，包括同父母的兄弟姐妹、同父异母或者同母异父的兄弟姐妹、养兄弟姐妹、有抚养关系的继兄弟姐妹。第十一条被继承人的子女先于被继承人死亡的，由被继承人的子女的晚辈直系血亲代位继承。代位继承人一般只能继承他的父亲或者母亲有权继承的遗产份额。第十二条丧偶儿媳对公、婆，丧偶女婿对岳父、岳母，尽了主要赡养义务的，作为第一顺序继承人。

社会。现代社会虽然注重个人价值，但是个人价值与整体利益是密不可分的。也就是说，无视民族和国家的价值，更谈不上个人价值。所以，儒家礼的精神实质是可取的、有现实价值的。当然，儒家的礼在具体问题上，可以用扬弃的方法来对待。

（作者简介：解光宇　安徽大学哲学系）

南轩的理学思想

王立新

张南轩虽是胡五峰高足，但因其受教日浅，并未得到五峰的神髓。之所以如此，也与两人的性格取向不同有关。五峰终生未仕，而南轩则很少有官闲。不过南轩毕竟天资卓荦，且有早熟之便，故而学术、思想成就仍能非同寻常。南轩理学思想，举其大要，约略四端而已：

一、转归太极为本体

南轩没能理解乃师"性本论"的精韵，所以未能发展"性本论"的理学理论，于是绕开"性本论"，而回头转接北宋周、程。南轩对程子之学极其推崇，而两程则曾受教于周敦颐，又因五峰在世时，倡导周敦颐的学术思想，于是精心研读周子著述，并成功地转出了自己太极本体论的理学思路。

南轩以太极为宇宙本体，且视世间万物皆太极所有。"易也者，生生之妙也；太极者，所以生生者也。"[①] "太极动而二气形，二气形而万物化生，人与物俱本乎此者矣。"[②]

需要说明的是，南轩的太极本体论，还留有五峰"性本论"的明显胎记："太极，性也"[③]，"有太极则有物。故性外无物；有物必有则，故物外无性。"[④] 所谓"性外无物"、"有物有则"、"物外无性"均是乃师五峰的话语。南轩以乃师之"性"解"太极"，既已表明他绕过"性"而回归了"太极"，同时乃师的影

---

① 张栻：《答吴晦叔》，《南轩集》卷二十九，文渊阁四库全书本。
② 张栻：《存斋记》，《南轩集》卷十一，文渊阁四库全书本。
③ 张栻：《答周允升》，《南轩集》卷三十一，文渊阁四库全书本。
④ 张栻：《孟子说》卷六，文渊阁四库全书本。

321

响并未全被遗弃。"何莫而不由于太极，何莫而不具于太极"①。从南轩的这个结论中明显可以看出，其对乃师思想的了解，还是很有深度的。乃师的思想，业已成为他建立太极本体论的最直接、最有效和最方便的资源。五峰有"性立天下之有"，南轩则称"何莫而不由于太极"，五峰说"万物皆性所有也"，南轩则称"何莫而不具于太极"。如果将五峰的"性"换成"太极"，那就是南轩的思想了。反过来，如果将"太极"换成"性"，则南轩的本体论，就是对五峰本体论的复制。

南轩将理、性、心统摄于太极之下，以为太极是生天生地生万物的根源性本体，性是太极之体，气是太极之用；理则是万物所以然之内则，心乃是在人而合于理者。南轩这种糅合心、理的思想倾向，表明了理学在这一时期，已经进入到心本论与理本论渐趋融合的时期，同时，也开了王阳明调和心本论与理本论两系关系的先河。

二、重视义利分途

南轩以学圣学或潜心孔孟的入门之要径，首先必明义利之分，所谓"莫先于义利之辨"②。必先从对于义利的分判入手，否则就会误入歧途。这一点与后来的陆象山非常相似，朱子请象山为白鹿洞院生讲学，象山则以孔子"君子喻于义，小人喻于利"为题，大讲义利之辨，朱子使匠人刻于书院壁间，令诸生每日首先念诵，而后再进行课业学习，目的就是要学者首先明确圣学的要义和个人学习的目的，以便端正态度、真有所得。

在宋明儒者看来，学者无论是为学还是为政、为人，都必须首先明了义利之分途、理欲之界限。不明乎此，则无以为学，也无以为人、为政。但因经历、学养、所处地位和思想程度的不同，他们对于义与利，以及两者关系的理解也不尽相同。

"潭州固有岳麓书院，公（刘共父）一新之，养士数十人，属张栻时往游焉，与论大学次第，以开学者于公私义利之间，闻者风动。"③南轩既以"勇于

---

① 张栻：《孟子说》卷六，文渊阁四库全书本。
② 张栻：《孟子讲义序》，《南轩集》卷十四，文渊阁四库全书本。
③ 郭齐、尹波点校：《观文殿学士刘公行状》，《朱熹集》，四川教育出版社 1999 年版。

徙义"① 著称，在践履方面和学理方面，对义利问题都是有不同于其他理学家的特殊体会和理解。

南轩以"无所为而然"为义、为天理，以"有所为而然"为利、为人欲。无所为之为，并不是无所作为，而是遵循天道法则而为，强调的是"无为己私之为"；有所为之为，是逆天害理之为，是谋求一己一时之私欲之为。无所为之为是公，有所为只是为私；公是义，私是利，两者剖判甚明。②"无所为者天理，义之公也；有所为者人欲，利之私也。"③

南轩曰："为人者，无适而非利，为己者无适而非义。曰：利虽在己之事，亦为人也；曰：义虽施诸人者，亦莫非为己也。王者以义，霸者以利。"④

为人还是为己，是判定圣学与异端的最原则标志。圣人之学为己，异端之学为人。"为己者无适而非义，为人者无适而非利。"涵养自己，以为天下；跟假利人之名，以谋己私。这正是君子之学与小人之学的分水岭。

南轩以义利分王霸，并将王霸与义利联合一处考察，以为"学者要须先明王伯之辨，而后可论治体。王伯之辨莫明于孟子。大抵王者之政皆无所为而为之，伯者则莫非有所为而然也。无所为者，天理，义之公也；有所为者人欲，利之私也。"⑤

所谓"王者以义、霸者以利"。以"行仁政"和"赖武力"来区分王道与霸道，是就其表现形式言；以义利来划分王霸，是就其内在动机言。就表现形式言，则可判其行；就内在动机言，则可审其心。应该说，南轩坚持孟子的"王何必曰利，亦有仁义而已矣"的主张，并将这种主张简捷化了。南轩将义利之辨与天理人欲的讨论结合起来，继承并发扬了孔孟以来的儒家传统。同时，又在一定程度上吸收了乃师五峰先生的主张，不将正当的生存要求随意当成人欲来对待。"如饮食男女，人之所大欲，人孰不欲富贵？亦皆天理自然。循其可者而有所之，如饥而食，渴而饮，以礼则得妻，以其道而得富贵之类，

① 黄宗羲：《宋元学案·南轩学案》，《黄宗羲全集》第四册，浙江古籍出版社1985年版，第952页。
② 参见王丽梅：《张栻的哲学思想》，《湘学》第二辑，湖南人民出版社2002年版，第233页。
③ 张栻：《孟子说》卷七，文渊阁四库全书本。
④ 张栻：《孟子讲义序》，见黄宗羲：《宋元学案·南轩学案》，《黄宗羲全集》第四册，浙江古籍出版社1985年版，第969页。
⑤ 张栻：《汉家杂伯》，《南轩集》卷十六，文渊阁四库全书本。

则天理也。过是而恣行妄动，则非天理矣。"① 这一点与五峰以"保合为义"的说法是完全一致的。

三、强调修养工夫

南轩在修养工夫方面，强调"主一居敬"和"察识涵养"两个方面，其操作的出发点是格物穷理，而落足点则在知行合一。

五峰在临终前，告诫自己的弟子说："圣门工夫要处，只在个敬字。"② 南轩承接乃师和北宋程颐之教，在修养工夫论方面继续强调居敬，指出："持敬乃是切要工夫。"③ 何谓敬？五峰说："操吾心，谓之敬。敬以养吾仁。"④ 南轩则称："主一之谓敬，敬者敬此者也。"⑤ 这里的所谓"此"，就是指心。南轩称："致知所以明是心也，敬者，所以持是心而勿失也。故曰：主一之谓敬，又曰：无适之谓一。噫！其必识夫所谓一，而后有以用力也。"⑥ 可见所谓"主一"，就是"持是心"。"是心"就是"贯万事、统万理而为万物主宰"⑦ 的道德本心。"盖心生生不穷者，道也。敬则生矣，生则乌可已也。殆则放，放则死矣。是以君子畏天命不敢荒宁，惧其一失而同于庶物也。"⑧ 在南轩看来，格物致知的目的，就在于"明心"，明道德的良心。"道"使此"心"生生不穷，而生生不穷的整个过程都离不开敬，敬是生生的主使，生生的全部过程，无不显露敬并显示敬的神奇伟大。"非敬，则是心不存而万物乖析矣"⑨，一旦放纵而失敬，则此心便与道脱离而不再具有生生的效用，也不再会成为万物的主宰而流于庶

---

① 黄宗羲：《宋元学案·南轩学案》，《黄宗羲全集》第四册，浙江古籍出版社 1985 年版，第956 页。

② 黄宗羲：《宋元学案·五峰学案》，《黄宗羲全集》第四册，浙江古籍出版社 1985 年版，第690 页。

③ 黄宗羲：《宋元学案·南轩学案》，《黄宗羲全集》第四册，浙江古籍出版社 1985 年版，第953 页。

④ 胡宏：《知言·事物》，《胡宏集》，中华书局 1987 年版，第 22 页。

⑤ 黄宗羲：《宋元学案》第四册，浙江古籍出版社 1985 年版，第 953 页。

⑥ 张栻：《敬斋记》，《南轩集》卷十二，文渊阁四库全书本。

⑦ 张栻：《敬斋记》，《南轩集》卷十二，文渊阁四库全书本。

⑧ 张栻：《敬斋记》，《南轩集》卷十二，文渊阁四库全书本。

⑨ 张栻：《敬简堂记》，《南轩集》卷十二，文渊阁四库全书本。

物，与世间其他物品，也就不再又什么差别。五峰说："此心妙无方，与道大无配。妙处果在我，不用袭前辈。得之眉睫间，直与天地对。浑然圆且成，万古不破碎。"讲的就是此心之重要与神妙，同时也就要求学者于日用间体察此心之真实存在，以不使受到忽略从而被放失掉。

南轩以敬为"心之道所以生也"①的同时，十分重视"主一"之工夫，认为："古之人起居饮食之间，精察主一，不知有外物之可慕，他事之可为、富贵之可喜、忧患之可戚。盖其中心汲汲于求仁而已。"②如此，则所谓主一，就是心无旁骛，只是汲汲于求仁而已。求仁则须不停滞，同时也不应助长。在《主一箴》中，南轩说："程子曰：'主一之谓敬。'又曰：'无适之谓一。'嗟乎！求仁之方孰要乎此。"③南轩要求自己和学者，要"涵泳其中"，"匪忘匪亟"，这样就会"积既久而精，乃会于极"。④南轩以为圣愚之分别，只在敬肆之间。"自昔先民，修己以敬；可持其心，顺保常性。敬非有加，惟主乎是。履薄临深，不昧厥理。事至理形，其应若响。而实卓然，不与俱往。动静不违，体用无忒。惟敬之功，协乎天德。嗟尔君子，敬之敬之。用力之久，其惟自知。勿惮其艰，而或怠遑。亦勿迫切，而以不常。毋忽事物，必精吾思。察其所发，以会于微。愤欲之萌，则杜其源。有过斯改，见善则迁。是则天命，不竭于躬。鱼跃鸢飞，仁在其中。"⑤这个简短的四言连句，可以看作是南轩对于居敬主一的简要说明。值得注意的是，南轩在讲居敬主一的同时，还强调在遇事时"集义"："敬只是涵养一事，必有事焉，须当集义。只知用敬，不知集义，却是都无事。"⑥这就是说，学者还要善于在临事时集义，只有这样，居敬才不是坐禅，主一的工夫也才不致落空。

四、倡导知行合一

五峰于南宋时期，首将知行关系置于重要之理论地位加以反复论说，其

---

① 张栻：《敬简堂记》，《南轩集》卷十二，文渊阁四库全书本。
② 张栻：《敬简堂记》，《南轩集》卷十二，文渊阁四库全书本。
③ 张栻：《南轩集》卷三十六，文渊阁四库全书本。
④ 张栻：《南轩集》卷三十六，文渊阁四库全书本。
⑤ 张栻：《敬斋铭》，《南轩集》卷三十六，文渊阁四库全书本。
⑥ 黄宗羲：《宋元学案》第四册，浙江古籍出版社1985年版，第959页。

弟子中于此有深造者，概在吴晦叔与南轩，而犹以南轩为最杰出。南轩论知行关系，在宋儒中最直接、用力最多、最亲切，且最有针对性。

"耕道无恃夫天资之美，必深察其所偏，致知力行，勉自矫焉。异日相见，当观气质变化之浅深，而知学力之进否也。"① 南轩直接讲知行关系的重要性之处很多。之所以如此，乃因宋学发展至于当时，已经出现了明显的只求"知"，而不务"行"的倾向，正如南轩在《论语说序》中所称："近岁以来，学者又失其旨，曰：'吾惟求所谓知而已。'而于躬行则忽焉。其所知，特出于臆度之见，而无以有诸其躬识者。……特未知致知力行互相发之故也。"② 南轩正是为了纠正只重知而忽视行的错误倾向，才直接提出知行的问题。同时，也正是这种倾向，才促使南轩不得不对知行关系的问题进行深入的研究和探索。

针对上述知行"脱节"之情况，南轩指出："孔子曰：'学而不思则罔，思而不学则殆。'历考圣贤之意，盖欲使学者于此二端兼致其力，始则据其所知而行之，行之力，则知愈进；知之深，则行愈达。是知常在先，而行未尝不随之也。知有精粗，必由粗以及精；行有始终，必自始以及终。内外交正，本末不遗。知此而后，可以言无弊。然则声气、容色之间，洒扫应对进退之事，乃致知力行之原也。"③

原来知行的大道理，就在身边琐细的事情中体现，这就不能不使人感到亲切。这是从胡文定到胡五峰再到张南轩的湖湘学派的一贯传统，后来的王船山同样保留着这样的传统。这也是湖湘学能够深入人心、使人感到亲切的原因之一。

南轩于知行关系问题上的主要贡献，一是就操作层面上，强调知是行的前提，无所知便无以行。在这个层面上，南轩是讲求知先行后的。二是于根源处，南轩以为知和行是互推并进的。所谓"致知力行，互相发尔"。"行之力，则知愈进；知之深，则行愈达"。南轩又称"盖致知以达其行，而力行以精其知。工深力久，天理可得而明，气质可得而化也"④。南轩于知行问题上的贡献之三，应该说，在南轩的思想中，已经有了知即行和行即知的意思，只是未得机缘予以进一步表达而已。在这一点上，可以说，南轩开了王阳明知行合一论

---

① 张栻：《送方耕道序》，《南轩集》卷十五，文渊阁四库全书本。

② 张栻：《南轩集》卷十四，文渊阁四库全书本。

③ 张栻：《南轩集》卷十四，文渊阁四库全书本。

④ 张栻：《送钟尉序》，《南轩集》卷十五，文渊阁四库全书本。

的思想先河。只是阳明子"知之真切笃实处，即是行；行之明觉精察处，即是知"的说法显得有些玄妙，阳明的这种特点，极容易导致学者追求思之玄而忘却行之艰。相比而论，南轩的说法虽然平实，却容易在践履上发生效用。这是由湖相学派重视实际的思想倾向所决定的。五峰有言："学圣人之道，得其体，必得其用。有体而无用，与异端何辨？"① 就是强调要能够落实所学，所学不能落实，就会流于异端。五峰曾对很多学者"平居高谈性命"娓娓动人，"临事茫然"不知所措的情形，提出过强烈的批评，南轩则告诫士子们："惟致其知，而后可以有明；惟力其行，而后可以有至。"②

据此而知，南轩的知行思想，也是深得乃师五峰启发的。湖湘学派对于知行的态度，严重地影响了近世的湖南，也进而严重地影响了近世的中国。

（作者简介：王立新　深圳大学国学研究所）

---

① 胡宏：《与张钦夫》，《胡宏集》，中华书局 1987 年版，第 131 页。

② 张栻：《袁州学记》，《南轩集》卷八，文渊阁四库全书本。

白沙儒学与明代文化的转向

刘兴邦

在岭南儒学发展史上，儒学经历了儒学岭南化向岭南化儒学的转变，在中国儒学发展史上，儒学经历了明代程朱儒学向明代心学的转变。白沙儒学与明代文化的转向实质上是指明代朱熹理学向明代心学的转向。这种文化转向是从朱熹理学出发，并吸取、改造朱熹理学的转向。白沙心学是明代朱熹理学向明代心学文化转向的开启者。白沙心学吸取了朱熹理学思想中的积极因素，改造了朱熹理学思想体系和方法，建立了白沙心学思想体系和方法，成了明代心学的开启者。白沙心学开启的明代朱熹理学向明代心学的文化转向，为白沙心学的衣钵传人湛若水所继承和发展，建构了独具特色的岭南心学思想体系，从而形成了与王阳明心学不同的明代心学内部的岭南心学思想路线。

一

白沙心学与明代文化转向是指明代朱熹理学向明代心学的文化转向。黄宗羲说："有明之学，至白沙始入精微。其吃紧工夫，全在涵养，喜怒未发而非空，万感交集而不动。至阳明而后大。"① 这是说，明代文化从陈白沙开始就出现了转向。明代文化转向的实质是从朱熹理学外在的"格物穷理"之学转向了明代心学内在的心性涵养之学，这种转向到王阳明心学出现时，就形成了明代文化的主流。白沙心学开启的明代朱熹理学向明代心学的转向是从朱熹理学出发的，是在吸取朱熹理学思想体系和方法的基础上进行的。陈白沙对朱熹理学向明代心学转向的前提说得十分清楚："吾道有宗主，千秋朱紫阳。说敬不

---

① 黄宗羲：《明儒学案》，中华书局 1985 年版，第 78 页。

离口，示我入德方。义利分两途，析之极毫芒。"① 这是说，不论是白沙心学中的道论思想，还是主敬的方法，抑或义利思想观念，都吸取了朱熹理学思想中的思想文化资源。

在朱熹理学思想体系中，理（道）是其体系的最高范畴。"宇宙之间，一理而已，天得之为天，地得之为地，而凡生于天地之间者，又各得之以为性，其张之为三纲，其纪之为五常，盖此理之流行，无所适而不在。"② 理是朱熹思想体系中的最高范畴。同时，朱熹认为，这个最高范畴理就是天地万物的本体。"事事物物皆有个极，是道理之极至，蒋元进曰，如君之仁，臣之敬，便是极。曰：此是一事一物之极，总天地万物之理，便是太极。"③ 太极是天地万物之理的总和，它是天地万物的本体。"天地之间，有理有气。理也者，形而上之道也，生物之本也。气也者，形而下之器也，生物之具也。"④ 理是形而上的本体，气是形而下生成万物的材料。白沙心学吸取了朱熹理学思想体系中的理（道）本体论思想。陈白沙说："吾道有宗主，千秋朱紫阳。"⑤ 这说明白沙心学的道论思想是来自朱熹理学的。"道"在白沙心学思想中占有十分重要的地位，白沙心学思想中包含了道本论的思想。"老去人间久废谈，青衫不改旧图南。道超形气元无一，人与乾坤本是三。"⑥ 在白沙心学思想中，天、地、人是由气所构成的事物，"道"是超越于形气而独立存在的，它不是气，不是一。超越于形气而独立存在的道是由气所构成的天地万物的本体。"道至大，天地亦至大，天地与道若可相侔矣。然以天地而视道，则道为天地之本；以道视天地，则天地者，太仓之一粟，沧海之一勺耳，曾足与道侔哉？"⑦ 很明显，白沙心学的道本论思想吸取了朱熹理学中的道本论思想。

---

① 陈献章：《和杨龟山〈此日不再得〉韵》，《陈献章集》，中华书局1987年版，第279页。
② 朱熹撰，朱杰人等主编：《读大纪》，《晦庵先生朱文公文集》，《朱子全书》第二十三册，上海古籍出版社、安徽教育出版社2002年版，第3376页。
③ 朱熹撰，朱杰人等主编：《朱子语类》，《朱子全书》第十七册，上海古籍出版社、安徽教育出版社2002年版，第3127页。
④ 朱熹撰，朱杰人等主编：《答黄道夫》，《晦庵先生朱文公文集》，《朱子全书》第二十三册，上海古籍出版社、安徽教育出版社2002年版，第2755页。
⑤ 陈献章：《和杨龟山〈此日不再得〉韵》，《陈献章集》，中华书局1987年版，第279页。
⑥ 陈献章：《次韵张东海》，《陈献章集》，中华书局1987年版，第499页。
⑦ 陈献章：《论前辈言铢视轩冕尘视金玉》，《陈献章集》，中华书局1987年版，第54—55页。

朱熹理学的理本论是同其"理本气具"思想紧密联系的。在朱熹理学思想中，气也是其思想体系的重要范畴。"天地之间，一气而已，分而为二则为阴阳，而五行造化、万物始终，无不管于是焉。"[①] 朱熹认为，天地万物之间存在的是具体的物质性的气。"天地间无非气。"[②] 气处于不停的运动变化之中产生万事万物。"一元之气，运转流通，略无停间，只是生出许多万物而已。"[③] 朱熹理学中的气论思想深深地影响了白沙心学，以至在白沙心学思想中出现了与朱熹理学中有关气论的类似言论。"天地间一气而已，屈信相感，其变无穷。"[④] 天地之间充满着物质性的气，气处于无穷的运动变化之中，气的运动变化产生天地之中的万事万物。"於乎，元气之在天地，犹其在人之身，盛则耳目聪明，四体常春。其在天地，则庶物咸享，太和絪缊。"[⑤] 白沙心学的气论思想深受朱熹理学气论思想的影响，它从宇宙论的层面论述了气是构成宇宙万物的物质元素，以及气运动变化而生成万事万物的过程。

白沙心学的本体论不仅吸取了朱熹理学的本体论思想，而且白沙心学的工夫论也吸取了朱熹理学工夫论的思想。"说敬不离口，示我入德方。"[⑥] 朱熹理学的"主敬"工夫是白沙心学涵养工夫的入门方法之一。朱熹理学把"主敬"作为其全部修养工夫重要修养方法之一。"学者工夫，唯在居敬、穷理二事"。[⑦] 朱熹理学对主敬的方法给予了高度的重视，甚至认为主敬是其整个修养方法的最为重要的方法。"敬之一字，直圣门之纲领，存养之要法。"[⑧] 主敬的方法贯穿整个修养方法的始终。"是知圣门之学，别无要妙，彻头彻尾，只

---

① 朱熹撰，朱杰人等主编：《易学启蒙》卷一，《朱子全书》第一册，上海古籍出版社、安徽教育出版社 2002 年版，第 212 页。

② 朱熹撰，朱杰人等主编：《朱子语类》，《朱子全书》第十四册，上海古籍出版社、安徽教育出版社 2002 年版，第 154 页。

③ 朱熹撰，朱杰人等主编：《朱子语类》，《朱子全书》第十四册，上海古籍出版社、安徽教育出版社 2002 年版，第 117 页。

④ 陈献章：《云潭记》，《陈献章集》，中华书局 1987 年版，第 41 页。

⑤ 陈献章：《祭先师康斋墓文》，《陈献章集》，中华书局 1987 年版，第 107 页。

⑥ 陈献章：《和杨龟山〈此日不再得〉韵》，《陈献章集》，中华书局 1987 年版，第 279 页。

⑦ 朱熹撰，朱杰人等主编：《朱子语类》，《朱子全书》第十四册，上海古籍出版社、安徽教育出版社 2002 年版，第 301 页。

⑧ 朱熹撰，朱杰人等主编：《朱子语类》，《朱子全书》第十四册，上海古籍出版社、安徽教育出版社 2002 年版，第 371 页。

是个'敬'字而已。"① 同时，朱熹理学对"敬"的含义作了详尽的解释。"然敬有甚物？只如'畏'字相似。不是块然兀坐，耳无闻，目无见，全不省事之谓。只收敛身心，整齐纯一，不恁地放纵，便是敬。"② 敬就是敬畏。这种敬畏包含内之敬与外之敬。内之敬就是收敛身心，不要使身心放纵或散逸。外之敬就是外表整齐、严肃。朱熹理学的主敬思想深深地影响了白沙心学。"圣人之学，惟求尽性。性即理也，尽性至命。理由化迁，化以理定。化不可言，守之在敬。有一其中，养吾德性。"③ 在陈白沙看来，圣人之学就在于充分扩充人的本性。人的本性就是理，扩充人的本性就是扩充人的道德理性。但人的道德理性不是一成不变的，它由于外在事物的干扰而发生变化，甚至被蒙蔽或丢失。为了把握随着事物变化而变化的理，陈白沙主张以主敬为方法，来培养、把握人的道德理性。在白沙心学的文献资料中，只有两处说到"敬"的地方，即前文提出的朱熹理学"说敬不离口，示我入德方"。此处所说的是白沙心学所遵循的"守之在敬"的培养道德理性的方法。在白沙心学的文献资料中却有大量的"主静"的言论，以至于人们都认为白沙心学只重"主静"，而不重"主敬"。其实，在白沙心学思想中，主静与主敬是相统一的。"主敬"是白沙心学修养的入门处，"说敬不离口，示我入德方"就说明了这一点，"主静"思想是对"主敬"思想的改造和发展，正如陈白沙的弟子湛若水所指出："夫先生主静而此篇（指《和杨龟山〈此日不再得〉韵》）言敬者，盖先生之学，原于敬而得力于静。随动静施功，此主静之全功，无非心之敬处。"④ 白沙心学的修养方法是从朱熹的"主敬"方法入门而发展成主敬与主静相结合的修养方法的。

二

白沙心学虽然吸取了朱熹理学的道本论思想和主敬的修养方法，但白沙心学却对朱熹理学思想进行了根本性的改造，才实现了明代朱熹理学向明代心

---

① 朱熹撰，朱杰人等主编：《答程允夫》，《晦庵先生朱文公文集》，《朱子全书》第二十二册，上海古籍出版社、安徽教育出版社 2002 年版，第 1873 页。

② 朱熹撰，朱杰人等主编：《朱子语类》，《朱子全书》第十四册，上海古籍出版社、安徽教育出版社 2002 年版，第 369 页。

③ 陈献章：《与民泽》，《陈献章集》，中华书局 1987 年版，第 278 页。

④ 陈献章：《白沙子古诗教解卷之上》，《陈献章集》，中华书局 1987 年版，第 702 页。

学的转向。这种转向的根本标志是白沙心学"自得之学"的思想体系的建立。"为学当求诸心必得。所谓虚明静一者为之主,徐取古人紧要文字读之,庶能有所契合,不为影响依附,以陷于徇外自欺之弊,此心学法门也。"①"白沙心学法门"的提出是明代朱熹理学向明代心学转向的标志,它由朱熹理学的理本论转向了白沙心学的心本论。"白沙心学法门"表明了白沙心学不论是本体论,还是方法论都属于心学的派别。"虚明静一者为之主"表明了其哲学体系是以心为主的心学思想体系。"虚明静一者为之主"表明了心在其哲学体系中的主要地位。心不仅在白沙心学中居于主要地位,而且心也是天地万物的本体。"身居万物中,心在万物上。"②"心在万物上"表明白沙心学以心作为天地万物的本体,它不是以理为本体,也不是以气为本体,形成了心本论的哲学思想体系。白沙心学的为学方法是心学的为学方法。"为学当求诸心"是白沙心学的基本方法,它是向内反省的涵养方法,这种方法的表现形式为主静和主敬。同时,白沙心学的为学方法不仅仅是"求诸心"的内在方法,而且也是"徐取古人紧要文字读之"的向外求索的方法。"探求物理,稽诸古训"是向外求索方法的表现形式。白沙心学思想体系和修养方法是对朱熹理学和陆九渊心学吸取和改造的结果。

白沙心学吸取了朱熹理学理本论和主敬修养方法的思想成果,但白沙心学不完全依附于朱熹理学,它批判地改造了朱熹理学的理本论,构建了心学的心本论思想体系。它批判了朱熹主敬穷理的修养论,构建了以主静为主的内外合一的修养论。白沙心学的核心思想是"自得"和"自然"。正如明末著名思想家刘宗周在论述白沙心学思想时指出:"先生(指白沙)学宗自然,而要归于自得。自得故资深逢源,与鸢鱼同一活泼,而还以握造化之枢机,可谓独门开户,超然不凡。"③白沙心学的"自得之学",其目的就是确立心的主体地位。"为学当求诸心必得。所谓虚明静一者为之主。"④在确立心的主体地位之后,把心上升到本体的地位。"身居万物中,心在万物上。"⑤这样,白沙心学就把朱熹理学的理本论改造成了白沙心学的心本论。同时,白沙心学在建构心本论

---

① 陈献章:《书自题大圹书屋诗后》,《陈献章集》,中华书局 1987 年版,第 68 页。

② 陈献章:《随笔》,《陈献章集》,中华书局 1987 年版,第 517 页。

③ 黄宗羲:《明儒学案师说陈白沙案语》,《明儒学案》,中华书局 1986 年版,第 4—5 页。

④ 陈献章:《书自题大圹书屋诗后》,《陈献章集》,中华书局 1987 年版,第 68 页。

⑤ 陈献章:《随笔》,《陈献章集》,中华书局 1987 年版,第 517 页。

时也吸取、化解了朱熹理学的理本论，并在心本论的思想中保留了理本论思想成分。在白沙心学思想中，"自得之学"是其核心思想，白沙心学针对朱熹理学心理分裂为二的弊端，提出心自得于道、自得于理。"是故道也者，自我得之，自我言之，可也。"① 心自得于道、心自得于理之后就形成心无内外、理无内外的心理合一思想。"（心）终日乾乾，只是收拾此（理）而已。此理干涉至大，无内外，无终始，无一处不到，无一息不运，……此理包罗上下，贯彻终始，滚作一片，都无分别，无尽藏故也。"② 这样，与心合一的理，也就与心一样成了天地万物的本体。"道至大，天地亦至大，天地与道若可相侔矣。然以天地而视道，则道为天地之本。"③ 因此，白沙心学中的道（理）本论思想是建立在心本论的基础上而从属于心本论的，只有从这种意义上才能化解白沙心学中心本论与理本论的矛盾，而不至于把白沙心学理解为以道为本的心学。从根本意义上来说，道在白沙心中只具有规律和法则的含义，它不能离开具体事物而存在。"人不能外事，事不能外理。"④ 理就在事物之中，理也存在于人的心中。"君子一心，万理完备。"⑤ 存在于事物之中的理就是物理，"其晦也不久，则其光也不大；甚诎也不甚，则其信也不长。物理固亦有然者矣，仆或不为此戚戚也。"⑥ 黑暗向光明转化，弯曲向伸长转化，这是客观事物的规律，人不必为事物的规律而担心。存在于人心中的理就是性理。"夫天下之理，至于中而止矣。中无定体，随时处宜，极吾心之安焉耳。"⑦ "极吾心之安"的中正之理就是性理。物理就表现为天道，性理就表现为人道。"天道至无心。比其著于两间者，千怪万状，不复有可及。至巧矣，然皆一元之所之为。圣道至无意。比其形于功业者，神妙莫测，不复有可加，亦至巧矣。"⑧ "天道"-自然界的规律，它没有意志、没有目的。它在天地之间的表现形态是多种多样、千差万别的，它是物质性的气所具有的。"圣道"是人类社会的规律，它没有个人的私心参与其中，但人类社会规律是通过人的具体活动表现出来的，是人的有意

① 陈献章：《复张东白内翰》，《陈献章集》，中华书局 1987 年版，第 131 页。
② 陈献章：《与林郡博》，《陈献章集》，中华书局 1987 年版，第 217 页。
③ 陈献章：《论前辈言铢视轩冕尘视金玉》，《陈献章集》，中华书局 1987 年版，第 54 页。
④ 陈献章：《随笔》，《陈献章集》，中华书局 1987 年版，第 55 页。
⑤ 陈献章：《论前辈言铢视轩冕尘视金玉》，《陈献章集》，中华书局 1987 年版，第 55 页。
⑥ 陈献章：《复赵提学金宪》，《陈献章集》，中华书局 1987 年版，第 147 页。
⑦ 陈献章：《与朱都宪》，《陈献章集》，中华书局 1987 年版，第 125 页。
⑧ 陈献章：《仁术论》，《陈献章集》，中华书局 1987 年版，第 57 页。

识、有目的的活动的结果。白沙心学把道归结为自然界与人类社会的规律，就消解了道在朱熹理学中的形而上层面的本体的意义。白沙心学中建立在心本论基础上的道本体论只有形式的意义，道是本质意义是形而下层面的自然规律和人类社会规律，从而实现了对朱熹理学理本论的吸取和改造。

同时，白沙心学吸收和改造了朱熹理学中的气学思想。朱熹理学虽然认为气存在于天地之间，"天地间无非气。"[1] 气的运动变化产生天地万物。"一元之气，运转流通，略无停间，只是生出许多万物而已。"[2] 但气是宇宙论层面的范畴，它只是生成宇宙万物的具体材料，理才是天地万物的本体。"天地之间，有理有气。理也者，形而上之道，生物之本也；气也者，形而下之器，生物之具也。"[3] 白沙心学改造了朱熹理学"理本气具"的理气关系，建构了心本论基础上的气学思想。"身居万物中，心在万物上。"[4] "心在万物上"就是心在气之上，表明心是存在于气之上的本体。白沙心学提出"天地间一气"的思想，认为气是构成天地万物的物质元素，气的运动变化形成天地之中的万事万物，天地是由气构成的。"元气之在天地，犹其在人之身，盛则耳目聪明，四体常春。其在天地，则庶物咸享，太和絪缊。"[5] 天地之间的万物禀受物质性的气而生成、壮大。人也是由气构成的。"夫人之生，阴阳具焉。阳有余而阴不足，有余生骄，不足生吝。受气之始，偏则为害。"[6] 人的形体是由气构成的，人的性格特征也是由气决定的。但气在白沙心学思想体系中始终处于心的管辖之下，心才是气的本体而居于气之上。白沙心学"心在气之上"的思想是在吸取朱熹理学气论思想的基础上对朱熹理学"理本气具"思想改造的结果。同时，白沙心学心在气之上的思想也是对明代气本论思想吸取改造的产物。

白沙心学不仅吸取改造了朱熹理学的理本论思想，而且还吸取改造了朱熹理学的工夫论思想。朱熹理学工夫论思想的基本内容是"居敬穷理"，核心

① 朱熹撰，朱杰人等主编：《朱子语类》，《朱子全书》第十四册，上海古籍出版社、安徽教育出版社 2002 年版，第 154 页。
② 朱熹撰，朱杰人等主编：《朱子语类》，《朱子全书》第十四册，上海古籍出版社、安徽教育出版社 2002 年版，第 117 页。
③ 朱熹撰，朱杰人等主编：《答黄道夫》，《晦庵先生朱文公文集》，《朱子全书》第二十三册，上海古籍出版社、安徽教育出版社 2002 年版，第 2755 页。
④ 陈献章：《随笔》，《陈献章集》，中华书局 1987 年版，第 517 页。
⑤ 陈献章：《祭先师康斋墓文》，《陈献章集》，中华书局 1987 年版，第 107 页。
⑥ 陈献章：《大头虾说》，《陈献章集》，中华书局 1987 年版，第 61 页。

思想是"穷理"，即物穷理，偏向于外在的穷索。白沙心学的工夫论偏向于内在的反省，"为学当求诸心必得。"在内在的反省、涵养中，白沙心学吸取了朱熹"居敬"的涵养方法，"说敬不离口，示我入德方。"但白沙心学改造了朱熹理学的"主敬"涵养方法，提出了"主静"的涵养方法。白沙心学的"主静"方法是陈白沙苦于心与理未能合一的长期思考的结果，也是其多年实践修养的产物。陈白沙说："仆才不逮人，年二十七始发愤从吴聘君学。其于古圣贤垂训之书，盖无所不讲，然未知入处。比归白沙，杜门不出，专求所以用力之方。既无师友指引，惟日靠书册寻之，忘寝忘食，如是者亦累年，而卒未得焉。……于是舍彼之繁，求吾之约，惟在静坐，久之，然后见吾此心之体隐然呈露，常若有物。……于是焕然自信曰：'作圣之功，其在兹乎！'有学于仆者，辄教之静坐，盖以吾所经历粗有实效者告之，非务为高虚以误人也。"① 陈白沙在长期的为学经历中深感心与理未能合一，即"未得"。于是从外在的读书穷理转向内在的静坐涵养，发现理就在自己的心中，"见吾此心之体隐然呈露。"从此之后，陈白沙把主静作为涵养功夫的基本方法，并把这种方法传受给自己的学生。"为学须从静中坐养出个端倪来，方有商量处。"② 这样，白沙心学的涵养方法就由"主敬"转向了"主静"。陈白沙对于自己由朱熹的"主敬"转向"主静"的原因进行了解释。"伊川先生每见人静坐，便叹其善学。此一静字，自濂溪先生主静发源，后来程门诸公递相传授，至于豫章、延平二先生，尤专提此教人，学者亦以此得力。晦庵恐人差入禅去，故少说静，只敬，如伊川晚年之训，此是防微虑远之道，然在学者须自量度何如，若不至为禅所诱，仍多静方有入处。若平生忙者，此尤为对症药也。"③ 陈白沙认为，由主敬到主静修养方法的转向，不仅仅是修养方法的转向，而且是社会现实的要求。"主静"是程颐提倡的基本的涵养方法。后来程门弟子罗从彦，包括朱熹的老师李侗也倡导主静的方法。朱熹针对当时不少学者陷入了禅宗的寂静，由主静转向了主敬。白沙心学由崇尚朱熹的主敬又转向主静，是因为陈白沙的时代与朱熹的时代不同了，所面对的问题也不一样了。朱熹所面对的是禅宗寂静的影响，陈白沙所面对的是心与理分裂为二的现象，所以白沙心学由主敬的外在严肃整

---

① 陈献章：《复赵提学佥宪》，《陈献章集》，中华书局 1987 年版，第 145 页。

② 陈献章：《与贺克恭黄门》，《陈献章集》，中华书局 1987 年版，第 133 页。

③ 陈献章：《与罗一峰》，《陈献章集》，中华书局 1987 年版，第 157 页。

齐转向了主静的内在专一与宁静。

<h1 style="text-align:center">三</h1>

朱熹理学是理学的集大成者。朱熹理学的目的是通过人的修养，提升人的精神境界和内在的人格，为社会的稳定与和谐提供理论支撑。朱熹理学也在这方面发挥过重要的作用。那么，明代中期之后，明代文化为什么会发生朱熹理学向明代心学的转向呢？朱熹理学向明代心学转向的原因是多方面的。虽然，明代中期社会经济、政治是其转向的主要原因，但朱熹理学自身的矛盾是其转向的重要原因。朱熹理学的目的是为了提升人的精神境界和人的内在人格，通过人与自然、人与社会、人的身心关系的论述，实现人与自然、人与社会、人的身心和谐。可是，在朱熹理学思想体系中，由于理始终居于绝对的地位，这样人与自然、人与社会、人的身心的和谐始终处于紧张的对立之中，理对于个人来说是必须遵守、服从、执行的绝对命令。"道者，古今共由之理……自天地之先，羲黄以降，都即是这一个道理，亘古亘今，未尝有异。"① 个人只能绝对地、无条件地服从理。"听天所命者，循理而行，顺时而动，不敢用其私心。"② 朱熹理学中理的绝对地位到了明代初期更为严重。明代初期，朱熹理学成为统治阶级的意识形态而处于独尊的地位，以致出现了"家孔孟而户程朱"的文化专制局面。"合众途于一轨，会万理于一原。地负海涵，天晴日曜。以是而兴教化，以是而正人心。……俾人皆由于正路，而学不惑于他歧。家孔孟而户程朱，必获真儒之用。"③ 以致当时的思想文化领域唯朱熹思想是尊。"原夫明初诸儒，皆朱子门人之支流余裔，师承有自，矩矱秩然。曹端、胡居仁笃践履、谨绳墨，守儒先之正传，无敢改错。"④ 朱熹理学教条化了，思想僵化了。朱熹理学用来提升人的精神境界、提升人的人格的目的被异化了，变成了人们用来谋求功名利禄的工具，成了科举考试的标准教科书。

---

① 朱熹撰，朱杰人等主编：《朱子语类》，《朱子全书》第十四册，上海古籍出版社、安徽教育出版社 2002 年版，第 397 页。

② 朱熹撰，朱杰人等主编：《答或人》，《晦庵先生朱文公文集》，《朱子全书》第二十三册，上海古籍出版社、安徽教育出版社 2002 年版，第 3145 页。

③ 转引自侯外庐、邱汉生：《宋明理学史》下，人民出版社 1987 年版，第 12 页。

④ 张廷玉：《明史》（二四）传（一三），中华书局出版，第 7222 页。

正如清初著名思想家顾炎武所说："而制义初行，一时人士尽弃宋、元以来所传之实学，上下相蒙，以饕禄利，而莫之问也。"① 陈白沙对于朱熹理学的教条化、僵化深有体会，这也成了白沙心学开启明代朱熹理学向明代心学转向的重要原因。陈白沙认为朱熹理学教条化、僵化的直接后果是社会风气败坏："此学（理学）寥寥，世间无人整顿得起。士习日见颓靡，殊可忧也"②，社会伦理道德的滑坡："父子失其亲，兄弟失其爱，鼓之以斗争之风，置之于水火之地，则五品之伦、五常之性与生俱灭，诚不可不惧也。"③ 面对社会风气败坏、伦理道德滑坡的文化困境，陈白沙以"自得之学"为前提，主张自得于道，自得于理，把外在于个人的理转化为个人内在的理，实现"天地我立，万化我出，宇宙在我"的人的理想境界。这样，白沙心学打破了明初以来朱熹理学独尊的局面，实现了明代朱熹理学向心学的转向，并影响了王阳明心学。"故有明儒者，不失其矩矱者亦多有之，而作圣之功，至先生（陈白沙）而始明，至文成（王阳明）而始大。向使先生与文成不作，则濂、洛之精蕴，同之者固推见其至隐，异之者亦疏通其流派，未能如今日也。"④ 白沙心学开启了明代朱熹理学向明代心学的转向，这是白沙心学的意义所在。

（作者简介：刘兴邦　广东五邑大学社科部）

---

① 顾炎武：《日知录集释》中卷 18，上海古籍出版社 2006 年版，第 1043 页。
② 陈献章：《与胡金宪提学》，《陈献章集》，中华书局 1987 年版，第 153 页。
③ 陈献章：《恩平县儒学记》，《陈献章集》，中华书局 1987 年版，第 37 页。
④ 陈献章：《陈献章集》，中华书局 1987 年版，第 866 页。

心学道统论

——以"颜子没而圣学亡"为中心

吴 震

一、"道统"何以成了问题

"道统"者，儒家圣人之道之统绪也，这是历来的解释，按今天的说法，儒家道统是指儒学精神或儒学价值之传统。历史上，自唐代韩愈（768—825）提出道统说以来，道统便成了儒家文化的精神与价值的象征。他在《原道》一文中明确宣称"斯吾所谓道也，非向所谓老与佛之道也"，于是，儒家的道统重建便意味着须通过排斥佛老，以使儒学在思想文化的舞台上重新占据主角的地位；另一方面，道统经历了尧舜至孔孟代代相传的传承谱系，直至"轲之死，不得其传焉"[1]，从而发生了道统中断。由此，韩愈的原型道统论便具有两个基本特质：一是道统在重建过程中，具有"排他性"；一是道统在历史发展过程中，具有"非连续性"。

宋初元庆八年（1085）程颢（1032—1085）卒后，其弟程颐（1033—1107）及其程门弟子开始宣扬一种新道统论，既继承了韩愈的道统谱系的说法，同时又没有将韩愈列入其中，认为孟子之后能重新接续道统者非程颢莫属。[2] 南宋淳熙六年（1179）以及淳熙十六年（1189），朱熹（1130—1200）在

---

[1] 钱仲联、马茂元校点：《原道》，《韩愈全集·文集》卷一，上海古籍出版社 1997 年版，第 122 页。

[2] 程颐："周公没，圣人之道不行；孟子死，圣人之学不传。……圣人之道得先生（按：程颢）而后明。"（程颢、程颐著，王孝鱼点校：《明道先生墓表》，《二程集》，中华书局 1981 年版，第 640 页）程颐《明道先生行状》亦载："孟子没而圣学不传，（程颢）以兴起斯文为己任。"（同上书，第 638 页）又，程门弟子刘立之亦说："自孟轲没，圣学失传。……先生（按：

上疏文及《中庸章句序》中则将周（周敦颐）、程（程颢、程颐）安排在孟子继任者的位置上，历来以为宋代道学史上的儒家道统论得以确立便以此为标志。程朱道学的新道统论（又称理学道统论）亦有两项基本特质：一方面，"道"即儒家圣人之道，具有不同于佛老之道的"独立性"与"排他性"；另一方面，"道"存在于圣人之学当中，由于圣学传统时断时续，从而使道统具有"非连续"中的"连续性"。

但是自 20 世纪 50 年代以降，随着海外"当代新儒学"的兴起，出现了重建"道统"的思想主张，而在近三十年来，围绕道统问题，我们至少可以找到两个影响较大、方向对立的"道统"论述及其批判：

一是以为道统叙述作为学术思想史的建构，其真实性和可靠性是令人怀疑的。理由很明显，由尧舜至孔孟在时间上相隔数千年，我们何以能根据确凿的经验史料来证实这一史学建构为"信史"？既然无法以史料为基础来证实这段俨如"家谱"一般代代相传、有名有姓的谱系史，便必然发生道统的时续时断的奇怪现象，于是"道统"便不免成了后世儒者借以作为自己的"主义"主张的一种口实而不免大幅增强了此说的随意性、神秘性，甚至有将道统"私有化"之可能；①

一是以为儒家的道统论述并不是严格意义上的学术史的谱系建构，而是儒学精神史的一项重建，意在强调圣人之道作为中国传统文化的一种精神存在

程颢）杰然自立于千载之后，芟辟榛秽，开示本原，圣人之庭户晓然可入，学士大夫始知所。"（同上书，第 329 页）程门弟子朱光庭指出："呜呼！道之不明不行也久矣。自子思笔之于书，其后孟轲倡之。轲死而不得其传……自孟轲以来，千有余岁，先王大道得先生而后传。"（同上书，第 332 页）北宋末胡安国（1074—1138）在一篇奏疏中竭力表彰二程："然孔孟之道不传久矣，自颐兄弟始发明之，而后其道可学而至也。"（同上书，第 348 页）这些思想动向表明自 11 世纪以降，在宋代道学内部出现了一种新道统论，认为中断一千余年的道统至二程得以复续。

① 清代中期的袁牧（1715—1797）便尖刻地指出"'道统'两字是腐儒习气语"，韩愈宣扬"道统"，其用心"隐然以道统自居也"，而踵韩愈之后的朱子，其用心同样"亦欲居之"而已（王德毅：《答是仲明》，《小仓山房尺牍》卷六，《丛书集成三编》第 77 册，台湾新文丰出版公司 1987 年版，第 540 页）。顺便一提，二百年后，中国大陆学者方克立亦认为当代新儒家（又称海外新儒家）固执道统之观念，其用心便在于"自居'道统'"，可谓历史的巧合。当然，此一时非彼一时，方克立是从马克思主义的立场出发，批评当代新儒家不满于"马列'入主中国'和西化狂风劲吹"的现象，故而形成了"强烈的续统意识"。（参见方克立：《展望儒学的未来前景必须正视的两个问题》，《天津社会科学》1991 年第 1 期）

必然具有绵延不绝的传承历史，以此证明儒家圣人之道拥有犹如"万古一日"一般的永恒性、普遍性，也正由此，故在"天下无道"的社会时代，"道"之传授虽然会发生一时中断的现象，但是只要坚信"道"之存在的永恒性和普遍性，我们就不必担心"道"会消亡，相应地，我们更要重新树立起"天下无道"必然会趋向"天下有道"的信念，终有一天，"道统"作为儒学价值观之体现的文化传统必能重现光明。

上述两种不同的解释取向正反映了现代学术界的两种不同声音，前者代表了"思想史家"的见解，而后者则代表了"哲学家"（狭义当代新儒家）的见解。由前者之见，所谓"道统"只能理解为中国文化的"大传统"，而有"文化大传统即是道统"说，以为唯有如此，道统说才能获得文化思想史意义上的"客观"性，既不至于陷道统于"一线单传"的危险之境，也不至于再有"中断之虞"。[①] 依后者之见，道统可由中国的"心性之学"或"德性之学"为代表，大致有两说为证：一则如 1958 年"新儒家宣言"开宗明义所言"心性之学乃中国文化之神髓所在"，而此中国文化自有"一脉相承之统绪"，"此即所谓道统之相传"；一则如牟宗三言简意赅的定义："中国'德性之学'之传统即名曰'道统'"。[②] 要之，道统原本是一精神史概念，虽然不能脱离文化传统而言，但是此文化之"神髓"表现为特殊的"心性之学"或"德性之学"，故道统的内涵必存在于心性传统之内。对此，有学者指出：这种道统观有可能变为儒学传统的"秘传"，只不过是当代新儒家自以为是的一种标签，即只有极少数对心性价值之源的本体界有"内证"（圣域）体验之人的专利，对于绝对多数芸芸众生处于第二义以下的现象界（凡境）之人而言，则并无资格与"道统"发生任何联系。[③]

由钱穆至余英时对新儒家的心性道统论的质疑与批评，也促使当代新儒家不得不作出相应的反省，例如就在余英时发表《钱穆与新儒家》一文引发

---

① 钱穆：《中国学术通义》，台湾学生书局 1993 年增订本，第 94 页。按，余英时称乃师钱穆此说为"思想史家的道统观"，而有别于"哲学家的道统观"（指狭义新儒家如熊十力、牟宗三等人的道统观），见余英时：《钱穆与新儒家》，原载《犹记风吹水上鳞》，台湾三民书局 1991 年版，收入余英时：《钱穆与中国文化》，广西师范大学出版社 2006 年版，第 46 页。

② 参见唐君毅：《中华文化与当今世界》，《为中国文化敬告世界人士宣言》，台湾学生书局 1975 年版，第 876—877 页；牟宗三：《生命的学问》，台湾三民书局 1970 年版，第 61 页。

③ 参见余英时：《钱穆与中国文化》，广西师范大学出版社 2006 年版，第 69 页。

学界激烈"震荡"之际，李明辉撰文在提出批评性反应的同时，也不得不坦承"道统谱系之建立并无本质的意义"①，这一宣示表明作者充分意识到中国文化之"统"并不能"抽象地说"，而应当置于"历史发展的具体过程中始能言'统'"，这就意味着"道统"并不存在什么"秘传"的神秘性，而可以作为一个儒家文化的精神史概念来理解。当然，李的这个说法也并不意味作者放弃了牟宗三在"外王"三书及在《略论道统、学统、政统》②一文中有关"三统"叙述的基本预设。

在李文发表的次年，另一位重量级新儒家代表人物刘述先对余文作出了更全面系统的响应，明确表示"我并不赞成多说道统"，理由是"多说道统，容易表现成为一种'我比你神圣'（bolier than thou）的态度，徒然引起反感，并没有什么好处"。他根据自己的观察，自 20 世纪 80 年代以降，"当代新儒家的重心，由于种种原因，逐渐由道统的担负，转移到学统的开拓、政统的关怀"。③ 这个观察结果耐人寻味。然而刘的这个说法或与牟宗三的一个固有观点有关：牟先生认为中国文化传统已发展出成熟的"道统"，但是虽有"治道"却无"政道"，虽有学术传统却缺乏知识系统，导致"政统"与"学统"向来并不发达的后果，故有必要经过"良知自我坎陷"以"开出"新外王——"政统"与"学统"（特指现代意义上的民主与科学）。④

须提及的是，刘述先之师方东美（1899—1977）对儒家道统观历来很反感，且有严厉批评："讲'道统'，易生肤浅、专断、偏颇的流弊；讲学统则无

---

① 李明辉：《当代新儒家的道统论》，1993 年 8 月在香港"第三十四届亚洲及北非研究国际会议"宣读，后载《鹅湖月刊》第 224 期（1994 年 2 月），收入李明辉：《当代儒学的自我转化》，台湾"中央研究院"中国文哲研究所 1995 年版；中国社会科学出版社 2001 年版，第 153 页。

② "外王"三书，系指牟宗三：《历史哲学》、《政道与治道》、《道德的理想主义》，而《略论道统、学统、政统》一文则见牟宗三：《生命的学问》，台湾三民书局 1970 年版。

③ 刘述先：《当代新儒家的超越内省》，原载《中国文哲哲学通讯》第 5 卷第 3 期（1995 年 9 月）；《中国文化》1995 年第 12 期，后收入刘述先：《儒家哲学研究：问题、方法及未来开展》，上海古籍出版社 2010 年版，第 89、93 页。

④ 关于牟宗三以及当代新儒家的三统说、"坎陷"说、"开出"说的相关评论，参见刘述先主编：《当代新儒学论文集：外王篇》，文津出版社 1991 年版；杨祖汉主编：《儒学与当今世界》，文津出版社 1994 年版；李明辉主编：《牟宗三先生与中国哲学之重建》，文津出版社 1996 年版。有关牟宗三对"内圣外王"的现代阐释，可参见李明辉：《儒学与现代意识》"序言"，文津出版社 1991 年版。

此病。"他断言宋儒道统观在理论上没有任何建设性，因为它"既不是批评性的，也不是研究性的，而是一种武断的信仰"。故其主张当以"学统"代"道统"或"称'道统'不如称'学统'"的观点。① 不过，促使刘述先反省道统问题的机缘是否与方东美有关，不得而知，但与其 20 世纪 90 年代响应余英时的新儒家批判则有直接关联。事实上，早期刘述先在朱子哲学研究过程中，仍相当坚决地以为儒家道统必须"当作一种慧解的印证看待"，而与"考古、历史、考据的问题都不是十分相干的问题"②，此"慧解"一说亦即余英时屡屡批评的新儒家将道统传承当作个人心性之"体证"的观点，同样，此后一句所谓道统与"历史"的问题不甚相干之说，也极易引起"思想史家的道统观"论者的反感。然而值得注意的是，同为哲学史家的陈荣捷对道统的了解却与刘述先可谓不谋而合，尽管与钱穆相比，陈荣捷的学术趋向与当代新儒家的距离更远，他从来没有获得过"当代新儒家"（广义）的"殊荣"。陈荣捷指出：

> 道统之绪，在基本上乃为哲学性之统系而非历史性或经籍上之系列。
> 进一步言之，即道统之观念，乃起自新儒学发展之哲学性内在需要。③

这是说，道统属于"哲学性"的观念，而与"历史性或经籍上之系列"不相干，这与上引刘述先的观点如出一辙。应当说，有关道统的这项"定义"是可以充分理解和接受的。因为事实的确如此，从根本上说，儒学的道统观乃一哲学性的观念建构，而非历史学意义上的史实重建，更无法根据"字义明而义理明"的考据方法来证实。当然，与刘、陈两人之见解不同的余英时也不至于天真地认为"道统"必诉诸"考古、历史、考据"的问题领域始能成真，余之所以对新儒家道统论深表不满，意在借此问题来批评新儒家往往容易堕于"良知的傲慢"，而在这种批评的背后当有更复杂的学术分歧等因素存在，对此，我们已不必作无谓的纠缠。

---

① 方东美：《新儒家哲学十八讲》，台湾黎明文化事业公司 1983 年版，第 35、51 页；又见中华书局 2012 年版，第 31、47 页。按，该书主要汇编自 1976 年在辅仁大学最后一学期的讲义，其中以第一至第四讲的大量篇幅，力斥宋儒及至"今儒"所建之"道统"之虚妄而主张重建"学统"，然于"政统"则并无一语字涉及。

② 刘述先：《朱子哲学思想的发展与完成》，台湾学生书局 1982 年版，第 425—426 页。

③ 陈荣捷：《道统观念之完成》，《朱熹集新儒学之大成》第 2 节，《朱学论集》，台湾学生书局 1982 年版，第 17 页。

对于大陆学者而言，有关当代新儒家"道统"论的形成及其发展等问题，往往有"不识庐山真面目"之感，其原因不一定是"只缘身在此山中"的缘故，相反，恰恰是由于"身在此山外"——大陆学者与20世纪50年代以来港台新儒家的历史隔阂与时代错位所致，而这种隔阂感、错位感之产生，与不同的学术取向、政治背景有很大关联，如何消解这些不同，唯有不断加强对话、互相学习。至于当代新儒家的某些学者依然提倡道学政（道统、学统、正统）"三统并建"说，则不免令人疑虑。倘若我们对刘述先不宜"多说道统"的主张取赞同之立场，那么似乎就不必重弹"并建"的老调。

本文将本着"学术性儒学"的研究立场①，旨在考察王阳明（1472—1529）及其弟子王畿（1498—1583）的心学道统论的思想内涵及其重建过程，指出二王的道统论将圣人之道、圣人之学的问题置于心学视域中加以重新审视，在基本认同儒家道统的"独立性"及"连续性"的同时，更为强调道统作为儒学文化精神具有内在于人心及日常生活之中的"普遍性"、"开放性"以及"实践性"等重要特征，并力图揭示心学道统论的既不同于韩愈原型道统论又有别于程朱理学道统论的思想特质及其理论意义。在今天，通过回访心学道统论这一重要传统，可以从中汲取批判性的思想资源，或有助于我们反思道学政（道统、学统、政统）"三统并建"何以可能等问题。

二、心学谜案："颜子没而圣学亡"

明正德六年（1511），王阳明在《别湛甘泉序·壬申》一文中提出了一个

---

① 刘述先对历史上的儒学形态曾有三分说：精神的儒家（spiritual Confucianism）、政治化的儒家（politicized Confucianism）、民间的儒家（popular Confucianism）。见刘述先：《儒学的理想与实际——近时东亚发展之成就与限制之反省》，原刊《鹅湖学刊》总第292期（1999年10月），载刘述先：《儒家哲学研究：问题、方法与未来发展》，上海古籍出版社2012年版，第400页。按，刘述先认为"道统"主要存在于"精神的儒家"，而"政统"则存在于"政治化的儒家"。（刘述先：《当代新儒家的超越内省》，《儒家哲学研究：问题、方法与未来发展》，上海古籍出版社2012年版，第81页）陈来在"当前新儒学的三种存在方式"的讨论中，提出"学术儒学"、"文化儒学"、"民间儒学"三分法，其中"学术儒学"盖指当今对传统儒学进行学术研究的一种形态。（参见陈来著，翟奎凤编：《陈来儒学思想录：时代的回应和思考》，华东师范大学出版社2014年版，第105页）我以为"学术性儒学"应当涵指儒学的历史形态，包含对儒学的学术思想研究，特别是儒家的经学传统构成其重要内涵之一。

惊世骇俗的观点："颜子没而圣人之学亡。"① 不妨称之为心学道统论。须指出，阳明的这个论断距其"龙场悟道"仅隔三年，故必定与其悟道有重要关联。那么何以是"谜案"呢？因为就在这句判断之后，阳明接着又说："曾子唯一贯之旨传之孟轲终，又二千余年而周、程续。"无疑地，这是人们耳熟能详的程朱理学的经典道统论述——理学道统论。于是，在心学道统论与理学道统论之间，存在难以兼容的解释困难，构成观念上的紧张。此即说，倘若"颜子没而圣学亡"为真，那么曾子至孟子的道统传授又如何可能？进言之，周程又何以可能复续孟子而非颜子以来的失传之道统？更有甚者，阳明良知教难道不是从孟子学而是从颜子学那里接续而来的吗？不得不说，"颜子没而圣学亡"构成了阳明心学史上的一大谜案，若按王畿的看法，岂止是心学"谜案"，更是儒学史上的"千古大公案"（详后）。

所以，若干年后的阳明南京讲学期间（1514年左右）②，其弟子陆澄便对阳明此说表示了"不能无疑"的怀疑态度，对此，阳明则以"见圣道之全者惟颜子"③ 作答。王畿则坦承"师云'颜子没而圣人之学亡'，此是险语"④，以为若非善解便可能导致重大误解：似乎阳明良知教与孟子并无任何思想关联，甚至可以将孟子剔除在道统谱系之外。另一方面，王畿对此"险语"提出了独到的

---

① 王阳明：《王阳明全集》卷七，上海古籍出版社1992年版，第230页。按，《全集》题作"壬申"（1512），据《阳明年谱》辛未（1511）十月，阳明送别甘泉。管见所及，对阳明"颜子没而圣学亡"之命题进行专题探讨的论文仅有两篇，吕妙芬：《颜子之传：一个为阳明学争取正统的声音》，《汉学研究》第15卷第1期（1997年6月），后收入吕妙芬：《阳明学士人社群——历史、思想与实践》，中央研究院近代史研究所2003年版；柴田笃："颜子没而圣学亡"を意味するもの——宋明思想史における颜回》，《日本中国学会报》第51集（1999年）。吕文将此命题置于阳明学派的自我定位这一独特问题领域来加以审视，而柴田一文侧重于考察宋明思想史上有关颜子之学的历史地位问题。有关阳明后学王畿对心学道统论的重构问题，两文都不免有所忽略。

② 参见《传习录》上第44条"澄在鸿胪寺"条，据《阳明年谱》，正德九年（1514）四月，阳明升南京鸿胪寺卿。

③ 《传习录》上，第77条。按，条目数字据陈荣捷：《王阳明传习录详注集评》，华东师范大学出版社2009年版。

④ 吴震编校整理：《抚州拟岘台会语》，《王畿集》卷一，凤凰出版社2007年版，第16页。另一位阳明大弟子邹守益（1491—1562）也透露当时学者对阳明"颜子没而圣学亡"的观点"往往疑之"。（邹守益：《正学书院记》，《东廓邹先生文集》卷四，《四库全书存目丛书》集部第六十六册，第29页）

心学诠释，充分揭示了阳明这项新道统论述的义理所在。故就结论言，上述"谜案"的谜底就在王畿的心学阐释当中。

为方便后面的讨论，我们先将《别湛甘泉序》的原文要旨摘录如下：

> 颜子没而圣人之学亡。曾子唯一贯之旨传之孟轲终，又二千余年而周程续。自是而后，言益详，道益晦，析理益精，学益支离无本，而事于外者益繁以难……而世之学者，章绘句琢以夸俗，诡心色取，相饰以伪，谓圣人之道劳苦无功，非复人之所可为，而徒取辩于言词之间。古之人有终身不能究者，今吾皆能言其略，自以为若是亦足矣，而圣人之学遂废。则今之所大患者，岂非记诵词章之习！而弊之所从来，无亦言之太详、析之太精者之过欤！夫杨墨老释，学仁义，求性命，不得其道而偏焉，固非若今之学者以仁义为不可学，性命之为无益也。居今之时而有学仁义，求性命，外记诵辞章而不为者，虽其陷于杨墨老释之偏，吾独且以为贤，彼其心犹求以自得也。夫求以自得，而后可与之言学圣人之道。某幼不问学，陷溺于邪僻者二十年，而始究心于老释。赖天之灵，因有所觉，始乃沿周程之说求之，而若有得焉。顾一二同志之外，莫予翼也，岌岌乎仆而后兴……①

这段话所含之信息非常丰富。从中可以看到，阳明晚年发明"致良知"之后，于嘉靖四年（1525）向友人透露的"赖天之灵，偶复有见，诚千古之一快"②的愉悦心情其实早在十余年前即已表露无遗了。因为1511年《别湛甘泉序》所说"赖天之灵，因有所觉"与1525年《书魏师孟卷》所言"赖天之灵，偶复有见"并非二事，应当都是指"吾良知二字，自龙场已后，便已不出此意"③这场生命彻悟。设若上述两篇文献中的"赖天之灵"是分指两次思想觉悟，则恐怕反而是令人费解的。明确了《别湛甘泉序》这篇文字的思想背景，我们有理由断定"颜子没而圣学亡"必是阳明在领悟了良知之后才有的道统新论。

由此，我们对阳明为何说"颜子没而圣人之学亡"的孤心苦诣便可有所了解。无疑地，这里的"圣人之学"与多次出现的"圣人之道"基本同义，是

① 王阳明：《王阳明全集》卷七，上海古籍出版社 1992 年版，第 230—231 页。

② 王阳明：《书魏师孟卷·乙酉》，《王阳明全集》卷八，上海古籍出版社 1992 年版，第 280 页。

③ 钱德洪：《刻文录叙说》，见王阳明：《王阳明全集》卷四十一，上海古籍出版社 1992 年版，第 1575 页。

贯穿整篇文字的核心概念。在阳明的观念当中，"圣人之学"是与那些追求"析理益精，学益支离"、"章绘句琢"、"记诵词章"之学正相背反的根本学问，即孔孟儒家以仁义性命为根本追求的"自得"之学。由此反观"颜子没"一句，则颜子之学应当就是原本意义上的圣人之学。问题是，难道曾子传孟子的"唯一贯之旨"就不是圣人之学吗？

"一贯之旨"典出《论语·里仁》："子曰：'参乎！吾道一以贯之。'曾子曰：'唯。'"历来以为，这里的"道"即指圣人之道，孔子将这层道理传给曾子，而曾子之后能接续此"道"者便是孟子。这些都早已是儒学史的一般常识。而韩愈的道统论只说孔传孟，而在孔孟之间既不见曾子更不见颜子之名。可见，在韩愈的道统论述中，孔孟之间的传承并不见曾子及颜子之名，直至淳熙十六年（1189）朱子《中庸章句序》才将儒家道统理论化①，朱子首先肯定了早期中国传统文化史上"盖自上古圣神继天立极，而道统之传有自来矣"的道统观，继而明确指出孔子之后，"惟颜氏、曾氏之传得其宗"，其后传至子思、孟子而发生中断，至宋初二程始得以"续夫千载不传之绪"。可见，颜、曾并列于道统谱系当中，这是朱子的固有观点。只是相对于曾子传子思而有《中庸》（应当亦含《大学》）之作而言，至于颜子在道统史上留下了哪些具体的思想遗产，《中庸章句序》并未明言。这就在道学史上留下了颜子所传究为何学的一大"公案"。

反观阳明所言"颜子没而圣人之学亡，曾子唯一贯之旨传之孟轲终，又二千余年而周程续"两句，其实也没有透露出颜子之学的具体内容，相比之下，曾子至孟子之间，则有明确的"一贯之旨"的传道内容。这就涉及阳明对颜子之学究竟持何看法的问题，对此问题的了解才是解开阳明何以判定"颜子

---

① 20世纪80年代，陈荣捷谓"朱子于淳熙十六年第一次采用道统一词"（陈荣捷：《朱熹集新儒学之大成》，《朱学论集》，台湾学生书局1982年版，第17页），从文献学的角度言，此说并不严密。据考，绍兴三十二年（1162）朱子《壬午应诏封事》已有"自古圣人口授心传"之说，淳熙六年（1179）朱子在牒文中已明确使用"心传道统"一词（朱熹撰，朱杰人等主编：《又牒》，《晦庵先生朱文公文集》卷九十九，《朱子全书》第二十五册，上海古籍出版社、安徽教育出版社2000年版，第4582页）。此外，干道六年（1170）李元纲《圣门事业图》有"传道正统"之说，钱大昕（1728—1804）《十驾斋养新录》卷十八《道统》甚至断言"道统"概念"始见于李元纲《圣门事业图》"，但是严格说来，李元纲并未使用"道统"一词。上述史实表明"道统"概念早于1189年便已出现，但有关"道统"问题的理论化阐述则是至《中庸章句序》始见完备，这应当是毋庸置疑的。

没而圣学亡"的关键。

三、"见道"：阳明的颜子解释

我们先从陆澄的质疑说起，陆的记录如下：

> 问："'颜子没而圣学亡'，此语不能无疑。"先生曰："见圣道之全者惟颜子。观喟然一叹，可见其谓'夫子循循然善诱人，博我以文，约我以礼'，是见破后如此说。博文约礼，如何是善诱人？学者须思之。道之全体，圣人亦难以语人，须是学者自修自悟，颜子'虽欲从之，末由也已'，即'文王望道未见'意。望道未见，乃是真见。颜子没，而圣学之正派遂不尽传矣。"①

其中的关键词是"圣道之全"或"道之全体"，阳明指出尽管"道之全体，圣人亦难以语人"，但是颜子却能见"圣道之全"。何以见得呢？阳明以《论语·子罕》"颜渊喟然叹曰"章为例来加以说明。该章共由三句组成：

> 颜渊喟然叹曰："仰之弥高，钻之弥坚；瞻之在前，忽焉在后。夫子循循然善诱人，博我以文，约我以礼。欲罢不能，既竭吾才，如有所立卓尔，虽欲从之，末由也已。"

除首句以外，其余两句均见诸上引阳明与陆澄的对话中。阳明特别强调"博文约礼"的重要性，要求"学者须思之"——省思孔子劝导颜子（"善诱人"）的真意所在。依阳明的判断，"博文约礼"必与"圣道"有关。其实，按程朱之见，"博我以文"与"约我以礼"分属"格物致知"与"克己复礼"两种工夫，也是颜子传孔子之学的"最切当处"。② 然在阳明看来，"博文约礼"并不是单纯的工夫次第问题，更是涉及"道之全体"的根本问题，而"道体"不属于见闻之知，不是依靠传授可得，道体甚至就是心体本身，故唯有通过"心悟"才能体认。至于颜子所言"虽欲从之，末由也已"，一般以为这是颜子"无所用其力"之意。③ 但阳明却认为颜子此语与"文王望道未见"之意同，

---

① 《传习录》上，第 77 条。按，条目数字据陈荣捷：《王阳明传习录详注集评》，华东师范大学出版社 2009 年版。

② 朱熹：《论语集注·子罕》，《四书章句集注》，中华书局 1983 年版，第 111 页。

③ 朱熹：《论语集注·子罕》，《四书章句集注》，中华书局 1983 年版，第 112 页。

进而提出了一个重要判断："望道未见，乃是真见。"① 故阳明的结论是：颜子所谓"虽欲从之，末由也已"，乃是"颜子见得道体后，方才如此说"。②

那么，何谓"望道未见"呢？典出《孟子·离娄下》："文王视民如伤，望道而未之见。"一般以为，这是对文王爱民之深、求道之切的一种描述。依朱熹，其中的"而"字为"如"字义，此句是说"望之犹若未见"，用以形容文王"不自满足"之意。③ 但阳明则解读"未见"为道不可见，进而下一转语，唯有"未见"才是"真见"，以此套用到颜子"末由也已"一句的解释，则本义为无所用其力的"末由"两字被解释成如同"未见"一般。由此，"末由也已"并不意味颜子的能力有缺或才力不够，相反，恰恰表明颜子已能见"道体"之全。换句话说，"末由也已"应这样理解：无所用力才是真正之大用的体现。经此一转换诠释，"末由也已"变成了积极的意义而非消极的"著力不得"（程颐语）之意，由此反证颜子才是"见圣道之全者"，如同"望道未见，乃是真见"一般。重要的是，颜子之见"道之全体"，是其"自修自悟"的结果，不是从孔子的语言传授得来的，因为道体是"难以语人"的。

"道体"何以"难以语人"呢？这里涉及阳明心学中有关"无"的问题思考。这一问题所涉义理颇为繁复，非本文论旨所在，不宜展开讨论。质言之，道体之不可言，犹如阳明所说的良知心体"无知无不知"、"无觉无不觉"一般，良知心体的呈现过程必是即用见体的过程，而此一过程是自修自悟之过程，而非依靠语言、借助知识所能实现的。尽管良知具有内在于人心的道德判断力，但良知又不只是停留于现象界的存在，而是如天理一般的超越性存在。就此而言，道体、心体或良知天理，都属同质同层的存在，具有抽象普遍之特质，不受任何有限的语言知识所局限，在这个意义上，所以说"义理无定在，无穷尽"④，甚

---

① 按，阳明在乙亥（1515）所撰《见斋说》一文中也明确指出："神无方而道天体，仁者见之谓之仁，知者见之谓之知。是有方体者也，见之而未尽者也。颜子'则如有所立，卓尔'。夫谓之'如'，则非有也；谓之'有'，则非无也。是故'虽欲从之，末由也已'。故夫颜氏之子为庶几也。文王望道而未之见，斯真见也已。"（王阳明：《王阳明全集》卷七，上海古籍出版社 1992 年版，第 262 页）
② 陈荣捷整理：《传习录拾遗》，第 26 条。关于阳明评价颜子真见"道体"，又见《传习录拾遗》第 34 条。
③ 朱熹：《孟子集注·离娄下》，《四书章句集注》，中华书局 1983 年版，第 294 页。
④ 《传习录》上，第 22 条。按，条目数字据陈荣捷：《王阳明传习录详注集评》，华东师范大学出版社 2009 年版。

至不能用通常语言中的善恶概念来规定心体，所以说"无善无恶心之体"。要之，心体的无定在性，必可推出道体的不可言性。

阳明曾经运用比喻的方法，指出："圣如尧舜，然尧舜之上，善无尽；恶如桀纣，然桀纣之下，恶无尽。使桀纣未死，恶宁止此乎？使善有尽时，文王何以'望道而未之见'？"① 这里对文王"望道未见"的解释前提就是上引的一句话："义理无定在，无穷尽。"什么是"无定在，无穷尽"呢？阳明以"圣如尧舜"、"恶如桀纣"为例，意在表明尧舜之善或桀纣之恶是无穷无尽而无"定在"可见的，尽管文王能做到"视民如伤"，但道之所在却是无法限定的（犹如尧舜之善道是无穷尽的）。这是阳明用文王"望道未见"来论证"义理无定在"这层义理，似与颜子的问题无关。然而若将这段记录与上引陆澄所录的对话合观，那么，阳明之所以说"颜子没而圣人之学亡"的理由已经很显然，颜子虽已"见圣道之全"，但又恍若"未见"，而"未见"才是"真见"，即意味着颜子对圣人之道或圣人之学已有了深切的体悟，只是无法用语言表述出来。阳明在1525年专门为表彰颜子而作的《博约说》一文中更明确地指出：

> 昔者颜子之始学于夫子也，盖亦未知道之无方体形像也，而以为有方体形像也；未知道之无穷尽止极也，而以为有穷尽止极也；是犹后儒之见事事物物皆有定理者也，是以求之仰钻瞻忽之间，而莫得其所谓。及闻夫子博约之训，既竭吾才以求之，然后知天下之事虽千变万化，而皆不出于此心之一理；然后知殊途而同归，百虑而一致，然后知斯道之本无方体形像，而不可以方体形像求之也；本无穷尽止极，而不可以穷尽止极求之也。是故"虽欲从之，末由也已"。盖颜子至是而始有真实之见矣。②

所谓"事事物物皆有定理"，乃是著名的朱子语，表明"理"是客观外在的也是一定不变的。而阳明所言"义理无定在"、"道无方体形像"则是针对朱子理学的一种批判，此亦无须赘述。重要的是，"真实之见"一句与颜子"见圣道之全"，所指当是同一个意思。故对阳明而言，其结论必然是："颜子没而圣学之正派遂不尽传矣。"

---

① 《传习录》上，第22条。按，条目数字据陈荣捷：《王阳明传习录详注集评》，华东师范大学出版社2009年版。

② 王阳明：《博约说·乙酉》，《王阳明全集》卷七，上海古籍出版社1992年版，第267页。

既然说"圣学之正派",那么就意味着在"正派"之外另有其他各派存在。儒学史上,有"儒分为八"之说,自不待言。然阳明所属意者不在单纯的学派之分,而在于"正"与"不正"之分。若按正邪不两立的世俗标准,既然颜子所传为"圣学之正派",那么就意味着曾子所传不能是"圣学之正派"。但问题显然并不这么简单。阳明在《象山文集序》一方面强调"至宋周程二子,始复追寻孔颜之宗",同时却说周程之后的陆象山便是"真有以接孟子之传"者,而在《拔本塞源》这篇著名的文字中,阳明仍然坚持"孔孟既没,圣学晦而邪说横"的传统观点。[1] 种种迹象表明,在阳明看来,似乎"孔颜之宗"与"孔孟之传"属于异词同义,两者并无根本差异,不仅颜子属"圣学之正派",孟子亦属道统之正传。看来,问题不在于颜与孟,而在于颜与曾的思想差异。也就是说,颜、孟应当都是圣人之学或圣人之道的传承者,颜子为"见道"者,孟子则是良知的创辟者,更是阳明自觉承接之对象,在"圣人之学,心学也"[2] 的前提下,颜孟两人均属心学无疑。

于是,就有两个问题值得思考:一是曾子所传的"一贯之旨"究为何事?一是良知学作为圣人之学,其根源既可追溯至孟子,是否亦与颜子存在直接关联,从而将良知学上溯至"孔颜之宗"?事实上,关于曾子所传"一贯之旨"的问题,阳明提出了完全不同于朱子的解释:

> 国英问:"曾子三省虽切,恐是未闻一贯时工夫。"先生曰:"一贯是夫子见曾子未得用功之要,故告之。学者果能忠恕上用功,岂不是一贯?一如树之根本,贯如树之枝叶,未种根何枝叶之可得?体用一源,体未立,用安从生?谓'曾子于其用处盖已随事精察而力行之,但未知其体之一'(按,语见朱子《论语集注·里仁》),此恐未尽。"[3]

"三省"即曾子语:"吾日三省吾身。"(《论语·学而》)"一贯"即曾子所言"夫子之道,忠恕而已矣"。然在阳明看来,孔子觉察到曾子"未得用功之要",故特意告以"一贯"之旨,并不意味曾子已经做到"一贯",倘若学者真

---

① 王阳明:《象山文集序》,《王阳明全集》卷七,上海古籍出版社1992年版,第245页;《传习录》中,第143条。按,条目数字据陈荣捷:《王阳明传习录详注集评》,华东师范大学出版社2009年版。

② 王阳明:《象山文集序》,《王阳明全集》卷七,上海古籍出版社1992年版,第245页。

③ 《传习录》上,第112条。按,条目数字据陈荣捷:《王阳明传习录详注集评》,华东师范大学出版社2009年版。

能在忠恕上贯彻用功，自能实现"一贯"。那么何谓"一贯"呢？阳明以"树"为例指出："一"即树之"根本"，"贯"即"树之枝叶"；若无树之根又何来树之枝叶？显然，"一"是根本，"贯"是发用之结果。阳明进而以"体用一源"（原为程颐语）这一理学观念为依据，并根据体立而用生的原则，指出曾子虽能在"忠恕上用功"，但并未洞见忠恕之"体"，未得"一贯"之要，故终与孔子"一贯之旨"尚有一间之未达。由此可以推断，曾子所传"一贯之旨"未必完备，其中必存在某种断层。至此，我们终于对阳明为何强调"颜子没而圣人之学亡"以及"颜子没而圣学之正派遂不尽传"的真意有所了解。因为在阳明看来，唯有颜子才是"见圣道之全者"，而曾子连"一贯之旨"尚有未达，故两相比较，高低立判。

一般认为，阳明良知教直接源自孟子，故在道统史上，阳明学原本应归属于孟子，这一点毋庸置疑。但是倘若"见圣道之全者"的颜子于良知之学已有体悟，则情况便会发生重大改观。何以见得呢？我们先来看一段对话：

> 黄诚甫问"汝与回也孰愈"章，先生曰："子贡多学而识，在闻见上用功，颜子在心地上用功，故圣人问以启之。而子贡所对又只在知见上，故圣人叹惜之，非许之也。"[1]

"汝与回也孰愈"章，见《论语·公冶长》："子谓子贡曰：'女与回也孰愈？'对曰：'赐（子贡）也，何敢望回？回也，闻一以知十，赐也，闻一以知二。'子曰：'弗如也。吾与女弗如也。'"此即颜子"闻一知十"的著名典故。至于子贡"多学而识"，则见《论语·卫灵公》："子曰：'赐也，女以予为多学而识之者与？'对曰：'然，非与？'曰：'非也，予一以贯之。'"阳明将上述两段记录合而观之，并对"汝与回也孰愈"章提出了别有深意的解释，即他根据"心地上"与"闻见上"这一判断立场来分判颜子与子贡，认定颜子是在心地上用功，而子贡则是在闻见上用功。此所谓"心地"，即阳明学的特殊概念——良知心体而无疑。问题在于若就"汝与回也孰愈"章的叙述脉络看，何以断定孔子已然了解颜子"在心地上用功"，故"问以启之"？另一方面，又为何认定子贡的为学趋向在于"多学而识"？

显然，对于这两个问题，我们很难根据史实材料来作出解答，因为阳明

---

[1] 《传习录》上，第113条。按，条目数字据陈荣捷：《王阳明传习录详注集评》，华东师范大学出版社2009年版。

的解释与其说是对史实真相的复原，还不如说是在进行义理判断。而任何一种义理判断，必有判断者的观念或立场作为支撑。就阳明言，根据他的思想立场，孔门之中大致存在两种根本的分歧：一是颜子一派，既能见"圣道之全"又能在"心地上用功"；一是子贡之流，既不能见"道之全体"，而在工夫上惟求"多学而识"，落入"闻见"或"知见"的窠臼中。对于颜子一派，阳明认定其为"圣学之正派"，而对于子贡一派，在阳明的意识中，隐然可见强调"道问学"传统的朱熹理学之影子。在阳明看来，孔子对子贡深感惋惜，就意味着追求"多学而识"必非孔门正宗，而以朱熹理学为代表的章句训诂之学正属于"在闻见上"用功之一派。至此可见，阳明提出"颜子没而圣学亡"，其根本用意之一在于将自己的良知心学与程朱理学划清界限，并将心学源头追溯至孔颜正派。

那么，具体而言，颜子在"心地上用功"究为何指呢？显然，即便我们翻遍《论语》全书，也不可能找到"心地"一词。所以，我们只能顺着阳明重读《论语》的思路来考察这一问题。于是就不难发现，其实颜子的"不迁怒，不贰过"之工夫，便是"心地上用功"的实例。阳明说："颜子'不迁怒，不贰过'，亦是有未发之中，始能。"① 依阳明，"未发之中"便是良知本身②，故颜子能做到"不迁不贰"，正说明他已能在良知心体上用功，否则的话，断无可能。何以见得呢？例如阳明运用《易传》有关颜子的记录，力证颜子已对良知有根本的把握，即：

> 孔子无不知而作，颜子有不善未尝不知。此是圣学真血脉路。③

孔子语见《论语·述而》："盖有不知而作之者，我无是也。多闻，择其善者而从之，多见而识之，知之次也。"对此，阳明解释道："'盖有不知而作之者，我无是也'，是犹孟子'是非之心，人皆有之'之义也。此言正所以明德性之良知，非由于闻见耳。若曰'多闻，择其善者而从之，多见而识之'，则

---

① 《传习录》上，第114条。按，条目数字据陈荣捷：《王阳明传习录详注集评》，华东师范大学出版社2009年版。

② 如："性无不善，故知无不良，良知即是未发之中，即是廓然大公、寂然不动之本体，人人之所同具者也。"（《传习录》中，第155条按，条目数字据陈荣捷：《王阳明传习录详注集评》，华东师范大学出版社2009年版）

③ 《传习录》下，第259条。按，条目数字据陈荣捷：《王阳明传习录详注集评》，华东师范大学出版社2009年版。

是专求诸见闻之末，而已落在第二义矣。"① 可见，孔子"无不知"之"知"正指良知而绝不能是"多见而识"之知。颜子语见《易传·系辞上》："颜氏之学，其庶几乎！有不善未尝不知，知之未尝复行也。"依阳明的解读，其中的两个"知"正是指良知而言。也正由此，所以阳明下了一个非常重的断语："真血脉路。"

至此可见，根据阳明的解释，颜子虽未使用"良知"语，但对良知宗旨已有根本了解，故能在德行践履上，真正做到"未尝不知"、"未尝复行"。阳明之所以说颜子之学乃是"圣学之正派"，至此已经和盘托出其内中的奥秘。②

四、王畿的心学道统论重建

以上阳明对颜子学的诠释，为王门后学定了一个基调，但是问题并没有就此终结。在王门弟子中，王畿的颜子解释显然有"青出于蓝而胜于蓝"的特色，他不仅在心学理路上进一步确定了颜子在儒家道统史上的地位，他甚至对颜子表露出一种"心有戚戚焉"的认同感，以为他自己主张的"先天之学"、"顿悟之学"，都可从颜子那里找到根源。不免令人感到王畿隐然有自比颜子之意。

众所周知，嘉靖六年（1527）"天泉证道"之际，围绕"四句教"问题，王畿根据自己的理解，主张在本体上直接"悟入"，从而提出了著名的"四无说"。对此，阳明一方面用"顿悟之学"一词来指称王畿之说，另一方面又告诫王畿："本体功夫，一悟尽透"是连颜子、程明道也"不敢承当"的方法，所以今后切不可"轻易望人"。③ 在这里，阳明特意提到"顿悟"及"颜子"，值得注意。从中可看出阳明表示认同王畿之说属于顿悟之学，甚至认为颜子学也应归属（或接近）于顿悟之学。当然王畿方面的记录不可全盘照收，其中已有其个人的见解因素，而且阳明对王畿的批评亦表明，阳明担心王畿思想或有

---

① 《传习录》中，第 140 条。按，条目数字据陈荣捷：《王阳明传习录详注集评》，华东师范大学出版社 2009 年版。

② 另可参见己卯（1519）王阳明与陈九川的对话，其中涉及颜子"未尝不知"的问题，见《传习录》下，第 201 条。按，条目数字据陈荣捷：《王阳明传习录详注集评》，华东师范大学出版社 2009 年版。

③ 分别参见《传习录》下，第 315 条。按，条目数字据陈荣捷：《王阳明传习录详注集评》，华东师范大学出版社 2009 年版；吴震编校整理：《天，泉证道纪》，《王畿集》卷一，凤凰出版社 2007 年版，第 2 页。

可能流入"狂荡"一路，这些都是不可否认的。但不管怎么说，阳明并不回避"悟"的问题，上面提到阳明认定颜子能通过"自修自悟"而"真见"道体，也充分说明阳明很重视"自悟"，而他在晚年更是提出了"心悟"① 这一重要观点，并为王畿所继承。

然在王畿看来，他的"顿悟之学"其实与颜子学具有同源性。例如他对颜子的"未尝不知"、"未尝复行"赞赏备至，以为这是"古今学术毫厘之辨"的关键处，甚至就是他自己主张的"一念自反，即得本心"的顿悟之学，他说：

> 孔门之学，颜子"有不善未尝不知、知之未尝复行"，此德性之知，谓之"屡空"，空其意识，不远之复也。子贡"多学而亿中"，以学为识，以闻为知，意识累之也。此古今学术毫厘之辨也，知此则知先师致良知之旨，惟在复其心体之本然，一洗后儒支离之习，虽愚昧得之，可以立跻圣地，千圣之秘藏也。所幸良知在人，千古一日，譬之古鉴翳于尘沙，明本未尝亡，一念自反，即得本心，存乎其人也。②

在王畿对孔门的判教中，子贡"多学而识"完全不属正流，唯有颜子之"知"才是正脉，因为此"知"正是"德性之知"，即先师阳明的"良知之旨"；而颜子之"复"乃是"空其意识，不远之复"，即先师阳明的"惟在复其心体之本然"之"复"。更重要的是，良知之在人心，犹如"千古一日"，永远光明而不会消亡的，因此致良知工夫不必依赖所谓"学识"、"闻知"这类"支离之习"，只须"一念自反，即得本心"，即便是"愚昧"之人，只要做到这一点，也可"立跻圣地"。从中我们可以感到王畿已然将颜子学提到了阳明学的高度来加以评估。

那么，何谓"一念自反"呢？所谓"一念"，这是王畿思想中的一个核心概念，又称"最初一念"、"一念初机"或"一念正念"，意指"先天心体"，实即心体本身。王畿力主为学须在"先天心体上用功"，也就是要求做到"一念自反"。用另外一种说法，又叫作"才动即觉，才觉即化"。其曰：

> 颜子不失此最初一念，不远而复，才动即觉，才觉即化，故曰"颜子其庶几乎"，学之的也。③

① 王阳明：《大学古本序·戊寅》，《王阳明全集》卷七，上海古籍出版社1992年版，第243页。
② 吴震编校整理：《意识解》，《王畿集》卷八，凤凰出版社2007年版，第192页。
③ 吴震编校整理：《南雍诸友鸡鸣凭虚阁会语》，《王畿集》卷五，凤凰出版社2007年版，第112页。

颜子心如止水，才动即觉，才觉即化，不待远而后复，纯乎道谊，一毫功利之私无所撄于其中，所谓知之上也。……颜子心如止水，才动即觉，才觉即化，不待远而后复，纯乎道谊，一毫功利之私无所撄于其中，所谓知之上也。①

颜子有"不善未尝不知，知之未尝复行"，皆指功夫而言也。人知"未尝复行"为难，不知"未尝不知"为尤难。颜子心如明镜止水，纤尘微波，才动即觉，才觉即化，不待远而后复，所谓庶几也。②

以上三段反复出现"才动即觉，才觉即化"的说法，用以解释颜子"未尝不知"、"未尝复行"的确切意义，甚至断然肯定颜子"心如止水"、"不失最初一念"，并以"学之的也"来定位颜子学的正宗地位，从中可见王畿自身的观念立场，这在阳明的颜子诠释中是未曾有的。重要的是，"才动即觉，才觉即化"的前提是"已见本体"。故王畿直称："颜子已见本体，故直示以用功之目。"③ 他对颜子"末由也已"也进行了重新解释："颜子至此，始有真实之见矣。是即'望道未见'之意，非'未达一间'也。'喟然一叹'，千圣绝学，颜子没而学遂亡矣。"④ 推翻了程朱以"未达一间"来解释颜子"末由也已"的传统观点。其云颜子"真实之见"，即指"见道"，当然是继承阳明"望道未见，乃是真见"的诠释思路而来，但王畿将颜子学提升至"千圣绝学"的高度，并称颜子已洞见"本体"，将此与阳明良知学置于同一条"学脉"中来加以肯定，则显然是王畿的颜子新解。

由于"才动即觉，才觉即化"须落实在心体上才有可能，而心之本体原是一种"先天"存在，不能为后天"意识"所转，故在此意义上，颜子学又可称为"先天之学"。王畿指出：

正心，先天之学也；诚意，后天之学也。……颜子不远复，才动即觉，才觉即化，便是先天之学。⑤

吾人甘心不学则已，学则当以颜子为宗。颜子"不远而复"，且道颜子是何学？乃孔门易简直截根源、先天之学，非可以知解想象而求

---

① 吴震编校整理：《水西同志会籍》，《王畿集》卷二，凤凰出版社 2007 年版，第 36 页。
② 吴震编校整理：《与阳和张子问答》，《王畿集》卷二，凤凰出版社 2007 年版，第 124 页。
③ 吴震编校整理：《与阳和张子问答》，《王畿集》卷五，凤凰出版社 2007 年版，第 124 页。
④ 吴震编校整理：《书累语简端录》，《王畿集》卷三，凤凰出版社 2007 年版，第 74 页。
⑤ 吴震编校整理：《陆五台赠言》，《王畿集》卷十六，凤凰出版社 2007 年版，第 445 页。

者也。①

所谓"先天之学"，意指"从先天立根"的心学根本工夫，而不同于"动于意始有不善"之后着手用功的"后天之学"。而"先天之学"既是王畿对儒家心学的一种本质描述，也是其对自己思想的一种定位，他在此用以指称颜子学，充分表明在王畿的心目中，颜子之学几近圣学无疑。

所谓"学则当以颜子为宗"，也很耐人寻味。按理说，儒家的理想人格当以孔孟为榜样，而且颜子年仅三十二而卒，在儒家经典史上并未留下任何可供后人学习的典籍，曾子至子思则不同，若按宋儒以来的通常说法，在他们一系中至少留下了《大学》和《中庸》（还有《孝经》历来以为与曾子一系有关），所以若说为学当以何人为宗，那么孔、曾、思、孟中的任何一人应当都可成为首选。如今说为学"当以颜子为宗"，则恐怕在王畿之前从未有人敢如此主张。那么，王畿的理由何在呢？其实就在上引这段话的后面，王畿接着指出，正是由于后人不了解"颜子是何学"，所以引发了一系列思想危机，直至阳明良知学现世才终于扳回局面，他说：

> 自此义不明，后世所传，惟以闻见臆识为学，揣摩依仿，影响补凑，种种嗜欲，反与假借包藏，不肯归根反源，以收扫荡廓清之绩，是殆壅阏灵明而重增障蔽也。沿流以至于今，其滥觞又甚矣，岂不可哀也哉？先师一生苦心，将良知两字信手拈出，直是承接尧舜孔颜命脉，而其言则出于孟氏，非其所杜撰也。世儒不此之察，顾一倡群和，哄然指以为禅，将易简宗旨反堕于支离繁难而不自觉，岂不重可哀也哉？②

可见，王畿的判教标准其实很简明，在他看来，自孔子之后就只有两条路径可走，一条是简易直截之学，一条是闻见知识之学，前者以颜子为代表，被称为"尧舜孔颜命脉"，后者则以子贡、子张等人为代表③，流衍所至变而为支离繁难之学；阳明拈出良知两字，便是要扭转后世支离之学的错误方向，而直接"承接尧舜孔颜命脉"，况且良知两字出自孟子之口而非阳明"杜撰"。

至此，我们终于明白王畿对"颜子没而圣学亡"的解释，完全依据他对"孔颜命脉"的独到理解。诚然，"孔颜命脉"这个说法的提出，使得孟子在道

---

① 吴震编校整理：《答茅治卿》，《王畿集》卷九，凤凰出版社 2007 年版，第 230 页。

② 吴震编校整理：《答茅治卿》，《王畿集》卷九，凤凰出版社 2007 年版，第 230 页。

③ 例如："颜子没而圣学亡，后世所传，乃子贡一派学术。"（吴震编校整理：《答吴悟斋》，《王畿集》卷十，凤凰出版社 2007 年版，第 248—249 页）

统史上的地位有点尴尬。① 不过，王畿一方面承认孟子良知说对阳明有启发之功，另一方面又强调阳明良知学其实可以上超孟子而直达孔子。他说：

> （良知）其说虽出于孟轲氏，而端绪实原于孔子。其曰："吾有知乎哉？无知也。"（《论语·子罕》）"盖有不知而作，我无是也。"（《论语·述而》）言良知无知而无不知也，而知识闻见不与焉。师以一人超悟之见，呶呶其间，欲以挽回千百年之染习，盖亦难矣。②

这里王畿援引了孔子的"无知"及"不知"两语，并将此解释成阳明良知学意义上的"无知无不知"③，而与子贡一派的"知识闻见"之学相距甚远。由此，良知两字虽出自孟子，然其渊源则可直溯孔子。当然，在孔孟之间还有颜子的存在，譬如备受孔子称赞的颜子"未尝不知"便完全属于这一良知传统。

现在，我们仍须回到"颜子没而圣学亡"何以成立的问题上来。王畿坦承阳明的"颜子没而圣学亡"之命题乃是"险语"，因为如此一来，就必然遇到曾子和孟子的地位如何安顿的问题，王畿指出关于这一点"此须心悟"，他说：

> 师云："颜子没而圣人之学亡。"此是险语。毕竟曾子、孟子所传是何学？此须心悟，非言诠所能究也。略举其似。曾子、孟子尚有门可入，有途可循，有绳约可守，颜子则是由乎不启之扃，达乎无辙之境，固乎无藤之缄。曾子、孟子犹为有一之可守，颜子则已忘矣。"喟然一叹"，盖悟后语，无高坚可着，无前后可据，欲罢而不能，欲从而无由。非天下之至神，何足以语此？④

这里"略举其似"，是一个委婉的说法，但事实上却表明了王畿的思想立场。这是说，曾、孟与颜子均属圣人之学，但从工夫及其境界的角度看，曾、

---

① 其实，在宋初既已出现"孔颜"并称，在周敦颐至二程之间就有"孔颜乐处"的传授史，朱子甚至断言周敦颐的"道学渊源得于天，上继孔颜，下启程子"（朱熹撰，朱杰人等主编：《晦庵先生朱文公文集》，《朱子全书》第二十四册，上海古籍出版社、安徽教育出版社2002年版，第4038页）。然而朱子对孔颜乐处的问题相当谨慎，并不认为寻孔颜之乐应当是为学的首要工夫。上揭柴田笃的论文对此问题有较清晰的梳理。

② 吴震编校整理：《阳明先生年谱序》，《王畿集》卷十三，凤凰出版社2007年版，第340页。

③ 《传习录》下，第282条。按，条目数字据陈荣捷：《王阳明传习录详注集评》，华东师范大学出版社2009年版。至于孔子"无知"与阳明"无知"有何义理关联，此不赘述，请参见吴震：《无善无恶》，《阳明后学研究》第一章，上海人民出版社2003年版。

④ 吴震编校整理：《抚州拟岘台会语》，《王畿集》卷一，凤凰出版社2007年版，第16页。

孟一派尚微有迹在，不像颜子已"达乎无辙之境"，达到了无我、忘我的"至神"境界。他又说：

> "颜子没而圣学亡"，此是千古大公案。曾子、孟子传得其宗，固皆圣人之学，而独归重于颜子者，何也？……颜子竭才于善诱之教，洞见道体活泼之机，而难以开口，姑以一言发之，谓之如有则非实也，谓之卓尔则非虚也。仰钻瞻忽，犹有从之之心，既悟之后，无虚无实，无阶级可循，无途辙可守，惟在默识，故曰"虽欲从之，末由也已"，此真见也。曾子、孟子虽得其宗，犹为可循可守之学，与颜子所悟，微涉有迹，圣人精蕴惟颜子能发之。观夫"丧予"之恸，其所致意者深矣。谓之曰"圣学亡"，未为过也。吾人从千百年后，妄意千百年以前公案，何异说梦？但恐吾人不能实用其力，以求觉悟，又增梦说矣。①

这段解释讲得更为清楚明确。一方面承认颜、曾、孟均为圣学，另一方面又坚持认为颜子在"洞见道体"、"既悟之后"，已达至"无虚无实，无阶级可循，无途辙可守"的至高境界，所以"圣人精蕴惟颜子能发之"，结论是即便说颜子之后"圣学亡，未为过也"。很显然，按王畿的判断，颜子学已得"圣人精蕴"，不复有质疑的余地了。如果以今疑古，妄自揣测"千百年以前公案"，则无疑徒增"梦说"而已。至此，至少对王畿而言，"颜子没而圣学亡"这一儒学史上的"千古大公案"已可宣告彻底的了结。

然而不得不说，我们透过上述王畿对颜子的解读，所看到的与其说是历史上真实存在的颜子，而毋宁说是经过王畿的创造性诠释而得以重构起来的颜子图像，其中显然有王畿思想的身影，而他运用自己的那套心学语言及其概念回扣在颜子的身上，目的在于显示他对颜子之学甚至是整体儒学的理解才是唯一正解。当然从哲学上说，这种创造性诠释在建构理论之际往往是难以避免的，然而若从史学的角度看，这套诠释显然不是唯一的解释，而是存在争议的。

五、心学道统论的特质及其意义

关于"颜子没而圣学亡"，至少可以从两个角度来审视，一是我们须了解

---

① 吴震编校整理：《别言赠梅纯甫》，《王畿集》卷十六，凤凰出版社 2007 年版，第 452 页。

阳明及王畿是如何从其心学思想的维度来提出合乎其义理脉络的解释；另一个角度则是透过这层义理诠释，进而将这一命题置于"道统"重建的脉络中来审视该命题所蕴含的另一层思想史的意义，以便弄清阳明及王畿竭力论证该命题的理论意图究竟何在的问题。这里将以王畿的道统论述作为主要检视对象，以略窥心学道统论的某些特质及其思想意义。

与阳明一样，王畿在口头上并未使用过"道统"一词，经电子版检索方式得到这一结果时，不免有点意外。① 然而这并不表明王畿缺乏道统观念，相反，他的道统意识十分强烈，例如他曾以非常坚定的语气强调指出：

> 一念灵明，直超尧舜，上继千百年道脉之传，始不负大丈夫出世一番也。②

王畿认为，儒家的"道脉之传"可以四字来归纳："一念灵明"。此所谓"一念"正与上述王畿所言"最初一念"与"一念自反"中的"一念"同义，盖指本心；"灵明"则源自阳明的"虚灵明觉"等概念，特指良知。质言之，"一念灵明"实即良知本心的代名词。依王畿，"一念灵明"不仅与尧舜可以接上关系，也是从儒家"道脉"一路传承下来的。

须指出，道统之传或许有赖于个人的精神特质才有可能，如在王畿看来，其师阳明便具有这种特质——所谓的"超然玄悟"，其曰："我阳明先师超然玄悟，会于天地鬼神之奥，首倡良知之说，以觉天下，千圣不传之绪，赖以复续。"③ 但又须看到，王畿表彰阳明并非出于狭隘的护教心态，而是依据道统存在的客观性原则以及对"一念灵明"的绝对信念。④ 从根本上说，道学传统是开放的，而非个人化的私秘传统，故王畿强调每一位士大夫"出世一番"都应自觉承担起接续道统的任务。如若不然，则儒学便会失去普遍意义，道学传

---

① 经查《王阳明全集》及《王畿集》两部电子文本，未见"道统"一词。仅在阳明《山东乡试录》一文中出现过一次，但并非阳明的表述而只是转述。

② 吴震编校整理：《答南明汪子问》，《王畿集》卷三，凤凰出版社 2007 年版，第 68 页。

③ 吴震编校整理：《藏密轩说》，《王畿集》卷十七，凤凰出版社 2007 年版，第 496 页。

④ 如王畿曾明确指出："某非私一阳明先生，千圣之学脉，的然在是，不可得而异也。"（吴震编校整理：《与潘水帘》，《王畿集》卷九，凤凰出版社 2007 年版，第 220 页）由此推论，阳明亦不能将道统"私人化"。荒木见悟准确地指出，王畿在道统问题上有一个重要想法："提倡应当回归到超越道统的境地。"（荒木见悟：《道统论的衰退与新儒林传的展开》，见吴震、吾妻重二主编：《思想与文献——日本学者宋明儒学研究》，华东师范大学出版社 2010 年版，第 13 页）

统也就会变成单线秘传而失去整体的意义。也正由此，故王畿一再强调阳明重新发现的良知心传既是道学史上"千古圣神斩关立脚真话头"，同时也是现实中的"吾人生身受命真灵窍"，更是我们每一个人即刻当下的"入圣入神真血脉路"。①

要之，阳明、王畿的心学道统论不仅是儒学史意义上的一种重建（尽管在我们看来，是否是严格意义上的史学重建仍可质疑，但他们却深信自己的重建工作是符合史实的而绝不可能有任何虚构的成分），更是一种与现实生活、个体生命密不可分的理论重建，而理论重建必蕴含某种思想企图。就王畿而言，他显然是想通过对孔颜以来直至阳明的道统重建，告诉人们"千古圣神斩关立脚真话头，便是吾人生身受命真灵窍"，两者之间"非有二也"②——儒学的价值和精神与个体的生命和生活不存在任何隔阂之可能。换句话说，"千古神圣"与吾人的"生身受命"属于同一条"真血脉路"上的存在连续体，彼此之间是互相贯通的，而此所谓"血脉"也正是"道统"之表征，而此所谓"道统"也正是在"吾人生身受命"中得以展现。

至此可以说，王畿重建心学道统的理论架构及其思想意义已经全盘托出。就其理论架构而言，道统被奠基在心体良知之上，唯有赖于心体良知才能得以传承；就其思想意义而言，由于良知是内在于人心的普遍存在，犹如"千古一日"一般，是永恒超越的，因此道统也就必然存在于所有人的心中，而这种存在必然是一种精神性存在而非"物化"存在。于是，道统的实质意义便只能是指儒学的精神与价值，道统传授也必然是心心相印的过程而不是指物物相授的关系。正如王畿弟子周汝登（1547—1629）所言：道学相传"非真有物可相授受之谓也"。③ 这是强调道统非"物化"的观点，值得重视。在后世对儒家道统的批评当中，有一种观点便以为道统被某些人或某些学派占为己有，当作一种私有物私相传授而已。从心学立场看，这种批评未必允当。

当然，周汝登的看法是承袭阳明、王畿而来，故他更强调道统相传其实有赖于人的良知自知，指出："自古圣人无有一法与人，亦无一法从人而得见

---

① 吴震编校整理：《答洪觉山》，《王畿集》卷十，凤凰出版社 2007 年版，第 262 页。

② 吴震编校整理：《答洪觉山》，《王畿集》卷十，凤凰出版社 2007 年版，第 262 页。

③ 周汝登：《越中会语》，《东越证学录》卷四，文海出版社 1970 年版，第 289 页。按，明初薛瑄（1389—1464）就有类似表述："道学相传，非有物以相授也。"（《读书续录》卷五）

者。自见知者，自闻知者，自知而已。"① 因此，对于《孟子》末章所言尧舜至孔子的两种传道方式："见而知之"与"闻而知之"②，就应当作出相应的理解上的调整之后，才能获得善解，周汝登强调，无论是"见知"还是"闻知"，其实都根源于"自知"而已。这个"自知"一说值得注意，其实它的来源，近可溯至阳明的"良知自知"说③，远则可上溯至颜子"知者自知"说，这一点历来为学者所忽视，故须介绍一段《荀子·子道》的记录："子曰：'回，知者若何？仁者若何？'颜渊对曰：'知者自知，仁者自爱。'子曰：'可谓明君子矣。'"尽管没有史料足以证明周汝登在运用"自知"概念时，是否明确地意识到颜子此说，但是在理路上应当承认两者之间的"自知"观念是可以相通的。质言之，所谓"自知"，在心学的语境中，是说良知作为一种根源性意识必然自己意识到自己，用阳明的另一术语来说，就是"自觉"或"自证"，这是阳明心学的良知观念最为基本之特质。④ 按照周汝登的上述说法，那么道统传授就必须建立在良知自知的基础上才有可能。这显然也应当是心学道统论的一项基本表述。

至此，心学道统论的基本特质已经十分明朗，我们不妨这样来归纳：1. 道统观必须建立在道体观念之上，之所以说颜子是孔子之后的真正传道者，就是因为他能洞见道体而不是其他原因；2. 道统观还必须建立在心体观念之上，由于心体即良知，所以颜子"未尝不知"之"知"必理解为良知，据此才可认定颜子有资格成为儒家道统的真正传道者之一；3. "道体"或"心体"既是普遍超越的，又是内在于人心中的存在，因此，道统不会受限于一时一地而能永世传承下去，从而使道统具有"连续性"，同时这种连续性并不意味着"个人

---

① 周汝登：《东越证学录》卷四，文海出版社 1970 年版，第 288 页。

② 按，根据《孟子·尽心下》末章所载，尧、舜之间的传道方式属"见而知之"，而汤、文王、孔子各距前圣有"五百余岁"之间隔，故他们的传道方式则是"闻而知之"。关于孟子道统观，参见杨海文：《〈孟子〉末章与儒家道统论》，台湾《国学学刊》2012 年第 2 期；刘增光：《〈孟子〉末章与理学道统论》，台湾《鹅湖学志》第 51 期（2013 年 12 月）。

③ 《传习录》下，第 320 条。按，条目数字据陈荣捷：《王阳明传习录详注集评》，华东师范大学出版社 2009 年版。

④ 关于"良知自知"问题，参见吴震：《良知自知》，《〈传习录〉精读》，复旦大学出版社 2011 年版，第 111—115 页；吴震：《略议耿宁对王阳明"良知自知"说的诠释》，《现代哲学》2015 年第 1 期。

化"的私密传统。①

基于上述考察，我们对心学道统论可以得出三点总的评估：第一，由于圣人之道存在于人心之中，故道统的存在及意义是向每个人的内心敞开的，它是一个开放的传统，从而具有"普遍性"和"开放性"，有关"道统"的答案不必向外去求"见知"或"闻知"而只须向内追寻"自知而已"；第二，心学道统观强调人们须立足于良知心体，去体悟和把握儒家文化传统的精神价值，因此道统之实质也就是儒学价值观，它既是历史文化的产物，同时存在于我们每个人"生身受命"的过程中，并在安身立命的实践中得以展现，凸显出道统的"实践性"品格；也正由此，第三，道统的存在绝不是少数掌握儒家经典的知识权威才有资格接续，更不是拥有"君统"或"政统"的政治权威者可以独占，从而使道统具有独立于知识领域或政治领域的"独立性"。

最后可以肯定地指出，宋代以来的儒家新道统不再是古代圣王代代相传的原始"道统"，也不再具备早期中国"官师合一"（即"政教合一"）的象征意义，这是自朱子奠定儒家新道统观以来即已明朗的一个重要特质——"治统"或"政统"必须置于"道统"之下而不能倒过来②，这也正是儒家士人（特别是宋明时代）在政治上力主"以道抗势"的优秀传统。在这一点上，阳明、王畿不仅与朱子保持完全一致，更是向前推进了一步，因为心学道统论显然更强调排除任何威权意识而向所有人开放，并且始终与君统或治统的问题保持一定距离，并不认为道的价值须从帝王政治（王权）那里获取保证，更不会有道学

---

① 道统之传即"心传"，其实是朱子最早提出的一个观点，早在1162年与1179年朱子就分别提出了"口授心传"与"心传道统"的概念，源自程颐《〈中庸〉乃孔门传授心法"（程颢、程颐著，王孝鱼点校：《河南程氏外书》卷十一，《二程集》，中华书局1981年版，第411页）之说。当然朱子所谓"心传"乃是特指"十六字心传"，而不同于阳明的良知心体概念。只是朱子强调尧舜以来的道统传承之依据在于圣人能"尽此心之体而已"，"非得口传耳授密相付属也"（朱熹撰，朱杰人等主编：《李公常语上》，《晦庵先生朱文公文集》卷七十三，《朱子全书》第二十四册，上海古籍出版社、安徽教育出版社2002年版，第3525页）。足见"心传"并不等于"密传"，在这一点上，阳明及王畿的心学立场与朱子毋宁是基本一致的。

② 余英时援引元代杨维桢（1296—1370）《三史正统辨》所言"道统者，治统之所在也。……君子可以观治统之所在矣"，进而断言：杨的道统观"可以说是理学政治思想史上一个划时代的标志。……明清以下儒者论'道统'与'治统'的关系，无论采取何种政治立场，大体上都不能越出这句论断的范围。"而朱熹重建道统的微言大义就在于"极力抬高'道学'的精神权威，逼使君权就范"（余英时：《朱熹的历史世界》上篇，生活·读书·新知三联书店2004年版，第17、23页），此说值得重视。

政（道统、学统、政统）"三统并建"的主张，而是坚信"道"是儒学价值的最终根源，"行道"实践的终极目标就在于实现"天下有道"，作为儒学精神史的"道统"观念正是为"行道"实践服务的。

然而在后人看来，心学道统论势必对治统或政统的权威构成威胁。及至晚明，就有人批评心学的狂妄心态主要就表现为欲将道统凌驾于治统之上，认为其流之蔽必导致"小人之中庸日炽，而乱臣贼子将起于斯文之中"①，其矛头所指便是心学道统论。自清代以降，复主道统与治统合一者几成主流，如熊赐履（1635—1709）、李光地（1642—1718）、李绂（1675—1750）等无不如此，这是由于清初以来官方意识形态以朱子学为正统之标榜，故对心学道统论必须进行彻底的清算，同时也是为了响应康熙帝的自诩："一道同风"②——意谓当今盛世已呈现出圣人之道一统天下之气象，而康熙自身便是圣人的象征，相应地，道学政"三统"亦已集于康熙一身之上。及至清中叶，章学诚（1738—1801）不仅力主恢复上古时代"官师合一"的传统，更是欲将师统、治统与教统（即学统）"三统"并建于"时王"之一身，这种论调就不免有"媚时"之嫌了。不过，这一问题已逸出本文论旨范围，唯有按下不表了。③

（作者简介：吴震　复旦大学哲学学院）

---

① 管志道（1536—1608）："《文王既没文不在兹乎》训义"，《师门求正牍》卷上，明刻本，第15页上。又如管志道指出儒家道统论至朱熹而为之一变，其后果是"遂认帝王之道统，匹夫可得与"（《孟义订测》，见《四库全书存目丛书》经部第157册，第703页）。关于管志道的道统思想，参见荒木见悟：《明末宗教思想研究——管东溟の生涯とその思想》，日本创文社1979年版，第160—161页。

② 康熙《性理大全序》中语，转引自荒木见悟：《道统论的衰退与新儒林的展开》，见吴震、吾妻重二主编：《思想与文献——日本学者宋明儒学研究》，华东师范大学出版社2010年版，第41页。荒木指出，在清儒看来，"阳明学具有与治统不符的毒素"（同上）。这是很有见地的论断。

③ 参见吴震：《章学诚是"近代"意义上的"学者"吗？——评山口久和〈章学诚的知识论〉》，澳门大学《南国学术》2014年第1期。

简论《辟释氏诸妄》对佛教的批评问题

问永宁

一、徐光启与《辟释氏诸妄》

《辟释氏诸妄》是徐光启写的辟佛著作。[①] 徐光启，字子先，号玄扈、吴淞，上海人。生于 1562 年，1592 年中进士，1603 年受洗，教名保禄 Paul，葡萄牙传教士罗如望 JoāodaRocha 施洗，卒于 1633 年。与李之藻、杨廷筠并称为中国明代天主教三大柱石。关于徐光启的生平，著述甚多，重要者若王重民著、何兆武校订的《徐光启》，[②] 罗光的《徐光启传》，[③] 陈卫平、李春勇的《徐光启评传》等，此不赘述。[④]

《辟释氏诸妄》一书大约成书于 1615 年。[⑤] 内容主要是从破域、施食、无

---

① 此书藏于梵蒂冈教廷图书馆（Biblioteca Apostolica Vaticana），文献编码为 Borg.cine.324 （18）号，在同馆又有几本，其编码为 Borg.cine.334（11），349（3）号；Rac.Gen.Or.III.219， 247 号。法国国家图书馆（Bibliothèque Nationale de France）亦有藏本，古郎（Maurice Courant）编目为 7101，7102，7103，7104，7105，7106 号；也藏在 Institut Vostokovedenija （Leningrad），文献编码为 D425，761/b.3 号。郑安德：《明末清初耶稣会思想文献汇编》第三卷，北京大学宗教研究所 2003 年版，第 5 页。此书王重民、梁家勉、李天纲均题《辟妄》。

② 王重民著，何兆武校订：《徐光启》，上海人民出版社 1981 年版。

③ 罗光：《徐光启传》，传记文学出版社 1970 年版。

④ 陈卫平、李春勇：《徐光启评传》，南京大学出版社 2006 年版。

⑤ "撰成《辟妄》、《诹诹偶编》及《拟复竹窗天说》。"均为"辟佛老"、"补儒"之书。见王重民：《徐光启年谱》，上海古籍出版社 1981 年版，第 109 页；梁家勉认为前二者是否是徐光启所写需进一步考证，许理和则在《徐光启和佛教》一文的附录上将《辟妄》当作徐光启的著作。李天纲云："《辟妄》，徐光启作，徐宗泽《增订徐文定公集》、王重民《徐光启集》均不收。李杕编译《徐文定公行实》（土山湾印书馆，一八九六年），称：'公乘闲暑，著书扬圣道，撰《辟妄》一卷。辨释氏破狱、施食、轮回、念佛等谬。'徐宗泽编辑《明清间耶稣会士译著提要》（中华书局 1940 年版）辑录洪济、张星曜为《辟妄略说》所作两序，可见徐

主孤魂血湖、烧纸、持咒、轮回、念佛、禅宗八个方面驳斥佛教。徐光启批评地狱观，认为破狱、施食、血湖、烧纸均属虚妄，强调地狱是天主所设的拘役亡魂之所，由天主掌管，非僧人举办法事可以破除。鬼魂不须饮食，烧纸不过是儿戏。徐光启说：

徐光启批评血湖地狱说，他说：

> 血湖地狱，更属悖诞。设产妇血污有罪，则上主不该令产妇生人。以生产为陷阱，害天下万世妇人矣，有是理乎？盖天命谓性。无分人鬼，皆上帝为主，岂得以孤魂谓之无主哉。故谓有主孤魂可也，谓无主孤魂不可也。主谓上主，原非人主。即入地狱者，亦路际弗尔为主，而不由人所主也。

徐光启批评烧纸，他说：

> 岂人见为纸灰，而鬼神反见为真钱乎？若果见为真钱，是鬼神由人儿戏，不必烧纸矣；若不见为真钱，止见纸灰，则鬼神怒人儿戏，又不敢烧纸灰矣。

> 况彩画图像，指为此系某神，彼系某神，付于炬火烈焰中，立成飞灰。不知神有何罪，必欲焚其尸，扬其灰乎？如谓神不在此，则不必焚；如谓神果在此，则不敢焚。人子虽极悖逆、极顽冥，未有焚祖宗遗像为孝者，何独绘神像而焚之为敬乎？神如有灵，吾知其必加重罚矣。

> 至于楮钱金银锞，当其未焚，不过纸耳；岂既焚，乃有大能变真钱真金银乎？即真金银，天神亦无所用，况假灰乎？

> 夫以楮为帛，矫诬甚矣，况又为钱乎。如楮果可为钱，玄宗以前，鬼神俱无钱用矣；如楮不可为钱，又何取尘世之造为欺罔，污秽神明耶？吾谁欺，欺天乎？然楮起自蔡伦，则秦以前且无楮矣；太公造九府泉法，则周以前并无钱矣。无楮则无纸钱，并无锞。

> 今乃各由进香，以焚化钱纸多寡为厚薄，而释氏又演出预修寄库等诬说，以诱人死后地狱用度之费。

家汇神父已知有此著作。然现存本刻于康熙己巳（一六八九）。"王重民、梁家勉、李天纲均认为此书作于1615年（万历四十三年），参见梁家勉原编，李天纲增补：《增补徐光启年谱》，上海古籍出版社2011年版，第197页。郑安德：《明末清初耶稣会思想文献汇编》第三卷，北京大学宗教研究所2003年版，第5页，则定在1614年。无论如何，此书是徐光启著作，且作于1616年南京教案之前。

徐光启批评寄库，他说：

> 人独不思钦崇天主为善向上，死后归于天堂，反溺于恶而预为焚修，甘心下地狱也。又言祖宗父母，藉此追荐，以为超生出狱。殊不知祖父等去世多年，善恶赏罚，天主已定之矣。而若子及孙焚修于世世代代，忍拟祖父永处于地狱，孝乎，不孝乎？又谓少冥司钱若干，以在世焚化钱纸多寡为贫富，总属欺上主，无敬忌。名为事神，实系侮神，名为事祖；实系蔑祖。吾不知此辈当得何报矣？

> 今而后烧神像于空中，不如存主像于心内；焚楮钱于冥漠，不如修实德于身心。常留热爱，不致灰冷，便是日夜烧真金银耳。

徐光启批评轮回说，认为六道不能轮回。他说：

> 释氏劝人修净土，念南无阿弥陀佛，径往西方，即得莲花化生，为横出三界。夫阿弥陀佛以为人耶、神耶、理耶？如为人，则父精母血等耳，即与盘古、伏羲、神农、尧、舜相类，亦无变化生死之权。如为神，则风云雷雨之司，与社稷山川之吏，皆奉上主各勤厥职，察人间修省善恶功罪大小，一禀主命以行赏罚，未有敢自创一境土，自栽一莲花，以为诸魂投胎化魄之所。无论不敢，抑无此能。

> 释氏所云轮回，以为旧灵魂乎，以为新灵魂乎？若系旧灵魂，则是灵魂有数也。今日之人，必用当日之魂也。上主何巧于造初生之魂，而拙于造后生之魂耶？若系新灵魂，则天命之性，无时不生，后来之人，自不借资上古之魂矣。父精母血，人类犹可以传新肉身；而上主为大哉干元、至哉坤元，岂不能造新灵魂耶？既可以造新灵魂，则此身必不借资彼魂矣。人之轮回复转生为人，将父或为子，母或为妻，皆天心所不忍。倘谓转为异类，则人子将食亲肉，而寝亲皮，乃桀纣所不为，而至慈上主令人为之乎？

徐光启批评破狱。他说：

> 且使念动真言，地狱即破，则人之权反重于大主。

> 大主设之（地狱），而佛氏废之，是庶人有灵而天子无权也，此施食之妄也。

> 总听上主赏罚。盖天命谓性无分人鬼，皆上帝为主，岂得以孤魂谓之无主哉。故谓有主孤魂可也，谓无主孤魂不可也。主谓上主，原非人主。……愚僧妄僭主权，不知尝入何等地狱？

徐光启批评净土宗，说明阿弥陀佛并无变化生死的权能。他说：

> 佛氏之传迦叶也，曰法法本无法，无法法亦法。付汝无法时，法法何曾法此。不过谈空而耳，岂知万物有根宗为造物主耶？

徐光启批评禅宗。他说：

> 《心经》之观自在菩萨，不知大主。

> 《首楞严》之诸观，乃求于地水火风等，又不认大主。

> 佛氏之传迦叶也，曰法法本无法，无法法亦法。付汝无法时，法法何曾法此。不过谈空而耳，岂知万物有根宗为造物主耶？①

明代以后，中国佛教基本上是禅、净两派。《辟释氏诸妄》主要就是批评这两派。前一部分批评净土的对地狱（包括破狱、施食、无主孤魂血湖、烧纸、持咒）、轮回、念佛。后一部分批评禅宗"明心见性"。但正如张星曜所说："徐文定公《辟妄》八章，特取释教中最鄙谬之事，为世俗无知之人最易惑者，先为辟之，尚未尽着释教之谬妄也。"② 大体上看，《辟释氏诸妄》一书对净土的批评，着力攻击信众的宗教仪式和风俗习惯，对禅宗的批评虽涉略教理，也没有触及核心。

从表面看，此书的逻辑性很强，徐光启的方法是设一二难选择，使所谓矛盾之处显现出来。如论"烧纸钱是儿戏"说"岂人见为纸灰，而鬼神反见为真钱乎？若果见为真钱，是鬼神由人儿戏，不必烧纸矣；若不见为真钱，止见纸灰，则鬼神怒人儿戏，又不敢烧纸灰矣"。通过揭示形式逻辑的矛盾，达到论辩的目的。天主教内人认为，在这一点上看，徐氏的论辩非常成功，给予很高评价，说"释氏中虽有杰出者，无敢置一喙"。认为"有明元辅徐文定公者，学贯天人，识究真妄。悯佛氏昧本之学诱人行妄，致蹈狱火，特着《辟妄》一书。发前此诸儒未尽之奇，抉伪教邪法诳人之妄，犹之永夜幽阴大光现而冥暗潜消。此诚试真赝之鏐石已。"③

本书的写作方式和问题意识，直接影响到以后《天释明辩》、《醒迷篇》、

---

① 以上引文，均见郑安德：《明末清初耶稣会思想文献汇编》第三卷，北京大学宗教研究所2003年版，第5—23页。

② 郑安德：《明末清初耶稣会思想文献汇编》第三卷，北京大学宗教研究所2003年版，第511页。

③ 郑安德：《明末清初耶稣会思想文献汇编》第三卷，北京大学宗教研究所2003年版，第504页。

《辟邪归正》、《辟略说条驳》等同类书籍的写作。① 不过徐光启的《辟妄》和杨廷筠的《天释明辩》还在讲道理，张星曜、洪济则近乎谩骂了。

二、徐光启成功

按照张星曜、洪济的讲法，徐光启写书是为了救人"释氏以诵经持咒，破狱施食等诸邪妄，蛊惑斯民，崇邪背主。不知设妄诱人，希斋衬以图养身；与信诱行妄，广布施以冀超脱者，厥罪惟均，皆不免夫地狱之永苦。故为《辟妄》八章以拯救之。"②"同时也为事天主"，"作《辟妄》八章。欲世人知无益之事不可为，而悔过迁善，昭事天主为必当学也。"③

按照张星曜、洪济的讲法，徐光启的论战非常成功，以致后来佛教僧人"庐山北涧普仁截沙门者，惧文定公辟妄之言彰，则众僧谋身之计绝，强为《辟妄辟略说》，希存伪妄以冀养生"。④ 在写《辟妄辟略说》时，虽然"惧其伪妄已破，曲意回护"，但是"其于孤魂、血湖、烧纸、轮回、念佛、禅宗诸论，已自知其妄，不敢一言置辨。独于持咒、破狱、施食三章巧肆妄说，混淆愚目"。⑤

但是实际上，虽然民间信仰有孤魂、血湖、烧纸等宗教行为，佛教内部并不认同。印光即说："念佛之人，不可效愚人，做还寿生、寄库等佛事。以还寿生，不出佛经，系后人伪造。寄库，是愿死后做鬼、预先置办做鬼的用度。既有愿做鬼的心，便难往生。如其未作，则勿作。如其已作，当禀明于佛，弟子某，惟求往生，前所作寄库之冥资，通以赈济孤魂，方可不为往生之障。凡寿生、血盆、太阳、太阴、眼光、灶王、胎骨、分珠、妙沙等经，皆是

---

① 参见郑安德：《明末清初耶稣会思想文献汇编》第三卷，北京大学宗教研究所 2003 年版，第 5 页。

② 郑安德：《明末清初耶稣会思想文献汇编》第三卷，北京大学宗教研究所 2003 年版，第 509 页。

③ 郑安德：《明末清初耶稣会思想文献汇编》第三卷，北京大学宗教研究所 2003 年版，第 506 页。

④ 郑安德：《明末清初耶稣会思想文献汇编》第三卷，北京大学宗教研究所 2003 年版，第 509 页。

⑤ 郑安德：《明末清初耶稣会思想文献汇编》第三卷，北京大学宗教研究所 2003 年版，第 504 页。

妄人伪造，切不可念。愚人不知念大乘经。偏信此种瞎造之伪经。必须要还寿生，破地狱，破血湖，方可安心。有明理人，为说是伪，亦不肯信。须知做佛事，惟念佛功德最大。当以还寿生、破地狱、破血湖之钱，请有正念之僧念佛，则利益大矣。"①

民间信仰关于孤魂、血湖、烧纸问题，不但佛教不完全认同，就是比佛教更世俗化的民间道教也不完全接受。民国期间，广州曾破迷信，就把这些内容当作迷信，从正当的道教中取消了。

为了规范广州市道馆的营业行为，将正当的道教活动与迷信区别开来，1930 年 2 月 5 日，广州市社会局还提出了《关于办理破除迷信案》，其内容主要有：

（甲）限宗教者之执业，不得有下列情事：

（一）放焰口；（二）度仙桥；（三）盂兰会；（四）万人缘；（五）书符；（六）念咒；（七）择日；（八）开路；（九）回煞；（十）问米；（十一）降乩；（十二）问签；（十三）破地狱；（十四）过刀山；（十五）跳茅山；（十六）种银树；（十七）烧神炮；（十八）看水碗；（十九）卖神水；（二十）求神方；（二十一）烧纸马；（二十二）送千灾；（二十三）打寿山（生）斋；（二十四）接送亡魂；（二十五）嫁娶亡魂；（二十六）走五丈文事。

（乙）于宗教者执业时，……，不得陈设神怪偶像。及不得焚烧大小纸扎。②

徐光启曾经是虔诚的佛教徒。"夙慧博极群书，误入释门久且深。"③ 万历三十一年（1603），徐光启在南京接受洗礼，加入天主教。当时已经 43 岁。他对于佛教教义的了解，不应如是荒唐。事实上，天主教学者也深知佛学、民间佛教信仰、民间宗教的区分，他们之所以把这些问题一并提出，是因为要争取宗教市场。在坚持一神论的前提下，这些学理问题就顾不得了。前引徐光启的文

---

① 印光法师：《一函遍复》，《印光法师文钞续编》上册，苏州灵岩山寺，第 1 页。

② "广州市社会局致广东省会警察局函"（会字第 643 号），广州市档案馆，全宗号：10，目录号：4，案卷号：729，第 47 页。转引自郭华清：《民国时期广东的道教政策论析——以广东地方政府查禁广州"喃呒道馆"事件为中心的考察》，《世界宗教研究》2007 年第 3 期。

③ 郑安德：《明末清初耶稣会思想文献汇编》第三卷，北京大学宗教研究所 2003 年版，第 80 页。

字，说到底，就是坚持一切权力归上帝，佛教和民间信仰的根本"错误"，就是"不知大主"、"不认大主"、"不知万物有根宗为造物主"，从而抢夺了上帝的权力。

此后杨廷筠、张星曜、洪济等对佛教的攻击，仍从此着眼。杨廷筠云：

> 佛是性耶？性则天赋，不能自造。……谓佛是尽性者耶？尽性必须人类。自应受命於帝，不应越上帝而自为尊也。[1]

张星曜、洪济云：

> 延僧忏悔更与亡人无涉。此盖恶人愚昧，自执己见，至死不悟，甘堕地狱，非天主致之也。世间有威德神通之力者，无如天主，能永远救拔人，能永远禁锢人，故人当敬天畏天也。天主为宇宙之大主宰，犹国王为一国之大主宰也。国王之下有威力者，皆奉国王之命故耳。使无国王之命，则威力全无矣。譬如罪人在禁，国王命杀则杀，命释则释，大臣岂敢专擅生杀耶？若贼寇劫牢，罪人释放，则劫牢之犯，与释放之犯，罪并加等。故知人间无有尊于国王，即知宇宙无有尊于天主也。[2]

但是佛教有三法印等自己的基本信仰，认为世上万物，都是"因缘和合"而成，离开因缘，事物就不存在，事物本身"无自性"。可以说，"空"、"无"才是佛教信仰的核心。一方坚持天地必有主宰，上帝即陡斯，一方信仰"空"、"无"，这种大前提各说各话的论辩，必然是后息者胜，没有结果。"明末天主教在与佛教的冲突中一直处于上风，但这并不说明它对后者取得了胜利。因为，它对佛教的了解极为贫乏，批评也多非理性，未能在理论上压服佛教，此外，它在冲突中的这种相对优势并没有持续多久，终究未能取代后者，成为中国文化之一翼。"[3] 看看后来的历史，说普仁"自知其妄，不敢一言置辨"的说法，只能是张星曜、洪济他们一厢情愿的想当然。

---

① 郑安德：《明末清初耶稣会思想文献汇编》第三卷，北京大学宗教研究所 2003 年版，第 87 页。

② 郑安德：《明末清初耶稣会思想文献汇编》第三卷，北京大学宗教研究所 2003 年版，第 521 页。

③ 马晓英：《晚明天主教与佛教的冲突及其影响》，《世界宗教研究》2002 年第 4 期。

三、辟佛与被神化

由于明清时期儒学和佛、道二教关系复杂，佛教和天主教的宗教市场有严重冲突。"其（佛教）言人道，用住世法精取之，吾儒以为不可破坏之法门。其言神道，用出世法粗取之天学，以为不可思议之功德。儒理平实，且家喻户晓，非精取不能立宗。天学宏深，此中尚未及传，即粗取已足标异。兼斯二义，遂能倾眷一时，网罗千载。"① 这种酸态可掬的表述，清楚地表明了当时天主教徒对佛教社会影响的艳羡和当时天主教传教的艰难。

士大夫对天主教比较陌生，天主教作为外来文化，要进入中国的宗教生态市场，其角色定位需要一个过程。利玛窦就曾经以僧人自处，后又自居西儒。角色模糊的状态，对传教士不利。为了摆脱这一局面，有儒学底子的天主教徒，认为"郊社之礼，所以事上帝也。此上帝以其至尊无偶，故谓之上。原与陡斯尊称，理大悬合。"② 强调儒学的一神性，强调天主教与儒学原本相通，构建天主教化的儒家神学。同时佛、道二教与民间信仰又有着盘根错节的关系。借批驳佛、道二教民间信仰的异端成分，竭力与佛教划清界线，从而界定自己的宗教角色。艾儒略就曾以儒家身份自居，借批驳民间信仰的异端成分，对佛、道二氏进行了大力攻击。③ 攻禅、指斥三教合一，一方面可以在宗教论争中，通过排佛以利传播福音。"这种传教思想和方法在中国其他地方被广泛借鉴，如龙华民神父在韶州传教即采用了这一方法。……攻禅给传教士在华活动提供了一个有限权利的'护身符'，使他们从被动处境中某种程度上解脱出来。"④ 正如孙尚扬所说，"利玛窦对佛教的批判是经过了充分的权衡的，可以说是深思熟虑之举。不过，在笔者看来，在利氏的考虑中，策略性的考虑居多。"⑤ 徐光启的论证，显然也有这种策略性的考虑。

---

① 郑安德：《明末清初耶稣会思想文献汇编》第三卷，北京大学宗教研究所 2003 年版，第82 页。

② 郑安德：《明末清初耶稣会思想文献汇编》第三卷，北京大学宗教研究所 2003 年版，第88 页。

③ 张先清：《试论艾儒略对福建民间信仰的态度及其影响》，《世界宗教研究》2002 年第 1 期。

④ 李圣华：《中国文化研究》，2009 年春之卷。

⑤ 孙尚扬：《利玛窦对佛教的批判及其对耶稣会在华传教活动的影响》，《世界宗教研究》1998年第 4 期。

但是斥佛的策略忽略了佛教在民间对中国人精神生活影响的深刻性。皈依天主教的，不都是士大夫。当中下层老百姓逐渐加入教会，宗教市场扩大，灵异故事在天主教当中也有流传。民间社会所常见的驱魔、赶鬼、治病、求雨、求子等信仰需求也成为了天主教的宗教内容，以吸引下层百姓。

张星曜、洪济认为：

> 若言降仙之事，尤属妄诞。……即使宇宙果有仙人，乃朝夕仆仆，为祈请者之奴隶，仙亦贱矣。况乩上之字，实系生人所书，非仙妖也。汝言仙即降笔，赞叹供养，此讹以传讹，诞妄可知。①

但是在天主教文献《湖广圣迹》中，就有通过马角来证明天主教正确的事例。在安陆某村，人们在通过马角求雨未果，去求助于天主教，则降雨成功。于是人们"去求马角菩萨乩写明白出来，问哪一教是真教"。马角证明："老君之教是邪教"，"释教是邪教"。而"天主之教，果真教也"。在这个案例中，民间信仰的异端宗教，徐光启所反对的"迷信"，竟成为天主教传播资源。张先清认为，《湖广圣迹》中一个灵迹故事可能和善书文化相关，其叙事结构和《天妃显圣录》相近。②

"这类灵异故事还体现出了天主教与民间宗教以及其他宗教，在宗教市场上所展开的竞争。……不仅仅是一些超越的神秘事件，而且还是可以被信徒群体所分享的信仰体验。这类故事建构了明清天主教神圣的传统，实际上促使天主教进一步的'民间化'（Popularization）或'本地化'（Localization）"。③

同样的，清代天主教在福建传播过程中，也在本土化，"并不与中国的民间信仰对立，而是相互汇集，……在禁教期间，天主教逐渐向无为教、罗教等靠拢，采用了秘密宗教的组织方式、联络方式等，……自乾隆十年（1746）至道光十六年（1834）近一个世纪中，天主教从照搬它在西方的教义、组织信仰模式到与福建当地民间秘密宗教合作，以秘密社会为载体吸纳教徒，宣经布道，扩大影响，逐步进行着它的本土化改造。"④

---

① 郑安德：《明末清初耶稣会思想文献汇编》第三卷，北京大学宗教研究所 2003 年版，第 531 页。

② 参见《台大历史系学术通讯》2010 年第 8 期；《湖广圣迹》，见钟鸣旦、杜鼎克编：《罗马耶稣会档案馆明清天主教文献》第十二册，台北利氏学社 2002 年版，第 423—438 页。

③ 肖清河：《灵异故事与明末清初天主教的民间化》，《东岳论丛》2011 年第 1 期。

④ 陈东：《清代福建天主教的传播与本土化》，《闽江学院学报》2002 年第 10 期。

　徐光启讨论的宗教现象，当前依然存在。宗教问题，比言语深沉，辩论的胜利，并不意味着信仰的转移。就是徐光启自己，也被神化成能够护佑祈祷者，能治病。一批人正在找他的神迹。大有变成"徐王爷"的趋势。① 这大概

---

① 上为达成"天主之仆"保禄徐光启能早日荣登圣品，上海教区特别号召大家踊跃向徐光启求转祷。海教区要求，在此过程中，如有奇迹出现，请与上海教区"徐光启列品筹备委员会"的成员之一方补课神父联系。（详情参见 http://www.catholicsh.org/ZhuanLan/XuAndRicci/report.html）结果"圣神降临节前夕，据金山百家堂老教友朱姓教友报告，其罹患由扁桃体恶性肿瘤引发的淋巴癌的外甥媳妇因为转求徐光启而获得特别治愈。据朱姓姐妹报告，其外甥媳妇，即其姐姐的儿媳，15 年前患甲状腺肿大，三年前甲状腺病变，转为恶性肿瘤，做了甲状腺和相关淋巴组织摘除的大手术。去年复发，亦做过类似手术。今年查出颈部仍有癌变组织，处在颈部大动脉附近，切除难度极高，且有转移胸腺等迹象，需要立即手术，做大型淋巴腺体切除手术，而术后生活质量亦不可想象。而原来执行手术的瑞金医院的主治医生亦推辞不敢轻易动刀，几易医院，转到上海肿瘤医院，并定于月初手术。朱姓姐妹称，由于其外甥媳妇正值壮年，孩子年幼，全家不敢想象万一有什么闪失的情形发生。所幸出身为老教友家庭，整个家族在各自堂区为其祈求，家内亦举行恳求徐光启转求的 9 日敬礼，而儿媳一家亦多次带孩子去光启公园的陵墓前祈祷。在手术室外亦为其祈求。手术过程异常顺利而短暂，且术中发现原来有癌变迹象的胸部淋巴组织亦未受侵损。为此，举家感谢徐光启的护佑之恩。朱姓姐妹进一步提供说：外甥媳妇近年搬家，在为孩子挑选小学的时候，经过多所学校的面试，最终选的正是光启小学，冥冥之中，天主之仆徐保禄将自己和该小家庭联系在一起。之后，外甥一家经常到光启陵园，在术前其外甥媳妇去过三次陵园。"（参见 http://www.catholicsh.org/ZhuanLan/XuAndRicci/miracleZhuJinshan.html）就是在目前，有些地方的基督教信仰任然与民间信仰紧密结合：刘海涛的研究举到几个现象：(1) 基督教与生俗。送羊。姥姥（外婆）给头生的外孙/外孙女送羊，自出生后每年的农历 7 月初 2 给其送面蒸的羊，头三年要送大的，一般是用 30 斤面蒸 3 个大小不等的羊送去，至少要送 12 年，有的终生都送，如果不送的话，孩子的成长会不顺利。这与基督教是有关系的，因为羔羊是基督的，为小孩赎罪的。(2) 基督教与葬俗。送葬的时候，长子拿应征幡，次子、侄子等都拿"风华雪流"，但侄子的上面有红花和绿花。孙子拿亚牌，直系孙子拿的亚牌为全白，旁系的上面有红花和绿花。其他的人拿"土"字牌，亲戚只能带哀伤棒。现在的葬礼习俗起源于唐朝，因为那时候基督教首次传入中国。这一习俗意味着耶稣的子孙是有秩序的，亚牌意味着大家都是亚伯拉罕的子孙，因为"亚"在圣经里代表着亚伯拉罕。另外，掩埋后的第三天上坟，叫复三是因着耶稣死后三天复活。烧七，就是每个第七日要上坟是因为 7 是完全日，象征着圣洁，7 日的第一日基督复活。基督教与年俗。春节时，我们的门上都贴对联，其来源是基督教的逾越节，因为我们是上帝的选民。但庙门上贴的就是黄色的对联，因为他们不是上帝的选民。相信自己信主后，自己的言语就带有了能力，所以一定要小心说话。例如，不能骂淘气的孩子说："你还不如死了。"否则孩子会遭遇不测。[刘海涛：《民间信仰化的基督教？——以 B 村为中心的考察》（未刊稿）] 汪晓明的调查说明，"神迹奇事是许多信徒信教的最大原因。在一些信徒心目中，耶稣是一位拥有无限能力和权柄的上帝，有求必应，是能

是徐光启写《辟释氏诸妄》时没有想到的。

宗教生态问题很复杂。就现在看，人们的文化背景、心理需求不同，对宗教的需求各异，多样化共存，恐怕将是宗教生态常态。各个宗教之间应有包容心，能给其他宗教留下生存空间，而这个空间，可能也是自己的资源。各宗教之间要有平等对话的精神。"宗教对话中，对话双方也不应该绝对坚持自己的宗教真理和价值标准，并完全诉诸自己的宗教经典或权威，那样只会使对话从一开始就陷入毫无希望的境地。"徐光启对佛教和民间宗教的批判、基本教义与教义之间的对抗，其结果不会好。①

同时我们反思徐光启对佛教的批评，也要看到，佛教在人间化的过程中，严重受到民俗文化的影响，这就要求教界一方面对因从俗冲击核心信仰保持警惕，一方面需要有思想家出现，引导信众的行为，发展佛教理论。

（作者简介：问永宁　深圳大学国学研究所）

奉其名医病赶鬼的'大医生'也是能保佑发财和永生的'大救主'。一位农村传道人说'很多人甚至信徒，弄不清迷信和宗教的区别。有的左摇右摆，什么都信。……大部分的人是平时不祷告，家里有什么三长两短，有病闹鬼时，就请上几个长老到家里祷告。有一次，一个姊妹风风火火地跑到堂里来要求我们去她家祷告。本以为她家里有谁病了，没想到她把我们带到猪圈里，为一头不知吃了什么一动不动的老母猪祷告，希望通过祷告让它活过来。一个弟兄打算做生意，他对我说：'请你为我祷告，好让我一下子赚上几千几万，我就奉献一部分给教会。'类似这样的事情举不胜举。"[汪晓明：《在乡村教会中成长》，《天风》复总 123 号（1993 年 3 月）] 张坦认为："中国农村基督教的民间信仰倾向主要表现为追求神迹奇事的灵恩主义、实用主义、民间道门化以及对传道人或教会领袖的个人崇拜几个方面。农村教会常有唱灵歌、跳灵舞的现象，也流行说方言、作异梦、见异象。"[张坦：《贫困——初级阶段宗教生长的主要社会根源》，《宗教》（1989 年第 1 期）]

① 孙尚扬：《利玛窦对佛教的批判及其对耶稣会在华传教活动的影响》，《世界宗教研究》1998 年第 4 期。

"六经责我开生面"

——王夫之的哲学境界

宁新昌

"六经责我开生面，七尺从天乞活埋"是王夫之自题画像的堂联，反映的是他的文化理想，既然"六经"责成我开启人生的新画面，那我就应该尊天从命，物来顺应，去积极地承负起社会责任和历史使命，而不白白虚过自己的人生。由此可见，他的志向非同一般。

一、上承横渠之学

王夫之曾自拟墓联："抱刘越石之孤愤而命无从至，希张横渠之正学而力不能企。"刘越石（刘琨）是西晋政治家，抱冤而死，命无所至，没有完成自己的使命。这是刘越石的缺憾。张横渠即张载，张载从"太虚即气"出发去批判佛老之学，并通过"气化"理论去阐发自己的心性主张。由之看来，王夫之的确有自己的政治抱负，也有自己的理想信念，他遗憾自己的抱负不能施展，即"命无从至"；也自谦自己对于张载学问的"力不能企"。实际上，虽然说其政治抱负没能实现，但是，在学术上却卓有成就，他创造性地继承和发展了张载的学说，并为宋明理学做了总结。

关于王夫之的学术，本人比较认可唐君毅先生的观点，唐先生说："当明清之际，能上承宋明儒学之问题，反对心学之流，亦不以朱子之论为已足，而上承张横渠之即气言心性之思路，又对心性之广大精微有所见，而能自树新义，以补宋明儒之所不足者，则王船山是也。"[1]他还说："船山之所以重此理

---

[1] 唐君毅：《中国哲学原论·原性篇》，中国社会科学出版社 2005 年版，第 315 页。

之相继的表现流行于气，则由其学之上承横渠之学之精神，而又特有得于易教之故。其言易道之别于先儒者，要在以太极只为一阴阳之浑合，力主乾坤之并建，以言宇宙人生历史之日新而富有之变。缘是而其命日降，性日生之说，乃得以立，而更有其人之精神之死而不亡之义。"①

在老一代学者中，冯友兰、侯外庐、张岱年、冯契、萧萐父等先生，对于王夫之思想的研究多有创获，并给予王夫之以较高评价。他们比较看重王夫之的"气"本理论，并认为他的气本论体现了唯物主义的思想。对于这一点，我们应该客观辩证地看待他们的观点，因为在王夫之的思想中的确存有唯物主义诠释的可能和空间。另外，由于王夫之对于人之"才"和"情"，以至"欲"的肯定和尊重，在对王夫之思想意义的发掘中，也被赋予了近代"启蒙思想"的意义。当然，其中不乏"六经注我"的理解。

应该这样说，学界对于王夫之上承张载的哲学思想这一点上认识是一致的。笔者在对张载思想的研究中，也曾诠释张载哲学命题"太虚即气"的三层意蕴：本体论的、宇宙论的、境界观的。客观地说，张载这一命题的三层含义为后世学者从不同立场的诠释提供了文本上的根据。

冯友兰、张岱年等先生基本一致地认为王夫之的哲学属于唯物主义。② 特别是张岱年先生对于张载、王夫之的思想则尤为重视，他的诠释的态度和立场也最为鲜明，所下的工夫也最大。张岱年的唯物主义理论就是结合马列理论和中国传统，同时借鉴了西方逻辑分析学派的方法，从而形成了自己的思想体系的。

侯外庐、萧萐父则赋予了王夫之中国早期启蒙思想家的美誉。侯外庐的观点提出甚早③，萧萐父等对此研究则更为深入。④

在笔者看来，王夫之的哲学本质上属于"心性论"，他所关注的还是心性修养，以及人格的养成问题。至于他的有关"气"的理论，只不过是要为其心

---

① 唐君毅：《中国哲学原论·原性篇》，中国社会科学出版社 2005 年版，第 316 页。

② 参见冯友兰：《中国哲学之新编》下，人民出版社 1999 年版，第 305 页；张岱年：《中国哲学发微》，山西人民出版社 1981 年版，第 135 页；侯外庐：《中国思想通史》第五卷，人民出版社 1956 年版；冯契：《中国古代哲学的逻辑发展》下册，上海人民出版社 1985 年版，第 937 页；萧萐父、李锦全主编：《中哲学史》下，人民出版社 1983 年版，第 228 页。

③ 参见侯外庐：《中国思想通史》第五卷，人民出版社 1956 年版。

④ 参见萧萐父、许苏民：《明清启蒙学术流变》，辽宁教育出版社 1995 年版。

性理论提供哲学上的依据。他的理论和传统宋明理学有异，但绝对不是异端，其本质上仍然属于理学范畴，他不是传统的反叛者，更不是传统的颠覆者，他是传统的继承者和发展者。

二、"无有一极也——无有不极也"

极者，限也。"无极"就是无限，亦是绝对。"无有一极"说的就是这个道理，但"无极"还有"无有不极"之意，也即对于任何事物来说，都有一个"极"的存在，对于宇宙来说，也有一个终"极"的存在，它是宇宙存在的根据，也是人自己存在的理由。故王夫之这样讲道：

> 无极，无有一极也，无有不极也。有一极，则有不极矣。"无极而太极"也，无有不极，乃谓太极；故君子无所不用其极。行而后知有道；道犹路也。得而后见有德；德犹得也。储天下之用，给天下之得者，举无能名言之。天曰无极，人曰至善，通天人曰诚，合体用曰中；皆赞辞也，知者喻之耳。喻之而后可与知道，可与见德。[1]

"无极"是一个辩证的概念，也是一个辩证的存在。"无有一极"是没有"极"的存在，"无有不极"是说不能没有"极"。既然"有一极"，存在"一极"，但此"极"却不是一般的存在，因为它"有不极"，那就是无限，就是绝对。这就是"无极而太极"。话说得虽有些绕口，但它是关于"极"的辩证法，即这个"极"是存在的，却是无限和绝对的，故只能用"无极而太极"去表达了。

"无极而太极"是宇宙的本体，也是人的根据。人的生命虽然有限，却有向往无限、追求永恒的祈望。古人有三不朽——立德、立功和立言，说的就是这个道理。人们需要在日常生活中"无所不用其极"，极者，准绳也。依此去选择生活的意义，所谓"广大高明不离乎日用"（陈白沙语）。路是人走出来的，德是人积出来的。天曰无极，人求至善。王夫之认为，能会通天人者，只能是"诚"，"诚者，天之道也；诚之者，人之道也。"能合天人体用者只能是"中"，"中"实际上就是"诚"。有智慧的人都能明白这个道理，并且会去践行这个道理，也能从其中有所获得，所获得者就是"德"。

朱熹曾把"无极而太极"理解成"无形而有理"，说明了"理"是形而

---

[1]　王夫之著，王伯祥点校：《思问录·俟解》，中华书局 1956 年版，第 2 页。

上的，"理"是超越于"气"的。而王夫之的"无极而太极"则是"气"，其"理"则是依"气"而存在的。由此可见他和朱熹思想的不同，也可看出他对于现实的深切关怀。他这样阐述了自己的哲学观点：

首先，批驳佛老宣扬的"无"和"空"本体。他说：

> 佛、老之初，皆立体而废用。用既废，则体亦无实。故其既也，体不立而一因乎用。庄生所谓"寓诸庸"，释氏所谓"行起解灭"是也。君子不废用以立体，则致曲有诚；诚立而用自行；逮其用也，左右逢原而皆其真体。故知先行后之说，非所敢信也。《说命》曰："非知之艰，惟行之难。"次第井然矣。①

佛老有其本体理论，问题是体不实，用既废。庄子的缺失是不辨是非而"寓诸庸"，佛氏的是"行起解灭"，随缘而执"空"。如此这般，何能"立体"？"君子不废用以立体"，并能通过"格物致知"的工夫而寻得"诚"之本体，"诚"体既立，"用"也就在其中了。

接着他批评姚江之学，实际批评的是阳明后学，主要针对王畿、王艮一些人。刘宗周曾说王畿"直把良知作佛形看，悬空期个悟"。②黄宗羲也曾说王艮一系是"正其学术所谓祖师禅者，以作用见性"。③王畿、王艮都是走向了佛禅。故王夫之也提出自己的看法，他说：

> 寻求而不得，则将应之曰"无"。姚江之徒以之。天下之寻求而不得者众矣，宜其乐从之也。④

姚江之徒走向了以"无"为本，否弃了儒家的最基本的价值，使得众人百姓有些找不着北，给社会风气造成了不利影响，应该予以纠正。

其次，他认真阐述了自己哲学的基本范畴。说明"有"、"无"、"诚"、"太极"、"气"和"理"的内涵及其逻辑关系。首先从"有"和"无"论起。

> 言无者激于言有者而破除之也，就言有者之，所谓有而谓无其有也，天下果何者而可谓之无哉，言龟无毛，言犬也，非言龟也。言兔无角，言麇也，非言兔也。⑤

---

① 王夫之著，王伯祥点校：《思问录·俟解》，中华书局1956年版，第18页。
② 黄宗羲：《明儒学案》，中华书局1986年版，第9页。
③ 黄宗羲：《明儒学案》，中华书局1986年版，第703页。
④ 王夫之著，王伯祥点校：《思问录·俟解》，中华书局1956年版，第11页。
⑤ 王夫之著，王伯祥点校：《思问录·俟解》，中华书局1956年版，第11页。

此段的大意是，坚持"无"的人，总是要否定"有"的存在，也总是要把"有"看成是"无"。那么，天下什么样的东西可以说是"无"呢？要说龟无毛，实际说的是犬，犬是有毛的，说的并不是龟。说兔无角，实际说的是麋鹿，麋鹿是有角的，并不是说兔。"无"是作为判断动词来用的，也是和"有"相对而言的。在这个世界上不存在一个绝对的"无"。

所以，王夫之在解释张载《正蒙》书中的"言幽明而不言有无"时说道：

> 至矣！谓有生于无，无生于有，皆戏论。不得谓幽生于明，明生于幽也。论至则戏论绝。幽明者，阖辟之影也。故曰"是故知幽明之故"。①

王夫之认可张载的"言幽明而不言有无"，并肯定了"有"的意义，"幽明"皆是"有"的不同存在形式，并不存在"无"的本体。世界的本体是"有"，是"太极"。在王夫之那里，"太极"与"无极"是内在统一的，并非二物。

> 太极动而生阳，动之动也，静而生阴，动之静也，废然无动而静，阴恶从生哉，一动一静，阖辟之谓也，由阖而辟，由辟而阖，皆动也。②

"太极"是本体，是"气"之阴阳。阴阳的对立统一构成事物的发展变化，也是事物发展的内在动力。"动"是绝对的，"静"是相对的，"静"也是"静之动也"。这就是"理"。但是，"动"中之"理"可是"气"之"理"。有"气"才有"理"，"理"依"气"而在。他说：

> 气者，理之依也；气盛则理达。天积其健盛之气，故秩叙条理，精密变化而日新。故天子之斋，日膳大牢，以充气而达诚也。天地之产，皆精微茂美之气所成；人取精以养生，莫非天也。气之所自盛，诚之所自凝，理之所自给；推其所自来，皆天地精微茂美之化。其酝酿变化，初不丧其至善之用。③

对于这一段话，还需要好好体味。其中有"气"，有"诚"，有"理"，还有"至善"。"气"是本体，由于"气"的运动变化，而有"理达"，有"达诚"，有"至善"。故由"气"出发，而识理，达诚，求至善。这是王夫之哲学的理论路径。

再次，他否定了形而上的存在，也否定了形而上学的思维方式。他说：

---

① 王夫之著，王伯祥点校：《思问录·俟解》，中华书局1956年版，第10—11页。
② 王夫之：《思问录内篇》，《船山全书》，岳麓书社1992年版，第402页。
③ 王夫之著，王伯祥点校：《思问录·俟解》，中华书局1956年版，第21页。

> "形而上者，非无形之谓；既有形矣，有形而后有形而上，""器而后
> 有形，形而后有上。"(《周易外传》卷五)

所谓形而上者，并不是超越形的存在，而属于形而后的存在，是在逻辑意义上
的后于形的"道"，由于有"气"的"聚散"，故有"幽明"一说，而"气"之
凝聚即成"器"。它是人们最能感观到的"气"的存在方式。在这个意义上，
王夫之提出了"天下唯器而已矣"的命题：

> 天下唯器而已矣。道者器之道，器者不可谓道之器也。(《周易外传》
> 卷五)

"器"是主，"道"是宾。在讲"道"的时候，一定要有一个"器"的前提。在
这一点上，他确实不同于宋明理学的主流传统，不同于朱熹、陆九渊、王阳明
的哲学路径。其中关于"气"思想已经内含了近代唯物主义因素。

三、"性日生日成"

如果说，"气"属于"天"的问题，"太虚即气"，"由太虚，有天之名"。
那么，"性"就涉及"人"了，涉及人的本性以及人格的形成问题。

在人性理论上，儒家的正统是人性善，"孟子道性善，言必称尧舜"(《孟
子·滕文公上》)。王夫之对此并无异议，他说："孟子之言善性，除孟子胸中
自然了得如此，更不可寻影响推测。故曰'尽心者知其性也'。知其性方解性
善，此岂从言语证佐得者哉。"[1]孟子讲人性善，他自己非常清楚，别人并不了
解，因为这需要尽心而知性，需要自己去反思、理解，乃至体验。只有这样，
才可以真正了解"性"的善良，而仅仅通过语言去证明"性"的善恶是毫无意
义的。王夫之认可孟子所讲的道理，但是他要通过《易经》的理论去进一步阐
述人性的"善"，以及人性"善"形成的过程。他说：

> 乃《易》之为言，惟其继之者善，于是人成之者为性。成，犹凝也。
> 孟子却于性言善，而即以善为性，则未免以继之者为性矣。继之者，恐
> 且唤作性不得。[2]

《周易》讲："一阴一阳之谓道，继之者善也，成之者性也。""善"因"继"而

---

① 王夫之：《读四书大全说》(下)，中华书局1975年版，第566页。

② 王夫之：《读四书大全说》(下)，中华书局1975年版，第567页。

来，继续着"道"的规律，一阴一阳的对立统一，阴阳的和谐运作，这就是"善"。在发生学意义上，"性"（人性）的形成有一个社会化的过程，并非先天如此，它需要教化、塑造、熏陶、捶打、磨炼，由之而"成"，成者，凝也。是意志的凝聚，是品德的锻造。孟子说性善，是"以善为性"，未免把"继"看成是"性"。而在《周易》里，"善"和"性"是有区别的，在逻辑上，"善"是先于"性"的。王夫之说：

> 于物善也，若夫道则多少阴阳无所不可矣，故成之者人也，继之者天人之际也，天则道而已矣，道大而善小，善大而性小，道生善，善生性，惟其有道，是以继之而得善焉，道者善之所从出也，惟其有善是以成之为性焉，善者性之所资也，方其为善而后道有善矣，方其为性而后善凝于性矣。（《周易外传·系辞上传》）

这一段讲得较为明白。物有阴阳之道，人应该成就之，继续天人的法则，天的法则是"道"，人们对于"道"的选择而会有善恶，需要扬善弃恶，故"道大而善小"；对于"善"的选择，有的人能化其为自己德性，有的人不能化其为自己德性，故"善大而性小"。这就是"道"、"善"和"性"的关系，"善"由"道"出，"性"因"善"成。

"性"不仅和"道"有关系，而且与"命"有关，《中庸》讲"天命之谓性"，意即天之所命就是人之本性。王夫之对此解释道：

> 命日降，性日受。性者，生之理，未死以前皆生也，皆降命受性之日也。初生而受性之量，日生而受性之真。为胎元之说者，其人如陶器乎！[1]

"命"是降，"性"是"受"，"性"是生命之"理"，人生过程实际就是"降命受性"的过程，人不可能摆脱"命"的影响，也不能不在与"命"的抗争和对"命"的承担中去塑造自己的品性。初生是"受性"，日后是"成性"。"胎元"为人之始生，成人则如制造陶器一般，由塑造到陶冶而终成，需要一步一步地实现。

然而，王夫之可绝对不是一个宿命主义者，他非常注重主体能动性的发挥，也不承认初生之命决定人的一生。如其所言：

> 夫性者，生理也，日生则日成也。则夫天命者，岂但初生之顷命之

---

[1]　王夫之著，王伯祥点校：《思问录·俟解》，中华书局1956年版，第14页。

哉？《尚书引义·太甲二》

关于"命"，孔子说："五十而知天命"（《论语·为政》），子夏说："不知命，无以为君子也"（《论语·尧曰》）。子夏说："死生有命，富贵在天"（《论语·颜渊》）。孟子说："莫之为而为者，天也；莫之致而致者，命也"（《孟子·万章上》）。庄子说："知其无可奈何而安之若命"（《庄子·人间世》）。荀子说："节遇之谓命"《荀子·正名》。孔子、子夏的"天命"（命）内涵丰富，不仅有物理上的必然，而且有道德上的合理；孟子的"天命"主要是从客观必然意义上说的，庄子同样；荀子的"命"则主要是偶然。论述各有侧重，但说的都是事实。如果说他们说的命是气命，气的运行规律；是遇命，人的主观遭遇，那么，王夫之的论述则主要是"性命"，即由人的本性所造成的命。当然，本性也是"日日成之"，绝非固化不变。他说：

> 愚于《周易》《尚书》传义中，说生初有天命，向后日日皆有天命，天命之谓性，则亦日日成之为性。其说似与先儒不合。今读朱子"无时而不发现于日用之间"一语，幸先得我心之所然。[1]

人的出身不可选择，其后的生活中也会遇到各种客观的必然或偶然，这就是"天命"。"天命之谓性"就是要"日日成之为性"，他曾怀疑自己的这一认知不符合于先儒的主张，此后读到朱熹的"无时而不发现于日用之间"，由此便坚信了自己的学说，"性"不是生来如此，而是日日存养来的。

> "成性存存"，存之又存，相仍不舍，故曰"维天之命，于穆不已"。
> 命不已，性不息矣。谓生初之仅有者，方术家所谓胎元而已。[2]

他重视"性"的存养，重视"性"的养成，重视在敬畏天命的过程中形成自己的人格。他不相信方术家所谓的"胎元"，不相信"胎元"会决定一个人的命运。据之，他提出"造命"一说，命是自己造成的，与他人无关。足见他对主观能动性的重视，对于人自身素质的培养。他说：

> "修身以俟命，慎动以永命，一介之士，莫不有造焉。"（《读通鉴论》卷二十四）

"命"的存在不可否认。"气命"当中的"死生有命"之必然不可改变，"遇命"中的偶然无可奈何，而"性命"中的人的主观能动性的发挥，以及个体的价值

---

[1] 王夫之：《读四书大全说·大学·传一章》，中华书局1975年版，第13页。

[2] 王夫之著，王伯祥点校：《思问录·俟解》，中华书局1983年版，第14页。

选择，都与己有关。"士"的人格是"造"出来的。在现实的生活中，一个人的修养、品德，以及人生的道路都与自己的努力、自己的选择有关。正是因为有人的选择，才有所谓的"造命"。在社会生活中，虽有同样的生存环境、有同样的教育背景，却有不同的人生道路，究其原因，乃是由于自己的选择所致。选择与个人的认知、信念有关，所以，人应该以"修身"的态度去对待自己的命运，以"慎动"（谨慎的选择）的精神去追求"永命"（永恒的理想）的价值。这实际就是"造命"。

四、"由仁义行"

"由仁义行"是孟子的哲学命题，源自于孔子的"为仁由己"。这里重新拣出这一问题，也是源出王夫之对于张载哲学命题"无意为善"的诠释。在这一点上，确实能看出他"希张横渠之正学"的真诚和执着。

在《张子正蒙注》中，对于张载的"无意为善，性之也，由之也"。王夫之的解释是，"性成乎必然，故无意而必为。由者，以其存于中者率而行之也，孟子曰'由仁义行'。"既然讲人的本性，讲这个"性"是养成的，此"性"是一个人的德性、一个人的本质，由之而决定的人的言语行为就有了必然的意义，少成若天性，习惯成自然，一个人的修养不是装出来的。这就是"性成乎必然，故无意而必为"。何者为"意"？"意者，偶动之机，类因于见闻所触，非天理自然之诚，故不足以尽善。而意不能恒，则为善为恶，皆未可保。"[1] 意是一种偶然性的动机，类似于人的感性见闻，是一种由外物引起的主观情感情绪，本身就属于感情用事，故非自然天理，既谈不上"诚"，也谈不上"尽善"。"由"有经由之意，因"性"处于"中"（喜怒哀乐未发之谓中）而率而行之，这就是"由仁义行"。今人有把"中"理解为"中体"，视其为本体性的存在，在逻辑上也能讲通。

"由仁义行"是一种道德上的无待命令。在儒家哲学中，它体现的是一个人的品行，一个人的教养，也是一种德性。不过，这里的无待命令和康德哲学中的无待命令有些区别，康德的无待命令是建立在纯粹理性的基础上，求的是道德无待命令的普遍必然，它的基本内容是人是目的。而儒家的道德命令则是

---

[1] 张载撰，王夫之注：《张子正蒙》，上海古籍出版社 2000 年版，第 154 页。

建立在人之德性的基础上，关注的是人极、人品和情操，关注的是工夫，目的是"为己"，虽然它也内含了人是目的的内容。王夫之说：

> 仁义只是性上事，却未曾到元亨利贞、品物流行中拣出人禽异处。
> 君子受先待后，为天地古今立人极，须随在体认，乃可以配天而治物，"行仁义"者不足以当之也。①

"仁义"是就人性言的，要确定人的地位，定位做人的准则，则需要随处体认，体认什么？体认人之所以为人。只有这样，才可以"配天治物"。所谓"配天治物"，就是行天道，说人话，做人事，体现做人的修养和水平。而对于"行仁义"者来说，这些（配天治物）都是不配有的，也是不能胜任的。因为"行仁义"者把"仁义"工具化了，"仁义"本来是不能工具化的，也是不能外在化的。王夫之说：

> 仁义且不把作一物拏著来用，故曰"非行仁义"。②
> 且言"仁义之心"，则以"存之"为工夫，孔子曰"操则存"，孟子曰："存其心"者是也。若人之异于禽兽，则自性而形，自道而器，极乎广大，尽乎精微，莫非异者，则不可以"仁义"二字括之。故曰"非行仁义"，明夫非守"仁义"二字做把柄，遂可纵横如意也。③

之所以要"非行仁义"，就是因为"行仁义"把"仁义"作为一种工具来用，"仁义"不可作为一物，"仁义"本质上也不属于把柄。"仁义"就是人的本质，也是人的存在方式，更是一种存之、操之的工夫。这就是人和动物的最大区别，从形上到形下，从致广大到尽精微，莫不如此。

相对于"由仁义行"来说，"行仁义"是一种有待命令，对于两者的区别，王夫之作了如下解释：

> "立人之道，曰仁与义"，在人之天道也。"由仁义行"，以人道率天道也。"行仁义"则待天机之动而后行，非能尽夫人之所以异于禽兽者矣。天道不遗于禽兽，而人道则为人知独，由仁义行，大舜存人道圣学也，自然云乎哉。④

"仁义"是在"人"之"天道"，"由仁义行"是行天道。"行仁义"则是待机而

---

① 王夫之：《读四书大全说》下，中华书局1975年版，第636页。
② 王夫之：《读四书大全说》下，中华书局1975年版，第633页。
③ 王夫之：《读四书大全说》下，中华书局1975年版，第635页。
④ 王夫之著，王伯祥点校：《思问录·俟解》，中华书局1983年版，第5页。

行，恰恰是没有尽到人之所以为人的责任并以之区别于人和禽兽。"天道"虽然不遗弃于禽兽，但"人道"却是为人所独有，也是需要人去认知的。

儒家哲学重视个人修养，重视人的使命。如，和"由仁义行"相联系的"正己而物正"，说的就是个人的修养，对于"正己而物正"，王夫之说："大人正己而已，居大正以临物，皆为己也。得万物理气之大同，物感必通矣。"① 即大人就是做好自己，严格要求自己，以"大"（充实而有光辉）、"正"（守一而止）的态度（境界）去处理"事情"，这就是"为己"，就是做好真正的自己，做人就应该如此。这样就会"物感必通"，即能处理好方方面面的"事情"。"事情"二字，不仅有事，而且有情。相反，对于"正己而正物"，就是"以欲正物，故正己以正之，贤于藏身不恕者尔，而政教督责，有贤智临人之意，物不感而又患积矣"。② "正己而正物"最大的问题是以责己之心责人，缺少"恕道"精神，其结果只能是物不能感而怨恨积也。由此可见，为人的严谨、自律、厚道和宽恕有多么的重要！

儒家哲学讲天人合一，王夫之也不例外。对于天人关系，他是这样看待的。"天之用在人，人之体无非天。"③ 天人关系不仅是体用关系，而且是道器关系，天是道，人是器。人是依赖天的，也是体现天的。不过，王夫之对此又有新的理解，他说：

> 天者道，人者器；人之所知也。天者器，人者道，非知德者其孰能知之？"潜虽伏矣，亦孔之昭"；"相在尔室，尚不愧于屋漏"；非视不见、听不闻、体物而不可遗者乎？天下之器，皆以为体而不可遗也；人道之流行，以官天府地裁成万物而不见其迹。故曰"天者器，人者道"。④

这一段的大意是，人们都知道"天者道，人者器"。但是，只有那些有道德自觉的人才能理解"天者器，人者道"的道理。"潜虽伏矣，亦孔之昭"；《中庸》的解释是："故君子内省不疚，无恶于志。君子之所不可及者，其唯人之所不见乎。"君子处世，内省不疚，无损心志，即使在别人看不见的时候，仍然如此，这是一般人所不能达到的。"相在尔室，尚不愧于屋漏。""故君子不动而敬，不言而信"（《中庸》）。即使独处，不愧屋漏，敬而无失，诚信为怀。这与

---

① 张载撰，王夫之注：《张子正蒙》，上海古籍出版社 2000 年版，第 153—154 页。

② 张载撰，王夫之注：《张子正蒙》，上海古籍出版社 2000 年版，第 154 页。

③ 张载撰，王夫之注：《张子正蒙》，上海古籍出版社 2000 年版，第 238 页。

④ 王夫之著，王伯祥点校：《思问录·俟解》，中华书局 1983 年版，第 5 页。

"视不见、听不闻、体物而不可遗者乎"的"天道"有什么区别？所以，"人道"之流行，犹如"天道"一样，官天府地、裁成万物、不显痕迹，自然而然。这就是王夫之的"天者器，人者道"。由于"天下唯器而已矣"，所以"人者道"就表现在日常的"事物"中，表现在为人处世、待人接物中，表现在"由仁义行，非行仁义"中。"人道"之所为乃是天之经、地之义的"事情"。在这个意义上，也可以说"人之道"就是"天之道"。"诚之者"所体现的就是"诚"。

王夫之继承了张载的学说，并作了发挥，他彻底坚持了"气"本理论，发展了张载的"知礼成性"、"变化气质"的思想。但其哲学仍然属于心性之学，他主要探讨心性、修养和境界问题。对于心性的理解，他不同于以往的哲学家，他没有否定孟子的性善论，但确实与之不同。他认为性善之源来自于"道"，其逻辑的演进是"道大而善小，善大而性小"。"性"是"日生日成"的，"性"是对"命"的坦承，也是对"命"的担当，更是对"命"（指"性命"）的造就（"造命"）。他更加重视后天主体能动性的发挥。"由仁义行"就是一种"命"、一种"性命"、一种无待的道德命令。在"由仁义行"的过程中，他所要"正"的乃是"己"，而不是"物"，因为"正物"不免于"有意"之累，不免缺乏恕道精神。他的"天人合一"就是在日常的道德生活中把"天"的意义呈现出来。这是儒家的价值观念，也是王夫之的人格理想。

（作者简介：宁新昌　佛山科学技术学院政法学院）

康有为晚年新道德进化论的新经学

唐赤蓉　黄开国

如果说康有为在戊戌变法期间的经学，是以政治家的热情，主要是借助春秋公羊学的"孔子改制说"来宣传自己的政治主张，利用今文经学来服务于政治改革，企图解决中国现实的政治问题；那么，他在"戊戌变法"以后主要是以思想家身份，来从事人文社会理论的探索。这是康有为在失去政治依赖，与丧失发挥作用的政治舞台之后，从以政治活动为主向以思想理论探索为重心的转变。虽然他的探索也浸透着关怀民生、关怀人类未来的政治热情，但政治实践已经不是第一位的。他只得通过传统的注释经典的注疏形式，在《论语注》、《孟子微》、《中庸注》、《礼运注》、《大同书》等著作中，借助对经学经典的诠释，来探索整个人类社会的发展道路，建构起了他的社会历史观与理想政治蓝图。从而，也为经学在近代的历史转型作出了有益的探索，为中国文化的世界化提供了理论借鉴。

康有为在这一探寻中，同样吸纳了古今中西的各种学说，利用的也是春秋公羊学的理论形式，充满对孔子的神化，对经典的迷信。但他不再像"戊戌变法"时期，以"孔子改制说"为中心，以戊戌变法为目的，只是在中国的范围来神化孔子与六经，而是以春秋公羊学的三世说为骨架，将三世说贯穿于他的经典解读中，将对孔子、六经的神化从中国扩大到世界全球，以建立起一个超越时空的所经学理论体系。由于他有在海外流亡 16 年、到过 30 多个国家的亲身经历，对西方的政治制度与工业文明，及其包括达尔文的进化论、傅里叶的空想社会主义、亚当·斯密的经济学在内的诸多社会科学理论，都有较为真切的了解，认识到西方文明的进步性，并承认西方文明的合理价值，所以，他的古今中西融合，不是如廖平那样固执地尊孔尊经，将西学附会为孔经的流变的融合，而是将西学视为孔学的有机组成部分，带有对世界文化理性认知的融合。在这一融合中，他借助对儒学经典的近代诠释，以大同为社会的最高理想，以古今中西的文化为素养，以新道德的进化为中心，从全人类的世界视阈，在中国近代史上开创了第一个真正立足于经学，融合西学，并统摄古今的新道德进化论的经学思想体系。

一、孔子为神明圣王

经学的时代变化，从形式上说，常常是通过对孔子、六经的新诠释表现出来的。在近代的中国，经学面对古今中西的文化冲突与交融，企图在古今中西之争中能够保留传统的地位，找到在新时代的立足点与发展阵地，必须对孔子、六经作新的诠释。面对世界化的新格局，康有为充分吸收了西方近现代的各种思想观念，以进化论为主，集合中国传统的各种思想养料，采用春秋公羊学三世说的骨架，将孔子改扮成深不可测的道德进化的教主，将六经诠释为可以通行世界与宇宙的法典，构建起了具有时代精神的新道德进化论的经学体系。

如果说，戊戌变法时期，康有为对孔子的改铸，主要是一位为中国立万世法的教主，那么，在康有为晚期的今文经学中，孔子就不再是局限于中国的教主，而是一位全世界与整个宇宙都应该尊奉的教主。这位教主不仅是中国的神圣，也是全球乃至整个宇宙的神圣，不但是历史的神圣，也是今天与未来的神圣。廖平在经学第三变与后三变中，也以孔子为全球乃至无限天体之圣，但廖平所神化的孔子在本质上依然是以传统纲常伦理为内容的偶像，而康有为神化的孔子则是一位以新道德进化为实质内容的神圣教主。

在康有为看来，由于历史的原因，古往今来包括春秋公羊学在内的一切学派，都没有对孔子的正确认识。而当进入中西交流的近代，有了九州以外的世界眼光，才有可能超越以往对孔子的有限认识，达到对孔子的正确认识，认识到孔子的神圣莫测。由此出发，康有为对历史上有关孔子的看法都提出了批评意见。他认为，包括孔子高足在内的人，以及《孔子改制考》所认可最知孔子的庄子，都未能穷尽孔子。他说：

> 古今为孔子赞者多矣，宰我则称贤于尧、舜；子赣则称百王莫违；子思则称发育万物，峻极于天；庄子则称配神明，醇天地，育万物，八通四辟，小大精粗，其运无乎不在；颜子则称仰弥高，钻弥坚，瞻之在前，忽焉在后。五子皆善言德行者，然虽极力铺写终不若颜子之形容矣，次

则庄子，次则子思，次则子赣，次则宰我。若颜子之形容，所谓圣而不可测之谓神。今者于《春秋》得元统三世，读《礼运》知小康大同，读《易》而知流变灵魂，死生阴阳。二千年钻仰未得者，今又新出，尚不知孔子更有几许无穷无尽新理，为我所钻仰未得之者邪？以闻一知十，亲炙既久之圣，尚钻仰不得，前后恍惚而谓数千年之后，于书不尽言，言不尽意之余，吸啜糟糠，而得其精英，断其定案，其可尽得乎？天生大圣，以庄子、颜子之聪明不可测，知吾亦只得曰不可测知而已。①

宰我、子赣、颜子皆为孔门高足，子思为孔子的孙子，他们都与孔子有直接而密切的关系，他们对孔子的称赞，成为历代人们论说孔子最重要的依据，但康有为认为他们对孔子的认识都不够。被康有为以前说成是对孔子最有认识的庄子，现在也被看作是对孔子认识不足的人。尽管康有为认为，相对而言，颜渊关于孔子神圣不可测、庄子的孔子配神明，较为接近孔子的真实形象，但也还不是对孔子完全的准确认识。

康有为在评说五子对孔子的称赞，以颜渊为最高，将庄子置于颜子之后，这与《孔子改制考》盛称庄子得孔子之真是不同的。庄子被公认是道家学派的人物，对稍微有一点古代文化史的人来说，康有为的这一说法很难令人接受，虽然康有为晚年也称赞庄子对孔子的认识，高于包括许多儒学大师，但他不再以庄子的论述最合孔子，而是以颜渊的孔子论说为最高，将颜子置于庄子之上，这不仅合于颜渊为七十子之首的儒学史实，也易于为人所接受。

在注《中庸》时，康有为又尊推最得孔子之意者是孔子的孙子子思：

孔子之意，以为以经说礼乐教人，教之于蒸民既生之后，教之于大地混浊之时，末事也，圣人之不得已者也。教者必当以明德化普天下人，皆明其明德，使普天下人皆光明。普天下世界人物，无有愚顽闇污之性，山川草木并放光明，光辉相照，不待于教，乃孔子意也。虽然，此太平之世，建德之国，不可骤得也。子思盖言六经垂教，三重立法，皆区区从权立法之末事，非孔子神明之意。尚有诸天元元，无尽无方，无色无香，无音无尘，别有天造之世，不可思议，不可言说者。此神圣所游，而欲与群生同化于天，此乃孔子之至道也。天造不可言思之世，此必子思所闻之微言，而微发之于篇终，以接混茫。此书开端，本之于天以为

---

① 康有为：《论语注》卷九，《康有为全集》第六集，中国人民大学出版社2007年版，第447页。

道教；末终，归之于天以发神明。开天明道，则万绪千条皆为有；还天明德，则无声无臭皆尽无。精矣，深矣！非圣孙子言，乌能知圣人不可测之神哉？[1]

从康有为关于最得孔子之意的论述中可以看到，戊戌变法以后康有为眼中的孔子，绝非只是以前经学所说人世间的圣人偶像，而是一位贯通天人的神不可测的神圣或神明。因此，康有为讲颜渊、子思关于孔子的论述，都是在着意发挥孔子通天的神秘莫测。他批评孟子"于孔子天地之全，尚未几焉"，就是针对"孟子不传《易》，寡言天道之精微"[2]，即孟子缺乏对孔子神圣不可测的天道的认识与发扬。

正是出于对孔子的这一新铸造，康有为反对再以圣人称呼孔子，而认为应该以"神明圣王"来称谓孔子：

圣人作而万物睹，陶钧天下，化育群生，圣人也。圣人盛德之至，至诚之极，而其上有神人，圣而不可知者。含元统天，大明终始，时乘六龙，变化屈伸，前知无穷，化身无尽，其惟孔子乎？庄子以老子为至人，彭盛、关尹为真人，至于言孔子，则曰神何由降，明何由出？圣有所生，王有所成，上尊号曰"神明圣王"，亦以孔子为神人焉！孟子以圣人为第二等，故夷、惠皆以许之。后世不知此义，仅以圣人称孔子，失孟子、庄子之义，不几于从降乎？故称孔子以"神明圣王"，至宜也。[3]

在中国文化史上，圣人一直只是儒学人世间的人格，不过是具有最高德行、至诚品性的人，真人、至人、神人等说则为道家之语，出自《庄子》，康有为却将儒道的这些人格混在一起，还将神人置于圣人之上，认为神人不受人世间的限制，可以与天地相终始，变化无穷，神不可测，只有借用神人才可以说明孔子的真正伟大。故他说以孔子为圣人，绝不是对孔子的尊敬，而是对孔子的贬低，是将神人的孔子由最高等降为了第二等。而道家所说的真人、至人，也是不能说明孔子的，康有为说："至人之所思，固不可测矣，而况孔子乎！"[4] 孔子是高于至人、真人人格的神人，只有"神明圣王"才可以用来说明

---

[1] 康有为：《中庸注》，《康有为全集》第五集，中国人民大学出版社 2007 年版，第 392 页。

[2] 康有为：《孟子微序》，《康有为全集》第五集，中国人民大学出版社 2007 年版，第 411 页。

[3] 康有为：《孟子微》卷六，《康有为全集》第五集，中国人民大学出版社 2007 年版，第 483—484 页。

[4] 康有为：《礼运注序》，《康有为全集》第五集，中国人民大学出版社 2007 年版，第 553 页。

孔子，才是最合适的称谓。康有为戊戌变法时期讲孔子只是人世间之圣，还没有超越传统经学的圣人形象，而戊戌变法以后讲的孔子则是贯通天人的神，已经不再是传统经学的圣人人格了。康有为晚年自号天游化人，著作《诸天讲》发明孔子天道之学，与他对孔子的这一神化有直接的关联。

在《孔子改制考》里，康有为据春秋公羊学将孔子称为素王，同时将一切秦汉间言王的术语，如圣王、后王、先王、新王等，皆附会为孔子的称谓，并以孔子为万世教主。戊戌变法以后的康有为依然保留了这些说辞，但他不再是从为中国立万世法的角度来论说，而是从整个天下，即全世界的视觉来证明。他借王霸之辩，来论孔子为王、为教主的一段话就清楚地说明了这一点：

> 先王者，孔子也，孔子为教主，称"素王"。《春秋》作新王受命，孟子曰：《春秋》，天子之事。庄子曰：《春秋》经世，先王之志。凡孟子、荀子、孔门后学所称先王，皆孔子也。庄子论墨子曰：其道太觳，去天下之心，天下不堪，离于天下，其去王也远矣。盖天下归往谓之王，今天下所归往者，莫如孔子。佛称法王，耶称天主，盖教主皆为人王也，天下同之。天下不往墨子，故不得为王。既天下归往孔子，安得不为王乎？此道德之王，王有万世。若当世人主，以力服人，只可称为霸，如秦始皇、汉高祖、明太祖、亚力山大、成吉斯、拿破仑皆然，不得称为王也。后世人不知道，误以人主为王，则不知力服、德服之分，王霸之别，反疑教主之称王。此则大惑者。颠倒白黑，鹜乱东西，不足以语于大道久矣，宜以《春秋》、《孟子》正之。①

这段话中关于孔子为王的诸多论说，如以天下归往训王等，以此区分在位的人主与王的不同等，都可以在《孔子改制考》中找到。但也有以前没有的新说法，这就是康有为这时所说的天下，是包括西方各国的天下，而不是原有以中国为天下的天下，孔子的王、教主身份也不再是局限于中国，而是全世界的王，世界的教主。因此，康有为戊戌变法以后关于孔子为王、为教主的说法，是在空间对孔子的神化。同时，康有为还从时间上将孔子神化为超越古今的圣人，他说：

> 孔门多言百世，只十年为一世，百世则三千年，莫有能违孔子者。

---

① 康有为：《孟子微》卷一，《康有为全集》第五集，中国人民大学出版社 2007 年版，第414—415 页。

> 故《中庸》曰：百世以俟圣人而不惑。《公羊》曰：制《春秋》之义以俟后
> 圣。以太平大同之理发而未光，有待后圣也。三统之礼，无所不通，乐
> 则《韶》舞，见揖让之德焉。故行一不义、杀一不辜而得天下，皆不为。
> 此足见大仁之公、太平之道，足以照灼大地而共尊亲矣。由古言之，生
> 民未有其盛。由今言之，天地未有其圣也。①

从古今的时间角度说，孔子是古往今来从未有过的圣人。经过康有为的如此神化，孔子也就成了超越时空的神人。

总之，康有为戊戌变法以后所改铸的孔子，不但是贯通天人，而且是穿越古今未来，也是中西各国所应共同尊奉的神圣教主。而在传统经学与康有为最推崇的春秋公羊学里，孔子只是人世圣王，只是中国之圣。没有近代的中外交通，而突破中国人固有的九州地理观念；没有近代天文学的突破地球中心论，而形成的关于天体的新认识，康有为关于孔子是全球的神圣，是贯通天人的神圣等神化，是不可能形成的。通过康有为的这一改扮，孔子不再是春秋末年的儒学创始人，也不再是两千余年的经学偶像，而是带有显著的近代文化色彩的神圣。康有为戊戌变法以后对孔子的这一神化观念，是他晚年一直无限尊崇孔子，沉迷于宣扬与创立孔教的思想根源。

二、对圣人之道的神化

孔子与孔子之道是二而一的问题，与对孔子的神化相对应，康有为将孔子之道也作出了超越时空的神化，将其视为超越时空的绝对真理。他认为，孔子之道是无所不包的绝对真理：

> 夫天下古今，远暨欧、亚之学，得本者攻末，语粗者忘精。印度哲
> 学之宗，欧土物质之极，盖寡能相兼、鲜能相下者。吾国朱、陆之互攻，
> 汉、宋之争辨，亦其例也。夫本末精粗，平世拨乱，小康大同，皆大道
> 所兼有。若其行之，惟其时宜。故曰万物并育而不相背，四时错行，日
> 月并明，惟溥博渊泉而时出之。此天地所以为大，而孔子所以为神圣也。
> 苟非其时而妄行之，享钟鼓于爰居，被冕绣于猿猱，则悲忧眩视，亦未
> 见其可也。故诚当乱世，而以大同平世之道行之，亦徒致乱而已。举佛

---

① 康有为：《孟子微》卷一，《康有为全集》第五集，中国人民大学出版社2007年版，第425页。

法之精微以语凡众，亦必眩视茫然，不解所谓也。故佛乘有大小，根器有上下。孔子则曰：中人以上，可以语上。中人以下，不可以语上也。夫制法之木，立义之原，不能告众。故曰：民可使由之，不可使知之也。然则精粗本末，皆不可缺，而亦不能相轻也。如东西墙之相反而相须以成屋也，如水火、舟车、冰炭之相反而相资以成用也。故孟、荀并尊，已在战国时，而太史公并传，非谬论也。①

天下古今的学术，无论是中国的汉学、宋学，程朱理学、陆王心学，还是中国以外的欧洲、亚洲等各种学术，虽然有大小精粗之分，但都不出孔子之道的范围。康有为虽然承认孔子之道的无所不包，但并没有以孔子之道否认世界的其他学术，他认为包括西方自然科学与社会科学都有相当的存在价值。他说：

百家众技，凡有立于世者，其中各有精妙，有可观览。凡人自可学之以致用，但若欲经世致用，致之远大，则如耳鼻口，皆有所明而不能相通，不如孔子之大道，故君子志乎大道。则不暇为小道也。……近世若哥白尼之天文学，斯密亚丹之资生学，奈端之重学，富兰克尼之电学，华忒之机器，皆转移世宙，利物前民，致远甚矣。②

尽管康有为将孔子之道以外的世界各种学术与科学都视为小道，以孔子之道为大道，但他也承认这些小道具有经世致用、转移世宙、利物前民的意义。康有为这一观念与传统今文经学有着很大的不同，传统的今文经学在孔子之道与其他学派的关系问题上，只是肯定孔子之道，而贬斥、排斥其他学派，甚至于将其视为异端邪说，康有为则承认其各自的独特价值，这实际上是经学独尊地位失落的表现，而将世界的各种学说视为孔子之道的组成部分，这是对经学的泛化。而这一泛化，不仅为经学增添了中国传统学说的其他内容，也加入了世界化的西学内容，这是对经学的时代改铸。正如印度传入佛教的中国化，需要与中国传统学术相融合一样，经学的近代化也必须与世界文化相融合。名义上是将天下古今的各种学术文化与科技都纳入孔子之道，实际上却是用天下古今的学术文化、科技来改造孔子之道，使之具有了近代的时代气息。这是在孔子之道的旧瓶里，装入了近代思想文化特色的新

---

① 康有为：《孟子微序》，《康有为全集》第五集，中国人民大学出版社 2007 年版，第 411 页。
② 康有为：《论语注》卷十九，《康有为全集》第六集，中国人民大学出版社 2007 年版，第 531 页。

内容。从这个意义上说，康有为在戊戌变法以后努力建构的新经学在方向上是值得肯定的。

康有为讲经学，一直带有与现实政治相联系的特点。他晚年的经学虽然没有戊戌变法时期那样直接从现实政治出发，但依然有较为强烈的政治观照。按照他关于孔子的神化，重在说明孔子是贯通天人的神，以及他批评孟子等不明孔子的天道精微来说，康有为讲孔子之道就应该重视关于天学的发明，康有为确实也著有《诸天讲》专门发明孔子的天学。但实际上，康有为关注的并不是与人道无关的天学，更不是关于天体的自然科学。1929 年冬，他的弟子伍庄在美国金门的博浪楼为《诸天讲》所写的序，就很清楚地说明了这一点："先师之讲诸天，为除人间患苦，发周子'务大'之义，泰其心也，予之真乐也，不能执科学议之也。今之科学，再过千万年后，其幼稚必极可哂，倘执之以为实在，与哥白尼前信日行天上地不动何异哉？宇宙之大，离奇奥妙，断非现在区区科学所能尽也，岂可以是议《诸天书》？"①

所以，他对孔子之道的神化，除了在理论上说孔子之道无所不包，同时还注重孔子之道在现实中的意义，故他对孔子之道的绝对化，也重在说明孔子之道是人类社会最完美的学说，是各国都应该遵循的金科玉律。他以孔子的通三统之说为例，说明中西各国的政治制度都是依据孔子的三统说来实行的："孔子之制，皆为实事。如建子为正月，白统尚白，则朝服首服皆白，今欧美各国从之；建丑，则俄罗斯、回教从之。明堂之制，三十六堣，七十二户，屋制高严员侈，或椭员衡方，或上员下方，则欧美宫室从之。衣长后衽，则欧洲各国礼服从之。日分或日半，或鸡鸣，或平明，泰西以日午为日分，亦三重之类推也。此三统之变，不过一世之制，其范围如此。若推三重之道于三世、九世、八十一世，至无量不可算数、不可思议之世，则无所不有，如天之大矣。"②不仅世界各国的政治制度皆遵孔子的三统之制，历史如此，现在如此，而且未来也是如此。所以，他一方面叹息孔子没有远游西方世界，使其政治理想在西方得以早日实现，另一方面人们又鼓励向海外传播孔子之道，让圣人之道在世界各国尽早开花结果："使当时孔子西浮印度、波斯以至罗马，东渡日本以开美洲，则大教四流，大同太平之道，当有一地早行之也；传教救人，宜

① 伍庄：《诸天讲序》，《康有为全集》第十二集，中国人民大学出版社 2007 年版，第 11 页。
② 康有为：《中庸注》，《康有为全集》第五集，中国人民大学出版社 2007 年版，第 388 页。

出海外，后学当以孔子、子路为法，无惮艰远矣。"① 这种对孔子之道的价值无限崇敬与迷信，是康有为晚年经学自信的根源。

今文经学喜以微言大义言圣人之道，康有为晚年的经学加以发挥，将承载圣人之道的六经，都视为微言大义的法典：

> 孔子作经，皆寓微言，如华严之藏，滴水可现大海。故一端之旨，类推引伸，六通四辟而不可穷。如《春秋》之三世，《易》之卦变，横亘六合而不可尽。既然矣，若《诗》尤善为喻者，其触譬无穷，不止四始五际之密寓微旨也。孔子固云：举一隅不以三隅反，则不复。子赣善悟，孔子许以言《诗》。然则后世之泥一二训诂文字以求《诗》者，必不足与言《诗》矣；泥一二文字经典以求孔子者，必不足与知孔子矣。②

圣人的经典蕴含无穷无尽的奥义，只有不拘泥于文字，突破训诂的教条，透过文字之表才能了解。这是今文经学对经典文字与经典意蕴相互关系的原则认识，是为其经典诠释的"我注六经"所制造的解释学根据。这一原则的精神实质就是讲求经典解释的灵活性，较之近代以前的今文经学解读，康有为从六经发明圣人之道，具有前所未有的历史厚重度，为了将古今中外的一切都解读为圣人之道的内容，就需要更大的灵活性。所以，康有为十分强调这一原则。同时，康有为此说也具有反对清学只重文字训诂、破碎大义的风气。

康有为重视不拘泥于文字训诂，来探求圣人之道，主要是为他建立近代的经学体系找寻最合适的理论方法，而不是为了如实准确地探求六经中的圣人之道。六经的圣人之道，经过历代经学大师的发明，已经作出了较为全面准确的说明，具有公认的既定历史内涵，康有为的近代经学体系要将与时俱进的时代新内容，特别是西方文化的思想观念，说成是孔子之道，是六经的固有内容，就不得不对六经作出神化，以说明两千年的中国经学家都没有对孔子之道的真切认识。他借中国古代的言意之辩论说道：

> 《易》曰：书不尽言，言不尽意。书者，六经也，不足以尽口说；言者，口说也，不足以尽圣意。今愚见所怀大小、精粗，长短之识，诸星、诸天、诸元、诸血轮之论，尚不能暴于人间，而况孔子之圣意乎？见其粗而遗其精，见其末者或遗其本。自颜子具体外，圣门诸子亦不过得片

---

① 康有为：《论语注》卷五，《康有为全集》第六集，中国人民大学出版社2007年版，第409页。

② 康有为：《论语注》卷一，《康有为全集》第六集，中国人民大学出版社2007年版，第386页。

鳞只甲。何况后人，故二千年来，得见孔子之道者寡矣。以为孔子专言形体，而不知其言灵魂；以为孔子专言人世，而不知多言天神。……盖圣道愈深则愈闇，然而人益不能测也。①

亲炙孔子教诲的七十子，除颜渊得其具体外，其余只得其片鳞只甲，两千年更无人得知圣人之道。这一由言意之辨发挥而得出的结论并不可靠。书不尽言的言意之辨固然正确地说明语言与语言要表达的含义之间的差异性，但并没有否定语言是思想的物质外壳，否认语言可以说明思想的意义。所以，言意之辨并不能导致人们不能从语言文字去了解正确其含义的结论，如果是这样，两千年无人认识的圣人之道，两千年后的康有为又怎么可以从六经发明圣人之道，又怎么可以证明康有为的发明就一定书尽言、言尽意呢？尽管康有为的说法不能成立，但神化圣人之道的意图确实明白无误的。

三、新道德进化论的实质

如果仅从康有为戊戌变法以后的孔子铸造与对孔子之道的诠释，将孔子神化为世界、宇宙之神，孔子之道神化为世界、宇宙之法而论，这与廖平经学第三变将孔子神化为全世界的立法者，后三变的天学言孔子为天体宇宙立法，没有多少差别。然而，康有为对孔子与孔子之道的铸造，是用新道德进化论的近代观念的改铸，这与廖平的以传统伦常为本在世界的神化不同。由此决定了廖平与康有为学说的不同价值与意义。

用新道德进化论的改铸孔子与孔子之道，见于康有为对六经的新解中，特别见于他对春秋公羊学的发挥。他在解读《公羊传》以文王为王时说：

文者，文明之道统也。《春秋》继周文王，有文明之道；文王隐没五百年，文明之道统大集于孔子。后死者，孔子对文王自谓也。言天若绝文明之统，则孔子自谓不得为文明之教主，天若未绝之统，则我为文明之教主，匡人必不能违天相害。《春秋》之始，元年春王正月，《公羊传》曰：王者孰谓？谓文王也。何休述口说曰：文王者，法其生，不法其死，与后王共之，人道之始也。王衍期曰：文王，孔子也。盖至孔子而肇

---

① 康有为：《论语注》卷十九，《康有为全集》第六集，中国人民大学出版社2007年版，第536页。

> 制文王之法，垂之后世，乃为人道之始，为文明之王。盖孔子未生以前，乱世野蛮，不足为人道也。盖人道进化，以文明为率，而孔子之道尤尚文明。①

从人道进化以文明为判来看，进化的高低也就是以文明发展程度来断定。以此为判，康有为认为，《公羊传》以王正月的王为文王非指周文王，而是用以说明孔子之道最为道德文明，是对孔子为道德文明教主的说明，蕴含着孔子之道最文明的微言。所谓文明相对于野蛮而言，而由野蛮到文明的发展，也就是人类不断的进化过程。

康有为还将西方的进化论与春秋公羊学的夷夏之辨联系为说：

> 夷夏之分，即文明野蛮之别。《春秋》之义，夷狄而行中国之道，则中国之，其许楚庄入郑是也。中国而为夷狄之行，则夷狄之，卫伐凡伯、晋伐鲜虞是也。惟德是辅，故董子曰：中国、夷狄无恒，随变而移。由文明而野蛮，下乔木而入幽谷也。由野蛮而文明，出幽谷而迁乔木也。滕文公行仁政，而各国志士负耒受廛，可知民心之归仁。今欧洲各国之人，多迁于美国，德、英欲极禁之而不可得，亦可见滕文公得民之盛矣。②

春秋公羊学的夷夏之辨主要是以文明与野蛮，来区分华夏民族与周围狄夷发展高低，康有为将其与西方进化论结合起来，就使传统经学的夷夏之辨成为表达近代进化论的思想形式，而超越了传统经学，具有了近代的进化论理论要素。虽然康有为强调进化是依道德的不断完善来实现的，但我们从康有为晚年的著作可以看到，他所说的道德不少从名词上看，虽然还是儒学的道德观念，如仁义等，但就其实质而论，已经不是以三纲五常为基本内容的传统旧道德，而是以男女平等等近代内容为主的新道德。对道德的重视，是经学的第一要义，康有为以近代新道德改换传统旧道德，是对经学所做的近代的历史转换，表现了康有为对经学的继承发扬。

用新道德进化的理念来改铸孔子，并用以诠释孔子之道，是康有为戊戌变法以后经学的根本观念。康有为讲孔子讲得最多，也是最重要的地方，都是以新道德进化来论说孔子。除了上面的相关论说外，康有为还在许多地方有类似论说，如：

---

① 康有为：《论语注》卷九，《康有为全集》第六集，中国人民大学出版社2007年版，第445页。
② 康有为：《孟子微》卷八，《康有为全集》第五集，中国人民大学出版社2007年版，第496页。

　　盖孔子为制作之圣，大教之主。人道文明，进化之始，太平大同之理，皆孔子制之以垂法后世，后世皆当从之，故谓百王莫违一也。①

　　孔子道主进化，不主泥古，道主维新，不主守旧，时时进化，故时时维新。《大学》第一义在新民，皆孔子之要义也。孟子欲滕进化于平世，去其旧政，举国皆新，故以仁政新之。②

　　圣人含元吐精，本无量实热之诚，而大发其光力，以运持世宙，照临下土，无所收缩，尽其性也。明德既明，民皆维新，自进化于文明，尽人性也。山川、昆虫、草木，莫不得所栽培，倾覆栽成，辅相天地之宜，尽物性也。故圣王教主配天地、本神明矣。③

　　孔子之道，以文明进化为主，故文明者尤取之，子思所谓"宪章文武"也④。

孔子为教主是新道德进化的教主，孔子之道不再是传统的以三纲五常为核心的外圣内王，而是无所不包的新道德进化理论。孔子的神圣，不在别的，而在新道德进化。康有为戊戌变法以后所发明的大同说、诸天说，尤其是对三世说的解读，无不是据新道德进化为说而建立起来的。所以，他批评宋儒对孔子改文从质的误解：

　　《公羊》称孔子为文王，盖孔子为文明进化之王，非尚质退化者也。宋儒不通此义，以敝车羸马为贤，公孙布被，相率伪俭。苏轼所谓，俭者陋风，有损国体。岂惟国体不美，实令人道退化。今中国之交明不进，大损所关。岂细故哉？宋贤因国力所制，俸入甚薄，其不能不尚伦，势也。若遂说为孔法，以为俗化之定论，以损退文明，此则不可不明辨也。⑤

孔子改制是改文从质之说，本是自董仲舒以来春秋公羊学之言，也为清代言春秋公羊学的经学家所肯定，廖平就说孔子改制，是有见于周文弊端，而改从殷之质。康有为为了证明孔子为进化之王，借批评宋儒曲解改文从质说，实际上

①　康有为：《孟子微》卷一，《康有为全集》第五集，中国人民大学出版社2007年版，第425页。

②　康有为：《孟子微》卷四，《康有为全集》第五集，中国人民大学出版社2007年版，第455页。

③　康有为：《中庸注》，《康有为全集》第五集，中国人民大学出版社2007年版，第382页。

④　《康有为全集》的标点为"故文明者，尤取之子思所谓'宪章文武'也。"康有为《论语注》卷三，《康有为全集》第六集，中国人民大学出版社2007年版，第398页。

⑤　康有为：《论语注》卷三，《康有为全集》第六集，中国人民大学出版社2007年版，第394页。

也否认春秋公羊学传统的改文从质说。如果肯定春秋公羊学只是就文质递变来言说孔子的改文从质，就难以将孔子神化为道德进化的神明圣王。这是康有为否认春秋公羊学的改文从质说的根本原因。这也充分说明康有为对春秋公羊学绝不是照着讲，而是接着讲，是根据自己的理论建构需要来取舍、发挥附会的。以新道德的进化文明为精神实质，配以神明不可测的神圣性，构成康有为晚年改铸孔子、孔子之道的最重要内容。

康有为晚年的经学思想，除了以新道德进化论来改铸孔子与孔子之道之外，还充分吸收了中国古代文化的各种学说，以及当时各种各样的西方自然科学与社会科学理论。他曾经以宽宏的心态说：

> 凡印度、希腊、波斯、罗马及近世英、法、德、美先哲之精英，吾已嚼之、饮之、胙之、枕之，魂梦通之；于今万国之元老、硕儒、名士、美人，亦多握手接茵、联袂分羹而致其亲爱矣；凡大地万国之宫室、服食、舟车、什器、政教、艺乐之神奇伟丽者，日受而用之，以刺触其心目，感荡其魂气。其进化耶则相与共进，退化耶则相与共退，其乐耶相与共其乐，其苦耶相与共其苦，诚如电之无不相通矣，如气之无不相周矣。①

西方各国的思想文化都为康有为所采获，这里两处谈到"万国"，并借用当时的西方自然科学知识，以康有为晚年的经学思想与万国硕儒"如电之无不相通"，"如气之无不相周"的譬喻，说明康有为晚年经学对古今中外各种思想养料的采获吸收，已经不是如廖平那样的简单比附，而是一种真正的融合。

但康有为对西方文化，并非等量齐观，而是以进化论为重点，晚年康有为对经典的诠释、他晚年的经学体系实以此为根核。梁启超曾以进化派的哲学来说明康有为的经学："先生之哲学，进化派哲学也。中国数千年学术之大体，大抵皆取保守主义，以为文明世界，在于古时，日趋而日下。先生独发明《春秋》三世之义，以为文明世界，在于他日，日进而日盛。盖中国自创意言进化学者，以此为嚆矢焉。"②此说最能说明康有为晚年经学的特质。具有近代精神的新道德与进化论结合在一起，以探寻世界的发展规律，是康有为晚年经学著

---

① 康有为：《大同书绪言》，《康有为全集》第七集，中国人民大学出版社2007年版，第5页。

② 梁启超著，张品兴主编：《南海康先生传》，《梁启超全集》卷二，北京出版社1999年版，第489页。

作中的一条主线。但需要指出的是，康有为对进化论等西学的吸收，并不是完全照搬，而是有选择性的。他对进化论的物竞天择适者生存的竞争学说就极为反对，《大同书》不仅对达尔文、赫胥黎进行了指名道姓的激烈批评，并且多次斥责优胜劣汰的竞争理论是坏人心术的邪说。康有为之所以反对优胜劣汰的竞争，这与他的新道德进化论以新道德为进化的动力是相一致的。

而康有为之所以将进化论与近代的新道德结合起来建构自己的经学体系，与他在经学上主要是采用春秋公羊学的三世说有密切联系。不能否认春秋公羊学的三世说包含有社会渐变的历史观，而进化论学说从本质上说也是一种承认发展的哲学观念，二者有相通之处。正是这种相通，才使进化论成为康有为发明近代化的春秋公羊学三世说的利器，有了构建他经学体系得心应手的富于时代新理论价值的素材。

康有为虽然吸收西学，但西学并不是他的立足点。他的立足点在中国经学，在今文经学，尤其是春秋公羊学，但又不是传统的春秋公羊学，而是康氏春秋公羊学，是经过康有为与时代结合而形成的具有近代特征的春秋公羊学。经学无论如何变异，重视道德一直是其不变的第一要义。康有为晚年在构建近代的经学体系时，也承继了经学这一精神，但又将经学所讲的传统道德作了近代的时代转换，加入了男女平等、公平等近代内涵，有了这一转换，与西方进化论的结合也就顺理成章。如他关于仁的论说：

> 凡世有进化，仁有轨道，世之仁有大小，即轨道大小，未至其时，不可强为。孔子非不欲在拨乱之世遽行平等、大同、戒杀之义，而实不能强也。可行者乃谓之道，故立此三等以待世之进化焉。[1]

> 人人独立，人人平等，人人自主，人人不相侵犯，人人交相亲爱，此为人类之公理，而进化之至平者乎！此章孟子指人证圣之法，太平之方，内圣外王之道，尽于是矣，学者宜尽心焉！[2]

仁为孔子最重要的观念，孟子发展为仁义学说，后来仁成为五常之首，是儒学也是经学最重视的道德观念。康有为讲经学，注经典，一直强调仁是孔子之道的根本，所谓"孔子之道本仁"[3]，"孔子之教，广大配天地，光明并日

---

[1] 康有为：《孟子微》卷一，《康有为全集》第五集，中国人民大学出版社 2007 年版，第 415—416 页。

[2] 康有为：《孟子微》卷一，《康有为全集》第五集，中国人民大学出版社 2007 年版，第 423 页。

[3] 康有为：《中庸注》，《康有为全集》第五集，中国人民大学出版社 2007 年版，第 391 页。

月，仁育覆后世、充全球"①。这是传统儒学的继承，但他又给仁加入了平等、独立、自主等人类公理的近代西方理念，将经学传统的爱有等差的仁爱改铸为在人类公理基础上的人人相互亲爱，这就不再是传统的旧道德，而是与时俱进的新道德，他还将这种仁爱的新道德的发展视为进化的轨道，也就是以新道德为人类进化的动力。康有为在论及世界各国治法皆遵孔子之道后，加以总结说："若其大旨，无论治法之相反相悖，要以仁民爱物，加厚而进化之。"② 以仁的新道德促进世界各国的进化，是康有为对孔子之道新解读的最核心观念。梁启超曾论康有为的哲学说："先生之论理，以'仁'字为唯一之宗旨，以为世界之所以立，众生之所以生，家国之所以存，礼义之所以起，无一不本于仁。是故果之核谓之仁，无仁则根干不能苗，枝叶不能萌。"③ 这里用果核与根干枝叶的譬喻，清楚说明了仁观念在康有为哲学中的本源意义。

新道德的仁学与西方传入的进化论构成康有为晚年经学最重要的两翼。一方面讲仁，另一方面则讲进化，是康有为晚年论述孔子之道的最重要特点。但在康有为的新经学中，进化论与新道德之间并不是平列的，而是存在以新道德为根本，以进化论为用的关系："孔子之道，其本在仁，其理在公，其法在平，其制在文，其体在各明名分，其用在与时进化。"④ 这说明在传统经学与近代传入的西学之间，康有为并不是要以西学取代中学，也不是要固守中学，而是以中学为本，用西学改铸中学，实现经学的近代化转型。

正是以中学为本，才使得在康有为的思想中，处处表现出对孔子的神圣化、对孔子之道的极度推崇。他曾比较包括进化论在内的西学与孔子的学说，认定孔子的仁道学说才是中外各国一致认定的牢不可破的真理：

> 孔子圆通无碍，随时变通，无所不有，无可议者也。今之新学，自欧美人归者，得外国一二学说，辄敢妄议孔子。岂知欧战之后，欧美人于边沁功利之说、克斯黎天演优胜劣败之论，行之已极，徒得大战之祸，死人千余万，财力皆竭，于是自知前人学说之未善。各国博士乃求于孔

---

① 康有为：《中庸注序》，《康有为全集》第五集，中国人民大学出版社 2007 年版，第 369 页。
② 康有为：《中庸注》，《康有为全集》第五集，中国人民大学出版社 2007 年版，第 390 页。
③ 梁启超著，张品兴主编：《南海康先生传》，《梁启超全集》第二卷，北京出版社 1999 年版，第 488 页。
④ 康有为：《春秋笔削大义微言考自序》，《康有为全集》第六集，中国人民大学出版社 2007 年版，第 3 页。

子之道，觉其仁道切于人用，乃日渐尊崇之。若今克鲁泡金之言互助，非孔子之仁乎？仁以二人为仁，非互助而何？杜威言发表自性，孔子言尽其性，尽人之性。如阿柏格森言，天只有口，非孔子言"天行健"乎？吾尝见严复之书札曰：观欧洲三百年之文明，只重物质，然所得不过杀人利己、寡廉鲜耻而已。回思孔子之道，真觉量同天地，泽被寰区。此非仆一人之私言，乃欧美学者之公言也。严又陵亦欧洲学者，翻译欧洲学说甚多，且旧归心基督教者，然晚年其论如此。又近有通博之学者，久游欧洲，昔甚反攻孔子，今亦改而尊从孔子，亦可知真理之不可破矣。[①]康有为的说法尽管不严谨，但他的观念是说法清楚的，这就是唯有孔子的仁道才是全世界应该尊奉的金科玉律。

完全可以说，康有为是近代史上第一个以开放的心态，立足经学，较为公允地承认西方文化的价值，并将其纳入经学，视为经学固有的有机组成部分，来构建起具有近代特点经学体系的经学家。他的构建是否成功是一回事，但其紧跟时代步伐的创新精神，以传统经学为本，充分吸纳西学以发展经学，以图经学世界化发展的努力方向，"本身已具有相当的历史意义"[②]。因而，我们对康有为经学的研究，应该更注重他戊戌变法以后的新道德进化论的新经学。

（作者简介：唐赤蓉、黄开国　四川师范大学经学研究所）

---

① 康有为：《长安讲演录》，《康有为全集》第 11 集，中国人民大学出版社 2007 年版，第 278 页。
② 萧公权：《康有为思想研究》，新星出版社 2005 年版，第 127 页。

"蜀学"五事论稿

——读谢无量先生《蜀学会叙》札记

舒大刚　李冬梅

巴蜀大地是人类文明的又一发祥地。这里气候温和、地理特殊、物华天宝、条件优越，自古就是先民们生产和生活的理想家园。巴蜀地区由于西高东低的山川走向、周高中低的盆地结构，形成了相对独立、藏风纳气、聚宝氤氲的独立单元。在较长时期内，巴蜀文化保持着独立发展的趋势，形成了独特的个性和古史传承体系，这些文化因素曾经传入中原地区，融入中华正统的文化血脉之中，促进了中华文化的发展和丰富。随着川流的交汇、栈道的开凿，特别是统一多民族国家的形成，巴蜀人民北进关中、东出江汉、南抚夷越、西和氐羌，在以成都平原为中心的广袤土地上，长期进行着文明繁衍、文化创新的历史过程，四方之民交易于此，四方之风会聚于兹，四方文化更是荟萃交融于此，从而形成了既与中原文化有血肉联系，同时又有自己鲜明地域特征的巴蜀文化。但是近世以来，由于西方史学的强势进入，对传统文化的观照和研究，存在怀疑多于解释、贬斥多于赞赏、苛刻多于温情的现象，许多历史文献和文化传说，被当成纯粹虚假的东西，遭到简单的怀疑和粗暴的否定，一时间历史虚无主义充斥史坛，民族自贬现象遍布学界，致使古代历史障而不明，古代文化暗而无光，说历史则数典而忘祖，讲文化乃崇洋以媚外，一国既无真实之学，四方岂有可信之史！自卑情绪日甚一日，巴蜀文化若存若亡。由于近年来的在巴蜀大地的诸多考古发现，扭转了历史虚无的古史观，增强了人们对地方文化进行研究的兴趣和信心，重新审视巴蜀文化也已提上政府和学界的议事日程，有关巴蜀文化的内涵和特征问题，可望得到很好的解决。

早在 20 世纪初，在国家时局动荡，传统文化被横加怀疑的特殊时期，谢无量先生《蜀学会叙》①（又有《蜀学系传》）乃翻其反而，力挽狂澜，探源索隐，勾深发微，为读者展示了巴蜀文明的别样风神，同时提出了收集整理巴蜀文献、编纂《蜀藏》的呼吁。其文摭拾传世文献，参酌历史传说，对巴蜀的历史渊源、文化特征、经典体系、学术创造和思想成果等，都进行了简要概述，提出了"蜀之有学，先于中国"的论断。这在当时无异石破天惊，振聋发聩。也正因其如此，兼之其说过创，不合时宜，故该文的学术价值一直未引起学人重视。今天，无论是基于考古发现的日益丰富，还是出于对历史文化的"温情与敬意"和"同情之了解"，都有必要对谢先生此文进行再度审视，以期从中获得了解和研究巴蜀上古学术文化的参考与启迪。兹特地掇取数事，加以疏证，用发其覆，以见其概。其有不妥，幸识者教焉。

一、古史体系："三皇五帝"与"大禹"

谢先生在《蜀学会叙》开篇即说"天造蜀国，于万斯年。垂学播文，圣哲代作。传曰：'蜀肇人皇之际，爰及神农降巴黔，禹兴乎广柔，名施焕诸夏，制作侔天地，蔑以加已。'"——说自开天辟地以来，蜀人经历了万年以上的历史衍变。蜀人历史上创造了许多学术和文化，圣贤睿哲代有其人。又说蜀人的历史可以追溯至人皇之世，神农和大禹都降生于此（或在这一带活动过），他们的盛名光辉华夏史册，他们的创造堪与天地同久。这些夸赞感情充沛，肯定程度很高，读之令人兴起，但是他这样说有没有历史依据呢？这里单举"三皇五帝"和"大禹"籍贯问题，加以考察。

"三皇五帝"无疑是中国上古史的传说时代，也可视为上古帝王和古先神圣的概称。巴蜀文献和中原文献对此都有记载，但是在具体称名上却互有差异。《华阳国志·蜀志》："蜀之为国，肇于人皇。"这是今传文献中对蜀人始祖（即人皇）的明确记载，然其根据却远远早于此者。宋人《太平寰宇记》卷七二："按《世本》《山海经》、扬雄《蜀王本纪》、来敏《本蜀论》《华阳国志》《十三州志》，诸言蜀事者虽不悉同，参伍其说，皆言'蜀之先肇于人皇之际'"云云。罗泌《路史》卷一也说："蜀之为国，肇自人皇。"罗苹注指出其所依文献也是："《世本》、扬雄《蜀纪》、《华阳志》、《本蜀论》等语。"

---

① 谢无量：《蜀学会叙》，中国国家图书馆藏，民国间油印本。

可见"蜀出人皇"之说渊源有自，早在战国以前成本的《世本》中就已经如此记载了，当时中原还没有关于"三皇"是何许人也的具体记录。《史记·秦始皇帝本纪》二十六年，李斯等奏曰："古有天皇，有地皇，有泰皇，泰皇最贵。"司马贞《索隐》："泰皇，当人皇也。"王符《潜夫论》卷八："闻古有天皇、地皇、人皇。"又可见人皇是与"天皇"、"地皇"相配对，这个系统实起于巴蜀。

中原文献言"三皇"的具体名目，则与巴蜀大异。大致而言，中原以具体人名释"三皇"（如"伏羲、女娲、神农"等，但并不一致），巴蜀则是以"三才"言之（如"天皇、地皇、人皇"），前者趋于实指，后者则多神话，时代早晚显然可见。如《周礼》等中原文献，只提"三皇五帝"集合名词，如《春官》"外史掌书外令，掌四方之志，掌三皇五帝之书"，郑玄注："楚灵王所谓'三坟''五典'也。"但三皇五帝具体是哪几位人物，却并不清楚。至汉、魏而下，乃实称其名，而又每每互异：伏生《尚书大传》（佚文）举"燧人、伏羲、神农"；应劭《风俗通义·三皇》引《春秋运斗枢》"伏羲、女娲、神农"；班固《白虎通义·号》列"伏羲、神农、祝融"；皇甫谧《帝王世纪》称"伏羲、神农、黄帝"，都不一致，于是王符《潜夫论》乃曰："世传三皇五帝，多以为伏羲、神农为三皇。其一者或曰遂（燧）人，或曰祝融，或曰女娲。其是与非未可知也。"（卷八）可见中原各说意见不一，是信是疑，莫可肯定。说"蜀出人皇"的《世本》、《山海经》，显然比伏生（《尚书大传》）为早，继之者扬雄（《蜀王本纪》）也在应劭（《风俗通义》）、班固（《白虎通义》）等人之前。可见以"三才"言"三皇"比以人物释"三皇"起源更早。

蜀人的"三皇"观念后来进入中原，逐渐成为中原祀典的内容之一。首先是道教经典，他们弥缝了巴蜀三皇与中原三皇的矛盾现象，将二者统一起来，以"伏羲、女娲、神农"等为"后三皇"，而以"天皇、地皇、人皇"为"中三皇"，这实际上是承认了中原"三皇"晚于巴蜀"三皇"的缘故。但道教为将人类历史与天地生成结合起来，又在"中三皇"前添加一组"初三皇"，即以纪开天辟地的盘古氏（或"天地初开"的浑沌氏），其理论依据则是《易经》"易有太极，生是两仪"和《老子》"有物混成，先天地生"的信仰，特别是《列子》所谓"天地之初，有太易，有太初，有太始，有太素"的构架，用以模拟天地万物生成的原始状态。天地之体，其数本四，而所用者三，存一不用者，一者太极，非实指实形的数，故只称"初三皇"。

宋人罗泌著《路史》，参用道、儒两界文献，正式将蜀之三皇，与中原三皇、道之三皇资料统统抄入，以成开篇《前纪》之首二卷。罗苹于该书卷一"初三皇纪"之"纪三灵而复著夫三皇也"下，注曰："诸书说三皇不同，《洞神》既有初三皇君、中三皇君，而以伏羲、女娲、神农为后三皇。《周官》、《大戴礼》、《六韬》、《三略》、《文》、《列》、《庄子》，不韦《春秋》有'三皇'之说，而刘恕以为'孔门未有明文'。孔安国曰：'伏羲、神农、黄帝之书，谓之《三坟》。'世遂以伏羲、神农、黄帝为之三皇。斯得正矣。至郑康成注《书中候勅省图》，乃依《春秋运斗枢》，绌黄帝而益以女娲，与《洞神》之说合。然《白虎通义》乃无女娲而有祝融，《甄曜度》与《梁武帝祠像碑》则又易以燧人，盖出宗均《援神契注》与谯周之《史考》。纷纭不一，故王符云：'闻古有天皇、地皇、人皇，以或及此，亦不敢明。'至唐天宝七载，始诏以时致祭天皇氏、地皇氏、人皇氏于京城内"云云。于"三皇"之渊源、异说、流衍，以及正式成为皇家信仰的过程，言之甚明，唯其对"三皇"始于蜀地则未能指明，是为遗憾。

如果从地域上看，种种有关三皇的传说也以巴蜀为中心。《华阳国志》既明言"蜀肇人皇"，是人皇原在蜀地矣。《路史》卷二"天皇氏"又说："天地成位，君臣道生。粤有天皇，是曰天灵。""被迹无外，无热之陵。"罗苹注引《遁甲开山图》："天皇出于柱州，即无外山也。"郑康成注："无外之山，在昆仑东南万二千里。"说明天皇出于昆仑山东南（"万二千里"盖极言其远，非实指），正当巴蜀之地。

又"地皇氏"："天皇氏逸，地皇氏作，出于雄耳、龙门之岳。"（《遁甲开山图》）雄耳，《古微书·春秋命历序》又作"熊耳"，在蜀地。《华阳国志》谓蜀王杜宇"自以功德高诸王，乃以褒斜为前门，熊耳、灵关为后户，玉垒、峨眉为城郭，江、潜、绵、洛为池泽，以汶山为畜牧，南中为园苑"。刘琳《校注》考证，熊耳即今四川青神县南岷江上之青神峡。在蜀国南境。三国蜀人秦宓有曰："三皇乘祇车出谷口，今之斜谷是也。"裴松之注："《蜀记》曰：'三皇乘祇车，出谷口。'"褒斜谷既然是三皇乘车出入之口，则此"龙门"当即今汉中境内褒斜谷口。"雄耳、龙门之岳"，即北起汉中，南至雅安境内的广大地域，俱为古蜀人领地，也为地皇氏的出生之地。可见上古巴蜀自是"三皇"（天皇、地皇、人皇）神话的产生与流行之区。

唐人《艺文类聚》卷一引徐整《三五历纪》：自从盘古开天地，"天数极高，地数极深，盘古极长。后乃有三皇。"此"三皇"是继开天辟地的盘古之后的人类始祖或始君，即前述之天皇、地皇、人皇"中三皇"。《太平御览》卷七十八引《春秋纬》云："天皇、地皇、人皇，兄弟九人，分为九州长天下也。"晋王嘉《拾遗记》卷九云："（频斯国）有大枫木成林"，"树东有大石室，可容万人坐，壁上刻有三皇之像：天皇十三头，地皇十一头，人皇九头，皆龙身。"所谓十三头、十一头、九头者，当然不能看成是实际的人物形象，也不都是纯粹的神话传说，而是十三部落、十一部落、九部落之历史的神话反映。

由此看来，"三皇"一词虽见于《周礼》等中原文献，但何为"三皇"，却以"天皇、地皇、人皇"的列举为早出，这个系统则出于巴蜀文献。李斯等奏"古有天皇，有地皇，有泰皇，泰皇最贵"云云，实因秦并巴蜀后受巴蜀文化影响；秦始皇根据"三皇"与"五帝"传说，各取一字形成"皇帝"的最高称号，从而影响中国政治体制两千余年。汉以后儒生以"伏羲、女娲、神农"等释三皇，俱属后起。至唐司马贞《史记·补三皇本纪》据《河图》、《三五历纪》、《太平御览》引《春秋纬》说"天皇、地皇、人皇"为三皇，以及唐代诏"以时致祭"三皇于京师，更是晚出。于此可见，起于蜀地的"三皇"传说正式进入中原后，逐渐融入中华文化，并为中国古代政治制度建设做出了贡献。

后来由于巴蜀与中原的交流日多，中原文献所载"三皇"人选也影响到巴蜀，在西南地区也有了伏羲、女娲、神农等传说。谢先生《叙》就说："神农降巴黔。"《渚宫旧事》卷五："凿齿以为神农生于治中，召南咏其美化，春秋称其多（阙）汉之风不同"云云。而在今天的古郡阆中，也普遍存在洪水滔天、伏羲女娲兄妹滚石合婚的"遗址"，亦有故矣。

如果从认识论的角度考察，巴蜀"三皇"与中原"三皇"，适可互补。如前所述，蜀地"三皇"多与天地开辟、物我相待的角度思考问题，《路史》讲"初三皇"时说："一者，形变之始也。清轻而骞者为天，浊重而坠者为地，冲粹而生者为人。天地壹缊，万物化醇；男女会精，万物化生，而庶汇繁矣。"（卷一）其相继而起的以天皇、地皇、人皇为代表的"中三皇"，正好构成了"天、地、人"三才一统的哲学构思，实受"自太极而两仪，自两仪而三才"的宇宙生成论之影响，对于中华文化而言实具有形而上的价值。中原对于"三皇"的解释，则多从人类的生产与生活形态出发，盖燧人者，始用火者也；伏羲（又作伏牺）者，始驯兽者也；神农者，始稼穑者也；即使是女娲，也是从造人开始的，对于中华文化实具有形而下的意蕴。只有将巴蜀"三皇"与中原

"三皇"两种解释结合起来，才能完成中华文化之形上、形下的互补和完善。

至于"五帝"所指，中原文献至少有以下五种说法：一是黄帝、颛顼、帝喾、尧、舜（《大戴礼记》、《史记》）；二是庖牺、神农、黄帝、尧、舜（《战国策》）；三是太昊、炎帝、黄帝、少昊、颛顼（《吕氏春秋》）；四是黄帝、少昊、颛顼、帝喾、尧（《资治通鉴外纪》）；五是少昊、颛顼、帝喾、尧、舜（伪《尚书序》）。说明纵然"五帝"集合名称早见于中原文献，但其具体所指也一直没有确定。

世传巴蜀文献，亦有自己的"五帝"组合，而且相对确定。扬雄《蜀王本纪》："蜀王之先名蚕丛、柏濩、鱼凫、蒲泽、开明，是时人萌椎髻左言，不晓文字，未有礼乐。"（《文选·蜀都赋》刘逵注引）说明巴蜀有自己的五帝（或五王），而且在服饰、语言和礼乐上，皆与中原正统有异，故在已经华化的扬雄看来，古蜀皆属"左言"和"不晓"、"未有"之列。《华阳国志·蜀志》所述亦同："有周之世，限以秦巴，虽奉王职，不得与春秋盟会，君长莫同书轨。周失纲纪，蜀先称王。有蜀侯蚕丛，其目纵，始称王。……次王曰柏灌。次王曰鱼凫。……后有王曰杜宇，教民务农，一号杜主。……七国称王，杜宇称帝，号曰望帝，更名蒲卑。……会有水灾，其相开明决玉垒山以除水害。帝遂委以政事，法尧舜禅授之义，遂禅位于开明，帝升西山隐焉。……开明立，号曰丛帝。""王"、"帝"，都是华言对蜀语的译写，为蜀地最高君长。刘琳《校注》："蜀人语言与华夏族异，所谓'帝''王'皆中夏译语，非其本称。"虽然如此，但是蜀人有着自己的政统及其称号，则是可以肯定的。及巴蜀与中原交流日深，中原之五帝也与巴蜀发生了联姻，如《史记·五帝本纪》即载："黄帝……娶于西陵之女，是为嫘祖。嫘祖为黄帝正妃，生二子，其后皆有天下。其一曰玄嚣，是为青阳，青阳降居江水。其二曰昌意，降居若水。昌意娶蜀山氏女，曰昌仆，生高阳。高阳有德盛焉。黄帝崩，葬桥山，其孙昌意之子高阳立，是为帝颛顼也。"西陵相传在今四川盐亭，江水即今岷江，若水即今雅砻江，俱在蜀中。《大戴礼记》、《帝王世纪》也有相似记载。于是文献乃有"蜀王，黄帝后世也"（《史记·三代世表》及《系本》）和颛顼"封其支庶于蜀"（《华阳国志·蜀志》）等说法。

至于"大禹"的族属，汉以后亦多说，然考诸早期文献，实与巴蜀有关。《史记·六国表序》："禹兴于西羌。"皇甫谧注："《孟子》称'禹生石纽，西夷人也'。传曰'禹生自西羌'是也。"皇甫所引"孟子"之说，不见于今传《孟子》书中。不过唐代注家对此并不怀疑，说明另有依据。如张守节《史记正义》说："禹生于茂州汶川县，本冉駹国，皆西羌。"杨倞注《荀子·大略》"大禹学于西王国"说："禹生于西羌，西王国，西羌之贤人也。"也许禹生于蜀的说法，自是战国、秦汉以来的公论，非出一时之杜撰。《三国志·蜀书·秦宓传》秦宓就说："禹生石纽，今之汶山郡是也。"裴松之注引《帝王世纪》："有莘氏女曰志……生禹于石纽。"又引谯周《蜀本纪》曰："禹本汶山广柔县人也。生于石纽，其地名刳儿坪。见《世帝纪》。"后世学人还纷纷考证，必欲为上述引文找出《孟子》脱文所在：明陈耀文《经典稽疑》卷上于"舜卒鸣条"下："《史记·六国表》云'禹兴于西羌'，皇甫谧曰：'《孟子》称"禹生石纽，西夷人也。疑在此条之下，而今无此语。故知书之逸遗者多矣，可胜惜哉！"明陈士元《孟子杂记》卷二也在皇甫谧上述引文后加按语说："《离娄》下篇'文王，西夷之人也'，无'禹生石纽'之说。《华阳国志》云'禹生于石纽村'。《寰宇记》云'石纽在茂州汶川县北'。《路史》注亦引《孟子》云'禹生石纽'。岂别有据邪？"征诸地方史志，石纽、刳儿坪、禹庙等，都在今四川汶川、北川境内找到历史遗迹。可见禹兴西羌为蜀人，自是战国以来相承的传说，禹所创造的种种文化成果，视为蜀学之早期成就可矣。

二、文化渊源：《洪范》与《连山》

谢先生说：

"然余所闻，邃古之先，天下有学，盖由蜀。"又说："蜀有学，先于中国。国人数千年崇戴为教宗者，惟儒惟道，其实皆蜀人所创，彬乎遐哉！"又说："儒之学，蜀人所创。其最古经典，蜀人所传。为二别：一、原始儒学（禹创）；一、易学（商瞿传）。儒家者流，明尊卑贵贱之等，叙仁义礼智之德，察于吉凶祸福之乡，称天以为治。其原盖出于禹。'河出图，洛出书，圣人则之'。伏羲因《河图》画卦，禹受《洛书》乃制《洪范》，《洪范》于人事详已，儒者所法，故禹纯然儒学之祖。《易》广大而不可测，深切著明，莫如《洪范》。箕子曰：'天锡禹《洪范》九畴，彝伦攸叙。'（《洪范》初一至六极六十五字，刘歆以为即《洛书》本文也。）《洪范》于儒家众说，范围而不过，实自禹起。盛若仲尼，而曰：'禹，吾无间然矣。'王制至禹始备，儒者称先王，大抵自禹以下。（详见量所造

《"禹书"及"洪范"证闻》。）

儒家尊六艺曰经。经莫大于《易》，《易》自伏羲而降，群圣相授。余经孔子所述，皆有所删定，不得与《易》并。原夫伏羲画卦，神农重卦之象。（重卦之人，传者异词，今从郑玄等说。《隋志》亦有《神农重卦经》。）其后有《连山》、《归藏》、《周易》，曰'三易'。《连山》禹制之，汉时藏于兰台。（或曰神农号连山氏。然桓谭亲见《连山》数万言，当是禹所为，久佚。后传刘炫伪本，亦亡。惟扬雄《太玄》有云'《益》拟《连山》者'）"云云。

这里涉及儒的起源、《洪范》的制作、《连山》的制作、学术的源头、《易》学传授等问题，在历史上聚讼颇多。

儒家创自孔子，自无异议。但是关于"儒"的起源，历史上却有争议。近代以前，一直以为是"出于司徒之官"。如《汉书·艺文志》就说："儒家者流，盖出于司徒之官，助人君顺阴阳、明教化者也。游文于'六经'之中，留意于仁义之际，祖述尧舜，宪章文武，宗师仲尼。"司徒之官设于尧舜，因于姬周，掌土地、人民、教化，除了其官方身份、地位外，其职掌和功能正好与后来儒家相符。但自近代以来这一说法却受到挑战，又生出种种新的说法，其最有影响者，乃章太炎、胡适和徐中舒三氏。章氏以"儒之名盖出于需。需者，云上于天，而儒亦知天文、识旱潦"，故"儒本求雨之师，故衍化为术士之称"。[1] 胡、徐二氏皆以为"儒"起源于殷世，是祭司或神职人员[2]。现在看来，谢先生又提出儒者始于夏人说了。

无可否认，影响后世的有经典、有纲领、有徒众的儒家学派，必然始于孔子。《庄子·渔父》就借子贡之口说："孔氏者性服忠信，身行仁义，饰礼乐，选人伦，上以忠于世主，下以化于齐民，将以利天下。"这样有思想主张（"性服忠信"）、有行为风范（"身行仁义"）、有文化追求（"饰礼乐"）、有学术重心（"选人伦"），并且有特定的社会功能（"上忠"、"下化"、"利天下"）的学派，只有孔子具备。

---

[1] 章太炎：《国故论衡·原儒》，1910年初版于日本东京，1915年收入《章氏丛书》，上海右文社铅印本。所引见章太炎撰，陈平原导读：《国故论衡》，上海古籍出版社2003年版。

[2] 胡适：《说儒》，《中央研究院历史语言研究所集刊》第4卷第3期（1934年12月），后收入《胡适论学近著》，商务印书馆1936年版；徐中舒：《甲骨文中所见的儒》，《四川大学学报》（哲学社会科学版）1975年第4期，收入《徐中舒历史论文集》下册，中华书局1998年版。

但是作为官守的"儒",在孔子之前确已存在。《周礼》有"师儒"两种掌教化的职业。《周礼·天官》"大司徒"职:"以本俗六安万民:一曰媺(美)宫室,二曰族(同族相聚)坟墓,三曰联兄弟,四曰联师儒,五曰联朋友,六曰同衣服。"郑玄注:"师儒,乡里教以道艺者。同师曰朋,同志曰友。"又"太宰"职说:"以九两系邦国之民:一曰牧,以地得民;二曰长,以贵得民;三曰师,以贤得民;四曰儒,以道得民;五曰宗,以族得民;六曰主,以利得民;七曰吏,以治得民;八曰友,以任得民;九曰薮,以富得民。"在九种维系邦人的手段中,就有表率万民的"师"("师以贤得民")和博学多方的"儒"("儒以道得民")。郑玄注:"师,诸侯师氏,有德行以教民者;儒,诸侯保氏,有六艺以教民者。""师"是有德行的人,是德育、政治教员;"儒"有六艺,是知识、技能教员。这种职业在孔子之前是存在的。

因此胡适和徐中舒先生都在殷人中寻找证据,这是有价值的。不过,在谢先生看来那还不是最早的渊源。他认为儒的职业和功能在夏代就出现了。他举出的两条最突出的证据,一是禹制《洪范》、《连山》,二是禹时形成了"先王"制度,为后世儒家所继承和称道。

上古经典,莫早于《易》卦之阴阳,莫奇于《洪范》之五行。《周易·系辞传》述《易》之起源时说:"河出图,洛出书,圣人则之。"圣人是谁呢?相传即伏羲、大禹是也。《汉书·五行志》刘歆说:"伏羲氏继天而王,受《河图》,则而画之,八卦是也;禹治洪水,赐《洛书》,法而陈之,《洪范》是也。"张衡《东京赋》也说:"龙图授羲,龟书畀姒。"羲即伏羲,姒即禹姓。都说上古之世,黄河出"龙图",洛水出"龟书",伏羲根据龙图造成了八卦,是即《易》的起源;禹根据龟书造成了《洪范》,后来箕子向武王所陈《洪范》,即来源于大禹。《尚书·洪范》序载箕子之言说:"天乃锡禹《洪范》九畴,彝伦攸叙。"洪者大也,范者法也,用今天的话说,洪范即是大经大法,是治国的"大宪章"。禹得到了"天锡"《洪范》九畴,才使民间日常伦叙得到规范和条理。根据箕子所陈,"九畴"即是九类治世理民的大原则:"初一曰五行,次二曰敬用五事,次三曰农用八政,次四曰协用五纪,次五曰建用皇极,次六曰乂用三德,次七曰明用稽疑,次八曰念用庶征,次九曰向用五福,威用六极。"(《尚书·洪范》)刘歆认为这段文字就是禹所造。

五行是讲水、火、土、金、木五种物质的特性和功能,五事是讲人的五种感觉和思维,八政是讲政治的八个要务,五纪是讲五种天象历法,皇极是讲为君之道，三德是讲三种美德，稽疑讲处理疑难问题的方法，庶征是讲预示吉凶的气象，五福是讲人有善德将获五种福祉，六极是讲人有恶行将受六种灾殃，"九畴"涉及面相当广泛。每一种下面还有许多具体的说明，也都是先民的经验总结和政治智慧的结晶，如果这真出自禹之所传，那禹肯定是具有极高智慧的。所以当武王听完箕子所陈后，非常高兴，立即"封箕子于朝鲜，而不臣也"——不把他当成普通臣子对待。

关于《连山》，首载于先秦文献《周礼》"大卜"职："（大卜）掌三易之法，一曰《连山》，二曰《归藏》，三曰《周易》。其经卦皆八，其别皆六十有四。"《春官》）又："筮人掌三《易》以辨九筮之名：一曰《连山》，二曰《归藏》，三曰《周易》。"（《春官》筮人）可见《连山》与《周易》是同一类型的书，一样都是由经卦、别卦组成的"易书"，而且是用来占筮的。汉人注说，《连山》是夏易，《归藏》为殷易，《周易》为周人的易。《连山》首艮，艮为山，山下山上，象山之相连无绝，一说"似山出内气，连天地也"，故称"连山"。《归藏》首坤，坤为地，万物莫不归藏于其中，故称"归藏"。《周易》首乾，乾者健也，健行不已，周还复始，故曰"周易"。《山海经》说："伏羲氏得《河图》，夏后氏因之曰《连山》；黄帝氏得河图，商人因之曰《归藏》；列山氏得河图，周人因之曰《周易》。"《连山》居"三易"之首，影响于《归藏》和《周易》。

《周易》今天还在流传，义例彰彰。《连山》、《归藏》今已亡佚，谜团多多。据说二易汉代还有流传，桓谭《新论》就说："《连山》八万言，《归藏》四千三百言。《连山》藏于兰台，《归藏》藏于太卜。"北魏郦道元作《水经注》还有称引，如《淮水注》引《连山易》："有崇伯鲧，伏于羽山之野。"晋皇甫谧《帝王世纪》亦引《连山易》："禹娶涂山之子，名曰攸女，生余（余即启或均）。"可见《连山》实有其书，而且其中还有夏代故实，应当与禹有联系，可惜后世竟然失传了。

《连山》为"三易"之首，三易掌于太卜，"其经卦皆八，其别皆六十有四"，三易是蝉联相承的，其哲学基础和表意元素，都是以阴阳二画为基础。《洪范》讲"金木水火土"五行的，五行是构成物质世界的五种最基本的物质，也是影响物质运动转化的基本属性。因此阴阳、五行学说后来成为儒家哲学，也是中国文化最基本的范畴。因此说"儒起于禹"实不为过。至于《易》学在蜀中的传授，就更是源远流长了，这里不再多赘。

三、经典体系："五经"、"七经"与"十三经"

谢先生说："若夫其学，不自蜀出，得蜀人始大；及蜀人治之独胜者，并著以为型，而衍众人遗说。"这让我们想起儒家经典体系的形成和扩展，因得蜀学而后广，也得蜀学而后定。

儒家经典，在中原地区经过了"四经"、"六经"，再到"五经"的演变，巴蜀则完成自"七经"而"十三经"的定型。

早期"四教"：孔子之前，儒家赖以删述的文献处于"旧传世法之史"（《庄子·天下》）的状态，诸书皆以类为称，还没有一个统一的集合名词。《左传》僖公二十七年（前633），晋赵衰称赞郤縠"说《礼》、《乐》而敦《诗》、《书》"。《礼记·王制》："乐正崇四术，立四教，顺先王《诗》、《书》、《礼》、《乐》以造士，春秋教以《礼》、《乐》，冬夏教以《诗》、《书》。"《管子·内言·戒》："内不考孝弟，外不正忠信，泽其'四经'而诵学者，是亡其身者也。"房玄龄（实尹知章）注："'四经'，谓《诗》、《书》、《礼》、《乐》。"这是早期"四教"，主于实用。

孔子"六经"：春秋末年，孔子（前551—前479）"论次《诗》、《书》，修起《礼》、《乐》"，"作《春秋》"[1]，"序《易》传"[2]，将旧传"诗书礼乐"四类文献编成可供教学的《诗》、《书》、《礼》、《乐》四经，晚年再加《易》和《春秋》，于是形成了儒家早期经典"六经"[3]。《庄子·天下篇》："其明而在数度者，

---

① 司马迁：《史记·儒林列传序》，中华书局1982年版，第3115页，解详参见金景芳：《孔子与六经》，《孔子研究》1986年创刊号。

② 此约《史记·孔子世家》文："孔子晚而喜《易》，序《彖》、《系》、《象》、《说卦》、《文言》。"《孔子家语·本姓解》亦称："（孔子）删《诗》述《书》，定《礼》理《乐》，制作《春秋》，赞明《易》道。"

③ 关于孔子与"六经"关系，历史上颇多怀疑。龚自珍："仲尼未生，已有六经；仲尼之生，不作一经。"（龚自珍著，王佩净校：《六经正名答问一》，《龚自珍全集》，上海古籍出版社1999年版，第38页）章学诚："六艺非孔氏之书，乃周官之旧典。《易》掌太卜，《书》藏外史，《礼》在宗伯，《乐》隶司乐，《诗》领于太师，《春秋》存乎国史。"（章学诚：《校雠通义·原道》，见王重民：《通解》本，上海古籍出版社1987年版）似乎孔子对"六经"毫无用功之处，实为过激之辞。董治安说："春秋以前，所谓'易''诗''书''礼''乐''春秋'，大体都是某类文献的通称，每类文献，或有性质相类的典籍，或有不同的传本。而事实上正是由于孔子的整理、编订、传授，才推动了战国儒家研习和重视，并最终导致了

413

旧法世传之史尚多有之；其在于《诗》、《书》、《礼》、《乐》者，邹鲁之士、缙绅先生多能明之。《诗》以道志，《书》以道事，《礼》以道行，《乐》以道和，《易》以道阴阳，《春秋》以道名分。"《天运篇》也称孔子曰："丘治《诗》、《书》、《礼》、《乐》、《易》、《春秋》'六经'。"秦汉之际，儒家经典又称"六艺"。陆贾《新书·六术》："是故内法六法，外体六行，以与《书》、《诗》、《易》、《春秋》、《礼》、《乐》六者之术，以为大义，谓之'六艺'。"司马谈《论六家之要指》："儒者以六艺为法。六艺经传以千万数。"（《史记·太史公自序》）

汉家"五经"：西汉时，《乐经》已经不用来传授生徒[1]，汉时博士弟子所习皆只"五经"，汉武帝所设经学博士也只有"五经博士"。《史记》、《汉书》的儒林传叙述诸经传授线索，也只分《诗》学、《书》学、《礼》学、《易》学、《春秋》学五大群体。于是"五经"就构成汉代儒家经典的基本范式，《诗》、《书》、《礼》、《易》、《春秋》"五经"就是当时整个儒家经典的代名词。

蜀学"七经"：首次对儒家"五经"概念有所突破的是文翁在成都兴办的石室"蜀学"。文翁于景帝末"为蜀郡守，仁爱好教化，……乃选……张叔等十余人，……遣诣京师，受业博士"；"又修起学官于成都市中……县邑吏民……争欲为学官弟子"。（《汉书·循吏传》）东汉末秦宓述其事说："蜀本无学士，文翁遣相如（当作张叔——引者）东受《七经》，还教吏民，于是蜀学比于齐鲁。"[2]常璩也说："（文）翁乃立学，选吏子弟就学，遣隽士张叔等十八人，东诣博士受《七经》，还以教授。学徒鳞萃，蜀学比于齐鲁。"[3]秦宓和常璩都说文翁化蜀的教材是《七经》，比之中原还多两经。"七经"具体所指历来

《易》、《书》、《诗》、《礼》、《易》、《春秋》至西汉开始普遍尊崇的特殊地位。就此而言，可以说，'六经'实借孔子而得以进一步弘扬，孔子则因整理、传授'六经'而愈见其重要历史贡献。"（董治安：《先秦文献与先秦文学》，齐鲁书社1994年版）尚不失为持平之论。

[1] 或曰《乐》本无经，或曰《乐》亡秦火，但其未被博士用以教授生徒则一。又考汉代文献，《乐》尚处处使用，时时演奏。可见，《乐》并未亡佚，只是未列入博士官传授而已。参见蒙文通：《经学抉原·焚书》，《蒙文通文集》第三册，巴蜀书社1995年版。

[2] 《三国志·蜀书·秦宓传》。按：秦宓说文翁所遣"司马相如"，常璩说是"张叔等十八人"，秦说无征，常璩之言与班固《汉书·循吏传》合，可从。学人谓《汉书》"（司马）相如事孝景帝为散骑常侍"的记载，证明司马相如成才和成名在文翁守蜀之前。我们又从《益部耆旧传》佚文中，找到了司马相如真正的老师——临邛隐者胡安（《蜀中广记》卷一三）。说明相如学术自有渊源，非文翁所教而成。

[3] 常璩撰，刘琳校注本：《华阳国志校注》卷三，巴蜀书社1984年版，第214页。

解者异辞，有"六经"加《论语》说①，有"五经"加《论语》、《孝经》说②。既然《乐经》在汉代不以教学，文翁石室当然也不例外，故"六经"加《论语》说为无征。考之《汉书·平帝纪》："征天下通知逸经……及以'五经'、《论语》、《孝经》、《尔雅》教授者。"已将《论语》、《孝经》与"五经"并列；晋傅咸作《七经诗》，其中也有《论语》、《孝经》③，可见"五经"加《论》、《孝》之说为可信。

中央太学传"五经"，蜀郡石室传"七经"。中原人士熟读群经称"五经兼通"云云，许慎号"五经无双"，所撰也是《五经异义》（《后汉书·许慎传》）；桓谭"博学多通，遍习五经"（《后汉书·桓谭传》）；张衡"通五经、贯六艺"（《后汉书·张衡传》）；姜肱"博通五经，兼明星纬"（《后汉书·姜肱传》）；等等。而蜀学人士熟习群经，却多以"七经"誉之，如《后汉书·赵典传》注引《谢承书》：成都人赵典"学孔子《七经》……靡不贯综"；《华阳国志》卷一〇下载：梓潼人杨充"精究《七经》"云云；江藩撰《两汉通经诸儒》，举"其治七经者则有：张宽、汝阴荀爽、成都赵典、梓潼杨充、涪人李譔、南阳许慈"。（《经解入门》卷二）张宽、赵典、杨充、李譔，皆蜀人；而荀爽、许慈则皆晚出，可见"七经"教育自是蜀学传统。

自王莽时已在石头上刻制石经，东汉熹平、曹魏正始、李唐开成、赵宋绍兴、满清乾隆等朝，都有仿效，但是莽石经无考，熹平石经才七种，正始才三种，开成稍多为十二种，但是其中《论语》、《孝经》、《尔雅》不以称经，只号"九经"。绍兴、乾隆者晚出，更无论。唯有后蜀广政始刻之"蜀石经"是十三种，号称"石室十三经"，儒家《十三经》体系至此完成。已详拙文《"蜀石经"与〈十三经〉的形成》④，兹不赘述。

---

① 《后汉书·张纯传》："乃案《七经谶》、《明堂图》。"李贤注："《七经》，谓《诗》、《书》、《礼》、《乐》、《易》、《春秋》及《论语》也。"张纯是光武时人，当时谶纬盛行，当时纬书中有《乐纬》不假，李贤注"七经谶"有《乐》家是对的；但是作为经书，《乐经》在西汉已无传授，遑论东汉呢？因此李贤以《乐经》注"七经"又是错误的。

② 参见杭世骏：《经解》，见《皇清文颖》卷一二。

③ 王应麟：《困学纪闻》卷八"经说"："《春秋正义》云：'傅咸为《七经诗》，王羲之写。'今按《艺文类聚》、《初学记》载傅咸《周易》、《毛诗》、《周官》、《左传》、《孝经》、《论语》，皆四言，而阙其一。"

④ 舒大刚：《"蜀石经"与〈十三经〉的形成》，《周易研究》2007年第5期。

四、核心价值:"五常"与"七德"

古之为学,在乎修身和致用,故学必广博,而识贵精要。自孔子而后诸子圣贤,皆有各有所主。《吕氏春秋·不二》谓:"老聃贵柔,孔子贵仁,墨翟贵廉(兼),关尹贵清,子列子贵虚,陈骈贵齐,阳生贵己,孙膑贵势,王廖贵先,兒良贵后。"诸子学术都有自己的核心精神和主体价值,成熟的学术尤其如此,蜀学也不例外。当然核心价值的构成,也会随着时代演变而有所变化,但是蜀学核心价值的总体精神还是很明显的。

孔子"仁智勇":孔子当时提出过许多价值观念,最核心的无疑是"仁",但是如何行仁或辅仁,则有一个固定搭配,如"仁智勇","道德仁艺"。孔子曰:"君子道者三:仁者不忧,知者不惑,勇者不惧。"(《论语·宪问》)《中庸》第二十章:"天下之达道五,所以行之者三。曰:君臣也,父子也,夫妇也,昆弟也,朋友之交也。五者,天下之达道也。知、仁、勇三者,天下之达德也,所以行之者一也。(略)子曰:'好学近乎知,力行近乎仁,知耻近乎勇。知斯三者,则知所以修身;知所以修身,则知所以治人;知所以治人,则知所以治天下国家矣。'"又曰:"志于道,据于德,依于仁,游于艺",等等。可见"仁智勇"、"道德仁艺"就是孔子思想的核心构建。

思孟"仁义礼智圣":孟子在《尽心下》中说:"仁之于父子也,义之于君臣也,礼之于宾主也,知之于贤者也,圣人之于天道也,命也,有性焉,君子不谓命也。"按孟子亦将"仁、义、礼、智"称为"四德"予以提倡,但就其学术渊源来说,则是将"仁、义、礼、智、圣"做一组合,称为"五行"。此说应始于子思,发扬于孟子,在战国时曾受到荀子批判。《荀子·非十二子》:"案往旧造说,谓之'五行',……案饰其辞而祇敬之,曰此真先君子之言也。子思唱之,孟轲和之。"① 新出土郭店楚简《五行》篇说:"仁形于内谓之德之行,不形于内谓之行;义形于内谓之德之行,不形于内谓之行;礼形于内谓之德之行,不形于内谓之行;智形于内谓之德之行,不形于内谓之行;圣形于内

---

① 唐杨倞注:"五行,五常,仁、义、礼、智、信是也。"杨氏说五行又称五常,即后之仁义礼智信,不完全正确,因为仁义礼智信是汉代董仲舒的组合,战国时不是这样,而是将"圣"与四德搭配。参见李耀仙:《子思孟子"五行"说考辨》,《先秦儒学新论》,巴蜀书社1999年版。

谓之德之行，不形于内谓之（德之）行。德之行五，和谓之德；四行和，谓之善。善，人道也；德，天道也。"（马王堆帛书《五行》略同）正是仁、义、礼、智、圣的搭配法。汉初贾谊《新语·六术》尚曰："天地有六合之事，人有仁、义、礼、智、圣之行。"仍然保持战国时期的样式。

董氏"仁义礼智信"：至董仲舒进一步圣化孔子，以为圣者无不能、无不知，圣兼四德，是孔子的专利，不具备普世价值，故以"信"易"圣"，以为此五者可以常行不替，是与天地长久的经常法则（"常道"），故号"五常"。曰"仁、义、礼、智、信五常之道"（董仲舒：《贤良对策》）。于是"仁、义、礼、智、信"乃成为儒家核心价值的固定搭配，影响了中国两千余年。

蜀学"道德仁义礼"：蜀学也有自己的核心价值观，据现存文献，其固定搭配的系统构建实始于汉之严遵。其《道德指归·上德不德篇》："天地所由，物类所以，道为之元，德为之始，神明为宗，太和为祖。道有深微，德有厚薄，神有清浊，和有高下。清者为天，浊者为地；阳者为男，阴者为女。人物禀假，受有多少，性有精粗，命有长短，情有美恶，意有大小。或为小人，或为君子，变化分离，剖判为数等。故有道人，有德人，有仁人，有义人，有礼人。敢问彼人何行，而名号殊谬以至于斯？庄子曰：虚无无为，开导万物，谓之道人。清静因应，无所不为，谓之德人。兼爱万物，博施无穷，谓之仁人。理名正实，处事之义，谓之义人。谦退辞让，敬以守和，谓之礼人。凡此五人，皆乐长生。"这是对《老子》"失道而后德，失德而后仁，失仁而后义，失义而后礼"等五德对立学说的弥缝，也是对儒、道相反状态的矫正，从而构建起兼融易、儒、道的"道、德、仁、义、礼"一体的核心价值观念。这一体系的构建，是由天地、阴阳、男女、厚薄、性命、情意、神明、太和等发展衍化而来，与前述蜀中"天皇、地皇、人皇"之"三才"构建是一脉相承的。

严遵之外的蜀学中人，其学而有体系者，亦多能采用这一结构。如：汉王褒《四子讲德论》："圣主冠道德，履纯仁，被六艺，佩礼文，屡下明诏，举贤良，求术士，招异伦，拔骏茂。"扬雄《法言·问道》："道、德、仁、义、礼譬诸身乎？夫道以导之，德以得之，仁以人之，义以宜之，礼以体之。天也。合则浑，离则散。"（卷三）又卷四《问神》："事系诸道、德、仁、义、礼。"《太玄经·玄摘》："虚形万物所道之谓道也，因循无革天下之理得之谓德也，理生昆群兼爱之谓仁也，列敌度宜之谓义也，秉道、德、仁、义而施之之谓业也。"（卷七）或又根据董仲舒"五常"直接冠以"道德"，而成"七德"搭配：

雄《剧秦美新》："神明所祚，兆民所托，罔不云道、德、仁、义、礼、智。"（《扬子云集》卷四）。

后有唐人赵蕤，在其《长短经·量才》中也说："故道、德、仁、义定而天下正。"又《定名》曰："故称之曰道、德、仁、义、礼、智、信。夫道者人之所蹈也，居知所为，行知所之，事知所乘，动知所止，谓之道。德者人之所得也，使人各得其所欲谓之德。仁者爱也，致利除害，兼爱无私谓之仁。义者宜也，明是非，立可否，谓之义。礼者履也，进退有度，尊卑有分，谓之礼。智者人之所知也，以定乎得失是非之情，谓之智。信者人之所承也，发号施令，以一人心，谓之信。"

宋人张商英，在其所传《黄石公素书》卷一《原始章》中也说："夫道、德、仁、义、礼五者，一体也。道者，人之所蹈，使万物不知其所由。德者，人之所得，使万物各得其所欲。仁者人之所亲，有慈惠恻隐之心，以遂其生成。义者人之所宜，赏善罚恶，以立功立事。礼者人之所履，夙兴夜寐，以成人伦之序。"其书六章，一曰《原始》，二曰《正道》，三曰《求人之志》，四曰《本德宗道》，五曰《遵义》，六曰《安礼》，在篇目上也体现出这一核心价值的构思。此外，还有明代来知德，也说："冠道德，履仁义，衣百家，佩六艺。"（《答客问》）承袭了蜀学自严遵以来融合儒道，会通道德仁义礼的传统。直至晚清刘沅创立"刘门道"、民国段正元创道德学社，都是会通三（甚至五教），突出道德仁义礼乐，将儒家精神与道家修养结合起来。

无独有偶，受巴蜀文化影响的陇西李筌，在其《太白阴经》说："夫用探心之数者，先以道、德、仁、义、礼、乐、忠、信，诗、书、经、传、子、史"云云（《数有探心篇》），将蜀人"道、德、仁、义、礼"并重的组合，进而与儒家"礼乐忠信"和文献载体"经、传、子、史"相搭配，形成了更加广博的核心价值结构和文化体系。在唐玄宗时曾经主纂《三教珠英》的张说，在其《大唐祀封禅颂》中也有"传不云道、德、仁、义、礼、智、信乎，顺之称圣哲，逆之号狂悖"（《张燕公集》卷十一）的表述，也是融合儒道的特殊表达。

五、文化枝辅："道家"和"道教"

谢先生说：

"道者，蜀人所创。其变有三宗，三宗亦自蜀始。一、原始之道。（天真皇人创。同时有宁封，继起有老子）。二、养生之道。（彭祖创。与容成术异）。三、符咒之道。（张道陵创。道陵非蜀人，然得道在蜀，终于蜀）。司马谈论六家指要，独尊道家。中国诸学，惟道家先出。世称黄老旧矣，而《道藏》数千卷，首著《度人经》，以为峨嵋天真皇人授黄帝云。（《度人经序》）《黄帝本行纪》（唐阆中史王瓘著）谓帝未有天下，至蜀青城山谒宁封，因传《龙蹻经》。（唐时尚存，段成式见之。）封称天真皇人，圣人也。帝复上峨嵋，问以道德之要。故天真皇人，道家之祖。《度人经》尚清静修身为本，《道德》诸经，其绪流尔。老子，周时降生成都李氏，有青羊之异，为尹喜说经。（出宋谢显道《混元本纪》。今成都青羊宫是其遗迹。）而彭祖亦隐峨眉山数百年，创养生之术。（彭祖所著《养生经》已佚，略见葛洪《神仙传》中。）汉朝张道陵入蜀得道，行符咒，今道陵二十四治皆在。蜀道之大别惟三宗，三宗所由兴以蜀。"

今按，此节说道教乃蜀中所创，所举例证有四：一是《道藏》首卷《度人经》反映了蜀中的皇人信仰，二是彭祖创养生学，三是老子入蜀教化，四是张陵入蜀创教。张道陵、彭祖事，固学人所艳称，兹不复赘。而"皇人"信仰、老子入蜀事，却因事涉虚妄，不受重视，这里特拊出稽考。

今天《道藏》首经即是托名天真皇人撰《度人经》，该书或许晚出，但蜀中的"皇人"信仰，则古来有之。《山海经·西山经》载巴蜀有"皇人之山……皇水出焉"，又有中皇山、西皇山。据《峨眉图经》皇人、中皇、西皇三山，即今峨眉之大峨、二峨、三峨三峰。《五符经》说："皇人在峨眉山北绝岩之下，苍玉为屋，黄帝往受真一五牙之法焉。"《路史》又曰："泰壹氏是为皇人。开图挺纪，执大同之制，调大鸿之气，正神明之位者也。"是天地开辟后建立纲纪、制度、变化规则的一方神圣。

由于他有如此功力和功德，故自然成了学道者的祖师。《路史》又曰："昔者神农常受事于泰壹小子，而黄帝、老子皆受要于泰壹元君。盖范无形，尝无味，要会久视，操法揽而长存者。"（《蜀中广记》卷七四）"皇人"是神农、黄帝、老子学习和师法的老师，他无形、无味，却是长生久视（久视、长存）的法宝。

《录异记》还具体记载："青城县西北二里，有老君观，门东上有一泉，号马跑泉。水味甘美，四时不绝，春夏如冰，秋冬反温。昔老君与天真皇人会真之所。其泉是老君所乘马跑成，即冲妙观也。"（《蜀中广记》卷六引）唐代名道杜光庭，还专以此传说撰成《冲妙观记》一篇。

《名号历劫记》又云："人皇之后，五龙氏兴焉。天真皇人降下开明之国，以《灵宝真文》、《三皇内经》各十四篇授之。五龙氏得此经，以道治世万二千岁，白日登仙。"曹学佺《蜀中广记》引之，并按曰："开明氏，蜀古国号也，都南安，今之嘉定州是。"（卷七一）由于巴蜀地区有这个皇人峰的缘故，便引来长生久视的泰壹真人和神农、黄帝、老子向他学习的掌故，后世道教造作《度人经》，也是依仿于此而成的。

又因蜀中风物原有与老子其人其学相契合的基础，于是历代以来就衍生出许多老子入蜀隐居、修炼、讲经甚至炼丹的神迹。

说起老子晚年"事迹"，《史记》本传只说："老子修道德，其学以自隐无名为务。居周久之，见周之衰，乃遂去。至关，关令尹喜曰：'子将隐矣，强为我著书。'于是老子乃著书上下篇，言道德之意五千余言而去，莫知其所终。"说老子晚年踪迹"莫知所终"。裴骃《集解》引《列仙传》曰："关令尹喜者，周大夫也……时人莫知老子西游，喜先见其气，知真人当过，候物色而迹之，果得老子。老子亦知其奇，为著书。与老子俱之流沙之西，服具胜实，莫知其所终。"说老子著书后乃与尹喜"俱之流沙之西"。裴氏又说"《列仙传》是刘向所记"。然而该书《汉志》不载，其内容往往与据向歆父子《别录》、《七略》修订而成的《汉书·艺文志》相悖，故陈振孙《直斋书录解题》疑其"魏晋间方士为之，托名于（刘）向"。其"西出流沙"云云者，显然是受东汉后期以来"老子化胡"说影响。东汉末襄楷上桓帝书有云："或言老子入夷狄为浮屠（佛陀）"（《后汉书·襄楷传》）；《三国志》亦载："老子西出关，过西域，之天竺教胡，浮屠属弟子别号，合有二十九。"（见《三国志·魏书》裴松之注）《列仙传》前文有"后周德衰，乃乘青牛车去入大秦，过西关"，正受其影响，"西出流沙"说实乃魏、晋间"佛老之争"的产物。

除了这个说法外，还有迹象表明，老子晚年亦有可能进入巴蜀隐居。谢先生所举宋谢显道《混元本纪》即持此说。此外还见于多种记载。首先是《蜀本纪》云："老子为关令尹喜著《道德经》，临别曰：'子行道千日后，以成都郡青羊肆寻吾。'今为青羊观也。"①此《蜀本纪》是何时何人的作品呢？常璩

---

① 乐史：《剑南西道一·益州·成都县·青羊肆》，《太平寰宇记》卷七二引；又《居处部》，《太平御览》卷一九一，引同；《成都府·青羊观》，《方舆胜览》卷五一，引用《蜀王本纪》。

《华阳国志·序志》载："司马相如、严君平、扬子云、阳成子玄、郑伯邑、尹彭城、谯常侍、任给事等，各集传记，以作'本纪'，略举其隅。"说司马相如、严遵、扬雄、阳成衡、郑廑、尹贡、谯周、任熙八人都曾撰"蜀本纪"之类的书。相如、严遵、扬雄、阳成衡皆西汉人，郑廑为公孙述时人，尹贡为东汉初明、章时人，谯周三国蜀汉人，尹熙为西晋初年人。八家《蜀纪》今均亡佚，唯有扬雄《蜀本纪》有佚文可考。可见老子入蜀归隐，实出扬雄《蜀本纪》，为西汉相承的旧说。

宋人亦相信老子驾临成都青羊肆之说。北宋曾经四度入蜀为官的赵抃（谥清献），在其《成都古今集记》"青羊宫"云："老子乘青羊降其地，有台存。"（曹学佺《蜀中广记》卷二引）宋何耕有《青羊宫》诗："一载官锦城，咫尺望琳宫。…稽首五千言，众妙一以通。静观万物理，岂假九转功。区区立训诂，亦哂河上公。痴人慕羽化，心外求鸿濛。要骑白鹤背，往访青羊踪。"[①]

《蜀中广记》又引《蜀记》说："老子西度函谷关，为关令尹喜著《道德经》，临别谓曰：'千日后于成都青羊肆寻吾。'及期，喜往，果见于大官李氏之家。授喜玉册金文，名之曰《文始》。"此《蜀记》疑即前叙汉扬雄所撰《蜀本纪》（不过"文始"之名却为后人添加）。曹学佺还按曰："今成都西南五里青羊宫是其处。有青铜铸成羊，其大如麋。岁二月二十有五日，四方来集，以为老君与喜相遇日也。"（《蜀中广记》卷七一）以上数则资料都说，老子在为关令尹喜撰写《道德经》五千言后，即西行隐居；别后千日，尹喜在成都青羊肆一个李姓人家找到了老子。老子所骑而来的青羊，即留在了成都，后人为纪念他而铸有青铜的青羊。"青羊宫"就是在其故地建立起来的（初号青羊观、玄中观，唐禧宗诏改青羊宫，前蜀王建曾改龙兴观，宋仍旧名青羊宫），至今仍存，为蜀中道教胜迹。《蜀中广记》还于青神县载："《志》云县东门外有青羊桥，相传老子骑青羊过此而入成都。"（《蜀中广记》卷一二）连老子入蜀线路都搞"清楚"了。考诸《蜀中广记》，在成都府城外，远至川东的丰都、川中的大足、川西的邛崃、川北的绵阳、川南的威远，都存在老子的传说，或出虚妄，或出假托，但其反映了巴蜀重道贵老的传统则一。

巴蜀地区山川秀丽，区位独特，东限三峡，南阻云贵高原，西有青藏高原，北有秦岭、大巴山，形成天然的屏障。在历史上，这里民族众多，万国林

---

① 杨慎：《全蜀艺文志》卷一四引，注又引赵清献：《成都古今集记》上述文字。

立，到春秋战国时期，已经形成巴和蜀两大君长制国家，具有悠久的历史文化。加之气候温润，终年云蒸雾霭，气象万千，人文蔚然，传说丰富，早早就给人以无限神秘的遐想，极易吸引神侣仙侪来此修炼，产生种种神话仙话就十分自然。《山海经》所谓"西南黑水之间，有都广之野，后稷葬焉"；《大戴礼记》所谓"黄帝娶于西陵氏之子，谓之嫘祖氏，产青阳及昌意，青阳降居江水，昌意降居若水"；《竹书纪年》又谓"癸命扁代山民（一作岷山氏），山民女于桀二人，曰琬曰琰"；《史记》有"禹兴于西羌"之录，《诗经》有"吉甫作诵"之咏，《蜀王本纪》称历代蜀王"皆各数百年不死"，《华阳国志》有"彭祖为殷太史"、"杜宇瞥为上仙"等仙话，真是既神且圣，亦人亦仙。进入东周以后，又有苌弘南迁、老子西行、尸佼入蜀等传说。而究其根源，实与巴蜀自身的独特地形地貌和悠久历史文化有莫大关系。后世张道陵正是利用这一资源，入蜀创立了早期"道教"。

（作者简介：舒大刚、李冬梅　四川大学国际儒学研究院）

现代儒学的架构：易学、儒学、理学与心学

成中英

易学是中国哲学的源头活水。本文将在易学的基础上论述儒学从先秦儒家思想到宋明理学的发展。在当下，我们面临这样的问题：如何基于中国哲学之全体而个别地对每一个发展阶段加以整体的了解。本文将先讨论易学与先秦儒家思想的关系，再分析先秦儒家思想如何一脉相承地发展为宋明理学与心学，最后才能讨论如何以此为基础而促成儒学在现代的发展。

一、据易学而论先秦儒学的整合

在孔子《易传》之后，易学的发展有了不同的面向。从《彖传》、《象传》来看，可以发展出象数之学；从《系辞传》出发，则可以得出义理之学，甚至可以阐发出图书之学，显示出一个结合象数结构与创化宇宙论的整体宇宙生命图像。事实上我们可以把嗣后历史上易学发展过程中的所有成果看成为蕴藏于《周易》古经、《易传》的符号体系与其本体或非本体的可能诠释之中，表现为一个时代对天地人与万物认知的方式而已。至于易学所开创的方法与符号体系如何导引了中国哲学的发展，则有待于中国哲学的具体发展来加以确定，也必须在历史中呈现中国哲学具体发展与易学的关联。我在 1987 年到 2001 年，14年之间特别强调了易经中号系统的建立是由于观感的知识方法学所致。观是整体的观察，动态的观察，多元的观察；感则为感知他者以感知自己的主体，是生活实践中必不可少的经验与体验，导致具体的认知、行动的实践以及价值目标的追求。这一方法过程是开放的、可持续的，因此也导向了宇宙符号系统所包含的宇宙图像的发展及其用在占卜上之用的发展。也许伏羲之后，易学重点倾向占卜之用，把原本的宇宙观感几乎忘得一干二净。必须说，到了孔子，也在孔子，我们才看到易学的深度回转，超越占卜而回到对宇宙与生命的观感与

认识。也就是说，经过孔子深切的生命体验，思考占卜的德义何在，后学才能把六十四卦的卦爻辞加以抽象，从变化的根源与生命的本体进行对真实世界的认知与理解，也就建立了对人的发展过程、目标与价值的认知与理解，整合成为一套本体哲学广度与深度的易学哲学。

作为孔子及其后学的成果，《易传》是基于易学符号体系而对卦爻辞之含义及价值作出的整体化诠释，含摄宇宙之发生发展乃至天地人关系的一套哲学体系，解释了天地存在的意义、人存在的意义及天地人之间的三才关系。这种关系，说明天地之日新与人之发展潜力是相互统一的，也说明人的存在有着一种重大的本体意义。进而，又能从这种本体意义中推断出一种价值意义。《易传》谓《乾》卦之"元"为"善之长"①，谓《坤》卦六五为"美在其中"②，这里的"善"与"美"，均是价值层面之语，而《易传》即肇始地表达了这些价值。

最近，我在一篇用英文写成的论文中谈到了人的真实性问题，以及对宇宙真实的知识化之可能。在该文中，我特别谈到了《易传》中的"闲邪存其诚"③与"修辞立其诚"④两句命题，以之为表达并说明了人复归真实的可能性。可见，《易传》揭示了人与宇宙间存在的深层联系。这是儒学成为儒学的一个至关重要的原理：人是宇宙所化生创造的，因此具有内在的创造性，也能够发挥宇宙的道理。这一认识直接体现在孔子所说的"人能弘道，非道弘人也"之中，后来又见于荀子"天地生之，圣人成之"的表达之中。这是一种重要的本体论基础，是基于作为源头活水的易学而直接接引与启发而来的。

在此基础上，才能充分说明：孔子所首倡的儒家思想，包含其后的《大学》、《中庸》与孟荀，均是贯通周易宇宙观与易传宇宙本体哲学而发展出来的。《易传》和这些先秦儒家思想，存在着明显的源流与影响作用，也可以作为提示此中诸思想之所以贯通的中介。

以《中庸》为例，其与《易传》的关联至为明显。《易传》重视"闲邪存其诚"与"修辞立其诚"，《中庸》则对"诚"措意甚深，乃谓"诚则明矣，明

---

① 王弼注，孔颖达疏：《周易正义》，北京大学出版社2000年版，第14页。

② 王弼注，孔颖达疏：《周易正义》，北京大学出版社2000年版，第38页。

③ 王弼注，孔颖达疏：《周易正义》，北京大学出版社2000年版，第17页。

④ 王弼注，孔颖达疏：《周易正义》，北京大学出版社2000年版，第18页。

则诚矣"①。中庸强调了人明善与不善之所在的能力，绝类于《易传》的"有不善未尝不知，知之未尝复行也"之语。在人类社会里，善是真实世界的创造力量，本身就具有创造化生的价值目标与方向，故本质上就符合生生的要求，故"诚则明矣"；善是生命的价值目标，若能明此，就更能趋近于真实，故"明则诚矣"。由此，就可以尽己之性，故曰"唯天下之至诚，为能尽其性"②。所以，至善至诚这一作用，恰能成就人的价值，进而推己及人，"能尽人之性"、"能尽物之性"，乃能"赞天地之化育"而"可以与天地参"。《易传》称天地人三才，认为人能在刚柔阴阳的天地之中实现仁义之道，不但说明了人与天地的依存关联，也说明了人的主动性与创造性就包含了天地的主动性与创造性。

进一步看《大学》。大学在其八条目③之三里提及了"诚意"。这里的"诚意"，也基于对物之善的明觉，即"格物"、"致知"，且关乎如何慎独而为善。"天下之物莫不有理"④，对宇宙存在事物的掌握，能带来对知识的认识。致知之后，人即能明，能知道自己追求的价值为何，知道善即是实现生之为生，知道害生则为恶，故能明善恶之分而以"知"作为引导，来选择一个善的价值作为目标，遂有所"行"。毕竟，"知"与"行"是涉及外在客体的。这样一来，就可以在"格物致知"的观照下得以"诚意"。"意"本身是变动不居的，唯有基于对真实世界的充分认识，才能使其"意"确定为真实的意念。

从《易传》到《大学》、《中庸》，对"诚"的重视均一脉相承。《大学》说明：唯有经过对经验现象的认知，才能达致"诚意"。《中庸》则进一步彰显了"诚"的重要意涵，其说发展了《大学》的"诚意"之论，但并非意味着否认"致知"的重要。而这一切都合于《易传》对"诚"与"知"的相关表达。《易传》不但重视"诚"，其对于"知"的重要性也有着"君子知微知彰，知柔知刚，万夫之望"乃至"知周乎万物而道济天下"的判断。"乾知大始，坤作成物"的表达也暗含着不知大始则无以成物的蕴意。"知"本身就含有一种主导性，其能意识万物，故乃能主导万物。《大学》、《中庸》固然有着统一性，在这样兼重"知"与"诚"的传统之下发展出的孟子、荀子两位先秦儒家代表人物，其思想也有着统一的可能性。

---

① 朱熹：《四书章句集注》，中华书局 1983 年版，第 32 页。
② 朱熹：《四书章句集注》，中华书局 1983 年版，第 33 页。
③ 参见朱熹：《四书章句集注》，中华书局 1983 年版，第 3 页。
④ 朱熹：《四书章句集注》，中华书局 1983 年版，第 7 页。

孟子继承子思之学，论及"万物皆备于我，反身而诚，乐莫大焉"①。所谓"反身而诚"，指回复到一种宇宙真实的体验处。万物本皆存在于真实之中，在这种意义上，"反身而诚"则"万物皆备于我"，确实是重要的卓见。但是，反过来看，真实又反映在外部的世界之中，故荀子乃有《天论》、《解蔽》之篇。两者分别强调内在的真实与外在的真实，但其真实性均是一致的，亦都基于心之能知的真实功能。这就是"外内之道"可以统一的基础，故能有《中庸》所说的"合外内之道，故时措之宜也"②。"万物皆备于我"，而"我"又处在"万物"之中，这就具备了一种学庸之间的统一性。而这种统一性又含有一种原本性，这一原本性即来自于《易》的乾坤宇宙论。

据此，到了宋明理心学时代，周敦颐才能提出"无极而太极"。他的《通书》也是对这样一种宇宙论的认识。惟其"诚"，乃能通天地之道而复归于自我之内。故有"诚"方可"通"。这就说明，儒学在其内部具备一种内外的统一性，其根源来自于易学。

二、理学与心学亦当合同一统

宋明理学产生的程朱理学与陆王心学之对立，是一种认知过程中的概念分野，但其在本体上仍基本是一个统一的实体。我们可以认识到，世界本是一个变动不居的"气"之状态。"气"既可被主体感知到，所谓中和之情，莫非气也；也可以被向外求证而得，故可言格物致知。所有涉乎宇宙的真实概念，都是能兼而从内外两面分别体认到的。"气"既外在而处于宇宙中，又是内在而育于生命之里。故气之内外两向度是相通的。同理，"理"作为对"道"的更条理化、结构化之表述，自然也具备外在与内在的双重真实性。因此，"理"一方面是天地所客观呈现出的一种律则性，另一方面也是人的思维所呈现出的一种逻辑理路。这种逻辑理路是认知外在之秩序的基础；同时，外在秩序的律则性也启发了内在思维的逻辑秩序。比如，外在世界的个体间有着各种质与量的区别，而按《易传》的"方以类聚，物以群分"之表达，人能认知出这种客观存在的区别。外在之"理"与内在的认知"理"之能力，有着密切的关系。

---

① 朱熹：《四书章句集注》，中华书局1983年版，第357页。
② 朱熹：《四书章句集注》，中华书局1983年版，第34页。

故此二者是内外相应、共同发展的。内外之间，既可能是先有了外在之理、复产生认知外在之理的内在理路，又可能是基于概念与知性而有了对外在事物的判断与认知。由此可见，"外在之理"与"内在之理"均是内外相通的。基于同理，"理"、"气"之间也自然是相通的。这是因为理的活动就是气，而气的位格就是理，外在之气与内在之理是相通的，内在之气与外在之理亦是相通的。人必然要感受外在之气，从而产生感应与知觉，而对这种感应与知觉的反思本身也形成了一种理的格局。同样地，外在化的理当然也影响着人内在的气。因此，只当谓：理能生气，气亦能生理，两者是相生的。在这个意义上，所谓理学与气学，是有相通之处的。朱熹与张载对理与气的看法固然有所不同，但我们基于对两者文本的细密与深度认识，看不出他们必然要把理气对立起来：他们所表现的均在根源的本体一元论下工夫，不过张载侧重气的动态，朱熹侧重理的静态。动静之间，仍以本体的统合为一为根本。牟宗三对朱子认识有卓见但不够全面，不能把分析的理解化为综合的理解，形成对朱子的偏见或错解。

详言之，张载多言"气"，而"气"的凝聚涣散又自然可被归纳为某种条理，故理不能离气；二程多言"理"，亦不可谓"理"能离"气"，只是认为应先从"理"讲起。比如，朱子就认为，在"'一阴一阳'，道也"①之外，更应关注"'一阴一阳'所以为道"②。其说意在表达：人要有一个清楚的概念性认知，才能说明外在的现象为何。在北宋理学与气学的分别发展之后，朱子继之而谓理气是相互决定的，具有同时性。但是，在先已认同理生气、气生理的情况下，朱子最终仍不免坚持先有理而后有气，称"毕竟是先有此理"。这就是朱子论述中的内在矛盾。事实上，理气不能被分开，吾人也不能将其中的任意一者视为绝对在先，只能认为：人必须在真实的世界中认识真实。

此外，理学与心学间亦存在着值得讨论之处。因为有理气之合一，故有心性之合一。按朱子的观点，可以谓："性"是理，"心"是气。"心"作为一种道德感或自然感情，它发于已存在的"性"之存在状态。"心"无论在"情"还是"意"的意义上，都是一种"气"的状态。可见，"理"作为一种认知状态，进而发展出了一套行为状态，即"情"与"心"。"心"中亦有意志，而刘

① 程颢、程颐：《二程遗书》，上海古籍出版社2000年版，第118页。
② 《景印文渊阁四库全书》第1145册，台湾商务印书馆，第443页。

宗周甚至直谓可以"以心著性"，显示心性互通之义。在客观的范畴内，可以说，心性理气之间，都存在着对应的关系。而心学则没有抓住心与理之间的那种相应的真实感。事实上，心理二者之间，实则是一种相互衍申的关系。一般意义上，在朱子处，可谓由性生情，而据孟子则心又是情，故性生心情。但另一方面，在性生出心之后，心又成为主宰，故又可谓"心统性情"。

不过，即便是"心统性情"，也是一种基于理而方可发生的状态。在一切都被统属于理的情况下，如何谓性情是归于心的呢？"'一阴一阳'，道也"，就是气的问题；"'一阴一阳'所以为道"，就是理的问题。同理，心与情，是统属于气之层面的问题；所以为心与情，就是理层面的问题。此处蕴含着这样一个理路：当我们说"'一阴一阳'所以为道"时，已有了阴阳，阴阳是先被体验出来的，这就必须要承认气学的价值；当我们说到所以为心与情时，也已有了心与情，故必须要立起心学。陆象山正是基于此种理路而言心学，从直觉体认处出发，而称"心即理"。陆象山的观点，相当于认为心中有理。而唯有到了阳明时，才有了进一步的发展，直接认为：心就是理。阳明讲"致良知"，"良知"就是一种理。但在此时，他却忘记了性能统合心与理的重要性。他可以提出"性统心理"而"本性即良知"的两个命题，借以论证良知之为良知的本体意义（他心中已有此意，故在传习录中提出"良知本体"的说辞）。但他并未能提出，故他的心学有很大的实践性，而缺少极为需要的理论性。后人不察，以阳明心学为良知心学，而不知其心学以为良知理学也。

因此可以说：心学与理学，都有一偏之弊。此二学，只是真实世界的根本之理所呈现出的两脉而已。在本体上，理和心是同一而密切结合在一起的。苟能明察于此，我们也许就能更好地透过心性哲学来了解它们之间的不可分之处。而这种不可分的基础，在其源于易学的本体论。其一本发展出来时，分化为了"一阴一阳之谓道"的道德结构，具有一外一内、一气一理、一心一性、一动一静的相应关系。这并不妨碍其之为一本，不妨碍其构成理气心性统一的结构。若能对此有所体认，就能更好地掌握真实的存在之为真实的活动。

三、对重建儒学的现代思考

最后，我们乃能更好地了解理学与心学之间的相应关系，了解这种不必对立、而可以相互为用的关系。两者的关系，不过是本体之体与本体之用的关系。这样一来，我们就能对儒学本身的内在统一性有高度的了解。基于这种统一性所呈现出的特别状态，也可以了解到：儒学概念中有着分析性与统一性。了解这种分析性与统一性，对于认识到中国哲学的逻辑结构与辩证推理，又有着很大的帮助。

我在对儒学进行重建的过程中体会到：要进行今日今时的儒学研究，吾人必须先明确儒学的本源性何在，亦即体认出何为其最根本的真实性。我们不能只在故纸堆中围绕着文字注疏来展开研究，而必须要直接面对活泼泼的世界真实与生命真实，体认人的生命存在的真实性，而真诚地表现出来以及真诚地实践起来，同时进行对历史与语言合理的批判。这样才能建立一种面对真实的知识体系，而此知识体系中就已经包含了或孕育了活动与行动的指向与动力，这才是对知行合一的正解：知中有行，行中有知，知行相互生息，绵延不已，既丰富了人的心身，又提升了人的精神。这是儒学研究发展的必然轨道。苟不经由此道，儒学研究只会陷入传统的对立而趋向为分科的学问化，落入文字化的区分之中。只看到心学之非理学、荀子之非道学，局限了理学与道学，更无益于德性的孳育与价值的创生。不但使传统的儒学停滞僵化，更必然导向儒者之虚假与空洞，徒为高调之唱和而已。

根据本文的论述与梳理，以易学的根本精神作为线索，足以贯通先秦儒家孟荀思想与宋明时代的理学与心学。这对于我们在今天围绕形上学（本体学与宇宙学）、知识论、伦理学、政治管理学进行面向现实的儒学的哲学研究，同时有着真切的理论与实践意义。此一观点或可名之为现代儒学（现代儒学）本体诠释学。

（作者简介：成中英　美国夏威夷大学）

经典解释与"学统"观念之建构

景海峰

当代新儒家所论辩的道统、政统、学统，在讲"三统并建"的同时，分别陈述其特定的领域和意义之所在，实包含了现代学术的眼界与分科别类之方式，而不是对历史上儒学实境的简单誊描。牟宗三指出：中国文化几千年的历史所彰著的，惟有以仁义为中心的道德政治之教化系统，即礼乐型的教化系统。"以前在此系统下，道统、政统、学统是一事。道统指内圣言，政统指外王言，学统则既是此内圣外王之学，而内圣外王是一事，其为一事，亦犹仁义之与礼乐为一事"。[①] 作为古典形态的儒学，向来以"内圣外王"为标的，或为治学言道之最高理境，学不离于政事，知行合一，政亦不背于学轨，"明于本数，系于末度"，而其两者又皆是以道为归。虽然此一形态或裂散久矣，或仅为理想，呈现出非常复杂的问题向度，很难一言以蔽之，但在儒家思想之凝聚成为共同体，进而形成清晰的发展脉络和强大的统绪意识之历程中，却无疑扮演了重要的角色。历史上的道、政、学三统，源流纷杂，形势交错，很少有理想之局的出现，但作为一种共识和向心力，"三统"的协调与融合还是对中华文明的历史进程或隐或显地发挥了重要的作用。而西学东渐以来，此一格局彻底被打破，道、政、学三统完全裂散掉，甚或早已没有了所谓的统绪可言，只剩下现代学术意识关照下的知识谱系观念。在这种背景下，重提"三统"，实为传统之重建，或如霍布斯鲍姆（E.J.Hobsbawm）所言"被发明的传统"[②]，暗含了现代性的创新之理解。牟先生将科学、民主政治、道德宗教作为整个人文世界中的三套话语系统，借助传统儒家道、政、学三统之思想资源，来做现实的分析和比照，彰显道德宗教之意

---

① 牟宗三：《道德的理想主义》，台湾学生书局 1992 年修订版，第 260 页。

② 参见霍布斯鲍姆等著《传统的发明》一书，特别是其中的第一章"导论：发明传统"。（霍布斯鲍姆等：《传统的发明》，顾杭等译，译林出版社 2004 年版，第 1—17 页）

义，以矫正现代学术仅偏执于科学、民主之价值而忽略人文精神的弊端，这是立足于当下的思考和诠解，而非仅作历史实景之描摹，属于哲学诠释的工作。

一、"道统"意识下的"学统"

按照牟宗三的分析，内圣为道统，属"道德宗教"一套，外王为政统，相应于"民主政治"一套而言，而学统则为"知识之学"，科学、哲学均包含在此一统绪之中。就"学之为学"的意义而言，"于了解外物上，必须由感觉状态，而进至使用概念的抽象思考状态。进至此状态，则'知性'，即智之'理解形态'出焉。因此逻辑数学出焉，而科学于焉成立。在反省地了解此统绪中，必须知科学如何发展，哲学如何发展。科学哲学俱含在此统绪中而名为学统。"西方文化特别彰显了此种意义，而中国文化则被内圣之学"吸住了人心"，"智"始终停留在"直觉形态"中，而未转出"知性形态"，所以"学之为学"的系统就很难建立起来。所以他提出了学统之"开出"的问题，而并不是直接地讲"接续"或者"复兴"学统，这便大有深意在。只不过此学统的开出，是要在内圣之学的视域和框架之下来进行，因为"知识之学"与内圣之学并不矛盾，反而可以充实之。① 牟先生所阐释的学统，显然已含有了现代知识论的独立意义，这便与古典形态的"学统"之内涵有所区别。

传统意义上的"学统"是和"道统"观念联系在一起的，其谱系的构建也是在道统观确立之后才逐渐清晰化的。所谓"统"，有综汇之意，"统之为言，合而併之之谓也，因而续之之谓也。而天下之不合与不续者多矣！"② "道统云者，言道在已而天下宗之，已因得为道之统，而统天下之道以归于一也。"③ 当然，统绪的意识也包含了传递、承续、推扩和普遍化的意思，在表意的思想脉络里，又常常含有某种"敬意"和"责任"的成分。④ "统"往往

① 参见牟宗三：《关于文化与中国文化》，《道德的理想主义》，台湾学生书局 1992 年修订版，第 261 页。

② 王夫之著，舒士彦点校：《读通鉴论》下册，中华书局 1975 年版，第 949 页。

③ 陆世仪：《思辨录辑要》卷二十九。

④ 参见威廉斯（Raymond Williams）所著《关键词：文化与社会的词汇》一书中有关"传统（Tradition）"一词的解释。（《关键词：文化与社会的词汇》，刘建基译，生活·读书·新知三联书店 2005 年版，第 491—493 页）

是在历史延续的脉络化和事件累积的丰厚性上生成的，没有时段的衔接和足够的可叙述性，也就没有所谓的"统"。思想家们在勾连历史线索、描述历史事件时，往往在某种思想观念的支配下，挑拣合适的文本和人物，给予特别的关注，浓彩重墨，凸显其价值和意义，树立其典范性和权威性，从而形成了历史趋向和文化形态的合理化叙事，乃至可以引导后来者的神圣意味。儒家基于道德理想主义的"道统"观，就是在这种情景下一步一步地确立起来的，从孟子对先王事迹的描述，到韩愈的《原道》，再到宋代理学的兴起，"道统"逐渐成为真理的化身，也成为了评判历史事件与历史人物的唯一标准。正像熊赐履（1635—1709）所说的："统者即正宗之谓，亦犹所谓真谛之说也。"① 在这样的尺度下，为政为学、治道与师教、政治和学术，都统统笼罩在"道统"的观念之下，学统也就跟随着道统的论辩与认定而不断地起伏和变化。

与"道统"捆绑在一起的"学统"建构，大致起始于朱熹的《伊洛渊源录》，这与理学发展史的书写历程是同步的。朱子将周、张、二程、邵雍及他们弟子的行状、墓志铭、遗事等传记资料辑录成编，排列为理学之谱系，并溯源探流，形成了以二程为中心的学统。之后的《诸儒鸣道集》、《道命录》等，延续了《伊洛渊源录》的格调，特别是《宋史》立"道学"一门，与"儒林"分传，最终确立了理学式书写的学统。"自《伊洛渊源录》出，《宋史》遂以道学、儒林分为二传，非惟文章之士、记诵之才不得列之于儒，即自汉以来传先圣之遗经者，亦几几乎不得列于儒"。② 此学统在名义上是追维先王事迹、综汇历代圣贤，为整个儒学传灯，但实际上是"前不见古人，后不见来者"，只讲孔孟一段和理学诸大师之事迹，对儒学发展史做了非常大胆的切割，表现出很强的排他性，不但把汉代经师给彻底甩掉，就是在唐宋间权衡翻转了数百年之久的荀卿、董仲舒、扬雄、王通、韩愈等人，也最终出局。在这一学统中，道是唯一的尺度，只有见道、得道、传道的儒家人物才能列入谱系，而外在形式的师承，以及注解经典的师法家法等因素，都不能作为学统的依据。孙奇逢（1584—1675）谓："儒之统何昉乎？尧、舜、汤、文，儒而在上者也；孔、颜、思、孟，儒而在下者也。治统、道统，原不容分而为二，自分而二之，而君

---

① 熊赐履撰，徐公喜等点校：《学统自序》，《学统》，凤凰出版社 2011 年版，第 17 页。
② 永瑢等撰：《四库全书总目》卷五八，中华书局 1965 年影印本，第 528 页。

道、师道遂成两局。始专以儒统归孔子，颜、曾、思、孟尚矣，周、程、张、朱继之，独此九人者为传道之人。"① 在治统、道统分而为二之后，道统即成为"在野"师道的谱系，并且与学统合一，学统也就代表了道统。这一以学统替代道统、道统与学统合一的路线，在宋元以后逐渐地强化了，成为学术史写作的基本范式，此九人名单也成为主流的定谱，为往后的同类史述所承袭，差不多成了理学家们论学的一种固定模式。从元代吴澄《道统图》，明代黎温《历代道学统宗渊源问对》、杨廉《皇明理学名臣言行录》，到清初刘元卿《诸儒学案》、熊赐履《学统》，以及张伯行《道统传》、李清馥《闽中理学渊源考》等，莫不如是。

就拿熊赐履编撰的《学统》来说，是书浩浩五十六卷，可谓清初的一部学术史巨构。该著"断自洙泗，暨于有明，为之究其渊源，分其支派，审是非之介，别同异之端，位置论列，宁严毋滥，庶几吾道之正宗，斯文之真谛，开卷瞭然，洞若观火。计凡十阅寒暑，三易草稿而后成"（《自序》）。从著者的学术视野和所涉及的材料来看，不可不谓之广博，所论列的儒学史人物也为数众多，有两百多位。但其"位置论列"却充满了卫道的排他性，所正面肯定的、自孔子而下只有"四配"和周子、程朱，这九人的传道学统构成了整个儒学发展史的主体，具有圣神的合法性，是道统的代表和真谛的化身，而其他人物只能以此为标准来加以评判和排列位次。这样，按照以九人为主轴所开列的大名单就是："以孔子、颜子、曾子、子思、孟子、周子、二程子、朱子九人为正统，以闵子以下至明罗钦顺二十三人为翼统，以冉伯牛以下至明高攀龙一百七十八人为附统，以荀卿以下至王守仁七人为杂统，以老、庄、杨、墨、告子及二氏之流为异统。"② 此一谱系是把孔子作为学统的源头，因为"孔子上接尧、舜、禹、汤、文、武、周公之统，集列圣之大成，而为万世宗师者也，故叙统断自孔子"，"孔子道全德备，为斯道正统之主"。而"颜、曾、思、孟、周、程、朱八子，皆躬行心得，实接真传，乃孔门之大宗子也，故并列正统焉"。③ 除了这九人之外，其他的人都不能视为正统，只能依据与此道统关系的亲疏远近和思想上的关联性来分别排位。在此严苛的标准下，必然是学脉微

---

① 孙奇峰：《通书述解序》，见王秉伦点校：《曹端集》附录六"序跋"，中华书局 2003 年版，第 359—360 页。

② 《四库全书总目》卷六三，中华书局 1965 年影印本，第 568 页。

③ 熊赐履：《学统凡例》，徐公喜等点校：《学统》，凤凰出版社 2011 年版，第 18 页。

弱，造成门户极端狭小，荀子、扬雄、文中子和宋明心学诸大师均被归入"杂统"之中，实可哂也。

清初理学家的学统判释是在朱陆之争的大背景下做出的，有矫正晚明王学末流近于狂禅的意思，所以显得有些偏激，甚或沦于狭隘，熊氏《学统》可能即属于极端的一派。《四库总目》之"提要"即指出："夫尚论古人，辨其行事之醇疵，立言之得失，俾后人知所法戒足矣。必锱锱铢铢，较其品第而甲乙之，未免与班固古今人表同一悠谬。况薛瑄、胡居仁、罗钦顺，俱尊之，称字、称先生，而伯牛、子路诸贤，乃皆卑之，而书名，轩轾之间，不知何所确据？又荀况、扬雄、王通、苏轼，均以杂统而称子，陆九渊、陈献章、王守仁，又以杂统而书字，褒贬之间，亦自乱其例也。"[1] 况且除了理学一派之外，偏向心学的学术史著可能就是另外的一番景象了，如周汝登的《圣学宗传》、孙奇逢的《理学宗传》，特别是黄宗羲的《明儒学案》等。但不管是立于哪家门户、取何种学术立场，重视道统、论辩正统，从道统来衡定学统，又以学统来体现道统，是宋元以后儒学历史叙述的基本形态。

学统以道统为前提，与道统问题紧紧地缠绕在一起，这种学统观也就是饶宗颐先生所说的"以正统观念灌输入于学术史"。[2] 宋明时代的儒者在经历了佛教的冲击之后，明显有一个另起炉灶的意思，在学术脉络上急于和汉唐经学有所切割，所以不惜截断历史，以返回源头的形式另辟蹊径，重新塑造一个谱系，开始一段新的学术叙述史。这一学统的构建，需要重新解释儒家的经典，重新理解儒家思想源头处的各种符码、信息及其意义，掘井及泉，获得新的动力源。他们之所以要跨过汉唐，直承孟子，一个很重要的原因就是当时所发生的经典典范的转移，即从三代文明遗产的"六经"转向了轴心时代结晶的"四书"，思想创造的源泉有了重大的改变，汉唐经学的意义也就随之黯然失色了。再加上佛教的刺激和三教资源的融合与吸收，这就使得重塑学统成为新儒学所面临的必要而急切的任务。王夫之在分析"以人存道"时谓："儒者之统，与帝王之统并行于天下，而互为兴替。其合也，天下以道而治，道以天子而明；及其衰，而帝王之统绝，儒者犹保其道以孤行而无所待"。[3] 东周以降，邪

---

[1] 《四库全书总目》卷六三，中华书局出版，第568页。

[2] 饶宗颐：《中国史学上之正统论》，远东出版社1996年版，第59页。

[3] 王夫之：《读通鉴论》中册，中华书局1975年版，第429页。

愍作而政统亡，只有圣人之教尚存，"圣人之教也，是谓道统"。而孔孟之后，"自汉、魏以降，儒者无所不淫"，道统晦暗不明。至北宋诸子出，"道"才失而复得。"宋自周子出，而始发明圣道之所由，一出于太极阴阳人道生化之终始，二程子引而伸之，而实之以静一诚敬之功，……朱子以格物穷理为始教，而檃括学者于显道之中。"① 这个学统，因为重新彰显了"道"的意义，构成一种新的典范，所以就成为验证一切学术的标准，只有与之相配合，才能获得存在的价值与合理性。正如吕坤所说的："旁流之至圣，不如正路之贤人，故道统宁中，绝不以旁流继嗣，何者？气脉不同也。予尝曰：宁为道统家奴婢，不为旁流家宗子。"② 通过学统之建构，程朱的正宗地位和理学思想的权威性也就确立起来了。

二、学统与知识谱系

与道统捆绑在一起的学统，必然会造成知识视域的遮蔽性，而为了强化这一学统的正统地位和权威，也必然要打压异己、排斥异端，用系统的封闭性来强固自身的抵抗力量，以化解来自不同方面的压力，渡过各式各样的思想危机。以正统面貌出现的理学所构筑起来的学统，在明代所遭遇到的各种挑战，以及入清之后的破解之局，恰能说明这一点。

当然，除了道统意义上的学统之外，作为一般的知识谱系，它在演变和积累的过程中，也会呈现出某种连续性的线索，有分门别类的特征和比较意义上的边界，从而构成一个有自身特色的系统。就儒学的知识谱系来说，它是建立在历史眼界、类别意识、比较方法和各种学问要素之组合的基础上的。从时代来讲，有先秦原始儒家、两汉经学、宋明理学、清代考据之别。从类别而言，早在《论语》先进篇中，就有"德行"、"言语"、"政事"、"文学"四科之分，后来又有文苑、儒林、道学之分传，义理、考据、辞章之分学等。从比较的意义上，经学分今文和古文，所据不同，特征有异；道学分理学和心学，一讲"性即理"，一主"心即理"，朱陆异同，论辩了千年。由学问之要素而言，

---

① 王夫之：《张子正蒙注·序论》，《张子正蒙注》，中华书局1975年版，第2页。

② 吕坤著，王国轩等整理：《呻吟语》卷一，《吕坤全集》中，中华书局2008年版，第640—641页。

情形就更为复杂了，阵线交错，学派林立，眼花缭乱，难言其概。这些不同的分析视角和大大小小的知识视域，可以引导我们进入迷宫般的历史之境，在复杂的线索中穿梭和巡回，通过对各种材料的检索、验证、比对与勾连，在一片朦胧之中探寻和描绘各式各样的学统轮廓。从儒学发展史来看，在历史叙述中所积累起来的模式和典范，大多是依据客观存在的因素和条件，譬如学缘、师承、行迹、文本、地域等，而有些则是在后续的不断陈述和反复论证当中，才逐渐地清晰化，并且成为"事实"或者常识的。对于儒者个人的情感世界而言，譬如思想观念的缀合、心理气质的归类，以及文本解释与理解当中的歧义等，这些精神性要素的认知和确证，并由此达致一些共识，情形可能就要复杂得多。统绪意识的成形和模式化，恰恰是在这些复杂因素的搅拌和混合当中才得以呈现的，因而经过不断的别类与归纳之后，这些学问的谱系才有些变得清晰，已成为学术史写作的基本框架，而有些则仍然是模糊的、不确定的，甚至存在着很大的争议。

从历史上看，道统意识的凸显本身就是为了重构谱系，为儒学的创新求变寻找新路，在所面临的各种危机中突围而出，重新理出一个学统来。宋初学者在面对五代乱世之后纲常崩坏、先王制度文章扫地殆尽的衰微局面时，力图复兴儒学。他们或走汉唐经学的老路，以训释经典为业；或接踵"文起八代之衰"的古文途径，而有所述作。但这些努力都不能抵挡得住释道二家的汹汹之势，也不能从根本上改变儒学衰弱的境地，这才有了讲义理一派的崛起。"今之学者有三弊：一溺于文章，二牵于训诂，三惑于异端。苟无此三者，则将何归？必趋于道矣"。① 道学的兴起，在很大程度上就是另起炉灶，重新为学派划界，在新的意义上重建儒家的学统，从而在本体论上为儒学的义理规模做出新的阐证。这个学统不是现成的，所依据的经典系统也和以前的不一样，学问的路数不是按部就班，而是截断众流、横空出世，试图开出一个和以往不一样的新格局来。二程对当时的学问类别就进行了划分，首先区别开儒家和异端，然后在儒学内部又分出三种："古之学者一，今之学者三，异端不与焉。一曰文章之学，二曰训诂之学，三曰儒者之学。欲趋道，舍儒者之学不可。""今之学者，歧而为三：能文者谓之文士，谈经者泥为讲师，唯知道者

---

① 程颢、程颐著，王孝鱼点校：《河南程氏遗书》卷十八，《二程集》第一册，中华书局1981年版，第187页。

乃儒学也"。① 这里的"儒者之学",显然已经排除了文章之士和训诂之儒,而把儒学就定义为道学,这和以往的儒学概念是完全不同的。后来吴澄在解释这段话时说:"儒者之学分而三,秦汉以来则然矣,异端不与焉。有记诵之学,汉郑康成、宋刘原父之类是也;有词章之学,唐韩退之、宋欧阳永叔之类是也;有儒者之学,孟子而下,周、程、张、朱数君子而已。"② 这个以别类分派的方式而清晰化的学统,显然就是所谓的"道统",它排除了道学以外的所有儒者。后来"道学"另传,而与"儒林"区别,义理与考据的长期争拗、渐渐加剧的汉宋对峙之局,无不与这一知识谱系的理解和划分有关。

实际上,道统的权威确立之后,儒学的知识领地便大幅地收缩,只有讲天道性命的义理之学才能进入到正学的殿堂,而其他学问的价值都会遭到质疑或者打压。③ 这种强势的排他性直接带来了两大后果:一是对以往儒学场域的大量裁减和压缩,历史上传周孔之学、操儒者之业的大批人物被摈除于行列之外;二是儒家后学从业的方式和门径变得十分狭小,为了争当"正路之贤人",而造就了大批的"道统家奴婢"。道学自身对知识领地的精简与紧缩,当然有其学术创新的内在要求,也有清理门户、排除异端的外部之需,这是在特定时代条件之下的"大裁军",淘汰冗赘,精练自体,以收化蛹成蝶之效。但义理之学显然不是知识的全部,儒学不可能不讲考据、词章、经世等学问,这就有了理学家在主业之外从事"副业"的问题,但主副如何协调、尺寸如何把握、统绪如何释解等,都需要不断地斟酌。除了知识之域的适当配置和自我调整之外,理学家还要面对那些偏重考据、词章、经世,同时也讲义理之学的各类人物的挑战,这涉及历史评判、人物归类、身份认同等,当然也关乎正统性和话语权。这些由知识场域的复杂性所引带而来的问题,长久地困扰着理学谱系的书写,也逼显出各式各样试图化解的方式。如叶采在《近思录集解》的"题记"中谓:"道统相传,至于孔子。孔子传之颜、曾,曾子传之子思,子思传

---

① 程颢、程颐著,王孝鱼点校:《河南程氏遗书》卷六,《二程集》第一册,中华书局 1981 年版,第 95 页。

② 吴澄:《评郑夹漈〈通志〉答刘教谕》,《吴文正公集》卷二。

③ 清初邵廷采(1648—1711)在《候毛西河先生书》中,有记载吴兴老先生沈仲固的一段话,颇为传神:"道学之末流,至宝祐、开庆间几不可问。见治财赋者则目为聚敛,开阃者则目为麄人,读书作文者则目为玩物丧志,留心政事者则目为俗吏。所读止'四书'、《近思录》、《通书》、《太极图》、《东、西铭》、《语录》数种,不为其说,即立身如温国、文章气节如坡仙,亦置之格外。"(《思复堂文集》卷七,浙江古籍出版社 2010 年版,第 207 页)

之孟子，遂无传焉。于是楚有荀卿，汉有毛长、董仲舒、扬雄、诸葛亮，隋有王通，唐有韩愈，虽未能传斯道之统，然其立言、立事，有补于世教，皆所当考也。逮于本朝，人文再辟，则周子唱之，二程子、张子推广之，而圣学复明，道统复续，故备著之。"① 同为叙述道统的谱系，这比明清之际的朱子学者口气要柔和得多，对于汉唐儒学的成绩还是充分肯定的。面对"明以来谈道统者，扬己凌人，互相排轧，卒酿门户之祸，流毒无穷"的状况，清初学者已经开始有所检讨。如万斯同在著《儒林宗派》时，就特别开阔了儒学的门户，将大量的"文士"、"讲师"纳入其中，"凡汉后唐前传经之儒，一一具列，除排挤之私，以消朋党，其持论独为平允。""较之学统、学案诸书，则可谓涤除锢习，无畛域之见矣"。② 比之保守的理学家史著，此情形显然已大为改观，将更多的与儒学发展史相关的人物和知识肯定下来。

"扩容"的呼声和压力在道学收紧门户的过程中，可能就一直存在着，但义理之学的主体性却从来没有被撼动过，不管是程朱理学还是陆王心学，众多的学统叙事都是在一致肯定心性义理的重要性之基础上而展开的，只不过表达的入路和方式有所不同。但实学兴起之后，情况有所变化，特别是清代考据学的大盛，使汉宋对峙的局面日渐紧张，义理之学的主体地位受到了根本性的挑战，其学术价值也遭到不断的质疑。理学家的创作倚重《易传》、"四书"等传记，而于"五经"显得荒疏，对儒家义理的解释也是自出机杼，不管前人的注解，尤其对汉唐经师的训诂之业嗤之以鼻，有以理学代经学的意思。对此，乾嘉学者极为不满，大力纠弹，为汉儒伸张名誉，重树考据式经学的权威。在他们的心目中，汉代去圣不远，汉儒所掌握的文本和理解的文义，应该是最真实可靠的，要进入周孔的思想，只能从汉学入手。顾炎武即有"舍经学无理学"之说，到了乾嘉时代，主流学者更是张大其帜。王鸣盛谓："经以明道，而求道者不必空执义理以求之也。但当正文字、辨音读、释训诂、通传注，则义理自现，道在其中矣。"③ 阮元也说："圣人之道，譬若宫墙，文字训诂，其门径也。门径苟误，跬步皆歧，安能升堂入室乎。学人求道太高，卑视章句，譬犹

---

① 《近思录》卷十四。详注详评参见程水龙：《〈近思录〉集校集注集评》，上海古籍出版社2012年版，第1041页。

② 《四库全书总目》卷五八，中华书局1965年影印本，第528页。

③ 王鸣盛：《十七史商榷》序。

天际之翔，出于丰屋之上，高则高矣，户奥之间未实窥也。"① 他在为江藩《汉学师承记》所作序中，特别强调"两汉经学所以当尊行者，为其去圣贤最近，而二氏之说尚未起也"，故未受污染，"纯粹以精"，应该视作是儒学的正宗。江藩用了"废"、"绝"、"明"、"绪"四段来描述汉学由衰转盛的历史，言："经术一坏于东、西晋之清谈，再坏于南、北宋之道学。元、明以来，此道益晦。至本朝，三惠之学盛于吴中，江永、戴震诸君继起于歙。从此汉学昌明，千载沉霾，一朝复旦。"② 由此便为乾嘉考据接续上了汉代经学的统绪，从而翻转了义理和考据的地位，将"儒林"重树为正统。此学统实际上又立了另外的门户，完全摈除理学，对汉宋兼采者也一概不容，比之程朱学统的褊狭性有过之而无不及。

从学问类别和知识谱系来看儒学，其学统构建的历史是异常丰富多彩的。有长时段的作为一个时代的学统，也有数传之后即湮没无闻的学统；有覆盖面非常广、深具普遍性的学统，也有流行区域有限、小门小户的学统；有宏大叙事的学统，也有一经一传的学统。在历史的流变过程中，这些统绪的聚合与离散充满了相互间的交织，在繁衍与分化、播撒与断裂、清晰与混杂等种种不确定的因素当中，呈现出了多元多样的情景。知识谱系的学统描述和儒学分科的历史线索有所链接，孔门四科，文苑、儒林、道学三传，义理、考据、词章三学，以及今古之分、汉宋之别等，这些具体的学术理路和丰富的历史材料为我们分疏儒家的学统大开了方便之门，而这些恰恰是能够与现代学术的分类方法和学科范属来做类比的，这便为传统的考索与现代的叙事相互间的联系提供了可能。

三、在经典解释中重构学统

随着经学的瓦解和儒学权威的失落，传统意义上的道、政、学三统均已不复存在。"儒而在上者为治统，儒而在下者为学统，何其远大哉！"③ 的景象已成为遥远的历史记忆。在上者不为儒，治权合法性的论证早已转换成现代民

---

① 阮元著，邓经元点校：《拟国史儒林传序》，《研经室集》，中华书局 1993 年版，第 37 页。
② 江藩著，钟哲整理：《国朝汉学师承记》，中华书局 1983 年版，第 5—6 页。
③ 孙奇逢：《四书近指》卷六，《孙奇逢集》上，中州古籍出版社 2003 年版，第 425 页。

主政治的一套话语，与儒家所讲的先王、圣贤理想无涉。道、学合一的统绪也随着现代学术分科而治的普遍实行，变得虚无缥缈，难言其实。道、政、学的理想，只有在学者研究的历史想象中还熠熠生辉，而现实的境况却是早已无道可言、无统可续。作为历史研究的对象，"三统"话语的材料被拆解和分散到了不同的学科，以不同的视角和方式被陈述着，有的充满了鄙夷，有的仍含有敬意，不管态度和立场如何，研究方式却一律是现代的，因为这是取得学界入场券的先决条件和进入可交流之实存状态的唯一路径。晚清以来，在西学的观照下，"三统"话语各自寻找门径，在不同的领域探求与现代西学对接与转换的入口，以实现传统资源的现代转化。道统所遭遇到的批判最为惨烈，而同情者则尝试作精神性链条之解释，以转换意义，舒缓其咎责。如熊十力就曾说："余少时从事革命，对宋学道统观念颇不谓然，后来觉其甚有意义。盖一国之学术思想，虽极复杂，而不可无一中心，道统不过表示一中心思想而已。此中心思想，可以随时演进，而其根源终不枯竭。"① 这显然已经是现代的意思了，一般人均能理解和接受。政统往往和现代政治的一些话题联系在一起，包括民族—国家、治权与法权、制度安排等。就学统而言，在现代的学术语境中已经转换成为知识谱系的话语，所以牟先生才在"知识之学"的意义上来思考"开出"的问题，而凝思于"学之为学"的特征与方式，将科学、哲学等现代知识形态的内容和传统的"学统"之思想资源联系在一起，这明显已是现代意义上的论议了。

学统观念的现代转换，大致有两种途径：一种是本之于历史材料，用现代学术的眼界和方法做客观的研究和陈述，拨开历史上的层层迷雾，讲清楚这些统绪的来龙去脉、迁延和发展，以使当代人能够更好地了解这些流派与人物的知识状况和思想情感，从中获得启迪。另一种则包含了思想创造的兴趣，试图在学统问题的思考和叙事中，把当下的状况也摆进去，掺杂很多价值判断，对历史统绪的展现不是白描式的，而是布满了各种色彩、是一种"再叙述"，有重构学统的意向。前者是历史叙述型的，多为史学家所持守，而后者则偏重于思想创造，接近于哲学家的本业。当然，史学叙述中也有价值判断，哲学诠释更离不开基本的史迹，两者未必能截然划开，这只是大略而已。就知识谱系来说，现代史学对学统的理解和转化，大致是沿着乾嘉学术和清末民初新史学的

---

① 熊十力：《读经示要》，《熊十力全集》第三卷，湖北教育出版社 2001 年版，第 828 页。

路数而来，有汉学的影子；而现代新儒家则受理学余绪和西哲观念论的影响多些，闪现出宋学的风格。作为儒家思想的现代阐释者，新儒家不得不考虑：传统意义上的学统对于今天的知识状况而言意味着什么？古典的学统资源有何现代意义，以及如何实现现代的转化？因而在他们的著述中就包含了很多解释性的元素和思想上的想象发挥。从近百年中西融合的历程中，我们看新儒家对学统的理解和解释，也是表现出了不同的取向和路数。① 有的比较肯定传统的学统观，把现代教育的师生关系和传道谱系式的学问形态做了一种很有想象力的结合，并有所实践，像马一浮的复性书院、梁漱溟的勉仁书院等。有的只是从文化意识和传统理念上来肯定学统的重要性，对现代教育制度和学术形态所造成的当今学界之统绪失坠，心怀忧愁，设想着以中国历史文化的大传统和其优长之处来弥补现代教育与学术的不足。有的则立足于现代的学科分类，试图创造性地转化传统的资源，以融汇到新的知识系统当中，诠释与构建出新的学统来。

我们以熊十力为例，他在《原儒》的"原学统"篇中，对于儒家的学统给出了一个新的解释，"上推孔子所承乎泰古以来圣明之绪而集大成，开内圣外王一贯之鸿宗；论定晚周诸子百家以逮宋明诸师与佛氏之旨归而折中于至圣"②，以儒统百宗为基调、内圣外王为宗旨、重释经典为入路，站在哲学诠释的立场，建构了一个现代式理解的学统。他首先提出要回到经学，以经典的重新理解和阐释作为基础来转化儒学，使之与现代社会的价值观念相衔接。但这个经学不是传统意义上的，不是旧有形态的照搬与复述，既非汉唐注疏，也非清代考据，面貌上虽然与宋学稍有相似，但出入释道、融合中西的大量思想素材，又使之早已超离了儒学的藩篱而多有今人之意，实为现代重塑之后的一个新形态。熊先生认为这样的经学就是儒家的"哲学"，他说："余以为经学要归穷理、尽性、至命，方是哲学之极旨。可以代替宗教，而使人生得真实归宿。盖本之正知正解，而不杂迷情。明乎自本自根，而非从外索。是学术，不可说为宗教。是哲学，而迥超西学。非宗教，而可代替宗教。经学之特质如是，焉

---

① 关于现代新儒家的道统观分析、成员之间的差别，以及他们对学统的不同理解，余英时先生在多篇文章中都有论及，参见余英时：《中国知识人之史的考察》，《余英时文集》第四卷，广西师范大学出版社2004年版，第154—159页；《现代学人与学术》，《余英时文集》第五卷，广西师范大学出版社2006年版，第11—31、373—379页。

② 熊十力：《原儒序》，《原儒》，《熊十力全集》第六卷，湖北教育出版社2001年版，第311页。

可持科学万能之见，以屏斥经学，谓其绝而不可续哉?"① 以经学等同于哲学，又以哲学来代替宗教，这显然已非经学的固有之意，也不是历史叙述型的史学家所可以接受的那种现代研究方式的经学，甚至与马一浮这样的新儒家所讲的理学式的经学也不完全相同。② 就学术谱系而言，新儒家于儒学传统皆亲近于宋明理学，而不喜清代考据，如此的高标经学，似与传统的脉络又相抵牾，因为打着汉学旗号的乾嘉学术恰恰是以复兴经学而著称于世的。所以熊先生又特做限定，将儒家分为"释经之儒"和"宗经之儒"。以训诂考据为业的经师都属于"释经之儒"，如汉学、乾嘉学术之类，而讲义理的儒家是"宗经之儒"，方属经学之正脉。"宗经之儒，在今日当谓之哲学家，发明经学，唯此是赖。注疏之业，只为治经工具而已，不可以此名经学也"。③ 这样，经学就是指义理之学，反倒是不包括一般人所理解的考据之业，这就有点像当年二程所给出的类别，经学、儒者成为讲义理之学的专属名词，现在又加上了西语的"哲学"。当然，这一历史翻转并不是简单的"否定之否定"，又把汉学打倒，重新扶正宋学的地位；而是在中西文化交会的大背景下，试图为儒学的义理价值找到现代表达的方式和创造性转化的契机，以重构现代儒学之新的学统。

熊十力对儒学的现代转化，采取了解释经典的方式，重新回到"六经"，同时也接引西哲，重构了儒家的谱系。他认为"儒"有两源。一是尧、舜至

---

① 熊十力：《读经示要》，《熊十力全集》第三卷，湖北教育出版社 2001 年版，第 731 页。

② 肯定经学的价值，回归"六经"，似是马一浮和熊十力共同的主张。马先生讲"六艺该摄一切学术"，"吾国二千余年来普遍承认一切学术之原皆出于此，其余都是六艺之支流"，甚至说"西来学术亦统于六艺"（马一浮：《泰和会语》，《马一浮集》第一册，浙江古籍出版社 1996 年版，第 10、21 页）。对此，熊先生深表赞同："友人马一浮讲学国立浙江大学时，其讲词，以六经统诸子，世或议其无有义据，其实一浮所见甚是。"（熊十力：《读经示要》，《熊十力全集》第三卷，湖北教育出版社 2001 年版，第 749 页）他自己也常常讲"诸子之学，皆原本六经"，"晚周六大学派，儒为正统，墨、道、名、农、法，同出于儒而各自成家"（熊十力：《原儒》，《熊十力全集》第六卷，湖北教育出版社 2001 年版，第 374 页），好像都是在用"六经"来宗统诸子和百家之学。但马、熊二位先生对"六经"宗旨的理解和解经之风格是大不相同的，马倚重理学、偏好程朱、主"居敬穷理"，熊直探《大易》、归宗心学、讲"生生"、"健动"，另外二人对西学、西语的接纳程度也是不一样的。关于马一浮的思想，近来有两本研究新作可供参鉴，刘梦溪：《马一浮与国学》，生活·读书·新知三联书店 2015 年版，滕复：《马一浮和他的大时代》，鹭江出版社 2015 年版，皆为积累有年的用心之作。

③ 熊十力：《读经示要》，《熊十力全集》第三卷，湖北教育出版社 2001 年版，第 811 页。

文、武的政教垂范，"可称为实用派"；一是伏羲《易》卦所导源的"穷神知化"之辩证思维，"可称为哲理派"。孔子综汇此"尧舜政教"和"大易辩证"两大传统，创立了儒家学派。"孔子上承远古群圣之道，下启晚周诸子百家之学，其为中国学术界之正统，正如一本众干，枝叶扶疏，学术所由发展也。及至汉武、董生，定孔子为一尊，罢黜众家之说，勿使并进。实则窜乱六经，假托孔子以护帝制，不独诸子百家并废，而儒学亦变其质、绝其传矣"。① 他不满于维护专制的儒学，批判汉儒、苛责宋学，尤其不能宽恕无民族大义的清代考据家（阎、胡之流），所以试图重新厘定儒学的纲脉，给出新的价值判断。熊先生所做的"原儒"工作，基本方式是回到"六经"，用哲学观念论的方法和现代性转化的意识来重新解释儒家之根本思想，以"内圣外王之学"来概括"六经"的义理。他说："六经为内圣外王之学。内圣则以天地万物一体为宗，以成己成物为用；外王则以天下为公为宗，以人代天工为用。"② 所谓"内圣学"，就是中国哲学本体论中的"天人不二"和宇宙论中的"心物不二"。所谓"外王学"，于《易》为"倡导格物学"，"明社会发展，以需养为主、资具为先"；于《春秋》"曷为贬天子、退诸侯、讨大夫哉"；于《礼运》为"倾覆统治阶级"，实现人人平等互助；于《周官》为"以均为体，以联为用"之治道。在"六经"中，熊先生特别重视《易》、《春秋》二部，"孔子之道，内圣外王，其说具在《易》、《春秋》二经，余经皆此二经之羽翼。《易经》备明内圣之道，而外王赅焉；《春秋》备明外王之道，而内圣赅焉"。③ 他对孔子和"六经"的关系、"六经"的源流，尤其是"六经"如何经过汉儒之"窜乱"而有所改变的情形，均做了详细的考索和推想，尽管在论述中多有主观臆测，但也在观念系统上能自成一格，于儒家新学统的现代建构而言，不啻为一有价值的尝试。

第一代新儒家（熊、马、梁）返诸"六经"、回到孔子的"原儒"指向和艰苦努力，缺漏甚多，未必有大成效，对倚重于现代学术规范的史学界来说可能是空贻笑柄。特别是熊先生颇为主观、以己意为进退的"革命释经学"，连其弟子也难以接受，颇多诟病。但我们看牟宗三在思考道、政、学三统问题时，还是承续了老师"内圣外王"的框架：以道德良知的"自由无限心"为核

① 熊十力：《原儒·原学统》，《熊十力全集》第六卷，湖北教育出版社2001年版，第438—439页。

② 熊十力：《原儒》，《熊十力全集》第六卷，湖北教育出版社2001年版，第457—458页。

③ 熊十力：《读经示要》，《熊十力全集》第三卷，湖北教育出版社2001年版，第1015页。

心，阐扬圆教（东方哲学无执的存有论），凸显圆善（道德的理想主义），是为内圣学。而致力于"名数之学"（科学）的发展和"国家政制"（民主）的建设，以会通中西，则是现代儒家的外王事业。故"三统并建"和"儒学之第三期发扬"，均离不开创造性的转换和哲学诠释学的想象力。而返诸"六经"，回望"原儒"，在经典解释中重构儒家之学统，以期在现代文化的语境中为儒学价值的当下叙述寻找到更为合适的方式，此一未尽之途，更待后人接踵。《宋史·道学传》有记，当年朱子每思道统不传、学统不继，深觉忧患之时，"尝谓圣贤道统之传散在方册，圣经之旨不明，而道统之传始晦。于是竭其精力，以研穷圣贤之经训"。① 今日之儒林，有重建学统的各种努力，亦当由研究经典入手，用心阅读，仔细揣摩，深刻体会，然后再来理解和解释之，统绪有秩，庶几近矣！

（作者简介：景海峰　深圳大学国学研究所）

---

① 《列传》第一百八十八，《宋史》第三十六册，中华书局点校本 1985 年版，第 12769 页。

变动的光谱

——社会思潮研究视野中的现代新儒学

高瑞泉

晚近三十年中国思想界的一个重大转变，是随着长期占据主流的激进主义让位于保守主义，现代新儒学迅速崛起，有带动儒学全面复兴之势。不但在学院体制内部儒学研究获得了强有力的支持，而且民间的读经活动，以及书院、学会、研究机构也不断出现。另一方面，"重建礼乐"的尝试也时有耳闻，尽管经过媒体报道过的总有变形之感；而新儒学内部的派别之争也已经出现，"政治儒学" VS "心性儒学"、"港台儒学" VS "大陆儒学"，都成为媒体乐见的话题。这虽然是梁启超所谓"思潮"作为"继续的群众运动"处于"生、住、异、灭"过程中而难以避免的，[①] 但是也为哲学——思想史的研究拓宽了对现代新儒学作一种谱系学考察的空间。

一

较早提出"新儒家"或"新儒学"等概念的应该是贺麟先生。在 1941 年写作的《儒家思想的新开展》一文中，贺麟先生断言"广义的新儒家思想的发展或儒家思想的新开展，就是现代思想的主潮"。它关系到民族复兴的存亡大业，因为"民族复兴本质上应该是民族文化的复兴。民族文化的复兴，其主要的潮流、根本的成分就是儒家思想的复兴"。在贺麟先生看来，新儒学或新儒家的内容至少包含哲学、宗教和艺术三项。事实上，20 世纪三四十年代的"新儒

---

① 梁启超：《清代学术盖伦》，见朱维铮编：《梁启超论清学史二种》，复旦大学出版社 1985 年版，第 1 页。

学"主要的成就仅仅限于第一项：哲学。其路径大致上按照贺麟先生所言，"必须以西洋的哲学发挥儒家的理学。儒家的理学为中国的正宗哲学亦应以西洋的正宗哲学发挥中国的正宗哲学"。[①] 就大陆理论界而言，贺麟先生所述的具体情状，是四十多年以后才开始被重新认识的。20 世纪 80 年代中期，方克立教授主持现代新儒学的研究项目，采取了广义的"现代新儒学"或"现代新儒家"的概念，与海外港台学者所说的"儒学第三期发展"局限于熊十力与其弟子及其再传弟子的学术活动不同，"把在现代条件下重新肯定儒家的价值系统，力图恢复儒家传统的本体和主导地位，并以此为基础来吸纳、融合、会通西学，以谋求中国文化和中国社会的现实出路的那些学者都看作是现代的新儒家。"[②]

"现代新儒家"或"现代新儒学"概念的提出，与海外汉学家以往使用"新儒学"（neo—Confucianism）专指宋明理学作了区别，不但由此激发了对于这一学脉中的人物与思想的研究，而且打破了门户之见，将史学与哲学乃至在现代学院体制中几乎废绝的经学归并为一体，比诸当时最主要的哲学史著作，扩大了人们对这一派的视野。[③] 不仅如此，我以为其更深层的意义在于超越了"道统"之争。贺麟先生在叙述新儒学的系统时，已经用"正宗"来暗含了"道统"的意味。而他所谓新儒学，在其《五十年来的中国哲学》中，被描述为"陆、王学派独得盛大发扬"，[④] 而牟宗三则进一步指出"中国儒家正宗为

---

① 贺麟：《文化与人生》，商务印书馆 1996 年版，第 4、8 页。

② 见方克立：《现代新儒辑要丛书》"总序"。

③ 20 世纪 80 年代有两本最重要的近现代中国哲学史著作，都是著名哲学家所作。一本是冯契先生的《中国近代哲学的革命进程》，书中对于梁漱溟、熊十力、冯友兰三位先生的哲学都有专论，对于贺麟、张君劢等也有涉及，注意到他们"都自称接上了中国的传统思想，以复兴儒学为自己的使命。他们在学术上激发了民族自豪感，是有贡献的"。但哲学路径上则坦陈与其不同。（参见冯契：《中国近代哲学的革命进程》，《冯契文集》第七卷，华东师范大学出版社 1996 年版，第 619 页）另一本是冯友兰先生的《中国哲学史新编》第七册，曾经以《中国现代哲学史》在海外出过单行本，后来收入《三松堂全集》第 10 卷。冯友兰先生将"接着"宋明理学说的现代哲学家划为两类，一是理学，有金岳霖和冯友兰；一为心学，有梁漱溟和熊十力。（参见冯友兰：《三松堂全集》第 10 卷，河南人民出版社 2000 年版，第 543—650 页）相比之下，冯友兰先生是从儒学内部划分的，而冯契先生则在整个 20 世纪中国哲学论争的视野中既指出他们属于东方文化派或玄学派，同时也在更哲学化的方式上讨论了梁漱溟、熊十力、冯友兰的哲学。

④ 贺麟：《近五十年来的中国哲学》，商务印书馆 2002 年版，第 18 页。黄克武的《近代中国的思潮与人物》一书中最后有一篇《蒋介石与贺麟》对于贺麟以新学为正统的政治背景尤其是

孔孟……孟子为心性之学的正宗……陆王一系才真正顺孟子一路而来",① 而现代新儒学从熊十力到牟宗三，即代表了儒家之正统。牟宗三对朱熹则有"别子为宗"的评价，这理所当然会大有争议的余地。港台新儒家对冯友兰先生一直颇有偏见，除了政治因素以外，也是因为在他们看来，"接着"程朱讲的冯友兰先生进不了"道统"。当然，冯友兰先生另有一种"道统"说，那就是：孔孟、老庄、名家、董仲舒、玄学、禅宗到程朱理学达到集大成，冯友兰先生的使命是接着此"道统"而讲"新统"。以上两种"道统"说，形式上似乎只是从学理上梳理了各自的知识谱系，不过它是一种类似"家谱"的谱系，蕴含了超乎知识的意义，或者说"道统"论使哲学思想史的叙事发生了意识形态的变形。

正因为此，对于"道统"说，历来就有各种批评。20 世纪 40 年代的马克思主义者主要是从意识形态与权力结构的关系，从政治正确的标准对其倾向提出批评；② 哲学上，则主要是警惕"道统"论所可能蕴含的权威主义和独断论。在现代新儒家中人看来，这属于外部批判，大可以忽略。不过，如果我们将批判儒学也视为广义的儒学研究的话，它也是现代思想光谱的一部分。从现象上看，以"批判地继承"为宗旨的儒学研究，近年来似乎进入了潜流状态。但是，我们现在比较多地强调"中西马融合"或"传统的创造性转化"，其实已经将前述态度视为一种预设。因为它首先要承认真理或传统的价值并不是可以由某一个或某一派儒者对于经典的诠释所垄断。

另一方面，"现代新儒家"内部批判同样也指向了此类"道统"说，以余

与蒋介石国民党的意识形态之间的关系有仔细的交代，尤其是说《近五十年来的中国哲学》已经是当初（1945 年）的《当代中国哲学》的易名本，其中吹捧蒋介石的部分自然也就删节了。(参见黄克武：《近代中国的思潮与人物》，九州出版社 2013 年版) 按照其说，康有为、谭嗣同、梁启超、章太炎、梁漱溟、熊十力、马一浮即为现代陆王学的谱系，蒋介石（经孙中山）则为发微事功的代表。

① 牟宗三：《中国哲学的特质》，上海古籍出版社 1997 年版，第 69 页。

② 详见周恩来：《论中国的法西斯主义——新专制主义》，《周恩来选集》上，人民出版社 1980 年版，第 142—156 页。又，在《论"理学"的终结》一文中，杜国庠说：理学除了道德性命之学说外，"还有所谓'道统'的说法，以巩固其壁垒，仿佛继继绳绳像真正的王麻子、陆稿荐似的，只此一家，并无分店。历代帝王既利用它去巩固政权，于是我们也就利用帝王这种心理去扩张势力，而道统益见必要。"(杜国庠：《杜国庠文集》，人民出版社 1962 年版，第 379 页) 还可见《杜国庠文集》中《红棉屋杂存》十二、《玄虚不是人生的道路》等文章。

英时先生为代表。余英时先生有一篇长文《钱穆与新儒家》，中心是澄清钱穆与"现代新儒家"的干系，除了将作为"通儒"的钱穆先生与作为"别出之儒"的现代新儒家作了区划以外，特别批评了熊—牟一系的现代新儒家的"道统"论，他接着钱穆先生所谓"别出之儒因为受禅宗的启发，发展出一种一线单传而极易脆中断的道统观"的断语，指出："自熊十力起，新儒家都有一种强烈的道统意识，但是他们重建道统的方式则已与宋明以来的一般途径有所不同。他们不重传道世系，也不讲'传心'，而是以对'心体'的理解和体认来判断历史上的儒者是否见得'道体'。"③ 以"心学"为正统，即必须肯定一个普遍而超越的"心体"对于一切人都是真实的存在。对于港台新儒家乐于传颂的熊、冯两位先生关于"良知"是"假设"还是"呈现"的公案，余英时先生给出了另一个解答："如果我们细察新儒家重建道统的根据，便不难发现他们在最关键的地方是假借于超理性的证悟，而不是哲学论证……只有在承认了'心体'、'道体'的真实存在和流行这一前提之后，哲学论证才能展开，但这一前提本身则决不是任何哲学论证（或历史经验）所能建立的。"④ 所以新儒家的"道统"后面实际是"教"而非"学"，是宗教性的信仰，非理智与感官所能进达。换言之，它遵循了"要么全部，要么全无"的逻辑，不是我们通过论辩可以建立起的价值共识。余先生直截了当地说："新儒家的主要特色是用一种特制的哲学语言来宣传一种特殊的信仰。"⑤

当然，钱穆先生也有自己的"道统"观，用余英时先生的说法，是思想史家的道统观，虽然着重要继承的是北宋以来综汇经、史、文学的儒学传统，尤其尊重朱熹，但他视"历史文化大传统为真道统"。换言之，在钱穆先生这一系的传承中，比熊—牟一系现代儒学的视野要宽阔得多、较少排他性。由于其学问综合了经学、史学和文学，所以在现今的"国学"中占有更主要的位置。像当初主张用"国粹"来激发民族意识的章太炎一样，钱穆也主张"故欲其国民对国家有深厚之爱情，必先使其国民对国家已往历史有深厚的认识。欲其国民对国家当前有真实之改进，必先使国民对已往历史有真实之了解"。⑥ 在民族意识高涨、历史观发生重大转折的当下，以广义的历史连续性为"道

---

③ 余英时：《现代儒学论》，上海人民出版社 1998 年版，第 202 页。

④ 余英时：《现代儒学论》，上海人民出版社 1998 年版，第 204 页。

⑤ 余英时：《现代儒学论》，上海人民出版社 1998 年版，第 224 页。

⑥ 钱穆：《国史大纲·引论》，商务印书馆 1997 年版，第 3 页。

统"的底蕴，较为容易被普通民众接受。当然其困难在于，历史连续性不能停留在抽象的概念，因而通史的叙事和历史哲学的追问，都是无法回避的。

二

上述所论，似乎是宋明理学"道问学与尊德性"之争在 20 世纪的延续与新演变。① 如果放宽眼界，即从整个 20 世纪中国思潮运动的视域中考察，他们之间的"同"大于其"异"，所以我们可以在绘制中国思潮的"三国演义"中将他们归属于文化保守主义一脉。但是如果进一步研究，还是可以追问：现代新儒家是否仅仅起于 20 世纪 20 年代？它是否一开始就注定只是保守主义，或者说始终是单一的保守主义？换言之，现代新儒家的光谱是否有更长时段、更复杂的面相？

讨论这一问题需要对什么是"儒"、"儒学"、"儒家"、"儒教"等一系列相关概念有一番澄清功夫。从荀子开始，就对儒有各种分梳：有大儒、通儒、陋儒、小儒等等；近代儒者章太炎和熊十力都作有《原儒》，可看作这一貌似简单的问题的史学与哲学的两类解答。② 我以为，今天对它们的澄清，不必限于

---

① 余英时先生就评论过现代新儒家既有"良知的傲慢"，又有从"尊德性"向"道问学"的转变。不过在牟宗三一系之刘述先先生看来，重点放在历史文化方面的余英时先生虽然自己不愿意承认属于狭义的现代新儒家，却不在"广义的现代新儒家"之外。参见刘述先：《论儒家哲学的三个大时代》，香港中文大学出版社 2008 年版，第 237—238 页。

② 章太炎早期所作《訄书》就有《尊荀》、《儒道》、《儒法》、《儒墨》、《儒侠》、《儒兵》诸多对传统儒家学说的评论，尊崇孔子、荀子，但对旧说圣人如尧舜汤文武周公等则不然，因为力主改革的章太炎主张"法后王"。1909 年作《原儒》，后收入《国故论衡》（1910 年），辨析古代和后人对"儒"的不同解说。认为"儒之名，于古通为术士，于今专为师氏之守"。（参见姚奠中、董国炎：《章太炎学术年谱》，山西古籍出版社 1996 年版，第 170 页）基本上是一个历史学家的视域中的"儒"。熊十力先生则于 20 世纪 50 年代作《原儒》一书，重在发展其立足于"心本论"而来的"内圣外王"的哲学思想，一开始就是《原学统》："一、上推孔子所承乎泰古以来圣明之绪而集大成，开内圣外王一贯之鸿宗。二、论定晚周诸子百家以逮宋、明诸师与佛氏之旨归，而执中于至圣。三、审定六经真伪。悉举西汉以来二千余年间，家法之墨守，今古文之聚讼，汉、宋之嚣争，一概屏除弗顾。独从汉人所传来之六经，穷治其纂乱，严核其流变，求复孔子之真面目。而儒学之统始定。"（《熊十力全集》第六卷，湖北教育出版社 2001 年版，第 311 页）熊先生之儒的"学统"实为"道统"，多为处于己意之创说。

某家的定义，应该回到社会史，考察人们在社会生活中实际上如何使用这些概念。所谓"儒"，其意义在前现代中国有多重性。在学术的层面是指"儒学"，即研究历史上的儒家经典与同时代儒家著述的学问或学科，传统的经史子集四科之学都可以包括在内。在信奉一套价值、生活方式以及共享某些思维方式的角度说，它是一个政治—文化社会派别，可以称作"儒家"。从认孔子为宗主，共享某种信仰，包含了梯里希所谓的"终极关怀"，或者现代新儒家自己强调的"内在超越"，并以此来规范社会生活，儒家也可以说是"儒教"。后面两个名称都和社会建制有关，所以海外汉学家常常会使用所谓"儒家社会"或"儒教社会"的概念。由此可见，儒家或者以认同优先的方式研究儒家学说的"儒学"（以及与其相关联的儒教），① 都不但表示一套思想观念和价值，而且表示对其生活方式的忠诚。

从最基本的文化认同说，古代社会的"儒家"是指以孔子为宗主，以"六经"为基本经典，以"仁义"为核心价值，以"礼"为可以有所损益（事实上也不断有所演变）的建制，这样一个政治—文化派别；同时，从其社会阶层来说，又特指乡绅—士大夫—官僚三位一体的文化精英和政治精英集团（这些精英集团内部中人也许有另外的信仰，如佛教、道教）。古代儒家本来不是单一的宗教组织或学术团体。孔子以后，儒分为八。先秦即至少有思孟和荀子两大流派，按照《淮南子》的说法，墨子也曾"学儒者之业"，后来才自立门户。荀子之后学则有著名的法家李斯与韩非，两千年的中国社会虽可以笼统地称为儒家社会，其实是儒表法里。经过两千年的传承，尽管每一个朝代的儒学都有主流与潜流、中心与边缘，甚至有正统与异端的种种分流，但是由于儒学与政治的紧密关系，"一代有一代之学"，即意味历史上每隔数百年通常都划分

---

① 我曾经在一篇文章中讨论过，与此相应的是系统分析的方法：将儒家看成一个整全而复杂的大系统，它内部包含三个互相联结又互有分殊的子系统。第一个是儒学经典义理的系统，特别是经学系统。由于"经学必专守旧，世世递嬗，毋得改易"的特性，经学内部尽管也有不同的派别，但总体有较大的连贯性。无论今古、汉宋，都承认与尊重他们有一套共同的经典。第二个是儒家文化的系统，包括文学、史学、政治话语之所体现，它可能包含了在其长期发展中儒家自身不同进路的演进，以及和其他来源有异的思想（譬如佛教、道教甚至基督教的早期传播）的融合。第三个是儒家社会系统或"儒教社会"，主要是社会、伦理、政治制度、风尚习俗等等，及其中包含的观念。笼统地称为"儒家社会"是指社会伦理的基础是儒家的，但是实际上在社会生活、制度、习俗等等中间，法家和佛教、道教（家）也都有自己的角色。"儒表法里"和"三教融合"都是人们对"儒家社会"复杂性的认知。

了儒学的"范式",而同一时代的儒者通常共享着一套观念共识。由于有这样一套观念共识,尽管儒家内部有种种争论,儒家集团却保持着基本的社会团结,即其作为一个社会共同体是基本稳定的。

19世纪中叶以后,上述情形发生了重大的变化,随着"三千年未有之大变局"而来的变化。此变化经过数十年的酝酿发酵,到19世纪末甲午战败点燃了导火索,价值迷失与政治败坏相遇,知识精英与政治主导在国家根本问题上的分歧,促使儒家集团发生了前所未有的分化,由知识精英与政治精英共同组成的儒家共同体迅速瓦解。

在此以前,主导儒家精英的思想路径从"师夷之长技以制夷"到"中学为体,西学为用",已经蕴含着融摄西学为儒学所用的意义,其本意在获得变革的动力之同时捍卫传统之秩序。我曾经把它称之为现代保守主义的第一个纲领。[1] 它与单纯的传统主义的保守主义不同,表达了对新的国际环境之下中西文化冲突的初步概念化。如果放在更长的时段考察,它其实已经孕育着现代新儒家的方向。以往的西方汉学家把宋明理学称作"新儒学"(neo—Confucianism),它的"新",在于汲取了佛老又排斥佛老,发展出一套更具哲学意味的理论。宋元明以降,儒释道三教合流成为大势。而现代新儒学(new Confucianism)之"新",很大程度上是在回应和融摄西方文化的过程中,形成在经典世界有所根据而又适应现时代需求、希望能够对治现代生活的理论。而这样一个过程,在时间向度上应该往前追溯;在"现代新儒学"所覆盖的范围和解释厚度上,则应该注意到从传统的四科之学到现代学院制度之建立之间所带来的学科的多样性、风俗的流变和建制的过程。

前面我们讨论到19世纪末儒学内部呈现的新变化,即将儒家精英集团和儒学内部的分化看成整个现代新儒学运动的起始阶段。具体而言,提倡"中体西用"论的张之洞等属于儒家是没有争议的;在"中体西用"论实际支配了19世纪后期几乎三十年的儒家精英集团以后,由于甲午战争的失败,坚持此论者迅速被视为保守的一翼。从"中体西用"的儒家精英集团中分化出政治上被称作"改良派"的群体。戊戌时代,其近乎一个自由主义与激进主义的联盟:以康有为为首脑,梁启超、谭嗣同等为之前驱;从思想史与后来的历史影响而

---

[1]　参见高瑞泉:《秩序的重建:现代新儒学的历史方位》,《武汉大学学报》(社会科学版)2014年第5期。

言，其实还应该包括严复、章太炎。当然这一群体迅速再次分化，十年左右的时间即一分为三：康有为最为复杂，也最有原创性。在他那里激进主义、保守主义、自由主义兼而有之，不过在不同历史阶段、处理不同的问题时有不同的表现。20世纪初他成为保守的符号。梁启超、严复等是20世纪中国自由主义的先驱；谭嗣同被视为20世纪激进主义的源头，就其曾经具有的"革命"主张和对传统儒学的批判而言，20世纪初的章太炎之激进有过之而无不及。①

上述判断需要稍作展开。无论康有为的"旧瓶装新酒"如何震撼了传统儒家，无论其《大同书》如何惊世骇俗，康有为之属于儒家应该是没有争议的。不过借公羊学的形式来阐发其得自域外和时代创获之综合，远远超出了宋明理学的"新"。如果说康有为是"旧瓶装新酒"，其主旨在政教，在玄学的构造上则没有那么成功；其学说中依然用一种新的形态阐发了这样一种终极关怀的双重走向：即将原始儒家从天的信仰下贯为"仁"及其由"不忍人之心"扩充而为"大同"。康有为的追随者谭嗣同、梁启超，也都是把"仁学"和"大同"联结在一起。救亡图存固然是他们运用儒家资源来构筑理论的直接动力，但是未来人类的理想境界，可能是推动这批传统士大夫投身社会运动的更深层的动因。人们说康有为是近代中国历史上少数几个最有创造性的人物之一，就以《大同书》而言，其气魄之阔大，康有为在20世纪儒家中可谓后无来者。其影响所及，也远远超出单纯的儒家。因为他同时吸收了诸多学说。与其相比，自觉"议论近乎（曾）湘乡（张）南皮之间"的陈寅恪就主张"以新瓶装旧酒"，②已经退守至如何在吸收外来文化的同时不忘本民族的文化认同。梁漱溟以后的新儒家则依违在两者之间，或者是这两种方式的哲学综合。

同理，无论谭嗣同如何激烈，如何否定传统政治，"他仍然承袭了儒家对人生的道德取向，在追求一个理想的社会和完美的人格"。③而且他的学术方向

---

① 章太炎本来是古文经学的最后一个大师，其讲"国粹"，晚年"粹然成为儒宗"，以及"回真向俗"的转向，说其属于儒家完全成立，但是他不仅是革命家，而且曾经主张无政府主义，更对西方代议制民主持否定态度，认为中国可以实行"联省自治"下的直接民主，其实都包含了相当激进的姿态。

② 冯友兰：《中国哲学史》审查报告三，《三松堂全集》第四卷，河南人民出版社2000年版，第462页。

③ 张灏：《烈士精神与批判意识》，新星出版社2006年版。在本书中，张灏先生对谭嗣同思想的儒家源头以及儒家思想与大乘佛学、先秦子学等的紧张关系有细致的分析，尤其指出古代儒家就具有的抗议精神如何在谭嗣同那里得到突出的表达。

终究是《仁学》而不是其他。"《仁学》何为而作也？将以光大南海之宗旨，会通世界圣哲之心法，以救全世界之众生也，南海之教学者曰：'以求仁为宗旨，以大同为条理，以救中国为下手，以杀身破家为究竟。'《仁学》者，即发挥此语之书也。"① 张灏在另一篇文章中则比较详细分析了，"由张载和王夫之的哲学发展而来的新儒学世界观"是谭嗣同演化其"仁"的概念的原初本源。② 谭嗣同心目中的宗主还是孔子，融贯儒释道墨与西学可以采纳者，是救世与救心的途径。这一翼中某些人物政治态度一时的激进，并不完全改其儒家本色。梁漱溟、熊十力等新儒家的政治立场，特别在对待帝制的问题时，实质上比康有为更为激进：梁漱溟和熊十力都参加过辛亥革命，20 世纪 50 年代以后，他们都有不同程度的儒家社会主义倾向。就其在价值排序中主张平等优先，我们通常把社会主义视为现代社会中激进的一翼。

至于自由主义的先驱严复、梁启超，③ 无论其最初的教养背景，还是晚年思想的归宿，都显示出儒家的文化认同。中国的自由主义固然有更为西化的一翼，但是 20 世纪 20 年代以后的新儒家内涵着自由主义的另一脉：张君劢后来曾经参与设计中国的宪政。唐君毅、牟宗三等新儒家所关注的中心问题之一，是如何在儒家心性论的基础上"开出"科学与民主。徐复观在和自由主义论辩的过程中，对自由主义不乏同情的理解。以至于"儒家自由主义如何可能"成

---

① 梁启超：《仁学序》，《谭嗣同全集》，中华书局 1981 年版，第 373 页。

② 张灏：《危机中的中国知识分子——寻求秩序与意义》，新星出版社 2006 年版，第 95—122 页。

③ 梁启超与儒学（家）的关系之深，无须赘言。严复与儒学的关系由于其思想的复杂性而需要略加阐发。尽管严复曾经对正统儒家有过激烈的批判，我们依然不能把他看作与儒家绝缘的人物。这并不仅仅因为他参加科举、直到辛亥革命前一年才获得"进士"身份，也不仅仅因为他晚年参与"孔教会"、卷入"筹安会"的活动，同时也因为从分析其知识世界得出这一结论。大致说来，他对于传统儒学有分析地汲取：对待汉宋之争，他崇宋而抑汉，同是理学，他批评王学"师心自用"，取"道问学"的立场；但又赞扬王学悲天悯人的道德感。在"群己之辨"上，他游弋在"群重己轻"与"群己兼顾"之间，并不是原子主义的个人主义。在"天人之辨"上，他上承荀子、刘禹锡、柳宗元即儒学中强调"天（自然）人相分"的一脉。至于其进步主义的历史观，更是从易学的变异理论获得传统思想的基础。晚年则更回到原始儒家："鄙人行年将近古稀，窃尚究观哲理，以为耐久无弊，尚是孔子之书。四子五经，故（固）是最富矿藏，惟须改用新式武器发掘淘炼而已；其次则莫如读史，当留心古今社会移动之点。"（严复：《与熊纯如书（五十二）》，《严复集》第三册，中华书局 1986 年版，第 668 页）

为一个值得讨论的问题。

总之，随着中国的现代化进程，在应对现代性的过程中，激进主义、自由主义和保守主义演化为一本《三国演义》，但在某种意义上说，都是一百多年前儒家精英集团分化的结果。"道术而为天下裂"，由于"思想"已经进入现代社会的"三个市场"之一，在开放条件下上述分化的三者有时似乎显得势同水火。但是由于它们终究是"中国的"或"中国人的"，所以内里总有传统的因素，总有属于"儒"的一部分，不过内里到底是何种"儒"，与其他文化要素如何结合，以及传统由此发生了什么变化，可能就言人人殊了。

三

当年美国著名汉学家列文森的《儒教中国及其现代命运》曾经引起持久的争论，尤其是在"孔子在共产主义中国的地位"一章中，列文森断言孔子已经被珍藏在博物馆里："与儒家推崇的孔子不同，共产主义者时代的孔子只能被埋葬，被收藏。现在孔子对传统主义已不再起刺激作用，因为传统的东西已经被粉碎，孔子只属于历史。"① 如果把儒学视为只能以整全的观念存在的话，列文森所言不虚。② 现在的评论者通常只注意到，"文化大革命"使列文森怀疑自己的结论。其实列文森的那本书没有注意到现代新儒家中的梁漱溟、熊十力和冯友兰，也没有注意到海峡彼岸的新儒家的工作，当然更没有注意到儒家传统有其根深蒂固的部分，隐身在民族的文化心理、社会风俗和法律制度之中。如果从观念史研究的角度说，可以对当时（同时也是历史上的）"儒"采用三分的方式：第一，在后经学时代以一种"返本开新"方式通过诠释儒家经典来阐发的观念，它以经学为核心；第二，沉积在一般文学、历史中的儒家观念，包括正统的和异端的——其定位通常受政治形势而改变，它可谓是文化—心理的；第三，体现在风俗与政治法律、政策制度，它是建制化的观念。我之所以

---

① 列文森：《儒教中国及其现代命运》，郑大华、任菁译，中国社会科学出版社 2000 年版，第 342 页。

② 余英时先生对此从历史文化的角度有过论述："儒学不只是一种单纯的哲学或宗教，而是一套全面安排人间秩序的思想体系，从一个人自生至死的整个历史，到家、国、天下的构成，都在儒学的范围之内。"（余英时：《现代儒学的困境》，《余英时文集》第二卷，广西师范大学出版社 2014 年版，第 318 页）这可以看作一个整全的儒学（或儒家）的概念。

说它们不在"显学"状态，是因为第一类在中国大陆未能被主流意识形态接受，后面两类已经发生了现代性的转变，有时甚至以"反儒"的面目出现。①

与熊十力有直接师承关系的港台新儒家，继承了"返本开新"的路径，在融摄西方哲学的某些派别的过程中发展儒家哲学，"是对西方文明强力的冲击的回应"。② 不过即使在 20 世纪 80 年代以后港台那样的言路条件下，他们中有部分学者依然采取比较审慎、内敛的态度，对外主张以"文明对话"化解"文明冲突"；同时认为即使视儒学为"生命的学问"，以"内在超越"的方式呈现其"精神性"（这是他们对儒家的宗教性的一种修辞），也只是多元社会的个人选择。其"道统"论所包含的独断论与权威主义色彩尚不强烈。所以我认为它们作为保守主义，本质上是防御性的。或者按照亨廷顿的说法，依然是一种方位性的意识形态（a positional ideology），而不是捍卫特定制度的理论。

历史的发展总有其吊诡的面相，从研究现代新儒家哲学（尤其是港台新儒家）开始，三十年间，儒学在中国大陆迅速复活。它与港台新儒学有所不同，李维武教授指出："如果说此前的现代新儒学具有深刻的学术性，并对 20 世纪的中国学术发展作出了重要贡献，那么中国大陆新儒学则具有强烈的现实参与性，所思考和关注的重心是当代中国重大现实问题，特别是'中国向何处去'这一时代大问题。"它包括以政治儒学兴起为标志的儒学的政治化、以提倡建立儒教为标志的儒学的宗教化，以及以儒学走向民众生活为标志的儒学的大众化。③ 与梁漱溟、熊十力以后的新儒家偏向于从宋明理学（尤其是陆王心学）与西方哲学的融合不同，近二十年大陆新儒学研究中荀子——以及多半因为荀子"隆礼"而礼学——受到的注意明显增加，同时康有为重新触发了儒学研究的灵感。因为 20 世纪初期，正是康有为曾经极力提倡建立儒教，其从公羊学出发来建立现代中国社会哲学秩序的方式，被一些学人视为从文化的阐释

---

① 此类问题相当复杂，实际上又关系到另一个重大问题的解答：儒家传统在中国现代化（以经济起飞为特征）中起了何等作用？因为在现代新儒家的文化话语中，一方面他们指责五四打断了传统，所以现代化长期止步不前；一方面他们一直坚信儒家可以成为现代化的本土资源。而仅仅这样的论述无法解释当今中国崛起的原因和现实。从学术的角度说，在讨论中国经验或中国道路的时候，我们非常期待能够出现论述儒学传统如何正面推动了中国现代化的著作。

② 刘述先：《论儒家哲学的三个大时代》，香港中文大学出版社 2008 年版，第 138 页。

③ 参见李维武：《近百年来儒学形态与功能的总体走向与基本历程》，《武汉大学学报》2014 年第 4 期。

者变身为立法者的最合适途径。从某种意义上说，中国大陆出现的这一情势已经表示现代新儒学不再是防御性的或者单纯保守主义的，他们对中国的现状明显有着相当激进的态度。

上述变化自然有其内在的根据：一方面是一个有着悠长连续性的传统在经历"三千年未有之大变局"之后并未彻底断裂，如前文所述，即使在列文森那样的外部观察者以为孔夫子进了博物馆的时代里，儒家伦理乃至政治文化依然隐身于激烈变革的现实之中；另一方面是经济建设时代意识形态的挑战，需要可以提供秩序重建的多重资源——尤其是在本民族中根深蒂固的传统——共同发挥作用。历史学家陈旭麓先生曾经意味深长地说过："新儒学是时代和社会新了它，不是它新了时代和社会。"① 当代世界在"全球化"的过程中依然是一个高度竞争的世界。崛起的中国，作为一个现代国家置身于此，确实需要建立更具有内在凝聚力的精神权威，现代新儒学提供了一个有价值的选项。当然，这里的"权威"即理想或者说合理的价值体系，它应该是令人心悦诚服的社会共识，而非独断的教义。用返魅的方式还是用充分发展论辩合理性的方式来建立社会共识，虽然有种种历史的偶然性在其中起作用，但作为学人总应该有基本的自觉。展示现代中国的思想光谱希望于此有所裨益。

（作者简介：高瑞泉　华东师范大学哲学系）

---

① 陈旭麓：《陈旭麓文存》，上海人民出版社 1990 年版，第 1360 页。

从"儒学第三期发展"
看儒学史的叙述与建构

干春松

历史要遵循"客观性"的准则，这已是人所共知的一致要求。历史学家和文献学家试图掌握所有关于对象的事实和文献依据，并以之为基础来构建所要描述的对象，使之接近"历史的真实"。但是，即便如此，依然存在这样的问题：即使所有的细节都是真实的，其构建的事件就一定是"事情本身"吗？不可否认的是，任何历史的撰作都很难摆脱其写作者的价值观的影响。也就是说，在不同的叙述者那里，同样的素材可能会还原出不同的历史，更遑论因史料的局限所带来的偏差。然而，我们要进一步追问的是，对于事件的回顾以建构一个"真实"的对象，是否是历史研究的唯一目标？在许多情况下，我们依据历史事实所进行的还原工作，目的是为了证明或否定某种现实存在的事实，或者是意图为当下提供一些"经验教训"。

对于历史存在的"多样化"指向，传统的儒家思想家对此坦然处之，他们深刻地认识了"事实"与"解释"之间的紧张，从而使历史兼具复杂性和指导现实的意义。在儒家对于《春秋》的解释中，就存在着注重客观史实的《左传》系统和借助对历史事件叙事体例来表达褒贬、呈现是非的"公羊学"系统。这就意味着，固然历史要记述以往发生的事件，但是此记述并非是一种单纯的"记录"，"记述"本身也可以作为一种载体来表达撰作者的意义世界。

儒家对历史的认识，充分体现了儒家试图借助历史来推行文教的意图。然而，如果我们反过来将视角面对儒家自身历史的时候，却进一步发现：对于明显具有政治立场和价值立场的儒家思想及其学派的认知和了解，更难以摆脱叙述者立场的影响。对于儒家思想本身来说，任何一次对于自己历史的梳理，都是一次价值清理和学派建构的过程。

儒家学派在中国古代具有特殊性。在汉代确立了独尊地位之后，儒家文献被尊为"经"，孔子被尊为圣人和"素王"，儒家价值与政治合法性、制度合理性之间建立起了关联。由此，对于儒家思想的叙述就很难与政治意识形态的建构脱离干系。这一点可以儒家的"道统"建构为例：韩愈在《原道》篇中建立起自尧舜禹汤、文武周公到孔子的传道谱系，这样的系统在程颐和朱熹处得到了进一步发展。在宋明时期，理学家们认为，儒家原先是道统与政统合一的，但自孔子开始，学者却成为道统的主要传承者。显而易见，程朱之后的道统说强调道统、学统与政统、治统之间的紧张感。也就是说，儒家虽然并不一定是实际权力的拥有者，却掌握着制约权力的武器，即合法性资源，此合法性通过三代圣王的秘传而获得了超越现实权力的地位。

1911 年之后，随着制度化儒家的解体，儒家价值不再成为现实合法性和正当性的依据。在现代学科体系传入后，儒家经历了"被去魅"的过程，进而更为客观化与知识化。在"政统"的演进方面，虽然"民意"成为现代政治中合法性竞争的主要因素，但意识形态依然在争夺民意上发挥了很大的功用，因此，各种显在的和隐含的意识形态因素仍然不断地渗透到学术领域。在 1911 年中华民国成立之后，国民党的宣传机构亦依然自觉地运用"道统"谱系的叙事来为其领导权提供历史合法性的证明。比如，在 20 世纪 20 年代，在国民党和中国共产党进行意识形态论争之时，当共产党以超越民族国家的阶级压迫和平等自由的社会主义理想诉求感召饱受欺凌的国人的时候，一部分国民党人则采取民族主义立场对中国共产党的"国际主义"倾向进行攻击。为了反对"联俄、联共、扶助农工"的新三民主义，戴季陶等人将孙中山的思想置身于道统话语体系中，来强化其思想的历史文化渊源。

戴季陶说："三民主义"是中国的正统思想在现代社会的延续，"中山先生的思想，完全是中国的正统思想，就是继承尧舜以至孔孟而中绝的仁义道德的思想。在这一点，我们可以承认中山先生是二千年来中绝的中国道德文化的复活。去年有一个俄国的革命家去广东问先生，'你的革命思想基础是什么？'先生答复他说：'中国有一个正统的道德思想，自尧、舜、禹、汤、文、武、周公至孔子而绝。我的思想，就是继承这一个正统思想来发扬光大的。'……我们就这段话，就看得出先生的抱负，同时也可以认得清楚先生的国民革命，是立脚在中国国民文化的复兴上面，是中国国民创造力的复活，是要把中国文化的世界价值，高调起来，为世界大同的基础。"①

戴季陶进一步将三民主义与儒家传统的道德条目相结合，认为孙中山的社会理想是建立在儒家的道德理想之上的。在他看来，中山先生之三民主义，盖自孔子之思想基础，递嬗而出，这才是真正体现儒家仁爱思想的主义。他还将儒家的智、仁、勇三达德视为实现三民主义的手段："故曰天下之达道三：民族也，民权也，民生也。所以行之者三：智也、仁也、勇也，智、仁、勇三者，天下之达德也，所以行之者一也。一者何？诚也。诚也者，择善而固执之也。"②

这样的叙述构成了现代中国政治话语中的一种特殊现象，即儒家的圣王理想被置换成"王圣"，政治领导人同时肩负了价值缔造者的角色。因此，戴季陶的道统理论，本质上是与儒家道统说的基本精神相违背的。儒家道统说其本意是强调价值相对于政治系统的独立性，而"王圣"说对于圣王的置换则将必要的紧张感消弭掉了。

除政治性的意识形态之外，科学主义、现代性叙事等其他类型的意识形态也对儒家思想产生了不同程度的影响。比如，尽管儒家思想从来就反对迷信、崇尚理性，但是，在科学主义的影响下，儒家的思想方式却被视为中国科技落后的原因；而在现代性叙述中，作为一种源于农业社会的思想观念，儒家难以适应现代化的社会组织方式。因此，尽管儒家也具有强烈的革命因素，比如"汤武革命"的论说甚至还成了孙中山进行反清革命的口号之一，但儒家依然被看作是专制政治的理论基础，故而接受单一现代性叙事的新文化运动，对儒家进行了一种毫不留情的"再塑造"：一方面，儒家思想中具有民本思想的成分被"忽视"，成为皇权和专制的"帮凶"；另一方面，儒家思想注重理性（子不语怪力乱神）的面向被掩盖，而代之以成为科学的阻碍。在新文化运动之后的政治话语中，儒家价值被打造为新的社会秩序和新价值观念的对立面。

① 戴季陶著，载桑兵、朱凤林编：《孙文主义之哲学的基础》，《戴季陶卷》，中国人民大学出版社 2014 年版，第 425 页。

② 戴季陶著，载桑兵、朱凤林编：《孙文主义之哲学的基础》，《戴季陶卷》，中国人民大学出版社 2014 年版，第 414 页。

一、现代儒家对儒家使命的认知和学派叙事

虽然政治家们依然看到了儒家思想与现代政治合法性之间的关系，但是对于更多的学者而言，思考的重点转变为：在制度化儒家解体之后，儒家在现代中国的处境。

随着制度化儒家的解体，意味着儒家不再是正统价值的依凭，儒家文献也不再可以通过常道之"经"的方式来传播。在现行学科的建制中，经学体系被"肢解"到不同的学科体系中，比如《尚书》、《春秋》入史学科，《诗经》入文学科；《周易》、《礼记》入哲学科。在这样的学科体系中，原本作为儒家价值载体的经典系统被"去魅"而成为科学研究的对象，而客观化和中立化的研究方法则成为基本要求。[①] 在这样的背景下，康有为的《新学伪经考》适成为近代以顾颉刚等为代表的"疑古派"的思想助力，而章太炎对"六经皆史"的阐发，则是将经学史学化和子学化的肇端。

学科化固然是大势所趋，然而，在救亡保国的压力下，如何建构民族认同以唤起国民抗争的意识、如何在西学东渐的大潮面前，保存中国学术之固有特性，势必成为近代文化守成主义的内在精神需要。在此趋势下，国粹派、学衡派以及新儒家都试图在西化格局中寻找一种新的思路。比如，学衡派从西方的文化浪漫主义思潮中汲取灵感，进而反思科学主义的统制性格局；梁漱溟亦从柏格森等人的思想中获得启发，提出文化发展的不同路向，其立足点就是要为中国自身文化的发展获得空间。

在梁漱溟之后，冯友兰、贺麟等受过系统西方学术训练的学者开始进入教育领域。尤其是冯友兰先生自觉以哲学的方式来总结中国哲学发展历史的旨趣，而且逐渐形成方法论的思索。最为形象的说法是对"照着讲"和"接着

---

① 1901 年，蔡元培就曾主张："是故《书》为历史学，《春秋》为政治学，《礼》为伦理学，《乐》为美术学，《诗》亦美术学。而兴观群怨，事父事君，以至多识鸟兽草木之名，则赅心理、伦理及理学，皆道学专科也。《易》如今之纯正哲学，则通科也。"（蔡元培：《学科教科论》，《蔡元培全集》第一卷，浙江教育出版社 1997 年版，第 337—338 页）基于这种考虑，蔡氏在执掌北京大学之后明确表示取消"经科"势在必行，他说："我以为十四经中，如《易》、《论语》、《孟子》等，已入哲学系；《诗》、《尔雅》，已入文学系；《尚书》、三《礼》、《大戴记》、《春秋》三传已入史学系；无再设经科的必要，废止之。"（蔡元培：《我在教育界的经验》，《蔡元培全集》第八卷，浙江教育出版社 1997 年版，第 509 页）

讲"的辨析。在《新理学》的绪言中，冯友兰说：

> 照我们的看法，宋明以后底道学，有理学心学二派。我们现在所讲之系统，大体上是承接宋明道学中之理学一派。我们说"大体上"，因为在许多点，我们亦有与宋明以来底理学，大不相同之处。我们说"承接"，因为我们是"接着"宋明以来底理学讲底，而不是"照着"宋明以来底理学讲底。因此我们自号我们的系统为新理学。①

在学科化的大势下，儒家的价值取向并没有消失。特别是在抗日战争的大环境下，民族主义成为唤起民众凝聚力的利器，而儒家适可以成为文化民族主义的内核，并由此来唤起民族精神。在这方面贺麟的表述最有代表性，贺麟将五四的新文化运动看作是儒家获得新生的转机，并批评了文化和民族虚无主义，将民族复兴和文化复兴作了有机的结合。他说：

> 民族复兴本质上应该是民族文化的复兴。民族文化的复兴，其主要的潮流、根本的成分就是儒家思想的复兴，儒家文化的复兴。假如儒家思想没有新的前途、新的开展，则中华民族以及民族文化也就不会有新的前途、新的开展。换言之，儒家思想的命运，是与民族的前途命运、盛衰消长同一而不可分的。②

贺麟试图化解新文化运动对儒家之冲击而带来的古今之间的紧张，认为儒家唯有适应此新的形式才能获得新生。

如果将民族复兴和儒家的复兴结合起来，那么从历史的眼光来梳理儒学的发展史，就成为一种理论的必然要求。在这样的对应中，需要对儒家的精神进行重新定位，化解由五四以来对传统文化的彻底否定所带来的文化虚无主义倾向。在这样的思路下，最初明确以分期的方式来谈论儒家发展脉络的学者则是沈有鼎先生，他在一篇名为《中国哲学今后的开展》的文章中，以"哲学的非历史性与历史性"作为讨论连续性和阶段性的方法论基础，他认为思想的发展存在着一种"节律"，并认为中国古代的思想可以分为两个阶段，即从起源到秦汉时期作为第一期，自魏晋到明清是为第二期。第一期的文化，是"以儒家的穷理尽性的文化为主脉的。它是充满着慎思明辨的逻辑精神的。这一期的思想是刚动的、创造的、健康的、理想的、积极的、政治的、道德的、入世

---

① 冯友兰：《新理学》，北京大学出版社 2014 年版，第 7 页。
② 贺麟：《儒家思想的新开展》，《思想与时代》第 1 期（1941 年 8 月）。

的"。这一时期思想的代表人物是孔子。沈有鼎先生认为，第二期的文化在政治道德礼俗上虽然挂着儒家的牌子，但是在实际的精神层面已经不再具有第一期儒家"刚健"的创造精神，实际上是一种道家的玄思的精神。

沈有鼎先生认为，虽然中国经历了挫折，但是文化的第三期发展已经初见端倪，而这一复兴是对于第一期儒家的回归，同时又必然是结合了道家的艺术趣味和新的社会组织方式，甚至融汇了民主和自由的精神的。①

从学思的整体倾向看，这种三段式的划分带有黑格尔式正反合的倾向，将宋明时期的儒学看作是失去了原始儒家刚健精神的时期，而民主、自由和逻辑则成为描述新时期儒学的重要内容，进而，儒学的复兴则成为文化第三期发展过程中的必然呼唤，亦成为1949年之后港台新儒家与"儒学第三期发展"叙事模式的先声。

二、牟宗三与杜维明的"儒学第三期发展"

在五四运动以后，儒学要获得发展空间，则需要很强的"辩护"精神，必须说明儒家之存在价值与现代化运动之间的关系。据此，任何对于现代儒学精神的总结就必须要面对如何处理儒家传统与西方价值之间的紧张。在民国时期，梁漱溟等人所致力要解决的问题，集中在乡村建设理论及现代学科如何建构这类现实与理论问题，而钱穆与牟宗三等人在此时所要面对的问题，则是要考虑儒学如何与民主、科学等价值并行。在如此之背景下，他们对儒家核心精神的叙述必然会呈现出一种不同于前人的概括。

在牟宗三看来，儒家因具备"常道"的性格，所以并不存在新旧之分，不同时期的儒家学者由于所因应的问题不同，各有发明，这便显示出其新义。

在各种不同的阐发中，如何从杂乱的罗列中发现其对现实具有启发性的学说，即是一个重构儒家的过程，牟氏之所以要将陆王作为宋明思想之主潮、将胡宏和刘宗周独立为一系、将程伊川和朱熹一系视为"旁出"，就是要强调心性之学乃儒学之真正的精神方向。

牟宗三先生尤其关注"儒家本质"之发掘。他说：

---

① 参见沈有鼎：《中国哲学今后的开展》，见郭齐勇主编：《中国哲学史经典精读》，高等教育出版社2014年版，第246、249—250页。

《韩非子·显学篇》云："自孔子之死也，有子张之儒，有子思之儒，有颜氏之儒，有孟氏之儒，有漆雕氏之儒，有仲良氏之儒，有孙氏之儒，有乐正氏之儒。"是则自孔子没，"儒分为八"，见仁见智，各有所得。此一庞大集团究谁能代表儒家之真？韩非所举，在今日有许多已无文献可征，如颜氏、漆雕氏、仲良氏（仲梁子）、乐正氏便是。自今日观之，孔子后有二百年之发展，有孟子，有荀子，亦有不能确知作者之名之作品，如《中庸》，如《易传》，如《大学》，时时在新中，究谁能代表正宗之儒家？究谁是儒家之本质？孟子固赫然之大家，然荀子又非之。在先秦，大家齐头并列，吾人只知其皆宗孔氏，并无一确定传法之统系。吾人如不能单以孔子个人为儒家，亦不能孤悬孔子于隔绝之境，复亦不便如西方哲学史然只以分别地论各个人之思想为已足，则孔子之生命与智慧必有其前后相呼应，足以决定一基本之方向，以代表儒家之本质。此点可得而确定否？如能确定，则于了解儒家之本质，孔子生命智慧之基本方向，必大有助益。如不能确定，则必只是一团混杂，难有清晰之眉目。①

牟宗三认为对儒学史的描述与撰述西方哲学史这样的著作不同，哲学史的书写意图就是对哲学发展史上的不同思想进行罗列，而对于儒学史的梳理则需要对谁能代表儒家精神作出判断。因此，对儒学历史的认识是以他所了解的儒家之本质和精神方向为衡准，而非泛泛之论。要具备这样的认识，需要有双重的视角：一是儒学本身发展的历史；二是现实的社会和文化发展的需要。因此，在 20 世纪 50 年代之后，牟宗三先生要应对的问题有两个：一是如何落实西方的民主和科学的价值；二是对文化虚无主义主张的反传统、反儒学的政治运动进行批评。

这种对时代的整体思考和文化存续的忧虑充分体现于 1958 年由唐君毅、牟宗三、徐复观和张君劢所发表的《为中国文化敬告世界人士宣言》中。此《宣言》批评了人们将儒家视为僵死的、属于过去的思想体系等成见，指出儒家思想依然是一个具有生命力的思想体系，儒家的道德理想和宗教精神对于当代世界具有普遍的意义，儒家思想与现代科学和民主并不矛盾，而且民主和科学正是中国文化的道德精神自身发展的内在要求，即内圣开出新外王。所以现代新儒家的工作可视为"返本开新"的事业。

---

① 牟宗三：《心体与性体》，上海古籍出版社 2009 年版，第 10 页。

该宣言充满着对五四反传统思想的妥协，将儒家与民主、科学的兼容性作为支持儒家具有现代意义的证据，可以看出是儒家与西方思想的一种不得已的"曲通"。不过宣言却强调了"同情"和"敬意"在确立中华文化主体性过程中的意义，这也意味着新儒家认定客观性和科学性这样的认识标准和认识方式并不一定适合处理价值和信仰的问题。这一立场表达了新儒家们对于文化自觉和文化自信的关切，牟宗三等人坚定地相信必然会出现儒学的第三期发展。

早在 1948 年，牟宗三在《重振鹅湖书院缘起》一文中就提出，孔子、孟子、荀子、董仲舒为儒学第一期，二程、朱熹、陆九渊和王阳明为儒学第二期，现在已经进入第三期，即是"经过第二期之反显，将有类于第一期之形态"①。此时的牟宗三对于儒学三期的发展还具有类于沈有鼎的思路，即向第一期的回望。但是到了 20 世纪 50 年代，牟宗三对于儒学三期发展的思路就逐渐明晰化了。

在《政道与治道》一书中，牟宗三给出了他对于儒学三期的划分。

> 儒家学术的第一阶段，是由先秦儒家开始，发展到东汉末年。两汉的经学是继承先秦儒家的学术而往前进的表现，而且在两汉四百年中，经学尽了它的责任，尽了它那个时代的使命。从汉武帝复古更化说起，建造汉代大帝国的一般趋势，大体是"以学术指导政治，以政治指导经济"，经学处于其中，发挥了它的作用。②

儒家的第二阶段发展主要是宋明理学的形成和发展。在牟宗三看来，魏晋南北朝隋唐是一个儒学长期"歧出"的阶段，而理学的兴起使儒学回归到道德意识这样一个儒家的主流上来。针对人们对宋明理学家过于注重内圣而忽视外王的批评，牟宗三认为在专制皇权的统治下，儒家只能向内求工夫。

与沈有鼎等人的看法接近，牟宗三亦认为第一期儒学是刚健活泼的，而第二期则显得消极。他说："第一期之心态，孔孟荀为典型之铸造时期，孔子以人格之实践与天合一而为大圣，其功效则为汉帝国之建构。此则为积极的，丰富的，建设的，综合的。第二期形态则为宋明儒之彰显绝对主体性时期。此则较为消极的，分解的，空灵的，其功效显于移风易俗。"但在清朝之后，儒家的精神丧失，所以要期待第三期的儒学，其内容"一，自纯学术言，名数之

---

① 方克立主编：《现代新儒家学案》（下），中国社会科学出版社 1995 年版，第 423 页。

② 牟宗三：《政道与治道》，广西师范大学出版社 2006 年版，第 4 页。

学之吸取以充实最高之原理;二,自历史文化言,民族国家之自觉的建立以丰富普遍之理性。由道德形式转进至国家形式,由普遍理性之纯主题性发展出客观精神"。① 他也将第三期的任务描述为"内圣开出新外王"。

这一"开出"的过程,对于儒家而言是一种新的创造,除了在学术层面肯定科学的价值,在政治层面则是要处理如何建国的问题。在牟看来,既然世界格局已经步入民族国家阶段,那么纯粹的道德形式便难以解决现实的需要,一定要有政治上的发展。

> 而第三期之发扬,必须再予以特殊之决定。此特殊之决定,大端可指目者,有二义。一,以往之儒学,乃纯以道德形式而表现,今则复需其转进至以国家形式而表现。二,以往之道德形式与天下观念相应和,今则复需一形式以与国家观念相应和。唯有此特殊之认识与决定,乃能尽创制建国之责任。②

牟宗三对于建国问题的关注,固然源于民主政治思想的导入,但亦存在一种对国家精神的内在要求。这样,儒家的道德意识便有了与现实政治架构进行衔接的可能,否则,道德便只会局限于个人的修养中。由此,儒家的道德意识不但成为一种"必须",而且可以对治极端自由主义和唯科学主义等现代性弊端。

> 第三期发展的精神具有普遍性,这种普遍性来自于对于科学主义和对于极端自由主义的矫治。如果没有对人之为人之大本的认识,那么科学的发展便失去方向。而如果个人主义和自由主义没有超越理性的根据来制约,则会沦为自私和贪欲。所以第三期发展中的儒家道德理想主义与民主科学的融合,"其作用与价值,必将为世界性,而为人类提示一新方向"。③

这些新使命是古圣前贤所未曾遇到的,故而儒学的第三期发展是一个需要创造的阶段,这亦是时代的压力所加置于现代儒生身上的重任。"吾人必须知眼前所需要之创造,乃以往两千年历史所未出现者。以其未出现,故必为创造。然而所谓创造,亦必为历史自身发展所必然逼迫其出现之创造。"④

---

① 牟宗三:《道德的理想主义》,吉林出版集团有限公司 2010 年版,第 12—13 页。

② 牟宗三:《道德的理想主义》,吉林出版集团有限公司 2010 年版,第 4 页。

③ 牟宗三:《道德的理想主义》,吉林出版集团有限公司 2010 年版,第 5 页。

④ 牟宗三:《道德的理想主义》,吉林出版集团有限公司 2010 年版,第 4 页。

唐君毅、牟宗三和徐复观等港台新儒家始终坚持要在中国文化的主位性的前提下融汇西方的民主政治和科学精神，牟宗三在为《政道和治道》一书所撰写的序言中，面对这一在他看来毁弃了文化传统的专制政权，提出儒学第三期的使命是"民主建国"和"政治的现代化"，即将儒家未曾落实的"藏天下于天下"的理想通过民主和科学的方式加以落实。然而，这并不是第三期发展的终极性的目标。在牟宗三看来，儒学第三期发展还应有更高一层的使命，即维持中国文化的主位性，这一问题实际上是要处理文化的内在动力的问题，牟宗三对此进行了更为深刻的思考，在他看来，制度的移植要做到圆融无碍，就必然要建立在文化传统的基础之上。他甚至认为，如果失去了儒家文化的主体地位，民主和科学在中国亦不能得到真正的落实。"此则不只是一个应付一时需要的问题，此乃永恒性的，高一层次的问题。……加入中国文化还有发展，还有它发展的动源，还有它的文化生命，那么，我们不能单由民主政治、科学、事功这些地方来看中国文化的问题，而必得往后、往深处看这个文化的动源，文化生命的方向。这是从高一层次来看中国文化如何维持其本身之永恒性问题，且是个如何维持其本身之主位性的问题。"①

这样的使命有一个更为简略的概括就是"三统"并建：

一、道统之肯定，此即肯定道德宗教之价值，护住孔孟所开辟之人生宇宙之本源。

二、学统之开出，此即转出"知性主体"以容纳希腊传统，开出学术之独立性。

三、政统之继续，此即由认识政体之发展而肯定民主政治为必然。②

这三条既然被称之为纲，即意味着此为儒学第三期发展之总纲领，其他的事务要围绕着此一中心议题而展开。

将儒家的未来使命概括为道统、学统和政统这三统并建的过程，很大程度上呼应了牟宗三等坚持的"内圣开出新外王"理想，这个理想可以看作是自张之洞以来"中体西用"文化策略的延续，即以儒家的价值为基础，而吸收西政、西艺。所不同的是，张之洞的儒家价值其直接表述为纲常伦理，而在牟宗三这里，儒家的价值变成了相对抽象的道德宗教的理论。

---

① 牟宗三：《政道与治道》，广西师范大学出版社 2006 年版，第 22 页。

② 牟宗三：《道德的理想主义》，吉林出版集团有限公司 2010 年版，第 3 页。

经过更深层次的思考后，我们可以了解，在牟宗三的儒家精神认定中，儒家是作为民主和科学的基础，而在现实的政治体制建构中，儒家的制度理想已经被落实为民主制度。因此，在牟宗三的儒学史叙述中，哲学和宗教便成为其核心的内容，而以经学为基础的制度构想便付之阙如。因此，牟宗三的道德理想主义被视为民主政治的精神内核，良知则必须"坎陷"而落实于民主政治的实践之上。虽然他力图建立起道德和制度之间的内在关系，其逻辑论证结果却是认为民主政治必然是儒家政治的现代选择，如此这般，儒家价值便被彻底精神化了。

在牟宗三之后，对儒学三期说的理论作出巨大推进的学者则是杜维明。

杜维明在 20 世纪 50 年代末考入台湾东海大学外语系之后，被徐复观先生感召而转投中文系，后在哈佛大学获得硕士和博士学位。随后他与牟宗三、徐复观和唐君毅先生多有过从。据其自述，他自步入学术领域起，即将对儒家精神进行新的诠释作为其使命。而自 20 世纪 80 年代之后，他的关注点逐渐集中于阐发儒家传统的内在体验和显扬儒学的现代生命力。在中国大陆的进修和讲学，以及在新加坡的儒家伦理课程实践，使杜维明提出了许多新的论题，包括儒学三期、多元现代性等等，并对儒学与马克思主义之间的关系深表兴趣。

20 世纪 90 年代以后，沿着其儒学三期说的思路，他进一步考虑儒家在"文明对话"和"文化中国"等论题中的意义。通过对于启蒙思潮的反思，进一步认定儒家对于世界文明的发展的意义。在多元文化的背景中以及全球化与本土化交互影响的氛围里，如何为儒学第三期的展开拓展理论和实践的空间，是杜维明为儒学不懈奔走的精神动力。

如果说牟宗三儒学"三期"说所关注的是时间性的维度，那么，杜维明的儒学第三期发展则倾向于空间扩展的视角。虽然杜维明最初的研究重心依然集中于港台新儒家的核心领域：阳明心学和四书的诠释，但是，"亚洲四小龙"的经济奇迹使他很快将注意力转到儒家在东亚国家的现代过程中的独特作用的分析。

与牟宗三等人试图融合儒家与西方的现代性的努力不同的是，杜维明等人关注到了多元的现代性的可能。后现代思潮的兴起为杜维明等人的思考找到了儒家与现代性之间的一种奇异的联系。即儒家这样一种向来被视为"前现代"的思潮可以作为对于现代性的批判的基础，杜维明先生也由此展开了对于启蒙思潮的反思，认为儒家的注重社群和整体的视野可以矫正极端个人主义的弊端和由工具理性带来的对价值理性的宰制。因此，工业东亚所带来的是一种新型的现代化模式。虽然杜维明并没有明确地指出东亚模式是否比西方的现代化模式更为合理，但至少为儒家与现代性的问题找到了经验性的事实。

在这样的国际视野下，杜维明为儒学所提出的根本任务就不再是建基于儒家的文化主体性和民主建国的问题，而是一个不同文化之间的对话的过程。

在杜维明看来，儒家文化要应对的西方文明的挑战，不再仅仅是科学精神、民主体制，还有宗教情怀和心理学上对人性的理解。在这样的问题背景下，儒家的发展要取决于下述问题：

第一，儒家继续发展的社会基础在哪里？民间社会的儒学运动和地域化的儒学是否可以成为儒学的新的生长点。

第二，能否出现一个儒学知识分子群体。"这种知识分子不一定要属于中国。任何一个知识分子，不管是东方的还是西方的，只要是知识分子，就会碰到儒家的问题。这种知识分子的终极关怀，可以来自基督教，可以来自佛教，可以来自伊斯兰教，可以来自各种其他的精神文明，但它的问题是儒家的。"[①]

杜维明认为儒家不可能成为与世界主要宗教相提并论的一种宗教，但其精神资源可以成为进行理解和反思的一个基础，因此可以有儒家式的佛教、基督教、犹太教等等。

第三，以儒家为基础的沟通和反思，能够形成一种新的东亚人文主义精神，能够形成一种对于现代性的弊端产生反思和矫治意义的新的思想形态。

有鉴于此，杜维明对于儒家发展的历史认识，并不聚焦于牟宗三的心性之学的发展，而是着重于中国文化如何世界化的脉络，也即儒学第三期发展的核心问题已经不是中国本土文化中儒家传统自身如何进行现代化转化与更新的问题了，而是如何使儒学进入汉文化圈以外的全球世界，如何与以西方文明为代表的各种文明进行对话与沟通的问题了。

因此，杜维明的儒学发展叙述侧重于空间的拓展，即儒家文化如何从春秋战国时期的鲁国扩散到中国，再向东亚、世界的继续发展。"所谓三期儒学，一般的理解是，从大的趋势来讲，从先秦源流到儒学发展成为中国思想的主流之一，这是第一期；儒学在宋代复兴以后逐渐成为东亚文明的体现，这是第二期（这一期一直延续到19世纪末）；所谓第三期，就是从甲午战争、五四运动

---

① 杜维明：《现代精神与儒家传统》，生活·读书·新知三联书店2013年版，第495页。

以后。"①

杜维明认为，如果单纯从学术史的角度，甚至可以把儒学分为八期、十期，甚至更多。比如先秦、西汉、东汉、魏晋、隋唐、宋代、元代至清代、近代等，但是，强调三期说的原因则是主要受到路德的宗教改革的启发。在他看来，儒学发展到宋代，出现了一个质的变化，这个变化不仅体现为理论形态上的转变，更关键的是，它使儒学由中国文化的主流思想转变成东亚文明的典型体现。

沿着这个空间发展的思路，我们可以了解杜维明的三期说论述使儒学指向了更为广阔的空间。尽管杜维明一直强调第三期是否会出现只是一种"可能性"，但在杜维明眼里，发生儒学第三期发展的可能性并不局限在中国大陆甚或台湾。或许可以这样说，在杜维明先生的眼里，儒家发展的可能性并不依赖于他对中国受现代性挑战而产生的一些特殊问题上，而是在于儒家能否回应由现代性而带来的一些普遍性的问题。"儒学有没有进一步发展的可能性这个问题，是建构在一个基本的设准上的。这个基本设准是，儒学能否对西方文化的重大课题作出创建性的回应。因为儒学不能只是停留在中国文化的范畴里，也不能只是停留在东亚文化这个范畴里。儒家文化一定要面对西方文化的挑战，而西方文化是指现代的西方文化。"②

杜维明继续概括道，西方文化的挑战所带来的问题主要有：（1）儒家的道德理性、人文思想与西方的科学精神的关系；（2）民主运动的问题；（3）宗教情操的问题；（4）心理学上对人性的理解问题。

我个人并不否认在全球化时代儒家必须回应西方文化，甚至应该面对与伊斯兰、印度等多元文化之间的关系问题。不过，我却坚信，在中国的文化和社会环境中，当儒家所要对这些问题发出回应之时，儒家本身则会产生出带有中国自身特色的问题。海外的新儒家因其生活和工作的区域主要集中在美国，那么，即使美国亦存在所谓的儒家生命力问题，那也必然会集中到对信仰冲突，以及海外华人是认同中国文化还是所在国文化等问题的讨论上。而这些问题对于儒家本身而言，均是一些衍生性的问题。如果儒学本身并不能代表当下中国人的精神生活的基准，那么拿儒家作为中国文化的标签这一行为本身是值

①　杜维明：《现代精神与儒家传统》，生活·读书·新知三联书店 2013 年版，第 473 页。

②　杜维明：《现代精神与儒家传统》，生活·读书·新知三联书店 2013 年版，第 486 页。

得怀疑的，而进一步申发出的儒家与伊斯兰、基督教文化之间的共存和对话问题就只是空中楼阁而已。

对此，另一位海外新儒家的代表人物刘述先具有清醒的认识。他虽然肯定海外新儒家开启了国际面向，但这群习惯于从多元视角看待儒家命运的学者，身上不再有文化的负担，甚至放弃了儒家价值的"正当性"与"终极性"。他说："港、台新儒家在借来的空间和时间作出了凌越先贤的学术成绩，发抒了文化抱负，堪称异数。在他们不断的努力之下，还教育了下一代，一部分流寓海外，在美国受高等教育，获得博士学位，谋求一枝之栖，而开启了海外新儒家的国际面向。……正因为所谓第三代的新儒家所面对的脉络不同，其思想的走向也就有了很大的差别。他们习惯于西方开放多元的方式，担负远没有上一代那么沉重，以其只需说明，在世界诸多精神传统之中，儒家能够占一席地，便已经足够了。他们不再像第二代新儒家，由于面对存亡继倾的危机，不免护教心切，要突出儒家价值之正当性与终极性，以致引起一些不必要的争议。……由现代走向后现代，下一代的新儒家似乎有必要对于新的脉络、新的问题做出适当的回应与调整。"① 于是刘述先的问题变成"理一分殊"的"两行"，即人类有一种普遍的正当性的价值，这就是所谓的"理一"，而儒家或其他的文明形态则可能从不同的侧面来呈现这种正当性价值，这即是所谓"分殊"。这样的多元主义是一种相对主义化的虚无主义。而多元主义之所以存在，是因为每一元都具有独立的终极的意义，否则文明之间的对话既无可能也没有必要②。真正的儒家知识分子，与基督教和伊斯兰教的信徒一样，坚信儒家文明所包含的价值体系具有终极的意义，因而亦认定其对于人类的未来有很大的价值。文明之间的对话基础是各美其美和美美与共，而不是互相融合和消弭

---

① 刘述先：《港、台新儒家与经典诠释》，见刘述先著，东方朔编：《儒家哲学研究：问题、方法与未来开展》，上海古籍出版社 2010 年版，第 277 页。

② 针对刘述先的理一分殊的说法，陈来作出了一个比较完备性的补充，即他从三个层面来解释儒家价值与全球价值之间的关系。"第一是'气一则理一，气万则理万'，气在这里可解释为文明实体（及地方、地区），理即价值体系。每一特殊的文明实体都有自己的价值体系，诸文明实体的价值都是理，都有其独特性，也都有其普遍性。第二是'和而不同'，全球不同文明、宗教的关系应当是'和'，和不是单一性，和是多样性、多元性、差别性的共存，而同是单一性、同质性、一元性，这是目前最理想的全球文化体系。第三是'理一分殊'，在差异中寻求一致，为了地球人类的共同理想而努力。"（陈来：《孔夫子与现代世界》，北京大学出版社 2011 年版，第 291 页）

自身。因此，杜维明先生所提出的"儒家基督徒"、"儒家伊斯兰教徒"的概念，虽然有其合理性，但一旦当儒家价值与基督教、伊斯兰教价值产生冲突的时候，依然无法解决这些儒家基督徒到底是选择成为儒家，还是选择成为基督徒，抑或放弃两者的问题。

所以，如果说在牟宗三的儒学第三期发展的历史叙述中，对于西方现代政治模式和科学精神产生了过多迁就的话，那么，杜维明所提出儒学三期发展的方向，则更为模糊，杜维明的问题在于其"世界眼光"遮蔽了"中国问题"，从而使儒家成为多元性维度中的一元，其价值的独立性和终极性被虚无化。最终，儒家在由东亚走向世界的过程中不得不消失在"世界"中。

三、四期说与三期说之争：观念史的物质基础

牟宗三和杜维明等对于儒家的历史叙事虽然在对于儒家价值的终极性认知等问题上存在着巨大的差异，不过我们知晓他们的学识背景和生活经历在"体知"精神性因素时所产生的不可忽视的影响：牟宗三等人经历过抗日战争和解放战争等民族生死存亡的关键时刻，这引发了他们对于民族文化的深层次的忧患意识。而杜维明、刘述先等人，均深受唐君毅、牟宗三和徐复观等人的影响，甚至可以说是在他们的影响下萌发了对儒家的信念。因此，他们在祖国大陆否定儒家文化的时代成为儒家代言者，其对于儒家的信仰性认知使他们对儒家历史的叙述都属于具备"内在性"的视角。而对儒学第三期发展最有影响力的批评者李泽厚，固然亦有很广阔的视野，但因出发点的差异，而导致他对于儒家在内在精神的认识上与杜维明等人存在很大的差别。

关于李泽厚的思想定位，是一个十分困难的事情。他深受历史唯物主义的影响，坚信经济发展是政治民主和个人自由的基础。他在一次谈话中抱怨说："我多年来被批评，一谈经济前提或经济决定，学者们便大摇其头，有的甚至认为不值一提，认为只有谈论心性伦理才有价值，才是根本。其实这才真是本末倒置。"[①] 虽然这不一定是要反驳新儒家人士对他的批评，但谈论心性伦理却确然是港台新儒家的偏好。

---

① 李泽厚、刘再复：《告别革命》（第七版）增订本，香港天地图书有限公司 2011 年版，第335 页。

他对于牟宗三等人的儒学三期说的批评主要也是针对他们将儒学史"窄化"为"心性伦理史"。李泽厚自述他对三期说的批评有"直接源起"和"间接源起"论。"直接源起"就是要反对新儒家以心性论为道统而进行的儒学发展历史的概括。他说心性论的儒学史有两大偏误、两大理论困境。两大偏误是:"一、孔子本人罕言性与天道,二、抹杀了荀子和董仲舒。"① 而两大理论困境则是:第一,内圣开出新外王。第二,内在超越。在李泽厚看来,良知何以要坎陷而对接民主科学,这在理论上并不自洽。而内在超越则因为深受主客对置的理论影响,难以找到道德与本体之间的真正联系。因此,在李泽厚看来,牟宗三等的儒学三期说意味着他们的理论思考并没有"超出宋明理学多少",他说:

> 在现代条件下,现代新儒学搞出一套道德形而上学,去继承宋明理学,但根本理论并没超出宋明理学多少,并没有脱出宋明理学的基本框架,仍然是内圣开外王,心性第一,只是略微吸收了一些外国哲学,但也不多,词语、观念、说法新颖和细致了一些而已,它远不足开出一个真正的新时期。所以我认为,它只是第三期儒学(宋明理学)在当代的隔世回响,它对广大的中国人和中国社会没起也不会起什么作用或影响,与第一、二、三期儒学无法相比。它并不能算什么大发展,也很难开出自己的"时代"。②

李泽厚对"间接源起"问题的讨论要更复杂一些。如果说"直接源起"只是因为他不满足于牟宗三和杜维明等对儒家历史的描述的话,那么"间接源起"的批评则是因为他认为以心性为道统的儒学特性难以回答现代化所带来的"新"的社会问题。例如,个人的权力、利益、独立、自主与传统儒学对于人的社会性的本质认定具有根本的差异,以及后现代所带来的去中心化倾向等问题亦是儒学未来发展所必须应对的。

---

① 对于汉代儒学发展的重要性,蒙文通先生的说法值得注意。在蒙文通看来,秦汉之际的儒生,综合诸子的思想,切于实用,因此,取得独尊地位:"宗儒者综诸子而备其制,益切于用,……于是孔氏独尊于百世。"这个目标的达成,在于对于经典的解释比之前代有了新的发展。"故经与传纪,辅车相依,是入汉而儒者于百家之学,《六艺》之文,弃驳而集其醇,益推衍其说于精渺,持义已超绝于诸子,独为汉之新儒学,论且有优于孟、荀,讵先秦百氏所能抗行哉?"(蒙文通:《儒学五论》,广西师范大学出版社 2007 年版,第 13 页)

② 李泽厚:《杂著集》,生活·读书·新知三联书店 2008 年版,第 292 页。

站在由现代性所带来的巨大挑战面前，李泽厚认为儒学要发挥作用，不能仅仅依靠少数书斋知识分子的呼吁，而是要从社会生活中去寻找儒学的活动空间。

基于"积淀"说，李泽厚强调社会文化心理有其稳定性，因此他不认可儒家价值已经不再在中国社会发挥作用的观点。他的理由是中国社会并没有真正进入现代化阶段，所以儒家的思想得依赖这个还未彻底现代化的社会基础而留存，这也是儒学重获生命的基础。他说：

> "外王"（政治哲学）上自由、民主的美雨欧风，"内圣"（宗教学、美学）上的"后现代"同样的美雨欧风，既都随着现代化如此汹涌而来，传统儒学究竟能有何凭藉或依据，来加以会通融合？"三期说"以为儒学传统已经丧亡，只有凭藉和张扬孔孟、程朱、陆王、胡（五峰）刘（宗周）的圣贤"道统"才能救活，从而以"道统"的当代真传自命。在"四期说"看来，如果传统真的死光了，今日靠几位知识分子在书斋里高抬圣贤学说，恐怕是无济于事，救不活的。"四期说"以为，正因为传统还活着，还活在尚未完全进入现代化的中国亿万老百姓的心里，发掘、认识这种经千年积淀的深层文化心理，将其明确化、意识化，并提升到理论高度以重释资源，弥补欠缺，也许，这才是吸取、同化上述欧风美雨进行"转化性的创造"的基础。也许，只有这样才能从内外两方面开出中国自己的现代化。①

哲学基础的不同，决定了不同的人对于思想的本质和活力的认识也就不同。具体而言，李泽厚从马克思主义的社会存在的决定作用出发，强调制度、风俗和经济活动对于儒家思想的影响。李泽厚对儒学历史的描述，充分观照了制度和礼俗的作用。李泽厚对于他的历史描述具有充分的理论和方法的自觉，他并不是将儒学分期视为简单的历史编纂的过程，而是要通过叙事来重新理解儒家传统，为儒学的发展提供方向。他说：儒学分期的问题，并不是一个简单的学术分期，"而是一个如何理解中国文化特别是儒家传统，从而涉及下一步如何发展这个传统的根本问题"。②

与牟宗三等人的三期说相比，李泽厚的四期说看上去仅仅是突出了汉代

---

① 李泽厚：《历史本体论　己卯五说》，生活·读书·新知三联书店 2003 年版，第 145 页。

② 李泽厚：《历史本体论　己卯五说》，生活·读书·新知三联书店 2003 年版，第 131 页。

儒学的独特作用，但实质是要解构心性道统的儒家观，突出儒家思想的丰富性和复杂性，以便为儒家的未来发展提供更为丰富的可能性，同时也是要把儒家的发展与社会现实相结合。在李泽厚的儒学四期中，第一期是先秦时期的原典儒学，代表人物是孔子、孟子和荀子，这似乎又回到了司马迁的叙述形态中。这个时期儒家的主题是"礼乐论"，不仅提供了儒家文明的基本范畴，如礼、仁、忠、恕、敬、义、诚等等，而且奠定了以仁政为核心的制度精神。第二期儒学，主要是汉代，其主题是"天人论"，基本范畴是阴阳、五行、感应、相类等等，但在这个封闭的天人体系中，"个人"则被屈从、困促在外在的力量中。第三期儒学（宋明理学）主题是"心性论"，基本范畴是理、气、心、性、天理人欲、道心人心等。这个时期"人"的道德意识得到了激发，但是外在制约和内在情感之间的矛盾依然使人的自然属性并不能得到完全的彰显。在李泽厚的设想中，第四期的儒学主题是"人类学历史本体论"，其基本范畴将是自然人化、将人自然化、积淀、情感、文化心理结构、两种道德、历史与伦理的二律背反等。在这个阶段"个人"将第一次成为多元发展、充分实现自己的自由人。

在李泽厚的儒学四期说中，我们可以看到"个人"的屈伸被解释为是否"充分实现自己"这样一个马克思式的主题，并成为划分儒学的不同阶段的决定性的因素。而个人是否能够得到多元的发展，关键并不取决于内在精神的发展，而是需要和经济社会的发展相关联。

鉴于李泽厚对于马克思主义[①]、存在主义和心理分析的重视，同样鉴于李泽厚对于社会经济形态的决定作用的重视，所以，他一反自张之洞以来儒家试图步入的中体西用的路径，提出了"西体中用"。在李泽厚看来，随着社会生产方式的普遍西方化，儒家的核心价值在文化心理结构中的支柱性地位将逐渐被替代，而儒家所关注的社会性层面的思考则必将受到理性自由主义的"范导"。如此框架下的第四期儒学则完全步入一个失去了儒家主导地位的阶段。

"儒学四期说"将以工具本体（科技——社会发展的"外王"）和心理本体（文化心理结构的"内圣"）为根本基础，重视个体生存的独特

[①] 李泽厚认为，中国人接受马克思主义有其内在的原因，"一是承认世界（包括自然与社会）有某种客观规律，二是从而对未来世界怀抱某种乌托邦大同理想，愿为之奋斗"。（李泽厚：《历史本体论·己卯五说》，生活·读书·新知三联书店 2003 年版，第 149 页）

性，阐释自由直观（"以美启真"）、自由意志（"以美储善"），和自由享受（实现个体自然潜能），来重新建构"内圣外王之道"，以充满情感的"天地国亲师"的宗教性道德，范导（而不规定）以理性自由主义为原则的社会性道德，以承续中国"实用理性"、"乐感文化"、"一个世界"、"度的艺术"的悠长传统。①

因此，尽管这个阶段依然被称为儒学第四期，但李泽厚作为儒学第四期的哲学的奠基者，却始终不肯接受"新儒家"的头衔，这也是很可理解的。

四、叙述与建构：我们可以建构什么样的现代儒学叙述模式

牟宗三、杜维明和李泽厚的叙事模式之间存在着很大的差异，最根本的不同在于牟宗三和杜维明具备一个基本的价值立场，即儒家思想即使遇到了前所未有的挑战，但中国未来的发展依然与儒家的发展是一体之两面；而李泽厚从历史唯物主义的立场出发，认为社会存在才是价值发挥作用的前提，在现实已经发生根本性变化的当今中国社会，儒家作为积淀于人们思维方式中的"文化心理结构"，依然是一个不可或缺的变量。基于这样的立场差异，他们对于儒家的未来前景的预期有着很大的不同，进而对儒家的历史也产生了不同的看法。

儒家思想在现代学科体系中已经被子学化、哲学化和历史化。尽管很多人对于学科化的儒家学术是否能够传承儒家价值提出过质疑，但我们亦应该看到，这一形态的形成过程本身依然有其不可替代的意义。在科举制度、书院制度都不再存在的当下中国，大学体系中的中国哲学、中国历史和中国古典文学学科已然成为一种制度性的、讲授儒家思想和研究儒家文献的替代性建制，这在某种程度上亦可以看作是儒家思想经现代转化而形成的一种新的形态。问题在于，以"中立"和"客观"为准则的大学体系中的儒家教育，是否成为儒家思想在现代社会中唯一的、最为合理的存在方式呢？这显然值得怀疑。

基于经典与价值的内在关联，基于儒家伦理依然在中国社会中发挥着很大的作用的现状，那么，对于儒家经典的研读，就不应仅仅停留于名物训诂，也要阐发其有利于世道人心的意义。如果以儒家思想为核心的中国传统文化依

---

① 李泽厚：《历史本体论·己卯五说》，生活·读书·新知三联书店 2003 年版，第 155 页。

然是中华民族凝聚力的重要来源，那么对于儒家的弘扬就需要强调其对于文化传承和共识达成过程中的意义，而这样的意义阐发已经绽出了学科教育的框架，进而成为学科精神和秩序的培育过程。

那么，摆脱了个人立场的学术史写作，对于儒学史而言，是否是唯一的写作方式？对此，刘笑敢教授对写作者身份的区分是一种意味深长的方法论讨论。他曾将中国哲学的教师的身份区分为"现代学术身份"、"民族文化身份"和"生命导师"，他认为这三种身份的混同虽然不可避免，但学术研究者却需要有身份的自觉，并认为"现代学术身份"是另外两种身份的基础。① 这是一种很有深意的探究，因为不同的身份定向意味着不同的行为标准和要求。比如，现代学术身份要求客观和真实，但是，作为现代中国哲学研究对象的儒家、佛教，在历史上并非只是一种为学的对象。佛教本身就是一种宗教信仰，而儒家也具有很强的信仰特征，如果完全以"现代学术的身份"去定位儒家思想的道德伦理面向，则必然会消解其"民族文化身份"和"生命导师"身份。换句话说，研究的角度与研究对象有很大的差别。

因此，我们应该容纳多种儒学史叙述并存的模式：一是纯粹的学术史书写，即将历史上儒家学派的发展传承过程罗列梳理，这样的儒学史，与中国制度史甚至中国科技史类似，在方法的选择上必须客观、中立；二是侧重于发掘儒家的精神生命的成长史，这样的书写与其说是一种叙述，还不如说是一种建构，即书写者与书写对象之间存在着价值观上的共振，以儒家生命的延续为目标。在这样的建构中，客观性虽然是基础，但是解释则可以允许有个人的倾向。这种叙述模式看上去是在概括已经发生的历史事件和思想逻辑，实际指向却是未来式的，体现了作者对于儒家思想之前景的期许。

以前文所探讨的"儒学第三期发展"而言，如果以五四运动作为现代中国历史的开端，那么，儒学第三期发展就会侧重于强调现代儒学对于启蒙和现代性的反思，其开端就会从梁漱溟、熊十力开始。这一开端亦被方克立先生在1986年开始立项的"现代新儒家思潮"研究项目所接受，并成为学界的共识。方克立认为，新儒家思潮产生于20世纪20年代，是以"接续儒家'道统'为己任，以服膺宋明儒学为主要特征，力图用儒家学说融合、会通西学以谋求现代化的一个学术思想流派。……先秦儒家，宋明新儒家，现代新儒家，这就是

①　参见刘笑敢：《诠释与定向：中国哲学研究方法之探究》，商务印书馆2009年版，第7页。

他们所说的儒家学术发展的三个阶段。现代新儒家所致力的就是'儒学第三期发展'的工作"①。在这个框架中，方克立先生将现代新儒家思潮和"儒学第三期发展"进行了勾连，认为这是一体之两面。那么，为什么要将现代新儒家思潮的起点设置于20世纪20年代，而不是将1840年之后儒家知识群体力图用新的方法吸纳西方思潮视为现代新儒家的开始呢？对此，方克立先生是有过思考的，他明确指出了为什么康有为和梁启超不能成为新儒家源头的原因。"我们在考虑现代新儒家产生的文化背景时，自然不能忽略他们和康有为、梁启超等人的思想联系，但康、梁在戊戌以后的保守思想却不能归入现代新儒家的范畴，辛亥前后的国粹派同它也有显著的思想特征的差异。"②

这个解释肯定略嫌简单，根据方克立先生的相关论述，我认为他的时间设定的关键还是以是否将民主和科学视为当然的文化前景作为"现代"的标志，在这一设定下，张之洞是明确反对平等和自由的，康有为则是坚持君主立宪的，因此，他们都难以担当起现代儒学起点的使命。

但是，方克立先生在将"现代新儒学"和"儒学第三期发展"进行勾连的时候，却忽视了一个巨大的问题，即"儒学第三期发展"是一种内在性的视角，其倡导者牟宗三和杜维明都是以儒家生命的继承者自居的，而"现代新儒学"则是一种学科性的术语，它们之间在立场和情感上有很大的差异。换句话说，所谓"现代新儒学"是对内在于儒家精神的一个价值群体所进行学术研究时的一个称谓，而以思潮为对象进行学术研究的现代新儒学，也需要重新确立其起点。如果我们将应对西方挑战作为晚清以来的儒家群体寻找新的精神发展方向的核心命题的话，那么我们或许应该从张之洞、康有为、章太炎等为开端来思考整个儒学新的发展阶段。尤其是康有为和章太炎，他们一方面是今文经学和古文经学的殿军，另一方面又是教育改革和新的学术范式的创立者，他们的身份的多样性，恰好反映了儒学在现在学科体系内的矛盾境地：价值信仰性和学术中立性之间的张力。同样，康有为和章太炎，既吸收了西方思想中的许多内容，又对西方的政治法律体制和科学精神进行了极大的反思，因此，他们能够代表未来儒家发展所需要的本位性和世界性的复杂关联，由此，我们认为，如果儒家存有一种"内在性"的视角，如果儒学第三期发展一定存在一个

① 《方克立文集》，上海辞书出版社2005年版，第177页。

② 《方克立文集》，上海辞书出版社2005年版，第190页。

开端的话，必然要将康有为和章太炎作为起点。

正如前文所言，所有的历史撰写均要受制于撰写者的客观限制和主观动机，在当下讨论儒学史的写作，特别是讨论现代儒学开端等问题时，其目的在于要对原先所存在的意识形态历史阶段论、学科意义上的儒学阶段论进行重新的反思，重新激活儒家思想中所内涵的丰富性和复杂性，反思新文化运动中对于儒家的批评的必要性和局限性，并意识到儒家思想可以作为未来中国思想发展的坚实基础。以康有为为例，他作为最早提倡民权、宪政的政治思想家，被李泽厚等人称为中国现代自由主义思潮的先驱；同样，他对大同理想的新阐发，影响了毛泽东等一批致力于建立中国式社会主义的政治家；他还是不平等的世界秩序的最早、最系统的批评者。从康有为的思考中我们可以看到，儒家的发展必须与中国的民族精神和国家意识的培养相结合，而探索中国的道理必须以中国自身问题为出发点，而不是从理念和教条出发，如此才能摆脱各种倾向的教条主义和机会主义。虽然康有为所提出的儒家发展方案以及建基其上的政治设计均难以算得上成功，但他的思维敏锐性却令人叹服。而梁漱溟、张君劢等新文化运动之后的儒家思想家，虽然在其表述中往往试图将自己的探索与康有为、章太炎他们进行分割，但是，无论是他们的问题，还是思考规模，都没有真正的超越。

我们要进行儒学史的写作，并不仅仅是一种回顾，关键是对未来儒学发展的一种建构，在这个意义上，我们才真正理解了"返本开新"、"阐旧邦而辅新命"。

（作者简介：干春松　北京大学哲学系、儒学研究院）

早期启蒙说与儒学的当代发展

冯　琳

一、早期启蒙说的回顾

早期启蒙说作为中国学术思想史研究中的一派文化观，强调在鸦片战争前的明清之际即已有近代启蒙意义的新因素在中国学术思想中发生发展。在近90 年的开展中，早期启蒙说经历了复杂的演变过程，取得了诸多的研究成果，成为一派有创造力和影响力的学术思潮。但自 20 世纪 90 年代以来，随着后现代主义思潮的引入和文化保守主义思潮的再度兴起，"消解启蒙心态"成为风行一时的思想口号，"启蒙的自我瓦解"也似成世纪之交的思想走向，早期启蒙说作为认肯启蒙意义的理论之一，不可避免地受到冲击，在诸思潮的激烈竞争中面临严峻的挑战。

早期启蒙说的开创之功当属于梁启超。在梁启超看来，清代学术发展与宋明学术发展呈现出明显的区分，而在这种区分中已显然孕育了新的因素。对于清代学术的开展，梁启超在《清代学术概论》中从总体上作了勾画，将其划分为启蒙期、全盛期、蜕分期、衰落期四个主要阶段。梁启超对 17 世纪中国思想家的思想贡献进行了发掘与阐释，提出顾炎武、黄宗羲、王夫之、颜元是这一时期最值得重视和推崇的思想人物。他们的思想共同特点在于，对宋明时期的心学与理学开展进行了深入的反思与批判，从而成为清代学术的出发点。20 世纪 30 年代，梁启超所开创的早期启蒙说受到了学术界的重视和发挥。钱穆著《中国近三百年学术史》，与梁启超著《中国近三百年学术史》相比，其规模更为宏大，其内容更加充实，即是一个证明。但这一时期，梁启超这一思想遗产的继承者和发挥者，更多的是中国马克思主义者和赞成马克思主义的学者。他们对明清之际，特别是对 17 世纪中国思想家的思想贡献产生了很大的兴趣，进行了新的阐发，予以了相当高的评价，把这一段思想史看作是中国思想新旧交替的过程，主张中国马克思主义哲学应当与17世纪中国思想家的唯物主义传统相衔接，以此为马克思主义哲学中国化的活水源头。赞成马克思主义哲学的张岱年，是这一主张的最早阐发者。与对马克思主义哲学的重视相联系，张岱年力图在中国传统哲学中寻找能够接引马克思主义哲学的结合点。他认为："今日中国的新哲学，必与过去中国哲学有相当的继承关系。我们所需要的新哲学，不只是从西洋的最新潮流发出的，更须是从中国本来的传统中生出的。"① 张岱年以王、颜、戴的气学或事学为中国旧哲学的活东西和中国新哲学的先驱，承继并发挥了梁启超论中国近三百年学术史的基本思想，进而启发了中国马克思主义者对明清之际早期启蒙思潮的探索，从而构成了早期启蒙说发展中承上启下的一个重要环节。吕振羽所著《中国政治思想史》，亦出版于1937年，是一部用马克思主义方法整理和阐释中国思想通史的名著。如果说梁启超是把自己的思想看作是对明清之际以来新思想发展的继承，那么吕振羽也试图把明清之际以来新思想发展作为中国马克思主义哲学的前史。对于明清之际至鸦片战争前后的中国思想发展，吕振羽依据这一思想史观作了更具体的解释，指出了由于中国经济生活在这一时期的新变动，使得这一时期的被统治阶级思想出现了新变化，不仅存在着原有的代表农民阶级的思想家，还出现了新式的代表市民阶级的思想家。侯外庐从马克思主义唯物史观出发，沿着吕振羽的思路，对明清之际社会生活的新内容进一步予以了揭示和衡论。他认为，在中国历史上，明清之际是继周秦之际之后又一个重要的社会史和思想史的开展时期。特别是17世纪中国，更是一个暴风雨降临的世界，是一个如黄宗羲所说的"天崩地解"的大变革时代。正是在这个时代，崛起了中国早期启蒙思潮，成为中国哲学及思想发展的一个新时期。侯外庐创作了《中国早期启蒙思想史》，他在该书中将中国早期的启蒙思想分为17世纪、18世纪、18世纪末和19世纪初三个时期。17世纪的启蒙思想家有王夫之、黄宗羲、顾炎武和颜元等，18世纪有戴震、汪中和章学诚等，18世纪末和19世纪初有龚自珍。侯外庐把中国启蒙思想的发端放到明清之际，秉承了梁启超在《清代学术概论》中关于启蒙时期的划定。但与梁启超不同的是，侯外庐在与西方近代启蒙思想的对比中揭示了王夫之等人思想的启蒙属性。侯外庐未再用全盛、蜕分和衰落期，而是用不同世纪

---

① 《张岱年文集》第一卷，清华大学出版社1989年版，第219页。

启蒙思想的观念，将中国早期启蒙的下限界定在了鸦片战争前的龚自珍，将戴震、汪中和龚自珍等也作为启蒙思想家，肯定了他们在思想上推陈出新的历史贡献。

萧萐父是早期启蒙说的坚定支持者和捍卫者。与侯外庐突出强调中国启蒙的自我生成，并将其始生时间界定在王夫之、顾炎武和黄宗羲的时代有所不同的是，萧萐父尤为强调启蒙的反伦理异化，并由此将中国启蒙的早期生成时间界定在李贽。在与许苏民合著的《明清启蒙学术流变》中，他们将中国早期启蒙学术划分出了三个阶段：第一阶段是从明代嘉靖至崇祯的历史时期，思想特点是抗议权威、冲破束缚、立论尖新而不够成熟，思想旗帜有李贽、何心隐和徐光启等；第二阶段是从南明至清康熙、雍正的历史时期，思想特点是深沉反思、推陈出新、致思周全而衡虑较多，思想旗帜有黄宗羲、王夫之和顾炎武等；第三阶段是从乾隆至道光二十年，思想特点是执着追求、潜心开拓、身处洄流而心游未来，思想旗帜有戴震、袁枚和龚自珍等。他们作此分期研究，意在为中国式的启蒙寻找本土文化根基，解决传统与现代的接洽问题。他们指出明清学术中已经有自由、平等和人权思想，呈现出个性解放的进步性，接引了中国近代启蒙学术。萧萐父认为明清启蒙思潮的兴起是以古代文化长期积累为背景的传统文化向现代转化的历史性起点，是中国传统文化在特定历史条件下的自我批判、自我发展和更新，因而传统与现代不可截然二分，不可用人为的断裂去割断它。

通过对明清之际启蒙学术的开展所作的清理、阐发与评价，萧、许著《明清启蒙学术流变》提出了一个基本观点："从晚明到'五四'，历时三百多年，中国的启蒙思潮经过漫长而曲折的发展，就其思想脉络的承启贯通而言，确可视为一个同质的文化历程。"[①] 在这一文化历程中，"从明嘉靖初至清道光中的三个世纪，在我国社会发展史、思想文化发展史上都是一个特殊的历史阶段。史实表明，明清启蒙学术思潮正是这一历史时期思想文化的主流。尽管道路曲折坎坷，'死的在拖住活的'；但从时代思潮的总体上，却始终表现出'新的突破旧的'的特色。中国走出中世纪、迈向现代化及其文化蜕变，是中国历史发展的产物；西学的传入起过引发的作用，但仅是外来的助因。……明清早期启蒙学术的萌动，作为中国传统文化转型的开端，作为中国式的现代价值理

---

① 萧萐父、许苏民：《明清启蒙学术流变》，辽宁教育出版社 1995 年版，第 24 页。

想的内在历史根芽，乃是传统与现代化的历史接合点。"① 这一基本观点，也就是萧先生在对早期启蒙思潮不断探索中所形成的最终目的。萧先生在这里不用现代汉语中通行的"结合点"一词，而自创"接合点"一词，也是为了更好地表达这种"中国式的现代价值理想的内在历史根芽"对于中国人接纳西方近现代文化、推进中国现代化进程的积极意义。②

二、中西方启蒙运动之比较

"启蒙"一词在古汉语中早已有之，其本意是启发愚蒙，揭除蒙蔽，开导蒙昧，使人茅塞顿开，通晓事理。后汉名儒应劭在其所著《风俗通义·皇霸·六国》中说过："每辄挫衄，亦足以祛蔽启蒙矣。"意即从自己常常遇到的挫折和失败中，也足以能够改正缺点，得到教益。启蒙一事虽然自古有之，但是形成民族性、群众性、持久性的思想解放运动，却是近几百年来的事情。

在西方思想史上，启蒙特指一个历史时期，即发生在 18 世纪欧洲英、法、德等国的启蒙运动（the Enlightenment），那个时代也被称为启蒙时代。启蒙运动（法文：Siècle des Lumières，英文：The Enlightenment，德文：die Aufklärung），通常是指在 17 世纪至 18 世纪法国大革命之间的一个新思维不断涌现的时代，与理性主义等一起构成一个较长的文化运动时期。这个时期的启蒙运动，覆盖了各个知识领域，如自然科学、哲学、伦理学、政治学、经济学、历史学、文学、教育学等。启蒙运动同时为美国独立战争与法国大革命提供了框架，并且导致了资本主义和社会主义的兴起，与音乐史上的巴洛克时期以及艺术史上的新古典主义时期是同一时期。启蒙在兴起之时并无统一的约定。不过 18 世纪时，德国人引人注目地专门讨论了启蒙的含义，康德把启蒙看作是人类精神从自我限制的不成熟状态解放出来的道路，并且一般地把"敢于使用自己的理智"作为启蒙的口号，同时强调当时的德国并非已经启蒙，而是处在启蒙的过程之中。如果按照康德一般性的规定，启蒙是人类历史必经的阶段，不过就西方近代启蒙而言，应该与现代化密切相关。启蒙主义是现代化

---

① 萧萐父、许苏民：《明清启蒙学术流变》，辽宁教育出版社 1995 年版，第 24 页。

② 参见李维武：《早期启蒙说的历史演变与萧萐父先生的思想贡献》，《武汉大学学报》（人文科学版）2010 年第 1 期。

的理论基础，现代化以启蒙主义为指导思想。由此我们可以理解，为什么中国需要启蒙，以及为什么中国发生了启蒙：自近代以来，中国走上了西方人开辟的现代化之路，启蒙也就顺理成章地成为它的必经阶段。然而，中国的启蒙运动面临的是比西方启蒙运动更为复杂的局面。

现在人们公认的是 1919 年"五四"运动前后的新文化运动是我国启蒙运动的开端。我国启蒙运动创始人和主将陈独秀于 1915 年 9 月 15 日在上海创办《青年》杂志，自 1916 年 9 月第 2 卷第 1 号起改名为《新青年》。在 1915 年的创刊号上，陈独秀明确宣称："国人欲脱蒙昧时代，羞为浅化之民也，则急起直追，当以科学和人权并重。"即是说他以科学与人权作为中国人"欲脱蒙昧时代"、开展启蒙运动的两面旗帜。

西方启蒙运动是近代西方知识分子针对封建专制制度、宗教迷信和愚昧落后，自觉地承担起提倡科学、推进知识、教化大众的理性主义思潮，自 17 世纪到 19 世纪，延续了三百年之久。启蒙在促进西方社会完成现代化的转型方面的确功不可没。中国的启蒙是在特殊的历史背景下开始的，这在一定程度上决定了中国启蒙的命运：始于救亡图存，亦困于救亡图存，其结果是人们所说的"救亡"的主题压倒了"启蒙"。

黄万盛先生曾经对中国与西方启蒙运动之间进行了比较，他认为中西方启蒙运动的不同主要有以下几个方面：首先，中国与欧洲启蒙运动的批判对象不同。欧洲启蒙运动主要是针对中世纪以来的宗教神学，其任务是打碎神学枷锁、剥夺被教会垄断的真理解释权，把人民从"宗教迷信"中解放出来。而在中国并不存在超越性的上帝，启蒙所针对的是人文传统，要呼吁人民从纲常名教的锁链中挣脱出来，启蒙意味着向自己的传统宣战。其次，启蒙手段的根本不同，西方是在真伪之争中推动启蒙，而中国的启蒙则陷入了困难的是非之辩。西方的启蒙主要依赖于自然科学的成就，通过百科全书派的艰苦努力，卓有成效地完成了以知识体系，特别是科学知识战胜宗教神学和迷信的启蒙使命。而在中国，启蒙基本上不在科学知识体系上开展，启蒙的主要方向集中在人文领域中，西方用于反宗教的"科学"利器，中国除了高喊"科学"的口号，却很难借用它的实质。在中国，科学在本质上是中性的，即使是腐朽没落的王朝统治者及后来的军阀们也不反对科学，反而对科学的运用、传播抱欢迎的态度。中国的启蒙主义主要局限在人文范围内开展启蒙，但在人文范围内澄清是非比在自然科学中证明真伪困难得多。再次，西方的启蒙基本上是在一百余年的和平时期中展开的，启蒙学者通过两三代人的从容努力，建设起新的知识体系，逐步推进新思想的传播，完成了社会思想基础和价值观念的转换。而中国的启蒙前后只经历了十余年，其间内乱外患接踵而来，启蒙学者的思想和知识建设，不得不服从于国家和民族的政治需要，每每为新发生的社会政治和外交事件所改变。复次，在西方的启蒙时期，几乎还未出现民族国家之间的对立，各国启蒙所面对的又是同一的宗教神权，因此，启蒙涉及的知识背景完全没有民族差异。而中国则不同，中国启蒙发端之时，民族国家之间的冲突已成为国际政治中最主要的问题，国家形态极其深刻地介入了启蒙运动，启蒙主义者肩负了重大的政治民族主义使命，但又总是遭到文化民族主义的攻击。事实上，中国的启蒙运动自始至终都面临民族主义的纠缠，启蒙的理性从未超出过民族主义的眼界，这或许是中国启蒙运动最深刻的教训。最后，西方启蒙的根本目的是理性的解放。启蒙主义者并未赋予启蒙运动以任何经济上的功利性目的。虽然启蒙运动导向了现代社会的民主与繁荣，但现代化并不是启蒙运动事先预设的目标。从启蒙到现代化之间经历了漫长的过程，前后伴随了实验科学革命、政治革命、工业革命等重大事件和社会变革，从启蒙到现代化不是想象中那么简单的直接因果关系。简单地说，西方启蒙主要解决的问题是，什么是真理，而不是真理有什么用。然而，中国的启蒙运动则完全相反，由于上述国家形态和民族主义的介入，中国的启蒙运动一开始就有鲜明的功利性；启蒙的根本目的并不是解决认知问题，实现国家的繁荣和民族的强大才是启蒙的真正目的，认知真理只是导向这个目标的手段。这个区别使得中国启蒙在根本上不同于西方。西方启蒙运动所建立的自由、平等、博爱等基本价值准则，在中国启蒙思想中并不占重要地位，而科学与民主这两个功能性、操作性口号却比价值观的地位要显赫得多，工具性的考虑压倒了对基本价值的追求。而且，科学与民主还被当作"五四"的最伟大遗产继承下来。[①] "西方的启蒙运动面临的对手是行将退出历史舞台的传统观念，而中国的启蒙运动所针对的传统观念不仅没有退出历史舞台，而且在现代化的发展过程之中呈现出了复兴之势。这一方面是因为西方人对于启蒙之成果的自我反思在某种程度上纠正了启蒙的偏颇，恢复了传统的合法性地位，也是因为后现代主义思潮消解了启蒙的基础；

---

① 　参见黄万盛：《启蒙的反思和儒学的复兴——二十世纪中国反传统运动的再认识》，《开放时代》2007 年第 5 期。

另一方面是因为中国启蒙的'古今之争'始终缠绕着'中外'之间的矛盾冲突，亦即外来文化与自身文化之间的碰撞。总而言之，像当年的康德所认为的一样，中国的启蒙尚未完成，我们仍然处在启蒙的过程之中，而问题的复杂性亦在于此。"①

然而，自19世纪下半叶以来，哲学家们开始了对理性主义的反思批判，现代西方哲学对传统形而上学的持续不断的反思批判，亦落实在对启蒙精神中盲目乐观的理性主义、无限制的科学主义和僭越的人道主义的反思批判之上，启蒙的局限性被看作是造成西方文明种种问题的原因之一，而距离我们最近的一轮批判就是20世纪80年代盛行一时的后现代主义。不恰当地说，后现代主义意在解构作为现代性之精神的理性主义，从而彻底颠覆了启蒙主义的合法性基础。然而，现代西方哲学对启蒙运动的反思是在经过启蒙之后的批判，中国的启蒙运动则是在尚未完成其历史使命的情况下遭遇困境的。由于源于西方的现代化浪潮席卷全球，从而使西方式的启蒙主义具有了某种普遍的意义：现代化的出现迫使任何文化都不可避免地面临启蒙的洗礼。在西方主要是启蒙为现代化开辟道路，在中国则是现代化的需要呼唤启蒙运动，至少两者差不多是同时发生的。西方近代启蒙运动历经三百年之久，其影响和作用是潜移默化地逐渐渗透到社会各个层面的；而中国的启蒙运动则急于求成，力图毕其功于一役，加之特殊的时代背景，使得启蒙的理念始终未能彻底地深入人心，因此其作用受到了相当程度的限制。

有人认为，启蒙来源于西方文化，救亡针对的亦是西方列强，这就造成了中国人瞻前顾后、左右为难的矛盾心理。正如"中外之争"引发了"古今之争"，同样也引发了对传统的重新肯定。前有"救亡"，后有现代化的成就，由此而激发起来的民族意识促进了传统文化的复兴，遂使针对传统的启蒙似乎失去了正当性的根据。在某种意义上说，中国还没有完成现代化，因而启蒙的任务并没有完成，但社会环境、文化环境却已经不适合启蒙了。后现代主义以赞赏的眼光看待颠覆了启蒙合法性的大众文化，启蒙的宏大叙事话语在后现代主义的讥讽下无地自容。启蒙在它的敌人尚未退出历史舞台之际却已退出了历史舞台，启蒙的任务还没有完成便已经被超越了。

---

① 张志伟：《启蒙的合法性危机——当代中国启蒙所遭遇的挑战》，《中国人民大学学报》2009年第1期。

但进入 21 世纪，也出现了另一种声音，有人将启蒙主义理解为传统文化的复兴：传统思想资源是对中国近现代启蒙的启蒙。① 其实，早在 20 世纪 30 年代，陈伯达、张申府、艾思奇等人就提倡过"新启蒙运动"，并且提出了两个口号："打倒孔家店，救出孔夫子"和"中国化"。② 中国虽曾有"全盘西化"的愿望，但事实上却没有被真正地"西化"过，所以，传统还在，儒家文化也依然存在，因为如此，当代的文化转型中儒学的复兴才具有真实的基础而成其为问题。事实说明，"五四新文化运动"是明中叶以来的启蒙思潮在新的历史条件下的继承与发展，其中虽有"西方价值的冲击"和西方文化的影响，但绝不是什么"西方文化殖民的产物"。而"五四新文化运动"的目的，主要是反对"独尊儒术"的思想专制主义和挂着孔子招牌的"吃人的礼教制度"，以争取"思想文化的自由发展"和"近世文明社会"的真正建立，而不是全盘否定孔子，更不是全盘否定传统和全盘西化。其间虽然出现过"过去的鸟国粹应该连根拔除"，"现代世界文化应该全盘承受"之类的过激言论③，但那不是运动的主流。而作为"五四新文化运动"主将的鲁迅，不仅明确提出了"取今复古，别立新宗"④，以使中国文化永远"卓立宇内"而"无所愧逊于他邦"的主张⑤，还对西方现代文明的弊病作出了清醒的判断："诸凡事物，无不质化，灵明日以亏蚀，旨趣流于平庸，人惟客观之物质世界是趋，而主观之内面精神，乃舍置不之一省。……19 世纪文明一面之通弊，盖如此矣。"⑥ 用今天的话说，就是既要推动中国文化与时俱进，又不能对西方文化亦步亦趋。"五四"以后的诸多问题与灾难，恰恰是背离"五四"的启蒙精神所产生的恶果。把反启蒙造成的灾难算在启蒙的账上，要"五四新文化运动"为反"五四新文化运动"的倒行逆施"承担责任"，这显然是不合理的。所谓的启蒙，就是应该在文化转型中赋予原有文化以新的内容和形式，使其符合新的社会生活，而又不失其独特。这就是知识分子的文化使命。"'五四'启蒙的失足在于，它切断了独特

---

① 参见张宝明：《解构抑或建构——对一位"新启蒙主义者"的质疑》，《学术界》2003 年第 2 期。

② 参见干春松：《张申府的文化综合主义和新启蒙主义》，《孔子研究》2006 年第 5 期。

③ 钱玄同：《关于反抗帝国主义》，《语丝》，1925 年版，第 31 页。

④ 《鲁迅全集》第一卷，人民文学出版社 2005 年版，第 57 页。

⑤ 《鲁迅全集》第一卷，人民文学出版社 2005 年版，第 101 页。

⑥ 《鲁迅全集》第一卷，人民文学出版社 2005 年版，第 57 页。

性的连续发展，置独特性于不顾而只求发展；而'五四'时期的国粹主义的问题则是，偏重于保存独特性而无应对发展的手段。"①

三、"早期启蒙说"与儒学的当代发展

优秀的传统文化当然应该复兴，但是复兴不是复古，单纯的复古不可能解决现实问题。在某种意义上说，传统文化的复兴必须经受启蒙之理性主义的洗礼，如此才能"兼容"于现代化进程，并且对中国的现代化建设发挥积极的促进作用。且不论西方的启蒙是否还有现实意义，中国的启蒙并没有过时，因为它的任务还没有完成。正如康德当年所说，我们仍然处在启蒙的时代。启蒙致力于建设理想社会的真正使命和儒学面对时代的复兴，其实是毫不矛盾的双重任务。

萧萐父先生认为："早期启蒙思潮既是中国文化的自我更新，其体用自然是内在地统一的。这表明，中国文化之体并不是一个僵化的固定不变之体，而是历史地更新着的。用这种自我更新了的中国文化之体去接受西方的先进文化，自然不存在'中体'和'西体'的扞格不通，也不至于导致'中学为体，西学为用'这种体用两橛、徒使严又陵耻笑的荒谬理论。而体用两橛论者的根本失误，即在于他们为了拒斥西学，竟抛弃我们民族体用一源、不执固定之体的优秀文化传统，把中国文化之体看作固定不变之体，否认了它的自我批判、自我发展和更新。"② 高瑞泉先生认为，"五四"所开启的学术主流是承认中国文化传统包含了儒释道法等多种元素，是承认一部儒学史内在地包含了多种多样的倾向和争执。孔子身后，儒分为八。思孟是儒，荀子也是儒。后儒更是分化：程朱是儒，陆王也是儒，陈亮、叶适也是儒。包括儒家在内的中国文化传统之所以有生命力，并非因为什么一线单传的少数圣贤，很大程度是因为中国的学术传统中有兼容并包的好传统。包括有道家、佛教那样的异端，与儒家形成了复杂的融合的历史。③

---

① 黄万盛：《启蒙的反思和儒学的复兴——二十世纪中国反传统运动的再认识》，《开放时代》2007年第5期。

② 萧萐父：《吹沙二集》，巴蜀书社2007年版，第55页。

③ 参见高瑞泉：《芳情不悔说启蒙——读萧萐父〈吹沙三集〉、〈萧氏文心〉等著作的体会》，《武汉大学学报》（人文科学版）2008年第5期。

　　"五四"以来的启蒙运动，它们所自觉承接的，正是明清之际那些在危难和寂寞中反省传统、创造新论的思想家的事业。新文学运动的倡导者周作人，在《中国新文学的源流》的讲演中强调："明末的文学，是现在这次文学运动的来源，而清朝的文学，则是这次文学运动的原因。"①他特别谈及明末以袁宏道为首的公安派，说"他们的主张很简单，可以说和胡适之先生的主张差不多。所不同的，那时是１６世纪，利玛窦还没有来中国（此言不确，当时利玛窦等传教士已先后来华，但与公安派的文学主张无关），所以缺乏西洋思想。例如从现代胡适之先生的主张里面减去他所受的西洋的影响，科学、哲学、文学以及思想各方面的，那便是公安派的思想和主张了。……可惜他们的运气不好，到清朝他们的著作便都成为禁书了，他们的运动也给乾嘉学者所打倒了。"把早期启蒙思想的发生理解成中国现代性的最早兴起，可以解释近代思想家为什么不断向明清之际复归，从而说明中国的现代性同样有内生性的传统资源。

　　当然，早期启蒙说也存在理论上的局限，比如，早期启蒙说过分地强调了明清之际早期启蒙思潮对于中国现代化进程内在源头的意义，强调必须以早期启蒙思潮为结合点来接引西方近现代文化，而没有看到除了早期启蒙思潮之外，在中国传统文化及思想中还有其他内容也会对中国现代化起接引、促进作用，也能成为接纳西方近现代文化的接合点。例如，中国人接受马克思主义的最初接合点，从历史上看，就不是明清之际早期启蒙思潮，而是远比早期启蒙思潮古老的儒家民本思想。李大钊在接受马克思主义之前，已经通过吸取儒家民本思想资源，如《诗经》所言"天生烝民，有物有则。民之秉彝，好是懿德"，《尚书》所言"天视自我民视，天听自我民听"，形成了重视人民大众在历史中作用的民彝史观。②

　　尽管有来自外部的后现代反启蒙、反理性主义的冲击和挑战，以及自身理论的局限，但笔者认为早期启蒙说对于今天的儒学发展仍然具有价值。"在中国，'科学'与'民主'早已家喻户晓，但一个世纪过去了，它仍然只是美丽的理想。怎么办？似乎还得回到基本价值观，从重建和普及自由、平等、博爱的理念做起。如何做？这又是个大问题，而且一定会与儒家文化传统有

---

①　周作人：《中国新文学的源流》，华东师范大学出版社 1995 年版，第 30 页。

② 　参见李维武：《早期启蒙说的历史演变与萧萐父先生的思想贡献》，《武汉大学学报》（人文科学版）2010 年第 1 期。

关。"① 儒学仍须以其广博的大体大用来应付现代问题，不是单纯地为传统的儒家信仰辩护，而是给现代问题以儒学根源的创造性解释。在自由、平等、博爱、人权、民主、法制、人与自然、人与信仰等方面，儒学都可以作出创造性的解释。只有面对问题，儒学才有复兴；只有解答问题，儒学才能区别宋明，形成其现代经典，进入新阶段，成为解释和指导现代生活的精神源泉。这恰恰是启蒙的期待。可以说，儒学乃至中国传统文化的复兴取决于它能否成功地把启蒙思潮转化成为儒学的内在组成部分，而启蒙的未来则在于通过儒学的复兴而实现文化和社会的转型。

化解启蒙—儒家的二元论或许是 21 世纪中国最大的文化工程，笔者认为，早期启蒙说能够为此提供相应的思想资源。当代的早期启蒙论者除了保持对明清启蒙的核心坚守外，还必须从类比西方资本主义在文艺复兴时期早期生成，以确证中国也有启蒙的这种对启蒙的片段化理解和被动防御策略之中走出来，以文化自觉和自信的心态勇敢地释放出早期启蒙说内含的启蒙，尤其是中国启蒙的整体性，通过主张中国启蒙与西方启蒙一样原初并生随后在兼容并蓄中持续发展和自主创新，利用与启蒙外来说、文化保守主义和后现代主义等的相通性，伸张明清之际前后的中学西渐持续影响了西方世界等，积极回应各种主义学说对早期启蒙说和中国文化的消解与冲击。② 若能顺应当今时代主题，建立与中华民族伟大复兴和中国以和平崛起方式影响世界相适应的文化自觉和自信的新使命，早期启蒙说自身将更富有生机、活力与影响力。

（作者简介：冯琳　中国人民大学书报资料中心人文编辑部）

---

① 黄万盛：《启蒙的反思和儒学的复兴——二十世纪中国反传统运动的再认识》，《开放时代》2007 年第 5 期。

② 参见田云刚：《早期启蒙说的当代使命》，《中国哲学史》2015 年第 2 期。

熊十力量论思想梳释

胡治洪

熊十力说:"本心亦云性智,(自注:从人生论与心理学的观点而言,则名以本心。从量论的观点而言,则名为性智。)是吾人与天地万物所同具之本性。……习心亦云量智",[①] 即是说,从心性工夫论方面而言的本心、习心,从量论(亦即认识论[②])方面来说则为性智、量智,这两个论域的共同旨归都是要将人生导致冥应本体,[③] 但前者主要论述人生冥应本体的修为工夫,后者则主要论述人生冥应本体的认识途径;前者重在行,后者重在知,知行合一,庶几乎得之。

一、《量论》终未作成之原因

至迟从 1923 年起,熊十力就有心写作《量论》,在当年出版的《唯识学概论》书首弁言中,他说:"此书区为二部:部甲,《境论》。法相法性目之为境,是所知故。部乙,《量论》。量者量度,知之异名,虽谈所知,知义未详,故《量论》次焉。"[④] 但实际上该书内容唯有"部甲境论"之"识相篇",并无"部乙量论",熊十力在此只是为作为《唯识学概论》之组成部分的《量论》预留

---

① 《熊十力全集》第三卷,湖北教育出版社 2001 年版,第 374—375 页;另参见同卷第 12、16、454、490、528 页,第八卷第 415 页。

② 熊十力说:"量论,相当俗云知识论或认识论。量者,知之异名。佛家有证量及比量等,即关于知识之辨析也。"(《熊十力全集》第三卷,湖北教育出版社 2001 年版,第 6 页;另参见第四卷第 397 页,第五卷第 512、661 页)

③ 熊十力关于心性工夫论旨在将人生导致冥应本体的思想,笔者另有专文论述。关于量论旨归,熊十力说:"我们正以未得证体,才研究知识论。"(《熊十力全集》第三卷,湖北教育出版社 2001 年版,第 17 页)可见量论亦是冥应本体的手段。

④ 《熊十力全集》第一卷,湖北教育出版社 2001 年版,第 45 页。

位置而已。在 1926 年出版的第二种《唯识学概论》绪言中，熊十力又说："此书凡为二论：曰境论、量论。境论有二：一、法相篇，二、法性篇。量论有二：一、分别篇，二、正智篇。（自注：俗言理智，略当分别。正智者，证体之智。）观境诚妄，率视其量。故此二论，绮互作焉。"① 但此书内容也只有"境论一"之"法相篇"，既无"法性篇"，更无"量论"。1930 年出版的《唯识论》导言，基本上重复第二种《唯识学概论》绪言的说法，② 而该书内容同样只有"境论一"之"法相篇"而无"法性篇"和"量论"。至 1932 年熊十力完成彻底超脱唯识旧学的《新唯识论》（文言文本），其结构却仍然承续以往各著，"拟为二部，部甲曰《境论》。……部乙曰《量论》"，只不过"本书才成《境论》，而《量论》尚付阙如"。③ 但此后熊十力对《量论》的安排有了新的考虑，在 1934 至 1935 年间的一篇书札中，他说："病躯如得渐添生意，将来起草《新论》部乙之《量论》，即当试用新文体。惟文体既变更，则其书成，当离《新论》而别为单行本，即书之题名，亦俟届时拟定。此意经多番审虑而后决。"④1942 年《新唯识论》（语体文本）之《初印上中卷序言》进一步表达了《量论》独立成书的意思，其曰："原本拟为二部：曰《境论》，曰《量论》。只成《境论》一部分，《量论》犹未及作。今本则不欲承原本之规画，如将来得成《量论》时，即别为单行本，故今本亦不存《境论》之目。以《境》《量》二论相待立名，今《量论》既不属本书组织之内，则《境论》之名亦不容孤立故。"⑤ 在熊十力关于唯识旧学和新论的一系列著作中，至此不再以"境论"、"量论"两个部分来设置全书结构，而专属"境论"的《新唯识论》（语体文本）已自成一部完整的著作。由此体现的熊十力的隐衷似乎是，《量论》能够完成当然更好，即或不然，亦不致影响《新唯识论》的完整性，其中透露出熊十力对于写作《量论》的诸多无奈，观其慨叹"不卜将有作者起而弥吾缺憾否耶"、"来者悠悠，将有成吾愿者乎"云云可知。⑥ 在《新唯识论》（语体文本，1944）以及后来的

① 《熊十力全集》第一卷，湖北教育出版社 2001 年版，第 413 页。

② 参见《熊十力全集》第一卷，湖北教育出版社 2001 年版，第 497 页。

③ 《熊十力全集》第二卷，湖北教育出版社 2001 年版，第 8—9 页。

④ 《熊十力全集》第二卷，湖北教育出版社 2001 年版，第 273 页。此札收入《十力论学语辑略》之"甲乙录（甲戌、乙亥合编）"，甲戌、乙亥当 1934—1935 年。

⑤ 《熊十力全集》第三卷，湖北教育出版社 2001 年版，第 6 页。

⑥ 《熊十力全集》第三卷，湖北教育出版社 2001 年版，第 528、798 页。

《读经示要》（1945）、《十力语要》（1947）、《读智论钞》（1947—1948）、《十力语要初续》（1949）、《摧惑显宗记》（1950）、《论六经》（1951）等著作以及一些函札中，熊十力反反复复表达了写作《量论》的志愿，不胜枚举，但这一绵延了近三十年的志愿却并未实现，熊十力最终也没有写出《量论》。

熊十力为什么未能写出《量论》？他自己反反复复道出了诸多原因，如谓"世变日亟，疾病交摧。（自注：十年来，患脑病、胃坠，常漏髓，背脊苦虚，近方有转机。）《量论》欲赓续成之，亦大不易"，[①]"吾欲《量论》中详谈理。老当昏世，恐未能也"，[②]"颇欲于《量论》中详认理智，老来精力乏，未知能否执笔耳"，[③]"吾三十年来含蓄许多意思，欲俟《量论》畅发。而以神经衰弱，为漏髓病所苦，一旦凝思构文，此病辄发，便不可支，此苦非旁人可喻。……《量论》之所以难以写出者，自度精气只如此，欲本不苟之心作去，乃大不易耳"，[④]"然以暮境而际明夷，《量论》且未知能作否"，[⑤]"余拟于《新论》外，更作《量论》，与《新论》相辅而行。老当衰乱，竟未得执笔"，[⑥]"《新论》刊行之一部分只是谈体，但此书孤行，读者总多隔阂，诚如来函，须完成《量论》为佳。然衰世百艰，又且忽焉老至，精力实不堪用，此诚无可如何"，[⑦]"诚欲别写一部《量论》，恐环境益厄，精力日差，终是难写出也"，[⑧]"超知与反知截然不相似，余本欲于为《量论》时畅发之，惜遭时昏乱，不暇及也"，[⑨]"世乱方殷，老怀愁惨，《量论》未能作，又何堪及此乎"，[⑩]"余尝欲通究华梵洋三方思想，别异同，衡得失，以衷诸至当而造《量论》一书。抗战入川，不遑从事，今衰矣，恐难果此愿也"，[⑪]"因二十年来，每思为《量论》，将取西洋知识论与佛氏《大般若》、儒家《大易》参研并究，而会归通衢。此业极艰巨，未

① 《熊十力全集》第二卷，湖北教育出版社 2001 年版，第 9 页。
② 《熊十力全集》第三卷，湖北教育出版社 2001 年版，第 280 页。
③ 《熊十力全集》第三卷，湖北教育出版社 2001 年版，第 429 页。
④ 《熊十力全集》第三卷，湖北教育出版社 2001 年版，第 526—528 页。
⑤ 《熊十力全集》第三卷，湖北教育出版社 2001 年版，第 760 页。
⑥ 《熊十力全集》第四卷，湖北教育出版社 2001 年版，第 12 页。
⑦ 《熊十力全集》第四卷，湖北教育出版社 2001 年版，第 195 页。
⑧ 《熊十力全集》第四卷，湖北教育出版社 2001 年版，第 295 页。
⑨ 《熊十力全集》第四卷，湖北教育出版社 2001 年版，第 377 页。
⑩ 《熊十力全集》第五卷，湖北教育出版社 2001 年版，第 57 页。
⑪ 《熊十力全集》第五卷，湖北教育出版社 2001 年版，第 545 页。

可粗疏着手。从前大病十余年，继以国难十年，民劳国瘁之感，碍吾昭旷深密之思，《量论》竟不获作，何能别有所事"，① "吾欲出入华梵西洋而为《量论》，胸中已有一规模，然非精神饱满、兴会时发，断不能提笔。人或劝余急写一纲要，其实纲要二字谈何容易。真正著述确是不堪苟且，老而愈不敢苟也。纲要如能作，亦决不同于西洋知识论之内容与体式，自别是一种作意，然暮年意兴消沮，恐终不能作也"，② 将不能写作《量论》的原因归诸世道乱离、疾病折磨以及年老神衰，这些当然都是不能写作《量论》的原因，但似乎并非主要原因，因为在完成《新唯识论》之后，同样是在世道乱离、疾病折磨以及年老神衰的条件下，熊十力却也写出了《佛家名相通释》、《中国历史讲话》、《读经示要》、《中国哲学与西洋科学》、《读智论钞》等著作，其中不乏鸿篇巨制；且1949 年以后，在社会环境相对安定但疾病更甚、年事愈高的情况下，他还完成了《论六经》、《原儒》、《体用论》、《明心篇》、《乾坤衍》等著作，因此，不能写作《量论》的主要原因就不应在于世道、疾病和年岁方面。

熊十力还有一段话涉及不能写作《量论》的原因，他说："弟常欲别为一书，以相辅翼，总苦精力不给。大抵此等处最感困难者，为科学知识之缺乏。吾侪不幸少年无治科学机缘，今已老大，夫复何言？每有思维所及，自惊神解，却未能搜检各种科学上之材料以为推证之助。即令笔述所怀，反惧单词奥义，无以取信于人，故提笔而又辍者屡然也。"③ 此所谓"科学知识"或"科学"，大致就是西方学术文化之代称，观其所谓"西洋之学科学为主"，④ 及其自陈"我相信，我如生在西洋，或少时喝了洋水，我有科学上的许多材料，哲学上有许多问题和理论，我敢断言，我出入百家，一定要本诸优厚的凭借，而

---

① 《熊十力全集》第五卷，湖北教育出版社 2001 年版，第 660 页。

② 《熊十力全集》第五卷，湖北教育出版社 2001 年版，第 662 页。刘虎生等撰《印行十力丛书记》曰："先生原拟为《量论》，（自注：即知识论。）以西洋尚理智思辨，印度佛家虽任思辨，而要归禅定止观，中国则于实践中体现真理，三方各有其特到之精神，当析其异，而会其通，毋拘一隅之见。此书若成，则于未来新哲学之发生，所关极巨。先生辄叹老当丧乱，未遑执笔。吾侪犹望杖履余暇，略提纲领。"（《熊十力全集》第四卷，湖北教育出版社 2001 年版，第 24 页）此或即熊十力所谓"人或劝余急写一纲要"的缘由。

③ 《熊十力全集》第四卷，湖北教育出版社 2001 年版，第 182 页。此段话为熊十力与满莘畲讨论《新唯识论》所发，熊氏所谓"常欲别为一书，以相辅翼"，虽未点明书名，但当指《量论》无疑。

④ 《熊十力全集》第八卷，湖北教育出版社 2001 年版，第 753 页。

发出万丈的光芒"，①"我所以常恨少年时未得出洋，我所差的是科学。若得出洋，我自信要开一道光明"，②都是将"西洋"与"科学"相挂搭，可以为证。熊十力对中国传统知行论及印度佛家量论都有极高造诣，这两方面的学思准备，对于写作《量论》是不成问题的。对于西方认识论，他借助于译著，也确实达到了相当精深的解悟。③不过，如果要撰写一部"通究华梵洋三方思想，别异同，衡得失，以衷诸至当"的体系性的《量论》，仅靠对于西方认识论的这种解悟，而没有对于西方认识论的直接、全面、系统、深入的研究，无疑还是难以完成的。熊十力所缺乏的正是对于西方认识论的直接、全面、系统、深入的研究，这应该是他不能写作《量论》的主要原因。

二、量智论与性智论

体系性的《量论》诚然没有写出，但熊十力关于量论的论说却大量散见于他的多种著作之中，如其所说："《量论》虽未及作，而吾之意思于《新论》及《语要》中时有散见，若细心人自可看出。"④其实不止《新唯识论》和《十力语要》，在《佛家名相通释》、《读经示要》、《中国哲学与西洋科学》、《十力语要初续》、《摧惑显宗记》、《论六经》等著作中也都有关于量论的论说，这些论说主要包括量智论和性智论。

量智亦即理智、思量、思辨、思议、知识、知见、情见、情识、推度等等，熊十力说："量智，是思量和推度，或明辨事物之理则，及于所行所历，简择得失等等的作用故，故说名量智，亦名理智。……宗门所谓情见或情识与知见等者，皆属量智"，"思议是发自量智"，"此中量智，谓理智作用，或知识，亦即是情见"，"凡吾所云理智者，即克就思辨或推度的作用而目之。《新论》亦谓之量智，他只是作用，而不是体"。⑤由于量智亦即习心，故其来源也就如

---

① 《熊十力全集》第八卷，湖北教育出版社 2001 年版，第 759 页。

② 《熊十力全集》第八卷，湖北教育出版社 2001 年版，第 765 页。

③ 熊十力说："西洋知识论，吾未能直阅外籍，然佛氏有言'于一毫端见三千大千世界'，吾就译本而穷其所据，察其所持，推其论之所必至，亦可以控其要而知其所抵之域矣。"（《熊十力全集》第五卷，湖北教育出版社 2001 年版，第 662 页）

④ 《熊十力全集》第五卷，湖北教育出版社 2001 年版，第 205 页。

⑤ 《熊十力全集》第三卷，湖北教育出版社 2001 年版，第 16、144、188、548 页。

同习心源自本心一样，乃是等同于本心的性智之发用，熊十力说："吾人承认有本来固具的性智，则说理智亦是性智的发用，但他是流行于官体中而易为官能假之以自逞，又有习染之杂。他毕竟不即是性智，这是不可混淆的。……须知，妄识亦依性智故有，譬如浮云虽无根底，亦依太空故有，所谓依真起妄者是也。""此智，元是性智的发用，而卒别于性智者，因为性智作用，依官能而发现，即官能得假之以自用。易言之，官能可假性智作用以成为官能之作用，迷以逐物，而妄见有外，由此成习。而习之既成，则且潜伏不测之渊，常乘机现起，益以障碍性用，而使其成为官能作用。则习与官能作用，恒叶合为一，以追逐境物，极虚妄分别之能事，外驰而不反，是则谓之量智。故量智者，虽原本性智，而终自成为一种势用，迥异其本。"① 量智之根源虽然在于性智的发用，但其发展以至盛大，却是由于物质世界的经验所得，熊十力说："元来吾人底理智，虽一方面是依着固有的东西而起之作用，（自注：此中固有的东西，即谓心体，亦即《新论》所谓智。）但其发展，确是从实际生活里面滋长出来的。他虽有迹先的根据，而毕竟是迹后的东西，（自注：迹先迹后，犹云先天后天。）所以可与知识一例看，而不能说他即是《新论》所谓智。"② 又说："所谓量智者，本是从向外看物而发展的。因为吾人在日常生活的宇宙里，把官能所感摄的都看作自心以外的实在境物，从而辨识他、处理他。量智就是如此而发展来。所以量智，只是一种向外求理的工具。"③

熊十力对量智的作用作了充分的肯定，他说："然玄学要不可遮拨量智者，见体以后大有事在。若谓直透本原便已千了百当，以此为学，终是沦空滞寂，隳废大用，毕竟与本体不相应。譬之游断航绝港而蕲至于海，何其谬耶？大人之学，由修养以几于见道，（自注：见道，即见体之谓。）唯保任固有性智，而无以染习障之，无以私意乱之，使真宰恒时昭然于中，不昏不昧，只此是万化根原，通物我为一，阳明咏良知诗：'无声无臭独知时，此是乾坤万有基。'实了义语也。此种境地，岂可由量智入手得来？然到此境地却又不可废量智。须知：量智云者，一切行乎日用，辨物析理，极思察推征之能事，而不容废绝者也。……然若谓见体便游乎绝待，可以废绝量智；抑或看轻量智，以格物致知

---

① 《熊十力全集》第三卷，湖北教育出版社 2001 年版，第 12、16 页。

② 《熊十力全集》第二卷，湖北教育出版社 2001 年版，第 337 页。

③ 《熊十力全集》第三卷，湖北教育出版社 2001 年版，第 22 页；另参见同卷第 144、163、164、294 页。

之学为俗学，无与于大道，此则前贤所常蹈其弊，而吾侪不可复以之自误而误人也。"① 又说："极万有之散殊，而尽异可以观同；察众理之通贯，而执简可以御繁；研天下之几微，而测其将巨；穷天下之幽深，而推其将著。思议的能事，是不可胜言的。并且思议之术日益求精。稽证验以观设臆之然否，求轨范以定抉择之顺违，其错误亦将逐渐减少，我们如何可废思议？"② 对于量智所成就的科学知识，熊十力评价甚高，其曰："自科学发明以来，其方法与结论，使人类智识日益增进，即人类对于生命之价值，亦大有新意义。略言之：如古代人类对于自然势力之控制与危害吾人者，唯有仰其崇伟，而莫敢谁何。科学精，而后人有勘天之胜能，可以控制自然，解其危害，而利用之以厚吾生者，犹日进未已。人类知识之权能日高，遂得昂首于大自然之表，取精多，用物宏，其生命力得以发舒，无复窘束之患。此科学之厚惠一也。古代社会，有治人者，治于人者，及贫富与男女间，种种之大不平。几视为定分而不可易。自科学兴，而注重分观宇宙，（自注：即于宇宙万象，而分析研究之。）与实事求是之精神。于是对于社会上种种大不平，能析观，以周知各方之利害。综核，以确定改造之方针。向之大不平者，渐有以除其偏敝，而纳之均平。人道变动光明，已远过古昔。此科学之厚惠二也。古代人类常屈伏于神权之下，如蚕作茧自缚。科学进步，已不限于实用，而常为纯理之探求。见理明，而迷信自熄。人生得解脱神权之束缚，而自任其优越之理性。此科学之厚惠三也。略说此三，而科学之重要已可知。"③ 基于对量智的这种认识，故当有人怀疑熊十力轻视量智时，他断然反驳道"若疑吾有轻量智之嫌，则或于吾书有未子细看也"。④

　　熊十力诚然充分肯定量智的作用和成就，但这种肯定却是有限度的。量智的限度就在于不可能把握本体，"本体唯是实证相应，不是用量智可以推求得到的。因为量智起时，总是要当作外在的物事去推度，如此，便已离异了本

① 《熊十力全集》第三卷，湖北教育出版社2001年版，第529—530页。

② 《熊十力全集》第三卷，湖北教育出版社2001年版，第146页。

③ 《熊十力全集》第三卷，湖北教育出版社2001年版，第724—725页；另参见第一卷第600页，第二卷第313页。

④ 《熊十力全集》第三卷，湖北教育出版社2001年版，第526页。熊十力肯定量智的言论所在多有，参见第一卷596—600、604—605页，第二卷第314页，第三卷第200、242、526、580、673页，第四卷12、150、200—201、336—337、377、439页，第五卷第10页，第八卷第164页。

体而无可冥然自证矣"，"所以我们主张量智的效用是有限的。量智只能行于物质的宇宙，而不可以实证本体"，"量智只是推度。推度作用起时，便与所推度为二，而已离自本体矣。量智之效能，自有限度。未可以此证得本体也"。①若以量智构画本体，必然导致将本体视为寻常物事，从而"着物"，因为量智"是从历练于事物方面而发展的。因此，本量智以穷究道理时，总不免依据物理界的经验去推索。而于理之极至，本不可当作一物事以推之者，彼亦以物推观。此之谓着物"，②如此构画的所谓"本体"无不是荒谬的，熊十力斥之为"戏论"，嘲之以"如蛛结网"、"盲人摸象"、"贫子说金"，其曰："因为吾人的理智作用，是从日常实际生活里面，习于向外找东西的缘故，而渐渐的发展得来。因此，理智便成了一种病态的发展，常有向外取物的执着相。于是对于真理的探求，也使用他的惯技，把真理当做外在的物事而猜度之。结果便生出种种戏论。（自注：古今哲学家，一人一义，十人十义，百人百义，其不为戏论者有几?）"③"哲学家谈本体者，皆任理智去构画。易言之，即皆以思维，造作如彼如彼义相，说为本体。其实，此等皆是戏论。本体离一切相，意想所构相，决不与实体相应。故非破相，无以显体。"④"世之言哲学者，不求自明，不知反己，唯任理智思构，或知见卜度，只是向外寻求，寻求愈深，去真理愈远。构画愈精，迷谬愈甚。（自注：哲学家各有一套理论，如蛛结网，自缚其中而不悟。）"⑤"若夫恃理智或知识，而期有以见体者，此如盲人摸象，只是误猜。贫子说金，不可得饱。古今堕此陷阱者不少，而终不一悟何耶?"⑥正因为量智不可能把握本体，所以量智虽然能够得到现象界的真实，却不可能获具本体之真善全德，熊十力说："（由量智成就的）科学所求者，即日常经验的宇宙或现象界之真。易言之，即一切事物相互间之法则。凡物皆下坠，凡人皆有生

---

① 《熊十力全集》第三卷，湖北教育出版社 2001 年版，第 21、22—23、752 页。另参见同卷第 200 页。

② 《熊十力全集》第三卷，湖北教育出版社 2001 年版，第 294 页。此所谓"理之极至"即本体之异名。

③ 《熊十力全集》第三卷，湖北教育出版社 2001 年版，第 78—79 页。此所谓"真理"即本体之异名。

④ 《熊十力全集》第三卷，湖北教育出版社 2001 年版，第 797 页。

⑤ 《熊十力全集》第三卷，湖北教育出版社 2001 年版，第 633 页。另参见同卷第 548 页。

⑥ 《熊十力全集》第三卷，湖北教育出版社 2001 年版，第 729 页。另参见第二卷第 309 页，第四卷第 361、574 页。

必有死，地球绕日而转，此等法则，即事物之真，即现象界的实在。但此所谓真，只对吾人分辨事物底知识的错误而言。发见事物间必然的或概然的法则，即得事物底真相，没有以己意造作，变乱事物底真相，即没有错误，故谓之真。是所谓真底意义，本无所谓善不善。此真既不含有善的意义，故可与善分别而说。"然而"哲学所求之真，乃即日常经验的宇宙所以形成的原理，或实相之真。（自注：实相犹言实体。）此所谓真，是绝待的，是无垢的，是从本已来自性清净，故即真即善。……绝对的真实故，无有不善；绝对的纯善故，无有不真。真善如何分得开？真正见到宇宙人生底实相的哲学家，必不同科学家一般见地把真和善分作两片说去"。① 总之，量智终究只能缠缚于物质世界而不得超脱，如此，"若性智障蔽不显，则所有量智唯是迷妄逐物，纵或偶有一隙之明，要不足恃。人生唯沦溺于现实生活中，丧其神明以成乎顽然一物，是可哀可惨之极也"，"夫人生不得超脱有限，以离系，而冥于真极。此人生之至惨也"！② "人生毕竟在迷妄中过活，始终不见自性，始终向外狂驰，由此等人生态度而发展其知识技能，外驰不反，欲人类毋自相残杀而何可得耶"！③

至于性智，则与量智既有关联，但又迥然不同。二者的关联在于，性智并不弃绝感官经验，因而性智也包具量智的作用，或者说量智就是性智的发用，熊十力说："《新论》以量智为性智之发用，此义深微。……应知性智者，斥体立名，是克就其超物的意义上说；量智是作用之名，而作用虽云即是本智流行，但其发现也，不能不以形躯或五根为工具，因此便有为工具所累虞。又此作用之发，恒有无量习气乘机跃现与之缘附若一，故此作用依五根、缘习气而发，乃易违其本体，可以成为另一物事，而不即是性智也。但若以之与性智截离，如佛氏所谓后得对根本，似无融会处者，则期期以为不可。只要性智得恒为主于中，其发而为量智也，虽依根而不随根转，能断染习而不受杂染，则量智即是性智之流行，体用异故，称名不一，（自注：依本体而名以性智，依本体之发用而缘虑于事物，乃名以量智。）而实非二物也。"④ 又说："性智者，即是真的自己底觉悟。……此具足圆满的明净的觉悟的真的自己，本来是独立

① 《熊十力全集》第二卷，湖北教育出版社 2001 年版，第 307—308 页。
② 《熊十力全集》第三卷，湖北教育出版社 2001 年版，第 529、729 页。
③ 《熊十力全集》第四卷，湖北教育出版社 2001 年版，第 353—354 页。
④ 《熊十力全集》第五卷，湖北教育出版社 2001 年版，第 37—38 页。

无匹的。以故这种觉悟虽不离感官经验，要是不滞于感官经验而恒自在离系的。他元是自明自觉，虚灵无碍，圆满无缺，虽寂寞无形，而秩然众理已毕具，能为一切知识底根源的。"① 又说："性智，即仁体也；证量，即由不违仁，而后得此也；思辨，即性智之发用，周通乎万事万物，万理昭著。"② 而二者的迥异之处则在于，性智能够把握量智所绝不可能把握的本体，熊十力说："我们须知道，真理唯在反求。我们只要保任着固有的性智，即由性智的自明自识，而发见吾人生活的源泉。这个在我底生活的源泉，至广无际，至大无外，至深不测所底，至寂而无昏扰，含藏万有，无所亏欠，也就是生天生地和发生无量事物的根源。因为我人的生命，与宇宙的大生命原来不二，所以，我们凭着性智的自明自识才能实证本体，才自信真理不待外求，才自觉生活有无穷无尽的宝藏。若是不求诸自家本有的自明自识的性智，而只任量智，把本体当作外在的物事去猜度，或则凭臆想建立某种本体，或则任妄见否认了本体，这都是自绝于真理的。"③ 又说："故玄学见体，唯是性智，不兼量智，是义决定，不应狐疑。"④ 从根本上说，性智就是本体，熊十力说："性智者，即是真的自己底觉悟。此中真的自己一词，即谓本体。在宇宙论中，赅万有而言其本原，则云本体。即此本体，以其为吾人所以生之理而言，则亦名真的自己。即此真己，在量论中说名觉悟，即所谓性智。"⑤ 又说："《新论》却破除能所对待观念，乃即吾人与天地万物所共有之性海而言，则曰真如；克就其在己而言，亦曰自性；更就其主乎己之身而言，复曰本心。即此本心，元是圆明昭澈、无有倒妄，又曰性智。……故智即是如，如即是智，非可以智为能、如为所，而判之为二也。"⑥ 至所谓"性智是本心之异名，亦即是本体之异名"、"本体在人，亦

① 《熊十力全集》第三卷，湖北教育出版社 2001 年版，第 15—16 页。

② 《熊十力全集》第四卷，湖北教育出版社 2001 年版，第 12 页。熊十力还说："经学毕竟可以融摄科学，元不相忤。"此所谓"经学"即指性智，"科学"即指量智，其意乃谓性智"虽以涵养本体为宗极"，但却包具量智的作用，"而于发展人类之理性或知识，固未尝忽视也"。（《熊十力全集》第三卷，湖北教育出版社 2001 年版，第 673 页）

③ 《熊十力全集》第三卷，湖北教育出版社 2001 年版，第 22 页。

④ 《熊十力全集》第三卷，湖北教育出版社 2001 年版，第 528—529 页。熊十力还说："夫冥极实体，廓然无物，此盖明智之极诣，决非知识所臻。"（《熊十力全集》第一卷，湖北教育出版社 2001 年版，第 597 页）此所谓"明智"即性智之义，而"知识"亦即量智之义。

⑤ 《熊十力全集》第三卷，湖北教育出版社 2001 年版，第 15 页。

⑥ 《熊十力全集》第三卷，湖北教育出版社 2001 年版，第 490 页。

云性智，纯净圆明，而备万理，是为一切知识之源"、"性智，即本体之名"，①此类论说在熊十力著述中所在多有。② 一旦克尽己私或障染，使心灵得以净化，性智也就能够显发出来，"非克己或断障至尽，则性智不显，不得有体认也"；③一旦性智显发，人生便与本体合一，臻于至真至善的境界，熊十力说："本体就是吾人固有的性智。吾人必须内部生活净化和发展时，这个智才显发的。到了性智显发的时候，自然内外浑融，冥冥自证，无对待相，即依靠着这个智的作用去察别事物，也觉得现前一切物莫非至真至善。"④

三、量智、性智与中西文化

熊十力肯定量智和性智皆为人类所共同具有，其曰："量智云者，一切行乎日用，辨物析理，极思察推征之能事，而不容废绝者也。"⑤ 又曰："性智是人人本来同具的。虽情见锢蔽，要不无智光微露时。"⑥ 此即其所谓"人类思想大致不甚相远，所贵察其异而能会其通也"。⑦ 不过他又认为，从主导方面来看，西方人毕竟偏重于量智，而以儒佛为代表的东方人（主要落实于中国人）则既不废量智（但或不免有所轻视量智），而又归本于性智，由此形成东西（中西）文化的基本差异。他说："哲学，大别有两个路向：一个是知识的，一个是超知识的。……西洋哲学，大概属于前者。中国与印度哲学，大概属于后者。前者从科学出发，他所发见的真实，只是物理世界底真实，而本体世界底真实，他毕竟无从证会或体认得到。后者寻着哲学本身底出发点而努力，他于科学知识亦自有相当的基础。（自注：如此土先哲于物理人事亦有相当甄验。）而他所以证会或体认到本体世界底真实，是直接本诸他底明智之灯，易言之，这个是自明理，不倚感官的经验而得，亦不由推论而得，所以是超知识的。"⑧ 又说：

---

① 《熊十力全集》第三卷，湖北教育出版社 2001 年版，第 528 页，第四卷第 7 页、第 15 页。

② 如谓"原来所谓明智，就是个证体之智，换句话说，智即本体"，见《熊十力全集》第一卷，湖北教育出版社 2001 年版，第 597 页。"明智"之义见见上注③。

③ 《熊十力全集》第四卷，湖北教育出版社 2001 年版，第 15 页。

④ 《熊十力全集》第三卷，湖北教育出版社 2001 年版，第 23 页。

⑤ 《熊十力全集》第三卷，湖北教育出版社 2001 年版，第 529 页。

⑥ 《熊十力全集》第三卷，湖北教育出版社 2001 年版，第 198 页。

⑦ 《熊十力全集》第五卷，湖北教育出版社 2001 年版，第 11 页。

⑧ 《熊十力全集》第一卷，湖北教育出版社 2001 年版，第 601 页。

"中学以发明心地为一大事，（自注：借用宗门语，心地谓性智。）西学大概是量智的发展，……若肯承认吾前文所说之不谬，即中学归极见体，易言之，唯任性智，从修养而入，则西学是否同此蹊径，似不待申辩而知其判然矣。夫体认之境，至难言也。由修养深纯，涤除情识而得到之体认，此天人合一之境地，（自注：实则即人即天，合一犹是费词。）中土哲人所为至卓绝也。西学一向尚思维，其所任之量智，非必为性智显发而后起之量智也。何者？反求本心，吾似未闻西哲有以此为学者也。夫思想之用，推至其极，不眩则穷。穷与眩异者，眩则思之多端，杂乱而成惑；穷者，思能循律而极明利，然终止乎其不可思，故穷也。思至于穷，则休乎无思，而若于理道有遇焉。此任量智之学者所自以为体认之候也，西哲所有者当不外此，而格以吾先哲之体认，则似之而非也。非从修养入手，则情识未净。乘思之穷，而瞥尔似有默遇焉，非果与真理为一也。要之，此事难言，必其从事于儒道佛诸氏之学，而非但以见闻知解或考核为务者，有以真知前哲之用心，然后知西哲自有不得同乎此者。……如贤者所说：西哲自昔即有言体认者，然此必非西洋哲学界中主要潮流。犹如晚周名家，似亦偏尚量智，然在中土哲学界终不生影响，可以存而不论。"① 东西（中西）文化的这种差异各有其长短，"中国人在哲学上，是真能证见实相。所以，他总在人伦日用间致力，即由实践以得到真理的实现。如此，则理性、知能、真理、实相、生命，直是同一物事而异其名。中人在这方面有特别成功。因此，却偏于留神践履之间，如吾兄所谓本身底修养，便不能发展科学"，② 而"西洋哲学，其发源即富于科学精神。故能基实测以游玄，庶无空幻之患。由解析而会通，方免粗疏之失。西学之长不可掩，吾人尽量吸收，犹恐不及，孰谓可一切拒之以自安固陋哉"，③ 但"西洋哲学，辨物析理极多精辟。然本原莫究，逞臆割裂宇宙，唯心唯物各执一端，余未敢苟同也"，④ 总之，"如上所说，可见中西学问底不同，只是一方在知识上偏着重一点，就成功了科学，一方在修养上偏着重一点，就成功了哲学。中人得其浑全，故修之于身而万物备。真理元无内外。西人长于分析，故承认有外界，即理在外物，而穷理

---

① 《熊十力全集》第三卷，湖北教育出版社 2001 年版，第 530—531 页。

② 《熊十力全集》第二卷，湖北教育出版社 2001 年版，第 308 页。

③ 《熊十力全集》第三卷，湖北教育出版社 2001 年版，第 725 页。

④ 《熊十力全集》第二卷，湖北教育出版社 2001 年版，第 608 页。另参见第二卷第 297 页。

必用纯客观的方法"，① 因此熊十力主张东西（中西）会通，他说："中国哲学，于实践中体现真理，故不尚思辨。西洋哲学，唯任理智思维，而能本之征验，避免空幻。但其探求本体，则亦以向外找东西的态度去穷索，乃自远于真理而终不悟也。印度佛家，其功修吃紧，只是止观。其极乎空脱，而造乎幽玄，终以般若为至。盖止观双运，至般若观空，而后穷于赞叹矣。今后言哲学，必于上述三方，互融其长，而去其短。"② "今谓中西人生态度须及时予以调和，始得免于缺憾。中土圣哲反己之学，足以尽性至命，斯道如日月经天，何容轻议？至于物理世界，则格物之学，西人所发皇者，正吾人今日所当挹取，又何可忽乎？今日文化上最大问题，即在中西之辨。能观异以会其通，庶几内外交养而人道亨、治道具矣。吾人于西学，当虚怀容纳，以详其得失，于先哲之典，尤须布之遐陬，使得息其臆测，睹其本然，融会之业，此为首基。"③

东西（中西）会通当然是人类文化的理想取向，但克就这两种各有长短的文化比较而言，熊十力认为东方或中国的性智文化要优越于西方的量智文化，这是因为性智能够把握量智所绝不可能把握的本体，从而提升人生道德境界而避免量智所导致的人生因逐物而堕于物化的后果，他说："西洋人大抵向外发展之念重，努力于物质与社会等方面生活资具之创新，其神明全外驰。夫人之神明，炯然不昧，卓尔无倚，儒者所谓独体是也。今一意向外驰求，而不务凝然内敛，默然自识，以泯绝外驰之纷，则神明恒与物对，而不获伸。即失其卓尔无倚之独体。是则驰外之所获者虽多，（自注：如自然界之所发见，及一切创造。）而神明毕竟物化。（自注：神明亦成为一物也。）人生不得离有对而入无待，故曰其失也物，此西洋人所不自知其失者也。……然必有象山所谓'先立乎其大'一段工夫，使独体呈露，自尔随机通感，智周万物，毕竟左右逢源。如此，乃为极则。"④ "若性智障蔽不显，则所有量智唯是迷妄逐物，纵或偶有一隙之明，要不足恃。人生唯沦溺于现实生活中，丧其神明以成乎顽然一物，是可哀可惨之极也。若修养不懈，性智显发，则日

---

① 《熊十力全集》第二卷，湖北教育出版社 2001 年版，第 310 页。

② 《熊十力全集》第三卷，湖北教育出版社 2001 年版，第 798 页。

③ 《熊十力全集》第四卷，湖北教育出版社 2001 年版，第 439 页。另参见第二卷第 310 页，第三卷第 530、629、729—730、735—736、857 页，第四卷第 356、361、566、584 页，第八卷第 648 页。

④ 《熊十力全集》第三卷，湖北教育出版社 2001 年版，第 579—580 页。

用间一任性智流行于万物交错、万感纷纶之际，而无遗物以耽空、屏事以溺寂。至静之中，神思渊然，于物无遗，而于物无滞，是所谓性智流行者，亦即是量智。但此云量智，乃性智之发用，与前云性智障蔽不显时之量智，绝非同物。从上圣哲为一大事因缘出世，兢兢于明体立极之学，岂无故哉！得此学者，方成乎人，方善其生；否则丧其生而不人矣。"① "中夏圣贤之学与西学判天壤者，即圣学是从大体之学，而西洋哲学虽谈宇宙论，亦只是各弄一套空理论，与自家履践处无丝毫关系。从大体之意义，西洋学人根本梦想不到。"② 因此，熊十力所主张的东西（中西）会通，就不是双方对等拼合，而是有主有从的，其曰："今日言哲学，宜向西洋理智、思辨路数多用功夫，然后荡之以佛老，严之以宋明儒，要归于乾元行健、富有日新、扩充无已之盛。"③ "西哲之学终须更进，而会吾大《易》忘象忘言之旨。即二氏于此之所获，其足为西学对治锢蔽者，正不浅耳。"④ 即是说，西方文化固然有其可取之处，但必须提升至以儒道佛为核心的东方文化精神，而归极于儒家大《易》，才是人类文化的正道。

四、量智、性智的现实境况及其应然取向

与熊十力的期望相反，近现代以来人类文化的趋向不是西方文化向着东方文化的提升，而是东方文化向着西方文化的沉沦，西方量智文化极度扩张，"发展小体到极大极高，无有已至。因为自恃小体之知能可以征服大自然，操纵大自然，改造大自然。知能即是权力。小体有此无限的权力，纵横于宇宙中，此西洋自希腊而后，到近四百余年来小体发展之运会也"，⑤ 受此影响，"归本躬行"的东方学术因"欧风东渐"而不免于"此意荡然"，⑥ 克就中国而言，"自西洋科学思想输入中国以后，中国人皆倾向科学，一切信赖客观方法，只知向外求理而不知吾生与天地万物所本具之理元来无外。中国哲学究极的意

---

① 《熊十力全集》第三卷，湖北教育出版社 2001 年版，第 529—530 页。
② 《熊十力全集》第八卷，湖北教育出版社 2001 年版，第 752 页。
③ 《熊十力全集》第四卷，湖北教育出版社 2001 年版，第 150 页。
④ 《熊十力全集》第四卷，湖北教育出版社 2001 年版，第 574 页。
⑤ 《熊十力全集》第八卷，湖北教育出版社 2001 年版，第 753 页。
⑥ 参见《熊十力全集》第二卷，湖北教育出版社 2001 年版，第 222 页。

思，今日之中国人已完全忽视而不求了解"，① "吾国后生，习于西学，亦早丧失固有精神，无可与言矣"，② "今后生谈哲学者，崇西洋而贱其所固有，苟以稗贩知识资玩弄，至将学问与生活分离，仁学绝而人道灭矣"！③ 这种席卷全球的量智文化已经造成极其严重的弊害，对于人生来说，"近世学术，重客观而黜反观，虽于物理多所甄明，而于宇宙真理、人生真性之体验，恐日益疏隔而陷于迷离状态矣"，④ "人类由科学之道，终不能穷极性命宝藏，即不能潜发与含养其德慧，不能有天地万物一体之量，不悟性分自足，无待于外之乐。如是，则人类终困于嗜欲无餍之狂驰，其祸或较抑遏嗜欲而尤烈"，⑤ "人生毕竟在迷妄中过活，始终不见自性，始终向外狂驰，由此等人生态度而发展其知识技能，外驰不反，欲人类毋自相残杀而何可得耶"；⑥ 对于社会来说，"西洋自科学发达以来，社会与政治上之各种组织日益严密。……然组织不可过分严密，至流于机械化，使个人在社会中思想与言论等一切无自由分。个人失其思想等自由，即个人全被毁坏。此于社会亦至不利。个人之在社会，如四肢之在全身。四肢有一部失其活动力而全身不利。个人不得自由发展，而社会又何利之有？尤复当知，集团之组织如过分严密，则将有枭桀之富于野心者出于其间，且利用此等组织，视群众如机械而唯其所驱动。将以侵略之雄图扰乱天下，毁灭人类，而不虑自身与族类亦必与之俱殉。若希特勒之所为是其征也"，⑦ "西学精神唯在向外追求，其人生态度即如此。……由向外追求，而其生命完全殉没于财富与权力之中，国内则剥削贫民，国外则侵略弱小，狼贪虎噬犹不足喻其残酷，使人兴天地不仁之感。受压迫者一旦反抗，则其报之亦有加无已"，⑧ "若夫西人之治，奖欲尚斗，长此不变，人道其绝矣"，⑨ "近世科学技术发展，人类驱于欲望，而机械大备，又不得不用之以求一逞。于是相率趋

---

① 《熊十力全集》第四卷，湖北教育出版社 2001 年版，第 202 页。
② 《熊十力全集》第八卷，湖北教育出版社 2001 年版，第 752 页。
③ 《熊十力全集》第四卷，湖北教育出版社 2001 年版，第 576—577 页。
④ 《熊十力全集》第四卷，湖北教育出版社 2001 年版，第 167 页。
⑤ 《熊十力全集》第三卷，湖北教育出版社 2001 年版，第 735 页。
⑥ 《熊十力全集》第四卷，湖北教育出版社 2001 年版，第 353—354 页。
⑦ 《熊十力全集》第四卷，湖北教育出版社 2001 年版，第 577 页。
⑧ 《熊十力全集》第四卷，湖北教育出版社 2001 年版，第 574 页。
⑨ 《熊十力全集》第三卷，湖北教育出版社 2001 年版，第 629 页。

于争斗，而兵器之穷凶极惨，且未知所底"，① "大战之一再爆发，而犹未知所底，是其征也"；② 对于自然界来说，"西洋人承希腊哲人之精神，努力向外追求，如猎者强力奔逐，不有所猎获不止。其精神常猛厉辟发，如炸弹爆裂，其威势甚大。于其所及之处，固有洞穿堡垒之效。……然西洋人虽有洞穿大自然堡垒之伟绩，而其全副精神外驰，不务反己收敛以体认天道不言而时行物生之妙，不能超越形限而直与造化者游，其生命毕竟有物化之伤。西洋人固自演悲剧而犹不悟也"，③ 总之，量智文化片面地极度发展，已将人类导入断潢绝港，"今日人类渐入自毁之途，此为科学文明一意向外追逐、不知反本求己、不知自适天性所必有之结果"，④ 这就是近现代以来人类的深刻危机。

熊十力认为，当今之世，"欲救人类，非昌明东方学术不可"，⑤ 进而认为"非讲明经学，何以挽物竞之横流哉"，⑥ "人生如欲超脱有限，离系，而冥真极，则舍六经所云德行修养之功，终无他术"，⑦ 最终将救世的希望寄托于儒家教旨。针对作为量智文化之集中表现的科学，他说："科学自身元是知能的。而运用此知能者，必须有更高之一种学术。此更高之学术似非求之儒家大《易》不可。略言其故。大《易》双阐变易不易二义。自变易言，宇宙万有皆变动不居，科学所究者固在此方面。自不易言，则太极为变易之实体。而吾夫子于《乾》卦，即用显体，直令人反求自得者，曰仁而已矣。仁，本心也。其视天地万物，皆吾一体。……吾人必须识得仁体，好自保任此真源，不使见役于形气。易言之，吾人日常生活能自超脱于小己躯壳之拘碍，而使吾之性分得以通畅，自然与天下群生同其忧乐，生心动念，举手下足，总不离天地万物一体之爱。人类必到此境地，而后能运用科学知能以增进群生福利，不至向自毁之途妄造业也。夫求仁之学，源出大《易》。《论语》全部，苟得其意，不外言仁。宋明诸师犹承此心传。老持慈宝，佛蓄大悲。真理所在，千圣同归，非独儒家以此为学也。"⑧ "科学虽于人道，多所发明，然终不涉及本体。其所任者

① 《熊十力全集》第三卷，湖北教育出版社 2001 年版，第 733 页。
② 《熊十力全集》第三卷，湖北教育出版社 2001 年版，第 735 页。
③ 《熊十力全集》第四卷，湖北教育出版社 2001 年版，第 570—571 页。
④ 《熊十力全集》第四卷，湖北教育出版社 2001 年版，第 294 页。
⑤ 《熊十力全集》第四卷，湖北教育出版社 2001 年版，第 294 页。
⑥ 《熊十力全集》第三卷，湖北教育出版社 2001 年版，第 629 页。
⑦ 《熊十力全集》第三卷，湖北教育出版社 2001 年版，第 729 页。
⑧ 《熊十力全集》第四卷，湖北教育出版社 2001 年版，第 575—576 页。

理智，其方法为外求。至于反求诸己，而自得其万化之源，万善之宗，真实弥满，而发以不容己者，此则经学之所发明，而非科学之所过问。"① "孔子大《易》之道，强于智周万物，备物致用，而必归于继善成性，反本立极，辨小而究于物则，默说而全其天性，科学知能与哲学智慧之修养二者并进，本末兼赅，源流共贯。此《易》道之所以大中至正而无弊也。"② "颇闻人言，科学似不当向人类自毁之方向努力，此意甚善。然如何转移方向，则非识仁不可。非通隐不可。今后世界学术当本《易》学之隐，以融西学推显之长，而益发挥本隐之显之妙。"③ 这显然是在肯定科学亦即量智地位、主张东西（中西）会通的基础上，强调东方，特别是中国，又特别是儒家性智文化的正当性、至上性和主导性，观熊十力所谓"吾以儒学为哲学之极旨，天下有识，当不河汉斯言。……西洋哲学，纷无定论，当折衷于吾儒。此可百世以俟而不惑也"，④ 可以为证。也正是由于熊十力对于儒家文化之正当性、至上性和主导性的信念，从而贞定了他的现代新儒家立场。

（作者简介：胡治洪　武汉大学中国传统文化研究中心）

---

① 《熊十力全集》第三卷，湖北教育出版社 2001 年版，第 734—735 页。
② 《熊十力全集》第四卷，湖北教育出版社 2001 年版，第 571 页。
③ 《熊十力全集》第四卷，湖北教育出版社 2001 年版，第 584 页。
④ 《熊十力全集》第三卷，湖北教育出版社 2001 年版，第 752—753 页。

从冯友兰"宇宙底心"论"会思想的宇宙"

——兼与王庆节先生商榷

高予远

一、冯友兰"宇宙底心"与"宇宙的心"

在论冯友兰思想之前，我们先分析一下朱子与阳明的相关思想。

（一）朱子思想

"道是在物之理，性是在己之理，然物之理都在我此理之中。"（《朱子语类》卷一百）

"我此理"指何？笔者认为是吾人所具"性理"或"天理"。又如朱子所曰："性只是理。万物之总名。此理也是天地间公共之理。"（《朱子语类》卷二七）

朱子"性即理"思想甚明，性乃大化流行之"天理"。

那么，心与理是何关系？

朱子曰："横渠说，心能检其性，人能弘道也。性不知检其心，非道弘人也。此意却好。"① 性即理，性不知检其心，也即理不能检其心。故此理是无情意、无计度之理，是具体的法则，具体事物、事情中的具体之理；而非是具能动性的条理万物、万事之理之灵明。

朱子持"性即理"观点，即"心者性之郛郭"。所谓郛郭者，钱穆认为："人性只在心之内，不在心之外。"故朱子言："心将性做馅子模样。"② 在朱子哲学中，"性是在己之理"，心虽具万理，而心不是理，心只是性之郛郭。

---

① 钱穆：《朱子新学案》上，巴蜀书社 1986 年版，第 36 页。

② 钱穆：《朱子新学案》上，巴蜀书社 1986 年版，第 36 页。

朱子又有"心统心情"之说："性是未动，情已动，心包得已动未动。盖心之未动则为性，已动则为情，所谓心统性情也。"①

从上述朱子所论我们可知，心不是理，但心能统性（天理）情（心已动为情，情即指心有意念之动）。天理（法则）在心中，心能统之，即心能循法则并显现法则（心能弘道）。即大化流行之法则（天理）因有吾人之心，可通过吾人之心显现自己，并为吾人理解，从而达朱子所谓"吾心全体大用无不明之界"。

大化流行法则（天理）通过吾人心显现自己，"吾人心"是否可以说就是"天理的心"，张载说："为天地立心"，若吾人心不是"天理的心"，吾人又何以能为天地立心。若结合张载所言："形而后有气质之性；善反之则天地之性存焉。故气质之性，君子有弗性者焉。"（《正蒙·诚明》）吾人可否说吾心正是有"弗性"且"反之则天地之性而存焉"的"心统性情"之能力，吾人心即是大化流自己的心——宇宙心。

（二）阳明思想

在性、心、理三者关系问题上，陆象山与王阳明二人持"心即理"的观点。如陆象山认为："盖心，一心也，理，一理也，至当归一，精义无二，此心此理，实不容有二。故夫子曰：'吾道一以贯之。'"（《陆九渊集》卷一《与曾宅之》）阳明承陆象山此"心即理"思想，认为"心即性，性即理。"（《传习录》卷上）

在阳明思想中，性、理、心，一也。

阳明又曰："人者，天地万物之心也；心者，天地万物之主也。心即天，言心则天地万物皆举之矣。"（《答季明德》，《王阳明全集》卷六）

"言心则天地万物皆举矣"，② 再结合阳明所言"心即天"，阳明实是将陆九渊"宇宙便是吾心，吾心即是宇宙"予以进一步深入明析，"心即天，言心则天地万物皆举之矣"。

阳明与陆象山虽皆言"心即理"，但二者在使用这一命题时，仍是有很大的区别的。象山所言之理是天地间万事万物之所以可能的根据，是天地间万事

---

① 张岱年：《中国哲学大纲》，中国社会科学出版社1982年版，第241—244页。

② 此心乃阳明之道心。"心一也，未杂于人伪谓之道心，杂以人伪谓之人心；人心之得其正者即道心，道心之失其正者即人心，初非有二心也。程子谓人心即人欲，道心即天理，语若分析，而意实得之。"（《传习录》上）

万物的法则。"塞宇宙一理耳……此理之大，岂有限量？程明道所谓有憾于天地，则大于天地者矣，谓此理也。"（《与赵咏道》之四，《陆九渊集》卷十二）而其心即是与此理合一的。阳明所言之理，也有象山理的意味，也是天地间的法则，但阳明所言的"心即理"之理，更有条理之意，其"心即理"之理，有强烈的实践意味。阳明"心即理"这一命题，在一定意义上可以说是一种实践命题。

所谓"实践命题"，不仅是指人之实践，更意味着"心即天"之"天心实践"，即意味着阳明的"心即天"实是言，大化流行之理开始以"心"的精神力量反思自己，大化流行不仅有了心，这个心还是大化流行之理反思自己的灵明之域与精进力量。

故陆象山的"宇宙便是吾心，吾心即是宇宙"到了阳明思想中，已成为"心即天，言心则天地万物皆举"，以及"良知乃乾坤万有基"。阳明的"心即理"之理有动词条理之意，"心即理"实已是大化流化自我反思自己最精确之表达。

（三）冯友兰的"宇宙底心"、"宇宙的心"

冯友兰关于宇宙心之论，前后彼有不洽处。在《新理学》第四章之十节、十一节认为没有宇宙"底"心，但有宇宙"的"心。但在此书最后一节又承认圣人的心即是"宇宙底心"即宇宙心。

《新理学》第四章之论：

冯友兰认为理学、心学皆有"宇宙底心"，[①] 即宇宙有自己的心——宇宙心。

但冯友兰认为："宇宙底心，照我们的系统看，是不可解底。"因为，"宇宙是一个逻辑底观念，总而言之，统而言之，所得之一个总名。它不能有实际底心所需要之实际底结构，所需要之气质或气禀。实际底心，只有有心所需要之实际底结构者有。照我们现在底经验所知，只有动物，或较高等底动物，有实际底心所需要之实际底结构，亦只有动物或较高等底动物有心。"[②]

冯友兰认为有宇宙底"心之理"，没有"宇宙底心"[③]。冯友兰的这一思想

---

① 冯友兰：《新理学》，江苏文艺出版社 2010 年版，第 98、99 页。

② 冯友兰：《新理学》，江苏文艺出版社 2010 年版，第 99 页。

③ 冯友兰：《新理学》，江苏文艺出版社 2010 年版，第 100 页。

是对朱子"理在气先"继承，如他举的最有名例子，先有飞机还是先有飞机之理。这里他所谓的宇宙的"心之理"是指没有人心之前，而宇宙已有了人心之理。虽未有人心之前，宇宙已有人心之理，但冯友兰认为没有宇宙"底"心，却有宇宙的"心"。所谓宇宙的"心"，冯友兰认为："宇宙间所有实际底心，即宇宙的心，此外宇宙没有它自己的心。"从冯友兰这句话来看，动物的心也是宇宙的心，但冯友兰主要是在论证我们人心是宇宙的心，因人心是"知觉灵明地，所以能知众理，知众性，知众情者，即为宇宙的心"。①

在第四章论述中，冯友兰认为没有"宇宙底心"，只有"宇宙的心"。

在第十章论述中，冯先生又认为："已入圣域之人，既超乎经验，又超乎自己，而觉天地万物与其超过自己之为自己，均为一体，则对于他，他的心'即'宇宙底心。"

这段论述中最重要是"超乎自己之自己"。笔者认为这个"超乎自己之自己"乃大化流行所具法则生生不已仁的创生力量。正是这个吾人有"超乎自己之自己"的力量，张载才敢说"为天地立心"，王阳明才敢说"良知乃乾坤万有基"。

所以，冯友兰先生《新理学》虽前后有矛盾，但终还是承认了程朱陆王有"宇宙底心"思想。

二、"尽性尽命乃尽天"实质与对冯友兰论"宇宙底心"之反思

（一）"尽性尽命乃尽天"实质

陆九渊"宇宙便是吾心，吾心即是宇宙"之语，最能显现"宇宙心"之精义。

当大化流行出现了"人"这一"物"——"人物"登场，地球上开始有思想。这个思想自然而是"人物"的思想，但是"人物"是大化流行五十亿年来生命进化的产物，"人物"的思想可否理解为大化流行到了"人物阶段"，开始有了自己的思想，即大化流行通过"人物"反思自己、审视自己。大化流行能通过"人物"反思自己是否就意味着：大化流行因有"人物"的出现而有了自

---

① 冯友兰：《新理学》，江苏文艺出版社 2010 年版，第 100 页。

己的心，即大化流行到了人阶段开始有了自己的心——宇宙心。

中国先哲曰：天命之谓性，尽性尽命乃尽天，即吾人之性乃天地万物氤氲、相磨相荡相生之性。格物，无论是程朱格外物，还是王阳明格己心之意，皆是致吾人之知。最终结果：一是朱子所言："吾心全体大用无不明"；一如阳明所言："致良知"，而"良知乃乾坤万有基"。理学与心学之格知皆是尽天。问题是：吾人之"格知"何以就能尽天？

在中国哲学思想中，致知即是尽性尽命尽天。致知虽是吾人在致知，但吾人岂不是大化流行中的"人物"，大化流行中的"人物"以大化流行之法则致知，意味着大化流行之法则因"人物"的登场，大化流行之法则开始可以自身思考自身，大化流行之法则开始有了自我思考、自我意识的能力。

大化流行法则通过吾人自身思考自身，吾人之致知岂不就是大化流行在尽己。即吾人之致知等于大化流行在尽己。这个等于，即吾国哲学所谓尽性尽天之实质，因吾人之致知乃大化流行自己在尽己、认识自己、证悟自己。因是之故，吾人之格知即是大化流行在尽己。故吾人格知即是尽天。

（二）对冯友兰论"宇宙底心"之反思

因有吾人之登场，大化流行通过吾人开始尽己、认识自己。那么吾人的心灵是否就是宇宙的心灵，即陆九渊所言："宇宙便是吾心，吾心即是宇宙"，宇宙是否有了自己的心灵？

大化流行法则因有人的心智结构出现，开始可以自己思考自己，那么人的心智结构岂不就是宇宙的心智结构。冯友兰认为："照我们现在底经验所知，只有动物，或较高等底动物，有实际心所需要之实际底结构，亦只有动物或较高等底动物有心。"依冯友兰这一观点，宇宙无此实际底结构。但问题是人的心智结构的特殊性，即人的心智结构不仅能像动物的心智循大化流行之法则而动，且人的心智结构达到了这样一种程度——大化流行法则因有人的心智结构可以自我思考自己。如吾人在思考数学定理时，这种思考与其说是人的思考，不如说是数学定理在自己显现自己，自己推动自己。何谓直观？直观就是看数学定理，在吾人的心之灵明中，如何自己显现自己、推动自己。数学定理的这种自我显现自己、自我推动自己，岂不就是大化流行法则在吾人"心智结构"的灵明中，自我显现、自我推动、自我思考自己吗？论证至此，吾人可否说：吾人的心智结构岂不就是宇宙的心智结构吗？

冯友兰认为："只有动物，或较高等底动物，有实际底心所需要之实际底结构，亦只有动物或较高等底动物有心。"动物有心，因动物能循大化流行法则，且能运用法则而生存。大化流行法则在吾人心智结构中，可以自我思考自我、推动自我，难道吾人之心智的实际物性结构就不能是大化流行的心——"宇宙心"吗？即大化流行的法则在人的心智结构中，可以自己思考自己、自我推动自己。所谓"尽性尽命乃尽天"乃大化流行法则在吾人心智结构中自我推动自我，大化流行法则在吾人心智结构中自我推动自我、自我思考自我时，难道吾人心智结构不是大化流行的心智结构。吾人"物性的心智生理结构"乃大化流行经五亿年而生成的"物性的心智生理结构"，这个"物性的心智生理结构"既属于吾人，难道不属于孕育它的大化流行吗？且大化流行法则可在这个吾人的"物性的心智生理结构"自我推演自己，吾人的"物性的心智生理结构"岂不更属于大化流行吗？吾人"物性的心智生理结构"实质就是大化流行的"物性的心智生理结构"的巅峰。

一只老虎不能达忘己之界（当然老虎是否有"己"之意识，似乎还是个问题。），但人可忘我达圣人之域，究其质，人与动物之别：大化流行万象森然的和美法则，可在人的心智结构中自我思考、反思自己，自我推动自己，人之所以能忘我，不是吾人在思考，而是"大易"之"六十四卦"的天地法则，如星河洪波一样地推动着吾人不能自已地"即济"、"未济"地反复其道的创造。所谓创造非吾人要创造，而是吾人为大化流行法则洪波汹涌之力量推动，不能自已地显现大化流行本相①。西方哲人苏格拉底所言：吾为神所击中，最能明达此意。

若吾人心只属于吾人，不属于大化流行，吾人绝不能达"天地万物本吾一体"之所谓圣人之域。所谓圣人之域，乃大化流行生生和美法则充盈吾心，自我推演自我。张载所谓"为天地立心"，究其质是大化流行生生和美的自己对自己之确证。

三、对王庆节先生"即是"、"即近"之反思

对"宇宙便是吾心，吾心即是宇宙"这一命题，王庆节先生提出一个"吾心"与"宇宙之理"的关系问题，即"吾心"与"宇宙之理"是"即近"

---

① 大化流行显现自己的本相，这是真理的了义。

还是"即是"。① 从陆九渊的命题来看，涉及两个层面问题，一是"吾心"与"宇宙"关系问题，一是"吾心"与"宇宙之理"关系问题，这两个关系从陆九渊的命题本身来看是"即是"而非"即近"，即"吾心"与"宇宙"、"吾心"与"宇宙之理"是一而二、二而一之关系。

"吾心"与"宇宙"关系：

陆九渊又曰："宇宙内事乃己分内之事，己分内事乃宇宙内事。""元来无穷。人与天地万物皆在无穷之中者也。""宇宙不曾限隔人，人自限隔宇宙。"②

显然在陆九渊思想中，"吾心"与"宇宙"是"即是"关系。

"吾心"与"宇宙之理"关系：

"宇宙便是吾心，吾心即是宇宙。东海有圣人出焉，此心同也，此理同也。西海有圣人出焉，此心同也，此理同也。南海北海有圣人出焉，此心同也，此理同也。千百世之上千百世之下，有圣人出焉，此心此理亦莫不同也。"③

何以宇宙内所有圣人，无论从东西南北这种空间上讲，还是从千百世之上千百世之下这种时间上讲，此心此理莫不同焉？显然陆九渊有一基本预设："吾心"即是"宇宙之理"。而非如王庆节先生所言"即近"。

陆九渊这个预设如下表述："道塞宇宙，非有所隐遁。在天曰阴阳，在地曰柔刚，在人曰仁义。""是理充塞宇宙，天地顺此而动，故日月不过而四时不忒；圣人顺此而动，故刑罚清而了服。""此理塞宇宙，谁能逃之，顺之则吉，逆之则凶。"④

从上面文献来看，陆九渊"宇宙便是吾心，吾心即是宇宙"这一命题，在"吾心"与"宇宙"、"吾心"与"宇宙之理"关系问题上是"即是"而非"即近"。

往事越千年，对于今日学者而言，重要的是我们如何重新理解陆九渊的这种"吾心"与"宇宙"、"吾心"与"宇宙之理"关系问题上是"即是"命题。

---

① 王庆节：《现象学的现象、海德格尔与王阳明的致良知——兼论现象学家耿宁先生的阳明学》，《广西大学学报》（哲学社会科学版）2015 年第 2 期，第 12 页。

② 《陆九渊集》，中华书局 1980 年版，第 483 页。

③ 《陆九渊集》，中华书局 1980 年版，第 483 页。

④ 《陆九渊集》，中华书局 1980 年版，第 483 页。

　　法国天主教神家、古生物学家德日进的"思想圈"思想，或许为我们理解陆九渊这一命题提供一个革命性的视角。

　　地球上的生命史至今已有五亿年，在未有人出现之前，地球上所有生物皆循大化流行法则而动。但当人出现以后，一个伟大的奇迹开始出现，德日进著《人的现象》提出了"智力圈"这一伟大的革命性概念①。人不仅循大化流行法则而动，而且人能思想。现在我们要问，人的思想能不能违大化流行之法则，答案显然是明确的。"天地顺此（大化流行法则）而动，圣人顺此而动。"人的思想不能违大化流行法则而动，不仅如此，人的心智大脑乃地球生命五十亿年进化之巅峰，吾人心智岂不是大化流行法则的产物，同样，吾人的心智活动岂不是大化流行法则的自我运动。即到了人阶段，宇宙开始有了思想，这个思想表面上看是吾人思想，但实质是大化流行到了人这个阶段后，大化流行开始能够自我反思自己。

　　大化流行开始能够自我反思自己，意味着宇宙不再是一个物质的宇宙，宇宙因有人的出现，开始成为一个会思想的宇宙，成了一个精神的、会自己言说自己无穷奥秘的宇宙。因为吾人的思想是宇宙法则的自我反思，宇宙法则因有吾人之出现开始有了自我意识，宇宙法则开始有了自我意识，这意味着大化流行到了吾人阶段，宇宙开始有了自己的心。

　　大化流行的自我反思是在吾人心的"虚灵空明"中自我显现自我，当大化流行的这种法则显现至极之境界时，吾心星河流转、臻至"即济"，吾人是吾人又非吾人——吾人已是"天地万物本吾一体"之吾人。

　　地球生命在进行五十亿年的自我完善历程后，到了吾人阶段，大化流行的宇宙法则成就了吾人的心智。吾人心智就是大化流行法则自我运动的巅峰杰作，吾人心智就是大化流行法则自身。大化流行法则静，吾人心则静；大化流行法则动，吾人心则动。大化流行法则即是吾人心，吾人心即是大化流行之法则。大化流行到了吾人阶段，开始有了自我意识、自我反思，这意味着大化流行有了自己的心——宇宙心！

　　这即是陆九渊"宇宙便是吾心，吾心即是宇宙"的确义所在。

　　王庆节先生认为"吾心"若与"宇宙之理"是"即是"关系，"那么，这个同时作为宇宙之'心'的'吾心'，就其理想的存在状态和认识状态言，就

――――――――――
①　德日进：《人的现象》，范一译，辽宁教育出版社 1997 年版，第 134—137 页。

应该是完完全全、通体透亮的状态。当倘若是'即近',那我们是不是可以发问,这里有无另外一种可能性,即这个吾心,这个纯粹意识只是联通、连接这个宇宙而已,而非就是或者囊括这个宇宙全体?吾心事实上也不可能囊括这个宇宙全体。如果'心'只是这个宇宙的一部分,连接着宇宙,彰显着宇宙之理,但它并非也不可能是宇宙的整体与全体。"①

首先论一下"即是"关系。上文我们已论证"吾心"与"宇宙之理"是"即是"关系。若是"即是"关系,那么王庆节先生认为"吾心"就其理想的存在状态和认识状态言,就应该是完完全全、通体透亮的状态。那么王庆节先生这个"通体透亮"是否可理解为朱子所言:"吾心全体大用无不明",或王阳明所言:"良知乃乾坤万有基"。若指此意,吾心之理是否就囊括这个宇宙全体?我认为,吾心之理不仅不能囊括宇宙全体,甚至不能囊括吾人身心全体。我们自问一下,我们的心智属于吾人整个身心全体,我们能理解吾人的心智运行之神妙吗?吾人若能明乎吾人心智运行之神妙,人工智能就能创造出一个吾人大脑。明乎此,则吾人说"吾心"与"宇宙之理"关系是"即是",决不意味着"吾心之理"就能囊括宇宙全体。

言"吾心之理"囊括宇宙全体之理,还将有如下逻辑问题:吾心之理是无穷,宇宙是无穷。陆九渊曰:"元来皆在无穷中。"②无穷囊括无穷,在逻辑上颇不能自圆。

四方上下曰宇,古往今来谓宙。宇宙原来是无穷,宇宙之理也是无穷,宇宙全体是一个无穷,宇宙心是这个"无穷全体"的心,中国哲学讲"天人合一"是这个意义上的"合一",但这绝不意味着吾人可以囊括"天"。吾心岂能囊括"无穷",吾心也不能囊括吾心之理,因吾心之理也是无穷,吾心只能显现吾心无穷之理,绝不能囊括吾心之理。

吾心之理实质是个无穷,这个无穷是宇宙之理显现自己无穷之理的空明境域。当然天塌地陷了,吾人消失了,宇宙失去了自己的思想,这个吾心囊括宇宙之理问题也就消失。即便如此,宇宙之理也不能囊括宇宙之理,因为无穷不能囊括无穷。

---

① 王庆节:《现象学的现象、海德格尔与王阳明的致良知——兼论现象学家耿宁先生的阳明学》,《广西大学学报》(哲学社会科学版) 2015 年第 2 期,第 12 页。

② 《陆九渊集》,中华书局 1980 年版,第 483 页。

那么我们如何理解"即是"所赋予吾人的"吾心全体大用无不明"之理，或王庆节先生这个"通体透亮"、或阳明所言"良知乃乾坤万有基"？

我们用走路这个比喻看是否能解决这个问题。"吾心全体大用无不明"或王庆节先生的"通体透亮"的真实意指是什么？陆九渊说："道塞宇宙，非有所隐遁"。此句是言"人与天地皆在无穷之中者也"，而"吾心全体大用无不明"或王庆节先生的"通体透亮"，是言吾人立于宇宙间，因"道塞宇宙，非有所隐遁。"吾人是在"大道"行走，是在"真理"之路上行走，而非在意见之路上行走。因吾人是真理之路行走，故吾心之理与宇宙之理是"即是"关系，吾人可言"吾心全体大用无不明"。

下再论"吾心"与"宇宙之理"的"即近"关系。

"即近"即像两条平行线再近也无关连。但从王庆节先生行文来看，"吾心"与"宇宙之理"应是"即连"或"联通"而非"即近"，"即这个吾心，这个纯粹意识只是联通、连接这个宇宙而已"。①

与其说吾心彰显宇宙之理，不如说大化流行之宇宙到了吾人，大化流行法则或宇宙之理通过吾心自己彰显自己，非吾人心有意地彰显。正孔子所谓："勿意、勿必、勿固、勿我"之意也。吾心乃大化流行法则或宇宙之理五十亿年的巅峰杰作，吾心岂仅是吾心，张载所言："君子有弗性者焉。"所谓弗性即去吾心仅是吾心之气禀，而是返到天地之性。返到天地之性，即是任大化流行法则或宇宙之理自己显现自己，非吾心呈私意"意必固我"之显现。非吾心彰显宇宙之理，而是宇宙之理自我彰显自我，虽是宇宙之理自我彰显自我，但这种彰显绝非能彰显出宇宙之整体。正是不能彰显出宇宙整体，吾心才能有一永恒的生生意义，这种永恒的生生意义即：宇宙之整体才可通过"吾心"即是"宇宙之理"永远彰显自己无穷尽的奥秘。于此陆九渊所言甚明："元来无穷，人与天地万物皆在无穷中者也。"②人与天地万物皆是无穷尽"宇宙之理"与"气"相合之器，只是人这一"人物"或"器"，虽有气质之偏，但可"弗性"且"返天地之性而存之"而成为"宇宙心"。

岂止"宇宙的整体是黑暗的"，吾人卑微的整体对吾人之心也是黑暗的。

---

① 王庆节：《现象学的现象、海德格尔与王阳明的致良知——兼论现象学家耿宁先生的阳明学》，《广西大学学报》（哲学社会科学版）2015 年第 2 期。

② 《陆九渊集》，中华书局 1980 年版，第 482、483 页。

吾人的整体虽是黑暗的，但因吾心乃大化流行法则所熔铸，吾心乃大化流法则的自我反思，是宇宙万象森然生生和美的自我反思，故吾人有"弗性"的天地之力，有"返天地之性而存之"的天命慧智。故吾人生命可在"元来无穷"无际的宇宙中，"才有光明、才有照亮"，有了超越，有了陆九渊这种"吾心便是宇宙，宇宙即是吾心"，这种生命的大超越。正是这种大超越，时空中肉体吾人虽卑微，虽命如朝露，寒蝉枯枝，但宇宙万象森然的生生和美的乾坤创造力量乃是吾心力量，正是这种力量，吾人仰望星空，星汉西流的神秘生生和美流转才能如日月融入吾心。因是之故，吾人可在大地间、人世中，乾仁坤义地、处于大化流行的最锐利的前端，"为天地立心"地创造着。

四、宇宙心的道德意志与"四句教"

（一）何为本原之知

吾人乃一种特殊的存在者，吾人何以是一种特殊的存在者，因吾人有死亡意识之悬临。这种死亡意识之悬临，可使吾人充分意识到吾人将不在，而宇宙恒在，宇宙之理恒在。吾人与其他物一样皆是"无自性"、物物相合之"在者"。物物相合基础乃大化流行之理，或曰宇宙之理，即吾人之所以为吾人，某物之所以是某物，有一个宇宙之理乃吾人基础与某物之基础。

但吾人不同于某物，吾人是一个特殊的存在者。吾人这个特殊的存在者可意识到：吾人乃千亿年大化流行之物，吾人之所以能思，在于大化流行之理，即吾人之思不过是大化流行的自我反思，甚至所有人之思皆是大化流行之思。[①] 故阳明于龙场大悟圣人之道吾性固足矣！阳明这个圣人之道吾性固足，是言吾人之反思乃大化流行之反思，是大化流行自我对自我的条理。吾人之反思乃大化流行天理之反思。

"良知之虚，便是天之太虚；良知之无便是太虚之无形，日月风雷，山川名物，凡有相貌形色，皆在太虚无形中发用流行，未尝作得天的障碍。圣人只是顺其良知之发用，天地万物俱在我良知发用流行中，何尝又有一物超于良知之外，能作得障碍"（《传习录》下）。在这段论述中，阳明将良知与大化流行

---

① 故"人人皆有良知"，"人人可为圣人"。分别在于孟子所言的"君子存之，小人去之"和张载所言的"君子弗（气质）性"。

之天理视为一而二、二而一的问题。即吾人之所以为吾人而非物，在于吾人之良知即大化流行之天理显现，这个天理显现非吾人刻意之"意匆固我"之思，而是"圣人只是顺其良知之发用，天地万物俱在我良知发用流行中，何尝又有一物超于良知之外，能作得障碍"。阳明的良知是天理之显现，无有人之"意必固我"私意。阳明的这种良知即天理之自我显现，良知这种自我显现即是天理之显现，显然是真正本原意义的"知"。

那么，这种本原意义上的知，是否有道德意志？

（二）宇宙心的道德意志

大化流行到了人阶段，大化流行之法则开始有了自我意识。这是宇宙生命大洪流中的一个伟大奇迹——大化流行法则有了自我意识，即意味着大化流行法则有了自我生命，自此大化流行法则不再是"无计度、无造作"（朱子语）之法则，这个大化流行法则因有了自我意识、自我生命，宇宙中一个伟大的奇迹出现，大化流行之法则开始有了"计度、造作"、有了自己的生命意志。生命意志意味着什么？自爱与创造。

有了生命意识的大化流行法则有了自爱，意味着大化流行法则之自爱将在自己无限多的法则中，有选择性地自我组织自己固有之法则。这种"有选择地自我组织自己法则"即是大化流行自己的天地心。

大化流行法则之自爱是大化流行法则之自爱，大化流行之自我选择是大化流行的自我选择。大化流行之自爱、自我选择与吾人有何关系？吾人何以能"为天地立心"？

大化流行法则到了吾人，开始有了自我意识、生命意识。生命意识是吾人之生命意识，还是大化流行法则的生命意识？吾国先贤云："天命之谓性，率性之谓道，修道之谓教"，即吾人性理乃天命之性理，这意味着吾人有两种生命意识，一是由气质之性而生意识，一是由天命之性而生意识。气质之性产生的生命意识是吾人私性的"自利"，但张载言"君子有弗性者焉"、"返天地之性而存之"，正所谓"修道之谓教"。通过这种"返天地之性而存之"，吾人心智就是大化流行法则自我运动的巅峰杰作，吾人心智就是大化流行法则自身的"自我运作自己"的神圣妙运。故吾人"返天地之性而存之"的吾人生命意识即是天地之心的意志，故吾人能"为天地立心"，吾人能"为天地立心"，吾人即能为"生民立命"。吾人这些"能"非吾人之"能"，而是吾人"返天地之性而存之"的天地之能。

吾人弗气质之性,"返天地之性而存之"。若此,"为天地立心,为生民立命,为往圣继绝学,为万世太平"。即是吾人之为人的道德意志,这种道德意志毫无个人情感介于其中,而是吾人之为人不能自已的天命之责。

大化流行法则到了吾人,有了生命意志,这意味着大化流行有了自爱的意识。吾国先贤"返天地之性而存之",所存是大化流行法则的生命意志,是大化流行的自爱意志。故"仁者浑然与物同体"、"民胞物与",乃吾人弗己之私,"返天地之性"所存之果。吾人弗性,心乃是天地之性,是大化流行之法则的自我意识,故吾人心因"存天地之性","宇宙内事乃己分内之事,己分内事乃宇宙内事"乃是自然而然之事。所谓"仁者人也",实是言吾人"弗性"后,心已是大化流行的自我意识,故"民胞物与"乃是大化流行自我意识的自然而然之意志。吾人心存"天地之性",故吾人真性乃"仁者人也",这是"仁者人也"的本源意义。吾人心存"天地之性",故"仁者人也"乃天地之性之发用,此也是宇宙心的道德意志。

(三)四句教与道德意志

四句教乃阳明晚年对自己思想的全面总结。如何理解"四句教"一直是王学一大公案。上文我们言及,大化流行法则到了吾人阶段,开始有了自我意识,或者说吾人心灵慧智乃大化流行发展巅峰,究其质吾人心灵慧智乃大化流行法则的自我意识。大化流行的这个自我意识是与吾人紧紧结合在一起的。无吾人,大化流行法则是无计度、无造作的。因有吾人,大化流行法则有了计度、有了造作。大化流行法则之计度、造作,因与吾人合,故有气质之性的,有天命之性的。气质之性造作乃吾人私意造作,此造作之意之动乃吾人"自利"且反"天命之性"之造作意动,反"天命之性"之造作意动,违大化流行整体生生和美,此为恶;天命之性的造作乃天理之造作,无一毫私欲介于其中,此为善。

"无善无恶心之体"乃言大化流行法则存于吾人胸而未有意动,故阳明有云:"无善无恶者理之静,有善有恶者气之动。不动于气,即无善无恶,是谓至善。"(《传习录》上)显然阳明此处,不动于气是不动气质之性之气。此处所谓"理之静……无善无恶",理之静既不是善,也不是恶,何以要称之为"至善"?

其意有二:第一,天理乃吾人之为人精义所在,无天理存心,吾人一物也。现有未发之中"天理"存于吾心,故曰"至善"。第二,"至善"是天理未应于具体事而言之为至善，非具体临事之善。故云"至善"。

"有善有恶者意之动"，我们言大化流行法则（或宋明儒所谓天理）至吾人开始有生命意志，理之动有因气质之性而动，此为恶；有因天命之性而动，此为善。

"知善知恶是良知"，良知何以能知善知恶？上文我们说，大化流行到了人阶段开始有了自我意识，吾人心灵慧智即大化流行的自我意识，这种自我意识视"宇宙内事皆己分内事"。良知既是吾人心灵慧智，也是这种"视宇宙内事皆己分内事"的大化流行自我意识，故良知也是本原意义上的知，或良知本身即是心之体。①

这种本原意义上的知，乃"天命之性"意义上的知，故其对气质之性"弗性矣"。因良知乃天命之性意义上的知，故对源于气质之性的意之动，自能拒之。故良知能知善知恶。"为善去恶是格物"即是良知之发用，致良知也。致良知乃吾心与天命之性相合而产生的道德意志。

良知乃天命之性意义的知，故"致良知"吾人自会视"宇宙内事皆己分内事"，自会"浑然与物同体"、"民胞物与"。

大化流行到了人有了自我意识，或吾人心灵慧智乃大化流行的自我意识，这种自我意识一个最根本的特征即上文我们所言之"自爱"，即大化流行到了吾人阶段开始有了自爱与创造。人是大化流行所创造的颠峰杰作，大化流行的

---

① 心之体与良知原为一物，今论证该命题如下："良知之虚，便是天之太虚；良知之无便是太虚之无形，日月风雷，山川名物，凡有相貌形色，皆在太虚无形中发用流行，未尝作得天的障碍。圣人只是顺其良知之发用，天地万物俱在我良知发用流行中，何尝又有一物超于良知之外，能作得障碍"《传习录》下。又如"'不思善不思恶时识本来面目'，此佛氏为未识本来面目者设此方便。'本来面目'即吾圣门所谓'良知'"（《传习录》中）。从阳明论述我们可知，良知即是心之体，也是本原意义上的知。但阳明为何要区分心之体与良知，这从四句教中第三句可得解，因有习心在，故重提良知，复其天命之性的本原之良知，究其意是复其本体以消习心。因此，我们可以说阳明"心之体"与"良知"原本为一体，"心之体"是未发，良知是已发，"心之体"与"良知"是一物二用。再如阳明对王畿所言："人心本体原是明莹无滞的，原是个未发之中。利根之人一悟本体，即是工夫，人已内外，一齐俱透了。其次不免有习心在，本体受蔽，故且教在意念上实落为善去恶。工夫熟后，渣滓去得尽时，本体亦明尽了。"（陈荣捷：《王阳明传习录详注集评》，华东师范大学出版社2009年版，第359页）这段话中最重要的是"一悟本体，即是工夫."显然"心之体"即是"工夫"，即是"致良知"，"致良知"或"工夫"即是"心之体"应事而发。"良知"是"心之体"，是"本原之知"，良知本身即是工夫，故良知本身即含有"致良知"这种道德意志。

自我意识即是吾人天命之性的自我意识,这种自我意识即是阳明所言的"良知乃乾坤万有基"。"良知乃乾坤万有基",岂不意味着良知乃乾坤的意志,岂不意味着良知乃天地心。同时"致良知"乃是"赞(佐助)天地之化育",是儒学本身特有的"民胞物与"的道德意志。

大化流行到了人阶段,"人物"这一"物"开始"会思想","物"开始用思想显现自己,同时意味着这个地球是一个会思想的地球,大化流行开始自己会反思自己。这个反思循着大化流行法则自身建构着关于大化流行及吾人自身的图像,同时这个反思还能将大化流行的法则及反思自身作为对象反思。这一切岂不意味大化流行到了人,宇宙开始有了自己的心——宇宙心。因为宇宙有了自己的宇宙心,宇宙成了一个"会思想的宇宙"。

(作者简介:高予远 深圳职业技术学院人文学院)

贺麟王安石研究中的心学思想

张学智

贺麟是个中西哲学兼通的学者，他用素所积累的西方哲学来解释发挥中国哲学，用中国哲学来印证、补充西方哲学，在二者的对比参证中收启发、拓展之功。在对中国哲学家的论述中，集中表达他以上特点的是写于 1941 年的《王安石的哲学思想》，本文即对此进行分析，以见他对中西哲学的融汇与体现在其中的心学思想。

一、对王安石心论的阐发

王安石的思想中，既有孟子的王道思想，又有申韩的杂霸思想，贺麟在论述王安石的思想时，皆以自己的黑格尔思想改铸之，把王安石解释成一个心学思想家。

贺麟把中国古代政治家区分为两大类型：圣人型政治家和贤臣型政治家。前者是伊尹、周公一类圣人，道德文章兼备，人格之伟大卓荦和事功之彪炳青史皆有，且事功是他们道德人格的自然引出。但此类政治家大多是儒家经典中所描述和赞扬的三代盛世时的人物，加入了很多想象和虚构的成分，且三代以后即渐衰微。后者如汉之萧何、曹参、霍光，唐之房玄龄、杜如晦、姚崇、宋璟一类名臣贤相，他们是事功本位，以政治上建功立业为唯一目标，其道德文章未见精彩；且他们的事功也不是他们道德人格的自然引出，其中有申韩的杂霸掺入。前一类型的政治家憧憬大同之治，后者则至多达到小康；前者的特点是理想主义，后者则是现实主义。

贺麟在对政治家作了如上分类之后，对王安石时代的政治家作了区分，认为范仲淹、韩琦、司马光大体可属前者，欧阳修、苏轼以其崇尚儒家之道德、事功、文章三者兼备，虽为文人，但仍可归为前一类。王安石虽为文士，但就其人格、事功、学问而言，可算得北宋最大政治家。贺麟称赞王安石说："在历代培养文治的传统下，在杰出之士皆以达到道德、学问、文章兼备为政治家的理想的风气下，王安石不过是最杰出、最完美的代表而已。王安石的诗文皆卓然自成为大家，他的人格，陆象山称其'洁白之操，寒于冰霜'。他的生平志业，陆象山称其'道术必为孔孟，勋绩必为伊周'。所以他实在具备了种种条件，使他成为三代以下伊周型的政治家中最伟大的虽说是一个失败的代表。"① 此处且不论"王安石为圣人型的政治家在宋代的代表"理由是否充分，我们只考察贺麟表彰王安石的那些方面，其目的何在，从中见出他自己的哲学思想即可。笔者认为，贺麟之所以如此，首先在于他对于理想人格的认定。他心目中的理想人格，是内圣外王式的人物。即内有符合道德价值的高远理想，外有博施济众的功业，而且功业是他道德人格的自然表现、自然发露。这不仅是中国传统的内圣外王理想的延续，也是他黑格尔式的思想的表现：精神为体，事功为用；外在的一切皆是精神的外化，是精神借外在的事物表现自己；精神为主、为本，外在事物为辅、为末。这一新心学的基础，是贺麟观察一切、评断一切的出发点。

以此为出发点，贺麟心目中的王安石便是内有儒家王道理想，外有据此理想推展出的事功，而且此种事功不妨夹杂法家、道家的思想。在儒家的王道理想的规范、制约下，申韩杂霸皆可以为其所用，皆可以是王道的有机组成部分。所以贺麟首先要证明的是，王安石有着儒家的王道理想，其首要理由，便是王安石推尊孟子。贺麟曾经说过，大凡一个政治家必有其哲学见解，必有其所服膺的哲学家。王安石的哲学倾向，最接近孟子的心性之学；他最推尊的哲学家除孔子外，为孟子及扬雄。他最反对的哲学家是荀子。王安石为什么有这样的价值取向，按贺麟的解释，是因为孟子是理想主义者，提倡大同理想，而荀子是现实主义者，主张小康社会。在贺麟的心目中，讲陆王之学的人大都是理想主义者，大都推尊王安石，而讲程朱学的人大都推尊司马光。而如王安石、张居正一类主张改革的政治家亦大多讲心学。这多半出自性情的投契，而非全由于偶然，因为政治主张与哲学思想二者是互相关联的。

王安石与孟子之投合处，贺麟认为首先在二人皆主张尽心知性，发挥良知良能，皆主张先立乎其大，万物皆备于我。而在推行理想政治上，皆有舍我

---

① 贺麟：《文化与人生》，商务印书馆 1988 年版，第 285 页。

其谁的胸襟与气魄。他推崇扬雄的理由亦在扬雄用心于内，不求于外。这里贺麟显然夸大了王安石的心学倾向，他这样做的目的，是要把王安石说成黑格尔式的即心即理的思想家。在他眼里，孟子、扬雄、王安石皆即心即理，即既有理想的王道政治，又有当下的切实作为，不完全以现实利益为思考的出发点，也不陷于无法实现的空想中。既重视理想决定方向的作用、范导现实的作用，又以格物穷理式的实际行为、具体步骤作为实现理想的保证。这二者是一件事的两个方面。所以，程朱、陆王二派在贺麟这里不是截然相反、绝对排斥的两极，二者虽不同而可以融合，虽相反而可以相成。他说："要讲安石的哲学思想，我们不能不概括地先讲一下程朱陆王的区别。程朱陆王都同是要讲身心性命格物穷理之学，所不同者只是程朱主张先格物穷理，而后明心见性。先今日格一物，明日格一物，而后豁然贯通，吾心之全体大用无不明。陆王主张先发明本心，先立乎大者，先体认良知，然后致吾心之良知于事事物物。所以程朱比较注重客观的物理，陆王比较注重主观的心性。一由用回到体，一由体发展到用。而陆王的心学正代表了西洋欲了解宇宙须了解自我，欲建立宇宙先建立自我的唯心哲学。"① 在既重视主观又重视客观，既重视向外格物穷理又重视向内明心见性二者中，贺麟更加重视主观性，这是由他黑格尔之学的主客统一中，理念不是主客的平分体，"在理念的否定的同一里，无限统摄了有限，思维统摄了存在，主观性统摄了客观性"② 这一根本立场决定的。这一立场导致他在孟子所批评的杨朱为我、墨翟兼爱二者中，虽对二者都未达到主客合一这一点有批评，但二者相较，却更肯定杨朱，因为"为我"是学者之本。因为这一点，他甚至把孔子也算入心学，因为孔子提倡"古之学者为己，今之学者为人"。贺麟认为杨朱之"为我"与墨子之"兼爱"可以统合起来，他据此认为王安石思想中的这两种要素也可以统合起来："以杨子之为己为出发点，而达到墨子之兼爱的归宿点，庶几合乎本末兼赅、体用合一的儒家正道。"③

　　贺麟解释王安石一个最大特点是，他着力挖掘王安石思想中的心学方面，认为王安石哲学以"建立自我"为基本出发点，王安石的思想、性格中无不表现出这一点。从性格上说，王安石倔强执拗，有"天变不足畏，祖宗不足法，

①　贺麟：《人心与人生》，商务印书馆 1988 年版，第 287 页。

②　黑格尔：《小逻辑》，贺麟译，商务印书馆 1980 年版，第 403 页。

③　贺麟：《文化与人生》，商务印书馆 1988 年版，第 287 页。

人言不足恤"的精神，坚持理想信念不为外物所动的贞定精神；从哲学上说，以自我为宇宙万物之本根，自我意识是认识外物的基础，外在的功业是精神活动的自然结果，是自我的自然实现。这都是建立自我的表现。贺麟举出王安石之"建立自我"着重表现的四个方面：

其一，不为物欲名利所羁绊，以本真的自我做主。如《答曾子固》中告诫士大夫要勇于自治，不做嗜欲的俘虏；《进戒疏》中告诫帝王"不淫于耳目声色玩好之物，然后能精于用志"，这说明，在王安石看来，摒除过分的嗜欲，保持纯真自我，需绝大意志力。不能挺立自我，就不能达于此种状态和境界。王安石的"洁白之操，寒于冰霜"，是建立自我的结果，是主动地自发地超越旧我，以成新的境界的结果，这都需要英灵挺特的意志。贺麟同时也强调不要陷入师心自用、刚愎任性。建立自我乃是拯拔自我，保持自我，以求体察真理。并不是放任主观意见。

其二，以自由意志所认定的真理为唯一依归，不为利欲所劫，也不为流俗所转，不曲学阿世，不随世俯仰。这就是王安石所说的"己然而然，不时然而然，不以时胜道"，这也是自我建立的一个重要方面。贺麟认为这一点表示的不仅是自我做主、不为世俗所转移的精神，同时也有陆象山所谓我心即是宇宙的思想。所信之自我，不是偶然的一时兴会、一时感想，不是乖僻傲慢的虚浮的我，而是以自我为道的展现，为具有普遍性的道或理，这样的自我方是足以倚恃的，方是可信可从的。王安石的"己然而然，不以时胜道"，实际上包含着心即道，心即理，本心、良知即天等陆王的基本思想。贺麟同时认为这句话中又包含着以心中服膺的理想，去转移风气，改变时代潮流的意思在内。贺麟并且指出，历史上转移风气的人，都是具有这种心学精神的，如力拒杨墨的孟子，倡导排佛的韩愈，改革家张居正等皆是。王安石变法，也立基于这种精神。王安石答司马光的信中所说的："人习于苟且非一日，士大夫多以不恤国事、同俗自媚于众为善。上乃欲变此，而某不量敌之众寡，欲出力助上以抗之，则众何为而不汹汹然？"① 正是这种精神的表达。贺麟虽对反对王安石变法的理学家如司马光、程颢、张戬等人的学术皆抱有敬意，但他对王安石变法持赞成态度，故对变法的精神支柱"不以时胜道"，尤认为合于心学而大力表彰。

其三，建立自我表现在读书上就是不做传注的奴隶，不以圣人的是非为

---

① 王安石：《王文公文集》，上海人民出版社 1974 年版，第 97 页。

标准，能以自我为主而吸收一切有益养分。这是读书上的致良知。贺麟说："能致良知以读书，不仅六经皆我注脚，而且诸子百家皆我注脚。所以他（指王安石）不为狭义的正统观念所束缚，胆敢无书不读。然而能自己受用随意驱遣，而不陷于支离。"①王安石在读书上能建立自我，以心中之理、之道为本，则诸子百家、医卜星象、农圃女工、皆无不可读；即使所谓非圣无法之书，若善加利用，皆可为我所用。贺麟认为，王安石博极群书有似朱子之即物而穷其理，以己心为道理之基广泛摄取各种知识，有似陆象山之先立其大则小者不能夺。相较而言，王安石比陆象山读书范围尤为阔大，尤为不拘一格。

贺麟认为，有了这样主动、自主的精神，则儒家传统中的许多观念都可予以新的解释。如孔子所谓非礼勿视、听、言、动，前人多诟病其太受礼法拘执，太被经典束缚，太没有自我意识，所以引起儒家"以礼杀人"、"礼教吃人"的看法。而王安石因有主体意识做基础，则对此句话的解释充满积极意义。贺麟谓，王安石《礼乐论》中"气之所禀命者，心也。……天下之物，岂特形骸自为哉？其所由来盖微矣。不听之时，有先聪焉；不视之时，有先明焉；不言之时，有先言焉；不动之时，有先动焉"②，就是这种转化的表现：此中之先聪、先明，即心。而心即性的外在表现，性即心的内在制约，心性实为一体两面。由心性做主，则心为行为的动力，行为的规范，是非的标准："鼓舞人征服外物，改变外物，以自己为范型去陶铸外物，已经包含有阳明释格物为正物，去物之不正以就己心之正的精神了。"③贺麟继续发挥：此心性"即指自动的有主宰的理性之我而言，亦即近似象山所谓本心，阳明所谓良知。他所解释的非礼勿视听言动，实即应积极地依本心、凭良知而视听言动，或借视听言动以格物（正物），以复本心，以自致良知之意。有了先天自我的立法性和灵明性，则视听言动自有准则（即有礼），而视听言动所接触之外物，自有条理，自受规范，因外物并非形骸自为，而乃为自我所建立，受自我之陶铸而成者"。④贺麟指出，王安石这段话，有康德的意思，也有斯宾诺莎的意思。先聪、先视，即实际的视听之所以然，类似于康德的先天的纯形式，自我的理性。而此自我的理性，就是斯宾诺莎的天理、准则。康德重主观的意志，重知

① 贺麟：《文化与人生》，商务印书馆 1988 年版，第 289 页。
② 王安石：《王文公文集》，上海人民出版社 1974 年版，第 334 页。
③ 贺麟：《文化与人生》，商务印书馆 1988 年版，第 290 页。
④ 贺麟：《文化与人生》，商务印书馆 1988 年版，第 290 页。

识论上的根据，斯宾诺莎重客观的法则和规范，二者在贺麟这里是一致的，是一件事的两个方面。因为贺麟一再说康德和斯宾诺莎是通向黑格尔的两条线，在黑格尔这里二者统一了。

王安石的思想，特别是其中的心性论，被贺麟解释成黑格尔思想，其中包含了康德和斯宾诺莎。这是因为，他心中有一个强固的观念，西方的正统思想是从柏拉图、亚里士多德经笛卡尔、莱布尼兹到康德、黑格尔，中国的正统思想是先秦的孔孟、老庄到宋明的陆王，西哲东哲，心同理同。东西方的正统哲学皆是主心性合一、心理合一、心物合一而以代表精神、理性的心为最高的、首出的概念。这个思想若用王阳明的话来说，就是"聪明者耳目之能为，而所以聪明者乃良知之所能为。不致良知，则耳失其所以为聪，而无真听；目失其所以为明，而无真视。能致良知，则耳目得其所以聪明之理，而视听言动皆尽其用，合于理（礼），知致而物格（正）矣"。[1]

其四，建立自我在以自我认定的理为应对外部变化的准则，为变法维新的根本，反对外在权威，反对对既成规则的拘执。在贺麟看来，王安石当时被称为"拗相公"，世人非之而不恤。他的执着，他的坚持，全在于认定人之心有执一御万、在万变中求其不变者的能力。在变法中，反对者所攻击者，为迹，而有其所以迹；要把握住古今一致之心、之理，作为权变的根据，不为外在的迹之同异所束缚，即能心如磐石，不为时言所左右。所以王安石的法尧舜、法伊周，并非徒法其迹，而在法其不变之心。在贺麟眼里，王安石的"圣贤之言行，同者道也，不同者迹也，知所同而不知所不同，非君子也。夫君子岂固欲为此不同哉？盖时不同，则言行不得无不同。唯其不同，是以同也"[2]，这段话足以证明，王安石注重的，是迹背后的道，名背后的实。名与迹与时俱化，而道则千古不变。他所谓道，贺麟认为即柏拉图式的实在论所谓理，与唯心论所谓心。这就是随迹而行、变中之不变的法则、标准。掌握此法则就控御了万变的枢纽。贺麟对王安石此点大加表彰："指出不同的言行事迹正所以实现同一的道，不唯洞见一与多的真正关系，而且对泥古拘迹者揭示其弊害，加以有力的排斥，并提供变法革新以一种坚实的理论基础。这是他由建立自我，求心同不求迹同的心学，而发挥出自由革新的精神的地方，也是中国思想史上

---

[1] 贺麟：《文化与人生》，商务印书馆 1988 年版，第 291 页。
[2] 王安石：《王文公文集》，上海人民出版社 1974 年版，第 331 页。

少见的卓识，而为陆王思想中所特有的色彩。"①

贺麟对王安石心学思想的表彰还表现在他对王安石王霸思想的阐发上。

王安石在《王霸论》中曾说过："仁义礼信，天下之达道，而王霸之所同也。夫王之与霸，其所以用者则同，而其所以名者则异。何也？盖其心异而已矣。其心异则其事异，其事异则其功异，其功异则其名不得不异也。王者之道，其心非有求于天下也。所以为仁义礼信者，以为吾所当为而已矣。以仁义礼信修其身，而移之政，则天下莫不化之也。霸者之道则不然，其心未尝仁也。而患天下恶其不仁，于是示之以仁。其心未尝义也，而患天下恶其不义，于是示之以义。其于礼信，亦若是而已矣。是故霸者之心为利，而假王者之道以示其所欲。故曰其心异也。"②贺麟对此的评论是，王安石辨王霸，以其心之动机。王者之动机为纯真之心之不容已，为仁义礼信之价值之本身，是应然，非为任何外在的目的。故王者之修身、理政，皆行其心之自然。而霸者之动机在利，而假借仁义之名，恐怕人非议，于是特别夸饰其仁义礼信。二者动机不同，行为也随之不同。可见，王霸之辨，主要在心，不在物；事之不同，由心之不同。

贺麟又举出王安石《虔州学记》中的一段话，说明王安石的心学："先王之道德，出于性命之理，而性命之理，出于人心。《诗》、《书》能循而达之，非能夺其所有而予之以其所无也。经虽亡，出于人心者犹在，则亦安能使人舍已之昭昭，而从我于聋昏哉？"③贺麟认为，从王安石这段话可以看出，人皆心同理同。如中国自尧舜以来建立之道统，至秦而毁弃。暴秦之烧诗书、坑学士，毁灭文化，但文化终不可毁，且不断发展昌盛，这说明公道自在人心。尧舜以来道统传承不绝，是因为其内容出于人性命之理，而性命之理出自人心之自然建立。经书是引导人们达于性命之理的媒介，只是顺人心中的道德性命之理表达、发挥，道德性命之理非由外铄，而是人心自然的建立。即使经书亡佚，但人心仍在，仍能创造出其他手段达到性命之理。道德、文化永无沦亡之日。贺麟充分相信：人心中固有之义理或良知，活泼昭明，非专制权威所能压迫，非烧诗书、杀儒士、废学校所能蔽塞消灭。王安石的这一思想，与陆象山

①　贺麟：《文化与人生》，商务印书馆 1988 年版，第 293 页。

②　王安石：《王文公文集》，上海人民出版社 1974 年版，第 326 页。

③　王安石：《王文公文集》，上海人民出版社 1974 年版，第 402 页。

所谓人皆有千古不磨之心是一致的。所以，人的良知是反对专制权威的最根本武器。

从以上对王安石建立自我、王霸之辨的阐发可以看出，贺麟处处把王安石解释成心学思想家，以与德国古典哲学，特别是黑格尔哲学相融汇。他着力发挥的是心的能动力量，心的诠释精神，心的将价值理想和深厚的文化蕴积融摄为一，以价值带动文化蓄蕴这种功能，为抗战期中的中国知识人发起信心，丢掉疑虑，振奋精神，力克时艰，取得抗战的最后胜利奠立精神基础。

二、对王安石性论的阐发

以上是贺麟关于王安石心论的阐发，以下讨论贺麟对于王安石性论的阐发。先介绍一下王安石性论的大要。

王安石的性论，主张孔子的"性相近，习相远"。王安石明白表示："孔子曰：'性相近也，习相远也。'吾是以与孔子也"①，"吾所安者，孔子之言而已"。② 所以，孟子的性善论、荀子的性恶论、扬雄的性善恶混、韩愈的性三品皆在排斥之列。王安石反对这四种性论，皆因他们主张有天生的、一成不变的"性"。王安石所谓性，指人性，人性是人的情感背后的支撑者，也就是人必然有情感这种性质，性体情用。所以王安石首主性情一致，他说："性情一也，世有论者曰'性善情恶'，是徒识性情之名而不知性情之实也。喜、怒、哀、乐、好、恶、欲未发于外而存于心，性也；喜、怒、哀、乐、好、恶、欲发于外而见于行，情也。性者情之本，情者性之用，故吾曰性情一也。"③ 这里所说的性，非有善恶，更非善皆归于性，恶皆归于情，性善情恶。在王安石看来，所谓善恶皆是后天的行为指向："故此七者，人生而有之，接于物而后动焉。动而当于理，则圣也、贤也；不当于理，则小人也。"④ 善恶是情的行为的结果，但情以性为根据。意思是，只要是属于人这一生物族类，就必然有七情。但情之指向，皆后天之事。就如弓与矢，互相依持，而射之中的与否，完全是射箭之后的结果。孟、荀、扬、韩皆将后天之结果作为先天本有之存在，

---

① 王安石：《王文公文集》，上海人民出版社 1974 年版，第 317 页。
② 王安石：《王文公文集》，上海人民出版社 1974 年版，第 316 页。
③ 王安石：《王文公文集》，上海人民出版社 1974 年版，第 315 页。
④ 王安石：《王文公文集》，上海人民出版社 1974 年版，第 315 页。

皆是"以习而言性",故其性论皆有误。孟子的"养其大体为大人,养其小体为小人"意在告诫人,大人小人皆后天所养的结果,扬雄的性善恶混意在警省人后天可善可恶,却是正确的。在王安石这里,所谓善恶皆就后天结果言:"喜、怒、爱、恶、欲而善,然后从而命之曰仁也、义也;喜,怒、爱、恶、欲而不善,然后从而命之曰不仁也、不义也。故曰有情然后善恶形焉。然则善恶者,情之成名而已矣。"① 所以王安石多处说,善恶"皆于其卒也命之,夫非生而不可移也"。有人以孔子的"唯上智与下愚不移"为证质疑,王安石答辩说,上智下愚不移指人天生的智力水平的不同是存在且不可变的,并非说人性天生有善恶且不可变。如伏羲作《易》,孔子修《春秋》,皆非一般人所能为,皆是他们智力上的聪明特达所致。

王安石的性论,不离情而言性。性作为形式上必须有的预设,作为"有生之大本",即人之为人的根本,意在与人以外的生物族类相区别。但他所重者在后天,在人的现实的修为,不在人的本质的抽象规定。他用宇宙本体太极和起现实作用的五行来类比性情关系:

> 夫太极者,五行之所由生,而五行非太极也。性者,五常之太极也,而五常不可谓之性。此吾所以异于韩子。……孟子言人之性善,荀子言人之性恶。夫太极生五行,然后利害生焉,而太极不可以利害言也。性生乎情,有情然后善恶形焉,而性不可以善恶言也。此吾所以异于二子。杨子之言为似矣,犹未出乎以习而言性也。②

人有人之性,但人之性不能以善恶言,所以他明确反对以善恶言性的孟、荀、扬、韩。性之生情如太极之生五行,但用事者、起现实作用者,在天地为五行,在人为情。他之所以特别重视后天,就是要消除本质性的预设框限后天人为努力,在活生生的现实生活中树立起自身的价值趋向,强调人是自己行为的主宰者,人的一切后果都是自己造成的,没有一个先天的预定者。在思维方法上说,就是重视形而下的事物,本质由现象来说明,一般的、抽象的东西由个别的、具体的东西来表明、来实现。所以说,王安石的性论有很强的经验论色彩。

当然性在他这里并非完全虚设,性有导正价值意义的作用。在他反对的

---

① 王安石:《王文公文集》,上海人民出版社 1974 年版,第 317 页。

② 王安石:《王文公文集》,上海人民出版社 1974 年版,第 316 页。

四种性论中，他认为孟子的性善论是说人的正性，扬雄的性善恶混警示人应把握后天为善的方向，否则会陷于恶。韩愈主张性三品，但他所谓性又指仁义礼智信五常，不过品第不同实行之分数不同，这实际上仍是性善论。而最反对的，乃是荀子的性恶论。因为荀子主张"人之性恶，其善者伪也"。而王安石将"伪"字理解为虚伪之伪，以善为虚伪，则人的恻隐之心为虚无，人的道德行为皆无由而生。王安石还质问道，荀子以为陶人化土而为埴，土与埴不同，不能说土有埴之性。王安石反驳道，陶人之不会以木为埴，就表明土有埴之性。而善以恻隐之心为基础，恻隐之心并不是虚假的。王安石之所以反对荀子，就在于他希望人皆为善人，而善人是习于善的结果。向善、习善是人的一般向往，他称之为"常"。立论应以常为出发点，不以例外之事即"异"为依据。

以上是王安石性论的大略，而贺麟的阐发，并非完全合于王安石本义，他极力把王安石说成一个心学家，以与他表彰心学，使之成为中国传统哲学的主导力量这一意图相配合。

贺麟发挥王安石的性论而引出自己的理想唯心论，从以下几点入手：

其一，将王安石认定为性情合一论者，以与现代社会重视人的合理欲望的时代潮流相融合。王安石确为性情合一论者，这已如上述。但贺麟认为，王安石提出性情合一不可分有两个意图，其一，"欲借以反对性善情恶说，认吾人不可离情而言性，含有重视情感，反对那枯寂冷酷、抹杀情感的禁欲主义"。①贺麟早在写于 1938 年的《新道德的动向》一文中就提出，中国经过西方思想文化的传入，特别是经过五四运动、妇女解放的热潮的洗礼之后，旧观念、旧道德、旧礼教发生了很大的变化，不断向新的道德观念转变，而变动的方向大体遵循由狭隘孤立向广大深厚、由枯燥迂拘、违反人性向发展人性、活泼有人生意趣，由束缚个性、因袭守旧向自由解放、发展个性，由压抑欲望、谨守礼教向开放欲望，合理满足人的生活欲求发展。所以，"解除礼俗的束缚，争取个人的自由，发展个性，扩充人格，实为今后新道德所必取的途径"。②重视人的感情，不为冷酷的道德教条所扼杀、所束缚压迫，是当时的时代最强音。男女大防之突破，妇女地位的空前提高，对旧礼教的冲决，是当时最强烈

① 贺麟：《文化与人生》，商务印书馆 1988 年版，第 294 页。
② 贺麟：《哲学与哲学史论文集》，商务印书馆 1990 年版，第 357 页。

的诉求。贺麟作为新的时代潮流的鼓吹者、推波助澜者，他在许多场合都主张在学术文化水准的提高、精神生活的充沛、人格修养的进步的基础上，达到此目标。在理论上反对束缚、压迫人的合理情感，他认为是最应当做、最基础的工作。

其二，由性情之合一，因情善推知性善，由情恶推知性恶，而助成扬雄性善恶混学说之建立。

这一问题较为复杂。这涉及王安石是否主性善恶混，及如何理解王安石《性情论》中的文句。贺麟认为王安石是从性情合一过渡到性善恶混，再由性善恶混过渡到性善论。确如以上已经说到的，王安石主性情合一，但并非因性善而情亦善，性恶而情亦恶，而是因人之性而有人之情，人之情必然产生善恶。善恶是对情之结果的评价，而非对性之本体的呈现。王安石说："君子之所以为君子，莫非情也；小人之所以为小人，莫非情也。彼论（按指性善情恶论）之失者，以其求性于君子，求情于小人耳。"[1] 并且引孟子"养其大体为大人，养其小体为小人"为证。王安石论域中的孟子这句话，并非可以理解为充养性中之善为大人，充养性中之恶为小人，因此人性中原有善恶二者。这句话是说，人后天修养道德心就成为大人，只知满足感官欲望就成为小人。专在后天情之指向上着眼，非牵涉性之善恶。所以王安石非主性善恶混，反而在批评诸子性论中反复批评扬雄的性善恶混论。

至于认王安石为性善恶混论者，全由于他《性情》中的一句话："盖君子养性之善，故情亦善；小人养性之恶，故情亦恶。"但这句话之后，王安石有"扬子曰：人之性善恶混，是知性可以恶也"。[2] 性可以恶，即清楚表明非性中原有恶，恶皆自后天之情上起。所以这句话可以理解为，性超善恶，但由性生出的情可以为善，也可以为恶，故性也有为善、为恶之可能。小人充养性所生之情之恶者，其究为小人；君子充养性所生之情之善者，其究为君子。皆后天之事。所以"莫非情也"。其后文所举之舜"象喜亦喜"、文王之"王赫斯怒"，皆情之事。其所作之性与情如弓矢互相依存而善恶如中的与否之譬喻，更清楚说明王安石非性善恶混论者。而贺麟先把王安石说成性善恶混论者，是为了较为方便地过渡到他素所信奉的性善论。

---

① 贺麟：《王文公文集》，上海人民出版社 1974 年版，第 315 页。
② 王安石：《王文公文集》，上海人民出版社 1974 年版，第 315 页。

其三，由性善恶混过渡到性善论。贺麟是如何完成这一过渡的？贺麟之认为王安石为性善论者，是由上"太极生阴阳五行"一语引发的。他认为，太极相当于性，五行相当于情。王安石虽在情上立论，但仍因主张性情合一、性本情用而承认性是基础。而太极在理学中又是个极具价值意味的概念，所以便由此过渡到性善论。贺麟说：

> 他们（按指孟、荀、扬、韩等）执性善、性恶、性善恶混、性三品，皆是以情以习、以已发于外者去言性，而未能以理、以太极、以未发之中而言性。如果以理、以太极、以未发之中而言性，则性将为超善恶的真纯之本，而无善恶之可言了。于是他便超出心理方面情习方面的性论，而升入从形而上学的观点以言性。使我们不能不钦佩他超迈独到的识见。但性既是理、太极或未发之中，虽不可用比较的相对的善去言性（因性是超出相对的善恶之上的），却亦自有其本身内在之善。所以在某种意义下，可以说性超善恶，在另一较高意义下，亦可说性是善的。因此他最后复归到孟子的性善论，而与扬子的性善恶混说，再作一新的调解。①

贺麟这段话表明，他是以太极一词的超越性质实现以上过渡的。超越的太极从其无规定性说，无狭义的善恶；从其无规定因而不落于具体善恶言，它又具有广义的善。就如王阳明四句教之"无善无恶心之体"可现解为"无善无恶是为至善"一样。而贺麟也确实认为，他的以上思想与王阳明四句教"真是同条共贯，可以互相发明"。②

贺麟以王安石为性善论者，还因为王安石以孟子的性善论为正性，以恶为失其正性，性善恶混是兼性之不正者而言。既以善为正性，又有理、太极的价值上的善来辅助，则贺麟之认王安石主性善论不为无据。但贺麟又对孟子和扬雄的理论做了调和，他把孟子的性善说，说成宋明理学中的天地之性，扬雄的性善恶混说成气质之性。张载曾说气质之性"君子不谓性"，所以作为人的真正的、纯真的性，仍是纯善无恶之性。不正之性，乃是正性的丧失。所以，王安石"最后不能不归到孟子的性善说或正性本善之说了"③。

贺麟说王安石是性善论者最有力的证据是，他在王安石的《文集拾遗》

---

① 贺麟：《文化与人生》，商务印书馆 1988 年版，第 296 页。
② 贺麟：《文化与人生》，商务印书馆 1988 年版，第 296 页。
③ 贺麟：《文化与人生》，商务印书馆 1988 年版，第 297 页。

中发现了《性论》一文，其中说："古之善言性者莫如仲尼，仲尼，圣之粹者也。仲尼而下莫如子思，子思，学仲尼者也。其次莫如孟轲，孟轲，学子思者也。仲尼之言载于《语》，子思、孟轲之说著于《中庸》而明于《七篇》。然而世之学者，见一圣二贤性善之说，终不能一而信之，何也？岂非惑于《语》所谓'上智下愚'之说欤？噫，以一圣二贤之心而求之，则性归于善而已矣。其所谓愚智不移者，才也，非性也。性者，五常之谓也；才者，愚智昏明之品也。欲明其才品，则孔子所谓'上智与下愚不移'之说是也。欲明其性，则孔子所谓'性相近，习相远'，《中庸》所谓'率性之为道'，孟子所谓'人无有不善'之说是也。"（《宋文选》卷十）贺麟认为，此篇中所谓性的内容，是仁义礼智信五常。五常人皆天生而有，才之智愚不足以改变之。而且王安石明言"一圣二贤性善之说"，所以王安石是性善论者。另王安石有《答孙长倩书》，其中说："语曰：'涂之人皆可以为禹。'道人人有善性，而未必善自充也。"[①] 贺麟据此认为，王安石此论，是"洞达性体的至论"，并且说："依我看来，他的性论，若不为前面未定的善恶混之说所误，将可与程朱的性论争光媲美。……所以我敢断定，安石是程朱以前对于人性论最有贡献，对孟子的性善说最有发挥的人。"[②]

从这里的引文看，王安石主性善说无疑。但学界主流观点认为《性论》作于扬州签判任上，王安石27岁之前，是王安石早年的作品[③]。而《答孙长倩书》是引古人之语导正青年人，非自己哲学观点的正面表达。我们采纳《性论》作于早年的观点，认为，王安石早年主性善论，后渐主性善恶混，最后主性超善恶论，以此从着重后天情上立论，以教化改变气质的工夫论，归本于从道、从性之本体着眼的高明卓绝境界。

但贺麟认为，王安石先主性善恶混，然后过渡到性善论。这是因为，在贺麟看来，性善恶混最能发挥人后天的选择和修养功夫。荀子的性恶论也意在强调后天的努力，但性恶论以人性为恶，对心的基本涵蕴持废弃与否认立场，使人的后天作为失去了精神基础，显得冰冷、僵硬、严酷，与心学蓬勃向上、温情脉脉，广大深厚的格调、趣味、精神方向格格不入。而性善恶混则一方面

---

① 王安石：《王文公文集》，上海人民出版社 1974 年版，第 95 页。

② 贺麟：《文化与人生》，商务印书馆 1988 年版，第 298 页。

③ 参见邓广铭：《北宋政治改革家王安石》，河北教育出版社 2000 年版，第 23—26 页。

与孔子"性相近，习相远"之说符合，另一方面则可强调后天人为努力的重要性。

在强调后天这一点上，王安石是态度鲜明的，而贺麟最看重的也在这一点，所以贺麟在引了王安石的《老子》一文后加以评断说："这篇文字可以说是安石代表儒家左派，提倡积极的有为政治，以反对老庄无为政治的理论宣言。他这里所谓'道'，所谓'无'，相当于人之自然的天性，是万物之本。礼乐刑政是人努力以尽此道此无之妙用的具体设施，也可以说是实现人的本性的工具或形器。不从事于有，即不能得无之妙用；不从事于礼乐刑政的设施，即不能尽性道之妙用。原则上不放弃老子性、道、无的高明境界，然而方法上、人生态度上，一反老庄放任自然，无为而治的清静无为之教。……足见他不仅不轻视礼乐刑政，认之为粗迹，反而认为只有力行苦干，有所事事，对于礼乐刑政有所兴革设施，方足以收顺性尽道之妙用。"① 此段文字给我们透露出明白的信息。贺麟既重视作为万物本体、人之本性的道，又以具体事为为尽性道之妙用的设施。他之主张性善，是从最后的、最高的层面立论；他之主性善恶混，是从设施的层面立论。他重视人的后天修为，所以张扬王安石的性善恶混说；他最后要归到自己的新心学上去，所以在理论上性善恶混要过渡到性善论。两个层面皆重要，因为它是新心学即知即行、即下即上、即工夫即本体、既能容纳客观事物的存在及其法则、规律，更能高扬精神的活泼无方，主体的能动力量，在主客合一、心物合一、心理合一、知行合一诸思想的基础上强调主体的主宰、控御地位的哲学理论的需要。

（作者简介：张学智　北京大学哲学系）

---

① 贺麟：《文化与人生》，商务印书馆1988年版，第301页。

牟宗三误解了康德的"道德情感"概念吗？

——与方旭东教授商榷

李明辉

一

2015 年 6 月底笔者到北京大学儒学研究院出席该院成立五周年学术研讨会，在会中遇到方旭东教授。承蒙他的好意，获赠他刚出版的新著《原性命之理》（华东师范大学出版社 2015 年版）。笔者立刻翻阅该书，书中有一篇论文《道德情感是能力吗？——论牟宗三对康德"道德情感"概念的误读》特别引起笔者的注意。因为在牟先生对儒学的重建中，他借由重新诠释康德的"道德情感"概念来分判孔、孟与康德的心性论观点之异同，并主张"道德情感"可以"上下其讲"，以解决康德的"道德情感"理论之困境①。笔者当年也由于受到牟先生对"道德情感"的诠释之启发，决定到德国深入研究康德的"道德情感"理论，而完成了博士论文《康德伦理学发展中的道德情感问题》②。如果牟先生真如方教授所言，"误读"了康德的"道德情感"概念，则牟先生对儒家心性论的诠释也会受到根本的质疑，此事实非同小可。故笔者迫不及待地拜读方教授此文。拜读之后，笔者松了一口气，因为笔者发现：方教授所谓牟先生的"误读"其实是基于他自己对康德的"道德情感"概念之"误读"。以下让我们来检讨方教授对牟先生的质疑。

众所周知，牟先生系通过康德著作的英译本来研究康德哲学。不可讳言，

---

① 参见李明辉：《再论牟宗三先生对孟子心性论的诠释》，《孟子重探》，台湾联经出版公司 2001 年版，第 111—131 页。

② Ming—huei Lee, *Das Problem des moralischen Gefühls in der Entwicklung der Kantischen Ethik*，台湾"中央研究院"中国文哲研究所 1994 年版。

这对于理解康德哲学难免会隔了一层,而且有一定的风险。因为当年剑桥大学出版社的康德著作英译本尚未问世,牟先生所依据的几种英译本未必完全理想,有可能造成他的误读。方教授就是借由检讨牟先生对相关文本的翻译,指出牟先生的"误读"。他说:"除了一些明显的技术错误之外,牟译的问题主要来自他对康德哲学的了解不够。"[①] 方教授显然学过德文,因为他在文中也引用了德文版的康德著作。但是笔者无法判定方教授的德文理解能力究竟达到了什么水平。须知康德使用的是 18 世纪的德文,仅了解现代德文而对康德哲学欠缺深入了解的一般读者未必能准确地理解康德的德文文本。

方教授的检讨有点烦琐,所幸他在文末将牟先生的所谓"误读"归纳为以下三点:

> 首先,在康德那里,道德情感属于一种先天的心灵禀赋,牟宗三不了解这一点,将道德情感归为"能力"一类范畴,失却康德原意。其次,在康德那里,与道德情感相对的是道德认识 (moralischer Sinn),前者主观,后者客观,牟宗三不了解这一点,将后者译为"道德感取",认为那仍是一种感性作用,从而未能真正认识道德情感的特性。再次,在康德那里,道德情感作为一种感受,其对象是自由意志的由理性法则推动的运动,牟宗三不了解这一点,错误地以为道德情感是对自由意志受法则推动这件事的感受。(《厚性命之理》,第 73 页,下文仅标注页码)

方教授在其论文的第一至三节提出这三点批评。以下笔者将逐项讨论方教授对牟先生的翻译与诠释之批评。

二

首先,方教授质疑牟先生将康德所说的"道德情感"理解为一种"能力",这点质疑甚至见诸其论文的标题:"道德情感是能力吗?"方教授引述康德在《道德底形上学》(*Metaphysik der Sitten*) 中谈到"道德情感、良心、对邻人的爱与对自己的尊敬(自重)"时的一段文字:

1) Sie sind insgesammt ästhetisch und vorhergehene, aber natürliche

---

① 方旭东:《原性命之理》,华东师范大学出版社 2015 年版,第 72—73 页。以下引用此文时,直接将页码标注于之后而不另加脚注。

Gemüths—anlagen（praedispositio）durch Pflichtsbegriffe afficiert zu werden（…）①

笔者译：它们均是感性的（ästhetisch）与预存的、但却自然的心灵禀赋（Gemüthsanlagen/praedispositio），即为义务概念所触动的心灵禀赋。②

对于这段文字，方教授指摘牟先生将 Gemüthsanlagen 误译为"能力"，而且略去括号中的拉丁文对应词 praedispositio。他认为这种做法"关系重大"（第 61 页），因为："如果道德情感相当于禀赋，是可以将其归为道德品质范畴的。不然，如果将道德情感理解为能力，再认为它属于道德品质，那就说不通了。"（第 62 页）牟先生根据的应当是爱尔兰康德专家阿保特（Thomas Kingsmill Abbott）的英译本 *Kant's Critique of Practical Reason and Other Works on the Theory of Ethics*。此书的第一版于 1873 年出版，以后一再重印或再版。牟先生使用的究竟是哪个版本，如今已不得而知。在英译本中，阿保特将 Gemüthsanlagen 译为 capacities of mind（praedispositio），并未略去拉丁文的对应词。牟先生将此词译为"能力"，显然是采取 capacities 之义③。

当然，就翻译而言，将 Gemüthsanlagen 译为"心灵禀赋"，更能贴合原文，较诸简化为"能力"，显然更为恰当。但牟先生将此词译为"能力"，是否会造成严重的"误读"呢？恐怕未必。因为当我们说：人具有某种"禀赋"时，这显然包含"他具有某种能力"之义。例如，当我们说：人具有判断道德是非的"禀赋"（孟子所说的"是非之心"）时，这显然包含"他有能力判断道德是非"之义。因此，说道德情感是一种"心灵禀赋"，与说道德情感是一种"能力"，两者之间并无矛盾。事实上，康德也曾明白地将道德情感视为一种"能力"。例如，他在《实践理性批判》中谈到"道德的兴趣"时，就将"道德情感"界定为"对法则感到这样一种兴趣的能力（Fähigkeit）"④。因此，牟先生

---

① I. Kant, *Die Metaphysik der Sitten*（以下简称 MS），in *Kants Gesammelte Schriften*（Akademieausgabe，以下简称 KGS），Bd.6，S.399. 以下引用此书时，直接将页码标注于引文之后，而不另加脚注。为了便于讨论，笔者将康德的引文均加上编号。

② 此书有笔者的中译本，见李明辉译：《道德底形上学》，台湾联经出版公司 2015 年版。由于此一中译本在边页附有德文原版的页码，读者不难找到相对应的文字，故本文不另外注明中译本的页码。

③ 牟宗三：《康德的道德哲学》，《牟宗三先生全集》第 15 册，台湾联经出版公司 2003 年版，第 501 页。以下引用此书时，直接将页码标注于引文之后。

④ I.Kant, *Kritik der praktischen Vernunft*, KGS, Bd.5, S.80.

将 Gemüthsanlagen 译为"能力"，虽未完全贴合原文，但基本上也未违背康德的意思，更没有"说不通"之处。

方教授接着说明上述的引文 1）之含义：

> natürlich（自然的）是说道德情感是自然而然的，不是后天的习惯；vorher-gehend（先在的）是说道德情感先行于道德义务；而 ästhetisch（感性的）则是强调道德情感与 theoretisch（抽象的）相对。将道德情感简单地翻译为能力，就很难理解道德情感所具有的这些丰富特质。（第 62—63 页）

方教授将 ästhetisch 译为"感性的"，并指出：英译本将此词译为 sensitive，而认为牟先生据此将它译为"敏感的"，是不对的。平情而论，在这一点上，方教授是对的。但方教授在这段说明中犯了几个错误。首先，方教授说："道德情感是自然而然的，不是后天的习惯。"而在文末又说："在康德那里，道德情感属于一种先天的心灵禀赋。"（第 73 页）换言之，他将"自然的"等同于"先天的"。我们有理由相信：方教授所说的"先天的"是指 a priori，因为它是相对于"后天的"（a posteriori）而言。若是如此，他的误解可就严重了。因为如果道德情感是感性的（ästhetisch），它便是后天的，而不可能是"先天的"。方教授可能是混淆了 a priori 与 angeboren 二词。后者可译为"天生的"，它依然属于经验的领域，因而是后天的。至少对后期的康德而言，先天的情感，即使是道德情感，都是不可能的。这也是日后的现象学伦理学家谢勒（Max Scheler，1874—1928）质疑康德之处[1]，也正是牟先生之所以主张"道德情感"可以"上下其讲"之故。

其次，方教授将 vorhergehend 译为"先在的"，认为这意谓"道德情感先行于道德义务"。就翻译而言，将此词译为"先在的"，不能算错，但他的解释却可能引起严重的误解。因为"道德情感先行于道德义务"之说很容易让人以为道德情感是道德义务的基础，或是道德情感产生道德义务，但这两点都是康德所反对的。因此，笔者将 vorhergehend 译为"预存的"，以表示：道德情感是我们对于道德义务的意识之主观条件，或者说，我们若无道德情感，便不会

---

[1] 参见李明辉：《四端与七情——关于道德情感的比较哲学探讨》，台湾大学出版中心 2005 年版，第 60—64 页；简体字版见李明辉：《四端与七情——关于道德情感的比较哲学探讨》，华东师范大学出版社 2008 年版，第 45—48 页。

意识到我们的义务。但这决不等于说：道德情感是道德义务的基础，或是道德情感产生道德义务。最后，方教授将 theoretisch 译为"抽象的"，并强调"道德情感与 theoretisch（抽象的）相对"，也犯了严重的错误。由于这是方教授在其论文的第二节讨论的重点，故笔者在下一节一并讨论。

三

方教授对牟先生的第二点批评涉及《道德底形上学》中的一段具关键性的文字：

2) Dieses Gefühl einen moralischen Sinn zu nennen ist nicht schicklich; denn unter dem Wort Sinn wird gemeiniglich ein theoretisches, auf einen Gegenstand bezogenes Wahrnehmungsvermögen verstanden: dahingegen das moralische Ge—fühl (wie Lust und Unlust überhaupt) etwas blos Subjectives ist, was kein Er—kenntniß abgiebt.—Ohne alles moralische Gefühl ist kein Mensch; denn bei völ—liger Unempfänglichkeit für diese Empfindung wäre er sittlich todt, und wenn (um in der Sprache der Ärzte zu reden) die sittliche Lebenskraft keinen Reiz mehr auf dieses Gefühl bewirken könnte, so würde sich die Menschheit (gleichsam nach chemischen Gesetzen) in die bloße Thierheit auflösen und mit der Masse anderer Naturwesen unwiederbringlich vermischt werden. (S.400)

笔者译：将这种情感称为一种道德的感觉（Sinn），并不恰当。因为"感觉"一词通常意指一种理论性的、牵涉到一个对象的知觉能力；反之，道德情感（如同一般而言的愉快或不快）却是纯然主观之物，它并不提供任何知识。没有人完全不具有道德情感；因为一个人若对这种感觉完全无动于中，他在道德上便等于死了；而且如果（以医生的用语来说）道德的生命力不再能对这种情感产生刺激，则"人"（仿佛按照化学定律）将化为纯然的动物性，而与其他自然物的群类泯然无分了。

方教授指出牟先生在这段文字的中译文中有两个小错误。一是牟先生将 Ärzte 误译为"物理学家"，显然是将阿保特英译文中的 physicians 误解为"物理学家"。二是将 Naturwesen 误译为"物理存有"，显然是根据阿保特的英译 physical beings 而译的。方教授的这两点批评是有道理的。如上所示，笔者将

Naturwesen 译为"自然物"。不过，方教授也承认："就整体文意而言，这两处误译并无大碍，但如果从德文本直译或者后用德文本覆校，这类错误应当是可以避免的。"（第 69 页）

在这段文字中出现 theoretisch 一词，如上一节末尾所说，方教授将此词译为"抽象的"。基于这种理解，他又将 moralischer Sinn 译为"道德认识"。他的理由是：

> 道德情感是一个有关苦乐之情的概念。认识到这一点对理解康德的想法非常重要。因为，正是这一点决定了道德情感是主观性的（Subjektiv）概念，从而不同于通常总是与一个对象（Gegenstand）相关的道德认识。依康德，后者提供知识（Erkenntnis），而前者则否；前者是主观性的（Subjektiv），而后者则与理论抽象有关（theoretisch）。因此之故，康德反对将道德情感与道德认识混为一谈。这个区别在英译中多少还能看出，前者被译作 moral feeling，后者被译作 moral sense。可是一旦被中译为"道德情感"与"道德感觉"，它们的差别就不是那么明显了。（第 64—65 页）

这里提到的 moralischer Sinn 一词是苏格兰哲学家赫其森（Francis Hutcheson，1694—1747）的核心概念 moral sense 之德文翻译。康德早年在 18 世纪 60 年代曾深受赫其森的道德哲学之影响。将 moral sense 译为 moralischer Sinn 并无问题，中文可译为"道德感"。但无论是英文的 sense，还是德文的 Sinn，都有歧义。依赫其森，moral sense 是一种情感，它是道德之"证成理由"（justifying reason）。但是 sense 一词也有"感觉"之义，例如视觉的英文说法是 the sense of sight。这种感觉涉及一个对象，因而具有知识意义。由于这种歧义，康德担心：moralischer Sinn 一词可能使人误解它是一种具有知识意义的"感觉"。

方教授将 theoretisch 译为"抽象的"，是一个极其严重的错误。在德文里，与"抽象的"一词相对应的是 abstrakt。theoretisch 通常译为"理论（性）的"，牟先生有时亦译为"知解的"或"观解的"。它是相对于"实践的"（praktisch）而言，是具有知识意涵的。所以康德说："'感觉'一词通常意指一种理论性的、牵涉到一个对象的知觉能力。"在这句话中，"牵涉到一个对象"是对"理论性的"一词之进一步说明。由于感觉为我们的经验知识提供材料，所以"感觉"一词具有知识意涵。方教授将 theoretisch 译为"抽象的"，可是康德明明说"感觉"是一种"知觉能力","知觉能力"怎么是"抽象的"或"与理论抽象有关"呢？由于不了解这一点，方教授才会坚持将此词译为"道德认识"。在德文里，与"认识"相对应的是 Erkenntnis，而不是 Sinn。

牟先生别出心裁，以"感取"来翻译 Sinn，而将 moralischer Sinn 译为"道德感取"，并且解释说：它是"道德方面的感性作用，一般笼统地说为道德感觉，更简单地说为道德感"（第502页）。对此，方教授质疑道：

> 除非牟宗三所说的"感性作用"也能提供知识，否则"感取"这样的译名终究还是不能契合康德对 Sinn（sense）的设定：指向某个对象（bezoge auf einen Gegenstand）、提供知识。（第66页）

> 感觉就是感觉，它和抽象有什么关系？同样，作为"感性作用"的感取又怎么会是一种知解性的知觉之力量？难道"感性作用"里还包括了"知解"的成分在其中？（第67页）

牟先生将 Sinn 译为"感取"，将 theoretisch 译为"知解的"或"观解的"，是否恰当，这是见仁见智的问题。但他说"感取"是一种"感性作用"，并无问题；而说这种"感性作用"会"牵涉到一个对象"，而提供知识，也没有问题。我们只要阅读《纯粹理性批判》的《先验感性论》，都可以确定这一点。艾斯勒在《康德辞典》中解释道："'理论性的知识'是这样一种知识：'借由它，我认识现存之物'。"（"Die 'theoretische Erkenntnis' ist eine solche, 'wodurch ich erkenne, was da ist'"）[1] 可见它不限于抽象的知识，也包括关于感性对象的知识。方教授质疑道："感觉就是感觉，它和抽象有什么关系？"这显然是由于他自己误解了 theoretisch 一词的含义。至于他质疑说："作为'感性作用'的感取又怎么会是一种知解性的知觉之力量？"则是误解加上望文生义的结果。

方教授还有一个翻译上的错误。他将 pathologisches Gefühl 译为"生理性的情感"（第64页）。关于 pathologisch 一词，邓晓芒与李秋零一贯都译为"病理学的"。这些都是误译。让我们看看艾斯勒对 pathologisch 一词的解释："以一种承受、忍受为基础的，以感性为条件的"（"auf einem Leiden, Erleiden beruhend, sinnlich bedingt"）[2]。因此，笔者将此词译为"感受的"。日文的《カソト事典》（东京弘文堂1997年版）也用汉字将此词译为"感受的"（第49页）。

---

[1]　Rudolf Eisler, *Kant—Lexikon*, Hildesheim: Georg Olms, 1977, S.534.

[2]　Rudolf Eisler, *Kant—Lexikon*, Hildesheim: Georg Olms, 1977, S.409.

四

方教授对牟先生的第二点批评涉及《道德底形上学》中的另一段文字，这段文字系紧接着引文2）而出现：

3）Wir haben aber für das（Sittlich—）Gute und Böse eben so wenig einen beson—deren Sinn，als wir einen solchen für die Wahrheit haben，obman sich gleich oft so ausdrückt，sondern Empfänglichkeit der freien Willkür für die Bewegung derselben durch praktische reine Vernunft（und ihr Gesetz），und das ist es，was wir das moralische Gefühl nennen.（S.400）

笔者译：但是我们对于（道德上的）"善"与"恶"并不具有一种特殊的感觉，正如我们对于真理并不具有这样一种感觉（尽管我们经常如此表达），而是我们具有自由意念对于"它自己为实践的纯粹理性（及其法则）所引动"的感受性，而这便是我们所谓的道德情感。

在这段文字当中，方教授批评的焦点集中于"Empfänglichkeit der freien Willkür für die Bewegung derselben durch praktische reine Vernunft（und ihr Gesetz）"一语的翻译与诠释。方教授先引述阿保特的英译："we have a susceptibility of the free elective will for being moved by pure practical reason and its law."方教授评论道："可是句意却并没有因此而显豁，反而因为主词 we 的出现而使句子成分变得更加复杂，尤其是"for being moved"中的 for 究竟何解？"（第70页）其实，阿保特在此补上 we have，只是顺着前文补上省略的主词，根本没有增加什么内容，何至于"变得更加复杂"？至于 for being moved，也是贴近原文的翻译，其含义后面再讨论。

接着，方教授引述牟先生的翻译："但是我们关于自由选择的意志对其为'纯粹实践理性以及纯粹实践理性之法则'所推动这一点，却有一种感受。"（第503页）对此，方教授评论道：

虽然从英译而来，但牟甩开了英译所补的主词 we（我们），而将意志作为真正的主词，从而摆脱了语义缭绕，使整个句子结构明朗起来。经过这样疏通，康德的意思变成：自由选择的意志对于它受实践的纯粹理性（prak—tische reine Vernunft）（及其法则）推动这一点自有一种感受，而这种感受就是道德情感。（第71页）

为了佐证他的解读，他又引述牟先生自己的说明："它（道德情感）只是'自由选择的意志'当为理性法则所推动时，所有的一种感受。"（第 503 页）但方教授随即强调：

> 这种理解及由此而来的翻译并不符合康德的本意。康德本意是说，我们感受到自由意志的运动，这个运动是受理性法则推动的。众所周知，自由意志是康德道德学说的根基，是道德律的存在理由，而这个理由之所以存在，就是因为我们感受到自由意志的运动。这种感受是道德义务的根基所在。所以，感受的对象是自由意志的由理性法则推动的运动，不是自由意志受法则推动这件事。（第 72 页）

基于这种理解，方教授建议将这段文字翻译为："（我们拥有）……一种对于自由选择意志的感受性，即一种对于由实践的纯粹理性及其法则推动的自由选择意志的运动的感受性。"（第 72 页）

方教授认为牟先生的翻译与理解方式违背了康德的原意，因为：

> 按照康德，当我们自由选择的意志之决定是从义务之法则而来时，主体的感受就是一种纯净的快乐之感。反之，当自由选择的意志与纯粹实践理性及其法则相违，那么主体就有一种不快乐的感受。

> 如果像牟宗三理解的那样，道德情感是自由选择的意志为理性法则推动时的一种感受，读者从中就很难了解康德想要表达的"道德情感是与义务法则相关的苦乐之情"那样的意思。（第 72 页）

以上笔者已尽可能忠实地重述了方教授对牟先生的批评，现在让我们检视方教授的批评是否有道理。

首先，方教授说："这种感受是道德义务的根基所在。"这等于是说："道德情感是道德义务的根基所在。"这完全违背康德的基本观点，因为这是赫其森的观点，而为康德所反对。其次要指出的是：方教授误读了牟先生的翻译。在牟先生所说的"我们关于自由选择的意志……"一语中，主词仍是"我们"，"关于自由选择的意志"必须连读，"自由选择的意志"是 the free elective will 的翻译，而后者又译自德文的 freie Willkür。用英文来表达，方教授将牟先生的翻译误读为 our will to free selection。因此，牟先生根本没改变阿保特英译的句子结构。

但是真正造成方教授的困惑的，并非这个句子的结构，而是他对德文Willkür 一词的严重误解。在《道德底形上学》中，康德对 Wille 与 Willkür 明确地加以区别。笔者分别以"意志"与"意念"来翻译这两个词汇①。方教授忽而将 freie Willkür 译为"自由选择的意志"，忽而将它译为"自由意志"，可见他根本不知道康德对 Wille 与 Willkür 所作的区别。阿保特将 Willkür 译为 the free elective will，牟先生将它译为"自由选择的意志"，虽嫌累赘，但并非没有根据。其根据便在康德自己的说明。

在《道德底形上学》中，康德先后有两次说明 Wille 与 Willkür 的区别，其文如下：

> 4) Das Begehrungsvermögen nach Begriffen, sofern der Bestimmungsgrund des—selben zur Handlung in ihm selbst, nicht in dem Objecte angetroffen wird, heißt ein Vermögen nach Belieben zu thun oder zu lassen. Sofern es mit dem Be—wußtsein des Vermögens seiner Handlung zur Hervorbringung des Objects ver—bunden ist, heißt es Willkür (…) Das Begehrungsvermögen, dessen innerer Be—stimmungsgrund, folglich selbst das Belieben in der Vernunft des Subjects ange—troffen wird, heißt der Wille. Der Wille ist also das Begehrungsvermögen, nicht sowohl (wie die Willkür) in Beziehung auf die Handlung, als vielmehr auf den Bestimmungsgrund der Willkür zur Handlung betrachtet, und hat selber vor sich eigentlich keinen Bestimmungsgrund, sondern ist, sofern sie die Willkür bestim—men kann, die praktische Vernunft selbst. (S.213)

> 笔者译：依乎概念的欲求能力，就其行动之决定根据见诸它自身之中，而非在对象中而言，称为任意作为或不为的能力。就它与其产生对象的行为能力之意识相结合而言，它称为意念（Willkür）（……）。如果欲求能力之内在的决定根据、因而甚至意愿都见诸主体的理性之中，它便称为意志（Wille）。因此，意志之为欲求能力，并非（像意念一样）着眼于它与行为相关联，而毋宁着眼于它与意念的行动之决定根据相关联；而且它本身根本没有任何决定根据，而是就它能决定意念而言，它就是

① 李秋零主编的《康德著作全集》（第6卷），收入张荣所译的《道德形而上学》。（参见李秋零主编：《康德著作全集》第6卷，中国人民学出版社2007年版）张荣按照字典上的意义将 Willkür 译为"任性"，这是非常不恰当的。因为在康德的著作中，Willkür 一词是个专门术语，而非日常语言。张荣将 freie Willkür 译为"自由、任性"，实在令人觉得不知所云。

实践理性本身。

5）Von dem Willen gehen die Gesetze aus；von der Willkür die Maximen. Die letztere ist im Menschen eine freie Willkür；der Wille，der auf nichts Anderes，als bloß auf Gesetz geht，kann weder frei noch unfrei genannt werden，weil er nicht auf Handlungen，sondern unmittelbar auf die Gesetzgebung für die Maxime der Handlungen（also die praktische Vernunft selbst）geht，daher auch schlechter—dings nothwendig und selbst keiner Nöthigung fähig ist.Nur die Willkür also kann frei genannt werden.（S.226）

笔者译：法则出自意志；格律出自意念。在人之中，后者是一种自由的意念；意志所涉及的无非只是法则，既无法被称为自由的，亦无法被称为不自由的。因为意志不涉及行为，而是直接涉及对于行为的格律的立法（因而涉及实践理性本身），所以也是绝对必然的，而且甚至没办法受到强制。因此，唯有意念才能被称为自由的。

为了避免不必要的枝蔓，并便于接下来的讨论，我们可以将这两段文字的要点归纳如下：

① 由意志产生法则（客观原则），由意念仅产生格律（主观原则）。

② 意志不直接涉及行为，意念才能直接涉及行为。

③ 意志为立法能力，故无所谓自由或不自由；意念为抉择能力，始有自由可言。

④ 意志本身无任何决定根据，但可决定意念，并通过意念来决定行为；就此而言，意志就是实践理性本身。

阿保特将 Willkür 译为 the free elective will，牟先生将它译为"自由选择的意志"，就是根据第三点。

此外，在其《道德底形上学》一书的初稿中，康德对"意志"与"意念"之区别有进一步的说明。他以"理体"（Noumenon）与"事相"（Phänomenon）的关系来解释"意志"与"意念"的关系。他写道：

6）Die Freyheit der Willkühr in Ansehung der Handlungen des Menschen als Phänomenon besteht allerdings in dem Vermögen unter zwey entgegengesetzten（der gesetzmäßigen und gesetzwiedrigen）zu wählen und nach dieser betrachtet sich der Mensch selbst als Phänomen.—Der Mensch als Noumen ist sich selbst so wohl theoretisch als praktisch gesetzgebend für die

Objecte der Willkühr undso fern frey aber ohne Wahl.①

　　笔者译：的确，就作为事相的人底行为而言，意念底自由在于就两个相反的行为（合乎法则与违反法则的行为）作抉择的能力，而且人根据这种自由将自己视为事相。——作为理体的人不仅在理论方面，而且在实践方面，均是为意念的对象自我立法者，且就此而言，有自由而无抉择。

　　在康德的用法中，"理体"与"事相"之区分约略相当于"物自身"（Ding an sich）与"现象"（Erscheinung）之区分。②

　　"意志"与"意念"之区别对于我们理解引文3）中那个有争议的句子极具关键性。在"Empfänglichkeit der freien Willkür für die Bewegung derselben durch praktischereine Vernunft（und ihr Gesetz）"这个句式当中，derselben 是指 freie Willkür（自由意念），durch 表示被动之意。因此，"die Bewegung derselben durch praktische reine Vernunft（und ihr Gesetz）"意谓"自由意念为实践的纯粹理性（及其法则）所引动"一事，自由意念所感受的即是此事。笔者为了便于中文读者的理解，稍稍改变句法，将此句译为："我们具有自由意念对于'它自己为实践的纯粹理性（及其法则）所引动'的感受性。"而牟先生将此句译为："它（道德情感）只是'自由选择的意志'当为理性法则所推动时，所有的一种感受。"意思也大体无误。

　　方教授之所以不接受牟先生的翻译与诠释，主要是由于他自己将"自由意念"误解为"自由意志"。既然对康德而言，意志是立法能力，因而是决定者，方教授便将 die Bewegung derselben durch praktische reine Vernunft（und ihr Gesetz）简化译为"自由意志的由理性法则推动的运动"。按照这样的翻译，die Bewegung derselben 便意谓"自由意志的运动"，运动是由自由意志所产生的，而全句则意谓：自由意志藉由实践的纯粹理性（及其法则）所产生之运动。这样的翻译在文法上固然说得通，但在义理上却说不通。因为 derselben 不是指"自由意志"，而是指"自由意念"，而根据康德自己的说明，意念属于

————————

① *Vorarbeiten zu Die Metaphysik der Sitten. Erster Teil Metaphysische Anfangsgründe der Rechtslehre*，KGS，Bd. 23，S. 248.

② 参见李明辉：《牟宗三哲学中的"物自身"概念》，《当代儒学之自我转化》，台湾"中央研究院"中国文哲研究所1994年版，第28—30页；《当代儒学的自我转化》，中国社会科学出版社2001年版，第25—26页。关于"意志"与"意念"之区别，参见李明辉：《孟子的四端之心与康德的道德情感》，《儒家与康德》，台湾联经出版公司1990年版，第114—116页。

直接涉及行为的"事相"，是由道德法则或感性对象所决定的。因此，当我们的自由意念为理性法则（道德法则）所引动时，自由意念对此事便会感受到一种愉快，这便是道德情感。反之，当我们的自由意念为感性对象所引动时，自由意念对此事便会感受到一种不快，这是一种负面的道德情感。根据这样的诠释，我们并不会如方教授所担心的，"很难了解康德想要表达的'道德情感是与义务法则相关的苦乐之情'那样的意思"。反之，如果依方教授的诠释，这种感受性便是"自由意志的感受性"；但依康德的说明，自由意志属于不直接涉及行为（包括"运动"）的"理体"，如何会有感受性呢？可见他对于 freie Willkür 的误解导致"一着错，全盘皆错"的严重后果。

方教授在其论文的末段评论道："作为有自己观点的哲学家，牟宗三与康德的看法容有不同，只是，他在译注康德时受自身观点的干扰未能准确地传达对方意旨。"（第 73 页）然而，根据以上的讨论，我们固然发现牟先生受限于英文译本或疏忽，他的确有若干误译之处，但情节并不严重，基本上无碍于他对康德思想的把握。故大体而言，牟先生并未误解康德的"道德情感"概念。反之，方教授虽然在语文条件上优于牟先生，但由于他自己对康德思想的隔阂，反而严重误解康德的"道德情感"概念。方教授在文末又说道："反省前人是为了总结经验教训，无论如何，用中文消化康德学，道路既阻且长。"（第 73 页）看来这句话更适于用在他自己身上。

（作者简介：李明辉　台湾"中央研究院"中国文哲研究所）

为"新儒家"做注释：从徐复观与 殷海光、钱穆的冲突说起

何卓恩

传统文化与现代价值的关系，学界有纷繁复杂的看法，一般归纳成激进、保守、折中三大类。① 实际上每一大类中又可以分出很多小类，而且根据不同的角度可以有不同的分法。对学者的不同看法进行研究，不仅仅是为了呈现历史的丰富性，也是为了借镜和促进新的思考。本文所讨论的新儒家代表人物之一徐复观先生的看法，就是一个有个性、有张力、有内涵的思想文本。为了凸显其思想特质，同时避免讨论的浮泛，将通过他与另两位思想家殷海光先生和钱穆先生分别发生的思想冲突来展开。

一、徐复观、殷海光、钱穆由同调到异曲

钱穆是抗战时期暴得大名的民族主义史家，殷海光为大陆赴台学人中最著名的自由主义者，徐复观则被纳入港台现代新儒家的范畴，被誉"勇者型新儒家"。说他们曾经"同道"，大概会令人吃惊。但这却是客观事实。

1949 年国民党败退台湾，政治和外交上陷于孤立境地，为了延续悬于一线的"法统"，保住这最后一块领地，并伺机反攻大陆卷土重来，曾有意笼络知识分子与其"同舟共济"。办法之一，当局在极其短缺的财用中，仍设法提供启动经费，帮助一些知识分子创办言论刊物，展开对大陆新政权的"思想战"和"文化战"。其中最著名的是 1949 年 6 月创刊于香港的《民主评论》和

---

① 这种归纳方法民国初年即已出现。《新青年》创刊号上有汪叔潜所作《新旧问题》，分文化观为伪降派、盲从派、折中派，其伪降派、盲从派即指保守派和激进派。后类似说法一直延续不绝，成为最有代表性的文化主张划分方法。

11 月创刊于台北的《自由中国》。当时离开大陆流徙香港或者追随国民党退往台湾的知识分子，人数虽然不能与留在大陆的相比，却不乏名流，如胡适、傅斯年、毛子水、张佛泉、胡秋原、钱穆、张君劢等；还有一些国民党政权体制内的知识人转移到体制外，如徐复观、殷海光、夏道平等人。于是他们便聚集在这些刊物周围，协助当局"反共抗俄"，秉笔报"国"。

《民主评论》为徐复观所办，主要作者为钱穆、唐君毅、牟宗三、胡秋原等人，《自由中国》名义上的发行人是胡适，实际由雷震主导，毛子水、张佛泉、殷海光、夏道平是编委会骨干。最初，这两家刊物性质相类，都是"不能坐视这种可怕的铁幕普遍到全中国"，[①] "要在被毁灭的俄顷之前，从文化上撒下使国家得以翻身的种子"[②]。所以作者也互相支持，一起克服稿荒。从 1919 年到 1953 年，徐复观和钱穆在《自由中国》均有文章发表（钱穆 1951 年有《中国民族之克难精神》、《文化三阶层》、《中山思想之新综析》等文；徐复观有1951 年的《从一个国家来看心、物、与非心非物》，1952 年的《"计划教育"质疑》、《青年反共救国团的健全发展的商榷》），而殷海光在《民主评论》发表的文章也不少（如 1949 年《中国的前途》，1950 年《中国会出铁托吗?》、《政教合一与思想自由》、《罗素论权威与个体》，1952 年《自由人的反省与再建》，1953 年《罗素画传》、《逻辑究竟是什么?》、《科学与人文之理则》、《实证论导引》、《实证论的批评》等）。这样，三人既可以说是《民主评论》的"同人"，也可以说是《自由中国》的"同调"。

不过，这些"同人"所同的"调"，主要局限在"反侵略、反极权"（即"反共抗俄"）方面。随着大陆新政权的日渐巩固，和国民党当局台湾统治地位的基本稳定，两个刊物努力的方向开始出现变化：出刊于台湾的《自由中国》越来越将言论的对象转向国民党当局，批评国民党的威权政治成为主要目标，为此，对国民党所鼓吹的传统伦理文化也大加挞伐；位于香港的《民主评论》仍然以针对大陆为主，但"现实政治色彩，一天稀薄一天，而于不知不觉中，转向专谈文化问题的方向"，[③] 其所专谈的文化问题，主要是如何发扬中国传统文化的精神价值。这样，阴差阳错，两个刊物因为言说对象的不同而在文化立

---

① 胡适：《〈自由中国〉的宗旨》，《自由中国》第 1 卷第 1 期（1949 年 11 月 20 日）。

② 徐复观：《〈民主评论〉结束的话》，《民主评论》第 17 卷第 9 期（1966 年 9 月）。

③ 徐复观：《〈民主评论〉结束的话》，《民主评论》第 17 卷第 9 期（1966 年 9 月）。

场上变得对立起来。这种变化对于作者群的影响，首先是各归其队，1954 年后殷海光不再为《民主评论》写稿，《自由中国》也基本不再发表钱穆、徐复观的文章（唯一的例外是 1956 年"祝寿专号"发表一篇徐复观批评蒋介石的文章《我所了解的蒋总统的一面》），殷海光等人与徐复观等人在文化问题上论战不断。其次是在具体文化见解上，双方内部各有分歧出现，如《自由中国》有殷海光与胡适、毛子水等人之间在"自由与容忍"问题上的差异，《民主评论》有徐复观与钱穆的在学术见解上的异见。

二、徐复观与殷海光的冲突

徐复观与殷海光不仅在"反共抗俄"的问题上一度志同道合，而且在私人情谊方面也很深厚。他们是鄂东同乡，受教于熊十力的同门，[①] 以及忠诚于国民政府的同党。两人相识于抗战胜利之初的重庆，两个"反共专家"一见如故，顿时产生共鸣。徐复观以其地位，对殷海光一直多有照顾，据说殷海光受到蒋介石接见，便是得之于徐复观的推荐。徐复观还在殷海光是否应该入党方面给予中肯意见。[②] 这种亲密关系到"同是天涯沦落人"之后，依然保持，直到因《自由中国》和《民主评论》的双双转型，二人见解不合，发生言论冲突为止。

《自由中国》反极权反到国民党头上，思想立场上进行了多角度的调整。其一，以国权为中心调整为以人权为中心；其二，从主张经济平等调整到主张经济自由；其三，由反布尔什维克主义调整到反传统主义。这几大思想调整，殷海光都是主力之一，而第三项正好与《民主评论》的弘扬传统主义的立场形成对立。殷海光揭橥"五四精神"、"胡适思想"作为从文化上抨击国民党独裁政治的利器，自然也接过五四人物"打孔家店"的精神，他质问："念忆过去

---

① 殷海光在北京求学期间曾受教于熊十力和金岳霖，两人影响其终生，其中熊十力的影响主要在人格气质上，金岳霖的影响在学术路径方面。他常说："熊先生谈学问的态度，我从头到尾不欣赏，但他是个真人，他有风范。"（张斌峰、何卓恩编：《殷海光文集》第四卷，湖北人民出版社 2009 年版，第 298 页）

② 徐复观：《对殷海光先生的忆念》，《徐复观杂文·忆往事》，台湾时报出版公司 1980 年初版，1985 年第 3 版，第 172、173 页。徐复观提到见面日期"民国三十四年春"，为"三十五年春"之误。但根据夏君璐存札，殷海光见蒋时间应为 1947 年 12 月 17 日。参见殷文丽编：《殷海光夏君璐书信集》，台湾大学出版中心 2011 年版，第 133 页。

的事物，诚然可以填补若干人现在的空虚，然而，何有助于打开今后的局面？拿不出有效的办法时，'哭灵牌'又有什么用？"①声称自己平生无私怨，"但平生思想上最大的敌人就是道学。在任何场合之下，笔者不辞与所有道学战，笔者亦将不会放弃这一工作"。②

殷海光不辞与战的"道学"，首先针对的是政治当局的复古论调，但也包括《民主评论》派倡导传统的言论，徐复观与殷海光的冲突势所难免。早在1952年初因牟宗三以传统主义立场批评殷海光的导师金岳霖，殷海光起而撰文反驳而磨出火花，徐复观对此作出评论，称牟、殷是"三孔之见"与"一孔之见"，"高下自分"，徐、殷之间已经小有嫌隙。③其后，殷海光与徐复观之间1954年、1957年发生两次直接论战。

前一次主要涉及的实质问题是自由民主要不要"内在自由"作基础。1954年2月初出版的《自由中国》第10卷第3期刊出了殷海光撰写的社论《自由日谈真自由》，除批评所谓"国家自由"，针对黑格尔的"自由"概念，又反对在政治范围内谈"意志自由"④。殷海光的真实用意显然在于批评《民主评论》派的道德自由说，引起对方相当的不满。徐复观读毕，次日即特地致函《自由中国》发行人雷震，提出"奉商"。雷震则请殷海光代笔回函，并将徐函和殷函交张佛泉过目，张佛泉针对此二函又写一函回复徐复观。徐复观在3月20日出版的《民主评论》上，将这三封往来函件加上千言按语，以《自由的讨

---

① 殷海光：《胡适与国运》，《自由中国》第20卷第9期（1959年5月1日）。

② 殷海光著，张斌峰、何卓恩编：《旅人随记》，《殷海光文集》第四卷，湖北人民出版社2009年版，第139页。

③ 1952年1月2日，香港《自由人》发表牟宗三《一个真正的自由人》，批评乃师金岳霖的分析哲学陷入"纯技术观点"，把"心"分析掉，结果在外在的压力之下，自由人的立场都不保（指他在大陆思想改造运动中的自我思想清算）；进而直指知识分子迷信西方学术应当为"大陆失败"负责。这篇文章着力表达的，是新儒家心性为本、老内圣开新外王的思想主张，自然引起自由主义者殷海光的反感。为了大家对大陆失败的原因和国家今后的去向有一个"真是真非"，他当即在《自由中国》发表《我所认识之"真正的自由人"》，对此提出反批评。文章认为，牟文背后隐藏的心情，"一语道破，就是对于西方文化的仇视"，这种心情出于恋乡情切，但无补事实。他根据汤因比的冲击—反应说，判定牟宗三的中体西用道路是走不通的。要延续中国文化，必须放手，大胆地让中国文化在世界文化大流中起一个大的形变。"死过了的耶稣复活过来，得到了新的力量，使基督教更能发生影响。"见梅蕴理（殷海光）：《我所认识之"真正的自由人"》，《自由中国》第6卷第2期（1952年1月16日）。

④ 殷海光：《自由日谈真自由》，《自由中国》第10卷第3期（1954年2月1日）。

论》为题，同时刊出。徐复观的信表示："我一样认为仅靠道德不能解决政治问题；道德的自由，不能代替政治的人权自由。并承认实现政治上的自由，为实现其他自由的基本条件。但我不觉得道德一定要和政治隔离，道德自由一定要和政治自由隔离。"显然徐复观认为民主政治需要道德基础。殷海光代笔的文字则称"民主政治并不蕴涵反道德。恰恰相反，它可能为道德之实现创造一可能之环境"；"吾人说在政治层次中不谈'意志自由'一类之自由，只意指在政治层面中'不谈'而已。'不谈'并不等于'否定'。吾人之所以不谈，盖因该种自由系属道德范畴以内者；而诸人权始属政治范畴。……民主政治之本格的目标，并非使人人成圣成贤，而系使人人享有诸基本人权。"① 很清楚，殷海光不反对道德，但反对将道德问题延伸到政治领域。

后一次论战主要围绕传统要不要抛弃而展开。殷海光总疑心专制时代的文化是时下专制之治的土壤，因此认定提倡中国传统文化就是"极权主义帮凶"。②1957年"五四"纪念日前夕，殷海光以社论形式发表《重整"五四"精神》，称誉"五四"的文化启蒙意义，感叹时下"这个日子居然成了不祥的记号"，断言"这是开倒车复古主义与现实权力二者互相导演之结果。复古主义者在情绪上厌恶'五四'。他们摆出卫道的神气来制造'五四'的罪状。这符合现实权力的需要。复古主义者又想藉现实权力以行其'道'。二者相遇，如鱼得水，合力摧毁'五四'的根苗。于是'五四'的劫难造成。五四运动成了二者的箭靶"。殷海光认为，"五四"提倡科学与民主，而科学要求的尚怀疑和重实证与复古主义者神圣的道统思想难以调和，民主的社会氛围则与崇尚权威的现实权力更势不两立。"依据向量解析，复古主义和现实权力二者的方向相同，互相导演，互为表里，彼此构煽，因而二者所作用于五四运动的压力合而为一。"

殷海光在这篇文章中用了两个"互为表里"，一个是现实权力与复古主义的"互为表里"，一个是"五四"倡导的民主与科学的互为表里，呼吁明智的知识分子从互为表里的现实权力和复古主义共同打击下救出互为表里的民主与科学，以"重整五四精神"。③

这篇社论关于复古主义与现实权力"互相导演，互为表里，彼此构煽"

---

① 雷震、殷海光、张佛泉、徐复观：《自由的讨论》，《民主评论》第 5 卷第 6 期（1954 年 3 月 20 日）。

② 徐复观：《如何复活"切中时弊的讨论精神"》，《民主评论》第 6 卷第 9 期（1955 年 5 月 5 日）。

③ 社论：《重整"五四"精神》，《自由中国》第 16 卷第 9 期（1957 年 5 月 1 日）。

的说法，显然激怒了徐复观，于是在《民主评论》上，化名"李实"发表《历史文化与自由民主——对于辱骂我们者的答复》，按语中直指《重整五四精神》的作者是"文化暴徒"，斥责"政治暴徒，是自由民主的大敌；我们有什么根据相信文化暴徒能够成为自由民主的友人？"

《答复》从三个方面分别论证了历史文化是应该研究的；研究历史文化不等于主张复古；研究历史文化更不等于为现实权力帮凶。徐复观怒斥："《自由中国》半月刊自出刊以来，对于中国的历史文化及对于历史文化的研究者，只有不断的叫嚣，辱骂，戴帽子，放冷箭等等的恶毒而下流的词汇"，愤然指出"世界上只要是精神正常的人士，对于不分青红皂白来践踏自己整个民族文化的自虐狂者，莫有不冷齿的"，质问"现实政权提倡历史文化，……他们对于历史文化，只是口头上讲讲，决没有存心要把历史文化中好的东西拿来实行"，他们的是非得失"何以能偏由中国的历史文化来负责？"文章最后，重申对于"五四"的态度是："五四应当尊重，也应当批评。尊重五四，并非把它当作一个偶像以为树立门户之资。批评它也并非等于否定科学民主。科学民主，不是任何人的专利品，也不是五四的专利品。"①

殷海光以"五四的儿子"自任，主张以科学理性作为民主政治的基石，认为民主政治是讲理的政治，思想自由要有自由思想的能力。② 在他看来，最严格的"理"和最靠得住的思想能力，唯有对逻辑和经验的把握，除此之外的任何知识，都是扯谈，不能作为判断是非对错的标准，也不能作为民主政治的基础。包括中国传统儒学在内的东方历史文化就属于靠不住之列，因为它缺乏清晰的思想系统和方法系统，不便于"讲理"和"自由思想"。所以，他"深恶历史主义，痛恨一些人夸张'历史文化'"，"一想到东方人那种混沌头脑和语言"，他立即怒火中烧，因为这些"鬼话"都是"无意义的语言"③，最容易引起"思想之走私"④。所谓思想走私，指统治者利用传统儒学字句以巩固权

① 李实：《历史文化与自由民主——对于辱骂我们者的答复》，《民主评论》第8卷第10期（1957年5月15日）。

② 殷海光：《思想自由与自由思想》，《自由中国》第1卷第1期（1949年11月20日）。

③ 殷海光著，张斌峰、何卓恩编：《致王道》，《殷海光文集》第一卷，湖北人民出版社2009年版，第53页。

④ 殷海光著，林正弘编：《新实证论的基本概念》，《殷海光全集》第17卷，台湾桂冠图书公司1990年版，第379页。

势。在殷海光那里，传统儒学，不仅无助于自由民主，相反有害于自由民主的落实。这其实正是五四"打倒孔家店"的观念。鉴于当时的台湾"道学余毒未尽，回光返照，火药气与酸腐气结合，在那里共同作用，毒害生灵，施展权势"①，殷海光感到这是对"五四"精神的反动。

徐复观也认同自由主义，支持民主宪政，而且与殷海光在鼓吹自由民主上互有援助。1953 年殷海光读到徐复观《中国的治道：读陆宣公传集书后》，殷海光立即写了文评《治乱的关键——"中国的治道"读后》，推崇其为"不平凡的人之不平凡的作品"。②1956 年殷海光执笔的《教育部长张其昀的民主观——君主的民主》社论文章引发国民党连串攻击，徐复观也撰文《为什么要反对自由主义?》为自由主义辩护。③ 但徐复观"不愿以自由主义者为满足"。④他在肯定民主自由的坦途之同时，又特别指出，民主自由在中国生根需要中国历史文化的滋养。

在论述中国民主选择时，徐复观不用"取代"，而用"接通"，将中国圣贤的民本理想与现代自由民主的政治原则"接通"起来。他说儒家思想是凝成中国历史文化的主流，它既属伦理思想，亦属政治思想。其政治思想的构造，可以归纳为德治主义，民本主义和礼治主义。"德治系基于人性的尊重，民本与民主，相去只隔一间，而礼治的礼，乃'制定法'的根据，制定法的规范。此三者，皆以深入民主主义的堂奥"，所以需要把这种中国原有的民本精神"重新显豁疏导出来"，使这部分精神来支持民主政治，同时吸收西方的权利观念，将人民的主体性确立起来，致儒家思想与民主政体，内在地融合为一，既为往圣继绝学，又为万世开太平。徐复观认为，德治主义、民本主义和礼治主义，在价值上比之西方近代的民主政治所预设的价值要精纯得多，可以补正西方自由主义主要依赖外在权力和法律而"维系不牢"的缺陷，为世界文

---

① 殷海光著，张斌峰、何卓恩编：《旅人随记》，《殷海光文集》第四卷，湖北人民出版社 2009 年版，第 139 页。

② 徐复观：《中国的治道：读陆宣公传集书后》，《民主评论》第 4 卷第 9 期（1953 年 5 月 1 日）；殷海光：《治乱的关键——"中国的治道"读后》，《自由中国》第 8 卷第 12 期（1953 年 6 月 16 日）。

③ 社论：《教育部长张其昀的民主观——君主的民主》，《自由中国》第 15 卷第 7 期（1956 年 10 月 5 日）；徐复观：《为什么要反对自由主义?》，《民主评论》第 7 卷第 21 期（1956 年 11 月 1 日）。

④ 徐复观：《三十年来中国的文化思想问题》，《祖国周刊》第 14 卷第 11 期（1956 年 6 月 11 日）。

明作出贡献。他认为"民主政治，今后只有进一步接受儒家的思想，民主政治才能生稳根，才能发挥其最高的价值"。不能因为儒家学说是中国古代的思想，就否定它的现代价值。因为任何有价值的思想，都既有其特定的时代性，又有其通过其特殊性所显现的普遍性。"特殊性是变的，特殊性后面所倚靠的普遍性的真理，则是常而不变。"他批评"五四"的新文化人物蔑视历史，厌恶传统，不承认在历史转变之流的后面有不变的常道。而割断与文化传统联系的结果，自由民主的文化得不到深厚文化资源的滋养，民主自由自然不能在中国生根发芽。①

他们都非常了解彼此的文化观点，对彼此的文风也非常熟悉，所以尽管这次最激烈的论战文字双方都没有署真名，他们也都心知肚明。这次硬碰硬之后，徐复观与殷海光的私人之交也难以为继。直到殷海光晚年在病中反省自己的思想，情绪日渐稳健，才有机会峰回路转。

三、徐复观与钱穆的冲突

在对待传统文化的基本态度上，钱穆与徐复观堪称同道。钱穆之学主治国史，其与《自由中国》的"决裂"较徐复观更早，1951 年 10 月之后不再有文章载于其中。而在《民主评论》，他则相当投入，刊物一度因经费困难准备停办，徐复观准备移居日本，钱穆致函鼓动其勉力维持，并为之出谋划策。② 写稿更堪称主力，从 1949 年到 1957 年，每年都为其撰写多篇文章（共46 篇），发稿密度仅略逊于徐复观本人（68 篇），而与唐君毅（52 篇）、牟宗三（31 篇）难分轩轾，明显多于胡秋原（17 篇）。按照徐复观的说法，《民主评论》最核心的、最能代表刊物性质的文章，除他自己的"在学术与政治之间"的文字外，是唐君毅、牟宗三、钱穆、胡秋原诸人所作的阐述文化的文章，"唐君毅先生以深纯之笔，开始了中国人文精神的发掘。牟宗三先生则质朴坚实地发挥道德的理想主义。……钱宾四先生的文章，走的是比较清灵的一路，因他的大名，吸引了不少读者。胡秋原先生用'尤治平'的笔名，发表了很有分量的《中国的悲剧》。这都是在文化反省方面，所演出的重行头

---

① 徐复观：《儒家政治思想的构造及其转进》，《民主评论》第 3 卷第 1 期（1951 年 12 月 16 日）。

② 钱穆：《致徐复观》，《钱宾四先生全集》第 54 册，台湾联经出版社 1998 年版，第 315 页。

戏。"① 这几位"重行头戏"的作者，对于 1953 年后刊物转向"专谈文化的方向"和"以传统主义卫道"之路，意义更加不言而喻。

徐复观仰仗钱穆办刊，但对于钱穆的学术见解并非照单全收，他们之间也发生多次学术"商榷"和冲突。

1952 年 11 月钱穆在香港出版《中国历代政治得失》一书，判明代内阁大学士张居正为"违反国法"而"以相体自居"的权臣、奸臣。徐复观一则出于为乡贤辩诬，一则因钱穆"以制度为立论的根据"，实"含有在专制政治下的大悲剧问题"，遂作《明代内阁制度与张江陵（居正）的权、奸问题》进行商榷。徐复观提出，"法"依政治主权而存废和变动，民主政治主权在民立法改法必须依民意机关，法相对稳定；专制政治主权在君，法随君主意志而变动，不易有稳定性。就宰相之制来说，在大一统专制政治下，宰相为君主"在事实上既不可少，但在事势上又必须提放"的职位，为了两全，历史上常采用多设相位和名实分离的办法，所以无名有实的宰相史不鲜见，此系专制政治的本质使然。张居正"以相体自居"不仅事出有因（受命托孤）不得不然，而且于史有承，于法有据。这个法并非成文法而是习惯法，当时的政学两界，包括张居正政敌，均"并未否认他宰相的地位"；而张居正虽不得不"以宰相代理皇帝"，却皆在"敕制诏令"下进行，并无越界之事，"权臣、奸臣之论，恐怕太昧于史实了"。徐复观暗指钱穆混淆了民主政治之法与专制政治之"法"的本质区别，美化了传统政治的"政权开放"，把贵族入仕向平民入仕的"政权开放"当成了"主权开放"。② 这篇商榷文章已现两人之间的严重分歧，但他们一起共同拥护传统文化的重要性更大，故该文写好后只寄给钱穆，并没有发表，钱作跋语于后，强调"历史应就历史的客观讲"，③ 不能做更多针切时代的引申。这次争议未公开化，他们的合作仍密切开展，1954 年《民主评论》为钱穆 60 寿辰出版专号，徐复观作有《忧患之文化——寿钱宾四先生》以"慰万千在深忧巨患中之同胞与学人"。

1953 年 6 月，钱穆在台北出版《四书释义》，其中"论语要略"篇第五章《孔子的学说》中，以"好恶"对《论语》的"仁"作解释，说"仁者直

---

① 徐复观：《〈民主评论〉结束的话》，《民主评论》第 17 卷第 9 期（1966 年 9 月）。

② 徐复观：《明代内阁制度与张江陵（居正）的权、奸问题》，《民主评论》第 17 卷第 8 期（1966 年 8 月）。

③ 钱穆：《附跋》，《民主评论》第 17 卷第 8 期（1966 年 8 月）。

心由中，以真情示人，故能自有好恶。不仁者以有自私自利之心，故求悦人，则同流俗，合污世，而不能自有好恶"，"无好恶则其心麻痹而不仁矣"。仁者的好恶之情高于人我之见且贯穿于人我之间，能够"以我之好恶推知他人之亦同我有好恶"；不仁者则反之。这一见解与宋明以来以修己、立人极来解释仁的思想相距甚远，也与徐复观对儒家的理解不合。徐复观很长时间对此未作回应，但 1955 年作《儒家在修己与治人上的区别及其意义》时，不可避免地谈到儒家仁的含义，就以一小节对钱穆的"好恶"论提出检讨，指出好恶是基于自然欲望的性情，并非人类所独有，也不能决定行为的好坏，行为的好坏取决于好恶的内容（"好德"与"好货"、"好色"）和动机（"己之好恶"与"民之好恶"）。徐复观从四年前开始强调，儒家在道德上立下的标准，存在修己与治人的区别，在修己方面"总是将自然生命不断地向德性上提，决不在自然生命上立足，决不在自然生命的要求上安设人生的价值"，而在治人方面则"首先是安设在人民的自然生命的要求至上"。按照这个认识，钱穆显然将孔子的"仁"的意义局限到了自然生命要求的范围，"把儒家治人的标准，当做修己的标准来看了"。[①] 这篇"向钱先生恳切请教"的文稿也是迳寄钱穆，钱穆答以《心的性情与好恶》，于《民主评论》同时发表。

如果说仁的解释问题只属于儒学内部的争议，到了 1955 年 8 月钱穆在《民主评论》6 卷 16 期刊载《中庸新义》一文后，争议便扩大到重要儒家文献的属性上。钱穆文中有个重要观点，称《中庸》、《易传》系"汇通老、庄、孔、孟"，而论述中特别强调《庄子》是《中庸》的源头，孔孟反而与之无涉。这种将儒家经典道家化的看法引起以儒为宗的徐复观的严重不满，感觉此"关系于我国思想史者甚大"，在"至三至四"的函札往复之后，1956 年 1—2 月间徐复观作《〈中庸〉的地位问题——谨就正于钱宾四先生》，论述《中庸》属于儒家经典，思想源于《论语》，而下启《孟子》。他尤其指出，钱穆用《庄子》解读《中庸》，实质是"将人附属于自然上去说"，只承认"感情冲动的自然调节"，不承认人有理性、道德、善恶、人格高下等，主张"不远禽兽以为道"。这种主张作为钱穆个人的思想无可厚非，"但以此来加在古人身上，作思

---

① 徐复观：《儒家在修己与治人上的区别及其意义》，《民主评论》第 6 卷第 12 期（1955 年 6月 16 日）。

想史的说明，则几无一而不引起混乱"。① 这一批评钱穆同样作出了回应。②

与此相联系，学术冲突还延续到道家老庄先后问题。《民主评论》8 卷 9 期发表钱穆《老子书晚出补证》，该文旋收入氏著《庄老通辨》一书，在本书《自序》（《民主评论》8 卷 17 期亦刊出）中复坚称"先秦道家，当始于庄周"，并述及思想史的原则和方法，引起徐复观进一步的"就正"，1957 年发表长文《有关思想史的若干问题——读钱宾四先生〈老子书晚出补证〉及〈庄老通辨自序〉书后》，连载于他们共同的另一园地《人生》杂志。徐复观一方面用"以考据对考据"的方法，对庄前老后说和《易传》、《大学》、《中庸》出于庄老的意见加以"不甚客气"的批评，以维护儒家作为中国文化精神中心的地位；另一方面针对钱穆提出的思想史研究方法，慎重提出补正。补正的要害，在于强调考据之学不可取代义理之学，义理之学是考据之学之后思想史工作的重心。这里实际上揭示出徐复观与钱穆两位思想史家冲突的根源：钱穆偏于史学家，着眼于有形之"事"；徐复观偏于理学家，着眼于形后之"义"。在徐复观看来，钱穆基于"新字"、"新语"的新考据法而形成的诸如儒道思想的一些结论，是因为缺少"深求其意以解其文"的功夫，这些结论的效果，"千百年后所不敢知，当前则是很难取信的"。③

这篇以考据对考据和以方法对方法的文章发表后，钱穆没有再作回应，钱穆与徐复观的关系急速降温，甚至发展到"咬牙切齿"的程度。1958 年唐、牟、徐三位与张君劢联合发表后来被称作"新儒家宣言"的《为中国文化敬告世界人士宣言》，事先徐复观、张君劢等人致函钱穆希望加入签名，被断然拒绝。④1961 年 6 月《中国一周》刊出张其昀与钱穆在就《民主评论》与新亚书院之间的经费事务的通信，隐然指责《民主评论》侵吞台湾教育当局对新亚书院的支持经费，徐复观愤而"公开一部分的真相"。他在《自立晚报》连载一

---

① 徐复观：《〈中庸〉的地位问题——谨就正于钱宾四先生》，《民主评论》第 7 卷第 5 期（1956 年 3 月 1 日）。

② 参见钱穆：《关于中庸新义之再申辩——谨答徐复观先生》，《民主评论》第 7 卷第 6 期（1956 年 3 月 16 日）。

③ 徐复观：《有关思想史的若干问题——读钱宾四先生〈老子书晚出补证〉及〈庄老通辨自序〉书后》，《人生》第 169—170 期（1957 年 11 月 16 日、12 月 2 日）。

④ 参见钱穆：《致徐复观》（1957 年 8 月 1 日），《钱宾四先生全集》第 54 册，台湾联经出版公司 1998 年版，第 365 页；钱穆：《复张君劢论儒家哲学复兴方案书》，《再生》第 1 卷第 22 期（1958 年 7 月）。

篇长篇回忆文章，不仅断然表示以当时情形根本不可能有《民主评论》有代转教育部经费之事，而且借机公开表达了对钱穆的不满。他谈到自己曾因开罪张其昀，被张其昀以教育部长身份施压东海大学要求解聘，"在这种情形之下，钱先生面都不愿意和我见；写到台北欢迎他的信，也忙得无法回；《民主评论》求钱先生一篇文章而不可得；请他当编委会的召集人，连理都不理"。徐复观分析，"钱先生对我的咬牙切齿，是因为我批评了他对中国文化的几种基本看法"，讥钱穆是一个口说维护中国文化，实际上是歪曲中国文化的"大亨"，而自己之所以竟敢批评这位学术权威，纯粹是因为相信"政治与学术，乃天下公器；只要根据事实，任何人都可以批评"。他对于学术批评，立下三条戒律："学术上无足轻重的问题，我不会批评"；"出于无心的错误，我可以私人商量讨论，也不会写文章去批评"；"本来可以作若干不同解释或说法的，乃至为一般人所能了解的错误，我也不批评"。① 他对钱穆公开提出批评的，在他看来都是对于中国文化至关重要而带有原则性、误导性的问题。

尽管钱穆不再回应，两人实际上也不再往来，但徐复观出于对"天下公器"之责任，并没有停止发表对钱穆的批评。徐复观此后的批评涉及一个更重要的层面：对于中国政治之路的选择。1966 年江陵在台人士主办乡谊活动，徐复观为表示支持之意，将旧作《明代内阁制度与张江陵（居正）的权、奸问题》一文加以整理，连同钱穆的跋语同时发表于《民主评论》17 卷 8 期。此文已经触及的是钱穆的政治见解，而最严重的一次批评，是 1978 年发表《良知的迷惘——钱穆先生的史学》，直接对钱穆的政治意识展开严厉抨击。

钱穆关于中国传统政治属于"平民政治"、"士人政治"、"民主政治"的说法由来已久，徐复观原本坚持，此类认识虽然错误，但一般人能够了解，就用不着他来批评。不过，1978 年 11 月钱穆从台湾到香港讲学，徐复观从《明报月刊》刊出的《钱穆伉俪访问记》，了解他又发表了关于秦以后的中国政治不属于专制政治的见解，觉得"这是他一贯的见解，但此时此地，他又加强地重复出来，使我的良知感到万分迷惘"。徐复观认为此时钱穆"依然发表假史学之名，以期达到维护专制之实的言论"，对在生死边缘挣扎的十亿人民的自由民主呼声，犹如"泼上一盆冷水"。迷惘的虽说是徐复观自己（大概是在批评

---

① 徐复观：《三千美金的风波——为〈民主评论〉事答复张其昀、钱穆先生》，《自立晚报》1962 年 4 月 23—25 日。

或不批评之间迷惘），但他克服迷惘而写成的文章，却以"良知的迷惘——钱穆先生的史学"为题，使读者很容易理解为钱穆史学陷入了良知的迷惘。

徐复观首先表明，"钱先生的史学著作，是不宜做一般读者之用的"，"他对史料，很少由分析性的关键性的把握，以追求历史中的因果关系，解释历史现象的所以然；而常作直感地、片段的、望文生义的判定，更附益以略不相干的新名词，济之以流畅清新的文笔，这是很容易给后学以误导的"。接着对钱穆政治意识的几个主要观点进行反驳。关于平民政府的说法，徐复观说，"他认为由平民出身取得政权的便是平民政府，等于说本是由摆地摊而后来发大财的人，只能算是地摊之家，而不可称为富豪之家，是同样的可笑。"按照这一逻辑，以农工联盟的政府自居的，则陷人民于奴隶地位而不必为耻。而所谓帝王的"爱民观念"，徐复观认为，史家更应该考察的是"通过何种政治机构去实行"，而不是"爱民"的词句，不然何以何来"以为天下利害之权皆出于我"、"敲剥天下之骨髓，离散天下之子女，以奉我一人之淫乐，视为当然"的专制之君？以词句代实际制度，则一个"一切为人民"的口号，就足以掩盖现代独裁者的罪恶。他说，钱穆所说的"士人政府"也是不可靠的"浓雾"，既不能解释何以地位越高、与皇帝越近，命运越困扰、艰难，也不能解释何以屡屡发生宦官外戚专权。

徐复观直言，钱穆史学最反对的是把秦始皇以后的政治称为专制政治，其实中国历史上没有将"专制"一词用于帝王，不等于说中国没有帝王专制之实际。"钱先生把历史中成千上万的残酷的帝王专制的实例置之不顾，特举出不三不四的事例来，以证明汉代不是专制，这不是做学问的态度"。汉代政治和思想，是徐复观和钱穆都用过功的领域，徐复观用具体的事实来反驳钱穆的举证，揭示出这些"不三不四的事例"根本似是而非。文章最后说："我和钱先生有相同之处，都是要把历史中好的一面发掘出来。但钱先生所发掘的是二千年的专制不是专制，因而我们应当安住于历史传统政制之中，不必妄想什么民主。而我所发掘的却是以各种方式反抗专制，缓和专制，在专制中注入若干开明因素，在专制下如何多保持一线民族生机的圣贤之心，隐逸之节，伟大史学家文学家面对人民的呜咽呻吟，及志士仁人忠臣义士，在专制中所流的血与泪。因而认为在专制下的血河泪海，不激荡出民主自由来，便永不会停止。"① 这里，

————————

① 徐复观：《良知的迷惘——钱穆之史学》，《华侨日报》1978 年 12 月 16—20 日。

徐复观对于同样"要把历史中好的一面发掘出来"的钱穆之抨击,其严厉实不亚于对待反传统的殷海光。

四、"新儒家"之"儒"与"新"

徐复观与殷海光、钱穆的冲突,只是徐复观所经历众多思想和学术冲突的一部分,却是最有代表性的两个案例,其他争论和冲突大多在这两个案例所涉及的范围之内。如他与毛子水就考据与义理所做的讨论,是他与钱穆论争的先声;[①] 他与李敖就文化传统问题所展开的旷日持久的论战,[②] 仍是他与殷海光冲突的思想延续。论争常常呈现一个人物的主要思想特征。本文所列举的这两个案例,揭示出徐复观思想的几个本质特征:

1. 肯定中国传统历史文化的价值;

2. 强调基于考据的义理之学,突出儒家精神性格的延续;

3. 主张建立自由民主的制度以落实儒家的精神。

在与殷海光的冲突中,展现出徐复观反对打倒中国历史传统的一面;在与钱穆的冲突中,则展现出的是他对"义理之学"的学术路径和儒家精神的中心地位的坚持,以及对自由民主的政治道路的选择。换言之,在第一个特征上,他与钱穆是一致的;在第三个特征上,他与殷海光站在一起;而第二个特征,基于考据的义理之学的治学路径与殷海光不矛盾,[③] 不同的是殷海光主张在科学理性文化上落实。

这三个特征实际上不仅仅是徐复观个人的思想特征,同辈牟宗三、唐君毅,前辈梁漱溟、张君劢、熊十力、冯友兰、贺麟的思想也都呈现出这些特征。他们与胡适为代表的西化自由主义者辞旧迎新甚至革故鼎新的意见长期对

---

① 徐复观自言:"又自去岁十二月迄今,与毛子水先生有关于义理与考据的商讨,钱先生《自序》分明受了此一商讨的影响,而其基本观点,与毛先生大约相同。"[徐复观:《有关思想是问题》导语,《人生》第169期(1957年11月16日)]

② 1962年前后李敖在自己主编的《文星》杂志发表《老年人和棒子》、《播种者胡适》、《给谈中西文化的人看看病》,激烈抨击传统文化,掀起新一轮中西文化论战。徐复观作为传统派参战人物,与李敖之间由论战发展到司法战,持续数年。

③ 殷海光反对"朴学式的弊病"和"理学式的弊病",认为"朴学式的弊病,病在琐碎;理学式的弊病,病在空疏。"主张以科学的方法论(即他平时所说的逻辑与经验的结合),揭示知识和思想。参见殷海光译:《怎样研究苏俄》"译注者引言",台湾桂冠图书公司1990年版。

立，而或主张推陈出新，或主张返本开新，或主张固本纳新，基本都是要求发扬中国历史文化传统，以儒家精神为主体，接受民主、科学的现代文化和制度。也因此，这批学人被称作"现代新儒家"——他们认同于"儒"而趋向于"新"。

"新儒家"一直是一个充满争议的概念。余英时教授曾列举出三种定义：第一种指现代中国对儒学不存偏见，并认真加以研究者；第二种指在哲学上对儒学有新的阐释和发展的人；第三种特指在海外具有广泛影响力的熊十力学派中人。① 大陆学者也下过不少定义，如方克立教授就提出新儒家是五四新文化运动以后出现的弘扬儒家学术、尊奉宋明心性理路同时迎接西方新潮的一种学术流派。② 实际上这些定义都不一定准确地揭示了新儒家的本质属性，反而徐复观的几场笔战所凸显的三大要素，将包括前辈、同辈、后辈致力于且"儒"且"新"的学人们的共同特质揭示出来。对儒学不存偏见并认真加以研究者不一定是新儒家，钱穆、胡秋原、方东美、余英时等都可以说对儒学不存偏见并认真进行了研究，但他们并不归宗为儒家，而是将儒家放在包含道家、佛家乃至西家并列对等的地位。在哲学上对儒学有新的阐释和发展的人，假如他们的阐释并不体现对现代价值的认同，也很难说是新儒家；而阐扬发展儒学且认同现代价值的，又不限于哲学上，徐复观就是从史学入手加以阐释的。熊十力学派中人固然归入新儒家没有问题，但不在这个门派之内却同样具有新儒家特质的学人以往有，未来也会更多。新儒家也未必一定要尊奉宋明心性儒学。

以此来观察当前兴起的"大陆新儒学"，也会有一些启示。"大陆新儒学"近十年来横空出世，队伍越来越壮，著书立说越来越多，引起的争议也越来越大。一些标举"大陆新儒家"的人士提出要在文化上"驱逐鞑虏，恢复中华"，重建儒教；政治上"复古更化"实现"王道仁政"，拒斥民主政治。2014 年 9 月余英时在香港中文大学新亚书院 65 周年纪念会上的答听众问，提出"真正的儒家最初都是对西方现代的普世价值表示很高度的尊重的"，是追求"怎样和西方的人权、民主、自由结合起来"的。2015 年 1 月，澎湃新闻刊发了对

---

① 参见余英时：《钱穆与新儒家》，《现代儒学论》，上海人民出版社 1998 年版。

② 参见方克立：《关于现代新儒家研究的几个问题》，《现代新儒学与中国现代化》，天津人民出版社 1997 年版。

牟宗三的弟子、台湾"中央研究院"学者李明辉的访谈，李明辉指出大陆新儒学的政治路向"行不通"；最近牟宗三在台湾的另一位新儒家弟子林安梧接受澎湃新闻访谈，虽对大陆新儒家鼓励多于批评，但亦提示"儒学应该要从事的是社会统序的建立"，"最低限度回避碰到政治和权力"。大陆新儒家何去何从？除了当下来自方方面面的意见，从徐复观与殷海光、钱穆冲突中，也许也可以获得一些思考的资源。

（作者简介：何卓恩　华中师范大学中国近代史研究所）

作为横跨中外和通达古今之中介的诠释学

——关于中国传统哲学现代转型的反思

洪汉鼎

自近代清末民初以来，中国传统哲学需要一个现代转型，似乎是一个公认的事实。但 20 世纪 90 年代以来似乎对此观点提出了疑义，这种疑义是从所谓中国哲学理论的"失语"状态引起的。按照这种疑义，由于近代以来借用西方话语来进行所谓中国传统哲学的现代化，中国学者在国际对话中发不出自己的声音，因而在中国哲学的语言表达、沟通和解读上长期处于"失语"状态。这种疑义通过赛义德所谓东方学而提高到更尖锐的程度，认为这种失语乃是中国学人的一种"自我阉割"。西方对东方思想的支配和控制，西方对东方的文化霸权，很大程度是通过东方学者对自己文化的"再现"来实现，东方学者通过西方叙述框架和概念系统来再现自己的历史，来对自己的传统进行所谓"现代阐释"和"现代转换"，其实乃是一种对自己传统文化的"自我阉割"。

这里涉及中国的文论和哲学的现代转型，也就是所谓现代化或世界化的问题。按照某些人的看法，这种"现代阐释"并不就是中国传统哲学的现代化和世界化的必经之路。从 20 世纪初胡适整理国故开始而经历的一个所谓现代转型过程，其结果只是失语或自我阉割，因为这种现代化其实就是西方化，世界化就是西方化，认为只要是西方的，就是世界的，现代的，"西方即现代"，"西方即世界"，这其实是西方文化霸权所产生出来的一种殖民话语。相反，按照他们的看法，要实现中国传统哲学的现代化和世界化，一定要走另一条道路，就是"越是民族的，就越是世界的"，因此要摆脱一切西方的语言和概念叙述系统，回归我们民族原本的语言和概念，回归原点，走自己过去二千年的道路。

另外，近年来，关于古典性与现代性的关系也进入了中国学人考虑的视域，特别是随着莱奥·施特劳斯关于古今之争观点的推介引起中国学人很大的兴趣。① 针对有些学者强调现代学问高于古典式学问的看法，有些中国学者甚至认为"古典式学问不仅比现代学问高贵，而且比现代式学问高明"，更有些学者甚至认为，对古典著作进行解释以符合现代观点这一做法，乃是"先天性地认定现代社会是好的"，从而导致对现代社会"没有一种具有相当深度的批判力"。这里显然将古典性与现代性对立起来，主张一种没有现代性干扰的古典性。如果把这种观点用于我们的经典解释，那么出现的问题就是：古代的经典是否需要现代的阐明呢？

这里的问题实际上就是西方与东方和古代与现代的关系问题。当代诠释学的宇宙实际上就包含这两个主题，它既横跨中西，又通达古今，诠释学就是中西方和古今代之间的桥梁或中介。因此我们可以从诠释学角度来来探讨这两种关系。

一、中外关系

首先，我们从近代学术历史上看，中西方是否真可分开，早在民国时期，王国维和陈寅恪就认为这两者乃是统一不可分的。王国维说："余非谓西洋哲学之必胜于中国，然吾国古书大率繁散而无纪，残缺而不完，虽有真理，不易寻绎，以视西洋哲学之系统灿然，步伐严整者，其形式上之孰优孰劣，固自不可掩也。"此说已开中国哲学研究必须借鉴西方哲学之"形式系统"的先河。王国维说："欲通中国哲学，又非通西洋之哲学不易明也……异日昌大吾国固有之哲学者，必在深通西洋哲学之人，无疑也。"② 又说："欲完全知此土之哲学，势不可不研究彼土之哲学。异日发明光大我国之学术者，必在兼通世界学术之人，而不在一孔之陋儒，固可决也。"③ 陈寅恪也说："其真能于思想上自

① 按照有些中国学人的看法，施特劳斯的古今之争，尤其是其对柏拉图政治哲学的诠释，乃是一种与近代西方启蒙运动的决裂，试图召唤古希腊的政治亡灵。施特劳斯的自由主义不是近代启蒙运动的自由主义，即那种价值中立的自由主义，而是有善和绝对真理的自由主义。如果说近代启蒙运动是攻击正义和虔诚的苏格拉底（亚里士多德的苏格拉底），那么施特劳斯则是维护正义和虔诚的苏格拉底（柏拉图的苏格拉底）。
② 姚淦铭、王燕编：《王国维文集》第3卷，中国文史出版社1997年版，第5页。
③ 王国维：《奏定经学科大学文学科大学章程书后》，《王国维遗书》第3卷，上海古籍书店1983年版，第647页。

成系统、有所创获者，必须一方面吸收输入外来之学说，一方面不忘本来民族之地位，此二种相反而适相成之态度，乃道教的真精神，新儒家之旧途径，而二千年吾民族与他民族思想接触史之所昭示者也。"

如果我们回顾中国经学史或儒学史，我们就可看到中国儒学在两千多年的发展中也是经历了各种外来思想而进行现代化转型的，如汉代的神学化（与秦国强调力治以反对儒家德治，走一条霸道路线相对立，汉提出"罢黜百家，独尊儒术"，董仲舒为了强化儒学，进行神学化，天命观念，诚讳，造神，造教），魏晋玄学化（为了抵制两汉阴阳灾异，诚纬造神烦琐注疏，魏晋何晏，王弼倡导弃繁就简的玄学，提倡老庄"无为"思想），宋明理学化（为抵制魏晋空虚抽象化，又与汉代经学训诂不同，宋明接受佛学影响，求义理解释，倡导微言大义，理气心性），清代朴学化（为抵制宋儒义理空疏，乾嘉学派标榜"实事求是"，考据，主张"六经皆史"）以及民国的西学化（胡适的实用主义和冯友兰的新实在论）。特别要指出的，中国儒学史上有两次大的受外来文化的影响：一是公元 1 世纪开始到 7、8 世纪的印度佛教文化的影响，这成为宋明理学产生的重要原因之一；二是 16 世纪开始至 19 世纪西方文化的传入，这成为现代中国哲学产生的动因。冯友兰先生曾经把这种接受外来文化以发展自身的方法比之为"下转语"，下转语并不是简单否定自身原来的语，而是比原来的语更进一步。禅宗说"百尺竿头，更进一步"，陆游诗"山重水复疑无路，柳暗花明又一村"。

在这里，我们特别要对所谓"国学"作出评注。尽管近年来"国学"一词在我国渐成显学，以至有《国学丛书》出版，有些大学还组建了国学院，北大还搞了"乾元国学"教课班，但按其字义，实有疑惑之处。"国学"一词始于晚清，近人王淄尘在《国学讲话》中说："庚子义和团一役以后，西洋势力益膨胀于中国，士人之研究西学者亦日益多，翻译西书者亦日益多，而哲学、伦理、政治诸说，皆异于旧有之学术，于是概称此种书籍曰'新学'，而称固有之学术曰'旧学'矣。另一方面，不屑以旧学之名称我固有之学术，于是有发行杂志，名之曰《国粹学报》，以与西来之学术相抗。'国粹'之名随之而起。继则有识之士，以为中国固有之学术，未必尽为精粹也，于是将'保存国粹'之称，改为'整理国故'，研究此项学术者称为'国故学'"，而"国故学"，以后又渐演化成"国学"。显然，"国学"一词乃是中国在近代民族主义兴起之后的产物，它与当时所谓"国货"、"国烟"、"国医"、"国乐"一样，是为了对抗外国入侵的洋货、洋烟、洋医、洋乐，因此"国学"一词饱含着对西学东渐的焦虑，甚至可说是对西学的反动。另外，如果我们从语言学认真思考"国学"一词，那么这一词确颇有疑义，正如钱穆在其《国学概论》中所说："学术本无国界。'国学'一名，前既无承，将来亦恐不立。特为一时代的名词。其范围所及，何者就列为国学，何者则否，实难判别。"为什么呢？"国学"可以说任何一个国家都可以用，德国学者也可以用"国学"来称呼他们国家的学术，美国学者也可以用来称呼他们自己的学术。"国学"应当是一个普遍通用概念，正如我们说"国家"一样。但如果我们按照国人使用此词的意思，"国学"应由 Sinology（"中国学"或"汉学"）来替代，正如德国没有国学，而有"Germanastik"，不过，这些主要是关于语言的，即语言学、语言文学、语言文化，而不是一般学术理论，更不是哲学。当然，现时代有些人强调国学是想复兴伟大的中国传统学说，不过"国学"听起来仍像是历史的回声，要使它展现新的活的生命力，还需进行现代化。

这里我们可以再作一些诠释学理论思考。黑格尔曾经说，哲学是在思想中把握它的时代。关于中西方关系，我们应当注意两个不同的时代，即 19 世纪末 20 世纪初和 20 世纪末 21 世纪初这两个时代。19 世纪末 20 世纪初的中学与西学之争，实际产生于我国政治转型时期的先进学术与落后学术的境遇。这是和中国封建王朝闭关自守、锁国愚民政策分不开的。直到鸦片战争后，鉴于帝国主义贪得无厌的侵略和中国封建社会的腐败无能，一些先进人物才感到需要向西方资本主义先进国家学习科学技术和新文化，发愤图强，借以挽救国家民族的危亡。邵作舟曾经描述当时人们求习西方的情形说："道光、咸丰以来，中国再败于泰西，使节四出，交聘于外。士大夫之好时务者，观其号令约束之明，百工杂艺之巧，水陆武备之精，贸易转输之盛，反顾报然，自以为贫且弱也。于是西学大兴，人人争言其书。习其法，欲用以变俗。"（《纲记》，《邵氏危言》卷上）这点中国人民大学的聂敏里先生也清楚地指出了，他曾以 19 世纪末 20 世纪初中西方思想比较为例说明这种关系，他说："西方的现代开始于 14、15 世纪的意大利的文艺复兴，但中国的现代却开始于 20 世纪初。从 14、15 世纪起，一个现代化运动开始萌芽于意大利，然后渐次波及西欧、北美，接着又返回来影响了中欧、东欧，到 19 世纪中叶，这场现代化运动开始呈现出一种强劲扩张的态势。而这个时候的中国尚处于古代。这样，当 19 世纪下半叶，发轫于欧洲的这个人类的现代化运动越过辽阔的海洋而与尚处于古代社会的中国发生猛烈的碰撞的时候，一种思想文化的碰撞也就相应地发生了，而这同时也就是中西哲学、中西文化比较的开始。但不幸的是，与此同时，一个比较上的时间的错乱也就被铸成了。很显然，实际发生碰撞和比较的是人类的古代思想和人类的现代思想，但是，由于进行比较的双方都忽略了各自的时代属性，使得本来属于人类古今思想的差别就被误读成了中西思想的差别，而文化的地域性的差别被看成是这一比较中具有决定意义的因素。"① 其实，这种观点早在 20 世纪初就出现了，例如陈独秀 1915 年在《新青年》第 1 卷第 1 号上发表的《法兰西与近世文明》中就说，人类的文明分为古代与近代两个时期，而东方的印度和中国的这两种文明"虽无不相异之点，而大体相同，其质量举未能脱古代文明之窠臼"。继陈独秀之后，胡适在他《读梁漱溟先生的〈东西文化及其哲学〉》一文中，不同意梁先生所谓东西文化走的是不同的文化路向，而认为人类走的都是"生活本来之路"，因"环境有难易，问题有缓急，所以走的路有迟速的不同，到的时候有先后的不同"，胡适要人们相信，东西文化的差异是发展速度的差异，速度快的西方早已进入近代，而速度缓慢的中国和印度则还停留在古代。特别是有个叫常燕生的学者，1920 年他在《国民》第 2 卷第 3 号发表《东方文明与西方文明》中，根据他所谓东方文明与西方文明的特征差别得出结论说："一般所谓东洋文明和西洋文明之异点，实在就是古代文明和现代文明的特点"，并认为人们之所以会把这两种文明的差异说成是"东西之分"，一个重要的原因是，他们一方面"误以近代文明的特质当作西方文明的特点"，另一方面又"误以古代文明的特质当作东方文明的特点"。在这种情况下，有志的知识分子都把我国近代向西方学习的过程认为是落后向先进学习的过程，因而是古今问题，而不是中西问题。冯友兰先生在其《中国哲学史新编》里也说："在中国近代史中，所谓中西之分，实际上是古今之异。在中学为主，对西学进行格义，实际上是以古释今；以西学为主，对中学进行格义，实际上是以今释古。……现在普通人的思想都多少不等地近代了，以古释今对于他们毫无意义，只有以今释古才可以帮助他们了解古代，这才有意义"，并说"在中西文化接触的初期，严复能以今释古，开了一代的风气"。②

---

① 聂敏里：《古代性和现代性，还是中国与西方——对中西哲学比较的一个考察》，《中国人民大学学报》2010 年第 5 期。

② 冯友兰：《中国哲学史新编》第 6 册，人民出版社 1989 年版，第 155—156 页。

值得注意的是，就是在 19 世纪末晚清帝国的守旧派官僚张之洞看来，学习西方也不是一种错误，他主张中学为体，西学为用，两者不可偏废。他在其《劝学篇》中说："图救时者言新学，虑害道者守旧学，莫衷于一。旧者因噎而食废，新者歧多而羊亡。旧者不知通，新者不知本。不知通则无应敌制变之术，不知本则有非薄名教之心"，所以他主张"新旧兼学。四书五经、中国史事政书地图为旧学，西政、西艺、西史为新学。旧学为体，新学为用，不可偏废"。中国文化不是排斥任何外来文化的封闭的"尊贵"，而应当是不断吸收外来文化的开放的"权威"。

当然，我们这样说，也不否定各个民族的文化也有各个民族自身的特征。一般文化既有时代性，也有民族性。文化的时代性指该文化在社会发展某个特定历史阶段上的时代特征，它反映的是世界各民族在相同的时代或相同的社会发展阶段上的落后与先进的差别，而文化的民族性则指各个民族文化自身所具有的特征，特别是各自具有的不同传统。就文化的民族性，确实没有高下优劣之分，各都有其存在的价值和意义，但就文化的时代性来说，各个民族文化就有发展程度上的先进与落后的差别。如果我们用文化的这两种属性来分析近代中国传统文化的发展，那么从文化的时代性来看，五四时期讨论的中国传统文化在性质上属于古代，特别是封建时代的文化，而西方的近代文化则属于资本主义文化，它们是一古一今，但就文化的民族性来考察，中西文化体现的是两种不同民族的文化特征，彼此各有特色。这种观点特别在我们今天，也就是 20 世纪末 21 世纪初特别重要，我们现在不是处于救亡时期，而是国家强盛，经济繁荣，具有当代先进的科技，现代的中西方关系不再是落后与先进的关系，现在的中西方交流也不再是单向交流，而是一种双向的交流。我们学习西方更重要的是创立我们自己的学说理论。这时我们就不是西方化、西学化，而是国际化、世界化、先进化、普遍化。中国的哲学，顾名思义，就是有中国特色的世界哲学，正如我们所说的，有中国特色的社会主义，有中国特色的世界城市。这里主词是观念，是共相，而不是事物，殊相。作为观念应当以普遍的先进的内涵为主，而不是一种特殊的个别之物。

在学习西洋文化方面，我们不是光点头，也不是光反对，而是吸收、利用和超越西洋文化。真正理解西洋文化的，不是消减自己的民族文化，而是通过吸收和利用而超越和征服西洋文化，以形成自己更高的新的民族文化。在中西哲学关系上，我很赞同我的老师贺麟先生的观点，贺师既不主张全盘西化，又反对中体西用，而是提出"化西"的中国哲学，他说，正如宋明理学不是"佛化"的中国哲学，而是"化佛"的中国哲学，现今的中国哲学，也不能是"西化"的中国哲学，而只能是"化西"的中国哲学。王国维曾说："中西二学，盛则俱盛，衰则俱衰。"我还想三十年前（1985，2，12）在德国和 Lutz Geldsetzer 教授讨论未来世界哲学前景的一番谈话，中西方哲学发展的方向不是中西合璧，而应当是中西归一，而在达到这种归一之前，中西方哲学要保持差异和不同，因为只有差异和不同才是发展的动力。

二、古今关系

其次，我们再来考虑古代与现代的关系，这种关系通过当代哲学诠释学的阐述，已经提高到人类文化发展的本质形态。按照伽达默尔的哲学诠释学，古代经典的理解，正如古代的建筑物一样，需要过去与现在的综合，也就是一种"与现时生命的思维沟通"。伽达默尔在《真理与方法》中说："事实上，往日的大建筑纪念物在现代快节奏生活以及在现代设立的建筑群中的出现，提出了一种在石块上对过去和现在进行综合的任务。建筑艺术作品并不是静止地耸立于历史生活潮流的岸边，而是一同受历史生活潮流的冲击。即使富有历史感的时代试图恢复古老时代的建筑风貌，它们也不能使历史车轮倒转，而必须在过去和现在之间从自身方面造就一种新的更好的中介关系，甚至古代纪念物的修复者或保管者也总是其时代的艺术家。"①。我们讲过的古希腊、柏拉图已不是当时古希腊、柏拉图，而是我们此时的古希腊、柏拉图，我们对他们的思想情感已不是当时人们的思想情感。古典型或经典型就是一个很重要的例证，它不只是一个历史性的概念，而且更重要的还是一个规范性的概念。虽然历史主义的理想是要把过去的规范要求承服于历史理性的要求，然而经典型或古典型仍保持一种评价词汇，它包含一种对于以后不定的时代同样具有积极价值的力道。经典型或古典型的规范价值在于它是不断检验的真理的源泉，历史真理的源泉。伽达默尔利用了德语 Bewahrung（保存）与 Bewährung（证明）在构词方面的类似性，把两个根本不同的意思结合在一起。历史的存在就是在保存（Bewahrung）中而存在的存在。这种保存不只是贮藏，而是不断地置于检验

---

① 伽达默尔：《真理与方法》第 1 卷，德文版，第 161—162 页。

证明（Bewährung）之中，检验什么东西在证明自身中让某种真的东西进入存在。经典型或古典型的这种积极价值力道在于它是不断检验的真理的源泉和生命的源泉。历史研究最终的成功不是处于古典著作之后或从上面解释它们，因为在古典型里来到存在的真理先于历史研究，并通过研究和在研究过程中持续存在。古典型的历史学不仅是研究，因为它也是检验、证明和参与古典型东西的真理。所以经典型或古典型不是自在存在，它的真理并不自在持存，而只是通过这种历史的参与，即与历史学家的现在不断进行中介。为此理由，经典型或古典型东西对我们所说的不只是关于过去的陈述，而且也是告诉现代人的真理。经典型或古典型东西就是那种经过不同时代检验而保存其真理的东西。

这一观点其实中国哲学家也认识到，程颐在其文论辑录中说："圣人之语，因人而变化，语虽有潜近处，即却无包含不尽处。如樊迟于圣门，最是学之潜者。及其问仁，曰：'爱人。'问知，曰：'知人。'且看此语，有其包含不尽处。他人之语，语近则遗远，语远则不知近。唯圣人之言，则远近皆尽。"儒家的正典对于儒学哲学家不是超人的启示，而是每个人原则上都能明见到的圣人的见解。他们的解释并非先在其原初意义上阐释正典，而后在此意义中根据他们自己的明见来对它们作出肯定和吸收，而是相反，如果他们根据本己的经验和思考获得某种明见和真理，他们就会相信，源自伟大圣人和贤人的儒家正典就会在其中证实这种明见和真理。例如王阳明在 1508 年龙场悟道后，就试图通过保留在记忆中的《五经》论断来证明自己这种领悟，并发现这些论断与自己的领悟是一致的。王阳明非常强调"自得"，"得之于心"。在 1520 年的一封信中他说："夫学贵得之于心，求之于心而非也，虽其言之出于孔子，不敢以为是也"（《传习录》卷中《答罗整庵少宰书》）。阳明弟子王艮说："经所以载道，传所以释经。经既明，传不复用矣，道既明，经何必用哉？经传之间，印证吾心而已矣"（《王心斋全集》卷二，《语录》第一部分）。学习经典，无非是自己知识的印证。此种看法，张载也有，张载强调"心解"，即"求义自明不必字字相校，譬之目明者，万物纷错于前，不足为害，若目昏者，虽枯木朽株皆足为梗"，"滋养其明，明则求经义将自见矣"（理）。朱熹也称为"心印"，以心比心，以自己的心来体验圣贤心。正是"经典型或古典型"的这种无时间性的当下存在，体现了历史存在的一种普遍的本质，即历史存在是这样一种存在，它通过变化而形成自身，它不可避免地既是他者又是自身。对于世界各民族来说，这就各自形成了一个互有区别的漫长的精神传统，我们可以把这种精神传统称为民族文化特征或文化传统。

伽达默尔说:"这种关于古典型概念的解释,并不要求任何独立的意义,而是想唤起一个普遍的问题,这个问题就是:过去和现在的这种历史性的沟通,正如我们在古典型概念里所看到的,最终是否作为有效的基石成为一切历史行为的基础?当浪漫主义诠释学把人性的同质性取为它的理解理论的非历史性的基石,并因此把同质性的理解者从一切历史条件性中解放出来时,历史意识的自我批判最后却发展成不仅在事件过程中而且也同样在理解中去承认历史性运动。理解甚至根本不能被认为是一种主体性的行为,而要被认为是一种置自身于传承物事件中的行动,在这行动中,过去和现在不断地进行中介。"①

施莱尔马赫曾经用同质性(Kongenialität)和同时性(Simultaneität)来作为古典作品理解和解释的基础,认为古典作品的意义可以无须现代的参与而客观地发掘,只要理解者与古典作品的作者达到同质性,并返回到该作品原来的时代,则理解和解释就会成功。历史主义者也曾经提出我们必须舍弃我们自己现时的当代境域而置自身于过去传承物的时代,我们对传承物的理解才会正确。对于这些观点,伽达默尔反问道:"说我们应当学会把自己置入陌生的视域中,这是对历史理解艺术的正确而充分的描述吗?有这种意义上的封闭的视域吗?我们想起了尼采对历史主义的谴责,它毁坏了由神话所包围的视域,而文化只有在这种视域中才能得以生存,一个人自己现在的视域总是这样一种封闭的视域吗?具有如此封闭视域的历史处境可能被我们设想吗?"②

在伽达默尔看来,理解永远是陌生性与熟悉性的综合,过去与现在的综合,他者与自我的综合。他曾经这样讲到诠释学的一般特征:"即必须把一些远离我们的东西拉近,克服疏远性,在过去和现在之间建造一座桥梁。"③文本的意义既不可局限于原作者的意图或文本的原意,同时,文本也非一完全开放的系统任由理解者或解释者按其所需地任意诠释,也就是说,理解者或解释者并非仅从自身的视域出发去理解文本的意义而置文本自己的视域于不顾,反之,理解者或解释者也不只是为了复制与再现文本的原意而将自己的前见和视域舍弃。这种既包含理解者或解释者的前见和视域又与文本自身的视域相融合

---

① 伽达默尔:《真理与方法》第 1 卷,德文版,第 295 页。

② 伽达默尔:《真理与方法》第 1 卷,德文版,第 309 页。

③ 伽达默尔:《哲学解释学》,夏镇平等译,上海译文出版社 1994 年版,第 23 页。

的理解方式，伽达默尔称之为"视域融合"："其实，只要我们不断地检验我们的所有前见，那么，现在视域就是在不断形成的过程中被把握的。这种检验的一个重要部分就是与过去的接触（Begegnung，照面），以及对我们由之而来的那种传统的理解。所以，如果没有过去，现在视域就根本不能形成。正如没有一种我们误认为有的历史视域一样，也根本没有一种自为的现在视域。理解其实总是这样一些被误认为是独自存在的视域的融合过程。"①

伽达默尔对历史主义所谓"设身处地"的理解方式也进行了批判。按照历史主义者的看法，理解传统我们需要一种历史视域，而这种历史视域是靠我们把自身置入历史处境中而完全丢弃我们自己视域而取得的。伽达默尔反对这种看法，他说，为了能使自己置入一种历史视域中，我们自身就必须具有一种视域，他写道："因为什么叫做自我置入（Sichversetzen）呢？无疑，这不只是丢弃自己。当然，就我们必须真正设想其他处境而言，这种丢弃是必要的。但是，我们必须也把自身一起带到这个其他的处境中。只有这样，才实现了自我置入的意义。例如，如果我们把自己置身于某个他人的处境中，那么我们就会理解他，这也就是说，通过我们把自己置入他的处境中，他人的质性，亦即他人的不可消解的个性才被意识到。"② 伽达默尔还说，当我们试图理解一个文本时，"我们并不是真正把自己置入作者的内心状态中，而是——如果有人要讲自身置入的话——我们把自己置入那种他人得以形成其意见的视域中。但这无非只是表示，我们试图承认他人所言的东西有事实的正确性"。③ 因此，这样一种自身置入，既不是一个个性完全移入另一个性中，也不是使另一个性受制于我们自己的标准，而是一种两个性的融合，这融合标志一种向更高的普遍性的提升，这种普遍性不仅克服了我们自己的个别性，而且也克服了那个他人的个别性。获得一种普遍性的视域，就意味着我们学会了超出近在咫尺的东西去观看，但这不是为了避而不见这种东西，而是为了在一个更大的整体中按照一个更正确的尺度去更好地观看这种东西。因此诠释学与历史传承物的接触，尽管本身都经验着文本与现在之间的紧张关系，但诠释学的活动并不以一种朴素的同化去掩盖这种紧张关系，而是有意识地去暴露这种紧张关系，伽达默尔

---

① 伽达默尔：《真理与方法》第 1 卷，德文版，第 311 页。

② 伽达默尔：《真理与方法》第 1 卷，德文版，第 310 页。

③ 伽达默尔：《真理与方法》第 1 卷，德文版，第 310 页。

说，正是由于这种理由，"诠释学的活动就是筹划一种不同于现在视域的历史视域。历史意识只意识到它自己的他在性，并因此把传统的视域与自己的视域区别开来，但另一方面，正如我们试图表明的，历史意识本身只是类似于某种对某个持续作用的传统进行叠加的过程，因此它把彼此相区别的东西同时又结合起来，以便在它如此取得的历史视域的统一体中与自己本身再度相统一"①。伽达默尔在这里明确地说，理解并不是一种心灵之间的神秘交流，而是一种"对共同意义的分有（Teilhabe）"。

所谓历史地思维实际上就是说，如果我们试图用过去的概念进行思维，我们就必须进行那种在过去的概念身上所发生过的转化。历史地思维总是已经包含着过去的概念和我们自己的思想之间的一种中介。企图在解释时避免运用自己的概念，这不仅是不可能的，而且也是一种妄想。所谓解释正在于：让自己的前概念发生作用，从而使文本的意思真正为我们表述出来。我们在分析诠释学过程时已经把解释视域的获得认作一种视域融合。……我们之所以决不可能有一种所谓正确的"自在的"解释，就是因为一切解释都只同文本本身有关。传承物的历史生命力就在于它一直依赖于新的占有（aneignung）和解释（Auslegung）。正确的"自在的"解释乃是一种毫无思想的理想，它认错了传承物的本质。一切解释都必须受制于它所从属的一释学境况。②

伽达默尔为了反对施莱尔马赫的同时性（Simultaneität）概念，从克尔凯戈尔那里借来一个概念，即 Gleichzeitigkeit（共时性），试图用此概念说明哲学诠释学所强调的不同时的同时性或视域融合，他写道："'共时性'（Gleichzeitigkeit）是属于艺术作品的存在。共时性构成'共在'（Dabeisein）的本质。共时性不是审美意识的同时性（simultaneität）。因为这种同时性是指不同审美体验对象在某个意识中的同时存在（Zugleichsein）和同样有效（Gleich—Gültigkeit）。反之，这里'共时性'是指，某个向我们呈现的单一事物，即使它的起源是如此遥远，但在其表现中却赢得了完全的现在性。所以共时性不是意识中的某种给予方式，而是意识的使命，以及为意识所要求的一种活动。这项使命在于，要这样地把握事物，以使这些事物成为'共时的'，但

①　伽达默尔：《真理与方法》第 1 卷，德文版，第 311—312 页。
②　伽达默尔：《真理与方法》第 1 卷，德文版，第 400—401 页。

这也就是说，所有的中介被扬弃于彻底的现在性中。众所周知，这种共时性概念来自于克尔凯戈尔，克尔凯戈尔曾赋予这一概念某种特殊的神学意蕴。在克尔凯戈尔那里，共时性不是同时存在，而是表述了向信仰者提出的这样一种任务，即要完全联系在一起地传达两件并不是同时的事情，即自身的现在和基督的拯救，以使这两件事情仍然像某种现在之事（不是作为当时之事）被经验并被认真地接受。与此相反，审美意识的同时性则依据于对提出这种共时性任务的回避。"①

按照伽达默尔的观点，传承物的本质以语言性作为其标志，因而文字传承物达到其完全的诠释学意义。语言在文字中是与其实现过程相脱离的。文字传承物并不是某个过去世界的残留物，它们总是超越这个世界而进入到它们所陈述的意义领域，因而以文字形式传承下来的一切东西对于一切时代都是同时代的。在文字传承物里具有一种独特的过去与现代并存的形式。因此，理解的基础并不在于使某个理解者置身于他人的思想之中，或者直接参与到他人的内心活动之中，而是一种在语言上取得相互一致，对某种事情达到过去与现代的中介。伽达默尔写道："进行理解的意识不再依赖那种所谓使过去的信息传达到现代的再说，而是在直接转向文字传承物中获得一种移动和扩展自己视域的真正可能性，并以此在一种根本深层的度向上使自己的世界得以充实。对文字传承物的精神占有（Aneignung）甚至超过了那种在陌生语言世界中进行漫游的历险的经验。"②

按照伽达默尔的看法，文字传承物的历史生命力就在于"它一直依赖于新的占有（Aneignung）和解释（Auslegung）"。③ 所谓的解释就是："让自己的前概念发生作用，从而使文本的意思真正为我们表述出来。"④ 一切解释都必须受制于它所从属的诠释学境遇。

传统是活的，历史要在不断的重构中生发出新意，凡是不能与时代、社会的当下需要建立起活生生联系的传统话语，就不可能获得真实的生命力。如果有人想用"以中解中"、"汉话汉说"这样的表述方式来表示我们中国哲学的重建，那么我可以这样说，如果说后一个"中"和前一个"汉"理解为传统的

---

① 伽达默尔：《真理与方法》第 1 卷，德文版，第 132 页。
② 伽达默尔：《真理与方法》第 1 卷，德文版，第 393—394 页。
③ 伽达默尔：《真理与方法》第 1 卷，德文版，第 401 页。
④ 伽达默尔：《真理与方法》第 1 卷，德文版，第 401 页。

中和传统的汉，那么，前一个"中"和后一个"汉"就必须理解为"今中"、"今汉"——民族生命/意志在当今时代的现实需要。这样才能真正立足于民族生命的舒展，打通传统与现实、历史与未来的联系。这样我们又和当前生活世界联系上了。

三、伽达默尔与施特劳斯关于古今之争的争论

要了解伽达默尔与施特劳斯（1899—1973）的争论，我们先要了解法国17世纪的古今之争，施特劳斯的整个工作的意义就是对17世纪法国古今之争的后果质疑。我们知道，17世纪末叶法国文学界发生了一场关于崇古与崇今的争论，文学史上称为"古今之争"。自从文艺复兴直至17世纪末，法国文坛上尊古、仿古的风气一直是占上风的，尤其是古典主义盛行的时期，厚古薄今是不容争辩的天经地义。但在1660年左右，有人以基督教奇妙事迹为题材写作长篇史诗，对一贯主张崇敬和摹仿希腊罗马古代文学的传统精神采取了公然对立的态度，因而招致非议。1680年左右，关于纪念性建筑物上的铭文以及艺术作品上题签应当用拉丁文还是用法文的问题，引起了争论。当时有一位学者给在凡尔赛宫展出的名画用法文写了题签，立刻被人斥为胆大妄为。在著名的文学评论家、诗人布瓦洛的干涉下，法文题签一律被撤换为拉丁文。1687年1月27日，文学家沙尔·佩罗在法兰西学院朗诵他的诗作《路易大帝的世纪》，肯定现代作家比古代希腊罗马作家并不逊色。这个大胆的意见立即引起文学界的权威人士布瓦洛、拉封丹、拉辛、拉布吕耶尔等人以及若干著名学者的反驳，从而在学术范围内引起一场规模巨大的古今之争。站在佩罗一边的有著名作家丰特奈尔，法兰西学院的大部分院士，以及社会上有学问的女士们。双方对垒，陆续发表战斗性的诗歌、文章、专著，互相驳斥、讽刺、攻击。直到1713年，古今之争的风波尚未完全平息。但是这场争论的最后胜利是厚今派，而且后来的历史事实证明他们的胜利是决定性的、持久的胜利。伽达默尔曾这样讲到这场法国的古今之争："我们都还知道使法国十七和十八世纪文学公众紧张不安的古代和现代之争。虽然那主要是一种文学争论，它表现了希腊和罗马古典诗人之不可超越性的捍卫者与当时那些在太阳王的宫殿里掀起了文学新古典主义阶段的作家的文学自我意识之间的竞争，但这场争论的冲突最终则是在历史意识的意义上达到它最后的消融。因为它必然要限制古代的绝对典

范性。这场争论似乎又是传统和现代之间非历史性争论的最后形式。"①

施特劳斯与伽达默尔的争论是这样引起的。1960 年伽达默尔的《真理与方法》出版，伽达默尔将该书寄赠施特劳斯，施特劳斯在看了《真理与方法》之后，于 1961 年 2 月 26 日给伽达默尔写了回信，在信中施特劳斯称赞伽达默尔这本书是"海德格尔学派成员写出的最重要著作，它是一部长期工夫之作（a work de longue haleine），它再次展现了期待的智慧（the wisdom of waiting）"②。不过接下来，施特劳斯就对伽达默尔进行了批评，他首先指出伽达默尔的学说乃是"在很大程度上把海德格尔的提问、分析与暗示转化成一种更加学术化的形式"，③ 而转化的基本原则乃是所谓"方法的"（methodical）与"实质的"（substantive）的区分，而这种区分在施特劳斯看来，乃是与海德格尔所谓的"生存论的"（existential）与"生存状态的"（existentiell）区分相关的，因此施特劳斯认为，伽达默尔的诠释学彻底化与普遍化只不过是与海德格尔所谓"世界—黑夜"的临近或西方的没落同时发生的东西。继后，施特劳斯就伽达默尔的诠释学经验理论提出自己的不同意见，特别讲到它具有一种应时（occasional）的特性，并具体提出以下几个困难：第一，解释者必须反思他的诠释学处境，但诠释的文本也必须有其自身的真理，即"我必须把它当作正确的而接受它，或把它当作不正确的而拒绝它"。我们不能用视域融合来忽视其真理，"假如一种对柏拉图学说的修正证明是优于他自己的叙述，却很难讲柏拉图的视域被扩大了"。第二，人的有限性难道就必然导致不可能有充分的完备的正确的理解吗，所有解释者难道都不希望达到同一高点吗？第三，解释者必须理解作者自身设定的东西，因此解释者对作者的理解并不比作者对自己的理解更好。施特劳斯举出莱因哈特的"古典的瓦普几斯夜会"为例，说莱因哈特的巨大价值就在于对歌德自己明确思考过而没有以读者能直接理解的方式所表述的观点的理解，因而莱因哈特的中介"仅仅是代文本作传达并因此而最为睿智、值得称道"。第四，对于作者与解释者的区别有如范例与追随范例的区别，提出有些文本不是范例，如《尼各马可伦理学》和《利维坦》。第五，关

① 伽达默尔：《真理与方法》第 2 卷，德文版，第 401、414—415 页。

② 施特劳斯著，迈尔编：《回归古典政治哲学》，朱雁冰译，华东师范大学出版社 2012 年版，第 403 页。

③ 施特劳斯著，迈尔编：《回归古典政治哲学》，朱雁冰译，华东师范大学出版社 2012 年版，第 404 页。

于解释者的创造性，如果历史学家从经济史语境去研究修昔底德，这是一种创造性吗？

除上述五个问题外，施特劳斯还提出下述疑问：效果历史概念有问题，它把对解释者并非必然成为论题的东西看成了对其必然成为论题的东西。另外，施特劳斯也认为伽达默尔的艺术概念也成问题，知识，特别是哲学的知识，不是艺术，哲学与诗有本质性的张力，早在阿里斯托芬的《云》里就已阐明了诗歌与哲学的对立。在这方面，对"阿里斯托芬喜剧最深刻的现代解释（黑格尔的）远不及柏拉图在《会饮篇》中对阿里斯托芬所作的阿里斯托芬的呈现"。[①]关于伽达默尔的相对主义，施特劳斯也提出意见，既然我们的认识是相对的，那么我们怎么有绝对与无条件的认识呢，特别是当伽达默尔谈到"完满经验"的时候。

针对施特劳斯的批评，伽达默尔在 1961 年 4 月 5 日给施特劳斯回了一封信，对于施特劳斯提出的几个问题作了回答。首先，伽达默尔回答了他是否只是无改变地发展了海德格尔的看法："我可以诉诸海德格尔《存在与时间》的先验意义，但是通过我试图把理解设想为一种生发事件（Geschehen），我则转向了一个完全不同的方向。"并且还说，"我的出发点并非完全的存在遗忘，并非'存在黑夜'，恰恰相反，而是——我如此说是反对海德格尔和布伯——这样一种断言的非现实性"。[②]对于施特劳斯说他的诠释学经验理论具有应时的特征，伽达默尔回答说，这一点绝不构成对恰恰宣称这一点的理论的反驳，而是这一理论的一个先声。第一，关于视域融合，伽达默尔说，它是历史意识兴起之后的一种特殊的应用形式，因此它只是历史意识的后果，它所证明的是，它只有得到应用才会有认识。第二，对于人有有限性不能达到正确理解这一点，伽达默尔说，施特劳斯太过片面地理解他的论题。第三，关于莱因哈特的歌德解释，伽达默尔说，莱因哈特的解释除了代文本作传达外，其实还有另一方面，也许在 50 年后人们会比今天更清楚地看到另一方面是什么。"为什么他

---

① 施特劳斯著，迈尔编：《回归古典政治哲学》，朱雁冰译，华东师范大学出版社 2012 年版，第 409 页。

② 施特劳斯著，迈尔编：《回归古典政治哲学》，朱雁冰译，华东师范大学出版社 2012 年版，第 412 页。这里我们可以以柏拉图理解为例，海德格尔在柏拉图那里看到了存在遗忘的黑暗时代的开端，而伽达默尔则在柏拉图对话里发现理解事情本身的本真方式。伽达默尔认为文本最好被解释为对问题的回答，以致解释的关键就是理解文本所预设的问题。

阐释这一点而非另外一点、这样阐释而非那样阐释，他忽视了什么、过分强调了什么。这样一个使您和我都怀着感激地获益的精彩的、值得称道的阐释，恰好说出了我们的意思。"① 第四，伽达默尔也认为《利维坦》可能也包含一种值得追随的真理，而非仅是错误教导。第五，伽达默尔认为，经济学史家在做这种洞察时也不得不对他自身进行反思，在这里正有其理解的创造性。

对于施特劳斯提出的其他问题，伽达默尔也作了如下的回答：为了说明不成为论题的效果历史的现实性，他已经着手研究了不成为论题的进行解释的语言的现实性。伽达默尔承认他的艺术理论只是他的诠释学论题的预备，因此可能非常片面而有问题。对于"完满经验"，伽达默尔是这样解释的，"'完满经验'，是这样的人的'完满'，他绝少让独断论阻断他任何值得拥有的经验，它是经验之终点的对立面！"特别重要的，是伽达默尔在信的最后是这样讲到他的诠释学经验："如果我作如下的补充，也许你对我这本书的倾向就会清楚：与海德格尔相反，几十年来我一直主张（verfochten），即使他的'跨步'（Satz）或'跳跃'到形而上学背后，但只有通过这本身才有可能（＝效果历史意识！）。我想我通过海德格尔所理解的东西（以及我的新教出身所能证实的东西）首先是，哲学必须学会不靠一种无限理智的观念去安身（die philosophie lernen muss，ohne die Idee eines unendlichen Intellektes auszukommen）。我已经努力筹划一种相应的诠释学。但是我能做到这点，只有通过——与海德格尔意图相反——在一种这样的诠释学意识里最终把我所看到的一切得到证明。我确实相信我理解了后期海德格尔，即他的'真理'。但是我必须——根据我自己的经验去'证明'它，这就是我称之为'诠释学经验'的东西。"②

施特劳斯在收到伽达默尔这封来信后，立即在同年 5 月 14 日写了回信，首先他要求伽达默尔反思他的新诠释学的处境，而这种反思将必然揭示一种彻底的危机，"一种史无前例的危机"，③ 而这正是海德格尔世界黑夜的临近所意

---

① 施特劳斯著，迈尔编：《回归古典政治哲学》，朱雁冰译，华东师范大学出版社 2012 年版，第 413 页。译文有改动。

② 施特劳斯著，迈尔编：《回归古典政治哲学》，朱雁冰译，华东师范大学出版社 2012 年版，第 414—415 页。译文改动。

③ 施特劳斯著，迈尔编：《回归古典政治哲学》，朱雁冰译，华东师范大学出版社 2012 年版，第 418 页。

指的东西。其次，施特劳斯再次强调一种地道的解释所关心的就是如某人所想地理解某人的思想，因此"如果一种诠释学理论不比您所做的更加强调解释本质上代文本传达的特性，我依然是不能接受它"。① 最后，施特劳斯明确地把他和伽达默尔之间的根本区别表述为 la querelle des anciens et des moderns（古代人与现代人之争），在这争论中，他们各站在不同的一边，并说他们关于诠释学的区别其实只是这根本区别的一个后果。

自施特劳斯这封信之后，伽达默尔与施特劳斯未再继续通信讨论，原因是伽达默尔决定把这种讨论公开化，他在《哲学评论》（*Philosophische Rundschau*）杂志 1961 年第 9 期发表了"诠释学与历史主义"的长文，其结尾集中评论了施特劳斯，这篇长文后来作为附录收入 1965 年出版的《真理与方法》第二版。下面我们就这篇论文关于施特劳斯的评论② 作些概述。

首先，伽达默尔指出施特劳斯在他的一系列政治哲学的著作中对现代历史信仰所作的批判是更为彻底的，他说"这位对现代政治思想进行如此彻底批判的批判家在美国产生影响，这对我们这个自由活动领域日趋狭窄的世界无疑是一种鼓励"③。按照伽达默尔的看法，施特劳斯的主要著作都是与上述 17 世纪和 18 世纪法国古今之争相联系的，他的最初的著作《斯宾诺莎的宗教批判》就是讨论这场争论，而他一生所有给人深刻教益的著作也都是"奉献于这一任务，即在一种更为彻底的意义上重新激起这场争论，亦即把现代的历史自我意识与古典哲学昭然若揭的正确性相对置"④。在施特劳斯看来，古典作家都有自己本来的真理，这种真理与后来的理解没有关联。如果说柏拉图探究了最好的国家或亚里士多德扩展了政治经验论，那么这都同自马基雅弗利以来支配现代思想的政治概念很少吻合。施特劳斯的《自然法和历史》的意义就在于把希腊古典哲学家柏拉图和亚里士多德等描述为自然法的真正创始人，他既不让自然法的斯多葛派形式，也不让它的中世纪形式，更不用说让它的启蒙时代形式在哲学上正确地发挥作用。

伽达默尔说，施特劳斯乃是被他"对现代灾难的洞察"所推动，诸如正

---

① 施特劳斯著，迈尔编：《回归古典政治哲学》，朱雁冰译，华东师范大学出版社 2012 年版，第 418 页。

② 伽达默尔：《真理与方法》第 2 卷，德文版，第 414—424 页。

③ 伽达默尔：《真理与方法》第 2 卷，德文版，第 414 页。

④ 伽达默尔：《真理与方法》第 2 卷，德文版，第 415 页。

确和不正确的区别这样一种基本的人的要求自然要假定人必须能够超越他的历史条件性，但是任何历史思想本身也有其产生的历史条件。伽达默尔说："单纯地论证说古典思想乃是另外地、非历史地思维，这并不能说明今天我们就可能非历史地思维。"① 这里的意思很清楚，比如施特劳斯所强调的柏拉图的国家观念或亚里士多德的政治经验与近代的政治观念有很大的不同，但要真正理解柏拉图的国家观念或亚里士多德的政治经验，难道能离开近代的政治观念吗！单纯地论证说古典思想不同于现代的思想，这不能说明我们就可能抛弃现代视域而非历史的思维。

当然，伽达默尔也反对简单地将现代应用于过去的做法，他说："所谓要借助现代才能把所有过去都完全揭示出来，这难道不正是一种现代的乌托邦理想？我认为把现代的优势观点应用于一切过去身上并不是历史思维的本质，相反倒标志出一种幼稚历史主义的顽固的实证性。"② 但是，历史的过去并不是什么固定不变的东西，它的意义不断地随着时代的改变而变化。伽达默尔说："历史思维的尊严和真理价值就在于承认根本不存在什么'现代'，只存在不断更换的未来和过去的视域。说某种表现传统思想的观点是正确的，这绝不是固定不变的（也决不可能是固定不变的）。'历史的'理解没有任何特权，无论对今天或明天都没有特权。它本身就被变换着的视域所包围并与它一起运动。"③

其次，伽达默尔指出，尽管施特劳斯正确地批判了后人能比作者更好理解的观点，然而，当他说为了更好理解，我们就必须像作者自己理解那样来理解作者，这样他就低估了一切理解的困难，他似乎认为我们有可能理解并非我们所理解的东西而是他人所理解的东西，并且仅仅像这位他人所理解的那样进行理解。施特劳斯曾以古典政治哲学为例，说它的基本概念是"友谊"，而不是近代起源于笛卡尔的"我—你—我们"关系，如果我们用现代的概念去构造古典政治哲学，那就是错误。伽达默尔说：虽然在此例中我完全同意施特劳斯，"但我还要问，是否可能通过由历史科学训练过的眼光'阅读'古典思想家，同样地重构出他们的意见，然后可以在可信任的意义上认为这些意见是正

---

① 伽达默尔：《真理与方法》第 2 卷，德文版，第 416 页。

② 伽达默尔：《真理与方法》第 2 卷，德文版，第 416 页。

③ 伽达默尔：《真理与方法》第 2 卷，德文版，第 417 页。

确的，从而使我们不费力气地获得这样的见解？——抑或我们在其中发现了真理，因为当我们试图理解它们时我们总是已经进行了思考？但这也就是说，它们所陈述的东西对我们之所以显示为真，乃是因为借助于正在流行的相应的现代理论？我们无须把它理解为更正确的东西就理解它吗？如果回答是否定的，那么我还要进一步追问：如果我们发现亚里士多德所讲的要比现代理论（当然他根本不可能知道现代理论）更为正确，那我们就说亚里士多德不可能像我们理解他的方式那样理解他自己，这种说法是否有意义？"[①]

1981 年 12 月 11 日，波士顿学院福尔廷（Fortin，E.L.）教授曾拜访过伽达默尔，访问主题是讨论伽达默尔与施特劳斯的分歧。伽达默尔在此访问中明确地将自己与施特劳斯的分歧说成是"涉及古代人和现代人的问题：在什么程度上，可以在 20 世纪重新展开这一著名的 17 世纪的争论，以及是否仍然可能与古代人站在一起反对现代人？我的观点是，这种争论是必要的，因为它挑战现代这个时期，促使其寻找其自身的根据，但是，在二者之间选择并非真的是一种开放的选择。我试图让施特劳斯相信，人们可以承认柏拉图和亚里士多德优越于我们，但这并不意味着人们便必须认为，他们的思想是当下可恢复的；虽然我们必须认真对待他们的成见所提出的挑战，我们却永远不可能免除寻找通向他们的桥梁的诠释学努力"[②]。

在访谈中，伽达默尔并不否认施特劳斯的研究，他说："在我看来，诠释学的经验是一种对我们所遭遇的困难的经验，当我们试图一步一步地追随一本书、一出戏剧或一件艺术作品，让它吸引我们，引导我们超出我们自己的视域时，我们就遇到这种经验。我们完全不能确信，我们能够重新获得和复原包藏在这些作品中的原初经验。尽管如此，严肃地对待这些经验还是会带来对我们思想的一种挑战，并保护我们远离不可知论或相对主义危险。施特劳斯希望严肃地对待所面对的文本。我和他一样痛恨学者的盲目的优越感，他们认为自己能够改进柏拉图的逻辑，好像柏拉图自己不能逻辑地思考似的。在这方面我们是完全一致的。"[③]

---

① 伽达默尔：《真理与方法》第 2 卷，德文版，第 418 页。
② 施特劳斯著，迈尔编：《回归古典政治哲学》，朱雁冰译，华东师范大学出版社 2012 年版，第 487—488 页。
③ 施特劳斯著，迈尔编：《回归古典政治哲学》，朱雁冰译，华东师范大学出版社 2012 年版，第 492—493 页。

在什么意义上我们可以在 21 世纪重新展开 17、18 世纪法国著名的古今之争？以及我们仍然可能与古代人站在一边反对现代人？按照伽达默尔的观点，我们可以承认柏拉图和亚里士多德优越于我们，但他们必须通过我们现代的理解和诠释才能表现他们的优越性，我们永远不可能免除寻找通向他们的桥梁的诠释学努力。我无意要像莱奥·施特劳斯那样重新恢复古代人与现代人之争，但今天的形势和语境却使我们不得不考虑古典与现代之间真正的诠释学关系。当代诠释学关于古代性与现代性的综合和沟通理论，使我们看到，既不是厚今薄古，也不是厚古薄今，而是古今不断生命沟通和融合，才是经典诠释的真理。

四、语言中介

不论中外关系，还是古今关系，凡是学都是学共相，学优于自己的东西，从观念的进展来看，这都是一种融合过程。从诠释学观点来看，中外和古今的学习关系，都是这种融合过程。那种认为借鉴西方哲学来发展中国哲学乃是按西方模式建构中国哲学，以及对古代经典的诠释乃是将古代现代化的看法，都是对观念理解的本质误解的结果。观念和对观念的理解是两件不同的事，不像近代斯宾诺莎所说的"观念"和"观念的观念"的同一关系，其实，对观念的理解已经把该观念带入一个更大的自己所属的视域中。这正是古代柏拉图所说的知识是回忆、近代维柯所说的 copia，即丰富的观察点，也就是海德格尔所谓的理解前结构、诠释学的作为（hermeneutic—as）、修辞学的发明（inventio）和伽达默尔所说的应用（applicatio）。任何对观念的理解都不是对原观念的复制或模仿，而是把原观念带入一种我们所处的现实性（Aktualität），使其具有当代性，经受批判和转变。洋为中用，古为今用，伽达默尔曾谈到精神科学的循环结构，伽达默尔说："在异己的东西里认识自身，在异己的东西里感到是在自己的家，这就是精神的本质运动，这种精神的存在只是从他物出发向自己本身的返回。"[①] 精神在于运动，首先是它离开它的家园到陌生的不熟悉的世界中去，如果运动是完全的，精神在它物中找到自己的家，使自己重新返回到自己，因为陌生的不熟悉的世界不仅是新家，而且也是它自己的真实的

---

① 伽达默尔：《真理与方法》第 1 卷，德文版，第 19—20 页。

家。也正是由于精神这样一种普遍本质，使研讨精神活动的精神科学也总是离开一切熟悉的东西而去到陌生的东西中生活，然而正是在这种自身异化过程中，我们才重新发现了我们自身，正如我们在文学、艺术、历史和哲学等人文科学领域中所看到的。因此，如果我们可以说自然科学的独特性质是一种一直在外漂泊，回不到自己的家，那么精神科学的独特性质就犹如圣经所描述的的故事一样，它是浪子回头，重返家园，这是一种通过外出而重新回到自己家园的旅行者的感觉。这也说明精神科学具有一种普遍的循环结构。

这里涉及我们今天广泛讨论的所谓比较哲学或比较研究。说实话，我不大同意"比较哲学"这一提法，因为比较哲学借用的方法通常乃是抽象的，即通过找出不同质的哲学的最小公倍数来研究它们的同与异，例如1，3，5三个质数本来各具有自己的特殊性，但通过最小公倍数15来进行比较，就会出现抽象化的结果。正如许多人指出的，所有试图比较或概括中西哲学的说法，都不免犯有"以偏概全"（pars pro toto）的危险。真正的比较研究乃是指一种对跨文化思想传统的哲学研究，它是指一种首先通过比较而认识的普遍性的共识，通过这种共识来诠释、理解和发展一种哲学，也就是说，通过对比而加深对自身和他者的理解，而且是同情的理解，并进行创造性的整合而发展自身传统的哲学。接纳新学说、新思想、新方法，首先必须在自身的思想文化系统中建立起共识的基础。认识和理解就是超越和征服，真正了解西洋哲学，便能超越西洋哲学，真能理解西洋哲学，就能吸收、转化、利用和熔陶西洋哲学，以形成自己新的民族传统哲学。正如两种根本不同的东西，其中一个决不会影响另一个，要在两种不同的哲学传统中发生影响，首先必须达成共识。如果说中国哲学是以西方为模式构建起来的，那么它就不应当说是中国的哲学，而应说是中国的西方哲学，所以当我们说中国的哲学时，这种中国哲学与其说是按照西方模式构建起来的，毋宁说是现代世界哲学审视下的中国哲学，因此这里没有什么西方模式，而是现代共识的先进模式。任何一个民族的文化要发展，只要它不是被封闭的，它总是要朝着最先进的文化发展。这里我想起贺麟先生所谓的"化西"的中国哲学一词，贺先生曾说，正如宋明理学不是"佛化"的中国哲学，而是"化佛"的中国哲学，现今的中国哲学，也不能是"西化"的中国哲学，而只能是"化西"的中国哲学。

不论中外还是古今的学习关系，实际上都是一个语言中介问题。学习外国语言和阅读古代语言，都与自身的语言不分开，而语言是思想的表现，因此这种关系既是外国思想文化的发展，又是自身思想文化的发展。实际上，语言只有当它在休闲时和离开它的应用时才可以被认为是一个对象，而在使用时，即当语言在履行工作时，它作为这种形式因为在工作而消失不见。它们被充满了它们所意指的东西，并且没有形式—内容的分离。在使用时，语言总是在说什么东西。儿童并不是先学会他们发声的普遍形式，然后学会如何把这些普遍形式应用于个别事件；他们其实是横向平行地学会的，即从使用到使用。他们从讲话中学会讲话，从应用中学会应用。伽达默尔论证说，语言是最自身的（most itself），假如语言最少地被对象化，假如形式和内容、话语和世界不被分开的话。本国语言获得的横向性质对学习外国语言也有意义。尽管洪堡曾经说过，学会一门外语肯定是在迄今为止的世界观中获得一个新的角度，但他继续说道："只是因为我们总是或多或少地把我们自己的世界观，或者说我们自己的语言观带入外语之中，所以这种结果很少被人纯粹而完全地感到。"[1] 在这里，作为一种限制和缺陷而谈的东西，实际上表现了诠释学经验的实现方式。把一种新的角度引入我们迄今为止的世界观中，并不是对某门外语的领会，而是对这门外语的使用。确实，洪堡关于把我们的语言观带入外语中的事实是正确的。伽达默尔称它为视域融合，诠释学经验的范式。通过这种范式，我们不离开旧的视域而获得一个新视域，这种新视域允许扩大可能观看、学习和理解的东西。在学习外语时，尽管我们会很深地置身于陌生的精神方式中，但我们决不会因此而忘掉我们自己的世界观，也即我们的语言观。学会一门外语和理解一门外语，只是指能够使在该语言中所说的东西被自己说出来，而如果我们没有把我们自己的世界观即语言观一起带入的话，我们就不能达到这种要求。伽达默尔说："尽管我们会很深地置身入陌生的精神方式，但我们决不会因此而忘掉我们自己的世界观，亦即我们自己的语言观。也许我们所面临的其他世界并非仅是一个陌生的世界，而是一个与我们有关联的其他世界。它不仅具有其自在的真理，而且还有其为我们的真理。"[2] 从诠释学观点来看，这就是一种语言融合。这种语言融合，既不可以忘记自己原有的语言观，也不可贬低其他语言而不让它们发生作用。任何语言都可以被任何其他语言讲话者所学习。即使在我们研究另一种语言时，我们也从未只是贬低这种语言，讲话者也决不因

---

① 伽达默尔：《真理与方法》第 1 卷，德文版，第 445 页。

② 伽达默尔：《真理与方法》第 1 卷，德文版，第 445 页。

为他的母语本身能融合其他语言而必然被限制于他这种母语的界限内。同样，我们也无须使自己摆脱我们的母语或破坏它，而只需有利于它的开放和发展的内在能力。因为这种能力，语言具有无限扩张的可能性而且不能被认为是无窗户的围篱。的确，每一种语言表现为它自己的世界观，但这种多样性的事实本身却意味着其他语言和其他世界为我们自己语言和世界的扩大提供了多种具体的可能性，因为我们能学会在它们之中生活和讲话。如果我们确实学会它们，它们就与我们自己的语言和世界相融合。

伽达默尔说："如果我们形式地对待语言，我们显然就不能理解传承物。如果这种传承物不是以一种必须用文本的陈述来传达的熟悉性加以表现，那么我们同样不能理解它所说的和必然所说的内容。"① 另外，伽达默尔还说，学会一门语言就是扩展我们能够学习的东西，诠释学经验就在于："学会一门外语和理解一门外语，只是指能够使在语言中所说的东西自己对我们说出来。这种理解的完成总是指所说的东西对我们有一种要求，而如果我们没有把'我们自己的世界观，亦即自己的语言观'一起带入的话，则这种要求就不可能达到。"②

最后，如果我们拒绝接受形式与内容分离，那么我们就得出对于伽达默尔来说是最重要的结论，即语言融合就是世界融合。"语言观就是世界观。"③ 洪堡自己在考察语言起源时就否认过语言与世界分离，因为他看到语言的起源与人类的起源相一致：话语从一开始就与人同在，语言从一开始就是人类的语言。语言既不是给予人的，也不是人所制造的。语言之所以不后于人类是因为没有任何人类世界能没有语言。洪堡特别指出神学家关于语言起源的思考是特别错误的，因为它包括了一个无语言的人类世界的结构，似乎人类具有语言乃是某个时期的成就。对于伽达默尔来说，正如对于洪堡一样，语言与人类世界的同时发生不仅是年代学的而且也是本质的事实。这暗示语言不是人类许多拥有物中的一个，因为它完全不是一种拥有物，而是人之所以为人的本质结构。语言不是世界里其他事物之中的一个，因为正是有了语言，人才拥有世界。伽达默尔写道："语言并非只是一种生活在世界上的人类所适于使用的装备，相

---

① 伽达默尔：《真理与方法》第1卷，德文版，第446页。

② 伽达默尔：《真理与方法》第1卷，德文版，第446页。

③ 伽达默尔：《真理与方法》第1卷，德文版，第446页。

反，以语言为基础，并在语言中得以表现的是，人拥有世界。世界就是对于人而存在的世界，而不是对于世界上其他创造物而存在的世界。但世界对于人的这个此在却是通过语言而表述的。这就是洪堡从另外的角度表述的命题的根本核心，即语言就是世界观。洪堡想以此说明，相对于附属于某个语言共同体的个人，语言具有一种独立的此在，如果这个个人是在这种语言中成长起来的，则语言就会把他同时引入一种确定的世界关系和世界行为之中。但更重要的则是这种说法的根据：语言离开了它所表述的世界就没有它独立的此在。不仅世界之所以是世界，仅因为它要用语言表达出来，而且语言之所以具有根本的此在，也只是在于世界是用语言来表现的。语言的原始人类性同时也意味着人类在世界存在的原始语言性。"①

人类心灵的共振能逾越古今和中外。

（作者简介：洪汉鼎　北京社会科学院）

---

① 　伽达默尔：《真理与方法》第 1 卷，德文版，第 447 页。

中华文明的新形态与世界文明的新重心

方朝晖

1974 年，在中国的"文化大革命"还没有任何退潮迹象的时候，著名英国学者汤因比（Arnold Joseph Toynbee，1889—1975）就曾对中国在未来世界统一进程中的作用表示了无与伦比的期待。这位 20 世纪西方最杰出的史学家之一这样说道：

> 将来统一世界的大概不是西欧国家，也不是西欧化的国家，而是中国。并且正因为中国有担任这样的未来政治任务的征兆，所以今天中国人在世界上才有令人惊叹的威望。[①]

> 恐怕可以说正是中国肩负着不止给半个世界而且给整个世界带来政治统一与和平的命运。[②]

> 中国人和东亚各民族合作，在被人们认为是不可缺少和不可避免的人类统一的过程中，可能要发挥主导作用。[③]

> 世界统一是避免人类集体自杀之路。在这点上，现在各民族中具有最充分准备的，是两千年来培育了独特思维方法的中华民族。[④]

> 像今天高度评价中国的重要性，与其说是由于中国在现代史上比较短时期中所取得的成就，毋宁说是由于认识到在这以前两千年期间所建

---

① 池田大作、阿·汤因比：《展望二十一世纪——汤因比与池田大作对话录》，荀春生等译，国际文化出版公司 1997 年版，第 278 页。

② 池田大作、阿·汤因比：《展望二十一世纪——汤因比与池田大作对话录》，荀春生等译，国际文化出版公司 1997 年版，第 279 页。

③ 池田大作、阿·汤因比：《展望二十一世纪——汤因比与池田大作对话录》，荀春生等译，国际文化出版公司 1997 年版，第页 283 页。

④ 池田大作、阿·汤因比：《展望二十一世纪——汤因比与池田大作对话录》，荀春生等译，国际文化出版公司 1997 年版，第 284 页。

立的功能和中华民族一直保持下来的美德的缘故。①

汤因比作为一名伟大的历史学家，曾对过去 6000 年来地球上大多数主要文明的起源、兴起、衰落、解体作过深入研究，我相信汤因比上述观点不是出于一时兴致所致，而是基于对人类数千年文明史的整体研究。那么，为什么汤因比先生对中国在未来世界的作用寄予如此高的期望呢？仔细研读其书可知，他认为人类未来避免自我毁灭的唯一途径在于政治统一，而在这方面，中国有着最为成功的经验。他说，过去 500 年间西方人虽然在经济和技术上，甚至一定程度上在文化上把全世界统一了起来，但是西方人却无法在政治上统一整个世界。这是因为从历史的角度看，"在罗马帝国解体后，西方本身或在世界其他地区，都没有实现过政治上的统一"；从现实的角度看，西方的民族国家制度本质上是民族主义而非世界主义的。② 然而，"就中国人来说，几千年来，比世界任何民族都成功地把几亿民众从政治文化上团结起来。他们显示出在政治、文化上统一的本领，具有无与伦比的成功经验。这样的统一正是今天世界的绝对要求"。③ "中国的统一政府在以前的两千二百年间，除了极短的空白时期外，一直是在政治上把几亿民众统一为一个整体的。"④

汤因比对中国在未来世界进程中的作用是否高估了？该如何来理解他的上述观点？本文试图从分析汤因比的上述观点入手，对于中华文明在未来能否成为世界文明重心之一这一话题提出若干看法。

一

关于中国古代社会大一统趋势的成因，前人有许多有价值的解释。特别是魏特夫（K. A. Wittfogel）有名的"治水工程说"⑤，金观涛、刘青峰的"超稳

① 池田大作、阿·汤因比：《展望二十一世纪——汤因比与池田大作对话录》，荀春生等译，国际文化出版公司 1997 年版，第 276—277 页。

② 池田大作、阿·汤因比：《展望二十一世纪——汤因比与池田大作对话录》，荀春生等译，国际文化出版公司 1997 年版，第 278 页。

③ 池田大作、阿·汤因比：《展望二十一世纪——汤因比与池田大作对话录》，荀春生等译，国际文化出版公司 1997 年版，第 283—284 页。

④ 池田大作、阿·汤因比：《展望二十一世纪——汤因比与池田大作对话录》，荀春生等译，国际文化出版公司 1997 年版，第 278 页。

⑤ 卡尔·A·魏特夫：《东方专制主义》，中国社会科学出版社 1989 年版。

定结构说"（后面讨论），许倬云的纵横联系说①，赵鼎新的阶层融通说②，等等。其中魏特夫的观点后人批评甚多。本文不否认前人说法的合理性，但想换一个角度，从中华民族基本性格——我也称为文化心理结构——的形成，来分析中国在过去数千年来表现出强大的统一能力也就是所谓"大一统趋势"的原因。

我认为，中华民族的基本性格早在西周（约前1046—前771）已基本定型，它的基本特征之一就是形成了以此岸为取向的高度世俗化文化。与希腊文化、犹太—基督文化、阿拉伯—伊斯兰教文化、印度文化乃至东欧—东正教文化等相比，中国文化早就表现出对人类生活于其中的"这个世界"（this world）——称之为"天地"或"六合"——持完全肯定的态度。而在前面所列的几大文化中，对于"这个世界"则皆持消极或否定的态度。他们往往认为这个世界为虚幻，或者在整体上堕落或有罪；这几大文化皆认为生命本身永不会终结，终结的只是肉体；因此宗教修炼的目标在于彻底摆脱这个世界，生命

---

① 参见许倬云：《中国文化的发展过程》，贵州人民出版社2009年版，第25—51页。许氏认为，中国的大一统格局得以维持，是因为在横向上有横贯全国的经济交通网，在纵向上有大家族及士大夫阶层与官方之间的媒介作用。因此我称其观点为"纵横联系"或"纵横联系网"之说。"纵横联系"或"纵横联系网"均非许氏用语。许氏说，"大一统力量长期维系中国，一方面可能由于巨大的经济交换网维持了经济上的互转；另一方面，地方利益及地方意见经由察举保持了中央与地方的声气相通，也保持了政权对于儒家思想的密切关联。"（同上书，第31—32页）这一观点金观涛、刘青峰在《兴盛与危机》等书中也从控制论的角度提到了。

② 赵鼎新：《中国大一统的历史根源》，《文化纵横》2009年第6期。赵认为，春秋战国时期中国的社会结构不像罗马和欧洲那样多重政治势力（国王、贵族、教廷、城市中产阶级）并存、谁也不能吞并谁，而是只有国王和贵族两种势力为主，且各国实现了旨在削弱贵族的郡县制。社会结构的单一，也导致类似于民族主义和国家主权一类概念在中国未能形成，这些都有利于走向统一。在汉代以后，"儒学为中华帝国提供了一个同质性的文化和认同感基础，从而在很大程度上弥补了古代帝国控制能力有限这一局限"。他对汉以后儒学重要性的看法与金观涛、刘青峰相似。他对先秦时期社会结构的分析很有道理，但我认为并不代表全部原因。而且，中国在先秦时期贵族阶层逐渐被削弱从而导致社会结构单一化，这是与封建制度解体相伴随的现象，而在欧洲没有出现此种情况，为何在中国出现了此种情况，还值得深入研究。"阶层融通说"是我用来概括赵的观点的，非其本人用语。赵的观点，在我看来正好印证了我所说的中国文化由此岸取向决定的关系本位重视和谐、和合的特点。从此岸取向出发，各家学说皆以天下治理为宗旨，所以必然导致儒家这种最有利于天下治理的学说获胜。从关系本位出发，不能容忍某种独立的势力（如贵族、教廷）完全自外于世俗政权体系。

的终极归宿在这个世界之外，而不是之中。

相反，在中国文化中，对于这个世界之外的世界，即天地之外有无天地、六合之外有无六合，基本上采取否定或存而不论的态度。从根子上讲，中国人相信世界只有一个，即以天地为框架、以六合为范围的"这个世界"（this world）；与此同时，他们对于死后生命采取了消极怀疑的态度。几千年来中国的精英文化对死后生命是倾向于否定的。在日常生活中，中国人即使祭祀鬼神，也不敢真相信自己灵魂不灭。

中国文化的这一特点，导致中国人非常重视天下的和合或和谐。这是一种本能的对生存安全感的追求。假如世界有无数个（如"三千大千世界"），假如这世界虚幻不实，我们无须担心它不和谐，因为它本来就要被超越或克服。但假如世界只有一个，又神圣无比，它就是我们唯一的家园。它的动荡和不宁就会直接摧毁我们的人生安全感，导致我们无家可归。因此，"天人合一"自古以来就是中国人的最高追求，深深扎根于中国人心灵底处。

另一方面，中国文化的"此岸取向"还导致了它的另一重要特征，我称之为"关系本位"。即：中国人既然不太看重自己与另一个世界（God、上帝之城、六合之外等）的关系，自然会看重自己与此岸人／物的关系，以此来确立人生的安全感和方向。我的所有"关系"，是指我与身边所有对象的关系，当然包括我与家人、亲友、同事、团体、地方、民族、国家、社会、自然等一切可能事物的关系，构成了我这个人的全部生活内容。根据费孝通的说法，这些关系在我的世界里是根据亲疏远近而呈现出"差序格局"的。按照有些学者的说法，中国人的关系世界是通过人情和面子这两个重要机制来组织和运行的。中国文化本质上就是一种"关系的文化"。关系本位导致中国人重私德而不重公德，重人情而不重制度。

由于中国人人生安全感寄托于"关系"，所以他们特别重视关系的和合或和谐。因此中国人在主观上希望（1）和天地宇宙，（2）和人间世界，（3）和国家民族，（4）和亲朋好友，（5）和家人族人都建立起和谐的关系。"家和万事兴"，最好整个世界都能像家一样安全可靠，让人放心。显然，这种和合精神，更倾向于接受统一而不是分裂。这是因为差序格局的重要特点之一，是对于陌生人（关系疏远）不放心。如果能统一到同一个共同体，按同样的方式行事，彼此就可以放心了。

这种"关系本位"，在中国文化中还产生了两个特殊的变体：一是许烺光所称的"处境中心"（situation—centered），① 即从周遭处境出发建立自己的安全感。所以"处境中心"就是我与自身处境（the situation in which I live）的关系。这种"处境中心"会抑制攻击冲动，渴望安定，向往太平。这导致了中国人过去数千年缺乏像游牧民族或西方民族那样进行大规模、远距离迁徙的热情，没兴趣去进行横跨几大洲的长程侵略或殖民。因为对中国人来说，那些遥远的异国他乡太陌生，让人不放心，宁愿舍弃。安土重迁也罢，重视风水也罢，都是"处境中心"的体现方式。所以，他们虽然宁愿修筑长城把敌人挡在外面，而不一定要占有敌人的土地；他们最终放弃曾统治过的朝鲜和越南北部，因为那遥远荒蛮之地终究是个麻烦；他们不愿直接统治、管理那些少数民族，宁愿采取藩属方式让其自理，因为"非我族类，其心必异"（不能心心相印，岂能让人放心）。如果中国人要对其他民族发动战争，往往是出于生死存亡的恐惧、无路可走的选择等原因。"处境中心"因此暗含一种务实地与周边环境和谐相处的精神。

"关系本位"在中国文化中的另一个变体是"团体主义"（collectivism）。因为"我"不可能跟所有人同样好、同样熟悉，通过人为构造一种旨在相互理解、相互需要的小团体，可以抵御陌生人或其他力量的威胁，团体无疑比单个人的力量大。"团体主义"是对自己生存处境的积极、人为建构（也是一种"处境中心"），关注我和我所在团体（collective in which I live）的关系（是"关系本位"的变体）。文化团体主义一个最重要的特点就是区分自己人和外人（in—group/out—group），对"非自己人"持排斥态度。团体主义的积极形态可以包括集体主义、爱国主义和民族主义，其消极形态可以变成小团体主义、圈子意识、帮派主义、山头主义和种族中心主义。文化团体主义体现了中国人构造人生安全感的一种方式。在中国历史上，团体主义精神是追求大一统的重要心理基础之一。中国人春秋时期形成了"夷夏之辨"，后来又发展出忠孝节义、精忠报国的传统，其中皆包含舍小我、保大我的集体主义精神。

上述几方面，或可帮助我们理解中国文化中有利于大一统的因素，解释汤因比所说的中华民族的统一趋势。

---

① Francis L.K Hsu, *Americans and Chinese：Reflections on two Cultures and their People*, introduction by Henry Steele Commager, Garden City, New York：Doubleday Natural History Press, 1970.

二

然而，中国文化中虽有上述有利于统一的因素，也同样存在有利于分裂的重要因素。在中国文化内部，分与合的巨大张力从来都异常明显。比如我们常常讲中国人自我中心，"一盘散沙"；中国人钩心斗角，内耗严重；中国人拉帮结派，陷于党争。此外，地方主义从未断绝，王朝因此衰落，国家因此解体。所有这些，无不体现了中国文化中与统一相反的趋势。导致这一趋势的根本原因恰恰也是关系本位和团体主义。

一方面，"关系本位"体现了对人与人关系的深刻依赖，由此导致了无比深刻的人际矛盾与斗争，进一步可导致人与人分崩离析。人与人之间如果关系疏远甚至冷淡，有时不会有太大矛盾；人与人之间如果过分亲密或依赖，各种矛盾就容易产生。这种由人际关系所引发的人际矛盾和斗争，也表现在帮派、诸侯和地方之间。二者在性质上完全一样，后者是前者的延伸。这无疑是造成分裂的重要动力。

另一方面，"团体主义"易堕落为帮派主义、山头主义、地方主义等形式，后者历来都是分裂的主要诱因。中国人觉得只有在自己熟悉或者特别是有感情、非常了解的人之间才有安全感，民族、国家、政治、制度这些东西在中国人看来都是陌生、冷漠、遥远和没感情的东西，不能给自己带来足够的安全感。所以宁愿依赖于自己建立的小团体或地方势力。当中央权威强大且公正时，人们觉得安全感有保障，没必要追求地方主义。但是当中央权威衰落或不能主持公道时，人们求助于地方主义或私人团体来谋求自己的安全感。

既然如此，为什么秦汉以来中国历史形成了以统一为主流的趋势呢？

首先我们要认识到，"团体主义"虽然是分裂的祸根，也可以是统一的动力。这是因为文化团体主义意味着，集体越强大，个人越安全。特别是当小团体林立、小团体不足以消除外部势力的无穷威胁时，人们会逐渐认识到如能将所有小团体统一起来、造就一个大团体，安全感才有根本保障。所以每当人们感到中央政权公正可靠时，他们宁愿选择统一的中央集权。

另一个重要事实是，"关系本位"虽导致人际矛盾和斗争，但也导致人们最终认识到，结束分裂、回归一统才是走出困境的根本出路。我们看到，每当中国人分裂为不同的帮派、诸侯或军阀时，总是硝烟四起、战争不断。妥协极难做到，和平难以持久。结果，与其他帮派、地方或诸侯的关系，会消耗人大量的精力和心血，让他们筋疲力尽，正像日常人际矛盾中那样。与此同时，长期的冲突和战争，也会把全民的安全感摧毁殆尽。最终，人们普遍意识到，还是选择一个中央集权的政府更好，于是统一成为人心所向、大势所趋。

我们在研究中国历史上"分久必合、合久必分"①的规律时发现，即使在分裂最久的春秋战国（约前722—前221）和魏晋南北朝（220—581），逐步走向统一的趋势也异常明显。以春秋时期为例，先是东周初期至少上百个大大小小的小国被楚、齐、晋、秦等大国所吞并。据顾栋高考证，楚国在春秋时期吞并的小国多达42个；晋国、齐国分别吞并周边小国18个和10个，就连鲁国这样的小国也吞并了9个周边小国。②所以战国七雄本身就已经是统一的产物，而秦统一六国不过是这场统一潮流的顶点。再以魏晋南北朝为例。三国鼎立只有45年即为西晋统一。西晋灭亡后，南北朝虽朝代更迭频繁，但南方基本保持统一格局，而北方在各政权的混战中也曾分别于公元376年、439年和577年几次实现过统一（其中北魏统一北方近百年），最后南北方统一于隋。是否可以说，秦和隋的统一均是顺应了某种历史趋势呢？③

除此之外，经过春秋战国五百多年、魏晋南北朝三百六十多年的战乱，人们对分裂的苦果已深深品尝。南北朝及五代十国这两次较长的分裂，如果不是少数民族入侵及其政权建立，分裂时间应该会短很多。而在其他时期，像秦末、隋末及汉、唐、宋、元、明、清时期，虽然都出现了分裂甚至内部严重分裂的迹象（诸侯叛乱、同姓或异姓称王、农民起义等等），但都比较快平息了下去。这种现象的发生，除了金观涛等讲的社会组织方式、许倬云说的纵横联系网之外，应当还有深层的文化心理因素。

金观涛、刘青峰先生曾运用控制论、系统论方法，对中国古代社会"大

---

① 对于中国历史上统一与分裂的考察，参见葛剑雄：《统一与分裂：中国历史的启示》，中华书局2008年版。

② 顾栋高著，吴树平、李解民点校，《春秋大事表》（全三册），中华书局1993年版，第524（楚）、517（晋）、510（齐）、507（鲁）页。

③ 据盛思鑫介绍，王赓武先生在近来也论证了唐末五代十国时期，各国如何在制度改革上为后来的统一作了准备，从而说明了五代十国从分裂迈向统一的历史必然性。不过王的角度与本文完全不同，但也不矛盾。参见盛思鑫：《大一统思想与意识形态结构——评〈分裂的中国：迈向统一的883—947〉》，爱思想网，2011年11月15，http：www.aisixiang.com/data/46555.html。

一统"趋势从组织结构上进行了研究。他们把中国古代社会大一统格局的形成解释为以儒家意识形态为黏合剂，同时为上层官僚机构、中层乡绅自治和基层宗法家族提供合法性支持，并建立了儒家意识形态、政治结构和地主经济三者相互耦合的一体化结构。① 事实上，金、刘所说的"意识形态与社会组织一体化"，或"宗法一体化结构"，其成熟而典型的形态出现在明、清时期，并不是秦汉以来一直如此的。由于作者以中国古代社会成熟、稳定时期的社会组织形态为代表，所以就无法解释在统一意识形态严重衰退、社会组织方式深刻变迁的春秋战国和魏晋南北朝，为何有内在而强烈的统一趋势。②

事实上，金、刘所说的"超稳定结构"不仅有清晰的生成、演变轨迹，在其背后还有更深层，也许是更重要的"超稳定结构"，即前述所谓以此岸取向、关系本位和团体主义等为特点的文化心理结构。金、刘对统一意识形态重要性的认识，能在一定程度上解释春秋战国和魏晋南北朝时的分裂为何长久，但不能解释为何这两次分裂未能像古希腊和西欧那样，永远持续下去。可

① 参见金观涛、刘青峰：《兴盛与危机：论中国社会超稳定结构》，法律出版社 2011 年版。另参见金观涛、刘青峰：《开放中的变迁：再论中国社会超稳定结构》，法律出版社 2011 年版，第 1—17 页；金观涛、刘青峰：《中国现代思想的起源：超稳定结构与中国政治文化的演变》第一卷，法律出版社 2011 年版，第 7—21 页。

② 金观涛、刘青峰既然以儒家意识形态、国家官僚系统及自耕农经济这三个子系统的耦合结构来解释中国古代社会的超稳定结构，自然就无法解释在儒家意识形态未兴起前的三代，统一为何延续那么长久（特别是周朝存在近 800 年），以及春秋战国的分裂为何会走向统一。对于魏晋南北朝到隋唐统一的完成，作者解释为"民族大融合大体完成，儒学消化了外来文明后再次复兴，中国才又按着传统的一体化社会整合方式，建立了强大兴盛的隋唐帝国"（金观涛、刘青峰：《开放中的变迁》，法律出版社 2011 年版，第 418 页）。类似观点参见金观涛、刘青峰：《兴盛与危机：论中国社会超稳定结构》，法律出版社 2011 年版，第 227—267页。这一解释固然符合作者所建构的"超稳定结构模式"，但无法解释儒家为何在经历巨大衰落后能取代佛教和玄学而复兴、中国未像西藏等地那样变成纯粹的佛教王国（特别是在由少数民族主导的北朝）；以及北朝的封建化趋势为何会中断，传统的一体化结构为何能重建。他们似乎也意识到这个问题，用了"令人惊讶的历史惯性"来说明。（参见金观涛、刘青峰：《兴盛与危机：论中国社会超稳定结构》，法律出版社 2011 年版，第 260 页）事实上，南北朝时期的民族融合有一个前提，即中原汉族人口数量上占优势。我在其他地方论述过，儒家在中国成为统治意识形态是由西周即已成型的中国文化心理结构决定的；汉代以来独尊儒术之所以能形成，与此有关，并非由于个别帝王的偶然决定。（参见方朝晖：《"三纲"与秩序重建》，中央编译出版社 2014 年版）因此南北朝之后的儒家复兴和统一趋势，不能说与文化心理结构无关。

以说，秦和隋的统一是中国历史上两次最重要的统一，正是这两次统一促成了金、刘所说的"超稳定结构"。① 可以说，金、刘所说的文化、政治、经济三位一体的超稳定结构之所以能形成，与许倬云先生的"纵横联系网"一样，在更深层次上由本文所说的深层文化心理结构促成。②

必须认识到，中国人的统一能力有明显的局限。这首先表现为中国人的"统一趋势"是有限度的。通常他们主要只在本民族或已高度同化的民族之中才追求统一，而对其他民族，特别是少数民族，通常较少有兴趣统一（当然，在对方直接威胁自己的生存时则例外）。正如前述，汉人政权对少数民族政权在传统上更倾向于采取藩属或羁縻的方式。总之只要你不惹事就好了，我才不想管你呢。这与一些游牧民族不同，当他们统治中原时，宁愿直接统一所有被他们征服的民族。今天中国境内少数民族的格局正是满人给我们留下的遗产。从这个角度看，我们也不要对汤因比先生的预言过高估计。

三

汤因比先生说：

> 在过去二十一个世纪中，中国始终保持了迈向全世界的帝国，成为名副其实的地区性国家的榜样……在漫长的中国历史长河中，中华民族逐步培育起来的世界精神……。③

> 统一的中国，在政治上的宗主权被保护国所承认。文化的影响甚

---

① 越来越多的学者认识西周时期的统一，及战国的"大一统"思想皆为后世大一统趋势的重要来源。参见李学勤：《失落的文明》，上海文艺出版社 1997 年版；刘家和：《论汉代春秋公羊学的大一统思想》，《史学理论研究》1995 年第 2 期，第 58—67 页；张传玺：《大一统与中国古代多民族国家》，《北京日报》（理论周刊栏目）2000 年 9 月 18 日第 12 版。许倬云亦说，"秦汉与罗马，文化的统一早于政治的统一"，"在秦汉统一以前的战国时代，中国即已走向统一"。（见许倬云：《万古江河：中国历史文化的转折》，上海文艺出版社 2006 年版，第 109 页）

② 在《开放中的变迁》一书中，金观涛、刘青峰同样用"超稳定结构"说解释新中国成立以来，在意识形态、社会结构均发生巨大变化的条件下，中国共产党是如何竭力重建意识形态、政治系统和经济系统的一体化结构的。这一观点独到、新颖，在我看来进一步说明了深层文化心理结构的巨大力量，也即中国文化内在的"大一统"趋势。

③ 池田大作、阿·汤因比：《展望二十一世纪——汤因比与池田大作对话录》，荀春生等译，国际文化出版公司 1997 年版，第 277 页。

至渗透到遥远的地区，真是所谓"中华王国"。实际上，中国从纪元前二二一年以来，几乎在所有时代，都成为影响半个世界的中心。①

汤因比所描述的中国人的世界主义精神，及其曾经长期影响到半个世界的巨大能量是什么原因导致的呢？我想一方面，这确实要归功于中华民族能不断地走向统一，通过统一积聚起巨大的能量，从而能打败个人战斗力远胜于汉人的游牧入侵者，建立起空前的世界性大帝国。事实上，在中国历史上，每当汉人王朝衰落的时候，就有不少少数民族趁机南下，建立割据政权，造成分裂局面。

另一方面，中国人根深蒂固的"天人合一"观念，背后暗含着"天下一家"、"九州大同"的梦想，这确实是一种有助于天下一统的世界主义精神。这种理想在中国历代思想史上一直占据主流。除了孔子、老子及先秦儒家表达过天下大同的期望外，后世学者也一直有强烈的"天下主义"情怀，甚至现当代学者如康有为、熊十力等人仍在阐述此种理想。与此同时，古代中国帝王的"天朝上国"、"中央之国"虽似可笑，但背后也透露着某种包容全天下的宏伟理念。这种天下一统的理想之所以诞生，从文化心理学上看，也是由于中国人对于陌生人、对"异类"不放心，缺乏安全感。只有都成了一家人，才能保障安全，所以最好是"天下一家"。

第三方面，中国文化的世界主义特征还要极大地归功于中国文化的相对早熟。别的不说，汉字早在公元前1000年以前（西周建立以前）就已经是相当成熟的文字了，其发明时期可能要再往前追溯2000年。而在中国周边，少数民族最早发明文字的时间也要到突厥人和藏族人在公元7世纪，比汉人可能晚了3700年。中国或中国周边其他民族发明文字的时间则分别是：契丹人公元960年、西夏人公元1036年、女真人公元1119—1138年、蒙古人公元1204年、朝鲜人公元1424年、满人公元1599—1632年、越南人公元1651年，比中国人可能晚了4000年以上。

一个民族没有文字，自然无法积淀起丰富的历史经验，写成世代流传的文化经典，形成博大精深的思想体系，塑造完备发达的制度系统，从而建立世界性的政治国家。中国文化的早熟保证了汉人在与周边异族的战争中，可以借

---

① 池田大作、阿·汤因比：《展望二十一世纪——汤因比与池田大作对话录》，荀春生等译，国际文化出版公司1997年版，第278—279页。

助于高效的行政能力和强大的国家力量，形成庞大的集团战斗力，从而打败并成功同化许许多多的异族。今天我们在甲骨文、殷周金文及《左传》一类古书里所看到的许多方国或异族，早已消失在历史的云烟里，它们的名字诠释了华夏政权曾经的强大。秦的统一并不仅仅是汉民族内部的再统一，而且是汉族势力向周边，包括向长江流域甚至其以南的巨大扩展。从此以后两千多年里，中国人的地理空间基本上以秦统一后的版图为基础，逐步而缓慢地向外辐射或推进。这大概就是汤因比所谓的中国人的世界主义吧。

从历史的角度说，我一直认为，西周时期是中国文化史上一次空前绝后的大发展。不要忘了，东周的分裂和战乱是在西周数百年统一和融合的基础上发生的。西周漫长的统一极大塑造了中国人的民族性格，铸就了中国文化的基本模式——此岸取向、关系本位和团体主义等。西周深深地塑造了华夏文明共同体意识，"夷夏观"成为后世"大一统"思想的重要源头。西周文明还激发出一种卓越的天下观念，正是在这一天下观的基础上，有了以治理全天下为己任的百家争鸣，有了以全面整理文化为使命的"六经"编订，有了儒家关于未来世界的千秋盛世和万世太平理想。所有这些，都是中国文化早熟的重要标志，也是后来再次统一的深厚文化基础。

然而，正如其统一能力有局限一样，中国人的世界主义也有明显局限。"处境中心"的思维方式，导致在通常情况下，中国人对于与自己差别较大的民族或完全陌生的世界，倾向于采取谨慎保守的态度，没有巨大的热情去同化。所以中国人从未发展出类似于佛教、基督教、伊斯兰教等世界性宗教那样无比强大的传教热情，和前赴后继的传教运动。"处境中心"思维倾向于通过缓慢融合来实现和平，所以会尽可能采取"怀柔"的外向政策。它不太相信武力，因为惧怕导致恶性循环式报复，保证不了长治久安。这就造就了一种保守的世界主义，而不是积极的、进攻性的世界主义。

我估计今后中国人也不大可能改变这种相对保守的"世界"观。在历史上，中国文化的世界主义特征，固然与其内部"大一统"的理想和能力有关，但由于也与其在文化上相对于周边少数民族早熟有关，其有限的世界主义特征也在某种程度上是一个附带产物。

正因为如此，我们有什么理由片面相信汤因比的话，过分抬高中国文化的世界主义特征？如果文化早熟是中国式世界主义的主要原因之一，今天中国文化还有什么优越性可言呢？至少古人所引以为豪的许多因素，比如文字早熟、宗教早熟、制度早熟等等，今天均不复存在了。

四

汤因比认为未来世界的主导权在东亚，他说：

西欧在人类史的最近阶段掌握了主导权，扮演了支配的角色。……在人类史的下一个阶段，西欧将把其主导权转交给东亚。①

东亚有很多历史遗产，这些都可以使其成为全世界统一的地理和文化上的主轴。②

我所预见的和平统一，一定是以地理和文化主轴为中心，不断结晶扩大起来的。我预感到这个主轴不在美国、欧洲和苏联，而是在东亚。③

我期待着东亚对确立和平和发展人类文明能作出主要的积极贡献。……我认为世界其他地区即印度、巴基斯坦次大陆和中东地区，对这种稳定似乎还不能起到这样的积极作用。④

汤因比所说的东亚或东亚文明，是指以中国为代表，同时包括日本、朝鲜、越南在内的文明类型，他把古代日本、朝鲜、越南视作中华文明的子体。

现在我们不妨来思考一下汤因比这些话究竟能不能成立？综合上述，我想中国文化在未来未必真的如汤因比所相信的那样，在世界统一方面发挥主导作用，但考虑到中国规模之大，中华民族应该有能力建设成世界文明的新重心之一。换个角度说，如果中国连世界文明的新重心都成不了，所谓统一天下的世界主义也就没意义了。那么，中国未来如何成为世界文明的新重心呢？

必须认识到，假如在未来的世界里，中国人仅仅在经济上取得成功，并因此在军事和政治上始终保持自身作为一个世界大国的国际地位，这绝不能保证中国成为世界文明的重心之一。

---

① 池田大作、阿·汤因比：《展望二十一世纪——汤因比与池田大作对话录》，荀春生等译，国际文化出版公司1997年版，"序言"。

② 池田大作、阿·汤因比：《展望二十一世纪——汤因比与池田大作对话录》，荀春生等译，国际文化出版公司1997年版，第277页。

③ 池田大作、阿·汤因比：《展望二十一世纪——汤因比与池田大作对话录》，荀春生等译，国际文化出版公司1997年版，第283页。

④ 池田大作、阿·汤因比：《展望二十一世纪——汤因比与池田大作对话录》，荀春生等译，国际文化出版公司1997年版，第276页。

因为首先，人类历史上许多大国都曾经成为军事和政治上名副其实的世界帝国，但由于制度不文明，文化不进步，一旦倒台，立即土崩瓦解、烟消云散。

所谓"世界文明的重心"，顺着汤因比的思路，至少要包括：

（1）成熟进步的社会制度；

（2）自成一体的价值观念（与生活方式相配套）；

（3）世界性的伟大宗教（至少一个）。

这些构成伟大文明的要素，在古代的中国都具备了，只是就宗教而言，中国人的宗教并不像汤因比所说的只有大乘佛教，更包括影响不比大乘佛教小的儒教、道教及地方宗教。事实上，大乘佛教一直到隋朝之前基本上还不占居统治地位，它的真正得势也许要到唐朝。在宋代以来的历史上，虽然佛教一直是最大的宗教之一，但在官方和私人生活中，影响最大的还是儒教。

然而，今天中国人面临的真正难题恰恰在于，那些构成一个伟大文明的要素还不具备。过去的价值观念、精神信仰（特别是儒教）以及制度体系受到了全面冲击。一方面，儒教等宗教的价值和信仰不再构成当代中国人社会生活的主导因素；另一方面，民主、法治、人权、自由等所代表的西方制度及价值全面涌入，却又不能落地生根。中国人能否重建自身的制度和价值，至今还莫衷一是，前途未卜。

汤因比非常大度地说：

> 对过去的中国，拿破仑曾说，"不要唤醒酣睡的巨人"。英国人打败了拿破仑，马上就发动了鸦片战争，使中国觉醒了。[1]

然而，中国人觉醒了，不等于就能建立起一种新的文明形态。只要一种新型的、具有中国或东亚文化自身特点的独特文明样式没有建立起来，任何关于中国将成为未来世界文明重心之一的预言都言之过早。

汤因比研究过人类历史上曾经出现过的二十多种文明，这些文明从形态上我认为可以大体划分为八大类（有的已消失）：（1）西方社会（包括希腊、罗马及犹太人），（2）东正教社会，（3）伊斯兰教社会（包括伊朗、阿拉伯及

---

[1] 池田大作、阿·汤因比：《展望二十一世纪——汤因比与池田大作对话录》，荀春生等译，国际文化出版公司1997年版，第280页。

叙利亚），（4）中国社会（包括日本、朝鲜及越南），（5）印度社会，（6）美索不达米亚社会（苏美尔、赫梯和巴比伦），（7）古埃及社会（已消失），（8）拉美社会（安第斯、尤卡坦、墨西哥及马雅）。他把日本、朝鲜及越南当作中国文明的子体。① 当然我归纳其为八大类古代文明类型，不一定准确，希望能反映汤因比对人类文明形态的划分框架。汤因比意味深长地指出，在公元775年左右，"在世界地图上的不同社会的数目和一致性同今天大体上相同"。②

按照亨廷顿的观点，未来世界文明的基本形态包括西方、中国、印度、日本、伊斯兰、东正教、佛教、拉丁美洲、非洲等为代表的几大文明。③ 亨廷顿的文明划分晚于汤因比，针对的时代也不同。不过，其中中国和日本或许不代表两种不同的文明形态，不妨按汤因比的观点合称为"中国文明"或"东亚文明"；他所说的佛教文明应该主要指信仰小乘佛教的南亚国家，可与印度文明视作一类。这样一来，我们今天就有了：（1）西方，（2）中国，（3）印度，（4）伊斯兰，（5）东正教，（6）拉美，（7）非洲等为代表的大致七大文明形态。亨廷顿的观点常被国人误解为主张"文明必定冲突"，事实上他只是主张冷战结束后世界的格局发生了或发生着重大调整，呈现出多极化（multipolar）或文明多样化（multicivilizational）的趋势，未来世界的主要冲突可能源于此。正是基于这一文明多样性观点，他非常反对以美国为代表的西方霸权主义，他甚至称美国的外交政策是"人权帝国主义"。④

基于汤因比和亨廷顿对人类文明的分类，过去一千多年来，虽然人类文明经历了无数变迁甚至浩劫，但其基本形态并没有改变。据此我们可否预言，未来一千年内，人类文明的基本形态也不会有大的改变？如果是这样的话，我想应该对于中国人在未来建立起新的文明样式有更大的信心。

让我们重申：决定未来中国能否成为世界文明重心之一的关键在于，中国

---

① 汤因比：《历史研究》上册，索麦维尔节录，曹未风译，上海人民出版社1966年版，第15—43页；另参见维基百科英文版词条"A Study of History"，https://en.wikipedia.org/wiki/A_Study_of_History。

② 汤因比：《历史研究》上册，索麦维尔节录，曹未风译，上海人民出版社1966年版，第15—43、10页。

③ Samuel P. Huntington，*The Clash of Civilizations and the Remaking of World Order*，New York：Simon & Schuster Inc Press，1996.

④ Samuel P. Huntington，"The Clash of Civilizations?"，*Foreign Affairs*，Vol.72，No.3，Summer Press，1993，pp.40—41.

人能否建立起自己的一套完整的价值体系、制度模式及精神信仰（或世界性宗教）。这套价值、制度及信仰的具体内容和特征，已超出本文预定范围。这里只想强调一点，中国人只要能把自己的问题解决好，自然就会成为有世界影响的国家。目前已经取得较大现代化成就的日本、韩国等国，在建立新型东亚文明形态方面还没有表现出足够的自觉和自信。从历史的眼光看，中国人在这方面的自觉和自信是从来不缺的。

（作者简介：方朝晖　清华大学人文学院历史系）

"以身为本"与"大同主义"

——"家国天下"话语反思与"天下主义"观念批判

黄玉顺

目前的中国学术界,"天下"是一个热门话题;有人甚至以此为据,做起国族主义①的"大国梦"来,似乎不仅中国是中国的天下,而且世界也将是中国的天下。同时,传统话语"家国天下"也热火起来;有人甚至根据传统社会的家庭本位的集体主义,来对抗所谓"西方个人主义",不仅侈谈所谓"中国道路",而且妄图构造一个"中国特色"的未来世界。本文意在阐明:这些论调均属似是而非,既是对"家国天下"传统话语及其背后的儒学原理的误解或曲解,也是对当今世界现实生活及其历史趋向的误解或曲解。

一、以身为本:"家国天下"话语模式的盲点

首先必须指出:中国传统的话语模式,"家国天下"其实并非完整的表述;完整的表达应当是"身—家—国—天下"。换言之,中国传统的伦理政治话语模式并非"以家为本",而是"以身为本"。例如人们熟悉的《礼记·大学》就是这样讲的:

> 古之欲明明德于天下者,先治其国;欲治其国者,先齐其家;欲齐其家者,先修其身。……身修而后家齐,家齐而后国治,国治而后天下平。自天子以至于庶人,壹是皆以修身为本。

这里明确讲"修身为本"。孟子也明确讲:"天下之本在国,国之本在家,

---

① "国族"(nation)旧译"民族国家","国族主义"(nationalism)旧译"民族主义"、"国家主义",易致混乱,详见下文。

家之本在身";"守身，守之本也"。(《孟子·离娄上》)这些都是"以身为本"的明确无误的经典表述。

所谓"身"，远不仅仅指"身体"，而是指的自身、自己，即灵肉一体的个体自我。例如《论语·学而》"吾日三省吾身"并非反省自己的身体，而是反省个体自我的德行。这样的个体在不同的历史时代有着不同的社会地位，例如，从古代宗法家庭的附庸到现代核心家庭，乃至现代社会的主体，从前现代的臣民到现代性的公民，等等。

孔子早已倡导这样一种个体自我人格："匹夫不可夺志"(《论语·子罕》)；"不降其志，不辱其身"(《微子》)。孟子继承了这种个体自我精神。在他看来，最大的、根本的课题，乃是守身而不失身："守孰为大？守身为大。不失其身而能事其亲者，吾闻之矣；失其身而能事其亲者，吾未之闻也。……守身，守之本也。"(《孟子·离娄上》)守身而不失身，其前提是"爱身"："人之于身也，兼所爱；兼所爱，则兼所养也；无尺寸之肤不爱焉，则无尺寸之肤不养也。""拱把之桐梓，人苟欲生之，皆知所以养之者；至于身，而不知所以养之者，岂爱身不若桐梓哉？弗思甚也！"(《孟子·告子上》)

明确"以身为本"这一点，是非常重要的，因为：

第一，"身"这个概念的内涵转换，正意味着时代的转换：在前现代的话语中，"身"只是"家"的附庸；而在现代性的话语中，"身"成为了"家"的基础。例如极具平民性、现代性的王艮就在其《明哲保身论》中申言："吾身保，然后能保一家矣"；"吾身保，然后能保一国矣"；"吾身保，然后能保天下矣"；"吾身不能保，又何以保天下国家哉？"这是因为"身是本，天下国家是末"；"吾身是个矩，天下国家是个方"[①]。"吾身是矩"意味着个体自我乃是家、国、天下的尺度，这显然是一种典型的个体主义表达。

第二，在"家国天下"话语模式中，"家—国"并不具有恒久的意义。例如，即便在当今这个国族时代，比"家"(核心家庭)更具社会主体意义的其实正是"身"(个体)，何况在将来的超国族时代了。反之，"身"更具有永恒的意义，因为即使到了超国族时代，个体性的"身"依然是基础性的社会主体；而那时"家"是否还存在，则是一个问题。

然而常见的"家国天下"话语模式造成了一种误解，而且这种误解竟然

---

① 王艮：《答问补遗》，《王心斋全集》，江苏教育出版社2001年版，第34页。

由一种似是而非的实然事实判断推展为一种想当然耳的应然价值判断，似乎中国伦理向来都是，因此现在和未来仍然应当是以家为本的。这不仅是对生活情势的误判，也是对中国传统话语的误读。

二、"国"的历史形态转换

现代汉语"国"这个词的含义，特别是它与英文"state"和"nation"的对应问题，已经造成了思想混乱。英文"nation"通常译为"国家"或"民族"或"民族国家"；本文译为"国族"，因为译为"国家"容易与前现代的"state"（国家）相混，译为"民族"则又容易与前现代的"ethnic"及"nationality"（民族）（通常指种族或少数民族）相混。

（一）"国家"与"国族"之语义分析

上述混乱的一个严重问题，就是当代中国的性质问题。一方面，人们说中国是一个"多民族国家"，多达 56 个民族；另一方面又说，中国就是一个国家，"中国"就是单一的"中华民族"（Chinese Nation）。那么，所谓"多民族国家"究竟是说的"multi—national country"、还是"multi—ethnic country"？前者不符合现代的"国家"（nation）概念，因为现代国家乃是单一的"国族"（nation），而非"多国"（nations）（如联合国 the United Nations）；后者也不符合现代的"国家"概念，因为现代国家并不是前现代的民族（ethnic），而是现代性的国族（nation）。总之，我们陷入了自相矛盾，而这种矛盾贻人以口实，似乎当代中国确实应当肢解为若干个现代性的"民族国家"（nations）。可见这绝不仅仅是一个理论问题，而是一个严峻的现实问题。

其实，"state"（国家）是一个古今通用的概念，它涵盖了"nation"（国族）。而"nation"（国族）则是一个现代性的概念，它可以由前现代的单个"nationality"（民族）发展而来，其前身就是尚未建立国族的"ethnic"（民族）；但也可以由前现代的"多民族"（nationalities）整合而来，而其所构成的乃是单一的国族。为此，必须仔细考察"state"（国家）和"nation"（国族）的历史渊源与现实形态。

（二）国家（state）

国家的存在，正如佛学所谓"生住异灭"（arising—abiding—changing—extinction），既有其产生，则有其消亡。国家产生于氏族部落（clan tribe）；所以，国家的最初形态是宗族国家（clan state），即以父系血缘为纽带的父权制国家（patriarchal state）。在中国，那就是"三代"即夏、商、周的宗族国家。[①]

在中国，宗法时代包括两个历史形态：宗族时代和家族时代。前者是列国时代（所谓"封建"的本义）、王权时代，即夏商周"三代"；后者是自秦朝至清朝的帝国时代、皇权时代。两者的共性在于：它们都建立在以父系血缘为纽带的父权制家庭的基础上，故同属于宗法社会。两者的区别在于：社会主体从王权时代的宗族（clan family）转变为皇权时代的家族（home family）。[②] 前者是"家国天下同构"的，例如周家（姬姓宗族）拥有周国，并且拥有周家天下（著名经典《大学》"修身—齐家—治国—平天下"的逻辑即基于此）；列国之间的斗争是"兄弟阋于墙"（《诗经·小雅·常棣》)[③] 的血亲内部斗争。而后者则不然，皇族的血缘结构并非整个国家、天下的政治结构，当时最重要的政治斗争——打天下、守天下，往往是各大家族之间的斗争，他们之间没有血亲关系。这两个历史形态的国家，均属宗法国家（patriarchal clan state）。

在上述宗法社会的两种社会形态，即宗族社会和家族社会中，"身"即个体自我并非社会主体；社会主体是宗法家庭，即宗族或家族，个体没有独立的存在价值。这是前现代社会的基本特征之一：基本社会价值不是个体主义（individualism），而是某种集体主义（collectivism）。"集体"（collective）可分两类：血缘集体，即宗族和家族；非血缘性集体。后者的情况相当复杂，例如：古典君主主义的集体主义就是血缘集体主义，这是前现代的价值观；现代极权主义的集体主义则是非血缘性集体主义，这是现代性的一种变异价值观。但无论如何，"身"——个体自我都没有独立的价值。

在宗法社会中，"朕即国家"之所以可能，只因为"朕"这个个体出生于国君之家，而不在其何德何能。孟子甚至说："民为贵，社稷次之，君为轻；……诸侯危社稷，则变置。"（《孟子·尽心下》）社稷即国家，也就是国君之家这个血缘集体，它比君主个体更为重要，所以，一旦某个君主危及国家这个血缘集体，他就应当被置换掉。孟子之所以对任何君主个体都不以为然，"说大人，则藐之"（《孟子·尽心下》)，一个重要原因就是这种血缘集体主义

---

① "周"指西周，即不包括作为社会转型时期的春秋—战国时期。

② "home"意味着"聚族而居"，"家乡"（homeland）观念浓厚，重视"祖籍"、"地望"，"安土重迁"。

③ 阮元校刻：《十三经注疏·毛诗正义》，中华书局1980年版，第408页。

价值观。

以上事实决定了宗法社会的政治体制，即王权政治或皇权政治。须注意的是：王权并非"王"这个个体的权力，而是王族这个宗族的集体权力；同样，皇权并非"皇"这个个体的权力，而是皇族这个家族的集体权力。在这种制度下，所谓"国家主权"实质上是某个宗族或某个家族的权力；所以难怪，在英语中，"主权"和"君权"是同一个词"sovereignty"。为了确保这个集体权力的血缘的纯粹性和传承的稳固性，才有了诸如"嫡长子继承制"之类的制度设计，这在东方和西方都是一样的。

上述关于国家的一切，都渊源于特定的生活方式。这里存在着一种基本的逻辑：政治制度取决于主权者（sovereign owner），主权者取决于社会主体，社会主体则取决于社会生活方式；生活方式的转换导致社会主体的转换，从而导致主权者的转换，从而导致政治制度的转换，从而导致国家形态的转换。大致而论，由前现代的农耕社会的生活方式转变为现代性的工商社会的生活方式之际，社会主体也由宗法家庭转变为个体（而非核心家庭）（详见下节），主权者由宗族或家族转变为公民个人，社会制度也由王权政治或皇权政治转变为民权政治，于是宗法国家也转变为国族（nation）。这些就是所谓"现代性"的基本内涵。

（三）国族（nation）

随着前现代的生活方式转变为现代性的生活方式，国家形态也发生了相应的转变。其中最重要、最基本的，乃是社会主体的转变：从作为集体的宗族或家族转变为作为个体的个人（person）。在政治生活领域中，这种个体就是公民，他们组成现代的国家——国族国家（national state）。所谓"国族"（nation）既非前现代的民族（ethnic or nationality），也非前现代的国家（ancient state），而是现代国家（modern state）；它并不是若干宗族或家族或家庭的集合体，而是若干公民的集合体（aggregation），即是若干个人的"合众体"（unity），这种集合体本质上绝非集体主义的，而是个体主义的。

然而值得注意的是"主权"的观念经常被误解，即被视为一种集体主义的东西。这当然是有其历史缘由的，如上文所论，主权曾经是君主家族的权力。但是，当生活方式的转变导致社会转型，即从宗法社会转变为个体社会之后，社会主体即由君主家族转变为个体，主权者也由君主家族转变为了作为个体的公民。主权者乃是公民，而绝非国族：这是必须牢记的一条现代政治原则。例如，作为主权的一种重要体现的对外宣战，就是公民或其代议机构的权力。

但上文谈到，国家有其产生，也就有其消亡。国族很可能是国家的最后形式。事实上，在当代思想中，国族的消亡已有其价值观的表达，那就是超国主义（supranationalism）。确实，现代社会的许多麻烦，其实都与国族具有内在的关联，例如各种各样的国际冲突，包括两次世界大战、"冷战"、所谓"文明冲突"（the clash of civilizations），等等。

超国时代（supranational age）的许多迹象，在生活方式、经济、政治等领域都已开始出现或萌芽，这显然是一个非常重要，然而尚待研究的领域。仅就政治形式而论，欧盟（European Union）就是一个很值得讨论的现象：一方面，当面对国际上的其他国家时，欧盟的地位和作用仍然相当于一个传统的国族国家；但另一方面，欧盟确实已经超越了单一民族（nationality）的国族（nation）。如此看来，显而易见，欧盟是从国族社会向超国社会转变的一种过渡形式。

至于未来的超国社会（supranational society）究竟是什么模样，这更是有待探索的课题。这里只能提出一些推测性的问题，例如：生活方式上，它肯定不会是农耕社会，但仍然会是工商社会吗？经济制度上，它会是一种私有制或公有制或混合所有制，抑或会是一种新型的社会所有制（social ownership）？不过，有些问题的答案还是比较确定的：超国社会意味着国家的消亡；它是一种个体社会，实行人权政治（the politics of personal rights）；如此等等。

国家的消亡将会伴随着家庭的消亡，也就是说，"身—家—国—天下"的话语模式将变成"身—天下"。

指标 \ 时代	宗法时代		国族时代	超国时代
	列国时代	帝国时代		
生活方式	农耕社会	农耕社会	工商社会	
社会形态	宗族社会	家族社会	个体社会	个体社会
经济制度	公有制	私有制	私有制/公有制	社会所有制
社会主体	宗族	家族	个人—核心家庭	个人
政治体制	王权政治	皇权政治	民权政治	人权政治
国家形态	宗族国家	家族国家	国族国家	国家消亡

时代 \\ 指标	宗法时代		国族时代	超国时代
	列国时代	帝国时代		
价值理念	封建世界主义 = 王权天下主义	帝国世界主义 = 皇权天下主义	国族性世界主义 现代帝国主义	超国族世界主义
中国话语	身—家—国—天下	身—家—国—天下	身—国—天下	身—天下

注：中国社会历史形态。

三、“家”的历史形态转换

所谓“家”，指家庭。“家庭”（family）是一个普遍概念，它涵盖各种家庭形态：古代的宗法家庭（patriarchal family），包括宗族家庭（clan family）和家族家庭（home family）；现代的核心家庭（nuclear family）；当代的各种形态的家庭。这些都是家庭的历史形态。

正如国家有其产生则有其消亡，家庭亦然。这是因为，家庭和国家是密切相关的（汉语“国家”这个词语透露了这个信息）。古代的宗法国家基于宗法家庭：宗族国家基于宗族家庭，家族国家基于家族家庭。至于现代的国族国家，虽然并不基于现代核心家庭，而是基于公民个人，但家庭仍然在国家政治生活中具有重要作用，人们至今仍不得不面对一些“政治家族”的“家族政治”，这很难说究竟是现代性政治的一种现象，还是前现代政治的孑遗。

（一）古代的宗法家庭

所谓“宗法”（patriarchal clan system），就是以父系血缘为纽带、按嫡庶关系和亲疏关系来组织和管理社会的制度安排。这是父系男权社会，“父之党为宗族”（《尔雅·释亲》）。宗法制度的核心是“亲亲也，尊尊也，长长也，男女有别”，即按父系血缘关系来划分尊卑等级；其功能是血亲伦理政治，即“上治祖祢，尊尊也；下治子孙，亲亲也；旁治昆弟，合族以食，序以昭缪，别之以礼义，人道竭矣”；“圣人南面而治天下，必自人道始矣”（《礼记·大传》）。因此，宗法制度的一个突出特征就是尊祖，表现在宗庙中的祭祖，这就是“宗”字的意思，即许慎所说：“宗：尊祖庙也。”（《说文解字·宀部》）故《礼记·大传》说：“尊祖，故敬宗；敬宗，尊祖之义也”；“自仁率亲，等而上之，至于祖；自义率祖，顺而下之，至于祢”；“王者禘其祖之所自出，以其祖配之；

诸侯及其大祖；大夫士有大事，省于其君，干祫，及其高祖"。总之，"人道亲亲也，亲亲故尊祖，尊祖故敬宗，敬宗故收族，收族故宗庙严，宗庙严故重社稷，重社稷故爱百姓，爱百姓故刑罚中，刑罚中故庶民安，庶民安故财用足，财用足故百志成，百志成故礼俗刑（形），礼俗刑然后乐"（《礼记·大传》）。

但实际上，在中国历史上，宗法制度应区分为两个不同的时代，即列国时代（夏商西周）和帝国时代（自秦至清），两者之间存在着很大的差别。所以，古代的宗法家庭（patriarchal family）包括列国时代或王权时代的宗族家庭（clan family）、帝国时代或皇权时代的家族家庭（home family）。

1. 列国时代的宗族家庭

宗族家庭的特征在于：宗法关系不仅是家庭的秩序，也是国家、天下的秩序，整个社会被组织成一个父系血缘的"大宗—小宗"网络。陈立指出："天子建国，则诸侯于国为大宗，对天子言则为小宗"；"诸侯立家，则卿于家为大宗，对诸侯则为小宗"；"卿置侧室，大夫二宗，士之隶子弟等，皆可推而著见也"。（《白虎通疏证·封公侯·论为人后》）《礼记·大学》所讲的伦理政治逻辑"欲明明德于天下者先治其国，欲治其国者先齐其家"、"家齐而后国治，国治而后天下平"，就是"家—国—天下"同构，天下秩序是国家秩序的放大，国家秩序是家庭秩序的放大。这就是封建制。此时，宗族不仅是人口繁衍单位，也是经济单位、文化单位；借用经济学的说法，宗族不仅是人本身的扩大再生产单位，而且是物质生产单位，还是精神生产单位。总之，宗族家庭是社会主体和政治主体。

2. 帝国时代的家族家庭

有别于宗族家庭，皇族的家族家庭的秩序不再是国家、天下的秩序，即国家和天下的政治结构不再是血缘结构。秦汉以来，废除了封建制，而实行郡县制，郡县府道及藩属国的设置，不再按父系血缘关系来安排。刘大槐指出："封建废而大宗之法不行，则小宗亦无据依而起，于是宗子遂易为族长。"[1] 整个帝国由大大小小的家族家庭构成，这些家族之间并非大宗小宗之间的血缘关系。此时，家族仍然是人口繁衍单位（人的再生产单位），也仍然是经济单位（物质生产单位），但往往不再是文化单位（精神生产单位）。但家族家庭仍然是社会主体和政治主体。

---

[1] 刘大槐著，吴孟复标点：《方氏支祠碑记》，《刘大槐集》卷十，上海古籍出版社 1990 年版。

从宗族社会向家族社会转变的一个重要现象，就是宗庙制度的变化：宗族王权时代，天子、诸侯、卿大夫、士皆有宗庙，"天子七庙，诸侯五庙，大夫三庙，士一庙"（《礼记·王制》）；而家族皇权时代，宗庙则成为了皇族特有的象征，士大夫不敢建宗庙。司马光说："先王之制，自天子至官师，皆有庙。……及秦非笑圣人，荡灭典礼，务尊君卑臣，于是天子之外，无敢营宗庙者。汉世公卿贵人，多建祠堂于墓所，在都邑则鲜焉。魏晋以降，渐复庙制。……唐世贵臣皆有庙，及五代荡析……庙制遂绝。"[①] 其实，所谓"魏晋以降，渐复庙制"之"庙"，已经不是王权时代的宗庙，而是皇权时代的祠堂，祠堂成为家族（而非宗族）的象征，这种现象至今仍有孑遗。

（二）现代的核心家庭

现代的核心家庭（nuclear family）仍然还是人口繁衍单位（人的再生产单位），却不再是经济单位（物质生产单位），更非文化单位（精神生产单位）。总之，随着生活方式的变迁、历史的发展，家庭的社会功能趋向于逐渐减少。现代核心家庭尽管还有一定的经济意义，但在生产、流通、分配、消费四大环节中，家庭的经济意义主要集中在消费领域：在通常情况下，家庭已不再是商品生产的单位（所谓"家族企业"或"家庭企业"只是个别现象），也非商品流通、货币流通的单位，亦非商品分配、货币分配的单位（例如夫妻各自从不同的社会单位领取工资等）。

唯其如此，与宗法家庭相比较，核心家庭不再是社会主体和政治主体。这是现代性社会与前现代社会的一个根本性区别：社会主体已不再是家庭，而是个人。

（三）家庭的消亡

现代社会的家庭形态不仅仅有核心家庭，还出现了若干新的家庭形态，即呈现家庭形态多元化的趋势。例如，单亲家庭愈益增多。单亲家庭其实分为两种情况：一种是离异家庭；另一种则是非婚家庭。非婚家庭乃是由独身的男女，特别是女性生养或领养子女而组成的，而选择独身的人数在发达国家呈增长趋势。又如，同性恋家庭的出现及其合法化，意味着家庭的最后一个重要社会功能，即人口繁衍或人本身的再生产功能也已丧失。上述这些家庭在很大程

---

① 司马光：《文潞公家庙碑记》，《温国文正公文集》第七十九卷，《四部丛刊初编》本，商务印书馆 1929 年版。

度上已经不是原来意义的"家庭"概念。总之,核心家庭恐怕是家庭的最后一种形式,也就是家庭消亡的征兆。

伴随着国家的消亡,家庭的消亡意味着"身—家—国—天下"的话语模式将变成"身—天下";而且从实质上来看,所谓"天下"也不再是原来的意义,而是"世界"。

四、古代的两种天下主义

说到"天下",近年来"天下主义"成了一个时髦的新话题,但其概念却相当混乱,有待澄清。

(一)关于汉语"世界主义"、"天下主义"的英文对译问题

国内关于"天下主义"和"世界主义"的讨论,与西方关于"cosmopolitism"和"globalism"的讨论有关。这两个英文词的汉译,可谓混乱不堪。最常见的情况,是将"cosmopolitism"译为"世界主义",而将"globalism"译为"天下主义",这恰恰是搞反了。"globalism"源于"globe"(地球);然而汉语"天下"并无"地球"之义,因为中国古人所持的是"天圆地方"的观念。"cosmopolitism"源于古希腊语"cosmo"(宇宙);然而古代汉语"世界"并无"宇宙"之义,而是一个来自佛学的词语。比较而言,汉语"天下"更接近于"cosmo"(宇宙),因为"天下"所指的不仅仅是人世,它是人道与天道相一致的和谐秩序(cosmos),故古人常称天下为"宇内";还应注意,"天下"(all under heaven)毕竟是一个前现代的概念,并不切合于未来的超国族主义(supranationalism)的实质。同时,诸如"globalism"、"globalization"之类,都是现代的观念,古代并无这样的观念;而且还应注意,"globalism"(它也可以指帝国主义的全球性干涉政策)这样的观念同样不切合于未来的超国族主义。

因此,将汉语"世界主义"对应于英文,应有四种含义,即三种cosmopolitism 和一种 globalism,如下:

(1)古代的两种"世界主义"——两种"天下主义"

①封建世界主义(feudalistic cosmopolitism):王国天下主义(kingdom cosmopolitism)

②专制世界主义(autocratic cosmopolitism):帝国天下主义(imperial

cosmopolitism）

（2）当代的两种"世界主义"

①国族性世界主义（national globalism）

②超国族世界主义（supranational cosmopolitism）：超国主义（supranationa-lism）

（二）王国的天下主义

王国的天下主义是封建的世界主义，它是由一个王国与若干诸侯国组成世界体系，例如西周时期的情况。这种天下主义，是由王国的王族掌控天下秩序。这种天下主义实质上是宗法制度中的宗族制度的国际性延伸，即是标准的"家—国—天下"结构，天下秩序的控制权掌握在"天下共主"、"大宗"——王族的手中。这种天下主义的政治理念，就是所谓"王道"。

进入东周列国时代，中国社会进入转型时期，即从王权时代向皇权时代转型的春秋战国时期，王权衰落，诸侯争霸，于是有"霸道"与"王道"之争，最后是以霸道的胜利告终，因为所谓"霸道"实质上是走向"帝道"——古代帝国主义。孔子即生活在这个转型时代，所以他的思想也容纳霸道，认为"齐一变至于鲁，鲁一变至于道"（《论语·雍也》），"齐"象征霸道，"鲁"象征王道；因此，孔子对帮助齐桓公争霸的管仲颇为赞赏。

> 子路曰："桓公杀公子纠，召忽死之，管仲不死。曰未仁乎？"子曰："桓公九合诸侯，不以兵车，管仲之力也。如其仁！如其仁！"

> 子贡曰："管仲非仁者与？桓公杀公子纠，不能死，又相之。"子曰："管仲相桓公，霸诸侯，一匡天下，民到于今受其赐。微管仲，吾其被发左衽矣！岂若匹夫匹妇之为谅也，自经于沟渎而莫之知也。"（《论语·宪问》）

但应注意两点：其一，孔子所赞赏的霸道（齐）毕竟是低于王道（鲁）的；其二，"齐一变至于鲁"意味着"霸"乃是"王"的基础，但其所谓"霸"是指的"一匡天下"，实质上就是未来的政治大一统，即是帝国，这是他心目中的"王道"的实质内涵，并不是说的王权时代的王道。① 整个先秦时期的儒家政治哲学，基本上是指向未来的帝国的。

---

① 参见黄玉顺：《"周礼"现代价值究竟何在——〈周礼〉社会正义观念诠释》，《学术界》2011年第6期。

孟子批评"五霸者，三王之罪人也"（《孟子·告子下》），其实质亦如此：他到处劝诸侯"王天下"，意味着对姬姓周室王权的"天下共主"正统地位的否定；故其所谓"王道"政治理想其实也是指向未来的帝国的，只不过他反对以"力"争霸，主张以"德"即"仁"争霸（《孟子·公孙丑上》）（后来司马迁讥之为"迂远而阔于事情"①）。这其实是古代意义的帝国主义的理念，这种帝国主义的历史结果就是自秦至清的中华帝国。

今天有一部分儒者大讲"天下主义"，甚至宣扬"霸道"，以春秋战国时期的国际关系来类比现代世界的国际关系，其思想实质也是帝国主义，但不是古代帝国主义，而是现代帝国主义，即下文要谈的"国族性的世界主义"。

（三）帝国的天下主义

帝国的天下主义是专制的世界主义，它是由中央帝国与若干藩属国组成世界体系，例如中华帝国及其藩属国。这种天下主义，是由帝国的皇族掌控天下秩序。这种天下主义实质上是宗法制度中的家族制度的国际性延伸，天下秩序的控制权掌握在皇族的手中。这就是古代意义的"帝国主义"。这种天下主义的政治理念，虽然自称"王道"，但其所谓"王"其实已非原来意义上的、列国时代的"王"，而是"帝"——帝国时代的皇帝。韩非子曾经非常准确地描述过这种天下主义的情形："事在四方，要在中央；圣人执要，四方来效。"（《韩非子·扬权》）韩非子所谓"圣人"，其实指的是帝国的最高统治者。

五、当代的两种世界主义

这里的汉语"世界主义"绝对不能简单化地译为"cosmopolitism"，而应区分"cosmopolitism"和"globalism"，其语义辨析已见上文。

（一）国族性世界主义：帝国主义

国族性世界主义（national globalism）实质上只是国族主义（nationalism）（旧译"民族主义"）的一种表现形式，即国族主义在国际关系问题上的表现，本质上就是现代意义的帝国主义。帝国主义的实质，就是一个国家在经济和政治上控制其他国家，并往往辅之以军事手段与文化手段（即所谓"软实力"），由此形成一种世界秩序体系。当"国"指前现代意义的国家（state）时，那

---

① 司马迁：《孟子荀卿列传》，《史记》，中华书局 1982 年版。

是古代帝国主义，其实就是上文所说的古代"帝国世界主义"（imperialistic cosmopolitism）或曰"皇权天下主义"；当"国"指现代意义的国族（nation）时，就是现代帝国主义（这里的"帝国"其实只是一种历史的譬喻），不论它是资本主义国家，还是所谓社会主义国家（如苏联）。

（二）超国族世界主义：从邦联主义到大同主义

所谓"超国族的世界主义"（supranational cosmopolitism）实质上就是"超国主义"（supranationalism）（或译"世界主义"），不再以国族为基础，而是国家消亡之后的情景。显然，这在目前基本上还只是一种理念性的存在；但是，这种历史趋势已经出现了若干征兆。最重要的现象发生在经济领域中，例如今天的一些跨国公司，我们已经很难说它们是哪个国家的，也就是说，除其注册地外，其他各个方面都与具体的国族国家之间没有固定不变的必然联系。至于超国主义在政治上的表现，那就是已经出现了从国族时代向超国时代的过渡形态，例如邦联。

1. 作为过渡形态的邦联主义（confederalism）

这里特别需要注意把"邦联"（confederacy）和"联邦"（union）区别开来。现代的联邦实质上仍然是一种国族。这涉及对"国族"的理解。实际上，有两类国族：一类是直接由前现代的单一民族（nationality）发展而来的国家（nation），其典型即现代欧洲国家（将"nation"译为"民族国家"即基于此）；另一类则是由前现代的若干民族，甚至国家整合而成的国家，例如苏联（the Soviet Union）、美国（the United States）。美国是由若干国家（states）整合而成的，这里的"国家"概念涵盖古今；而苏联是由若干加盟共和国（constituent republics）整合而成的，当其整合之际，这些所谓"共和国"其实都还处在由前现代国家向现代性国家的转化过程当中。而现代中国，则兼具苏联和美国的特征：辛亥革命时期相继宣布独立的各省类似于美国建国前的各州（states），而民族自治区则类似于苏联的加盟共和国。所以，当代中国尽管在前现代意义上是"多民族"，然而在现代意义上却是单一的国族，译为"Chinese Nation"，我们不妨将"China"视为一个合成词"Chi—Na"。

而邦联则不同，最根本的一点是，其成员国并未交出全部主权；而同时，邦联整体却行使着部分主权。如今的欧盟（European Union）就是一种典型。在英文中，尽管欧盟与苏联虽然都用了"union"这个词，但其实质性含义是大不相同的：苏联的"union"享有全部主权，实质上是一个现代性的国族

（nation）；而欧盟的"union"并不是一个国族，而是国族之间的一种联合体。

邦联主义其实还不是真正的超国主义，而只是向真正的超国主义的过渡形态。

2. 作为完成形态的大同主义（datongism）

所谓"大同主义"是指的超国族的世界主义（supranational cosmopolitanism），旧译"cosmopolitanism"是不妥的。所谓"大同"出自《礼记·礼运》，是与"小康"相对而言的：

> 大道之行也，天下为公。……人不独亲其亲，不独子其子，……；货恶其弃于地也，不必藏于己；力恶其不出于身也，不必为己。……是谓大同。

> 今大道既隐，天下为家，各亲其亲，各子其子，货力为己，大人世及以为礼……；礼义以为纪，以正君臣，以笃父子，以睦兄弟，以和夫妇，以设制度，以立田里，以贤勇知，以功为己。……禹、汤、文、武、成王、周公，由此其选也。此六君子者，未有不谨于礼者也，以著其义，以考其信，著有过，刑仁讲让，示民有常。……是谓小康。

须特别注意的是，《礼记》所设想的"大同"是国家产生之前的情况，尽管它实质上是一种社会理想；而我们这里讨论的"大同"则是指向未来社会的，今天也往往是在这个意义上使用"大同"一词的。

《礼记》"小康"的关键就是国家的产生："天下为家，各亲其亲，各子其子，货力为己"是说的私有制的出现；[①] "大人世及以为礼"、"礼义以为纪"、"谨于礼"、"以著其义"、"以设制度"是说的国家的出现；"以正君臣，以笃父子，以睦兄弟，以和夫妇"则是具体的宗法时代的情况。而《礼记》"大同"的理想则与之相反，虽不免乌托邦的色彩（这尤其表现在它所设想的公有制），但没有国家这一点是没错的。其实，就目前的观察来看，超国时代的社会未必是公有制的；但有一点是肯定的，那就是国家的消亡。

中国近世超国主义的最有影响的著作，就是康有为的《大同书》[②]（此书初名《人类公理》）。该书乙部正面讨论"去国界"，共三章：第一章论"有国之害"；第二章论"欲去国害必自弭兵破国界始"；第三章论"初设公议政府为大

---

① 国家的产生其实并不是由于私有制的出现，这是需要另文讨论的问题。

② 康有为：《大同书》，古籍出版社 1956 年版。

同之始"，所谓"公议政府"并非国族国家，亦非任何性质的国家。此书还讨论了"去家界"，即消灭家庭。梁启超认为，此书的"理想与今世所谓世界主义、社会主义者多合符契，而陈义之高且过之"①，即不仅与当时流行的世界主义、社会主义相通，而且更为高超。其实，在我看来，此书所设想的公有制（即所谓"去产界"）（甚至不仅共产，而且共妻共夫），乃至威权的色彩（政府权力过大），都是值得商榷的，但它毕竟充分肯定了个体、人权、自由、平等、独立等价值，其"政府"也是"共设"的结果，即民主的产物，这些都涉及未来超国社会的基本政治议题，是值得探讨的课题。

在这个意义上，未来的超国社会确实可以借用《礼记》的"大同"加以命名。但是，此种意义的"大同"显然不能译作"cosmopolitanism"。或许我们应当创造一个新词，译作"datongism"；这就犹如我们汉译"the logos doctrine"为"逻各斯主义"，也是采取的音译。

耐人寻味的是，康有为是儒家，其《大同书》甲部开篇的绪言，开宗明义就讲"人有不忍之心"，这是源于孟子的说法（《孟子·公孙丑上》）。今天某些儒者竭力鼓吹国族主义（nationalism）（亦译民族主义、国家主义、爱国主义），不知他们面对康有为《大同书》该作何想？

总括全文，中国传统的话语模式其实并非"家国天下"，而是"身—家—国—天下"；儒家传统的伦理政治话语并非"以家为本"，而是"以身为本"。所谓"身"指灵肉一体的个体自我。"家"、"国"并非永恒的范畴，而"身"才是永恒的。"身"的性质与地位随生活方式与社会形态而转换，由作为社会主体的家庭（宗族或家族）的附庸转变为真正的社会主体；当家庭与国家消亡后，"身—家—国—天下"模式将转换为"身—天下"或"身—世界"模式。汉语"世界主义"有四种含义：古代的两种"世界主义"或两种"天下主义"，即王国天下主义与帝国天下主义（古代帝国主义）；当代的两种"世界主义"，即国族性世界主义（现代帝国主义）与超国族世界主义，后者可谓"大同主义"。

（作者简介：黄玉顺　山东大学儒学高等研究院）

---

① 梁启超：《清代学术概论》，中国人民大学出版社2004年版，第203页。

您曾经感动过吗？

——《道德感动与儒家示范伦理学》导言

王庆节

经过郊区，我闻到刺鼻的化学品的味道。走近海滩，看见工厂的废料大股大股地流进海里，把海水染成一种奇异的颜色。湾里的小商人焚烧电缆，使湾里生出许多缺少脑子的婴儿。我们的下一代——眼睛明亮、嗓音稚嫩、脸颊透红的下一代，将在化学废料中学游泳，他们的血管里将流着我们连名字都说不出的毒素……你又为什么不生气呢？

不要以为你是大学教授，所以作研究比较重要；不要以为你是杀猪的，所以没有人会听你的话；也不要以为你是个大学生，不够资格管社会的事。你今天不生气，不站出来的话，明天——还有我、还有你我的下一代，就要成为沉默的牺牲者、受害人！如果你有种、有良心，你现在就去告诉……：你受够了，你很生气！你一定要很大声地说。

这段文字，出自台湾著名作家龙应台女士的作品《中国人，你为什么不生气？》，它触及的是我们日常生活中的道德感这个话题。道德感又称"道德情感"，说的是人们常常会为身边发生的一些看似微不足道的平凡人与平凡事所触动和感动。在这中间，有些感动是正面的，例如赞赏、自豪、钦佩、敬重，但有些也可能是负面的，例如龙应台在此提到的气愤、愤怒乃至义愤，当然还有惭愧、内疚、羞耻等等。但究竟什么是感动？我们为什么会感动？究竟什么样的东西或行为常常会感动我们？作为一种心理或者社会心理现象，感动的哲学伦理学意义又何在？尽管我们常常感动，但似乎鲜少有人对感动，特别是道德感动这一情感现象的哲学本质和伦理学意义，进行某种深入、系统和概念上的辨析和讨论。在此我想首先就这些问题进行某种哲学层面上的探讨，并将之与儒家哲学，乃至整个中国思想文化的根源联系起来，阐发道德感动这一极为重要的道德情感现象，对于我们理解和把握道德德性和伦理教化的本质方面，有着怎样的哲学意义。由此出发，我们将儒家伦理的一些重要概念和基本问题，诸如"恕道"、"示范"、"身体"、"自我"、"本分"、"孝养"等等，放在当代哲学思考的背景下，给予具体的分疏、体会与理解。综合这些分疏与体会，我得出的结论是，儒家伦理不是要去模仿那具有绝对普遍性的自然科学律，即在严格的逻辑推理和概念分析基础上，建立所谓"放之四海而皆准"的"规则伦理"，或具有绝对命令效应的"规范伦理"。换言之，儒家伦理的生命力，过去、现在以及未来，首先并不在于外在强加的义务，命令或律则般的普遍性规范，而是在起于和源自原初生命与生活世界中的人心感受、感动与感通。道德基于人心，成于示范、教育与自我修养。因此，儒家伦理学究其本质而言，首先是一"示范伦理学"而非"规范伦理学"，也就是说，它作为情感本位的德性伦理，更多地是倾向于德性的"示范"而非规则的"规范"，德性的"教化"而非规则的"命令"，德性的"范导"而非规则的"强制"。说到底，规则、规范、律令的强制力量和命令力量首先还是来源于示范的感染力、感召力与影响力。

一、感应、感动、感情、感通

如果说西方主流的伦理哲学，或将"超验论"或将"实在论"视为其哲学形上学的理论基石，儒家伦理学作为一种理论形态，其道德哲学形上学的"基石"立于何处呢？本文试图引向的初步结论是感动论。在此基础上，我理解儒家伦理学的本质为情感本位的德性伦理。为了更好地理解儒家伦理的这一本质，及其道德形上学基础，让我们首先对日常汉语语言使用中以"感"字为核心，勾连、串联起来的一系列字词与概念，进行一番哲学意义上的分疏、整理与澄清工作。

首先来看"感应"。感应是世界的最本源状态。在哲学上讲，这是一个存在论或本体论的概念。只能说有感应，或有相互感应。存在论层面上的感应使得世界上的具体事件、事态、事情和事物得以生成和成立。换句话说，世界首先不是物的全体，而是"事"，包括事件、事态、事情、事物和事实的全体。不是先有实体性的天地万物，然后生发感应，而是感应和天地万物同生同灭，是万事万物生成、变化和发展的不竭源泉、根据和场域。

如果"感应"是一个存在论的源初概念，那"感觉"是什么呢？还有那些与"感觉"这个语词连着的"感受"、"感触"、"感想"、"感知"、"感悟"等等，应该作何理解？我将"感觉"理解为这样一种状态，即人处于周遭感应活动中的一种源初性的意识状态。所以，感觉也就是感应，不过是一种意识感应罢了。这种意识状态乃前概念和前范畴的，甚至往往是前语言的。感觉有广狭之分。狭义的感觉即外感觉与内感觉。外感觉一般指感官感觉，而内感觉则是我们的内心感受和感触。广义的感觉除了包括狭义感觉之外，还应包括感想、感知，甚至感悟。"感想"是感触和感受借助于联想力和想象力的进一步延伸。"感知"则是感想的理性化形式，是意识对从感触、感受开始到感想过程的初步理性整理和反思，它构成人类知识的基础和出发点。

再来看"感情"或"情感"。感情乃人和某些高等动物在感应活动中，对于或者伴随某些感应活动而生发的一种心理情绪状态，其本质也是一种感应。这些情绪状态包括喜怒哀乐、爱恶痛惜、悔恨羞愧等。同情和怜悯也属于这些感情状态。感情状态也可分类为关于自身感应的感情，例如自豪、自大、悔恨、内疚；对他人的感应的感情，例如同情、敬重、感激、鄙视、惭愧；还有一些，既可对自己，也可对他人，例如悲哀、喜悦、愤怒等等。

梳理了"感受"、"感觉"和"感情"之后，我们再来看"感动"，就会比较容易理解和定位这个概念。感动本来也是一种感应，但它同时更是一种连接感应与感觉（感触、感受、感想、感知），以及感应与感情的"之间"状态或者"连接点"。感动源出于感应，并将感应引向某种感情和感觉的方向。或者说，它是感觉和感情的起点，在这一意义上，它既是感觉状态，又是感情状态，而且还内含有一种欲求实现两者的冲动。也许更为重要的是，通过感动和不断感动，感觉与感情被注入道德的色彩和成分。无疑，感动是一种感应活动，但它与其他的自然感应（作用）活动不同的地方在于，感动一般讲是人的感应，有时也包括高等动物，例如狗对主人的不舍。就其本质而言，感动主要涉及属人的价值活动，是一价值论的范畴。我们一定为有价值的东西所感动，或者为有价值的东西的损害或毁灭而生反感，这些都是感动的情形，它启动我们人的道德感知与感情，所以是人类道德意识的起点。

感动还可以解释我们的感觉、感想、感知、感情的变化。如果说感动是感觉、感情的启动和开端，尤其是道德感觉与感情的开端，那么它的出现也是道德价值变化的起点和可能方向所在。例如，今天如果我们听到或看到吃人的现象，绝大多数人一定会义愤填膺。但是，我们同时自诩为"肉食动物"。当我们自己在餐桌上食肉或看到别人食肉时，大多数人并无愧色。在大快朵颐之际，我们心安理得，可能还不时赞赏肉食美味和交流烹调厨艺。只是偶然，或者有一部分人（先知先觉者），看见屠宰场杀猪宰羊，或者菜市场杀鸡杀鱼，鲜血淋漓，会心生怜悯同情，怵惕不忍之心。让我们假设几百年过后，生物技术完善进步，所有食品乃人工合成，人类的营养补充来源充足，无须也不再杀猪宰羊。那时，人们看今天的我们，会不会像我们现在看 8000 年前的"食人族"一般呢？他们会将我们称之为"食肉族"。我们完全可以想象，在这几百年间，人类面对动物被杀戮时的同情怜悯之心，或者说人类的感动，会越来越强，在此基础上生发的关于"不应该"通过杀戮而取得肉食的各种"论证"会层出不穷，于是，对食肉一族感到愤怒的人，也势必会愈来愈多。我们这时就会开始在道德上谴责食肉之人，赞扬拒绝食肉之人。终于到了某一天，我们会在综合各方面因素的基础上立法，从而终止作为食肉族的历史。而且，随着时间的推移，当人们回忆起这段历史，也会如当年的孔老夫子，为始作俑者，感叹万分。那时，人们再看见有个别人杀生食肉，也一定会怒不可遏，难以容忍，就像我们今天看见食人、活殉、猎头、吸血一族一样。

当感动顺利地打通自然感应与人类感觉与感情之际，不仅个体的感觉、感情与自然感应，搓揉摩荡，相互影响和呼应，而且，不同个体之感觉、感情也会在此时出现共鸣，影响与交汇。这种相互之间以及个体与群体间的共鸣影响过程就是"感通"。伴随着这种感通而出现的感知，就是"感悟"。感通可能通过"感召"瞬间触发，也可能通过"感染"逐渐发生。但无论从感染还是感召而来的感通，其作为由众多感动而发的共鸣，之所以发生，完全因为与之相通的自然、生命和人类历史本身，就是一日新月异、生生不息的感应过程。

无论感应、感动、感情、感觉还是感悟、感知，首先都不是一智性认知行为和判断过程，而更多的是身体的行为和过程。换言之，它们首先借助于身体的感应为中介而发生、发动和生长起来。我们不妨说，以判断活动为主要特征的智性认知是从身体感应过程中生长出来的，是对此感应活动的反思性评判。智性认知是以身体性感应为基础的感知活动过程的后续阶段，这些后续在我们人类的认知以及行动过程中极为重要，而且不可否认，它们将变得越来越重要。但这并不必然意味着高级。相反，它们在获得外在的形式普遍性与可理解性力量的同时，往往丧失其充满个别性、特殊性和具体情境的丰富内涵。

二、伦理学中的"示范"与"规范"力量

　　基于上述的理解，我将儒家的"示范伦理学"主要定位为情感本位的德性伦理。"情感本位"，说的是儒家伦理坚持认为，我们每个人的日常伦理生活和行为，以道德感动、感应和感通为原初生发之基础；"德性伦理"说的是儒家伦理学的目标，首先不在于寻求一套"千篇一律"的普世规则，然后用之来裁决和评判人们社会生活中个别行为的好坏善恶，而在乎探讨一个个实际生活中的活生生的人，她或者他的具体道德生成与成长过程，是怎样一回事情。换句话说，儒家伦理学的原本与主要任务，并不在于发现或制定行为规则、规范、底线，从而规管、命令和诚告人们，在具体生活情境下什么该做和什么不该做，而是探究我们每个人活灵活现的道德人格与道德品格，如何在历史和生活中培育与建立起来，影响开去。如此说来，儒家伦理学主要是一门做好人的价值学问，所以又是德性伦理学。在儒家伦理学背后支撑着的"科学"首先不是现代意义上的"逻辑学"、"经济学"，而更多地是靠近传统意义上的"教育学"。或者用儒家传统的话语说，儒家"伦理学"首先讲的是"立人极"，是一门成人成己的学问与功夫。

　　作为情感本位的"示范伦理学"，儒家伦理学可能面临的主要批评，也许相似于历史上对"情感主义"伦理学的一个批评。这个批评的实质是说一个伦理理论或者学说，倘若不能对所有相同或相似的道德行为，依循统一的规则或者规范，给予一致性的好坏善恶的评判，并使之适用于在所有相似情形下的所有的人，那么，它就不能被称为一合格的道德理论。① "情感主义"伦理学的困境恰在于此。众所周知，人们对某一行为的情感反应往往各各不同，每个人在日常生活中总会遇上一些可能让人感动的事情。当然，实际的情形是，有些人会感动，有些人则不；而且同一个人，对不同的事情，有些感动，有些不感动；甚至同一个人对同一件事情，有时感动，有时则不感动。正因如此，面对这些情况，人们很难预先设定有什么规则与规范来评判。所以，感动之类的情感、情绪，充其量也就是表达某种个人，或者至多某个特殊群体的主观好恶、

---

① 　R. M. Hare，*The language of Morals*. Oxford：Clarendon Press，1952，pp.14—15. Also see W. D. Ross，*Foundation of Ethics*，Oxford：Clarendon Press，1952，pp.33—34.

赞不赞成的主观感受罢了。从现代社会伦理生活的现状来看，这一诘难不能说完全没有道理。但是，倘若我们仔细考察一下这一批评就不难看出，无论赞成还是反对情感主义伦理学说的，都预先持有了一个共同立场，即现代规则伦理学或规范伦理学的立场。争论的双方，一方坚持说因为不可能形成普遍遵循的规则，所以情感伦理学不能成立，我们需要为伦理学寻找符合普遍规则性要求的基础；另一方也同意情感伦理不可能形成普遍遵循的规则，但得出的结论却截然相反，即并不企求到道德情感之外寻求伦理学的根据，而是干脆否认伦理学作为道德科学的可能性。但这样一来，就难免陷入道德主观主义或道德相对主义的陷阱。

现在的问题是，为什么伦理学，尤其是源生于东亚文化传统中的儒家伦理学，如果想要成立，一定要按照自然科学或者西方理性形上学的模式，构建一种"千篇一律"或者"放之四海而皆准"的规则系统，来规范指导我们每个人的日常生活行为呢？伦理学的"规范性"本质究竟为何？为了厘清这个问题，我想在这里引进一个基本的区分，即伦理学的价值层面与伦理学的践行层面的区分。英国哲学家厄姆森（Urmson）曾经区分伦理学中的"standard setting"（标准的设立）与"standard using"（标准的使用）①，我想我在此处的区分与之有几分相似。不同的地方在于，厄姆森使用的是"标准"，而儒家伦理则更多地看重"德性"或"品德"。相形之下，我更喜欢用"编词典"的例子。我们日常的伦理生活，也许就像语言活动，无时不在变化、变动、生长之中。儒家的伦理学家们，像孔子、孟子、荀子、董仲舒、二程、朱熹、王阳明……，无不浸淫在语言中，都是一等一的"编词典"的高手。"伦理学"作为一门理论／实践"学科，就是要"编"出一部"伦理词词典"，这部词典的任务一方面是在活动的语言中，"收集"和"罗列"种种"德性"与"劣性"词，另一方面，它通过这些"收集"，并不"规定"或强力"规范"某个语词在具体情境下的使用，它只是通过某个语词在此情境下的"示范性"使用，"引导"和"影响"语言的一般性走向而已。所以，某个语词在某种特定语境下不适用，或者某几个大体适合的语词在此情境下只能选用其一，这并不直接影响它或它们本身在词典中"德性词"或"价值词"的地位。

---

① J. O. Urmson, *The Emotive Theory of Ethics*, London：Hutchinson University Library，1968. pp.64—71.

长久以来，人们似乎并不清楚而且混淆了这两个层次之间的分别。在我看来，儒家伦理作为价值科学本质上是一种文化生活和活动，它的目标在于生成、酝酿、承继、革新与传播以某种或某些核心价值为中心的价值文化理念。它的基本运作方式在于影响、教化与引导那些具有共同或共通血缘、历史、语言、宗教、文化的社群、族群的成员，使之参与构建、成就并认同这些核心价值，从而形成某种共通的道德氛围与风尚，形成此族群和社群中多数成员认同并倾向于体现或实现的共通品质、品德与品格。如果放在现代社会生活的架构中来说，在这个意义上理解的儒学及其生活氛围、环境，就是中华民族这个文化共同体的一种"公民宗教"和"生活世界"。

三、儒家伦理中的"无可无不可"成分

与在价值层面上的关注相连但有别，儒学在践行层面上的关注要点，更多地在于当这些核心价值得到肯认和不断肯认之后，如何在现实的社会与政治生活中，成功实施和最大程度地实现这些价值或德性。因此，如果说儒学在价值层面涉及的是私人领域与准公共领域的事务，那在践行层面则更多地连接着公共领域或政治领域的事务。也正因如此，它们更多地不是强调价值和德性的生成和认定，而是强调一旦某种或者某些核心价值被肯认之后，如何通过政治、经济、法律、社会、科技的力量，在公共生活领域进行推广、实施与实现。我们知道，在政治、经济、法律、社会、科技，这些科学与社会科学领域中的"判断"或抉择，由于其所涉及的领域和层面的不同，会更多地强调公共性、普适性、规范性、可行性与有效性。

不容否认，儒家伦理在中国历史上曾经由于统治者的利益所驱，陷入过"泛道德主义"的误区，并由此出现过"礼教吃人"的境况。但当今社会对一般伦理学的看法则似乎陷入了另一个误区，即"泛法律主义"误区。这一误解的实质在于企图用法庭法官的判决，完全取代道德良心的始初感动与感触。这种做法看似力求将伦理学拔高为具有普适性特征的科学，但正如上面所述，这种做法有着这样的一个事先预设，即预设任何一种道德要求，倘若不能同时成为人类道德伦理生活中所有主体的共同要求，即成为评判所有人在相似情形下的所有相似行为的普遍判准或规则，那就不能被视为是一种道德应当。从这一立场出发，以孔子"仁学"为代表的儒家伦理学的合法地位就被取消和被取

代，甚至被视为是一种老掉了牙的、七零八碎的"道德说教"和"陈词滥调"，就丝毫不足为怪了。

实际上，我们今天所讲的伦理道德，无论在西方古代的希腊，还是在中国古代的先秦思想中，起初均是作为在一个个具体族群中自然流行、蔓延的风气、风俗以及风范形式出现的。在今天现代西方的主要语言中，"伦理学"（Ethics）这个词就从希腊文"ethos"演变而来，而"ethos"的原始词义就是"性格"、"风气"和"风俗"。在这里，我们看不到有后来的"普世规则"或"绝对命令"的太多意涵。这一意涵或许是伴随着希腊生活的城邦形式为罗马的帝国形式所替代，希腊语词"ethos"被翻译为拉丁文"moralis"（习常、规矩、规则）而出现的。后来，随着中世纪基督教伦理学对超越性的普世上帝之信仰的引入，道德（morals）成为个人与上帝之间的事情，即有罪的个体在信奉上帝并以无条件实施上帝的神圣律令为职责的过程中成就自身。进入现代，伴随着公共政治生活在人类生活中的比重愈益增大，人们有时需要细分私人的道德生活规范与公共的道德生活准则。例如在著名的黑格尔《法哲学原理》中，前者为 Moral，后者为 Sittlichkeit，亦即英文中的 ethics。但是，尽管有这一区分，两者共同认可的、以神圣律令形式的某种超越性的先天基础保证并无消失，它只是被现代性的普世理性基础所替代而已。但这样一来，两者真正的原始发源地，即作为"风气"、"风俗"、"性格"、"风范"的"ethos"就被遗忘，被完全掩盖和遮蔽了起来。

儒家伦理作为示范伦理，其本色就在于：人类众生在实际发生的社会历史生活中，会随时随地遭遇到各式事件、事故和事变，这使其在本心本源处生发出某种程度的感应、感触和感动。在这个过程中，圣人、仁者、君子的示范引领，开创风气和敦化教养；人们不断地学习、调整、得到教化，从而培育德性，形成礼俗，建立风范、由此展现出个人乃至社会的风骨与风尚。这些风骨、风尚和风气，化约为德与礼，在家庭里、在邻里间、在社群内、在城邦中，乃至在全天下，一圈又一圈，一代又一代，影响和流传，发扬与光大。

沿着这个思路，我们完全可以将儒家伦理学看作是一种伦理知识的历史性、生成性和开放性的类似于自然的生长过程，或者更形象地说，它首先是使万物得以生长（类比德性生成）的土壤和大地。在这里，任何德性的种子和幼芽，无论开始时是多么幼小柔弱，只要得到足够多的感动与持续感动的"营养"和"滋润"，就会慢慢成长起来，形成风气，成木成林，壮大成材。所以，只要人类生活中有感动和持续感动，就像儒家伦理学曾经在历史上成功将"慈悲"、"自在"、"惜缘"、"随缘"、"放心"、"超脱"等等重要的佛家德性，经由移植改良揽入囊中一样，不存在什么从儒家的伦理学说"开不出""自由"、"民主"、"科学"、"理性"、"正义"等等现代生活之德性的问题。

当然，在实际生活的实践活动中，面对一个个具体的人、一件件具体的事，难免会出现某些德性与另外一些德性不能同时实施和实现，彼此发生冲突，不得两全的情形，例如孔子著名的"三年之孝"中"讲效益"和"与时俱进"的德性，与"循礼"德性之间的冲突；孟子著名的"舜负父而逃"中"公正"、"守法"与"孝亲"之间的冲突；康德著名的"问讯的谋杀犯"中"诚信"与"救人"之间的冲突；以及在当今伦理学讨论中十分流行的"电车难题"中"救人"与"理性计值"之间的冲突；等等。自古至今，大多伦理学理论思考解决这些难题的基本思路，往往都是要求先在诸价值之间排出个高低先后的顺序，然后进行计算权衡。于是，困惑与争论往往便在这"高低先后"的排序层面上展开。柏拉图笔下的苏格拉底曾将这种价值纷争的情形形象地描述为"诸神之争"。

但是我们要问，"诸神之争"实际上争的是什么呢？也许并不是"神"的地位，而是"主神"或者"唯一真神"的地位。这里的关键在于，为什么一定要在众神之中分辨出一位统冠一切的"主神"或"唯一真神"呢？如果我们摒弃上面的思路，而代之以区分价值层面与践行层面，那么，"主神"的问题就可能变成主要是一个践行的问题。换句话说，上述诸多道德两难的困惑，大多可以被理解为是在践行层面上展开，而非在价值层面上出现的。无论我们在践行层面上如何抉择，丝毫不能在价值层面上改变我们对上述所有价值，例如"诚信"、"孝敬"、"尊重生命"、"理性"、"公正"、"循礼"、"守法"本身的道德价值性的认同。至于某个价值相对于其他价值、在我们实际公共生活中的某个具体实践情境里，究竟占有怎样的位置？能否实现？部分实现还是完全实现？则除了取决于此价值在特定的历史文化中"感动人心"的价值力度之外，还取决于在纯粹道德价值考量之外的许多其他审慎性因素，例如空间距离、血缘亲疏、语言习惯、教义信仰、文化认同、效果效应等等，这其中也还包含有很多其他偶然的境况，甚至是"运气"的影响。所以，诸如"电车难题"或者危境中"救妈妈还是救媳妇"之类的两难抉择，并不是一个真正在价值层面上的取舍，而是一个在践行层面上的筹划与抉择。在这里，任何一个据此而在践行中的抉择，在价值层面上都会是道德的，或者用孔子的话说，是"无可无不可"的，因为它们并非孔子在伦理学价值层面上真正关注的对象。但在践行层面上，有些抉择比另一些当然可能会更"好"一些，但这里的"好"，一般来说更多地是在"恰当"与否的意义上，而不是在道德应当的意义上使用。所以，对于"不恰当"的行为，我们更多感到的会是某种"无奈"、"遗憾"与"抱歉"，而不是道德价值层面上的"谴责"与"愤怒"。我以为也只有在上述区分的基础上，儒家传统伦理思想中提出和加以分疏的"经权"概念的意义，才能够得到真正的彰显。

四、儒家的示范性道德人格："烘云托月"与"木铎"

对于将儒家伦理在本质上理解为示范伦理的另一个可能批评，会针对"仁者"或"道德楷模"的概念展开。在一般人的观念中，儒家将道德意义上仁者的最高层次理解为"圣人"。"圣人"就同"神人"一般，在其身上体现和汇总了我们常人几乎可以想象的所有美好的道德德性。如此这般理解的"圣人"或"道德楷模"，用美国哲学家苏姗·沃尔芙的话来说，常常"可敬但无趣"，所以并不可爱，一般常人也无意去模仿。[1] 为什么圣人会无趣而且不可爱呢？因为被如此描述颂扬的圣人往往都不食人间烟火，完善得毫无缺陷。一句话，这样的圣人离我们普通人太远，高尚得难以让人相信。所以，即使所有被颂扬的善行都是真的，那也近乎神祇，太高大上，与我们凡夫俗子的日常生活没有太大干系，我们不会为之真正地感动。反之，因为太高大上，造假的可能性难免增加，而一旦某年某日这些造假被揭穿，就会让人从心底里生出对"伪善"的恶心感。

不容否认，在儒家思想发展的过程中，尤其是在作为统治意识形态存在的后期儒家那里，出于政治统治与宣传的需要，有着相当强烈的道德造神的倾向。即使在号称鸿蒙大开、文明昌盛的今生今世，我们不时仍见有借助政治性的威权，使用"三突出"的手段，树立全国性的"标杆"或"典型"，在道德上封神称圣。我们和道，这样做的结果往往就只能以"笑剧"和"闹剧"告终。但如果我们回到先秦儒家，尤其是当我们细读《论语》，就不难发现，孔

---

[1] Susan Wolf, "Moral Saints", *The Journal of Philosophy*, vol.79, No.8, pp.419—427.

子虽然在其中不少地方谈及圣人、仁者和君子这些日后儒家通称为"道德人"的形象，但这些形象无一能被真正视为带有神圣光环、毫无缺陷的道德神人或道德完人。例如，唯一近乎被孔子称为"圣"的大仁管仲，就被当时的世人质疑具有这样那样的道德缺陷。但一句"博施于民而能济众"，就让之高踞孔子心目中的众仁大德之首。其他诸如颜渊、子路、子贡、曾参，他们的所行所为，无一不带有这般那般的瑕疵，但这些并不能掩盖这些孔子高足在历史上作为高德大贤的耀眼光芒和可亲可爱。由此可见，儒家伦理所推崇的作为道德楷模的仁人贤士，并非什么神学意义上的"全人"，而是体现和展现某个或某些道德品质和道德德性的"风范"。这些示范存在的功能，完全在于在平凡生活中见证和彰显德性。他们感动与激励、引导与范导后来者做好人，行善事。

这样说就涉及儒家道德的"葵花宝典"和根本秘密所在，即道德的真正力量在于感人。为什么道德的所行所为会感人，首先因为它们呼应、顺应、和合着生命和生活的走向，所以唤起生命本身的冲动和激动；其次它们是发生在我们周围的平凡人身上的所行所为，这些行为与我们接近，使我们感到亲切，似曾相识，所以可信和可行。当陈嘉映说，伦理意义上的良善生活就在于循着每个人自己"行之于途而应于心"的道路去生活，我想他讲的是同一个道理。[①] 当然在日常生活中，我们不可能对每件事都感动，也不可能期待所有的人对同一件事感动。但同样不可能的事情是，也没有人对任何的事情，在所有的时间内都处于无动于衷的状态。人是有血有肉，有心灵有身体的道德生物。所以，生活在世界上，和他人他物相处，一定会有所感动的。伦理道德就是这样，在人们的平凡生活的一件件小事的感动和不断感动中凝聚成长而来，并在一个个"英雄"的具体行为的示范中得以见证和校正。感动的行为以及其所示范、所彰显出来的德性，慢慢影响开来，流传下去，成为风范和传统。

例如，在我们道德意识的现今谱系中，"敢"明显是一个重要的德性。西方哲学伦理学讲勇敢，向来是以柏拉图的苏格拉底对"勇敢"概念的论辩、定义与规定为代表的。但在以孔子为代表的儒家那里，情况则不同，"勇敢"是

---

① 参见陈嘉映：《何为良好生活——行之于途而应于心》，上海文艺出版社 2015 年版。关于此，也许我更愿意这样说，这本身就是一个生生不息、循环往复的伦理生命过程，即生于道，出于行，起于心，应于情，成于理，复又（和）合于道，故曰道—理。

从子路之勇的"示范"开始的。在历史上，我们还有古代荆轲的"风萧萧兮易水寒"、项羽的"力拔山兮"、关公的"刮骨疗毒"、李白的"安能摧眉折腰事权贵"、武松的"景阳冈"、文天祥的"留取丹心照汗青"。在近代，我们更有谭嗣同的"去留肝胆两昆仑"，鉴湖女侠秋瑾的"秋风秋雨"，董存瑞、黄继光的"炸碉堡"、"堵枪眼"；直至遇罗克、张志新……。所有这些，都是一个个历史上出现的著名示范，他们曾经感动我们，将来也许仍然会继续感动一批又一批、一代又一代的未来人。这里似乎讲的都是些"英雄"的示范，实际上更多的示范出现在平常人的日常和平凡生活之中。例如，对一位正在学步的小朋友来说，邻家比自己还小的小胖摔倒了自己爬起来，或者打针不哭就是特"勇敢"的"英雄"行为，足以使之感动。我的同事，遇见不公不义，在我和众人都畏缩之际，拍案而起，仗义执言，让我汗颜，这也是"勇敢"的一个见证。在我们每个人的一生中，无不经历过无数次这样大大小小的关于"勇敢"的感动，正是在这样的感动与持续感动中，"勇敢"的德性得以显现和不断地显现，得到见证、充实与成长。

如此理解，儒家德性就不是某种纯粹的先天概念，关于它们，我们必须通过逻辑理性的分疏辨析和理论论辩才能发现和达到。相反，诸多德性更多地是在人类道德伦理的生活长河中，在人类各式各样的生命、生活事件中，在人们依循过去的传统，面临未来的召唤而在当下作出的呼应和应和中，出现、成形与发扬、光大起来的。借用李泽厚先生曾经用过的一个术语，这些德性就是这些历史呼应和应和中"积淀"下来的东西。而这些"呼应"和"应和"就是我们上面说的"感应"和"感动"。这是儒家伦理学乃至全部儒家哲学的起点。

记得曾经有过一个妙喻，说的是东土与西洋传统画月亮时所用技法之不同。我们在这里不妨用此喻来说明儒家示范伦理的某些方法论特征。西洋的传统绘画，曾经非常强调图像画的逼真，即绘画与其原型的相似。这一对绘画本质的理解，反映在技法上，就会看重画面的透视角度、结构的平衡、线条的比例、光线的明暗变化等等"规定性"的因素。这与西方哲学与科学文化传统强调概念分析、经验观察与逻辑推理一脉相承。反观东土画月，常常也就画一圆圈，抽象示之。更有甚者，只描画几朵云彩，就让明月在其间若隐若现，衬托出来，即所谓的"烘云托月"。

当今天谈论西方伦理学乃至全部西方哲学的根本性特点时，人们往往会借用苏格拉底在著名的《申辩篇》中为"哲学"辩护时所使用的"牛虻"喻象。① 在那里，苏格拉底将他生于斯长于斯的雅典城邦比喻为一头曾经勇猛，但趋于臃肿、懒散的牲畜。雅典需要哲学智慧施予不时的理性反省与批判来恢复活力，就是牲畜需要"牛虻"的不停蜇咬，才能使之活动和运动起来，从而保持清醒的理智和健康的体魄。与苏格拉底将哲学家比作牛虻相比，儒家也曾对孔子为代表的圣哲有过一个喻象，即将孔子喻作感应天机，彰露天命，教化众生，影响后世的"木铎"。② 如果我们认同亚里士多德关于"哲学活动属于人之天性"和孟子关于"人皆可为舜尧"的说法，我们每个人在我们的人生中，实际上都不仅是一只具有理性批判精神的"牛虻"，更是一座座在历史、社会、文化生活的感应、感动、感通中聆听德性的天机天命，并将之传扬出去，光大开来的"木铎"。而且，在更深的一个层次上说，"理性的"、"省思的"、"批判的"活动难道不也是一种特殊的"感应"与"感动"活动吗？所以我想当孔子在"朝闻道，夕死可矣"中，将"闻道"作为哲思活动的最高境界时，他在心目中浮现出的一定就是这个"木铎"的形象。

（作者简介：王庆节　香港中文大学哲学系）

---

① 参见 Plato：*The Trail and Death of Socrates*，Trans. by G.M.A. Grube，Indianapolis，Hackett Pub.Inc.p.33。
② 参见杨伯峻译注：《论语·八佾》，《论语译注》，中华书局 1980 年版。

性心情的三维向度

罗安宪

中国哲学标举性、心、情，中国哲学与西方哲学最大的不同在于它是由性、心、情展开的三维向度，其主体是心性之学。

心性之学涉及三个基本的维度，亦即三个主要的概念：一是性，二是心，三是情。

一、性者，人之天

性，本字为生。《说文解字》曰："性，人之阳气性善者也。从心，生声。"何谓性？孟子引告子之言曰，"生之谓性"。《尔雅》曰："性，质也。"性是物类天生的本性或特质。庄子曰："性者，生之质也。"（《庄子·庚桑楚》）荀子曰："生之所以然者谓之性。"（《荀子·正名》）性是物类天生之本性或特质，所以，同一物类，其性亦同。赵岐曰："凡物生同类者皆同性。"（《孟子注·告子上》）[1] 牟融曰："物类各自有性，犹磁石取铁，不能移毫毛矣。"（《理惑论》）"故金刚水柔，性之别也。"（《南史·张充传》物各有其性，其性不同，故其用也有异。人类认识事物，重在认识事物的特性，人类利用事物以实现自己的目的，也应依循事物的特性。

由物性而有人性，物性是物类的本性或特质，人性是人类的本性或本然之性、天然之性。[2] 人性根源于人之天，故称作"天性"。《中庸》说："天命

---

① 焦循：《孟子正义》，中华书局1987年版，第737页。

② 钱穆："中国人用一性字来说万物之相同处。不论有生无生，每一物则必有其一性。此物之性，即是此物之特质，乃其与他物相异之所在。此性又称曰天性，即自然之性。乃指其自己如此，自生即有，与生俱在，一成而不变。"（钱穆：《中国文化特质》，见汤一介主编：《中国文化与中国哲学》1987年辑，生活·读书·新知三联书店1988年版，第31页）

之谓性"，这里的"命"既有"命令"的含义，又有"命定"的含义。就前者而言，强调其"必须"如此；就后者而言，强调其"必当"如此。"性"是天之所命，这是必须并且必当的，是不能也是无法逃避的。郑玄解释说："天命，谓天所命生人者也，是谓性命。"(《礼记正义》卷五十二）孔颖达解释说："天命之谓性者，天本无体，亦无言语之命，但人感自然而生，有贤愚吉凶，若天之付命遣使之然，故云天命。"(礼记正义》卷五十二）"性"突出的是人的先天的本质，故可以曰：性者，人之天。

（一）儒家：性有善恶

儒家之人性论，根基于其仁义之道。儒家对于人性之论证与说明，目的在于要为其所张扬的仁义之道确立一根基与现实之出路。作为儒学之开山始祖，孔子一生讲得最多的是仁。然孔子之论仁，主要局限于仁本身，即何为仁，为什么行仁的层面上。至于如何行仁，在孔子那里，还不是问题的重点。[①] 孟子处处以孔子之继承者自居。孟学对于孔学之发展，主要即在于"为仁之方"方面的发展。孟子自觉地将孔子仁学的终点作为自己仁学的起点，并通过对"为仁之方"的论述，而建立了自己的心性论。

在孟子看来，人之为人，在于人先天地具有恻隐、羞恶、辞让、是非之心。人都有"四心"，有人的外形而没有"四心"，是不可能的。人有"四心"，是人之为人的标志。所以，人的本性就其本原意义而言，原本就是善的。[②] 这种本原的、先天性的善，正是人为仁向善的基础；人本身原有的恻隐、羞恶、辞让、是非之心，正是人为仁向善的发端。所以，儒家所宣扬的仁义礼智，并不是外在于人或强加于人的东西，而是根源于人性，并且是由其发育出来的东西，是人性中本有的东西："仁义礼智，非由外铄我也，我固有之也。"(《孟子·告子上》）为仁行义不过是使人性之中本有的善端得以发扬广大而已。

与孟子不同，荀子并不认为人天生就具有为仁向善的倾向。为仁向善，在荀子看来，完全出于人的有意作为，即出于人之"伪"，特别是出于"圣人之伪"。虽然荀子也像孟子一样，认为人性是人秉受于天的，是先天的，是天

---

① 孔子论人性，只限一语："性相近也，习相远也。"(《论语·阳货》）性何以相近，习何以相远？孔子未予明言，因为孔子所关注的主要问题是仁义本身，而非如何推行仁义之道。

② 对于孟子之性善论，有两种理解，一种是性本善，一种是本性向善。两说虽都有一定之根据，但"本善"是根据，"向善"是功能，无有根据，功能亦无从发挥。所以孟子言性善，主要是从"本善"立论的。

赋的。但是与孟子不同，荀子将人与动物所共有的好利恶害的自然本性，当作基本的"人之性"。① 如果顺乎人的自然本性，必然导致人与人之间的相贼相残和社会的混乱。所以，人之本性为恶。在荀子看来，君子小人就其天性而言，并没有什么不同。"凡人之性者，尧舜之与桀跖，其性一也；君子之与小人，其性一也。"（《荀子·性恶》）人之实际的不同，完全在于后天的力量，完全在于他们所生活的环境和个人的主观努力，即在于"注错习俗之所积耳"。（《荀子·荣辱》）"慎习俗，大积靡，则为君子矣；纵性情而不足问学，则为小人矣。"（《荀子·儒效》）

孟子和荀子均承认人有好利恶害的本能，荀子将这一本能称为"人之性"，而这一"人之性"是人与动物相共的。孟子虽也承认人与动物这一相共的本能，他却不认为这是人之所以为人者，人异于动物之根本所在，在于人先天地具有恻隐、羞恶、辞让、是非之心。这才是人之所以为人者，才是所谓的"人性"。荀子论性，只承认人与动物相共的因素，承认"人之性"，而没有孟子之所谓人之所以为人者，亦即"人性"的概念。

然而孟子之性善论突出人之先天因素，荀子之性恶论强调人之后天作为。人之为仁，既不能不根于先天，但亦不能忽视后天之努力。只强调先天，而不注重后天，只有根据而无功夫；只注重后天，而不承认先天，则只有功夫而无根据。后代儒学发展之切实问题，正是如何将孟与荀结合起来，亦即将本体与功夫如何结合起来的问题。董仲舒、韩愈的"性三品"说，以及张载、二程的"天地之性与气质之性"的理论，都是为了调和孟、荀的问题，为了将本体和功夫结合起来而发的。

（二）道家：自然而自由

在道家看来，道是万物之本原、本根，亦是万物之本体。道在具体物上之彰显，即是"德"。德来源于道，得自于道。得自于道而成为物之本体，而使某物成其为某物者，就道而言，就物之得道而言，是德；就物而言，就某物之所以为某物而言，是性。② 天有天之道，人亦有人之道；天有天之德，人亦

---

① 通览《荀子》一书，荀子从来没有所谓"人性"的概念，全书讲到"人之性"者，共有 40 处，而无一处讲到"人性"。传统所谓孟子认为人性善，荀子认为人性恶的观点是不对的，只能说荀子认为"人之性恶"。

② 张岱年："宇宙本根是道，人物所得于道以生者是德，既生而德之表见于形体者为性。"（张岱年：《中国哲学大纲》，中国社会科学出版社 1982 版，第 194 页）

有人之德；天有天之性，人亦有人之性。天道是道的具体显现，天德是天自道
之所得，天性是天道、天德之落实而使天之所以为天者。道——德——性，在
道家是一以贯之的。天道、人道、某物之为某物之道之总体是道；天、人、物
自道而得而成为天、成为人、成为物，此自道之所得者，即是德；天、人、物
自道而得而落实于天、于人、于物，此之落实使天方为之天、人方为之人、物
方为之物，此之落实者，即是性。道落实于天，为天性；落实于人，为人性；
落实于物，为物性。道并非虚而玄的东西，它必然要向下降临，它必然会得到
具体落实，它必然要化为具体物的生命，成为具体物的主宰和灵魂。由道而德
而性，就是由一般而具体。性不是别的，正是道在具体物上之现实显现，由
此，性亦可谓之曰"道性"。

《老子》一书无"性"字，但老子并非无性论。性所关涉者，为人的主体
性方面。老子所注重者，为道之普遍性、恒常性，而于人之个体性、主体性并
不甚关注。[1] 然老子对于德有充分的说明。对于德的说明，其实即是对于性
的说明。老子之所谓"德"，其实即是后代之所谓"性"。[2] 德者，得于道者
也。得于道而为物之根本者，即物之性也；得于道而为人之根本者，乃人之
性也。

老子曰："上德不德，是以有德。下德不失德，是以无德。上德无为而无
以为，下德无为而有以为。"（《老子》三十八章）在老子看来，道之本性即是
自然无为，自然无为乃支配宇宙万物之根本法则，也是人类应当信守之基本行
为准则。"上德不德"，"不德"并非无德，"不德"是不以德为意，不以施德为
动机，其行为不过是内在心性之自然显发。"不德"故本有，"不德"故不失。
本有而不失，故为"常"。"常德乃足，复归于朴。"（《老子》二十八章）如此
之"常"，即是原初、原始，即是自然，即是"朴"。

如果说，老子所突出者，为性之本然、自然，那么，庄子则更强调性之

---

[1] 唐君毅："先秦诸子中，道家之老子书中虽有关连于人性之思想，而未尝环绕于性之一名而
论之。盖老子之论道，重在视道为客观普遍者，亦如墨子之言天志兼爱等，皆重其为一客观
普遍之原则。老子与墨子，皆客观意识强而主观意识弱之人。人之情性则属于人生之主体，
故二人皆初不直接论性。"（唐君毅：《中国哲学原论·原性篇》，中国社会科学出版社 2005
年版，第 22 页）

[2] 徐复观："《老子》一书无性字，《庄子》内七篇亦无性字；然其所谓'德'，实即《庄子》外
篇、杂篇之所谓'性'。"（徐复观：《中国人性论史》，生活·读书·新知三联书店 2001 年版，
第 369 页）"性是德在成物以后，依然保持在物的形体以内的种子。"（同上书，第 332 页）

本真、自由。"马，蹄可以践霜雪，毛可以御风寒。龁草饮水，翘足而陆，此马之真性也。虽有义台路寝，无所用之。"(《庄子·马蹄》)"马之真性"，亦即马之自然本性。马之自然本性，即是在天地之间自由自在，亦即所谓"龁草饮水，翘足而陆"。自由而自在是马之真性，所以对马而言，并不需要什么"义台路寝"，并不需要什么巍峨宽大的寝卧之榻。马如此，其他生类也莫不如此。"泽雉十步一啄，百步一饮，不蕲畜乎樊中。"(《庄子·养生主》)泽雉十步一啄食，百步一吸饮，当然很是艰苦，但却绝不愿意被人囚拘于鸟笼之内。

自由而自在是动物之本性，又何尝不是人之本性？"彼民有常性，织而衣，耕而食，是谓同德。一而不党，命曰天放。故至德之世，其行填填，其视颠颠。"(《庄子·马蹄》)民之织而衣，耕而食，就如马之"龁草饮水，翘足而陆"，鸟之"栖之深林，游之坛陆，浮之江湖"，此亦民之常性，名曰"天放"。天为天然、自然；放为自在、自由。民之本性、常性即是自然、自在而自由。所以，民之本性与动物之自然本性是相通的、一致的。自由而自在是人之自然本性，在自然状态，人之本性获得了最充分的体现。"至德之世，不尚贤，不使能。上如标枝，民如野鹿。端正而不知以为义，相爱而不知以为仁，实而不知以为忠，当而不知以为信，蠢动而相使不以为赐。"(《庄子·天地》)自然、自在是人之本性、常性，不尚贤、不使能，人人不求、不为仁、义、忠、信，而仁、义、忠、信自在其中。

二、心者，人之人

心，本义是人之心脏。《说文解字》曰："心，人心，土藏，在身之中，象形。博士说以为火藏。"《黄帝内经》曰："心者，五脏六腑之大主也，精神之所舍也，其脏坚固，邪弗能容也。容之则心伤，心伤则神去，神去则死矣。"(《黄帝内经·灵枢经·邪客》)"心者，生之本，神之变也。"(《黄帝内经·素问·六节脏象论》)心为人生命之根本，亦是人精神活动之基础。

"心"在中国哲学中也是复杂的范畴，约而言之似有三义：一为思维器官。如孟子曰："心之官则思。"(《孟子·告子上》)荀子曰："治之要在知道，人何以知道？曰心。"(《荀子·解蔽》)朱熹曰："所谓心者，乃夫虚灵知觉之性，犹耳目之有见闻耳。"(《朱文公文集》卷七十三)二为身之主宰。如荀子曰："心者，行之君也，而神明之主也；出令而无所受令。"（《荀子·解蔽》）朱熹曰："心是神明之舍，为一身之主宰。"（《朱子语类》卷九十八）王阳明也有"身之主宰便是心"之语。（《传习录》上）三为人之所以为人者，在这一意义上，心亦即是性。如孟子说："心之所同然者何也？谓理也、义也。"（《孟子·告子上》）陆九渊说："在天者为性，在人者为心。"（《语录》）陈献章说："人具七尺之躯，除了此心此理，便无可贵，浑是一包脓血裹一大块骨头。"（《禽兽论》）王阳明也说："所谓汝心，亦不专是那一团血肉。……所谓汝心，却是那能视听言动的。这个便是性、便是天理。"（《传习录》上）

如果说，性是指人之先天的、本然的方面，即人之天然之质，那么，心则是指人之后天的、实然的方面，亦即人之内在精神，或是人之精神的主宰。由性而心，即是由先天向后天的落实。人之性必显于人之心，由人之心，亦可见出人之性。人之为人，不在于性，而在于人之内在精神。虽然人性不同于物性，但人有性，任何一物亦有一物之性，其性虽有不同，但有性，却是相同的。但是人不仅有性、有人性，而且有心。有心，是人有是非、有判断、有意志，懂得什么该做、什么不该做的基础。每一物都有性，但只有人才有心。人之所以为人，虽然与人性有关，因为人性不同于物性，不同于兽性，但更重要的是因为人有心，因为只有人才有心，心才是人之所以为人的根本所在。所以，心者，人之人。

（一）儒家：自作主宰

儒家之言心，往往是与性联系在一起的。性是人之成仁之先天根据，是人之先天的性德，而心则是人之后天之下工夫处，是人之所以异于禽兽的根本所在。

心作为一个独立概念，在孔子的思想中尚未出现。[①] 在孟子的思想中，"心"已经是一个非常重要的范畴。孟子讲心，往往是与性联结在一起的。在孟子的思想中，性之与心，是一体而两面的东西。人性所表明者，是人之所以为人之本质属性。这一本质属性，孟子以为，就是人先天所具有的恻隐、羞恶、辞

---

① 《论语》中有两处关于"心"的重要段落，一是《为政》篇中的"七十而从心所欲不逾矩"，二是《雍也》篇中的"回也，其心三月不违仁"。此二处之所谓心，既不是心意状态，也不是感知官能，而是作为身体之主宰之意识与意志力。这一思想的后代发展，即是王阳明所谓的"身之主宰便是心"。王阳明强调心，认为心是身之发令者、司动主静者，这一思想的渊源实来自孔子。然而孔子并未对"心"作扩展性的论述。

让、是非之心。此心既是人之心，亦是人之性。① 孟子认为："人皆有不忍人之心"，人亦皆有羞恶之心、辞让之心、是非之心。人有"四心"，是人之所以为人的标志。"今人乍见孺子将入于井，皆有怵惕恻隐之心。""乍见"即是当下一刹那间良知的自然感发，亦即良知自身的本性显现。② 由"乍见"之一刹那所呈现出的良知的自然感发，是良知自身真实无伪的显露。由"乍见"之一刹那，可证人皆有恻隐之心；由人皆有恻隐之心，进而可知人亦皆有羞恶之心、辞让之心、是非之心；由人皆有"四心"，进而可证人皆有良知。人之良知是人性的自然真实的表露，亦是人性本质的直接呈现。由人皆有良知，可以证实人的本性原本是善的。由心而知而性，这是由下向上的一种追溯；由心而知而性，这也就是孟子的思想逻辑。所以，在孟子看来，人性与人心本是二而一的东西，人性即是人心，人心即是人性。从人之所以为人之角度，从不学而能、不虑而知之天赋之角度看，是人性；从其居于人之内心，支配人之思想和行为之角度看，则是人心。

与孟子将心与性密切联系起来不同，荀子将心与性严格分离开来。荀子认为，心之为心，约有二义。一为思维之器官，如其云："治之要在于知道。人何以知道？曰：心。"（《荀子·解蔽》）二为身之主宰，如其云："心者，形之君也，而神明之主也；出令而无所受令。"（《荀子·解蔽》）然而，不管是感官之心，还是身之主宰，在荀子这里，心只具有主观性，心与性是没有关涉的。

从汉代到唐代，儒学在心学方面并没有多大的建树。宋明理学在心学方

---

① 唐君毅先生认为，孟子言心性，乃"即心言性善"。"所谓即心言性善，乃就心之直接感应，以指证此心之性之善。此谓心之直接感应，乃不同彼自然的生物本能，或今所谓生理上之需要冲动之反应者。简言之，即与自然生命之要求不同者。由是孟子之言，乃大与告子之以生言性者异趣。此心之性为善，又兼可由心之自好自悦其善以证之。缘是而孟子之养心之工夫，亦唯是正面的就此心之表现于四端而扩充之，直达之，另无待于曲折之反省。"（唐君毅：《中国哲学原论·原性篇》，中国社会科学出版社 2005 年版，第 13 页）

② 徐复观："'乍见'二字，是说明在此一情况下，心未受到生理欲望的裹胁，而当体呈露，此乃心自身直接之呈露。而此心自身之直接呈露，却是仁之端，或义体智之端。'非所以内交于孺子之父母'数句，是说明由此心呈露而采取救助行动，并非有待于生理欲望之支持，而完全决定于此一呈露之自身，无待于外。由此可见四端为人心之所固有，随时机而发，由此而可证明'心善'。"（徐复观：《中国人性论史·先秦篇》，生活·读书·新知三联书店 2001 年版，第 149 页）

面的重大建树，表现在两个方面，一是"心统性情"论，二是"心外无理"论。"心统性情"论为张载所首倡，后为朱熹所大力发扬。在张载看来，性是体，情是用；性是静，情是动。而心不仅兼体用，而且主动静。所以，"心统性情"。人能做工夫处正是心，心、性、情三者之中，起主导作用的也是心。

朱熹对"心统性情"有极高的评价："伊川'性即理也'，横渠'心统性情'二句，颠扑不破。"（《朱子语类》卷五）并且，也对这一理论有重要的发挥。什么是心？朱熹认为心是身之主宰。"心者，人之知觉，主于身而应事者也。"（《朱文公文集》卷六十五）心是人对外在事物产生感应的主体，也是对人的身体起制导、主宰作用的主体。外在事物通过人的感官而作用于人，反映到心而对其作出反应，但是这种反应并非被动的反应，而是经过思虑、经过反省、经过掂量而给出的积极的主动的反应。正因为如此，心不仅是感应的主体，而且是主导、宰制的主体，不仅是制动的主宰，而且是主静的主宰。"心，主宰之谓也。动静皆主宰，非是静时无所用，及至动时方有主宰也。"（《朱子语类》卷五）

进而，朱熹对张载提出的"心统性情"作了重要的发挥。"心统性情"的"统"字，在朱熹看来，有二重含义。第一重含义，这里的"统"字是兼有、包括的含义。"仁义礼智，性也，体也；恻隐羞恶辞逊是非，情也，用也。统性情该体用者，心也。"（《答方宾王四》，《朱文公文集》卷五十六）第二重含义，"统"又包含有主导、宰制的含义。"性是体，情是用，性情皆出于心，故心能统之。统如统兵之统，言有以主之也。"（《朱子语类》卷九十八）

如果说，"心统性情"在张载那里，还只具有一般的意义，张载也未对其作具体的说明，那么，朱熹则对"心统性情"的理论不仅有具体的说明，也有重要的发挥。① 因为性是天之所命，情是性之所动，所以，人于性情方面无法做工夫，无法用力。然而，"心统性情"，人须用心、尽心，还须养心，人所能

---

① 牟宗三认为朱熹的心统性情包括横说与纵说两个方面："横说的'心统性情'是：心认知地统摄性，性在心之静时见，而行动地统摄情，情即是心自身之发动。纵说的'心统性情'，朱子是就孟子说，即恻隐是情，仁是性。在此，心与情为一边，性为一边，实只是性情对言，'心统性情'并无实义，只是就之发动为情须关联着性以说明此情之所以然之理，其实义是在横说处。朱子时常以这横说纵说两种心统性情义来解孟：当说恻隐是情、仁是性时，是纵说，当解尽心知性时，则是横说。在人时有这纵说横说两义；但在万物处，则只有纵说，而无横说。而且心与情都只是虚说之喻解，故只成理气之关系。"（牟宗三：《心体与性体》下，上海古籍出版社1999年版，第432页）

作功夫的所在，正在此心。就心、性、情的关系而言，起主导作用的不是性，当然更不是情，而是心。以程朱为代表的宋明理学的心性论，所突出和强调的正是心。

以二程和朱熹为代表的程朱理学的核心概念，是所谓的"理"。因为是"理"，所以他们的学说也被称为"理学"。以陆象山、王阳明为代表的宋明理学的另一流派，虽然并不反对理，但他们坚持认为，"理"并不在人心之外，离却人心，别无所谓"理"，他们的口号是："心外无理"、"心外无事"。因为强调心，所以他们的学说被称为"心学"。

在陆象山看来，人虽然只是宇宙间的一物，但它不是普通的一物。因为人有自己的主观意识，所以它将整个世界当成一个对象性的世界。"四方上下曰宇，往古今来曰宙。宇宙便是吾心，吾心便是宇宙。"（《杂说》）没有人，虽然也有世界，但不是现在意义上的世界；而如果没有世界，那么根本就不可能有人，人不能在这个世界上孤立存在。所以，不能离开人孤立地谈论宇宙，更不能离开宇宙孤立地谈论人。"宇宙便是吾心，吾心便是宇宙。"人以宇宙为事，宇宙以人为心。"宇宙内事，是己分内事；己分内事，是宇宙内事。"（《杂说》）因为与人对应的是这样一个整个的宇宙，人所面对的也是同一个宇宙，所以，宇宙有同理，人类有同心。"心，只是一个心。某之心，吾友之心，上而千百载圣贤之心，下而千百载复有一圣贤，其心亦只是如此。"（《语录》）人有同心，物有同理。而理，并非就是一种纯然客观的存在，并非一种如此这般的样态性的存在，理是人对于事物个中究竟的体认。离开人甚至可以有物、有事，比如离开人还可以有天、有地，虽然离开人的天、离开人的地并不是现在意义上的天与地。但是，离开人，则根本不可能有理。人之所以为人，在于人有心，人之所以能够体认理，也因为人有心。所以，理与人不可分离，实际上是理与人心不可分离。正因为此，陆象山说："人皆有是心，心皆具是理，心即理也。"（《与李宰书》）"心即理也"，这样的心当然不是人体内跳动着的心脏，而是人的知觉，是人的良知，是人的本心。

王阳明继承了陆象山的这种思想。在王阳明看来，理不在人心之外，就在人心之中。什么是心？王阳明说："心者身之主宰，目虽视而所以视者心也，耳虽听而所以听者心也，口与四肢虽言、动，而所以言、动者心也。"（《传习录》下）心并非就是那一团血肉，而是那知觉灵明，是那视、听、言、动的性。这种知觉灵明是人身体的主宰，也是人之所以为人的所在。我们不能设想人没有这样的知觉灵明。人没有这样的知觉灵明，不仅人与动物无别，人亦将不复存在，并且，没有这样的知觉灵明，世界也将不复是如此这般的世界，世界也将不复存在。如果说，"心即理"的"即"在陆象山那里最主要的意思是"不离"、"不分"，那么，在王阳明这里，"心即理"的"即"，虽然也有这样的含义，但也有"即是"、"便是"的含义，甚至第二种含义在王阳明的心目中占有更为重要的位置。"心即理"在陆象山那里，强调的是"心外无理"；在王阳明这里，更强调："心即是理"。

王阳明对陆象山"心即理"的发挥表现在两个方面，一方面明确提出"无心外之理"，并进而指出本心即是天理，天理与本心无二无别；另一方面，于"无心外之理"之外，更进而提出："无心外之物"。

什么是物？心与物之间的关系是什么？王阳明指出："身之主宰便是心，心之所发便是意，意之本体便是知，意是所在便是物。"（《传习录》上）"无心外之物"的"物"，并非或并非主要是指身外的一草一木，而是我们人应当做的事，所以，"意之所在便是物"。"意之所在"亦即用意所做之事，如事亲、如事君；如仁民、如爱物。因为"物"是用意所做之事，而意是心之所发，"心之所发便是意"，所以，"无心外之物"，离开心，便没有物。

在程朱理学那里，还只承认"性即理"，但却否认"心即性"，从而"心"与"理"还流于二[①]，从而在"理"上做工夫，所以，程朱认为人身修养的过程就是一个"格物致知"的过程。而陆王的心学则更突出和强调直接在心上做工夫，本心与天理无二无别。

（二）道家：虚心与游心

道家之心论与儒家之心论有很大之不同。虽然道家也有所谓本心之论，甚至也认为此一本心与人之本性有关联，但道家认为人之本性为自然，与此相关，人之本心亦是虚静；虽然道家也认为心为人之精神主宰，但更突出心为人之精神状态与精神生活；虽然道家也讲修养，其修养也是心之修养，但其修养却不是在心上做工夫，而是保守心之原本之清静灵虚。

道家之心论主要包括两个方面的内容，一是老子所倡导的"虚心"，二是

---

① 虽然朱熹亦有"心包万理，万理具于一心"（《朱子语类》卷九）之语，但在朱熹那里，心虽然可以"包"理，但毕竟心是心，理是理，理与心从本原而言，是分不是合。朱陆差分之关键不在于能不能合，而在于合是结果还是本然。

庄子所倡导的"游心"。

"虚心"即是涤除掉物欲观念，保守人的虚静之心。所谓："涤除玄览"（《老子》第十章），所谓"致虚极，守静笃"（《老子》第十六章），其意都是如此。老子的"虚心"说主要包括三个方面的内容：一、虚民心，二、虚君心，三、为道者之虚心。虚民心，即是要使民众保守一种自然淳朴的心理。使民众能够守住自然淳朴的性情，处于"安其居，乐其俗"的无争、无虑的状态。

相对而言，老子更强调"虚君心"。"虚君心"的第一要义是君道无为。"人法地，地法天，天法道，道法自然。"（《老子》第二十五章）"道法自然"，道的本性、道的一切所作所为，均是自然而然的。人以道为法，也就是以自然为法。道是自然的，道也是无为的，人君依道而行，故亦应当自然而无为。"虚君心"的第二要义是作为君，没有自己的特殊利益。作为民众的领袖，天下百姓的利益，就是君的利益；天下百姓的危害，就是君的危害。"圣人无常心，以百姓心为心。"（《老子》第四十九章）这里圣人与百姓对举，相应以为义，此"圣人"就是人君。身为民众领袖，君主没有属于自己固有不变的希冀、愿望和追求，老百姓的利益就是君主的利益，老百姓的愿望与追求，就是君主的愿望与追求。老子告诫统治者："圣人不积，既以为人己愈有，既以与人己愈多。"（《老子》第八十一章）"虚君心"的第三要义是为君者应当具有宽广雄厚的胸怀，应当能够容纳天下一切贤良与愚不肖。"圣人无常心，以百姓心为心。善者吾善之，不善者吾亦善之，德善。信者吾信之，不信者吾亦信之，德信。"（《老子》第四十九章）人君作为天下百姓的领袖，应当无条件地爱护天下百姓。天下贤良之士要爱护，天下一切愚者、弱者、不良与不肖者，也应当爱护。善良者，我以友善的态度来对待；不善者，我也以和善的态度来对待。守信者，我以诚信的态度来对待；不守信者，我也以宽宏的态度来对待。作为天下百姓的领袖，应当无保留、无遗弃地保护、爱惜天下所有人等。"是以圣人常善救人，故无弃人；常善救物，故无弃物。"（《老子》第二十七章）"无弃人"，就是无所遗弃地爱护一切人。

"虚民心"与"虚君心"主要是一种政治原则、一种政治行为，"为道者"之虚心则主要是一种个人行为，是一种修养身心的行为。"为道者"是立志要过"道"所彰示的生活的人，是立志要以"道"作为自己生活指南的人。老子以及整个道家学派，从来没有强迫，甚至没有要求人们必须过"道"所彰示的生活。他们只是宣示了这样一种生活，这种生活是一种自然、淳朴、恬淡、安逸、无争、宽厚、包容的生活，他们只是认为这是一种美满的生活。为道者以道为法，而道不可言。老子认为世间之物，最接近道的莫过于水。"上善若水。水利万物而不争。处众人之所恶，故几于道。"（《老子》第八章）因为水最接近于道，为道之人以道为法，亦当以水为法。以水为法，就是处下而不争。处下而不争，亦只是一个"虚"。

老子思考问题的重点还是社会的治乱。从社会角度、从社会治乱的角度立论而观人，老子突出人的自然，从而强调"虚心"。庄子立论的出发点则是个体的人。庄子虽也肯定人之自然，但庄子更推崇和强调者，则是人之自由。[①] 由于强调人之自由，所以庄子标榜"游心"。

庄子很关注个体人等之生活状态，故很在意人心之现实情形。因为人之为人，即在于人之有是心。在庄子看来，"夫哀莫大于心死，而人死亦次之。"（《庄子·田子方》）人死，是个体生命的终结。世界上最可宝贵者是生命，故人死为可哀；然人之为人，正在于人之有是心，心死而徒具有一付躯壳，似人而非人，有人之形而无人之实，则更其可哀。一方面，庄子反对心灵之遭受威压，反对心驰于物，反对心为外物所役使而茶然疲役；另一方面，庄子亦反对心之死寂无感。表面看来，庄子很矛盾，其实并不矛盾。反对心驰于物，反对心为外物所役使，并非要使心处于寂而无应的境界，而是要使心处于虚、静、清、明的境界。不为外物所役使，亦即名利、恶欲观念不荡于胸中。虚静而清明的境界，才是庄子所追求的精神境界。

庄子把心灵之自由自在称作"游"。"逍遥游"之所谓"游"，实际上不是别的，就是心游，就是神游，就是精神的解放和自由。[②] "游"一字，在《庄子》书中凡 113 见，除《齐物论》三言"子游"为人名外，其余 110 次均为动词用法。审查庄子之所谓"游"，约有三意。一为形游，二为神游，三为心

---

① 蒙培元："庄子哲学的根本目的，是实现心灵的自由境界。"（蒙培元：《心灵超越与境界》，人民出版社 1998 年版，第 208 页）

② 陈鼓应："庄子哲学中的'游'是非常特殊的。他大量使用'游'这一概念，用'游'来表达精神的自由活动。庄子认为，要求得精神自由，一方面，人要培养'隔离的智慧'，使精神从现实的种种束缚下提升出来；另一方面，要培养一个开放的心灵，使人从封闭的心灵中超拔出来，从自我中心的格局中超拔出来。"（陈鼓应：《老庄新论》，上海古籍出版社 1992 年版，第 231 页）"在老庄看来，'游心'就是心灵的自由活动，而心灵的自由其实就是过体'道'的生活，即体'道'之自由性、无限性及整体性。总而言之，庄子的'游心'就是无限地扩展生命的内涵，提升'小我'成为'宇宙我'。"（同上）

游。形游者，身体之游闲也，形之无拘束也；神游者，精神之游驰也，神游万里之外也；心游者，心灵之游乐也，精神之自由也。庄子最为推崇的，是心游，是心灵的解放，是精神的自由，即"游心于物之初。"（《庄子·田子方》）心游即是心灵之自由。这种心灵之自由，根源于性之虚静与空灵，是人所本有的。"且夫乘物以游心，托不得已以养中，至矣！"（《庄子·人间世》）"乘物以游心"，"物"者，身外之物也，既指身外之物事，亦包括对人生有重大影响之功、名、利、禄之类；"乘"者，凭也，假借也。"乘物"者，物为我役，物为我所用，如此，方才可以"游心"。外物只是人得以心游之凭借或工具，心游才是最为宝贵和关键的，才是目的，当然不能为工具而牺牲目的。在庄子看来，人生最为关键的是把守自己生命之根本，以己役物而不是以物役己，也就是所谓"物物而不物于物"。（《庄子·山木》）"物物"者，以己役物也；"物于物"者，以物役己也。如此，方谓之至人；如此，方为人之至；如此，方能"游心"。

由性而心，是由天而向人之降落，亦是人之现实之肯定与落实。老子强调人性之自然、本然，故突出人心之虚静恬淡；庄子强调人性之自由、本真，故亦突出人心之自在与自由。自然、自在而自由，根自于道，由道而成性，由性而成人之心，成为人之精神，成为人之精神之本真，成为人之精神生活。此一精神生活，即是道家所推崇的精神生活。此一精神生活之基本内容，亦是自然、自在而自由。所以，道家之心性论，到庄子才形成一系统。[1] 自然、自在而自由，为一整体，本身亦不可分离。

三、情者，人之我

情，本义为人之情绪、情感。《说文解字》曰："情，人之阴气有欲者。从心，青声。"情一字，其出现亦甚早。《尚书》："天畏棐忱；民情大可见，小人难保。"（《尚书·周书·康诰》）

---

[1] 韦政通："儒家要到孟子，才开始发展出所谓的心性之学，才使心性概念占有重要的地位。道家则始于庄子。孟子与庄子同时而不相知，他们的心性思想是各自在本派宗师的基础上发展出来的。这个双峰并峙的发展，对中国后来的思想史，是一个很大的关键，因为孟子和庄子，为中国建立了两个同样不朽但型态相异的生命哲学的典型。"（韦政通：《中国思想史》上册，上海书店出版社 2003 年版，第 125 页）

何谓情？荀子曰："性者，天之就也；情者，性之质也；欲者，情之应也。"（《荀子·正名》）《礼记·礼运》曰："何谓人情？喜、怒、哀、惧、爱、恶、欲，七者弗学而能。"严遵曰："因性而动，接物感寤，爱恶好憎，惊恐喜怒，悲乐忧患，进退取与，谓之情。"[1] 王充曰："情，接于物而然者也，出形于外。形外则谓之阳，不发者则谓阴。"（《论衡·本性》）韩愈曰："性也者，与生俱生；情也者，接于物而生者也。"（《原性》）简而言之，人之主观对于外在物事所发生的情绪反应，即是所谓的情。

性、心、情三者既有联系又有区别。性是指人之先天本性，突出者为人之先天性的因素；心是指人之内在精神，突出者为人之为人之主体性因素；情是指人之主观情感，突出者为我之为我之情绪感受。佛教之所谓："如人饮水，冷暖自知。"其所言者，即是人之情。由性而心而情，愈来愈主观化，亦愈来愈个性化。性虽然已经是人，是人之性，但还是人之天，所以，性即天；人之为人，不在于性，而在于人之内在精神，所以，心即人；而我之所以为我，根本之因并不在于性，亦不在于心，而在于我之情，所以，情即我。我之性、我之心与人莫不相同，所谓性之同然也，心之同理也，而我之情却不可能与任何人相同。我之喜怒哀乐，唯有我得以知，唯有我才能真正体验。

中国哲学对于情，一般持一种否定与压抑的态度。

（一）制情复性

儒家对于情的基本态度是制情，亦即对情采取压制的态度。儒家讲情，往往将情与性联系起来，如认为性是体，情是用；性是静，情是动；性是未发，情是已发；等等。

孔子于情无有明论。[2] 孟子认为，情与性有关，性本善，而情则有善有不善。"乃若其情，则可以为善矣，乃所谓善也。若夫为不善，非才之罪也。"（《孟子·告子上》）"才"，即人天生之才质，亦即所谓性。在孟子看来，情有不善，非由性之不善也。

先秦时代，儒家情论最有特色的是荀子。荀子讲情，往往亦与性合而言之。"性者，天之就也；情者，性之质也；欲者，情之反也。"（《荀子·正名》）

---

[1] 严遵：《老子指归》，中华书局 1994 年版，第 45 页。

[2] 《论语》一书"情"字凡二见："上好信，则民莫敢不用情。"（《子路》）"如得其情，则哀矜而勿喜。"（《子张》）此两处均与性情之情无关。

性是人天生的、先天性的因素；情是性的内在实质，也是其实际内容；欲是情对于外在物的实际反应。

既然情是"性之质"，所以，在荀子看来，性既为恶，情亦为恶。"从人之性，顺人之情，必出于争夺，合于犯分乱理而归于暴。"（《荀子·性恶》）情是性的实际内容，是性的实际表现。与孟子性善而情有善有不善之论不同，荀子既主张性非善，所以性的实际内容、实际表现，当然也非善。人之情性既为邪、为恶，所以应当用礼义、法度来导引它、矫正它。"故人知谨注错，慎习俗，大积靡，则为君子矣；纵情性而不足问学，则为小人矣。"（《荀子·儒效》）君子、小人的区别不在于性情上有差别，而在于君子懂得情性之不善，从而能够"慎习俗，大积靡"，不断学习、修炼、上进；而小人则"纵情性而不足问学"，所以愈来愈堕落。"小人可以为君子，而不肯为君子；君子可以为小人，而不肯为小人。小人君子者，未尝不可以相为也。"（《荀子·性恶》）

荀子情论与正统儒家思想有两点根本的不同：一是他公然承认情恶而非善，不像正统儒家所主张的情有善有不善；二是他对于人欲并不采取简单地压制的态度，而是主张"养欲"。"礼起于何也？曰：人生而有欲，欲而不得，则不能无求。求而无度量分界，则不能不争；争则乱，乱则穷。先王恶其乱也，故制礼义以分之，以养人之欲，给人之求。使欲必不穷于物，物必不屈于欲。两者相持而长，是礼之所起也。"（《荀子·礼论》）人生而有欲，这不仅是天然的、自然的，也是无法杜绝、无法避免的。既然如此，不可能对人的欲完全采取压制的态度，但也不能任其恣意横行，否则，必将导致社会的混乱。所以，必须"养人之欲，给人之求"，必须通过礼义来约束人之欲。荀子认为，人不仅好利恶害，而且好声、好色、好味、好愉佚，这一切也都是人之情性本自具有的。"若夫目好色，耳好听，口好味，心好利，骨体肤理好愉佚，是皆生于人之情性者也；感而自然，不待事而后生之者也。"（《荀子·性恶》）人既有好声、好色、好安逸、好愉乐的本性，就应正视人的这种性情，就应当规范、引导以至于养育人的这种性情。而礼与乐就是引导、养育人情的重要手段。礼是规矩、是制度、是规范，与礼之人为制作不同，乐是由乎人情而自然生发的。"夫乐者，乐也，人情之所必不免也。"（《荀子·乐论》）乐是人情之所必不免也，人不能无乐。礼的作用是"别异"，是使人各守其分；乐的作用则是"合同"，是使全体社会成员达到精神上的统一。"乐合同，礼别异。礼乐之统，管乎人心矣。"（《荀子·乐论》）一合同，一别异。礼与乐，都是应乎人情，管乎人心的。荀子认为乐是顺乎人情而自然生发的，通过乐可以使人的情感得到舒发。并且，在荀子看来，通过礼乐不仅可以规制人的情欲，还可以维护社会的和谐，还可以改造人心。

宋明理学对情有更为深入的论述。宋明理学论情，往往将其与性联结起来，认为性静情动；性体情用；性是未发，情是已发。在二程看来，性是情之静，情是性之动。程颐明确说："自性之有动者谓之情"。(《程氏遗书》卷二十五）情既是性之动，其动必有所发用，因其发用不同，故有不同的局限性。程颐认为，在对待情的问题上，重要的是应当做到"性其情"而不应"情其性"。"约其情使合于中"，这是"性其情"；而"纵其情而至于邪僻"，这是"情其性"。"性其情"是人的本性控制着人的情欲，而"情其性"则是人的情欲完全失去了应当的控制。

朱熹关于性情的基本观点是性静情动、性体情用。性是未发，情是已发。未发而一性浑然，故谓之中；已发而七情迭用，故有所谓和。"情之未发者性也，是乃所谓中也，天下之大本也。性之已发者情也，其皆中节则所谓和也，天下之达道也。皆天理之自然也。妙性情之德者心也。"(《太极说》）在朱熹看来，性情不离，如果不以体用、已发未发表明其动静关系，则其间之奥妙本无以言之。"性情一物，其所以分，只为未发已发之不同耳。若不以未发已发分之，则何者为性、何者为情耶？"(《答何叔京十八》，《朱文公文集》卷四十）体圆用偏，故有恻隐、羞恶、恭敬、是非之异，然其本体，则是一味圆通的。此外，朱熹也以天理与人欲来讲述人之情。所谓天理，在朱熹看来，也就是儒家所宣扬的仁义礼智。天理既是人伦之常，也是心之本然。"盖天理者，此心之本然，循之则其心公而且正。"(《辛丑延和奏札二》，《朱文公文集》卷十三）与天理相对的是人欲。"人欲者，此心之疾疢，循之则其心私而且邪。"(《辛丑延和奏札二》，《朱文公文集》卷十三）在朱熹看来，天理与人欲是对立的。"己者，人欲之私也；礼者，天理之公也。一心之中，二者不容并立。"(《论语或问》卷十三）天理与人欲不可并立，是程朱理学的基本观点。程颐即说"人心私欲故危殆，道心天理故精微。灭私欲则天理明矣。"(《程氏遗书》卷二十四）所以他们的基本口号是："存天理，灭人欲"。

陆王心学与程朱理学是对立的，但在"存天理，灭人欲"的观点上，则是完全一致的。王阳明说："吾辈用功，只求日减，不求日增。减得一分人欲，便是复得一分天理，何等轻快洒脱！何等简易！"(《传习录》上）将天理与人欲完全对立起来，是有问题的。人之情并非就是恶的、坏的。人之有欲亦是天然而有的，是不可磨灭的，也是无法完全压制的。宋明理学将天理与人欲完全对立起来，以为存天理就必须灭人欲，这种观点是有问题的。

（二）性其情

与儒家之制情相同，道家对于情基本上也采取排斥和压制的态度。但道家同时也强调性其情，特别是庄子，更强调："不失其性命之情"，"任其性命之情"，"安其性命之情"。

老子以自然无为为本。在老子，自然无为既是天地万物之理，即道理；也是君王治国御民之术，即道术。从社会统治着眼，老子主张："不见可欲，使民心不乱"，"常使民无知无欲"。（《老子》三章）在老子看来："五色令人目盲，五音令人耳聋，五味令人口爽；驰骋畋猎，令人心发狂。难得之货，令人行妨。是以圣人为腹不为目。故去彼取此。"（《老子》十二章）老子此处所言者，为"人"而非"民"。民着眼于政治统治，是从君王之立场发论；人则着眼于人之为人之本质，是从一哲学立场发论。"五色"、"五音"、"五味"、"驰骋畋猎"云云，皆为人之可欲之事。如此之事，如此之欲，破坏了人自然纯朴的本性，使人为身外之事、身外之物而奔波忙碌，所以应当予以否定。

一般认为，庄子是无情论者，或非情论者，这似乎是确有根据的，其最主要之根据，当是《德充符》中庄子与惠子之对话。惠子谓庄子曰："人固无情乎？"庄子曰："然"。然庄子所反对的情，是具体的情，是有其特定含义的情。庄子所反对的情，是给人带来伤心与苦恼，使人为其角逐、为其忙碌，因其劳心而伤性的情，亦即以好恶内伤其身的情。如此之情，也就是所谓的物情。"人之有所不得与者，皆物之情也。"（《庄子·大宗师》）对于这样的情，庄子是持否定态度的。因为这样的情，使人为外物所役使，使人丧失了生命的本真。这样的情，实非人之情感，而为人之情欲。

庄子否定物之情，因为这种情使人为外物所役使，使人沦落为工具，沦落为外物之奴隶。除此种情外，庄子并非认为人别无其情，他亦认为人有常情。"吾所谓情者，言人之不以好恶内伤其身，常因自然而不益生也。"（《庄子·德充符》）不以好恶内伤其身，常因自然而不益生，这才是真正的情，才是人之常情。如此之情，也就是庄子所谓的"性命之情"。"彼至正者，不失其性命之情。"（《庄子·骈拇》）"吾所谓臧者，非所谓仁义之谓也，任其性命之情而已矣。"（《庄子·骈拇》）性命者，天之所赐物之所受也。人对于性命，只能做到安分而守己，而不能有什么非分之求、非分之想。如此之情，即是性命之情。林疑独曰："性命之情，即正性、正味、正色、正声，万物之所自有者。"（褚伯秀：《南华真经义海纂微》卷二五引）[1]"性命之情"，即是根自于人之本性之情。在庄子看来，人之本性是虚静恬淡、寂漠无为，所以人之性命之情亦是虚无恬淡而常因自然。"达生之情者，不务生之所无以为；达命之情者，不务知之所无奈何。"（《庄子·达生》）达生之情，不追求生命所不必要的东西。生命之所必要、所不可少者，是人生命的延续及进一步的发展，是人精神生活的自由与自主。达命之情，不追求生命所无可奈何的东西。

人世间总有这样、那样的不得意，总有一些无可奈何，此即是人之命。人在命运面前是无能为力的。既然无能为力，何不采取一种超越的态度，采取一种无可奈何的态度。所以，达生之情、达命之情亦是性命之情。[2]因为这样的情有助于保守人精神之自由、自在和心性之宁静、淡泊，而精神的自自在和心性的宁静、淡泊，正是庄子所努力追求的，正是庄子理想的精神生活，故此庄子对其持肯定的态度。[3]可以看出，庄子对于情的认识和态度，也是和他对于人性的认识以及他的人生追求紧密联系在一起的。

有性、有心、有情，而后方才有人，所谓人，其实即是性、心、情的合体，性是人之天，心是人之人，情是人之我。人，实则是性、心、情三维结构的一个合体。儒道两家由于对性、心、情的理解和定位不同，所以对于人的期许与定义亦很不相同。儒家强调性有善恶，强调心为身之主宰，强调情有恶，

---

[1]　张继禹主编：《中华道藏》第十四册，华夏出版社 2004 年版，第 153 页。

[2]　唐君毅："庄子所谓复其性命之情之实义，即不外化除一切向外驰求之心之知，或收回此心知，以内在于人生当下所遇所感之中之谓。是之谓知与恬交相养。人有所感而生情，人一时只感此所感而非他，是为命。人之所以能感所感而生情者，即吾人之生命之性。合性与命，为一性命之情。性命之情之所在，即吾人之生命之当下自得自适之所在，亦即生命之恬愉之所在。人心知不外驰而止于是，是谓以心复心，以复性命之情。"（唐君毅：《中国哲学原论·原性篇》，中国社会科学出版社 2005 年版，第 29 页）

[3]　罗光："为什么性命之情，应该保全，人心之情则应舍弃呢？性命之情和万物之情一样，皆为生理的趋向，称为天，称为性。乃是人生的天然规律。人心之情，却是人自己因知识而使心动，这种动便是'人胜天'，人妨碍天然的趋向，使性命之情不能流行，生理上受损，便伤害自己的生命。因为人心之情，使人耗精费神，人气乃受损害。因此庄子主张'有人之形，无人之情'。"（罗光：《中国哲学思想史·先秦篇》，台湾学生书局 1982 年版，第 543 页）

任情必为恶，所以，儒家突出和强调人的社会责任、人的社会意识、人的社会角色，强调和鼓励人们做君子不做小人，强调君子小人的截然分别；道家强调性的自然与自由，强调虚心与游心，强调性其情，任其性命之情，所以，道家人的自然、自在、自由的精神状态。儒道两家的人论是与他们的性论、心论、情论一贯而相通的。

柏拉图将人的灵魂分为理性、意志、情感三个方面。其中情感的方面相当于中国哲学的情，而其理性与意志的方面，相当于中国哲学的心，但是缺少性方面的因素。人是性、心、情三维结构的一个合体，这是中国哲学关于人的基本规定，也是中国哲学的重要特点。

相对而言，中国哲学于性与心有非常深入与精当的论述，而对于情，则语焉不详，甚至采取简单的压制的态度。而情为人之我，情所突出的恰恰是人的个体性因素，是个体人的因素，所以，中国哲学的一个基本特点，就是突出和强调人的社会性，而压制人的个体性。中国古代诗文中所表达的情，更多的是怀才不遇、生不逢时、感念君王、报效国家、人生感慨等方面的情，而很少关于人生的情调、情趣方面的情。中国哲学的未来发展，应抓住情这一契机，以实现人格规模上的重要突破。

（作者简介：罗安宪　中国人民大学哲学学院）

传统文化现代转换的三个维度及其思考

罗传芳

关于"文化"的概念有很多，但最基本也是最符合文化本质含义的定义可概括为：一个地区的人们长期共同生活所形成的生活方式和价值观念。就中华传统文化而言，它属于东亚内陆的农耕文明，由这种农耕定居结成了宗法等级社会，并形成了以儒家文化为代表的反映这一族群生活方式的价值系统。很显然，这个社会离我们现在的生活已经发生了很大的变化，但是在基层、在广大的农村和偏远地区，甚至在都市人的人际交往和潜意识里，传统的根脉还在，尤其是以习俗和观念组成的小传统还在。正是这样一个基本层面让我们今天不能忽视传统文化和传统生活方式的存在，以及它对现实生活的影响。

但这只是问题的一个方面，更重要的是从 19 世纪中叶开始，随着西方工业文明的东进，整个东方包括中国的传统社会结构已经开始解体，开始进入世界经济体系，由此发生了我们称之为现代化的历史进程。也就是从这时开始，传统与现代的问题被提上了日程。一百多年来，中国人一直被这个问题困扰，而每一次历史关头都会在思想领域发生中西之争，发生传统与现代的碰撞，这说明面对这道历史难题我们还没有交出合格的答卷，没有过关。20 世纪 80 年代改革开放以来，这个问题也在以各种方式持续发酵（比如近年来关于两岸新儒家之争）。那么我们该如何看待这个问题呢？我想提出传统文化现代转换的三个维度作为参考。

一、要有世界历史眼光

我这里说的"历史"是一个大历史观，即我们看待传统不只是要看到我们自身的历史和文化，还要看到世界这几百年到底发生了什么，否则我们就不能理性地面对我们的处境和我们的传统，看不清前进的方向。

应该说整个世界的巨变开始于 18 世纪中叶源自英国的工业革命，由于机器生产而引发的社会变革以及资本向海外的扩张，使得整个世界连成为一个整体，这就是黑格尔和马克思都强调的真正的世界历史的形成。经过一百多年，发展到了现在的全球化时代（地球村）。所以如果我们以一种宏观的理性的历史的动态的眼光来审视的话，就会发现这样一个事实，即这是一个由商业资本的逻辑决定的不以人的意志为转移的客观历史过程。这个过程有先有后，有内发（原发）、外发（后发），有中心、边缘的区别（现代化理论），广大的东方国家无疑属于后者，即这里的现代化不是由自身的社会结构的变化引起的，而是在外力推动下被动启动的，这就决定了这个过程有诸多不适应，有更多艰难困苦，有更多无奈和纠结，有比原发国家更为强烈的传统与现代之间的紧张关系。明白了这一点也就不难理解为什么在中国近现代史上中西之争会反复出现，每到一个历史节点都会以这样那样的方式逼着你作出抉择，像宿命一样无法逃脱。而且，明白了这一点也就要思考：既然这是一个不以人的意志为转移的客观历史过程，那么不管你愿意不愿意，你都必须正视和接受这个事实，并通过自身的调适和转换，适应、融入进而参与、创造一个中国的现代化，化解固有传统与现代之间的紧张，实现传统文化和制度的历史转变（古今之变）——这可能是一个古老民族在融入世界、获得新生时最好的选择和结果。

二、继承什么样的传统？

所有民族在进入现代化过程中，都会带上自己的基因，中国文化也不例外。但是中国文化历史悠久、内容丰富，哪些是经过时间淘洗之后可以延续和存留下来的富有内在生命力和恒久精神的传统呢？这当然是一个大话题，但是有一点我认为是至关重要的，那就是历史上经过反思和批判之后被理性认识了的思想资源。从这个意义上看，传统社会内部固有的批判思想和理论，应是我们在面对传统时应给予特别观照和记取的，而这一点往往被我们的传统文化研究者忽视和不察。人们只重视正统思想和理论，于是在很多情况下儒学便成了传统文化的代名词。20 世纪 90 年代以后道家思想开始被重视，也是在儒道互补和与儒争胜的情形下出现的（"道家主干说"），还是离不开儒的视界。至于其他非正统的、官学之外的学术思想更是难以进入舆论的视野。

其实如果我们抛开正统观念就不难发现，自秦汉大一统政治建立之后，直到清末，每一个王朝的后期都会出现批评时弊、揭露社会危机的社会批判思潮，如东汉末年以王符、仲长统为代表的社会批判思潮，明末清初以黄宗羲、顾炎武、王夫之为代表的启蒙思潮，等等，它们既是对政治的批评，也是对学术思想的检讨和纠偏，其中包含了许多深刻合理的成分，甚至直接影响到新王朝的政治改良，是古代社会内部推动社会进步的积极因素（也可称作一种"自净力量"）。尽管各个时期的批判思潮在主题上有所侧重，但是还是可以看到一种一以贯之的思想主张，比如对权力和土地高度集中的批判，对选官任官制度的批评，对贵族等级制的不满，对国计民生的体恤、建言，等等，这些发展到黄宗羲时代，便直接把矛头指向了最高权力拥有者——君权，喊出了"为天下之大害者，君而已矣"的口号，认为社会政治、经济、文化领域的一切弊端都源于君主专制，提出了"天下为主，君为客"以及建立"万民之法"的初步民主思想。由此可见，中国古代社会的批判思潮是对这个社会固有矛盾的反映和应对，它们直接来源于这个社会的内部，是对传统的把脉，代表了这个社会进化发展的方向。从这个意义上说，这种在当时带有异端和反叛色彩的思想，比正统的官方意识形态对于我们认识传统具有更大的价值，也是我们今天需要特别重视和继承的传统。

20 世纪 40 年代由侯外庐提出、80 年代由萧萐父"接着讲"的"早期启蒙学说"，就认为，中国社会由于自身的发展，后期也产生了资本主义的萌动，并且具有了现代性思想文化的历史性根芽，萧先生将其概括为"人的重新发现"、"初步的民主思想"及"近代科学精神"等三大主题；他进而提出了历史"接合点"的说法，认为中国的现代文化建设是要与传统文化相结合，但与传统文化中的哪些文化传统结合（对接）至为关键，提出只能与中国传统文化中已经萌发了的具有现代文化意蕴的思想精神结合，才能真正做到将传统文化与现代文化的结合，从而让现代化在中国自己的土壤上生根开花结果。具体说，就是要与明清启蒙思潮对接。这一主张是很值得我们思考和借鉴的。但可惜这个学说既为西化派不重视，也为保守派不满，至今不彰。①

---

① 参见吴根友：《简论萧萐父的"早期启蒙学说"及其当代意义》，《哲学研究》2010 年第 6 期。

三、寻找传统文化的生长点

前面已经讲到，我们的现时代和生存境遇已经完全不同于传统社会，于是我们的传统也就离开了原有轨道进入了一个陌生的场域，面临着何去何从和被选择的境遇。那么，在我们这种后发现代化国家里，既往的传统在新生的传统中到底能发挥怎样的作用？当然，就一个历史文化悠久的国家和地区而言，现代化会打上自身的烙印，这是世界上不同的现代化模式存在的内在根据，即所谓的"身份认同"；但是从根本上说，传统文化所能发挥的作用，关键在于它与现代化的契合程度，在于它在多大程度上满足现代化的需要。用一个形象的比喻，传统在现代化这幅图画中是作为底色而起作用的，它在多大程度上呈现自己，完全取决于整幅作品的主题对它的定位和调动。从这个意义上说，传统是被选择的、被创造的，不存在一个离开现实场域抽象起作用的不变的传统。

比如这些年大讲特讲的"天人合一"概念，其实已基本离开了传统的语境语义而更多地赋予了保护生态、人与自然和谐等现代意蕴，而传统上的"天人合一"表达的不仅是人与自然的关系，更是人与某种绝对存在（天道、天命）的关系，它在儒、道思想中都有，是传统文化中一种特有的思维方式或言说模式，即"推天道以明人事"。因此我们可以说，就"天人合一"这一思维方式、表达方式而言，它是传统的；但就其现实内涵和目的而言，它又是现代的。这也说明，当我们在讲传统文化复兴的时候，必须看到这种复兴的条件和限度，这也是转换话的题中应有之义。

这样的例子在我们的现实生活中还有很多。比如对待传统的"三纲五常"，我比较同意牟钟鉴和李存山先生"三纲不能要，五常可以留"的意见，但也认为，必须对五常进行细分和转换。"仁"当然很好，这也是儒家的核心价值，但是对何谓"仁"首先要作符合现代的界定；其次如何实现"仁"（制度保障）也是问题，这是儒家历史上最缺乏的。"礼"和"义"也有时代的隔膜，一些符合古代礼、义要求的不一定适合现代，如这些年关于"亲亲相隐"的争论即是如此。"智"的分别更明显，因为古代与现代的知识结构和认知方式已完全不同。"信"在五常里应该是最没有争议的，但中国文化是一个熟人文化、亲亲文化，所以"信"也带有由近及远的亲疏等差之别，这在现代公民社会同样是需要反思和矫正的。

所以，明确古代社会与现代社会价值取向的不同，是我们作出判断和分析的前提。这里需要指出的是，以市场经济为基础的现代社会与以宗法等级为内核的传统社会的一个明显区别是，它主要不是靠道德起作用，而是以满足市场的平等交换原则即契约作为维系社会的根本保障，由此建立一套与之配套的价值理念和制度规则，如公平公正、平等互利、基本人权、社会保障等等，简言之就是对个体权利（right）的保护和对公权力（power）的限制，只有这样，资本市场才能良性运转而不至沦为抢劫和腐败之地。因此从保护人的基本权利和社会的公正上来讲，资本主义生产方式内在地要求一个良性秩序，在这里马克思讲的"资本往往充当了历史不自觉的工具"的话也是适用的。

基于上述，如果我们的传统文化在现代生活中能提供这样的资源，那实际上也就是将传统融入了现代，焕发了传统文化的生命力。我认为在这方面传统的资源和价值是有的，如儒家的民本、明公私之分、推己及人、内外兼修、知行合一等等；道家的政治哲学也有很多能与现代互通互融的理念，如"屈君伸民"、强调"民自化"的思想就与现代国家的治理理念和组织原则更容易接轨。总之，如果我们能用儒家的民本思想去保护民众特别是弱势群体的利益；用孟子的独立人格和舍我其谁的担当精神去做一个自觉维护群己权界的现代公民；用道家的尚俭理念去遏制弥漫于世的腐败之风；同时提倡墨家的科学精神、名家注重名实之辨的分析方法，那我们的传统文化就一定能在现代化中发挥正面作用，真正成为经济和社会发展的文化助力。但遗憾的是，现在在弘扬传统的热潮中泥沙俱下，出现了许多令人忧虑的现象。

总之，了解世界和新时代的发展诉求，明确传统文化在当代的定位，是我们甄别取舍、推陈出新、实现传统文化现代转化的前提条件，如此才是抓住了传统文化新生的契机。否则，自说自话、空喊口号，表面上看是抬高了传统文化，实际上是自断生路，扼杀了传统文化的内在生命力。另外，将儒学的复兴是定位在庙堂高院，还是日用民生，也是检验儒学现代生命力的一把大尺子。因此，"看世界"、"续香火"、"接地气"应是看待传统文化现代转换的三个相互关联的视角，缺一不可。

（作者简介：罗传芳　中国社会科学院哲学研究所）

论儒家在不同社会条件下的不同作用

姜新艳

同一种哲学，在不同的社会历史条件下，所起的作用则不同，儒家也不例外。众所周知，儒家强调人的社会关系、角色以及相关的责任。强调这些在不同的社会背景下对社会进步与发展的意义是非常不同的。由于儒家是在肯定既存社会角色和分工的前提下强调关系、角色和分工的，所以，在一个社会关系、角色和分工极不合理的社会中，儒家对关系、角色和分工的强调实际上就会帮助维护既存的不公平和压迫与剥削，成为既得利益集团的理论武器。相反，在一个现代民主社会中，由于角色、分工的相对公平、合理，儒家之强调社会关系、角色及相关责任则有利于社会的发展与进步。为了具体说明这一点，以下将讨论儒家之强调人的社会关系、角色以及相关的责任在不同社会背景下对男女平等所起的不同作用及以强调人的身份和角色之区别为特征的儒家之礼对不同社会类型的不同意义。

一

强调人们在社会中的角色以及相应的责任本身并不意味对妇女的歧视，但在肯定压迫妇女的社会分工的前提下强调角色以及相应的责任则必会为歧视妇女辩护。在传统中国社会中，妇女的角色被限定在家庭之中，相夫教子是她们的本分，服从男性为她们的美德。所以，女性越是守本分，越是尽职扮演好自己的角色，越是从属于男性的统治，越是有助于维护，甚至加深社会的男女不平等。在这样的社会条件下，儒家之强调角色和分工客观上就起到维护和强化男女不平等的作用。所以，儒家不仅仅是由于歧视妇女的某些言论而可以被看作是男女平等的反对者，而且更因其哲学本身在传统中国的作用而应被看作男女平等的敌人。即使儒家没有明确歧视妇女的言论，其理论在中国传统社会中所起的作用也是与男女平等背道而驰的，况且儒家，包括早期儒家，歧视妇女的言论是难以否认的。[①] 由于儒家一向维护传统中国社会中的既存分工和关系，而中国传统社会中的分工和关系所体现的是男性的统治，儒家在中国传统社会中必然是维护男性统治的。这就解释了为何在中国历史上，想要女性解放和权利的人，从来都不会从儒家那里寻求支持。

但是，在一个现代民主社会中，儒家之强调社会关系、角色和分工对男女平等所起的作用就大不相同了。由于在这样一个社会中普遍人权、平等、自由已是为人们广为接受的价值，强调社会关系、角色和分工只会让人们在基本平等的基础上更好地负起责任，处理好社会关系。例如，在男女平等的前提下，强调责任和角色意味着促进人们成为对家庭对社会更负责任的人，而不以一方对另一方的统治为前提。在个人主义过于被强调的社会，例如当今的美国，家庭的破裂或残缺、人际关系的疏远已是严重的社会问题。在这样的社会中，对关系、角色和分工的强调会有助于缓和这样的社会问题。对这些问题的减缓，对妇女之解放是有利的，因为众多破裂家庭是靠女性支撑的，单亲家庭大多是母子家庭。据 2014 年的一份报告，在 2013 年，美国 77% 的单亲家庭为单亲母亲家庭，而这样的单亲家庭很容易陷入贫困。在 2012 年，单亲母亲家庭的中间年收入为 25493 美元，只为双亲家庭中间年收入 81455 美元的 31%；单亲父亲家庭中间年收入则为 36471 美元。[②] 家庭破裂或不健全的后果不仅使妇女难以有同等机会发展事业，而且常使她们陷于贫困之中。由于女性已在很大程度上过多担负着对家庭的责任，所以，在这样的社会背景下，倡导人们对家庭负起责任主要是让男人负起他们该担起的责任，让他们与女性一同分担对家庭的义务。

如果就整体而言更多男性能担起对家庭的责任，妇女的生活处境和事业

①　近些年，海外有一些学者做了一系列否认早期儒家之歧视妇女言论的努力，包括重新解释孔子的"唯女子与小人难养也"，等等。我在"Confucianism, Women, and Social Contexts"一文中对他们的某些新解释给予了批评，并论证了早期儒家之歧视妇女主要在于其对男性社会中压迫妇女的社会关系和分工的肯定和强调，而不在于孔孟是否有过歧视妇女的只言片语。参见姜新艳：Confucianism, Women, and Social Contexts, *Journal of Chinese Philosophy* 36：2，June 2009，pp. 228—242。

②　参见 Legal momentum, Single Parenthood in the United States-A Snapshot（2014 edition），（accessed May 15），https://www.legalmomentum.org/sites/default/files/reports/SingleParentSnapshot2014.pdf。

成功的机会就会大有改善。因此，强调人在社会中的关系、角色及其责任的儒家在这样的社会中就可以起到促进男女平等的作用。

二

儒家对关系、角色及相关责任的强调也体现在其对礼的看重。礼是儒家最重要的概念之一。儒家关于礼的理论，具有普世性。任何社会都离不开礼，尽管西方思想家对礼的论述不多。一般而言，礼对人们之间关系的和谐、对人之情感的提升和净化所起的积极作用在大多社会都是存在的。但是，不同系统和特质的礼，在不同社会所起的作用则不同。如果把儒家的礼放到具体的历史和社会背景中来考察，我们就不会将其赞扬得无与伦比或将其贬低得一钱不值。

儒家所倡之礼（无论是礼仪、礼节或恰当行为之规范）强调处在不同位置和角色上的人之间的区别。可以说，强调等级和角色的区分是儒家之礼的基本特征。早期儒家诸如孔子、孟子、荀子都生活在等级分明的传统中国社会。对他们来说，人与人之间的身份与地位之不同是维持社会秩序之必要条件，所以礼应该用于加强社会等级。为了这样的目的，儒家的礼不仅仅关乎一般的恰当行为之规范，而且包括礼仪行为和日常举止的具体规则，诸如有关不同身份的人的衣着样式和颜色、音乐演出的形式与规模以及乘车的类型的种种规定。儒家之礼不断地提醒人们关于他们在社会和家庭中的角色和位置、人与人之间身份之不同。如果一个人违反了这样的具体规定，他就违犯了礼。汉语中的"是可忍也，孰不可忍也"（《论语·八佾》），是人们常常用来对大不敬、大错或大罪表示愤怒之词。但孔子则是用它来对季氏之"八佾舞于庭"表示愤怒的，因为按当时的礼那种规模的舞乐只能由天子来享用。[①] 对孔子来说，季氏的做法是大逆不道的，以至于让人完全无法容忍。可见，对孔子来说，遵守礼的规定而不做逾越自己身份的事是何等重要。所以，礼的重要功能就是让等级分明、让人不忘上下有别。对此，荀子做了更详细的论证（参见《荀子·富国》）。关于儒家之礼的等级性，是显而易见的。要讨论这样的礼对社会的利

---

① 以8人为1佾，8佾为64人。参见李零：《我读〈论语〉：丧家狗》，山西人民出版社2007年版，第87页。

弊，需要看它在什么样的社会条件下起作用。在一种社会中它会促进公平与进步，而在另一种社会中它则会助长压迫与退化。

强调等级的礼，更有利于社会等级系统中地位高的人。这样的礼要求人们给在上者比在下者更多的尊重和特权。在一个专制社会中，由于等级森严、不平等严重，提倡强调等级和角色的儒家之礼会使既存社会等级和不平等更加严重，使社会身份低下之人更加没有尊严。看一下在传统中国人们彼此打招呼、行礼的方式，我们就可以知道重等级的礼是怎样要求人们给为官者、富有者、长者、男性比平民百姓、年轻人、女人更多的恭敬。此外，由于儒家强调人的角色和与相应的责任，将个人的存在在相当大的程度上等同于个人的身份和角色，个人的价值和尊严在很大程度上也就取决于其在社会和家庭中的位置。在一个专制社会中，一般人的尊严和权利不被普遍认可，不仅存在着森严的等级，而且权利和财富集中在少数人手中。在这样的社会中，再用礼强调人的等级、身份和角色只会加强不平等、鼓励人们把地位低的普通人看作仅仅为在上者的附属品而不是有尊严、有权利的人。从理论上讲，讲等级的礼也要求对在下者，也就是位低者、年轻人和女人，给以恰当的对待。例如，君要给臣适当的尊重，官要爱民，长要爱幼，夫要疼妻，但是讲等级的礼已经限定了在下者应得到较少的尊重，且这样的礼并没有多少尊重在下者的具体礼节规定。更重要的是，在那样的社会中，由于在下者没有在上者的权力，而权力在那里有至上的重要性，所以，没有任何机制可以保障对他们以礼相待。总之，在一个权力高度集中、缺少普遍平等和人权的社会中，对下的礼遇（尽管已十分有限）是无法落实的。在这样的社会中，在上者对在下者的任何善待都被看成前者对后者的恩惠。结果是，强调等级的礼只能服务于有权势的阶级，为他们的统治和特权辩护。更严重的是，强调等级、角色的礼在这样的社会有助于培植奴性和残忍。

儒家之礼在一个现代民主社会中会起非常不同的作用。由于在这样的社会中基本人权已广为承认、政府的权力已被一定的政治制度加以限制，人与人之间的相对平等已在很大程度上得以实现，倡导推行儒家的礼则可能鼓励人们互相更加尊重、和谐相处，因而促进人们的普遍幸福与社会的繁荣。在这样的社会中，强调角色的礼仍可以有一定的等级性，但却不具有压迫性，因为基本的平等已被当作前提。例如，在正式场合对总统的礼节表示对其职务及他所代表的政府的尊重，但这并不表明总统作为一个个人比其他公民有更多的人权。但是，这样的社会往往对个人的关系性、角色及相关的责任强调不够。例如在当今的美国，社会舆论对个人的自主与独立性的过分强调使许多人忽视这样一个基本事实：他们生活在这样或那样的关系之中，且他们在社会上和家庭中占据着某种位置、扮演某种角色，并因而负有一定的责任。对关系和角色的忽视在某种程度上导致了众多不健全或破裂的家庭。众多不健全或破裂的家庭的存在对社会的整体幸福，尤其是儿童的生活质量，有着非常负面的影响。据统计，2012年，生活于单亲家庭的孩子中，42%处于贫困状态，而生活于双亲家庭的孩子只有13%陷于贫困。① 这说明了家庭健全对孩子们的幸福至关重要。所以，提倡强调角色与责任的儒家之礼很可能有助于修复家庭、减少孩子们的不幸。况且，这样的礼之推行，也会使老年人在这样的社会中有更多的幸福感。尽管在美国这样的西方国家等级性的尊老之礼几乎不可能实施，但更多对老人表达感恩和关爱的礼仪和举止无疑会提升老人们的生活质量，使他们更好地安度晚年。

此外，儒家的礼也可能有助于提高当代一些西方国家的基础教育水平。由于儒家之礼极为尊师，而西方教育则强调师生人格上的平等，二者在一定程度上的结合会对学生的学习产生更好的效果。在全球性的数学、科学测试中，受儒家影响较大的东亚学生往往比美国学生的成绩好得多。例如，在2012年的国际学生评估项目（Program for International Student Assessment）中，中国（上海）的数学、科学名列第一，新加坡名列第二，而美国的数学却名列31、科学名列24。虽然这样的结果是多种原因造成的，美国学生之不如东亚学生尊师可能是其中的原因之一。在美国没有尊师之礼，但却有老师创造了某些迎送学生之礼。师生关系对学生的学习态度有着直接的影响。如果学生非常尊重老师，他们自然会对老师的所教所言予以高度重视，从老师那里学到尽可能多的东西。提倡儒家的尊师之礼，在美国这样的社会对提高学生的基础教育水平会有益处。尽管实施传统的儒家尊师之礼在美国社会不现实，一些在中国中小学校园仍在流行的问候老师之礼并非完全不可行。问题在于人们是否想通过礼对老师表示更多的尊重。在美国这样的国家里，即便儒家思想被接受的范围很有限，但那并不说明儒家学说在一定程度上的推广对其社会没有益处。

综上所述，儒家之强调人在社会中的关系、角色和相关的责任及建立在

---

① 参见 Legal momentum，*Single Parenthood in the United States-A Snapshot*（2014 edition）。

此基础上的礼，在不同社会条件下会有十分不同的功能。儒家在等级森严、缺少平等的社会中的消极作用和其在相对平等却过分强调个人自主的社会中可能会有的积极作用都是不应忽视的。对儒家作用的评价不应离开其所处的社会环境和条件。

（作者简介：姜新艳　美国雷德兰兹大学）

儒学文化的世俗化问题及其意义

张能为

人类思想之原则由天上至地上、由外在达内在，成为一种自然并带有某种普遍性的运思逻辑。回到人是文化上的一大进步，而回到人的道德性，则是儒学的要义所在。儒家文化的道德理想人格、道德理想社会是与儒学文化的世俗化特性紧密联系的，或者说，儒学文化的人文精神建构与形态也是与很大程度上存在的中国宗教伦理的世俗化转向彼此促进的，并以此表现出与西方宗教文化的精神差异和社会功能分殊。

一、文化视野中的社会存在问题

在人类历史上，资本主义社会有其空前的进步和发展意义，创造了人类前所未有的物质文明与精神文明，使人类社会进入了较高层次的现代进程，马克思、恩格斯指出："资产阶级在它的不到一百年的阶级统治中所创造的生产力，比过去一切世代创造的全部生产力总和还要多，还要大。自然力的征服，机器的采用，化学在工业和农业中的应用，轮船的行驶，铁路的通行，电报的使用，整个整个大陆的开垦，河川的通航，仿佛用法术从地下呼吸出来的大量人口——过去哪一个世纪能够料想到在社会劳动里蕴藏有这样的生产力呢？"[①]马克思、恩格斯在这儿描绘了资本主义发展的蓬勃景象，揭示了科技的进步是社会迅猛发展的内在原因；而更深刻的思考是，不同于以往的神学封建专制文化，正是现代性新型文化即理性主义、科学主义文化构成了资本主义迅速发展和成熟的重要原因。可以说，任何社会文明的进步都内含着人类思想文化的进步并以此为重要基础。

---

① 《马克思恩格斯选集》第 1 卷，人民出版社 2012 年版，第 405 页。

　　文化问题实质上是人的问题，而人的问题无疑是社会现代化的根本问题。人类创造文化，文化又塑造人类，形成文化与人类发展的相辅相成的历史过程，正如马克思主义所认为的，"在再生产的行为本身中，不但客观条件改变着，……而且生产者也改变着，炼出新的品质，通过生产而发展和改造自身，造成新的力量和新的观念，造成新的交往方式，新的需要和新的语言"①。英格尔斯则指出："人的现代化是国家现代化必不可少的因素，它并不是现代化进程结束后的副产品，而是现代化制度与经济赖以长期发展并取得成功的先决条件。"② 可以说，文化是社会发展以及成为一种什么样社会形态的重要基础，文化观念就是通过引导人们价值观念的追求，推动社会的消费需要，调节整体的经济行为，从而影响一个民族和国家的运行机制和社会结构。显然，不同的文化反映出不同的社会基础和人文精神价值。

　　文化的相对独立性，表现出文化对社会发展的能动作用，具备多大的作用，某种意义上又取决于文化各自的不同性。从世界范围看，就存在着东西文化取向上的分野。应该说，东西方的文化发展趋向大体上是相同的，历经宗教文化→客体文化→主体文化，但在西方，虽然从近代开始，科学取得了自己的合法地位，然而这并不表明科学已与宗教绝对地分庭抗礼，宗教与科学的统一和融合又有了新的表现，在各司其职的基础上共同构成社会精神的两个主要方面。宗教的神圣地位促使宗教意识和宗教式的自觉性渗透于社会生活的各个方面，正是从宗教文化对资本主义发展的促进作用，著名社会学家马克斯·韦伯阐述了新教伦理与资本主义发展的关系，提出了影响极大的"韦伯命题"。

二、西方宗教文化下的社会现代化机理

　　资本主义财富的积累和新社会结构的建立，固然有其多方面的原因，但韦伯特别指出，在封建社会向资本主义社会的演变过程中，宗教文化无论是在经济上还是在政治、思想等方面都起过巨大的促进作用。

　　韦伯认为，在资产阶级革命和资本主义原始积累阶段，欧洲的基督教文化分化出一派新教，即路德和加尔文新教（清教徒就是其中一分支），这种新

---

① 《马克思恩格斯全集》第 46 卷，人民出版社 1972 年版，第 494 页。

② 英格尔斯：《人的现代化》，四川人民出版社 1985 年版，第 6—7 页。

教以"先天得救论"的形式要求人们克俭节欲，吃苦耐劳，兢兢业业，采用一切可能的办法和手段发财致富，以尽"天职"，回报"天恩"。它认为，一个人财富和利润的增加，乃是神佑的肯定性标志。加尔文教的这种禁欲主义和进取态度，为英国工业化培养了一批具有开拓、冒险和献身精神，善于积累财富的企业家，同时，也为英国人继承和发扬罗吉尔·培根以来的求实精神和科学风尚，在技术领域作出许多改变世界面貌的发明创造，从而迅速地发展社会生产力，奠定了良好的社会文化条件和基础。这种新教精神的直接产物即"自我否定"和"禁欲苦行"的思想浸染整个社会，导致西欧社会的发展进入合理化的历史轨道。

韦伯这一思考，的确看到了文化与社会发展之间的深刻关系，上升到哲学高度来说，便是社会经济基础与上层建筑是密不可分的。当时主导人们思想、行为的新教教义，所倡导的价值观念和行为标准是"禁欲苦行"和"尽职积累"，这种由宗教引出的社会文化，虽然带有极强的外在性，但它深深植根于人们的信仰之中，变对外在规范的遵守为内心的坚强信念，且具有广泛的传播性和统一性，因而成为当时社会生活的共识和规范。不可否认，新教文化在西欧资本主义进程中起过重大的影响作用，但韦伯由新教伦理与资本主义的密切关系所反证的不包含基督教文化特质的非西方文化不利于甚至阻碍资本主义发展与社会现代化的思想，还是值得深入商榷的。应该说，历史发展是多样的，其文化动因也是多元的，文化起作用是有条件的，其作用的方式也是多样化的，任何无条件论的看法恐怕都不是客观的实事求是的。韦伯命题一定程度上忽视了文化的特定背景和条件，表现出对非西方社会传统文化的彻底否定，认为上帝勉励奋斗是西方文化的源泉，而中国儒家没有"原罪说"，也就缺乏这种思想源泉，社会发展不可避免地受到影响，不可能进入现代阶段。这种观点实质上是把欧洲社会发展模式当作人类社会发展的唯一模式，是欧洲文化中心论的表现，反映出思维上的某种绝对性。

新教文化能够对欧洲社会产生巨大影响，有其特定的文化传统和条件。欧洲文化起源于希腊，伴随着对自然解释的同时，并存着对超自然力的崇拜，回答了生命是什么，又保留了对灵魂的神学解释。欧洲历史发展到中世纪，宗教神学一直占据人们思想文化的主导地位，科学的分离，一开始并无其合法地位，其存在的理由只不过是作为神学的奴婢和证明手段而被肯定的，作为欧洲文明大厦基石的宗教，渗透于社会生活的各个领域，也体现在人们日常生活之中。宗教教义是整个欧洲的价值体系和道德原则的根据和保证，人们习惯于这种外在的理由，人类有了依靠，就可以不必对自己的言行承担责任。宗教文化的根深蒂固常使宗教教义成为人们行为的准则和规范；反过来，这种准则和规范又构成一种异己力量，制约和规定着人们的言行，且视之为天经地义。

在欧洲宗教文化背景下，资本主义兴起初期，新教文化一是吻合了人们的心理态势，一是满足了当时社会发展需要，故而对社会进入现代阶段产生了极为重要的作用，与此不同，中国文化虽然也经历了宗教文化阶段，或图腾崇拜或神话传说，或儒、道、佛鼎足而立，但从整体性质看，中国宗教文化并没有成为社会性的广泛思想。在西方文化中，道德是宗教的引申，道德法则来自上帝的命令，因此上帝的观念一旦动摇，势必将产生价值源头被切断的危机，而在中国文化中，宗教反而是道德的引申，中国人从内心有价值自觉的能力这一事实出发而推出一个超越性的"天"的观念，但"天"不可知，可知者是"人"，所以，只求"尽性"以求"知天"。中国儒、道、墨等家就没有西方宗教文化的"原罪说"，却有与"原罪说"思想相反的"秉彝说"，这也是儒家思想的源泉。这种思想认为，每个人都有天赋的道德意识，一切事业学问等都是从天赋道德意识而来的，这种性善论不一定正确，但在中国社会发展中也起过广泛而深刻的影响，马克思、恩格斯在《神圣家族》一书中就肯定过人性本善论，并认为人性本善是社会主义思想的一个源泉。

三、儒学文化的世俗化精神与社会意义

人与自然拉开距离并形成对象意识，这是人类认识史上的首要一步。而由对象意识发展为自我意识，这又是人类思维更为成熟的标志。从宗教文化到自然文化再到主体文化是人类文化发展的普遍趋向，而这一趋向在不同国家不同民族又有不同表现。可以说，中国自然文化阶段的发展是不够充分的，它较早地跨越到了人学文化阶段，使中国文化与西方文化形成不同的文化重心和变迁轨迹。

西方文化自从接受了希伯莱的宗教信仰之后，超越性的上帝便成了人间秩序和所有价值的源头，世界上万事万物的最终创造主。道德是宗教引申，西方人一方面用它来观察世间的种种缺憾和罪恶，同时又用它来鼓舞人们向上努力，这一点构成了西方价值观的核心。虽然西方中世纪之后，经过文艺复兴时

期的人文主义精神宣扬，出现了宗教文化的世俗化倾向，力图重新将文化之根基奠基于世俗化的人之理性上，以人性代替神性、以人权代替神权、以理性代替信仰，构成西方近代文化特别是启蒙文化的精神主调，也构成所谓西方"现代性"与"前现代性"的本质区别与内涵，但需要指出的是，西方宗教精神的世俗化转向只是人类思想方式的一种转向，并没有完全放弃和改变绝对的宗教文化作为世俗文化的某种蓝本的根本性意义。在西方，近代之后，宗教文化与世俗文化是并行的，并且从根本上说，宗教文化是高于优于世俗文化的，宗教文化的绝对性普遍性统一性之强调只是通过理性方式变相地加以了表达。

中国则不同，早期虽然也有过把人间秩序和道德价值源头放在超越性的外界："帝"、"天"上面的情况，如所谓"皇矣上帝，临下以赫"（《诗经·皇矣》），但随着人的觉醒，出现了"天道远，人道迩"（子产）的认识，朱熹就认为，"人是天地中最灵之物"（《语类》卷一），"人者，天地之心，没这人时，天地便没人管"（《朱子语类》卷四十五），人越来越成为价值的源头，主张"天地之性，人为贵"，孔子还用"仁"来界定人，充分肯定了人的尊严的价值观念，表现了浓厚的人文主义精神。孟子说："人皆可以为尧舜"，荀子说："涂之人可以为禹"，陆象山说："不识一个字也要堂堂正正做一个人"，以至佛教竺道生所说的"一阐提可以成佛"等等，都是讲人有价值自觉的能力。在中国文化中，人的自觉主要是道德修持上的自觉，它是一切人间价值、秩序的总根源，主要是要求通过"内省"、"克己"的修持，把外在的要求变为主体的心灵自觉要求。

儒家的创始人孔子便是以"人"作为理性探讨中心，在中国思想史上首次系统地论述了关于人的价值、人的理想、人的完善、人的道德、人际关系以及人与自然的关系等等。作为传统文化主流的儒文化，其精髓就在于重教育为民开智，提高人的文化意识；重伦理以新民德，提高人的人格意识；重政治以行一统，提高人的国家意识。可以说，孔子思想的革命性就是他在完全移往人文精神的基础上发展了一套人生之哲学。

儒学文化的人文主义趋向，是宗教伦理的世俗化结果，也显示出对人与自然关系的深刻理解。虽然人依赖于自然，但人以及由人所构成的社会，其道德和价值并非自然或超自然力所能决定。世界的存在是一个客观事实，其本身无价值的根据和保证，只有人才是世界意义的源泉和价值的圭臬，如果离开人，那么道德、价值和文化等则无从谈起。从儒学文化中可以广泛地感受到这种认识，不是从人之外（或超自然的神灵或纯粹的自然）去考察人类行为的意义和价值，而是把自然、社会与人联系在一起，从而使人类目光从外转向内，从天国转向人间，通过"尽性"以达"知天"，故宋代张载与程颐主张"天人之本无二"。

返回到人，无疑是文化发展中的一次飞跃，人类担负起了自身的责任，不再像在宗教文化中将责任感外化，而是认为，道德上的善恶，价值的大小，言行的美丑都取决于人的活动，人类不再推卸责任，必须承担起人类活动所带来的一切后果。从历史角度而言，儒家文化的形成表现出中国文化从神学文化到人学文化，从客体文化到主体文化的深刻转变，这一切说明了中国文化的严肃责任感；另一方面，文化的自律性，宜于人类行为的自身调整，也迎合了民众的善恶报应，企求通过内心超越以成仙成佛的心理，再次，文化的世俗化更能促使人们去追求稳定、统一与和谐的世界。

回到人是文化上的一大进步，而回到人的道德性，则是儒学的要义所在。人是多面的综合体，既有理性思维又有非理性的意志、情感和体验等，它是自然属性、社会属性与思维属性的有机统一。儒学强调指出，人之为人其根本在于自觉，社会的稳定和治理其根本在于德治，真正把人与神灵、自然区别开来的就在于人具有一种"先天性"的内心自觉力即"自律"品格，正是这种"自律"性确定了人的道德品格或者说人格。孟子认为人之所以异于禽兽者在于"皆有不忍人之心"，荀子以为人之所以为人在于"有辨"，即能辨别应当做的和不应当做的。道德的自觉性与规范性成为儒学关心的主要问题，从其实质而言，表现出浓厚的伦理色彩，是一种伦理文化，主要探讨人际关系（道德伦理），而不注重探讨自然规律，十分讲究为人之道，主张修身养性，"孝、悌、忠、信、礼、义、廉、耻"是人们的道德修养和行为准则，儒学文化道德面的着重发展导致由这种文化造就的人呈现出"片面道德力量型"的人格。儒学就是一种"道德至上论"，宣扬"以仁让为贵，以孝悌为尚，以忠敬为美"的人生理想，渴求建立起理想的完美的"道德人格"，对于儒家来说，正所谓"不患人之不己知，患不知人也"（《论语·学而》）。儒学文化的人文特性已充分地反映到历史和现实的社会发展之中，也成为观察和思考社会发展问题的一种新的"内在视角"，鲁迅在《文化偏至论》中就谈道："……是故将生存两间，角逐列国是务，其首在立人，人立而后凡事举。"

四、作为一种世俗文化的儒学人格及其演衍

从宗教文化到人学文化，表明在儒学文化中，人已成为世间一切价值的源头，而为人之根本在于德性，也就是怎样做好一个人，这形成了儒学反复探讨的主题。在儒学看来，"德者本也，财者末也"，如果统治者只重财或利而不重德，结果将是"财聚则民散"，反之，"财散则民聚"，也就是说，社会经济的发展，财富的积累和资源、人力的利用，必须建立在社会道德的基础之上，否则将出现"物欲横流"，人不成其为人，文明殆失遗尽的状况。

重视社会道德，必先重视为人之德，《周易·蛊卦》曰："上九，不事王侯，高尚其事。象曰：不事王侯，志可则也。"这里赞颂了不事王侯乃为高尚之举。孔子十分重视人的独立人格，他说："三军可夺帅也，匹夫不可夺志也"（《论语·子举》），"贤者辟世，其次辟地，其次辟色，其次辟言"（《论语·宪问》）。这辟世、辟地、辟色、辟言虽情况不同，但都表明了人格的独立性，孔子还引述过曾子的言论说："晋楚之富不可及也，彼以其富，我以吾不能屈，此之谓大丈夫。"（《论语·滕公下》）这里撇开其他意义不谈，说明儒家十分重视人之为人，主张保持作为"人"的人格，所谓"智者不惑，仁者不忧，勇者不惧"即为此意。《左传》提倡"正德、利用、厚生"，认为这是人类必须重视并躬行践履的"三事"。所谓"正德"，即端正自己的品德，乃为"三事"之首，推广之社会政治，"政者，正也，其身正不令而行，其身不正，虽令不行"，《礼记》曰："自天子以至于庶人，一是皆为修身之本。"可以看出，在中国传统文化中，"德性"与人的本质具有直接的同一性，无德即无人，立德即立人，文明就是德性，德性也就是人格。

当然，儒学对人的社会价值认识，没有停留在这一点上，它从多角度、多层次对人格的内容、特征做了探讨，提出了儒家的道德理想人格即"君子人格"以与"小人人格"相区别。作为一种道德力量，"君子人格"是一种完美无缺的伦理楷模，具有令人敬之仰止的人格感召力，同时，儒学文化以"君子人格"观照、反思和涵化社会，表现出鲜明的泛道德主义社会观，有无道德以及道德善恶之分成为品判社会的一切的根据和准绳，希望建立起"君子"式的社会。

"君子人格"是儒学文化在道德上的最集中表现，是对人类理想的具体

化，也是社会全部道德理论的蓝本。换言之，"君子人格"既是儒学的道德观，又是其社会观，从更宽泛的意义说，"君子人格"反映出民族的精神，也表达了儒学对人以及由人构成的社会的真切愿望。

如果说"君子人格"更多体现的是儒学的"内圣"思想和终极关怀意义，其规范更多表达的是与农业文明的自然经济相应的行为导向，那么，随着社会从农业生产方式发展到现代的工业社会，大机械化生产引起了人们文化心态、价值观念、交往方式和伦理规范的巨大变革，与这种社会发展相适应，传统儒学的"理想人格"也存在着一个由传统逐步走向现代的过程。

现代东亚国家普遍认同和塑造的现实人格就是从传统儒学"君子人格"发展而来的"儒德商才"人格。作为现代社会的儒学人格，"儒德商才"的提出反映出儒学人格理论的更新和发展。从理论上说，"儒德商才"人格继承和保留了"君子人格"的哲学普遍意义，而否弃了传统儒学人格中的一些具体规范、准则和礼仪，并且综合了现代社会经济发展的基本人格需要，在传统儒家"君子人格"的基础上加以功能化、具体化，重德亦重才，德才结合。而对于现代社会发展来说，最大的才莫过于商才，故此，"儒德商才"既是"君子人格"的发展与完善，更是现代社会发展需要在人格上的理论反映，"返本开新"就是儒学人格变化的一大特色。对于这种"儒德商才"，黎韵先生指出："儒商是指受儒家为代表的中国传统文化的影响，具有良好的文化道德素质和优秀经营才能，其经营理念和行为方式体现出儒家文化特色的东方商人。"就实践性而言，"儒德商才"既是人格目标，对于社会来说，又是治国之道。东亚国家的社会建设和发展普遍反映着也深刻地证实着这一思想。

显然，儒学文化的世俗化成为儒学思想精神建构的一种内在理论逻辑，这一理论逻辑既反映出与西方宗教文化的差异性，也表现着中国宗教文化的软弱无力。或者说，中国宗教文化的强大世俗化，紧紧地世俗化、现实化为人的所感所思及其经验处世体悟之中。正是这一自身逻辑与思想特点，决定了与西方文化相比，儒学文化不是外在的超越的，也不是绝对的一致的，相反是内在地存于世中的，是动态地相对地具有因时因地而不同的理论特色。保持了超越性的普遍与世俗性的特殊的一种张力，这就彰显着儒学这种文化特质更接近于西方古希腊的实践哲学反思，体现出某种强烈的人之存在与行为反思的实践智慧。

（作者简介：张能为　安徽大学哲学系）

"异议"的再议

——近世东亚的"理学"与"气学"

林月惠

　　近年来台湾学界对于宋明理学的研究，逐渐扩展到与东亚儒学研究相联结，呈现更为宽广的视域，也开拓出新的研究议题，值得关注。众所周知，宋明理学作为儒学的第二期发展，不仅取得学术的主流地位，也对 12 世纪以降的韩国、日本、越南等汉字文化圈，产生了深远的影响，成为东亚文明的共同资产。其中，又以朱熹（号晦庵，1130—1200）所建构的哲学系统最受瞩目。尽管在儒学的历史发展中，儒学的光谱不限于宋明理学或朱熹思想，但不论赞成者还是反对者，一旦论及儒学（含东亚儒学），则无法绕过朱子这一高峰。换言之，宋明理学与东亚儒学中的"朱子学"，若从批判反思的角度来看，不论就儒学的理论类型，还是从近世东亚儒学（包括反理学思潮）来看，都包含儒学的丰富义理内涵与多元面向。

　　长久以来，中文学界对于宋明理学的研究[①]，有几个颇具代表性与影响力的解释框架，如大陆学界于 20 世纪 80 年代所使用的"唯理论"（理学、理本论）、"唯心论"（心学、心本论）、"唯气论"（气学、气本论）[②]；台、港学界所

[①]　"宋明理学"意谓"宋明性理学"，此是宋、明以来儒者的说法，属于广义的"理学"，涵盖各学派。另一与陆、王"心学"相对而言的程、朱"理学"，属于狭义的"理学"。本文行文中的"理学"，指广义的理学，而非狭义的理学，与大陆学界"理学—心学—气学"论述脉络中的"理学"不同。

[②]　参见张岱年：《中国哲学大纲》，《张岱年全集》第二卷，河北人民出版社 1996 年版，第39—123 页。张岱年此书大体完成于 1937 年初，但因抗日战争爆发没能及时出版。嗣后，又因 1957 年张岱年被打成"右派"，故 1958 年商务印书馆改用"宇同"的笔名出版此书。（参见刘鄂培、杜运辉编：《张岱年先生学谱》，昆仑出版社 2010 年版，第 106、149—151 页）而此书的日文版，见泽田喜多男译：《中国哲学问题史》（上、下册），八千代出版 1977、

熟悉的牟宗三"三系说"①、劳思光"一系三型说"② 等。这些解释框架虽然各自代表不同的诠释，也试图显示宋明理学的理论类型，但从理论效力来看，还是可以评价出何者为较佳的诠释。只是任何一个解释框架，尽管有提供理论定向的作用，但本身也必有其限制，难以穷尽宋明理学的意义世界。因此，在熟悉或运用这些解释框架进行宋明理学研究时，有必要保持思考的警醒，以期一方面能藉由解释框架来深化理论，挖掘更多意义世界的可能性；另一方面不致陷入解释框架可能带来的化约陷阱与惯性思考，而失去对新议题的敏感度与开放性。而近十年来，台湾学界所积极倡导的东亚儒学研究，着眼于探究儒学在东亚各国在地化的特色，因而东亚儒学的共相与殊相，也纳入学术研究的视野，颇能激发中、日、韩儒学研究的能量。值此之际，在联结宋明理学与东亚儒学研究时，以宋明理学为坐标的正向论述是一研究取径，而以解构宋明理学的逆向论述，则是另一种研究取径。作为第二序的批判反思，后者更具挑战性，更能凸显哲学义理的提问，开展新的研究议题。杨儒宾的《异议的意义——近世东亚的反理学思潮》（以下简称《异议的意义》）一书，即是从东亚儒学中的反理学思潮（主要是反朱子学）切入，凸显被主流宋明"理学"遮蔽的"气学"面向。在杨儒宾看来，"气学"作为宋明理学之"异议"，其理论结构与思维模式，在儒学的系谱与现当代的诠释下，应有其定位与"意义"，此乃《异议的意义》的核心要旨所在。

由于此书在宋明理学与东亚儒学的研究，乃至儒学的全面理解上，涉及解释框架、思维模式、思想系谱等，也代表台湾学界儒学研究的另一种观点，有其重要性，值得深入讨论。故本文也以东亚儒学为视域，聚焦于宋明"理学"与"气学"，针对杨儒宾此书所标举的"异议"，在善解其"意义"下，提出不同的思考与批判，希望引发更深入的讨论，是为"异议的再议"。

1978 年出版。此外，侯外庐 1984—1987 年的《宋明理学史》（理本论、心本论、气本论）、冯友兰 1988 年的《中国哲学史新编》第五册、陈来 1991 年的《宋明理学》（理学、心学、气学），作为研究生与本科生的入门书，也大抵采取此解释框架。不过，陈来研究宋明理学力作（如《朱熹哲学研究》、《有之境——王阳明哲学的精神》），却不用此框架。21 世纪以来，大陆学界研究宋明理学的后起之秀，也摆脱上述解释框架了。有关张岱年《中国哲学大纲》的出版始末，感谢中国社会科学院哲学研究所王正博士的指正补充，谨申谢忱。

① 参见牟宗三：《心体与性体》第一册，台湾正中书局 1987 年版，第 42—60 页。

② 参见劳思光：《中国哲学史》第三卷上，台湾友联出版社 1980 年版，第 43—67 页。

一、《异议的意义——近世东亚的
反理学思潮》之内容与观点

　　《异议的意义》一书是杨儒宾自 2000 年以来，因参与东亚儒学研究计划，而反省近世东亚反理学思潮的成果结集。全书除"导论：异议的意义"与"结论：意义的异同"外，收入十篇已经刊载并重新修订的论文。书中各篇论文的论述，环环相扣，显示作者多年来的儒学研究特色与关怀。就宋明理学的研究而言，杨儒宾这些年最为学界熟知与关注的论点，就在于将"身体观"与"气论"（气学）主题化（thematize），豁显以往主流儒学研究较为忽略的面向，试图展现儒学更丰富的义理世界，并赋予当代的意义。

　　值得注意的是，此书的论述，在之前杨儒宾所著的《儒家身体观》（1996年)①，以及其所主编的《儒学的气论与工夫论》（2005 年)②、《东亚的静坐传统》（2012 年)③ 等书中，都可以看到相同的思路与关怀。亦即，不论是强调儒学的身体观④，还是气论（气学），杨儒宾的论述，一方面力图与以往大陆学界囿于唯物论意识形态的"气学"论述加以区分，另一方面也透显他对儒家工夫论面向（或宗教冥契体验）的深切关怀，并试图将"气—身体"视为一种论述儒学（包括宋明理学）的新典范。当然，诚如杨儒宾的自评，"气—身体"是否真可以成为一种强而有力的新典范，还需要受到检证。⑤ 相较于前述杨儒宾的论述，此书更将此一典范扩大运用到东亚近世反理学思潮的研究中，藉由理学与反理学思潮的争辩，凸显其共同问题意识与理论意义，试图"呈现一种跨族群、跨

---

① 杨儒宾：《儒家身体观》，台湾"中央研究院"中国文哲研究所筹备处 1996 年版。

② 杨儒宾、祝平次编：《儒学的气论与工夫论》，台湾大学出版中心 2005 年版。

③ 杨儒宾、马渊昌也、艾皓德编：《东亚的静坐传统》，台湾大学出版中心 2012 年版。

④ 杨儒宾所谓的儒学"身体"并非笛卡尔（René Descartes，1596—1650）身心二元的身体观，而是身心为一体的身体观，亦即身心一如的身体观。故杨儒宾认为："儒家的心性论与身体论乃是一体的两面，没有无心性之身体，也没有无身体之心性。身体体显了心性，心性也性著（笔者案：应作'形著'）了身体。"（参见杨儒宾：《儒家身体观》，台湾"中央研究院"中国文哲研究所筹备处 1996 年版，第 1 页）在这个意义下，"身体"不是只指物质性的"身体"（Körper），还指通往精神性的"肉体"（Leib）。

⑤ 参见杨儒宾：《儒学的气论与工夫论》（导论），台湾大学出版中心 2005 年版，第 iii 页。

语际、跨国别的理想类型之儒学"①。换言之，在杨儒宾看来，近世东亚的反理学思潮，不仅有共同的问题意识，也分享同样的理论架构与思维方式，故具有儒学理想类型（ideal type）的理论意义，且对于回应当代"寻求多元"、"平视他者"②的关怀，能提供思想资源。

以下笔者先对本书的内容与主要观点，相应于作者的思路，予以陈述与概括。

（一）全书内容的概述

本书所谓的"近世东亚反理学思潮"，是相对于"理学的东亚"而言。杨儒宾认为，近世的东亚儒学是理学的东亚，是理气论的东亚③，故近世反理学思潮是指对朱子学的反动，基本上以朱子学作为理论争辩的对象。尽管朱子学与阳明学是宋明理学最重要的学派，但真正对近世中、日、韩之思想文化与政治社会产生深远影响的儒学，无疑是朱子学。杨儒宾从东亚儒学的共相与宏观中敏锐地观察到，除主流的朱子学外，近世东亚各国都不约而同涌现反朱子学的思潮。这股反朱子学的思潮，大体上涵盖中国大陆学界所谓的"气学"、日本江户时代的"古学"、韩国朝鲜时代的"实学"。④其主要代表人物有明代的王廷相（1474—1544），清代的颜元（1635—1704）、戴震（1723—1777）、阮元（1764—1849）；日本的伊藤仁斋（1627—1705）、荻生徂徕（1666—1728）；韩国的丁若镛（1762—1836）。这些反朱子学的思想家，各自成长于东亚不同的文化风土，几乎找不到彼此有相互影响的历史记录或痕迹，但却在反朱子学的论述上，显示高度的相似性与一致性。因此，杨儒宾推测："最合理的解释就是他们彼此具有共同的问题意识，也有共同的理论资源，类似的文化氛围引导了类似的论述。"⑤所谓"共同的问题意识"，就是反朱子学；"共同的理论资源"，指的是对朱子学进行主体的批判，以及形上学的批判。杨儒宾又将此

① 杨儒宾：《异议的意义——近世东亚的反理学思潮》"序"，台湾大学出版中心 2012 年版，第 vi 页。
② 杨儒宾：《异议的意义——近世东亚的反理学思潮》，台湾大学出版中心 2012 年版，第 329 页。
③ 杨儒宾：《异议的意义——近世东亚的反理学思潮》，台湾大学出版中心 2012 年版，第 397 页。
④ 由于杨儒宾所举的日本"古学"、韩国"实学"的代表人物，大都反对超越的性理与心性主体，主张气化主体、相偶论，故笔者论及日本"古学"、韩国"实学"、"相偶性儒学"时，皆归属于"气学"。
⑤ 杨儒宾：《异议的意义——近世东亚的反理学思潮》"序"，台湾大学出版中心 2012 年版，第 vi 页。

反理学的思潮，从理论类型上，分为"相偶性的儒学"（亦称"间主体性的儒学"）与"制度论的儒学"①。前者是从主体与形上学的批判上，另建立其伦理体系；后者则不从主体的批判着眼，而从人作为社会存有来思考儒学，在理论与实践上，制度是首出的，叶适（1150—1223）、颜元与荻生徂徕是代表人物。

由此可见，杨儒宾认为，根据理学与反理学的对诤，可以分析出三种理想类型之儒学：体用论儒学（理学）②、相偶性儒学（气学）、制度论儒学，三者皆有其理论意义。《异议的意义》一书，其篇章就以此三种理想类型的儒学而展开论述的。从全书的内容来看，笔者认为可以分为"理论篇"（贰至伍）③ 与"个案篇"（陆至拾）④。其中，"气学"⑤ 与"相偶论"⑥ 的讨论，占全书最多篇幅；制度论的儒学的探究，则有二章⑦。在笔者看来，就儒学理想类型的分析、气学的检证，以及如何阐释"相偶性的儒学"（气学）的殊胜之意，是本书用心最多之处，也是"异议"的"意义"所在。

（二）儒学理想类型的分析

综观全书的论述，杨儒宾认为，上述三种理想类型的儒学，应隶属于整体儒学家族的成员，从儒学的系谱来看，也各有其定位。就三者之"同"而言，它们同样具备气化的理论，共同分享气化的世界观、气化的宇宙论、形气神的身体观，故在自然观上，强调阴阳气化、万物交感的作用；在人性论上，

---

① 杨儒宾：《异议的意义——近世东亚的反理学思潮》，台湾大学出版中心 2012 年版，第 32 页。

② 杨儒宾原以"性理观的儒学"指涉宋明"理学"，并与反理学之"相偶性的儒学"对举（杨儒宾：《异议的意义——近世东亚的反理学思潮》，台湾大学出版中心 2012 年版，第 33 页），但此两种儒学的根本差异，在于思维模式的不同，前者为体用论，后者为相偶论。故笔者以"体用论儒学"称"性理观的儒学"，应不背离杨儒宾之意。

③ 《贰、从体用论到相偶论》、《参、检证气学——理学史脉络下的观点》、《肆、两种气学、两种儒学》、《伍、回归〈论〉、〈孟〉或回归六经》等四章。

④ 《陆、伊藤仁斋与朱子——各道其道》、《柒、伊藤仁斋与戴震——道的复权》、《捌、罗钦顺与贝原益轩——貌合神离的两种气论》、《玖、丁若镛与阮元——相偶性伦理学》、《拾、叶适与荻生徂徕——皇极之学的开展》等五章。

⑤ 杨儒宾：《异议的意义——近世东亚的反理学思潮》，台湾大学出版中心 2012 年版，第叁、肆、捌等章。

⑥ 杨儒宾：《异议的意义——近世东亚的反理学思潮》，台湾大学出版中心 2012 年版，第贰、玖、附录等章。

⑦ 杨儒宾：《异议的意义——近世东亚的反理学思潮》，台湾大学出版中心 2012 年版，第伍、拾等章。

同样强调没有原子论的个体。三者都反映中国哲学所具有的全体论（holism）基调与有机体式（organismic）的思考模式。从某种意义来看，三者也都是复古的儒学，同样诉诸回归儒学之源，彰显儒学之真。它们分享共同的经典、圣人、象征系统，也关注道德伦理与文化秩序。从三者之"异"来说，如"体用论的儒学"（理学）与"相偶性的儒学"（气学）皆主张回归《论》、《孟》，强调四书，推崇孔、孟；而"制度论的儒学"则选择回归六经，遵从尧、舜，并认为制度（社会）先于个人，故是一种去主体化、去形上学化的儒学。然而，"体用论的儒学"（理学）与"相偶性儒学"（气学）虽然同样关注人作为道德伦理的存有，也致力于成德之教，但二者对于主体与形上学的建构迥然不同，自成体系，故各自有不同的心性论、理气论、工夫论。在这个意义下，杨儒宾甚至认为反理学思潮的"相偶性儒学"（气学），可说是"反理学的理学"。①兹将杨儒宾所划分的三种儒学理想类型表列如下：

	理学	反理学思潮		
理想类型	体用论的儒学（性理观的儒学、理学）	相偶性的儒学（含中国气学、日本古学、韩国实学）		制度论的儒学
思考模式	体用论	相偶论		相偶论
代表人物	朱熹	戴震、阮元、焦循、丁若镛、伊藤仁斋		叶适、荻生徂徕
经典	回归孔孟（四书）	回归孔孟（四书）		回归六经
形上学主张	本体宇宙论天理	元气论（气学）元气		去形上学
主体观	心性主体	气化主体		去主体
		先天之气张载、罗钦顺、刘宗周	后天之气王廷相、戴震、贝原益轩	
人性论	无限人性论	有限人性论		有限人性论
工夫论	复性论变化气质德性优先		反对复性论、强化气质、重知识	反对复性论、强化气质、重知识

---

① 杨儒宾：《异议的意义——近世东亚的反理学思潮》"序"，台湾大学出版中心 2012 年版，第 ix 页；杨儒宾：《异议的意义——近世东亚的反理学思潮》，台湾大学出版中心 2012 年版，第 399—400 页。

（三）体用论与相偶论的对举

在杨儒宾看来，近世东亚反理学思潮，即是意谓"气学"对"理学"（朱子学）的反动、批判与解构。而其理论意义，就在于两种儒学之思考模式的对决，亦即"体用论"与"相偶论"的对诤，此是本书论述的重点，也是最精彩之处。杨儒宾指出，作为反理学思潮的"相偶论儒学"，对理学所进行的"主体的批判"与"形上学的批判"，深具理论意义。所谓"主体的批判"，亦即反对理学所建构的"心性主体"、所主张的"复性论"、"无限的人性论"、强调"变化气质"的转化；取而代之的是建构"气化主体"，反对"复性论"，主张"有限的人性论"，重视"气质之性"的强化、知识化。至于"形上学的批判"，则是反对理学以本体宇宙论所建构的形上实体——超越的"性理"，取而代之的是气化宇宙论的"元气"。由此可见，从某种意义上说，反理学思潮也具有某种意义的形上学预设，他们在批判解构理学的主体与形上学后，重新建构另类的主体与形上学预设，他们同样也以此来实现儒家的道德伦理世界。若更深层地看，理学与反理学的理论差异，乃诉诸双方思考模式的不同，此即"纵贯的体用论"与"横摄的相偶论"之对举。

根据杨儒宾的分析，宋明理学的体用论隐然有三种类型[1]，三者均凸显"体"的超越意义，其中，作为理学代表的朱子，其体用论的超越性格最浓[2]。杨儒宾指出，朱子的体用论是建立在"然—所以然"的模式上。"然"意谓经验现象界的存在物，"所以然"则是存在物所以存在的超越根据，属于超越本体界。在这个意义下，"然"是"气"，"所以然"是"理"，二者异质异层，故朱子的体用论与理气论几乎可以视为同一种论述的不同称呼[3]。在朱子看来，"用"意指"形而下者谓之器"的经验现象世界（气）；"体"则代表超越的形上本体（形而上者谓之道），其内涵即是"理"（天理），此形上之理也内在成为人的真正主体，成为人之性。因此，人与万物皆以形上的所以然之理为存有

---

[1] 亦即北宋时期的"本体宇宙论"模式、程朱的"然—所以然"模式、心学的"本体—工夫"模式。（参见杨儒宾：《异议的意义——近世东亚的反理学思潮》，台湾大学出版中心2012年版，第58页）

[2] 参见杨儒宾：《异议的意义——近世东亚的反理学思潮》，台湾大学出版中心2012年版，第49页。

[3] 参见杨儒宾：《异议的意义——近世东亚的反理学思潮》，台湾大学出版中心2012年版，第48页。

根据而有真实性（reality）。在此思考模式下，由形上之理下贯的人之性，当然是无限的人性论；此心性主体，在"心具众理"的意义下，也是先验的主体，是一纵贯式、鸟瞰式的主体。尽管朱子"然—所以然"的体用思考也与其理气论一样，强调体用的不离不杂，但鉴于"然—所以然"（理—气）于本体论的差异与断裂，朱子的体用论高举性理的超越性，既蕴含反现实经验的精神①，也对现实经验世界保有批判的力道。在此体用论思维下，朱子工夫论的主轴，当然着重变化气质，回归超越的性理本体之"复性论"。就此而言，朱子体用论的儒学，是一"超越论"的道德哲学。

另就相偶论的儒学而言，所针对的就是朱子"然—所以然"模式的体用论儒学，举凡在主体或形上学的超越性格，都要被批判、解构，彻底抛弃，重人道而轻天道。在杨儒宾看来，"相偶性"一词来自汉代俗语"相人偶"，郑玄注孔门之"仁"时提及，但此论点直到18世纪阮元、丁若镛相继重视此理论之前，并未受到关注。在本书中，杨儒宾极为重视此相偶论，视之为儒门仁说的主要论述之一。他将相偶论也上溯至伊藤仁斋的"伦理"与戴震的"情理"，使此理论更完备，更为清晰。大抵而言，杨儒宾认为，就主体的批判而言，反理学论者认为，人的本质是就其社会性存有立论，只有在人与人之间才有"伦理"可言，也只有人"类"才有道德，真正的道德不需逆觉溯源，而是两个相对应的人伦之间的合理关系，"人伦"因而取得理论的最高位阶。在此意义下，"相偶性"是一种特殊的主体性概念，强调主体的"脱己"（ecstasy）性格，主体要在与他者的互动中才能显现②，亦即主体的本性在于超出主体，而且需要有一作为他者的主体面向与之配合，主体的性格才可完成。故相偶性是在主体性与主体性之间产生的，又可称作"相互主体性"③。也可以说，相偶论的主体，是"主体+间际"的情境主体，是经验可感的气化主体，而人性是由"血

---

① 参见杨儒宾：《异议的意义——近世东亚的反理学思潮》，台湾大学出版中心2012年版，第49页。

② 杨儒宾：《异议的意义——近世东亚的反理学思潮》，台湾大学出版中心2012年版，第28页。

③ 杨儒宾：《异议的意义——近世东亚的反理学思潮》，台湾大学出版中心2012年版，第32页。杨儒宾在本书中，将"相偶性"、"间主体性"、"交互主体性"、"际主体性"、"伦际性"诸概念等同，显示相偶性儒学所谓的主体是"主体+间际"的情境主体、气化主体。亦即在主体与主体之间的"共感"上，显示出"间主体性"。此语当然可以用intersubjectivity来描述，但杨儒宾并未如同现象学般对此概念有深入的讨论（交互主体性如何可能？）。故本文一律以"间主体性"称之。

气心知"构成，无须以性理为根据，气化主体只在人伦间以共感、交感来显示并完成自己的主体性。亦即，主体的完成预设社会的概念，个体与群体之互渗。① 就此而言，气化主体作为情境主体、间主体，它透过主体的差异性，强调情理、人伦的对待之理的普遍性，反对"复性论"，主张"有限的人性论"，重视"气质之性"的强化与知识化。藉由此论述，相偶论主体批判并解构了体用论主体。

此外，在形上学的批判方面，相偶论也有其力道。要言之，相偶论所关注的人道，是以元气论为其形上基础。此元气论源自中国气化论的老传统，也继承汉儒气化宇宙论。但在反理学论者的论述中，元气论进一步凸显相偶性结构，以此对体用论思维进行形上学的批判（含主体论的批判）。根据元气论，首出的概念不是理而是气，道即是阴阳气化流行之生生不息。因元气的流行即已是对偶并生，所谓"阴阳五行，道之实体"，阴阳对待提升为元气的根本属性，元气即在阴阳二气之中。据此，相偶性是宇宙的根本法则，相偶性即在气化流行中展现出来。故相偶性是自然世界与人文世界的基本法则，也是最根源性的结构。如此一来，相偶性从人伦（人道）上升至本体论的高度，以此重新界定理学体用论思维下的"道"、"性"、"理"②。显然的，反理学论者在此形上学的批判中，相当程度解构理学体用论所建构的超越"性理"世界，落实于人伦世界，则展现为"伦际性"的道德哲学。

在上述的分析中，不论从主体还是形上的批判，反理学儒者都将相偶性原理提升至儒学的核心价值，并成为反理学的核心论证。亦即，相偶论在形上学、价值论，以及实践上（含实践的程序），都有其优先性。若顺着此思路，则相偶论似乎可以取代体用论。但这并非杨儒宾的构想。值得注意的是，在对举体用论与相偶论后，杨儒宾的论述却跳开学术史的对诤，直接以后设的观点，将反理学论者的相偶论与理学的体用论视为辩证的发展，二者在儒学系谱上均有其定位与重要性。杨儒宾话锋一转，指出理学的体用论也以阴阳对偶的形式出现，可以涵盖相偶论，主体具相偶性也是双方都肯认的，故相偶性是反

---

① 杨儒宾：《异议的意义——近世东亚的反理学思潮》，台湾大学出版中心2012年版，第69页。

② 即以戴震为例，在相偶论思维下，"道"为阴阳气化之流行，"性"为分于阴阳五行之血气心知，"理"则是情之不爽失。（杨儒宾：《异议的意义——近世东亚的反理学思潮》，台湾大学出版中心2012年版，第67页）

理学与理学共享的前提，只是两股思潮赋予相偶性不同的理论位阶。[①] 如此一来，体用论与相偶论不必然是矛盾对立而互斥的关系。

虽然反理学儒者高举相偶性，但在杨儒宾看来，不免将相偶性窄化了。因为，反理学儒者在重人道而轻天道的倾向下，相偶性伦理学只局限于人"类"之同感、交感，共在互渗，却缺乏体用论所预设的"人与万物或自然的本质联系"以及"人与超越的本体之联系"。[②] 但若将反理学儒者的相偶论扩充至自然界，或上溯至超越界，则反理学思潮之"反"也就无着力之处了。据此，理学的体用论可以消纳反理学的相偶论[③]，而体用论与相偶论的矛盾关系解消了，且放在儒家整体结构上看，两者不但是互补的，而且还是辩证发展的关系，二者成就一种更高的综合。亦即，体用论是相偶论的完成，相偶论是体用论的基础。[④] 这样的观点，已非学术史上近世东亚理学与反理学的主张[⑤]，而是杨儒宾后设的观点。

（四）气学的检证

对于"气学"与"理学"的关系，以及"气学"系谱的衡定，也是本书的另一重要论述。从前述体用论与相偶论的对举就可以得知，以元气论与形气主体所建构的反理学思潮，大抵都可归于中国大陆所使用的"气学"类型。尽管在近世东亚反理学思潮中，日本的古学、朝鲜的实学，都未标举"气学"，但其思维模式与反理学论据是相同的。在理学史的脉络下，相对于"理"、"心"作为理论的首出概念，"气学"同样以"气"为首出的概念，有其本体论上的优位性。在中国传统的理学史中，或是现代学者如牟宗三、劳思光的分系中，既无"气学"一词，气学也无理论的独立性。但在 1949 年以后，大陆学界因唯物论之故而在宋明理学中特别标举"气学"一系，并从理论上论证其独

---

① 参见杨儒宾：《异议的意义——近世东亚的反理学思潮》，台湾大学出版中心 2012 年版，第79 页。

② 参见杨儒宾：《异议的意义——近世东亚的反理学思潮》，台湾大学出版中心 2012 年版，第81 页。

③ 参见杨儒宾：《异议的意义——近世东亚的反理学思潮》，台湾大学出版中心 2012 年版，第399 页。

④ 参见杨儒宾：《异议的意义——近世东亚的反理学思潮》，台湾大学出版中心 2012 年版，第41 页。

⑤ 事实上，近世反理学儒者，也认为相偶论与体用论是对立的理论，互斥相反的理论，各自有其不同的形上学与主体的建构，不能相容。

立性①，从系谱上证明其具体存在②。

在杨儒宾看来，大陆学界所提出的"气学"，此一概念仍有独立的意义，可以与"理学"、"心学"三足鼎立。但对于上述"气学"系谱，他并未完全接受，主张必须进行更精细的细分。杨儒宾认为，上述的"气学"系谱，应分为先天型气论（先天之气、超越义的气）与后天型气论（后天之气、自然义的气）。而后天型气论确实把气提升到理论的核心位置，其论点已经脱离理学的基本关怀，而中国大陆学者所说的"气学"，实际指涉的就是后天型气论。如此一来，杨儒宾将先天气学从笼统的气学论述中简别出来，进行辨识工作。据此，杨儒宾将先天型气学细分为"心学的气论"、"理学的气论"、"泛存在的气论"。在"心学的气论"部分，杨儒宾以刘宗周为例，旁及湛若水、唐鹤征、蒋信等人，在工夫体证下，"心气为一"是先天境界的语言，同时肯定心的首出性与气的首出性③，属于先天型气论。就"理学的气论"而言，杨儒宾以罗钦顺为例，认为罗氏的"理气为一物"、"理一分殊"是建立在工夫论的基础上，故能臻至"心性为一"的工夫化境，向程明道的"一本论"靠近。在这个意义下，罗钦顺的气学也是先天型气论。至于被大陆学界视为气学之祖的张载，杨儒宾认为张载思想虽然以"气"为首出，但其"太虚即气"之"即"是体用不二之用语，故张载所言之"气"具有超越义，而非自然哲学的用语。再者，张载所持的无限人性论，及其工夫实践，都显示张载之气论是先天型气学。

经此检证、辨明，杨儒宾指出有两种气学，一是后天型气学，属于自然哲学，已经逸出理学的范围；一是先天型气学，强调超越性的"气"，并视之为本体之作用，是一体用论的解释系统，天道性命相贯通是其核心关怀。这两种气学，也代表两种儒学，后天型气学以王廷相为大家，可上溯至叶适、陈亮，也延伸至吴廷翰、高拱、陈确、颜元，以戴震为集大成。而阮元、焦循，

① 因相对于理学（含心学），气学在人性论与工夫论都有相应的主张。就人性论而言，气学主张只有气质之性；从工夫论来说，工夫在于扩充气质之性的能量，道德的规范或来自气本身的善之属性，或来自主体外部的礼之作用，无须超越的源头。

② 根据张岱年、冯友兰、侯外庐等人的解释，气学系谱以北宋张载为始祖，其后有明代的罗钦顺、王廷相、刘宗周、黄宗羲、王夫之，清代的颜元、戴震等。而从罗钦顺到戴震之间，唐鹤征、高拱、韩邦奇、吴廷翰、陈确等人，也属于气学的系谱。

③ 参见杨儒宾：《异议的意义——近世东亚的反理学思潮》，台湾大学出版中心2012年版，第102页。

以及日韩的伊藤仁斋、丁若镛也在其系谱内。① 先天型气学，仍在理学范围内，张载、罗钦顺、刘宗周皆属之。在杨儒宾的分析、检证下，两种气学（先天型气学、后天型气学）对应两种儒学（理学、气学），也对应两种思维模式（体用论、相偶论），从哲学的类型来看，必须区分两种儒学与气学，分则两利，合则两害。

值得注意的是，杨儒宾又再三强调，从儒学伦理学的理想类型来看，两种气学不宜划分两种不同本质的气学，而应视为一种气学不同阶段的展现，亦即先天型气学必须包含后天型气学，两者可视为有机而辩证的一体。② 杨儒宾如此推论的逻辑，也见于前述的体用论与相偶论，这也是通贯本书论述的主轴，代表杨儒宾在宋明理学与近世东亚儒学研究上的一家之言。

二、近世东亚的理学与气学

根据前述《异议的意义》的内容与观点，近世东亚反理学思潮乃针对反朱子学而起，其儒学理想类型可概括为气学，其思考模式主要为相偶论。以下笔者聚焦于气学、相偶论以及近世东亚反朱子学等三个问题，从不同的角度进行再议。

（一）再议两种儒学：理学与气学

在杨儒宾看来，以相偶论为主的反理学思潮，也是另一种理学，且就后设的观点而言，"理学体用论"/"气学相偶论"是辩证关系的两种儒学，气学仍应纳入理学的范围内，并有其独立的理论意义。然而，若就宋明理学或东亚反理学思潮来看，"气学"是否可以成为具有理论简别的独立性？是否仍然具有理论效力？亦即"气学"是否适用于宋明理学或东亚反理学思潮的论述？笔者不能无疑。

1. 气学的登场

先让我们考察一下，"气学"论述如何在宋明理学或儒学的论述中登场。在传统宋明理学的论述脉络中，并未出现"气学"一词来指涉具体的理学家或

---

① 参见杨儒宾：《异议的意义——近世东亚的反理学思潮》，台湾大学出版中心 2012 年版，第 158 页。

② 参见杨儒宾：《异议的意义——近世东亚的反理学思潮》，台湾大学出版中心 2012 年版，第 171 页。

学派。事实上，"气学"成为宋明理学的分类或框架，如前所述，肇始于 20 世纪大陆学界（1958 年张岱年出版《中国哲学大纲》）的三分法。在此之前，日本学者山井涌（1920—1990）曾于 1951 年发表《明清时代における気の哲学》一文，分别举出明、清时代各 12 位思想家，指出他们主张"气的哲学"，明显存在着"气的哲学"之系谱①，但未直接以唯物论来指涉"气的哲学"。嗣后，山井涌也许受到张岱年分类之影响，以"理的哲学"、"心的哲学"、"气的哲学"来解读明清儒学②。此一解释框架也影响日本学界对宋明儒学的研究。③ 如以"唯气论"与"气的哲学"作为"气学"的代表性论述，两者在内在逻辑与学派归属系谱上几乎相同。在理论上，他们都以"气"为首出的概念，气是形成人与万物的物质性根源，而心、性、情必然出自气，理也成为气之属性，不具超越意义。依此逻辑推知，主张"气学"的儒者，必主张自然人性论，认为人性可善可恶，强调血气心知，也必然肯定情欲。就气学系谱而言，他们都以张载为气学始祖，王廷相为大家，戴震为集大成者。值得注意的是，如此的"气学"论述，又与唯物论、启蒙思潮、现代性④（modernity，近代性、近代思维、近代精神）论述结合，成为明清儒学思想的另类主流论述，笼罩学界多年，影

---

① 参见山井涌：《明清时代における気の哲学》，《哲学杂志》第 66 卷第 711 号（1951 年）。此文指出明代"气的哲学"代表有：罗钦顺、王廷相、王道、蒋信、魏校、刘邦采、王畿、吕坤、唐鹤征、杨东明、孙慎行、刘宗周等 12 人；清代则有：陈确、黄宗羲、王夫之、颜元、李塨、程廷祚、戴震、程瑶田、章学诚、凌廷堪、焦循、阮元等 12 人。

② 山井涌在 1974—1977 年与小野泽精一等多位学者进行的综合研究计划，聚焦于中国思想史"气"概念的变迁研究，1978 年所出版的《気の思想：中国における自然観と人間観の展开》即是研究成果。其中，山井涌将朱熹以后的理气哲学分为"理的哲学"、"理气浑一的哲学"、"气的哲学"三种类型；也将宋学以后至清代的哲学分为"理的哲学"、"心的哲学"、"气的哲学"。此时，山井涌对其 1951 年提出的系谱又作修正，在明代部分，除去刘邦采，加上湛若水与吴廷翰，并认为气的哲学之完成，以戴震为代表。参见小野泽精一、福永光司、山井涌编：《気の思想：中国における自然観と人間観の展开》，第 355—372 页。又山井涌 1980 年出版的《明清思想史の研究》也继续"理的哲学"、"心的哲学"、"气的哲学"之分类。

③ 山井涌的弟子马渊昌也虽稍加修正其系谱，但仍用此解释框架。参见马渊昌也：《明代后期"气的哲学"之三种类型与陈确的新思想》，见杨儒宾、祝平次编：《儒学的气论与工夫论》，台湾大学出版中心 2005 年版。第 161—202 页。

④ 中文学界将 modernity 译为"现代性"，但在日本与韩国学界，则译为"近代性"。本文的行文以"现代性"为主，但涉及日、韩学界的论述，则以"近代性"指称。与此相关的词汇则是近代思维、近代精神等。

响至今。

就早期中国大陆学界而言，从唯物史观来看，因唯气论具有鲜明的唯物论倾向，最接近现代思想；嗣后，此论述又转而启发中国马克思主义者对明清之际早期启蒙思潮的探究。故由宋明理学发展至清代的"唯气论"，遂置入明清启蒙与现代性的论述框架中，取得历史发展的先驱地位，再度扩散其解释效应。这是 20 世纪 30 年代，中国马克思主义者在中国文化土壤里寻求现代化起源与内在动因的主要论述。① 另就日本学界而言，山井涌的"气的哲学"虽触及唯物论，却未被意识形态与现代化论述所束缚，反而是岛田虔次（1917—2000）、沟口雄三（1932—2010）对于明清儒学的研究，都聚焦于近代化论述，亦即在中国明清思想寻找近代化的内在理路与动力②。如此一来，宋明理学或明清儒学的"气学"，乃与启蒙或现代化论述联结起来。其共同思想倾向为：1）反对朱子学的"理先气后"；2）气为首出概念，重视个体的自由与差异性；3）重视身体、欲望，强调情欲解放；4）重视经验知识、自然科学；5）强调思想解放、社会进步。影响所及，连韩国学者在研究朝鲜朝的"实学"时，也将实学派学者与主气派、近代性论述相联结。③ 而上述气学所标示的思想倾向，都适用于朝鲜朝实学派的论述。因而，在中、日、韩学界，"气学"虽作为宋明理学（或明清儒学）的分类框架与理论判准而登场，但却被现代性论述所强

---

① 如张岱年解释框架式之强调唯物论，乃试图在中国哲学寻找接引马克思主义的"接合点"。参见张岱年：《哲学上一个可能的综合》，《张岱年文集》第 1 卷，河北人民出版社 1996 年版，第 262—279 页。而侯外庐（1903—1987）的"早期启蒙说"、萧萐父（1924—2008）的"坎坷启蒙说"等，都认为马克思主义在中国的传播与开展，应当以中国早期启蒙说为"结合点"。参见李维武：《早期启蒙说的历史演变与萧萐父老师的思想贡献》，见吴根友主编：《多元范式下的明清思想研究》，生活·读书·新知三联书店 2011 年版，第 29—70 页。

② 参见岛田虔次：《中国に于ける近代思惟の挫折》，筑摩书房 1949 年版；沟口雄三：《中国前近代思想の屈折と展开》，东京大学出版会 1980 年版。前者将 16 世纪的中国儒学的近世性与西方的近世性做对比，指出中国儒学自身即蕴含近代精神。后者反对套用西方概念来分析中国历史，而以"前近代"作为考察中国近世思想的基本预设，尝试找出形成中国近代思想之特质的思想资源。虽然两人在方法论与"近代"概念的设定有分歧，但目标却一致：从 16 世纪中国儒学思想的推演进程中，寻找近代的思想资源。有关两书的精辟分析，详参吴震：《十六世纪中国儒学思想的近代意涵：以日本学者岛田虔次、沟口雄三的相关讨论为中心》，《台湾东亚文明研究学刊》第 1 卷第 2 期（2004 年 12 月）。

③ 参见尹丝淳：《다산의 인간관：탈성리학적 관점에서》（茶山的人间观：从脱性理学的观点），见韩沽劢等：《丁茶山研究现况》，韩国民音社 1985 年版。

势主导。若用丸山真男（1914—1996）的语言，就是"在近代性的思维中寻找真正的近代"[①]。

问题是，气学是对现代化问题的回应吗？气学的理论内在逻辑性是否能在其系谱中一以贯之？就前者而言，气学与现代化的论述，来自于中国大陆学界政治意识形态的介入，以及日本学界"近代超克"的问题意识与方法论[②]，未必是宋明理学或明清儒学的核心问题。从后者来说，气学的理论逻辑与其系谱无法一贯。如王廷相虽然主张气学，也认为人性可善可恶，但却否定性善说，也否定情欲。又如罗钦顺、湛若水，虽然被归属于气学，但在人性论上，皆肯定性善论；不过前者肯定情欲（人欲），后者否定情欲（人欲）。而被归属于气学的刘宗周，并不主张情欲解放。[③] 因此，山井涌也不得不承认，持"气的哲学"立场的人，最难以说明的一点，就在于人性论与情欲论的调和。[④] 此外，王廷相虽有丰富的科学知识，却以政治秩序的安定、名教的拥护为优先，看不出思想解放与批判的力道[⑤]。换言之，气学之理论逻辑及其系谱的难以对应，也成为气学论述中棘手的问题。

2. 先天型气学与后天型气学的区分

从前述气学论述在宋明理学的登场来看，它已经夹带唯物论与现代性的论述，难以见其真貌。相较之下，杨儒宾为使气学有理想类型的独立性，他采取的论述策略有三：一是将气学脱离唯物论框架，定位于儒家的成德之教，聚焦于工夫论来讨论；二是将气学区分为先天型与后天型两类，重新厘定先天型气学的意涵及其系谱，也肯定后天型气学的道德论述与伦理学意涵；三是将先天型气学与后天型气学视为一种气学不同阶段的展现，亦即先天气学必须包含

① 参见子安宣邦：《东亚儒学：批判与方法》，陈玮芬译，台湾大学出版中心 2004 年版，第56 页。

② 参见吴震：《十六世纪中国儒学思想的近代意涵：以日本学者岛田虔次、沟口雄三的相关讨论为中心》，《台湾东亚文明研究学刊》第 1 卷第 2 期（2004 年 12 月）。

③ 参见李明辉：《刘蕺山对朱子理气论的批判》，《四端与七情——关于道德情感的比较哲学探讨》，台湾大学出版中心 2005 年版，第 147—154 页。

④ 小野泽精一、福永光司、山井涌编：《气の思想：中国における自然観と人间観の展开》，第368 页。

⑤ 荒木见悟：《气学解釈への疑问—王廷相を中心として—》，《中国心学の鼓动と仏教》，中国书店 1995 年版，第 25 页。亦见中译本：《明末清初的思想与佛教》，廖肇亨译，台湾联经出版事业股份有限公司 2006 年版，第 30—31 页。

后天型气学，两者可视为有机而辩证的一体。① 笔者赞同杨儒宾的第一点，而对后两点有所保留。

笔者认为，所谓"气学"与唯物论无关，其问题意识也不在于发现中国的现代性（近代性）。而就气学的发生意义来说，诚如荒木见悟所言，"气学，其实是朱子学某种程度的修正型态"②。因为，朱子的"理先气后"，若不善解，可能导致超越的"理"与现实的"气"脱离。因此，自明初朱子学以来，就有不断强调理内在于气的一元论倾向③，此为朱子学的修正。但自王廷相以降，发展至戴震，已经解构朱子的理气论，理气易位，"气"在理论上为首出，在实践与价值上也取得优位性，此一理论型态已经逸出理学典范，而自成另一系统，此即杨儒宾所谓的"气学"。在这个意义下，气学是与工夫论相关的，也不背离儒家成德之教的主要关怀。然而，当杨儒宾将气学区分为先天型气学与后天型气学时，认为两者在理论上均以"气作为首出的概念"，不同的是，前者以先天之气来界定，后者则指涉后天之气。二者的人性论、工夫论、形上学也都不同。问题是，若先天型气学与后天型气学在理想类型上有本质的区分，则先天型气学究竟是"理学"还是"气学"？在"理学"论述中，先天型"气学"有独立性吗？

在杨儒宾的辨析中，先天型气学所说的"气"，是体用论的用语，后天型气学所说的"气"是自然哲学的用语。④ 先天型气学论者，通常反对朱子的理气二分，且在论及理气的根源关系或论及工夫化境时，都会批判朱子的"理"脱落了"气"，而使本体的实践力道减杀。⑤ 如此一来，先天型气学所强调的

---

① 参见杨儒宾：《异议的意义——近世东亚的反理学思潮》，台湾大学出版中心 2012 年版，第 130、170—171 页。

② 参见荒木见悟：《気学解釈への疑问—王廷相を中心として—》，《中国心学の鼓动と仏教》，中国书店 1995 年版，第 15 页。亦见中译本：《明末清初的思想与佛教》，廖肇亨译，台湾联经出版事业股份有限公司 2006 年版，第 23 页。

③ 参见郑宗义《明儒罗整庵的朱子学》一文论及明初朱子学"理气一物：内在一元的倾向"。（郑宗义：《明儒罗整庵的朱子学》，见黄俊杰、林维杰编：《东亚朱子学的同调与异趣》，台湾大学出版中心 2006 年版，第 125—146 页）

④ 参见杨儒宾：《异议的意义——近世东亚的反理学思潮》，台湾大学出版中心 2012 年版，第 141 页。

⑤ 参见杨儒宾：《异议的意义——近世东亚的反理学思潮》，台湾大学出版中心 2012 年版，第 148 页。

"气",是先天的形上之气,也可以说是超越的本体之作用①,也意谓本心(本体)之能动。②故杨儒宾为纠正以往气学论述之粗糙与系谱之错乱,特别将张载、罗钦顺、刘宗周划归到先天型气学。笔者认为杨儒宾将张载与刘宗周所言之"气"归属于先天之气,有其卓识;但将罗钦顺所言之"气"也视为先天之气,则有待商榷。尽管杨儒宾以"先天型气学"来检证三者,但笔者认为,相较于"理学",先天型"气学"只具有描述功能,仍无理论的独立性。

依杨儒宾之见,刘宗周作为"心学的气论"之检证的案例③,张载作为"泛存在论的气学"④,二人所言之"气"都当高看,是形上之气,都具有超越的面向。不同的是,刘宗周的"气"主要是心性论的语汇;张载的"气"兼有体用论思维下自然哲学的含义。⑤就刘宗周心学的气论而言,"心气为一"是意识哲学的立场,同时肯定"心"与"气"的首出性,先天之气即是心之动能,也可视为本体之作用性。⑥从张载"太虚即气"来说,虽偏重从存在界立论,但杨儒宾指出此"即"非等同之意,而是中国体验哲学中体用论的语言,意味着体用不二的辩证思维。故"太虚"与"气"是相即,而非同一;"神"与"气"亦然。⑦总之,杨儒宾乃就东方体验哲学的工夫或化境,以体用的辩证思维,来检证刘宗周与张载所论之"气"是先天之气,与作为自然意义的"气"(形而下之气)、"物"有本体论的区隔,两者异质异层。⑧这些见

---

① 参见杨儒宾:《异议的意义——近世东亚的反理学思潮》,台湾大学出版中心 2012 年版,第155 页。

② 参见杨儒宾:《异议的意义——近世东亚的反理学思潮》,台湾大学出版中心 2012 年版,第140 页。

③ 参见杨儒宾:《异议的意义——近世东亚的反理学思潮》,台湾大学出版中心 2012 年版,第98—105 页。

④ 杨儒宾:《异议的意义——近世东亚的反理学思潮》,台湾大学出版中心 2012 年版,第115—123 页。

⑤ 参见杨儒宾:《异议的意义——近世东亚的反理学思潮》,台湾大学出版中心 2012 年版,第156 页。

⑥ 参见杨儒宾:《异议的意义——近世东亚的反理学思潮》,台湾大学出版中心 2012 年版,第124 页。

⑦ 参见杨儒宾:《异议的意义——近世东亚的反理学思潮》,台湾大学出版中心 2012 年版,第119—120 页。

⑧ 参见杨儒宾:《异议的意义——近世东亚的反理学思潮》,台湾大学出版中心 2012 年版,第120 页。

解与前辈学者如唐君毅、牟宗三的观点相同①，只是杨儒宾的论据是类型学的区分②。

然而，若根据杨儒宾上述的分析，在"心学的气论"下，心、气、神、理、性，都是同一本体的不同称谓，这些概念的理论位阶都是相同的，也都是首出的，亦即心、气、神三者可视为本体之作用性；理、性则意味着本体的实在性。征诸刘宗周文本，既可说"盈天地间，一气而已矣"③，也可以说"盈天地间一性也"④、"盈天地间皆心也"⑤。如此一来，所谓"心学的气论"之"气论"（气学）仍是"心学"，强调的是本体（理、性、心）的活动性（神、气），故"心学"型态下的"气论"（气学），无理论简别的效力。同样地，张载"泛存在论的气论"（太虚即气）之"气论"亦然。故杨儒宾也不得不承认，从张载所持的无限人性论、工夫论来看，与其说是气学式的，不如说是理学式的。⑥犹有进者，张载或刘宗周虽重视"气"，或强调超越性之"气"，但也承认现实之"气"的存在，仍未取消两种"气"（形上之气／形下之气；先天之气／后天之气）的异质区分⑦，也未取消"理"在形上学的地位。如是，杨儒宾所谓的"先天型气学"仍是"理学"的体用论思维，而非"气学"。

---

① 如唐君毅就认为刘宗周所言之"气"当"高看"，参见唐君毅：《中国哲学原论·原教篇》，《唐君毅全集》卷17，台湾学生书局1991年版，第479页。又牟宗三分析张载与程颢一本论时，都有体用不二之圆融论下的理气为一之"气"，而与形下之气有别。（参见牟宗三：《心体与性体》第1册，台湾正中书局1987年版）

② 杨儒宾认为刘宗周、罗钦顺、张载的先天型气论，是就工夫化境在"意识自身"、"理气架构"、"自然流行"所显现的三种模态。（参见杨儒宾：《异议的意义——近世东亚的反理学思潮》，台湾大学出版中心2012年版，第125页）

③ 戴琏璋、吴光主编：《原性》，《刘宗周全集》第2册，台湾"中央研究院"中国文哲研究所筹备处1996年版，第328—329页。

④ 戴琏璋、吴光主编：《原性》，《刘宗周全集》第2册，台湾"中央研究院"中国文哲研究所筹备处1996年版，第328页。

⑤ 戴琏璋、吴光主编：《读易图说·自序》，《刘宗周全集》第2册，台湾"中央研究院"中国文哲研究所筹备处1996年版，第143页。

⑥ 参见杨儒宾：《异议的意义——近世东亚的反理学思潮》，台湾大学出版中心2012年版，第121页。

⑦ 参见李明辉：《刘蕺山对朱子理气论的批判》，《四端与七情——关于道德情感的比较哲学探讨》，台湾大学出版中心2008年版，第126—127页。

3. 气学系谱的检证——以罗钦顺与贝原益轩为例

至于罗钦顺所言之"气"，能否归于先天之气？这涉及朱子理气论之"气"能否理解为先天之气？抑或朱子工夫论化境之"气"是否能与理一样，具有形而上的超越面向？众所周知，不论就钦顺本人的学术认同，或在明代学术系谱上，乃至朝鲜时代诸多学者的判定，罗钦顺皆归属于朱子学。因为，无论从理气论或心性论来看，罗钦顺仍属于朱子思想的义理法度。大体而言，在理气论上，罗钦顺主张"理气为一物"，在心性论上强调"心性之辨"（理气之辨）；前者异于朱子，后者同于朱子。在此意义下，罗钦顺也被称为朱子学的修正者。但无论如何，在大陆学界或日本学界的"气学"归类之前，罗钦顺始终属于朱子学，此征诸朝鲜时代的性理学，或是日本江户时代的朱子学，更为明显。

杨儒宾之所以将罗钦顺归于先天型气学，是从工夫论化境的"心理为一"、"即心即性"、"即理即气"的层次着眼立论。杨儒宾认为，罗钦顺批判朱子的"理气为二物"而主张"理气为一物"，是针对朱子之"理"缺乏能动性而言的。因此，罗钦顺强调"就气认理"（理须就气上认取），虽指理不离气，但理也不等于气，而罗钦顺这种理气"不离不杂"的方式，并非朱子学式的，而是意味着理具创生能动性。① 再者，罗钦顺在心性论上以道心为未发，在工夫论上以"操"为主轴，故其在工夫化境上，应肯定在道心的层次上，心即理，理即气，道心即本体。② 就此而言，罗钦顺所言之"气"，应为先天之气。尤其从罗钦顺重新发现并赞赏程明道的"一本论"来看，更为明显。因为，一本论所显示的圆融化境，是东方体验的"即"之哲学的反映。故罗钦顺主张的"理气为一物"、"理一分殊"是建立在工夫论的基础上，以他所参悟的化境而有的论述，宜视为先天型气学之"即"的诡谲辩证思维。③

然而，笔者认为罗钦顺的"理气为一物"、"理一分殊"乃为解决朱子因"理气为二物"可能导致的"理气有罅缝"的问题，避免朱子之理离气而为抽

---

① 参见杨儒宾：《异议的意义——近世东亚的反理学思潮》，台湾大学出版中心 2012 年版，第 108—109、297、234 页。

② 参见杨儒宾：《异议的意义——近世东亚的反理学思潮》，台湾大学出版中心 2012 年版，第 113 页。

③ 参见杨儒宾：《异议的意义——近世东亚的反理学思潮》，台湾大学出版中心 2012 年版，第 114—115 页。

象之理、静态之理，此仍是理气论的命题，而非工夫论的命题，征诸《困知记》文本即可证实。① 再者，为证成"理气为一物"，罗钦顺以"理须就气上认取，然认理为气便不是"为义理框架，以程明道之言为论据。事实上，罗钦顺主张"就气认理"，反对"认气为理"②；前者凸显"理气不离"，后者显示"理气不杂"，都未偏离朱子理气论的矩矱。并非如杨儒宾所言，"就气认理"意味着理具有能创生能动性。另就罗钦顺以未发之性所界定的道心而言，它本身不是已发的气或心，而是作为道德法则的静态之理，即使在工夫化境上，心与性为一，理与气为一，但能动的还是形而下之"心"（人心），即使是"湛一清虚"的本然之"气"，此"心"、"气"仍与"性"、"理"有本质上的区分。换言之，朱子或罗钦顺所言之"气"，无法具有先天之气的性格。至于罗钦顺虽然主张"理气为一物"，赞赏程明道一本论圆融表达方式，但罗钦顺仍是分解式的思路，其义理内容与程明道貌合神离③，并非杨儒宾所谓的"体用一如"（理气一如）之意。④ 征诸朝鲜时代儒者以"理气浑然为一体"⑤、"理气元不相离，似是一物"⑥ 来解释罗钦顺的"理气为一物"，更可确认罗钦顺的理气论仍是朱子家法。故笔者认为罗钦顺的"理气为一物"当表述为"理气浑然同体为

---

① 罗钦顺云："理一分殊四字，本程子论《西铭》之言，其言至简，而推之天下之理，无所不尽。在天固然，在人亦然，在物亦然，在一身则然，在一家亦然，在天下亦然，在一岁亦然，在一日亦然，在万古亦然。持此以论性，自不须立天命、气质之两名，粲然其如视诸掌矣。但伊川既有此言，又以为'才禀于气'，岂其所谓分之殊者，专指气而言之乎！朱子尝因学者问理与气，亦称伊川此语说得好，却终以理气为二物，愚所疑未定于一者，正指此也。"（阎韬点校：《困知记》卷上第 19 章，中华书局 1990 年版，第 9 页）

② 罗钦顺云："理须就气上认取，然认气为理便不是。此处间不容发，最为难言。要在人善观而默识之，'只就气认理'与'认气为理'，两言明有分别，若于此看不透，多说亦无用也。"（阎韬点校：《困知记》卷下第 35 章，中华书局 1990 年版，第 12 页）

③ 参见杨祖汉：《从当代儒学观点看韩国儒学的重要论争》，台湾大学出版中心 2005 年版，第 335—352 页；林月惠：《异曲同调——朱子学与朝鲜性理学》，台湾大学出版中心 2010 年版，第 172—178 页。

④ 参见杨儒宾：《异议的意义——近世东亚的反理学思潮》，台湾大学出版中心 2012 年版，第 300 页。

⑤ 李恒：《一斋集》，《赠奇正字大升书》第 8a—b，见《韩国文集丛刊》第 28 辑，韩国景仁文化社 1996 年版，第 427（28：427）页。又《答湛斋书》云："理气虽有界分，而浑然一物也。"[同上书，第 10a（28：428）页]

⑥ 李珥：《答成浩原》，《栗谷集》Ⅰ卷 10，第 25b（44：210）页。

一物"，意谓"理气浑然同一事体"，亦即在具体存在物上理气浑然不可分离。换言之，罗钦顺并未泯除形上之理与形下之气的不同，而是强调理气浑然，必须"就气认理"，将（超越的）理彻底内化（内在化）于气中。除非罗钦顺的"理气为一物"是指"理气是同一本体的两面"（理气论），或"理即气、气即理"（工夫化境），否则罗钦顺不可能属于先天型气学。既然罗钦顺所言之"气"是形而下的后天之气，是否就归属于杨儒宾所谓的"后天型气学"？此亦不可。因为，罗钦顺反对"认气为理"，并未取消理的形而上性格，故不能归于"后天型气学"。

　　另一方面，推崇罗钦顺思想的日本儒者贝原益轩，也与罗钦顺一样，修正朱子理气论而强调"阴阳即是道"、"理气决是一物"①。不过，在杨儒宾的解读下，贝原益轩晚年已经将形而上的太极或理拆掉，归于自然主义的元气论，属于后天型气学，与罗钦顺貌合神离。②然而细读贝原益轩《慎思录》、《大疑录》，杨儒宾的论断仍有待商榷。因为，在贝原益轩看来，天地之道，源自太极。"盖太极是一气浑沌、阴阳未分之称，阴阳是太极既分之名，其实非有二也。因太极之动静而阴阳分焉，则阴阳之流行，亦可为太极之理。"③贝原益轩虽然强调"气"为首出，但此气为"太和之气"，是气之本然，本自纯粹至善而无不正，故言"气之本然即是理"④。就此而言，气之本然与理为一物。问题是，益轩所谓的"气之本然"与"理"是否有形而上的性格？根据贝原益轩所言："天地太和之气，是阴阳之正者，故能生万物，为万品之根柢，至贵之理，不可贱之为形而下之器也，故理气本是一物，以其运动变化有作用而生生不息谓之气，以其生长收藏有条贯而不紊乱谓之理，其实一物而已。"⑤贝原益轩的"太和之气"（气之本然），不是形而下之气，故"气能生万物"与"理能生

---

① 贝原益轩：《大疑录》卷上，见益轩会编纂：《益轩全集》卷二，益轩全集刊行部1911年版，第153页。

② 参见杨儒宾：《异议的意义——近世东亚的反理学思潮》，台湾大学出版中心2012年版，第308页。

③ 参见贝原益轩：《大疑录》卷下，见益轩会编纂：《益轩全集》卷二，益轩全集刊行部1911年版，第173页。

④ 贝原益轩：《慎思外录》，见井上忠等编：《贝原益轩资料集》下，ぺりかん社1989年版，第341页。

⑤ 贝原益轩：《慎思外录》，见井上忠等编：《贝原益轩资料集》下，ぺりかん社1989年版，第321—322页。

万物"同时成立①。在这个意义下，贝原益轩的"理气为一物"反而近似心学的观点，属于杨儒宾所谓的"先天型气学"。再者，若从贝原益轩的心性论来看，他指出："夫以明德即是人之本心，具众理、应万事者。……苟不具众理，不可为本心。然而非有此心，则不能具众理。然则合心与性，可谓之明德，又可谓之本心。"② 另就工夫论来说，贝原益轩依循的仍是朱子的格物穷理③。此与"后天型气学"所主张的有限人性论与工夫论，绝不相侔。故贝原益轩也无法归属于"后天型气学"。如此一来，杨儒宾所界定的"先天型气学"、"后天型气学"的区分，就罗钦顺与贝原益轩而言，是失效的。因为，他们的理气论述，仍属于"理学"，而非"气学"（既非先天型气学，也非后天型气学）。

4."气学"正名与"用气为性"

根据以上的辨析，虽然杨儒宾在"气学"中另作"先天型气学"与"后天型气学"的区分，但"心学的气论"（刘宗周），"泛存在论的气论"（张载）之"气论"（气学）只具有描述功能，无法作为理论的简别之用；而以朱子为主的"理学的气论"（罗钦顺），也非"先天型气学"。尽管有些宋明理学家追求先天之气，以体证本体不断跃出的生生不息之动力。④ 但"先天型气学"仍属于体用论的"理学"典范，而非"气学"。如此一来，只有杨儒宾所谓的"后天型气学"才有独立的理论意义。

实则，后天型气学的原型，来自两汉以来气化宇宙论的传统，是宋明理学之外的另一传统。经由杨儒宾的分析，提出了气学的类型学要素：以元气论为形上预设，以形气为主体，主张自然气化的有限人性论，反对"复性说"与人性具有超越的向度，重视气质之性、自然情欲，以相偶论为思维模式，对道德的普遍性也有所证成。严格地说，"后天型气学"才是真正的"气学"，与"理学"泾渭分明。以此标准来看混乱的气学系谱，不论大陆学者或日本学者，

---

① 贝原益轩：《慎思外录》，见井上忠等编：《贝原益轩资料集》下，ぺりかん社 1989 年版，第 323 页。

② 贝原益轩：《大学说》卷 7，《慎思录》，见井上忠等编：《贝原益轩资料集》上，ぺりかん社 1989 年版，第 53—54 页。

③ 贝原益轩云："圣人之学，本自开物成务，有用之学也。……故格物之方，求之于性情者，故是切近之事也；泛随家国天下之事物而穷其理者，便是有用之学。"（贝原益轩：《大学说》卷 7，《慎思录》，《贝原益轩资料集》上，ぺりかん社 1989 年版，第 65 页）

④ 参见杨儒宾：《一阳来复——〈易经·复卦〉与理学家对先天气的追求》，见杨儒宾、祝平次编：《儒学的气论与工夫论》，台湾大学出版中心 2005 年版，第 103—159 页。

乃至杨儒宾，都认为戴震在气学逻辑上最一贯，也是气学的集大成者。

然而，"气学"一词，在中国学术的脉络中，乃出现于《道藏》的养生之学①，并未用于宋明理学或明清儒学。而在朝鲜儒学的脉络里，"气学"出现在朝鲜后期，是退溪学派与栗谷学派互相指责对方"认气为理"的贬抑词，不具有理论意义。② 直到韩末儒者崔汉绮（号惠冈，1804—1877）才脱离性理学的思考模式与传统的学问，大量吸收西洋科学技术，将西洋机械论与东方有机体论熔为一炉，正式提出具有积极正面意义的"气学"，完成独自的气学系统。③在这个意义下，"气学"建立在自然主义的后天之气上，归属于自然哲学的论域。甚至荒木见悟还认为："气学委实有将人物化之虞，与其将气学与理学、心学对立而观，不如定位在自然科学来得更为稳当些吧！"④ 显然的，"气学"若要具有独立的地位，就必须脱离宋明理学理气论的论述脉络，自成一系，此即自然主义之唯气论的讲法。相对于"理学"，是另一种论述典范的彻底转移。

不过，尽管作为后天型气学之王廷相、戴震等儒者对于自然科学有其兴趣与钻研，但成德之教才是他们的真正关怀。因此，笔者认为将"气学"归属于自然哲学才能得其理论的独立性，而王廷相、戴震等人虽强调"气"的首出

---

① 桑榆子评《延陵先生集新旧服气经》载《鸾法师服气法》："或问曰：'初调气何意？从麤而渐细。将罢何意？从细而入麤。'鸾答曰：'凡行动眡饮食言语是麤也。'"此文之小注提及："桑榆子曰：'凡修气学者未服，及服罢，于饮食言语盖常事也。鸾公欲使两相接会，不令其首尾陡异也。'"（《正统道藏》册 31，台湾新文丰出版公司 1985 年版，第 2—3 页）

② 韩末退溪学派之李震相主张"心即理"，被栗谷学派视之为"认气为理"，讥为"气学"。故栗谷学派之田愚批评云："只为其心自认为理，而不复以性为归宿，所以流于口谈心理而身陷气学也。"（《李氏心即理说条辨》，见《艮斋先生文集》前编卷 13，《韩国文集丛刊》333 册，第 88 页）又栗谷学派主张的"心即气"，也被退溪学派之郭钟锡批评为"气学"，故云："主理以立心言，循理以应事言，顺理以制行言，明理以致知言。于乎！此先师所以不容于气学扰攘之世也。"（《答洪巨源》，见《俛宇先生文集》卷 160，《韩国文集丛刊》343 册，第48 页）

③ 崔汉绮云："辨人之虚实非难，立准的于天人运化，诚未易焉。镮顾天下，有此见识者几人。自今以后，运化气学渐明，倡和遝迹。毕竟举世之人，咸覩虚实，岂独有证于斯言？实有验于大气运化，不可厘毫违越。"（崔汉绮：《增补明南楼丛书》，《人政》卷 24，成均馆大学出版部 2002 年版，第 115b—116a 页。相关研究参见郑仁在：《惠冈崔汉绮的神气运化论》，见杨儒宾、祝平次编：《儒学的气论与工夫论》，台湾大学出版中心 2005 年版，第 298 页）

④ 荒木见悟：《気学解釈への疑問——王廷相を中心として—》，《中国心学の鼓動と仏教》，中国书店 1995 年版，第 45 页。亦见中译本：《明末清初的思想与佛教》，廖肇亨译，台湾联经出版事业股份有限公司 2006 年版，第 47 页。

性，与其说是"气学"，不若以"用气为性"（气性）① 来标示，在义理的辨明上更为准确。换言之，杨儒宾所谓"后天型气学"才是具有理论简别意义与独立性的"气学"，而当此气学涉及道德论域时，则以"用气为性"标举之。辨析至此，我们可以得知，不论"后天型气学"或"用气为性"，其思维方式与学术性格、工夫论，都与宋明理学迥然有别，分则两利，不可混淆。在这个意义下，理学与气学（反理学），先天型气学与后天型气学，是两种各自独立的儒学系统，从后设的角度看，虽不矛盾，但却无法如杨儒宾所想象的，两者可视为辩证的发展。此犹如模拟于西洋哲学的理性主义与经验主义，是两种截然不同的哲学论述，二者怎可能是辩证的发展呢？

值得注意的是，杨儒宾从工夫论证成气学的独立性，其论据虽与大陆或日本学界不同，却也有来自"反思现代性"的关怀。因为，杨儒宾所谓"气学"，其反形上学（解构形上学）、反主体主义、反实体主义的性格，强调间主体性，气化主体的共感性、历史性，似乎成为反思现代性的思想资源。我们很难想象，从大陆、日本学界到杨儒宾的"气学"论述，一方面提供现代性的内在理路，另一方面又是反思现代性的利器。此乃同一"气学"的各自表述，其自相矛盾，于兹显焉。

（二）再议体用论与相偶论

在杨儒宾看来，理学与反理学（气学）的差异，其背后取决于体用论与相偶论的思维方式之不同。他所谓的"相偶论"（相偶性、相偶说），一方面取自阮元的"相人偶为仁"与丁若镛的"二人为仁"而自铸此概念，另一方面也从 18 世纪近世东亚反理学思潮中，将戴震的情理说、阮元的相偶说、焦循的交感说、丁若镛的相偶论、伊藤仁斋的人伦仁义说，都视为"相偶论"的各种化身。其中，又以阮元、丁若镛、伊藤仁斋为最重要的三大家。② 据此，杨儒宾确信他所诠释的"相偶性"，就是阮元、丁若镛以及近世反理学思潮的"相

---

① "用气为性"出自东汉王充语，牟宗三以此涵盖顺气言性之各种特征，向上溯源为元气，下委则归于才性、气性等自然人性论（参见牟宗三：《才性与玄理》，台湾学生书局 1983 年版，第 1—25 页）。笔者认为若"气学"限于自然哲学，则"用气为性"的思路，可以显示诸如王廷相、戴震等人的道德关怀。郑宗义则以"气性"概括之，而有精辟的义理分析。（郑宗义：《论儒学中"气性"一路之建立》，见杨儒宾、祝平次编：《儒学的气论与工夫论》，台湾大学出版中心 2005 年版，第 247—277 页）

② 参见杨儒宾：《异议的意义——近世东亚的反理学思潮》，台湾大学出版中心 2012 年版，第 59、63 页。

偶性"，且藉"相偶性伦理学"彰显"间主体性"的优先性及其伦理学的意涵，给予此伦理学型态极高的评价与当代意义。对此，笔者认为杨儒宾对于18世纪反朱子学的"相偶性伦理学"有过度诠释（over interpretation）之虞，有再议之必要。

1. 貌合神离：阮元与丁若镛的"相偶性伦理学"

在杨儒宾的诠释下，"相偶"是"相人偶"的简化，"相"有"相互"（相成、相佐）之意，"偶"有"二人对偶"之意，故"相偶说"一方面强调主体与主体之间的交感、交互性，另一方面也指出道德上的"善"或"仁"，产生于主体外的"对偶性之交感性的关系"①。前者涉及"间主体性"，后者追问道德的基础。前者强调主体性只有在人伦活动中才可以呈现，而"他者"对主体的建构与完成有本质的关联。换言之，"主体性"之所以可能在于"间主体性"，亦即"间主体性"先于"主体性"。后者主张道德的基础无须向内逆觉溯源，也无须体证超越的源头，而是在人与人之间的横向相偶性中产生的。亦即，真正的道德不在内心世界，也不在超越的彼岸，或是外在的社会规范，而是两个相对应的人伦之间的合理关系。值得注意的是，杨儒宾认为此"关系"不是外在的，而是"主体"与"主体"之间有机的互动、感通、互渗、互涉。

然而，回到阮元、丁若镛的"相偶论"脉络，其论述与杨儒宾的诠释有偌大距离。阮元在《〈论语〉论仁论》、《〈孟子〉论仁论》二文中，通过《论语》、《孟子》部分篇章，对于"仁"字进行考证与归纳，寻求"仁"字的本义。他指出全部《论语》文本多是"人"、"己"对举（对称）②，此正是郑氏（郑玄）相人偶之说，故"凡仁，必于身所行者验之而始见，亦必有二人而仁乃见"③。据此，阮元以"相人偶"所诠解的"仁"（必有二人而仁乃见），是发生于二人之间（人、己）的交互关系，且着于行事的"德行"。亦即"二人相偶"、"着于行事"是阮元强调的重点。在逻辑上，"二人相偶"涵蕴"着于行事"，当然也就重视道德的具体成效性。阮元认为"仁"是人伦中可见的"德行"，而非作为道德根据的而内在于心的"德性"。在此诠解下，阮元批判魏晋

① 杨儒宾：《异议的意义——近世东亚的反理学思潮》，台湾大学出版中心2012年版，第358页。

② 参见阮元撰，邓经元点校：《〈论语〉论仁论》，《揅经室集》上，中华书局1993年版，第183、184页。

③ 阮元撰，邓经元点校：《〈论语〉论仁论》，《揅经室集》上，中华书局1993年版，第176页。

以降至宋儒对"仁"之内在化、形上学的解释，则是异端空虚玄妙之学。① 问题是，人与人如何相偶？阮元所采取的是"己立立人"、"己达达人"的主体外推方式②，他甚至引用当时俚语"我先自己好，自然要人好。我要人好，人自与我同作好人也"③ 来说明。由此可见，阮元"相偶说"下的主体建构，虽然肯定"他者"的必要性，但并未赋予"他者"优位性，"尔我亲爱"并非对等的感通、互渗模式，阮元的"二人相偶"，仍是由"己"及"人"出发，"间主体性"并未先于或取代"主体性"。

至于丁若镛"二人为仁……仁之名必生乎二人之间"④ 的诠解，在杨儒宾看来，正与阮元的"二人相偶"相同，也同样强调"若仁之名，必待行事而成焉"⑤（着于行事），并且认为丁若镛所言之"心"、"性"本身没有真正的道德可言，而是对善的"嗜好"⑥，是一种向着"外在性"发展的道德之驱力。⑦ 然而，丁若镛"仁者，二人相与也"⑧ 的相偶说，较阮元深刻多了。首先，丁若镛"二人为仁"，是建立在二人"尽其道"⑨、"尽其分"的基础上。故言："处人伦，尽其分谓之仁"⑩、"父子而尽其分则仁也，君臣而尽其分则仁也"⑪。其次，若问二人如何能"尽其分"？则必诉诸主体的自主作为，此乃因心有"好

---

① 参见阮元撰，邓经元点校：《〈论语〉论仁论》，《揅经室集》上，中华书局1993年版，第180页。

② 阮元云："所以必两人相偶而仁始见也。即如己欲立孝道，亦必使人立孝道，所谓不匮锡类也。己欲达德行，亦必使人达德行，所谓爱人以德也。"（阮元撰，邓经元点校：《〈论语〉论仁论》，《揅经室集》上，中华书局1993年版，第178页）又说："仁虽由人而成，其实当自己始，若但知有己，不知有人，即不仁矣。"（同上书，第181页）

③ 阮元撰，邓经元点校：《〈论语〉论仁论》，《揅经室集》上，中华书局1993年版，第181页。

④ 丁若镛：《论语古今注》，《与犹堂全书》第5册，民族文化文库2001年版，第453页。

⑤ 丁若镛：《论语古今注》，《与犹堂全书》第6册，民族文化文库2001年版，第48页。

⑥ 杨儒宾：《异议的意义——近世东亚的反理学思潮》，台湾大学出版中心2012年版，第338页。

⑦ 参见杨儒宾：《异议的意义——近世东亚的反理学思潮》，台湾大学出版中心2012年版，第339页。

⑧ 丁若镛：《论语古今注》，《与犹堂全书》第5册，民族文化文库2001年版，第20页。

⑨ 丁若镛云："仁者，人人之尽其道也。子事亲然后有孝之名……"（参见丁若镛：《论语古今注》，《与犹堂全书》第5册，民族文化文库2001年版，第137页）

⑩ 丁若镛：《论语古今注》，《与犹堂全书》第5册，民族文化文库2001年版，第280页。

⑪ 丁若镛：《论语古今注》，《与犹堂全书》第5册，民族文化文库2001年版，第453页。

善耻恶"的嗜好①，此嗜好不同于饮食之本能，而是道德的本能②，它彰显主体之心的能动性。丁若镛之性嗜好当由心嗜好索解，不能将心之嗜好，与自然感官本能混同，理解为杨儒宾所谓的"各种欲望潜能的集中地"③。尽管"仁生于二人之间"，但丁若镛仍然强调"为仁由我不由人也"。除主张先有主体自主的作为外，丁若镛还强调以"恕"作为二人之间的"成仁之方法"。由丁若镛采取"如心为恕"、"忖他心如我心"④的解释看来，旨在豁显交互性与感通性（人我相通）。故二人之间"尽其分"所成就的"仁"，具有主体性与间主体性的双重性格。⑤ 最后，从儒学下学上达的共识来看，"仁"作为总名，"必待行事而成焉"。在这个意义下，丁若镛强调"仁"是在"行事"中所成就并完成的仁德，是"人伦之成德"，而非作为道德根据来理解的"心之全德"。表面看来，丁若镛论仁似乎与阮元一样，是一横摄的"相偶论"，仿佛道德无须有内在的根据与超越的根源，实则不然。

丁若镛论仁，并未切断内在性与超越性。他感叹："仁之不明久矣！可仁之理在于本心……行仁之根在于本心。"⑥ 显然的，仁之所以可能的根据与动力，都在本心。丁若镛论仁，虽以"二人为仁"为说，但其逻辑是以"本心"（心之嗜好）为根据，以"恕"为行仁之方，于"行事"中而终成"仁之名"。

---

① 丁若镛之言"性嗜好"，并非停留于自然感官本能层面，而是即心言性，所谓"余尝以性为心之所嗜好。"（丁若镛：《孟子要义》，《与犹堂全书》第 4 册，民族文化文库 2001 年版，第 576 页）换言之，"性嗜好"是就"心之所嗜好"而言。心之所嗜好是指"好善耻恶"（好德耻恶）的"自主"之"权"。故丁若镛云："孟子之谓性善岂有差乎？但不得不善，人则无功于事。又赋之以可善可恶之权，听其自主，欲向善则听，欲趋恶则听，此功罪之所以起也。天既赋以好德耻恶之性，而若其行善、行恶，令可游移，任其所为，此其神权妙旨之凛然可谓者也。何则？好德耻恶既分明矣，自此以往，其向善，汝功也；其趋恶，汝罪也，不可畏乎？禽兽之性本不能好德耻恶，故善不为功，恶不为罪，斯大验也。"（丁若镛：《论语古今注》，《与犹堂全书》第 5 册，民族文化文库 2001 年版，第 107—108 页）

② 韩国现象学家李南麟藉由丁若镛与费希特（J. G. Fichte，1762—1814）的对比，彰显丁若镛有关道德本能论述的睿见。参见李南麟著，陈庆德译、李云飞校：《论由丁若镛与费希特的对话所展显的道德本能现象学》，《广西大学学报》第 37 卷第 4 期（2015 年 7 月），第 13—19 页。

③ 杨儒宾：《异议的意义——近世东亚的反理学思潮》，台湾大学出版中心 2012 年版，第 343 页。

④ 丁若镛：《论语古今注》，《与犹堂全书》第 5 册，民族文化文库 2001 年版，第 148 页。

⑤ 参见蔡振丰：《朝鲜儒者丁若镛的四书学》，台湾大学出版中心 2012 年版，第 130 页。

⑥ 丁若镛：《论语古今注》，《与犹堂全书》第 6 册，民族文化文库 2001 年版，第 48 页。

因为本心能好善耻恶，故有主体的自主作为，但此主体的作为也必藉由二人之间"恕"的感通，才能具体落实于"行事"中而成就并完成"仁德"。但另一方面，丁若镛也强调超越性的天，他指出："天之所以察人善恶，恒在人伦。故人之所以修身事天，亦以人伦致力。"① 又说："知天为修身之本。"② 基本上，丁若镛既强调日常人伦的重要性，也重视人伦的实践，有更高的规范与根源——天。而丁若镛所谓的"天"，既非朱熹理学中的"天理"，也非气化论的"元气"，而是受天主教影响却有儒家特色的上帝（人格神）。"知天"意味着藉"慎独"（诚）工夫，聆听作用于心中的上帝声音，故"知天"并非指人之道德修养所臻至的最高境界，而是以修身为出发点的宗教悟性。③ 如此一来，丁若镛将儒学之"下学"（修身）与"上达"（知天、事天）相互贯穿，内在性与超越性双彰。④ 但此思维模式，既非理学的体用论，也非阮元的相偶论。在杨儒宾有关"相偶性伦理学"的理想类型分析中，丁若镛是个例外。

2. "孤立独白的主体" VS. "感通对话的主体"？

如前所述，尽管阮元与丁若镛的"相偶性伦理学"，可谓貌合神离，但杨儒宾仍以阮元、丁若镛来建构"相偶性伦理学"，且过于侧重"气化主体"作为"间主体性"的优先性与感通性。他们虽然阐明"仁"的交互性，但并未以"间主体性"先于或取代"主体性"，此意在丁若镛更为明显。亦即真正的道德主体，应兼具主体性与间主体性，若主体性不确立，则间主体性也无从建构。但由于杨儒宾的论述过于向"相偶论"的"间主体性"倾斜，可能导致读者对体用论心性主体的误解。以为朱子或理学家所谓的心性主体，因其超验性，就可能将心性主体视为一孤立封闭的主体⑤，甚至空洞的主体，而误以为体用论的道德实践也与经验无涉，忽略"他者"，未能重视人伦之间的交互性、感通

---

① 丁若镛：《中庸自箴》，《与犹堂全书》第 4 册，民族文化文库 2001 年版，第 178—179 页。

② 丁若镛：《中庸自箴》，《与犹堂全书》第 4 册，民族文化文库 2001 年版，第 212 页。

③ 参见李光虎：《从〈中庸讲义补〉与〈中庸自箴〉看茶山之"诚"的哲学》，见茶山学术文化财团编：《茶山的四书学》，商务印书馆 2008 年版，第 248 页。

④ 琴章泰透过丁若镛与荻生徂徕的思想比较，指出丁若镛的根本立场在于重视道的内在与超越性的根源，查找社会现实与具体问题的联系上。参见琴章泰：《도와 덕: 다산과 오규 소라이의 '중용' '대학' 해석 양장》（道与德：茶山与荻生徂徕的《中庸》《大学》解释），이끌리오 2004 年版，第 2 章。

⑤ 参见杨儒宾：《异议的意义——近世东亚的反理学思潮》，台湾大学出版中心 2012 年版，第179、361 页。

性。如此一来，体用论与相偶论的主体观，就成为"孤立独白的主体"与"感通对话的主体"之对立。

然而，笔者要指出的是，理学体用论所彰显的心性主体是"十字打开"，不论在理论上或实践上，必含纵贯（体）与横摄（用）两面，纵贯可以涵盖横摄，反之亦然。故心性主体并非孤立封闭的主体，也未忽略经验与他者，更未轻忽交互性、感通性。例如，即使杨儒宾认为超越性格最强的朱子，理气虽有形上、形下之别，但朱子就曾赞同邵雍（1011—1077）所言："性者，道之形体；心者，性之郭郭；身者，心之区宇；物者，身之舟车。"① 因为对理学家而言，理（道）→性→心→身→物，双向回还，显示超越之理的具体化与现象之气的意义化的过程，意识精神（心）与身体（身）向度，心性与超越之道或经验世界，并未隔绝，只是侧重的面向在于心性主体的挺立与主宰。故朱子认为："道虽无所不在，须是就己验之而后见。如'父子有亲，君臣有义'，若不就己验之，如何知得本有？"② 亦即"父子有亲"之"理"（道），也必须落实在父子的情境中，体认"理"之本有而挺立主体性。对朱子而言，"心"作为主体，并非纯粹的意识，也非实体化的心脏，而是"气之灵"，"至虚至灵，神妙不测"，且"常为一身之主，以提万事之纲"③。对阳明而言，"良知"作为主体，是"虚灵明觉"，"无心则无身，无身则无心"④，且须在"事上磨炼"致良知。因此，就理学而言，具体的道德实践，"心—身—事"本自相互交织，一体具现；而"心"更是通内外、人我、天地的"开放"、"敞开"的主体。心性主体既上达于超越面，也不离下学的经验面。值得注意的是，在此纵贯与横摄

---

① 邵雍之语出于《伊川击壤集·序》，朱子认为："此语虽说得粗，毕竟大概好。"（黎靖德编：《朱子语类》卷一〇〇，中华书局1986年版，第2549页）

② 黎靖德编：《朱子语类》卷一〇〇，中华书局1986年版，第2550页。

③ 朱子云："而心之为物，至虚至灵，神妙不测，常为一身之主，以提万事之纲，而不可有顷刻之不存者也。一不自觉而驰骛飞扬，以徇物欲于躯壳之外，则一身无主，万事无纲，虽其俯仰顾盼之间，盖已不自觉其身之所在，而况能反复圣言，参考事物，以求义理至当之归乎！"（陈俊民校订：《行宫便殿奏札二》，《朱子文集》第2册卷14，德富文教基金会出版2000年版，第450页）

④ 王阳明也说："耳目口鼻四肢，身也，非心安能视听言动？心欲视听言动，无耳目口鼻四肢亦不能，故无心则无身，无身则无心。但指其充塞处言之谓之身，指其主宰处言之谓之心。"（陈荣捷：《王阳明传习录详注集评》下，台湾学生书局1983年版，第201条，第282页）

两面兼备、身心一体、人我交涉的道德实践中，理学家强调的是"心"的主宰性，以此彰显"主体性"的优位。因为理气虽不相离，身心虽是一体，但却非"平行"（对等）的关系，而有"主从"之别，亦即"理"、"心"是"气"、"身"之"主"。但心性主体的"主宰性"并非意谓对"身"（气）的贬抑或宰制，而是引导与成全，此从理学家屡屡强调"满腔子是恻隐之心"、"心要在腔子里"，即可得到印证。① 可惜的是，过于高举反理学者的相偶论，可能误将心性主体之"主宰性"视为"宰制性"，如是，以理杀人、抑制情欲、贬抑身体，成为反对理学的标签，心性主体的罪状。

其实，若对比于相偶论之气化主体仅局限于人伦社会之横摄面的交互性、感通性，体用论之心性主体的交互性、感通性是多向度的，包含对己、对人、对天。由于相偶论的气化主体（或间主体），以横摄为究极，无须另一超越的根源，只有横摄而无纵贯，故从理学的体用论来看，相偶论难免"以用为体"、"有用无体"之评。换言之，就理论而言，体用论可以开出相偶论，但从相偶论却开不出体用论。杨儒宾似乎也意识到此问题，但他采取的先将两者视为不同的理论类型，并言及双方关怀的重点不同，② 再将两者视为辩证的消融关系。笔者认为，倘若体用论可以开出相偶论，则在道德实践时，主体性也必含间主体性，亦即主体性的挺立与间主体性的感通互渗双彰。如此一来，就不必将理学体用论与反理学相偶论勉强牵合。但杨儒宾却着眼于由相偶论嫁接体用论，将二者加以辩证的消融，这基本上是杨儒宾的主观愿望，他并未细致地给予哲学论证。

3. 相偶性伦理学的道德难题

在体用论与相偶论的对举下，杨儒宾对于相偶论于伦理学的理论意义一再申明。其要旨在于：其一，道德的基础在于人与人之间的相偶性，单一个体内部没有所谓的道德，人的交互性先于道德反省，故道德的善（仁）意味着二人之间的合理关系；其二，"伦理"意谓以伦为理，没有超出伦理格局之外的形上学或宗教之统一原理。③ 笔者认为，这两个论点都有商榷的必要。

---

① 陈立胜对此有深入的分析，参见陈立胜：《"心"与"腔子"：儒学修身的体知面向》，《"身体"与"诠释"——宋明儒学论集》第3章，台湾大学出版中心2011年版。

② 参见杨儒宾：《异议的意义——近世东亚的反理学思潮》，台湾大学出版中心2012年版，第360页。

③ 杨儒宾：《异议的意义——近世东亚的反理学思潮》，台湾大学出版中心2012年版，第351页。

就第一点而言，从经验现象看，"二人相偶"、"二人为仁"显示道德必须见诸具体的人伦行事，但并非在理论上意谓：有"二人相偶"，才有道德（善、仁）可言。因为伦理际性（相偶性）是道德行为发生的"机缘"（occasion），而非道德成立的"原因"（cause）。如子事父以孝（父子有亲）、臣事君以忠（君臣有义），并非指有"父子"或"事父"（因）才有"孝"、"亲"的道德善行（果）。对孔孟与理学家而言，毋宁说先有"仁义内在"，才有伦理际性。且伦理际性之所以可能成就道德行为，仍在于道德的反省，此即丁若镛于"处人伦"时还强调"尽其分"，而《大学》、《中庸》论及修身与人道（"修道之谓教"），必须内返至"慎独"。若人的内在主体性不挺立，人的交互性先于道德反省，人与人之间的合理关系才称之为善，则道德的基础就得诉诸社会化的结果，道德也就无须有先天或内在的奠基，此显然不是儒家主流的看法。犹有甚者，人与人之间的"合理"关系是相对的（即使是共感也是相对的），因不同社会情境、文化风土而有不同。如此一来，相偶说如何避免沦为道德的相对主义呢？这是相偶性伦理学无法回避的道德难题。

在杨儒宾看来，相偶性在伦理学上是首出的，在实践上也是优先的，此是诉诸气化论的解释。因为，气化本身不论在实际存在还是概念系统方面，都是以相偶性呈现。落实于形气主体来看，人的本质是社会人、伦理人，有其气化性、语言性、社会性。甚至人的气化主体不仅与自然的气化同在，与人的道德情感共感，也与社会的规范系统共振。显然的，杨儒宾试图藉由气化的"感通性"给出"合理"关系的规范性、普遍性、必然性。他甚至认为，人的身心底层之气性已预设了人有共感的价值层，"气通"即意谓价值的分享，公平、正义因此不难建立起来。① 藉由"气通"来回应道德相对主义，似乎太廉价了。因为，如何"气通"？形气主体镶嵌在复杂的人伦、社会、文化、政治脉络中，各种冲突的解决、规范的建立，远甚于"气通"之和谐的向往，"如何气通"本身就是问题所在。

从第二点来看，相偶性伦理学是否也必须面对道德奠基的问题。根据相偶论，伦理（人伦）即道德，无须以形上学或宗教作为原理来奠基，相偶性本身就是终极原理。从体用论与相偶论的对比来看，二者最大的分歧在于，道德

---

① 参见杨儒宾：《异议的意义——近世东亚的反理学思潮》，台湾大学出版中心 2012 年版，第170 页。

是否需要超越或内在的奠基？相偶论是持否定的观点，并藉由反朱子的形上思考，排除道德的内在面向与超越面向。当然，伦理学是否需要与形上学相关，当代学者仁智互见。① 但回到理学家的生活世界或意义世界，心性主体的挺立，不仅关注内心修养，也外通于他者，通贯于社会之伦理礼法，也上达于超越的天道，这是儒家根据道德实践而来的形上智慧，所体证的"道德的形上学"，故"天道性命相贯通"成为理学家的共识与向往。不过，就反理学的相偶论者而言，一旦道德人伦涉及超越的形上思考，就判定此思考来自佛、老的污染，过于悬空蹈远，并非儒学本怀古义。问题是，若顺相偶论的思考，道德只就人伦之际的合理关系而言，则道德关注的只限于人类的经验面、现实面、社会面，那么，道德的批判性如何可能？亦即，在气化论的整体性思维，以及气化主体的交互感通下，实然与应然无别、价值与事实同位，道德如何有其批判的力道？其结果不免落入西方自黑格尔（G.W.F.Hegel，1770—1831）以降至韦伯（Max Weber，1864—1920）对儒家伦理的成见与批评。亦即，儒家学说只代表一种他律性的"适应伦理学"（ethics of accommodation），它缺乏主体的反思，并让人们停留在自然发展，或是后天设定之社会尊卑位阶的人际关系中，只求现实的人与人关系的调整，以维持社会政治之秩序。而当代崛起于美国的新实用主义（neo—pragmatism）或具体情境论（contextualism），则以后现代主义（postmodernist）的色彩，将儒家伦理的奠基诉诸传统与情境。② 当然，杨儒宾所强调的相偶性伦理学之意义，在于气化的交互感通，而非全然顺应情境与世界。不过，就相偶论排除内在、超越面向的奠基而言，相偶性伦理学与韦伯式适应伦理学、新实用主义的习俗性伦理（conventional morality）貌合神似。吊诡的是，若三者理论型态类似，则同一相偶性伦理学，也各自表述，一方批评其不具现代性（韦伯式批评），另一方也可能赞赏其足以反思现代性（新实用主义）。因此，从更大的对比视域来看，杨儒宾所强调的相偶性

---

① 如牟宗三论及宋明理学，必由道德实践进路，上达至"天道性命相贯通"，以此透显"道德的形而上学"。劳思光则聚焦于"心性论"的主体最高自由，对于宋明理学的天道论评价不高，认为道德不必与形上学相关。

② 有关黑格尔、韦伯与美国新实用主义对儒家伦理学的批评与看法，参见 Heiner Roetz：*Confucian Ethics of the Axial Age：A Reconstruction Under the Aspect of the Breakthrough Toward Postconventional Thinking*，Albany，NY：State University of New York Press，c1993，chpter1—2；中译本参见罗哲海：《轴心时期的儒家伦理学》，陈咏明、瞿德瑜译，大象出版社 2009 年版，第 1—2 章。

伦理学，若无法与西方对儒家伦理的成见或批评型态加以区分，则诉诸气化论的相偶性伦理学，将会加深西方学界对儒家道德伦理的误解，治丝益棼，此恐非杨儒宾之所愿。

（三）再议近世东亚反理学思潮

该书的主要特色之一，也将反理学的思潮扩及至韩国、日本儒学，来做整体的考察，得出中国的"气学"、日本的"古学"与韩国的"实学"都反对理学（主要是朱子学），构成一波又一波强大的"近世东亚反理学思潮"。若从外部的学术史来考察，杨儒宾意识到中、日、韩这三大学派的儒者，彼此之间几乎未有交流或相互影响，故影响说在此被排除。在杨儒宾看来，近世东亚反理学思潮是一"不谋而合的平行现象"，诉诸的是理论内部逻辑的关联。亦即，他们有相同的思想成见（前见，prejudice）：其一，他们都反对理学超越的性理观；其二，他们反对理学的理论资源大体来自中国儒家的经典；其三，他们的论点具有理论深度。[1] 若从理论上说，他们反理学是从解构主体与形上学着眼，完全翻转理学的理论结构。显然，杨儒宾如此论述近世东亚反理学思潮，在方法上仍是理想类型的分析，在取径上是"求同略异"。这样的研究方法与取径，固然可以看到东亚儒学的之"同"，但不免有"见林不见树"之弊。因为即使中、日、韩皆有反理学（反朱子学）思潮，但他们对朱子学都全然否定吗？他们所持的论据是否完全相同？

首先，就中国的阮元来说，在杨儒宾看来，他所阐释"相人偶"之说是对朱子学体用论的解构。然而，阮元在《〈论语〉论仁论》中，并未集中批评理学的观点，而是通过对《论语》常见篇章之"仁"的考证与归纳，显示"仁"字的本义。由此可见，清代考证学者反对理学论述，诉诸的是方法论上的翻转，而非哲学义理上的高明与深度。陈来的研究指出，从"仁"之概念的诠释史来看，郑玄"相人偶"的注解是孤证，是继承西汉儒者强调仁的"他人"义，阮元以"相人偶"为"仁"的本义，完全忽略自西周至汉代"仁"字的语用历史。[2] 而笔者也已经指出，阮元所阐释的"相人偶"，强调"二人相偶"、"着于行事"，虽然对仁的交互性有所着墨，但还未以"间主体性"取代

---

[1] 参见杨儒宾：《异议的意义——近世东亚的反理学思潮》，台湾大学出版中心 2012 年版，第 12 页。

[2] 参见陈来：《仁学本体论》，生活·读书·新知三联书店 2014 年版，第 163—167 页。

"主体性"。阮元"相人偶"的诠释,其义理恐未如杨儒宾所见之深。如此,若说阮元"相人偶"之说是反朱子学,是从哪个意义上说的?我们从晚清以降,阮元"相人偶"受到极大的重视,可以逆推索解。因为,阮元的"相人偶"的诠释,至晚清一转而为仁之社会性、公共性的强调。如康有为(1858—1927)藉此说来阐明"群"的概念,谭嗣同(1865—1898)也藉此说强调"平等"的含义,刘师培(1884—1919)更藉此说将"仁"视为公众伦理的核心。显然,从哲学的观点来看,阮元去内在化与形上学化的"相人偶"不及朱子哲学的精深。但从阮元与晚清知识分子的批判来看,"相偶论"解构的是作为帝国意识型态的程朱理学①,这是思想史的解释,而非哲学的解释。换言之,阮元的"相人偶",乃至清代考证学家反对朱子学,与其说是针对朱子的哲学理论,不如说是解构朱子思想的意识型态运用。就此而言,考证学者所反对的是作为君权意识型态支撑,而与公共生活、科举系统、官僚系统相连接的官方朱子学。

其次,就日本江户时代的"古学"来说,杨儒宾将伊藤仁斋与荻生徂徕视为"反朱子学"的代表,虽有其文本的根据,却可能忽视日本古学之所以"反朱子学"的脉络性解释。长久以来,日本儒学始终受到丸山真男《日本政治思想史研究》的影响,"古学派=反朱子学(否定朱子学)=近代性"的框架深入学界。因此,否定朱子学的伊藤仁斋、荻生徂徕,成为日本儒学的论述主轴。尤其荻生徂徕将政治与道德分离,并强调政治的优先性,被视为具有"近代性"的意识。换言之,受丸山之影响,日本儒学之反朱子学,是以儒学的"近代性"为问题意识与论述主轴。然而,这果真是18世纪日本反朱子学的图像吗?若从日本思想论争史来看,日本国学的成立与古文辞学派密切相关。真正与荻生徂徕所提出的问题进行对决的思想活动,并非儒教内部的问题(朱子学vs.反朱子学),而是在去除儒教思维结构后的平面上推进的,此即日本的国学。②本居宣长(1730—1801)作为国学的集大成者,就宣称自己的学问也是"古学",只是其"古学"之"古",并非中国之"古",而是日本之"古"。③

---

① 参见艾尔曼(B. Elman):《作为哲学的考据:清代考证学中的观念转型》,《经学·科举·文化史:艾尔曼自选集》,中华书局2010年版,第116—118页。

② 参见今井淳、小泽富夫编:《日本思想论争史》,ぺりか社1979年版,第205页;中译本:《日本思想论争史》,王新生译,北京大学出版社2014年版,第146页。

③ 今井淳、小泽富夫编:《日本思想论争史》,ぺりか社1979年版,第206—207页;中译本:《日本思想论争史》,王新生译,北京大学出版社2014年版,第147页。

显然，日本古学派的反朱子学脉络之问题意识与论述脉络，与中国朱子学的关联，不如杨儒宾想象之大。

再次，近年来丸山的论述框架，在日本学界屡屡受到挑战。相较于丸山"从朱子转向徂徕学"之德川思想史图像，有另一相反的"从徂徕学转向朱子学"之图像也浮现。如上安祥子虽然肯定丸山对徂徕的近代性之肯定，却也指出其矛盾。因徂徕直视时代问题，认为解决政治问题的主体必须是中国古代的圣人，据此推知，就导出庶民与大多数武士无法构成政治主体的结论，此与丸山从徂徕学中试图建立的政治主体的近代性思维，可谓圆凿方枘。[①] 另从历史的发展来看，日本的朱子学是在幕藩体制危机深化的过程中，才被广泛接受。如真壁仁的研究指出，1790 年的"宽政异学之禁"与 1811 年日本最后一次接待朝鲜通信使相关。宽政异学之禁，可说是在考虑东亚视野下而施行的政策，藉由朱子学的正学化，来选拔人才，同时体现日本对中国、琉球、朝鲜的认识。[②] 嗣后，朱子学的普及，不仅限于武士，也渗透到庶民社会，为幕末·明治维新的政治带来极大影响。因此，对德川时代"朱子学的再发现"之研究，使我们对于丸山的"反朱子学"框架与论述，保有批判与反思的空间。相较于杨儒宾对于日本反朱子学的论述，虽不涉及丸山的论述，但却未能内在于日本朱子学（反朱子学）脉络思考，略有不足。

最后，就朝鲜的"实学"来说，杨儒宾将丁若镛视为"反朱子学"的代表，恐怕忽略丁若镛与朱子学的联结，也未能究明丁若镛思想的底蕴。韩国自殖民地时期开始，实学研究似乎受到韩民族的自觉与明治维新以后日本儒教研究的影响，以"反朱子学"与"近代性"为主要论述。有关实学大家丁若镛的研究，就被归属于"反朱子学"（脱性理学）的阵营，以及韩国"近代性"的先声。[③] 在某种意义上，丁若镛思想研究也成为丸山典范的韩国版，过于强调丁若镛与朱子在思想上的差异与断裂。然而，这样的丁若镛研究，未能反映丁若镛思想的全豹，有其局限与矛盾。因为在既有的研究成果方面，西学、朱子学对丁若镛的诠释，呈现两股张力。若强调丁若镛与西学的关联性而否定朱子

---

① 参见上安祥子：《経世論の近世》，青木书店 2005 年版，第 80—113 页。

② 参见真壁仁：《徳川后期の学问と政治：昌平坂学问所儒者と幕末外交変容》第 I 部，汲古书院 2007 年版，第 2—3 章。

③ 参见李佾圭：《茶山学研究的争端——以近代学的视角为例》，见茶山学术文化财团编：《茶山的四书学》，第 231—239 页。

学，则无法证成韩国实学的"近代性"是内在自发的。若强调丁若镛与朱子的关联性，则丁若镛思想的独特性就无法凸显。职是之故，将丁若镛思想视为对朱子学、西学的批判与融合的立场，较为持平。在此诠释角度下，丁若镛与朱子学既有断裂（脱节）又有连续的观点，更能相应于丁若镛的思想。[①] 尽管丁若镛在理气论上翻转了朱子的架构，但在道心人心、大体小体的区分上，仍然可以看到朱子的影响。而丁若镛对于内在道心的强调，对于绝对者上帝的向往，均可以看出他对退溪学派的继承。[②] 甚至有学者认为，丁若镛所追求的是儒教理想的实现，而不是近代性，他所成就的是"儒学的成就"，而非"近代的成就"。[③] 因此，作为"反朱子学"——"近代性"的丁若镛思想论述，有其局限性，有待商榷。与其将丁若镛归于"反朱子学"，不如称之为"脱朱子学"。

值得注意的是，杨儒宾将丁若镛归入"相偶性伦理学"，以此来标举丁若镛的"反朱子学"思潮。然而，若依杨儒宾"相偶性伦理学"的理想类型分析，丁若镛的实学思想是无内在与超越面向。但丁若镛在推崇其实学先驱李瀷（号星湖，1681—1763）时赞叹道："惟我星湖夫子，以天挺英豪之才，生于道丧教弛之后，得以私淑于晦、退，经之以心性之学，纬之以经济之业，著书百余编，以嘉后学。其同堂适传，及门高地，盖莫不彬彬郁郁，继往开来。"[④] 由此可见，孕育于性理学土壤的朝鲜实学，从李瀷到丁若镛，并未泯除其"经之以心性之学，纬之以经济之业"的学术性格，故与中国乾嘉考证学者或日本古学派学者的立论根基或反朱子学论据，迥然有别。

从以上的分析，可以看出中国、日本、韩国的反理学（反朱子学）思潮的产生，各有其孕育的思想风土，以及所对应的问题意识与脉络，三者皆不

---

① 参见白敏祯：《补论：关于丁若镛的既往研究倾向及反省》，李永男译，《丁若镛哲学思想研究》，苏州大学出版社 2013 年版，第 172—205 页。亦参见韩亨祚：《다산과 서학：조선주자학의 연속과 단절》（茶山与西学：朝鲜朱子学的延续与断层），《茶山学》第 2 辑，茶山学术文化财团 2001 年版。

② 参见李光虎：《퇴계 이황의 심학적 이학이 다산 정약용의 도덕론 형성에 미친 영향》（退溪李滉心学之理学对茶山丁若镛道德论形成的影响），《韩国实学研究》卷 12，韩国实学学会 2006 年版。

③ 参见刘权钟：《茶山 인간관의 재조명》（茶山人间观的再照明），《哲学》72 辑，韩国哲学会 2001 年版。

④ 丁若镛撰：《上木斋书》，《与犹堂全书》第 3 册第 19 卷，茶山学术文化财团 2001 年版，第 186 页。

同。然而，在杨儒宾以经典文本为主的儒学理想类型分析中，这些差异性都无法呈现出来。由此让我们警醒到，以经典文本分析为主的东亚儒学研究，有其内在潜藏的危机。台湾近十年来的东亚儒学研究，在台湾大学人文社会高等研究院黄俊杰院长的推动下，展现活力。在研究取向上，强调"从东亚出发思考"，"以经典或价值理念为研究核心"，并以"以文化为研究脉络"，试图彰显东亚汉字文化圈各国的同中之异、异中之同。在研究视野上，摆脱单一国史的研究，也去除"中心／边陲"的研究框架，故在研究方法上，特别强调"去脉络化"——"再脉络化"，也聚焦于文化交流的"过程"研究。[1] 在此研究取向、视野与方法方面，就东亚儒学而言，较能凸显中、日、韩各国儒学的在地化特色与主体性。当然，理想的东亚儒学研究，应是见树又见林，兼顾共相与殊相。此非一蹴可就，需要长期学术社群的积累。值得注意的是，相较于日本、韩国学者，台湾学者在经典文本的掌握上，基于汉字文化传统的优势，可能有"后发先至"的优势。但也因这优势，研究者可能忽略儒家经典文本于各国文化风土的脉络性，以致无法对焦日本或韩国儒学的问题意识。客观而言，台湾虽有东亚儒学的视野与开放性，也有方法论的自觉，但无可讳言，台湾学界对于日本儒学、韩国儒学的研究，起步较晚，人才与人力也不足，学术积累更待努力。从某个意义上说，台湾目前的东亚儒学研究，"见林"甚于"见树"，"求同"甚于"存异"，不可不警惕。因若无扎实的日本儒学、韩国儒学研究的积累（"见树"），就难以企盼东亚儒学研究整体的开展（"见林"）。

杨儒宾的《异议的意义》一书，聚焦于近世东亚的反理学思潮，将理学与反理学予以儒学类型的分析与定位，可说是现代版或东亚版的汉宋之争的调和。在儒学系谱上，他藉由"理学"与"气学"的对照，赋予"气学"理论以独立性地位；在思维模式上，他也以"体用论"与"相偶论"的对举，凸显"相偶性伦理学"的理论意义。藉此分析，杨儒宾为反理学思潮辩解，也高度评价理学思潮。但另一方面，杨儒宾也肯定理学（体用论）的重要性，一再强调理学与反理学都是儒学传统中重要的分支，二者并不矛盾，并将二者视为辩

---

[1] 参见黄俊杰：《东亚文化交流史中的"去脉络化"与"再脉络化"现象及其研究方法论问题》，《东亚观念史集刊》第 2 期（2012 年 6 月）。亦参黄俊杰：《东亚文化交流中的儒家经典与理念：互动、转化与融合》，台湾大学出版中心 2010 年版，第 1、3 章；《东亚儒学史的研究新视野》（修订一版），台湾大学出版中心 2015 年版，第 1、2 章。

证的发展（反经而合道）。亦即，杨儒宾试图指出，理学与反理学思潮在断裂中有连续的结构——气化世界观。尽管理学或反理学差异甚大，但都属于整体观的思维模式。此气化世界观在近代中国思想的发展中，已经全盘瓦解。相较于理学，虽然反理学被视为"告别中世纪、走向当代"最重要的思想因子，但如果当代也要走出，那么杨儒宾推测，理学与反理学需要再作意义的转化，二者相合，也许是可能的理论图像。① 显然，"异议的意义"之"意义"，在于活化反理学的理论资产，以面对后现代存在处境下的多元世界。

因此，杨儒宾于《异议的意义》有关气学论述的问题意识及其检证，不同于大陆学界，而是立足于现代与后现代的存在处境，强调气化论或形气主体的感通性，以反思现代性的理性牢笼。同样的，相偶性伦理学的论述，也是对二元性的克服。然而，这样的问题意识与论述，虽深具当代性的反思与批判，但却与历史上近世东亚反理学思潮有偌大距离。这样的距离，来自杨儒宾对反理学思潮当代诠释的投射，致使古今论述相互交错，反映杨儒宾对近世东亚反理学思潮的主观"建构"，而非客观"实况"。由于反思现代性之批判意识太强，杨儒宾的气学与相偶性伦理学的论述，不免让读者感受到"主体性"（心性主体）与"间主体性"（气化主体）的对决、意识与身体的二分、情（感性）与理（理性）的对立、形上学与反形上学的攻防。而且杨儒宾所诠释的"相偶性"，强烈地表达克服二元论的理论企图，也潜存着后现代的问题意识。因为克服现代性，几乎就意谓克服笛卡尔的二元论。但笔者认为，以上的这些对立，似乎来自笛卡尔的身心二元论，并非是理学或反理学思潮本有的问题，也非中国哲学或东方哲学的思维模式。吊诡的是，若将东亚相关的气学论述，以及类似相偶性伦理学的思考对比来看，竟然在逻辑上自相矛盾。亦即，气学既可以是开发现代性的资源，也可以是反思现代性的利器；缺乏超越面的相偶性伦理学，既显示中国儒学缺乏主体自觉的现代性之弱点，也可以得到超越现代性的高度评价。这样的对反，显示杨儒宾所强调的"气化主体"、"气化论"、"气学"、"相偶性伦理学"，有其概念与理论的不稳定性，难以具有理论的独立性与简别的效力。

长久以来，当代新儒家与劳思光对宋明理学的理解与诠释，对台湾学界

---

① 参见杨儒宾：《异议的意义——近世东亚的反理学思潮》，台湾大学出版中心 2012 年版，第35—36 页。

而言，是主流论述，与大陆强调气学的论述框架迥然不同。如同陈立胜所言，近代西方主体性诠释框架，一度是当代新儒家阐发传统儒学的重要参照系，我们在牟宗三、唐君毅那里都可以看到德国观念论的理性精神。而劳思光论及宋明理学，也是以心性论为最高，视之为"以主体性为中心之哲学"，过于倾向理性化的心性向度。① 如此一来，宋明理学对于宇宙气化论、气化主体、情感、欲望、身体等论域，未必如气学或相偶论等反理学思潮般地重视。在这个意义下，杨儒宾凸显气化论所具有的伦理学的理论意义②，也藉由相偶论来提醒体用论，勿将本体抽象化或物体化③。由此可见，杨儒宾此书试图提供儒学研究中的气学转向之思考，开发新的研究论域与议题，有其用心与贡献。

诚如杨儒宾所言，"气学"是个充满希望，但也弥漫争议的词汇。④ 笔者认为，"气学"之所以充满希望，乃是因为"气"是中国哲学（乃至东亚儒学、东方哲学）涵盖性最广、最难以被现代学术客观分析的概念之一。举凡神话、天文、地理、道德、宗教、医学、术数、文学、艺术等论域，皆蕴含"气"之论述，但现代学术与哲学对于打开"气"之论述，仍力有未逮。中国哲学研究者也未能全面与上述论域对话。因此，若不将"气学"归属于自然哲学，则一个理想的"气学"之哲学论述，必须与上述诸多论域进行科际整合与对话，由下而上奠定坚实的论述基础，进而建构哲学理论，开创"气学"在哲学上的新理境。但此哲学规划与工程浩大，难以成于一人之手、一家之言。"气学"之所以弥漫争议，乃因"气学"作为宋明理学的论述类型之一而登场，其问题意识并非来自宋明理学自身，而是夹杂太多意识形态的独断与理论先行的预设，既无理论的独立性，其系谱也紊乱不已，无定向作用。在这个意义下，"气学"该从宋明理学或东亚儒学中退场了。

根据本文的分析，杨儒宾"气学"与"相偶性伦理学"的思想冒险仍在"途中"，理论建构也"未完成"。因为，杨儒宾所诠释的"气学"，仅具有描述

① 参见陈立胜：《"身体"与"诠释"——宋明儒学论集》，台湾大学出版中心 2011 年版，第 38—39 页。

② 参见杨儒宾：《异议的意义——近世东亚的反理学思潮》，台湾大学出版中心 2012 年版，第 169 页。

③ 参见杨儒宾：《异议的意义——近世东亚的反理学思潮》，台湾大学出版中心 2012 年版，第 399 页。

④ 参见杨儒宾：《异议的意义——近世东亚的反理学思潮》，台湾大学出版中心 2012 年版，第 123 页。

性功能，并未具有独立性理论意义；"相偶性伦理学"的"间主体性"也未取代"主体性"。如何在哲学本体论的高度论证"气"既非单纯的物质，亦非单纯的精神存有，以有别于传统的"气化论"或"形气主体"，本书的论述是不够的。又如何在伦理学上论证"间主体性"或"他者"的优先性，建立道德的规范性、普遍性、批判性，本书所提供的哲学论述也是不足的。与其高举"气学"与"相偶性伦理学"，不如继续深化或拓展儒学研究中"气—身体"向度。值得注意的是，此"气—身体"向度并非反理学或气学的独擅胜场或专利品。近年来，藉身体现象学视角的照明，宋明理学心性主体背后的"气—身体"向度之丰富性，逐渐被发掘。① 而藉由宋明理学与传统医学（儒医）的整合研究②，更能具体回应工夫论中的"气—身体"向度（而非冥契经验式的论述），另辟蹊径。就此而言，杨儒宾耕耘多年的儒家"气—身体"向度，对于新议题、新理境的开拓，已经获得初步的回响。

尽管港台主流的理学论述，贬抑气化宇宙论，对于"气"的关注不够，但并不意谓理学的心性主体是抽象化、实体化、固着化的孤立主体，也非身心（意识、身体）二分下的主体建构。而且，即使理学的心性主体可以从身心一如、理气一体来探究，也并不因"气"、"身体"的强调，而忽视"心"、"理"的主宰性与精神向度。因为，心性主体的开放性、敞开性本身就有能力避免主体的封闭与异化，故儒家哲学（宋明理学）的特色仍在心性之学所挺立的"主体性"。显然的，理学的体用论可以含摄反理学思潮的相偶论，反之则否。职是之故，若杨儒宾仍然肯认理学的主体性哲学，则在逻辑上必然导出以下的结论：《异议的意义》一书所标举的近世反理学思潮，不论是气学或相偶性伦理学，与其说解构理学，不如说被整编到更丰富的理学意义世界。如是，对应当代多元处境，反思现代性的思想资源，究竟从理学或反理学思潮汲取，值得进一步探问与深思。

（作者简介：林月惠　台湾"中央研究院"中国文哲研究所）

---

① 陈立胜的研究展现丰富的成果，参见陈立胜：《"身体"与"诠释"——宋明儒学论集》，台湾大学出版中心 2011 年版。

② 参见黄崇修：《周敦颐〈太极图说〉定静工夫新诠释——以朱丹溪三重郁说思维结构为视点（第一部分：定之工夫）》，《揭谛》第 27 期（2014 年 7 月），第 85—134 页；《"欲"の身体论と"礼"の含意》，《中国哲学研究》第 28 期，东京大学中国哲学研究会 2015 年版，第 66—90 页；《理学者の革新——"邪"から"郁"への视野転换》，《死生学·应用伦理研究》第 19 期，东京大学人文社会系研究科 2014 年 3 月版，第 56—84 页。

从倪德卫看西方的儒学研究

周炽成

  对于中国本土的儒学叙述，我们知道的太多了，而对于以西方的儒学叙述，我们知道的比较少。本文打算以美国学者倪德卫（David Shepherd Nivison）为焦点讨论一下我们知道的比较少的一面。恐怕会有人认为，西方话语是一种有色眼镜，妨碍西方学者看清儒学的真面目。中国话语不也是有色眼镜吗？其实，所有解释都体现了解释者与解释对象之视野的融合，以此看种种解释，合理者，我们接受；不合理者，我们不接受，这才是合适的态度。

  倪德卫在哈佛大学接受教育，受业于杨联升与洪业等先生，跟从他们学习中国史和中国哲学史，先后取得学士学位（1946年）、博士学位（1953年）。从1948年到1988年，倪德卫在斯坦福大学教授哲学和古汉语。退休前，他任沃尔特·伊凡斯—温兹（Walter Y. Evans—Wentz）东方哲学、宗教与伦理学讲座教授，并同时任哲学系、宗教系、亚洲语文系三系教授。他以《章学诚的生平与时代》[①]获1967年巴黎高等学院授与的 Prix Stanislas—Julien 大奖。此奖首次颁发于1875年，授予为英译中国经典作出巨大贡献的的理雅各（James Legge）；嗣后，洪业、Authur Waley、Edwin O. Reischauer、饶宗颐等先后获得过该奖。倪德卫曾担任美国东方学学会西部分会主席、美国哲学学会太平洋分会主席。他的另一部重要著作是《儒学之道：中国哲学之探讨》。[②]自1971年起，倪德卫开始致力于甲骨文、金文和古代天文学的研究和写作，利用这些资料以及今本《竹书纪年》（很多中国学者认为它是伪书，但倪相信它不是伪书），探研夏商周三代的纪年问题，并在美国和中国大陆出版了有关这一问

---

① David S. Nivison，*The Life and Thought of Chang Hsuch—ch'en（1738—1801）*，Stanford：Stanford University Press，1966.

② David S. Nivison，*The Ways of Confucianism：Investigations in Chinese Philosophy*，La Salle：Open Court，1996.

题的中英文论文。他对三代纪年进行了全部重建,与中国政府资助的"夏商周断代工程"所列的年表完全不同。他关于三代纪年的代表作是发表于台北《经学研究论丛》卷10上的《三代年代学之关键:今本竹书纪年》(由邵东方翻译)。倪德卫现与邵东方合作,编辑了《今本竹书纪年论集》(台北唐山出版社2002年版),专门讨论《今本竹书纪年》的真伪问题。他们两人目前还在合作英译今古本《竹书纪年》。他培养了二十多个博士生,其中包括夏含夷(Edward Shaughnessy)、万百安(Bryan Von Norden)、艾文和(P.J.Ivanho)信广来、殷鼎等。万百安说:他的老师"在哲学和汉学两方面的知识都很出色。倪德卫著作的一个与众不同的方面,是他的阐述中国思想和当代英美哲学的关系的才能"[①]。在哲学和汉学结合的研究过程中,倪德卫与英国学者葛瑞汉(A.C.Granham)很相似。

一、中国道德哲学研究

"德"是中国道德哲学的核心概念。倪德卫在研究这个概念的最原始意义上所下的功夫之深,不能不令我们肃然起敬。他从目前看到的最早汉字(甲骨文)入手来探讨这种意义。他发现:德是神灵能够看到并且喜欢看到的国王身上的一种品质或心灵能量;它是当国王为别人或神灵否定自己或使自己遭受危险时而有的东西。因此,德最早包含慷慨、不放纵自我、自我牺牲、责任、谦卑和礼貌等意义。倪德卫概括道:

(1)"德"是一个好国王的品质,但事实上也是任何好人的品质。

(2)作为对慷慨、自我约束和自我牺牲的行为以及谦卑的态度的报答,它是被产生或被给予的。

(3)同时,它也是这种行为和这种态度的要素。

(4)它是某种需要有的好的东西,它之所以好,不仅因为它本身,而且因为它对持有它的人的后果。例如,一个国王没有它便不能履行职责。它给他声誉(请考虑其军事维度)和影响。

(5)既然它牵涉到(a)慷慨、(b)不自我放纵、(c)自我牺牲、

---

① 倪德卫著,万百安编:《儒家之道——中国哲学的探索》,周炽成译,江苏人民出版社2006年版,第1—3页。

(d) 责任（起码在宗教意义上）、(e) 谦卑和礼貌等等，显然必须承认：无论有什么别的说法，称它为"德"是合适的。确实，它好像是多种德的集合。①

倪德卫从不少实在的材料得出这些结论，尤其是其中"自我牺牲"一项。他利用甲骨文的材料，将一块甲骨上的文字解释为，怀孕的王后得病，国王就启动这样的仪式：他在病人的住所把自己作为像可怜的狗或者猪那样的替罪羊献出，并实际上对被冒犯的神灵说，"不要侵袭她，侵袭我"。不过，当然，国王是不可能让自己得怀孕方面的病的。他所做的是让自己受"苦"。让自己处于这样的仪式上的危险之后，他又采取措施来保护自己：首先，通过占卜来确定自我牺牲的献出是否被接纳了；其次，通过用仪式来避开侵袭，假如侵袭要来临的话；再献上牺牲品，并在龟甲的正面和背面写下指令——"莫让王患病"。倪德卫还发现另一片甲骨上的文字，写成现代汉字就是，"贞有复左子王德于是益若"。他翻译为："占：'得助的王子正在康复；王德于此得到祖先更多的赞许。'"倪德卫推论，在这个仪式中，国王作为居间的占卜者帮助另一个人康复；国王的自我献出，理想地说，具有这样的结果：不仅病人好了，而且国王也没有使自己得病。并且，因为他为了别人而自愿把自己置于危险之中，他的德是值得赞美的。② 倪德卫还用记载于《尚书·周书·金縢》和《史记·鲁周公世家》关于周公的故事佐证之。根据前一记载，周公在武王得病时秘占，向祖先许愿以自己替代武王去死。根据后一记载，"初，成王少时，病，周公乃自揃其蚤沉之河，以祝于神曰：'王少未有识，奸神命者乃旦也。'"周公断自己的手指沉于黄河而求神让武王康复。无论哪一种记载，都表明了周公因其献身精神而提高了德。

倪德卫还看到了德的悖论：当我为别人而否定或牺牲我自己或我自己的好处或利益，因而在本意上对别人有德时，我获得了对这个人的控制，因而胜过他或她。这样，我通过否定自己的利益反而最后又增加自己的利益。那么，有人就会认为，我实际上不是否定了我自己的利益而是追求自己的利益。并且，

① 倪德卫著，万百安编：《儒家之道——中国哲学的探索》，周炽成译，江苏人民出版社 2006 年版，第 34 页。

② 倪德卫著，万百安编：《儒家之道——中国哲学的探索》，周炽成译，江苏人民出版社 2006 年版，第 25—27 页。

由于同样的原因，我应该是失去了德，而不是得到了它。① 走出这种悖论的一种办法是保密，也就是让受益的人和其他人都不知道行德者之所为，正如周公为他的兄武王行德而不让他和其他人知道一样。

在倪德卫看来，还存在另一种德的悖论：如果一个人想做得德之事，他一定是已经有了德；并且，当一个人要留心那种导致他得德的教导时，他一定是已经有了德。这促使倪德卫探讨另一个问题：德能否自学？根据他的研究，孟子的答案是肯定的，而荀子的答案则是否定的。依照孟子，人人都有相同的道德趣味，而创立道德规则的圣人只是"先得我心之所同然"。显然，孟子要人们不依赖外在的道德权威，而立足于自身固有的东西（良知良能）。另一方面，荀子则反复痛斥当时有放荡之心的哲学家，他强调一个主题：老师的指导、圣王的模范和规则对于一个要变得道德完善的人来说是必不可少的。② 倪德卫还将德能否自学这个问题带到对明儒（如王阳明）和清儒（如戴震和章学诚）的研究中。倪德卫注意到了王阳明的两句诗："千圣皆过影，良知乃我师。"③ 我的良知是我自己的老师，甚至圣贤也取代不了。诗中的"过影"可能有夸张的成分，但也未尝不反映阳明内心的想法。有一个学生问："己私难克，奈何？"王阳明回答说："将汝己私来，替汝克。"倪德卫在引用这一对话之后指出："当然，这是可笑的（只有你自己才能克之），但这又说到了要害。这显示了王阳明在施与有治疗作用的震惊方面的技巧。这好像意味着：德必须是自学的，但也意味着：必须有人细心教你如何自学。"④ 这显示：王阳明在充分肯定德可以而且应该自学的同时，并不反对老师作用，尤其是像禅宗那种"棒喝"作用。这个学生在听了王阳明的话之后应该会有所感悟。到了清代，章学诚和戴震都主张需要圣人做道德老师，而章很有新意的看法是，圣人跟六经一样，都是历史的产物，是历史积淀的成果。当然，无论赞成还是反对道德可以自学，历代儒者都一致关注道德修养，而大部分西方哲学家却不如此，这体现了中西哲学

---

① 倪德卫著，万百安编：《儒家之道——中国哲学的探索》，周炽成译，江苏人民出版社 2006年版，第 40 页。

② 倪德卫著，万百安编：《儒家之道——中国哲学的探索》，周炽成译，江苏人民出版社 2006年版，第 56 页。

③ 《王阳明全集》，上海古籍出版社 1992 年版，第 1316 页。

④ 倪德卫著，万百安编：《儒家之道——中国哲学的探索》，周炽成译，江苏人民出版社 2006年版，第 63 页。

家的一大不同。倪德卫对此深有体会。

倪德卫还将中国的忠恕与西方的金律作比较。他别出心裁地把等级观念引入到忠恕的讨论之中。在他看来，忠是这类人的德：这些人一方面在意他们期待其下属所做的，另一方面又对其上司提供好的服务。恕是这样的人的德：这些人以同情和灵活之心对待其下属，因为他们会考虑他们如何想要其上司对待他们。① 按照倪德卫的看法，儒家的忠恕只是西方金律的一种特殊表现。他引用了西方的出自《圣经》的金律的几种表达：所有你希望别人对你做的事，你也同样对别人做（《马太福音》）；你希望别人应该怎么给予你，你也同样地给予别人（《路加福音》）；爱你的邻人如爱你自己（《马太福音》）。倪德卫认为，这些才是金律的普遍表达；相比之下，像"己所不欲，勿施于人"这些中国的忠恕表达则只是金律的特殊形式。当然，很多中国学者可能不会同意倪德卫引入等级观念来解释儒家的忠和恕。虽然"忠君"之"忠"体现的是下对上的关系，但是，"为人谋而不忠乎？"（《论语·学而》）之"忠"应该不是针对上司，而是针对一般人而言的。"己所不欲，勿施于人"（《论语·卫灵公》）这一关于"恕"的经典说法解释也没有体现上下级关系。

二、孟子研究

倪德卫是英语世界里有影响的孟学研究专家。在这方面，他以精深和细致见长。哲学理念与汉学功夫的结合使他的释孟别具一格。他的不少学生受其影响而研究孟子，成绩可观，例如，信广来出版了《孟子和早期中国思想》②，成为西方孟子研究的重要文献。

倪德卫发现，有两个不同的孟子：一个是有唯意志论倾向的孟子，另一个是坚持自然主义的孟子。从《孟子·梁惠王上》中可见前一个孟子。该篇记载了孟子与齐宣王的著名对话。孟子说："一羽之不举，为不用力焉；舆薪之不见，为不用明焉；百姓之不见保，为不用恩焉。故王之不王，不为也，非不能也。……挟太山以超北海，语人曰：'我不能。'是诚不能也。为长者折枝，语

---

① 参见倪德卫著，万百安编：《儒家之道——中国哲学的探索》，周炽成译，江苏人民出版社2006年版，第8页。

② Kwong—loi Shun，*Mencius and Early Chinese Thought*，Stanford：Stanford University Press，1997.

人曰：'我不能。'是不为也，非不能也。故王之不王，非挟太山以超北海之类也；王之不王，是折技之类也。"孟子劝告齐宣王，只要愿意，行仁义是一件很容易的事。齐宣王的问题，不在于"不能"，而在于"不为"。如果他说"不能"行仁义，他就像说自己不能举起一根羽毛或看不到一车柴一样。倪德卫批评了这个有唯意志论的倾向孟子"似乎可笑地过分简单化了道德行为问题……他似乎忽略了一个事实：即使对我来说故意去重塑我的情感是可能的（虽然很多人根本不同意这样说），我确实不能像在空中举一根羽毛那样轻易做此事。如果我设法强迫自己去做'义'的事，我可能遭受合乎道德而达不到它的实质的所有代价"①。倪德卫还引入西方哲学中的意志无力概念来进一步讨论之。当一个人做他意识到不对的事时，意志无力就出现了。例如，我知道吸烟对我是不好的，但我无论如何还吸烟。或者，我知道应该评改学生的论文，但我却看电视。有哲学家进一步区分了两类对建立在道德之知基础上的行之未践履：意志无力和漠然。意志无力出现于当一个人被跟道德之知相冲突的诱惑（例如，对性和财富的欲望）战胜之时，漠然出现于这样的时候：一个人纯粹没有足够的动力去做他认为正确的事，尽管没有特别强烈的欲望诱惑他。考虑一下我没有评改学生论文之事：如果我没能这样做是因为我屈从于跟朋友出去度过一晚的欲望，这是意志无力；如果我没有被其他特别的东西诱惑，但我就是不能让自己去评改论文，这是漠然（也许我仅仅是不断地将电视频道调来调去而没有发现任何有趣想看的东西）。意志无力的出现，看来是我们经验中不可否认的部分，但是，在西方和在中国，都有一些哲学家明显地否认它会出现。例如，孔子和孟子等痛切地知道意志无力的可能性，而荀子、王阳明等则否认这种可能性。在倪德卫看来，对孔孟来说，最明显的意志无力是漠然。《论语·雍也》记载："冉求曰：'非不悦子之道，力不足也。'子曰：'力不足者，中道而废。今汝画。'"冉求体现的就是漠然。《孟子》中的梁惠王也同样如此。为了改变梁惠王的意志无力，孟子以"推恩"劝之：既然梁惠王对动物（牛）都有同情心，为什么不可以对百姓有同情心呢？只要"推"这种同情心，行仁义就一点也不难。

倪德卫从逻辑上对孟子的"推"进行了细致、深入的研究。他认为，这

① 参见倪德卫著，万百安编：《儒家之道——中国哲学的探索》，周炽成译，江苏人民出版社2006年版，第134页。

来自墨家。《墨子·小取》对推的定义是："推也者，以其所不取之，同于其所取，予之也。"倪德卫还看到，孟子的一些用语也来自墨家。例如，上一段所引的"挟太山以超北海"，可能即来自《墨子·兼爱下》的"夫挈泰山以超江河，自古之及今，生民而来，未尝有也"。孟子的唯意志论倾向，也来自墨子。虽然孟子猛烈地批评过墨子，但在强调意志的作用或者说强调人们能够简单地选定情感和态度方面，他是与墨子一致的。在倪德卫看来，孟子主张："我能选择我的情感，以致达到这样值得注意的程度：或者（a）我能完全地用我的基本的情感之心，就像用我的四肢一样，或者（b）我能以我想要的方式超时地（over time）发展之。"①

与有唯意志论倾向的孟子不同，另一个孟子坚持自然主义。坚持自然主义的孟子主张顺其自然地、一步一步地养育自己德性。大家都知道，"揠苗助长"的成语出自《孟子·公孙丑上》："宋人有闵其苗之不长而揠之者，茫茫然归，谓其人曰：'今日病矣，予助苗长矣。'其子趋而往视之，苗则槁矣。天下之不助苗长者寡矣。以为无益而舍之者，不耘苗者也。助之长者，揠苗者也。非徒无益，而又害之。"道德的养成，正如苗的生长一样是一个自然的过程。这个过程需要时间，需要必经的程序，人们不能主观地予以改变。当然，在这个过程中，人的努力还是起作用的（耕耘、施肥等都是人的努力的具体体现）。只不过人的努力不能操之过急，不能违背自然规律。倪德卫注意到孟子"养"的概念，而它正是在刚引的那段文字的前面提出来的（孟子在那里说到"养气"）。倪德卫在解释孟子的自然主义时指出："正确地行动需要一个过程，这个过程可能需要大量的时间去在正确的方向（这些方向受我的本性限制）'推'我的处于萌芽状态的感情。同时，简单地因为它是'义'而强迫我去做它，可能会伤害我的自我发展。"② 这里说的"推"恐怕已经不是纯粹逻辑上的"推"，而是非常接近孟子所说的"养"。

有唯意志论倾向的孟子与坚持自然主义的孟子形成了一定的张力。相对来说，倪德卫可能会更为赞许后一个孟子，虽然他对前一个孟子谈的更多。在他看来，前一个孟子带有强迫别人如何做的味道。"强迫的微笑当然不能算

① 倪德卫著，万百安编：《儒家之道——中国哲学的探索》，周炽成译，江苏人民出版社2006年版，第137页。

② 倪德卫著，万百安编：《儒家之道——中国哲学的探索》，周炽成译，江苏人民出版社2006年版，第135页。

是微笑。……用强迫的方式作出行动可能实际上会伤害一个人的道德上的发展。"① 当然，坚持自然主义的孟子是反对强迫的。

在研究孟子的过程中，倪德卫对《孟子》众多西文译本的回顾和评论也很值得注意。这些译本包括理雅各（James Legge）、顾赛芬（Seraphin Ouvreur）、卫礼贤（Richard Wilhelm）、兰雅（Leonard A. Lyall）、翟林奈（Lionel Giles）、詹姆士·威尔（James R. Ware）、杜百胜（W.A.C.H. Dobson）、翟楚（Chu Chai）、翟文伯（Winberg Chai）、刘殿爵（D.C. Lau）等人的译本。对这些译本的深入、细致的述评，反映了倪德卫在数十年的教学和研究中对《孟子》文本精力的投入。中国读者也可从中管窥《孟子》在西方的传播与影响。

倪德卫的孟学研究还有其他很多值得注意的地方。例如，他对孟子与墨者夷之就"一本"或"二本"的争论所作的解剖，体现了其以微见著的功力。他对《孟子·公孙丑上》中的十六个字（"不得于言，勿求于心；不得于心，勿求于气"）的分析，在充分引用前人成果的基础上，提出了自己独到的看法，令人叹为观止。倪德卫对孟子与王阳明所作的比较以及与西方亚里士多德、康德等的比较，也很有启发。

三、明清儒学研究

倪德卫对明代大儒王阳明、清代大儒戴震和章学诚多有研究研究。② 从其研究顺序来说，先章学诚（他在哈佛大学做的博士论文是关于章学诚的），后戴震，再王阳明。不过，下面的叙述则按三位大儒的历史顺序，而不按倪德卫的研究顺序。

倪德卫看到，王阳明关注的很多问题（心灵与肉体的关系，心在自然中的位置，心的运作方式，心理活动和外在行动的关系，思想、知觉和价值之间的关系，感知和现实之间的关系等），都是西方"标准的哲学问题"，而他对其中一个或一些问题的论说，"几乎可以让像《分析》这样的当代哲学期刊接受

---

① 参见倪德卫著，万百安编：《儒家之道——中国哲学的探索》，周炽成译，江苏人民出版社 2006 年版，第 181 页。

② 在中国出版的中国哲学史教科书，一般不叙述章学诚。事实上，他在中国哲学史上有不容忽视的地位。

为短文"①。虽然如此，在倪德卫看来，在将王阳明作为哲学理论家时，需要小心谨慎。倪德卫认为，把他作为宗教家和实践家可能更合适。王阳明有一种惊人的和完全的认真，并有一种近乎救世主般的使命感。他的宗教不是一种献身和救赎的有神论，而是一种自我转化论。倪德卫指出：

> 心是他的宗教的中心。"心"（实在的）等同于"自然的原则"，等同于整个道德真理。我的心包括我的欲望和思想，甚至包括我的混乱和私欲，但也包括对混乱和自私的无误（可靠）的意识，它是一种内在的"闪念"、主宰、导师；它既是我的，同时也是其他人的，这至少在以下意义上是这样：对于我来说，不可能有对占有它的正当的得意，而只有对它听从、注意、尊重、服从的义务。在他的晚年，王阳明给这个方面的心找到了一个名字："良知"（这个词和它的部分意义源自《孟子·尽心上》）。对于王阳明来说，它是"内在的上帝"，也是外在的上帝。它是信仰的对象。②

倪德卫如此描述王阳明的心，是比较中肯的。欲发明本心，需要工夫。工夫被王阳明和他的弟子们用来指一个永不止息的自我控制和自我改变的努力过程，这个过程就是让内心的声音清晰地说出来，并确保我们总是跟随它。倪德卫还用西方的祈祷来解释王阳明的工夫。

倪德卫对王阳明的研究，最为引人注目的是他对阳明学与存在主义所作的比较。在他之前，国际上已有人作过这方面的比较。例如，韩裔学者郑和烈（Hwa Yol Jung）于1965年用英文发表了《王阳明和存在主义现象学》一文，突出阳明学的意志，认为阳明学有存在主义和现象学之成分。③在他之后，日本九州大学教授冈田武彦写了《王畿与存在主义的升起》，收入狄白瑞主编的《明代思想中的自我与社会》一书。④但是，倪德卫不同意他的看法。他认为，阳明学与存在主义的一致是形式的、表面的，两者的差异是根本的、实质

① 倪德卫著，万百安编：《儒家之道——中国哲学的探索》，周炽成译，江苏人民出版社 2006 年版，第 266 页。

② 参见倪德卫著，万百安编：《儒家之道——中国哲学的探索》，周炽成译，江苏人民出版社 2006 年版，第 268 页。

③ Hwa Yol Jung, "Wang Yang—ming and Existential Phenomenology", *International Quarterly*, Volume 5, No. 4 (1965), pp.612—639.

④ Okada Takchiko, "Wang Chi and the Rise of Existentialism." In William Theodore de Bary ed. *Self and Society in Ming Thought*, New York: Columbia University Press, 1970, pp.121—144.

性的：

首先，西方的存在主义有深深的焦虑感和悲观感，而王阳明认为，最好的生活不是持续焦虑的生活，而是即使在哀痛中也要保持快乐的生活，是快乐而不是忧虑才是人生的常态。倪德卫指出："王阳明认为，真正的'乐'在于完全真诚的自我理解，它是能够与最剧烈的悲痛同时存在的。他责备他的学生对自己忧虑的忧虑是'骑驴觅驴'。因此，看来很清楚：存在主义者之忧虑的概念实际上与王阳明的观点是不相容的。"① 倪德卫同意冈田武彦的话："王阳明在经历了难以描述的极度痛苦后才获得他的关于良知的学说。"② 但是，在倪德卫看来，王阳明的这种极度痛苦的经历并未使他得出存在主义的痛苦哲学。事实上，他对人生在总体上持乐观的态度。阳明学派的人不像存在主义者那样觉得生命荒谬，而是认为，成功的和完全可能的人生是这样的人生：在这样的人生中，你所把握的一切都是道。③

其次，西方存在主义的自由表明了一种没有方向的唯意志论，而王阳明的自由是一种有方向的自然状态。在倪德卫看来，王阳明归根到底是伦理学上"理智主义者"而不是一个唯意志论者。王阳明的道德直觉说并没有拒斥我们通常称之为精心思考和推理的东西。对王阳明而言，当我试图决定在一种情形中我要做什么的时候，我的问题是识别某种在那里我要知道的事，此事确实是一直为我和天所知道的。但是，西方的存在主义却认为，人在选择和决定的时候不能将他们的判断建基于某种体现了理性的"善"之上；在自己的道德决定中，人是完全自由的；人确实是能够选择的，而在选择的过程中，人既创造了自己的本性，也创造了对他而言之正确。④ 另外，对于阳明后学钱德洪和王畿来说，自由是自发性的，并且他们认为自由是我们想拥有的；确实，自我修养的"功夫"就是调整我们对自我的理解以至于完全消除障碍自然的东西和所有的忧虑或犹豫。而对于克尔凯郭尔和萨特来说，我们的自由是一种可怕的负

① 倪德卫著，万百安编：《儒家之道——中国哲学的探索》，周炽成译，江苏人民出版社2006年版，第293—294页。

② Okada Takchiko, "Wang Chi and the Rise of Existentialism", In William Theodore de Bary ed. *Self and Society in Ming Thought*, New York：Columbia University Press，1970, p.128.

③ 参见倪德卫著，万百安编：《儒家之道——中国哲学的探索》，周炽成译，江苏人民出版社2006年版，第298页。

④ 倪德卫，万百安编：《儒家之道——中国哲学的探索》，周炽成译，江苏人民出版社2006年版，第291页。

担，它的运用是一种痛苦，是一种永远不能真正逃脱的东西。①

再次，西方的存在主义者强调外在世界与内在世界的冲突，以为外在世界对人是完全冷漠的，而王阳明则坚持万物一体，世界对人是友好的。倪德卫感慨地说："我们这个世界已经被这样地剥夺了可以依赖的隐藏的本质和真理，以至于我们的生活充满了种种证明存在主义似乎合理的经验。王阳明的充满了天理的世界则不一样。他生活的世界（包括内在的世界和外在的世界，因为他的形而上学最后没有把两者分离）对于正确的（确实正确的）决定是友好的，如果人们学会不阻挡和抵抗它的话。西方的存在主义者（至少是现在有最多听众的那一类存在主义者）生活在对人的决定的'正确性'完全冷漠的外在世界和只是这些决定本身的内在世界里。"② 前面所说的萨特的自在和自为就是分别是外在世界和内在世界。虽然他想以内在世界为基础而达成两个世界的统一，但是，由于两者的异质性和差异性太大，实际上无法统一。

最后，西方存在主义以为我可以武断地、独自地作出决定，然后将这些决定强加到这个世界之中，而王阳明认为，我生活在这个世界之中，并且作为其中的一部分而起作用。倪德卫引用了王阳明的话"盖天地万物与人原是一体，其发窍之最精处，是人心一点灵明"③ 之后指出："我不应该把自己看作可以武断地、独自地作出决定，然后将这些决定强加到这个世界之中。在我'慎思、明辨、笃行'之时，也就是在我推理、决定和行动之时，我在让我的良知指引我，……我作为这个一体的世界（我置身其中、在里面生活的世界）的一部分而发挥作用。"④

综上所述，冈田武彦和倪德卫对存在主义精神的理解基本上没有分歧。既然如此，为什么他们对阳明学与存在主义关系的理解有如此大的分歧呢？其主要原因可能是他们对阳明学的看法不同：他们看到了它的不同的面相。阳明学是复杂的、多面的，因而对它的解读就容易出现不一致。仁者见仁，智者见

---

① 参见倪德卫著，万百安编：《儒家之道——中国哲学的探索》，周炽成译，江苏人民出版社2006年版，第288页。

② 倪德卫著，万百安编：《儒家之道——中国哲学的探索》，周炽成译，江苏人民出版社2006年版，第298—299页。

③ 王阳明：《王阳明全集》，上海古籍出版社1992年版，第107页。

④ 倪德卫著，万百安编：《儒家之道——中国哲学的探索》，周炽成译，江苏人民出版社2006年版，第300页。

智的说法，用于这里是很合适的。

倪德卫对儒家的研究是从清儒开始的。他早年聚焦于章学诚。倪对章学诚著名的"六经皆史"有独到的解释：不把经典看成是存贮永恒真理的宝库，这反而对经典更好；这就意味着：经典不是"空言"，而正是由于这个原因经典才值得我们尊敬；经典不是圣人为提出教义而故意地写的，而是不知名的人的多年积累所得，也是古代完美社会的人民之实际的历史经验的有形的遗迹；人们研究经典，不应该是为了明确的教导，而应该是为了直觉地把握道在人类历史中的不断变化和发展。倪德卫经常把章学诚和两千年前的荀子联系起来，以章作为荀的理性主义的后继者。倪德卫还把章学诚与戴震作比较，认为他们代表了两种类型的自然主义。作《孟子字义疏证》的戴震，一般人都把他看作捍卫孟子的人。但是，倪指出，戴自称为孟子主义者而实际上像荀子一样思考。虽然戴震的语言是孟子的语言，但是，他确实用荀子的方式奠基道德的基础。这些说法都很有新意。

（作者简介：周炽成　华南师范大学政治与行政学院）

哲学编史学与中国哲学史的写作问题

任 军

一、历史、编史学与哲学编史学

一般而言，历史一词在含义上有"历史本身"（res gestae，已做之事）和"历史认识"（historia rerum gestarum，对已做之事的叙述）的区分。前者是指人类过去生活的实在过程，即"历史实在"（Historical Reality）；后者是指历史学家根据过去的各种材料用文字记载下来的历史，它体现了人类对自己过去生活的一种认识上的努力，即"历史学"（Historical Science）。[①] 在对两种不同的历史进行考察的过程中，两种历史哲学的问题便凸显出来。根据德雷（W. Dray）和沃尔什（W. H. Walsh）的观点，历史哲学可以被分为"批判的历史哲学"（Critical Philosophy of History）和"思辨的历史哲学"（Speculative Philosophy of History）。一般认为，"批判的历史哲学"的问题域主要集中在历史学的性质、历史学的方法论以及历史、历史学和历史学家这三者的关系上；而"思辨的历史哲学"被认为是超越了对一般意义上的历史学的理解，而主要集中思考有关历史本体的进程的模式或者意义问题。[②] 简而言之，前者主要关注于历史学的认识论和方法论问题，而后者主要关心历史的形而上学问题。[③]

"编史学"（Historiography）问题主要是与所谓"批判的历史哲学"有关的。Historiography 一般有两种用法：其一是指写定的历史，指为描述、说明过

---

① J—F.Lyotard, *Phenomenology*, State University of New York, Albany, Press, 1991, p.111.

② 参见沃尔什：《历史哲学导论》，何兆武等译，广西师范大学出版社2001年版，第6页；德雷：《历史哲学》，王炜、尚新建译，生活·读书·新知三联书店1988年版，第1—2页。

③ 必须注意的是，我们不可能试图借助于这两个概念非常清晰地来分析各种历史哲学的类型，只能大致地做一个区分。因为这两个概念在描述一些哲学家的历史哲学观的时候，总是会有一些有交叉性质的模糊的区域被包括在里面。

去所发生的事件与过程即历史实在而写定的历史学；其二是指以写定的历史文本为主要对象而进行的元历史（Metahistory）研究，也指通过对写定历史文本及其性质的认识与反思而形成的史学哲学或史学理论。只有在第二种意义上，Historiography 一词才译作"编史学"或"历史编纂学"①。由此可以看出，在历史实在、历史学和编史学三者之间存在着一种双向的对应关系。历史实在对历史学以及历史学对编史学的作用主要是提供材料的奠基，而编史学对历史学、历史学对历史实在则主要根据其提供的材料进行反思。如图：

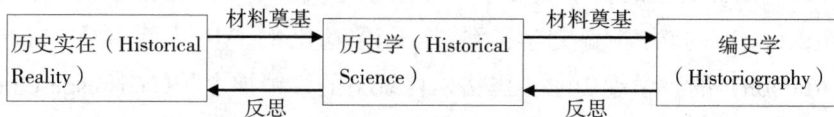

与编史学的含义相对应，"哲学编史学"（Historiography of Philosophy）是指以写定的哲学史（History of Philosophy）为对象进行的元历史研究。作为史学理论研究，它主要关注这些问题背后的方法论问题、哲学观及哲学史观问题。哲学编史学在很大程度上与哲学史学史的产生有关。根据泰勒（C. C. W. Taylor）的研究②，有史所记的第一位哲学史家是亚里士多德。但是根据文德尔班（W. Windelband）的观点，"只有通过黑格尔，哲学史才第一次成为独立的科学，因为他发现了这个本质问题：哲学史既不能阐述各位博学君子的庞杂的见解，也不能阐述对同一对象的不断扩大、不断完善的精心杰作，它只能阐述理性'范畴'连续不断地获得明确的意识并进而达到概念形式的那种有限发展过程"③。哲学史对哲学思考的意义毋庸赘言，用黑格尔（G. W. F. Hegel）的话进行描述就是："哲学史的本身就是科学的，因而本质上就是哲学这门科学"④。

但是这里的问题是，每一部哲学史的写作都体现了作者的某种哲学编史学思想。例如，黑格尔的《哲学史讲演录》的预设是，哲学史与哲学本身的逻辑展开是一致的，而这种逻辑体系就是"绝对精神"的自我发展，他侧重于从

---

① 袁江洋：《科学史编史思想的发展线索——兼论科学编史学学术结构》，《自然辩证法研究》，1997 年第 12 期。

② 泰勒：《劳特利奇哲学史》第一卷，韩东晖等译，中国人民大学出版社 2003 年版，"导言"第 1 页。

③ 文德尔班：《哲学史教程》，罗达仁译，商务印书馆 1987 年版，第 20 页。

④ 黑格尔：《哲学史讲演录》第一卷，贺麟、王太庆译，商务印书馆 1983 年版，第 12 页。

"绝对精神"的演化过程来构建西方哲学史。而文德尔班的《哲学史教程》则侧重于从哲学问题和概念的演变来处理哲学史，不同哲学家的思想体系只有是某一个问题或概念的形成与发展的部分才有其意义。但是很少有哲学史的作者提出过比较完整的哲学编史学体系或者纲领，也较少系统地对哲学史研究的编史目标、编史原则与编史方法进行探讨。

20 世纪 70 年代以后，特别是随着罗蒂（R. Rorty）的《哲学编史学：四种类型》一文的发表①，哲学编史学问题在西方学界逐渐成为讨论的热点。② 罗蒂对已有的四种类型的哲学编史学，即基于分析哲学的"理性重构"（rational reconstruction）的哲学编史学、致力于语境化的"历史重构"（historical reconstruction）的哲学编史学、黑格尔传统下的"精神史"（Geistesgeschichte）类型的哲学编史学以及试图建构一种普遍的哲学史的"哲学家言论集"类型的哲学编史学进行了分析和评价。他认为，前三种哲学编史学思想各有所长，"理性重构"有助于我们当今的哲学家思考我们的问题，"历史重构"有助于提醒我们这些问题是历史的产物，"精神史"类型的哲学编史学是对前两种类型的综合，它同时兼顾问题的合理性和问题的历史性。所以，它们具有自足的合法性。但是，第四种类型，也就是那种讲述从前苏格拉底到今天为止的"哲学家言论集"类型的哲学编史学，这种编史学思想所影响下的哲学史是我们最熟悉的，但同时也是最可疑的。因为它"试图把一个疑问强加给一个准则，这个准则是在没有指涉该疑问的情况下被草拟的；或者，相反，它把一个准则强加给一个疑问，这个疑问是在没有指涉该准则的情况下被建构的"。这种哲学编史学思想从今天哲学学科的某些特征为基点来书写哲学史，所以，这种类型是"造成厌倦和绝望"的根源。而根本的问题就在于这种哲学编史学思想混淆了作为历史学的哲学史和真正的哲学的历史实在。同时，罗蒂本人也设想了一种新的所谓"理智史"（intellectual history）类型的哲学编史学思想，这种类型

① R.Rorty, The Historiography of Philosophy：Four Genres, in Philosophy in History. Essays on Historiography of Philosophy, ed. by R.Rorty, J.B.Schneewind, Q.Skinner, Cambridge University Press, New York, 1984, pp.49—75. 中文译本见罗蒂：《哲学的历史学：四种风格》（此处译名可能有误，理由见正文对 Historiography 一词的解释），杨玉成译，《真理与进步》，华夏出版社 2003 年版，第 217—242 页。

② 西方学界讨论此问题的主要文献见 G.Piaia, "Brucker Versus Rorty? On the "Models" of the Historiography of Philosophy"的脚注 1 和脚注 3；British Journal for the History of Philosophy 9 (1) 2001, p.69.

"由对知识分子在特定时候所做的事情的描述和对他们与社会其余部分的相互作用的描述构成"，而且"理智史是哲学编史学的原材料……是哲学是从中产生的基础"。这种理智史可以使前面三种哲学编史学思想的综合成为可能。①

除了以罗蒂为代表的美国学界之外，在欧洲学界，格罗尔特（M. Gueroult）和格尔德采兹（L. Geldsetzer）也提出了相似的哲学编史学的分类方法。格罗尔特的分法是：作为有机整体的哲学史（伽尔韦、悌德曼）、作为抽象和先验系统的哲学史（康德与康德学派）以及哲学史的形而上学（黑格尔与谢林学派）。②格尔德采兹根据对 19 世纪哲学史的研究，将哲学编史学思想分为三种系统化的类型：基于进步理念和涉及特定哲学问题的康德以及康德学派、以解释学观点和"反现代性"的表现形式为中心的施莱尔马赫学派（包括狄尔泰和海德格尔）、作为前两种类型的综合表现形式的黑格尔及其当代的右派追随者（伽达默尔）和左派追随者（哈贝马斯）。③可以肯定的是，随着讨论的不断深入，哲学编史学的研究在西方已经逐渐成为一门显学。

二、哲学编史学的学术结构与问题域

从前面的描述中可以看出，西方关于哲学编史学的研究已经在很大程度上关注了哲学史的写作问题，罗蒂等人也有意识地对哲学史写作中的种种预设进行了反思，这也有助于我们对于哲学编史学的问题域及其学术结构进行了解和探讨。这里，本文将借助袁江洋的在科学编史学方面的研究成果④，对哲学编史学的结构和研究领域的问题进行讨论。

哲学编史学的问题域除了在哲学史中关于具体史学问题之解释及编史方

① R.Rorty，"The Historiography of Philosophy：Four Genres，in Philosophy in History". *Essays on Historiography of Philosophy*，ed. by R.Rorty，J.B.Schneewind，Q.Skinner，New York，Cambridge University Press，1984，pp.49—75.

② M. Gueroult，Dianoématique，Livre I：Histoire de l'histoire de la philosophie，2：EnAllemagne de Leibniz á nos jours（Paris，Aubier，1988）；转引自 G.Piaia，*Brucker Versus Rorty？On the "Models' of the Historiography of Philosophy*，*British Journal for the History of Philosophy* 9（1），Press，2001，p.70.

③ L.Geldsetzer，Tre tipi sistematici distoriografia fillosofica，Criterio 7（1989），pp.108—113.

④ 袁江洋：《科学史编史思想的发展线索——兼论科学编史学学术结构》，《自然辩证法研究》1997 年第 12 期。

法的探讨，也应该将哲学史学史和哲学史写作中的认识论问题融合进来讨论。这样才能有助于比较全面地在立体上理解哲学编史学的结构和问题域。所以哲学编史学可以在以下三个方面进行研究。

第一，哲学史学史。主要是对哲学史这门学科作发生学研究，对哲学史研究中的问题、方法、目标、价值以及它们如何随时代推移而发生转变或发展的历程进行研究。

第二，哲学史的认识论研究。这个方面的主要工作是对哲学如何进行理解以及对哲学史如何进行理解。和写作其他历史一样，哲学史的写作也始终体现着不同的写作旨趣、功利性目的及特殊的价值观。针对同样的历史实在，哲学史家们对什么是哲学、什么是历史、什么是哲学史的理解不同，哲学史的写作风格和类型也会有很大的不同。所以，有必要在这些问题上达成一定范围内的共识，并在此基础上进一步探讨哲学史的意义问题、探讨其研究范围、评价标准。

在这个方面，以往较多的哲学史家侧重于从罗蒂所讲的"理性重构"的角度去写作哲学史，在逻辑和历史的张力之间，更多考虑的是逻辑的优先性而非历史语境，历史在他们的写作过程中往往充当着一种客观化的时间标尺。他们倾向于使当代哲学家思考的问题也成为历史上的哲学家所思考的问题，并"迫使"历史上的哲学家对之作出回答。所以哲学史家有责任对自己在哲学及哲学史的观点进行反思并对哲学史的读者进行清楚的表达。

第三，哲学史的编史方法研究：与罗蒂等人的工作相类似，我们也应该对哲学史研究中出现的不同编史方法及针对具体哲学问题和概念而设计的具体编史方案作系统梳理和理论分析，探讨其适用范围、有效性及局限性，并构建新的适当的编史原则及方法。所有历史的写作都是克罗齐意义上的"当代史"，但是每一个历史学家包括哲学史家都必须要有方法上的充分的自觉。哲学史家是在对历史文本的解读中与历史上的哲学家实现"视域融合"的，但在解释的过程中也要反对"过度诠释"和"辉格史"式的解读。① 同其他学科史的写作一样，哲学史的写作只有在充分了解哲学史研究的方法论的基础上，才能更加有利于促进作为学科的哲学史的发展。

———————————

① 有关"辉格史"的问题见刘兵：《历史的辉格解释与科学史》，《自然辩证法通讯》1991 年第 1 期。

必须要注意的是，哲学编史学的这三个方面确实无法区分出非常明显的界限。例如，对哲学观的理解不同，会导致对哲学编史学中的方法论问题的不同见解，进而对哲学史学史也会有不同的观点。但是，在原则上作出大致的区分会有助于我们更好地理解哲学编史学研究的不同维度。

在哲学编史学的问题域方面，可以分为以下两个方面：

第一，哲学编史学的一般问题。包括对哲学以及哲学史的理解问题，哲学的历时性与地域性特征问题，哲学的社会化形态以及学术团体问题，哲学史的发展史问题，哲学史的价值、意义和目标问题，哲学史写作传统中的成败问题，所谓思想史或者观念史与社会史的沟通以及融合问题，哲学史作者的责任意识问题，作为阅读文本的哲学史著作如何面向读者的问题，等等。

第二，哲学编史学中的局部或者具体问题。包括对各个不同时间段和不同地域的哲学史的理解问题（例如中国的哲学史以及中国古代和近现代哲学史的问题），不同的时空环境下的哲学学术传统对哲学史写作的价值影响和价值取向问题，以及怎样在历史中去检验、批判并完善相应的哲学史编史纲领及方案的问题等。

三、哲学编史学与中国哲学史的写作问题

如果我们根据以上所述哲学编史学的学术结构和问题域来对中国哲学史的写作问题加以审视，那么我们就会发现在中国哲学史的写作过程中，呈现出一些值得注意和讨论的问题。限于篇幅，先讨论以下几个问题。

首先出现的问题是如何理解哲学以及如何理解中国哲学，这是讨论中国哲学史的写作问题的逻辑起点，同时也与近年来对于中国哲学（史）合法性问题的讨论直接相关。一般的看法是，"哲学"可以作为一个一般概念或者共名来进行使用，而后可以用这个共名对中国历史中的相关问题进行研究。胡适、冯友兰等先生的《中国哲学史大纲》、《中国哲学史》基本上都是使用这种方式来写作的。哲学是对自然、人生、社会等问题进行最根本的"思"的学问，这一看法一般不会有多少异议。这种"思"随着问题的展开更多地表现为一种可能性，而非确定性。也就是说，在不同的时间和空间环境中，这种"思"及其形式更多地表现为一种维特根斯坦意义上的"家族相似"，而非某一种确定的问题或者思考的路径。西方哲学有其"思"的问题、形式和路径，例如，"求

自识"（自我中心）和"究虚理"（理性中心）就是欧洲近代哲学的两大特征。[1]而中国哲学在"思"的根本问题上同样有自己的特征：讨论人在宇宙中的位置的"天人关系"，关于人的本质的"性"，探讨未知力量的"命"，寻求最佳生存方式的"道"，描述宇宙发展动力的"阴阳"，等等。[2]正如张再林先生所言，"如果说西方哲学主要表现为一种主客关系取向的哲学，……那么中国哲学则主要表现为一种主体间关系取向的哲学"。而且现代西方哲学已经明显地表现出一种"主体间性转向"并为中西哲学的对话和融汇提供了可能。[3]如果黑格尔所认为的中国缺乏哲学是由于其西方中心主义的预设以及当时东西方思想交流还受到一定的限制而可以得到原谅的话[4]，德里达（J. Derrida）以所谓"逻各斯中心主义"来维持"哲学姿态的那种同一性或者持续性"为理由拒绝承认中国有哲学的观点就不可理解了[5]。因为令人感到不解的是，德里达承认有"中国的科学"，在这个问题上，他可能不是站在西方科学意义的立场上来说的，因为在这种立场上我们无法在中国思想传统中找到与之相对应的东西。例如，中国的数学就没有发展出类似于西方数学的演绎特征来[6]，而凡是熟悉科学史的人都应该知道数学对于科学的重要性何在。但是德里达又怀疑中国哲学的存在，使人很难理解这种表达中逻辑的连贯性。即使我们在这个让人充满疑问的"逻各斯中心主义"的理由基础上来考虑中国哲学，那么不可否认的是，中国近代以来随着社会现代化的要求，西方的哲学问题已经开始融入中国哲学的问题域中，这种所谓的"逻各斯中心主义"也已经进入了中国哲学的视野中。

中国哲学的合法性问题是与中国哲学史的合法性问题直接相关的。在确定了何为哲学与何为中国哲学的问题之后，就必然要涉及中国哲学史观以及中国哲学史的写作问题。杜辛（K. Düsing）通过对黑格尔写作的哲学史的解读，倾向于将哲学史观分解为三个层次：（1）语言学——历史的说明和阐述，这属于"哲学史的内在注释"，包括对哲学文本的解读，包括历史考据、文字训诂、

---

① 参见倪梁康：《自识与反思》，商务印书馆 2002 年版，第 1—15 页。

② 参见陈少明：《重提"中国哲学"的正当性》，《江汉论坛》2003 年第 7 期。

③ 参见张再林：《关于现代西方哲学的"主体间性转向"》，《人文杂志》2000 年第 4 期。

④ 参见黑格尔：《哲学史讲演录》第一卷，贺麟、王太庆译，商务印书馆 1983 年版，第 95—99 页。

⑤ 参见德里达：《书写与差异》上册，张宁译，生活·读书·新知三联书店 2001 年版，第 10—11 页。

⑥ 参见代钦：《儒家思想与中国传统数学》，商务印书馆 2003 年版，第 40—43 页。

说明等等；（2）哲学史的说明和阐述，"这种阐述根据作者的视野，强调其问题、观点和构思，以及对于问题的解决"；（3）批判的和体系的说明和阐述，即对于一种历史观点进行独立发挥所作的评价，这就涉及评价者本身的理论前提和价值前提。① 这三个层次同时具备并且成一体系，才可能被称作是哲学史。哲学史观作为一种认识，乃是基于哲学历史而建立的解释框架和评价模式，它不仅必须是"历史"的，而且必须是"科学"与"哲学"的。冯友兰先生认为"有历史家的哲学史，有哲学家的哲学史。历史家的哲学史注重'谁是谁'，哲学家的哲学史注重'什么是什么'"②。从这里可以看出，仅仅从历史学家的角度出发来思考哲学史，可能只能做到杜辛所言的第一个层次，而很难做到陈寅恪先生所言的"凡著中国古代哲学者，其对于古人之学说，应具了解之同情……"③。历史学家的历史编纂活动涉及的要素主要有充当历史文本原料的历史资料、确认资料真伪的历史考证方法、组织历史文本的叙述方法与从事这些主观活动的历史学家。然而，与西方19世纪以来经过职业化锤炼的传统历史编纂理论相比，当代一般文本理论的发展远远超出了前者考虑的范围，文字、语言、文本结构、表现媒介、语境、作者、读者等等都成了文本理论建构中必不可少的要素。我们不能将这种差距的出现简单地看作传统历史编纂理论在某些方面的疏忽，更深刻的问题在于传统历史认识论中存在的根本性缺陷，以及它所依附的形而上学立场。④ 哲学家的哲学史不仅有经验性知识的注释，而且有观念性知识的阐释，同时对哲学史的解释有非常负责的方法论自觉，并对这种方法论进行了充分的反思。哲学家的哲学史已经认识到"今日之谈中国古代哲学者，大抵即谈其今日自身之哲学者也；所著之中国哲学史者，即其今日自身之哲学史者也。其言论愈有条理统系，则去古人学说之真理愈远"⑤。近来学

---

① 参见杜辛：《哲学与哲学史》，《黑格尔与哲学史》，王树人译，科学文献出版社1992年版，第217—220页。

② 冯友兰：《中国哲学史中几个问题——答适之先生及素痴先生》，《三松堂学术文集》，北京大学出版社1984年版，第198页。

③ 陈寅恪：《审查报告一》，见冯友兰：《中国哲学史》下册，华东师范大学出版社2000年版，第432页。

④ 陈新：《解构与历史——德里达思想对历史学的可能效应》，《东南学术》2001年第4期，第86页。

⑤ 陈寅恪：《审查报告一》，见冯友兰：《中国哲学史》下册，华东师范大学出版社2000年版，第432页。

界对一些中国哲学史教科书的批评意见充分地说明了这种情况。如何在解释与过度解释中间寻找平衡点，是值得每一个哲学史的写作者注意的方法论原则。

第三个问题是中国哲学史写作中的内史（观念史）和外史（社会史）结合的问题。以往的中国哲学史特别是中国哲学史教科书的写作过程中，受"社会存在决定社会意识"的影响颇多，而忽视了哲学问题作为文化、思想、观念的精神独立性，这一点已经在中国哲学史界有了充分的反思。由于哲学史研究对象特有的内在观念性和思想性，哲学（史）家们写作哲学史时主要侧重于从观念史或者思想史的角度来开展工作。因为哲学活动往往带有较强的精神思考的独立性，而不像科学活动或者法律活动那样具有较强的社会关联性和活动的对象性，所以哲学史的这种写作风格可以得到同情和理解。但是不能因为这个理由而轻视社会学特别是知识社会学在这个方面的努力，而在目前对中国哲学史的研究中已经出现了这种只重思想、观念而不顾外在社会影响的倾向。柯林斯（R. Collins）在这个方面的工作值得重视。柯林斯反对那种从观念产生观念、从个体产生观念的观点，而主张从哲学社会学，也就是向内求助于自己的论证的专业知识分子的网络是如何生产出抽象观念的角度来写作哲学史。他认为，学术群体、代际间的网络和组织的竞争，构成学术领域的三个特征，而哲学作为一种学术活动也不能脱离这些特征。柯林斯通过其知识分子的互动仪式以及代际网络等理论对哲学史特别是中国哲学史的发展提出了独到的见解，值得我们借鉴。① 特别是中国哲学以其对社会伦理问题的思考见长的背景中，更要注意外史的研究。所以，直接或者间接作用于社会文化层面的哲学史研究更不能忽略社会与思想之间的互动。罗素认为，"在真相所能容许的范围内，我总是试图把每一个哲学家显示为他的环境的产物，显示为一个以笼统而广泛的形式，具体地并集中地变现了以他作为其中一个成员的社会所共有的思想与感情的人。"② 例如在考察哲学史前史或者哲学史的发源的问题时，这里更多地表现为一种人类史或者人类思维史的问题。在哲学作为人类的一种特殊的思维类型的发生学问题上，需要考古学、人类学和社会学的帮助，而不能简单地在观念和思想层面上来进行思考。

---

① 参见 R. 柯林斯：《哲学的社会学——一种全球的学术变迁理论》"前言"及第一编，吴琼等译，新华出版社 2004 年版。

② 罗素：《西方哲学史》英国版"序言"，何兆武等译，商务印书馆 1963 年版，第 9 页。

　　哲学编史学的问题研究刚刚开始，但它与哲学史以及哲学史的写作问题的关系是非常紧密的。因为哲学编史学的研究在双重意义上与哲学史及其写作问题相关：第一它直接对应着哲学史的研究水平，第二它也制约着哲学史教学和研究层次的提高。所以，如何应用哲学编史学对中国哲学史的写作问题进行研究，是值得继续进行讨论的一个课题。

（作者简介：任军　宁夏大学政法学院）

"以西释中"衡论

李承贵

所谓"以西释中",就是用西方哲学学说、思想、概念和命题等来认知、理解中国传统哲学的学术实践。刘笑敢称之为"反向格义":"近代自觉以西方哲学的概念和术语来研究、诠释中国哲学的方法为'反向格义'。"[①] 尽管百余年来中国学者者一直陶醉于"以西释中"愉悦之中,尽管"以西释中"仍然是某些学者在公共学术场合显示自己优越感的方式;但另一方面,"以西释中"似乎成了过街老鼠,人见人嫌,人人喊打,检讨、批判的文章如雪花似的漫天飞舞。然而,"以西释中"真的那么可恶吗?中国哲学真的可以告别它吗?愚以为,学术性问题不应该淹没在意气的唾液之中,而应该回归理性加以全面的检讨。

一、"以西释中"之为学术实践

近年来,"以西释中"方式虽然遭到了强烈质疑与批评,但必须承认一个客观事实,那就是"以西释中"是中国现代学术史上的基本实践模式,甚至在目前遭到批评的情境下,仍然如此。为了让这种事实不至遭到非理性的、无辜的否定,为了我们对"以西释中"的分析、研究与评论有客观的基础,这里我们由四个方面陈述这个事实。

(一)学术共同体的共识

所谓"学术共同体的共识",就是指"以西释中"在过去百余年中已成为中国哲学研究者共同承认、接受和提倡的学术实践"模式"。这里罗列部分著名学者的"表态",以观其"共识"性。严复是第一位对中西思想文化进行比

---

① 刘笑敢:《诠释与定向》,商务印书馆 2009 年版,第 101 页。

较研究的思想大师，他说："即吾圣人之精意微言，亦必既通西学之后，以归求反观，而后有以窥其精微，而服其为不可易也。"① 在严复看来，西学不仅是发现中国传统思想微言大义的显微镜，也是判断其是否有价值的测量器。梁启超对西学用于研究中国古代思想的特殊意义也有着清晰的认识，他说："我们家里头的这些史料，真算得世界第一个丰富矿穴。从前仅用土法开采，采不出什么来，现在我们懂得西法了，从外国运来许多开矿机器了。这种机器是什么，是科学方法。"② 就是说，中国有丰富的思想矿穴，但需要用西学方法开挖。王国维对西学在研究中国传统哲学实践中的方法与标尺意义有着深切的感悟，他说："余非谓西洋哲学之必胜于中国，然吾国古书大率繁散而无纪，残缺而不完，虽有真理，不易寻绎，以视西洋哲学之系统灿然，步伐严整者，其形式上之孰优孰劣，固自不可掩也。……且欲通中国哲学，又非通西洋之哲学不易明也。近世中国哲学之不振，其原因虽繁，然古书之难解，未始非其一端也。苟通西洋之哲学以治吾中国之哲学，则其所得当不止此。异日昌大吾国固有之哲学者，必在深通西洋哲学之人，无疑也。"③ 就是说，只有西方哲学才能使中国哲学变得明白，才能使研究中国哲学取得收获，才能昌盛中国哲学。熊十力认为，藉由中西哲学的比较，察其异同，判其优劣，成其会通，新哲学才可能产生，他说："夫新哲学产生，与中国本位文化建设，则必于固有思想，于西洋思想，方方面面，均有沉潜深刻的研究，然后不期而彼此互相观摩，长短相形，将必有新的物事出焉。否则终古浅尝，终古混乱，一切话都不须说也。"④ 作为教育家的蔡元培，也认为要明了中国古代思想的真相需借助西学，他说："研究也者，非徒输入欧化，而必于欧化之中为更进之发明；非徒保存国粹，而必以科学方法，揭国粹之真相。"⑤ 冯友兰指出，一个研究中国哲学的人，若不研究西方哲学，便不可能再有恰当的方法整理中国哲学史，他说："中国哲学，没有形式上的系统，若不研究西洋哲学，则我们整理中国哲

① 严复：《救亡决论》，王栻主编，《严复集》第一册，中华书局1986年版，第49页。

② 梁启超：《治国学的两条大路》，《梁启超哲学思文选》，北京大学出版社1984年版，第421页。

③ 王国维：《哲学辨惑》，佛雏校辑：《王国维哲学美学论文辑佚》，华东师范大学出版社1993年版，第5—6页。

④ 《熊十力全集》第二卷，湖北教育出版社2001年版，第300页。

⑤ 蔡元培：《〈北京大学月刊〉发刊词》，见陈崧编：《五四前后东西文化问题论文选》，中国社会科学出版社1985年版，第119页。

学，便无所取法；中国过去没有成文的哲学史，若不研究西洋哲学史（写的西洋哲学史），则我们著述中国哲学史，便无所矜式。"① 在冯友兰看来，哲学之为完整系统，只有西方哲学，如要将中国哲学整理成一个系统，只有取法西方哲学。贺麟认为，若要反省和解释中国的旧文化旧思想，就必须知道和学会用西学方法，他说："我们打开了文化的大门，让西洋的文化思想的各方面汹涌进来。对于我们自己旧的文化，即使不根本加以怀疑破坏的话，至少也得用新方法新观点去加以批评的反省和解释，因而会觉得有无限丰富的宝藏，有待于我们去发掘。"② 郭齐勇肯定西方哲学有助于发现中国哲学的奥秘："中西哲学的交流互渗已是不争的事实，且也有助于逐步发现'中国哲学'的奥秘。'中国哲学'学科的生存与发展，必须保持世界性与本土化之间的必要的张力。包括中国哲学史的研究方法，也需要借鉴欧美日本，当然不是照搬，而是避免自说自话。"③ 刘笑敢则以胡适和冯友兰在中国哲学研究上的成就阐明西方哲学对于认知和理解中国传统哲学的意义，他说："自觉地运用西方哲学的眼光、角度、概念、方法研究中国古代的哲思传统，为现代意义的中国哲学这一学科奠基的两个功臣，是从哥伦比亚大学哲学系获得博士学位的胡适和冯友兰。胡适将实用主义引入中国，并开风气之先，以'截断众流'的勇气完成了第一部以西方哲学眼光写成的《中国哲学史大纲》（卷上，1919），冯友兰则将新实在论引入中国哲学史研究，完成了在中国和西方均有重要影响的第一部完整的中国哲学史（上册1931，下册1934）。张岱年尝试用中国哲学的术语解说中国古代哲学，写成《中国哲学大纲》（1937完成，1943印为讲义），其背后则有逻辑实证论和辩证法的思维框架。"④ 概言之，对于上述著名哲学学者而言，如要挖掘中国哲学宝藏、整理中国哲学系统、找寻中国哲学精义、辨别中国哲学优劣、准确而深刻把握中国哲学特征，西方哲学是最有效的坐标与方法。可见，"以西释中"是一种心照不宣的共识。

（二）学术研究的方法

当然，作为顺应时代学术潮流的"以西释中"模式，并没有停留在哲学家们的言论上，而是落实在具体的学术实践中，成为学术研究的基本方式。正

---

① 冯友兰：《三松堂全集》第十一卷，河南人民出版社 2011 年版，第 403 页。

② 贺麟：《中国哲学的调整与发扬》，《贺麟集》，吉林人民出版社 2005 年版，第 329 页。

③ 郭齐勇：《中华人文精神的重建》，北京师范大学出版社 2011 年版，第 192—193 页。

④ 刘笑敢：《诠释与定向》，商务印书馆 2009 年版，第 102—103 页。

如刘笑敢所说:"反向格义的方法如果自胡适的《中国哲学史大纲》(卷上)开始算起,已将近有八九十年的历史。现在,这种方法似乎成为一种无可否认的中国哲学研究的主流方法。"① 就是说,"以西释中"不仅是过去时,也是现在时,而且已成为不可否认的主流方法。那么,"以西释中"具体实践情形如何呢?以人文主义理解"道",则"道"具有丰富的人文内涵,陈鼓应说:"道虽然有其作为万物生成的本源与本根之超越性,然而更重要的是其作为价值根源的意涵。正是作为价值的根源这一点,体现出道的本根性所具有的人文意义。……归结而言,老庄之道的本根性,在两个方面体现出人文意涵:一方面是作为人间制度、人事的价值根源;另一方面,理想的制度规范与和谐人事,正是道的体现。"② 以唯意志论理解"性",则"性"具有"意志自由"内涵,牟宗三说:"西方人所言的意志自由(Freedom of will)或者自由意志(Free will),正相当于中国人所言的创造性。不过中国人简单地只说'性'一字,字面上不能看清其含义。其实这'性'的意义一旦落实,其特征或具体涵义首先是可由西人所言的自由意志去了解的。因此,自由意志也可说成生化的原理,或者创造的真几。人能撤销自己的生命,足以表示人确有自由意志(自由意志为一道德观念)。中国儒家从天命天道说性,即首先看到宇宙背后是一'天命流行'之体,是一创造之大生命,故即以此创造之真几为性,而谓'天命之谓性'也。"③ 就是说,儒家所讲的"性"与"自由意志"是一个东西,儒家所讲的"性"是从天道角度说,它以"创造的真几"为性,所以既可挺立自己的生命,亦可撤销自己的生命,所以说"性"表示了人的自由意志。以科学知识论理解和判断"理",那么,"理"既不应该有形而上学意义,也不应该有伦理意义。王国维说:"'理'之意义,以理由而言,为吾人知识之普遍之形式;以理性而言,则为吾人构造概念及定概念间之关系之作用,而知力之一种也。故'理'之为物,但有主观的意义,而无客观的意义。易言以明之,即但有心理学上之意义,而无形而上学上之意义也。"④ 又说:"吾国语中之'理'字,自宋以后,久有伦理学上之意义,故骤闻叔本华之说,固有未易首肯者。

① 刘笑敢:《诠释与定向》,商务印书馆 2009 年版,第 107 页。
② 陈鼓应:《道家的人文精神》,中华书局 2012 年版,第 106—107 页。
③ 牟宗三:《中国哲学的特质》,上海古籍出版社 2007 年版,第 52—53 页。
④ 王国维:《释理》,干春松、孟彦宏编:《王国维学术经典集》(上),江西人民出版社 1997 年版,第 28—29 页。

然'理'之为义除理由、理性以外，更无他解。若以理由言，则伦理学之理由，所谓动机是也。……理性者，推理之能力也。为善由理性，为恶亦由理性，则理性之但为行为之形式，而不足为行为之标准，昭昭然矣。……不知理性者，不过吾人知力之作用，以造概念，以定概念之关系，除为行为之手段外，毫无关于伦理上之价值。"① 就是说，无论是作为"充足理由原则中的因果律"言，还是作为"人智力之一种之理性"言，"理"既不具有形上学意义，也不具伦理意义。不难看出，在过去百余年中，西方哲学学说、思想、概念等被普遍用于"以西释中"的学术实践中，以对中国传统哲学进行解释，凸其异同，明其特点，揭其价值。这就是刘笑敢所说的："很多西方哲学的流派都有可能成为研究中国哲学的理论方法和思维框架。比如，历史唯物主义和辩证唯物主义曾经是研究中国哲学的天经地义的指导思想，分析哲学提供了另一种研究中国哲学的主要方法，现象学和诠释学传统也开始进入中国哲学研究的领域，此外，语言哲学、结构主义、宗教哲学都对中国哲学的研究产生过或大或小、或长或短的影响。"②

（三）学术课题的论域

作为哲学研究方法的"以西释中"，几乎贯穿于过去百余年所有的学术争鸣中。这里罗列其中的数次争论，足以发现"以西释中"的"轴心"地位。其一是东西文化论战。这次论战发生于20世纪初。参战的有激进派、保守派与调和派。保守派认为中国的国粹必须保存下来，中国的道德、文学、宗教、家族制度都不应改变，中国哲学是意欲调和持中的，可以挽救西方文明的命运。激进派则认为，中国文化文明必须进行全面、彻底的改革，中国的旧道德、旧文化等都必须废除，要用新道德、新文化取代，提倡民主与科学，反对专制与愚昧。在保守派、激进派之间，是调和派。调和派的主张是，既要保存固有的国粹，而且要发扬光大，又要吸收西方的物质文明和科学技术。具体到某个代表人物，比如梁漱溟认为，文化可分为物质的和精神的，西方文化是物质的，中国文化是精神的，而且以儒学为主体的中国传统文化是最好的文化，它可以医治西方文化的弊病，因而中国不需要西方文化、西方哲学。而胡适认为，西

---

① 王国维：《释理》，干春松、孟彦宏编：《王国维学术经典集》（上），江西人民出版社1997年版，第32页。

② 刘笑敢：《诠释与定向》，商务印书馆2009年版，第103页。

方文化是当时进步文化的代表，中国传统文化的改造与转型，都需要借助西方文化、西方哲学。因此，东西文化论战的实质，就是中西文化、中西哲学谁主谁次、谁优谁劣的问题。用陈崧的话则是："论战的内容非常丰富，涉及的问题非常广泛，但比较集中于东方文化与西方文化的关系问题。其中又具体涉及如何解决文化的继承与革新，……如何处理本民族传统文化与外来文化的关系。"① 这个评论表明，此次学术争鸣的缘起及核心内容，正是"以西释中"模式的呈现。其二是科学人生观论战。这次论战发生于 20 世纪 20 年代。所谓科学人生观论战，争论的中心问题是科学能否解决人生观问题。玄学派认为，人生观是直觉的、主观的、意志自由的、综合的、单一性的，因而科学不能解决人生观的问题；科学派则认为，科学可以解决人生观问题，所有的人生观问题科学都可以解决。中国哲学中的儒学、道家思想、佛学等属玄学，因而玄学派主张保护传统文化，伸扬中国传统哲学的价值。而科学被认为是西方文化的代表，因而科学派提倡西方哲学、西方思想，高扬西学的价值。玄学派代表张君劢的评论告诉我们，所谓科学人生观论战，本质上仍然是中学与西学的孰优孰劣之争，他说："吾有吾之文化，西洋有西洋之文化。西洋之文化有益者如何采之，有害者如何革除之；凡此皆取舍不同，皆决之于观点。观点定，而后精神上之思潮，物质上之制度，乃可按图而索。此则人生观之关系于文化者所以若是其大也。"② 可见，这次论战仍然围绕中学、西学关系展开，"以西释中"是这次论战中的核心问题。其三是文化问题的大讨论。这次讨论发生在 20 世纪 80 年代，争鸣的核心问题是中国文化发展的方向。有学者主张复兴中国传统文化，认为中国传统文化属于精神文化，高于西方物质文化，西方物质文化只是中国文化的补充；有学者认为西方文化是人类文明进步的风标，整体上已逐渐同化中国文化，在思想观念、物质实施、社会制度等方面都占据主导地位，认为只有学习西方文化，才能更好地推动中国的进步；还有学者主张"中体西用"，认为以中国文化为体、西方文化为用，是复兴中国文化、推动中国社会进步的重要步骤。不难看出，所谓文化大讨论，其核心问题仍然是中学、西学关系问题，三种主张转换成"以西释中"的表述，就是赞同"以西释中"、反对"以西释中"、调和"以西释中"。汤一介先生曾以印度文化引入中国的经

---

① 陈崧：《前言》，《五四前后东西文化问题论战文选》，中国社会科学出版社 1989 年版，第 2 页。

② 张君劢：《人生观》，《科学与人生观》，山东人民出版社 1997 年版，第 40 页。

验警示 20 世纪 80 年文化热的问题："对于外来文化采取'开放'的态度，是民族文化有生命力的表现；一种文化能够充分吸收和融合外来文化，是这种文化较快发展的重要条件。……今天，我们又面临着西方文化的冲击。在这种新的情况下，如何反省中国传统文化的价值，改造它，发展它，使之为建设社会主义精神文明作出贡献？我们通过总结印度佛教传入中国的经验，或许会得到一些有益的启示。"[1] 汤先生的评述说明，此次文化问题大讨论，仍然是以中西文化、中西哲学关系为主轴。其四是中国有无哲学及哲学合法性问题大讨论。这次论战发生于 20—21 世纪之交。尽管这个问题在 20 世纪上半叶就已开始讨论，但深度的、建设性的并基本上有定论的，就属此次讨论了。所谓中国哲学合法不合法，就是对中国哲学的质疑。有学者认为中国没有哲学，只有思想；更多学者认为，中国不仅有思想，也有哲学，而且中国哲学有其自身的特点。稍加留心便可发现，认为中国没有哲学的观点，无疑是以西方哲学为标尺得出的结论，而认为中国有哲学的观点，同样是以西方哲学为标尺得出的结论。因此，关于中国有无哲学或中国哲学合法性的讨论，完全是"以西释中"模式的具体表现。正如魏长宝所说："中国哲学合法性问题，反映了当代中国哲学界希望破除西方哲学话语霸权的钳制，改变以往简单地以西方哲学的概念范式来剪裁中国哲学文献资料的那种依附局面，摆脱因一味套用西方叙事模式来写中国哲学的历史所导致的自我特性丧失的困境的愿望，是当代中国哲学研究自我反思进一步走向自觉和深入的理论表征。"[2] 通过这四次学术论战或争鸣的简要考察，我们所获得的结论是，在过去百余年出现过的多数哲学论战或争鸣，都与"以西释中"存有密切的关联。

（四）学术术语的应用

"以西释中"模式作为过去百余年中国哲学研究中的客观存在，也表现在学术话语的应用上，即过去百余年中国哲学研究所使用的学术术语基本上是西方的。请容陈述：属于宇宙论、本体论的术语有，本体、本原、本质、存有、有限、存在、实在、生成、实体、表象、绵延、非我、一元论、二元论、多元论、唯心主义、唯物主义、主观唯心主义、客观唯心主义、唯意志论等等；

---

[1] 汤一介：《从印度佛教的传入看中国文化的发展》，见李小兵编：《八十年代中西文化讨论集》，中共中央党校科研办公室 1987 年版，第 360 页。

[2] 魏长宝：《中国哲学的"合法性"叙事及其超越》，《哲学动态》2004 年第 6 期。

属于发展观的术语有，时间、空间、个别、一般、抽象、具体、普遍、特殊、个性、共性、运动、静止、量变、质变、联系、规律、矛盾论、必然论、目的论、斗争性、可能性、同一性、因果性、形而上学、辩证法等等；属于知识论、解释学的术语有，主观、客观、主体、客体、先验、知觉、实践、抽象、范畴、命题、直观、直觉、经验、真理、悟性、推理、类比、检验、假说、假象、理性、理念、超验、感性、感知、感觉、意识、范式、语境、文本、前理解、认识论、反映论、可知论、不可知论、先验论、经验论、理性认识、感性认识、绝对真理、相对真理等等；属于社会历史哲学的术语有，义务、权利、异化、阶级、国家、民主、自由、价值、本质、社会存在、社会意识、生产力、生产方式、必然王国、自由王国、决定论、唯物史观、唯心史观等等；属于哲学学说、学派的术语有，存在主义、人文主义、后现代主义、实用主义、生存主义、生命哲学、自由意志、实证主义、人道主义、命定论、生机论、进化论、系统论、泛神论、实证论、怀疑论、诡辩论、物活论、唯名论、唯实论、实在论、唯理论、自然客体、社会客体、精神客体、公民社会、交往行为、语义分析、自然神论、神秘主义、自然主义、直觉主义、烦琐哲学等等。需要强调的是，这些术语仍然活跃在当今中国哲学研究中，经长时间的积淀，它们都已是约定成俗，有了固定的含义，在我们的哲学论文中，在我们的哲学著作中，在我们的哲学学术交流中，这些术语都已成为基本话语形式，都已成为表达我们哲学思想的基本工具和方式。在我们的哲学思考、教学、研究等方面，有谁离得开这些"西学"？正如张法所说："理解中国现代哲学的新词，特别是定型化的新新词体系，成了欲进中国现代哲学殿堂绕不开、避不掉的必经之路。"① 而郭齐勇更是强调西方哲学术语对于推动中国哲学发展的意义，他说："运用西方哲学范畴、术语，在借取中有发展。我们不能不借取，又不能不增加，渗入本土义与新义。牟宗三先生借用佛语说'依义不依语'，'依法不依人'，即自主地创造性的运用西方范畴、术语，有很大的诠释空间。"② 不能不说，20 世纪中国哲学的成长主要是在西方哲学关照、养育下实现的，我们有必要因为这些术语的"西学"身份而恩将仇报么？如果我们现在抛弃这些术语，从而放弃已经应用的话语体系，谁能提供新的话语体系呢？

---

① 张法：《走向全球化时代的中国哲学》，北京大学出版社 2011 年版，第 50 页。
② 郭齐勇：《中华人文精神的重建》，北京师范大学出版社 2011 年版，第 208 页。

没有疑问，哲学家们的共识，学术研究的方法，问题论战的中心，学术术语的应用，构成了劳思光先生所说的中国人发挥主观能动性的"客观化世界"。劳思光指出，欧洲文明已经造成了一个"现代世界"——"这个世界有其光明面，亦有其阴暗面；但不论它'好'或'坏'到什么程度，它即是我们所在的世界。这个世界对我们这些当前存在的人讲，它是一种客观性的'所与''(given)。如果我们不想涉及某种形上学或语言上的纠结，我们可以避免称它为'Objective World'（客观世界）；但至少应该承认它是'Objectivated World'（客观化的世界）。这样一个已被建立成客观存在的世界，成为我们一切主观的自觉努力的限定条件。这是我们谈及任何实践性问题时决不可遗漏的认识。"[1] 在劳思光先生看来，由于西方文明已经创造了一种客观化世界，这种客观化世界成为人们发挥主观能动性的条件，因此，想离开西方哲学自言自语不仅是可笑的、不明智的，也是不可能的。西方哲学或许是一只怀有野心的"狼"，但为了获取这只"狼"身上的营养，我们不得不机智地"与狼共舞"。

二、"以西释中"所为学术成就

尽管我们能够充分地告诉读者，"以西释中"是中国现代哲学史上的主要学术实践，但不能说"存在的就是合理的"，不能因为它是客观的，就认为它是合理的，是可以肯定的。因而我们必须继续辛苦下去，努力说明这个"以西释中"不仅是客观事实，而且主要是好的客观事实，是有价值的客观事实。

（一）发掘、整理中国传统哲学资源

如上所述，"以西释中"方式开始时的主要工作是对中国传统哲学资源的发掘和整理。这个发掘和整理，从哲学内容言，就是将关于宇宙万物的根据和起源的思想，即所谓本体论、宇宙论方面的内容发掘出来，就是将关于万物变化、发展及其原因的思想发掘出来，就是将关于认识形式、规律及正确与否方面的思想发掘出来，就是将关于人的生命价值和意义的思想发掘出来，就是将关于社会历史发展变化规律的思想发掘出来。王国维是采用"以西释中"模式开掘中国传统哲学资源较早的一位思想家，他写的《孔子之学说》，就对

---

[1]　劳思光：《关于中国哲学研究的几点意见》，见刘笑敢主编：《中国哲学与文化》（第一辑），广西师范大学出版社 2007 年版，第 6 页。

孔子的"哲学思想"进行了具体的发掘和整理。《孔子之学说》分三篇，其一
为"形而上学"，讨论孔子的"天道及天命"，其二为"伦理学"，讨论孔子的
伦理道德思想、道德修养方法、道德教育、道德与政治之关系，其三为"结
论"，对孔子哲学思想进行概括总结。这样就对孔子的天道、天命等形上学方
面的思想资源和道德伦理、道德教化、道德修养等方面的思想资源进行了发掘
和整理。① 冯友兰的《中国哲学史》对于中国传统哲学资源的发掘和整理，其
基本参照是西方哲学。比如他写朱熹哲学思想，首先将"理"、"气"作为形而
上学部分讨论，一为形而上，一为形而下。冯友兰说："形而上之理世界中只
有理。至于此形而下之具体的世界之构成，则赖于气。理即希腊哲学中所说之
形式，气即希腊哲学所说之材质也。"② 其次，谓人性乃客观的"理"之总和，
因而其中有道德的原理，即仁义礼智等，以此作为朱子道德哲学之内容③；再
次，谓任何事物皆有其"理"，国家社会之组织必有其"理"，本此"理"治
国，如是便有了朱熹政治哲学④。这样，冯友兰就将朱熹哲学思想资源（形上
学、道德哲学、政治哲学）发掘整理出来，而其所用的方法就是以新实在论为
主的西方哲学方法。劳思光批评了某些中国哲学史写作者随意套西方哲学学
说、概念的情形，但他并不反对"以西释中"，而是强调准确地"以西释中"。
比如，他对王夫之哲学思想的开掘和整理，分为"道与器（理与气）"、"阴阳
浑合，乾坤并建"、"道，善，性及善恶问题"、"船山之政治思想"、"船山之史
观及史论"。这些标题都是很中国的，因为劳氏反对用西学给中国哲学贴标签。
不过，从劳氏的具体论述看，仍然是以西方哲学为底本对王夫之哲学的发掘与
整理。他给王夫之哲学的定性是实在论，他在"道与器（理与气）"部分将船
山的形上学方面的内容整理出来，他在"阴阳浑合，乾坤并建"部分将船山发
展观方面的思想整理出来，他在"道，善，性及善恶问题"部分将船山的人性
理论整理出来，并引有"自由意志"相与论说，他在"船山之政治思想"将船
山政治哲学思想整理出来，其中也引有西方政治哲学之民主、平等之学说相互
发明，他在"船山之史观及史论"部分将船山历史哲学思想整理出来，但认为

① 参见王国维：《哲学辨惑》，佛雏校辑：《王国维哲学美学论文辑佚》，华东师范大学出版社
1993 年版，第 28—70 页。

② 冯友兰：《中国哲学史》（下册），华东师范大学出版社 2000 年版，第 259 页。

③ 参见冯友兰：《中国哲学史》（下册），华东师范大学出版社 2000 年版，第 267 页。

④ 参见冯友兰：《中国哲学史》（下册），华东师范大学出版社 2000 年版，第 269 页。

船山关于历史方面的思想与观念，并无"历史规律"、"历史知识"、"历史意义"等内容，因而不能以"历史哲学"称之。[①] 这已清晰地说明，劳氏在发掘、陈述、分析船山"史观"与"史论"时，仍然是以西方历史哲学为参照的。概言之，劳思光对船山哲学思想的整理，虽然没有标上西方哲学学说、范畴和命题的名称，但其具体的论述中，我们都能找到西方哲学的影子。因此，就哲学内容的发掘与整理言，"以西释中"是基本途径。在中国传统哲学资源发掘与整理方面，张岱年先生无疑是贡献巨大的，不过，张岱年先生对中国传统哲学资源的整理也受益于西方哲学。张岱年认为，王充的唯物主义思想可从这样几个方面理解：一是主张万物皆气的自然观，批评唯心主义目的论思想和鬼神观念，所谓"天自然无谓者何？气也。"（《论衡·自然篇》）所谓"如天故生万物，当令其相爱，不当令其相贼害也。"（《论衡·物势篇》）从而形成唯物主义自然观与无神论。二认识论上王充批评生而知之的观点，肯定知识来源于经验，正确处理了感性与理性认识的关系，所谓"故是非者，不徒耳目，必开心意。"（《论衡·薄葬篇》）提出了"效验"的真理观等，这都是认识论上唯物主义表现。三是唯物的、进化的历史观，王充曾说："礼义之行在谷足也。"（《论衡·治期篇》）就是说，物质生活的状况决定人们的道德品质的情况，这一观点是含有唯物主义成分的。[②] 这样，张岱年就将王充的哲学思想分析、整理出一个包括宇宙观、认识论、历史观在内的唯物论系统。可见，如果说在过去百余年我们发掘、整理从而把握了中国传统哲学资源，那么，"以西释中"功不可没。冯友兰曾这样表达他用上西学方法的激动心情："这对于当时中国哲学史的研究，有扫除障碍、开辟道路的作用。当时我们正陷入毫无边际的经典注疏的大海之中，爬了半年才能望见周公。见了这个手段，觉得面目一新，精神为之一爽。"[③]

（二）哲学学科体系的建设

考之过去百余年中国传统哲学研究，中国哲学学科体系建设是一重大学术成就，而这份学术成就的取得，主要功臣就是"以西释中"。张岱年认为，中国哲学应该建造自己的学科体系，他说："中国哲学既本无形式上的条理系

---

① 参见劳思光：《新编中国哲学史》卷三下，广西师范大学出版社 2005 年版，第 514—581 页。

② 参见张岱年：《张岱年全集》第四卷，河北人民出版社 1996 年版，第 41—46 页。

③ 冯友兰：《三松堂自序》，生活·读书·新知三联书店 1984 年版，第 215 页。

统，我们是不是应该以条理系统的形式来表述之呢？有许多人反对给中国哲学加上系统的形式，认为有伤于中国哲学之本来面目，或者以为至多应以天、道、理、气、性、命、仁、义等题目顺次论述，而不必组为系统。其实，在现在来讲中国哲学，最要紧的工作却正在表出其系统。给中国哲学穿上系统的外衣，实际并无伤于其内容，至多不过如太史公作《史记》'分散数家之事'，然也无碍于其为信史。我们对于中国哲学加以分析，实乃是'因其固然'，依其原来隐含的分理，而加以解析，并非强加割裂。中国哲学实本有其内在的条理，不过不细心探求便不能发见之而已。"[1] 在张岱年看来，中国传统哲学思想缺乏体系，因而借助西方哲学"体系化"中国哲学并不是坏事，而且并不伤害中国哲学内在理路。那么，在过去百余年来，中国哲学学科体系是怎样建立起来的呢？就学科分类言，中国哲学学科体系的建设完全得益于西方哲学的传入，可以说，没有西方哲学的坐标，就不会有中国哲学学科体系。中国哲学史、中国哲学方法论、中国本体论思想史、中国历史哲学、中国认识论史、中国辩证法史、中国伦理思想史、中国逻辑思想史、中国美学思想史、中国人生哲学、中国文化哲学等等，这些学科的建立，无不在"以西释中"帮助下完成。先就中国哲学史看，谢无量的《中国哲学史》，胡适的《中国哲学史大纲》，范寿康的《中国哲学史》，蒋维乔的《中国哲学史纲要》，冯友兰的《中国哲学史》和《中国哲学新编》，劳思光的《新编中国哲学史》，任继愈的《中国哲学史》，萧萐父、李锦全的《中国哲学史》，等等，虽然它们受西方哲学影响的程度深浅不同，但没有不是以西方哲学为标尺"制造"出来的。而每个学科又建构了自己的体系。比如，"中国哲学史"学科，它必须具备本体论（宇宙论）、发展论、知识论、历史观、人生哲学、方法论等，由这些要素构成一门哲学史学科的内容。再如，"中国伦理思想史"，它必须讨论道德起源问题、道德原则与道德规范问题、道德功能问题、道德修养问题、道德评价问题、道德与社会关系问题、道德主体性问题、道德自由与道德权利关系、道德评价问题等，如此方可构成一门中国伦理思想史学科的内容。进而言之，每个学科体系中有核心范畴、基本元素和理论架构。比如，中国哲学史学科体系中有本体论或宇宙论，本体论就是探讨世界上存在的一切是不是背后都有一个抽象的、不依赖于现实世界的基础，而本体论包括存在、物质物体、物体的基本属

---

[1] 张岱年：《张岱年全集》第二卷，河北人民出版社 1996 年版，第 4 页。

性、精神的特点、物质与精神的关系等理论。中国哲学史学科体系中有社会历史观，社会历史观包括社会历史的基础、社会历史变化发展的动力、社会存在与社会意识关系、阶层的多样性及其作用等方面的理论。中国哲学史学科体系中有人生哲学，人生哲学包括生命的本质、生命的意义、天命论、缩命论、意志自由论、命定论等学说。正是这些学说或理论作为哲学学科体系的要素，支撑起中国哲学学科体系的大厦。而这些支撑中国哲学史学科体系的哲学学说或理论，几无不是西学身份。可见，就中国哲学史学科体系建设言，"以西释中"居功至伟。当年冯友兰就对此表示了充分的肯定："中国哲学，没有形式上的系统，若不研究西洋哲学，则我们整理中国哲学，便无所取法；中国过去没有成文的哲学史，若不研究西洋哲学史（写的西洋哲学史），则我们著述中国哲学史，便无所矜式。据此，可见西洋哲学史之形式上的系统，实是整理中国哲学之模范。打算把中国哲学整理出一个形式上的系统，就得首先钻研一些西洋哲学。"[1] 在冯友兰看来，哲学之为完整系统，只有西方哲学，如要将中国哲学整理成一个系统，只有取法西方哲学。西方哲学何以能成为中国哲学学科体系构建的助力呢？冯友兰曾经有精辟的说明："这并不是说东西哲学在近代以前就互相影响，那是不可能的。这只是说，由此可见关于'一般'在认识论上的地位问题，是一个真正的哲学问题，所以哲学家们在不同的地域，不同的时代，对它都有过认真的讨论。"[2] 西方哲学在成为中国哲学研究方法的同时，也成了写作中国哲学史的范式，冯友兰正是这样定位西方哲学之于中国哲学史的写作价值的。他说："中国哲学史工作者的一个任务，就是从过去的哲学家们的没有形式上的系统的资料中，找出其实质的系统，找出他的思想体系，用所能看出的一鳞半爪，恢复一条龙出来。在写的哲学史中恢复的这条龙，必须尽可能地接近于本来的哲学史中的那条龙的本来面目，不可多也不可少。"[3] 如此说来，"以西释中"之在中国哲学学科体系建设中的基础作用是毋庸置疑的。

（三）中国哲学特点和价值的揭示

"以西释中"对于中国哲学的意义，当然不仅在于发掘整理哲学资源，不仅在于创建中国哲学学科体系，尤其在于对中国传统哲学特点和价值的揭示。

---

① 冯友兰：《三松堂全集》第十一卷，河南人民出版社 2011 年版，第 403 页。

② 冯友兰：《三松堂全集》第十卷，河南人民出版社 2000 年版，第 191 页。

③ 冯友兰：《三松堂全集》第八卷，河南人民出版社 2001 年版，第 41 页。

我们知道,"以西释中"中的"西"是丰富多样的,因而"以西释中"的应用,必然是中国传统哲学特点多样性呈现。借助"以西释中",熊十力所发现的中国传统哲学特点是"反身向内"、"尽性至命",他说:"吾国先哲,重在向里用功,虽不废格物,而毕竟以反己为本。如孟子所谓'君子深造之以道,欲其自得之也',又言'万物皆备于我';程子言'学要鞭辟近里切着己',此皆承孔子'古之学者为己'之精神而来。老庄虚静之旨,其为用力于内不待言,此皆与西人异趣者。西人远在希腊时代即猛力向外追求,虽于穷神知化有所未及,而科学上种种发明,非此无以得之也。"① 此判断正是与西方哲学"向外之学"对比下形成的。借助"以西释中",方东美发现中国哲学特点是"机体主义"。他说:"余尝以'机体主义'一辞,解说中国哲学之主流及其精神特色,视为一切思想形态之核心。此思想形态,就其发挥为种种旁通统贯之整体、或表现为种种完整立体式之结构统一而言,恒深蕴乎中国各派第一流哲人之胸中,可谓千圣一脉,久远传承。其说摒弃截然二分法为方法,更否认硬性二元论为真理,同时,更进而否认:一、可将人物相互对峙,视为绝对孤立之系统;二、可将刚健活跃之人性与宇宙全体化作停滞不前而又意蕴贫乏之封闭系统。机体主义,积极言之,旨在融贯万有,囊括一切,使举凡有关实有、存在、生命与价值等之丰富性与充实性皆相与浃而俱化,悉统摄于一在本质上彼是相因、交融互摄,价值交流之广大和谐系统,而一以贯之。"② 而这个判断正是与西方哲学"二元论"、"二分法"特点比较而形成的。借助"以西释中",牟宗三发现中国哲学是"生命的学问",其心灵运用是向内的。他说:"中国哲学,从它那个通孔所发展出来的主要课题是生命,就是我们所说的生命的学问。它是以生命为它的对象,主要的用心在于如何来调节我们的生命,来运转我们的生命、安顿我们的生命。这就不同于希腊那些自然哲学家,他们的对象是自然,是以自然界作为主要课题。"③ 而这个结论正是与西方哲学"以自然为对象心灵向外"的特点获得的,牟宗三说:"中国首先把握生命,西方文化生命的源泉之一的希腊,则首先把握'自然'。他们之运用其心灵,表现其心灵之光,是在观解'自然'上。自然是外在的客体,其为'对象'义甚显,而生命则是

---

① 《熊十力全集》第四卷,湖北教育出版社 2001 年版,第 439 页。

② 方东美:《中国哲学精神及其发展》(下册),台湾黎民文化事业有限公司 2006 年版,第 135 页。

③ 牟宗三:《中国哲学十九讲》,上海古籍出版社 2007 年版,第 14 页。

内在的，其为对象义甚细微，并不如自然之显明。所以中国人之运用其心灵是内向的，由内而向上翻；而西方则是外向的，由外而向上翻。"① 必须指出，"以西释中"模式的应用，不仅凸显了中国哲学的特点，而且揭示了中国哲学的价值。正是借助"以西释中"，熊十力发现儒家的"仁"是最富有"自由"价值的。他说："自由者，非猖狂纵欲，以非理非法破坏一切纪纲可谓自由也；非颓然放肆，不自奋、不自制可谓自由也。西人有言，人得自由，而必以他人之自由为界，此当然之理也。然最精之义，则莫如吾夫子所谓'我欲仁，斯仁至矣'。言自由者，至此而极矣。夫人而不仁，即非人也；欲仁而仁斯至，自由孰大于是，而人愿不争此自由何耶？"② 正是借助"以西释中"，冯友兰发现中国哲学的价值在内圣之道、修养方法。他说："中国哲学家，又以特别注重人事之故，对于宇宙论之研究，亦甚简略。故上列哲学中之各部分，西洋哲学于每部皆有极发达之学说；而中国哲学，则未能每部皆然也。不过因中国哲学家注重'内圣'之道，故所讲修养之方法，即所谓'为学之方'，极为详尽。此虽或未可以哲学名之，然在此方面中国实甚有贡献也。"③ 中国哲学注重"内圣"之道，从而注重并创造了丰富的修养理论、修养方法，不仅西方哲学史上没有，其他文明中也少见。正是借助"以西释中"，唐君毅发现儒家的"礼人尊人之道"有其特殊价值，他说："西方之理想主义哲人，恒只知对于人与我之人格尊严，同加肯定之谓道德，并恒以为有法律保障个人之权利，即可使人人有从事文化活动，实现文化价值之自由。但是他们恒不知，先尊人而卑己之礼让之德，乃与人类原始向上心情最相应之德。唯有礼让之精神，可升举他人之人格之价值。人互尊礼让，以互升举其人格之价值，而后人文社会，乃日进于高明。此孔子礼教之精义。"④ 唐君毅认为，中国的仁教具有正确引领科学的价值，他说："我们之主张发展中国之科学，便完全是从中国文化中之仁教自身立根，决非出自流俗之向外欣羡之情，或追赶世界潮流之意。"⑤ 正是借助"以西释中"，张岱年发掘、肯定中国哲学中的"终极关怀"思想，他说："老子提出道的学说，以道为天地万物的本原，而认为人生的准则就是'从道'，

① 牟宗三：《中国哲学的特质》，上海古籍出版社 2007 年版，第 152—153 页。

② 《熊十力全集》第四卷，湖北教育出版社 2001 年版，第 367 页。

③ 冯友兰：《三松堂全集》第二卷，河南人民出版社 2000 年版，第 251 页。

④ 唐君毅：《人文精神之重建》（二），广西师范大学出版社 2005 年版，第 307—311 页。

⑤ 唐君毅：《中国人文精神之发展》，广西师范大学出版社 2005 年版，第 131 页。

'孔德之容，惟道是从。'(《老子》二十一章)'故从事于道者同于道。'(二十三章)老子将道置于上帝之上，从而否定了宗教信仰的权威，宣称：'道冲而用之或不盈，渊兮似万物之宗，湛兮似或存，吾不知其谁之子，象帝之先。'意谓如有上帝，上帝也是从属于道的。老子以抽象的道代替具有形象的上帝，作为人类精神生活的最高寄托。"① 就是说，与西方的"归依上帝的终极关怀"相比，中国道家是"返归本原的终极关怀"。可见，无论是对中国哲学特点的揭示与判断，还是对中国哲学价值的彰显与肯定，都是在"以西释中"模式下完成的。正如牟宗三所说："对于西方哲学的全部，知道得愈多，愈通透，则对于中国哲学的层面、特性、意义与价值，也益容易照察得出，而了解其分际。这不是附会。"②

(四) 中国传统哲学品质的提升

"以西释中"的应用，不仅揭示了中国传统哲学特点与价值，而且对于中国传统哲学品质的提升也扮演了积极角色。一般而论，哲学学说的品质大体可从两方面考察，一是哲学学说内容，二是哲学学说形式。而"以西释中"的应用，在这两方面都对中国传统哲学产生了积极影响。

先看"以西释中"在形式上对中国传统哲学的影响。一是哲学术语的移植。中国传统哲学当然有它的范畴、概念、命题等，而且非常丰富，诸如天、气、理、诚、仁等。但必须肯定，通过"以西释中"而移植到中国哲学中的西方哲学范畴，不能不说是对中国传统哲学在形式上的丰富。比如，在本体论领域，有本原、实在、存有、意识、精神、物质等范畴，用于理解中国传统哲学中的本体论、宇宙论方面的思想。在知识论领域，有主体、客体、主观、客观、感性、理性等，用于理解中国传统哲学中的认识论方面的思想。在人生哲学领域，有价值、意义、人格、境界、意志自由、偶然论、宿命论等，用于理解中国传统哲学中的生死观方面的思想。在社会历史哲学领域，有异化、社会存在、社会意识、生产方式、阶级等，用于理解中国传统哲学中的历史观方面的思想。在解释学领域，有语境、前理解、过度诠释、文本等，用于理解中国传统哲学中解释学方面的思想。因此说，这些哲学术语的移植，当然是对中国传统哲学品质的提升。二是哲学表达方式的改变。一个时代有一个时代的哲

---

① 张岱年：《张岱年全集》第七卷，河北人民出版社 1996 年版，第 267—268 页。

② 牟宗三：《中国哲学的特质》，上海古籍出版社 2007 年版，第 7—8 页。

学，不同时代的哲学表达方式是有差异的。西方哲学表达方式移植到中国后，便成为中国哲学研究、叙述、对话的基本方式。比如，关于老子的"道"，就有唯物主义的本体、唯心主义的本体、宇宙万物的本源等的表述方式；关于孔子的"仁"，就有主观唯心主义、唯意志论、主观能动性等表述方式；关于朱熹"理本气末"，就有客观唯心论、绝对理念论、新实在论等表述方式；关于王阳明"知行合一"，就有实践与认识的统一、动机论、生理心理活动的两面等表述方式。可见，对于中国传统哲学中的范畴、概念和命题，用西方哲学表达方式表述之已很普遍，并且通过这种表达方式的改变，中国哲学成为"公共哲学"。按照冯友兰的理解，西方哲学术语的应用，不仅在理解中国哲学上给人以方便，他说："无论如何，事实是，在以前的中国哲学中，'术语'是比较少的，论证往往是不很详尽的，形式上的体系往往不具备。另外还有很明显的一点，那就是以前的哲学家所用的语言，是古代的语言。必须用现代的中国语言把他翻译过来，才能为现代的人所理解。"① 而且在研究中国哲学上给人以方便，他说："现在研究中国古代哲学史比较容易多了。有许多西方哲学中的'术语'可以用以分析、解释、翻译、评论中国古代哲学。但是翻译必须确切，解释必须适当。"② 的确，20世纪中国哲学的成长主要是在西方哲学关照下实现的。三是哲学思维方式的引入。在哲学思维方面，西方哲学也作出了很大贡献。我们不能说中国哲学没有思维方式，但的确缺乏严密逻辑思维方式，在概念上模糊不清，在定义上模棱两可，在思维上偏好直观。西方哲学思维方式具有理性、抽象、实证等特点，正如王国维说："乏抽象之力者，概则用其实而不知其名，其实亦遂漠然无所依，而不能为吾人研究之对象。何则？在自然之世界中，名生于实，而在吾人概念之世界中，实反依名而存故也。事物之无名者，实不便于吾人之思索，故我国学术而欲进步乎，则虽在闭关独立之时代犹不得不造新名，况西洋之学术骎骎而入中国，则言语之不足用固自然之势也。"③ 而深受西方哲学思维方式影响的哲学家如冯友兰、金岳霖、牟宗三、张岱年、劳思光等，是哲学形式品质的代表。因而冯友兰认为西方哲学对中国哲学的永久性贡献，就在其逻辑分析方法，他说："就我所能看出的而论，西方

---

① 冯友兰：《三松堂全集》第八卷，河南人民出版社 2001 年版，第 40 页。

② 冯友兰：《三松堂全集》第八卷，河南人民出版社 2001 年版，第 40 页。

③ 王国维：《论新学语之输入》，干春松、孟彦宏编：《王国维学术经典集》（上），江西人民出版社 1997 年版，第 102 页。

哲学对中国哲学的永久性贡献，是逻辑分析方法。……佛家和道家都用负的方法。逻辑方法正和这种负的方法相反，所以可以叫做正的方法。负的方法，试图消除区别，告诉我们它的对象不是什么；正的方法，则试图作出区别，告诉我们它的对象是什么。对于中国人来说，传入佛家的负的方法，并无关紧要，因为道家早已有负的方法，当然佛家的确加强了它。可是，正的方法的传入，就真正是极其重要的大事了。它给予中国人一个新的思想方法，使其整个思想为之一变。"①

次看在思想内容方面对中国传统哲学的影响。西方哲学对于丰富中国传统哲学的贡献尤其广大，"以西释中"为中国哲学内容的丰富，引进了丰富多彩的学说思想。在政治哲学领域，有民主学说、自由学说、平等学说、人格学说等。在道德哲学领域，有道德责任、道德义务、道德权利、道德自由、道德动机、自律、他律、道德主体等。此外，西方各哲学流派诸如存在主义、现象学、结构主义、新实在论、实证主义、分析哲学、马克思主义等的纷纷涌入，在中国哲学学者的翻译、应用中，这些学说程度不同地被吸收消化而成为20世纪中国哲学的组成部分或元素。概言之，西方人文主义思想、唯物史观、科学精神与原理，都在"以西释中"实践中被吸收、消化为中国哲学内容，使中国哲学在内容上补充了新的血液。而从细微处看，中国传统哲学在"以西释中"实践中精致化程度得到提升，这在冯友兰、贺麟、方东美、牟宗三、张岱年等先生的哲学著作中都有表现。比如，冯友兰关于哲学命题抽象与具体的分判，这是既具哲学智慧又具人文关怀的思考，现在看来或许可划为"二元对立"思维，但这的确是通过哲学思考，以哲学的形式表达了冯友兰对中国传统哲学的肯定与保护之愿望。牟宗三对"仁"所谓"普遍但不抽象"的分判，具体的普遍性的定义，无疑是对"仁"思想理解的深刻拓展。牟宗三说："仁是个普遍的原则，但是你不能说仁是个抽象的概念。仁是不能和科学、数学、逻辑里面所谓的概念相提并论的。照孔子所说的，仁是可以在我们眼前真实的生命里头具体呈现的。所以孟子说仁就是恻隐之心，这就是具体的。但是虽然它是具体的，它并不是事件。它有普遍性。在这情形下所说的普遍性，黑格尔就叫做具体的普遍（concrete universal）。"② 贺麟认为，儒家的理学必须以西洋的

①　冯友兰：《三松堂全集》第六卷，河南人民出版社2001年版，第277页。

②　牟宗三：《中国哲学十九讲》，上海古籍出版社2007年版，第33—34页。

哲学才能得到发挥，他说："儒家的理学为中国的正宗哲学，亦应以西洋的正宗哲学发挥中国的正宗哲学。因东圣西圣，心同理同。苏格拉底、柏拉图、亚里士多德、康德、黑格尔的哲学与中国孔孟、老庄、程朱、陆王的哲学会合融贯，而能产生发扬民族精神的新哲学，解除民族文化的新危机，是即新儒家思想发展所必循的途径。使儒家的哲学内容更为丰富，体系更为严谨，条理更为清楚，不仅可作道德可能的理论基础，且可奠定科学可能的理论基础。"[1] 贺麟认为借助西方哲学才能使儒家的哲学内容更为丰富，体系更为严谨，条理更为清楚，不仅可作道德可能的理论基础，而且可奠定科学可能的理论基础。这就是说，西方哲学对于改造中国哲学有着非常积极的意义。

概言之，无论是中国传统哲学资源的发掘，还是中国哲学学科体系的建构，无论是中国传统哲学特点与价值的揭示，还是中国传统哲学品质的提升，"以西释中"都发挥了关键而积极的作用。而且，如果我们认同熊十力、冯友兰、金岳霖、贺麟、徐复观、唐君毅、牟宗三、张东荪、张岱年、劳思光等的哲学思想是中国哲学的发展阶段，并肯定他们的成就，那么，我们就毫无理由否定"以西释中"之于中国哲学的价值。

三、"以西释中"所制造问题

"以西释中"虽然是过去百余年中国哲学研究的客观实践，虽然在实践中对中国传统哲学的意义基本上是积极的，但作为学术研究方法的"以西释中"，的确存在因为它的应用而发生的对中国哲学的误读、伤害之问题，姑称之"'以西释中'问题"，而所谓"'以西释中'问题"主要表现在以下四个方面。

(一) 垄断了中国哲学话语体系

就是说，"以西释中"的应用，垄断了中国哲学话语体系，致使中国哲学丧失其主体性而成为西方哲学的附庸。比如张立文认为，由于中国学者以西方哲学为坐标，以西方哲学为真理，不仅形成了对中国学术话语的控制，而且造成了对中国传统哲学文化的的断裂。他说："中国自近代以来，西学像潮水般涌进，先进的中国人都去学习西方，以西方的哲学为哲学，以西方的真理为真理。在西方强势哲学文化的冲击下，中国传统哲学文化被扭曲，被误解、误

---

[1] 贺麟：《中国哲学的调整与发扬》，《贺麟集》，吉林人民出版社 2005 年版，第 133 页。

读、误导。一方面造成中国哲学文化的严重断裂，在现代性学术规范的观照下，即在西方现代学术方式的统摄下，中华民族绵延两千多年的中华文明的学术方式、表述方式、言说方式统统丧失了其合法性。中华民族的文化学术、思想哲学，以致思维和书写方式逐渐被纳入西方学术规范、思维模式之中。在西方中心主义话语体系中，中华民族传统话语言说方式被西方话语言说方式所替代，其独特的学术、哲学致思方式亦被西式的致思方式所代替。中华民族的学术、思想、哲学自己也不知道自己是谁！"① 在张立文先生看来，由于西方哲学在学术方式、表达方式、言说方式等方面的强势，哲学话语被西方哲学垄断。蒋庆则以具体的案例控诉西方哲学在话语上的侵占，他说："在近现代以来，中国人不断用各种西方流行的哲学理解并解释儒学，可以说有一个什么样的西方哲学流派，就可能有一个什么样的中国儒学流派，儒学逐渐丧失了自我理解与自我解释的能力，一部近现代儒学史可以说就是一部被西方哲学不断解释并且不断丧失自身义理结构与解释系统的历史。举其大端，如康有为用自由主义哲学的普遍人类公理解释儒学（解释其实就是理解），梁漱溟用伯格森生命哲学解释儒学，胡适用杜威实用主义哲学解释儒学，冯友兰用新实在论哲学解释儒学，中国的马列主义者如侯外庐等用唯物主义哲学与启蒙哲学解释儒学，牟宗三用黑格尔哲学与康德哲学解释儒学，李泽厚用哲学人类学与唯物主义哲学解释儒学，罗光则用托马斯·阿奎那经院哲学解释儒学，现在又有学者用存在哲学与后现代哲学解释儒学，西方哲学对儒学的解释可谓林林总总，不一而足。在这种情形下，中国不能形成一个建立在儒学自身义理结构与解释系统上的独立的儒学流派，就算比较纯粹的熊十力与马一浮，也要用'援佛入儒'的方式与比附时学（西学）的方式来解释儒学。然而，中国人解释儒学实际上是在解释西方哲学，是在证明西方哲学义理结构与解释系统的正确性与有效性，儒学在所谓主流的中国哲学界已经被西方哲学解构殖民了。"② 在蒋庆看来，只要运用西方哲学学说理解中国传统哲学，都是一种伤害，都是一种殖民，中国哲学都将丧失其独立性而成为西方哲学的附庸。蒋庆说："中国人百年来都是按照西方学术的义理结构与解释系统解释中国与世界，中国人在心灵深处已经

① 张立文：《自己讲、讲自己——中国哲学的重建与传统现代的度越》，北京师范大学出版社2007年版，"自序"第2页。

② 蒋庆：《以中国解释中国》，见黄河选编：《儒家二十讲》，华夏出版社2008年版，第400页。

被西方学术殖民了。一个中国学人，尽管未留过洋，不懂外语，但其思考事物的逻辑、理解世界的规则、评判历史的标准、指导人生的价值以及研究学术的规范、评价学问的体系，都是建立在西方学术上。"① 可以对这种观点补述的是，当今的中国哲学研究中，不仅随处可见唯意志论、生命哲学、实用主义、现象学、存在主义、新实在论、结构主义等西方哲学学说奔波忙碌，而且随处可见本体、存在、实有、主观、客观、主体、客体、先验、直观、直觉、范式、语境、文本、可知论、不可知论、异化、自由、自我、社会存在、社会意识、决定论、命定论、生机论、有神论、无神论、进化论、系统论、实证论、怀疑论、唯名论、实在论等范畴、理论行走于中国哲学研究实践中，我们不能说不是西方哲学话语的笼罩。

（二）扭曲了中国哲学的形象

就是说，"以西释中"的应用，势必扭曲中国哲学形象，使中国哲学的本貌难以显现。在"以西释中"的学术实践中，中国学者大都将西方哲学视为完美的哲学、真理的化身，这样人们看到的是西方哲学的"替身"而看不到中国哲学自己，因而中国传统哲学的形象往往被扭曲。这正是蒋庆的观点："在这种西方学术霸权与殖民的时代，中国传统的学术同样也遭受到西方学术的排挤压迫，中国学术的基本义理被颠覆解构，中国学术的解释系统被驱逐取代，中国传统的学术丧失了话语权力进而丧失了话语权利，中国的学人已经不能按照中国文化自身的义理系统来思考问题与言说问题，中国的学术领域已经成了西方学术的殖民地。"② 的确，当我们所了解、所认识的中国哲学，都是被西方哲学过滤过的，或者按西方哲学"选配"出来的，从而使中国哲学完全被西方哲学所覆盖，中国哲学本有面貌或被歪曲。关于这点，李翔海也曾有一扼要的分析："第一，由于这种诠释方式是以西方现代文化在对中国文化传统予以取舍、褒贬，因而往往不仅会丢弃中国思想文化的许多基本特质，而且在相当程度上还会扭曲中国思想文化的存在形态；第二，由于是从西方文化出发来论衡中国文化的，这就很容易出现以西方文化之长论中国文化之短的情况，事实上是先在地把中国文化传统置于低于西方文化的序列中，因而很容易得出中国思想文化是'初级'的或'朴素'的结论。这显然不利于揭示中国文化的'本

---

① 蒋庆：《以中国解释中国》，见黄河选编：《儒家二十讲》，华夏出版社 2008 年版，第 408 页。
② 蒋庆：《以中国解释中国》，见黄河选编：《儒家二十讲》，华夏出版社 2008 年版，第 393 页。

来面目',也不利于将中国思想文化中所蕴含的智慧精神贡献于当代的人类社会。因此,我们有理由认为,'以西释中'的理论范式已经不适切于中国文化的内在要求。"① 就是说,在"以西释中"的模式中,中国哲学所呈现的不是它自己,而是类似西方哲学的内容。对这种批评,我们照样可以做些补述。比如,中国哲学认为天地万物都是大宇宙生命的一分子,其肯定、提升生命的价值基于"万物一体"的大宇宙视角,若以西方哲学"个体生命价值在于与群体生命的分离和独立"的主张去解释,则必导致对中国传统哲学的扭曲。再如,天人贯通、物我贯通、群己贯通、心物贯通等,是中国哲学的基本主张,因而中国哲学中的"气"和"仁"都被确定为贯通的基础,但如果用西方哲学的分析方法,将"仁"或"气"等同于自然科学上的"力"或"原子",也必然掩盖"气"或"仁"的本有内涵。还有,中国哲学在思维方法上主张"近取诸身,远取诸物",物物之间皆可类比类推,崇尚直观思维,但如果引入西方哲学的理性思维方法、分析主义方式,必然导致中国哲学自己形象的模糊。因此或许可以认为,在"以西释中"理解方式中,由于西方哲学是摹本,中国哲学往往被遮蔽、被误读,从而影响中国传统哲学本真面貌的呈露。

(三)虚化了中国哲学的义理

就是说,"以西释中"的应用,会造成中国哲学本有系统的混乱,并使中国哲学的义理虚无化。以西方哲学为标尺,以西方哲学是非为是非,西方哲学义理成为理解中国传统哲学的标准,会造成对中国传统哲学本有系统理解的混乱,正如牟宗三所说:"五四前后,讲中国思想的,看中了墨子,想在墨子里翻筋斗,其他皆不能讲。既无兴趣,也无了解。原来中国学术思想中,合乎西方哲学系统的微乎其微,当时人心目中认为只有墨子较为接近美国的实验主义。实则墨学的真精神,彼等亦不能了了,彼等又大讲《墨辩》,盖因此篇实含有一点粗浅的物理学的知识,又含有一点名学与知识论。虽然这些理论都极为粗浅,而又语焉不详,不甚可解,但在先秦诸子思想中,单单这些已经足够吸引那些浅尝西方科学哲学的中国学者。因此,研究墨子,其实是《墨辩》,一时蔚为风气。钻研于单词碎义之中,校正训诂,转相比附。实则从这里并发现不出真正科学的精神与逻辑的规模。而那些钻研的人对于逻辑与西方哲学,也并无所知,连入门都不可得,更不用说登堂入室了。舍本逐末,以求附会其

---

① 李翔海:《20世纪中国哲学研究》,天津人民出版社2012年版,第183页。

所浅尝的那点西方哲学，而于中国学术之主流，则反茫然不解。"① 在这里，牟宗三批评了以西方科学哲学解释墨子哲学的肤浅行为，认为不但没有理解到墨子哲学思想的精髓，反而使墨子哲学思想变得混乱。牟宗三还以冯友兰为例，指出西方哲学没有用到恰当处必然对中国哲学义理造成伤害，他说："冯氏以新实在论的思想解析朱子，当然是错的。以此成见为准，于述及别的思想，如陆、王，字里行间当然完全不相干，而且时露贬辞。这即表示其对于宋明儒者的问题根本不能入，对于佛学尤其外行，此皆为金氏所不及知。"② 在牟宗三看来，用新实在论解析朱子哲学是不中肯的，因为名学不是中国哲学的重点，所以不能以名学来了解朱子哲学，因而冯友兰以新实在论解释朱子理学只能是对朱子理学义理的误读与伤害。蒋庆认为"六艺之学"是中国思想的系统，而"以西释中"正是对这个系统的扰乱和瓦解。他说："按照马一浮先生的说法是'四部源于六艺，诸子源于六艺、中国以及人类的一切学术均源于六艺'，'六艺之学'既包含了各种学术又相互统摄，现在各种学术则从相互统摄的关系中分解出去了，即一部分分解为哲学，一部分分解为政治学，一部分分解为法律学，一部分分解为伦理学，一部分分解为历史学，等等，统一的中国'六艺之学'遂不复存在，这就是所谓传统的'四部六艺之学'被肢解。此外，在分解出来的每一学科的具体内容上中国学术也被西方学术解构殖民，具体表现为用各种西方学术的义理结构与解释系统理解并解释从中国学术中分解出来的某一部分内容，如用西方哲学的义理结构与解释系统理解并解释所谓的中国哲学，用西方政治学（自由民主理论与社会主义理论）的义理结构与解释系统理解并解释儒家的政治思想，用西方伦理学的义理结构与解释系统理解并解释儒家的道德学说，……等等。这样，西方学术的义理结构与解释系统就上升成了所谓'语法'，中国学术就下降成了所谓'词汇'；西方学术就变成了理解与解释中国学术的标准与理据，中国学术就成为被西方学术任意理解与解释的对象与材料。在这种情况下，中国人不能按照中国学术自身的义理结构与解释系统来理解与解释中国学术，更谈不上按照中国学术自身的义理结构与解释系统来理解与解释西方与世界了。中国学术先丧失了理解与解释自身的能力，最后被剥夺了理解与解释自身与世界的资格；也就是说，中国学术先丧失了理解与解释

---

① 牟宗三：《中国哲学的特质》，上海古籍出版社 2007 年版，第 2 页。

② 牟宗三：《中国哲学的特质》，上海古籍出版社 2007 年版，第 3 页。

自身的权力，最后被剥夺了理解与解释自身与世界的权利。"① 引蒋氏这一大段话，是为了让读者对蒋氏关于"以西释中"的消极性判断加深印象。在蒋庆看来，由于西方哲学被当着叙述形式、体系结构、价值旨趣的标准，因而中国传统哲学的体系必然被破坏，而中国传统哲学的义理也因此被虚化、被消解。

（四）消解了中国哲学的精神与价值

就是说，"以西释中"的应用，导致了中国传统哲学精神的消解和中国传统哲学价值的泯灭。比如，徐复观认为，中国哲学的构造有其特殊形式，其立体生命通过不成系统的形式表现，因而若不能根据这个特点，对中国传统哲学的内在关连加以复述，而是以西方哲学的方式为标准进行裁剪和评判，那么，中国哲学完整的生命体即被肢解。他说："中国的先哲们，则常把他们所体认到的，当作一种现成事实，用很简单的语句，说了出来，并不曾用心去组成一个理论系统。尤其是许多语句，是应机、随缘，说了出来的，于是立体的完整生命体的内在关连，常被散在各处，以独立姿态出现的语句形式所遮掩。假定我们不把这些散的语句集合在一起，用比较、分析、'追体验'的方法，以发现其内在关连，并顺此内在关连加以构造；而仅执其中的只鳞片爪来下判断，并以西方的推理格套来作准衡；这便是在立体的完整生命体中，任意截取其中一个横断面，而断定此生命体只是如此，决不是如彼；其为鲁莽、灭裂，更何待论。冯友兰的《中国哲学史》，以正统派自居，但其中除了对名家（辩者）稍有贡献外，对孔、老、孟、庄的了解，尤其是对孔与孟的了解，连皮毛都没有沾上；这倒不是来自他的不诚实，而是因为他不曾透过这一关。"② 徐复观特别拿冯友兰的《中国哲学史》为例，批评简单用西方哲学解释中国哲学所导致的危害。方东美对西方哲学在理解中国传统哲学中作用的态度基本上是积极的，但反对教条化使用西方哲学，指出如果不能恰当地使用西方哲学，可能会糟蹋中国传统哲学，使之面目全非，中国传统哲学精神也被消解。方东美说："《论语》是很容易读的和懂的一部书，其微言大义，从生活的精神上面是很容易作深切体验的。但是近代有号称国学家的人，却纯从文法、语法、语意上面把一句话化成几十句，结果反而不懂了！变作支离琐碎！这就是近代把中国的学问不从中国的精神看，而是把它化成西方学术的附庸来看，拿西方的套

---

① 蒋庆：《以中国解释中国》，见黄河选编：《儒家二十讲》，华夏出版社2008年版，第399页。

② 李维武编：《徐复观文集》第三卷，湖北人民出版社2002年版，"再版序"第12—13页。

子套中国的思想，结果把中国哲学家的这种内在精神，全部湮没掉了！这样的学说只是说话而已，只说空话！所以儒家、道家、佛家的精神也是在这样的情况下丧失了！"[1] 这是以《论语》为例，指出接受西学影响的某些"国学家"根据西方哲学的框架、模式，从文法、语法、语意等方面去理解中国传统哲学，结果将中国哲学的内在精神湮没掉了。比如，他认为冯友兰用实在论解释宋代理学就是一个教训，因为这种解释将宋明理学的内容和精神消解殆尽。方东美说："像冯友兰的'新原道'由英国人翻译成 Spirit of Chinese Philosophy，其中的中国哲学完全是由宋明理学出发到新理学的观念，只占中国哲学四分之一的分量，再加上他之了解宋明理学乃是透过西方新实在论的解释，因此剩下的中国哲学精神便小之又小。"[2] 那应该怎样理解中国传统哲学呢？方东美认为要善于透视中国哲学的精神人格。他说："了解中国哲学一定要透视那一个哲学系统后面所隐藏的精神人格，把它呼之欲出！就一个人格的精神来看学说的内容，这是中国哲学思想上面的一个特点。这在希腊的古代也是如此，大哲学家总是要表达他的人格精神。但是从希腊以后，哲学往往变成舞文弄墨的专门技巧，或者是玩物丧志的语言魔术，没有人性上活的精神显现出来。"[3] 虽然西方哲学是有特殊价值的参照，但首先还是要认清中国哲学中的人格精神，把握中国哲学的特点，而不能将哲学理解变成语言魔术。按照徐复观、方东美的分析和批评，"以西释中"对于中国传统哲学的基本精神与价值确有相当的负面影响。关于这方面，我们同样可以做些补充。其一是对中国传统哲学义理的误读现象。比如陆九渊"宇宙即是吾心，吾心即是宇宙"命题，用马克思主义哲学解释，则为"主观唯心主义"。可是，陆九渊显然不是说宇宙世界是因为我心而有而存在，他要表达的是立足于儒家"仁心在我、由己及人"之济世救民的道德责任，是创造美好人间世界的人文情怀。所以，陆九渊"宇宙即是吾心，吾心即是宇宙"命题纯粹是一种人文世界的思考，与自然世界基本没有关联，而定其为主观唯心主义，即意味着此命题的本意将完全丧失。其二是对中国传统哲学价值和精神的消解现象。比如老子的"返朴归真"命题，其所检讨的是已经极为紧张的人类与自然的关系，其所谴责的是人类对自然肆意破坏的行

---

① 方东美：《方东美先生演讲集》，台湾黎民文化事业有限公司 2006 年版，第 124 页。

② 方东美：《原始儒家道家哲学》，台湾黎民文化事业有限公司 2006 年版，第 38 页。

③ 方东美：《方东美先生演讲集》，台湾黎民文化事业有限公司 2006 年版，第 124 页。

为，其所声讨的是人类为了"物"的享受而放逐人性的罪恶。也就是说，"返朴归真"隐含着老子对人类文明的深切检讨，而且至今仍不乏启示性。如果用进化史观进行解读，"返朴归真"便成了倒退的历史观，如此，"道""返朴归真"人文内涵便被无情地化解。

可见，"以西释中"解释方式的确对中国哲学的话语系统、义理系统、价值系统产生了需要关切的影响，这就是刘笑敢指出的："反向格义却很容易导致对中国哲学思想、术语、概念的误解，引发机械地、错误地套用西方哲学概念的可能性。"① 但不能因为存在问题就一棍子打死，就全面否定，这也是不明智的。对此，我在下文将做具体解释。

四、"'以西释中'问题"如何克服？

如上即是中国学者关切的"'以西释中'问题"。让我们欣慰的是，中国学者并没有将这种关切停留在口头上，而是延伸为具体的主张与对策。这些主张或对策主要有：

（一）"以我为主"："以西释中"的根本精神

如上所言，西方哲学强势进入而逐渐形成的话语霸权，是中国学者所忧心的，他们担忧长期以往，中国哲学将丧失其主体性、本位性，中国哲学话语权从此消失。不过，忧患意识极强的中国学者不可能不对这个问题提出对策。唐君毅认为，虽然应该学习西方哲学，但不能将中国哲学降为奴仆地位，而应该凸显中国哲学的主体性。他说："吾之此书，视中国哲学为一自行升进之一独立传统，自非谓其与西方、印度、犹太思想之传，全无相通之义。然此唯由人心人性自有其同处，而其思想自然冥合。今吾人论中国哲学，亦非必须借他方思想之同者，以自重。故吾在论此中国哲学之传统时，即柏拉图、亚里士多德、奥古斯丁、多玛斯、康德、黑格尔之思想，亦不先放在眼中，更何况马克思、恩格斯与今之存在主义之流？此固非谓必不可比较而观其会通。然要须先识别得此独立之传统之存在，然后可再有此比较之事。大率中国之哲学传统，有成物之道，而无西方之唯物之论；有立心之学，而不必同西方唯心之论；有契神明之道，而无西方唯神之论；有通内外主宾之道，而无西方之主观主义与

---

① 刘笑敢：《诠释与定向》，商务印书馆 2009 年版，第 105 页。

客观主义之对峙。则此比较亦非易事。至善如近人之唯以西方之思想为标准，幸中国前哲所言者与之偶合，而论中国前哲之思想，则吾神明华胄，降为奴役之今世学风也。吾书宗趣，亦在雪前耻。"①就是说，进行中西哲学比较与会通是必要的，但不仅要注意它们的差异，更要关切中国哲学的特殊性，要对自己的传统有清楚的认识与理解，而不能随意地以西方哲学为准绳切割、分解中国哲学，不能让中国哲学成为西方哲学的附庸，而应彰显中国哲学的主体性。张立文提出中国哲学需要自己讲、讲自己，这样才能摆脱西方哲学、前苏联哲学的影响，从而展示自己的风貌。他说："中国'哲学自己讲'、'讲自己'，便是度越西方文化中心论的视域，超越西方哲学之为哲学的观念，冲决欧风美雨的罗网，突破苏云斯雪的桎梏，挺起中国哲学自己的脊梁，自己讲自己的中国哲学，重新发现中国哲学的'自我'。"②郭齐勇则强调要在与西方哲学对话中挺立中国哲学的主体性，他说："'中国哲学'的主体性与学科范式，需要在与西方哲学相比照、相对话的过程中建构。"③而要建构中国哲学的主体性，就必须开发中国哲学的特性与价值，才能改变依附西方哲学的状况。他说："我们应力图发掘中国哲学之不同于西方哲学的特性与价值，力图改变依傍、移植、临摹西方哲学的状况。"④可见，唐君毅、张立文、郭齐勇都没有否定西方哲学术语的价值，但对如何摆脱被西方哲学术语笼罩之现状，都提出了积极性建议，这就是立足中国传统哲学本位性，自己讲自己，并发掘、彰显中国传统哲学的优秀元素，将"以我为主"作为"以西释中"的根本精神，以改变学术话语被笼罩的情形。

（二）"同情理解"："以西释中"的基本原则

稍加留意便不难发现，"以西释中"的应用之所以出现混乱中国哲学本有体系，从而难见中国哲学庐山真面目的情形，原因之一就是以西方哲学理解中国哲学随意化，随心所欲地将西方哲学学说、理论或概念拿来比较。但这种做法其实一直受到关注和批评。冯友兰认为，认知、研究一位哲学家的哲学思想体系，一定要有生命的观念、有机的观念，不能将哲学思想体系随意地分割成

① 唐君毅：《中国哲学原论·原道篇》，中国社会科学出版社 2005 年版，第 6 页。
② 张立文：《自己讲、讲自己——中国哲学的重建与传统现代的度越》，北京师范大学出版社 2007 年版，"自序"第 2 页。
③ 郭齐勇：《中华人文精神的重建》，北京师范大学出版社 2011 年版，第 193 页。
④ 郭齐勇：《中华人文精神的重建》，北京师范大学出版社 2011 年版，第 192 页。

几块，机械地组装，这是写出比较合格的中国哲学史的基本前提。他说："具体地说清楚一个哲学家的哲学体系。哲学中的主要问题是共同的，但每个哲学家，对于这些问题的理解和解决，是不完全相同的。哲学家们各有各自的思路，各有各自的建立体系的过程。所以他们的体系各有自己的特点。一个唯物主义哲学家不尽同于另一个唯物主义哲学家。一个唯心主义哲学家也不尽同于另一个唯心主义哲学家。好像同是一个人而每个人也各有各自的精神面貌。同是一个字，而书法家写出来，各有各自的风格。所以说，要具体地说明一个哲学家的体系，使之成为一个有血有肉的、活生生的体系。不可把哲学家们的活生生的体系分割开来，填入那几个部门之中。这样，就好像把一个活人分割为几块，然后再缝合起来。缝合可以成功，甚至是天衣无缝，但是那个人已经死了，没有生命了。"① 在冯友兰看来，虽然可以用"唯物主义"和"唯心主义"去解释中国哲学学说，但由于每位哲学家的哲学思想体系都很复杂，他们的思维路径、建造体系的方式、追求的核心思想，各有其特殊性，特别是每位哲学家的哲学都是生命的有机的系统，因而简单地从哲学家哲学思想中割裂某个部分，然后贴上唯心、唯物的标签，势必导致其哲学思想的混乱。牟宗三则将中国哲学作为材料以论证、迎合西方哲学的做法斥之为愚蠢。他说："以西方哲学为标准，来在中国哲学里选择合乎西方哲学的题材与问题，那将是很失望的，亦是莫大的愚蠢与最大的不敬。"② 因此，使用西方哲学学说理解中国哲学必须结合中国哲学的特性，正如郭齐勇所指出的："现象学、解释学给我们提供了新的视域与方法，有关概念、范畴的解读、整理的方法则需进一步结合中国哲学文本的特性，避免牵强附会和削足适履。"③ 可见，冯友兰、牟宗三、郭齐勇都认为西方哲学对于理解中国传统哲学有其积极意义，但同时强调不能随意以西方哲学学说、理论和范畴为标尺去剪裁中国传统哲学，以"同情理解"作为"以西释中"的基本原则，避免扭曲中国哲学的形象。

（三）"彼此相契"："以西释中"的必要前提

我们发现，"以西释中"所用的西方哲学学说、理论和概念如果是与被理解的中国哲学内容存在差异，那么就有可能混乱中国传统哲学本有系统，并错

---

① 冯友兰：《三松堂全集》第八卷，河南人民出版社 2001 年版，第 41—42 页。

② 牟宗三：《中国哲学的特质》，上海古籍出版社 2007 年版，第 6 页。

③ 郭齐勇：《中华人文精神的重建》，北京师范大学出版社 2011 年版，第 192 页。

误地理解中国哲学义理而使之虚化。熊十力很早就注意到这个问题，因而反对用数理逻辑研究中国哲学。他说："宗三圣诞文，末后谈名数为儒学今日所必要，此固彼常言者。吾在民国十年左右，痛中国学术之衰，亦早云：今欲崛起，不可效老辈经师或理学家，必于西洋科学、哲学有基础者，方可进而研儒佛，以系统之理论发挥，否则人不视为学。吾此言与宗三实不同：吾意必去旧人之迂阔顽固、迷谬种种病，乃可研究体会与发挥此学耳；非谓讲儒学者，必于其著作中戴上名数帽子，编入名数材料之谓。去年在浙大，闻无锡有一西洋留学者，以数学谈《大易》，著一书自命空前。吾不待看而敢断其谬。如罗素以数理来演六十四卦，当然可成一说，吾敢断言仍是空洞形式，即解析事物相互间之关系而已，必于易道不究其源，于人生更无关，于宇宙万化不得其真。此非武断也。形式与数理逻辑之于《易》又不必论。今之儒学要究明真际，穷神知化，尽性至命，使人有以实现天德、立人极、富有日新，而完成天地万物一体之发展，彼名数形式可语是乎！"[1] 熊十力并不否认形式逻辑、数理逻辑在研究中国传统哲学中的作用，但认为以逻辑解释《易》，必将使《易》思想空壳化，用逻辑搭起来的《易》是不能表达儒学穷神知化、尽性至命的工夫与境界的。牟宗三以"仁"、"性"为例，指出西方哲学的"性"与中国哲学的"性"完全异趣，因而不能以西方哲学的"性"理解中国哲学的"性"。他说："儒家那个仁也是如此。你说你没有接触到孔子这个仁，你也没有接触到从孔孟下来儒家讨论人性问题的这个'性'字，因此你照现在西方哲学的观点来看，你不能了解孟子所讲的那个性的意义。这是因为你把孟子讲的性当成普通意义的 human nature 来看，这种普通意义下的性并不一定是善的。可是孟子讲性，儒家讲仁性这个性，它是个很特殊的问题，西方人没有这个问题，它并不是西方人或我们平常所谓的 human nature。西方人所说的 human nature 就是人的自然，一说自然就是相对着超自然（supernature）讲的。"[2] 就是说，如果将孔孟所讲的"性"理解为西方哲学所讲的"性"，就完全远离了孔孟所讲"性"的含义。刘笑敢指出，以"自律道德"理解儒家"仁"就存在不相契的问题，因为孔孟的"仁"是本能，而康德的"自律道德"是理性自觉的结果，所以若是将孔孟的"仁"理解为"自律道德"，显然不切合。他说："用'自律

---

① 《熊十力全集》第八卷，湖北教育出版社 2001 年版，第 602 页。
② 牟宗三：《中国哲学十九讲》，上海古籍出版社 2007 年版，第 39 页。

道德'来解释儒家伦理似乎是不少人都认可的,但是否算成功呢? 一般说来,儒家讲为仁由己,与道德自主是相似的。但严格地说,西方的'自律道德'是理性自觉的结果,而孟子的恻隐之心是生来就有的本能,要将康德与孟子的思想作深入比较,二者之不同会更明显,要作狭义的格义,说孟子哲学就是'自律道德',那必定会牵涉背后的不合之处。如果要准确,必须多加解释和说明。那就又超出了狭义的反向格义的做法。显然,成功与不成功也有一个标准宽严的问题。"① 因此,用现成的西方哲学概念来直接定义和解释中国思想中的术语,必须努力做到恰当。郭齐勇则明确提出了"相应原则",他说:"我所谓'相应的'诠释,是针对'不相应'的诠释而言的。所谓'不相应'的诠释,是指对于古代文献、古代哲学思想资料的抽象的、超历史的、粗暴的、非客观平情的、望文生义的解读。"② 就是说,在用西方哲学解释中国传统哲学实践中,只有做到中西哲学间的"相应",才能避免混乱中国哲学本有系统,才能对中国哲学义理进行准确的解释,才能避免伤害中国哲学。不难看出,熊十力、牟宗三、刘笑敢、郭齐勇等都关注到"以西释中"可能导致误读与伤害中国哲学义理的情形,并因此提出以"彼此相契"作为"以西释中"的必要前提。

(四)"以中释中":"以西释中"的实行基础

所谓"以中释中",就是在展开"以西释中"之前,将被解释的"中"先置于自己文化系统中展开解释并把握其本义。如上所言,"以西释中"使用不慎,确会导致对中国传统哲学精神与价值的伤害。而如何防止这种消极后果出现,学者们也提出了诸多对策,而最有创意的对策,可能还是"以中释中"。那么,怎样做到"以中释中"呢? 冯友兰认为,不同时代的哲学名词、哲学术语之含义是不同的,所以对于不同时代的文字、术语、学说必须进行具体的分析研究。他说:"语言文字,有其继承的一方面,也有其变化的一方面。就其变化一方面说,某些名词,在某一时代,有其特殊的意义;就某一个学派说,某一个学派所用的某些名词,特别是某些专门术语,也各有其特殊意义。我们要想了解某一时代的某一学派的哲学思想,必须首先正确地了解某一时期的某一学派所常用的术语的准确的意义。这当然需要作一种研究。这种研究,可能

---

① 刘笑敢:《诠释与定向》,商务印书馆 2009 年版,第 427—428 页。

② 郭齐勇:《中华人文精神的重建》,北京师范大学出版社 2011 年版,第 205 页。

是复杂的、艰苦的，但是没有这一种的研究，而希望对于某一时代的、某一学派的思想，有正确的了解，那是不可能的。那就往往会把某些名词在另一时代或另一学派中的意义，作为这个学派在这一时代中的意义。用旧日的话说，这就叫做'望文生义'。所生的义，可能比原来的义还要好一些，但是只要不是原来的义，这样的了解就是错误的。"① 就是说，如果不能对中国哲学中的文字、术语、学说进行历史的理解，其他方法（"以西释中"）的理解就可能不准确，甚至是错误的。张东荪以理解孔子的"仁"为例，阐明了"以中释中"的必要与重要。他说："我们要了解孔子，要了解他说的仁，亦决不当以定义之方式去求之。如不明此理而强去替孔子下一个'仁'字的定义，这便是把中国思想的格局打破了。打破中国思想的基型在今天的中国本不是不应该的，因为西方文化已大量移入进来了。但其中却有问题。就是我们今天超越了中国思想格局用以了解中国固有文化则可；若谓中国古代思想本来就是那样大大不可。换言之，以我们今天的思想格式来对于古代思想而求有所了解，这乃是解释工作。倘若以古代思想硬嵌入在我们的格式中，这便是削足适履。二者分别甚大。可惜现代学者很少能彻底明白这个道理。"② 由于孔子没有给"仁"下定义，尽管"定义的方式"是先进的方式，但也不能以定义的方式去理解。因此，如要理解孔子"仁"的涵义，就必须回到涉及孔子言论及思想的经典中去寻找。张东荪说："所以倘使承认这个不同，则我们便在孔子对于仁不下定义一点上，更能了解孔子，更能了解他的仁是什么。本来古书如严格考证起来，问题是太多。《论语》一书差不多以'仁'字为中心思想，但在他处（如《易经》及《礼记》等）则又不尽然。如果以为孔子的思想限于《论语》，这是很不妥的。所以我们必须把孔子在《论语》上所表示的思想与在其他处所表现的，以及在孔子以前的思想系统作一个通盘计算，以明其中的异同方可。"③ 可见，张东荪所谓"中国思想的格局"，包括文献、语言、思想等历史文化背景，也只有先将"仁"做这样的自我系统的理解，才可能避免西方哲学的解释对"仁"的误读与伤害，可能避免"仁"本有内涵的丧失。可见，冯友兰、张东荪都注意到"以中释中"对于"以西释中"的前提意义。这也正是

---

① 冯友兰：《三松堂全集》第十二卷，河北人民出版社 2001 年版，第 354 页。

② 张东荪：《思想与社会》，岳麓书社 2010 年版，第 141 页。

③ 张东荪：《思想与社会》，岳麓书社 2010 年版，第 141—142 页。

刘笑敢所考虑的问题："套用西方哲学分类概念的确为中国哲学的研究带来一些困难和问题，但是，作为'顺理成章'的历史发展过程，这种做法并非一无是处，这种做法下产生的作品并非全无价值。问题在于现在和今后如何做。我们是否有可能或应该放弃这种本体论、认识论、伦理学的分类框架？如果不放弃是否有可能纠正对这些概念的误解之后再使用这些概念?"① 从以上学者们提出的对策看，放弃"以西释中"不是他们的主张，而纠正"失误"则是他们的希望。

如上即是中国学者面对"'以西释中'问题"提出的对策。没有疑问，这些对策都是极富建设性且具有实际效用的，它表明中国学者在使用"以西释中"模式过程中，便逐步建立起避免"以西释中"被滥用的自觉意识。

五、理解与超越

虽然中国学者基于"'以西释中'问题"提出了一些建设性的解决对策，但至今仍然不绝于耳的谩骂、批评和排斥，说明学界并没有建立起学术性的、客观的、正确的理解意识。因此，我们仍需对"以西释中"方式进行分析与评估，以助建立起关于"以西释中"模式的正确认识。

（一）对若干批评观点的思考

本文第三部分列述了关于"以西释中"的若干"错误"。但遗憾的是，学界对这些错误所表现出的态度更多是情绪化指责和批评，而较少理性的分辨与思考，但这种现象不应当发生在学术领域。那么，该做怎样的分辨与思考呢？

（1）关于学术话语的垄断。如上所述，"以西释中"被诟病的原因之一是造成了西方哲学话语的垄断。对此我们做这样的思考：第一，"以西释中"没有制造话语垄断的功能与企图。因为"以西释中"只是以西方哲学作为理解中国传统哲学的方式、坐标或显微镜，正如劳思光所说："中国人不曾建立逻辑解析，因此自己未'发明思想上的显微镜'，但不能说，'思想上的显微镜'不能用于中国思想的考察。正如显微镜虽非中国的发明，我们也不能据此说，西方发明的显微镜看不见中国的细菌。"② 既然只是一种理解中国传统哲学的方

---

① 刘笑敢：《诠释与定向》，商务印书馆 2009 年版，第 420 页。

② 劳思光：《新编中国哲学史》卷一，广西师范大学出版社 2005 年版，第 13 页。

法、坐标或显微镜，那么它本身并不具有垄断话语的功能与野心。因此，所谓"以西释中"对话语的垄断，可能是我们将其功能放大而形成的一种恐惧心理，所谓"真理向前迈一小步便成为谬误"。第二，话语只是形式，哲学的核心不在形式而在内容。的确，百余年来中国哲学研究的术语都来自西方，从而形成了所谓西方话语的霸权。然而，中国哲学话语形式虽然是西方的，但哲学的灵魂并不在这种形式，而在其内容。就是说，西方哲学话语虽然在形式上遍布中国哲学研究领域，但哲学叙述者、思考者、创造者是中国哲学家，熊十力、冯友兰、金岳霖、贺麟、方东美、唐君毅、牟宗三、徐复观、张岱年等，他们无一不实践过"以西释中"方式，但他们在"以西释中"实践中，所表达、所主张的哲学思想，并不一定是西方的，而是他们对时代问题的综合思考而形成的。因此，"以西释中"在内容上并不表现为西方哲学话语垄断。第三，哲学话语、术语的变迁是学术发展的自然现象。就中国哲学史而言，学术话语形式便随着时代的变迁而变化，最为显著的是宋明时期，佛教的话语大批涌入中国思想界，造成了极大恐慌，至今我们还能从文献中感受到北宋士人的焦虑。然而，佛教话语的侵袭并没有改变中国哲学本质性内容，而其形式也大多为中国哲学所收编所应用。因此，所谓西方哲学话语的垄断，从学术发展变迁的历史看，并不是我们应该担忧甚至仇视的问题。更何况，西方哲学话语经过百余年与中国哲学的交流互动，已完全成为中国哲学的一部分，成为当代中国哲学叙述的基本方式，而且没有人感觉不适。所以，对于"以西释中"造成的所谓话语垄断，我们一要理性地、客观地认识这种现象，二要智慧地改造、吸收这些学术话语、术语，为我所用，化腐朽为神奇。

（2）关于歪曲中国哲学本貌。"以西释中"被诟病的原因之二是歪曲了中国哲学本貌。对此我们做这样的分析：首先，西方哲学只是参照系，而不是障蔽墙。诚如上述，作为解释模式的"以西释中"，无疑存在西方哲学优先的思维和做法，但这并不意味着中国传统哲学被遮蔽，相反，中国传统哲学会因为这面镜子的存在而"裸露"真身，让我们看得真切。此外，有人因为此镜而视其丑，有人因此镜而视其美，有人则因此镜而不能睹其真容，主要取决于人（主体）自身。因此，绝不可因为"以西释中"解释模式中西方哲学的主导地位，就将其简单地等同于遮蔽物。其次，"以西释中"有助于发现中国传统哲学的真内容。作为照察中国传统哲学的显微镜，"以西释中"帮助我们了解到中国哲学的资源与系统。没有西方哲学的参照，我们连"哲学"学科意识都没有，怎么可能有对中国哲学资源的了解？怎么可能有对中国哲学系统的了解？作为照察中国传统哲学的显微镜，"以西释中"帮助我们认识中国哲学的特点、缺点和优长。试想，没有"以西释中"，冯友兰怎么可能得出"中国哲学缺乏正的方法"的结论？方东美怎可能会有"中国哲学是机体主义"的判断？牟宗三怎么可能有"仁不是科学的概念"这样经典性的论断？所以说，正是"以西释中"的实践，中国传统哲学特点、缺点、优长才得以被认识。进而言之，若没有冯友兰的《中国哲学史》，没有劳思光的《新编中国哲学史》，没有任继愈的《中国哲学发展史》，恐怕到现在我们对"中国哲学"还是一头雾水，而上述"中国哲学史"哪一本离得开"以西释中"？因此，"以西释中"不仅不是中国传统哲学的障遮墙，而恰恰是中国传统哲学的照明灯，它让人们把中国传统哲学看得更真切。最后，"以西释中"的"歪曲"是解释实践中必然出现的现象。作为解释方法的"以西释中"，对于中国传统哲学的"歪曲"，属于解释实践中正常现象。一般而言，理解文本大概有两种方向，一种是顺着文本本有含义的解释，主要是将文本的本有内涵加以呈现与引申；另一种是将文本作为一种发挥解释主体思想的媒介，主要是表达解释主体的思想。前一种解释是比较容易被接受，后一种解释则常常遭到误解。当然，其中也有一种恶意的解释，即在解释中对文本的故意歪曲。因此，对于"以西释中"歪曲中国传统哲学的现象，需要认真辨别，有些歪曲是"合理的"歪曲，有的歪曲是"悖理的"的歪曲，有些歪曲则是"恶意的"歪曲，因而不能因为存在歪曲性理解，就将"以西释中"一棍子打死。再者，即便"以西释中"中对西方哲学的依赖造成对中国哲学的歪曲，解释主体也可以从容地指出它的歪曲处，并加以修正。概言之，我们如要真正消除这种歪曲，就必须从这种歪曲中解脱出来，看到更为本质的问题。

（3）关于消解中国传统哲学的义理。无疑，中国传统哲学自有其义理系统，"以西释中"的应用，也的确会改变或者破坏中国传统哲学的义理系统。但对这种破坏可能要做具体分析。其一，所谓义理系统，都是从无到有的，没有一种永恒不变的义理系统。比如儒家人性论义理系统，在先秦虽然具备了关于"人性"的义理系统雏形，但相对完备的义理系统在宋明才得以建立。这就是说，义理系统会根据人类实践变化而调整，而且必须接受调整，理解与解释正是这种调整的基本手段。因此，从义理系统的生成角度上讲，我们没有理由排斥"以西释中"。其二，义理系统文本的可复制性，可以包容不同的理解。"以西释中"作为理解中国传统哲学的一种方式，自然会将中国传统哲学解释成其自己的面相，但对文本的理解不仅是历史的，也是多元的。比如《道德经》，先后出现过韩非的解释、王弼的解释、王安石的解释、王夫之的解释、任继愈的解释、陈鼓应的解释等，假设王夫之的解释对《道德经》义理系统造成了伤害，也显然不能因为"王夫之的伤害"而断言《道德经》义理系统被彻底摧毁，因为他身后任继愈、陈鼓应等人的解释仍可在原始《道德经》文本上进行。这就说明，任何一种理解与解释对原有文本内容的增加或减少，并不改变原始文本本身，因为新的理解只是作为一种新的文本存在于解释或理解者的思想世界，而它的现实影响需要诸多助力。其三，"以西释中"可以丰富和提升中国哲学的义理系统。由于"以西释中"一方面以西方哲学作为坐标，可以帮助我们认识中国传统哲学义理系统存在的问题；另一方面在"以西释中"的实践中，可以引进西方哲学的义理以丰富、提升中国传统哲学的义理。比如，中国传统哲学在内圣系统方面很发达，但在"外王"系统方面却相对短缺，而现代新儒家的工作之一，就是通过"以西释中"改造、完善中国哲学的外王系统。[①] 因此，我们并不能简单地判定"以西释中"肢解、虚化了中国哲学的义理系统。

（4）关于伤害中国传统哲学的价值与精神。的确，"以西释中"的应用对于中国传统哲学精神与价值的伤害是存在的，比如用物理学"场"解释"道"，用细胞学说理解"良知"，用唯心主义定义"理"或"心"，用数学原理理解"直方大"，等等，都可能导致对相应哲学概念或命题的价值与精神的损害。然而，这种伤害并不能简单地归罪"以西释中"，而应该具体分析。第一，伤害中国传统哲学精神与价值，只是"以西释中"应用结果的一个方面，而且不是主要方面。之所以作这样的判断，乃是因为"以西释中"的应用，也可让我们发现中国传统哲学中的科学精神、人文精神等积极性元素。比如，孔子"仁"所内含的人文精神，老子"道"所内含的批判精神，"阴阳二气"所内含的辩证精神，"格物致知"所内含的实证精神，等等，都是在"以西释中"中得以显现并被确认的。所以说，中国传统哲学的许多优点、价值与精神，都因为"以西释中"而得到呈现与肯定，因而不能简单地指责"以西释中"只给中国传统哲学带来了伤害。第二，中国传统哲学的精神与价值，不会完全丧失在某

---

① 李承贵：《儒学的传承与开新——以熊十力释"理"为例》，《中山大学学报》2011 年第 2 期。

种具体的理解和解释实践中。中国传统哲学精神与价值都体现在具体的概念、范畴或命题中，因而所谓伤害精神与价值，就是将相应概念、范畴或命题做了错误的理解和解释。但我们必须注意，任何一种解释都是具体的，具体的理解和解释活动对于被理解和解释的概念、范畴和命题所造成的伤害，也只有相对性。因为，在某种伤害中国传统哲学精神和价值的解释之前与同时，仍然存在其他对中国传统哲学精神与价值不同的理解和解释。因此，"以西释中"的应用即便对于中国传统哲学精神与价值产生了伤害，也并不意味着中国传统哲学的精神和价值不复存在。第三，"以西释中"对于中国传统哲学的精神与价值具有丰富、增宏的作用。需要注意的是，"以西释中"对中国传统哲学的伤害不能做绝对的理解，需承认"以西释中"对中国传统哲学精神与价值丰富的意义。可以说，"以西释中"对于中国传统哲学的人文精神、科学精神、理性精神等的丰富都产生了积极影响。在人文精神上，不仅豁显了中国传统哲学的人文精神，而且吸收了西方的人文精神；在科学精神上，不仅豁显了中国传统哲学的科学精神，而且吸收了西方的科学精神；在理性精神上，不仅豁显了中国传统哲学中的逻辑精神，而且吸收了西方的逻辑精神。所以，对于中国传统哲学的精神与价值言，"以西释中"无疑是功远远大于过的。因此，我们也不能因为"以西释中"应用过程中造成了对中国传统哲学价值与精神的伤害而否定它的积极作用，并拒绝它的出场。

最后需要强调的是，我们必须明确主体在"以西释中"中的责任。由于"以西释中"的实践者是中国哲学学者，引进西方哲学、引进哪种西方哲学学说，应用西方哲学、应用哪种西方哲学学说，怎样应用、应用范围与程度，等等，都是由研究主体决定的。换言之，在"以西释中"解释模式中，相对于应用主体言，"西方哲学"始终是被动的。因此，我们不应将"以西释中"实践对中国传统哲学带来的伤害全部推到西方哲学身上。某些具体实践了"以西释中"的中国哲学学者，不仅不检讨自己的行为，反而谩骂攻击，这既是不公平的，也是非理性的。

（二）"以西释中"：中西哲学互动的基本形式

如上讨论表明，一方面，"以西释中"理解模式的确存在对中国传统哲学伤害之情形，但这种伤害似乎可以通过技术处理而避免之；另一方面，"以西释中"对中国哲学的贡献是不容抹杀的，但仍然存在改善的空间。因此，无论是继续"以西释中"对中国哲学的贡献，还是完善"以西释中"理解方式，

"以西释中"的生命不仅需要得到延续，而且需要竭力弘扬。

（1）作为一面照察自己镜子的需要。一个人想看清自己的面目，需要一面镜子。同理，中国传统哲学要认识自己，也需要一面镜子，这面镜子就是西方哲学。正如熊十力当年所说："今日文化上最大问题，即在中西之辨。能观异以会其通，庶几内外交养而人道亨、治道具矣。吾人于西学，当虚怀容纳，以详其得失，于先哲之典，尤须布之遐陬，使得息其臆测，睹其本然，融会之业，此为首基。"① 在熊十力看来，西方哲学的存在，可消除人们对中国哲学的主观臆测，让人们看清中国哲学本有之貌。胡适也认为西方哲学这面镜子对中国传统哲学"正其衣冠"有着特殊的价值。他说："我做这部哲学史的最大奢望，在于把各家的哲学融会贯通，要使他们各成有头绪条理的学说。我所用的比较参证的材料，便是西洋的哲学。但是我虽用西洋哲学作参考资料，并不以为中国古代也有某种学说，便可以自夸自喜。做历史的人，千万不可存一毫主观的成见。须知东西的学术思想的互相印证，互相发明，至多不过可以见得人类的官能心理大概相同，故遇着大同小异的境地时势，便会产生大同小异的思想学派。东家所有，西家所无，只因为时势境地不同。西家未必不如东家，东家也不配夸炫于西家。何况东西所同有，谁也不配夸张自豪。故本书的主张，但以为我们若想贯通整理中国哲学史的史料，不可不借用别系的哲学，作一种解释学术的工具。"② 胡适告诉我们，他所做的中国传统哲学整理、贯通的工作，参考的坐标就是西方哲学，而且，如果要对中国哲学史的史料进行整理，就必须用西方哲学作为解释的工具。不过他也提醒人们，借助西方哲学发现中国古代也有某种学说，并不值得夸耀，因为东西学术思想的互证，仅仅是说明了人类的官能心理大概相同而已。张立文强调，克服"以西释中"的弊病，不等于排斥西方哲学，更不等于自我封闭、自我设限而与西方哲学老死不相往来，他说："拂去西学对中国哲学的遮蔽，重新恢复中华民族哲学的真容，显露其理论思维的本真，明确中国哲学身份的自我，并不是说要拒斥与西方哲学文化的交流、对话、互动、参照和吸收。其多元的哲学文化的交流、对话、互动是当代哲学文化发展繁荣的必由之路、必然趋势。中国哲学若自我封闭、自我设限，只能使中国哲学的生命智慧枯萎，既不能发展自我，也不能在世界哲

---

① 《熊十力全集》第四卷，湖北教育出版社 2001 年版，第 439 页。
② 胡适：《中国哲学史大纲》，中华书局 1998 年版，第 28 页。

学之林中获得话语权。中国哲学只有在与中华民族哲学、西方哲学、马列哲学的交流、对话、互动中，才能融汇而和合为中华民族新的理论思维形态。"① 因此，西方哲学作为照察中国传统哲学的一面镜子，可以起到"净面容，正衣冠"作用。可见，西方哲学之为照察中国哲学的一面特殊的镜子，在这里得到了熊十力、胡适、张立文的肯定。有了西方哲学这面镜子，中国哲学主体性与学科范式的建构，才有明确的方向。

（2）作为顺应世界学术汇合大势的需要。当今学术大势是中西汇合，中西间的墙壁逐渐被推倒，中西的色彩逐渐淡去，王国维很早就说："然由上文之说，而遂疑思想上之事，中国自中国，西洋自西洋者，此又不然。何则？知力人人之所同有，宇宙人生之问题，人人之所不得解也。具有能解释此问题之一部分者，无论其出于本国或出于外国，其偿我知识上之要求而慰我怀疑之苦痛者，则一也。同此宇宙，同此人生，而其观宇宙人生也，则各不同。以其不同之故，而遂生彼此之见，此大不然者也。"② 在王国维看来，中国与西方虽有地理上的差别，但所面对的宇宙问题、人生问题，都是一样的，因而中西方都要面对并提出解决办法；而且，只要能对宇宙问题、人生问题提出一点解决智慧的人，不管他生活在哪个国家，其满足人知识上的要求、抚慰人怀疑上的苦痛有一样的功效。所以，因为宇宙观、人生观上的差异就分离彼此、隔绝中西，是很幼稚的。而从哲学的特性看，则应该超越"以外观中"和"以中观外"的限制，劳思光说："所谓'以中观外'或'以外观中'，是根本忽略了理论的客观性及其普遍性的看法。在今日的世界中我们不仅在道理上不能支持这种看法，而且在新形势下，也无法接受这种看法了。因为，世界正迅速地成为一整体，'世界哲学'之出现已只是时间问题。我们谈哲学，谈文化，虽然应该对特殊传统有深入了解，但也不能忘记，这一切研究的目的，只是在于推动世界性的哲学与文化之形成。我想，每一个有识度的学人，都不能再勉强将自己封闭起来了。"③ 就是说，当代哲学的大趋势是超越中西南北空间限制的世界哲学的形成，因而无论是"以中释西"，还是"以西释中"，都是推动世界哲学

① 张立文：《自己讲、讲自己——中国哲学的重建与传统现代的度越》，北京师范大学出版社2007年版，"自序"第3页。

② 王国维：《论近年之学术界》，干春松、孟彦宏主编：《王国维学术经典集》（上），江西人民出版社1997年版，第99—100页。

③ 劳思光：《新编中国哲学史》（第一卷），广西师范大学出版社2005年版，第312页。

形成的手段与途径，因而不能各自设限，也不应遭受否定。因此，基于中西哲学共有的问题意识和不同的解决方法，当中国与西方不再有时空障碍的时候，中西哲学的交流与会通，便成为不可阻挡的学术大势。王国维说："中西二学，盛则俱盛，衰则俱衰，风气既开，互相推助。且居今日之世，讲今日之学，未有西学不兴，而中学能兴者；亦未有中学不兴，而西学能兴者。……必如西人之推算日食，证梁虞剧、唐一行之说，以明《竹书纪年》之非伪；由《大唐西域记》，以发见释迦之支墓，斯为得矣。故一学既兴，他学自从之，此由学问之事，本无中西。"① 在这种"一荣俱荣，一损俱损"的背景下，若想在中国哲学研究上取得成就，就不能不以西方哲学为参照。亦正如孙中原所说："20 世纪以来，中国和世界，已经变成一个不可分割的整体；中外科学文化的交流，已经形成不可阻挡的趋势，中外逻辑既有同，又有异；既非完全相同，也非完全相异。这是任何诡辩和烦琐哲学，都无法改变的基本事实。无论过去的世纪，或将来的世纪，中国逻辑史比较研究和'据西释中'，都势在必行。即使全盘否定论者本人，也难以完全避免。……这里唯一的分别，是正确或错误地进行比较研究和据西释中，而不在于比较研究和据西释中的有无。在现代或今后，完全否定比较研究和据西释中，就像拔着自己的头发想升天一样，是完全办不到的。"② 而这也许就是中国传统哲学实现代转型的重要方式之一，刘笑敢说："这样做有利于中国文化与世界文化的对话、交流，又是改造中国传统哲学、促进传统哲学走向现代化、国际化的渠道之一。"③ 概言之，"以西释中"是中西方学术交流日益频繁、关系日益密切大势下的必然且必要的模式。

（3）作为更新改造自身内容的需要。中国传统哲学从来就不故步自封，其在中国历史上就是日新又日新的，而每一次的变化，同时是自身内容的充实和发展。比如，宋明时期的程朱理学、阳明心学都对儒家思想作出了很大贡献，而其中就有"三教相吸"的功劳。在现代中国哲学中，正是通过"以西释中"引进西方哲学学说、思想等，中国传统哲学才得以丰富和发展。熊十力说："西洋哲学，其发源即富于科学精神。故能基实测以游玄，庶无空幻之

---

① 王国维：《国学丛刊序》，见胡道静主编：《国学大师论国学》（上），东方出版中心 1998 年版，第 43 页。

② 孙中原：《论中国逻辑史研究中的肯定与否定》，《广西师院学报》2000 年第 4 期。

③ 刘笑敢：《诠释与定向》，商务印书馆 2009 年版，第 105 页。

患。由解析而会通，方免粗疏之失。西学之长不可掩，吾人尽量吸收，犹恐不及，孰谓可一切拒之以自安固陋哉！"① 就是说，西方哲学有实测之术、分析之方，都是认知中国传统哲学所需要的，研究者必须对西学有所知。进而言之，西方哲学对于中国哲学言有其独特价值，中国哲学欲罢不能。牟宗三说："中国哲学既无康德式的知识论，也无罗素式的知识论，但我们不能说中国无知识这个观念。对经验知识中国一般称之为闻见之知，儒家就分闻见之知与德性之知，但究竟是无西方式的知识论。不管如何说法，闻见之知是在'经验实在论'的范围，但中国哲学始终未能把它详细地解析展示出来。故西方哲学所讲的知识这一方面，即属于 phenomena 方面的，中国的哲学显然是不够的。……在知识方面，中国哲学传统虽言闻见之知，但究竟没有开出科学，也没有正式的知识论，故中国对此方面是消极的。消极的就要看西方能给我们多少贡献，使我们在这方面更充实，而积极地开出科学知识与对这方面的发展。这样中西哲学的会通，才能使两方更充实，更向前发展。"② 就是说，西方哲学在知识论方面有特殊贡献，而这正是中国哲学所需充实的部分，而要充实自己就必须学习西方哲学。郭齐勇指出，仅就胡适、冯友兰、牟宗三、唐君毅等先生在中国哲学学科建设方面的成就看，也基本上是依靠学习与消化西方哲学而取得的。他说："'中国哲学'学科建构的历史，就是用不同的西方哲学范式来'格义'的历史，其间经历了不少坎坷，但所有经验都值得重视。先辈们以不同的他山之石来攻错，运用实验主义、新实在论、康德、黑格尔、马克思主义，等等，尽管不可能是原汁原味的西方思想或方法，但都有发现并取得不同成果。近百年来，数代学人，特别是胡适、冯友兰、牟宗三、唐君毅等先生，有大小不同的贡献，在吸收西方哲学、实现中国哲学创造性转化方面，做了非常可贵的探索，留下了丰厚的哲学遗产。一方面，使中国哲学学科从无到有；另一方面，使西方哲学界逐渐关注中国哲学，逐渐改变西方所谓中国无哲学的偏见。各位哲学家们有大小不同的贡献，各种尝试都有价值与意义。'中国哲学'学科形成的过程，正是中国哲学、西方哲学、马克思主义哲学交融互渗的过程。"③ 在郭齐勇看来，西方哲学学说的丰富性、多样性、独特性，对于

---

① 《熊十力全集》第三卷，湖北教育出版社 2001 年版，第 725 页。

② 牟宗三：《中西哲学之会通十四讲》，上海古籍出版社 2007 年版，第 66—67 页。

③ 郭齐勇：《中华人文精神的重建》，北京师范大学出版社 2011 年版，第 192 页。

丰富和发展中国传统哲学具有重要意义，因而中国哲学学科的完善与发展仍然离不开中西哲学的多方面的更加广泛深入的交流、对话与沟通。总之，中国传统哲学若要在内容上不断充实、不断进步，"以西释中"解释模式恐怕是最有效的途径。

（作者简介：李承贵　南京大学哲学系）

现代儒学的使命与规模

李清良

随着我国社会民众逐步恢复对于传统文化的认同，尤其是我国政府明确提出实现中华民族伟大复兴必须大力继承和弘扬中国优秀文化传统，现代儒学的发展获得了前所未有的契机。于是如何理解现代儒学便成为目前迫切需要解决的一个重要问题，它不仅直接关涉着对于现代儒学已有探索的恰当评价，更牵涉到现代儒学的进一步发展方向。对此，学术界已有不少探讨，最近尤其成为一大学术热点。① 本文只限于讨论现代儒学的历史使命和基本规模。

一、现代儒学的历史使命是成为现代中华文明的"常道"

本文所谓"现代儒学"并不是一般所说的"现代新儒学"，后者只是前者在其孕育过程中所开展出来的一种形态。现代儒学是相对于传统儒学而言的，从传统儒学转化为现代儒学，乃是在现代化语境下中国儒学发展的大势所趋。简单地说，现代儒学就是在全球性的现代化运动中具备现代形态从而可以继续发挥其功能的儒学。相对于传统社会而言，现代化运动所倡导和推行的，不仅是一套新的价值体系，也是一种新的社会结构和经济形态以及一套新的社会政治制度，这一运动虽然源起于西方，但最近几个世纪以来在西方文明的强力侵逼扩张和裹挟之下，已从西方扩散到全球，成为了具有普遍性的世界历史运动，从而成为了当今世界的大势。在此大势之下，近百余年来不仅中国社会发生了翻天覆地的巨变，从而由传统的中华帝国逐渐演变为现代世界格局下的中国，中国儒学传统为了能在现代社会继续发挥其现实功用，也一直在反复探

---

① 台湾著名学者、现代新儒家第三代的代表人物之一李明辉先生与大陆新儒家诸君在"澎湖网"上的激烈争论就是一个突出的例子。

索，不断转型，试图发展成为现代儒学。

问题是，在现代中国乃至整个现代世界，现代儒学究竟将扮演何种角色，承担何种功能，具有何种历史使命？对于这一问题的思考，我们长期习惯于仅从源自现代西方的各种意识形态和理论模式出发，于是现代儒学要么被视为现代化运动的历史残余与前进障碍，要么被视为西方现代性观念的调整者与校正者，要么被视为各种现代性话语中的一种具有保守性质的主义或理论。这些看法尽管都外在于中国自身的历史与文化传统，但在西方文明强大诱逼和中华文明几不能自保、文化传统基本没有话语权的情况之下，实际上又都是不可避免的。经过百余年来的不懈努力，如今中国已能以强国姿态自立于世，这就使得我们在面对现代中国的现实问题时，能够从中华文明自身的发展脉络、中国文化传统特别是儒学传统的自我诉求出发，重新思考现代儒学的文化功能和历史使命。

干春松教授的新著《康有为与儒学的"新世"》和《保教立国：康有为的现代方略》就是基于这种立场的最新探索。他在该著中对最具代表性的已有观点如牟宗三、杜维明、李泽厚、余英时等人的相关看法作了系统梳理后，明确提出现代儒学的使命乃是全面回应现代西方文明全方位的挑战，或者说是"对于古今和中西问题的全面回应"。所谓全面回应，就是既要在修身齐家的"私人领域"，也要在治国平天下的"公共领域"发挥作用，即要像传统儒学那样重新"回到个体道德修养和社会公共服务的结合中"①。这种看法可以理解为，现代儒学仍须像传统儒学那样成为塑造中华文明之精神世界、价值体系、社会制度和生活方式等各个方面的全体大用之学。

我想进一步提出的是，作为这种全体大用之学的现代儒学实际上就是现代中华文明的"常道"，亦即自成一体的现代中华文明之道的灵魂和核心。

所谓"文明之道"，意指每个文明基于其自身的实际条件、特定境遇和历史传统等等自然形成的一套基本观念和生存、发展方式，亦即一套自成系统的世界观、人生观、社会观、真理观、价值观等等，以及相应的生活方式、交往方式、社会运作方式和各种相关技艺等等。俗话说"蛇有蛇道，鼠有鼠路"，根据中国学术传统，天下万物莫不各有其道，各有其存在根据和相应的存在

---

① 干春松：《保教立国：康有为的现代方略》，生活·读书·新知三联书店 2015 年版，第 11 页；《康有为与儒学的"新世"》，华东师范大学出版社 2015 年版，第 174—175 页。

方式。故《易传》说："有天道焉，有人道焉，有地道焉。"（《系辞下》）其中人道又可根据不同种族、不同文化、不同角色、不同等次等等而细分。任何一种文明，作为一个相对独立的庞大生命体，都由于其特定的现实条件和历史文化传统而各有其文明之道。总体来说，所谓"文明之道"具有如下三个基本特性。

一是系统性。每一种文明之道都是自成系统的全体大用之学，用中国传统术语说，文明之道的各个层面乃是相互匹配的体用关系，故曰"道兼体用"，或如胡宏所说："道者，体用之总名。……合体与用，斯为道矣。"[1] 作为一个系统，文明之道具有多个层面和方面，既包括一套基本的观念、经验和智慧，也包括一套相应的规则、制度、技艺和生存实践方式等等。在每一层面的不同方面之间虽存在不同程度的张力，却并不存在不可调和的冲突或排斥，因而这个系统是大体平衡、统一和自洽的。

二是各当性。各种文明之道虽可在很多层面和方面相互交流、仿效、趋同从而共享，却始终各成一体，各有其自适自得的精神、观念、生存方式而不能完全替代。正如朋友之间不管如何志趣相投，彼此间的生活方式绝不可能完全相同。或如两种语言，不管因相互吸收和借用达到如何相近的程度，总体来看终究是两种不同的语言。故《易传》说："天下同归而殊途，一致而百虑。"也正是主要基于此种观念，宋明以来的儒者特别强调"理一分殊"，而理的分殊也意味着道的分殊。

应当特别指出的是，强调文明之道的各当性也就是主张各文明之道自成一体、相对独立，但这并不意味着主张文化相对主义，而毋宁说是坚持"多元的普遍性"观点。[2] 也就是说，各文明之道都是特殊性与普遍性的统一，故虽各成一体而相对独立，却都具有一定程度的普遍性。这种普遍性乃是相对的而不是绝对的，它主要源自人类生活所面临的基本问题的普遍性，比如都需要有效解决人民的安身立命问题、社会的和谐稳定问题、政府的组织运作问题、国家的富强文明问题等等，各文明之道中看待这些基本问题的基本观念，尤其是解决这些问题的方式方法，有不少显然是可以相互共享的，至少是可以相互启

---

[1] 《胡宏集》，中华书局 1987 年版，第 10 页。

[2] 参见陈来：《孔夫子与现代世界》，生活·读书·新知三联书店 2011 年版，第 275—291 页；《世界意义的儒家》，《中华读书报》2013 年 5 月 22 日。

发的，故具有普遍性。事实上，正因各文明之道中有不少层面和方面具有普遍性，文化交流才是可能的。而文化交流之所以必要，则因各成一体、相对独立的文明之道总是各有侧重和长短，彼之所重所长往往正可补此之所轻所短。这也说明，在具体层面和方面上，各文明之道是可以较优劣、分高下，从而相互交流和学习的。当然，所谓优劣高下，都是自我言之，我之所是未必即为彼之所是，我之所非亦未必就是彼之所非。总之，各文明之道既具有相对的独立性又具有相对的普遍性，既各成一体又可相互交流。因此，孔子所谓"和而不同"与《中庸》所谓"万物并育而不相害，道并行而不相悖"，用来描述各文明之道的关系也是非常恰当的。苟明此理，则强调文明之道的相对独立性，并不意味着要否定不同文明间的相互交流与学习。恰恰相反，各文明之道不仅有能力，而且有必要吸收或借鉴其他文明之道以为己用，历史也一再证明，各文明之道的不断丰富与充实总是离不开其他文明之道的摩荡与影响。我们指出文明之道的各当性，仅仅是想强调各文明之道总是自成系统、自成一体、自适其用，因而不仅都具有正当性，而且彼此之间无法完全替代。

三是"常道"性。每一种文明之道都有某种作为其灵魂和基本精神的"常道"，就像共同的语言一样为该文明成员所共享共由（通衢大道），因而是彼此之间得以相互交流、相互凝聚并实现文化认同的基础性平台，是该文明各成员得以形成一个生命共同体的基本纲维，并成为其根基与灵魂。就其存在方式而言，常道就是被视为"天经地义"的主导性共识并因此体现为典章制度和社会礼俗，故而常为共同体成员"日用而不知"、"习焉而不察"。所有反对和质疑之声以及各种思想和理论之争，都以之为前提和基础并最终以之为归宿，即不是从根本上否定它，而是从不同层面和方面来充实它和完善它。

现代儒学之所以应成为现代中华文明的"常道"，主要是基于如下四个原因。

首先，从历史传统来看，中国在近两千年以来长期都以儒学为"常道"。如所周知，经过反复探索与实践，中华文明至少从西汉时期开始，便将儒学确定为其最基本的修齐治平之道，突出标志就是使儒学获得了经学形态，从而成为了中华文明的"常道"。此后虽经玄学兴起、佛学流行，却始终不能取消儒学的这种"常道"性，尤其是通过宋明理学的努力，儒学的这种地位更加稳固。历代儒者为了维护儒学的"常道"性，实际上也在不断吸收其他各家思想，努力扩充和提升儒学传统。总之，正如牟宗三先生所说，从古至今发展了几千年的儒家所代表的就是中华文明的"常道"，一如"家常便饭"般为人人所需而不可或缺，故而儒学"不可视为一套学说、一套理论，也不是时下一般人所说的某某主义"，"更不可视为教条（dogma）"①。余英时先生也曾指出，儒学"不只是一种单纯的哲学或宗教，而是一套全面安排人间秩序的思想体系，从一个人自生至死的整个历程，到家、国、天下的构成，都在儒学的范围之内。在两千多年中，通过政治、社会、经济、教育种种制度的建立，儒学已一步步进入百姓的日常生活的每一角度"，因此，它不止于一套儒家经典的教义，同时也是由此种教义影响而成的生活方式，"特别是制度化的生活方式"②。尽管在 20 世纪的现代化进程中大多数人们似乎不再相信儒学，甚至要打倒"孔家店"，但对于近两千年以来的中华文明而言，儒学确实具有这种"常道"性格。

其次，从现实情况来看，现代中华文明迫切需要却尚未建立其"常道"。如前所述，每种文明都须以其常道作为其文明之道的内核和人心风俗的纲维，否则便不易形成社会共识，不易凝聚为生命共同体，徒见众说蜂起而无所折中，异议纷纭而无所归宿，如此，在文化思想上必不能自主自立，在国家建设上亦不能戮力同心。中华文明自进入现代社会以来，虽已通过艰辛努力建成独立国家，却迄今未能完整建立起自主自适的现代文明之道。因此，对于中国究竟要走何种现代化道路，中国社会究竟要建成何种现代社会，中国国民究竟要成为何种现代公民，虽有各种主义和理论在不断讨论和争论，但到目前实际上并未形成共识。从上述文明之道的各当性和中华文明的历史传统来看，有望成为现代中华文明之"常道"的，只可能是有着悠久传统、深厚基础、丰富经验的儒学传统转化出来的现代儒学。

再次，从全球现代化运动的进一步展开来看，也要求作为"儒教文明"的中华文明建立其常道，从而建立起不同于西方的另一种现代文明之道。最近几个世纪的现代化运动，基本上都是以现代西方的文明之道为圭臬。但人们逐渐发现现代西方的文明之道虽然给全人类带来了极大发展，但由于过分夸大人

---

① 牟宗三：《政道与治道》，台湾学生书局 1991 年版，"新版序"第 1—2 页。牟先生的这一说法源自熊十力。熊氏所著《读经示要》第一讲便是试图阐明"经为常道（以经明示常道，故遂言经为常道），无时可离，无地可离，无人可离"。我提出文明之道的核心是常道，主要就是受到熊、牟二先生的启发。

② 余英时：《现代儒学论》，上海人民出版社 1998 年版，第 230 页。

类中心、主体自由、科学思维、工具理性、革命进步等现代性观念，也造成了日益严重的现代性困境，带来了许多难以克服的极大流弊。现在，这种代性困境和流弊不仅没有消除，而且扩散到全球，情况越来越严重。为此，近百年来许多有识之士都在深刻反思西方现代性观念的片面性，力求重建更为健康合理的第二代现代性观念。人们也逐渐意识到，重建第二代现代性观念的这一任务已无法由西方文明单独来完成，而必须由各大文明依靠自己的传统和智慧，自主探索适合自己的解决途径。换言之，第二代现代性观念的建立过程，实际上就是现代性观念的分殊化过程，也就是各大文明依靠自己的传统和智慧自建其现代之道的过程。如上所述，一向被视为儒教文明的中华文明很可能只有以现代儒学为其"常道"，才能真正建立其现代之道。作为不同于西方的另一种现代文明之道，以现代儒学为"常道"的现代中华文明之道不必取代其他文明之道，却具有极为重要的世界史意义，它不仅将更好地解决占世界五分之一人口的中国的现代性问题，也将对其他文明解决其现代性问题有着十分重要的启示作用。

最后，从现代儒学自身来看，它实际上从一开始就以现代中华文明的"常道"自任。早在19世纪下半叶的洋务运动时期的文化论战中，"中体西用"的文化观就已逐步定型。① 此种观念的实质就是既主张吸收西方文明，又强调须以中国固有的文明之道尤其是儒家之道为其常道。戊戌变法前后，康有为更将孔子之道说成是"圆周溥博，四通六辟，无所不在"、"浃乎天人"的"公理"，"对于欧米民主之政，国际之学，及一切新说"皆能"范围"，故"不限乎一国，不成乎一世"。② 这实际上是试图以一种普遍主义思路来论证儒家的"常道"性格。至20世纪以梁漱溟、熊十力等人为代表的现代新儒家兴起，就更加明确地主张应以现代儒学作为现代中华文明的"常道"。除了熊十力、牟宗三明确使用"常道"一词提出和论证这种主张之外，贺麟的《儒家思想的新开展》亦可视为系统论证这种主张的最重要的文献之一。③ 上引干春松的言论表明，近年兴起的大陆儒学正是试图进一步强调这种主张。

正是基于上述缘故，现代儒学的历史使命就是力图成为现代中华文明的

---

① 参见丁伟志、陈崧：《中西体用之间》，中国社会科学出版社1995年版，第155—173页。

② 参见《康有为全集》第11集，中国人民大学出版社2007年版，第244页；第6集，第3页。

③ 参见贺麟：《文化与人生》，商务印书馆1988年版，第4—17页。

"常道"，即成为现代中华文明之道的灵魂和核心。

二、现代儒学的基本规模至少包括四大层面

"道也者，不可须臾离也，可离非道也。"《中庸》此语不仅适用于个人，亦适用于每一种文明。在被迫卷入源起于西方的现代化运动后，中华文明循其传统之道已不足以应付局面，便不得不力求建立其现代之道。但现代之道的建立与传统之道的失效实际上是同时的，传统之道在哪个层面和方面失效，现代之道就在哪个层面与方面发育。传统儒学虽是中华文明传统之道的内核，但它作为"常道"、作为全体大用之学实际上渗透到整个文明之道的每一层面和方面，任何层面和方面的失效和重建都意味着这一"常道"的新变。因此，现代儒学并不是在传统儒学完全失效时突然出现，而是传统之道所面临的危机不断加深、传统儒学不得不由表及里地接纳现代西方文明之道的过程中逐渐萌芽并发育的。简言之，现代儒学的孕育过程就是中华文明传统之道尤其是作为其"常道"的传统儒学不断失势的过程。只有从这种视野出发，我们才能比较准确地把握现代儒学的孕育过程及其由此开展出来的基本规模。

从这种视野出发，现代儒学最迟从 19 世纪下半叶就已开始萌芽和发育。如所周知，魏源在鸦片战争之前就已主张儒学应当成为"以经术为治术"的经世致用之学，鸦片战争爆发之后，他便提出了"师夷长技以制夷"的口号，并对现代西方的政治制度乃至国家体制予以了肯定，如认为美国的民主选举制及三权分立制更能体现儒家所主张的"公"、"周"原则，这说明他已主张应在这些层面对传统的中华文明之道加以改进。为此，他明确提出不能再将西洋科技视为"淫巧"，而应当视为"竭耳目心思之力以前民用"尤其是"足国而足兵"的"奇技"，正可谓"技可进乎道，艺可通乎神"；他又提出"自古有不王道之富强，无不富强之王道"，主张凡是有益于国计民生的各项事业与技艺"皆性命之精微流行其间"，因而都有必要去研究和讲求而不可轻视。① 这表明，魏源事实上已在试图将传统儒学转化成可以应付现代局势的经世之学。

正是沿着这种思路，到洋务运动时期，逐渐意识到中华文明面临"千古变局"的人们便明确主张应在传统儒学的基础上发展出"体用兼备"的"实

---

① 参见李清良：《湖湘文化名著读本·哲学卷》，湖南大学出版社 2012 年版，第 157—183 页。

学",这是中华文明试图建立其现代之道的第一次正式探索,也是现代儒学珠胎暗结的第一个节点。这种"体用兼备"的"实学"主要是在"用"的层面大力吸收"西学"及其研究和发展学术的制度与方式。为了解决外来新学和作为"常道"的儒学传统之关系,儒者们逐渐形成了"中体西用"的观念。依据这种观念,作为"体"或"常道"的似乎仍是传统儒学,但由于它积极容纳现代西学以为己"用",便不再是之前的传统儒学,而已孕育了现代儒学的萌芽。换言之,在洋务运动期间形成的以"中体西用"为基本原则、以体用兼备的"实学"为基本内容的儒学观念已可视为初具形状的现代儒学之胚胎,是现代儒学发育的第一个明显起点。其主要倡导者就是于咸丰、同治期间逐渐成长起来的政要如曾国藩、李鸿章、郭嵩焘等人,故而常被后来者称为"咸同诸公之学"。相较于后来的发展,"咸同诸公之学"的最大特色有四:一是可付诸实践而不仅停留于口说,二是既能主动积极地引进和吸收西学又能坚持文明之道的各当性和自主性(或如陈寅恪所说的"不忘本来民族之地位"),三是注重培养新型人才并以此造成新的社会风气(见曾国藩、李鸿章于1871年联名合奏的《拟选聪颖子弟赴泰西各国肄业折》),四是特别强调循序渐进、稳健推进而反对急功近利、遽求功效。

19世纪末甲午海战的失败是现代儒学发育的第二个节点。对于当时的中国士人来说,这场战争的失败表明,要建立使中国富强的现代之道,不仅要学习"夷技"、"洋艺"与"西学",还必须比洋务运动更为深广地采纳西方现代之道,即要学习属于"治国之道"层面的"西法"。这意味着,现代化运动已经开始侵逼扩张到中华文明之道的核心地带。于是便出现了一个巨大的历史性难题,如何既"维新变法"即吸收西法,西道又能维护"中体"、"常道"?由此出现了在理据、程度和方式上都有不同的两种"维新变法"方案。一是以张之洞、陈宝箴等区域性行政长官为代表的稳健派,他们由于"历验世务"即深谙中国政治与社会的实际情况,主要通过缩小"中体"和"常道"的范围以有限地吸纳西法、西道这种方式来解决上述难题,并力主自下而上、循序渐进的方式。二是以康有为、梁启超、谭嗣同等新晋士人为代表的激进派,则主要通过将儒学说成包含普遍"公理"并"广张万法"从而包含西法与西道的"孔教"这种方式来抽象地解决上述难题,并力主自上而下、全面骤变的方式。①

---

① 参见陈寅恪:《寒柳堂集》,生活·读书·新知三联书店2001年版,第167、203—204页。

第一种思路在当时实占主流，第二种思路则为绝大部分人所反对，并被指斥为在理据上是"附会"，在程度上是"尽变"，在方式上是激进。在维新变法以"戊戌政变"暂时宣告失败之后，这两种思路渐呈互相靠拢之势，但中华文明的传统之道更见颓势，作为其"常道"的传统儒学也日益失效，科举制度废除、书院改为新式学堂、经学课程停开等等就是其具体表现，不过现代儒学以及中华文明的现代之道已由此（特别是康有为的探索）获得了进一步发育，即不再仅有"技"与"学"的层面，也已初步生长出"政"与"教"的层面。

五四新文化运动的兴起，是现代儒学发育的第三个节点。自甲午海战失败尤其庚子事变之后，为了挽救民族危亡，实现国家富强，政治改革优先论开始成为中国思想界最为流行的议题，然而在辛亥革命成功推翻帝制之后，随着袁世凯复辟称帝及二次革命失败，政治改造的成果在瞬息间被扫除殆尽，于是许多曾经热衷于政治改造的社会精英便在深深的失望与反思之中转而倡导社会改造，由此逐渐衍生出五四新文化运动。① 作为典型的现代性事件，五四新文化运动实际上是一次全面倡导现代西方文明之道的社会改造运动，故其主潮是一方面大力倡导现代西方的民主、科学、新道德和新文化，一方面不加分析地激烈反对中国传统文化特别是作为其"常道"的传统儒学。这意味着中华文明的传统之道至此已面临着更为严峻的冲击与危机，并在整体上已基本失效，正如陈来教授所说："新文化运动继承了清末民初的放逐儒学的运动，继续把儒学从伦理的精神的领域放逐出去。因此，经过新文化运动，儒家文化的整体已经离散、飘零。"② 但梁漱溟、熊十力等少数学者却认为，中华文明要真正建立其现代之道，就必须坚持中国文化的主体性并以现代儒学为"常道"。为此，他们极力倡导"儒家思想的新开展"，形成了今天所说的"现代新儒学"。现代新儒学的主要任务，从表面上看，似乎只是回应作为五四新文化运动主潮的那种激烈反对和否定传统文化的倾向，实际上却是反对完全否定中国文化的"全盘西化"的现代化道路，反对完全与传统割裂并以工具理性否定价值理性和人文智慧的现代之道，试图以现代儒学为基础建立起中华文明的现代之道，从而开辟一条既能维护中国文化主体性又能充分吸纳西方现代文明的现代化道路，一条现代与传统相交融、科技理性与人文智慧相统一的现代化道路。较诸之前

---

① 参见邹小站：《政治改造与社会改造：民初的思想争论》，《史林》2015 年第 1 期。

② 参见陈来：《百年来儒学发展的回顾与前瞻》，《深圳大学学报》2014 年第 3 期。

的探索，现代新儒学的最大特色是主要采取了"哲学"的方式和形态，遂使现代儒学初步发育出形上之"理"与"道"的层面。这是传统儒学在否极之势中最后一点微阳的浴火重生、贞下起元。

在正常情况下，现代儒学接下来的努力便是在此基础之上进一步发育。但由于中国政治局势的剧变，导致儒学传统及作为载体的各种制度和礼俗在新中国面临着有史以来最为严重的冲击，遭到严厉批判甚至被彻底否定。在这种情况下，现代儒学本应开发展出"礼"与"俗"的层面，但它在当时已经几同于现代社会的怪胎，就连维持已有的那点生机都极为不易，遑论参与现代社会礼俗的建设。幸赖避处港台或海外的少数学者如钱穆、张君劢、牟宗三、唐君毅、徐复观等人继续沿着现代新儒学的道路向前推进，从而形成了人们常说的"港台新儒学"。通过他们及其后继者的不断努力，现代新儒学获得了进一步发展，不仅对港台地区的现代社会文化建构发挥了一定作用，而且在两岸关系渐趋缓和之后对大陆学者重新认同儒学与中国文化传统产生了很大影响。

真正成为现代儒学发育的第四个节点的，是自 20 世纪末尤其是本世纪以来在中国大陆逐渐兴起的"国学"热潮。这一时代潮流的实质就是在中国现代化进程日益加深的情况下向中国文化主体性的逐步回归。作为一个广泛的社会思潮，它与百年前的五四新文化运动颇为相似，但在方式和方向上却恰好相反，它主要是对中国文化传统礼俗和经典的认同与回归而不是批判和否定首先，并且基本上是由社会民众自发形成的，而不是由少数知识精英振臂高呼造成的。更重要的是，随着中国经济的高速发展和综合国力的大幅提升，中国政府也于近年明确提出，为了实现中华民族的伟大复兴必须大力继承和弘扬中华民族的优秀文化传统。这显然是试图以中国文化自身的传统和智慧为基础和主体建立现代中华文明之道，从而真正走出一条具有中国特色、符合中国实际的现代化道路。正是在这种思潮和背景之下，"大陆新儒学"以一种相当高调的姿态出场。相对于现代新儒学，"大陆新儒学"的突出特点有三：一是不再满足于对中国文化主体性的防御性辩护和论证，也不再将西方文明的现代之道视为天经地义、金科玉律，而是理直气壮地主张以中国文化尤其是儒家传统为基础建立中国的现代之道；二是不再满足于哲学化、知识化的现代儒学形态，而是要求现代儒学成为"新经学"或"公民宗教"甚至是"国教"，也就是要成为现代中华文明的"常道"；三是不再满足于义理辨析和理论研究，而是要求现代儒学积极参与现代中国的各项制度建设以及人文社会科学的研究和建构并能发挥实际作用。由此可见，"大陆新儒学"实际上是继承和发展了康有为时代的那种进路，即着重从"政教"层面建构现代儒学。换言之，这是一种可称为"新康有为主义"的现代儒学形态。正因如此，力倡"大陆新儒学"的学者便不再像之前那样以现代新儒学，而是以康有为的儒学探索视为整个现代儒学的开端，干春松教授的《康有为与儒学的"新世"》一书就是对于此种看法的系统论述。但本文的分析表明，将洋务运动形成的以"中体西用"为基本原则、以强调"实学"为基本内容的咸同诸公之学视为现代儒学的开端也许更为如实。

上述分析表明，在面对现代西方文明日益强烈的冲击与挑战时，中华文明虽然是节节败退，但并非一味被动地退守，亦非在旦夕之间立即改途换辙，而是从一开始就主动地容纳与吸收现代西方之道，并对传统的文明之道尤其是作为"常道"的传统儒学不断加以调整和更新，于是为现代中华文明之道，也为现代儒学渐次开展出三个主要层面，首先是较为形下的"技"与"学"的层面，其次是较为核心的"政"与"教"的层面，最后是最为核心的形上之"理"与"道"的层面。除此之外，还有一个相当重要的"礼"与"俗"的层面，虽然现代儒学一直未及亦未能正式开展出来，但在近年的民间儒学中已经初现端倪，最近几年逐渐流行"祭孔"、"成年礼"以及"汉服"便是其表现。其实，早在19世纪70年代，中国第一任驻外大使郭嵩焘通过数年对西方国家的实地考察，就已非常明确地意识到传统的中华文明之道与西方现代文明之道的主要区别就表现在上述四大层面。① 总之，自19世纪下半叶以来的中国历史表明，无论对于中华文明的现代之道来说，还是对于现代儒学而言，"技"与"学"、"政"与"教"、"礼"与"俗"以及"理"与"道"这四大层面实际上都是不可或缺的，中华文明的现代之道不同时包含这四大层面便不算完全建立，现代儒学不同时包含这四大层面便不可能成为现代中华文明的"常道"。这意味着，不管我们将最近百余年来哪一阶段的儒学探索确定为现代儒学的开端，都不可能将其视为现代儒学的基本规模和完全形态。

因此，现代儒学尽管已经孕育了一百余年，但到目前为止并未完全发育成型，甚至可以说它仍是一个尚未分娩的胎儿。现代儒学要想完成其历史使命即成为现代中华文明的"常道"，就必须首先获得完全的发育而成为全体大用

① 参见李清良：《湖湘文化名著读本·哲学卷》，湖南大学出版社2012年版，第244—254页。

之学。这就需要它继续在"技"与"学"、"政"与"教"、"礼"与"俗"以及"理"与"道"等层面不断进行探索与实践，充分利用大家的能力和智慧合理、合情、合时地解决传统与现代、中国与西方、人文与科技、理性与信仰等时代难题。诚然，由于时代条件、个人材性和现实机缘的不同，我们在从事现代儒学的建构时不得不对于其中的某一层面有所偏重，但这并不意味作为全体大用之学的现代儒学本身可以有所偏废。

（作者简介：李清良　湖南大学岳麓书院）

新儒家哲学的动力学与类型论

沈享民

历来讨论宋明新儒家哲学之分系的学者与论文已多。然而，为什么要探讨此一主题？无论分系的主张如何，这对学者深入了解宋明新儒家哲学有何正面意义？哲学理论的型态区分［以下称一般所谓的"分系说"为"类型论"（typology）］与哲学史的动态发展［本文称之为"动力学"（dynamics）］是否相互牴触？针对这些问题，历来似无深入的反思。本文拟透过省察劳思光所倡议的、笔者所谓哲学发展的动力学——新儒家哲学的"一系三阶段说"，改良并贯彻牟宗三之著名的三系说——伊川朱子系、象山阳明系、五峰蕺山系，导向一可能的且严格的新儒家哲学类型论。

一、释名言

首先应指明的是：本文所谓的"类型论"不完全等同于一般新儒家哲学的研究者所言的"分系说"；虽然两者相近，但笔者另有用意。一般来看，历来探讨宋明理学之"分系"，或未设立一可靠的标准并证成之，或不能囊括大多主要的哲学学说而有所遗漏，甚或虽有标准，却未能贯彻，以至于分系不严。笔者冀望能藉此文批判地考察历来重要的分系方案，意在避免上述缺失，通过本体的理解、心性的体认、工夫的实践等问题的各个方面，指出在新儒家哲学之内部划分严格系统的可能性，故拟设"类型论"一词以表示之。

在知识论的讨论里，关于信念的合理结构及其证成的问题，区分了基础主义（foundationalism）、融贯主义（coherentism）与可靠主义（reliabilism），可说是当行学者的常识；就规范伦理学的研究来看，义务论（deontology）、目的论（teleology），以及德性伦理学（virtue ethics）的分别也是学者耳熟能详的。这些区别都有严谨的理据，并非随意泛指，故成立一定规模的学问思路。在笔者构想的新儒家哲学之类型论中，希望通过本体、心性与工夫等问题的考虑，能达到上述类似的区分效果，方便研究者掌握新儒家哲学的内在条理与门径，以利后续研究。

本文不能详细讨论特定的义理主张，不重构某一哲学家的体系，也不诠释任何哲学义理及其蕴涵，而是聚焦于已有的类型判准的建立与应用，指出其限制，以谋求新判准的可能性，乃属于后设的或第二序的言说（meta—or second—order discourse）。

与习称的"宋明理学"相较，本文所谓"新儒学"（"Neo—Confucianism"）的范围较广，不只包括宋、明两朝的哲学主流，也因本文尝试建构类型论的缘故，没有先天的内在理由排除元、清两代的义理思想。但"宋元明清理学"一词并不通行，读来也嫌冗赘，故不取之。其次，在相关讨论的文献方面，本文较多地涉入"当代新儒家"（"Contemporary Neo—Confucianism"）①与现代儒学（new Confucianism）的建树。前后综合言之，本文取名为"新儒家哲学"（"Neo—Confucian Philosophies"）较为适当。

更有其他的具体理由论述如下：

"宋明理学"一词，越过元代，截去清世，标举宋、明两朝，其缘由多端。②衡诸史变，元国祚仅九十七年（1271—1368），学术思想以程朱理学为主流，其实质为"和会朱陆"③，为南宋两大家学说之流亚。有清一代，考据学独盛，义理之学方面又似乎没有匹敌朱、王的大儒，甚至时至今日始有重建清代义理学的呼声。且清季中叶以后，西方文化影响中土日益巨大，情形益发复杂。是以，"宋明理学"之名义高扬宋、明，略去元清，亦未可厚非。

然而，"理学"一名颇有歧义，以至于以"理学"涵盖宋、明两朝义理学发展亦成问题。"理学"之名成为两朝义理学的代名词，似与程朱理学日后成

① 指熊十力、唐君毅、徐复观与牟宗三等接续宋明理学而发展的当代儒家哲学之系统。

② 其中一个理由谓元、清两朝乃外族入主华夏，蛮夷本无文无学也。然而，物换星移，自今视之，此一理由恐怕难以再成立。

③ 参见陈荣捷编：《元代之朱子学》，《朱学论集》，万先法译，台湾学生书局1988年版，第299—329页。Wing—tsit Chan, "Chu Hsi and Yüan Neo—Confucianism," in Hoklam Chan and Wm. Theodore de Bary, ed., *Thought*: *Chinese Thought and Religion under the Mongols*. New York: Columbia University Press, 1982, pp.197—231。

为正统官学有关。且不说"程朱理学"之"程"恐不能同指程颢（明道）、程颐（伊川）的哲学思想（见后）。在程朱理学之外，宋、明两代之中又有陆王心学与之抗衡。黄宗羲说："有明事功文章未必能越前代，至于讲学，余妄谓过之"①，此处所谓"讲学"所讲之学何指？"独于理学，前代之所不及也。牛毛茧丝，无不辨析，真能发先儒所未发"②。可见，黄宗羲所谓"理学"包含了宋、明两朝的义理思想。他虽仍泛称为"理学"，但已自觉宋、明两代有所不同。甚至，观《明儒学案》可知，明代哲学之中心为王阳明思想，而自今日反思之并以哲学地检视之，陆象山、王阳明之"心即理"绝不能化约或等同为程颐与朱熹之"性即理"，是故，心学不等于理学。所以，世称"理学"与"心学"双峰对峙、两流竞奔，并非无故。

就以上所论，本文不取名为"理学"或"宋明理学"，以避免不必要的误解。

本文标为"哲学"者，一则悉自哲学眼光省察新儒家义理之学（即凭借现代学术分科下哲学一门的特殊取向与方法言之），二则亦避免顾炎武以下"经学即理学"之争议（即不取径于经学考证训诂之途）。而所谓"新儒家"者，非传统用语，需厘清交代。依刘述先，"新儒家"一词在 20 世纪初只是一泛称，后来成为学术上专有名词，且先流行于西方，后来才为中文学界普遍接受。冯友兰早在 1924 年的博士论文与 1926 年修订后的中译本，"Neo—Confucianism"与"新儒家"各是其中的一章。后来，冯出版《中国哲学史》两卷本，仍沿用"道学"旧名而不用"新儒学"，显然无意把"新儒学"用作中文学术讨论的专有名词。冯友兰在 1948 年以英文出版的 A Short History of Chinese Philosophy 一书中，宣称新造的"Neo—Confucianism"乃是用来与传统用语"道学"对等翻译的。1953 年，Derk Bodde 英译冯著《中国哲学史》下卷出版，又译"道学"为"Neo—Confucianism"，始为西方学者所普遍接受，后回传中文学界，遂日益流通。③

---

① 黄宗羲：《明儒学案·序》，中华书局 1985 年版，"序言"第 7 页。

② 黄宗羲：《明儒学案·发凡》，中华书局 1985 年版，"序言"第 17 页。

③ 参见刘述先：《有关理学的几个问题的再反思》，《现实与理想的纠结》，台湾学生书局 1993 年版，第 240—262 页。并见刘述先：《现代新儒学之省察》，《现代新儒学之省察论集》，台湾"中央研究院"中国文哲研究所 2004 年版，第 125—139 页。

虽然此词仍有争议①，但笔者认为仍有其不可取代的好处，故取而用之。其一，"新儒家"仍可指出传统"宋明理学"所指涉的范围，而外延较后者为广，可涵盖元与清的儒家哲学发展，无论理学或心学，抑或是以"气"或其他概念为首出的流派。其二，使用"理学"，不免涉入传统理学与心学之争，遮蔽了这一段哲学史及后续发展的许多有意义的哲学问题。传统上理学与心学两分对立的刻板印象，造成日后研究的过度模式化处理，非此即彼，别无其他可能。而"新儒家哲学"或无此副作用。理学与心学两者分立之过度的模式化处理，一直到当代中国哲学仍然延续下去，论者称之为"新理学"与"新心学"的对峙。② 其三，儒家学说在先秦时期的创发阶段，一般迳称"先秦儒家"，也有学者称之为"古典儒家"（"Classical Confucianism"）或"原始儒家"（"Primordial Confucianism"），而使用"新儒家"之名，自可表示儒家之后续发展。进一步，何谓"新"，是否受佛老学说之刺激、影响或窜入等问题，在不分疏"新"之所以为新的情形下，仍可保持创造性的模糊空间。其四，以西方文化的积极影响为标志，以新学术之建立为界线，而有"当代新儒家"兴起；有论者称之为儒家的"第三期发展"，正反映先秦儒家伊始初创，而宋以后之发展概称之为"新儒学"。

二、两系说与三系说及其评议

以下简明论述探讨新儒家哲学之类型论已有成绩。兹先说明区分新儒家哲学为理学与心学的"两类型论"（或谓之"二系说"。）

两类型论最为流行，即前述将新儒学分为理学与心学两大系统的说法，笔者拟假借劳思光的批判点出其中所蕴涵的问题。就笔者阅读所见，这是迄今最有力的驳论。劳思光言二系说："自明代以后即日盛，至今人习言之，似已成为'常识'；然详按之，则在史实与理论两面，皆未见其可取。"就史实言之，可知理学与心学视为对峙之两系，乃后世逐渐形成的说法，在朱、陆诸人

① Hoyt Tillman, "A New Direction in Confucian Scholarship: Approaches to Examining the Differences between Neo—Confucianism and Tao—hsüeh," *Philosophy East and West* 42, no. 4, Oct, 1992.

② 最明显的莫过于冯友兰，参见冯友兰：《中国哲学史新编》第七册，台湾蓝灯文化1991年版，第七十八章、第七十九章与第八十章。

亦尚无此意，程朱与陆王皆未各自标举"理学"与"心学"旗帜。若就理论一面观之，劳思光说："二系对峙之说如能确立，必须有确立此种对峙之条件"，亦即，双方"在基本方向上有不可解决之冲突，双方不能纳于一共同标准下以判断其得失"。但在劳思光判定下，两类型论并非如此。一则双方皆欲复兴先秦儒家孔孟之教，则在基本方向上本无不同；其次，既有共同目的，"则达成此目的之程度高低，即直接提供一判断标准。而就理论内部言，理论效力之高低，亦非不能比较"。换言之，劳思光评破两类型论诉诸历史标准与理论标准。也就是说，孔孟之教并非宇宙论中心，也非形上学混合宇宙论系统，直是一心性论哲学，而世之所谓"程朱理学"与"陆王心学"，在劳思光的解释下，达成回归孔孟的高低程度立判，此乃就历史标准论之。再者，就理论标准来评价伊川之纯粹形上学系统与朱子之综合形上学的宇宙论系统，劳思光极力论证两者的理论效力俱不如陆、王的心性论的主体性理论。是故，劳思光论断，所谓两类型论根本不具备对立的条件，成立的基础十分薄弱。[①]（至于理论标准方面，何以宇宙论形上学的混合系统与纯粹形上学系统的理论效力俱低于心性论哲学，此有关于三类型论或三系说，则详见下文。）

诚然，劳思光针对两类型论或二系说提供了十分有力的批判，但尚有商榷余地。第一，诉诸太多的自家哲学之理论建构。第二，实践方面的工夫理论在此一批判中从未被考虑。第三，劳思光似乎要求新儒家哲学的类型区分（劳思光说为"分派"）必须在理论上至少能够相互"对峙"，或效力相当，否则类型区分或分派失去意义。对本文而言，第三点尤其值得进一步思考。

本文对两类型论或二系说的思考暂时停止于此。以下论述三类型论（即一般所谓的"三系说"）。

方东美晚年以英文撰写 *Chinese Philosophy：It Spirit and Its Development*（《中国哲学精神及其发展》）一书，该书在方氏去世后方才出版，中译全本尤为晚出，影响不甚显著。书中讨论新儒学系统，在原始儒家、原始道家、中华大乘佛学三足鼎立之外，吸纳融汇三者又赓续发展，成就"时空兼综"的哲学交响乐。方东美衷心欣赏原儒、老庄与大乘佛学，而平视与议论新儒各家，区分新儒家为三型态，即唯实主义（realism）、唯心论（idealism）与自然主义

---

① 以上所述，请参见劳思光：《新编中国哲学史》第三卷上，台湾三民书局1981年版，第40—62页。

（naturalism），接续出场于宋以后的中国哲学史舞台。

唯实主义有甲、乙、丙三式。甲式下赅周敦颐、邵雍与张载，乙式涵指程颢与程颐，丙式则为朱熹的综合体系；唯心论不外陆象山与王阳明的心学；自然主义又分三派：王船山的功能主义、颜元与李塨的实用主义与戴震的物理主义。以上各家依时间先后一一论述，可说是型态区分与动态发展两边兼顾。然而其理据为何？方东美说："新儒各派思想之枢要，在于强调'理性遍在'乙旨。……盖前期新儒，乃外倾型思想家，自欲将理性作用推之向外"，似乎是指唯实主义的北宋五子与朱熹。继曰："余如象山、阳明等则属内倾型，其理性之范围乃在于心界，虽然，心摄宇宙全体"，明确标举心学前后两位大师。然而，方东美又续曰："后期各家，如清儒颜元、李塨与戴震等，非实用主义者，即自然主义者，然其同反形上学之立场则一。故其于超越界之重要性，以及特属该界之玄理运作等，概斥同无用"①，统指晚明以降的自然主义思潮各派。

由此观之，新儒家的唯实主义与唯心主义之分，似在理性作用的内、外方向之别；而自然主义的反形上学立场，根据厥在否认思辨理性（speculative Reason，即前所谓"玄理"）之作用与价值。方东美全书以中国形上学的演变步骤与质量为讨论焦点，可以推见他对自然主义新儒家的评价似乎不高；对唯实主义各家则褒贬不一，从中透露个人的观点，也闪烁洞见。唯独对王阳明之心学总无异辞，说其"内在理想性原理"，深心领会"价值之最高统会固充分呈显于吾心，同时，亦呈露于遍在万有之'心体'，而为一切万有之所同具者"②。

然而，除去上述数语，方东美对"唯实主义"、"唯心论"与"自然主义"等语词没有更进一步的解释，虽然读者可以多少领略其意。但方东美却对自己考察新儒家哲学的类型区分与演变关键欠缺理论的反省与说明，更没有形成一套方法与评价的理论。而这些理论的要求（theoretical requirements）俱在劳思光的《中国哲学史》（第三卷上）得以满足。

---

① 方东美：《中国哲学精神及其发展》（下），孙智燊译，台湾黎明文化 2005 年版，第 29 页。

② 方东美：《中国哲学精神及其发展》（下），孙智燊译，台湾黎明文化 2005 年版，第 136 页。

三、一系三阶动力学

劳思光陈述与评价自宋初至清代道光以前一段之中国哲学思想，谓之为"晚期"中国哲学，道光以后，西方势力进入中国，历史进入一新阶段，一切制度与思想皆须在近代或现代之配景中观察与了解。笔者以为，劳思光此一裁断，与本文所谓"新儒家哲学"之不限于宋明的理学的说法相合。而晚期中国哲学之主流无他，就是回归先秦本义的新儒学，摆脱中期哲学所留下的限制（所谓"中期哲学"，即自汉以降以至隋唐的哲学思想）。此可自两方面言之：一是儒学内部问题，关涉汉儒之伪冒的儒学理论，与纯正儒学有别（"纯正儒学"指谓孔孟之"心性论中心的哲学"），此即"宇宙论中心的哲学"；二是对抗外来压力的问题，此即关涉佛教的价值观问题。为简明起见，本文兹先略说劳思光所指出第二方面。

佛教哲学是一与先秦儒学不同的心性论哲学，其精彩皆在价值问题上。欲与佛教哲学的价值论一争短长，不能不抛弃宇宙论中心哲学，而走向心性论中心的哲学。是以，自宋以降，学者若不自创理论，则势必逐步回归孔孟之心性论。劳思光论证：就理论层级说，"宇宙论中心之哲学"（无论是汉儒或宋儒）本身乃幼稚思想，无法抗衡佛教。于是，可回过头略论上述第一方面。

就历史意义说，汉儒的宇宙论中心哲学是违背孔孟者，且在理论意义上，亦是退化堕落："盖所谓德性与价值问题，决不能诉诸存在或存有领域。以宇宙论观念为基础而建立之任何价值理论，本身必粗陋虚弱。"[①] 有了此一线索，则可以进一步了解劳思光之新儒家哲学动态发展的论述。

一如成例，劳思光亦从开山破暗的周敦颐说起，但他对周敦颐的哲学评价不高。周敦颐哲学基本上未脱宇宙论影响，不过增多形上学成分而已。其后张载哲学亦大体如是。第一阶段的新儒学发展，可说是以"混合形上学与宇宙论之系统排拒佛教心性论，尚非以孔孟本义之心性论对抗佛教之心性论也"[②]。第二阶段实指二程与朱熹，二程兄弟之间立说自有异同，劳思光论断两人须以"性即理"之说为核心，遂引生一"纯粹形上学系统"。而程颢早逝，所留《遗

---

① 以上俱见劳思光：《中国哲学史》第三卷上，台湾三民书局1981年版，第1—6页。

② 劳思光：《中国哲学史》第三卷上，台湾三民书局1981年版，第5页。

书》中语录颇多歧义含混，争议较大（方东美也讥评程明道拙于逻辑分析能力）①。程颐建立一套脱离宇宙论的纯粹形上学，面目甚明，较之周张自是一进展。至于在理论层级上，何以形上学较宇宙论更高一筹，劳思光自有解释（详后）。虽然伊川不能真正完成重振儒学的任务而回归孔孟心性论，但值得一提的是，劳判定伊川之形上学已远胜汉儒之说，亦有进于周张之言。由此可见，劳对伊川评价较高，此与牟宗三低评伊川大大不同。伊川之后，朱熹宇宙论兴趣特强，故综合周张二程，仍不脱此一进程。

第三阶段即心性论重建之阶段，始于南宋陆九渊，大成于明代王阳明；二者皆"重'心'观念，即由'存有'归于'活动'，由对峙于客体之主体升往最高主体性。阳明主'良知'之说，最高主体性乃由此大明。至此，宋明儒学进至高峰"②。大体上说，自周敦颐至王阳明，方东美与劳思光两家所表述的新儒家哲学的动态发展大致相当，唯相对而言，劳对伊川评价不低，方则对伊川颇多不满，但对邵雍、张载较多肯定；两人同对周与朱颇有意见，但皆同意新儒家哲学的最高发展在王阳明。阳明之后，两家对刘蕺山都不甚看重（方仅寥寥数语，劳说"蕺山只是发挥补充（阳明学）而已"），反倒是牟宗三特为之表出，尝试证成其为"以心着性"、"归显于密"。

简言之，劳思光描述新儒学三阶段：自历史上的哲学家前后言之，不外周张、程朱与陆王。然而，劳说强调的是哲学系统在哲学史步步演变与回归，此即自"宇宙论混合形上学系统"，中经"纯粹形上学体系"，终抵"心性论中心的哲学"。若仅止于此，劳书只为一描述性的哲学史论述，只成就其一系列的进程说明；但劳书更进一步论证理论系统的层级与评价问题，如先前所简略提示，劳书颇费篇幅论证理论之高低或其评价之优劣，此则表示：以孔孟学说及其心性论中心的哲学分别为历史标准与理论标准，劳思光论证新儒家哲学之发展呈现为目的性力动成长的历程，而不止步于"进程"（progression）说明，也证成其为"进步"（progress）的演变。

至此，为较仔细说明这一点，必关涉哲学义理的类型问题，也就是一般所说的新儒家哲学（宋明理学）之"分系"问题。笔者的意思是，从类型论的

---

① 参见方东美：《中国哲学精神及其发展》（下），孙智燊译，黎明文化 2005 年版，"目录"第 64—65 页。

② 劳思光：《中国哲学史》第三卷上，台湾三民书局 1981 年版，第 5 页。

角度透视，而不从发展历程来看，劳思光所描绘的宋明哲学的三阶段，也可以当作劳思光眼中的新儒家哲学三系（三类型）。

简单地说，即将"天"与"理"对举：凡以"天"为第一序观念者，即近乎周敦颐思想的类型；以"理"为第一序观念者，则属于伊川类型。明道显然偏于前者，虽言"理"而特重"天"；伊川亦言"天"，但特重"理"；"如此，在理论意义上，自可视为两支。再配以特重'主体性'而以'心'观念为第一序之陆王诸人之说"，即成三系或三类型。①

事实上，劳思光所谓的"第一序观念"，似应可更严格言之，以便更彻底地完成其"分派说"（或说成本文所谓"类型论"）。也就是，第一序观念当指一般哲学系统上所谓的"primary concepts"（"首出的概念"）或"fundamental concepts"（"根本概念"），而不仅是最重要的概念或说及最多次数的观念。劳思光并未详细解释何谓"第一序观念"在哲学系统中的作用，甚至将各个派别铺陈在历史进程上，又评判其理论层级的高低。此一做法只极成哲学史史观的自己一家之言，不啻放弃建构真正的新儒家哲学"类型论"。

为了更清楚地论述本文目的，并与下文所谓"三类型论"相对照，笔者拟暂将劳思光所说的新儒学三阶段改写为三类型：周张、程朱、陆王恰可分别代表此三类型。各阶段中心观念，则第一类型以"天"为主要观念，混有形上学与宇宙论两种成分（依发展进程来看，周张阶段的两成分混合，亦代表了新儒家哲学的运动伊始即朝摆脱汉儒宇宙论的方向前进）。第二类型以"性"与或"理"为主要观念，淘洗宇宙论成分而保留形上学成分（尤以程颐哲学为纯粹形上学体系的代表。朱熹地位特殊，乃综合前两阶段，然在发展过程中，仍应划归第二阶段）。第三类型以"心"或"知"为主要观念，所肯定者乃最高主体性，故成为心性论型态之哲学系统（以层级论，王阳明心性论是新儒家哲学发展的最高峰；以方向论，王阳明学说亦达成回归孔孟原旨的目的）。

此三系说之根据在以第一序观念为判准。然而，劳思光却认为：若严判三系，则不能有共同的裁断标准。换言之，三系之间相互排拒〔所谓"排拒"，并不是彼此龃龉；或借用一语词明之，为"不可通约"（incommensurability）〕，否则无确定分系的理由，正如二系无确定对峙的根据一样。② 而此一共同的裁

---

① 参见劳思光：《中国哲学史》第三卷上，台湾三民书局 1981 年版，第 45 页。

② 参见劳思光：《新编中国哲学史》第三卷上，台湾三民书局 1981 年版，第 45—46 页。

断判准确实存在，即是先秦儒学。依劳思光，先秦儒学实即孔孟心性论。问题是，回归先秦原始儒学，固然是新儒家哲学脉动的方向与要求，但何以是心性论而非其他？只以《论语》与《孟子》为"唯二"的心性论文本，难道没有其他理论方向开展的可能？在理论层级上，心性论必高于宇宙论与形上学？关于这些问题劳思光皆意识及，并有明确扼要的论证。

事实上，劳思光自己并不主张三类型论或三系说，而是"一系三阶段"论。劳思光在证成己说之前，必先评破"二系说"（已见前述）与针砭"三系说"。此一针砭，特别表现在新儒家哲学三系（劳所论的周张、程朱、陆王）各自以其理论来肯定世界之存有与价值（而非佛教之舍离世界）的效力评价问题上。事实上，甚至更可化约为一个问题，即心性论如何证成其肯定世界的理论。就此而言，劳思光的论述表现了高度的抽象思考，论证颇为繁复，本文只能简明论述。

自周敦颐至朱熹，就"肯定世界"一问题来说，皆不就主体建立肯定世界之理据，而就存有建立肯定，也就是说以存有决定价值。具体言之，此一方式肯定世界又可分两型。其一，以《易传》"天地之大德曰生"为代表；其二，以《中庸》"尽性"观念为代表。周张与明道之说属于前者，伊川朱熹之说偏后者，劳思光分别名为"天道观"与"本性观"。两者在理论上皆有不可解的难题，无法自圆其说，而本文无法详述其曲折，只能指示其梗概。

就天道观论，天道是形上实有，亦为价值根源。天道普遍周流，万有一切均受天道所决定，何以有不顺天道的方向之可能？也就是说，"恶"之可能性无从说明。此其一也。若天道之内容为"生"，则就实际世界中"生"与"生之破坏"常相依而立，而天道之"生"的方向就是价值标准，顺此方向者为"善"，反之为"恶"。既然"生"与"生之破坏"相依而成，相伴而立，推之，在道德生活中则不见有善而不恶的行为。此之谓"背反问题"，此问题在天道观哲学亦无由得解。

本性观更为复杂。本性观设定万有各有其本性之理，以万有实现本性之理为价值标准。本性之理可在事中实现，亦可不在事中实现，未实现不碍理之存有。如此一来，肯定世界时不必说世界受天道支配，只须说世界为万理实现自身之"场"。此一思路，"重点全在超经验、超事象之理上，故伊川之学不重宇宙论，而成为纯粹形上学。就理论效力而言，本性观固胜于天道观。因无经验事实之牵累"。然本性观有其自身困难：其一，万有众多本性之实现的彼此冲突，本性究如何实现？对此，本文为简便计，兹不赘述。其二，本性之理的"存有地位"（ontic status）问题。简言之，本性之理既非经验对象，亦非科学上的理论元目（theoretical entity）或模型（model），也不是数学或逻辑般的形式存有者，是以其存有地位不明。

是以，劳思光论断，以本性之理及其实现肯定世界及其价值，本性观有其难题。其解决之道，必须转至一"心"或"主体"之观念，要求一"主体活动义"的本性之理的存有方式，近乎康德的"先验综合判断"，"舍此而他求，则其安立即有内在困难"。若然，此乃是以"主体性"为其原始观念，依此建立理或性的存有地位与意义，"则即是'心即理'之说，而非伊川朱熹一脉之说。程朱一支之儒者，固不愿接受也"①。

由此可见本性观的理论效力亦低于心性论，故陆王一系之学代表新儒家哲学之较"高"发展。总结以上，即为一系说之大体内容。劳思光不仅论证自周张，至于程朱，终抵陆王的发展线索；相应的，也论证宇宙论与形上学混合系统在理论层级低于纯粹形上学系统，后者又低于心性论哲学。实即，在肯定世界及其价值问题上，三者之理论效力由劣至优依序为天道观、本性观、心性论。而肯定世界的"肯定"如何在理论上建立？劳思光比较了存有论之肯定（Ontological theory）、形上学之肯定（Metaphysical theory）与心性论之肯定（衍生出 Subjectivistic theory，主体性理论）②，皆更详细说明上文旨意。此处仅补充说明主体性理论一项。

上文已论述天道观与本性观之困难，欲克服此一困难，必须在一主宰性观念下安顿"未定项"。所谓"未定项"，大意指的是不受天道之存有所决定，而为价值所以可能的根据。劳思光说明：

> 倘立一"主体"，涵有"最高自由"及"主宰性"，则"理"可视作主体正面活动之规律，而"世界"可视为反面活动之产物；此"正面"与"反面"之可能，即直接由最高自由推出。既有正、反两种可能，则"未定项"即可安顿。其次，世界之"违理"成分，亦成为一当然之事，盖世界本依反面活动而有，则世界不是"本来合于理"者；而主体既可做正面活动，则未合于"理"者又可由主体之活动变为合"理"。于是道德文

① 以上所述，皆见劳思光：《中国哲学史》第三卷上，台湾三民书局 1981 年版，第 51—62 页。

② 参见劳思光：《中国哲学史》第三卷上，台湾三民书局 1981 年版，第 79—90 页。

化之努力即亦可获得真实意义。……盖只须肯定主体对反面活动之产物，必须施以转化，使归于正面，则此处即是一对"世界之肯定"。①

无可否认，此处问题仍不少。首当其冲的是，何谓主体活动之"正面"与"反面"？此"正"与"反"语词是否预设一价值意涵？若是，则误蹈了"begging the question"的谬误。然而，劳思光认为此一立场就是严格意义的心性论，孔孟之原始教义即采取此一立场。至于主体性理论是不是完备的，则是另外一回事，但至少高于 Ontological theory 与 Metaphysical theory，亦即在肯定世界之问题上，心性论高于宇宙论与形上学。②

总而言之，若将劳思光所谓"宇宙论混合形上学系统"、"纯粹形上学体系"与"心性论中心的哲学"看成三类型的哲学系统，则必须认定三类型之间彼此对立排拒，类型划分始有意义。即认为宋以降的新儒家哲学运动有一方向上的归趋，即上述三类型理论皆以回归孔孟为目的，这是就历史意义标准来看。另外，自理论效力标准观之，劳思光论证三者高下得失，以后者最强，前者最弱。合此两标准立论，则导向劳思光的一系三阶段说，本文名之为新儒家哲学发展的"动力学"。

然而，从笔者的角度来看，一系说无异于搁置分系之议，类型划分不得极成。但劳思光的目的是写作一本《中国哲学史》，劳著不只依时序论述了中国哲学的发展进程，上起初民信仰，下迄乾嘉之世，而且也体现了自家的哲学史"史观"。必须特别指出的是，劳思光的中国哲学史并非提出一套"独断的"史观强加于读者，尤其在新儒家哲学发展的部分，劳思光俱出之以严格的标准、强力的论证与合理的诠释，不能不说有相当的成就。除上述"begging the question"之外，笔者仍愿再指出几点疑义以供讨论。

笔者在此只能简略论之。第一，从理论效力标准的应用来看，劳思光设立三系统，初看之下似乎斩截明确，然缺漏也在这一点。例如，劳思光从未考虑这三系统所指涉哲学家思想内部的实践层面。实际上，无论周张、程朱或陆王，无一没有工夫论，而劳思光所设立三系统却视而不见。换言之，所谓的"系统"却遗漏某些"子系统"，配备不全而不成其为一系统。例如，宇宙论混

① 劳思光：《中国哲学史》第三卷上，台湾三民书局 1981 年版，第 89 页。
② 本节文字部分取自笔者的另一篇论文而详略不同，请参见沈享民：《劳思光论儒佛之异：以肯定世界与否定世界的主体性理论为核心》，《哲学与文化》第 40 卷第 8 期（2013 年 8 月）

合形上学系统实际指的是周敦颐和张载的哲学，但是劳思光单单就其面临"存有决定价值"的难题指摘其理论效力不足。但张载哲学在新儒家中最具系统相，劳思光设定此一系统却完全略去其心性论，无怪乎如此判定，最终导致搁置分系。

为此，本文尝试在建构系统或类型划分方面考虑下列三个层面：(1) 本体的体知；(2) 心性的体认；(3) 工夫的践履。

第二，再从历史意义标准本身来看，劳思光指出此一标准能够"分观——学说，判定其与孔孟之原旨距离如何"，这一点极有益于将新儒家哲学看作一历史上的思想运动。毕竟，劳思光写作的是一部"中国哲学史"。但是，劳思光的"孔"、"孟"就是指《论语》与《孟子》两部书，将《易》、《中庸》、《大学》排除在外，其理由是否成立，本文无法详论。笔者只指出一点，就是《易》、《中庸》、《大学》难道不是新儒学各家从事哲学思考、建立系统的文献凭借吗？就新儒学各家来说，此三部文献正是先秦儒家自孔至孟一系的传世著作。克就这一点，牟宗三说：

> 《论》《孟》总有一客观地、超越地言之之"天"也。如果"天"不向人格神的方向走，则性体与实体打成一片，乃至由实体说性体，乃系必然者。此与汉儒之纯粹的气化宇宙论不同，亦与西方康德之前之独断的形上学不同。此只是一道德意识之充其极，故只是一"道德的形上学"。先秦儒家如此相承相呼应，而至此最后之圆满，宋明儒即就此圆满亦存在地相呼应之，而直下通而一之也：仁与天为一，心性与天为一，性体与道体为一，最终由道体说性体，道体性体仍是一。若必将《中庸》《易传》抹而去之，视为歧途，则宋明儒必将去一大半，只剩下一陆王，而先秦儒家亦必只剩下一《论》《孟》，后来之呼应发展皆非是，而孔孟之"天"亦必抹而去之，只成一气命矣。孔孟之生命智慧方向不如此枯萎孤寒也。①

虽未指名道姓，然很难想象此字字句句不是针对劳思光的说法而发。劳思光严辨《论》、《孟》与《易》、《庸》之不同。相反的，牟宗三认为《易》、《庸》当视作"圆满之发展"（见下文），不当视作与《论》、《孟》相反之两途。这一点涉及新儒家所凭借的经籍，而非新儒家哲学本身，虽所关甚大，事涉文

---

① 牟宗三：《心体与性体》（一），台湾正中书局1968年版，第35页。

献考证与义理诠释，导致牟、劳两大家之根本分歧。但本文在此，只能指出劳思光的说法有其自家的特色，甚至是一限制，且仅论及与型态分系之有关者。

四、三类型论及其改良版

下文将简明讨论牟宗三的三系说，思有以改良，希冀进一步提出一较完整的新儒家哲学类型论的构想与条件。

当今研究新儒家哲学的学者皆知三系说实归因于牟宗三。承继先前对《论》、《孟》、《易传》、《中庸》、《大学》的文献定位的讨论。对此，牟宗三论谓：先秦儒家是由《论》、《孟》发展至《中庸》与《易传》，而北宋诸儒则是由《中庸》、《易传》之圆满顶峰开始渐渐向后返，返至于《论》、《孟》。人不知其"通而为一"之背景，遂以为北宋诸儒开始是"形上学"的意味重，似是远离孔孟实践之精神。牟宗三承认北宋诸儒固然成就一套套的形上学，但不是空头的知解的形上学（theoretical metaphysics），而是"道德的形上学"（moral metaphysics），"固以《论》《孟》为底据……（北宋诸儒）惟因自此圆满顶峰开始，一时或未能意识及。然其不自觉的背景固以通而为一为其底据也"①。此处与劳思光的说法相互刺谬。就北宋诸儒所据经籍来说：劳考订《易传》、《中庸》、《大学》是汉儒作品，不出于先秦儒者之手，牟则认为前两者（实包括《大学》）均是先秦儒旧说；劳论断《易》、《庸》是宇宙论中心思想，《论》、《孟》乃心性论哲学，牟则力论《易》、《庸》以《论》、《孟》为前提之发展；但劳却力反此一"发展"说，论证心性论不必，也不应发展为天道观，牟则试图擘划一套不限于康德"道德底形上学"与"道德的神学"的"道德的形上学"。凡此，两家留下许多难题，本文不能在此论及，而只关心新儒家哲学类型论的分系问题。

牟宗三三系说的关键在于二程之分。这一点劳思光知之甚详，他也以未指出名字的方式说：

> 三系说之提出，主要关键在于强调二程兄弟彼此之差异。但由于区分二程之方向及影响，遂涉及对宋明分派之全面观点。换言之，言"二系"者，但以"程朱"与"陆王"对峙，而以此外诸家，不归于此则归

---

① 牟宗三：《心体与性体》（一），台湾正中书局1968年版，第42—43页。

于彼。现持"三系"之说者，则先将"明道"与"伊川"分为两系，然后系朱氏之学于伊川一系之下，又将前之周濂溪，后之胡五峰，收归明道一系，于是与陆王一系比观，遂成为"三系"。①

此是劳思光对三系说的表述，与牟宗三之判分内容大致相符。依牟宗三，北宋周敦颐、张载与程明道三人不分系，至程颐始歧出于前三人之统绪。首先继承并消化周、张与明道的是胡五峰，下开明末刘蕺山，此为一系；而朱熹仅承接程颐一人，诚为程颐之最大功臣，故另为一系；最后，陆象山与王阳明直承孟子，又是一系。比观牟对三系说的解释与劳对此的表述：牟以北宋前三人不分系，劳的表述则收周敦颐、胡五峰归于程明道系统而与程伊川系统对立；牟以五峰蕺山为一系，劳则不提后者，直以明道五峰为一系，以别于伊川朱子与陆王两系。然而，在最重要的一点上两人见解相同，牟宗三严分二程，劳思光表述三系说亦牢牢抓住此一关键。

二程之分合乃新儒家哲学之大问题，历来皆知大程与小程性格气质大不相同，《二程遗书》中各自有语录传世，也有未注明为谁语而可视为两人见解之交集者。《宋元学案》已分设《明道学案》与《伊川学案》。冯友兰两卷本《中国哲学史》依据理学与心学之对峙，从而主张朱子继承伊川之学而明道为心学之先声。牟宗三爬疏文献，归类整编，始出以详细论证两人义理规模明显不同。

牟宗三诠释周敦颐与张载，强调自《庸》、《易》回返《论》、《孟》之势，而以程颢在主（《论》、《孟》）、客（《易》、《庸》）两面皆饱满。此三人为一组，此时犹未分系。分系自程颐之义理转向为起始。以下所述牟宗三之分系，人读《心体与性体》多能知之，笔者不再详为引证而直叙如下：

第一，"伊川朱子系"：将道体与性体之体认定为"只存有而不活动"，心则为气心，心与理不一、心与性不一；只承认"性即理"，而理"只是理"，仅为存在之理（principle of existence），即"存有"，亦为"只存有而不活动"者。工夫的落实处全在格物致知。

第二，"象山阳明系"：主要观念在"心"，为"本心"而非气心，而心即性，心性为一，心即理，心理为一，故体会性体、道体等为"即活动即存有"者，只为一心之朗现、申展与遍润。工夫以逆觉体证为主。

第三，"五峰蕺山系"：此系为牟宗三所特立，"客观地讲性体，主观地讲

---

① 劳思光：《中国哲学史》第三卷上，台湾三民书局 1981 年版，第 42 页。

心体，特提出‘以心着性’义以明心性所以为一之实"，体会道体与性体亦为"即存有即活动"。工夫则重在逆觉体证。

以上是牟宗三的三系说的简要结论，但仍应稍详细说明。以上第二与第三两系融贯《论》、《孟》、《易》、《庸》，可合为一大系，"视为一圆圈之两来往"，分别是自主观面（《论》、《孟》）渗透至客观面（《易》、《庸》），以及自客观面回归于主观面。此一大系名曰"纵贯系统"（"直贯系统"）。伊川朱子系歧出于《大学》，以自家诠释的《大学》义理性格（而《大学》本是未明显确定者）决定《论》、《孟》、《易》、《庸》，则名曰"横摄系统"，故终是两大宗也。但本文不能讨论《论》、《孟》、《易》、《庸》此四者所指证的实体与性体皆为"即存有即活动"者。最后，牟宗三论断新儒家之纵贯系统为正宗，而伊川朱子之横摄系统是别子为宗。

回到形态分立之条件之一：所分立的系统必相互对立而排拒。牟宗三所论定的纵贯系统，无论是《论》、《孟》、《易》、《庸》，还是周张大程、象山阳明系与五峰蕺山系，只为其印证了道体、性体为"即存有即活动"；而横摄系统的伊川朱子系，却体会为"只存有而不活动"。此两系统必相互对立排拒。甚至，无论这两系是否各自称作"纵贯系统"与"横摄系统"，也不论此两系统是否各自系属这些经籍与诸家学说，因为经籍与学说总有诠释的变异可能，"即存有即活动"与"只存有而不活动"总是穷尽又排斥的（纯粹的虚无，无所谓"活动"可言，总不能正面讨论）。再者，此是在儒家的脉络中分判之，有共同的方向似乎不成问题。

对牟宗三的两宗三系说，刘述先始终抱持异议。据他指出，第一，"由思想史的角度看，由五峰到蕺山，思想上根本没有传承的关系"。朱熹之后，五峰及其湖湘学派声光不显，不成统绪，蕺山终身未提及五峰其人。"由思想史的角度来立论的话，牟先生的三系说是没法支持的"。第二，在哲学上，五峰主性无善恶，而蕺山因反对王龙溪四无，故坚持性善，力斥性无善无恶说。两人明显不同，故不能归为同一义理类型。①

然而，笔者以为，这两个理由都无法证成牟宗三的三系说不成立。其一，

---

① 参见刘述先：《有关理学的重要几个问题的再反思》，《理想与现实的纠结》，台湾学生书局1993年版，第244—246页。又见刘述先：《有关宋明儒三系说的再反思——兼论张载在北宋儒学发展过程中的意义》，《现代新儒学之省察论集》，台湾"中央研究院"中国文哲研究所2004年版，第173—178页；此文对其所谓"思想史的传承"有较多的解释。

哲学义理的分系或类型区分本来就不一定要顾及思想史的传承问题，因为重点在哲学义理的型态，纵使两人没有任何历史的线索联系，只要在恰当的标准与条件下，两哲学理论俱属同一型态与规模即可。其二，刘述先指出两造在某一哲学观点上的对立，故不成一系，不属同一个类型。但此涉及对五峰与蕺山两家义理观念与语词用意的诠释问题，笔者无法在此辩证，且事实上不乏为五峰蕺山同属一系辩护的学者与论著。

对三系说，刘述先总结地说：

> 至于宋明理学的分系，无论依据哪种说法，濂溪、横渠、明道为一组，伊川、朱子为一组，象山、阳明为一组，的确呈现了十分不同的特色，故三系或三型的说法是可以支持的。至于牟先生特别挑出五峰、蕺山，分析他们的思想型态，认为可以构成一系，这是他的自由，只是不必与思想史发展的过程混在一起讲罢了！①

换句话说，刘述先不反对三系说，并提出自己的三系说，反对的是牟宗三的三系说。值得注意的是，牟宗三认为分系自伊川始，濂溪、横渠、明道三人不分系，而刘述先却认为三者自成一系。刘述先的三系说极接近劳思光的一系三阶段说，也同样想要照顾到思想史或哲学史的发展。劳提供了相当有力的理据，刘则简单叙述而已。问题是，牟宗三所提议的就是宋明儒的"分系"，而不是思想史的"过程"。过程或进程这个条件是刘述先自己加进去的，牟宗三并未"混在一起"。

下文，笔者试图省察牟宗三的三系说，以作为建构新儒家哲学类型论的基础。

牟宗三的宋明儒三系说"因人设名"：第一，"伊川朱子系"之心不是性，心性不一，性只是理，只存有而不活动，心与性、理等永不是一，活动者在心，心能依性理发为行动，我以为可简称为"非一型"。伊川朱子系之外的另一大宗，可分为两系，牟宗三名之曰"象山阳明系"与"五峰蕺山系"，但两系的义理内容亦有出入。是故，第二，象山阳明系之心与性为一，性体与道体为一，心即性、即理、即道，"即"字表逻辑上的"等同"（identity）关系，故可简称为"同一型"。第三，至于"五峰蕺山系"，牟宗三说："言以心着性，

---

① 刘述先：《有关理学的重要几个问题的再反思》，《理想与现实的纠结》，台湾学生书局 1993 年版，第 250 页。

尽心成性，以明心性所以为一为圆者。……而五峰则先心性分设，正式言心之形着义，以心着性以成性，以明心性之所以为一"①，是故，此系心性终究合而为一，心是即活动即存有，从而性亦是即存有即活动；心性之间的关系是透过心形着性而两者辩证地合而为一，暂简称为"合一型"。

职是之故，新儒家哲学可有三型：（1）非一型；（2）同一型；（3）合一型。

接着，依照原本是劳思光所提的分系条件之一"所分各系须在义理上彼此对立排拒"，来省察上述三型。

非一型，即牟宗三所判定的横摄系统，将性、理、道了解为"只存有而不活动"，活动在心，心与性、理、道不为一。而纵贯系统的两系将心、性、理、道皆体会为"即活动即存有"，故与非一型相互对立排拒。纵贯系统的两型，在此一"即活动即存有"的前提下，笔者论断主观面的心与客观面的性、理、道的关系只有两个可能：一是"同一"，另一则是"合一"。此两种可能性最初彼此不同，"心即是性"与"心性暂先分设"之不同。此一最初不同，即证成同一型与合一型之分设，至少在这一假定下，是相互对立的。

如同前述，非一型与同一、合一两型是异质之互斥；而同一型与合一型是同质的分立。是之谓新儒家哲学之"类型论"。

不唯此也，纵贯系统与横摄系统在伦理学与工夫论上也有显著的区别：依牟宗三，横摄系统在实践的方向上是"顺取"的认知，以格物穷理为本质工夫，涵养只成空头的涵养，充其量不过是庄敬收敛的教育程序，心静理明，以理律心，故成就的是本质伦理的他律道德。相对的，纵贯系统则以"逆觉"的体证为根本，以体认本心为主，察识者察识此也，存养者存养此也，其他可为助缘，心即性即理即道，自发自律、自定方向、自作主宰而为方向伦理（或称为展现伦理）的自律道德。此其大较也。

纵、横两大系统在工夫进路上，一顺一逆，似乎恰成对反排拒；然而，在笔者所谓同一型与合一型两型的实践规模上，却适为互补。牟宗三说：

> 陆、王系与胡、刘系总可合而为一大系，同一圆圈之两来往，亦成为显然可见者。自实践规模言，象山提纲挈领，略举端绪；至阳明而较详；至蕺山而尤详。然而学者用心亦可回环参用，不可执一。如若顺蕺山《人谱》作实践，觉得太紧、太清苦，则可参详致良知以稍活之，又可参详象山之

---

① 牟宗三：《心体与性体》（一），台湾正中书局 1968 年版，第 46 页。

明本心以更活之。反之，如若觉得象山之明本心太疏阔，无下手处，则可
参之以致良知。如若觉得致良知仍稍疏，则再详之以《人谱》。①

至于非一型，牟宗三的评定：

> 伊川、朱子所言之道体性体（理）只存有而不活动者，则必须放弃
> 而令归于即存有即活动，如是，本体方面一矣；本体既一，则于工夫方面
> 决不能走伊川、朱子格物穷理之顺取之路而必扭转而为逆觉之路，……工
> 夫者道德实践中之工夫也，故必由逆觉呈本体以化过恶，此焉能取决于
> 外在的格物穷理耶？……然而本体与工夫既得其正矣，则格物穷理中所
> 含之知识义的道问学即只可成为助缘，非基要（本质）之工夫。人生全
> 体固不只道德，然必以道德为本。如是，若进而再以道德融摄知识，则
> 道问学亦可得其分矣。②

牟宗三说这一论断乃朱陆异同之解消，也是宋明儒三大系之大通。这是
他以四大册《心体与性体》巨幅③，费二十余年时间，所得的最后评判。显然，
此一评判是在牟宗三自家哲学的判准下的应有的结论。自然，研究者未必要照
单全收；此如上面引文有"工夫绝不能走伊川、朱子格物穷理之顺取之路"一
语，言之过苛，其实只在强调主从有别。说白了，就是陆象山"既不知尊德
性，焉有所谓道问学"的言下之意。但读者通览《心体与性体》便知牟说乃出
自精详的论证，持之有故。

历来对新儒家哲学之分系莫过于牟说：首先，立论于对本体（心、性、
理、道）之体会，判为"即存有即活动"与"只存有而不活动"两途；不仅此
也，对工夫路数的关键，亦表出三系之或分或合、孰主孰次，可谓是新儒家哲
学类型论的典范。虽然颇具有说服力，纲张目举，但对工夫层面细部的论述与
其证成，尚有待层层剖析、步步深入。是以，本文的第一个目标指向工夫论。

顺着牟宗三在的思路，从笔者构思中的新儒家哲学类型论来看，笔者所
谓"非一型"与牟所谓纵贯系统的两系，在工夫论层面，确实是对立而排拒
的。但是，纵贯系统的两系，即"同一型"与"合一型"，能否如同前文讨论

---

① 牟宗三：《从陆象山到刘蕺山》，台湾学生书局 1979 年版，第 540 页。
② 牟宗三：《从陆象山到刘蕺山》，台湾学生书局 1979 年版，第 540—541 页。
③ 《心体与性体》三册，再有《从陆象山到刘蕺山》一册，合为四大册。牟宗三自言《从陆象
山到刘蕺山》即《心体与性体》第四册。

对心体、性体一般，在工夫论上至少也是同质的分立呢？

牟宗三已指出，这两系在实践的规模上是"回环参用，不可执一"，适为互补。但就本文的目的来说，还是必须论证指出，这两型的工夫践履至少在入手处实有不同。否则，依牟宗三两系的工夫皆重"逆觉的体证"，只此一句，失之于笼统。再者，在类型论的要求下，若这两系的工夫论层面无法在某一程度上形成对立而排拒，则两型的类型区分仍有一间未达。

是以，针对此一问题，则第一步的工作便是详检象山、阳明与五峰、蕺山的重要文献，以及重要的研究著作，勾勒一个两型在工夫践履层面上同质的分立之轮廓，进而对比地论述。或许在较高境界的工夫，真有牟宗三所谓的"回环参用"的互补作用。然此皆诉诸对文献的翔实解读与诠释。

笔者有志于投入新儒家哲学的类型论研究，其实这并不是一个短期的工程，本文毋宁是一个有益的试验与健康的起步，故需研究探讨。对于类型或系统的分设，前文提及至少关涉三个层面（子系统），即"本体的理解"、"心性的体认"与"工夫的实践"。然而，就笔者所知，学界至今还没有（或极少）一部专著讨论工夫论的专著，探讨新儒家哲学之心性论的作品稍多，而专事于研究新儒家本体论的著作却不多，有的大多是锁定某一家某个学说的研究成果。在后设层面，探究本体论、心性论与工夫论三者之间相互关系、彼此互动的论著更付之阙如。笔者对上述诸方面扎实可靠的研究抱有期待，但更需要参稽西方哲学的相关研究成果，建立一可行的方案或纲领，在实际的研究工作中修正。此一方案或纲领的建构，笔者正尝试实际进行。

另外就是"气"的定位与作用问题。有论者主张，应以"理"、"气"、"心"、"性"为主要观念各立一系，成立"四系说"。此一提议，专从存有论的角度着眼，即四系理论中的终极存有分别是理、气、心、性。然而，与前述劳思光的一系三阶段说与牟宗三的三系说相比，四系说在理论层面的反省，在类型区分的诸标准要求下，仍似有一间未达。不过，这却提醒了本文一个不及思考的侧面：纵然新儒学诸大家未有不言"气"者，轻重多寡有不同而已；但在本体体知、心性体认与工夫践履三方面，气究竟扮演何角色，则是四系说或四类型论不得不面对的问题。① 例如，将张载与王夫之另立一系而成立"气本

---

① 牟宗三建立三系说，但其思考的重点在于道体的活动义与心性的分合异同，气的角色并不凸显。

论"，此自是将这两位哲学家提出"气"为终极存有作为立说根据。然而，纯粹的存有论考虑（ontological considerations）向来不是宋明新儒学诸大家思考的最重要课题，反倒是作为道德实践的主、客观根据的心、性之体认，以及进一步地对道体的理解与诠释才是核心；更进一步，由此而发的工夫践履等辨析与讨论也是题中应有之义。"气"此一存有论概念如何作为道德实践的根据与价值创造的动力，这些问题，都是气本论必须面对的。[①] 若为了顾及宋明儒学的完整性与思想史的涵盖性，则便不是分系与类型论的原初动机了。

最后，需补充一点，前文将牟宗三所立三系——更改其名，将伊川朱子系改称"非一型"、将象山阳明系改称"同一型"、将五峰蕺山系改称"合一型"，此举并非无故。试以非一型为例说明之。理由亦不难理解：究实言之，非一型并不必然是伊川、朱子两人的哲学。伊川朱子两人的哲学容或有不谛之处，其诠释也还有变异的空间，可采其他接近此一思路的学者之观点与言论补充之、调整之，只是不能违背此一系的基本思路而已。如此一来，可使开始于伊川、经由朱子发展的这一系理论，无论本体、心性与工夫各方面，成就一更为充实完备也更为合理融贯的系统。伊川朱子的哲学只是发展成更健全型态的起点与中继，还不是完备的体系。是以，名为"非一型"，除了说明此型并非历史上的伊川与朱子两人的学说所能专擅，还指向成就一更成熟的理论型态。其他两型，同一型与合一型皆仿此，笔者不再赘言。希冀以本文为开端，建构一新儒家哲学的类型论，能如同印顺法师判释佛教为"性空唯名"、"虚妄唯识"与"真常唯心"三类型一样有益于佛教研究。

（作者简介：沈享民　台湾东吴大学哲学系）

---

① 此处并不是有意忽略一些学者的努力。据笔者所知，向世陵教授著有《理气性心之间——宋明理学的分系与四系》，对类型论的问题亦颇有见地。只是笔者不曾拜读该书，只好暂不讨论。

新人文主义

——儒学未来发展的一路径

王　正

近些年来，儒学创新，或者说基于本土资源而具有世界性意义的儒学表达，成为了思考儒学未来的一个热点。这样一种尝试性的创新，虽然表面看来可能尚未完全形成共识，但是，从港台儒学与大陆儒学的争论，从经学与哲学研究的张力中可以发现，儒学的发展正日渐呈现着这一趋势。顺应这一趋势，数位儒学大家，以更宏阔的视野，超越上述争议，尝试着为儒学开辟一条在新世纪乃至未来更长时间段的新的理论和文化生发点，这就是一条基于儒家资源的新人文主义的路径。

基于儒家资源的新人文主义路径，并不是一两个学者的意见，而是一批儒学大家的共识，尽管他们各自的表述或有不同，如：杜维明先生将之称为精神人文主义，成中英先生以新觉醒时代来谈论此问题，汤一介先生则以之为新轴心时代。从更通俗易懂的角度上说，或许乐黛云先生的较宽泛的提法——新人文主义，似乎更可以来命名这一思潮。这个新人文主义，既回溯轴心时代的基源性问题和对这些问题的丰富回答，又反思启蒙以来现代性造成的利与弊，更面向全人类的共同的未来；因而它关注人的道德良知、道德本性，期待人能在精神领域有所突破和完善，从而尽可能开放而全面地使人得到成长。当然，我们需要声明的是，这一新人文主义，是基于儒家资源的新人文主义，与文艺复兴和启蒙时代的人文主义以及 20 世纪初期白璧德等人的新人文主义不同。之所以如此说，是因为这一新人文主义是经由儒家思想与西方人文主义之对照和对西方人文主义的反思而形成的，它的理论是奠基于儒家核心价值和儒学常道的。接下来，我们仅以杜维明、成中英和汤一介三位先生的论述为主，来思考何谓基于儒家资源的新人文主义，而它又与西方历次人文主义差异何在，以及这种新人文主义如何可能、其意义何在。

一、多种儒家新人文主义的论说

杜维明先生将他对 21 世纪儒学的发展集中于一个核心理念——精神人文主义。所谓精神人文主义，是基于儒家学做人的道理，通过和其他文明的文明对话，而成立的一种超越凡俗人文主义的世界公民的共通语言。显然，精神人文主义有三个基本点：儒家对人的理解和实践，文明对话，超越凡俗人文主义。

何为人，一直是杜维明思考的核心。在他看来，儒家从学做人的角度理解人，可能是对人最为全面而活泼的一种理解。他认为：不能通过下定义的方式来理解人，也就是说，不能用本质主义、归约主义的方式理解人。而应当像传统儒家那样，还原人的多元面向：人是感性的、政治的、社会的、历史的、精神的综合性的存在。人是动物，但"人之异于禽兽者几稀"，所以人又超越动物，因为人就是"仁"的存在；而且人因其精神性所以能与天道贯通，这种贯通不仅可以导向宗教的生活，更可以导向儒家式的在日常生活中即体现最高超越意义的生活。可见，杜维明理解的人是基于儒家性善论和"仁"的感通性的人，所以杜维明认为这个人与西方原子论式的人类中心主义的人不同。因而从儒家理解的人出发，人类或许有可能超越主观主义、家庭主义、民族主义、地方主义、国族主义乃至人类中心主义。

显然，以上论述是在和西方文明进行对话、比较的基础上进行的，所以尽管杜维明的论述是基于儒家思想的，但是他更加强调对其他文明的吸收和借鉴，所以在他的精神人文主义中，虽然基于儒家，但并不仅仅就是儒家。因此他特别强调精神一词，就在于他认为，轴心时代几大核心文明的精神思考在今天仍然有巨大的意义，无论是印度文明、希腊文明还是希伯来文明都是如此。所以精神人文主义必须要通过儒家和其他文明的对话，来丰富和发展自身，只有这样，才能尽可能开放性地为人类的未来奠定精神领域的基础。

当然，在现代进行文明对话，其中最重要的一面就是西方文明。对于西方文明，杜维明一方面积极肯定两希文明的重要意义和启蒙以来人类社会和文明的巨大发展，另一方面，面对现代性的弊病，杜维明极其重视启蒙反思。因他认为，现代性之病的根源就在于启蒙导致的凡俗人文主义。所谓凡俗人文主义，就是单纯以理性的计算为手段，以个体、族群、人类为利益核心的一套人文主义。这样一种人文主义，以为人本质上是经济人，从而忽略人的丰富性，尤其是人的精神领域的超越追求，同时以人为世界的核心，以为人可以征服自然。正因如此，由之导致了当前的工具理性、宰制自然、地方主义、西方中心主义和人类中心主义等弊病。而要解决这些问题，杜维明认为，基于儒家资源的精神人文主义或许是一个可能的方法。

成中英先生的新觉醒时代，同样是经过多文明的对话和对当代社会的反省，认识到未来人类的发展应当进入一个人类心灵的全面创新、重新整合的时代，也就是人的新的觉醒。在这一觉醒时代中，儒家传统的觉醒精神具有重要的理论资源意义：儒家思想中对天道、人性的体验，对天人之际的掌握，对社会生民的察知，对知行互动、主客依存、上下相持的理解，可以为我们提供觉醒的内外动力。所谓内力，是指儒家认识到的人的同群性与相依性，人有本体的良知和智慧并能将之体现于人文创造中。所谓外力，是指儒家具有勇于面对天下责任而又忧乐圆融的心态，以及强调从公心出发、启蒙或教化大众的道德与政治理念。正是基于儒家的以上资源，成中英先生认为新觉醒时代将具有五个层次。

第一个层次是在宇宙自然认知上的觉醒。即人觉醒到宇宙自然不仅是我们科学理性认知的对象，而是与人有紧密关联的存在。宇宙是一生生不息、变化不已的真实创生的存在，而人生活于宇宙之中，也就内在于宇宙发展的秩序中，所以人和宇宙应有一和谐的互动。这一互动即儒家的成己成物，即以生命激扬生命，从而涵容更多生命的价值。

第二个层次是在生命和文化发展上的觉醒。现代科学至上主义和市场经济万能理论，造成了人与人、民族与民族、国家与国家间的紧张关系，人类时刻处于危险的边缘。因而全人类需要在伦理上有一个觉醒，这就是全球伦理，而全球伦理实际上是一种最深层次的文化自觉。即：既能认知自身文化的特质，同时又能开放自我文化，让自我文化在和他文化的交流中实现更新。

第三个层次是在社会和道德价值上的觉醒。现代社会过度强调了个体性和权利至上，却忽视了社会的意义和道德义务的必要性。所以人类需要重新理解自身，即从儒家的角度出发认识到人的道德情感、道德修养的重要性，尤其是了解到仁的基源性意义，因为仁可以包含众德，而且由仁出发可以超越自我、袪除私心偏见。

第四个层次是在政治与经济目的上的觉醒。成中英先生指出，现代世界处在贫富不均、零和竞争和霸权侵略的边缘，其原因就在于人类的政治学和经济学离开了道德和人本身去单纯地谈论政治和经济竞争。所以未来的人类需要在政治学、经济学上觉醒成为道德的政治学与经济学，为此，他特别提出了软实力、硬实力外的道德力，并指出，如果人类可以期待一个真正良好的政治和经济的话，那么必须要有道德作为其内涵。

第五个层次是在中国哲学与科技发展关系上的觉醒。旧启蒙导致了工具理性和科学技术运用上的伦理困境，这极大威胁着人类的未来。而从中国哲学的观点出发，则应当重新理解科学技术自身的限制和人应当对科学技术进行的限制。所以在现在这个知识社会的时代，需要借鉴中国哲学尤其是《周易》的智慧，重新思考确定性和目的性的问题，并看这些思考可否给科技发展带来有益的改善。

总结这五个层次的觉醒，我们可以发现，成中英是基于儒学资源来谈一个人类的综合的、整体的觉醒，也就是通过儒学来建设一个人类社会的全面的良好未来。所以成先生认为，儒学自身也需要在新儒学的基础上再进一步，即进入新新儒学的时代：针对新儒学的盲点而再启蒙、再出发，使儒学能够立足于全人类，持全以用中，同时又能针对具体问题加以解决。

汤一介先生用新轴心时代来指称新人文主义，需要注意的是，汤夫人乐黛云先生则明确使用新人文主义一词。新轴心时代更加突出从轴心时代再出发，而新人文主义则更强调针对启蒙而重构人的精神世界。与乐黛云先生更多是基于人文思考不同，汤先生则是基于传统儒学的资源。汤先生认为，传统儒学是一种身心性命之学，它开启了天人合一、普遍和谐与内圣外王之道的中国哲学体系。而基于儒学的新轴心时代，则是一种开放性的人类多元发展的时代。

汤先生立足于古今中西之辨，发现轴心时代的意义在于人类面对永恒的根源性问题而具有丰富的不同回答，而这些回答则塑造了差异多元的文化。因此，当今人类面对普遍性的问题，也不应要求一致性的单一答案，而且也没有一种文化可以解决全部问题，人类必须采取多元文化、和而不同的态度。就中国人来说，一方面应更好地了解中国自身传统，做到对轴心时代中国资源的充分吸收；另一方面应愈加开放地和世界接轨，开放多元地走向新时代，也就是新轴心时代。

因此汤先生所谓的新轴心时代，就是回顾自身文化源头，传承文化命脉，会通古今中西文化之精华。具体来讲，就是首先要全面理解作为轴心文明的儒家资源。儒家所讲的天人合一、人我和一、身心合一，可以为解决人与自然的矛盾、人与人之间的冲突、人自身内在身心之间的纠结提供充分的资源。汤先生特别重视经学的意义，因为经学不仅是中国人文学科的源头，同时也对全人类有意义，即经学是人类心灵的体现。所以汤先生编纂《儒藏》的意义不仅是要整理儒家文献，更是要基于儒家经典来为人类提供可能的发展机遇与资源。

同样，新轴心时代也有着充分的对人类困境的理解。汤一介认为21世纪最大的危机是人的精神信仰的危机：知识分子日益边缘化，人们对金钱和权力的追逐没有界限，众多民族失去了自身的精神支柱，而一个个个体也丢掉了灵魂。为此，人类应走出自然人、经济人的定义，而了解到人是社会性的和需要精神信仰的。这就需要儒家仁与礼的资源，即在权钱之外还需要心灵和信仰，在权利之外还需要义务与责任。

对现代困境的探索，使汤先生也认识到启蒙运动以来的西方思想是现代性弊病的一大根源，但同时他指出，我们也应认识到，西方思想毕竟铸就了近三个世纪人类文明在经济、科学上的巨大成就。因而，必须摆脱单一性的思维，即认为西方已经过时，儒家就可以解决一切问题，而是要肯定，各个民族文化中都在一定程度上具有有益于全人类生存与发展的理念和价值。因此，新轴心时代必然要求多元现代性，即进入现代性的路径可以也应当是不同的。需要指出的是，在此汤先生特别重视"自由为体、民主为用"作为现代性的确定含义。可以说，这是汤先生的儒学必须自我更新的强烈意识的体现，也是他首先肯定现代进而改进现代思路的体现。所以汤先生也认为自由、民主还有其问题，即过分强调自由可能导致贫富不均、两极分化，过分强调民主可能导致政治虚弱、多数人暴政。因此汤先生认为新轴心时代需要一次再启蒙，即引入儒家资源，来重新处理人与自身、人与人、人与自然的关系。

乐黛云先生的思路与汤先生基本一致，而其独具特色的理论是，新人文主义应反对帝国论的社会世界论，而以新人道主义的、非殖民化的思维来理解世界历史，从而形成一种多元化的、摆脱了人类中心主义的历史发展观。基于这种历史观，新人文主义的意义和必要性会更加显明。

综合以上论述，我们可以形成基于儒家资源的新人文主义的共识，即重新思考人，了解人的丰富性，进而确立人的道德性、突出人的精神性；确立和肯定本文化传统的核心价值，而又自觉开放地面对世界其他文明，并认同多元化；既肯定并接受现代性的正面意义和积极元素，又反思启蒙以来西方中心主义和科学理性万能主义以及其他的负面因素。

二、儒家新人文主义与其他人文主义的区别

新人文主义，试图立足于儒家资源，为人类社会的未来发展寻求一条新思路。但是，新人文主义作为一种人文主义，显然需要证明其自身的独特价值何在。换句话说，在人类思想史和文明史上，至少存在过两种人文主义：一是文艺复兴到启蒙时代的人文主义，一是20世纪前期美国学者白璧德的新人文主义。那么，基于儒家资源的新人文主义与文艺复兴的人文主义、白璧德的人文主义有什么区别呢？如果不能在这个问题上讲清楚，儒家的新人文主义就没有存在的必要和意义。

首先，从文艺复兴到启蒙时代的人文主义，是一种针对宗教，尤其是基督教而言的人文主义，它强调的是摆脱以上帝为中心的思维方式，而发现人性、人的尊严、人的价值，要求在生活世界和思维世界中，确立人的主体性地位，运用人的理性能力，使人自由的发展其本性，其结果是走向了人类中心主义，因而既取得了巨大的成就，也造成了难以避免的恶果。

尤其需要注意的是，此种人文主义和现代性有一种深层次的联系。正如英国学者斯图尔特·霍尔指出的，现代性有四个方面的内容：政治层面的世俗政体与现代民族国家、经济层面的私有财产和市场经济、社会层面的劳动和性别分工体系、文化层面的宗教衰落和世俗物质文化的兴起。显然，这四方面都可以在从文艺复兴到启蒙运动乃至此后的人文主义中找到具有根源性的关系，而其中最关键的一点是世俗或者说凡俗的兴起。这种兴起，一方面是对宗教的反对，另一方面则是个体化自我的兴起。应当肯定，这两方面都曾产生了积极的作用，如对个体独立价值的肯定，尤其是对个体理性能力的强调，使得市场经济、民主政治等都有了深厚的思想根基，而成为近现代生活的基源性理念。但同时，也要看到，这种人文主义，因着对宗教的反对而忽略了对人的精神领域的关注，虽然有科学来对人的心理进行研究，但是心理并不等同于精神，因为心理学说到的是通过物理性、化学性、生物性的方法来进行量化的分析，而

这恰恰不是对人的精神的关注，而还是从身体上来理解人的心灵活动，所以必然有巨大的欠缺；因着对个体的过度强调，而形成了一种原子主义的自我观念，这种自我观念并不局限于对自我的理解，而扩展到民族观念、国家观念和文化观念，于是民族冲突、国家冲突和文化冲突成为一种必然；当对人的理性的强调成为一种绝对的肯定后，"自己也逐渐沦为一种意识形态教条"，而工具理性在很大程度上成为了对理性的重要理解，这种理性，反过来压缩了人自身的生活世界和心灵领域，造成了对人自身的巨大伤害。因此说，这种人文主义虽然在形成现代社会和现代性方面有巨大成就，但同时也埋下了现代性弊病的根源，而这种根源以其自身是很难克服的。

为此，在20世纪初期，美国学者白璧德提出了一种新的人文主义。白璧德的新人文主义，是对旧人文主义的反思，他认为旧人文主义认为人可以无限发展是有问题的，所以他的新人文主义就要以平衡和自律来改善人的境况。同时，白璧德也重视东方的智慧，这一倾向，直接影响了他的数位中国学生，如吴宓、梅光迪等，这在20世纪中国思想界中造就了《学衡》一派。然而，他的新人文主义仍未走出西方中心主义和人类中心主义，而且对人的精神领域的重视明显不足。

具体来讲，白璧德由对西方哲学思想的研究发展出发，指出从苏格拉底以来，西方哲学就过度"夸大了人类天性中的理性成分"，而近代哲学则使得实用主义对人产生了重大影响，在这两方面的作用下，人就很难在情感与理性、统一与杂多之间获得平衡，而失去了这种平衡，就使得当前的人类沦入了过度的自然主义或者说科学主义之中。这与中世纪宗教时代的人失去平衡而陷入过度的超自然主义其实是同样的错误。

所以，白璧德认为，他的新人文主义就是要重建一种人能平衡自身情感与理性的能力，即建设一种真正的克制，这种克制比知识或同情心要更为重要："一个人文主义者同等地防范着过度的同情和过度的选择，防范过度的自由与过度的限制；他会具有一种有限制的自由，以及有同情心的选择。"显然，一方面，白璧德将情感和理性放在了人类存在的同等地位，从而将情感从旧人文主义的理性压抑中拯救了出来；但另一方面，他又没有走入情感主义，而是要在情感与理性之间探寻一条平衡的中道。与此相似，他对自由与限制也有一种平衡性的理解，白璧德并不是从政治角度来看待这两者的，而是从人的教育来看。他认为，过度的自由和过度的限制，都会导致教育的失败，过度的限制的问题在近代以来的西方教育理论中多有论述，但过度自由则恰恰是近代西方教育的核心观念。白璧德认为，这一观念问题极大。其中最关键的一点就是过度的自由会导致过度的懒惰，即会使得学生堕入极度的懒散之中，而最终一生无所成就。因此，白璧德强调自由和限制在教育中必须得到平衡，而只有实现了这种平衡，才可能使新人文主义的人得以养成。

可以看到，白璧德的新人文主义具有自觉的对西方旧人文主义的反思。但是，他的这种反思首先对人的理解还嫌简单和不够丰富，如他只将人理解为情感与理性的存在，而忽视了人的精神具有超越性的需求。同时，他虽然表达了一定的对东方思想的亲和，但始终没有走出西方中心主义，而只是试图在希腊、希伯来和近代思想中寻求一种平衡的可能。当然，他最大的问题是无法真正走出人类中心主义，所以他才会简单地将科学主义和自然主义相等同，而没有认识到自然的独立意义和重要价值。

而无论是杜维明的精神人文主义、成中英的新觉醒时代还是汤一介的新轴心时代，这三种基于儒家的新人文主义都与上述两种人文主义非常不同。一方面，它是人文主义，所以强调重新认识人，但是它认识的人，不仅有人的价值、人的自律、人的各方面的平衡，还有人的丰富的精神领域乃至重新建构的信仰追求。另一方面，它之新，又要求人摆脱人类中心主义，还原整个宇宙自然的价值，认清人类在宇宙自然中的位置；摆脱原子主义的自我观，还原社会群体的价值，认清个人在社群中的价值；摆脱民粹主义、国家主义，还原人类文化的多元性，认清本文化传统在世界文化中的意义。因此，这样的一种人文主义，既不同于西方的旧人文主义，也不同于白璧德的新人文主义。而之所以能够产生这种不同，是因为它是基于儒家资源的人文主义。

三、基于儒家资源的新人文主义如何成立

儒家对人、对社群、对自然、对精神的理解，与西方不同。张光直先生曾指出，中国文明的轴心时代是"连续性的突破"，而西方文明的轴心时代则是"断裂式的突破"，这两种不同的突破方式，造成了中西哲学思维方式的很大不同。中国哲学是在一种"存有的连续"中去思考各个方面、各个层次的关系，而西方则是以各个分解的逻辑或定义的方式去认识世界。正是在这样一种差别下，基于儒家思想的新人文主义可以为我们提供一个新的思考基础和实践

方向。

对于个人，儒家认为，人不是个体性的存在，因此儒家根本反对西方近代以来原子主义式的对人的理解。儒家认为每一个个体并不是孤零零地生活在这个世界上的，每一个人都生活在一个具体的与他人共同生活在一起的伦理情境中，此所以儒家特别重视人伦观念。孔子就曾说："鸟兽不可与同群，吾非斯人之徒与而谁与？"（《论语·微子》）在孔子看来，人所以不能离开他人和鸟兽同群的原因，就在于人根本无法逃离于人伦之外。因为人禽有别，人是以人伦生活为根本规定的人文性或人文化的存在，而禽兽则没有这个规定性，它们仅仅是自然生物性的存在。所以人应当按照人伦规定来生活，任何试图逃离人伦之外的想法和做法从根本上都是有问题的。

对于社群，儒家当然认可独立社群的独立存在意义，但儒家并不认为各个社群之间是一种绝对不同或者完全隔离甚至处于冲突的状态，而是将各个家庭、社区、民族、国家和文化共同体看作相互关联着的社群，并认为由这些社群共同构成了一个最大的社群——整体人类生活的这个世界，而这个最大社群的和睦也正是它的共同善。由此可知，儒家认为每个小社群之间也不应当是冲突对立的，而是应当基于对大社群和谐的认同而处于和睦的状态中。儒家的理想世界秩序是："大道之行也，天下为公，选贤与能，讲信修睦。"（《礼记·礼运》）大同社会，天下为天下人所有，换句话说，就是天下人都共同参与天下的建构和完善，而在这个社会中，人人诚信而人与人之间关系和谐和睦，老人能得安详善终，中青年能将自己的才华尽情运用，少年儿童能够健康快乐地成长，鳏寡孤独残疾人也都得到很好的照顾，男女皆能在社会上找到合适的职位，在家庭中找到心灵的归宿。显然，儒家理想的社群是天下为人人所有而人人也共同为了天下而贡献的，在这个社会中，没有群己的冲突，也没有群与群之间的争斗。

儒家认为自然虽然有其独立客观的意义，但从根本上讲，人也是自然的一部分，而并不是外在于自然的，所以自然实际上也内在于人的存在中。也正因如此，人虽然有其特殊于其他物种的特性，但这并不意味着人就高于自然，而是恰恰是自然赋予了人这种独特性，所以人应当在一定的不伤害自然的范围内去实现自己的独特性，而当这种独特性和自然恰到好处地共同实现的时候，就是儒家的"天人合一"了。宋儒张载曾说："民吾同胞，物吾与也"，将所有的生命体都视为与我有关联的存在。因为所有生命都处于同一个整体宇宙的生生之德的大化流行之下，所以人类并不是宇宙生化的唯一结果，因而我们应当不断敞开自己的视阈，努力走向非人类中心主义，以更好地对待各种生命体。尤其是在生态问题如此严峻的今天，我们需要把自己放到所有生命的联合体这样一个大的社群中去理解自己，采取"物与"的态度来对待所有的生命体，只有这样，我们自身才能更好地获得自己是有生命体的这一成员身份，并确认和保证我们自身能继续存在。

正因为儒家对天有这样一种内在化的认识，所以儒家并不仅仅是一种只关于世俗生活的理论，而是在精神层面上有其超越的理解。儒家的天是自然之天和义理之天的一种组合，因此儒家的天人合一并不仅是自然意义的合一，还有终极超越意义的合一。"子曰：'天何言哉？四时行焉，百物生焉，天何言哉？'"（《论语·阳货》）孔子天的无生无息而自然作用，生化万物而并不与人分裂，而恰恰它是人本来应具和最终应达之天性与境界。所以孔子认为人应以自己的一动一静和自己不断的努力，以天为则，最终实现最高的境界——天人合一。由此，儒家将人的精神提升到带有宗教性意义的程度，从而在天人合一的前提下，儒家进一步提出义命合一，而使人的生命也可以获得不朽和永恒。孟子指出："莫非命也，顺受其正。是故知命者不立乎岩墙之下。尽其道而死者，正命也。桎梏死者，非正命也。"（《孟子·尽心上》）虽然在道德实践和人格修养之外，还有一个对人的限制，即无法预知的未来和某种神秘的命运。但君子需要做到的是正命，也就是按照道德本心去生存、生活，然后安然地等待其结果。因为人之所以为人就在于人有道德，而且唯有实现了道德，人才算完成了对自己的构建。至于那外在的、不可把握的命运，并不是人真正的终极的天命，因为终极的天命，恰恰正是人的善本性的应当得到实现，所以义命应当也必须是合一的。因此，我们自己的个体生命固然是有限的，但它实是无限宇宙整体中一个不可分割的部分，而当我们做到了义命合一，个体的生命也就和宇宙融为一体，从而也是无限的了。综合以上两点，我们可以说，儒家是一种在自然主义和超自然主义间尽可能达成和谐的思想系统，所以它既可以在很大程度上为生态提供理念基础，也可以沟通到终极信仰的层面上来。

正因着儒家有如上一系列对人、对社群、对自然、对精神的认识和追求，基于儒家的新人文主义可以成立。而这种成立，不仅是一种经典阐释上的成立，更是一种哲学理念的成立。因为它是当代儒家学者经由和西方以及其他文明的对照，而在传统儒家基础上重新发掘出的具有新意义的哲学理念，所以它可以在当下这个现代甚至后现代的时代生发出真正的力量，去影响人、改变人。当然，一种理念的力量要真正发挥出来，需要一个更长的时间段，所以我们应该给基于儒家资源的新人文主义一个长时间的发酵，以使它正常而顺利地发展。在这一过程中，我们不宜过于苛刻地要求它迅速和有效，那最终只会伤害到这一理念的自发性生长，而造成儒家思想一次新创生的迟滞。

（作者简介：王正　中国社会科学院哲学研究所）

哲理与信仰

——谈谈儒学的宗教性问题

李景林

  儒学的宗教性是一个很重要的问题。我认可儒家并非宗教，但有宗教性的观点。但是，怎么理解儒家的这个宗教性，却是一个困难的问题。本文拟从儒家与中国传统社会的信仰系统之关系入手，对这一问题提出自己的一点浅见。

  儒学既是一个哲理的系统，又在中国传统社会中承担着核心的教化的职能。它与西方的哲学与宗教既有区别，又有相通之处。儒学的这一特点，使我们难以给出一种儒家是不是宗教的简单判断。认定儒家是宗教的学者，对儒家与一般所谓宗教之有显著的区别这一点，其实是心知肚明。而否定儒家是宗教的学者，则无法对儒家在中国社会有类于宗教的教化功能作出令人信服的说明。

  学界有关儒家宗教性的讨论，虽观点纷歧，然要而言之，实质上都和儒家与中国传统社会的信仰系统之关系这一问题有关。

  肯定儒家是宗教的学者，往往引中国礼乐、礼仪传统中有天帝、鬼神祭祀的内容以为根据。不过，这里需要指出的是，中国社会天神、地祇、人鬼的神灵及与之相关的祭祀礼仪系统，在孔子之前便已存在，并普泛地渗透于古代社会生活的各个方面，并非为儒家所专有。或有论者采取将儒教的传统追溯到孔子之前的方法来论证儒教是宗教。但是，古来言百家之学，皆自老孔墨始。西周以上，学在官府，其礼乐文明及其宗教伦理传统，为百家诸子之共同的思想文化渊源，并不能归之于一家。其时所谓"儒"，为术艺之士之统称。孔子区分"小人儒"与"君子儒"，以"道"贯通于术艺而为其本，始成儒家之所谓"儒"。①

---

① 《论语·雍也》："子谓子夏曰：女为君子儒，无为小人儒。"何晏《集解》："孔曰：君子为儒将以明道，小人为儒则矜其名。"

817

《汉书·艺文志》谓儒家"游文于六经之中，留意于仁义之际，祖述尧舜，宪章文武，宗师仲尼"。是言儒家以六经为其经典，以仁义为其道和思想之原则，以孔子为宗师或其学脉之开创者，并上溯于文武以至尧舜以明其思想文化之渊源。《汉书·艺文志》对儒家的这个概括，是全面的，也是准确的。因此，讨论儒学的宗教性问题，需要切实地研究儒学与传统社会祭祀礼仪及其神灵系统的关系，但却不能直接、笼统地把传统社会的宗教神灵和观念归之于儒家。

否定儒家为宗教的学者，则往往据孔子"不语怪力乱神"，"敬鬼神而远之"的态度，认为孔子否定了传统天命观念的人格神意义，不信鬼神，甚至为儒家加上一顶"无神论"的桂冠。其实，孔子所反对的，只是时人所流行的对于神灵的功利态度，并非否定神灵。一般人亵近神灵，甚或谄媚鬼神，非其鬼而祭之，实已忘其本分与夫人道之当行，而外在地祈神邀福。孔子所反对者在此，以后儒家特别批评"淫祀"①，其意亦在于此。孔子"迅雷风烈必变"（《论语·乡党》），敬畏天命，祭神如在②，对天命至上神，保持一种内在的诚敬之心。儒家尤重丧祭礼仪，对其思想文化内涵，有系统的诠释，并特别强调致祭者的诚敬与敬畏之心对于道德养成及其形上价值挺立之意义③。因此，儒家否定神灵或人格神的说法，根据是不充分的。

当代新儒家对儒家的宗教性问题亦有深入的思考。新儒家学者论儒家的宗教性问题，主要是通过对宗教的重新定义，从儒家所具有的"内在超越"精神的角度，来揭示儒学的宗教意义。

唐君毅、牟宗三先生以儒家主张人有超越性的本心本性或无限智心，而能践仁知天，即人文而达于超人文之境，即道德而遥契超越的天道，而将其定位为一种"人文的宗教"或"道德的宗教"。此说实已突破了学界对宗教的一般理解。值得注意的是，第二代新儒家更关注儒家义理与社会生活的内在联系。牟宗三先生从儒家即礼乐作为人的"日常生活之道"而"启发人的精神向上之机，指导精神生活的途径"这一层面，来理解儒家思想的宗教意义④；唐

---

① 《礼记·曲礼下》："非其所祭而祭之，名曰淫祀。淫祀无福。"

② 《论语·季氏》篇："孔子曰：君子有三畏：畏天命，畏大人，畏圣人之言。小人不知天命而不畏也，狎大人，侮圣人之言。"《论语·八佾》篇：祭如在，祭神如神在。子曰："吾不与祭，如不祭。"

③ 参见李景林：《儒家的丧祭理论与终极关怀》，《中国社会科学》2004年2期。

④ 参见牟宗三：《中国哲学的特质》，上海古籍出版社1997年版，第六讲、十二讲。

君毅先生亦特别关注儒家三祭（祭天地、祖宗、圣贤）之礼的实践和宗教意义，都表现了这一点。强调儒家通过礼乐特别是丧祭礼仪关涉于社会生活，这一点对于理解儒家的宗教性，具有关键性的意义。但是，古代"非天子不议礼，不制度，不考文"（《礼记·中庸》），制礼作乐，为天子之事。礼乐制度及与之相关的礼俗和信仰系统，属于整个社会，并非专属儒家。儒家的角色，是礼乐和社会信仰系统的思想诠释者，而非其创制者。对二者之间的关系，仍有必要作出适当的分疏。

第三代新儒家继承了前代"内在超越"的思想理路，试图赋予宗教概念以更宽泛的含义，着重于从儒家学理系统本身来理解其宗教意义。刘述先先生反对把基督教作为宗教的一般模型，以神的观念为中心来定义宗教的思想理路，转而借鉴美国神学家田立克的观点，以超越的祈向和人的终极关怀来重新定义宗教信仰，用以诠释儒家的宗教性。据此，他认为，孔子的"天"的观念，已完全没有人格神的特征，但却仍然具有超越性的意义。"仁"是儒家所遵循的"道"，这个"道"，既超越又内在。人自觉地承担起弘道的责任，乃能通过既尊重内在又尊重超越的两行之理的体证，建立其安身立命之所。① 刘述先先生通过重新定义宗教概念的方式，来揭示儒学的宗教性义涵，这在现代新儒家对儒家的宗教性反思中，颇具代表性的意义。

应当说，当代新儒家对儒家"内在超越"观念的理解，准确地把握住了儒家思想的精神特质，具有重要的哲学意义和理论解释力。把拥有一种终极关怀、宗教信仰和超越的祈向当作宗教的核心要素，据此来讨论儒家的宗教性，这一点也没有问题。② 不过问题在于，刘先生认为儒学的天、道观念已不复有古代社会天帝观念的人格神的意义；在此前提下，如果仅仅把儒学的超越性的指向和终极的关怀局限为一种"道"或"理"，尽管我们可以把这种"道"或"理"理解为一种"生生"之"道"，生命之"理"，但仅就儒学自身而言，它是否可以成就一种"宗教信仰"，对这一点，仍有必要作进一步的讨论和思考。

其实，田立克不仅用终极关怀来定义宗教信仰，同时对哲学与宗教关涉

---

① 参见郭齐勇：《当代新儒家对儒学宗教性问题的反思》，《中国哲学史》1999 年 1 期。

② 应当指出，我们可以把终极关怀或者宗教的信仰作为宗教的一种核心要素，但讨论宗教概念，不能局限于此。它应当还包括教义、经典、仪轨、制度、组织、场所、神物、法器、神职人员与仪式行为等要素所组成的一套系统。即便我们不给宗教下一种确定的定义，这些内容似乎亦不能不予考虑。

终极实在的方式亦作了明确的区分。在《信仰的动力》一书中，田立克指出，哲学与信仰虽然都关涉到终极实在，但哲学对这终极实在的显示，主要通过概念对存在作基本结构描述的方式来达成；而宗教则是通过象征的方式来寻求终极的意义。宗教的信仰总是以上帝作为基本的象征，并把我们所可归诸上帝的，比如全能、慈爱、正义等神圣性及一系列神圣事物、事件、仪式、教义等，通过神话的形式汇合为一个象征的系统，由此而向我们开启那终极的意义。基于宗教信仰的绝对性、无条件性，如对金钱、成功的追求、国家崇拜、无神论等，则理应被排除在宗教信仰和终极关怀之外。①

田立克对哲学与信仰的区分，对我们理解儒学的宗教性这一问题，具有重要的意义。一般宗教都有自身的一套哲学理论，但它的内容乃围绕神话和神灵的象征系统展开，它作为哲学，可称之为是一套神学意义的哲学。它宣讲这套义理的活动，意在布道，而非讲学。康德要限制知识，以为信仰留下地盘。但他由实践理性引出意志自由、灵魂不朽、上帝存在三个理念，其实只是一种理论圆满之逻辑必要性的设定。其所谓道德的宗教，其意义亦在于为何谓真正的宗教提出一种理论的判准。康德对信仰和宗教的讨论，仍是一种关于信仰与宗教的哲学理论。同样，儒家有一套自己的形上学的理论，其有关天、命、性、道等终极实在的讨论，亦是以概念和反思方式所进行的一种义理的建构，而并非用神话的方式对终极实在作一种象征意义的表达。在这个意义上，当代新儒家谓儒家的天、天道观念弱化甚至否定了古代社会天帝观念的人格神的意义，是准确的。但这样一来，依田立克对宗教与信仰的区分，儒家的形上学学说，则只能说是哲学而非宗教。

不过，在田立克看来，哲学与信仰并不是对立的。历史上最重要的哲学，总是兼具伟大的思想力量和对其描述所显示的终极意义的强烈关切，这往往与哲学家个体的宗教信仰或终极关怀密切相关。② 但是，西方哲学与宗教在职能上有明确的分工，哲学与个体以及社会的宗教生活之间，并无直接和必然的联系。儒家却不同。儒家学者不仅对中国古代社会的天命天帝信仰保有内在的敬畏，同时，其形上学的系统亦密切关联于社会生活，由对古初文明社会的礼乐

---

① Paul Tillich, *Dynamics of Faith*, Harper & Brothers, New York, First Harper Torchbook edition published 1958, pp.90—92, 44—54.

② Paul Tillich, *Dynamics of Faith*, Harper & Brothers, New York, First Harper Torchbook edition published 1958, p.92.

传统的反思与义理的建构而成，而非出于纯粹的理论兴趣。

《礼记·昏义》："夫礼，始于冠，本于昏，重于丧祭，尊于朝聘，和于乡射，此礼之大体也。"冠、昏、丧、祭、朝、聘、乡、射诸种礼仪，作为古代社会生活的样式，实践性地渗透于人的个体、家庭、家族、宗教、政治、社会生活的方方面面。儒家于此，既注重于礼乐因任历史变迁之制度仪文的重建，同时，又着力于对此礼乐传统作人文的诠释，以建构其超越形上的基础。《礼记·中庸》："君子之道费而隐，夫妇之愚，可以与知焉，及其至也，虽圣人亦有所不知焉；夫妇之不肖，可以能行焉，及其至也，虽圣人亦有所不能焉……君子之道，造端乎夫妇；及其至也，察乎天地。"《易·序卦传》："有天地然后有万物，有万物然后有男女，有男女然后有夫妇，有夫妇然后有父子，有父子然后有君臣，有君臣然后有上下，有上下然后礼义有所错。"对比这两段论述可知，在儒家看来，那"察乎天地"的形上之道，与作为生活样式之礼仪，同本于百姓日用伦理之常。故儒家既由百姓生活之反思以建构其超越之理，同时又经由社会本有之礼仪形式，而施其教化的理念于民众生活。

儒家尤其注重丧祭礼仪。前引《礼记·昏义》言儒家于礼"重于丧祭"。《祭统》："凡治之道，莫急于礼；礼有五经，莫重于祭。"《中庸》亦引孔子说："明乎郊社之礼，禘尝之义，治国其如示诸掌乎！"都表明了这一点。诚如当代新儒家所言，儒家的形上学并非"以神为中心"或围绕天、天道的人格神意义展开其教义，由是而"轻松"或消解了其"启示"的观念①或教化的方式。但同时我们亦必须注意，儒家的形上学，并非一种自身封闭的单纯的哲学理论，它以对社会礼乐系统反思的方式始终与社会生活保持一种相切互成的关系。丧祭礼仪直接关乎中国社会的宗教观念与神灵信仰系统，儒家的丧祭理论，在肯定此丧祭礼仪所指向的神灵世界和信仰系统的前提下，揭示其意义，引领其精神的方向，表现了一种独特的接引神圣世界的方式。②这种方式，儒家名之为"神道设教"③。神道设教，是儒家引领中国社会精神生活以实现其终极关怀的一个重要途径和教化方式。

田立克以终极关怀定义宗教信仰，但他特别强调宗教信仰之通过上帝、

① 参见牟宗三：《中国哲学的特质》，上海古籍出版社1997年版，第六、十二讲。
② 参见李景林：《儒家的丧祭理论与终极关怀》，《中国社会科学》2004年第2期。
③ 《周易·观·彖传》："观天之神道，而四时不忒，圣人以神道设教，而天下服矣。"

神圣性、神圣事物所构成之象征系统以开启终极意义的特征。从这个角度看，单纯从儒家的学理体系入手，很难对其宗教性作出有效的说明。现代有学者根据儒家作为中国文化之主流，而否定中国文化有宗教信仰，原因亦在于此。近来有人著文，提出了一个在这一方面颇有代表性的说法："中国人没有宗教信仰，但有文化信仰"和"政治信仰"①。此说即引儒家的思想作为根据。这一说法的理论误区在于：脱离开儒家学说所指向的中国传统社会所固有的信仰系统，而专就其作为一种思想和政治学说来界定中国人的信仰。其实，一种真实的信仰，必须具有一种超越的指向性；这个超越性，最终会指向一种以位格或神格为中心的象征系统。西方的宗教是如此，中国传统文化的天、天命和上帝信仰亦是如此。一种有关终极实在的形上学理论，可以引发对其所描述的终极实在之意义的理解或兴趣、关切，但其本身并不能建立一种信仰。因此，信仰的对象不能只是一种主义或道理。② 纯粹作为本体的"神"的抽象概念，亦无法构成为信仰的对象。同时，真实的信仰对象，亦不能是任何一种现实的人格或实存物，而必为一种具有超越意义的位格性存在。如果我们把某种实存物当作信仰的对象，就会导致拜物教；在政治上，如果我们把一种实存的人格当作信仰的对象，则往往会导致偶像崇拜，引发政治上的狂热。这种教训，在历史与现实中所在多有，为祸不浅，不可不引以为鉴戒。此文据儒家的哲学和政治理论论中国人的信仰，其学理取径与刘述先先生同，而其所谓"中国人无宗教信仰"的结论则恰与刘先生相反对。这也说明，单就儒学学理体系本身，无法对儒学的宗教性作出合理的说明。

中国古代的哲学，乃由宗教转化而来。前孔子时代宗教观念的一个重要特点，就是它重视信仰对象的神道方面，而不重在其神格方面。③ 这一点，对前述儒家"神道设教"的教化方式之形成，有很大的影响。

我的老师邹化政先生所著《先秦儒家哲学新探》一书，对前孔子时代的

---

① 赵启正：《中国人没有"宗教信仰"但有"文化信仰"》，《人民日报》2013 年 5 月 14 日。

② 吉林大学王天成教授在一次座谈中指出：现在人总是说要把某种主义确立为自己的信仰，而主义作为一个学说、一种道理，至多只会引起一种兴趣或一种爱好，而不能引生一种信仰。信仰的对象不能只是一种主义或道理，必有其位格性。此说与田立克的宗教信仰说有相合之处。本文的讨论，受到他的启发，谨此致谢！

③ 三代宗教从其演进的历程看，有其阶段性的区别，对此，学界已有很深入的探讨。与本文的问题相关，我们所关注的是它的结构性的特征。

宗教观念提出了一个独到的观察视角："在回教、犹太教、基督教的神道观念中，强调和突出的与其说是它的道，毋宁说是它的至高、至上的人格和意志本身，而它的道却是非常抽象的。与此相反，中国人在殷周之际的神道观念，强调和突出的与其说是它的那个主体——至高至上的人格或意志，毋宁说是它的道，是它主宰人伦与自然统一体的规律系统，并且把这规律系统具体化为各种特定的礼义形式。中西方的这种差别，决定了中国人一元化的宗教意识，难以得到充分的、独立的发展，它必为有关这个天道观念的哲学意识所代替，特别是为儒家哲学意识所代替。"① 邹先生这一观察角度的核心点，是把宗教的神道观念区分为至上人格与"道"两个方面，并从二者之间的关系的角度来理解中西方宗教的区别。

从这一观察角度看，宗教信仰的对象是神。这个信仰的对象，可以概括为两个方面，一是其神格，一是其神道。西方的宗教的特点，所凸显的是其"至高至上的主体"，亦即其神格方面的意义，而其"道"或神道这一方面，却非常抽象。其对神道内容的探讨，乃围绕着神灵主体或神格来进行。由此形成的神学系统，其所表述者，乃是一个超越于现实世界天国神界。中国古代的宗教观念的情形却正好相反，其关注的重点在"神道"而不在"神格"。三代宗教的核心概念是"天命"和"上帝"，法则昊天上帝，亦是当时人所流行的观念。但这上天之则② 或神道的内涵，则是统合自然与人伦之道为一体的礼义道德原则。在这里，神与人乃统合为一，并未抽离为两个独立的世界。

中国古代的宗教神灵信仰，乃表现为一种以天帝至上神统摄众神的多神系统。《礼记》所记载的祭祀仪式和对象，内容极其广泛。其制祭的原则是"报"、"报本复始"，即报恩和追思存在之本原。凡对于人生有"本"和"始"之意义的对象，皆可在祭祀之列。天地、山川、社稷、祖庙、五祀等，自不必说。《郊特牲》讲到蜡祭八，所祭不仅有农耕的创始者（先啬），甚至包括猫、虎、堤、渠之神。这"报"的范围非常广泛。为什么要祭猫呢？因为猫可以逮老鼠，让庄稼长得好，所以也属于"报"的对象。不过，这个神灵系统，由于人间的秩序，它本身也秩序化了。唯天子可以祭天，祭天地，诸侯有方望之事，大夫祭五祀，士祭其先，它是一个上下统合的系统，这个统合的系统最后

---

① 邹化政：《先秦儒家哲学新探》，黑龙江人民出版社 1990 年版，第 73 页。

② 《诗经·大雅·烝民》："天生烝民，有物有则，民之秉彝，好是懿德。"

都归结到一个"天"。而这个天，本身并没有独立的内容，它的内容就是这样一个人间社会从上到下的伦理的体系。而王者之通天、代天理物，则使这个伦理的体系获得了一种天人贯通的神圣超越性的意义。

古代的信仰体系以天帝为中心，它虽有意志的力量，但人格性的特征则较弱。它的内容乃举体表现于现实世界的法则和规则。

马克斯·韦伯论中国古代的宗教意识，特别强调"天"之逐渐非人格化的特性，以及"天道"观念与仪式法则和历法作为自然法则的内在关联性："中国的宗教意识把用以制服鬼神的巫术性宗教仪式和为农耕民族制定的历法结合起来，并赋予它们以同等的地位和神圣不可侵犯的性质，换言之，它把自然法则和仪式法则合二为一，融于'道'的统一性中……作为终极的、至高无上的、非人格的、始终可与自己同一的、时间上永恒的存在，这种存在同时是永恒的秩序的超时间的表现。非人格的天威，并不向人类'说话'。它是透过地上的统治方式、自然与习俗的稳固秩序……来启示人类的。"[1] 韦伯这里所说的"中国宗教意识"的特点，当然只是一个比较笼统的概括，但他对"天"通过仪式和自然秩序性以表现自身这一方式的理解，却是一种合乎实际的深刻洞见。它与前引邹化政先生的观点，亦可相互印证。

古人的天神信仰，与天文历法的观念有紧密的关系。古人讲法天、则天。这法天、则天有两个方面的意义，一个方面就是为政的一套内容；另一方面就是对天、对日月星辰的祭祀仪式和祭祀活动。其实，人对上天和日月星辰的祭祀活动，其意义完全落实在前一个方面。《皋陶谟》里面讲"天工人其代之"。即是说我们所做的一切事情，包括农事安排，设官职，立政长，创制礼法制度，这一套人事伦理的内容，都是王者代天行事。这样，天的内容本身，实际上就是这些人事、人伦的内容。后来的告朔制度，也表现和延续了这一传统。告朔的制度，有天文历法的内容，当时农业社会，比较重视天文历法。另一方面，只有王者才可以通天，天子按照历法所作对农事、政事的安排与实施，被理解为"代天理物"。由此，其政事行为亦被赋予了某种本原于、出自于"天"的神圣性的意义。而在这里，天的神格并非存在于另外一个世界，它的内容就展显于这些农事、政治、人伦的系统中。总之，前孔子时代宗教观念，包括统一的两个方面：一个方面，天的内涵是现实的、自然的法则和伦理的规则、原

---

① 马克斯·韦伯：《儒教与道教》，洪天富译，江苏人民出版社1993年版，第35—36页。

则；另一方面，这一套人间的伦理秩序和自然的规则作为一个整体的系统，它本身又有个"天"神圣的根源贯通在里面。

古代的法天则天观念，表现了"天"作为至上神观念关联于自然法则的意义，同时，这"天"的观念更与祖先神有着密切的联系。

古籍中多记有三代的感生传说。殷商时代的始祖感生传说，最早见于《诗经》。《诗经·商颂·玄鸟》："天命玄鸟，降而生商。"《长发》说："有娀方将，帝立子生商。"《大雅·生民》："厥初生民，时维姜嫄……履帝武敏歆，攸介攸止，载震载夙，载生载育，时维后稷。"《鲁颂·閟宫》说："赫赫姜嫄，其德不回，上帝是依，无灾无害，弥月不迟，是生后稷。"从这些感生神话中，我们可以看到氏族图腾制的遗迹。在原始氏族时代，人们把图腾神物看作本氏族的始源或祖先，这表现了原始人追溯生命本原的方式。在图腾的崇拜中，祖先被神化了。而在这些记载着商周内部氏族传说的诗句中，祖先神则被认为本原于作为至上神的天命、上帝。有学者认为商周的天、帝至上神起源于其氏族神，看来并非全无根据。

殷人之上帝与祖先神关系密切。殷代有帝廷的观念，上帝居于天上，有控制天象，令风、令雨、降旱、授佑，降祸福赏罚于人间的权能。殷人之先公先王死后可上宾于天帝，在上帝左右，亦可降祸福于人间。值得注意的是，殷人不直接祭祀上帝，其祭祀求福，要祭祀祈求先祖，由之转达于上帝。[①] 张光直先生对此的解释是：殷人"上帝与先祖的分别并无严格清楚的界限"。"殷人的'帝'很可能是先帝的统称或者是先祖观念的一个抽象。"[②] "上帝的观念是抽象，而个别的子姓祖先代表其实质。"[③] 就是说，殷人通过祭祀祖先神而转求祈福于上帝这一现象，表明殷代上帝之观念乃以祖先崇拜为其实质内容。

周人亦以"上帝"为至上神，但又多言"天"，以天、帝并称。《诗·大雅·文王》："文王陟降，在帝左右。"《下武》："三后在天，王配于京。"可见周人亦以为先王死后可以升天而在帝左右，此与殷人无异。不过，周人言上帝

---

① 参见胡厚宣：《殷代之天神崇拜》，《甲骨学商史论丛》，台湾大通书局印行，第328—329页。

② 张光直：《商周神话之分类》，《中国青铜时代》，生活·读书·新知三联书店1999年版，第372页。

③ 张光直：《商周神话与美术中所见人与动物关系之演变》，生活·读书·新知三联书店1999年版，第415页。

与人之关系，则多以"天命"出之。如《尚书·康诰》说："惟乃丕显考文王，克明德慎罚……惟时怙冒闻于上帝，帝休，天乃大命文王殪戎殷，诞受厥命越厥邦厥民。"《大诰》："尔亦不知天命不易。""天命不僭，卜陈唯若兹。"在周代，作为至上神的天帝与祖先神，有了较明确的分界。但其间意义上的关联，似又较殷人更为密切。我们注意到，殷人言"帝令"，周人则讲"天命"。"帝令"与"天命"，皆可用作主谓结构的使动形式。殷人之"帝令"，均作使动用法；而周人之"天命"，则既用作"天命于人"的使动形式，同时，又常作名词称谓使用。"天乃大命文王殪戎殷"，即如"帝令"之使动用法。"天命不易"，"天命不僭"，此"天命"即作名词用。殷人以"帝"为神体，其令风令雨，降祸降福，唯系于"帝"之喜恶。周人则以"惟德是辅"规定天意之内涵，是天之福佑，必降于有德者。因而天之降命，必有常则，而不由乎"天"作为神体之好恶与任意。由是，"天命"一辞，乃转成为一具有必然性内涵的本体概念。① 三代有以祖配天的观念，周人尤重先祖以德配天之义。《诗·周颂·思文》："思文后稷，克配彼天，立我烝民，莫非尔极。"《大雅·文王》："文王在上，於昭于天。周虽旧邦，其命维新。有周不显，帝命不时。文王陟降，在帝左右。"又："上天之载，无声无臭，仪刑文王，万邦作孚。"又："无念尔祖，聿修厥德，永言配命，自求多福。"周人认为其先祖之德可以配天，天乃降大命于小邦周。因此，仪刑先王，承继绍述先祖之志意德业，既构成了周人承续天命的基本方式和途径，亦规定了其所理解的天命之内涵。《尚书·康诰》记周公告诫康叔，乃将父爱子孝兄友弟恭、敬事先祖等宗法伦理内容视为"天惟与我民彝"，就表明了这一点。殷人之上帝直接令风令雨降祸福于人，周人之天、天命，则成一必然之律则。与殷人之"帝"相较，周人的"天"作为神体，实更为抽象，其人格性的意义亦更趋弱化；同时，其内容乃举体表显为"德"的政治和人伦意义。

20 世纪 80 年代，一些西方学界的华人学者提出"连续性"这一概念，来考察中国古代文明和宗教观念的特征。对理解这一点，也有重要的借鉴意义。

张光直用"破裂性"与"连续性"两个概念，来区分中、西方两种文明起源的特征，把中国文明称作"连续性"的型态，把西方文明称作"破裂性"

---

① 参见李景林：《殷周至春秋天人关系观念之演进初论》第二部分，《孔孟学报》第 70 期（1995 年）。

的型态。① 张光直先生所谓的"连续性"，指的是人与自然或文明与自然之间的连续，即人与它所从出的自然之间，始终保持着一种内在的联系。"破裂性"文明的特征，则是人借助于其所创造的世界和文化、文明，将自己与原初自然的世界和环境分隔开来。张光直先生用"连续性"这一概念，主要是要揭示中国文明起源的特征。杜维明先生则用"连续性"这一概念来探讨中国人的自然观和宇宙观。在《存有的连续性：中国人的自然观》一文中，杜先生用连续性、整体性和动力性三个关键词来论述中国人的自然观或宇宙观的特点。这三个关键词，所表现的是一种对宇宙存在及其过程的理解。在这里，宇宙被表征为一个有机的、连续的生命过程（连续性）；其中，它的所有部分都具有内在的关联，因而整合构成为一个有机的统一体（整体性）；同时，它又表现为一个开放的、内在转化生生不已的生命创造过程（动力性）。杜先生强调，这样一种"存有连续性"思想基调，不仅表现在中国的哲学中，亦普遍地贯通于中国古代宗教、伦理和美学的观念中。②

分化是文明产生的前提，文明首先表现为人所创造的世界与自然的脱离。但这种分化并不必然导致人与自然的分隔和隔离。古代中国在夏代已进入文明社会，在宗教上，也已形成了天、帝至上神的观念，并且经过一个逐步理性化的过程，从殷代的祭祀文化到周代的礼乐文化，由"自然宗教"发展为"伦理宗教"，从而形成为一种"真正的宗教"。③ 不过，中国古初文明时代的国家，乃由原始氏族制度转化而来，国家社会组织仍主要以氏族和宗族关系而非地域关系为基础。从古史的记载看，中国原始氏族时代曾有过一个"家为巫史"，"民神杂糅"④ 的阶段。文明社会地上王权的建立，导致王者对通天之权的独占，促成了神人的分化与统一的至上神的产生。中国古代进入文明的方式及其宗教系统的形成，都表现出了一种文明与自然连续性的特征。这种连续性的文明转进方式，使野蛮时代那种自然生命的整全性和整体性意识在文明社会的分化形式中仍然得以保持。

---

① 参见张光直：《从商周青铜器谈文明与国家的起源》、《连续与破裂：一个文明起源新说的草稿》两文，见张光直：《中国青铜时代》，生活·读书·新知三联书店 1999 年版。

② 参见杜维明：《杜维明文集》第三卷，武汉出版社 2002 年版，第 222 页。

③ 参见陈来：《古代宗教与伦理》，生活·读书·新知三联书店 1996 年版，第一章第三节，第四章第八、九、十节。

④ 参见《国语·楚语下》观射父述"绝地天通"。

相对而言，讲"文明与自然的连续"，着眼点在文明起源的方式；讲"整体性"的观念，则着眼于宇宙观和对存在的理解方式。后者乃以前者为基础。这个整体性的宇宙观，是强调宇宙存在的各种形态、各个层面，皆内在关联而构成为一个有机的整体。在这个意义上，我更愿意用"内在关系论"这个用语来表征这种宇宙观的特征。杜维明先生强调，这样一种连续性和整体性的存在观念，不能允诺一个在这个宇宙整体之外的"造物主"的观念。[①]商周的天、帝至上神观念，并非创世神。张光直先生指出，中国有关宇宙起源的神话至早在东周时期才出现[②]，而这种宇宙起源神话，亦属于"变形式的起源说，而非圣经式的创造说"[③]。创造的过程，乃表现为一种混沌的分离和业已存在之物的变形与转化。造物与创世的观念，分神人为两界，是西方"破裂性"文明型态在宗教观念上的典型表现。殷周的天、帝至上神，则内在于宇宙存有和人伦世界而为其之神性的光源与超越性的基础；王者"代天理物"，天帝之神性，乃贯穿并即自然与人伦而显。基于上述连续性和内在关系论的观念，殷周时期的宗教，虽已发展为一种"伦理宗教"的形态，但其至上神，却既非一种"唯一神"，亦非处于此世界之外的造物和创世神。其关注"神道"而不重"神格"，盖由于此。

商周的宗教观念及其信仰系统，集中体现了上述"连续性"文明的特征。自然与文明的连续，构成了一种神性内在于存有的、整体论或内在关系论的信仰系统。由于天帝与祖先神的内在关联性，商周的至上神，本自缺乏独立存在的特质。与"德"的观念之兴起相伴随，殷代上帝干预人世之"帝令"方式，逐渐独立为一种作为名词称谓的"天命"，"天"的观念更凸显为一种道德的律则和本原。"上天之载，无声无臭"，"天"本无形迹，不与人言。然"天生烝民，有物有则"，并"与我民彝"；此民彝物则，包括前引《皋陶谟》所谓"天叙"之典、"天秩"之礼，皆本原于天。人间之伦理秩序，及与之相关的天地秩序，礼乐系统，悉本原于天。是周之天作为至上神，已转成为一种"道德的神"[④]，周人之信仰系统，已发展到一种"伦理宗教"。同时，殷周之宗教，并

---

① 参见杜维明：《杜维明文集》第三卷，武汉出版社 2002 年版，第 222 页以下。

② 参见张光直：《商周神话之分类》，《中国青铜时代》，生活·读书·新知三联书店 1999 年版。

③ 张光直：《连续与破裂：一个文明起源新说的草稿》，《中国青铜时代》，生活·读书·新知三联书店 1999 年版，第 490 页。

④ 参见许倬云：《周人的兴起及周文化的基础》，《史语所集刊》第三十八本（1968 年）。

非一个一神教的系统，而是一种以天帝至上神统摄众神的多神系统。董仲舒所谓"天者百神之君也，王者之所最尊"（《春秋繁露·郊义》），说的就是这个意思。天帝并未割断与人的亲缘性。王者独占祭天通天之权，并可遍祭群神；自诸侯以下，所祭祀之对象，各由其先祖及于众神，依尊卑上下之义，其权界各有等差。由是，王者以祖配天之天人相通的意义，乃通乎不同层级之人及其祭祀活动；天帝亦"神而明之"，以其神性内在贯通并存诸人伦之世界，而构成一神道的系统。夏代史料不足征，殷商以下，上帝之人格意义渐次弱化，而其显诸人伦物理之神道意义，乃愈益显豁。商周宗教之所重，要在于此。

这里需要强调指出的是，周代的礼乐文化，虽由天帝之伦理规定，而进至"伦理宗教"的范围，但其作为康德意义上的"道德的宗教"，却并未真正得到确立。

郑开教授从结构的意义上把周代的礼乐文化界定为一种"德礼体系"。"德"的一面，表示建构于礼的精神气质，"礼"的一面，则呈现为制度和秩序。① 不过，如从形上学的角度看，周人的"德"，尚未形成为一个以自因或自律为根据的自足性概念，因而无法构成社会伦理体系的价值基础。学者已注意到，西周"德"这一观念的内涵，主要侧重于与政治行为相关的"行"。② 而这"德"的本原，并非发自于内，或人自身的决断，而是出于一种对政治后果的考量和功利性的动机。故周世的宗教系统，基本上体现了一种功利主义的宗教观念。这包括两个方面。一方面，天为至善的本原。《左传·僖公五年》引《周书》："《周书》曰：皇天无亲，惟德是辅。又曰：黍稷非馨，明德惟馨。又曰：民不易物，惟德繄物。"是言天帝为"德"或至善之本原。另一方面，人之行德，则又以功利为目的。天之佑有德而惩无德，主要表现为天命亦即王权的转移。在周人看来，夏殷先王因能"明德恤祀"而受命于天，而又皆因"惟不敬厥德，乃早坠厥命"。（《尚书·多士》、《召诰》）周人以小邦承大命，

---

① 参见郑开：《德礼之间》，生活·读书·新知三联书店 2009 年版，第 74—131 页。需要说明的是，郑开教授认为周人所谓"德"，主要表现为一种政治语境中的"德"。这当然是正确的。不过，"天命有德"，天降王祚于有德者，这个意义上的"德"，还主要是就道德伦理意义而言的，可以把它与维持王权国祚的政治指向相对区分开来。本文主要是从这个角度借用郑开教授"德礼体系"这个概念的。

② 参见郑开：《德礼之间》，生活·读书·新知三联书店 2009 年版，第 92—95 页；陈来：《古代宗教与伦理》，生活·读书·新知三联书店 1996 年版，第 290—327 页。

其言天命，语多惊惧，表现出一种很深的忧患意识。其言"敬德"，亦非出于对人自身道德使命之自觉与决断，而是出于王权永续之功利动机。《尚书·召诰》："肆惟王其疾敬德。王其德之用，祈天永命。"召公告诫成王要以夏殷的失德坠命为鉴戒，特别强调要"疾敬德"，而此"敬德"，行德之目的，要在"祈天永命"。所以，周人之宗教观念，乃以天为至善之本原，认天帝为一"道德的神"；但人之敬德、行德，目的却在功利，人乃被理解为一功利性的存在。

西方"破裂性"的文明，在宗教上断神人为两界，以人负原罪而不具神性，故需上帝之神恩拯救，人由是而有对上帝之景仰敬畏之心与恪守上帝立法之义务。商周文明之连续性与整体性的特征，使其宗教的观念，隐然具有一种神性内在于人的义涵。神性内在，表现于人，人性亦当具神性而有"善"的内在规定。在这样一种"连续性"的文明形态中，人并无如基督教那样的原罪意识。因此，周世文明的"德礼"结构，必须在此人性或德性自觉的前提下，才能保持其自身内在的稳定性，并具有理论的自洽性和必然性。不过，从上述讨论我们可以看到，这种神性内在，在周代的宗教体系中主要体现为一种"民彝物则"本原于天的观念，尚未能在"德"的层面上达到自觉。周代"性"的观念，亦基本上被理解为一种基于自然生命的欲望要求，其所谓"节性"，亦只是由"敬"或敬德而来的对欲望的节制。[①] 因此，在周末社会高下陵夷，社会剧烈变动，德、福显著地不能达到一致的现实境域下，天之作为至善本原的神圣超越及其德福一致之确证者的意义，必会遭到怀疑与否定。在《诗经》中，反映厉、幽时代的诗出现大量疑天的诗句，就表现了这一点。[②] 由此，礼作为伦理的原则，亦趋于形式化，甚至成为诸侯争霸、权臣窃国之手段。周世之"德礼体系"，失去其内在的德性基础，必然会趋于崩解。因此，必须经过一种依神性内在之人性的自觉与转变，周代的宗教和信仰体系之作为"伦理宗教"、"道德宗教"之义，方能得以确立和圆成。

儒家并不否定三代天帝、天命的观念和这一套神灵的系统，这一套以天帝统摄多神的神灵系统，以及与此相关的祭祀礼仪系统，都为原来社会所固有。也就是说，儒家不像基督教那样有自己独具的神灵和仪轨系统，它并没有

---

① 参见徐复观：《中国人性论史·先秦篇》，生活·读书·新知三联书店 2001 年版，第 28 页。

② 参见徐复观：《中国人性论史·先秦篇》，生活·读书·新知三联书店 2001 年版，第 31—36 页。

创制一套属于自己的神灵和礼仪系统，它所做的工作，实际上是对三代宗教观念的神道方面做一种理性化的解释，并使之发生了一种内向的转变，在传统的宗教性礼仪中，贯注一种人文的、理性的精神，从而把它加以点化、升华。

儒家所做的工作，主要表现在三个方面。

第一，孔子转变了周人天命观中把人仅仅理解为一种功利性存在的立场，反思并发现人之最本己的能力和可能性，在于躬行人道。对"天"或"天命"从根本上作人文的理解，从而把善的原则转变为人之本有的规定。孔子所关注的角度，仍然是前述那个"神道"的方面。那个神道的内容，实质上是一个伦理的、规则的体系。孔子确信，这一套伦理和规则的体系，根源于天，但是又内在于人。这就是我们常说的孔子对"人"的发现。通过这个对"人"的发现，孔子使三代的宗教观念发生了一个内向的转变，这就是把至善的本原植根于人心和内在的本性。"为仁由己，而由人乎哉？""仁远乎哉？我欲仁，斯仁至矣。""有能一日用其力于仁矣乎？我未见力不足者。"由此，"仁"被理解为是人唯一不靠外力，而依靠自己的力量所能得到的东西，是人的本质本性所在。所以，孔子径称："仁者人也"。在这个意义上，善的原则乃转变为人之本有的规定。人之行为的价值，在于其躬行其所当行（仁、义）；行为的结果如何，属于"天命"，并不影响这个价值。这种对义、命关系的理解，使传统的天命观发生了一个重要的转变：把行义由外在法则性的祈天邀福之手段，转变成人行的内在动机和天职。孔子的这一思想，规定了以后儒家天人关系观念的基本内涵。这是一个人文、理性的解释。

第二，与此相应，提出了一种新的对待天命鬼神的态度。孔子主张"敬鬼神而远之"，又讲"祭如在，祭神如神在。""非其鬼而祭之，谄也。"有人认为这些说法表明孔子不信鬼神。其实，孔子这样讲，恰恰是要把神摆到它应有的位置。这一点与前述孔子对"人"的发现有密切的关系。在这里，孔子所强调的是，人对待神的态度不应该是一种功利的态度。"敬鬼神而远之"，是反对亵近鬼神。在一般百姓生活里，人对神的态度是功利性的。一般百姓到庙里去，就是给神上香，求神保佑。我花钱给神上香、供奉，目的就是得到神的福佑，而不在敬神。这样亵近神，就把神降低为一个爱财利的功利神，神因此失去了他的神圣性。所以，"敬鬼神而远之"，一方面表现了一种对待鬼神的理性的态度，同时也表现了一种对于神灵的新的理解方式。它强调，人、神之间的沟通，是要通过人躬行人道，而与天和天道相通，不是离开人道，去外在地祈求天和天道。所以，就神灵系统来讲，事实上，儒家是通过对神道这个方面的理性解释，把传统社会的信仰对象——天、神，摆到它应有的位置，重新去确立其神圣性的意义。这个神格的神圣性，在整个传统社会的历史中有它的信仰的基础，并有它内在的连续性。这与中国传统的礼仪系统尤其是丧祭礼仪有关。《大戴礼记·礼三本》说："天地者，生之本也；先祖者，类之本也；君师者，治之本也。"《礼记·郊特牲》论天子郊天之义说："万物本乎天，人本乎祖，此所以配上帝也。郊之祭也，大报本反始也。"天帝为生物之本，先祖为族类之本。而先祖又来源于天道，来源于天、帝。通过"法祖而敬天"这样一种方式，由近及远地达到人与和天、天道的内在贯通，人的现实生活由此获得一种神圣的光照。这可以看作是儒家以"神道设教"方式所获得的一种教化之效。

第三，因认传统社会的礼乐教化方式，而对其作出人文的解释。一般的宗教教化方式，实践这方面非常重要。比如，基督教也有它自己的一套仪轨系统。一般体制化的宗教，它的这套仪式、仪轨系统，为一个宗教或教派本身所特有，因而是固定的，不易改变的，同时，又是具有排他性的。儒家行其教化，亦特别注重礼仪的作用。但它的这套礼仪系统，为中国古代社会所本有，并非另起炉灶的自创。儒家的工作，是在每一个时代对它作出一种因时制宜的重建，并对它进行一种理性人文的解释。《仪礼》里面所记载的八种礼："冠、昏、丧、祭、射、乡、朝、聘"，冠、昏，涉及家庭和个人生活；丧、祭，涉及宗教生活；射、乡，涉及社会生活；朝、聘，涉及政治生活。"经礼三百，曲礼三千"。可以说，在孔子之前，这一套礼乐的形式，已经周流充满，渗透到社会生活的各个方面。什么是礼仪？按我的理解，礼仪就是社会生活的样式。它直接关乎我们的生活实践、关乎我们每个人生活的方方面面，如刚才所讲，它关涉我们个人的、社会的、家庭的、家族的、政治的、宗教的、生活的各个方面。儒家恰切地运用这样一套礼仪的系统，既在每一时代对它进行因时制宜的调适和重建，同时又对它作出一种理性的解释，以施其教化于社会生活。儒家指出，礼仪既出自天道，又建基于人心、人性与人的情感生活。这个理性的解释，与我们刚才所讲到的儒家对人性问题的看法、对于鬼神问题的态度都是一致的。这样，儒学一方面通过对传统礼仪系统的理性人文诠释，建立起它自己的形上学思想和义理系统；同时，又通过社会生活本身所具有的这一套礼仪形式，或者叫社会生活的样式，关涉于人的社会生活、情感生活及其日常行为，并对其发生一种点化、提升或精神升华的教化作用。

基督教有属于自己的上帝信仰，它的信众群体有限定性，你可以信它，可以不信它，它又有一套属于自己的不易改变的仪轨系统。所以，它的信仰体系具有很强的排他性。历史上它对异教徒的残酷迫害，明清耶教传入中国以来所发生的"礼仪之争"，都说明了这一点。与此相反，儒家所依循的这一套神灵和礼仪系统，为古代社会所固有，并不专属儒家。"三王不袭礼，五帝不沿乐"。这套礼仪的系统，作为社会生活的普泛样式，既渗透于中国古代社会生活、民众生活的各个方面，同时，又因社会的历史发展不断因革损益，不断地发生着变化。这一套社会的神灵系统，既由天帝所统摄，同时又因社会个体的分位差异而表现出不同层次个性特征。儒家的哲学，根据这一文化传统建立，既提出了自己独立的一套形上学的系统，又因任社会生活所本有的信仰和礼仪系统，而与社会生活密切关联来行其教化。通过这样一种方式，它既为中国社会建立了一个形上学的基础，提升了它的文化品位，赋予了它的信仰以一种人文的精神；同时，又因任着社会生活和着时代的变化，不断地调整着这个礼仪的系统，使之日新不已。这使得儒家的这一套教化能够与社会生活密合无间，保持有一种生生不息的、活的生命精神。儒学所据以关联于社会生活之礼仪及与之相关之信仰系统，既为社会所本有，并具施及全社会的普泛性，故其教化之所行，在中国社会，既最有普遍性意义，同时亦具有对其他信仰的广泛的包容性。这是儒家教化之异于西方宗教与哲学之独具的特点。

康德把所有宗教区分为"追求恩宠的宗教"与"道德的宗教"两类，认为只有"道德的宗教"才配称真正的宗教。[①] 中国古初以来的文明，固有一套统属于天帝的神灵系统以为其超越与终极意义之象征。不过，前孔子时代的宗教观念，专主于对天帝的邀宠祈福，人之行德，乃以功利为目的，可以把它归入康德所谓"追求恩宠的宗教"一类。其超越性的价值基础，尚立足未稳。儒家的形上学，密切关联于社会生活，取"神道设教"之途径以行其教化的理念。儒家的义理体系本身并非宗教。宗教神职人员之布道，有特定场所之限制，儒家义理，则可与康德、黑格尔一类哲学理论，同讲论于大学诸学术殿堂

---

① 参见李明辉：《康德论"道德宗教"》，《从康德的"道德宗教"论儒家的宗教性》第二部分，见哈佛燕京学社编：《儒家传统与启蒙心态》，凤凰出版传媒集团、江苏教育出版社 2005 年版，第 238—254 页。

和文化场所，就是一个证明。在孔子之后，中国古初文明社会所形成的宗教和信仰系统仍然运行在社会和民众生活中，但经由儒家形上学的提升与点化，始转变和成就其为一种康德所谓的"道德的宗教"或"真正的宗教"①，使其可大可久，构成几千年中国社会之超越性价值与信仰的基础。儒学的宗教性，即体现于这种以"神道设教"的教化方式中。

从这个意义上看，就儒家本身来讲，它是一种哲理；但就它的教化的意义来讲，它又具有宗教性。从神道和神格之间的关系而言，儒家是从三代宗教所注重的"神道"转出、发挥出一套理性人文义的哲理。它的教化作用就体现在，它的这套哲理，并不否定传统社会的天、帝（及其多神）信仰及其礼仪系统，而是由对它的内在转变和诠释而成。因而能够因认和切合并不断地具有升华社会精神生活的作用。它讲的是一套哲理，而不是教理。这个哲理既不同于与西方的哲学，也不同于宗教围绕着神格系统所建立起来的那一套神道的哲理。总之，儒家这套系统是一种哲学、是一种义理，不是宗教；但是它本身又具有宗教性，具有西方宗教那种教化的功能。

以往相关讨论，于儒家义理体系与社会信仰系统这一复杂关系之厘清，往往不甚措意。学者多从改变宗教之定义入手，或将传统社会之天帝神灵信仰及与之相关的祭祀礼仪系统直接归诸儒家，以证明儒家为宗教；或脱离中国传统社会宗教的象征系统，单就儒家义理系统本身来证明儒家的宗教性。其言虽各有理致，然对于说明中国传统信仰系统与一般宗教之区别，对于凸显儒家思想的精神特质，不仅无所助益，反而往往模糊了问题的实质。要理解儒家的宗教性问题，不能取"案文责卦"的方式，在宗教定义这一点上兜圈子，而需要厘清儒家义理体系与传统社会信仰系统的区别与联系，从儒家教化方式的角度来开辟新局。

（作者简介：李景林　北京师范大学哲学学院）

---

① 李明辉先生借康德"道德的宗教"一观念，接续牟宗三先生之说，直称儒家为"道德宗教"（参见李明辉：《从康德的"道德宗教"论儒家的宗教性》，见哈佛燕京学社编：《儒家传统与启蒙心态》，凤凰出版传媒集团江苏教育出版社 2005 年版，第 228—269 页）。此文颇有启发意义。但管见以为，儒家本身并非宗教，其作用在于转变中国社会之信仰体系为一"道德的宗教"。

儒家安身立命的意涵与当代的挑战

吴进安

儒家遭遇批判与挑战并非始自今日，但基本上并非惊天动地的大改变，儒学的核心价值依然没有动摇，传统儒家所揭橥的"安身立命"观仍然是知识分子守恒的真理。20 世纪初期随着帝国的崩落和欧风东渐，此种核心价值即一再遭遇挑战与批判，从"中学为体，西学为用"而到彻底的"西化"，延续千年的儒家传统即遭遇到本质性的冲击，进而出现传统价值观念的解体，我们可以看到种种现代观念对其的冲击。余英时称这种现象是"现代知识分子对儒家失去了信心"。①

由于儒家的理论是以个人的修身为基底，逐步扩大到齐家、治国、平天下，它是一个整体性与系统性的观念，由内到外，涉及政治的、社会的结构，形成一个组织性的生活团体，支配着每个个体的生活态度与价值信念。而近代中国对儒家的批判，最初虽是从"外王"（治国与平天下）的崩解开始，但很快地便发展到对齐家的批判，最后连修身也无以幸免，如此一来儒家的价值体系也整个动摇。代表"民间文化"对传统儒家价值之挑战，即是洪秀全利用西方的观念（信奉上帝会）对付自己的文化传统；而另一阶层的"精英文化"亦逐渐反思儒家之义理，对于"名教"与"礼教"之批判，最为有名的即是谭嗣同主张的"冲决伦常之网罗"。继之而起的如梁任公主张的"新民"理念，宣扬新伦理。五四时期的"新文化运动"所提出的"重新估定一切价值"的主张，尤其是自 1918 年白话文学广为流行之后，影响力尤其巨大的莫如鲁迅《狂人日记》所带来的波澜壮阔的批判，尤其是涉及"礼教与纲常"的总体性批判与否定。

传统儒学的核心价值何在？其意涵又具何种意义？面对现代性的社会，

---

① 余英时：《知识人与中国文化的价值》，台湾时报文化出版公司 2007 年版，第 105 页。

传统儒学所揭橥的"安身立命"之道又该如何诠解？儒学的共命慧，又须要面对何种局限以作调整？上述三问题是本文所欲解答与求索的问题，亦是本文研究之进路。

一、"安身立命"的意涵诠解

理解儒家"安身立命"之观念，即涉及对于此一观念本质性的解释及其由此所展开的各种概念。"安身立命"是传统儒家所揭橥的生命实践的目标，也是知识分子所服膺的一套价值系统与行为规范，它来自于一套"世界观"。而所谓的"世界观"之意涵，黄光国认为是："不同文化中的人们在其历史长河中所发展出来的'世界观'，可以帮助该文化中之成员，回答他们在生活世界中可能遭遇到的四类问题：(1) 我是谁？(2) 我的人生处境是什么？(3) 我为什么会受苦？(4) 我应当如何获得救赎？"[①] 上述这四个问题固然是从心理学层面加以分析，但是对于解答儒家为何坚持"安身立命"的终极关怀具有引导与澄清的作用，当孔子讲出："吾十有五而志于学，三十而立，四十而不惑，五十而知天命，六十而耳顺，七十而从心所欲，不踰矩。"(《论语·为政》) 概述其学思历程，即已揭露了如上四个子问题的思考线索，并为其生命历程给出答案。

儒家学说预存的假说包括了义命分立的天命观、以道修身、天人合德三个层面，这三部分即形成了儒家的内在结构，由此展开了"仁道"的价值世界与事实世界之互动。知识分子秉持的"以道济世"的使命感，而有"朝闻道，夕死可也"(《论语·里仁》) 的壮烈情怀。前述的"世界观"之形成，是来自于人的生命历程中所经历的有限与无限的挣扎以及面对生、老、病、死的各种变化，因而人可能意识到人的生命历程中，无论是经历何种遭遇，最终无可逃避皆是面向死亡，因而有个人"终极关怀"的选择与倾向，也影响了在生活世界的目标之设定，一旦这种人生意义之解答获得肯认，进而影响此团体内成员之"终极关怀"乃为必然，儒家在中国文化中的角色与长久以来的影响力即是一个显明的案例。

---

① 黄光国，《现代性的不连续假说与建构实在论：论本土心理学的哲学基础》，《香港社会科学学报》2000 年第 18 期。

（一）义命分立的天命观

若将"命"定义为"个人在宇宙存在历程的遭遇和变化"，学者们如唐君毅、劳思光从理论的角度立说，解说人类对于宇宙和个人命运关联的态度，主要有四种观点：（1）"意志天"，认为个人的"命"是由有人格的神，或有意志的天所支配，确立超越的主宰是人间价值的根源。（2）"命"是事实之必然，承认"命不可违"。但人应当尽力理解事实的必然规律，并顺规律而行动。（3）承认"命"的存在，但在"命"的支配下，个人的自觉是无可作为与改变的。（4）儒家孔、孟之立场，人作为自然界之生物体之一，必然承受生命历程无以改变与逃避的自然生命；但是作为有道德自觉与意识之主宰，人又有其实践源自超越本体的"道德规律"，以完成其"天命"之应然生命。

上述四种对"命"的解释模式中，儒家显然不否定人的"实然生命"（生、老、病、死），但更积极地去实践"应然生命"之理念，并且鼓励人创造生命的美感、庄严与充实的"道德生命"之理型。这即是儒家由此认知途径和实践中建构了一套"道德规律"的典范，此典范即是"义命分立的天命观"。

实然生命是人的生、老、病、死的生命历程，它是生物性的，也就有其限定，如孔子探望伯牛时的慨叹：

> 伯牛有疾，子问之。自牖执其手，曰："亡之，命矣夫。斯人也，而有斯疾也。"（《论语·雍也》）

但是孔子对于实然生命所呈现的样态与无可突破之事鲜少论及，并且淡然处之，他的态度即翻转而直视人所应该把握的"命"之真谛，于是"不知命，无以为君子也"（《论语·尧曰》）。此处之"命"即已超越自然生命，而直入道德使命，这才是"天命"，知天命者，见利思义，见害不避，见利不趋，唯"义"是赖。由此，"义命分立"为二途，人可以知天命，即是摆脱自然生命的限制与纠缠，超越形躯之我，进入道德生命的本我。因此，生活世界中人力所不能及不能改变的部分是"命"，而价值世界中人可以自觉主宰的部分即是"义"的范围，人是秉义而行，理性认知自然生命之历程本是人所无法改变的诸般现象，而理性的判断即是从自然生命蜕变至生命价值层次，人作为它自己的主人，第一步是超越自然生命之限定，超脱其支配与宰制，第二步即是秉义而行，是"知其不可为而为之"的态度与使命，如此才是人的价值显现，也才是"义命分立"。

　　孟子进一步将"义命分立"的天命观作了阐述，他说："尽其心者，知其性也。知其性，则知天矣。存其心，养其性；所以事天也。夭寿不贰，修身以俟之；所以立命也。"（《孟子·尽心上》）同篇又说："莫非命也，顺受其正。是故知命者不立乎岩墙之下。尽其道而死，正命也；桎梏而死，非正命也。"在孟子看来，人所必须面对的第一层价值思考，是如何消解自然生命中所呈现的安危祸福，此处之"命"是自然生命历程的生物之性，但有"正命"与"非正命"之分，人若是自暴自弃，自甘堕落而遭致的种种不幸，或是无以顺受其正，理性遭受蒙蔽，便是"非正命"；"正命"是我人尽一己之力竭尽人事之可能，成败得失了然于胸，坦然面对这样的结果并能接受其结果，这样方称之为"正命"。而我人尽心知性之过程，又是如何实践？如何得知呢？孟子以人必当"修身以俟之"，因为人的本性是由天所决定，人只有在尽心竭力实践奋进的过程中，才知道自己的"天性"是什么，才能明白天所赋予自己的"天命"是什么，在存养与扩充的过程中，修身而立命，这才是"正命"，此时之命已非自然生命，而是继善成性，道义存存之命，命依道而行，跨越自然生命的桎梏，而至道德价值层创造出有意义的生命。

　　进一步言，这种"义命分立"的认知原则与标准，其背后的依据何在？是基于何种信念支持前述的"义命分立"呢？从孔子与鲁哀公的对话中，可以看出"义命分立"的根源：

　　　　公曰："敢问君子何贵乎天道也？"孔子对曰："贵其不已。如日月东西相从而不已也，是天道也。不闭其久，是天道也。无为而物成，是天道也。已成而明，是天道也。"（《礼记·哀公问》）

　　人与天到底存在着何种关系？先秦儒家认为：天与人之间存在着一种内在的含摄关系。而宇宙万物皆是从天道的变化中得其性与命，《中庸》即直指"诚者，天之道也。诚之者，人之道也。"（《中庸·第二十章》）而"人道"之义与命即是从"天道"而来，并以"天道"为准绳，人道与天道互为含摄。刘述先言："天就内在于人之中，人把自己内在的德行发揭出来，就是阐明天道的一种方式。故实际人生虽有限，却通于无限，而可以与天地参。"[1]

---

①　刘述先：《由天人合一新释看人与自然的关系》，见景海峰编：《儒家思想与现代化》，中国广播电视出版社 1989 年版，第 508 页。

（二）以道修身

上承天道而开出人道，儒家言人道即是"仁道"。而人之所以能安其身即是透过修身之途径而得，秉持仁道即是依正道而行。透过德行的自觉而能志于仁，依于德，以道修身即在透过主体内在的人性因素，亦即是根植于人性中那种求真、求善、求美、求圣的价值意识，特别是有"是非之分的道德意识"。儒家揭示一个特别的信念，深信在个人自然情欲生命之上，有一个更富价值的、超越性的存有之存在，以道修身即在"践仁"，而其表现上即有"君子去仁，恶乎成名，君子无终食之间违仁，造次必于是，颠沛必于是"（《论语·里仁》）。可见仁道润身即是落实在人实践价值判断及行为抉择时所秉持的内在依据。

在儒家的修身之道中，儒家特别看重在五伦方面的实践，《中庸·第二十章》即有："天下之达道五，所以行之者三，君臣也，父子也，夫妇也，昆弟也，朋友之交也。五者，天下之达道也。知、仁、勇，三者，天下之达德也，所以行之者一也。"实践智、仁、勇三达德即可迄于"仁者不忧，智者不惑，勇者不惧"（《论语·宪问》）之境，并且透过以道修身的实践，在个人身上亦能看到此种"善"的结果。"好学近乎知，力行近乎仁，知耻近乎勇。知斯三者，则知所以修身"（《中庸·第二十章》），儒家所提示的以道修身之途径，即在于透过"好学"的方法学习"仁道"，以"力行"的方法实践"仁道"，并且以行为无以实现"仁道"为耻，因此"好学、力行、知耻"是修身的三个途径，其目的乃在成就君子。孔子还劝勉告诫弟子："汝为君子儒，无为小人儒。"（《论语·雍也》）

以道修身之"道"是仁道，人道是要能济世弘扬此理，所以儒家将"道"看成是修身这个行为的内在涵养与外求的目标，是神圣的而非世俗的，不因外在环境之扞格与限制而有所动摇。

子曰："人能弘道，非道弘人。"（《论语·卫灵公》）

子曰："朝闻道，夕死可矣。"（《论语·里仁》）

即因如此，"仁"乃是道的本质，以道润身，而能洋溢着生命的存有与风采，盎然跃动的生机，随时随地表露于日用常行的人事中，这是人的德性生命之流露。曾春海描述"仁"之道的内涵如下：

仁是一种内存于人的德行生命之流，能随事感发出诸般德行，因此，人所能实践的诸般品德，系以仁为其必要条件，换言之，仁为诸德之本质或"共相"，欠缺仁之精神的行为不能成就德性行为。①

在"以道修身"之实践下，透过修身之法门，亦即是人自觉性的内在反省，表现在清明自觉的意识、笃实践履的意志，充满着"仁者安仁，智者利仁"之生命力。生命道德的修为的价值判断是"志士仁人无求生以害仁，有杀身以成仁"（《论语·卫灵公》），"朝闻道，夕死可也"更将以道修身推向顶峰。对于自省自觉之道，孟子说得好："爱人不亲，反其仁；治人不治，反其智；礼人不答，反其敬。行有不得者，皆反求诸己；其身正，而天下归之。"（《孟子·离娄上》）

（三）天人合德与"致中和"精神

李亦园在《从民间文化看文化中国》一文中，提出"致中和"这个观念。② 他认为中国传统宇宙观中最基本的运作法则是追求人与自然、人与社会、人与自我的和谐与均衡，传统文化中最理想的完美境界，都是以追求此一最高的均衡和谐境界为目标。因此，"致中和"包括了自然系统（天）的和谐、个体系统（人）的和谐与人际关系系统（社会）的和谐。而在这三种系统中即是以"天人合德"为基础，在此基础之上，则建构了天人合一、自我均衡与人际关系的和谐，因人道来自天道的分享与孕育，因此，天人合德与致中和乃成为此三层面关系的枢纽。

"致中和"一词出自《中庸》，原意是达致中道、均衡与和谐。在上述的三维关系（自然系统、个体系统与人际关系系统）中，很明显地涉及时间与空间的和谐、内在与外在的和谐、人间和超自然的和谐，基于这样的思维，显然地儒家所要追求的即是问人文世界与自然世界的关系何在？自我的心灵世界与超越性的精神生活又是呈现出何种密契？因为人伦道德即是天伦天秩，"天"更是君权及人的先验道德本性的根源。儒家的"天人合德"即在解答上述这两个问题。曾春海认为"在天人性命相贯通的形上信仰下，如何将天命之德性自觉地修养成仁人君子及圣贤之德行而实现人的圆满人格是儒家安身立命的终极价值问题。因此，儒家具有天人合德的内在体验性、灵修实践性及精神之究极价值托付性的宗教实质精神"③。

---

① 曾春海：《儒家哲学治身》，文津出版社 1989 年版，第 18—19 页。
② 李亦园：《从民间文化看文化中国》，《汉学研究》1994 年第 12 期。
③ 曾春海：《从儒家的宗教性论魏晋儒学与道教之互动交涉》，《哲学与文化》2013 年第 5 期。

"天人合德"之观念，以孟子之言最为具体，《孟子·尽心》："尽其心者，知其性也。知其性，则知天矣。存其心，养其性；所以事天也。夭寿不贰，修身以俟之；所以立命也。"以及《中庸·第二十二章》："唯天下至诚，能尽其性，能尽其性，则能尽人之性；能尽人之性，则能尽物之性；能尽物之性，则可以赞天地之化育；可以赞天地之化育，则可以与天地参矣。"此种"实践理性"即以天人合德为基础而展开，天之德为"天地之大德曰生"与"生生之谓易"二者所蕴涵的"万物资始"与"万物资生"的生命创造；而人之德乃是"继善成性"的仁德禀赋，因着天人合德方有天人合一致中和之境。因此，儒家所揭橥的"致中和"即是"天人合一"，是由"天人合德"所展开的"实践理性"，人的地位与天地同称三才，方能有"立天之道曰阴与阳、立地之道曰柔与刚、立人之道曰仁与义"的三才之道。人因其自身的实践理性的推展，参透明白天人关系不是对抗的，亦非冲突的，儒家立基于天人性命相贯通之道，天人合德以求致中和，而有人的道德信念实践历程与价值世界的展开。

二、当代"安身立命"之道的挑战

"安身立命"是从原始儒家所建立的一套终极关怀（ultimate concern）系统。这种安身立命的终极关怀的价值理念一直是儒者的"原乡"与心灵世界所投射的对象。但至近代儒学所遭遇的命运与历史转折中，儒家此种慧命也遭逢挑战，叶海烟论及儒家面临此种"价值与意义的人文挑战"时有如下的困境：

> 长久以来，世间伦理的实然性与应然性之间，一直存在着莫大的"意义隔阂"——这就是所谓的心灵取向与行为取向之间不能不面对的"意义失落"或"价值感沦丧"的问题。[1]

这样的观察指出在现代性潮流的挑战之下，儒家所秉持的价值系统与道德原则亦有根基侵蚀、危如累卵的时刻。在文化现象上所表现出来的征兆已愈来愈明显，而有待进一步思考及澄清的问题即有如下数个议题：

（一）儒学的宗教性问题

"安身立命"固然是传统儒家给人的生命关怀与安顿人生的药方，并且是

---

[1] 叶海烟：《儒家哲学的当代型态及其可能性研究：以刘述先与杜维明为例》，《哲学与文化》2003 年第 5 期。

历久不变的准则，也是儒者面对人与自然、人与他人、人与自我三维层面思考对应关系时的一条路径，使得生命得到适当的调整与安排。过去这种内在的稳定力量，能否在现代性的挑战下还能扮演着"己立立人"、"己达达人"的功能呢？传统儒家所扮演的安顿人心的宗教性功能是否也已经改变？在"义命分立"的天命观下，儒家将鬼、神等超自然力量划入"不可知"的范畴，并且其态度是"存而不论"，从中可看出儒家思想中的理性主义成分。当然我们也发现儒家对于超自然力量并未作全盘的否定与排斥，这即是黄光国所言："儒家以乐观的态度设法调适人与世界的关系，去适应现实，而不是以分析的态度去驾驭现实，改造现实。"①

先秦儒家典籍中的《论语》、《孟子》、《易经》、《中庸》等经典皆蕴涵着天人性命相贯通的道德形上学信念，以及人人皆可下学而上达的工夫实践历程，基于这样的信念，我们方能看到先秦儒家的宗教性意涵是"敬天爱人"的普世关怀。其次，再依宗教的人文化而成的具有指引人心、定位自我的功能，并且由"获罪于天，无所祷也。"（《论语·八佾》）以及"祭如在，祭神如神在"。子曰："吾不与祭，如不祭。"其重点应在与祭者内心的虔诚信仰，才能在礼仪的过程中产生彼此性灵生命的感通，而有"神道设教"的效果与功能。

若是从西方宗教的角度来看儒家，显然儒家并不是宗教，一般而言，"宗教"之概念可以分成具形式性与实质精神性的涵义二种内容，举凡具有教义、教规、仪式、教团、制度、圣职人员、圣迹皆属于形式性的宗教，儒家并未具有上述的要件。但若从宗教的"实质精神性"来说，中国传统文化的"神道设教"其内在的基础即具有实质精神性，亦即存在着宗教的本质，或可参照《西洋哲学辞典》对宗教的定义："至于宗教的本质，一言以蔽之，重新与第一根源及最终目的相联系。"② 这个观点后来田力克（Paul Tillich）的阐释为"人无限地关切着那无限，他属于那无限，同它分离了，同时又向往着它。……它超越了人的一切内外条件，限定着人存在的条件，人终极地关怀着那么一种东西，它超越了人的一切初级的必然和偶然，决定着人终极的命运"③。

---

① 黄光国：《儒家关系主义》，心理出版社 2009 年版，第 128 页。

② 布鲁格（W.Brugger）著，项退结编译：《西洋哲学辞典》，台湾"国立编译馆"1976 年版，第 353 页。

③ 蒂里希（Paul Tillich）著，何光沪选编：《蒂里希选集》，生活·读书·新知三联书店 1999 年版，第 14—15 页。

儒家"义命分之"的安身立命观,较无宗教的形式条件,较近于田力克所说的"终极关怀"(ultimate concern)的观念,从中国文化而言是一种宗教精神,是宗教人文化之后的理性信念与人文之道,是来自人所蕴涵的自觉性人文精神,这与《易经》观卦象辞所言"圣人以神道设教,而天下服矣"的理念是一致的。再从西方宗教下的定义而言,人的宗教信仰本来就是实现生命崇高价值与理想的动力,儒家的"安身立命"之终极关怀,本来即是立基于天人性命相贯通,具有丰富而真诚的道德信念实践的动力与历程,"君子"不必然是"先知","圣人"也不须如"造物主",但无碍于宗教实质性精神的普遍性,即如牟宗三先生所言,中国的儒释道三教"本质上皆是从自己的心性上,根据修养之功夫,以求个人人格之完成,即自我之圆满实现,从此得解脱,或得安身立命。"①

儒家宗教性的实质意涵与精神,来自于儒家重视生命意义、人生价值,主体意识等核心观念上,天道并不是独立于我人之外,在天道性命相通的基础上,个人生命主体的挺立是以对天道的认识和体悟为前提,主体体现天道的内在理则,并与人的心性及内在的合一,所谓"道通为一",天道即是我人道德行为之所以如此的客观基础与来源。

(二)儒家伦理的再诠释

"安身立命"的终极关怀无以避免在立命的过程中所涉及的"人与他人的关系",而这层关系便是"伦理"。现代社会异于传统,它是建基在法律的人际关系上,人人皆是公民,在法律之前人人平等,谈法律关系即在实践"公平正义"原则而非"和谐"原则。儒家所称之"己立立人,己达达人"是指成就和谐原则,而非公平正义的原则。传统和谐的原则不免在追求平等原则的大旗之下荡然无存。而观察在传统主流价值的氛围之下,伦理生活以人我互动道德为基础,期待在动机为善的前提下追求人性的完美,建立人文世界。唐君毅先生说:

> 周代的礼乐精神;孔子之重人德;孟子之重人性;荀子之重"以人文世界主宰自然世界";汉人之重历史精神;宋明之重立人极,于人心见天心,于性理见天理;清人之重顾念人之日常的实际生活……。②

---

① 牟宗三:《现时中国之宗教》,《生命的学问》,台湾三民书局 1970 年版,第 107 页。

② 唐君毅:《中国人文精神之发展》,台湾学生书局 1979 年版,第 40 页。

从上述的这些思潮可以明显看出皆重在人的内在精神成就，并且预设经由人的努力与道德实践，必可创造出一番事业，在中国文化的传统经典中，可看到儒家在此方面的影响力。而到了今日工业化与科技化社会，儒家伦理观念中，人人向道德至善竞奔的思想是否仍然可以适应当代社会的需求以成为价值导向？沈清松认为：

> 现代的伦理学往往只讨论义务，而忽略美德。儒家的伦理道德思想既然肯定了人的可完美性，因而往往从人格的完美来看待人的行为；由于要求人格完美，为此行为才必须遵循某些规范，因而有了道德义务的成立。义务论和德性论是一部伦理学所必须包含的两个部份。近代西方较倾向于从义务来看德行，认为德行就是时时按照规范（义务）而行的好习惯。但是，儒家倾向于道德来看义务，是为了陶冶德行因而才应该有道德义务，以便按照义务而行，藉以形成德行。儒家是中国文化当中伦理道德的义务与德行的体系之建立者。至于其他各家各派，则并未向儒家这般详尽地对道德义务与德行加以详论。在中国文化中，儒家形塑了中国人的义务观和德行以提升人格迈向完美，因而才有了道德义务的设立。为此，必须先了解儒家的德行论，才能深切了解中国文化的伦理道德规范。①

在现代化的历程中，传统与现代形成一些断层与矛盾，旧的价值体系崩解，而新的价值体系尚未建立，"文化失调"之情形严重。如何在传统与现代之巨变中，让道德与伦理得到适当的定位，并且可以获得一种新的意义与价值导向是为重要课题。针对儒家的伦理道德观点，仍然有些负面且无以逃避的事实亦不能否认，文崇一批判如下：

> 依照儒家伦理的说法，对皇帝要忠，对父母要孝，对别人要仁恕，对自己要自省。可是，两千多年来的忠臣、孝子，实在不是想象的那么多；至于仁民爱物、推己及人、自反而缩的人，实在少之又少。这可以说是行为的脱节，伦理并未产生规范行为的作用。这种现象也不是一天两天的事，我们早已见惯不怪，多数的人把"述而不作"视为做事的一种方式，也早已获得社会的谅解或共识，这就塑造了国人在处理事物时的双重标准，说的是一套，做的是另一套。一般行为如此，法律行为也如

---

① 沈清松：《传统的再生》，台湾业强出版社1992年版，第35页。

此。这种社会习惯强制性的效果，使相当多的中国人都养成了一种双重性格，这对伦理或道德的伤害相当大。[1]

现代的社会已远较传统的社会来得多元且复杂，以五伦为纲常的社会结构已被打破，人与他人的互动已跳脱传统的规范；进入工业社会，应有一个符合工业社会的新伦理出现，并赋予公正与秩序为群己关系所应实现的社会道德。今日对此议题之探讨，实应赋予群己关系为"专业伦理"以为对待，方能符合现代社会的规范与要求。文崇一提出"专业伦理"的两个重要内涵，一是以"诚"为基本精神，二是"敬业、勤劳、负责、服务、公平"。[2]诚是文化精神，是儒家的德行，是伦理关系的动力，而第二项的内容确是结合传统与现代的进步观念与行为，内外的合一，或可给予建构儒家当代伦理一个创新的内容。

儒家伦理的现代意义，即是从传统中取材，并能结合现代社会人我之间所必需的规范，以建构新的人伦关系，其中的"诚、敬业、勤劳、负责、服务与公平无不是来自传统的美德内容，义务来自德行之中，若是对德行毫不要求，只纯讲义务即落于"制约与强制"，也会失去生命的光彩，失去主体性的自觉，确立德行之预设，方能有"道德义务"。

（三）平等原则的思考与重构

儒家伦理原则中为新时代所诟病者，在于影响后世甚巨的汉儒董仲舒之《春秋繁露》所提出的"三纲"之说：

> 君为阳、臣为阴，父为阳、子为阴，夫为阳、妻为阴，阴道无所独行，其始也不得专起，其终也不得分功，有所兼之义。……是故仁义制度之教，尽取之天，天为君而覆露之，地为臣而持载之，阳为夫而生，阴为妇而助之，春为父而生之，夏为子而养之，王道之三纲，可求之于天。

（《春秋繁露·基义》）

由汉以至于今，中国传统社会中的名位次第、价值次序深受此观念之影响，它树立了神权、君权、父权、夫权的绝对地位，而蔑视了人权、臣权、子权与妻权之可能。君为臣纲、父为子纲、夫为妻纲三者显示了"尊卑"观念，

---

① 文崇一：《工业社会的职业伦理》，《文化与伦理》，台湾财团法人张荣发基金会1990年版，第104—105页。

② 文崇一：《工业社会的职业伦理》，台湾财团法人张荣发基金会1990年版，第119页。

此种君权优位的观念又与其他二纲所形成的"上下、强弱"二者息息相关，于是"尊卑"、"上下"、"强弱"三者也就成为旧时代的社会结构与人际关系牢不可破的总原则，于是从最柔性的家庭至最刚性的政治组织与介乎其间的社会秩序结构，三者正好表现出"尊卑、上下、强弱"的关系。19世纪末期谭嗣同的《仁学》即对传统儒家的"名教纲常"提出最尖锐的批判。①

由于缺乏平等观念，在各种制度设计中未能落实平等的价值，一直是儒家被批判的地方，固然"人人皆可为尧舜"传为美谈，但是亦仅是道德上的呼吁及期许，并未能实践于社会制度之中。尤其是"三纲"之说的框架，形成一座严密的社会阶层体制，由于位阶的不平等，助长了中国社会特别重视"尊卑、上下、强弱"，他们一直是人与他人之间关系的先决条件与考虑，平等意识无由产生，扼杀了一般人对公理正义的思辨能力，"三纲"之说颠覆了原始儒家家族、宗族至国族的和谐本义之说，也抹杀了为臣、为子、为妻者的自由意志与人格尊严，也剥夺了他们的基本人权。

平等原则的再思考与重构，必当重新解构传统的"尊卑、上下、强弱"观念，新时代乃是要针对旧时代所据的伦理作一全盘性的质疑与反省。重构新时代的伦理，在政治结构、社会秩序与家庭关系上也就须有一新的对治。首先在政治结构中即是"权利与义务的相符，权力与责任的均衡"，换言之，即在于未入结构之前的"法律意义的平等"，人人皆有基本人权的保障（免于恐惧，免于匮乏）；而进入结构之后，即使是在位阶分明的层级性结构之中，仍有公平合理的游戏规则（法律与规范）而享有平等。

其次，在社会秩序的结构中，仍然有法律所无法规范之处，在无亲情自然关系而以包容维系之处，唯有透过理性方式，真诚表达与沟通，以贴近于真理而欣然同意之方式与建立共识来加以维系，此处之平等即在于"真理之前的人人平等"。最后在家庭中的人际关系，孟子之言："父子之间不责善，责善则离，离则不祥莫大焉。"（《孟子·离娄》），从现代的角度而言，家庭关系中平等的涵义即在于每一成员皆能在感情上可以完全地被接纳，家庭中成员关系是血缘关系，是自然关系，儒家传统之家庭慈孝与不责善或有可参考之处。如此，新的平等观念乃是建立在"依法于理而平正"、"凭理沟通得共识"、"以情包容而无畸"之三法，从法律、道义与情感三个途径，庶几有助于充实新当代

① 谭嗣同：《仁学》，《谭嗣同全集》下册，中华书局1981年版，第299页。

社会的伦理之内容。

传统儒家本是生命哲学、道德哲学与政治哲学的一种综合，它引导传统中国人从事许多具有伦理意义与社会意义的活动，在大传统与小传统之间产生了影响力，并且为这些活动充分提供合理化的论述及引据。虽然时空环境已变，社会结构亦非传统农业社会，而是迈入以科技为主导的工业化社会，但是"安身"与"立命"并未随着时间与历史的推移而被置于历史的记录当中。构思现代社会的价值导引与重构的理据，儒学的"安身立命"也应还可以作为现代人的参照系，由安身而立命，再由立命而安身的双回向进路，提供我们思考传统的义理阐释，进而再造儒家哲理与现代生活的有机结合，以回应当代价值之学与意义之学旁落之后所产生的"人文异化、社会异化与吾人生命之自我异化"① 等疏离之问题。

如果人间还需要某些具永恒性的观念，以作为人我奋斗的目标；企求一些生命中值得为之而活的价值理念，同时又可为人类带来更好的和谐型态，我们仍须借镜参照儒家在上述命题中所曾有过的珠玑智慧，与时俱进，创造诠释赋予新义，经由批判的继承，重新省视儒家义理的理想性与现实性，探求其宗教性的向度与普世关怀，以道修身之实践步骤，平等性的普世原则之确认等，当可为重构儒家伦理增薪添火赋予新义。

（作者简介：吴进安　台湾云林科技大学汉学应用研究所）

---

① 叶海烟：《儒家哲学的当代型态及其可能性研究：以刘述先与杜维明为例》，《哲学与文化》2003 年第 5 期。

儒家生态思想及其当代价值

李 伟 翟澜杰

一

自从人类产生以来，在人类所生存的地球上，就处处留下了人类的痕迹，打上了人类社会的烙印。人类的命运和人类所认识、实践到的这个自然就紧紧地联系在一起，形成了你中有我、我中有你的状态。荒蛮时代，人类在自然面前毫无力量，只能祈求于天神和命运。进入文明社会以后，人们的力量逐渐强大起来，开始由对自然的敬畏、恐惧转向对自然的利用、改造，甚至征服。在这一过程中，自然灾害一直是人类生存和发展的最大问题。在这个过程中，人类对自然灾害的认识和防治形成了东西方两种不同的生态文化。

在西方，从古希腊文明开始，无论是在希腊、罗马的神话体系中，还是在基督教文明的世界里，自然与人都是处在一种主客二分的生存状态中。尽管在古希腊哲学中，人和自然的分离还不是很严重，人类对于自然还带着虔诚的敬畏。但是到了基督教文明中，自然变成了人类可以随意获取的赐予之物。因为在基督教看来自然是上帝赐给人类的家园，人类可以并且应该去控制和征服它，人类中心主义的世界观从这个时候开始在西方世界逐渐确立。

而在东方，中华民族由于地理和历史的原因形成了自己独特的文明形态。面对自然灾害，中华民族一代又一代的先民在与其搏斗过程中形成了独特的生存智慧。这种生存智慧对待人类和自然的态度在本质上是生态的，即它强调人和自然的统一、人和社会的和谐、人与人之间的和睦、人与内心世界的澄静。根据考古学研究的成果，至少在公元前一万年到八千年左右，中国古人就在农业生产活动中对天与人的关系进行了实践性的探索和整体性的把握。相传伏羲将自然界的一切现象归结到八卦，后来周文王、周公对此作了进一步发挥形成了古代论述天人关系的经典——《周易》。《周易》中所提出的"与天地合其德，与日月合其名，与四时合其序"的经典命题，奠定了中国天人关系的基本框架和历代思想家阐述天人关系的主要依据。这种思想发展到春秋战国时期，儒家在它的传承中形成了自己的生态思想体系。在儒家生态思想中，人和自然从来没有分开过，人和动物、植物、山川、河流也没有分离过，人和自然的这种生存状态呈现出天人合一、天地万物之间和谐生存的智慧体系，形成了"天命之谓性"、"天道即人道"、"天地万物为一体"的道德追求和生存态度，这种生存态度奠定了中华民族服从自然秩序的基本存在模式，并由此扩展到天地万物，形成了尊重自然一切生命，让自然生命完成自己的周期、实现自己目的的处事方式和内在追求。这种独具特色的生存智慧，我们将其视之为人类生态文明的一种存在方式。

任何一种生态思想的存在都是因为它对人类处理各种生存关系具有较强的文化报答力，主要体现在三个方面：一是人与自然的关系，二是当代人与后代人的关系，三是当代人之间的关系，包括国家之间以及民族之间以及各种集体、个人之间的关系。这些关系错综复杂地交织在一起，它们之间的和谐与否成为生态冲突形成的重要原因和催化剂。而儒家生态思想为中国古代先民战胜自然灾害、调节上述四种生态关系提供了生存智慧。

儒家思想中并无现代语境中的"生态"一词，但这并不意味着没有生态意识和没有生态思想。实际上"生态"一词始终是儒家思想中的一个重要的核心理念，这种理念的根本命题和最高追求是天人合一，强调天地人之间的和谐，它的核心内容和价值指向突出表现在三个方面。

第一，天地万物的本真状态是生命的和谐和万物的整体性，"天地之大德曰生"（《周易·系辞下》），"生生之谓易"。这里的"德"是性质，"天地"与希腊语、拉丁语中的"自然"的本义有相同之处，都反映了人类存在的原初状态或本真状态，但它又具有中国哲学独有的本体论和价值论意义，这里的"生生"与我们现在所讲的"生态"相近，它是宇宙过程的真实意义和深层本质，也是儒家所说的"天地之道"、"天地之心"。

第二，人类只有实现自身生命秩序的和谐，才会拥有真正的生命和真实的活力。中华传统生态文化认为人类之所以能为天地立心，就在于作为生命整体有机构成的人类与宇宙万物一样具有生长发育的本性。这个本性在儒家那里就是人的恻隐之心、羞恶之心、辞让之心、是非之心。

第三，宇宙整体生命意义的彰显依靠人类的德性。儒家生态思想，一方面提出人类从自然界禀受了生命价值，以人类特有的生命方式完成了自我的本性；另一方面主张人类又"为天地立心"，通过人类的创造活动，使自然的目的真正实现出来。① 而这种合目的性，在儒家那里就是人的德性，其核心就是"仁"。以往的研究因受西方近代以来主客对立和人类中心主义的影响，往往把"仁"仅看作人与人之间的道德核心范畴，事实上在儒家那里"仁"也是对于自然的德性范畴。"仁，爱人以及物"，为天地的生生之德，是天地万物的本体。"仁"的德性具有本体的含义。正因为"仁"能超出人伦的范围，成为天地万物（包括人）的本体，因而它能为天地立命，对生命本性和宇宙的意义有彻悟之性，"可以赞天地之化育，则可以与天地参矣。"

上述核心内容和价值指向与西方早期的生态思想形成了截然不同的两种语境，并形成了其在文化上的三个基本特点：

第一，创新性。在中国古代由于频繁发生的自然灾害，特别是水灾、旱灾和地震，中国古代的先哲们很早就开始了对人与自然和谐共存的深远思考，而且有自身完整的理论系统。这一点也为西方生态学家所发现。现代生态伦理学的创始人施韦泽认为"中国伦理思想是世界思想史上的一大重要功绩……对人与人之间的行为提出了很高的要求，并且赋予了爱还要涉及生灵及万物的内涵。这种先进性和巨大的成果还来源于中国伦理采取的正确的对生命及世界的肯定观"，近代西方学者所要努力达到的"符合理性的理论世界观"，"孔子及其后来者早在两千年前就已经实现了"。②

第二，制度性。儒家生态思想不仅体现出理论的早熟与创新，而且还将人与自然关系的生态探索融入到政治、经济生产及生活实践等方方面面。中国古代将对天地、日月星辰、山川河流、祖先、历代圣贤的祭祀列入国家礼典，形成了以天地崇拜和祖先崇拜为核心、以其他多种鬼神崇拜为补充的郊社制度、宗庙制度以及其他祭祀制度，它们成为中国宗法等级社会礼俗的重要组成部分，这说明政权的合法性来自于天道和人道。把对自然的保护视为"王道政治"最重要的内容，强调按照自然秩序的运动规律实施相应的行为。据《尚书·周书》记载，中国至少从夏代开始就有禁止随意伐木、捕捉鱼鳖的法令。

---

① 蒙培元：《为什么说中国哲学是深层生态学》，《新视野》2000 年第 6 期；《中国哲学生态观纲论》，《中国哲学史》2003 年第 1 期。

② 参见阿尔伯特·史怀特：《中国思想史》，常暄译，社会科学文献出版社 2009 年版，第 98 页。

周代则设有自然保护的专门官员，如"野虞"（保护鸟兽等生物）、"山虞"（保护山林）、"林衡"（保护平原地带的林木）、"川衡"（保护山川及产物）、"泽虞"（保护湖泽及产物）、"水虞"（保护川泽）等。《礼记·月令》详述了每个月的日月星辰变化、动植物的物候特征，对人们在这个月应当做什么事、禁忌做什么事进行规定。

第三，自觉性。中国传统生态智慧高度重视生态保护，把尊重自然万物的价值、爱护自然万物的生命，转化为人类内在的自觉需求。孔子认为"仁"者"钓而不纲，弋不射宿"（《论语·述而》），对自然生命表现出发自内心的珍爱。宋代理学家指出，"仁，爱人以及物"，"仁者，以天地万物为一体，莫非己也"（《二程遗书》卷二），"若夫至仁，则天地为一身，而天地之间，品物万形为四肢百体，夫人岂有视四肢百体而不爱者哉?"（《二程遗书》卷四）。

二

如果说中国古代华夏民族所面对的重要的生存问题是如何防治自然灾害的话，那么当人类步入近代社会后，环境问题和随之而来的生态危机开始变成全球性的生存问题。20世纪90年代，联合国环境计划署的执行主席马斯塔法·托尔贝指出，全球变暖、臭氧层消耗和生物多样性的消失是对自然世界的三大主要威胁。[1] 进入21世纪后，人类生存的环境因素如水体、大气、土地、森林、物种等，都遭到了日益严重的污染和破坏。环境恶化、物种灭绝、气候变异等人为灾害成为时时刻刻威胁人类生存的达摩克利斯剑。

生态危机不仅成为西方世界所面临的最大困扰，而且也成为中国在加快现代化的过程中越来越凸显的生存发展问题。事实上，由于我国是世界上人口最多的国家，过去20多年经济又持续高位增长，环境所承载的压力比绝大多数国家都要大得多，我们所面对的环境问题也比大多数国家严峻。长期的污染和破坏已使我国的生态系统变得非常脆弱。展望未来，我国的快速工业化、城镇化和消费升级都将给资源环境带来持续的压力。我国刚刚进入中等收入国家行列并向高收入国家迈进，人均生活水平也将进入持续的转型升级阶段，根据

---

[1]　詹姆斯·奥康纳：《自然的理由——生态马克思主义研究》，唐正东、臧佩洪译，南京大学出版社2003年版，第215页。

发达国家的经验，这就意味着人均资源消耗和污染物特别是人均能源消费量、二氧化碳排放量和固体废弃物产生量的不断攀升，据有关方面的综合分析，我国的主要资源消耗和污染物排放量将在未来 10—30 年内先后达到峰值。与之相伴，资源环境问题也正成为中国与世界其他国家的交锋点及影响国家安全、国际形象和地缘政治的潜在隐患。

20 世纪 90 年代以来，尽管各国政府（特别是发展中国家）都加大了生态环境保护的力度，但全球范围的生态环境状况却每况愈下。为什么会出现这种情况？其根源在于近代社会以来兴起的工业文明。

马克思、恩格斯在《共产党宣言》中指出，工业革命的迅速发展使"资产阶级在它的不到一百年的阶级统治中所创造的生产力，比过去一切世代创造的全部生产力还要多，还要大。自然力的征服，机器的采用，化学在工业和农业中的应用，轮船的行驶，铁路的通行，电报的使用，整个大陆的开垦，河川的通航，仿佛用法术从地下呼唤出来的大量人口，——过去哪一个世纪料想到在社会劳动里蕴藏有这样的生产力呢？"[①]但是资本主义的生产方式和社会制度却使生态危机成为这种工业文明深隐的忧患，而由这种生态危机所产生的一系列环境生态问题本身就是工业文明的结构性特征。在工业文明的基本框架内，全球性的环境危机是不可能从根本上得到解决的。

首先，从工业文明的主流经济理论来看，这种理论认为导致环境危机的原因主要有两个：产权不清和企业成本的外部性。因此，解决环境问题的措施不外乎两条：自然资源私有化、企业的外部成本内部化。但是，生态系统是一个整体，我们根本不可能把有机的生态系统分割成不同的部分，然后分给每一个人；环境要素的边界与产权的边界也不可能正好重叠，使外部成本内部化的努力也会遇到许多难以克服的障碍。环境污染具有滞后性，政府和企业很难在企业开始营业前就准确地计算出清理该种污染所需的费用。不同企业看似微不足道的小污染合在一起，会产生积累和扩大效应，这种效应导致的环境后果很难评估。对自然物品的定价涉及代际偏好的比较问题。当代人给自然物品的定价难以反映后代人的意愿，这对于后代人来说是不公平的。把所有的自然物都加以定价，意味着把所有的自然物都当成可以买卖和替换的"资本"，这是对自然的严重曲解。

---

① 马克思、恩格斯：《共产党宣言》，人民出版社 2015 年版，第 3 页。

其次，工业文明的政治理念也难以给环境保护和生态平衡提供坚强的支持。工业文明的民族主义理念赋予了每一个国家独立管理内部事务的绝对权力。但是，许多环境问题都是全球性的，需要在全球范围采取共同行动。环境保护的世界主义诉求会遇到来自民族国家的强烈抵抗。代议制民主也会遇到来自企业和选民的压力。企业会对政府的环保立法百般阻挠。选民更关心自身的福利水平，被选出来的民意代表在行使权力时可能会背叛选民的意愿，与各种利益集团同流合污。

再次，现代科技在工业文明社会是一把双刃剑，它既是工业文明的助推器，又是生态危机的加速器。技术的进步能够提高资源的利用率，延缓资源枯竭的速度。但是，20世纪后半叶以来，科技进步给环境保护所带来的潜在好处已经被人口暴增给环境带来的压力完全抵消了。不仅如此，经济学中的"杰文斯悖论"还告诉我们，某种特定资源的消耗和枯竭速度，还会随着利用这种资源之技术的改进而加快，因为技术的改进会使以这种资源为原料的产品的价格大幅度降低，而价格的降低会进一步刺激人们对这种产品的需求和使用。

最后，工业文明的基本价值理念与生态环保理念并不能协调起来。工业文明的自然观是机械自然观。这种自然观把人从自然中分离出来，把自然看成一架没有生命，可任由人类拆解、重组和控制的机器。自然不是意义和价值的领域，只是一堆有待人类利用的资源。这种带有强烈人类中心主义色彩的自然观为现代人掠夺自然的行为提供了辩护。工业文明的价值观关注的是个体，它对互利和权利的强调很难以代际平等为基础的可持续发展提供理论支持，它把幸福理解为个人感性欲望的满足，这导致了享乐主义和消费主义的盛行。在这种价值观的引领下，人类根本走不出越陷越深的生态危机。

三

面对全球性危机，西方世界一直在寻找解决的理论范式和行动方案，形成了人类中心主义和非人类中心主义两大学术框架和话语体系，他们都为全球性的生态危机解决提供了重要的理论和实践价值。但是，随着全球性的生态危机的进一步加剧，两大主流话语体系都无法从根本上为解决全球性的生态危机提供足够的理论保障和行动指南。在工业文明的基本框架内对经济运行方式、政治体制、技术发展和价值观念所作的任何修补和完善，都只能暂时缓解人类的生存压力，而不可能从根本上解决困扰工业文明的生态危机。从 20 世纪 90 年代起，全球学者们开始努力寻求有别于人类中心主义与非人类中心主义的第三条道路。这就是如何超越和整合人类各种关于生态问题认识的生态文明之路。

生态文明是一种正在发展的文明范式。它是继工业文明之后，人类文明发展的又一个高级阶段。生态文明最重要的特征，是强调人与自然的和谐。生态文明的经济模式是生态经济，这种经济把人类的经济系统视为生态系统的一部分，而不是强行把生态系统纳入人类的经济系统。生态文明强调人类整体利益的优先性，提倡全球治理和世界公民理念。在生态文明时代，科学技术不再是人类征服自然的工具，而是修复生态系统、实现人与自然和谐的助手。凸显自然的整体性及其内在价值的有机自然观是生态文明的重要价值理念。生态文明的价值观既关注人的权利（特别是普通人权），更强调关怀与责任，倡导和谐与理性消费。因此，只有实现从工业文明向生态文明的转型，人类才能从总体上彻底解决威胁人类文明的生态危机。文明范式的转型，是人类走出生态危机的必由之路。

2007 年"生态文明"的理念写入了中国共产党的第十七次全国代表大会报告，当时引起国内外各方的热议。2012 年，中国共产党的十八大报告进一步把"生态文明建设"纳入经济建设、政治建设、文化建设、社会建设的总体布局，提出了加强生态文明制度建设四项基本内容，并使之成为关乎人民福祉、建设美丽中国、实现民族可持续发展的长远大计。"生态文明建设"、"美丽中国"等概念再一次受到世人关注。在这种背景下，儒家生态思想可以为我们提供什么样独特的当代价值呢？

第一，中华优秀的传统生态文化为全球生态文明建设提供了一种学术传承。

当前的生态文明概念主要是从中国语境中产生出的话语。在西方，无论从生态哲学、生态经济等角度出发，还是从生态马克思文化、生态现代化、环境治理等理论出发，虽然都讨论过类似概念，但并没有形成系统的阐述。这一概念的提出、成立及演化尚未得到伦理上的论证和实践的检验，也就是说，生态文明建设还有待于其在中国的理论探索和实践引领。

在儒家生态思想中，自然不是一个独立于人之外的现成的完成了的他者，而是在与二者的联系中形成、发展和共存着的，自然"生生不息"，人性"日生日成"。儒家思想的来源的《周易》中，六十四卦的最后一卦是《未济》大有深意。它说明自然和人都是在形成过程中生成的，二者相联系的本质是人顺应并帮助自然发展，从而实现人自身的发展与完善。这种帮助自然与发展自身的统一的思想，发展到儒家那里表述为，《中庸》的"与天地参"，张载的"为天地立命"，王夫之的"延天佑人"。这种具有崇尚自然的文化传统和天人和谐、物我合一的思想与智慧与今天的生态文明理论体系建设提供了一种学术上的传承。今天的生态文明理论体系，它意味着今天的生态文明理论体系的建立，应当从中国的基本国情出发，汲取儒家生态思想中的这些思想和智慧，形成中国特色的理论话语体系。

第二，儒家生态思想为解决全球生态危机提供了一种生存智慧。

天人关系是世界观的重要方面，"究天人之际"一直以来是儒家生态思想的主题，而儒家关于"天"的认识也始终是围绕人生的意义探寻的。儒家生态哲学一贯的主张就是"天人合一"，"与天地万物为一体"；主张敬畏自然，将生活、生产中遇到的特殊自然现象归结为天行、天意、天命，变恐惧为敬畏，约束自己的行为，控制自己的欲望，遵循他们所认识到的自然规律。荀子提出"天行有常"的观念，主张"制天命而用之"。《易传》、《中庸》、《孟子》中均有相关论述。如《易传》中说："乾道变化，各正性命。"（《乾卦·象传》）又说："一阴一阳之谓道，继之者善也，成之者性也。"《中庸》中说："诚者，天之道也；诚之者，人之道也。""自诚明，谓之性"，肯定人秉承有天地之性；又说："唯天下至诚，为能尽其性；能尽其性，则能尽人之性；能尽人之性，则能尽物之性。"肯定人能继承发挥天命之性，赞天地之化育；孟子说："尽其心者，知其性也。知其性，则知天矣。存其心，养其性，所以事天也。"（《孟子·尽心上》）先秦儒家"天命之谓性"、"继善成性"的思想也构成了自宋明理学之后天人关系思想的基本框架。儒家生态思想中所提出的遵循自然规律、顺应自然的思想，为今天解决全球性生态危机提供了生存智慧。

第三，儒家生态思想提供了"天地万物一体之仁"的普适文化价值取向。

儒家注重从天人之际考察人的地位和价值，因此，人的价值是儒家生态价值观的重要方面；而人的价值就在于继承天地生生之德，赞天地之化育，实现"天地万物一体之仁"。从这个意义上说，"天地万物一体之仁"是儒家的生态价值理想。儒家生态价值观还体现在关于人与其他自然物如草木、禽兽之间不同价值的认识上，儒家肯定人具有比其他自然物更高的价值，而人高于其他自然物价值的地方就在于人的德性价值。儒家将人视作与天地并立的"三才"之一，肯定人具有"财（裁）成天地之道，辅相天地之宜"（《易传·象传》），"范围天地之化而不过，曲成万物而不遗"（《易传·系辞上》）的能力与价值，实质上是肯定人对自然运化的引导和调整作用。儒家并没有像西方生态文化那样，将人凌驾于自然之上，而是肯定人与天地各有自身的作用、职分，人与天地同属于一个系统整体，强调人与天地的协同运化，将人的作用定位于辅助天地、成就万物方面。儒家的这种注重主张"天地万物一体之人"、注重维护自然界和人类社会的和谐秩序、保护自然界万物生命的繁荣的生态伦理为今天生态文明建设中正确处理自然与人、社会与人的关系提供了一种普适的文化价值取向。

第四，儒家生态思想提供了处理人与生态关系的合理维度。

从儒家角度看，孔子首先提出仁者"爱人"，确立了仁的基本内涵。孟子提出亲亲、仁民、爱物。汉代董仲舒、郑玄把仁爱的对象扩展到外物。宋明时期，理学家把仁从四德之一上升为"全德之名"，把《易传》的"生生之德"、"生意"作为"天地生物之心"，又作为人心之仁的内涵，使人心之德性与外部世界生生的本体统一起来，深化了天人合一的内涵。仁还被程颢、王阳明等人解释为"感"、"浑然与物同体"等。儒家将仁的对象由人扩展到外部世界，"恩至禽兽"、"泽及草木"、"恩及于土"、"国主山川"等方面，由人与自然，具体化为人与动物、植物、土壤、山川等命题。儒家认为，大自然具有道德教育的功能，对大自然的观察和体验可以给人提供道德启迪。例如，孔子说，"智者乐山，仁者乐水"。朱熹的解释是，"知者达于事理，而周流无滞，有似于水，故乐水。仁者安于义理，而厚重不迁，有似于山，故乐山。"儒家还认可人对动物所负有的直接的道德义务。这种义务的基础是人所具有的人性：仁慈或恻隐之心。孟子认为，人天生就具有恻隐之心。当人看到动物遭受痛苦时，自然就会生出同情的情感，所以，"君子之于禽兽也，见其生，不忍见其死；闻其声，不忍食其肉：是以君子远庖厨也"。儒家也不反对打猎，但要求人们在打猎时不要斩尽杀绝，"钓而不纲，弋不射宿"。这些命题所提供的处理人与生态关系的合理维度，与西方当代生态哲学相比，是非常独特并具有重要的当代价值的。

第五，儒家生态思想提供了超越与整合西方人类中心主义与非人类中心主义的认识路径。

西方人类中心主义和非人类中心主义由于他们的哲学认识都是建立在主客二分的基础上，面对全球性的生态危机，他们在哲学认识上都存在着巨大的缺陷，即他们都没有"把自然看作与文化是互补的，而给予它应有的尊重"①。而中华优秀传统生态文化则为西方人类中心主义与非人类中心主义的重叠共识提供了一条超越与整合的新的认识思路。这个思路就是在"天人合一"的整体思维下的生态中心主义。

以天人合一观念为基础，儒家从一开始就认为，人与人之间的关系和人与自然之间的关系都是宇宙秩序的一部分。《周易·说卦传》指出，"昔者圣人之作《易》也，将以顺性命之理，是以立天之道曰阴与阳，立地之道曰柔与刚，立人之道曰仁与义"。因此，天道、地道和人道都是同一个道的不同表现形态。程颐也指出，"道，一也。岂人道自是一道，天道自是一道？"（《二程遗书》卷十八）因此，伦理原则既适用于人与人之间的关系，也适用于人与自然之间的关系；人既对他人负有伦理义务，也对非人类存在物负有义务，尽管这种义务是一种不完全的义务。

儒家的道德境界论还为我们整合当代西方的四大环境伦理学学派提供了一种值得尝试的重要路径。根据这一理路，我们可以把人们的环境道德境界区分为由低到高的四个层次：人类中心境界、动物福利境界、生物平等境界和生态整体境界，并分别把现代人类中心主义、动物解放／权利论、生物中心主义和生态中心主义看成是对这四种境界的言说和阐释。

第六，儒家生态思想为全球生态文明建设提供了新的治理理念和制度参考。

科学发展观是我国政府在继承、创新中华优秀的传统生态文化和当代世界可持续发展思想的基础上，结合我国实际国情，所提出的最新的治理理念。这种治理理念秉承了中华优秀传统文化中关于生态环境治理的理念，比如，《春秋左传》中有"国将兴，听于民，将亡，听于神"，"圣王先成民而后致力于神"之言，把朴素的"以民为本"的思想作为衡量人与神、君与民关系的准则。而更多是把"民心"看作是封建统治的基石，所以有"民惟邦本，本固邦宁"之说（《尚书·五子之歌》）。荀子的"民水君舟"与孟子的"民贵君轻"

① 霍尔姆斯·罗尔斯顿：《哲学走向荒野》，刘耳、叶平译，吉林人民出版社 2000 年版，第11 页。

也可有谓异曲同工之妙。《易传》中有"一阴一阳谓之道",是故"生生之谓易"。把天地幻化,万物生成看作是整体内部的有机联系。《中庸》中就有"万物并育而不相害,道并行而不相悖。小德川流,大德敦化,此天地之所以为大也"。孔子把"天人合德"看作人的本质,把人的道德属性本体化,一定程度地说明多元化最终的合一趋势。中国传统生态文化把万物看作是一个共同内在构成同质的有机整体,要求从整体上把握自然发展进程的客观规律,把握要素之间互动和谐的关系。

在中国历代国家治理中,儒家生态思想所倡导的爱护动物生命不仅是一种道德情感和态度,同时也是明确的政令法规和切实的政治活动。比如,孟春之月,《礼记·月令》"牺牲毋用牝。毋覆巢,毋杀孩虫,毋麛毋卵"这条政令中的"牺牲毋用牝",照郑玄解释是为了防止"伤萌幼之类"。其余为不得掏鸟巢,不得杀幼虫和还不能飞翔的飞鸟胎虫,不得猎幼鹿,不得取鸟卵。仲春之月,"毋竭川泽,毋漉陂池,毋焚山林","是月也,祀不用牺牲,用圭璧,更皮币。"照郑玄解释,此条是为了"顺阳养物也",因为春天是万物生长的季节,竭川泽、漉陂池、焚山林不仅会伤害动物,也使它们失去了生长之地。所谓祭祀不用动物,是为了使其孕育和生长。季春之月,"田猎罝罘、罗罔、毕翳,餧兽之药,毋出九门"。此时鸟兽正处于孳乳哺育期间,这是"天时"。此时设置网罗、敷撒毒药乃是违背天时,破坏生长的行为,应当禁止。近年考古学界在甘肃省敦煌悬泉置汉代遗址发掘出土的泥墙墨书《使者和中所督察诏书四时月令五十条》中,也有不少保护动物的法令。由此可见,保护动物的理念已经成为法律了。

儒家对于植物的爱,是一种珍重、爱惜的态度。它珍重植物生命,尊重其生命的完整性,要求等到林木完成其生长周期或者完成一个生命周期以后才去砍伐它。珍惜植物生命的价值观使儒家认为,在把植物当作使用价值时,不能滥用或浪费植物,否则就是暴珍天物。表明这种态度的范畴有两个,一是"以时",一是"节用"。"以时"是遵照一定的时间或季节的限制来使用植物。孟子说:"斧斤以时入山林,材木不可胜用也。""节用"是保持量的限度,不滥伐植物、浪费林木等。荀子在《王制》篇中强调"春耕、夏耘、秋收、冬藏,四者不失时,故五谷不绝,而百姓有余食也。斩伐养长不失其时,故山林不童,而百姓有余材"。甚至《周礼》中还规定,百姓必须在自己的宅院种桑树,不种则罚出"里布","凡宅不毛者,有里布"。在儒家的这种生态文化氛围下，历代统治者都追求"瑞应"，"瑞物皆起和气而生，生于常类之中，而有诡异之性，则为瑞矣。"这促使他们用生态的态度对待自然。

第七，儒家生态思想为全球生态文明的研究提供了一种独具中华文明特色的研究范式。

儒家生态思想的研究范式是在中华民族长期处理人与天地之间关系中逐渐形成的一种研究理论和方法。这种研究范式的基本内涵主要包括天地人三才的认识框架、生成论的自然观、阴阳五行模型、经验型认识思维方式四个方面。其最独特最值得注意的一个特点是，它有一个不属于任何一门具体科学，而又几乎凌驾于各学科之上的统一的模型体系，这就是在长期历史发展过程中形成的，以《易经》为基础，先后纳入五行学说、气论、干支计时法、河洛理数而形成的一套理、象、数、图并举，关于世界生成演变的功能性结构象征模型和符号体系，即阴阳五行模式。这是我国先民在长期的物候、气象、天象观测基础上形成的朴素系统，主要揭示的是天地自然运化程式对人和其他生命的规律性影响，以及生命内在的阴阳五行要素之间的相互依存、相互制约的关系。这种研究范式从人与自然一体的视域看待自然，有助于克服片面发展给人与自然、社会、自身带来的生存困境，对现代生态文明思想的发展具有积极的指导和借鉴作用。

（作者简介：李伟、翟澜杰　宁夏大学）

汤一介对儒学现代性的探索

杨 浩

汤师一介先生幼承家学，虽秉承祖父汤霖先生留下的深富儒者之风的"事不避难，义不逃责"家训，幼年时没有上一代人苦读儒家经典的经历，在中年之前相当长一段时间里，对儒学没有太多的研究。汤先生的学术地位主要靠他在改革开放初期出版的《郭象与魏晋玄学》①学术专著奠定的。这部哲学史性质的研究著作让一般人感觉到，汤先生是魏晋玄学研究方面的权威。汤先生后写作《魏晋南北朝时期的道教》②，奠定了其在道教史方面研究的地位。

应当说，汤先生的学术研究与其父亲汤用彤先生对他的影响是分不开的。汤先生终其一生致力于其父亲汤用彤先生的译著整理。在父亲刚去世，汤先生拟向学校申请汤用彤先生的遗稿的整理工作，并撰写了整理计划。③改革开放后，汤先生立即开始了汤用彤先生的遗稿整理，最有代表的就是亲自整理出版了《隋唐佛教史稿》④，在中华书局出版了"汤用彤论著集"丛书。后来，请研究印度哲学的专门学者宫静等整理出版汤用彤遗著《汉文佛经中的印度哲学史料》⑤，协助汤先生的弟弟汤一玄先生整理出版汤用彤遗著《高僧传》校注等⑥。后来更汇集成较全的《汤用彤全集》，在大陆与台湾先后出版。⑦随后不久，汤先生即开始着手更全的《汤用彤全集新编》的计划，笔者曾在2012—2014年协助汤先生编纂此书。在汤先生生前此书编纂已经完成，仅部分卷的校订工作

---

① 此书初版由湖北人民出版社1983年出版。

② 此书于1988年在陕西师范大学出版社与东大图书股份有限公司同时出版。

③ 底稿现存。此计划未能展开，因"文化大革命"而中断。

④ 汤用彤：《隋唐佛教史稿》，中华书局1982年。

⑤ 汤用彤：《汉文佛经中的印度哲学史料》，商务印书馆1994年。

⑥ 慧皎撰，汤用彤校注，汤一玄整理：《高僧传》，中华书局1992年。

⑦ 汤用彤：《汤用彤全集》（全七卷），河北人民出版社2000年版；《汤用彤全集》（全八卷，十二册），台湾佛光文化事业有限公司2001年版。

尚未完成。① 汤用彤先生的学术研究主要在佛教史、魏晋玄学，晚年又开始阅读《道藏》，写了一些颇有影响的道教论文。汤用彤早年对儒学有过研究，写过为数不多的文章，如《道德为立国之本议》②《理学谵言》③ 等。笔者认为，因此之故，汤先生早年对儒学关注不是很多。

汤先生虽然在"文化大革命"之前即写过儒家传统当中有关孔子、孟子、董仲舒等的论文，但主要的研究实际上是承续汤用彤先生而做的进一步深入的研究。所以真正开始研究儒学是比较晚的，可以说 1983 年是关键的一年。据汤先生自述：

> 1983 年，我在美国碰到了新儒家的问题。以前我对儒学没有兴趣，可以说不研究儒学，我是研究魏晋玄学的，还研究一点佛教、道教。我从 1983 年开始考虑新儒家问题，新儒家的基本观念。④

对于汤先生的哲学思想的发展来说，1983 年参加第十七届世界哲学大会是非常重要的事件。这次会议使汤先生结识了不少海外研究中国哲学的朋友，也让汤先生为国际学术界所了解。汤先生为这次会议专门做了长时间的准备，将自己之前一直思考的哲学普遍问题，结合儒学进行了专门的发言。汤先生在晚年回忆道：

> 从我关注和研究的兴趣上看，我原来更喜欢道家和佛教。只是在1983 年我到美国哈佛大学做访问学者时感到海外学者更重视儒家学说。于是，我开始读一些海外儒学研究学者的著作，而有所得。这时正巧要在加拿大蒙特利尔举办第十七届世界哲学大会，会议邀请了我。为了参加会议，我花了两三个月写了一篇《关于儒家思想第三期发展可能性的探讨》的论文，并在大会中的"中国哲学圆桌会议"上作了发言。⑤

汤先生的弟子胡仲平老师曾对笔者讲，汤先生在第十七届世界哲学大会上的发言代表了汤先生学术研究上的一次"顿悟"，犹如王阳明的"龙场悟道"的一

---

① 原计划 2014 年由中国书籍出版社出版。现已全部校订完毕，即将面世。

② 汤用彤：《道德为立国之本议》，原载于《益智》1914 年第 2 卷第 4 期，现收入《汤用彤全集新编》第五卷。

③ 汤用彤：《理学谵言》，原载《清华周刊》第 13 至 29 期（1914 年 9 月至 1915 年 1 月）。

④ 汤一介：《对中国传统哲学的哲学思考》，《汤一介集》第六卷，中国人民大学出版社 2014 年版，第 75 页。

⑤ 汤一介：《汤一介集》第六卷，中国人民大学出版社 2014 年版，"自序"第 1 页。

般。笔者认为，这样的看法可能是允当的，汤先生自己或许也隐隐感觉到这一点，体现在上引中的"有所得"三字。《关于儒家思想第三期发展可能性的探讨》一文①，汤先生后来修改成为《论中国传统哲学中的真、善、美问题》一文发表。② 此文中汤先生将儒家思想中的"天人合一"、"知行合一"、"情景合一"（下简称"三个合一"）分别对应于"真善美"三大普遍价值。

汤先生晚年所承担的主要任务是《儒藏》工程，在汤先生生命的最后时刻，都一直惦记着浩大的《儒藏》工程的未来规划。2014 年 11 月 15 日，乐黛云先生整理出"关于汤一介遗愿的报告"③，主要的内容即是《儒藏》大全本的落实以及在《儒藏》（精华本）出齐之后对之的推广学习。据汤先生临终前日夜陪护在其身边的刘美珍女士讲，汤先生在病床上曾喃喃自语"真善美"三个字。汤一介先生生前最后一次讲话是"第七届三智论坛"的视频寄语，录制于 2014 年 8 月 23 日。④ 其中亦讲到"三个合一"与"真善美"等问题。

由上不难看出，汤先生在自己学术生涯的重要时期，即从 1983 年以来，自始至终关注着儒学的问题。

汤先生对儒学的研究主要是从宏观的文化角度来把握，关注的重点在于儒学的现代性的问题。这一问题应该说是现代以来，被称之为"现代新儒家"、"当代新儒家"，以及其他很多儒学学者、儒学研究者、儒学弘扬者等所关注的问题。由于笔者学力不逮，无法从宏观上与其他众多的海内外有关儒学的研究做一对比研究，下面仅就汤先生自己的儒学研究做一简单梳理，就

---

① 此稿一直未见发表，后收入《瞩望新轴心时代》，中央编译出版社 2014 年版，亦收入《汤一介集》第五卷，中国人民大学出版社 2014 年版，第 17—20 页。此稿的英译题为 "An Inquiry into the Possibility of a Third—Phase Development of Confucianism"，曾收入汤先生的英文论文集：Confucianism, Buddhism, Daoism, Christianity, and Chinese Culture，（Cultural heritage and contemporary change.Series III, Asia；vol.III.3)），Washington, D.C.：The Council for Research in Values and Philosophy，1991，pp.51—54。

② 刊于《中国社会科学》1984 年第 4 期，第 73—91 页。此稿汤先生颇为得意，曾收入汤先生的多种论文集。后改题为《论儒家哲学中的真、善、美问题》，收入《汤一介集》第五卷，中国人民大学出版社 2014 年版，第 31—52 页。

③ 未发表。

④ 载于《汤一介学记》，新华出版社 2015 年版，第 11 页。亦刊于《跨文化对话》第 34 辑，生活·读书·新知三联书店 2015 年版，第 18—19 页。

教于方家。①

一、关注核心：儒学的现代性

汤先生曾提出"复兴儒学必须有问题意识"：

> 复兴儒学要有"问题意识"。当前我国社会遇到了什么问题，全世界又遇到了什么问题，都是复兴儒学必须考虑的问题。对"问题"有自觉性的思考，对"问题"有提出解决的思路，由此而形成的理论才是有真价值的理论。②

汤先生所言的问题意识，实际上即是儒学的现代性的问题。儒学在现代的价值就在于要解决当今社会所出现的问题。汤先生特别强调要"自觉性"地思考，这是说理论的研究要有明确的目的意识，不是盲目地建构。对于当今社会存在的问题，不同学者可能会有不同的看法。汤先生则将之明确归纳为"三种矛盾"：

> 看看目前我们的人类社会存在着种种威胁人类生存的问题，概括起来可以说存在着三大矛盾：人和自然的矛盾；人与人（扩而大之就是民族与民族、国家与国家）之间的矛盾；人自我身心（内外）的矛盾。这些矛盾可以说越来越尖锐地威胁着当前人类生活的诸多方面。那么儒家思想文化能否为消除这些矛盾，引导人类社会健康、合理的发展提供有意义的精神资源呢？③

---

① 与本文主体相关的前期研究有，景海峰：《事不避难，义不逃责：汤一介对新时期中国哲学的贡献》，原载胡军、孙尚扬主编：《探寻真善美——汤一介先生 80 华诞暨从教 55 周年纪念文集》，北京大学出版社 2007 年版，后收入《汤一介集》第十卷，第 452—484 页；郭齐勇：《以"内在超越"为中心的思考》，原载《探寻真善美——汤一介先生 80 华诞暨从教 55 周年纪念文集》，后收入《汤一介集》第十卷，中国人民大学出版社 2014 年版，第 498—512 页；赵建永：《汤一介先生与"普遍和谐观念"的重构》，原载《探寻真善美——汤一介先生 80 华诞暨从教 55 周年纪念文集》，后收入《汤一介》第十卷，中国人民大学出版社 2014 年版，第 513—537 页。

② 汤一介：《论儒学与中华民族的复兴》，《汤一介集》第五卷，中国人民大学出版社 2014 年版，第 10—11 页。

③ 汤一介：《我们为什么要编纂〈儒藏〉》，原载《北京大学学报》（哲学社会科学版）2006 年第 2 期，后收入《汤一介集》第五卷，中国人民大学出版社 2014 年版，第 237 页。

人类社会遇到什么问题是汤先生所谓"问题意识"的一个方面，而儒家思想如何化解这些问题则是"问题意识"的另一方面。汤先生对儒学的研究是在一个非常宏观的视阈之下。在汤先生的语境当中，儒学在"新轴心时代"的复兴、儒学的"第三期发展"、儒学的"现代化"等都具有大致相同的义涵。

汤先生是国内"新轴心时代"说的大力倡导者。[①] 在汤先生看来，我们现在处在一个新的世界范围内的"新轴心时代"的前夜。汤先生指出：

> 在进入第三个千年之际，世界各地的思想界出现了对"新轴心时代"的呼唤，这就要求我们更加重视对古代思想智慧的温习与发掘。[②]

在"新轴心时代"，世界上的各大文明都将再一次得到"复兴"的机会。[③] 儒家文化自然也不例外。汤先生满怀信心地认为，"新轴心时代"必定会到来，这是历史发展的必然。但是我们并不能消极等待。我们要积极地努力发扬自己的传统，当然包括儒学，以其为人类社会作出重大贡献。

儒学的"第三期发展"问题，是汤先生、杜维明先生等都特别关注的问题。[④] 用汤先生的话说：

> 如果我们说先秦儒学是儒学的第一期发展；宋明儒学（包括理学与心学等）是儒学的第二期发展，它是在受到佛道两家的冲击后形成的新儒学，并曾传播到周边国家，发生了重大影响；那么，现代新儒家则是16世纪以来，在西方文化冲击下的儒学的第三期发展。[⑤]

由此可见，在汤先生看来的儒学"第三期发展"实质上是儒学如何应对西方文

---

① 在国内期刊论文中，汤先生于 2001 年曾发表《新轴心时代哲学走向的特点》，《南昌大学学报》（人文社会科学版）2001 年第 4 期。在此之前则见武汉大学哲学系赵林：《传统宗教：伦理价值系统的变革与新"轴心时代"的前景》，《理论月刊》1998 年第 7 期。汤先生后有多篇与新轴心时代有关的论文发表，并有两本以"新轴心时代"为书名的论文集（汤一介：《新轴心时代与中国文化的建构》，江西人民出版社 2007 年版；《瞩望新轴心时代——在新世纪的哲学思考》，中央编译出版社 2014 年版）。可以说，汤先生是"新轴心时代"的瞩望者。

② 汤一介：《论儒学与中华民族的复兴》，《汤一介集》第五卷，中国人民大学出版社 2014 年版，第 3 页。

③ 汤一介：《论儒学与中华民族的复兴》，《汤一介集》第五卷，中国人民大学出版社 2014 年版，第 6 页。

④ 杜维明撰写有多篇论文，如《儒学第三期发展的前景》，见甘阳主编：《文化中国与世界》（第 2 辑），生活·读书·新知三联书店 1987 年版，第 100—140 页。

⑤ 汤一介：《关于儒学第三期发展问题》，原刊于《大众日报》1994 年 11 月 16 日，后收入《汤一介集》第五卷，中国人民大学出版社 2014 年版，第 21—22 页。

明的冲击问题。汤先生本人在父亲汤用彤先生的研究基础上，对佛教传入中国形成的中国化佛教有深刻的体会。汤先生认为，中国文化经历了几百年的时间，不仅成功地吸收和改造了印度佛教形成中国化的佛教，而且能够在佛教基础上创立了宋明理学，影响后来的中国社会近千年。① 儒学的"第二期发展"成功地应对了来自印度佛教的挑战。从 16 世纪即开始的"第三期儒学"是否能够成功地得到发展，现在还没有确定结论。汤先生认为：

> 但是，这第三期儒学的发展是否能取得应有的突破呢？我认为还要观察一个时期，才能作出结论。因为，就目前情况看，现代新儒学思潮无论在台湾、大陆或其他地区都还没有形成气候，正如杜维明教授所说："儒门淡薄"。②

现在汉语学术界流行所谓"现代新儒家"第一代至第四代的说法，还有所谓"港台新儒家"、"大陆新儒家"等说法。汤先生在 20 年前的 1994 年的看法是"没有形成气候"。可见，儒学思想的探讨与研究，以及儒学思想的创造性建构，在汤先生当时看来，还是很不够的。

儒学的"现代化"也是同样的问题，不过是采取不同的角度。从中国的立场来看，现代化的问题主要是在西方文化的冲击下造成的。现代化有很多方面。比如，语言文字上使用白话文，使用简体字等都是现代化的产物。此外，日常生活等方面还有无穷无尽的现代化的产物。现代与古代在诸多方面已然存在着一种深深的鸿沟。在思想文化方面，为了更好地现代化，我们曾经人为地中断传统。但是后来人们逐渐认识到，斩断了文化的根，就会成为生活在本土上的异乡人。汤先生在一次讲演中提到：

> 我们需要回顾自身文化的发展，找回自身文化的根子，并且在自身文化的基础上来迎接一个新的时代。一个民族自身的文化根子培育得越好，它吸收外来文化的能力也就越强。③

在汤先生看来，中国文化的根是其儒释道文化，而"儒学"在中国历史

---

① 参见汤一介：《印度佛教传入中国的历史考察》，《汤一介集》第四卷，中国人民大学出版社 2014 年版，第 3—10 页。

② 汤一介：《关于儒学第三期发展问题》，原刊于《大众日报》1994 年 11 月 16 日，后收入《汤一介集》第五卷，中国人民大学出版社 2014 年版，第 21—22 页。

③ 汤一介：《经济全球化背景下的文化问题》，《汤一介集》第十卷，中国人民大学出版社 2014 年版，第 372 页。

上曾居于主流地位。把这个根子培育好，就存在儒学的"现代化"问题。根据汤先生的归纳，目前学界以及社会上存在大约四种儒学"现代化"的主张：

> （1）儒学现代化就是要使儒学成为中国现代社会的主导思想；（2）儒学现代化就是使它按照西方文化的模式改造；（3）儒学现代化就是把儒学马克思主义化；（4）儒学现代化即是要用它来解决现代社会的一切问题。①

这四种主张，汤先生没有展开叙述，也没有具体列出其代表人物，但是汤先生不能同意这四种主张。汤先生认为，如果从以上四个方面来理解儒学"现代化"的问题，一方面，儒学不可能现代化，另一方面，即使现代化了，也没有什么好处。② 汤先生认为：

> 但是对"儒学现代化"能否做另外的理解，即"儒学现代化"是说对"儒学"做现代的解释。我认为，这样或许是可以的，而且如果可以对儒学做出现代的解释，那么儒学就仍有其现代意义。③

对儒学进行现代解释，这是汤先生认为发展与研究儒学的关键。因此，从总体上说，汤先生对儒学研究的关注核心在于儒学的现代性，而儒学要能够在"新轴心时代"复兴，要有"第三期发展"，要能够真正"现代化"，对儒学进行现代的解释是其中的关键。④

笔者认为，汤先生正是在研究儒学现代性的视野之下，从哲学的角度出发，主张对儒学进行现代的解释。⑤ 汤先生对儒学的现代解释可以概括为："三个合一"、"三套理论"。

---

① 汤一介：《儒学能否"现代化"》，《汤一介集》第五卷，中国人民大学出版社 2014 年版，第 23 页。

② 参见汤一介：《儒学能否"现代化"》，《汤一介集》第五卷，中国人民大学出版社 2014 年版，第 23 页。

③ 汤一介：《儒学能否"现代化"》，《汤一介集》第五卷，中国人民大学出版社 2014 年版，第 23 页。

④ 汤先生创建"中国解释学"的构想当是此问题的方法论建构。参见汤一介：《儒学与经典诠释》，《汤一介集》第五卷，中国人民大学出版社 2014 年版，第 177—192 页。汤先生的现代解释思路与其政统、道统、学统"三统说"也有关系，汤先生认为特别要从学统方面来发展儒学。（参见汤一介：《论儒学与中华民族的复兴》，《汤一介集》第五卷，中国人民大学出版社 2014 年版，第 7—8 页）

⑤ 汤先生之所以要编纂《儒藏》也是出于类似的设想。（参见汤一介：《我们为什么要编纂〈儒藏〉》，《汤一介集》第五卷，中国人民大学出版社 2014 年版，第 236—242 页）

二、三个合一

2009 年，汤先生将自己所写的有关儒学方面的论文编为一部论文集，题为《儒学十论及外五篇》[①]，后来在编文集时，又在其基础上增补了十几篇文章，作为《汤一介集》第五卷。汤先生对儒学的主要研究也就集中在此一卷当中。汤先生在 1983 年第十七届世界哲学大会的发言底稿《关于儒家思想第三期发展可能性的探讨》中，提出"贯穿整个儒家思想发展过程中有两个基本精神对我们今天仍有很大意义，一是理想主义，二是人本主义，而这两者优势是结合在一起的"[②]。其中在说明人本主义的时候，特别讲了"三个合一"是中国传统哲学关于真善美的三个基本命题。虽说是中国传统哲学，但所举的例子都是儒家的。此处两种基本精神，在后来以《关于儒家思想第三期发展可能性的探讨》为基础写成的《论中国传统哲学中的真、善、美问题》一文中扩展为四个基本方面：

> 儒家哲学凝聚而成并长期影响着我们这个民族的或许有以下四个方面，即空想的理想主义、实践的道德观念、统一的思维方式、直观的理性主义。[③]

第一，空想的理想主义。儒家向往某种理想的社会，并期望在现实社会中实现这样的理想。汤先生指出：

> 照儒家看，理想社会就是一种理想，它只有实现的可能性，但并不一定能把这种可能性变成现实性。尽管理想社会从来没有实现过，但要不要追求它却是一个根本性问题，是一个人生态度问题。[④]

因为这样的理想从没有实现过，所以具有"很大的空想成分"[⑤]。

[①] 汤一介：《儒学十论及外五篇》，北京大学出版社 2009 年版。

[②] 汤一介：《关于儒家思想第三期发展可能性的探讨》，《汤一介集》第五卷，中国人民大学出版社 2014 年版，第 17 页。

[③] 汤一介：《论儒家哲学中的真、善、美问题》，《汤一介集》第五卷，中国人民大学出版社 2014 年版，第 43 页。

[④] 汤一介：《关于儒家思想第三期发展可能性的探讨》，《汤一介集》第五卷，中国人民大学出版社 2014 年版，第 18 页。

[⑤] 汤一介：《论儒家哲学中的真、善、美问题》，《汤一介集》第五卷，中国人民大学出版社 2014 年版，第 43 页。

第二，实践的道德观念。汤先生认为，儒家哲学有人本主义的倾向，但与西方近代的人本主义不同。他指出：

> 西方的人本主义把"人"作为单个的个人，强调个性解放，有强烈的个人主义，而中国过去社会里的"人本主义"可以说是一种"道德的人本主义"。①

儒家不仅将"人"放在一定关系当中考察，而且从"人"出发来探讨"人"与"天"之间的关系，强调"天人合一"，即天与人的统一性。

第三，统一的思维方式。汤先生认为：

> 中国传统哲学的理论思维方式，从一开始就注重一对概念的统一关系或诸种概念的相互关系。《易经》系统以乾、坤（后来以阴、阳）为一对对立统一的概念，而《洪范》则以五行之间的对立统一关系立论。②

这主要指儒家思想具有的和谐与统一的观念。

第四，直观的理性主义。汤先生指出：

> 儒家哲学强调"心"（理性）的作用，自有其可取之处。强调"心"的作用，即强调人的主动性，强调人在宇宙中的核心地位，而人之所以能是宇宙的核心，正在于人有"明德"之心。人的理性又是带有道德性的，宋儒认为"仁"是心之体，可见儒家哲学有道德理性主义的倾向。但是，对于为什么"心"有如此之作用、如此之特性的问题，则很少分析；对"心"的作用的过程（心理活动之过程）更缺乏具体分析，致使儒家哲学成为一种直观的道德理性主义。③

如果说对于上述"四种精神"，汤先生是辩证地看待，肯定其作用的同时还指出其局限性的话，那么"三个合一"则完全是从正面来进行肯定，认为是儒学当中可以为现代社会所继承发扬的内容，后来还专门对其中每一个合一进行专门的论述。

汤先生"三个合一"的思考与他对人类社会普遍价值的探索有密切关系。

---

① 汤一介：《论儒家哲学中的真、善、美问题》，《汤一介集》第五卷，中国人民大学出版社2014年版，第44页。

② 汤一介：《论儒家哲学中的真、善、美问题》，《汤一介集》第五卷，中国人民大学出版社2014年版，第45页。

③ 汤一介：《论儒家哲学中的真、善、美问题》，《汤一介集》第五卷，中国人民大学出版社2014年版，第46—47页。

在汤先生看来，真善美三者具有某种恒久的价值。① 在世界范围内的中国、西方、印度三大文明都在追求真善美。组成中国文化的儒释道也都在追求真善美。西方对真善美追求的起源可以拿亚里士多德的三部著作作为代表，即《形而上学》、《尼各马可伦理学》、《诗学》，分别代表哲学、伦理学、美学。印度以佛教思想为顶峰，佛教主要讲佛法僧三者。② 对于中国哲学，特别是其中的儒家哲学，汤先生用"三个合一"来对应，这一点确实是汤先生别出心裁。③

一、"天人合一"。汤先生在"三个合一"当中都是用"合一"来说明的，这一点是随顺人们一般的语言习惯。实际上，"合一"在汤先生的语境当中是统一性的意思。在笔者看来，"天人合一"与婆罗门教（印度教）的"梵我合一"是不同的。在婆罗门教看来，作为宇宙实体的"梵"与个体生命"我"是同一的。两者之间的差别是虚幻的。处在生死轮回当中的"我"，可以通过瑜伽等修行，最终达到与"梵"的同一，获得解脱。中国思想家往往将"天人之际"看作是最为根本究竟的哲学问题。虽然历史上也有思想家强调天人的相分，但是在汤先生看来，"儒家的主流却大都把论证'天人合一'或以说明'天人合一'为第一要务"。④ 汤先生发现，在出土文献郭店楚简《语丛一》中有"易，所以会天道、人道也"的话，是最早"天人合一"的明确表达。董仲舒的"天人感应"将天"与人相副"，是"天人合一"的学说，而宋儒的身心性命之学更是建立在"天人合一"思想的基础之上。限于篇幅，这里不详细转述汤先生对"天人合一"的举例与分析。汤先生指出，"天人合一"在当今被人们重视是因为生态危机的问题。西方主流的"天人二分"思想造成了人对大自然的过度破坏，进而危及到人自身的生存。汤先生分析指出"天人合一"作为思维方式的重要意义：

它作为一种思维方式对解决"天人关系"无疑是有其正面的积极意

---

① 真善美三者的现代语源待考。

② 笔者认为，佛、法、僧，佛教所谓的"三宝"与真善美是有一定的关系的。在中国禅宗经典《六祖坛经》中将之对应于觉、正、净："劝善知识归依自性三宝。佛者，觉也。法者，正也。僧者，净也。"而印度教的"梵"被认为是不可以确切定义的最高实体，但是却可被描述为具有 sat—cit—ā nanda（即真实、觉知、喜乐）三者，也可以与真善美做一定的会通。

③ 参见"第七届三智论坛"的视频寄语，见雷原、赵建永主编：《汤一介学记》，新华出版社2015年版，第11页。亦刊于《跨文化对话》34辑，第18—19页。

④ 汤一介：《论儒家哲学中的真、善、美问题》，《汤一介集》第五卷，中国人民大学出版社2014年版，第32页。

义，而更为重要的是它赋予了"人"以一种不可推卸的责任，"人"必须在追求"同于天"的过程中，实现"人"的自身超越，达到理想的"天人合一"的境界。①

关于汤先生对"天人合一"的分析，还特别值得一提的是汤先生早期还从中归纳出四种独特的思维方式：

> 第一，所谓"天人合一"的观念表现了从总体上观察事物的思想，不多做分析，而是直接的描述，我们可以称它为一种直观的"总体观念"；第二，论证"天人合一"的基本观点是"体用如一"，即"天道"与"人道"的统一是"即体即用"，此可谓为和谐"统一观念"；第三，中国传统哲学，不仅没有把"天道"看成僵化的东西，而且认为"天道"也是生动活泼的、生生不息的，"天行健，君子以自强不息"，人类社会之所以应发展、人们的道德之所以应提高，是因为"人道"应适应"天道"的发展，此可谓为同步的"发展观念"；第四，"天"虽是客体，"人道"要符合"天道"，但"人"是天地之心（核心之心），它要为天地立心，天地如无"人"则无生意、无理性、无道德，此可谓之为道德的"人本观念"。这就是中国儒家哲学中"天人合一"思想的全部内涵。②

汤先生所分析的直观的"总体观念"、和谐的"统一观念"、同步的"发展观念"、道德的"人本观念"四个方面是饶有意味的。

二、"知行合一"。汤先生不从理论与实践的认识论角度来分析知行关系，而认为知行在儒家哲学当中主要是一个伦理道德的问题。因为在儒家哲学当中，认识问题与伦理道德问题是同一问题。③汤先生特别注意到，"知行合一"的讲法很容易让人联想到王阳明的同样的话，汤先生对之进行了分析：

> 如果从认识论的角度，或者可以说王阳明某些话有"合行于知"的嫌疑，但从道德修养层面上看，强调"知行合一"是有一定的合理因素的。

由此可见，汤先生所说的"知行合一"是从儒家思想角度出发的，强调

---

① 汤一介：《论"天人合一"》，《汤一介集》第五卷，中国人民大学出版社2014年版，第66页。

② 汤一介：《论儒家哲学中的真、善、美问题》，《汤一介集》第五卷，中国人民大学出版社2014年版，第35页。

③ 参见汤一介：《论儒家哲学中的真、善、美问题》，《汤一介集》第五卷，中国人民大学出版社2014年版，第35页。

的是追求善的道德认识与实践的统一性。①

三、"情景合一"。"情景合一"是对王夫之所言的"情景名为二,而实不可离"的概括。汤先生高度评价王国维的思想,认为王国维把美学的"情景合一"论与"境界"论联系在一起,将美学理论提升到了"天人合一"的哲学高度。②

"三个合一"自身具有某种统一性。汤先生在"论'情景合一'"一文末尾指出:

> 中国哲学关于"真"、"善"、"美"之所以可用"天人合一"、"知行合一"、"情景合一"来表述,这正体现着中国传统哲学以追求一种理想的人生境界为目标,而"天人合一"正是中国的一种在"人"与天地万物之间有着相即不离的内在关系的世界观和思维方式。③

在汤先生看来,"三个合一"中的"知行合一"、"情景合一"都是从"天人合一"中派生出来的。

三、三大理论

汤先生更从"天人合一"中推演出具体的理论体系来对儒家思想进行建构与归纳,即宇宙人生论、境界修养论、政治教化论三个方面。汤先生在追忆自己一生哲学探索的《我的哲学之路》一文当中,将此三大理论称之为"关于中国传统哲学的理论体系问题"的探索。

在"论'内圣外王'"一文的末尾,汤先生说:

> 中国哲学理论体系中的"普遍和谐观念",可以说是中国传统哲学的宇宙人生论,"内在超越问题"可以说是它的境界修养论;"内圣外王之道"可以说是它的政治教化论。中国传统哲学的这套理论,无疑曾对人类文化做出过重要贡献,它作为一不间断延续了几千年的文化传统也必

---

① 参见汤一介:《论"天人合一"》,《汤一介集》第五卷,中国人民大学出版社 2014 年版,第 67—77 页。

② 参见汤一介:《论"情景合一"》,《汤一介集》第五卷,中国人民大学出版社 2014 年版,第 78—86 页。

③ 参见汤一介:《论"情景合一"》,《汤一介集》第五卷,中国人民大学出版社 2014 年版,第 86 页。

将对今后人类的文化做出其应有的贡献。①

汤先生在《我的哲学之路》一文当中对这三大理论有一个非常精彩的梳理与总结，汤先生自己分析思想的形成过程，并简述其主要内容，还列举其主要代表性的论文。②为避免重复，本文在此不予详述，仅就"我的哲学之路"一文写作之后汤先生形成的一些新思想或者笔者认为的某些重要方面，略分析如下。

第一，宇宙人生论——普遍和谐观念。普遍和谐的观念取自儒家思想中的"太和"观念，汤先生认为其中包含四个方面的和谐：自然的和谐、人与自然的和谐、人与人的和谐、人自我身心（内外）的和谐四个方面。③这四个方面的和谐除第一个方面外，其他都涉及人。所以汤先生重点使用后三种和谐来解决人类所面临的"三大矛盾"：人和自然的矛盾、人与人之间的矛盾；人自我身心（内外）的矛盾。"天人合一"的思想解决人和自然的矛盾；"人我合一"的思想解决人与人之间的矛盾，特别是更大范围的民族与民族、国家与国家之间的矛盾；④儒家的"身心合一"理论解决人自我身心（内外）的矛盾。汤先生对之有一个总的归纳：

> 儒家的"合天人"（合者，不相离也，即人与自然的和谐）、"同人我"（把"人"都当成是自己的同胞、兄弟，即人与社会的和谐）、"一内外"（使自我身心内外统一和谐，即人自身的和谐），是我们人类社会所应追求的。⑤

第二，境界修养论——内在超越问题。受到余英时的"从价值系统看中国文化的现代意义"一文的启发，汤先生对中国传统哲学的内在超越问题进行

---

① 参见汤一介：《论"内圣外王"》，《汤一介集》第五卷，中国人民大学出版社 2014 年版，第 116 页。类似的说法亦见《我的哲学之路》，《汤一介集》第六卷，中国人民大学出版社 2014 年版，第 13 页。

② 景海峰：《事不避难，义不逃责：汤一介对新时期中国哲学的贡献》一文对此问题亦有精彩陈述，见汤一介：《汤一介集》第十卷，中国人民大学出版社 2014 年版，第 469—477 页。

③ 汤一介：《论"普遍和谐"》，《汤一介集》第五卷，中国人民大学出版社 2014 年版，第 88—89 页。

④ 汤先生有《论"和而不同"的价值资源》一文专门讨论这个问题。参见汤一介：《论"和而不同"的价值资源》，《汤一介集》第五卷，中国人民大学出版社 2014 年版，第 143—153 页。

⑤ 汤一介：《我们为什么要编纂〈儒藏〉》，《汤一介集》第五卷，中国人民大学出版社 2014 年版，第 242 页。

了系统的研究，写作了四篇相关论文。①《论〈内在超越〉》一文是从儒家思想来讨论内在超越问题的。汤先生敏锐地指出《论语》中子贡所言"夫子之言性与天道，不可得而闻也"的话当中，包含有内在性与超越性的两个问题。"天道"是超越性的问题，"性"是内在性的问题。此处的内在性是人的本性，是人的内在精神，如"仁"、"神明"等。此处的超越性是宇宙本体，如"天理"、"太极"等。儒家从"天人合一"出发，论证了内在性与超越性的统一性，即内在的超越性，或者超越的内在性。汤先生在此文之最后，指出儒学"第三期发展"要解决两个问题：

> 即能否由此以"内在超越"为特征的"内圣之学"开出适应现代民主社会要求的"外王之道"来；能否由此以"内在超越"为基础的"心性之学"开出科学的认识论体系来，照我看也许困难很大。②

汤先生不认为儒家的内圣之学、心性之学本身能够推演出现代民主政治以及科学认识论体系，认为儒家思想有其优势，但也应当吸收西方的某些长处：

> 如果以"内在超越"为特征的中国传统哲学能充分吸收并融合以外在超越为特征的宗教和哲学以及以此为基础的政治法律制度，使中国传统哲学能在一更高的基础上自我完善，也许它才可以适应现代社会发展的要求。我认为，这个问题也许应是可以认真讨论的一个问题。

中西哲学思想本身各成体系，如何进行互补，确实是一大难题。目前东西方思想家都从其自身的角度对此一问题进行探索。

第三，政治教化论——内圣外王之道。梁启超曾言："'内圣外王之道'一语，包举中国学术之全体。"③"内圣外王"虽出《庄子·天下篇》，但后来更多

---

① 即《论儒家哲学中的内在性与超越性》、《论老庄哲学中的内在性与超越性》、《论魏晋哲学中的内在性与超越性》、《论禅宗思想中的内在性与超越性》。此四篇均见汤一介：《儒道释与内在超越问题》，江西人民出版社1991年版。其中《论儒家哲学中的内在性与超越性》改题为《论"内在超越"》，收入《汤一介集》第五卷。《论魏晋哲学中的内在性与超越性》收入《汤一介集》第二卷的附录二。《论禅宗思想中的内在性与超越性》改编后成为《汤一介集》第四卷，第八章"禅宗及其哲学问题"的一部分。《论老庄哲学中的内在性与超越性》未收入《汤一介集》。

② 汤一介：《论"内在超越"》，《汤一介集》第五卷，中国人民大学出版社2014年版，第104页。

③ 梁启超：《〈庄子·天下〉释义》吴其昌笔记，《梁启超全集》第八册，北京出版社1999年版，第4676页。

为儒家所阐发。朱熹将《大学》建构为"内圣外王"的代表经典。从格物、致知、正心、诚意而成圣，进而修身、齐家、治国、平天下而外王。汤先生质疑古代"内圣外王"理想的现实性，认为：

> 道德教化与政治法律虽有某种联系，但它们毕竟是维系社会的两套，不能用一套代替另外一套。因此，"王圣"（以有王位而自居为圣人，或别人推尊之为圣人）是不可取的，"圣王"也是做不到的，"内圣外王之道"作为一种政治哲学理论也就不是什么完满的理论。①

但汤先生也不是完全否定"内圣外王"的积极意义。②汤先生的此种看法基于一种文化立场：

> 如果要使它对人类文化继续起积极的作用，我认为，一方面我们应适应现代化的要求，来使中国传统文化在当今的全球意识下得到发展；另一方面我们也应看到中国传统文化作为一种哲学体系存在的缺陷，并充分吸收其他国家、民族文化的长处，使中国文化更加完善。

汤先生受罗素的一个思想的启发很大：

> 不同文明的接触以往常常成为人类进步里程碑。③

总的来说，不难看出，汤先生对儒学现代性的思考是立足于全球化的广阔视野之下的。他身上有儒家的情怀，对儒家思想不迷信，但又对儒学思想抱有希望。汤先生从自己的体会出发，探索了儒学的现代意义等重大问题，提出了不少值得进一步思考的话题。汤先生本人特别强调理论探索的自觉性，他不是消极地等待未来，而是坚持未来可由我们自觉创造的理念。汤先生的探索在未来会有多大的意义与价值，只能交由时间来检验，由我们的后人来评价了。

（作者简介：杨浩　北京大学哲学系）

---

① 汤一介：《论"内圣外王"》，《汤一介集》第五卷，中国人民大学出版社2014年版，第114页。

② 汤一介：《论"内圣外王"》，《汤一介集》第五卷，中国人民大学出版社2014年版，第116页。

③ 罗素：《中西文明的对比》，《中国问题》，秦悦译，学林出版社1996年版，第146页。转引自汤一介：《论儒学与中华民族的复兴》，《汤一介集》第五卷，中国人民大学出版社2014年版，第8页。

汤一介"中国解释学"构想与傅伟勋"创造的诠释学"方法论比较研究

柳　恒

汤一介先生对 20 世纪 80 年代以来中国哲学的发展与建设贡献卓著,他曾通过对魏晋玄学、早期道教的研究来探求新的方法,也曾试图以范畴研究的系统化来创建新的哲学研究范式,他对儒学的深刻反省以及对"中国解释学"的构想,更是把当代中国哲学的研究推向了一个新的高度。今年(2014 年)9 月 9 日晚 8 时 56 分汤先生病逝于北京,学界为之恸哭。此刻笔者对汤先生"中国解释学"的研究,既是对这位长者、学术大家的缅怀,也是借此以昭显出这一"构想"的价值意义所在。本文共包含四个部分,第一部分解析汤一介与"中国解释学"构想;第二部分阐述景海峰对"中国解释学"建构的诠释与回应;第三部分简略谈谈关于"中国解释学"的一些再思考;第四部分将"中国解释学"构想与"创造的诠释学"方法论进行一番比较对谈。

一、汤一介与"中国解释学"构想

汤一介于 20 世纪 90 年代后期至 20 世纪初,在不同的期刊杂志上发表了五篇文章直接探讨如何创建"中国解释学"的问题,这五篇文章分别是:《能否创建中国解释学?》、《再论创建中国解释学问题》、《三论创建中国解释学问题》、《关于僧肇注〈道德经〉问题——四论创建中国解释学问题》以及《"道始于情"的哲学诠释——五论创建中国解释学问题》。从这五篇文章再结合他的其他作品,可对"中国解释学"构想为何做一较全面的了解。

首先来厘清关于"中国解释学"本身的几个概念义涵:为何叫中国"解释学",而不是随时代潮流叫"中国诠释学"? 在汤一介提出能否创建"中国解释学"这一构想后,引起了学界对这一问题广泛而热烈的探讨。成中英教授已致力于"诠释学"领域的研究多年，且成果卓著，他建议好友可把"Hermeneutics"译成"诠释学"，但汤一介因为学界仍有不少学者尚在使用"解释学"一词，自己过去的多篇文章中用的也是"解释学"，况且《中国大百科全书（哲学卷）》也是以"解释学"作为条目，所以他就沿用了自己过去的用法不做更改。

需要理清的第二个概念是解释"学"的问题，也就是中国有没有西方意义上的解释学的问题？这一问题在学界曾引起广泛的争议，有的学者说有，有的学者说没有。汤一介的看法是中国有绵延两千多年的注释经典的传统，也有汗牛充栋的解释经典的资源，但中国没有西方意义上的"解释学"。怎样才能被称之为"学"呢？汤一介认为"一种'学'（理论体系）的建立应该是对其研究的对象有了理论和方法上的自觉（即自觉地把要研究的对象作为'对象'来研究，并能为社会普遍地接受的系统的理论与方法）。"① 正因为如此我们才应该创建"中国解释学"。于此就关涉到与之相关的另一组概念，是"创建"还是"重建"中国解释学。

"重建"必须建立在过去有的基础上，"创建"便是一种全新的建构，鉴于"解释学"的"学"的定位，以及汤一介"中国解释学"的构想来自于西方"Hermeneutics"传统的影响，只能是"创建"而非"重建"。正因为是在无的基础上的"创建"，便必然有一参照系统，如何正视西方解释学传统的影响，如何摆置自身的位置，成为"中国解释学"在建构的过程中必须不断去审视的问题。

接下来要探讨的第二点是"能否"创建中国解释学的问题，在前面的概念分析中，似乎流露出"能"创建中国解释学的义涵，但在汤一介的话语体系中，创建中国解释学一直是个设想，一个规划，一个尝试，其中透显出汤一介做学问的严谨，也暗含着"中国解释学"本身的特殊性、复杂性、丰富性及开放性。关于"能否"的问题，汤一介以开放的态度，给了两种可能。首先从"否"的一面谈，会出现以下两种情况：一是我们运用西方解释学的理论和方法对中国注释经典的历史做了充分的研究之后，发现使用西方解释学的理论和方法基本可以把中国对经典注释的问题弄清，没有必要再创建中国解释学；另一点是把西方的解释学理论视为具有普遍性的理论，无所谓东西方之分，用它

---

① 汤一介：《三论创建中国解释学问题》，《中国文化研究》2000 年第 2 期。

对中国的经典解释史进行一番研究后，理出一些中国的东西，用之以丰富西方解释学的理论和方法。

以上是从否定的方面谈，汤一介给出了两种可能的结果。接下来从肯定的方面谈，他又给出了自己的"尝试"性构想。他认为可以从以下三个方面做出努力：第一，仔细研究西方解释经典特别是《圣经》的历史，以及施莱尔马赫和狄尔泰的解释学理论和这种理论在西方的发展，因为"如果对西方的解释问题的历史和西方的解释学（甚至当代的西方哲学）没有相当程度的了解，那么建立'中国解释学'就没有一个可以参照的参照系"。[①] 第二，运用西方的解释学理论及方法梳理中国悠久的经典解释史。在此方面汤一介给出了很多可供研究的方向，如先秦经典注释法，汉朝的章句、音韵、训诂之法，魏晋南北朝时王弼的"得意忘言"及郭向的"寄言出意"、"辩名析理"之法，佛教的译经解经之法，宋儒的"六经注我"之法，以及传统中丰富的传、记、说、解、注、笺、疏之解释体例等等。第三，经过经典解释史的梳理后，进行中西比较，看是否存在着与西方解释学理论与方法有重大不同的中国解释学理论。

从以上两方面可以看出，"我们是否能建立起一种与西方解释学有相当大的不同的'中国解释学'，或者说有无必要建立一种与西方有相当大的不同的'中国解释学'理论与方法，都要经过对上述问题认真研究之后才可以得出合理的结论"[②]。这也是汤一介在论述创建"中国解释学"的过程中，一直持中间态度的原因。因为没有历经如此浩大工程的研究，谁能肯定地回答存在着"中国解释学"，一定能够建成"中国解释学"呢！

既然汤一介提出了创建"中国解释学"的构想，那这一构想是否有代表性的观念和理路呢？经笔者研究，以下谈及的第三点，汤一介"中国解释学"理路可具代表性的创见，主要是景海峰最先将其陈述出来，并奠定其"独特性"的基础的。可代表汤一介在"中国解释学"上的创见的有以下几点，他通过对先秦经典解释的历史所做的梳理，整理出三种不同的注释经典的方式，第一种可称之为叙述性的历史事件的解释，以《左传》对《春秋经》的解释为代表；第二种可称之为整体性的哲学的解释，以《系辞》对《易经》的解释为代表；第三种可称之为社会政治运作型的解释，以《韩非子》中的《解老》、《喻

① 汤一介：《三论创建中国解释学问题》，《中国文化研究》2000 年第 2 期。

② 汤一介：《三论创建中国解释学问题》，《中国文化研究》2000 年第 2 期。

老》篇对《老子》的解释为代表。除了这三种历史的、哲学的、政治的解释模式之外，先秦典籍中还可以找到其他有关"解释问题"的方法，如《墨经》中的《经》与解释《经》的《经说》之关系问题。但就诠释的系统性和对后世的影响来说，前面三种解释模式最为重要。

在前者研究的基础上，笔者最后对汤一介"中国解释学"构想具备何种特质做一简单的归结。其一，以西方解释学为背景。这点似乎构成了华语学者在解释学创建上的必然性要素，这主要是"因为中国传统哲学中并无系统化、形态化的解释学理论，只是在西方的解释学传入之后，这个研究课题才开始浮现出来"①。其二，入乎其中出乎其外。这点指的是"中国解释学"的建构，必须入乎西方解释学传统之中，深入学习，将其理论及方法应用到中国传统经典注释史的梳理上，整理创构出不同于西方的具备中国特色的解释学理论。也就是说，我们要学习西方，但最终的目的是从学习中走出自我来，而不是化在西方解释学之中。其三，"中国解释学"的创构在现阶段还只是"设想"。于此呈现出中国解释学建构的漫长性及艰难性，这和"中国解释学"的中国特质相关，若能建构出来，那一定是中国的，而不是把西方解释学作为普遍性的原则以致失却了自我。其四，以经典文本为解释的对象，为"中国解释学"能创构出的思维源泉。汤一介在谈及经典解释时，时常会使用"经典注释史"这样的话语，可见他的经典是以注重注疏的经典文本为主要对象。而他的"经典"似乎已经超出了"经学"之经的范畴，从他对先秦经典诠释案例的归纳创构可见一斑。由此可见汤一介诠释视域中的"经典"已经超出了"五经"与"四书"体系的传统范域，而带有现代的理解（这与儒家经典的发展史相关，景海峰在此方面做了较系统性的梳理）。经典文本的范域如此之广，"中国解释学"的创构工作将更为艰辛，非集大量人才，历经漫长的岁月不能为之。最后一点特质，"中国解释学"为一般哲学方法论；汤一介没有直白地道出这一取向，但是从他的言诠系统中已含有这一趋归，景海峰已对此做了极深入到位的诠释。

面对西方"诠释学"理论及方法在中国的大行其道，汤一介先生提出创建"中国解释学"的构想，在当时中国的学术大场中可谓霹雳惊雷。这不仅仅是对西方诠释学冲击的回应，更是对中国传统内在资源的掘发与创造，为传统

---

① 景海峰：《汤一介先生与中国解释学的探索》，见胡军、孙尚扬主编：《诠释与建构：汤一介先生75周年华诞暨从教50周年纪念文集》，北京大学出版社2001年版，第382页。

的现代化提供了一条可供发展颇具前景的途径。他在多篇文章中不断地引申这一构想，在中国的学术重镇北京大学培养后继者朝此方向不断探索，景海峰便是其中的佼佼者，景的《中国哲学的现代诠释》一书，更是将中国诠释学的研究推向了一个崭新的高度。汤一介先生对创建"中国解释学"的贡献还体现在《儒藏》的编纂上。面对儒释道三家，佛有《佛藏》，道有《道藏》，唯独在中国思想传统中占主流地位的儒学没有《儒藏》。明、清时期的学者已提出这一构想，终因工程浩大未能实行。20世纪90年代，汤一介先生重倡编纂《儒藏》，笔者认为这和"中国解释学"的构想具有极大的相关性。只有对中国经典传统的主流——儒家的典籍，有一系统的点校整理编纂，经典解释史的梳理途程方能向前推进一步。经过汤一介先生的倡议促成及推波助澜，《儒藏》编纂工程时至2014年6月已有阶段性的成果，集中、日、越、韩多国学者通力合作编纂成的100册《儒藏》精华编，已由北京大学出版社出版发行。一个"构想"，一种"尝试"，对中国思想文化的未来发展，对中国哲学的未来发展真是福泽深厚。接下来笔者将探讨汤先生的弟子景海峰教授对汤先生"中国解释学"构想的诠释与回应。

二、景海峰对"中国解释学"构想的诠释与回应

景海峰教授是汤一介先生的高弟，于1984年9月随汤先生南下广东深圳创办了"深圳大学国学研究所"，自此扎根深圳，在深圳大学从事于教学工作辛苦耕耘时至今日。笔者有幸在本硕阶段就读于深圳大学，受教于景海峰老师，获益良多。正是因为拜读了景海峰的《中国哲学的现代诠释》一书，笔者方逐步展开了对傅伟勋"创造的诠释学"方法论的研究。现下因研究傅伟勋而涉及到对汤一介的研究，再回头审视此书，倍觉此书与汤一介"中国解释学"的创构颇为相关，可以说景海峰对汤一介"中国解释学"的构想做了很好的诠释，且回应了汤一介所提及的诸多问题，将"中国解释学"的创建推向了一个崭新的高度。

汤一介曾在"能"创建"中国解释学"的预设下，提出了三点努力的方向，景海峰对于前两点做了极好的回应。关于第一点，理清西方诠释学的发展脉络，他做了三个层次的回应。

首先，他引介了帕尔默（R. Palmer）将西方诠释学史区分为六个阶段的说

法。一是作为《圣经》注释的理论。1654 年丹恩豪威尔第一次以诠释学作为书名，诠释学代表一种正确解释《圣经》的技术，主要用于神学方面。二是作为一般文献学的方法论。伴随着理性主义的发展，18 世纪古典语文学的出现对《圣经》诠释学产生了深远的影响，神学方法和世俗理论在文本的解释技巧方面趋向一致。三是作为一切语言理解的科学。施莱尔马赫把诠释学第一次界定为"对理解本身的研究"。四是作为精神科学（人文学）的方法论基础。狄尔泰把"历史的意识"和科学的求真从理论上加以调和，试图在一切人文事件相对性的后面找到一种稳固基础，提出符合生命多面性的所谓世界观的类型学说。五是作为"此在"和存在理解的现象学。海德格尔引入"前理解"的概念，将"理解"和"诠释"视为人类存在的基本方式，使诠释学与理解的本体论方面联系起来。伽达默尔进一步把"理解"的本体内涵发展成为系统的"哲学诠释学"，使诠释学成为今日哲学的核心。六是作为既恢复意义又破坏偶像的诠释系统。以后现代的利科尔为代表。①

其次，他引介布莱希尔（J. Bleicher）对西方当代诠释学的划分，分别是作为方法的诠释学、作为哲学的诠释学以及作为批判的诠释学。作为方法的诠释学以法国史家贝蒂为代表，他承继施莱尔马赫到狄尔泰的传统，追求诠释的功效性，肯定解释具有客观上正确的规则和一般公认的方法。作为哲学的诠释学以海德格尔、伽达默尔，以及新教神学家布尔特曼为代表。作为批判的诠释学以阿佩尔和哈贝马斯等人为代表。在这三派之外，还有利科尔的另辟蹊径。②

最后是第三层次的回应，他把西方的诠释学划分为三个时段，前诠释学、古典诠释学以及当代诠释学。"前诠释学"包含了《圣经》释义学和古典语文学，"古典诠释学"包含了施莱尔马赫和狄尔泰的传统，"当代诠释学"即布莱希尔所划分。通过第三层次的整合，景海峰已把西方诠释学的发展史，简要地容括在一个更为简单明了的脉络里，以此将中国的经典解释史与之进行比较对谈，则只能划归到"前诠释学"的阶段。他认为对于西方的"前诠释学"，我们可以做平行的比较研究，对于"古典诠释学"我们既可以以西方为模板，在自身传统中梳理出一个一般化的解释系统出来，也可以从自身的特点出发，总

---

① 参见景海峰：《中国哲学的现代诠释》，人民出版社 2004 年版，第 11—13 页。
② 参见景海峰：《中国哲学的现代诠释》，人民出版社 2004 年版，第 14—15 页。

结出一套与西方相匹敌的解释学来。而对于"当代诠释学"来说，我们传统的解释资源与之相去甚远，实在难以比观，只能借鉴它的理论和方法，运用到中国传统的现代转化之中。

至此似乎已明确化了汤一介的"中国解释学"构想，到底是哲学的还是方法的了。景海峰曾说"汤先生对解释学的理解和关注显然是在一般哲学方法论的层面上"①这一论断是十分切当的。中国丰富的经典注释资源可与西方的"前诠释学"阶段平行比较，施莱尔马赫与狄尔泰朝此方向向前推进，解释学逐渐脱离经典成为一种一般化的人文科学研究的方法论。而在中国至五四前后，经典的神圣性被打入死胡同，对经典的重新思考才逐步展开。汤一介所欲创建的"中国解释学"，当不是与西方注释《圣经》相比观的系统，而是施莱尔马赫向下发展的以方法论为趋归的"解释学"。同时从汤一介给出的若"能"创建"中国解释学"，应如何向下发展的第二点看，他把中国经典解释史的梳理寄望于西方解释学的引进和消化，那凸显的一定是其方法论的意义。

那汤一介的"中国解释学"构想是否就停止在了方法论的层面上，以方法论的建构为"中国解释学"最后的归属？毋须讳言汤一介的构想是方法论意义的，但景海峰却将"中国解释学"的构想进一步推进，他认为"除了用解释学的眼光和方法直接整理中国古代的文献资料之外，当我们试图转活这些对象，对它们的当下意义有所叙述和勾勒之时，那解释的'行动'就超越了'文本'，而进入到海德格尔所谓'理解的本体论意义'"②。他在《中国哲学的现代诠释》一书的第二章中，对古典哲学进行了一番试诠，多发创见。

接下来探讨景海峰对汤一介尝试性建构第二点努力的回应与新诠。关于第二点努力主要是应用西方的诠释学理论和方法对中国的经典诠释史做一番梳理。对于这点笔者十分服膺景海峰的学问功底，他不仅对儒家的经典诠释史做了一番系统的梳理，还对现代及当代哲学的走向与发展都做了极好的梳理言诠。不过景海峰所梳理的"经典"诠释史，一是在大的视域上言谈立论（从古代文明到古典文明的过渡，到以"经"为诠释中心的时代，再到以"传"为诠释中心的时代，最后是诠释的多元化时代），以史为线注重转折更替，随手拈

---

① 景海峰：《汤一介先生与中国解释学的探索》，见胡军、孙尚扬主编：《诠释与建构：汤一介先生 75 周年华诞暨从教 50 周年纪念文集》，北京大学出版社 2001 年版，第 383 页。

② 景海峰：《汤一介先生与中国解释学的探索》，见胡军、孙尚扬主编：《诠释与建构：汤一介先生 75 周年华诞暨从教 50 周年纪念文集》，北京大学出版社 2001 年版，第 387 页。

来材料以作证实是其特色。但汤一介所企划的经典诠释史，既要求建立一个大的诠释史的发展系统，更要求在大中理出诠释方法的巨细化，这样"中国解释学"才有可供建构的具体方法论资源。不过这光凭一人之力谈何容易，景海峰已为我们理出一系统，具体的材料梳理，有待后学去耕耘。二是以儒学为代表，若以儒学在中国传统思想中的地位来说，以儒学史代表经典诠释史并不为过。但正如笔者在上文中所说，汤一介的"经典"已无形中超出了儒家典籍的范域，带有科举制度取消后诸子入典的意味，且广涉到《白虎通义》、《北溪字义》等古代典籍的范围。可以说"经典"变成了古代典籍的代称，但儒释道三家是经典的核心，因为我们本欲掘发创建的"解释学"是以对经典的注释为主的，儒家是经典的"主流"，佛道次之。这也是《儒藏》的编纂何以对"中国解释学"的建构如此重要的原因了。

　　景海峰对汤一介所提出问题的回应，本身即是一种发展与创造。为何笔者没有提及第三点努力的方向呢？因为在前两点还没有彻底完成之前，如何在比较中产生一种独具中国特色的"解释学"？接下来在"回应"之余，笔者想谈谈景海峰在建构"中国解释学"上的一些独到的创见。首先是西方和中国都曾注重对经典的注释，中国解释问题的起源或许比西方发生得更早，何以西方能发展出一门独立的有关一般理解的具有普遍性的技艺学来？这其中的原因很多，主要是因为西方文艺复兴以来人文主义的觉醒和走出中世纪的大势，施莱尔马赫所研治的神学不是方式的简单变换，而是彻底地与传统解纽，他给释义学带来的变革是革命性的。而中国却迟迟没有发生这样的变革，始终笼罩在经学的氛围之中。狄尔泰把解释学又进一步推延成为整个人文科学研究的方法论，已和经典释义没有什么关系了。中国的有关"解释"的学问，却始终围绕着以经学为主的经典来展开，所以伴随着经学的解体，"'解释'与经学的必然联系才宣告终结。这样，在中国历史上便只能有注经方法的不断延伸和积累，而绝无能够脱离经学独立成军的所谓方法学，小学始终是在经学的卵翼之下。就像阿佩尔所说的，"这种'解释'工作始终是局限在'历史的和语法的理解'之范围以内的"[①]。

　　但是中国的经典解释传统还是迎来了革命性的变革，这一变革几近是

---

① 景海峰：《汤一介先生与中国解释学的探索》，见胡军、孙尚扬主编：《诠释与建构：汤一介先生75周年华诞暨从教50周年纪念文集》，北京大学出版社2001年版，第386页。

毁灭性的。中国古代以小学为主的"解释"资源，是伴随经学存在的，随着1905 年科举制度的取消，经学不复存在，小学实际上也没有了。再加上五四反传统的影响，以及之后数十年间对传统的打压和曲解，中国文化的"解释学"资质和能力在自身与传统的疏离中被打散和丢弃掉，我们曾引以为傲的浩如烟海的丰裕的"解释学"资本已变得枯竭。这其实是一种很尴尬的境地，我们说要建立"中国解释学"，但古人所具备的音韵、训诂之学，今日的学者还有几人精通？几千年积累下来的丰富宝山我们却无门而入。"中国解释学"的建构真是艰难重重，景海峰提出我们是在众多的西学思潮和方法引进之后，再多加上一个中国解释学更壮西化之特色呢？还是反弹琵琶借解释学来修补我们自身与传统之间的断裂，"将中国思想的丰厚资源内化为生机勃勃富有创造精神的哲学动力，以实现中国哲学的现代转化"①？从了解西方诠释学，到用之解析中国的经典解释传统，再创构出自身的解释学，这一过程是否能转活传统呢？这也是一种尝试、一种构想。不为，只能停留在原处：做了，方有转变的可能。"中国解释学"这一构想在不断付诸实施，传统以怎样的形式转活将值得期待。

另外，我想提及的一点是，景海峰对"解释"与"诠释"的看法，已超出汤一介的理解。可以说当初汤一介在选择使用"解释学"还是"诠释学"作为自己这一构想的名称时，他有他的理由，但是对"解释"与"诠释"这两个概念分别在中国与西方的历史上具有怎样的发展，以及它们又具有怎样特殊的语义，明显没有深入的研究。景海峰在著述的开篇便对这两组概念进行了训诂式的史学分析，结论是"'诠释'所含具的整全性和透显性，明显地要高于'解释'"②。同时从"解释"与"诠释"这两组概念在中国经历的"理解"与使用上的变革与发展，可体现出中西文化之间的交流与互动。

西方"诠释学"的潮流涌入中国，已有二十来年的历史，它从陌生成为了中国哲学研究的核心之一。《中国哲学的现代诠释》一书自出版至今也有十年的光景，笔者已从对汤一介"中国解释学"构想的研究中昭显出它的部分价值与意义。总的来说在新世纪之初，这本书的诞生对中国诠释学的研究具有划时代的意义，它的系统性及开创性为中国哲学的现代诠释奠基铺路。而景海峰

---

① 景海峰：《中国哲学的现代诠释》，人民出版社 2004 年版，第 347 页。

② 景海峰：《中国哲学的现代诠释》，人民出版社 2004 年版，第 10 页。

自身也在继续为"中国解释学"的构建钻研思索。传统文化本由师道相传，从汤一介和景海峰身上可见一斑。此道不绝，"中国解释学"定能由构想成为现实，传统文化历经一番现代诠释也定能活显于我们当下的现实人生。

三、关于"中国解释学"的一些再思考

以下所要论及的是与"中国解释学"相关的一些思考，希望对"中国解释学"的理解与建构有所助益。首先，关于何以有如此丰富的解释问题资源及悠远的经典解释史的我们，发展不出西方意义上的"解释学"。景海峰的"革命论"是为一重要的理据，贾红莲从中国哲学思想的特质出发，认为"在古代，中国的学术和学人倡导的是'学以致用'、'经世致用'，即一切的学问都是为了运用，为了在实践（包括生活实践、社会实践尤其是政治实践）中发生功用。这决定了在对经典做解释时，对其结果的预设超过对解释过程的探求"[①]。贾红莲的这一思考路径不同于景海峰，景是从对西方诠释学发展史的了解中，理出变革论一由，而贾则是从中国传统内在的特质出发。关于中国传统何以没能发展出"诠释学"理论来这一问题，应该在不断地梳理传统及中西文化的比较中，将能得到更多的思考，但不得不承认以上这两种思考颇具启示意义。

其次，关于"训诂学"与"中国解释学"的关联问题，景海峰也曾多有谈及。周光庆在《由中国训诂学走向中国解释学》一文中，对训诂学的走向问题进行了探讨，他认为中国的训诂学不应该走向"汉语语义学"，而应该走向当代"中国解释学"。于此就关涉到"训诂学"可否等同于"中国解释学"的问题。训诂学属于现代意义上的语言学，它是中国传统注解经典的重要方法，以中国特色来论，它是建构"中国解释学"的内在资源，但是仅仅以"训诂学"来指代"中国解释学"不太妥当，这样不仅将"中国解释学"的范域缩小，"中国解释学"也将难以成为与西方诠释学平等对谈的理论方法。而且光凭"训诂学"无法转活传统，"在当代为实现中国社会文化的现代化而进行的文化经典解释，与在古代为实现中国社会文化的'圣道化'而进行的文化经典解释，无论在文本观念和期待视域上，还是在理论基础和实际效应上，都有根

---

① 贾红莲：《中国解释学与解释学中国化》，《江海学刊》2003 年第 4 期。

本的不同"①。"中国解释学"的目标不只是与西方"古典诠释学"相对应的方法论建构，其中还包含着转活传统的目标。传统如何转化，即如何进行现代诠释，是百年来多少学者不断努力奋斗的方向。

伽达默尔曾说："古典型之所以是某种对抗历史批判的东西，乃是因为它的历史性的统治、它的那种负有义务要去传承和保存价值的力量，都先于一切历史反思并且在这种反思中继续存在。"② 也就是说，"经典"的一种无时间性的当下存在，与其对传统价值的保存具有深刻的相关性。对此章清受希尔斯（Edward Shils）区分"科学传统"与"哲学传统"的启示，提出了"知识资源"与"学术资源"的区分，以此作为对传统资源迥然有别的两种立场。"知识资源"是构成社会合法性论证的资源，"学术资源"视传统为文物材料，并不看重其在当下的全面有效状态，它不再构成社会合法性论证的基石。而两千年来儒家经典一直是中国政治制度的合法性的根据。传统的"经典"的失落，"不仅是一代有力的学者缺乏语言与文学训练而面临危机，更重要的还在于信仰的普遍改变导致了人们对它的非议。古典作品研究的兴盛发达，建基于人们相信，昔日的文明提供了道德、哲学和文学精华的楷模，是现代文明的价值本源，但现在却由于现代人丧失了对它的兴趣而衰败下去。人们对遥远的过去流传下来的遗产的敬重降低了，发展、传播和研究这种继承物的传统也随之败落"③。因此，章清说："我们的文化重建工作，远不是要光大传统作为'学术资源'的意义，其艰巨性尤在于赋予传统'知识资源'的意义。"④ 那我们能重建作为价值本源的所谓"知识资源"的经典传统吗？余英时的"现代诠释"中就十分重视价值的现代诠释（转活）。

经典与诠释的关系，就是传统与现实的关系，"中国解释学"的建构过程即是对传统典籍的深入梳理，在梳理的过程中"理解"作为每一个"当代"的古人是如何诠解传统的，他们在愈深入理解传统中实践着创新，谱写了具有同时性的每一个"当代"。"中国解释学"的建构过程也是中国诠释学的历史从"前诠释学"到"古典诠释学"，再到"当代诠释学"大跨步地迈进的过程。历

① 周光庆：《由中国训诂学走向中国解释学》，《长江学术》2009 年第 3 期。

② 伽达默尔：《诠释学 I：真理与方法》，洪汉鼎译，商务印书馆 2010 年版，第 406 页。

③ 希尔斯：《论传统》，傅铿、吕乐译，上海人民出版社 1991 年版，第 169—170 页。

④ 章清：《传统：由"知识资源"到"学术资源"——简析 20 世纪中国文化传统的失落及其成因》，《中国社会科学》2000 年第 4 期。

史无法复制，西方所开启的这个走向，也许未必是"中国解释学"发展的依归。中国自近代以来的历史，都是一边以西方为参照想要迎头赶上，一边努力地挣扎出西方话语体系的过程。"中国解释学"能否在经历过对西方解释学的了解、应用、比较之后，走出自己的路子，构筑可以影响西方的话语体系，值得尝试和期待。

四、"中国解释学"构想与"创造的诠释学"方法论比较对谈

汤一介提出的"中国解释学"构想与傅伟勋创构完成的"创造的诠释学"方法论，二者如何比较对谈，其实也是一项比较艰巨的工作。因为前者还处在一个"过程"中，后者已创构完成，且作为工具经过了多番使用，具备可供研究借鉴的诠释案例。怎样比较，笔者认为从他们创构之缘起、过程、理论本身这三方面谈，可以得到一些有价值的思考。

首先，在创构缘起上，二者都面临西方思想文化的冲击，傅伟勋身处海外尤感切己和沉重，他的焦虑在文字上多有表现。在认识到哲学思想的创造和哲学方法论之间的深密关联后，他一直在构思如何能够创建出一种适宜诠释中国哲学的方法论，以实现中国哲学的现代转化。汤一介当然也具有傅伟勋的这种心境，但他提出创建"中国解释学"的构想，更多的是回应西方"诠释学"的挑战，想要从中国经典解释史的内在资源中，梳理建构出具备中国特质的"中国解释学"。

其次，从理论构建的过程看，最能凸显二者的异质性。傅伟勋构建"创造的诠释学"方法论直接的思维资源是海德格尔，然后结合融贯中国传统的版本考据、音韵训诂、经传注疏之学，以及西方的脉络分析、层面分析、逻辑分析之法，还有伽达默尔的历史分析，以成"创造的诠释学"的"实谓"、"意谓"、"蕴谓"、"当谓"、"创谓"五大层面。这一理论体系从构思到初具规模历经了18年的历程，是个人苦心孤诣的成果。"中国解释学"方法论以西方的"诠释学"史为背景，主要涉及施莱尔马赫和狄尔泰的方法论传统，方法论的具体内容将从传统的经典解释中抽丝剥茧梳理建构而成。而建构成怎样的理论系统还是一个未知项。前者是集一人之力运思而成，后者是一个耗时更为长久集结众力的工作。因为绵延两千多年的经典解释史，浩如烟海的文献资源，如

何分析梳理又该整理出怎样的系统，真是艰难重重。历经这样一番工作，既能揭开传统更多的神秘面纱，解决历史与哲学等学科存在着的诸多问题，也能使现代学人对传统有一全新的理解，拉近传统与现代的距离。

最后，在理论本身上，二者虽都可称之为"一般的哲学方法论"，但不得不承认傅伟勋"创造的诠释学"方法论更为强调和凸显方法论的功效性，也就是它的诠释效用性。然而正是因为"中国解释学"是一非常宏大的架构，它的"过程"极为特殊，也可以说这一"过程"带来的收获或许甚于其结果本身。自1998年汤一介提出这一构想后，已过去了18年，这一工程伴随《儒藏》的编纂，以及与"诠释学"相关著述的产生，正在紧锣密鼓地进行着。其次是傅伟勋"创造的诠释学"方法论十分强调"创造"，即一种传统的现代诠释，一种突破旧有模式全新的开展。这也是它不同于其他一般方法论的特质所在。"中国解释学"与"创造的诠释学"以名称来看最不同的是一个强调"中国"一个强调"创造"，强调"中国"即是"中国解释学"必须具备中国的特质，且可以和西方"诠释学"互竞短长，共筑新的现代陈述语境。然而"中国解释学"的方法理论是否强调诠释的效用、是否强调诠释的创造性尚不能定论，可以说"中国解释学"是一个敞开的建构，它有无限的可能性，会随着我们对西方思想文化的了解、对自身思想文化的了解不断地发展创构自身。

以上是笔者对汤一介"中国解释学"构想所做的梳理和展开讨论，最后将其和傅伟勋"创造的诠释学"方法论进行了简要的对谈。中国哲学的未来发展之路究竟如何，是傅伟勋简易的"创造性诠释"，还是汤一介这一构想所开出的"整理"传统经典的一个漫长的"过程"？"中国哲学"又该以怎样的形式开展，是我们所偏爱的思想史的形式，还是从"哲学问题"出发，通过概念分析建构关于宇宙人生的哲学体系？这些问题都值得再三探讨。

（作者简介：柳恒　华中师范大学近代史研究所）

附 录

"儒学的历史叙述与当代重构"
国际学术研讨会会议论文集目录

（以姓氏拼音排序）

道统思想在儒学发展史上的地位 （四川师范大学 蔡方鹿）

谁之"思"？何种"位"？——儒学"思不出其位"之中的"政治"与"心性"
向度 （中山大学 陈立胜）

知见空言——罗念庵论修道者之过 （香港中文大学 陈志强）

现代儒学的架构：易学、儒学、理学与心学 （美国夏威夷大学 成中英）

观喜怒哀乐之未发——疏论伊川论中和 （香港中文大学 邓康宏）

荀子伦理思想的历史向度：前后、百年和古今 （香港大学 邓小虎）

荀子论"争"——从政治哲学的视角看 （复旦大学 东方朔）

对牟宗三诠释胡五峰哲学的方法论反思 （台湾大学 杜保瑞）

中华文明的新形态与世界文明的新重心 （清华大学 方朝晖）

儒家系统的宇宙论及其变迁——董仲舒、张载、戴震之比较研究 （中山大
学 冯达文）

早期启蒙说与儒学的当代发展 （中国人民大学 冯琳）

从"儒学第三期发展"看儒学史的叙述与建构 （北京大学 干春松）

变动的光谱——社会思潮研究视野中的现代新儒学 （华东师范大学 高瑞泉）

从冯友兰"宇宙底心"论"会思想的宇宙"——兼与王庆节先生商榷 （深圳
职业技术学院 高予远）

Characteristics of Zhu Xi's Thoughts on Divination （韩国成均馆大学 高在锡）

为"新儒家"做注释：从徐复观与殷海光、钱穆的冲突说起 （华中师范大
学 何卓恩）

作为横跨中外和通达古今之中介的诠释学——关于中国传统哲学现代转型的反
　　思　（北京社会科学院　洪汉鼎）

熊十力量论思想梳释　（武汉大学　胡治洪）

道德运气与道德责任：王阳明的启示　（香港中文大学　黄勇）

"以身为本"与"大同主义"——"家国天下"话语反思与"天下主义"观念
　　批判　（山东大学　黄玉顺）

论儒家在不同社会条件下的不同作用　（美国雷德兰兹大学　姜新艳）

董仲舒"一气、感应、民主"的辩证思维　（韩国檀国大学　金周昌）

经典解释与"学统"观念之建构　（深圳大学　景海峰）

孟子的精神修炼　（《中国社会科学》杂志社　匡钊）

"以西释中"衡论　（南京大学　李承贵）

哲理与信仰——谈谈儒学的宗教性问题　（北京师范大学　李景林）

牟宗三误解了康德的"道德情感"概念吗？——与方旭东教授商榷　（台湾
　　"中央研究院"　李明辉）

文中子易学思想研究　（中山大学　李强）

现代儒学的使命与规模　（湖南大学　李清良）

创业艰辛守成难——《周易》古经屯卦新释　（山东大学　李尚信）

儒家生态思想及其当代价值　（宁夏大学　李伟　翟澜杰）

王安石政治哲学发微　（中国人民大学　梁涛）

说马克思与孔子：从"权变之宜"到"归返常道"　（台湾慈济大学　林安梧）

谈林安梧先生之船山易学　（台湾师范大学　林柏宏）

"异议"的再议——近世东亚的"理学"与"气学"　（台湾"中央研究院"　林
　　月惠）

白沙儒学与明代文化的转向　（广东五邑大学　刘兴邦）

朱熹"中和新说"与关学关系探微　（陕西师范大学　刘学智）

汤一介"中国解释学"构想与傅伟勋"创造的诠释学"方法论比较研究　（华
　　中师范大学　柳恒）

荀学历史命运的再思考　（吉林大学　吕文郁）

性心情的三维向度　（中国人民大学　罗安宪）

传统文化现代转换的三个维度及其思考　（中国社会科学院　罗传芳）

"六经责我开生面"——王夫之的哲学境界　（佛山科学技术学院　宁新昌）

试论先秦儒家的"天人合一"思想 （贵州大学 张新民）

贺麟王安石研究中的心学思想 （北京大学 张学智）

"生之谓性"之辨 （香港中文大学 张星）

哲学、历史与哲学史——对二十世中国哲学史撰写的省察 （香港中文大学 郑宗义）

从倪德卫看西方的儒学研究 （华南师范大学 周炽成）

儒家思想何以在两宋获得更新 （湖南科技学院 周欣）

责任编辑:钟金铃　武丛伟　崔秀军

封面设计:石笑梦

图书在版编目(CIP)数据

儒学的历史叙述与当代重构/景海峰 主编. —北京:人民出版社,2016.11

ISBN 978-7-01-016917-0

Ⅰ.①儒…　Ⅱ.①景…　Ⅲ.①儒学-国际学术会议-文集

　Ⅳ.①B222.05-53

中国版本图书馆 CIP 数据核字(2016)第 262586 号

儒学的历史叙述与当代重构

RUXUE DE LISHI XUSHU YU DANGDAI CHONGGOU

景海峰　主编

人民出版社 出版发行

(100706　北京市东城区隆福寺街 99 号)

北京汇林印务有限公司印刷　新华书店经销

2016 年 11 月第 1 版　2016 年 11 月北京第 1 次印刷

开本:710 毫米×1000 毫米 1/16　印张:56.5

字数:940 千字　印数:0,001-2,000 册

ISBN 978-7-01-016917-0　定价:148.00 元

邮购地址 100706　北京市东城区隆福寺街 99 号

人民东方图书销售中心　电话 (010)65250042　65289539